Handbuch Literatur & Emotionen

Handbücher zur
kulturwissenschaftlichen
Philologie

Herausgegeben von Claudia Benthien,
Ethel Matala de Mazza und Uwe Wirth

Band 4

Handbuch
Literatur & Emotionen

Herausgegeben von
Martin von Koppenfels und Cornelia Zumbusch

DE GRUYTER

ISBN 978-3-11-063415-0
e-ISBN [PDF] 978-3-11-030324-7
e-ISBN [EPUB] 978-3-11-038793-3
ISSN 2197-1692

Library of Congress Cataloging-in-Publication Data
A CIP catalog record for this book has been applied for at the Library of Congress.

Bibliografische Information der Deutschen Nationalbibliothek
Die Deutsche Nationalbibliothek verzeichnet diese Publikation in der Deutschen Nationalbibliografie; detaillierte bibliografische Angaben sind im Internet über http://dnb.dnb.de abrufbar.

© 2018 Walter de Gruyter GmbH, Berlin/Boston
Dieser Band ist text- und seitenidentisch mit der 2016 erschienenen gebundenen Ausgabe.
Satz: fidus Publikations-Service GmbH, Nördlingen
Druck und Bindung: Hubert & Co. GmbH & Co. KG, Göttingen
Gedruckt auf säurefreiem Papier
Printed in Germany

www.degruyter.com

Inhaltsverzeichnis

1. **Einleitung** – *Martin von Koppenfels und Cornelia Zumbusch* —— 1

2. **Theorien**
   2.1 Rhetorik und Poetik der Antike – *Dietmar Till* —— 39
   2.2 Gefühle in der philosophischen Ästhetik – *Birgit Recki* —— 62
   2.3 Einfühlungslehre und Hermeneutik – *Jutta Müller-Tamm* —— 83
   2.4 Psychoanalyse und Literaturtheorie – *Dominic Angeloch* —— 100
   2.5 Kulturelle Codierungen. Soziologie, Ethnologie, Kultursemiotik – *Schamma Schahadat* —— 122
   2.6 Geschichte der Gefühle. Wissensgeschichte, Begriffsgeschichte, Diskursgeschichte – *Johannes F. Lehmann* —— 140
   2.7 Empirische Emotionsforschung – *Katja Mellmann* —— 158

3. **Modelle und Begriffe**
   3.1 Der iliadische Zorn und die transkulturelle Emotionsforschung – *Douglas L. Cairns* —— 179
   3.2 Pathos in der griechischen Tragödie – *Susanne Gödde* —— 209
   3.3 *Gloria passionis*. Zur Affektkultur der christlichen Mystik des Mittelalters – *Niklaus Largier* —— 244
   3.4 Die Liebe der *trobadors* – *Cornelia Wild* —— 261
   3.5 Melancholie in der Frühen Neuzeit – *Eckart Goebel* —— 275
   3.6 Trauer und Trauerspiel. Spätantike, Frühe Neuzeit, Moderne – *Wolfram Ette* —— 290
   3.7 *Gradatio*. Zur Darstellung des Gefühls im Theater des 18. Jahrhunderts – *Janine Firges/Juliane Vogel* —— 313
   3.8 Zärtliche Liebe und Affektpolitik im Zeitalter der Empfindsamkeit – *Davide Giuriato* —— 329

3.9		Zur Kategorie der Stimmungslyrik im 19. Jahrhundert – *Burkhard Meyer-Sickendiek* —— **343**
3.10		Schock und Schrecken. Formen avantgardistischer Traumatophilie – *Hanno Ehrlicher* —— **361**
4.	**Exemplarische Lektüren**	
4.1		Shakespeares Affektpoetik – *Verena Olejniczak Lobsien* —— **379**
4.2		Racine, *passion classique* – *Achim Geisenhanslüke* —— **399**
4.3		Höfische Affektkontrolle. Graciáns *Oráculo manual* – *Johanna Schumm* —— **415**
4.4		Hymnik und hoher Ton. Klopstock und Goethe – *John T. Hamilton* —— **432**
4.5		Friedrich Schillers großes Welttheater. Affektrhetorik und Dramaturgie um 1800 – *Claudia Benthien* —— **445**
4.6		Ästhetik des Schreckens: Der Schauerroman von Horace Walpole bis Ann Radcliffe – *Michael C. Frank* —— **461**
4.7		Lev Tolstoj und die Kommunizierbarkeit der Gefühle – *Sylvia Sasse* —— **481**
4.8		Trauma und Affektabspaltung in der Holocaust-Literatur. Primo Levi, Georges Perec und W. G. Sebald – *Judith Kasper* —— **496**
4.9		Die emotionale (In-)Kompetenz des Literarischen. Zu J. M. Coetzees *Life & Times of Michael K.* – *Robert Stockhammer* —— **512**
5.	**Glossar** —— **529**	
6.	**Allgemeines Literaturverzeichnis** —— **581**	
7.	**Register** —— **615**	
7.1		Personenregister —— **615**
7.2		Sachregister —— **628**
8.	**Abbildungsnachweise** —— **639**	
9.	**Autorinnen und Autoren** —— **641**	

1. Einleitung

Martin von Koppenfels und Cornelia Zumbusch

1. Literatur *und* Emotionen

Warum „Literatur und Emotionen"? Stellen Emotionen überhaupt einen abgrenzbaren Gegenstand dar, der mit Literatur in dieser Weise konjugiert werden kann? Und falls ja, können sie von ihr in der Weise getrennt, ihr gegenübergestellt werden, wie es die *und*-Verbindung suggeriert? Oder wird hier etwas fälschlich auseinander- und dann wieder zusammengesetzt, was eigentlich ohnehin verbunden ist? Sollte es nicht lieber heißen: „Literatur als Emotion"? Oder „Emotion als Literatur"? Die erste Formulierung würde die Literatur als einen Gegenstand bezeichnen, der in einem bestimmten Verhältnis zu Emotionen steht; entweder als eines unter vielen denkbaren Verhältnissen, zum Beispiel im Sinne einer ‚emotiven Funktion' literarischer Texte, die neben anderen Funktionen steht und ebenso gut auch fehlen könnte (Literatur kann in ein Verhältnis zu Emotion treten, muss aber nicht), oder als ein Fundierungsverhältnis, im Sinne der Aussage, dass Literatur gegenüber anderen menschlichen Praktiken dadurch ausgezeichnet ist, dass sie nicht möglicher-, sondern notwendigerweise mit Emotionen zu tun hat (an Literatur ist alles Emotion). So dürfte, wenn auch unter anderen Namen (*passion*, Leidenschaft, Gefühl), beispielsweise im 18. Jahrhundert eine Mehrheit der Leser gedacht haben. Mit der zweiten, eben erwogenen Formulierung – „Emotion als Literatur" – würde man davon ausgehen, dass das, was wir ‚Literatur' nennen, lediglich einen bestimmten Kristallisationspunkt im immensen Feld menschlicher Emotionalität bildet: Emotionen, insofern sie in textueller Gestalt erscheinen – und zwar in einer bestimmten, poetisch oder literarisch geformten.

In jedem Fall benennt „... und Emotionen" ein Gebiet, das seit Platon und Aristoteles zu den größten Konfliktzonen des Denkens und der Wissenschaft gehört. Es gibt offenbar nichts im menschlichen Bewusstsein, das nicht in irgendeiner Weise emotional grundiert wäre (Russell 2003). Menschliches Zeichenhandeln transportiert stets auch Emotion – und sei es auch nur als blinden Passagier in den Zwischenräumen der Mitteilung. Und die verschiedenen Medien dieses Zeichenhandelns sind unterschiedlich gut für den Transport geeignet. Zum Beispiel die Literatur: Wer käme auf die Idee, dass endlose Kolonnen schwarzer Zeichen auf weißem Grund, die dazu erdacht wurden, das Lautbild des Sprechens durch möglichst wenige Striche zu repräsentieren, ein besonders geeignetes Instrument zur Übermittlung der sprachlich so schwer fassbaren Welt emotionaler Regungen bilden könnten? Und doch sind Generationen von Leserinnen und Lesern genau dieser Meinung gewesen und haben sich auf der Suche nach emotionalen Erfahrungen ausgerechnet Texten zugewandt. Steht Literatur also in einem privilegierten Verhältnis zu Emotionen? Gibt es womöglich sogar Aspekte des Emotionalen, die nur in Literatur in Erscheinung treten? Gibt es spezifisch literarische Emotionen? Oder zumindest einen spezifisch literarischen Modus von Emotionalität? Wie ist es etwa zu erklären, dass fiktive Szenen und Figuren starke Gefühle bei Lesern hervorrufen (vielleicht sogar stärkere als die realen Personen ihrer Lebensumgebung), obwohl diese Leser sich über den prekären Realitätsstatus jener Szenen und Figuren völlig im Klaren sind?

Seit den 1990er Jahren (die Anfänge intellektueller Konjunkturen sind notorisch schwer zu bestimmen) hat sich die Literaturwissenschaft einem stetig anschwellenden Zustrom von Emotionswissen aus verschiedenen Disziplinen geöffnet. Namentlich in jungen Forschungsfeldern wie der Kognitionswissenschaft, Neuropsychologie und evolutionären Anthropologie ist die Entwicklung so stürmisch gewesen, dass eine emotionswissenschaftlich interessierte Literaturforschung heute wie selbstverständlich auf Wissensimporten aus diesen Disziplinen aufbaut. Es ist noch nicht absehbar, wie sich dieses Wissen mit den älteren Traditionen des Affektdenkens verbinden wird, die in der Literaturwissenschaft seit langem verhandelt werden, also zum Beispiel mit den antiken Denktraditionen der Poetik und Rhetorik, dem Moralismus der Frühen Neuzeit, der philosophischen Ästhetik, der literarischen Hermeneutik des 19. Jahrhunderts, mit Existenzialismus und Lebensphilosophie und mit psychoanalytischem Denken; nicht zu vergessen den Reichtum an Reflexionen, den Dichtung und Literatur selbst zur Verfügung halten – als historisches Reservoir des Emotionswissens. Schließlich ist die Literatur im Verhältnis zu den Diskursen des Wissens und der Wahrheit jahrhundertelang auf die Rolle eines Mediums der Emotionen festgelegt worden – was für diejenigen, die ihr diese Rolle zuwiesen, zumindest die Verpflichtung implizierte, in dem Moment auf sie zu hören, in dem sie sich ihrerseits den Emotionen zuwandten. Das beste Beispiel für diese Zuwendung ist die in der westlichen Philosophie seit Platon geführte Diskussion um das Verhältnis von *pathos* und *logos* in der Tragödie.

In der neuen Konjunktur der Emotionsforschung, deren Schrittmacher nicht die Geisteswissenschaften sind, hat die Literaturwissenschaft ihre Position erst noch zu finden. Wird sie sich, insofern sie nach Emotionen fragt, in eine Filiale der Psychologie (Unterabteilung Literaturästhetik) verwandeln und im Übrigen damit begnügen müssen, die (Vor-)Geschichte des Emotionsdenkens zu bearbeiten – etwa im Sinne des Nachweises, dass dies oder jenes von Aristoteles, Descartes oder Nietzsche ‚schon gedacht' wurde? Oder ist eine literaturwissenschaftliche Emotionsforschung denkbar, die in der Lage wäre, das Dichterische auch im Hinblick auf Emotionen als eigenständigen Modus des Denkens und

Sprechens zu behandeln? Die Rede von „Literatur und Emotion" dürfte dabei freilich nicht in eine allgemein ästhetische Perspektive aufgelöst werden. Schrift und Text setzen sehr spezifische Rahmenbedingungen für emotionale Prozesse. Um verstehen zu können, wie literarische Texte Emotionen darstellen und wie sie emotional wirken, muss man der Passage der Emotionen durch den Engpass des Signifikanten Rechnung tragen. Ästhetische Ansätze, die etwa am Paradigma bildlicher Medien gewonnen sind, werden deshalb die entscheidenden emotionalen Charakteristika der Literatur verfehlen.

2. Die vielen Sprachen der Emotion

Ein Handbuch wie das vorliegende kann nicht den Anspruch erheben, das komplexe und ständig in Bewegung begriffene Feld der interdisziplinären Emotionsforschung auszuleuchten. Seine Herausgeber werden sich, wenn sie nicht von Sinnen sind, damit bescheiden, das schmale Segment dieser Forschung zu erhellen, das in den Raum der Literaturwissenschaft hineinragt. Nun ist die Literaturwissenschaft freilich gerade im Bereich „Literatur und Emotionen" ständig mit Einflüssen aus den verschiedensten Disziplinen konfrontiert. Wohl nirgends sonst muss sie sich etwa auch naturwissenschaftlichen Konzepten und Ergebnissen so weit öffnen wie gerade hier (vgl. 2.7 MELLMANN). Wo die Grenzen der Disziplin so porös sind, wird die kluge Selbstbeschränkung auf ‚literaturwissenschaftliches Emotionswissen' zur Illusion. Zumindest einige Hinweise zur mitunter babylonisch anmutenden diskursiven Vielfalt des Emotionsdenkens sind also angebracht – wobei schon die einfachsten terminologischen Entscheidungen in diesem Feld der ständigen Überprüfung bedürfen.

Die internationale Forschung bevorzugt heute als umfassendes und unmarkiertes Konzept den Begriff Emotion, der sich im 19. Jahrhundert im Zuge der Psychologisierung der älteren Affektlehren allmählich durchsetzte und die älteren, differenzierteren Typologien verdrängte, die unter anderem Begierden, Leidenschaften, Affektionen und Gefühle umfassten (Dixon 2006, 2). Der deutsche Begriff *Affekt*, den die Tradition der philosophischen Anthropologie von Kant bis Nietzsche und darüber hinaus bis zu Freud bevorzugte, bleibt eben deshalb bis zur Gegenwart tendenziell einer anthropologischen und ethischen Perspektive zugeordnet. Er ist im heutigen Sprachgebrauch zudem als Bezeichnung für starke Regungen reserviert und weist eine klare Bedeutungstendenz in Richtung des emotional Negativen auf (vgl. den psychopathologischen Terminus der „affektiven Störung"). Der für die Geschichte der Literatur hochbedeutsame Begriff *Gefühl* entwickelte sich im Laufe des 18. Jahrhunderts von seiner früheren perzeptuellen (taktilen) Bedeutung zu der noch heute gängigen Verwendung, in der er in Konkurrenz zum Konzept der *Empfindung* tritt (Scheer 2001). Für das deutsche *Gefühl* gilt Ähnliches wie für das englische *feeling*, das in der internationalen Forschung überwiegend zur Bezeichnung des subjektiven Erlebens emotionaler Vorgänge verwendet wird – zur Bezeichnung der inneren Wahrnehmung im Unterschied zum neurophysischen und motorischen Geschehen (z. B. Damasio 2003). Der Ausdruck *Leidenschaft* schließlich, ein barocker Neologismus, der im 17. Jahrhundert zur Verdeutschung von französisch *passion* geprägt wurde (Grimm 2000), darf heute im Wesentlichen als historischer Begriff betrachtet werden, der vor allem dem Bedeutungsfeld der Liebe zugeordnet ist.

Jenseits solcher begriffsgeschichtlichen Abgrenzungen stellt sich sofort die Frage, wie sinnvoll die Rede von ‚den Emotionen' im Allgemeinen überhaupt sein kann. Phänomenologisch gesehen lässt sich nicht leugnen, dass gerade starken Emotionen die Kraft zur Abgrenzung je eigener Erfahrungsräume eignet. Sie produzieren geschlossene Welten, die das Subjekt in sich einschließen. Man denke an den Strudel der Angst, die Versunkenheit der Trauer, den wahnhaften Weltausschluss der Verliebtheit oder der Eifersucht. An der je eigenen Dynamik und Abgrenzungskraft der einzelnen Emotionen können psychologische, philosophische oder anthropologische Verallgemeinerungsversuche leicht zuschanden werden. Nicht wenige traditionelle Theorien neigen deshalb einem bestimmten Emotionsbegriff zu, den sie insgeheim als exemplarisch setzen (Aristoteles den Zorn, Rousseau das Mitleid, Kierkegaard die Angst, Heidegger die Sorge, Benjamin die Trauer, Sartre die Liebe etc.). Eine Konsequenz dieser Heterogenität ist etwa die Langlebigkeit des antiken Schemas ‚Affektkatalog': bloße Katalogisierung, Aneinanderreihung als Schwundform theoretischer Bewältigung.

Und auch die Geschichte der literarischen Formen zeigt die differenzierende Kraft der einzelnen Emotionen sehr deutlich in Gestalt einer Vielfalt gegeneinander abgegrenzter Gefühlskulturen. Stets sind einzelne Formen privilegierte Beziehungen mit einzelnen emotionalen Komplexen eingegangen: das Epos mit dem Zorn, die Psalmendichtung mit Triumph- und Schuldgefühlen, die Komödie mit Liebe und Eifersucht, die Tragödie mit Furcht und Mitgefühl, bestimmte lyrische Formen mit der Trauer, die Satire mit der Empörung, das Märchen mit der Angst etc. (vgl. Meyer-Sickendiek 2005). Auch hat man immer wieder versucht, einzelne literarische Modi mit bestimmten affektiven Phänomenen in Verbindung zu bringen: das Dramatische mit dem direkten Affektausdruck, das Epische mit der Habitualisierung und Verstetigung von Emotionen (Rachsucht, Treue), die Lyrik mit der Stimmung.

Was aber die psychologische Beschreibungsebene betrifft, so ging schon Freud davon aus, dass Affekte keine primären Einheiten, sondern „etwas sehr Zusammengesetztes" seien (Freud 1999 [1916/1917], 410). Ähnlich äußert sich hundert Jahre später der Psychologe James Russell (Russell 2003, 167): „The word emotion refers to a heterogeneous cluster of loosely related events, patterns, and dispositions [...]." Wenn Emotionen dennoch als einheitliche Zustände erfahren werden, so muss dahinter eine außerordentliche Syntheseleistung des Ichs stehen (Fink-Eitel 1986, 532). Bis heute hat die Emotionsforschung daher nicht aufgehört, Komponentenlisten, Taxonomien, Koordinatensysteme und Graphen zu produzieren, die die Aspektvielfalt des Emotionalen einem totalisierenden Zugriff erschließen sollen. So unterscheidet zum Beispiel Klaus Scherer (Scherer 2005, 698) – im Einklang mit vielen Kognitionspsychologen – zwischen kognitiven, neurophysischen, motivationalen, expressiven und subjektiven Komponenten einer Emotion (Wertungen, körperlichen Symptomen, Handlungsimpulsen, Ausdrucksverhalten und Gefühl) – wobei andere ‚affektive Phänomene' wie Vorlieben, Einstellungen, Stimmungen oder Dispositionen aus dem Emotionsbegriff explizit ausgeschlossen werden.

Das komplementäre Gegenstück zu einer solchen Komponentenanalyse ist die dimensionale Analyse der Emotionen, die seit Wilhelm Wundt (1910) gängig ist, meist in Gestalt eines Koordinatensystems mit den zwei bipolaren Achsen „Lust/Unlust" (*valence*) und „Erregung/Beruhigung" (*arousal*), gelegentlich ergänzt um eine dritte Achse (*intensity*). Als Beispiel eines derartigen Koordinatenraums der Emotionen sei das sogenannte „Geneva Emotion Wheel" zitiert (Scherer 2005, 720, 723), das nicht zufällig einem Newton'schen Farbenkreis ähnelt. Dimensionale Analysen dieses Typs zielen darauf ab, einen semantischen Raum aufzuspannen, in dem sich die verwirrende Vielfalt alltagssprachlicher Emotionsbegriffe (*folk psychology*) in Einheit und Ordnung überführen lässt. Und auch die große Konjunktur der neuropsychologischen Emotionsforschung hat vermutlich etwas mit dieser sprachlich sedimentierten Zersplitterung der emotionalen Erfahrung zu tun. Angesichts dieses Zustands verspricht die Gehirnforschung Vergegenständlichung und Vereinheitlichung. Am gegenüberliegenden Ende des theoretischen Spektrums sind diejenigen Denkmodelle angesiedelt, die die Synthese der emotionalen Mannigfaltigkeit auf der Ebene höherer symbolischer Einheiten geleistet sehen: Nach Ronald de Sousa (1997), der hierin auf Freud aufbaut, ist diese Einheit szenischer Natur (emotionale Episoden aktualisieren kindheitliche Schlüsselszenen); nach Christiane Voss (2004) liegt sie in narrativer Verknüpfung (Geschichten bilden die kleinsten Bedeutungseinheiten der einzelnen Emotionsbegriffe).

Wie angedeutet, sind kognitivistische Ansätze häufig von einem fundamentalen Misstrauen gegenüber den Emotionsbegriffen der Alltagssprache geprägt. In den Texten der Kognitivisten wimmelt es von Ausfällen gegen jene Begriffe: „[O]ur vocabulary for real-life feelings, much less responses to literature, is woefully inadequate, metaphorical, and derivative of sensations of bodily states

[...]." (Galgut 2014, 484) Emotionen, so der Wissenschaftstheoretiker Paul Griffiths (2004), bilden keine „natürliche Art", das heißt keinen einheitlichen (natur-)wissenschaftlichen Gegenstand. Verschiedene Emotionen oder sogar verschiedene Modi komplexer Emotionen stehen zueinander lediglich in einem Verhältnis der Familienähnlichkeit (Weber 2008, 33). Die Debatte weist auf eine Kluft zwischen der in alltäglicher Sprache sedimentierten Erfahrung und den Befunden der Emotionsforschung. Dass die Alltagssprache als Suchraster naturwissenschaftlicher Forschung nur begrenzt nützlich ist, wird niemanden überraschen. Allerdings ist hier nicht die Rede von Quantenmechanik, sondern von einem elementar alltäglichen Bewusstseinsphänomen, das stets zugleich physiologisch, kognitiv und sozial beziehungsweise kulturell determiniert ist. Weiß die Sprache überhaupt, was Emotionen sind? „Dass wir Affekte zwar nicht ohne Sprache, aber auch nicht allein durch sie verstehen können, ist ein prinzipielles Problem." (Fink-Eitel 1986, 539)

Emotionen sind ein Schlüsselthema an der Grenze zwischen Natur- und Kulturwissenschaften. Sie sind ein Inbegriff für den Riss zwischen biologischer und kultureller Anthropologie. Emotionsbegriffe stellen so gebieterisch wie kein anderes Sprachelement die Frage nach der Passung zwischen Wörtern und Dingen, das heißt in diesem Fall zwischen Wörtern und psychischer beziehungsweise sozialer Erfahrung. Nicht zufällig gehören sie zu den Lieblingsthemen der Ethnolinguistik und der vergleichenden Anthropologie, etwa in der Debatte über Scham- und Schuldkulturen (Benedict 2006 [1946], Benthien 2011), der Diskussion über die vermeintliche Zornlosigkeit der Utku (Briggs 1970) oder über die Unübersetzbarkeit des Ifaluk-Wortes „fago" (Lutz 1988). Emotionswörter dienen als Argument sowohl für die anthropologische Gleichheit als auch für die kulturelle Verschiedenheit der Menschen. Die Definitionskämpfe der Emotionsforschung zeigen, dass das Ineinanderfließen, die semantische Grenzüberschreitung, die Schwierigkeit kategorialer Abgrenzung (die zum Vergleich zwischen Emotionalität und Farbwahrnehmung einlädt), untrennbar zur Erfahrung der Emotionen gehören. Die im Bereich komplexer Emotionen erstaunliche kulturelle Differenzierung ist eine Folge dieses Umstandes.

Aus ihm erklärt sich auch die Attraktivität einfacher Grenzziehungen in der Forschung – beispielsweise das (umstrittene) Konzept der Basisemotionen, also die Idee einer kleinen Zahl elementarer, evolutionär fixierter Mechanismen, die gleichsam die Grundfarben des Emotionsraums bilden – etwa Paul Ekmans nach Gesichtsausdrücken differenzierte sechs Grundemotionen Wut, Ekel, Furcht, Fröhlichkeit, Traurigkeit und Überraschung (Ekman 1992) oder Jaak Panksepps sieben Emotionssysteme „Seeking", „Rage", „Fear", „Panic/Loss", „Play", „Mating" und „Care" (Panksepp 1998). Die Vermittlung zwischen diesen Grundelementen und dem tatsächlichen Reichtum emotionaler Erfahrung erfolgt dann zum Beispiel über die (ebenfalls von der Farbenlehre inspirierte) Unterscheidung zwischen primären, evolutionär stabilen und sekundären, sozial determinierten Emotionen (Damasio 1995).

Es liegt auf der Hand, dass das Misstrauen der kognitivistischen Modelle gegenüber der Alltagssprache der Emotionen den Gebrauchswert dieser Modelle für die Literaturwissenschaft stark einschränkt. Das Großprojekt einer widerspruchsfreien Metasprache zur Beschreibung der Emotionalität kann schon deshalb nicht einfach das ihre sein, weil das komplizierte, gebrochene Verhältnis zwischen Sprache und Emotionen von Anfang an diejenigen Sprechweisen auf den Plan gerufen hat, die man als ‚poetisch' bezeichnet. Die Schwierigkeit, bestimmte emotionale Zustände alltagssprachlich zu fassen, ist eine der großen Produktivkräfte poetischer Sprache. Die Literaturwissenschaft muss mit diesem Widerstand arbeiten, sie kann nicht über ihn hinwegsteigen wollen, wenn sie versucht, den Beitrag literarischer Texte zum Verständnis der Emotionen zu erschließen.

Das komplexe Verhältnis zwischen Emotion und Sprache macht die Emotionsforschung zu einem Feld, auf dem verschiedene Disziplinen mit verschiedenen theoretischen Rahmungen aufeinandertreffen. Dieses zerklüftete Feld wird heute allerdings dominiert von einer Neuropsychologie, die ihre leitenden Begriffe zumeist aus analytischer Philosophie und Kognitionswissenschaft bezieht. Für kognitivistische Ansätze kennzeichnend ist die Bestimmung von Emotionen als implizite Urteile (Solomon 2004, 76), die auf intentionale Objekte bezogen sind – eine Sicht, die man als ‚aristotelisch' charakterisieren kann, da sie vereinbar ist mit der Diskussion der *pathê* im sogenannten ‚Affektkatalog' der aristotelischen *Rhetorik*. Zumindest was den Objektbezug betrifft, lassen sich evolutionspsychologische Ansätze mit dieser Perspektive verknüpfen, da sie Emotionen in der Regel als situationsbezogen-verhaltenssteuernde Programme verstehen, die etwa für die Stabilisierung der Gruppe adaptiv sind (Weber 2008, 29).

Dem gegenüber stehen emotionssoziologische Ansätze, die Emotionen als Bedeutungsstrukturen interpretieren, welche in sozialen Interaktionen allererst entstehen oder zumindest überformt werden (vgl. ebd., 35). Soziologische Modelle gehen typischerweise von einem Begriff emotionaler *Codierung* aus, die allein jenes Moment gesellschaftlicher Objektivität im Feld der Gefühle gewährleistet, das zum Gegenstand wissenschaftlicher Untersuchung werden kann (vgl. Winko 2003, 108–109; vgl. 2.5 SCHAHADAT). Zu nennen wären in diesem Zusammenhang zum Beispiel die Pionierarbeiten von Arlie Hochschild, die im Anschluss an den symbolischen Interaktionismus George H. Meads und das theatrale Handlungsmodell Erving Goffmans Emotionen als soziale Symbole beschreibt, die durch „Gefühlsregeln" hervorgebracht und vom Individuum durch „Emotionsarbeit" an die geltenden Gefühlscodes angepasst werden (Hochschild 1979 und 1983). In der mediensoziologischen Perspektive von Eva Illouz wird aus dieser Beschreibung des gesellschaftlichen „Emotionsmanagements" die Analyse eines „emotionalen Kapitalismus" (Illouz 2006 [2004], 13), der das Gefühlsleben des Einzelnen als Macht- und Identitätsressource erschließt. Wie viele Studien der neueren Emotionssoziologie arbeitet sich auch dieser Entwurf kritisch an Norbert Elias' großer Erzählung vom Zivilisationsprozess als Prozess zunehmender Affektkontrolle ab (vgl. Weber 2008, 22). Aus der soziologischen Perspektive ergibt sich fast zwingend das Projekt einer Geschichte der Gefühle (vgl. Frevert 2013), die wiederum auch in der Lage sein müsste, die seit 1980 andauernde Renaissance der Emotionsforschung ihrerseits zu historisieren – sei es als Reflex einer Liberalisierung oder als Teil einer Entwicklung hin zu neuen, subtileren Stufen der Affektkontrolle (vgl. 4.9 STOCKHAMMER).

Die Psychoanalyse schaltet sich in die Geschichte des Emotionsdenkens durch einen Akt der Infragestellung ein: Sie hinterfragt das Verhältnis zwischen Affekten und motivierenden Kräften (,Trieben' und ihren psychischen Repräsentanten, den Wünschen und Begierden). Freuds Neubestimmung des mentalen Apparats als begehrendes System schuf eine dynamisierte Psychologie, in der die alte Ökonomie der Affekte zunächst keinen Ort mehr zu haben schien. Spannungen zwischen Trieb- und Affekttheorie sind seit diesen Anfängen produktive Unruheherde psychoanalytischen Denkens geblieben (vgl. 2.4 ANGELOCH). Man könnte sagen: Die Freudsche Triebtheorie zerlegte den traditionellen Affektbegriff, der zugleich Energie- und Zeichencharakter hatte, in seine Bestandteile. Die Theorie entzog den Emotionen das ,treibende' Moment, das ihnen die Affektlehren zuschrieben, und konzipierte sie als Repräsentanten eines ihnen vorgeordneten psychischen Geschehens. Zugleich wurde der Emotionsbegriff dadurch stark dynamisiert – keine prä-analytische Psychologie hatte es erlaubt, Emotionen in einem so radikalen Sinn als verschiebbar und wandelbar zu denken (Freud 1999 [1900], 464).

In Freuds Grundlagentexten tauchen Emotionsbegriffe dementsprechend nicht in strukturtragender Bedeutung auf – mit zwei Ausnahmen: Angst und Schuldgefühl. Erstere ist mit dem Verdrängungsbegriff aufs engste verbunden und tritt in Freuds späten Schriften immer deutlicher als Basis allen affektiven Geschehens in Erscheinung. Letzteres spielt in seiner Kulturtheorie eine tragende Rolle. Als dritte Ausnahme kommt die Liebe in Betracht, die als ,Übertragung' den psychoanalytischen Hauptbeitrag zum Denken von Beziehungen darstellt. Bei vielen psychoanalytischen Denkern nach Freud finden sich Emotionsbegriffe wieder in zentraler Position. Besonders deutlich ist dies bei Melanie Klein, die Liebe, Hass, Neid, Trauer und Schuldgefühl als Koordinaten eines unbewussten, intrapsychischen Beziehungsgeschehens konzipierte (Klein 1975 [1937] und 1975 [1957]). In solchen Konzepten liegt denn auch eine besondere Provokation, sowohl für kognitionspsychologische als auch für soziologische Emotionstheorien: Mit ihnen löst die Psychoanalyse die Person als kleinste Einheit sozialen Geschehens in eine Mehrzahl psychischer Instanzen auf und verlegt damit das soziale Emotionsgeschehen ins Innere der Person. In psychoanalytischer Perspektive sind Emotionen immer zugleich ‚innere' und ‚äußere' Verhältnisse. Das trennt psychoanalytisches Denken von all jenen Modellen, die Emotionen als Interaktion oder Kommunikation zwischen mehr oder minder unproblematisch gesetzten personalen Einheiten begreifen, macht es aber attraktiv für die Literaturwissenschaft, deren besonderer Gegenstand in jenen simplistischen Kommunikationsmodellen nie gut aufgehoben war.

Von kaum zu überschätzender Bedeutung für den gesamten Bereich der Kunst ist schließlich das Feld der Emotionspathologie. Das gilt auch für die Literatur: Sie experimentiert seit jeher mit emotionalen Abweichungen. Gerade die moderne Literatur tut dies in so grundsätzlicher Weise, dass Effekte emotionaler Befremdung schlechthin als Signatur der literarischen Moderne gelten können – von Flauberts ‚klinischem' Erzählstil über die verschobenen Reaktionen von Kafkas Helden und die Gefühlsblindheit von Camus' Erzähler Meursault bis hin zur grotesken Apathie Beckett'scher Figuren und zum Heimweh von Kertész' Helden György Köves. Dabei ist die Unterscheidung von emotionaler Norm und pathologischer Abweichung im Raum der Fiktion keineswegs einfach außer Kraft gesetzt. Diese kann nicht davon absehen, dass sie von einer Welt umgeben ist, in der bestimmte emotionale Komplexe von Institutionen wie der Psychiatrie als Krankheitsbilder („affektive Störungen") klassifiziert werden. Und die wechselseitige Durchdringung von pathologischem und literarischem Diskurs reicht in manchen Fällen historisch weit zurück. Ein Begriff wie Melancholie etwa steht für ein jahrhundertealtes Text-Massiv, in dem sich beide Diskurse untrennbar verflochten haben (vgl. 3.5 GOEBEL). Ähnliches lässt sich im 19. Jahrhundert vom Krankheitsbild der Hysterie sagen, das ebenfalls eine emotionspathologische Seite hat, nämlich die Konversion unerträglicher Affekte in körperliche Symptome, und deren theatralisch-zeichenhafte Inszenierung durch Ärzte und Patienten für die Romanciers ein Faszinosum ersten Ranges darstellte. Für das 20. Jahrhundert darf man dem Begriff Trauma eine ähnliche Rolle zusprechen, nämlich die eines Knotenpunktes zwischen Psychopathologie und künstlerischer Darstellung, mit enormen Konsequenzen für die narrative Gestaltung von Erinnerung und Affektivität (vgl. 4.8 KASPER).

3. Zur Geschichte des literarischen Emotionsdenkens

Die Literatur(-wissenschaft) hätte einiges Recht, sich im Stimmengewirr der gegenwärtigen Emotionstheorien unterrepräsentiert zu fühlen. Nicht zufällig wird diese Vielstimmigkeit dominiert von institutionell sehr jungen Disziplinen wie der Psychologie und der Soziologie, während das Nachdenken über Emotionen buchstäblich jahrtausendelang eine Domäne von Wissensformationen wie der Poetik und der Rhetorik war, die die Literaturwissenschaft zu ihren Ahnen rechnen darf – sowie natürlich eine Domäne der Dichtung selbst.

Tatsächlich sind die Fäden zwischen Dichtung und Emotionen bereits in der Antike enger gesponnen als diejenigen zwischen der Philosophie und den Emotionen. Philosophische Emotionstheorien, so leiten Hilge Landweer und Ursula Renz ihr Handbuch klassischer Emotionstheorien ein, gibt es streng genommen erst seit dem 17. Jahrhundert (Landweer und Renz 2012, 5). Gemeint ist damit keineswegs, dass man in der abendländischen Philosophie nicht schon seit den Vorsokratikern über Emotionen nachgedacht hätte. Dieses Nachdenken fand aber vornehmlich in den Bereichen der Ethik und der Medizin statt und folgte entsprechend weniger theoretischen Interessen als vielmehr den Anforderungen einer Lebenspraxis, die sich vor allem um die Einhegung der Emotionen bemühte – galt doch die vom *pathos* erfasste Seele in der platonischen wie stoischen Denktradition als aus dem Gleichgewicht gebracht, derangiert und gestört (Newmark 2008, 52–57). So ist den älteren Emotionsbegriffen – *pathos*, *passio*, Affekt und Leidenschaft – gemeinsam, dass sie den Aspekt des Leidens und Erleidens im Gegensatz zum aktiven Tun im Namen tragen. Abgeleitet von *afficere* meint das Wort Affekt etwas, das dem Individuum widerfährt, und impliziert damit die Unverfügbarkeit der psychischen Zustände für das Subjekt. Der Begriff *pathos* unterhält zudem eine enge Beziehung zu den negativen Aspekten des Fühlens, zu Schmerz, Leid und Krankheit, die sich in den deutschen Ableitungen ‚Pathologie' und ‚pathologisch' durchgesetzt hat. Wo die Emotionen als Krankheiten der Seele und Defekte der Vernunft aufgefasst werden, wird man sich zuallererst um ihre Beherrschbarkeit bemühen, sei es in Form von medizinischen Kuren oder der ethischen Einübung in den Idealzustand einer gesunden Affektfreiheit. In derlei Programmen hat die Literatur eine nicht unmaßgebliche Rolle gespielt.

Denn auch wenn sich der medizinisch-therapeutische Sinn der *katharsis* vor allem in Aristoteles' Musiktheorie freilegen lässt (Hoessly 2001), ist doch gerade die Literatur immer wieder auf therapeutische Zwecke im Sinne einer Reinigung, Ausleitung oder Ableitung der Affekte verpflichtet worden. Dem Stichwort der aristotelischen *Poetik* in all seiner Mehrdeutigkeit zufolge (ist die Reinigung der Affekte, Reinigung durch die Affekte oder Reinigung von den Affekten gemeint?) sollte die Tragödie die Emotionen mobilisieren, um den Zuschauer von ihnen, oder zumindest von ihren negativen Aspekten, zu befreien (vgl. 3.2 GÖDDE). In enger Anlehnung an Aristoteles wird die Tragödie in der Frühen Neuzeit zur „palestra affectuum", zur Schule der Affekte (Grimm 2000, 29), bis Lessing den medizinisch-therapeutischen Sinn in das Programm einer moralischen Besserung überführt (vgl. 2.1 TILL). Aber auch noch in ihrer aufgeklärt-empfindsamen Fassung wird der Literatur zugetraut, als Instrument einer Bildung und Erziehung von Gefühlen durch Gefühle zu funktionieren: Literatur kann und soll, so die Ansicht des 18. Jahrhunderts, heilend, ausgleichend, moderierend oder disziplinierend in den Gefühlshaushalt ihrer Rezipienten eingreifen (Zumbusch 2011).

Neben Ethik und Medizin sind es die Felder der Poetik und Rhetorik sowie, ihnen vorgelagert, die literarische und öffentliche Rede selbst, in denen die Wirkungsmechanismen menschlicher Emotionalität auseinandergelegt und vorgeführt werden: Noch „bevor sich die Philosophen für die Emotionen interessierten, wurden Gefühle in der Dichtung besungen, in Epen beschrieben, in Dramen inszeniert und in Gerichtsprozessen mobilisiert" (Landweer und Renz 2012, 6). Entsprechend intensiv widmen sich die antiken Dichtungs- und Redelehren der Beschreibung und Erklärung menschlicher Emotionalität. Symptomatisch dafür ist, dass sich die eingehendsten Reflexionen über Emotionen bei Aristoteles nicht in seiner Seelenlehre, sondern in der *Rhetorik* finden. Auch neuzeitliche Emotionsphilosophien haben sich immer wieder von literarischen Modellierungen inspirieren lassen oder kommunizieren zumindest eng mit ihnen – so ist Adam Smiths Theorie ethischer Gefühle mit ihrer Figur des *impartial spectator* der Theatersituation nachgeformt (Vogl 2004, 91), Nietzsches Pathos-Denken verdankt sich nicht zuletzt seiner Deutung der attischen Tragödie, und auch in den neueren Arbeiten von Martha Nussbaum oder Eva Illouz bilden literarische Texte gleichsam Schätze eines Emotionswissens, die sich im Rahmen philosophischer wie soziologischer Argumentationen heben lassen (Nussbaum 2001; Illouz 2006 [2004]).

Unter welchen Voraussetzungen lassen sich die Literatur und die Reflexion darüber als Orte des Emotionswissens betrachten? Neben der Literatur- und Ideengeschichte des 18. Jahrhunderts, die bereits früh auf das Verhältnis von Vernunft- und Gefühlskultur (Boeschenstein 1954 und 1966; Mog 1976) oder auf Umbrüche in der Bestimmung einzelner Emotionen – etwa der Melancholie (Schings 1977) oder der Angst (Begemann 1987) – hin befragt wurde, haben sich in jüngerer Zeit die Literaturen der Antike und des Mittelalters als fruchtbar für eine historisch interessierte Emotionsforschung erwiesen. Während die Mediävistik vorzugsweise an Arbeiten der Kultur- und Mentalitätsgeschichte, insbesondere an Lucien Febvre angeknüpft hat (Kasten 2007), haben sich Gräzisten wie David Konstan oder Douglas Cairns auch auf die Auseinandersetzung mit den Fragen und Antworten der naturwissenschaftlichen Emotionsforschung eingelassen (Konstan 2006 und 2009; vgl. 3.1 CAIRNS). Wer eine historische Gefühlsforschung auf methodisch sicherem Grund schreiben will, muss zuerst nach den Bedingungen fragen, unter denen sich von einer Geschichte der Gefühle sprechen lässt. Denn gehören Gefühle, so würde der Einspruch universalistischer Ansätze lauten, nicht zu unserer anthropologischen Grundausstattung? Wie bereits erwähnt, gehen Modelle von angeborenen Basisemotionen, wie der Psychologe Paul Ekman sie präsentiert (Ekman 1992), zumindest von einem Grundinventar an emotionalen Programmierungen aus, die sich über die Zeiten und Kulturen hinweg kaum verändern.

Damit eine Sache eine Geschichte hat, muss sie sich in einigen Aspekten verändern, während sie in anderen konstant bleibt. Auch wenn sich etwa die auslösenden Ursachen, die Konventionen des Ausdrucks oder die Bewertung verändern, sollte eine Emotion als solche erkennbar und von anderen unterscheidbar bleiben (Konstan 2009, 34–35). Es muss also einen semantischen Kern geben, der eine partielle Identität etwa der aristotelischen Definition von *orgê* einerseits mit den Vokabeln *menos*, *thymos* und *cholos* bei Aischylos oder Homer, andererseits mit den lateinischen Konzepten *ira* und *furor*, dem alt- und mittelhochdeutschen *zorn* bis zu den modernen Auffassung von *anger* oder ‚Wut' und ‚Zorn' stiftet – einen Kern, der erstens die Übersetz- und Vergleichbarkeit der Emotionsvokabeln sichert, von dem sich zweitens deren semantische Verschiebungen und Verlagerungen abheben lassen und der drittens die Abgrenzung von verwandten Phänomenen wie Groll, Rache, Neid oder Aggression plausibel macht. Literatur bietet insofern Zugang zur Geschichtlichkeit der Emotionen, als sie das Material für eine derartige historische und kulturvergleichende Semantik der Gefühlsbegriffe liefern kann. Sei es in den Beschreibungen vom Zorn des Achilles in Homers *Ilias* (vgl. 3.1 CAIRNS), dem Herrscherzorn und Kampfzorn im mittelalterlichen Epos (Ridder 2004; Martini 2009) bis hin zu Ehrverletzung und Duell im realistischen Roman, sei es in den Spielarten der Liebe von *minne* und *fin'amor* (vgl. 3.4 WILD) und galanter Liebe bis zum romantischem Liebesideal (Luhmann 1982), oder sei es in der Umwandlung der christlichen *compassio* in die gesellschaftsbegründenden Gefühle *sympathy*, *pitié* und Mitleid bei Shaftesbury, Rousseau und Lessing (Schings 1980) – in literarischen Texten werden Gefühlsbegriffe und Konventionen artikuliert, wenn nicht gar entscheidend geprägt. Literatur kann in diesem Sinn auch Anhaltspunkte für eine „Geschichte der Gefühlskulturen" bieten (Kasten 2007, 13; Benthien 2000; Kasten 2003 und 2010; vgl. 2.6 LEHMANN).

Zwei kritischen Vorbehalten müssen sich literaturwissenschaftliche Versuche, eine Geschichte der Gefühle zu schreiben, dennoch stellen. Zum einen können Reihenbildungen wie die oben angedeuteten zur Verfertigung großer Erzählungen verleiten – ja sie scheinen die Bildung großer Erzähllinien geradezu herauszufordern. Der wohl bekannteste und umstrittenste *grand récit* der

Emotionsforschung ist Elias' These von der zunehmenden Triebkontrolle und Dämpfung der Affekte im Prozess der Zivilisation (Elias 1997 [1939]). Ausgangspunkt dieser Konstruktion ist das Bild einer ungezügelten, kindlich anmutenden Emotionalität des mittelalterlichen Menschen, dessen Scham- und Peinlichkeitsgrenzen am Übergang vom Mittelalter zur Neuzeit neu gezogen werden. Ähnlich überblendet auch Johan Huizinga in seinem bunten Bild vom Herbst des Mittelalters Ontogenese und Phylogenese – „alles, was man erlebte, hatte noch jenen Grad von Unmittelbarkeit und Ausschließlichkeit, den die Freude und das Leid im Gemüt der Kinder noch heute besitzen" (Huizinga 1975 [1941], 1). Elias übersteigt allerdings den Bereich des Metaphorischen, wenn er die Psychogenese des Einzelnen in der zivilisierten Gesellschaft an die Soziogenese unserer Zivilisation selbst koppelt (Elias 1997 [1939], 78). Trotz der anhaltenden Kritik an Elias' teleologischem Modell hat das Narrativ von der Umbildung der Triebe und der Ausbildung eines neuen Distanzbewusstseins nicht nur mediävistische Forschungen (Dinzelbacher 1986; Wenzel 2000), sondern auch Beschreibungen literarischer Gefühlskulturen des 18. Jahrhunderts geprägt, das die Veredelung und Verfeinerung des Gefühls im Sinne seiner Besserung (Lessing) oder Erziehung (Schiller) ja selbst zum vorrangigen Projekt der Literatur erklärt hat (Luserke 1995).

Wie erzählt man also eine Geschichte der Emotionen, die ihren Gegenstand weder ins Raster zivilisatorischer Großverläufe einpasst noch allzu umstandslos den historischen Selbstbeschreibungen folgt? Eine Antwort auf diese Frage lässt sich womöglich über einen zweiten Einspruch gegen die Erforschung historischer Gefühlskulturen gewinnen. So hat zum Beispiel Rüdiger Schnell eingewandt, dass sich Veränderungen in der Repräsentation von Emotionen womöglich gar keinen mentalitätsgeschichtlichen Wandlungen dieser Emotionen, sondern lediglich Änderungen von Gattungskonventionen, das heißt literaturimmanenten Prozessen verdanken (Schnell 2005, 249; vgl. auch Winko 2003, 113). Der Einwand, man werde in der Literatur nicht über die Geschichte der Gefühle, sondern nur über die Geschichte der literarischen Darstellung von Gefühlen belehrt, lässt sich allerdings in eine Reihe produktiver Fragen wenden: Welche Funktionen sind welchen Emotionen in den historischen Poetiken zugewiesen worden? Welche literarischen Konventionen der Emotionsdarstellung haben sich etabliert? Und inwieweit fügen sie sich zu literarischen Formtraditionen?

Die *Poetik* wie auch die *Rhetorik* des Aristoteles versammeln hier bereits zentrale Beobachtungen und Fragen, an denen sich die Literatur und deren Erforschung über Jahrhunderte abgearbeitet haben. Dies betrifft zuallererst den komplexen Begriff des Pathos selbst, mit dem sich auf mehreren Ebenen operieren lässt. Pathos bedeutet ein dem Helden zustoßendes schweres Leid, das in der Tragödie auf die Bühne gebracht wird, es bedeutet aber auch die korrespondierenden oder zumindest davon ausgelösten Zustände, die der Zuschauer der Tragödie durchläuft (*eleos* und *phobos*) und von denen er ‚kathartisch' gereinigt werden soll, es bedeutet in der *Rhetorik* die Bandbreite psychischer Zustände, in die der Redner seine Zuhörer und je nach Bedarf auch sich selbst versetzen können sollte, und mündet nicht zuletzt in die Lehre von den Redeformen, die zur Mobilisierung dieser Zustände besonders geeignet sind (Zumbusch 2010, 8–10; vgl. 3.2 GÖDDE). Mit der rhetorischen Lehre von der emotionalen Aktivierung einerseits und mit der Zuordnung des Pathos zur Gattung der Tragödie andererseits sind die beiden Pfade angelegt, die von den historischen Dichtungslehren bis zur neueren Literaturforschung am breitesten ausgetreten und mit einem verzweigten Netz von Nebenwegen versehen worden sind.

Dabei ist nicht nur der aristotelische Tragödiensatz mit seiner auslegungsbedürftigen Katharsis-Lehre immer neu kommentiert und gedeutet worden, wobei der Weg von den neuzeitlichen Übersetzungen der aristotelischen *Poetik* durch André Dacier und Ernst Robert Curtius über Lessings Moralisierung des medizinischen Konzepts im 18. Jahrhundert zurück zum Aufweis seiner physiologischen Grundlagen durch Bernays führt (Schadewaldt 1955; Flashar 1956). Auch abseits der mittlerweile bestens dokumentierten Katharsis-Debatte (Luserke 1991; Vöhler 2007 und 2009) fragt ein großer Teil der vor allem seit den 1990er Jahren erschienenen Studien zu Literatur und Emotionen nach der Repräsentation von Emotionen in dramatischen Texten und dem emotionalen Wirkungspotential des Theaters. Bereits die Arbeiten zur attischen Tragödie halten eine ganze Bandbreite von Einsichten bereit, die von der Emotionalisierung der Zuschauer (Stanford 1983; Zierl 1994) über die Darstellung einzelner Emotionen wie der Angst (Schnyder 1995; Hose 2014) oder der Trauer (Segal 1993; Loraux 1992 [1985]) bis hin zur damit eng verbundenen Frage nach der (Toten-)Klage als besonderer Redeform reicht (Foley 2001; Schauer 2002).

Im Theater der Neuzeit zeichnet sich dabei eine interessante Verlagerung ab. Der Logik der frühneuzeitlichen Affektenlehren mit ihrer mechanischen Herleitung und schematischen Abgrenzung der einzelnen Affekte folgend (Mühlen 1992) konzentrieren sich ältere Studien zur Dramatik des 16. und 17. Jahrhunderts auf die Programme der Affekterregung und Modalitäten ihrer Darstellung, wobei sie gerne einzelne Emotionen herausheben. Dies gilt trotz aller methodischen Differenzen für Erich Auerbachs kurzen, aber pointierten Aufsatz zu Racine (Auerbach 1967 [1926]) ebenso wie für Erwin Rotermunds Studie zu Hoffmannswaldau (Rotermund 1972), für Reinhart Meyer-Kalkus' umfangreiche Untersuchung zu Wollust und Grausamkeit im deutschen Trauerspiel des Barock (Meyer-Kalkus 1986) ebenso wie für René Girards Arbeit zu Shakespeares Theater des Neides (Girard 1991). Auf den Übergang vom 17. zum 18. Jahrhundert und die Neuerfindung des höfischen als ein bürgerliches Theater hat man einen entscheidenden Umbruch im Umgang mit den Emotionen datiert. Statt weiterhin die Affektenlehren mit ihrer Katalogisierung distinkter Affekte und der zugeordneten Allegorik und Gestik zu konsultieren, bestimmt sich das Theater als „Labor der Seele" (Ruppert 1995) und damit als ein Erfahrungsraum, in dem bürgerliche Individuen ihre inneren Gefühlswelten erkunden und einander mitzuteilen versuchen. Die Aufwertung und Ausdifferenzierung des Gefühlslebens im Zeichen bürgerlicher Empfindsamkeit stößt allerdings auf ein semiotisches Problem, das die frühneuzeitliche Lehre von der *dissimulatio* und *simulatio* (Geitner 1992; vgl. 4.3 SCHUMM) noch recht gelassen für sich zu nutzen wusste: Ist der Ausdruck der Emotionen tatsächlich unwillkürlich, unmittelbar und authentisch oder bildet er nicht vielmehr ein elaboriertes Zeichensystem, über das sich durchaus willkürlich verfügen lässt?

Auf die Fragen nach dem Verbergen der ‚echten' oder dem Vortäuschen ‚falscher' Gefühle, nach der Lesbarkeit oder Unlesbarkeit, nach der Unmittelbarkeit oder Arbitrarität von Affektzeichen versuchen dramatische und dramaturgische Texte des 18. Jahrhunderts zu antworten. Aus der an der Körpersprache orientierten Vorstellung von einer Klasse natürlicher Zeichen geht das Phantasma der natürlichen Gestalt hervor (Heeg 2000), das insbesondere die Verpflichtung der Schauspielkunst auf eine *eloquentia corporis* prägt (Košenina 1995). Die Orientierung an den Paradigmen der Gestalt und der Körpersprache kann aber das Problem nicht lösen, das an der Wende zum 19. Jahrhundert verstärkt aufbricht. Denn womöglich, diesen Verdacht bringen Schiller oder Kleist auf die Bühne, können auch das Erröten und Erbleichen, die Träne und die Ohnmacht täuschen (Kleinschmidt 1994; Lemke 2009). Neuere Arbeiten haben gezeigt, in welchem Maße nicht nur das Theater des 17., sondern auch dasjenige des 18. und 19. Jahrhunderts gerade dort, wo es die vermeintlich so unwillkürlichen und unkontrollierbaren Emotionen auf die Bühne bringen will, auf hochgradig formalisierte Gesten und szenische Repertoires setzt (Lepper 2008; Vogel 2002; Port 2005). Marcel Lepper und Ulrich Port knüpfen an Warburgs Begriff der Pathosformel an, um die Zitathaftigkeit und Effektverstärkung (Lepper 2008, 27–81) oder die nach außen gewandte Theatralität beziehungsweise Rhetorizität heftiger Affekte zu beschreiben (Port 2001, 226).

Die Vorstellung von einer Rhetorik der Affekte führt zurück auf die Regeln der Affekterzeugung, wie sie bereits in den antiken Rhetoriken bedacht und in der Frühen Neuzeit weiter bearbeitet worden sind (Plett 1975), um schließlich an der Wende vom 17. zum 18. Jahrhundert neu angeordnet zu werden (Campe 1990; vgl. 2.1 TILL). Schon Aristoteles' *Rhetorik* beantwortet die Frage, wie sich *pathê* im Zuhörer zu Zwecken der Überzeugung aktivieren lassen, durch die Analyse ihres Zustandekommens. Frühneuzeitliche Rhetoriken versammeln medizinische und physiognomische Argumentationsfiguren, um den anthropologischen Unterbau der Lehre vom *movere* weiter abzustützen. Wenn im 18. Jahrhundert die rhetorischen Modelle des Bewegtwerdens in ästhetische Modelle der Rührung überführt werden (Torra-Mattenklott 2002), dann deuten sich hier einige folgenreiche Zuständigkeitswechsel an.

Erstens beginnt dort, wo es um die Wirkungen des Schönen und des Erhabenen und damit um Kernkompetenzen der sich herausdifferenzierenden Disziplin einer philosophischen Ästhetik geht, der Begriff des Gefühls demjenigen des Affekts Konkurrenz zu machen (vgl. 2.2 RECKI). Dies wird im 19. Jahrhundert zur schrittweisen Verdrängung des Affektbegriffs führen, dem die Dimension des Innerlichen und Reflexiven zu fehlen scheint. Zweitens sind die Fragen nach dem Wirkungspotential poetischer Rede nicht mehr für das Theater und seine mimisch-gestischen Ausdrucksmöglichkeiten reserviert. Wie sich etwa in Klopstocks Vorstellung von einer „Wortbewegung" zeigt, tut sich nun auch die Lyrik mit ihrer rhythmisiert bewegten Rede als Medium derartiger Übertragungsmechanismen hervor (Menninghaus 1991). Und drittens, so argumentiert Rüdiger Campe in seiner Studie *Ausdruck und Affekt*, springen aus der Entkopplung von Rhetorik und Affekttheorie im 18. Jahrhundert die neuen Felder der Psychologie und der Literatur heraus (Campe 1990, 223). Denn indem sich die Zeichendeutung vom Körper auf die Rede verschiebt, wird es denkbar, dass ein Text tatsächlich „Ausdruck affektiver Bewegung sein kann". Und erst damit ist „die Möglichkeit der Literatur in einem vielleicht noch heute, jedenfalls bis weit ins 19. Jahrhundert hinein gültigen Sinn" gegeben (ebd., 472).

Wenn also einerseits das Nachdenken über Emotionen, das bis ins 18. Jahrhundert hinein in der Rhetorik und Poetik vorangetrieben worden ist, in der Psychologie eine neue Disziplin bekommen hat, und sich andererseits die Formulierung des modernen Literaturbegriffs gerade dieser Neuaufteilung des Emotionswissens verdankt, dann ist man hier bei dem Gegensatz angekommen, um dessen Vermittlung sich Teile der neueren Forschung zu Literatur und Emotionen bemühen. Mit dem Paradigma der Literatur als Schrift, in die man sich vereinzelt lesend versenkt, treten die eingangs skizzierten Fragen erst in den Fokus der Forschung.

4. Zur Situation der Literaturtheorie

Literatur im modernen Verständnis des Wortes ist eine asketische Macht, die allein im Medium schwarzer Zeichen auf weißem Grund ihre Wirkung entfaltet. Warum sollte sie besonders dazu geeignet sein, Emotionen darzustellen und emotionale Wirkungen zu erzielen? Wie sollte sie in dieser Hinsicht zum Beispiel mit einem Medium wie dem Film konkurrieren, der die Verfügungsgewalt über das bewegte menschliche Gesicht und die Körpergestalt hat – jenen archaisch direkten Systemen des Affektausdrucks (Darwin 1989 [1872]), deren evolutionär gegründete Mitteilungsmacht die Zuschauer vor Leinwände und Bildschirme bannt? Tatsächlich aber verfügt auch die Literatur über solche Mitteilungsmacht, selbst wenn ihre affektive Ökonomie eine andere ist als die der Bildmedien (weniger direkt, dafür oft nachhaltiger) und auf anderen Übertragungsmechanismen beruht. Der Beitrag der Literaturwissenschaft zur Theorie der Emotionen kann nur darin bestehen, die sprachliche und vor allem die textuelle Vermitteltheit menschlicher Emotionen zu verstehen. Denn literarische Texte sind all dies: Spielformen, Laboratorien, Reflexionsmedien sprachlich vermittelter Emotion. Unüberhörbar stellen sie die Frage nach der stets prekären Bindung von Emotionen an Worte. Diese aber ist eine Grundfrage der Kultur, zu deren Aufgaben es gehört, solche Bindungen zu stabilisieren (Koppenfels 2012a).

Wer die jüngere Geschichte der Literaturwissenschaft überblickt, kann nicht umhin, den vermeintlichen „*emotional turn*" (vgl. Anz 2006) als ‚*return*' zu begreifen. Während die beiden antiken Urahnen der Literaturwissenschaft, Rhetorik und Poetik, primär an Wirkungen und damit auch an *pathê* interessiert waren (vgl. 2.1 TILL; 3.2 GÖDDE), während die Hermeneutik und die Einfühlungsästhetik des langen 19. Jahrhunderts selbstverständlich nach emotionalen Gehalten fragten, stellt die jahrzehntelange Ausblendung der Emotionen in der zweiten Hälfte des 20. Jahrhunderts die eigentliche Anomalie dar – ein ‚Pathos der Distanz', das dem entsprechenden ‚kalten' Gefühlsstil in den künstlerischen Avantgarden korrespondiert (vgl. 3.10 EHRLICHER). Zwei Begriffe seien stellvertretend für diese Ausblendung in Erinnerung gerufen: Das im *New Criticism* geprägte Schlagwort der „affective fallacy" (Wimsatt und Beardsley 1949), das die Tabuisierung wirkungsästhetischer Erwägungen in der Literaturwissenschaft auf den Punkt brachte, und Roman Jakobsons Begriffsschublade der „emotiven" Sprachfunktion (Jakobson 1979 [1960]), die ein Beispiel dafür bietet, wie der linguistische Strukturalismus den Emotionsbegriff ‚aufs tote Gleis schob'.

An der Statuierung einer emotiven Sprachfunktion ist aus heutiger Sicht vieles problematisch: Da ist zum einen das zugrunde gelegte Standard-Kommunikationsmodell Sender – Mitteilung – Empfänger, welches das Beziehungsgeschehen ‚Sprechen' nach dem Vorbild technischer Signalübermittlung begreift und damit nicht einmal einem alltäglichen, situativ einigermaßen stabil gerahmten Gespräch gerecht wird, geschweige denn dem Erfahrungsraum der Literatur, der alle ‚kommunikativen' Instanzen – mit Ausnahme des Textes selbst – grundsätzlich in Frage stellt. Da ist zum zweiten die funktionalistische Einhegung des Emotionalen, wogegen einzuwenden wäre, dass Emotionalität, weit entfernt davon, eine Sprachfunktion unter anderen zu sein, vielmehr eine der Möglichkeitsbedingungen dafür bildet, dass Sprache überhaupt ‚fungieren' kann. Da ist zum dritten die Gleichsetzung des ‚Emotiven' mit dem ‚Expressiven' und seine Zuordnung zum ‚Sender-Pol' des Kommunikationsmodells. Eine Anwendung auf literarische Texte verbietet sich schon deshalb, weil die Idee der Bindung solcher Texte an Expressionsabsichten eines ‚Senders' der Wirklichkeit des Literarischen nicht gerecht wird (wie die jahrzehntelange Debatte um den Begriff der Autorschaft gezeigt hat). Die beispiellose Emanzipation des literarischen Textes vom Urheber, seine unheimliche Ablösbarkeit von der jeweiligen Entstehungssituation – die „zerdehnte Sprachhandlungssituation" der Literatur (Zipfel 2001, 118) – macht deutlich, wie reduktiv Jakobsons Gleichsetzung der emotionalen mit der expressiven Funktion des Sprechens in Wirklichkeit ist (vgl. Winko 2003, 114). Die meisten der traditionell in Poetik und Ästhetik verwendeten Übertragungsbegriffe (*movere*, Sympathie, Empathie, Identifikation, Immersion etc.) wurden entwickelt, um die viel komplexere emotionale Wechselwirkung denken zu können, die durch die Verwendung von Texten möglich, ja notwendig wird.

Es ist bezeichnend für die hier beschriebene Wissenschaftskonjunktur, dass auch dort, wo Alternativen zum textimmanenten und strukturalistischen Lektüremodell gesucht wurden (wie z. B. in der Konstanzer Rezeptionsästhetik, die den Akt des Lesens wieder auf die Tagesordnung setzte), dennoch die spezifische Emotionsblindheit der genannten Modelle weiterwirkte (Hillebrandt 2011, 42–46). Eine zentrale Rolle spielen Emotionsbegriffe hingegen in dekonstruktivistischen Arbeiten: Affekte kommen hier als Agenten der Dezentrierung des philosophischen Subjekts in Betracht; sowohl Derrida (1967) als auch De Man (1979) haben sich in programmatischen Lektüren an affekttheoretischen Schlüsselstellen im Werk Rousseaus abgearbeitet. Als Konstanten eines dekonstruktiven Emotionsdenkens zeichnen sich ab: die Kritik am Konzept subjektiver Selbstpräsenz im Affekt, die Betonung der entdifferenzierenden, Sinn- und Subjektstrukturen durchkreuzenden Kraft der Emotionen und die These vom unhintergehbar zeichenhaften und rhetorischen Charakter der Emotionen selbst (vgl. Terada 2001).

Dekonstruktive Ansätze treiben eine Frage ins aporetische Extrem, die sich jede an Emotionen interessierte Literaturwissenschaft zu stellen hat: Wie verhält sich Emotion zu sprachlich konstituierter Bedeutung (Kövecses 1995)? Emotionen können (unter bestimmten Umständen) Signalcharakter haben. Sie können an alle Arten von Zeichen gekoppelt sein, aber sie stellen selbst keine distinkten, verkettbaren Zeichen dar. Sie insistieren in Zeichenketten, sie heften sich an Bedeutungen, generieren selbst Bedeutung. Sie fordern, ja erzwingen Sprechakte (wie die Verliebtheit die Liebeserklärung und das Schuldgefühl das Geständnis), aber sie entziehen sich der Sprache auch. Sie geben Rätsel auf, doch wer das Rätsel löst, erfährt keine Bedeutung, sondern einen Impuls. Sie sind (teilweise) codierbar, stellen vielleicht auch selbst einen Code dar – aber sie lediglich als Form der Informationsverarbeitung zu betrachten (Winko 2003, 84), hieße, ihren

Antriebs- und Energiecharakter zu verleugnen. Die Aufgabe, die Emotionen den Lesern von Texten stellen, kann daher nie eine der bloßen Decodierung sein. Sie impliziert vielmehr die Rekonvertierung von Bedeutung in Emotion. Wenn Objektivität im Feld der Literatur nur auf der Ebene des sprachlich Codierten zu haben ist, dann könnte hier der Punkt erreicht sein, an dem sich eine Disziplin, deren zentrale Praxis das Lesen ist, vom Ideal lückenloser wissenschaftlicher Objektivierung lösen muss.

Die methodische Kernfrage einer an Emotionen interessierten Literaturwissenschaft lautet somit: Wie ist das emotionspsychologische, -soziologische oder -anthropologische Wissen mit der Lektüre des einzelnen Textes zu vermitteln? Die Frage, wie Emotion als anthropologisch, psychologisch, soziologisch Allgemeines mit dem je meinigen Gefühl vermittelt ist, bildet eine der Grundfragen der Emotionstheorie. Diese Frage aber stellt die Literatur nachdrücklicher als andere Kunstformen, da sie (im Unterschied zu Musik, Theater oder Film) exemplarisch im Zustand der Vereinzelung erfahren wird. Der Roman oder das Gedicht, das sich der individuellen Lektüre darbietet und den Anspruch auf sie erhebt, bildet ein überaus feines Instrument zur selbstbeobachtenden Erkundung eigener Gefühle. Eine Literaturwissenschaft, die nicht mehr in ein lesendes Verhältnis zum einzelnen Text eintritt, ist – Kommunikationswissenschaft. Einen Text literarisch lesen heißt, sich einem individuellen Leseakt, einem Beziehungsgeschehen, einem Übertragungsereignis zwischen Text und Leser aussetzen. ‚Literarisch' ist in erster Linie ein bestimmter Modus des Lesens, nicht eine bestimmte Sorte Text. Empirische Literaturforschung, die auf statistischer Summierung individueller Leseakte beruht, muss daher auch die eigentlich literarische Lektüre stets aufheben – und ‚aufheben' heißt hier in erster Linie vernichten. Ein Terminus wie *distant reading* (Moretti 2013) verschleiert diesen Unterschied – den Unterschied zwischen dem Lesen von Texten und dem Auslesen von Daten. Das ist auch der Grund dafür, dass der dritte und vierte Teil dieses Handbuchs eine Reihe exemplarischer Lektüren versammelt, also historische Konjunkturen von Text und Emotion, die durch das Prisma einer individuellen Lektüre gebrochen sind.

Die Emotionsforschung in all ihrem epistemischen Reichtum kann für die Literaturwissenschaft nur ein Hilfsmittel sein – ein Hilfsmittel bei der für sie konstitutiven Anstrengung, den individuellen Leseakt zu objektivieren. Das heißt umgekehrt auch, Emotionsforschung ist dazu aufgerufen, eine Sprache zu entwickeln, die den ebenso komplexen wie subtilen affektiven Prozessen gerecht wird, die im Akt des Lesens ablaufen. Denn auch diese Prozesse sind ein unveräußerlicher Bestandteil menschlicher Emotionalität – und zwar ein Bestandteil, den die Emotionspsychologie noch kaum begonnen hat in den Blick zu nehmen. Dichtung und Literatur hätten sich als kultureller Erfahrungsraum nicht über Jahrtausende erhalten, wenn sie nicht einen spezifischen Aspekt menschlicher

Emotionalität repräsentierten. Eine literaturwissenschaftliche Emotionstheorie, die diesen Namen verdient, müsste der faszinierenden Wort- und Schriftgängigkeit menschlicher Emotionen Rechnung tragen. Sie müsste beschreiben können, wie Emotionen durch die scheinbar entkörperten Zeichen literarischer Texte übertragen und abgewehrt, aufbewahrt und abgeführt, gedämpft und verstärkt, rhythmisiert und wiederholt, verschoben und verwandelt, vermischt und verstreut werden.

5. Dimensionen des Literarischen

Wo haben wir die Emotionen der Literatur zu suchen? Im Autor? Im Leser? Oder im Text? Die Naivität eines solchen Lokalisierungsversuchs springt ins Auge. Dennoch sind mit Autor, Leser und Text drei Orientierungspunkte für die literaturwissenschaftliche Diskussion über Emotionen benannt. Von ihnen ist der Autor aufgrund der Emanzipation des literarischen Textes von seinem Urheber der unwahrscheinlichste Kandidat. Versuche, den emotionalen Gehalt eines Textes durch die „Emotionalisierungsabsicht" des Autors (Anz 2012, 168) zu bestimmen, verleugnen nicht ihre Herkunft aus der Rhetorik, die den Text als von der Gegenwart des Sprechers durchdrungen denkt – beispielsweise im Begriff des Ethos, der unter anderem die emotionale Investition des Redners in seine Rede umfasst (Arist. *Rhet.* 1356a). Wenn sich aber der literarische Text in seinem freien Spiel schon durch die Bedeutungsintentionen des großen Abwesenden (des Autors) nicht einschränken lässt, wie sollte er es dann in emotionaler Hinsicht tun? Abgesehen von der Rekonstruktion historischer Vorstellungen des schöpferischen Wahnsinns, der *mania*, des *furor poeticus* oder dichterischen Enthusiasmus, steht im Zentrum der theoretischen Aufmerksamkeit, wenn es um Emotionen geht, der Leser. Schon die aristotelische Kategorie des *pathos* war (in der *Rhetorik*, nicht aber in der *Poetik*!) eine Rezeptionskategorie. Eine Literaturwissenschaft, die nach Emotionen fragt, wird, so scheint es, zwangsläufig zur Rezeptionsforschung: Sei es, dass sie hermeneutisch-reflexiv aus der je eigenen Lektüre-Erfahrung extrapoliert; sei es, dass sie den Leser und seine Reaktionen gleichsam als Hohlform im Text – als ‚impliziten Leser' (Iser 1976) – vorgeformt sieht und damit der Schwierigkeit aus dem Weg geht, über reale Rezipienten spekulieren zu müssen, oder sei es, dass sie die Reaktionen tatsächlicher Leser empirisch zu erfassen und statistisch zu objektivieren sucht – als empirische Psychologie, die in diesem Fall mit literarischen Texten als Stimuli operiert (vgl. 2.7 MELLMANN).

Der Text hingegen scheint ein unmöglicher Kandidat für die Lokalisierung der Emotionen: „Literarische Texte können selbst nun einmal keine Affekte haben." (Anz 2006) Dieser Satz ist allerdings nur scheinbar eine Binsenweisheit. Dass der Text kein Emotionssubjekt sein kann, muss nicht heißen, dass er nicht als Emotionsort in Betracht kommt. Anz' Diktum unterschlägt die Komplexität des Übertragungsgeschehens zwischen Texten und Lesern – die Tatsache, dass die Emotionen des Lesers vom Text hervorgerufen, aber auch auf ihn projiziert werden. Mich ‚in ein Buch zu versenken', bedeutet auch, einen Teil meiner emotionalen Reaktionen *in* das Buch zu verlegen. Der Begriff der Versenkung („lost in a book" – Nell 1988) suggeriert, dass dabei etwas phantasmatisch in den Text verlegt wird. Diese Operation ist konstitutiv für den literarischen Leseakt. Insofern gilt, dass die Emotion, die der Text in mir erregt, nie ganz die meine ist (wie ‚meinig' Emotionen überhaupt sein können, ist eine andere Frage). Wenn Verkörperung, also die Empfindung der sie begleitenden physiologischen Prozesse, elementarer Bestandteil menschlicher Emotionen ist, so bietet sich das *Korpus* des Textes als imaginäres Äquivalent solch physiologischer Resonanz an – und zwar sowohl auf der Ebene der Fantasien, die er ermöglicht, als auch in seinem ‚So-Sein' als gestaltetes, rhythmisiertes Massiv aus Zeichen.

Es ist daher der Erfahrung des Lesens angemessen, von Emotionen *im* Text zu sprechen – etwa im Sinne einer emotionalen Codierung (Winko 2003), wobei diese Codierung die Emotionen nicht einfach zu ‚Textphänomenen' macht, sondern zu Effekten einer Transaktion, die unablässig zwischen Text und Leser abläuft – und dies vermutlich zu einem nicht geringen Teil auf unbewusster Ebene (Schönau und Pfeiffer 2003). So gut wie alle Aspekte des Textes, die die Literaturwissenschaft traditionell unterscheidet, können zu Auslösern und Trägern solcher emotionalen Effekte werden: die Ebene des Dargestellten (Handlungen, Schauplätze, Figuren etc.) ebenso wie die verschiedenen Ebenen der Darstellung, also einerseits die Domänen des explizit und implizit Gesagten, die Grammatik, Rhetorik, Rhythmik, Melodik und Komposition des Textes insgesamt, andererseits die Domäne der „narrativen Präsentation" (Winko 2003, 99), also Stimme und Modus des Erzählens; ja vor allem letztere, denn ein entscheidender Faktor in der emotionalen Wirkung narrativer Texte ist der Erzähler, der den Schlüssel zum Eintritt in die fiktive Welt in Händen hat.

Dass die emotionale Wirkung der Literatur auf einer Interaktion *zwischen* Text und Leser beruht, bezeugt eine Fülle von Übertragungsbegriffen, die üblicherweise zur Beschreibung dieser Wirkung verwendet werden: Perfektpartizipien wie ‚bewegt', ‚gerührt', ‚ergriffen', ‚erschüttert' auf der Subjektseite, und die entsprechenden Präsenspartizipien, ergänzt um Ausdrücke wie ‚packend', ‚fesselnd', ‚spannend', ‚mitreißend' auf der Objektseite. Sie alle erscheinen als Ausfaltungen des alten rhetorischen Konzepts des *movere*, das die affektive Beeinflussung des Zuhörers schlechthin bezeichnete (dazu: Kuehnast et al. 2014; vgl. Menninghaus et al. 2015). Und sie alle drücken Gefühlsübertragung in körperlichen Termini aus – als motorisches Geschehen, das das Subjekt am eigenen Leib erfährt. Milena Kuehnast und Mitautoren weisen darauf hin, dass es sich dabei nicht um exklusiv ästhetische, geschweige denn literarische Begriffe handelt (ebd.). Sie benennen vielmehr das bloße Faktum emotionaler Mitteilung, relativ unabhängig von der Art des Auslösers (Fiktionen oder Lebensereignisse) und von der Valenz der sich mitteilenden Emotionen (Hochzeiten können ebenso bewegend sein wie Begräbnisse). Gleichwohl sind sie an eine Beobachter-Perspektive gebunden, und man wird ihnen daher eine implizit ästhetische Bedeutungsdimension zusprechen dürfen.

Angesichts der Übertragbarkeit menschlicher Emotionen, die in der Semantik des *movere* ihren Niederschlag findet, muss eine Emotionstheorie der Literatur Denkmodelle solcher Transmission entwickeln. Hierbei ist es sinnvoll, Effekte, die an der Ebene des Dargestellten (der fiktiven Welt) ansetzen, von solchen zu unterscheiden, die sich auf die Ebene der Darstellung beziehen. Der erste Bereich, die emotionale Interaktion mit einer fiktiven Welt, stellt in ihrer bloßen Möglichkeit für eine bestimmte philosophische Tradition ein Problem dar, das unter dem Namen *paradox of fiction* verhandelt wird (s. u.). Für diese Ebene der Interaktion zwischen Text und Leser stehen meist die Begriffe Empathie und Sympathie (Hillebrandt 2011, 72–102). Soll allerdings das Bild dessen, was beim Lesen geschieht, nicht ganz und gar verflacht werden, so sind sie unbedingt zu ergänzen durch die komplexeren Interaktionsbegriffe psychoanalytischer Provenienz, vor allem das Konzept der Identifikation, aber auch den Komplementärbegriff der Projektion, ohne den das, was Menschen mit fiktionalen Texten tun, schlechthin nicht zu verstehen ist. Und wo die Empathie emotional bejaht, existieren genauso auch Akte emotionaler Verneinung, Abwehr oder Gegenbesetzung, ohne deren Einbezug das Bild nicht vollständig wäre. Die Geschichte des Begriffs Empathie ist nicht ohne Witz: Er hat im Deutschen weitgehend den in Ungnade gefallenen Begriff Einfühlung ersetzt, basiert dabei aber auf dem englischen Neologismus *empathy*, der eigens zur Übersetzung des deutschen Wortes Einfühlung geprägt wurde (Titchener 1909). Damit tritt er in lexikalische Konkurrenz zu dem sehr viel älteren (antiken) Begriff der Sympathie. Beide werden heute häufig im Sinne der Unterscheidung von emotionaler Anteilnahme (*feeling with* – Empathie) und Wertübereinstimmung (*feeling for* – Sympathie) voneinander abgegrenzt (Keen 2007, 4).

Sehr viel voraussetzungsreicher ist der Begriff der Identifikation. Wie vieles, was den Stempel der Psychoanalyse trägt, wird er in der psychologischen Debatte gemieden, bietet aber einen konzeptuellen Rahmen für ein Phänomen wie Empathie, das dadurch als Teil eines Beziehungsgeschehens verständlich wird (Loch

1975, 83). Der Begriff ist Teil des ‚unheimlichen' Beitrags der Psychoanalyse zur Ich-Psychologie, insofern er einen Prozess bezeichnet, der sich der bewussten Kontrolle größtenteils entzieht. Identifikation ist selten das Ergebnis einer bewussten Wahl. Solche Wahl folgt meist nur den Bahnen einer bereits unbewusst vollzogenen Identifizierung. Die Tatsache, dass Leser jederzeit disponiert sind, sich mit fiktiven Personen zu identifizieren, deutet auf den hohen Fantasieanteil des Vorgangs selbst, nicht nur jenen seiner Objekte. Und die Beobachtung, dass identifikatorisches Lesen oft in der Adoleszenz eine wichtige Rolle spielt, weist auf eine Verbindung zur Persönlichkeitsentwicklung. Bei Freud erscheint die Identifikation in zwiespältigem Licht: einerseits als Triebkraft von Idealbildung und Charakterentwicklung, andererseits als primitiv-kannibalische Urform der Liebe (Freud 1999 [1917]). Anders als kognitionswissenschaftliche Konzepte wie die *theory of mind* (Zunshine 2006) basiert der Begriff Identifikation nicht auf einer dogmatischen Subjekt-Objekt-Unterscheidung, sondern auf deren Problematisierung. In ihm steht das Subjekt nicht weniger in Frage als seine Objekte (Koppenfels 2012b, 20). Von allen anderen mimetischen Vorgängen unterscheidet sich die Identifikation durch ein Moment der Selbstveränderung, vorgestellt als Aufnahme von etwas Fremdem ins Ich. Dass Lektüren Leben verändern können (wie nicht nur die Religionsgeschichte lehrt), ist durch Begriffe wie Empathie oder Perspektivübernahme nicht erklärbar. Dafür bedarf es eines Konzepts von Identifizierung.

Auf der Ebene der literarischen Darstellung setzt eine andere Gruppe emotionaler Interaktionen an. Hier fällt zunächst eine Reihe von Phänomenen ins Auge, die sich auf die Komposition des Textes im Ganzen beziehen, – gelegentlich wird diese Ebene auch als „Art der Informationsvergabe" (Hillebrandt 2011, 61) bezeichnet. Typischerweise kommen hier ‚Denkemotionen' wie Überraschung, Neugierde oder Langeweile ins Spiel. Das faszinierende Zentrum dieser Gruppe bildet jedoch der Effekt der ‚Spannung' – wobei durchaus umstritten ist, ob es sich dabei um ein emotionales oder ein kognitives Phänomen handelt. Diese Ambivalenz führt in der Forschung zur Unterscheidung zweier Spannungstypen (Junkerjürgen 2002, 6; Hillebrandt 2011, 115; dazu Anz 1998, 157): Eine auf reinen Informationsdefiziten beruhende Rätselspannung (*mystery*) wird abgegrenzt vom Mitfiebern (*suspense*), das, obwohl ästhetisch-lustvoll, seine Abkunft von Angst und Sorge nicht verleugnen kann. Am konkreten Beispiel wird diese Unterscheidung freilich zumeist kollabieren: Im besonderen Emotionsraum der Literatur sind Informationshunger und empathisches Fieber jederzeit miteinander vereinbar.

Eine letzte Gruppe emotionaler Phänomene setzt an der poetischen Gestalt des Textes an. Hier geht es um das Gefühl der Schönheit oder Erhabenheit des Textes selbst, vielleicht auch das Gefühl seiner „widerwärtigen Großheit" (Goethe

1986 [1821], 305) oder seiner kristallinen Klarheit, schwebenden Leichtigkeit, barbarischen Pracht, turbulenten Fülle, bewundernswerten Genauigkeit, subtilen Perversität etc. – mit anderen Worten, um jene mannigfaltigen und schwer kalkulierbaren Empfindungen, die ein Text durch seine schiere Gemachtheit hervorruft; Reaktionen, die außer Lust und einem Werturteil je eigene emotionale Beimischungen enthalten. Roland Barthes fasste die Welt dieser Empfindungen unter dem Namen „Lust am Text" zusammen und sprach die Warnung aus, diese Lust werde sich jeglicher Institutionalisierung, auch der wissenschaftlichen, entziehen (Barthes 1973, 81). Trotzdem existiert eine lebhafte Debatte über die sogenannten „Artefakt-Emotionen" (Tan 1996), die auch als „ästhetische Emotionen" im engeren Sinn des Wortes bezeichnet werden (im weiteren Sinne bezeichnet der Begriff „ästhetische Emotionen" alle emotionalen Reaktionen, die sich auf Kunstwerke beziehen). Damit werden die Reaktionen der Leser auf die poetische Gestalt des Textes in die Diskussion über die Frage hineingezogen, ob es eine eigene Gruppe „ästhetischer Emotionen" gibt – Nelson Goodman spricht spöttisch von einer „speziellen Sekretion der ästhetischen Drüsen" (Goodman 1995 [1976], 228) – also Emotionen, die speziell durch ästhetische Erfahrung hervorgerufen werden und etwa abzugrenzen wären von den „Gebrauchsemotionen" (*utilitarian emotions*, Scherer 2005, 706) des Alltags, ob es sich bei ihnen lediglich um durch eine kognitive Rahmung namens ‚Kunst' modifizierte Varianten der Alltagsemotionen handelt oder ob der Begriff Emotion für sie vielleicht gänzlich fehl am Platz ist, weil es sich nur um eine Modalität der Lust ohne weitere emotionale Färbung handelt (Neill 2003; Levinson 1997).

Eine der ältesten Fragen der Dichtungstheorie betrifft den Einfluss der poetischen Gestaltung auf die emotionale Wirkung des Dargestellten. Schon in die aristotelische *Poetik* kann man die These hineinlesen, es sei die ‚Süße' der poetischen Sprache (Arist. 1449b 28–30), die den Schrecken der tragischen Handlung für den Zuschauer akzeptabel, ja lustvoll mache und damit wesentlich verantwortlich sei für die rätselhafte Leistung der Tragödie, negative Affekte für den Zuschauer ins Lustvolle umzuwandeln (vgl. 3.2 GÖDDE). Dies wäre die poetologische Lösung des in der Philosophie als ‚Tragödienparadox' diskutierten Problems (s. u.), dessen erste Formulierung sich im Ansatz ebenfalls in Aristoteles' *Poetik* findet (Arist. 1448b 10–12). Analog dazu sah Freud die wesentliche dichterische Leistung („die eigentliche *ars poetica*") ebenfalls in einer *Affektumwandlung*, nämlich darin, durch poetische Gestaltung die prinzipielle Abwehr zu überwinden, die jeder Mensch gegen die Fantasien und Tagträume des anderen hegt (Freud 1999 [1908]). Ein aktueller neuro-ästhetischer Ansatz legt nahe, dass bei solchen Leistungen die ‚Funktionslust' eine Rolle spielen könnte, mit der das Gehirn Reize prämiert, die sich aufgrund besonderer Angemessenheit an den kognitiven Apparat besonders ‚flüssig' verarbeiten lassen („processing fluency theory of aesthetic pleasure" – Reber et al. 2004). Im Bereich der Dichtung kommen zum Beispiel Metrum und Reim als Agenten einer derartigen Verflüssigungsmagie in Betracht (Obermeier et al. 2013). Poetische Kunst wäre in dieser Perspektive nichts anderes als angewandte Gestaltpsychologie.

Wie bereits anklang, gibt die Emotionalität der Literatur der philosophischen Ästhetik eine Reihe von Rätseln auf. Die oben in literaturpsychologischen Termini erläuterten Fragen erscheinen von der Warte der Philosophie aus in einem anderen Licht – wobei der philosophische Blick auf sie definitiv ein verfremdender Blick ist. Manche der von der analytischen Philosophie statuierten Probleme – etwa das sogenannte ‚Fiktionsparadox' – taugen geradezu als Grenzmarkierungen des literarischen Diskurses, das heißt zur Unterscheidung zwischen einer philosophischen und einer literarischen Lektüre. Denn literarisch lesen heißt, kurz gesagt, kein ‚Fiktionsparadox' zu kennen. Philosophisch lesen wiederum heißt hier, eine für jeden literarisch gebildeten Leser kinderleichte Operation – die emotionale Besetzung erfundener Figuren und Geschichten – ihrer Selbstverständlichkeit zu berauben. In seiner plakativen Form besagt das *paradox of fiction*, dass es inkonsistent und inkohärent sei, von Anna Kareninas Schicksal emotional bewegt zu werden (Radford 1975, 78). Diese These basiert auf der kognitivistischen Annahme, dass Emotionen realitätsbezogene Urteile sind, dass wir also an die reale Existenz eines Objekts glauben müssen, um von ihm emotional bewegt zu werden – was bei Anna Karenina offenbar nicht der Fall ist. Wie restriktiv und absurd diese Prämisse unter literarischen Gesichtspunkten wirkt, lässt sich am Beispiel einer klassischen Erzählung erläutern, die vom Zusammenbruch fiktionaler Rahmung handelt: Jener Prämisse zufolge handelt Don Quijote, als er Meister Pedros Puppenspiel mit dem Schwert attackiert, weil er die darin gespielte Bedrohung für real hält, konsistenter als seine Mitzuschauer, die ebenfalls um die im Spiel bedrohte Prinzessin zittern, jedoch keinen Finger rühren, um zu ihrer Rettung aktiv zu werden. Sein Wahnsinn, der ihm die Fähigkeit nimmt, zwischen Realität und Fiktion zu unterscheiden, bewahrt ihn zugleich davor, dem ‚Fiktionsparadox' anheimzufallen.

Ein traditionelles Lösungsangebot für dieses Paradox liegt im Begriff der selbstgewählten Illusion – „willing suspension of disbelief" (Coleridge 1905 [1817]) – also in der Vorstellung eines Glaubenspaktes mit der Fiktion, oder anders gesagt in einer kognitiven Rahmung, die die Unterscheidung zwischen realen und erdachten Gegenständen partiell außer Kraft setzt. Einen anderen Lösungsweg eröffnet Kendall Waltons am Spielbegriff (*pretend play*) orientierte Fiktionstheorie; ihr zufolge sind unsere Gefühle für Anna Karenina keine Emotionen im eigentlichen Sinne des Wortes, sondern ‚Quasi-Emotionen' im Spielmodus, die nach selbstgesetzten Regeln funktionieren (Walton 1978). Ein dritter Lösungsansatz besteht darin, die kognitivistische Glaubensprämisse aufzugeben und anzuerkennen, dass schon die bloße Vorstellung eines Gegenstandes Emotionen auslösen kann (Lamarque 1981). Dieser dritte Weg ist am ehesten mit literarischer Erfahrung vereinbar, denn er anerkennt die Zeichenabhängigkeit von Emotionen. Auch erlaubt er den Anschluss an evolutionistische Ansätze, die den menschlichen Umgang mit Fiktionen (einschließlich ihrer emotionalen Besetzung) als eine Art ‚entkoppeltes' Mentaltraining verstehen, das der Selbstorganisation des Geistes dient (Tooby und Cosmides 2001). Als fiktional-zeichenhaft und realitätsgebunden zugleich lassen sich die literarischen Emotionen deuten, wenn sie als Übertragungen, also zum Beispiel als verschobene Wiederholungen kindheitlicher ‚Schlüsselszenarien' gedacht werden (de Sousa 1997, 12). Eine solche Übertragungsbeziehung postulierte im Übrigen schon Freud (Freud 1999 [1900], 269), als er die Frage nach dem Grund für die ‚ergreifende' Wirkung des *König Ödipus* stellte und sie aus der psychischen Realität der Eltern-Kind-Beziehung herleitete (vgl. 2.4 ANGELOCH).

Anders als die zitierte philosophische Debatte verdankt das sogenannte ‚Tragödienparadox' seine Existenz nicht lediglich einem allzu restriktiven kognitivistischen Emotionsbegriff. Es verweist vielmehr auf grundlegende Probleme in unserem Verständnis der emotionalen Funktion von Literatur. Ja, möglicherweise liefert es sogar einen Hinweis darauf, dass die Lust-Unlust-Polarisierung des gängigen Emotionsmodells auch außerhalb künstlerischer Kontexte der Komplexität emotionaler Erfahrung nicht gerecht wird. Jedenfalls handelt es sich um eine der ältesten Fragen der Kunsttheorie: Wenn Menschen Unlust grundsätzlich vermeiden, warum setzen sie sich in bestimmten Situationen, zum Beispiel auf den Stufen des Athener Dionysos-Theaters, freiwillig fiktiven Szenarien aus, die sie mit Unlust (Jammer, Schaudern, Angst und Ekel) konfrontieren? Solche Szenarien scheinen die anthropologische Prämisse der Schmerzvermeidung in Frage zu stellen. Zwar wird das Paradox gelegentlich ins allgemein Ästhetische erweitert (*paradox of painful art* – Smuts 2007), doch bildet das tragische *pathos* zweifellos den seit Jahrtausenden verhandelten Kern des Problems. Schon Aristoteles' undurchsichtige Katharsis-Theorie (Arist. Poet. 1449b 28) stellte einen Lösungsversuch dar. Je nach Interpretation kann man sie als die erste der „Konversionstheorien" (Smuts 2009) verstehen, die dem Kunstwerk die Fähigkeit zusprechen, unlustvolle Regungen unmittelbar in lustvolle zu verwandeln (ähnlich: Hume 1985 [1757]). Die aristotelische *katharsis* kann aber auch im Sinne einer ‚Kompensationstheorie' gedeutet werden, das heißt im Sinne der Vorstellung, dass schmerzliche Wirkungen der Tragödie zwar als solche erhalten bleiben, aber durch Lustgewinne an anderer Stelle, etwa im Genuss der poetischen Gestalt des Textes oder im Hochgefühl der Kontrolle über den Ablauf des Geschehens (Morreall 1985) kompensiert und überlagert werden. Das Pathetisch-Erhabene in Schillers an Kant geschulter Fassung, gemäß der sich das Vernunftsubjekt über seine eigene Leidensnatur erhebt, bildet das beste Beispiel einer derartigen Überstiegsfigur. Eine radikale Variante solcher Vorstellungen repräsentiert die schon im 18. Jahrhundert diskutierte Theorie der ‚reichen Erfahrung', die die Prämisse der Unlustvermeidung für die Sphäre der Kunst grundsätzlich in Zweifel zieht und den Menschen in ihr auf der Suche nach mehrdimensionaler, ‚gemischter' Erfahrung sieht (Smuts 2007).

Nun könnte man freilich im Fall des *pathos* der attischen Tragödie, das unzweifelhaft rituellen Ursprungs ist, daran zweifeln, ob sein rätselhafter Charakter im diskursiven Rahmen der philosophischen Ästhetik überhaupt auflösbar ist; man könnte auf die Analogie zum christlichen Passionskult verweisen, in dem das Prinzip der Schmerzvermeidung durch stärkere – religiöse – Motive außer Kraft gesetzt wird. Doch selbst wenn die Betrachtung der Tragödie unter ausschließlich ästhetischen Gesichtspunkten ihr Verständnis blockieren sollte, so ist sie doch zumindest *auch* ein ästhetisches Phänomen. Und als solches fordert sie (und all das, wofür sie exemplarisch steht) immer wieder ‚hedonische', das heißt auf einem allzu einfachen Begriff von Lustsuche und Schmerzvermeidung basierende Kunsttheorien heraus. Damit eröffnet die Tragödie einen Durchblick auf eine Theorie der Kunst jenseits des Lustprinzips, die auf Erkenntnis und denkende Bewältigung emotionaler Erfahrung insgesamt ausgerichtet ist: „All art but the very greatest is consolation and fantasy, but really great art is a form of knowledge." (Byatt und Sodré 1995, 247)

6. Das *Handbuch Literatur & Emotionen*: Konzeption und Gebrauch

Das vorliegende Handbuch schlägt den Bogen von der Literatur der Antike bis zu jener des 21. Jahrhunderts und versammelt Beiträge aus der Klassischen Philologie, Anglistik, Germanistik, Komparatistik, Romanistik und Slawistik. Dass auf diesem Parcours nicht mehr als einzelne Schlaglichter geworfen werden können, sollte nach den einleitenden Bemerkungen deutlich geworden sein. Zu umfassend ist das Feld, zu heterogen sind die aktuellen Bemühungen in der Forschung, dieses Gebiet auszumessen und zu erschließen. Der Herausforderung, ein Handbuch zum Thema *Literatur & Emotionen* zu konzipieren, lässt sich deshalb nur durch rigide Beschränkung begegnen, die auf die Exemplarität der ausgewählten Themen vertraut und unterschiedliche Perspektivierungen dieser Gegenstände nicht nur stillschweigend toleriert, sondern zu ihnen einlädt. Zwar soll ein Handbuch selbstverständlich den ‚Stand der Forschung' darstellen und systematisieren. Angesichts des Reichtums einer Tradition, die bereits seit der

Antike über Emotionen, Modi ihrer Darstellung und ihrer Wirkung nachgedacht hat, greift die Beschränkung auf die aktuellen Diskussionsverläufe allerdings zu kurz. Die im zweiten Abschnitt unter *Theorien* versammelten Artikel wollen deshalb keine Methodenreflexion im engen Sinn liefern, sondern den Blick für die historische Tiefendimension von Emotionstheorien öffnen. Die antike und frühneuzeitliche Poetik und Rhetorik (vgl. 2.1 TILL), die philosophische Ästhetik (vgl. 2.2 RECKI), Einfühlungsästhetik und literarische Hermeneutik (vgl. 2.3 MÜLLER-TAMM) sowie die Psychoanalyse (vgl. 2.4 ANGELOCH) werden hier mit gleicher Aufmerksamkeit bedacht wie die gegenwärtig diskutierten Ansätze einer soziologisch, historisch oder empirisch orientierten Forschung (vgl. 2.5 SCHAHADAT; 2.6 LEHMANN; 2.7 MELLMANN).

Die Auswahl der in den Abschnitten (3.) *Emotionen: Modelle und Begriffe* und (4.) *Exemplarische Lektüren* versammelten Artikel folgt Fragen, die sich aus dem Material, das heißt aus den Texten und ihrer Geschichte ergeben. Welche emotionalen Komplexe sind in der literarischen Tradition vorzugsweise thematisiert worden (Zorn, Liebe, Melancholie, Schock, Trauma)? Wo haben literarische Formen und ihre poetologische Reflexion an der Auffassung von diesen Emotionen mitgearbeitet oder sogar eigene Emotionsbegriffe hervorgebracht (hohe Liebe, Grausen, Erhabenes, Empfindsamkeit)? Welche literarischen Gattungen oder Textsorten stehen in besonders engem Zusammenhang zu Emotionen (Tragödie, Schauerroman, Erlebnislyrik)? Und welche Autoren haben prägende Emotionsbegriffe oder -poetiken ins Werk gesetzt? Unter (3.) *Emotionen: Modelle und Begriffe* finden sich Beiträge, die sich mit der Konzeptualisierung einzelner Emotionen wie Zorn (3.1 CAIRNS), Liebe (3.4 WILD; 3.8 GIURIATO), Trauer und Melancholie (3.5 GOEBEL; 3.6 ETTE) oder Schock (3.10 EHRLICHER), sowie mit der Genese zentraler Emotionsbegriffe wie dem antiken *Pathos* (3.2 GÖDDE), dem Übergang vom Affekt- zum Gefühlsbegriff (3.7 FIRGES/VOGEL) oder der Stimmung als zentraler Kategorie der Lyrik im 19. Jahrhundert (3.9 MEYER-SICKENDIEK) befassen. Die unter (4.) *Exemplarische Lektüren* zusammengefassten Artikel diskutieren historische Konjunkturen von Poetik, Stil und Emotion am Beispiel einzelner Texte oder Textgruppen. Die zweifellos in verschiedene Richtungen fortsetzbare Reihe reicht von Shakespeares Modellierung der Affekte insbesondere in seinen Komödien (4.1 LOBSIEN), Racines klassizistischer Tragödie im Problemhorizont der cartesianischen Fassung der Leidenschaften (4.2 GEISENHANSLÜKE) und den Taktiken höfischer Affektkontrolle bei Gracian (4.3 SCHUMM) über Klopstocks und Goethes Hymnik (4.4 HAMILTON), Schillers Affektrhetorik und Affektdramaturgie (4.5 BENTHIEN) und Walpoles sowie Radcliffes *gothic novel* (4.6 FRANK) bis hin zu Tolstojs Konzept einer Gefühlsansteckung durch Lektüre (4.7 SASSE), den Schreibweisen des Traumas in der Holocaust-Literatur (4.8 KASPER) und der

Gefühlsblindheit und dem kalten Stil in der Prosa von J. M. Coetzee (4.9 STOCK-HAMMER).

Ein Glossar mit rund 70 Lemmata soll Hilfestellung beim Lesen des Handbuchs bieten oder bei Bedarf auch zur ersten Orientierung im Feld *Literatur & Emotionen* dienen, indem es knappe Bestimmungen und Erklärungen einzelner Emotionsbegriffe und Fachtermini liefert sowie einschlägige Texte zur weiterführenden Beschäftigung nennt. Die vollständigen Angaben der im Glossar genannten Texte finden sich im Allgemeinen Literaturverzeichnis, das keinen Anspruch auf Vollständigkeit erhebt. Ein Personen- und Sachregister und ein System von Querverweisen erschließen den Band, der auch der gezielten punktuellen Lektüre zugänglich sein soll. Diese Hilfsmittel dienen der Bequemlichkeit des Lesers. Sie sollen und wollen nicht verschleiern, dass dieses Handbuch kein Buch der Faustregeln, sondern eines der Fingerzeige, kein Lehr-, sondern ein Fragenbuch ist.

Unser Dank gilt den Autorinnen und Autoren, die sich aus ihren unterschiedlichen disziplinären Perspektiven auf das Projekt eines Handbuchs mit seinen ganz eigenen Vorgaben eingelassen haben. Besonderer Dank gebührt unseren Mitarbeiterinnen Johanna Schumm, Jenny Willner, Maria Fixemer, Carina Breidenbach (München) und Jasmin Centner, Désirée Regener, Sarah Goeth und Laura Wittwer (Hamburg), die mit Engagement und Geduld recherchiert, redigiert und korrigiert, Registermarken und Querverweise gesetzt haben.

Literaturverzeichnis

Anz, Thomas. „Emotional Turn? Beobachtungen zur Gefühlsforschung". *literaturkritik.de* (2006/12): http://www.literaturkritik.de/public/rezension.php?rez_id=10267.

Anz, Thomas. „Gefühle ausdrücken, hervorrufen, verstehen und empfinden. Vorschläge zu einem Modell emotionaler Kommunikation mit literarischen Texten". *Emotionen in Literatur und Film*. Hrsg. von Sandra Poppe. Würzburg: Königshausen & Neumann, 2012. 155–170.

Anz, Thomas. *Literatur und Lust. Glück und Unglück beim Lesen*. München: Beck, 1998.

Aristoteles. *Poetik. Werke in deutscher Übersetzung*. Bd. 5. Übers. und hrsg. von Arbogast Schmitt. Berlin: Akademie-Verlag, 2011. (Stellenangaben mit Namenskürzel. *Kurztitel* Seite Spalte Zeile nach Bekker-Zählung)

Aristoteles. *Rhetorik. Werke in deutscher Übersetzung*. Bd. 4. Übers. und hrsg. von Christof Rapp. Berlin: Akademie-Verlag, 2002. (Stellenangaben mit Namenskürzel. *Kurztitel* Seite Spalte Zeile nach Bekker-Zählung)

Auerbach, Erich. „Racine und die Leidenschaften". *Gesammelte Aufsätze zur romanischen Philologie*. Hrsg. von Erich Auerbach mit Fritz Schalk. Bern und München: Francke, 1967. 196–203.

Barthes, Roland. *Le plaisir du texte*. Paris: Seuil, 1973.

Begemann, Christian. *Furcht und Angst im Prozeß der Aufklärung. Zu Literatur und Bewußtseinsgeschichte des 18. Jahrhunderts*. Frankfurt am Main: Athenäum, 1987.
Benedict, Ruth. *Chrysantheme und Schwert. Formen der japanischen Kultur*. Frankfurt am Main: Suhrkamp, 2006 [1946].
Benthien, Claudia, Anne Fleig und Ingrid Kasten (Hrsg.). *Emotionalität. Zur Geschichte der Gefühle*. Köln, Weimar und Wien: Böhlau, 2000.
Benthien, Claudia. *Tribunal der Blicke. Kulturtheorien von Scham und Schuld und die Tragödie um 1800*. Köln, Weimar und Wien: Böhlau, 2011.
Boeschenstein, Herrmann. *Deutsche Gefühlskultur. Studien zu ihrer dichterischen Erscheinung*. Bd. 1: *Die Grundlagen. 1770–1830*. Bd. 2: *1830–1930*. Bern: Paul Haupt, 1954 und 1966.
Briggs, Jean. *Never in Anger: Portrait of an Eskimo Family*. Cambridge, MA: Harvard University Press, 1970.
Byatt, Antonia S., und Ignês Sodré. *Imagining Characters*. London: Chatto & Windus, 1995.
Campe, Rüdiger. *Affekt und Ausdruck. Zur Umwandlung der literarischen Rede im 17. und 18. Jahrhundert*. Tübingen: Niemeyer, 1990.
Coleridge, Samuel Taylor. *Biographia Literaria*. Bd. 2. Oxford: Clarendon Press, 1907 [1817].
Damasio, Antonio. *Descartes' Irrtum. Fühlen, Denken und das menschliche Gehirn*. München: List, 1995 [1994].
Damasio, Antonio. *Der Spinoza-Effekt. Wie Gefühle unser Leben bestimmen*. München: List, 2003.
Darwin, Charles. *The Expression of Emotions in Man and Animals*. Hrsg. von Paul Ekman. London: Pickering, 1989 [1872].
De Man, Paul. *Allegories of Reading*. New Haven, CT und London: Yale University Press, 1979.
De Sousa, Ronald. *Die Rationalität der Gefühle*. Übers. von Helmut Pape. Frankfurt am Main: Suhrkamp, 1997.
Demmerling, Christoph, und Hilge Landweer. *Philosophie der Gefühle. Von Achtung bis Zorn*. Stuttgart und Weimar: Metzler, 2007.
Derrida, Jacques. *De la grammatologie*. Paris: Minuit, 1967.
Dinzelbacher, Peter. „Gefühl und Gesellschaft im Mittelalter. Vorschläge zu einer emotionsgeschichtlichen Darstellung des hochmittelalterlichen Umbruchs". *Höfische Literatur, Hofgesellschaft, höfische Lebensformen um 1200*. Hrsg. von Gert Kaiser und Jan-Dirk Müller. Düsseldorf: Droste, 1986. 213–241.
Dixon, Thomas. *From Passions to Emotions. The Creation of a Secular Psychological Category*. Cambridge: Cambridge University Press, 2006.
Ekman, Paul. „Are There Basic Emotions?". *Psychological Review* 99.3 (1992): 550–553.
Elias, Norbert. *Über den Prozeß der Zivilisation. Soziogenetische und psychogenetische Untersuchungen*. Frankfurt am Main: Suhrkamp 1997 [1939].
Eming, Jutta. *Emotion und Expression. Untersuchungen zu deutschen und französischen Liebes- und Abenteuerromanen des 12.–16. Jahrhunderts*. Berlin und New York, NY: De Gruyter, 2006.
Fink-Eitel, Hinrich. „Affekte. Versuch einer philosophischen Bestandsaufnahme". *Zeitschrift für Philosophische Forschung* 40 (1986): 520–542.
Flashar, Hellmut. „Die medizinischen Grundlagen der Lehre von der Wirkung der Dichtung in der griechischen Poetik". *Hermes* 84 (1956): 12–48.
Foley, Helene P. „The Politics of Tragic Lamentation". *Female Acts in Greek Tragedy*. Princeton, NJ und Oxford: Princeton University Press, 2001. 19–55.

Freud, Sigmund. *Die Traumdeutung. Gesammelte Werke*. Hrsg. von Anna Freud, Marie Bonaparte, E. Bibring und W. Hoffer. Bd. 2/3. Frankfurt am Main: Fischer, 1999 [1900].

Freud, Sigmund. „Der Dichter und das Phantasieren" [1908]. *Gesammelte Werke*. Hrsg. von Anna Freud, Marie Bonaparte, E. Bibring und W. Hoffer. Bd. 7. Frankfurt am Main: Fischer, 1999. 213–223.

Freud, Sigmund. *Vorlesungen zur Einführung in die Psychoanalyse. Gesammelte Werke*. Hrsg. von Anna Freud, Marie Bonaparte, E. Bibring und W. Hoffer. Bd. 11. Frankfurt am Main: Fischer, 1999 [1916/1917].

Freud, Sigmund. „Trauer und Melancholie" [1917]. *Gesammelte Werke*. Hrsg. von Anna Freud, Marie Bonaparte, E. Bibring und W. Hoffer. Bd. 10. Frankfurt am Main: Fischer, 1999. 427–446.

Frevert, Ute. *Vergängliche Gefühle*. Göttingen: Vandenhoeck & Ruprecht, 2013.

Galgut, Elisa. „Emotions and Literature". *Encyclopedia of Aesthetics*. Hrsg. von Michael Kelly. New York, NY und Oxford: Oxford University Press, 2014. 483–489.

Geitner, Ursula. *Die Sprache der Verstellung. Studien zum rhetorischen und anthropologischen Wissen im 17. und 18. Jahrhundert*. Tübingen: Niemeyer, 1992.

Girard, René. *A Theatre of Envy. William Shakespeare*. New York, NY: Oxford University Press, 1991.

Goethe, Johann Wolfgang von. *Tag- und Jahres-Hefte. Sämtliche Werke nach Epochen seines Schaffens*. Bd. 14. *Autobiographische Schriften der frühen Zwanzigerjahre*. Hrsg. von Reiner Wild. München: Beck, 1986. 7–322 [1821].

Goodman, Nelson. *Sprachen der Kunst. Entwurf einer Symboltheorie*. Frankfurt am Main: Suhrkamp, 1995 [1976].

Griffiths, Paul. „Is Emotion a Natural Kind?". *Thinking about Feeling*. Hrsg. von Robert Solomon. Oxford: Oxford University Press, 2004. 233–249.

Grimm, Hartmut. „Affekt". *Ästhetische Grundbegriffe. Historisches Wörterbuch in sieben Bänden*. Bd 1. Hrsg. von Karlheinz Barck, Martin Fontius, Dieter Schlenstedt, Burkhart Steinwachs und Friedrich Wolfzettel. Stuttgart und Weimar: Metzler, 2000. 16–49.

Heeg, Günter. *Das Phantasma der natürlichen Gestalt. Körper, Sprache und Bild im Theater des 18. Jahrhunderts*. Frankfurt am Main und Basel: Stroemfeld, 2000.

Hillebrandt, Claudia. *Das emotionale Wirkungspotenzial von Erzähltexten. Mit Fallstudien zu Kafka, Perutz und Werfel*. Berlin: Akademie-Verlag, 2011.

Hochschild, Arlie Russell. „Emotion Work, Feeling Rules, and Social Structure". *American Journal of Sociology* 85.3 (1979): 551–575.

Hochschild, Arlie Russell. *The Managed Heart: Commercialization of Human Feeling*. Berkeley, CA: University of California Press, 1983.

Hoessly, Fortunat. *Katharsis. Reinigung als Heilverfahren. Studie zum Ritual der archaischen und klassischen Zeit sowie zum Corpus Hippocraticum*. Göttingen: Vandenhoeck & Ruprecht, 2001.

Hose, Martin. „‚Angst hab' ich, dass sie etwas Schlimmes plant.' Über die produktive Rolle der Angst in der griechischen Tragödie". *Existenzangst und Mut zum Sein*. Hrsg. von Gunther Wenz. Göttingen: Vandenhoeck & Ruprecht, 2014. 30–49.

Huizinga, Johan. *Herbst des Mittelalters. Studien über Lebens- und Geistesformen des 14. und 15. Jahrhunderts in Frankreich und den Niederlanden*. Stuttgart: Kröner, 1975 [1924].

Hume, David. „Of Tragedy" [1757]. *Essays Moral, Political and Literary*. Hrsg. von Eugene F. Miller. Indianapolis, IN: Liberty Classics, 1985. 223–224.

Illouz, Eva. *Gefühle in Zeiten des Kapitalismus*. Übers. von Martina Hartmann. Frankfurt am Main: Suhrkamp, 2006 [2004].
Iser, Wolfgang. *Der Akt des Lesens. Theorie ästhetischer Wirkung*. München: Fink, 1976.
Jakobson, Roman. „Linguistik und Poetik" [1960]. *Poetik. Ausgewählte Aufsätze 1921–1971*. Frankfurt am Main: Suhrkamp, 1979. 83–121.
Junkerjürgen, Ralf. *Spannung. Narrative Verfahrensweisen der Leseraktivierung. Eine Studie am Beispiel der Reiseromane von Jules Verne*. Frankfurt am Main u. a.: Lang, 2002.
Kasten, Ingrid (Hrsg.). *Machtvolle Gefühle*. Berlin und New York, NY: De Gruyter, 2010.
Kasten, Ingrid, Gesa Stedmann und Margarete Zimmermann. „Lucien Febvre und die Folgen. Zu einer Geschichte der Gefühle und ihrer Erforschung". *Querelles* 7 (2002): 9–25.
Kasten, Ingrid, und C. Stephen Jaeger (Hrsg.). *Codierungen von Emotionen im Mittelalter*. Berlin und New York, NY: De Gruyter, 2003.
Keen, Suzanne. *Empathy and the Novel*. Oxford: Oxford University Press, 2007.
Klein, Melanie. „Love, Guilt and Reparation" [1937]. *Love, Guilt and Reparation and Other Works 1921–1945*. New York, NY: Dell, 1975. 306–343.
Klein, Melanie. „Envy and Gratitude" [1957]. *Envy and Gratitude and Other Works 1946–1963*. New York, NY: Free Press, 1975. 176–235.
Kleinschmidt, Erich. „Sprache und Gefühle. Geschlechterdifferenz und Affekt in der Sprachpoetik des 18. Jahrhunderts". *Arcadia* 29.1 (1994): 1–19.
Konstan, David. *The Emotions of the Ancient Greeks. Studies in Aristotle and Classical Literature*. Toronto: University of Toronto Press, 2006.
Konstan, David. „Haben Gefühle eine Geschichte?" *Pathos, Affekt, Emotion. Transformationen der Antike*. Hrsg. von Martin Harbsmeier und Sebastian Möckel. Frankfurt am Main: Suhrkamp, 2009. 27–46.
Koppenfels, Martin von. „Ein Schloss am Meer. Freuds Traum vom ‚Frühstücksschiff' und das Affektkapitel der *Traumdeutung*". *Traum. Theorie und Deutung* (= Sonderheft *Psyche*) 66.9/10 (2012a): 968–991.
Koppenfels, Martin von. *Schwarzer Peter. Der Fall Littell, die Leser und die Täter*. Göttingen: Vandenhoeck & Ruprecht, 2012b.
Košenina, Alexander. *Anthropologie und Schauspielkunst. Studien zur ‚eloquentia corporis' im 18. Jahrhundert*. Tübingen: Niemeyer, 1995.
Kövecses, Zoltan. „Introduction: Language and Emotion Concepts". *Everyday Conceptions of Emotion*. Hrsg. von James Russell, José-Miguel Fernández-Dols, Antony Manstead und J. C. Wellenkamp. Dordrecht: Springer, 1995. 3–15.
Kuehnast, Milena, Valentin Wagner, Eugen Wassiliwizky, Thomas Jacobsen und Winfried Menninghaus. „Being Moved: Linguistic Representation and Conceptual Structure". *Frontiers in Psychology* 5 (2014): http://journal.frontiersin.org/article/10.3389/fpsyg.2014.01242/full.
Lamarque, Peter. „How Can We Fear and Pity Fictions?". *British Journal of Aesthetics* 21.4 (1981): 291–304.
Landweer, Hilge, und Ursula Renz. „Zur Geschichte philosophischer Emotionstheorien". *Handbuch klassische Emotionstheorien*. Hrsg. von Hilge Landweer und Ursula Renz. Berlin und New York, NY: De Gruyter, 2008. 1–18.
Lemke, Anja. „‚Gemüts-Bewegungen'. Affektzeichen in Kleists Aufsatz ‚Über das Marionettentheater'". *Kleist-Jahrbuch* (2009): 183–201.
Lepper, Marcel. *Lamento. Zur Affektdarstellung in der Frühen Neuzeit*. Frankfurt am Main u. a.: Lang, 2008.

Levinson, Jerrold. „Emotion in Response to Art: A Survey of the Terrain". *Emotion and the Arts*. Hrsg. von Mette Hjort und Sue Laver. Oxford und New York, NY: Oxford University Press, 1997. 20–36.

Loch, Wolfgang. „Identifikation – Introjektion". *Über Begriffe und Methoden der Psychoanalyse*. Bern: Huber, 1975. 71–90.

Loraux, Nicole. *Die Trauer der Mütter. Weibliche Leidenschaft und die Gesetze der Politik*. Übers. von Eva Moldenhauer. Frankfurt am Main und New York, NY: Campus Verlag, 1992 [1985].

Luhmann, Niklas. *Liebe als Passion. Zur Codierung von Intimität*. Frankfurt am Main: Suhrkamp, 1982.

Luserke, Matthias (Hrsg). *Die aristotelische Katharsis. Dokumente ihrer Deutung im 19. und 20. Jahrhundert*. Hildesheim: Olms, 1991.

Luserke, Matthias. *Die Bändigung der wilden Seele. Literatur und Leidenschaft in der Aufklärung*. Stuttgart und Weimar: Metzler, 1995.

Lutz, Catherine A. *Unnatural Emotions: Everyday Sentiments on a Micronesian Atoll and their Challenge to Western Theory*. Chicago, IL: University of Chicago Press, 1988.

Martini, Thorsten W. D. *Facetten literarischer Zorndarstellungen. Analysen ausgewählter Texte der mittelalterlichen Epik des 12. und 13. Jahrhunderts unter Berücksichtigung der Gattungsfrage*. Heidelberg: Winter, 2009.

Menninghaus, Winfried. „Dichtung als Tanz – Zu Klopstocks Poetik der Wortbewegung". *Comparatio. Revue Internationale de Littérature Comparée* 2–3 (1991): 129–150.

Menninghaus, Winfried, Valentin Wagner, Julian Hanich, Eugen Wassiliwizky, Milena Kuehnast und Thomas Jacobsen. „Towards a Psychological Construct of Being Moved". *PLOS ONE* 10.6 (2015): journals.plos.org/plosone/article?id=10.1371/journal.pone.0128451.

Meyer-Kalkus, Reinhart. *Wollust und Grausamkeit. Affektenlehre und Affektdarstellung in Lohensteins Dramatik*. Göttingen: Vandenhoeck & Ruprecht, 1986.

Meyer-Sickendiek, Burkhardt. *Affektpoetik. Eine Kulturgeschichte literarischer Emotionen*. Würzburg: Königshausen & Neumann, 2005.

Mog, Paul. *Ratio und Gefühlskultur. Studien zur Psychogenese und Literatur im 18. Jahrhundert*. Tübingen: Niemeyer, 1976.

Moretti, Franco. *Distant Reading*. London und New York, NY: Verso, 2013.

Morreall, John. „Enjoying Negative Emotions in Fictions". *Philosophy and Literature* 9.1 (1985): 95–103.

Mühlen, Karl-Heinz zur. „Die Affektenlehre im Spätmittelalter und in der Reformationszeit". *Archiv für Begriffsgeschichte* 35 (1992): 93–114.

Neill, Alex. „Art and Emotion". *The Oxford Handbook of Aesthetics*. Hrsg. von Jerrold Levinson. Oxford und New York, NY: Oxford University Press, 2003. 421–435.

Nell, Victor. *Lost in a Book. The Psychology of Reading for Pleasure*. New Haven, CT: Yale University Press, 1988.

Newmark, Christine. *Passion – Affekt – Gefühl. Philosophische Theorien der Emotionen zwischen Aristoteles und Kant*. Hamburg: Meiner, 2008.

Nussbaum, Martha. *Upheavals of Thought: The Intelligence of Emotions*. Cambridge: Cambridge University Press, 2001.

Obermeier, Christian, Winfried Menninghaus, Martin von Koppenfels, Tim Raettig, Maren Schmidt-Kassow, Sascha Otterbein und Sonja Kotz. „Aesthetic and Emotional Effects of Meter and Rhyme in Poetry". *Frontiers in Psychology* 4.10 (2013): http://journal.frontiersin.org/article/10.3389/fpsyg.2013.00010/full.

Panksepp, Jaak. *Affective Neuroscience: The Foundations of Human and Animal Emotions*. Oxford und New York, NY: Oxford University Press, 1998.
Plett, Heinrich-F. *Rhetorik der Affekte. Englische Wirkungsästhetik im Zeitalter der Rennaissance*. Tübingen: Niemeyer, 1975.
Port, Ulrich. „‚Pathosformeln' 1906–1933: Zur Theatralität starker Affekte nach Aby Warburg". *Theatralität und die Krisen der Repräsentation*. Hrsg. von Erika Fischer-Lichte. Stuttgart und Weimar: Metzler, 2001. 226–251.
Port, Ulrich. *Pathosformeln. Die Tragödie und die Geschichte exaltierter Affekte (1755–1888)*. München: Fink, 2005.
Radford, Colin. „How Can We Be Moved by the Fate of Anna Karenina?". *Proceedings of the Aristotelian Society*, Supp. Bd. 49 (1975): 67–80.
Reber, Rolf, Norbert Schwarz und Piotr Winkielman. „Processing Fluency and Aesthetic Pleasure: Is Beauty in the Perceiver's Processing Experience?". *Personality and Social Psychology Review* 8.4 (2004): 364–382.
Ridder, Klaus. „Kampfzorn. Affektivität und Gewalt in mittelalterlicher Epik". *Wahrnehmen und Handeln. Perspektiven einer Literaturanthropologie*. Hrsg. von Wolfgang Braungart, Klaus Ridder und Friedmar Apel. Bielefeld: Aisthesis, 2004. 41–55.
Robinson, Jenefer. *Deeper than Reason. Emotion and its Role in Literature, Music, and Art*. Oxford: Clarendon Press, 2005.
Rosenwein, Barbara. „Worrying about Emotions in History". *The American Historical Review* 107.3 (2002): 821–845.
Rotermund, Erwin. *Affekt und Artistik. Studien zu Leidenschaftsdarstellung und zu Argumentationsverfahren bei Hofmann von Hofmannswaldau*. München: Fink, 1972.
Ruppert, Rainer. *Labor der Seele und der Emotionen. Funktionen des Theaters im 18. und frühen 19. Jahrhundert*. Berlin: Edition Sigma, 1995.
Russell, James A. „Core Affect and the Psychological Construction of Emotion". *Psychological Review* 110.1 (2003): 145–172.
Schadewaldt, Wolfgang. „Furcht und Mitleid? Zur Deutung des Aristotelischen Tragödiensatzes". *Hermes* 83 (1955): 129–171.
Schauer, Markus. *Tragisches Klagen. Form und Funktion der Klagedarstellung bei Aischylos, Sophokles und Euripides*. Tübingen: Gunter Narr, 2002.
Scheer, Brigitte. „Gefühl". *Ästhetische Grundbegriffe. Historisches Wörterbuch in sieben Bänden*. Bd. 2. Hrsg. von Karlheinz Barck, Martin Fontius, Dieter Schlenstedt, Burkhart Steinwachs und Friedrich Wolfzettel. Stuttgart und Weimar: Metzler, 2001. 629–660.
Scherer, Klaus. „What are Emotions? And how can they be Measured?". *Social Science Information* 44.4 (2005): 695–729.
Schings, Hans-Jürgen. *Melancholie und Aufklärung. Melancholiker und ihre Kritiker in Erfahrungsseelenkunde und Literatur des 18. Jahrhunderts*. Stuttgart: Metzler, 1977.
Schings, Hans-Jürgen. *Der mitleidigste Mensch ist der beste Mensch. Poetik des Mitleids von Lessing bis Büchner*. München: Beck, 1980.
Schnell, Rüdiger. „Historische Emotionsforschung. Eine mediävistische Standortbestimmung". *Frühmittelalterliche Studien* 38 (2005): 173–276.
Schnyder, Bernadette. *Angst in Szene gesetzt. Zur Darstellung der Emotionen auf der Bühne des Aischylos*. Tübingen: Gunter Narr, 1995.
Schönau, Walter und Joachim Pfeiffer. *Einführung in die psychoanalytische Literaturwissenschaft*. Stuttgart: Metzler, 2003.

Segal, Charles. *Euripides and the Poetics of Sorrow. Art, Gender, and Commemoration in Alcestis, Hippolytus, and Hecuba*. Durham, NC und London: Duke University Press, 1993.
Smuts, Aaron. „The Paradox of Painful Art". *Journal of Aesthetic Education* 41.3 (2007): 59–77.
Smuts, Aaron. „Art and Negative Affect". *Philosophy Compass* 4.1 (2009): 39–55.
Solomon, Robert. *What is an Emotion? Classic and Contemporary Readings*. New York, NY und Oxford: Oxford University Press, 2003.
Solomon, Robert. *Thinking about Feeling: Contemporary Philosophers on Emotions*. Oxford: Oxford University Press, 2004.
Tan, Ed. *Emotion and the Structure of Narrative Film: Film as an Emotion Machine*. Mahwah, NJ: Erlbaum, 1996.
Terada, Rei. *Feeling in Theory. Emotion after the Death of the Subject*. Cambridge, MA und London: Harvard University Press, 2001.
Titchener, Edward B. *Lectures on the Experimental Psychology of Thought-Processes*. New York, NY: Arno Press, 1909.
Tooby, John, und Leda Cosmides. „Does Beauty Build Adapted Minds? Toward an Evolutionary Theory of Aesthetics, Fiction and the Arts". *SubStance* 94/95 (2001): 6–27.
Torra-Mattenklott, Caroline. *Metaphorologie der Rührung. Ästhetische Theorie und Mechanik im 18. Jahrhundert*. München: Fink, 2002.
Vogel, Juliane. *Die Furie und das Gesetz. Zur Dramaturgie der ‚großen Szene' in der Tragödie des 19. Jahrhunderts*. Freiburg im Breisgau: Rombach, 2002.
Vogl, Joseph. *Kalkül und Leidenschaft. Poetik des ökonomischen Menschen*. Zürich und Berlin: diaphanes, 2004.
Vöhler, Martin, und Bernd Seidensticker (Hrsg.). *Katharsiskonzeptionen vor Aristoteles. Zum kulturellen Hintergrund des Tragödiensatzes*. Berlin und New York, NY: De Gruyter, 2007.
Vöhler, Martin, und Dirck Linck (Hrsg.). *Grenzen der Katharsis in den modernen Künsten. Transformationen des aristotelischen Modells seit Bernays, Nietzsche und Freud*. Berlin und New York, NY: De Gruyter, 2009.
Voss, Christiane. *Narrative Emotionen. Eine Untersuchung über Möglichkeiten und Grenzen philosophischer Emotionstheorien*. Berlin und New York, NY: De Gruyter, 2004.
Walton, Kendall. „Fearing Fictions". *Journal of Philosophy* 75.1 (1978): 5–27.
Weber, Florian. „Von den klassischen Affektenlehren zur Neurowissenschaft und zurück. Wege der Emotionsforschung in den Geistes- und Sozialwissenschaften". *Neue Politische Literatur* 53 (2008): 21–42.
Wenzel, Horst. „Tisch und Bett – Zur Verfeinerung der Affekte am mittelalterlichen Hof". *Prozesse der Normbildung und Normveränderung im mittelalterlichen Europa*. Hrsg. von Doris Ruhe und Karl-Heinz Spieß. Stuttgart: Steiner, 2000. 315–332.
Wimsatt, William C., und Monroe C. Beardsley. „The Affective Fallacy". *The Sewanee Review* 57.1 (1949): 31–55.
Winko, Simone. *Kodierte Gefühle. Zu einer Poetik der Emotionen in lyrischen und poetologischen Texten um 1900*. Berlin: Erich Schmidt, 2003.
Wundt, Wilhelm. *Grundzüge der physiologischen Psychologie*. Bd. 2. Leipzig: Engelmann, 1910.
Zierl, Andreas. *Affekte in der Tragödie. Orestie. Oidipus Tyrannos und die Poetik des Aristoteles*. Berlin: Akademie-Verlag, 1994.
Zipfel, Frank. *Fiktion, Fiktivität, Fiktionalität. Analysen zur Fiktion in der Literatur und zum Fiktionsbegriff in der Literaturwissenschaft*. Berlin: Erich Schmidt, 2001.
Zumbusch, Cornelia (Hrsg.). *Pathos. Zur Geschichte einer problematischen Kategorie*. Berlin: Akademie-Verlag, 2010.

Zumbusch, Cornelia. *Die Immunität der Klassik*. Berlin: Suhrkamp, 2011.
Zunshine, Lisa. *Why We Read Fiction. Theory of Mind and the Novel*. Columbus, OH: Ohio State University Press, 2006.

2. Theorien

2.1 Rhetorik und Poetik der Antike
Dietmar Till

1. Antike Rhetorik

Als erster Lehrer der Rhetorik gilt Gorgias von Leontinoi, der 427 v. Chr. nach Athen kam und die Bewohner der Stadt durch seine fremdartige Ausdrucksweise regelrecht verzückt haben soll (Fuhrmann 1990, 17). Gorgias erzeugte diese – in seiner Helena-Rede mit der Macht von Drogen (*pharmaka*) verglichene – Wirkung durch den kunstvollen Einsatz verschiedener rhetorischer Figuren, heute als ‚gorgianische Figuren' bezeichnet. Der Sophist Gorgias gilt damit zugleich als Erfinder einer rhetorischen Kunstprosa mit poetischem Anspruch. Rhetorik im Sinne praktischer Beredsamkeit hat es in Griechenland allerdings schon vor der Konstituierung einer expliziten Theorie gegeben, vor allem in den Epen Homers, die schon den antiken Lehrbuchautoren als Vorbilder der Beredsamkeit galten: Schon „Homer kannte die Beratung der führenden Männer, die Gerichtsversammlung, die Heeres- und Volksversammlung. Da überdies die homerische Dichtung schon vieles von dem praktizierte, was die spätere Theorie auf Regeln brachte [...], erblickten die Rhetoren nicht ohne Grund in Homer den Schöpfer der Redekunst und in seinen Werken eine Fundgrube für Beispiele." (Fuhrmann 1990, 15; vgl. Kennedy 1994, 11–16) Die enge Verbindung von Beredsamkeit und Poesie gilt auch für die Ebene theoretischer Reflexion. Versuche einer scharfen Abgrenzung, wie sie etwa für die systematischen Kunsttheorien (‚schöne Wissenschaften') des 18. Jahrhunderts charakteristisch sind, gibt es in der Antike nicht. George A. Kennedy betont: „Throughout the Greco-Roman period there is no clear differentiation between literary criticism and rhetorical theory." (Kennedy 1994, 159) Die aristotelische *Poetik* bildet aufgrund ihres Gegenstandes, der Tragödie, in dieser Hinsicht eine Ausnahme, während die *Ars poetica* des Horaz und auch die hellenistischen literaturkritischen Schriften (Ps.-Demetrios, Ps.-Longin, Dionysios von Halikarnassos) vor allem in ihren stilkritischen und literarästhetischen Ausführungen bis auf die Wahl ihres Gegenstandes von der Behandlung der entsprechenden Gegenstände in der Rhetorik im Grunde nicht zu unterscheiden sind. In solchen Theoriewerken werden poetische Beispiele herangezogen, um bestimmte Stilmittel und -ideale zu veranschaulichen und ihren ästhetischen Wert zu beurteilen. Eine „allgemeine Theorie der literarischen Prosa und der Prosaliteratur" – Philosophie, Historiographie, Brief, Lehrbuch – hat die Antike schließlich nicht „hervorgebracht; hier diente die Rhetorik pars pro toto." (Fuhrmann 1990, 9)

Da die Grenzen zwischen Rhetorik und Poetik fließend sind, können die Rhetoriklehrer jederzeit auch auf dichterische Beispiele zurückgreifen; so etwa Quintilian, der zur Erlangung von Wortfülle (*copia verborum*), d. h. für die Schulung der Ausdrucksfähigkeit, die Lektüre poetischer Texte empfiehlt (*Institutio oratoria* X,1,27), in denen etwa die Schilderung von Leidenschaften oder die Personenzeichnung auf einzigartige Weise vorgeführt werde. In diesem Sinne fließen dichterische Verfahren wieder in die praktische Beredsamkeit ein. Kennedy hat zwischen einer ‚primären Rhetorik', deren Ziel das Überzeugen (Persuasion) im Medium mündlicher Rede sei, und einer ‚sekundären Rhetorik' unterschieden. „‚Secondary' rhetoric [...] is the apparatus of rhetorical techniques clustering around discourse or art forms when those techniques are not being used for their primary oral purpose. In secondary rhetoric the speech act is not of central importance; that role is taken over by the text." (Kennedy 1980, 5) Rhetorik wird damit zu einer allgemeinen Texttheorie, die nicht mehr auf die persuasiven Genres beschränkt ist.

Dichtung und Rhetorik treffen sich nicht zuletzt in ihrem Interesse an Möglichkeiten der Affekterregung. Insbesondere die Rhetorik macht sich die Gefühle gezielt zunutze, geht sie doch davon aus, dass sich das Ziel der Persuasion nicht nur durch die Beweiskraft der Argumente, sondern auch durch eine methodisch angeleitete Affekterregung erreichen lässt. Weil die öffentliche Rede auf die Erregung bestimmter Emotionen im Publikum zielt, systematisieren rhetorische Lehrwerke entsprechend Erfahrungen im Umgang mit Emotionen. Sie sammeln das Know-how der emotionalen Manipulation, liefern dabei jedoch auch psychologische Einsichten und Ansätze zur theoretischen Durchdringung. Dies macht die Rhetoriken zum wichtigsten Reservoir des antiken Emotionswissens, noch vor den Beiträgen der philosophischen Ethik oder der Medizin. Spätere Emotionstheorien, die praktischen rhetorischen Interessen oft denkbar fern standen, haben dennoch immer wieder auf dieses Wissen und die Affektkataloge der antiken Rhetoriklehrer zurückgegriffen. Emotionen werden im Rahmen der Rhetorik stets im Hinblick darauf diskutiert, wie sich durch den strategisch kalkulierten Einsatz von Affekten das vom Redner verfolgte persuasive Redeziel effektiver erreichen lässt. Reflexionen über Emotionen setzen dabei an unterschiedlichen Stellen des fünfgliedrigen rhetorischen Textproduktions- und Performanzmodells (*partes rhetoricae: inventio, dispositio, elocutio, memoria, actio/pronuntiatio*) an.

1.1 Emotionen im Kontext der Lehre von der Redeteilen (*partes orationis*)

Die historisch älteste Beschäftigung mit Emotionen finden sich in der Rhetorik im Rahmen von Überlegungen zum wirkungsvollen Aufbau der Rede (Wisse 1992,

218). Sie sind historisch mit dem Namen des Rhetors Thrasymachos (5. Jahrhundert v. Chr.) verknüpft, der sich in seiner *Megalê technê* wohl als Erster mit Fragen der Emotionserregung und des Vortrags beschäftigt hatte. Die frühesten Rhetoriklehrbücher, die im Kontext der Sophistik des 5. Jahrhunderts v. Chr. entstanden, bestanden offenbar weitgehend aus flexibel einsetzbaren Textversatzstücken argumentierenden oder emotionserregenden Charakters (Kennedy 1963, 69). In diesem Kontext bildete sich auch ein Schema zur Redestrukturierung aus, das die Rede in Einleitung (*exordium*), Fallschilderung aus Sicht der eigenen Partei (*narratio*), Beweis oder Widerlegung der Position der Gegenpartei (*argumentatio*) und Redeschluss (*peroratio*) untergliederte (Lausberg 1960, § 262).

Emotionen haben ihren Platz zu Beginn und am Schluss der Rede, während der argumentierende Mittelteil sachlich gestaltet werden soll. Am Redeanfang (*exordium*) versucht der Redner, Aufmerksamkeit und Aufnahmefähigkeit des Publikums sicherzustellen (*attentum* und *docilem parare*) und dessen Wohlwollen durch Ausstellen des Ethos des Redners zu erlangen (*captatio benevolentiae*). Letzteres hat neben kognitiven Elementen wie Sachkenntnis auch die emotionale Komponente, eine der Sache des Redners förderliche Stimmung im Publikum zu erzeugen. Der Redner kann dies unter anderem durch Selbsterniedrigung erreichen, etwa durch Hinweis auf die Schwierigkeit des Themas oder die Kürze der Vorbereitungszeit, aber auch durch Eigen- und Fremdlob (Lausberg 1960, §§ 273–279).

Eine mit stärkeren Emotionen operierende Einleitungstaktik ist die Einschmeichelung (*insinuatio*) als Form der indirekten Einleitung (Ueding und Steinbrink 2011, 261): Sie richtet sich auf das Publikum, das der Redner durch Lob positiv stimmen möchte. Ihr Einsatzgebiet sind schwierige (Rechts-)Fälle, in denen der Redner aus einer Defensivposition heraus agieren muss. Hier soll der Redner „durch listige Verwendung psychologischer Mittel [...] das Unterbewußtsein des Publikums" beeinflussen (Lausberg 1960, § 281). Die Lehrbücher empfehlen für diesen Fall vor allem Mittel, mit denen das Wohlwollen (*benevolentia*) des Publikums gewonnen wird, um auf diese Weise den emotionalen Boden für eine günstige Beurteilung des Falles seitens des Publikums zu bereiten (Quint. Inst. Or. 4.1.44–4.1.50). Nicht jede Rede braucht eine ausführliche Einleitung; zudem können die affekthaltigen Elemente des *exordium* auch in die anderen Redeteile Eingang finden (vgl. Lausberg 1960, §§ 284–287).

Als zweite und insgesamt wichtigere Position der Affekterregung innerhalb der Rede bestimmen die antiken Lehrbuchautoren den Redeschluss (*peroratio*). Neben einer sachlichen Zusammenfassung (*recapitulatio*) der wichtigsten Argumente ist der Schluss der Ort, an dem noch einmal die Emotionen der Zuhörer erregt und dadurch das Publikum für die Sache des Redners geneigt gemacht werden kann: „Während der Affektgebrauch in den übrigen Redeteilen gemäßigt ist [...], können in der *peroratio* alle Affektschleusen geöffnet werden." (Lausberg 1960, § 436) Dazu muss der Redner die Emotionen des Publikums so anstacheln, dass sie einerseits für seine Sache Partei ergreifen (*conquestio*) – etwa durch Erregung von Mitleid und Sympathie – und sich andererseits gegen den Gegner richten (*indignatio*). Modellfall ist dabei die Gerichtsrede (*genus iudiciale*). Schon das älteste systematische Rhetoriklehrbuch, die sogenannte *Rhetorik an Alexander* formuliert eine Emotionstopik für den Epilog einer Rede, in der *philia* (Freundschaft), *charis* (Gunst), *eleos* (Mitleid), *orgê* (Zorn), *phtonos* (Neid) und *echtra* (Hass) unterschieden werden; diese Gruppe wird von Theoretikern späterer Zeit dann auf die stärkeren Affekte eingeschränkt (Wisse 1992, 222).

1.2 Emotionen als Beweismittel/Affektkataloge

Die *Rhetorik* des Aristoteles unterscheidet drei sogenannte ‚entechnische', also in systematischer Perspektive zur rhetorischen Kunstlehre gehörende Beweismittel: (1.) *logos*, also die ‚rationale' Argumentation, vor allem durch Verwendung des rhetorischen Syllogismus (Enthymem), (2.) *ethos*, die Selbstdarstellung des Redners als glaub- und vertrauenswürdige Person (die nicht notwendig mit Einsatz von Emotionen verbunden ist; Wisse 1992, 220) und (3.) *pathos*, die Erregung von Emotionen im Publikum (Arist. *Rhet.* 1356a; vgl. insgesamt Wisse 1989). Dabei bedeuten die griechischen Wörter *ethos* und *pathos* zunächst in etwa ‚Charakter' und ‚Affekte'; sie werden erst in späterer Zeit metonymisch als *Termini technici* für die Beweismittel verwendet, während Aristoteles noch verschiedene Umschreibungen wählt (Wisse 1992, 220). Die drei Beweismittel werden von Aristoteles als entechnisch bezeichnet, weil sie sich aus der Rede selbst ergeben und nicht aufgrund vorgefasster Meinungen oder externen (‚atechnischen') Beweismitteln wie Zeugen (Arist. *Rhet.* 1.2.5 1356a). Dabei steht hinter der Modellierung der Pathos-Kategorie die anthropologische Grundannahme, dass der Mensch durch seine emotionalen Zustände in seinem Urteilsvermögen beeinflusst werde: „Denn ganz unterschiedlich treffen wir Entscheidungen, je nachdem, ob wir traurig oder fröhlich sind, ob wir lieben oder hassen." (Arist. *Rhet.* 1356a) Es geht also um das Zusammenspiel von Affekt und Kognition, wie es für die aristotelische Emotionstheorie insgesamt charakteristisch ist (vgl. Fortenbaugh 1970 und 2003). Affekterregung durch *pathos* hat damit einen funktionalen Status: Emotionen werden geweckt, um das Publikum in einen Zustand zu versetzen, der dem Ziel des Redners förderlich ist. Die Affekte spielen „eine maßgebliche Rolle im Prozeß des menschlichen Meinungswandels, indem sie abschließende Urteile oder Entscheidungen (*kriseis*) beeinflussen. Auf ‚Krisis' gerade zweckt die Rhetorik ab." (Wörner 1981, 61)

Diese Auffassung findet sich ähnlich auch in Ciceros *De oratore* und stellt damit eine Grundeinsicht der antiken Rhetorik dar: „Denn nichts ist ja beim Reden wesentlicher [...], als daß der Zuhörer dem Redner gewogen ist und daß er selbst so tief beeindruckt wird, daß er sich mehr durch den Drang seines Herzens und einen inneren Aufruhr als durch sein Urteil oder seine Einsicht lenken läßt." (Cic. *De or.* 2.178) Cicero geht sogar so weit, die Ohnmacht des Rationalen (vgl. Grassi 1970) zum Kern seiner Rhetorikauffassung zu machen: „Die Menschen entscheiden ja viel mehr aus Haß oder aus Liebe, Begierde oder Zorn, Schmerz oder Freude, Hoffnung oder Furcht, aus einem Irrtum oder einer Regung des Gemüts, als nach der Wahrheit oder einer Vorschrift, nach irgendeiner Rechtsnorm oder Verfahrensformel oder nach Gesetzen." (Cic. *De or.* 2.178) Für Quintilian schließlich macht die Fähigkeit, den Richter (im Falle des forensischen Genus') in jede beliebige Stimmung versetzen zu können, den Kern rhetorischer Kompetenz aus: Beredsamkeit werde so zu einer Königin („haec eloquentia regnat", Quint. *Inst. Or.* 6.2.3–6.2.4): „Denn Beweise bringen es ja freilich zustande, daß die Richter unsere Sache für die bessere halten, die Gefühlswirkungen leisten es, daß sie es auch wollen; doch das, was sie wollen, glauben sie auch." (Quint. *Inst. Or.* 6.2.5) Grundlegende Funktion der Affekterregung ist, dass die Richter die Sache des Angeklagten zu ihrer eigenen machen (vgl. auch Cic. *De or.* 2.211). Das trübt die Urteilskraft, was für die Sache des Redners vorteilhaft ist: „[S]o verliert der Richter allen Sinn für die Ermittlung der Wahrheit, wenn er von Gefühlen eingenommen ist." (Quint. *Inst. Or.* 6.2.6)

In den Rhetoriklehrbüchern finden sich Kataloge von Affekten, deren Kenntnis einen Redner in die Lage versetzen sollen, die Emotionen des Publikums kalkuliert manipulieren zu können; es geht also um die Vermittlung von Handlungswissen. Aristoteles bietet im zweiten Buch seiner *Rhetorik* eine ausführliche Behandlung der einzelnen *pathê*, die jeweils in Gegensatzpaaren erörtert werden (Arist. *Rhet.* 1378a–1388a; hier nach Wörner 1990, 295): Zorn/Sanftmut (*orgê/ praotes*), Lieben/Feindselig-Sein und Hass (*philein/misein/echthra*), Furcht/ Zuversicht (*phobos/tharsos*), Scham/Schamlosigkeit (*aischynê/anaischyntia*), Dankbarkeit/Undankbarkeit (*charis/acharistein*), Mitgefühl/Empörung und Neid (*eleos/nemesan, phthonos*) sowie Ehrgeiz/Verachtung (*zêlos/kataphronêsis*). Diese Liste hält Aristoteles im Kontext der Rhetorik für weitgehend abgeschlossen (Wörner 1990, 296).

Am Beispiel des Zorns (als einer der wichtigen Emotionen in der Gerichtsrede) erläutert Aristoteles eine „Affekt-Trias" (Knape 2000, 47): „Bei jedem einzelnen Affekt sind drei Aspekte zu trennen: In welcher Gemütsverfassung befinden sich Zornige? Wem zürnen sie gewöhnlich? Worüber sind sie erzürnt?" (Arist. *Rhet.* 1378a) Die Beantwortung dieser drei Fragen sei notwendig, um jemanden durch eine Rede kalkuliert in Zorn versetzen zu können. Im Falle des Zorns besteht der

Affekt aus Schmerz aufgrund einer nicht gerechtfertigten Geringschätzung und aus dem Trachten nach Vergeltung (Schema von Reaktion und Aktion). Zorn ist ferner immer auf eine konkrete Person gerichtet (und niemals auf eine abstrakte Größe). Er ist schließlich als eigentlich negativer Affekt eine Quelle positiver Empfindungen, weil mit dem Zorn stets die Lust nach Vergeltung einhergeht. Diese Grundeinsichten werden von Aristoteles auf einer allgemein-psychologischen Ebene erörtert. Das affektpsychologische Wissen muss dann aber auch für den eigentlichen Redezweck fruchtbar gemacht werden. Darauf geht Aristoteles am Schluss seiner Ausführungen knapp ein: „Wem man nun zürnt, in welcher Verfassung und aus welcher Art von Gründen, ist nun dargelegt. Klarerweise ist wohl notwendig, als Redner selbst die Zuhörer in einen Zustand zu versetzen, in dem sie zornanfällig sind, die Gegner hingegen als in solche Dinge verstrickt, über die man zürnt, und als solche Leute, denen man zürnt, darzustellen." (Arist. *Rhet.* 1379b–1380a) Der Redner muss also Gründe anführen, warum das Publikum zornig sein soll, und plausibel machen, warum der Gegner als Objekt des Zorns taugt; hierzu braucht er das affektpsychologische Wissen, das Aristoteles im zweiten Buch ausbreitet (vgl. Wörner 1981, 62–63). Vor dem Hintergrund der von Aristoteles vertretenen kognitiven Emotionstheorie, für die Affekte aus Bewertungen resultieren, wird auch eine mögliche Verbindung zur Argumentationslehre (*Enthymem*) plausibel (vgl. Kraus 2005, 81).

Ähnliche Affektkataloge liefern auch die römischen Rhetoriken. Im zweiten Buch von Ciceros *De oratore* resümiert Antonius: „Das also sind im wesentlichen die Gefühle, die wir in den Herzen der Richter oder derer, vor denen wir auftraten, zu erwecken haben: Liebe, Haß, Zorn, Neid, Mitleid, Hoffnung, Freude, Furcht, Verdruß [*amor odium iracundia, invidia misericordia, spes laetitia, timor molestia*]." (Cic. *De or.* 2.206; vgl. auch Quint. *Inst. Or.* 6.2.20 zu den *pathê*). Unter den einzelnen Affekten weist Cicero dem Mitleid ((*com*)*miseratio*) eine zentrale Rolle zu. Hintergrund ist einmal mehr die Gerichtsrede als rhetorischer Modellfall, wo die Erregung von Mitleid dem Redner sogar hoffnungslose Fälle gewinnen hilft: „Ihr kommt die größte Bedeutung zu, und sie vermag den Richter nicht nur umzustimmen, sondern auch zu zwingen, seine Rührung durch Tränen kundzutun." (Martin 1974, 182) Cicero sieht sich im *Orator* selbst als Meister der *miseratio* (Cic. *Orat.* 130). Die griechischen und römischen Rhetoriklehrbüchern haben dabei eine ausgefeilte Topik der Mitleidserzeugung zusammengestellt (Beispiele bei Martin 1974, 162–165).

Im Vergleich zur *Rhetorik* des Aristoteles lässt sich in der römischen Rhetorik eine gewisse „Verengung des Pathosbegriffs" (Zinsmaier 2005, 136) beobachten: Cicero zählt zu den *pathê* einzig die heftigen Affekte; dem korrespondiert eine „,Emotionalisierung' des Ethosbegriffs" (Zinsmaier 2005, 136).

1.3 Ethos und Pathos

Aristoteles versteht *ethos* und *pathos* als Beweismittel, die mit dem Sender- und dem Empfängerbezug unterschiedlichen Instanzen in einem Kommunikationsmodell zugeordnet sind. Dies verändert sich in der römischen Rhetoriktheorie (Gill 1984), in der *ethos* und *pathos* als unterschiedliche Emotionsgrade verstanden werden (schwach/stark bzw. sanft/heftig): „*Pathos* ist die stärkere Bewegung, es befiehlt, ist mächtig im Erzeugen von Unruhe der Seele; das *ethos* ist die sanfte und gesetzte Bewegung, es befiehlt nicht, sondern überredet nur, ist stark im Wohlwollen und besänftigt wieder, was das *pathos* erregt hat." (Martin 1974, 160) Terminologisch steht *adfectus* oft für *pathos*, während es im Lateinischen in den frühen Lehrbüchern des Auctor ad Herennium und in Ciceros *De inventione* keinen eigenständigen Ausdruck für *ethos* gibt, sondern nur Umschreibungen wie „principium a nostra persona" (Martin 1974, 159). Bisweilen steht *adfectus* aber auch für *ethos* und *pathos*. Die Terminologie hat sich also erst in späterer Zeit herausgebildet.

Cicero beschreibt in *De oratore* die *commendatio*, mit der sich der Redner dem Publikum durch sein Auftreten empfiehlt, und die *concitatio*, mit der die Zuhörer emotional aufgestachelt werden, als die für den Erfolg eines Redners entscheidenden zwei Funktionselemente einer Rede (Cic. *De or.* 2.201; vgl. Quint. *Inst. Or.* 6.2.9). Quintilian fügt hinzu, dass manche Theoretiker unter *pathos* zeitweilige, unter *ethos* länger andauernde Emotionen verstünden (vgl. Quint. *Inst. Or.* 6.2.10; dem entspricht tendenziell die heutige Differenzierung von Emotion versus Stimmung). Er betont, dass die Differenz von *ethos* und *pathos* graduell zu verstehen sei: Gehöre Liebe (*amor*) als heftiger Affekt der Pathos-Kategorie zu, so sei deren schwächeres Pendant Wertschätzung (*caritas*) bei den schwächeren Affekten des *ethos* einzusortieren (Quint. *Inst. Or.* 6.2.12). Dabei hat *ethos* auch die Bedeutung von ‚Charakterschilderung' (Quint. *Inst. Or.* 6.2.8–6.2.17), worunter in der Rhetorik die parteiliche Modellierung der eigenen Person (etwa als glaubwürdig, vertrauenswürdig, sympathisch etc.) beziehungsweise des Gegners (als unglaubwürdig, nicht vertrauenswürdig, unsympathisch etc.) in einer rednerischen Auseinandersetzung verstanden wird. Die damit verbundene rhetorisch-literarische Technik der „Nachahmung einer lebenden Person" (Martin 1974, 291) heißt *ethopoiia* (bisweilen auch *mimesis* oder *sermocinatio*): Der Redner legt lebenden Personen fiktive Reden in den Mund, um von deren Glaubwürdigkeit und Ansehen zu profitieren und dadurch sein Argument überzeugender zu gestalten. Die Technik der Erdichtung von Reden toter Personen dagegen heißt *prosopopoiia* (Martin 1974, 292). Nicht alle Theoretiker trennen zwischen diesen beiden Formen der Redefingierung, die überdies auch nicht notwendig auf die Emotionen zielen.

Für Quintilian tritt das ethische Ideal des Redners als eines *vir bonus* hinter das *ethos* als rhetorische Technik zurück: Denn durch das *ethos* „wird er [der Redner] vor allem seinen Prozeßreden dienlich sein, für die er durch seinen guten Namen Vertrauen gewinnt. Denn wer, während er redet, als ein schlechter Mensch erscheint, der redet ganz gewiß schlecht." (Quint. *Inst. Or.* 6.2.18)

Allgemein lässt sich sagen, dass die antike Rhetorik Affekterregung und Affektbesänftigung als gleichberechtigte und korrespondierende Techniken der Modellierung der Emotionserregung im Publikum ansieht. Diese Fähigkeit ist für das römische Ideal des perfekten Redners (*perfectus orator*) zentral (Cic. *De or.* 2.201; Cic. *Orat.* 100).

1.4 Emotionen und Textproduktion/-performanz

Emotionen spielen bei der Textproduktion und beim Halten der Rede eine zentrale Rolle: Nach Ansicht der antiken Autoren ist es nicht möglich, eine wirkungsvolle Rede zu verfassen und vor allem zu präsentieren, ohne dass der Redner emotional involviert ist. Nur wenn der Redner selbst in einem Zustand der Erregung ist, gelingt es ihm, eine „Affekt-Brücke" (Lausberg 1960, § 257,2) zum Publikum aufzubauen. Cicero schreibt: „Es ist auch gar nicht möglich, daß der Zuhörer Schmerz oder Haß, Neid oder Furcht empfindet, daß er sich zu Tränen und Mitleid bewegen läßt, wenn alle die Gefühle, zu denen der Redner den Richter bringen will, dem Redner nicht selbst eingebrannt oder eingeprägt scheinen." (Cic. *De or.* 2.189) Allerdings ist der emotionale Zustand *per se* prekär, weil die Affekte des Redners situationsbedingt schwanken können (etwa wenn der Verteidiger an die Unschuld seines Mandanten nicht glaubt). Für diesen Fall haben die Autoren der Lehrbücher Techniken der ‚Selbst-Affektation' beschrieben, durch deren Anwendung sich ein Redner planmäßig in einen emotional ‚authentischen' und deshalb wirkungsvollen Gemütszustand bringen kann (Kramer 2008; Kremer 2012; Martin 1974, 161; Till 2004, 380–385).

Die frühesten Reflexionen findet sich in der *Poetik* des Aristoteles im Kontext von Überlegungen zur wirkungsvollen sprachlichen Ausgestaltung der Tragödie: Derjenige Dichter wirke am überzeugendsten, der sich die dargestellte Sache am lebhaftesten vorstellen könne. Voraussetzung dafür sei, dass sich der Dichter in Leidenschaft versetzen könne, weshalb die fantasiereichen und leidenschaftlichen Naturen am besten zur Dichtkunst geeignet seien (Arist. *Poet.* 1455a). Hier ist der Affekt-Zustand also gänzlich von der natürlichen Anlage (*physis*) des Autors abhängig. In der *Rhetorik* weist Aristoteles die Technik der Affekt-Übertragung der Dichtkunst zu (Arist. *Rhet.* 1408b); den Redner warnt er vor unangemessenem Gebrauch dieser wirkungsvollen Technik (Arist. *Rhet.* 1408a).

Das Postulat der ‚Authentizität', nach dem derjenige Redner erfolgreich ist, der aus dem ‚Herzen' spricht (die Metapher des Herzens selbst ist christlich; Quintilian spricht von *pectus*, also dem ‚Inneren' oder der ‚Brust', *Inst. Or.* 10.7.15), wird auch in den römischen Lehrbüchern als feststehender Topos zitiert. Zu einer differenzierten Diskussion kommt es aber erst in Ciceros *De oratore* und in dem Spätwerk *Orator* (Kremer 2012, 1218). In *De oratore* beschreibt Antonius die überwältigende Wirkung der Redekunst seines Dialogpartners Crassus, der nicht nur den Richter entflamme, „sondern selbst zu brennen" (Cic. *De or.* 2.188) scheine. Dabei wird als Normalfall die natürliche emotionale Involviertheit angenommen: „Ich hätte bei Gott niemals vor Gericht mit meiner Rede Schmerz und Mitleid, Neid und Haß erregen mögen, ohne selbst bei der Beeinflussung der Richter von den Empfindungen bewegt zu werden, zu denen ich sie bringen wollte. Es ist ja auch nicht einfach zu erreichen, daß der Richter dem zürnt, dem er zürnen soll, wenn du die Sache selbst mit Gleichmut zu ertragen scheinst; ebensowenig, daß er den haßt, den er hassen soll, wenn er nicht schon vorher dich selbst in Haß entbrennen sah." (Cic. *De or.* 2.189–2.190) Das künstliche Erregen der Leidenschaften stellt eine Ausnahme dar. Für Antonius wäre sie Ergebnis einer „anspruchsvolleren Kunst (*ars maior*)" (Cic. *De or.* 2.189) und damit ein Sonderfall der Beredsamkeit.

Das Verhältnis von Natürlichkeit und Künstlichkeit verändert sich im Übergang von der römischen Republik zum Prinzipat; sozialgeschichtlicher Hintergrund ist der Funktionsverlust der öffentlichen Rede im Kaiserreich (vgl. Kennedy 1972, 302). Bei Quintilian wird die Selbst-Affektation zu einer prinzipiell beherrsch- und lernbaren Technik, die der geübte Rhetor in kritischen Redesituationen abrufen kann, um geplant emotionale Authentizität zu erzeugen. Einschlägige Ausführungen finden sich im sechsten Buch der *Institutio oratoria*; sie werden wiederum am Modellfall der Gerichtsrede erläutert (Till 2004, 383–385), weil hier rationale Argumente alleine oft nicht hinreichen, einen Richter von einer Sache zu überzeugen. In diesem Fall muss der Redner Emotionen einsetzen, um die Richter zu beeinflussen. Quintilian betont, dass diese Technik insofern gefährlich ist, als simulierte Affekte vom Publikum sofort bemerkt und negativ bewertet werden. Der eigentlich künstlich herbeigeführte Affektausdruck muss vom Redner durch Anwendung einer rhetorisch-theatralen Technik ‚naturalisiert' und die Künstlichkeit kunstvoll versteckt werden (*dissimulatio artium*, Geitner 1992; Till 2009). Dazu muss sich der Redner, wie Quintilian im zehnten Buch näher ausführt, die affektbesetzten Gegenstände, über die er sprechen möchte (etwa die Tatwerkzeuge in einem Mordprozess), vor Augen stellen (Quintilian spricht von *phantasiai* oder *visiones*; Quint. *Inst. Or.* 10.7.15). Mit der Imagination des Gegenstandes stellt sich dann der damit verbundene Affekt automatisch wieder ein. Quintilian gelingt damit die Auflösung eines Widerspruchs:

Er muss von dem Grundsatz (den er mit Cicero teilt) nicht abweichen, dass die Affekte tatsächlich vom Redner gefühlt werden müssen, und kann sie doch als ein strategisch-kalkuliertes Instrument beschreiben: Es geht also um eine rhetorische Technik der Natürlichkeit, die integral in die Konzeption der Beredsamkeit als Kunstlehre (*ars*) eingebunden bleibt (Till 2004, 384), und keineswegs um die von Quintilian nachdrücklich abgelehnte Konzeption einer Natur-Rhetorik jenseits rhetorischer Kunst.

1.5 Emotionen und Stillehre

Nach Ansicht der antiken Autoren sind die Tropen und rhetorischen Figuren (*kósmos*, *ornatus*) kein aufgesetzter Schmuck, mithin also kein bloßes Ornament. Vielmehr kommt dem *ornatus* eine für den Überzeugungsvorgang wichtige Funktion zu, deren bedeutendstes Element die Erregung von Emotionen ist. Quintilian schreibt, die „Gefühlswirkungen nun gar lassen sich durch nichts stärker lenken" (Quint. *Inst. Or.* 9.1.21) als durch die Figuren. In der von der Linguistik und vom Strukturalismus motivierten Rhetorik-Renaissance des 20. Jahrhunderts ist diese ‚expressive' Bedeutung der rhetorischen Stillehre weitgehend vernachlässigt worden (so kritisch Vickers 1988, 294; allgemein Knape 1996). Dadurch herrscht heute bisweilen die irrige Meinung, dass es bei der *elocutio* nur darum gehe, „die Rede schön zu gestalten und nicht nur beweiskräftig zu machen" (Martin 1974, 247). Im Gegenteil: Eine – auch emotional – wirkungsvolle Gestaltung des sprachlichen Ausdrucks trägt integral zur Persuasion als Ziel der Rede bei.

Der heute gebräuchliche Begriff ‚Stil' (Gauger 1995) wird in der antiken Rhetorik unter die Systemstelle *elocutio* rubriziert, der dritten der fünf Arbeitsphasen des Redners (*partes rhetoricae*): Auf das Finden und Anordnen der Argumente (*inventio* und *dispositio*) folgt die sprachliche Ausgestaltung, die konventionell in die Metapher der ‚Einkleidung' gefasst wird (Müller 1981). Die Lehre von der *elocutio* ist als System aufeinander bezogener Normen und fehlerhafter Abweichungen (*virtutes et vitia dicendi*) gestaltet: Eine Rede muss angemessen (*aptum*), sprachlich korrekt (*latinitas*), klar und verständlich (*perspicuitas*) und eben geschmückt sein. Hinsichtlich der Funktionen des *ornatus* liefert Quintilian folgenden Katalog (Quint. *Inst. Or.* 8.3.5): Eine geschmückte Rede hört das Publikum gern und mit Aufmerksamkeit; die Inhalte der Rede werden leichter verstanden, der Zuhörer emotional fortgerissen. Alle diese Wirkungen dienen dazu, die Glaubwürdigkeit und insgesamt die Überzeugungskraft der Rede zu garantieren (Lausberg 1960, § 538).

Am Beginn seiner Darstellung der Gedankenfiguren stellt Quintilian einige allgemeinere Überlegungen zur Funktion der Ausdrucksweise an: Er isoliert zwei Grundprinzipien, das der *amplificatio* (Steigerung) und das der *minutio* (Abschwächung). Diese fasst er als Affektstufen auf, die sich in bestimmten stilistischen Darstellungsweisen äußern und dadurch zugleich erregt werden: „Wie kann es leidenschaftliche Gefühlsbewegungen geben, wenn man die freimütige und ungezügelte Äußerung, das Zürnen, Schelten, Wünschen und Verwünschen wegnimmt? Wie die zarteren Bewegungen, ohne daß sie ihre Stütze im Empfehlen, Gewinnen, der Erregung der Heiterkeit finden?" (Quint. *Inst. Or.* 9.2.3) Die als *pathos* und *ethos* benannten starken und schwachen Emotionen lassen sich also durch bestimmte sprachliche Verfahren erregen, die in der Lehre von den Tropen und rhetorischen Figuren kodifiziert werden. Quintilian weist jedoch darauf hin, dass nicht alle diese Verfahren der Emotionsinduzierung dienen; Figuren, die der Klarheit des Ausdrucks dienen und damit ein richtiges Verständnis der behandelten Sache gewähren, stellen basale Verfahren dar, ohne die man sich gar keine Rede vorstellen könne („ut sine iis nulla intellegi vere possit oratio", Quint. *Inst. Or.* 9.2.2). Nicht alle rhetorischen Schmuckmittel haben also generell affektive Wirkungen. Hinzu kommt, dass ihr Einsatz auch vom konkreten Verwendungskontext abhängt: Wiederholungsfiguren, wie Anapher oder *geminatio* etwa, oft als klassische Mittel der Affekterregung klassifiziert, können auch einfach der Verdeutlichung durch Wiederholung dienen. Jenseits dieses prinzipiellen Problems der Polyfunktionalität findet sich in vielen schulrhetorischen Werken (etwa in der anonym überlieferten *Rhetorica ad Herennium*) der Versuch, sprachliche Struktur (Figur) und Wirkung (Affekt) im Sinne eines regelhaften Funktionszusammenhangs zu koppeln. Das führt bisweilen zu ausufernden Listen von Tropen und Figuren, die Roland Barthes als Ergebnis einer „Einteilungswut" (Barthes 1988, 87) bezeichnet hat. Sie sind Auswüchse der Schulrhetorik und in der konkreten Redesituation, wie schon die antiken Theoretiker klar sehen, oft von nur geringem Nutzen: Die komplexer argumentierenden Rhetoriken, wie Ciceros *De oratore* oder *Orator*, handeln solche Figurenkataloge (vgl. Cic. *De or.* 3.201–3.208; Cic. *Orat.* 134–139) deshalb mit bemerkenswerter Knappheit ab.

Dabei stellt Quintilian klar, dass das Bilden von Figuren ein kunstvoller Vorgang ist: Ohne entsprechendes strategisches Kalkül, das der Redner mit dem Einsatz eines bestimmten Stilmittels verfolge, sei eine sprachliche Struktur noch keine rhetorische ‚Figur'. Am Beispiel der *exclamatio* (Ausruf) stellt er dar, dass nur ein kunstvoll gebildeter (*arte composita*) und vom Redner regelrecht simulierter (*simulata*) Ausruf rhetorische Figur zu nennen sei (Quint. *Inst. Or.* 4.2.26–4.2.27). Die Meinung, dass es „ebensoviel Figuren wie Gefühlsbewegungen" (Quint. *Inst. Or.* 9.1.23) gebe, sei irrig: Nicht jedes Zürnen, nicht jede Empfindung von Schmerz oder Mitleid, nicht jedes Fürchten, Vertrauen oder Verachten sei schon eine Figur, nur weil sie bezeichne, dass eine Person dieses Gefühl habe (Quint. *Inst. Or.* 9.1.23–4.1.24). Nur diejenigen Ausdrucksweisen, die aufgrund eines emotionalen Wirkungskalküls von der gewöhnlichen Ausdrucksweise abwichen („cum ratione mutatio", Quint. *Inst. Or.* 9.1.11; vgl. auch Quint. *Inst. Or.* 9.2.1), sind im Verständnis der Rhetorik ‚Figuren' zu nennen.

Eine affektive Dimension hat schließlich auch die Dreistillehre (*genera dicendi, genera elocutionis*), die in erster Linie ein Element des Rhetorikunterrichts ist. In diesem Kontext werden drei Redegegenstände nach ihrer Bedeutung unterschieden und drei korrespondierenden Stiltypen zugeordnet: *genus subtile* (einfacher Gegenstand – einfacher Stil); *genus medium* (mittlerer Gegenstand – mittlerer Stil) und *genus grande* (hoher Gegenstand – hoher Stil). Dabei markiert das *genus grande* zugleich die höchste Affektstufe. Ein Redner, der diesen kraftvollen Stil verwendet, übt regelrecht Gewalt auf die Zuhörer aus: „Spricht er, so wird der Richter erblassen, wird weinen, ihm durch alle Gemütsbewegungen hin bald hierhin, bald dorthin folgen, ohne den Wunsch nach sachlicher Unterrichtung auch nur zu spüren." (Quint. *Inst. Or.* 12.10.62) Als Repräsentant dieses Stiles gilt Demosthenes. Quintilian charakterisiert den ‚hohen' Stil metaphorisch als dasjenige – regelrecht gewalttätige – Genus, das wie ein heftiger Strom Felsen mitreißt, keine Brücken duldet und sich seine Ufer selbst schafft (Quint. *Inst. Or.* 12.10.61). In der Poetik ist die Dreistillehre innerhalb der Gattungstheorie (Vergil-Interpretation und sogenannte *Rota Vergilii*) und der Tragödienpoetik (Verbindung von Ständeklausel und hohem Stil) rezipiert worden (vgl. auch Auerbach 1946; Quadlbauer 1962).

Die von Aristoteles zuerst unterschiedenen Beweismittel *logos, ethos* und *pathos* werden in Ciceros *Orator* in eine – danach kanonisch gewordene – Lehre von den drei Wirkungsfunktionen (*officia oratoris*) der Rede überführt: Möchte der Redner nur beweisen (*probare* bzw. *docere*), dann soll er den einfachen, möchte er erfreuen (*delectare*), dann soll er den gemäßigten, will er schließlich die Zuhörer bei ihren Emotionen fassen (*flectere*), dann soll er den heftige Stil verwenden (Cic. *De or.* 69–71). Insgesamt steht hinter diesen Überlegungen einmal mehr die anthropologische Grundannahme vom Menschen als Affektwesen: „[N]ie hat die Rhetorik die sokratische Überzeugung geteilt, daß das Richtige und Gute erkennen auch schon zum entsprechenden Handeln oder nur zur entsprechenden Gesinnungsänderung führt. Daher genügt es nicht, nur auf einen Teilbereich der menschlichen Natur, Urteilskraft und Vernunft, einzuwirken, auch Gefühle und Willen, Sinnlichkeit und Seelenkräfte müssen auf eine der Beweisführung angemessene Art angesprochen werden." (Ueding und Steinbrink 2011, 279)

Daneben gibt es in der griechischen Literaturkritik, etwa bei Pseudo-Demetrios, Dionysios von Halikarnassos und Hermogenes, auch von der Dreistillehre abweichende Typologien. Zentral ist der griechische Begriff *deinótes* (‚Redegewalt'; vgl. Rutherford 1994) als Bezeichnung für die machtvolle ‚Wucht' des Redners (für die als herausragendes Beispiel stets Demosthenes steht).

1.6 Emotionen und Vortrag

Die Lehre vom wirkungsvollen Vortrag (*hypokrisis*; *actio/pronuntiatio*) durch den Einsatz von Stimme (*vox*, Schulz 2014), Mienenspiel (*vultus*) und Körpersprache (*motus corporis*, Quint. *Inst. Or.* 11.3) bildet den Abschluss des rhetorischen Systems. Dabei ist ein Vortrag nach einhelliger Meinung der Rhetoriken für die Wirkung der Rede entscheidend (etwa Arist. *Rhet.* 1404a; *Rhetorica ad Herennium* 3.11.19; Quint. *Inst. Or.* 11.3.5–11.3.6): „Das Gemeinte selbst aber bedeutet in den Reden etwas ganz Erstaunliches an Kraft und Macht; denn es kommt nicht so sehr darauf an, wie gut das ist, was wir selbst in unserem Inneren verfaßt haben, als darauf, wie es vorgetragen wird: denn es wird ein jeder so, wie er sie hört, von der Rede gepackt. [...] Alle Gefühlswirkungen müssen matt werden, wenn sie nicht ihr Feuer erhalten durch die Stimme, das Mienenspiel und nahezu alles in der Haltung des Körpers." (Quint. *Inst. Or.* 11.3.2) Ein wirkungsvoller Vortrag bezwingt die Emotionen der Zuhörer regelrecht (Cic. *De or.* 3.214).

Dabei gibt es vielfältige Parallelen zwischen *elocutio* und *actio*: Für die Rhetoriktheoretiker ist der Redevortrag eine „Sprache des Körpers" (Cic. *De or.* 3.222; Cic. *Orat.* 55). Auch die Terminologie verdeutlicht den Zusammenhang von rhetorischer Figurenlehre und Vortragskunst: Der griechische Begriff *schêma* (ebenso der lateinische Begriff *figura*) bedeutet zunächst nicht-terminologisch ‚Körperhaltung'. Figuren sind also sprachliche Ausdrucksgebärden, denen leicht ein analoger Ausdruck im Bereich der körperlichen Beredsamkeit zugeordnet werden kann. Cicero betont, dass jede Gemütsregung (*motus animi*) ihren charakteristischen Ausdruck in Mimik, Tonfall und Gebärden habe (Cic. *De or.* 3.216). Entsprechend geht seine Diskussion der Kategorie der Stimme (*vox*) von einzelnen Emotionen aus, die durch eine entsprechende Stimmgestaltung kunstvoll-kalkuliert (vgl. hierzu programmatisch Cic. *De or.* 3.217; Quint. *Inst. Or.* 11.3.9–10) erregt werden können: Jähzorn (*iracundia*), Jammer (*miseratio*), Trauer (*maeror*), Furcht (*metus*), Kraft (*vis*), Freude (*voluptas*) und Schwermut (*molestia*) (Cic. *De or.* 3.218–3.219). Der Stimmführung muss eine entsprechende Gestik korrespondieren. Cicero betont, dass der Redner die einzelnen Affekte durch seine Gebärden nur zeichenhaft andeuten (*significatio*) soll, während der Schauspieler, von dem der Orator ansonsten viel lernen könne, diese pantomimisch darstelle (*demonstratio*, Cic. *De or.* 3.220).

Ausführlich diskutiert Quintilian die Frage, wie der Vortrag gestaltet sein muss, damit er seine intendierte Wirkung entfaltet („angemessener Vortrag", *apta pronuntiatio*, Quint. *Inst. Or.* 11.3.61). Seine Überlegungen greifen auf die Praxis der Selbst-Affektation zurück: Die Gefühle (*adfectus*) sind entweder echt, verstellt oder aber nachgeahmt, woraus sich unterschiedliche Erfordernisse ergeben. Im Falle der echten Gefühle brechen diese – etwa bei Zorn, Schmerz oder Entrüstung – in natürlicher Weise hervor; sie müssen dann, um wirkungsvoll zu sein, durch Schulung (*disciplina*) geformt werden. Den künstlich nachgeahmten wiederum fehlt es nicht an kunstgemäßer Ausgestaltung, sondern an Natürlichkeit. Der Redner kann dieses Defizit dadurch ausgleichen, dass er emotional besetzte Bilder der Ereignisse, über die er spricht, in sich aufnimmt und sich dadurch affizieren lässt (Quint. *Inst. Or.* 11.3.61–11.3.62). So wie die Stimme ein ‚Anzeiger' (*iudicium*) für die innere Gefühlswelt des Redner ist (Quint. *Inst. Or.* 11.3.62), so repräsentiert auch das Gebärdenspiel (*gestus*) unmittelbar die emotionale Innenwelt des Redners. Damit hat die Körpersprache ein enormes rhetorisches Potential, weil sie den Redner ‚authentisch' wirken lässt. Zugleich stellt sie als Schnittstelle von Innenwelt und äußerer Repräsentation auch ein Risiko dar. Mit den Überlegungen zur *simulatio* und *dissimulatio* (Stellung und Verstellung) hat die Rhetorik Techniken formuliert, wie sich dieser Übergang kontrollieren und für das Ziel der Rede strategisch einsetzen lässt.

2. Antike und frühneuzeitliche Dichtungstheorie

2.1 Emotionen und Textproduktion: Enthusiasmus und *technê*

Überlegungen zur Textproduktion finden in der Antike in einem Spannungsfeld von Heteronomie (der Dichter als Medium einer höheren Instanz) und Autonomie (der Dichter als Selbst-Schaffender) statt. Häufig sind poetologische Reflexionen von der rhetorischen Kunstlehre (*technê, ars*) abhängig. Historisch hat sich dabei ein Verhältnismodell herausgebildet, dass die Rhetorik als lehr- und lernbare Basis bestimmte, zu der bei der Dichtung noch ‚Inkommensurables' hinzukommen muss. In der Frühen Neuzeit wurde dieses Verhältnis in den topischen Spruch gefasst: „Poeta nascitur, orator fit." [Ein Dichter wird geboren, zum Redner wird man gemacht.] (vgl. Till 2006) Für jede Rekonstruktion kommt erschwerend hinzu, dass viele der antiken Poetiken entweder ganz verloren oder nur in Fragmenten auf uns gekommen sind.

Die Vorstellung, dass Dichtung von einer höheren Macht beziehungsweise göttlichen Instanz eingeben ist, gibt es in vielen Kulturen. In oralen Gesellschaften dient diese Vorstellung dazu, den prophetischen oder mantischen Sprechakt zu legitimieren beziehungsweise zu validieren (Assmann 1989, 244). In Schriftkulturen verläuft dieser Vorgang parallel zur Textabfassung oder geht ihr voraus. Dieser religiöse Ursprung wirkt auch in der Poetik nach, wobei hier verschiedene Grade, von der tatsächlichen, vielleicht sogar verbalen Eingebung (Diktat) bis hin zur Beschreibung eines profanen dichterisch-produktiven Zustandes, vorliegen können. In der griechischen Literatur ist die Vorstellung vom inspirierten Dichter-Sänger (*aoidos*) kultischen Ursprungs, für die Inspiration der Dichter (*poietês*) sind die von Apollon angeführten Musen zuständig. Der Musenanruf (*invocatio*) ist fester Bestandteil der Exordialtopik vor allem des Epos (Homer).

Konzeptuell lässt sich dieser Zustand dichterischer ‚Produktivität', der immer auch ein emotionaler ist, in unterschiedliche Termini fassen, die je unterschiedliche Bedeutungen, Verwendungskontexte und Begriffsgeschichten haben. Die wichtigsten Begriffe sind: Enthusiasmus, *mania*, Ekstase, Melancholie und Inspiration.

– *Enthousiasmos* ist in poetologischer Bedeutung zuerst bei Demokrit belegt: „Ein Dichter aber, was immer er mit Verzückung und göttlichem Anhauch [*pneuma*] schreibt, das ist gewiß schön." (Demo. Frag. B18 Diels-Kranz) Das griechische Wort ist eine Abstraktbildung aus *entheos*, ‚gottbegeistert' beziehungsweise wörtlich ‚In-dem-Gott-Seiend'. Die wichtigsten Ausführungen finden sich im Dialog *Ion*: Ependichter, lässt Platon Sokrates sagen, dichteten nicht aufgrund fachlicher Kenntnisse (*technê*), sondern kraft göttlicher Schickung (*theia moira*, Plat. *Ion* 534c): „Denn alle guten Ependichter singen nicht aufgrund eines Fachwissens, sondern in göttlicher Begeisterung und Ergriffenheit." (Plat. *Ion* 533e) Auf breiterer Basis diskutiert Platon den Enthusiasmus in seinem Dialog *Phaidros* (244a–257b); weitere Ausführungen finden sich in der *Apologie* (22a–c) und im *Menon* (99a–d). Im *Phaidros* unterscheidet er sechs Personengruppen (darunter die Philosophen, die Weissagenden, die Weihepriester und die Dichter), die eine Handlungskompetenz besitzen, welche rational nicht erklärt werden kann, sondern nur durch Verweis auf ein ‚Göttliches in uns' (diese ‚Sprachrohr'-These wird in der Forschung kontrovers diskutiert, vgl. Büttner 2000, 255–273). Diese Vorstellung wird schon bei Aristoteles (*Poet.* 1455a) rationalisiert und um ihre theologischen Implikationen verkürzt. Der Verweis auf den *enthousiasmos* als nicht zu erklärende poetische Produktivkraft und *surplus* der Dichtung wird auf diese Weise zu einem dichtungstheoretischen Topos: Poesie sei enthusiastisch („éntheon gar he poíesis", Arist. *Rhet.* 1408b). Die lateinische Übersetzung *furor poeticus* und die Metapher des Einhauchens sind in Ciceros *De oratore* belegt: „Ich habe nämlich oft gelesen – was auch bei Demokrit und Platon stehen soll –, daß ohne das Feuer der Begeisterung und ohne eine gleichsam schwärmerisch-ekstatische Inspiration kein guter Dichter existieren kann." („Saepe enim audivi poetam bonum neminem – id quod a Democrito et Platone in scriptis relictum esse dicunt – sine inflammatione animorum exsistere posse et sine quodam adflatu quasi furoris", Cic. *De or.* 2.194) Auffällig ist hier die Metaphorik des Feuers und die Qualifizierung des Anhauchens (*adflatus*) durch den relativierenden Vergleich (*quodam*). Das könnte anzeigen, dass das heteronome Göttliche durch die autonomen Emotionen des Dichters ersetzt werden und der Bezug auf die Enthusiasmus-Tradition hier nur noch topisch-validativ gemeint ist. Ähnliche Formulierungen finden sich im philosophischen Werk Ciceros noch an anderen Stellen (Cic. *De natura deorum* 2.167; Cic. *De div.* 1.1, 1.66, 1.80), vor allem in der Rede *Pro Archia*, wo die Dichtung aufgrund ihres quasi-göttlichen Ursprungs von den anderen Künsten, welche auf Unterricht und Regeln basieren, separiert wird: Der Vorzug des Dichters sei in seiner Natur (*natura*) gegründet; er werde „durch die Kraft seines Geistes angetrieben und gewissermaßen durch göttlichen Antrieb begeistert" („poetam natura ipsa valere et mentis viribus excitari et quasi divino quodam spiritu inflari", Cic. *Pro Archia* 18). Bei Quintilian schließlich wird die Enthusiasmuslehre ihrer religiösen Bezüge vollends entkleidet. An ihre Stelle tritt die Lehre von der Selbstaffektion des Redners (Quint. *Inst. Or.* 6.2.28). Horaz, dessen poetologische Überlegungen stark von der Rhetorik abhängen, kommentiert die von Demokrit begründete Enthusiasmus-Tradition nur noch ironisch (Hor. *Ars poet.* 295–301), auch bei ihm findet sich der sogenannte ‚Affekttopos': „Si vis me flere, dolendum est | primum ipsi tibi." [„Willst du, daß ich weine, so traure erst einmal selbst."] (Hor. *Ars poet.* 102–103; Stenzel 1974; vgl. Hor. *Carmina* 3.5; Hor *Sermones* 1.4; Ovid *Fasti* 6.5)

– *Manía* ist ursprünglich ein negativer Begriff mit einem Bedeutungsspektrum, das von der Unbesonnenheit bis zur geistigen Krankheit reicht. Positiv ist dagegen die religiöse Interpretation als Bezeichnung für den rasenden Dichter, die sich schon bei Homer findet (*Ilias* 6.132). Platon nobilitiert dann die *manía* im Kontext seiner Deutung des *enthousiasmós* als philosophischer Erkenntniskraft: „Lediglich als *furor divinus* hielt sich M[ania] im platonischen Sinne in Erinnerung, eine Theorie, die Cicero [*De divinatione* 1.80] auf Demokrit und einen auf Demokrit reduzierten Platon zurückführt." (Müller 1980, 714)

– *Ekstasis* bedeutet wörtlich das ‚Heraustreten' aus einem Ordnungssystem oder Ort, dann in weiterem Verständnis auch das „Verlassen des eigenen Körpers" oder „im ethischen und geistigen Sinn" ein „mit Emotion gepaartes Herausfallen aus der üblichen oder vorgeschriebenen Bahn des Denkens und Handelns" (Horn und Rapp 2008, 127). In poetologischen Kontexten bezeichnet er dem *enthousiasmós* oder der *manía* verwandte Phänomene. Als Effekt rhetorischer Rede wird der Begriff ironisch-kritisch in Platons *Menexenos* (234c–235d) verwendet. Zum zentralen literarästhetischen Terminus wird *ekstasis* nur in Pseudo-Longins *Peri hypsus* [*Vom Erhabenen*], wo die Wirkung des Erhabenen als ekstatisch im Gegensatz zur Überzeugung als Ziel der Rhetorik bestimmt wird (Pseudo-Longin: *Peri hypsus*, 1.4). Zum philosophischen Terminus wird ékstasis bei Philon von Alexandrien und im Neuplatonismus des Plotin (Horn und Rapp 2008, 127).

– *Melancholie* (vgl. 3.5 GOEBEL): Hintergrundtheorie der Melancholie ist die zuerst von Hippokrates formulierte Lehre von den vier Säften (*quattuor humores*: schwarze Galle, gelbe Galle, Blut, Schleim), deren Mischungsverhältnis für den menschlichen Körper konstitutiv ist. Eine Kopplung des Temperaments eines Menschen an die Mischung der einzelnen Säfte findet sich bei Galen. Ein Übergewicht der ‚schwarzen Galle' (*mélaina cholé, melancholía*; *atra bilis*) ist Ursache für ein melancholisches Temperament (Klibansky et al. 1990 [1964], 39). Literarästhetisch wird die Lehre von der ‚schwarzen Galle' zuerst im sogenannten *Problem XXX,1* des Pseudo-Aristoteles fruchtbar gemacht. Ihr Autor diskutiert ausführlich das richtige Mischungsverhältnis von ‚kalter' und ‚warmer' schwarzer Galle, das unmittelbare Auswirkungen auf den Gefühlshaushalt des Menschen hat. Übermäßig erwärmt, erzeugt sie übersteigerte positive Emotionen wie die *ekstasis* (Klibansky et al. 1990 [1964], 67); ihr Erkalten wiederum bringt negative Emotionen mit sich, die unter anderem bis zum Suizid führen können. Die meisten Dichter, so der unbekannte Verfasser, seien Melancholiker (Klibansky et al. 1990 [1964], 60). Seither gilt eine melancholische Disposition (die sich auch in unmäßigem Weingenuss zeigen kann) als Merkmal ‚genialer' Menschen. Cicero schreibt in seinen *Tusculanae disputationes*: „Aristoteles war der Auffassung, dass alle genialen Menschen Melancholiker sind." („Aristoteles ait quidem omnes ingeniosos melancholicos esse"; Cic. *Tusculanae disputationes* 1.80) Zu einem zentralen Element der Poetik wird die Lehre von der Melancholie dann in der neuplatonischen Renaissance-Philosophie des Marsilio Ficino (Steppich 2002, 206–214).

– *Inspiration*: Der heute gewiss am häufigsten verwendete Begriff zur Benennung heteronomer Textproduktionsprozesse ist derjenige der Inspiration. Zugleich ist Inspiration aber ein vergleichsweise enger und historisch später Begriff, der an die christliche Tradition gekoppelt ist. Friedrich Ohly weist darauf hin, dass es sich bei der Inspiration um ein spezifisch christliches Konzept handle, der „inzwischen unbedacht vage für alles Mögliche, sei es der Antike, sei es der Moderne" (Ohly 1993, 122) verwendet werde. Sinnvoll sei es, den Begriff nur im Kontext der „christlichen Rede von der Inspiration aus dem Geist Gottes" (ebd.) zu verwenden. Zugleich ist, etwa bei Clemens von Alexandrien oder Origines, nicht zu übersehen, dass die christliche Inspirationsvorstellung säkulare Ursprünge hat. Es handelt sich damit um eine spezifisch christliche Umformung eines älteren Konzeptes. Im klassischen Latein schließlich ist zwar das Verbum *inspirare* (‚einhauchen', ‚einblasen') belegt, nicht aber ein zugehöriges Substantiv *inspiratio*. Das Partizip *inspiratus* findet sich im Kontext der Bibelentstehung zuerst in der Vulgata (2. Tim. 3.16) als Übersetzung des griechischen *theopneustos* (‚Von Gott durchhaucht'). In der frühchristlich-patristischen Theologie entsteht eine komplexe Inspirationstheorie, welche die Entstehung der Bibeltextes erklären möchte. Die Lehre von der sogenannten ‚Verbalinspiration' nimmt eine direkte Einwirkung des Heiligen Geistes an und versteht den Text der Bibel in seiner Gesamtheit als geschriebenes Wort Gottes. Belege für die Verwendung in poetologischen Kontexten gibt es erst seit dem Beginn des 19. Jahrhunderts (Till 2000). Sie entsprechen weitgehend der Semantik von *enthousiasmos*.

2.2 Emotionale Wirkungsästhetik: Aristoteles' Tragödientheorie

Aristoteles definiert in seiner *Poetik* die Tragödie hinsichtlich ihrer vom Dichter beabsichtigten emotionalen Wirkungen: Sie rufe „Jammer und Schaudern" hervor – so Manfred Fuhrmanns Übersetzung, die hier Wolfgang Schadewaldt (1955) folgt – und bewirke „hierdurch eine Reinigung von derartigen Erregungszuständen [*tôn toioutôn pathematôn*]" (Arist. *Poet.* 1449b). In der Übersetzung Arbogast Schmitts lautet die Passage: „Durch Mitleid und Furcht bewirkt sie eine Reinigung eben dieser Gefühle." (Aristoteles 2008, 9) Die griechischen Begriffe sind *eleos*, *phobos* und *katharsis*. Diese drei Zentralbegriffe der Tragödienpoetik sind extrem deutungsbedürftig, zudem lässt sich die Phrase *tôn toioutôn pathematôn* grammatisch entweder als „Reinigung *von* Affekten" (*Genetivus separativus*) oder als „Reinigung *der* Affekte" (*Genetivus objectivus*) interpretieren (Rapp 2011, 252). Erschwerend kommt hinzu, dass sich in der *Poetik* gerade zur Wirkungsfrage insgesamt nur fragmentarische Ausführungen finden (dazu ausführlich: 3.2 GÖDDE).

Folgt man der neueren Interpretation von Schmitt (1994, 2008) und seiner Schule, dann lässt sich die Wirkung der Tragödie im Sinne einer „Schulung des Affekts" (Kappl 2006, 268; vgl. Aristoteles 2008, 340–342) verstehen. *Katharsis* als der affektive Zentralmechanismus meint, dass die „Zuschauer lernen, richtige, d. h. angemessene Affekte zu entwickeln" (Kappl 2006, 267; Cessi 1987, 270–274). Dies werde vor dem Hintergrund der von Aristoteles vertretenen kognitiven Emotionstheorie plausibel, nach der einer Emotion ein kognitiver Vorgang vorausgehe. Dies schließt Interpretationen der *katharsis* aus, welche diese entweder als rein affektiven Vorgang beschreiben oder aber den Prozess der Reinigung als eine Reinigung *von* den Affekten verstünden (Kappl 2006, 266–267): „Der Zuschauer, der die Handlung aus einer übergeordneten Perspektive mitverfolgt, kann so in einer kunstgemäß gebauten Tragödie erkennen, wo und warum der Handelnde fehlgeht, und empfindet dabei unmittelbar Furcht und Mitleid; denn er sieht, daß und wie das Unglück vermeidbar gewesen wäre, und merkt zugleich auf Grund der Ähnlichkeit zwischen ihm und dem tragischen Helden, daß ihm selbst Vergleichbares passieren könnte." (Kappl 2006, 268) Damit wendet sich diese Interpretation nicht zuletzt gegen die Deutungen Schadewaldts und Hellmut Flashars, welche die *katharsis* stärker als somatische und physiologische Reaktion bestimmen. Ein wirklicher Konsens hat sich nicht herausgebildet (Rapp 2009).

Dabei soll die tragische Wirkung Ergebnis einer vom Dichter kunstvoll geplanten Textkomposition, nicht bloß der effektvollen Inszenierung sein (Arist. *Poet.* 1453b–1454a). Für die ‚Gedankenführung' (*dianoia*), also elementare Textverfahren wie das planmäßige Erzeugen von Jammern und Schaudern im Falle der Tragödie oder das erfolgreiche Beweisen und Widerlegen im Falle der Rhetorik, verweist Aristoteles auf die Ausführungen in der *Rhetorik* (Arist. *Rhet.* 2.26; Arist. *Poet.* 1456a–1456b).

In ihrer Studie über die Rezeption der *Poetik* im 16. Jahrhundert (*editio princeps*: Venedig 1508, bei Aldus Manutius) hat Birgit Kappl die Interpretationsgeschichte zentraler Begriffe der aristotelischen Tragödientheorie in ihren wesentlichen Stationen aufgearbeitet. Als wichtiger Bezugspunkt erweist sich dabei die Affektenlehre der Stoa, die teilweise mit platonischen und aristotelischen Elementen verbunden wird. So bestimmt schon Francesco Robortello in seinem Aristoteles-Kommentar von 1548 die Wirkung der Tragödie als eine Art „emotionale[...] Abhärtung" (Kappl 2006, 271). Die Seele des Menschen, so Vincenzo Maggi und Bartolomeo Lombardi (1550), soll *von* Affekten gereinigt werden. Ziel ist die Seelenruhe als Zustand, dem das *pathos* als die negative *perturbatio animi* (so Ciceros Übersetzung in *De finibus bonorum et malorum* 3.35) entgegensteht. Bei Lodovico Castelvetro (1570/1576) heißt es dann, dass das Theater eine regelrechte Schule der Affekt-Gewöhnung darstelle: „Indem die Zuschauer häufig im Theater Dinge sehen, die Furcht und Mitleid erregen, nutzen sich diese Emotionen ab, und an die Stelle von Verzagtheit, Furcht und Mitleid treten Souveränität, Gelassenheit und Strenge." (Kappl 2006, 276) Diese Deutung der *katharsis* ist in der Frühen Neuzeit (mit der Ausnahme der Poetik Scaligers von 1561) kanonisch geworden (Schings 1971, 2–3, 8–9). Die Tragödie wird damit zu einer Schule der Beständigkeit, in der die stoische *constantia* eingeübt wird. In der deutschen Tragödienpoetik des 17. Jahrhunderts bewegt sich die Katharsis-Deutung zwischen den Polen der Purgierung von den Affekten und der Dämpfung der Affekte. Letztere Position, die die aristotelische Lehre vom Mittelmaß voraussetzt, vertritt der Niederländer Daniel Heinsius, der wiederum einen wichtigen Bezugspunkt für Martin Opitz darstellt (Schings 1971, 11). Dieser bestimmt in der Vorrede zu seinen *Trojanerinnen* (1625) die Wirkung der Tragödie als Einübung in die ‚Beständigkeit': „Solche Beständigkeit aber wird vns durch beschawung der Mißligkeit des Menschlichen Lebens in den Tragödien zu förderst eingepflantzet." (Opitz 1979 [1625], 420) Die Tragödie führt beim Betrachter aber nicht zur Emotionslosigkeit. Im Gegenteil: Der Rezipient fühlt – „wie es sich gebühret" (Opitz 1979 [1625], 430) – Erbarmen (also die christliche Spielart des Mitleids) und kann die Tränen kaum zurück halten, lernt aber am Beispiel des Schicksals hochgestellter Personen (Ständeklausel) das eigene Schicksal „weniger fürchten vnd besser erdulden" (Opitz 1979 [1625], 430).

Diese lebenspraktische Interpretation der Funktion der klassizistischen Tragödie ‚hohen Stils' hält sich bis ins 18. Jahrhundert. In Gottscheds *Critischer Dichtkunst* (zuerst 1730) heißt es, dass der Poet die Zuschauer „durch den Anblick solcher schweren Fälle der Großen dieser Welt, zu ihren eigenen Trübsalen vorbereite[t]" (Gottsched 1982 [1730], 606). Erst Lessings *Briefwechsel über das Trauerspiel* (1756/1757) mit Moses Mendelssohn und Friedrich Nicolai und vor allem die *Hamburgische Dramaturgie* (1767–1769) markieren hier einen Neuansatz. Thomas Martinec (2003) sieht ihn vor allem in einer Reorientierung des Lessingschen Affektbegriffs, der sich von einer rhetorischen zu einer psychologischen Kategorie gewandelt habe. Lessing verstehe ‚Mitleid' nicht im alten Sinne der emotionalen Überzeugungsstrategie, sondern mache die psychologische Eigenaktivität des Zuschauers stark. Damit wird der Schwerpunkt nicht zuletzt vom Dichter als strategischem Rhetor auf den Rezipienten verschoben (Fick 2010, 169–170).

Literaturverzeichnis

(Anmerkung zur Zitierweise: Stellenangaben aus Aristoteles' *Poetik* und *Rhetorik* nach Aristoteles 2008 und Aristoteles 2002 werden nachgewiesen mit Namenkürzel. *Kurztitel.* Seite Spalte in arabischen Ziffern nach Bekker-Zählung. Stellenangaben aus Texten von Quintilian, Cicero und Horaz werden nachgewiesen mit Namenskürzel. *Kurztitel* Buch. Kapitel Zeile in arabischen Ziffern.)

Aristoteles. *Poetik. Werke in deutscher Übersetzung.* Bd. 5. Übers. und hrsg. von Arbogast Schmitt. Berlin: Akademie-Verlag, 2008.
Aristoteles. *Rhetorik. Werke in deutscher Übersetzung.* Bd. 4. Übers. und hrsg. von Christof Rapp. Berlin: Akademie-Verlag, 2002.
Assmann, Aleida. „Fiktion als Differenz". *Poetica* 21 (1989): 239–260.
Auerbach, Erich. *Mimesis. Dargestellte Wirklichkeit in der abendländischen Literatur.* Bern und Zürich: Francke, 1946.
Barthes, Roland. „Die alte Rhetorik" [1970]. *Das semiologische Abenteuer.* Frankfurt am Main: Suhrkamp, 1988. 15–101.
Büttner, Stefan. *Die Literaturtheorie bei Platon und ihre anthropologische Begründung.* Tübingen: Francke, 2000.
Cessi, Viviana. *Erkennen und Handeln in der Theorie des Tragischen bei Aristoteles.* Frankfurt am Main: Athenäum, 1987.
Cicero. *De oratore/Über den Redner.* Lateinisch/Deutsch. Übers. und hrsg. von Harald Merklin. Stuttgart: Reclam, 1991.

Cicero. *Orator*. Lateinisch/Deutsch. Übers. und hrsg. von Bernhard Kytzler. 3. Aufl. München und Zürich: Artemis, 1988.
Diels, Hermann. *Die Fragmente der Vorsokratiker*. Griechisch und Deutsch. Bd. 2. Hrsg. von Hermann Diels und Walther Kranz. 10. Aufl. Berlin: Weidmann, 1960.
Fick, Monika. *Lessing-Handbuch. Leben – Werk – Wirkung*. 3. Aufl. Stuttgart und Weimar: Metzler, 2010.
Fortenbaugh, William W. „Aristotle's Rhetoric on Emotions". *Archiv für Geschichte der Philosophie* 52 (1970): 40–70.
Fortenbaugh, William W. „Benevolentiam conciliare and animos permovere: Some Remarks on Cicero's *De oratore* 2.178–216". *Rhetorica* 6 (1988): 259–273.
Fortenbaugh, William W. *Aristotle on Emotion. A Contribution to Philosophical Psychology, Rhetoric, Poetics, Politics and Ethics*. 2. Aufl. London: Barnes and Noble, 2003.
Fuhrmann, Manfred. *Die antike Rhetorik. Eine Einführung*. 3. Aufl. München: Artemis & Winkler, 1990.
Gauger, Hans-Martin. „Stil. Kleine Geschichte eines großen Wortes". *Über Sprache und Stil*. München: Beck, 1995. 187–202.
Geitner, Ursula. *Die Sprache der Verstellung. Studien zum rhetorischen und anthropologischen Wissen im 17. und 18. Jahrhundert*. Tübingen: Niemeyer, 1992.
Gill, Christopher. „The Ethos/Pathos Distinction in Rhetorical and Literary Criticism". *Classical Quarterly* 34 (1984): 149–168.
Gottsched, Johann Christoph. *Versuch einer Critischen Dichtkunst*. Darmstadt: Wissenschaftliche Buchgesellschaft, 1982 [1751].
Grassi, Ernesto. *Macht des Bildes: Ohnmacht der rationalen Sprache. Zur Rettung des Rhetorischen*. Köln: DuMont Schauberg, 1970.
Horaz. *Ars poetica/Die Dichtkunst*. Übers. und hrsg. von Eckart Schäfer. Stuttgart: Reclam, 1984.
Horn, Christoph und Christof Rapp (Hrsg.). *Wörterbuch der antiken Philosophie*. 2. Aufl. München: Beck, 2008.
Kappl, Brigitte. *Die Poetik des Aristoteles in der Dichtungstheorie des Cinquecento*. Berlin und New York, NY: De Gruyter, 2006.
Kennedy, George A. *Classical Rhetoric and Its Christian and Secular Tradition from Ancient to Modern Times*. Chapel Hill, NC: University of North Carolina Press, 1980.
Kennedy, George A. *The Art of Persuasion in Greece*. Princeton, NJ: Princeton University Press, 1963.
Kennedy, George A. *The Art of Rhetoric in the Roman World. 300 B. C. – A. D. 300*. Princeton, NJ: Princeton University Press, 1972.
Klibansky, Raymond, Fritz Panofsky und Fritz Saxl. *Saturn und Melancholie. Studien zur Geschichte der Naturphilosophie und Medizin, der Religion und der Kunst*. Frankfurt am Main: Suhrkamp, 1990 [1964].
Knape, Joachim. „Figurenlehre". *Historisches Wörterbuch der Rhetorik*. Bd. 3. Hrsg. von Gert Ueding. Tübingen: Niemeyer, 1996. Sp. 289–342.
Knape, Joachim. *Allgemeine Rhetorik. Stationen der Theoriegeschichte*. Stuttgart: Reclam, 2000.
Kramer, Olaf. „Affekt und Figur. Rhetorische Praktiken der Affekterregung und -darstellung". *„Und es trieb die Rede mich an…". Festschrift zum 65. Geburtstag von Gert Ueding*. Hrsg. von Joachim Knape, Olaf Kramer und Peter Weit. Tübingen: Niemeyer, 2008. 313–325.

Kraus, Manfred. „Zusammenhänge zwischen der aristotelischen ‚Poetik' und ‚Rhetorik'". *Aristotelische Rhetoriktradition*. Hrsg. von Joachim Knape und Thomas Schirren. Stuttgart: Steiner, 2005. 72–104.
Kremer, Roman B. „Selbstaffektion". *Historisches Wörterbuch der Rhetorik*. Hrsg. von Gert Ueding. Bd. 10. Berlin und New York, NY: De Gruyter, 1996. Sp. 1217–1224.
Lausberg, Heinrich. *Handbuch der literarischen Rhetorik. Eine Grundlegung der Literaturwissenschaft*. 2 Bde. München: Hueber, 1960.
Longinus. *Vom Erhabenen*. Griechisch/Deutsch. Übers. und hrsg. von Otto Schönberger. Stuttgart: Reclam, 1988.
Martin, Josef. *Antike Rhetorik. Technik und Methode*. München: Beck, 1974.
Martinec, Thomas. *Lessings Theorie der Tragödienwirkung. Humanistische Tradition und aufklärerische Erkenntniskritik*. Tübingen: Niemeyer, 2003.
Müller, A. „Mania". *Historisches Wörterbuch der Philosophie*. Hrsg. von Joachim Ritter und Karlfried Gründer. Basel und Stuttgart: Schwabe, 1980. Sp. 714.
Müller, Wolfgang G. *Topik des Stilbegriffs. Zur Geschichte des Stilverständnisses von der Antike bis zur Gegenwart*. Darmstadt: Wissenschaftliche Buchgesellschaft, 1981.
Ohly, Friedrich. „Metaphern für die Inspiration". *Euphorion* 87 (1993): 119–171.
Opitz, Martin. „Vorrede zu den Trojanerinnen" [1625]. *Gesammelte Werke*. Bd. 2. Hrsg. von Georg Schulz-Behrend. Stuttgart: Hiersemann, 1979. 429–430.
Platon. *Ion*. Griechisch/Deutsch. Übers. und hrsg. von Hellmut Flashar. Stuttgart: Reclam, 1988.
Plett, Heinrich F. *Rhetorik der Affekte. Englische Wirkungsästhetik im Zeitalter der Renaissance*. Tübingen: Niemeyer, 1975.
Quadlbauer, Franz. *Die antike Theorie der genera dicendi im lateinischen Mittelalter*. Graz und Wien: Böhlau, 1962.
Quintilian. *Ausbildung des Redners*. Übers. und hrsg. von Helmut Rahn. 2 Bde. 3. Aufl. Darmstadt: Wissenschaftliche Buchgesellschaft, 1995.
Rapp, Christof. „Aristoteles über das Wesen und die Wirkung der Tragödie". *Aristoteles: Poetik*. Hrsg. von Otfried Höffe. Berlin: Akademie-Verlag, 2009. 87–104.
Rapp, Christof. „Katharsis". *Aristoteles-Handbuch. Leben – Werk – Wirkung*. Hrsg. von Christof Rapp und Klaus Corcilius. Stuttgart und Weimar: Metzler, 2011.
Rutherford, Ian. „Deinotes". *Historisches Wörterbuch der Rhetorik*. Hrsg. von Gert Ueding. Bd. 2. Tübingen: Niemeyer, 1994. Sp. 467–472.
Schadewaldt, Wolfgang. „Furcht und Mitleid? Zur Deutung des Aristotelischen Tragödiensatzes". *Hermes* 83 (1955): 129–171.
Schings, Hans-Jürgen. „Consolatio Tragoediae. Zur Theorie des barocken Trauerspiels". *Deutsche Dramentheorien. Beiträge zu einer historischen Poetik des Dramas in Deutschland*. Bd. 1. Hrsg. von Reinhold Grimm. Frankfurt am Main: Athenäum, 1971. 1–44.
Schmitt, Arbogast. „Aristoteles und die Moral der Tragödie". *Orchestra. Drama, Mythos, Bühne. Festschrift für Hellmut Flashar*. Hrsg. von Anton Bierl und Peter von Möllendorff. Stuttgart und Leipzig: Teubner, 1994. 331–343.
Schulz, Verena. *Die Stimme in der antiken Rhetorik*. Göttingen: Vandenhoeck & Ruprecht, 2014.
Solmsen, Friedrich. „Aristotle and Cicero on the Orator's Playing upon the Feelings". *Classical Philology* 333 (1938): 390–404.
Stenzel, Jürgen. „‚Si vis me flere...' – ‚Musa iocosa mea'. Zwei poetologische Argumente in der deutschen Diskussion des 17. und 18. Jahrhunderts". *Deutsche Vierteljahrsschrift für Literaturwissenschaft und Geistesgeschichte* 48 (1974): 650–671.

Steppich, Christoph J. *Numine afflatur. Die Inspiration des Dichters im Denken der Renaissance*. Wiesbaden: Harrassowitz, 2002.
Till, Dietmar. „Affekt contra ars. Wege der Rhetorikgeschichte um 1700". *Rhetorica. A Journal of the History of Rhetoric* 24 (2006): 337–369.
Till, Dietmar. „Inspiration". *Reallexikon der deutschen Literaturwissenschaft*. Bd. 2. Hrsg. von Harald Fricke. Berlin und New York, NY: De Gruyter, 2000. 149–152.
Till, Dietmar. „Rhetorik des Affekts (pathos)". *Rhetorik und Stilistik: ein internationales Handbuch historischer und systematischer Forschung*. Bd. 1. Hrsg. von Ulla Fix, Andreas Gardt und Joachim Knape. Berlin und New York, NY: De Gruyter, 2008. 646–668.
Till, Dietmar. „Verbergen der Kunst (dissimulatio artis)". *Historisches Wörterbuch der Rhetorik*. Bd. 9. Hrsg. von Gert Ueding. Tübingen: Niemeyer, 2009. Sp. 1034–1042.
Till, Dietmar. *Transformationen der Rhetorik. Untersuchungen zum Wandel der Rhetoriktheorie im 17. und 18. Jahrhundert*. Tübingen: Niemeyer, 2004.
Ueding, Gert, und Bernd Steinbrink. *Grundriß der Rhetorik. Geschichte – Technik – Methode*. 5. Aufl. Stuttgart und Weimar: Metzler, 2011.
Vickers, Brian. *In Defence of Rhetoric*. Oxford: Clarendon Press, 1988.
Wisse, Jakob. „Affektenlehre (B. I.)". *Historisches Wörterbuch der Rhetorik*. Hrsg. von Gert Ueding. Bd. 1. Tübingen: Niemeyer, 1992. Sp. 218–224.
Wisse, Jakob. *Ethos and Pathos from Aristotle to Cicero*. Amsterdam: Hakkert, 1989.
Wörner, Markus H. „‚Pathos' als Überzeugungsmittel in der Rhetorik des Aristoteles". *Pathos, Affekt, Gefühl*. Hrsg. von Ingrid Craemer-Ruegenberg. Freiburg und München: Alber, 1981. 53–78.
Wörner, Markus H. *Das Ethische in der Rhetorik des Aristoteles*. Freiburg und München: Alber, 1990.
Zinsmaier, Thomas. „Aristotelische Einflüsse auf Ciceros Rhetoriktheorie". *Aristotelische Rhetoriktradition*. Hrsg. von Joachim Knape und Thomas Schirren. Stuttgart: Steiner, 2005. 127–140.

2.2 Gefühle in der philosophischen Ästhetik
Birgit Recki

Die philosophische Ästhetik hat ihren Namen vom griechischen Terminus für die Sinneswahrnehmung (*aisthesis*; *episteme aisthetike*). Der sprachliche Ausdruck tritt mit der Bemühung um die Grundlegung einer neuen philosophischen Disziplin mit Alexander Gottlieb Baumgartens *Aesthetica* 1750 auf und ist nach dem Initialerfolg in Umfeld und Folge der rationalistischen Schulphilosophie rasch über mehrere Jahrzehnte umstritten: Für Kant, der in der *Kritik der reinen Vernunft* gemäß einer älteren Terminologie den Begriff einer „transzendentalen Ästhetik" für seine Lehre von Raum und Zeit als Formen der Sinnlichkeit reserviert, sieht es so aus, dass es eine „verfehlte Hoffnung" wäre, „die kritische Beurtheilung des Schönen unter Vernunftprincipien zu bringen und die Regeln derselben zur Wissenschaft zu erheben" (Kant 1968 [1781/1787], B 35), bis es ihm in der Analyse des moralischen Gefühls der Achtung gelingt, apriorische Bedingungen von Gefühlen auszuweisen (Kant 1999 [1788]; siehe Recki 2001). Hegel, der den Ausdruck in seinen seit den 1820er Jahren gehaltenen Vorlesungen zur Philosophie der Kunst aufgreift, kann da bereits beanstanden, er gehöre in die Zeit, „als man in Deutschland die Kunstwerke mit Rücksicht auf die Empfindungen betrachtete, welche sie hervorbringen sollten" (Hegel 1975 [1835/1842], 13). Ähnlich legt auch Schelling Wert darauf, dass seine *Philosophie der Kunst* nicht mit dem verwechselt werde, was man nach dem maliziösen Zeugnis Jean Pauls: „Von nichts wimmelt unsere Zeit so sehr als von Ästhetikern" (Jean Paul 1960 [1804], 13), längst allgemein als Ästhetik bezeichnet (Schelling 1959 [1859], 361). In allen drei Fällen geht die Reserve gegen den missverständlichen Terminus jedoch mit großen theoretischen Ansätzen einher, die sich als maßgeblich für tragende Strömungen der ästhetischen Moderne erweisen sollten.

Der Ausdruck hatte sich schnell als kleinster gemeinsamer Nenner durchgesetzt: für das Interesse an der sinnlichen Wahrnehmung in ihrem Eigenwert, dem Zusammenhang von reflektierter Sinnlichkeit, Erkenntnis und Emotionalität, der Bedeutung des Schönen, des Erhabenen und anderer ästhetischer Intensitäten, der Rolle der Künste für das menschliche Selbstverständnis und Weltverhältnis. Bewegte sich die neue Disziplin mit ihrer Fokussierung auf Sinnesreiz, Empfindung und Gefühlsreaktion in ihrer Gründungsphase gänzlich im Horizont epistemologischer Fragen, so zeigte sich bald, dass ästhetische Wertbegriffe, etwa des Schönen und Erhabenen, wie der moralische Wertbegriff des Guten immer auch im Zentrum des praktischen Selbstverständnisses stehen.

Seit Baumgarten und der Verbreitung seines Ansatzes durch Georg Friedrich Meiers *Anfangsgründe aller schönen Wissenschaften* (1748–1750) lassen sich im Rückblick auf gute 250 Jahre philosophischer Theoriegeschichte mehrere wirkungsmächtige Intensivierungsschübe ausmachen. Als entscheidend für philosophische Grundlegung, interdisziplinäre Durchsetzung und allgemeine Verbreitung der Ansprüche und Einsichten der Ästhetik dürfen vor allem Kants Versuch einer transzendentalen Begründung des Geltungsanspruchs ästhetischer Urteile und die darin implizierte Aufwertung der Gefühle, Hegels Objektivierungsanspruch durch die Forcierung einer methodischen Konzentration auf das Erkenntnispotential der Kunst und Nietzsches ästhetischer Fundamentalismus gelten, durch den der Mensch in seiner elementaren Einstellung auf Wirklichkeit zum schaffenden Künstler erklärt wird.

Auf dem Wege über zeitgenössische Debatten in der Philosophie und ihrem gebildeten Publikum wirken die damit bezeichneten Gedanken auch auf das Selbstverständnis der Künste. Zur Verstärkung der theoretischen Aufmerksamkeit auf ästhetische Erfahrung und Kunst, zur Diversifizierung ästhetischer Ansätze in Erkenntnis- und Wahrheitstheorien, Spieltheorien, Kompensationstheorien, Intensivierungstheorien und Überbietungstheorien des Ästhetischen (vgl. Seel 1985; Guyer 2014), zu der es im 20. Jahrhundert durch die Fragen der Phänomenologie, der Hermeneutik, der Kulturphilosophie und philosophischen Anthropologie, der kritischen Theorie der Gesellschaft, der zeichentheoretischen und sprachanalytischen Ansätze kommt, tragen auch die philosophisch orientierten Künstler-Ästhetiken der Moderne bei (Hess 1956; Klee 1976 [1920], 1979 [1924] und 1988 [1898–1918]; Kandinsky 1973).

Macht man sich in der methodischen Einsicht, dass Begriffsgeschichte nicht Wortgeschichte ist, vom historischen Auftreten des Terminus „Ästhetik" unabhängig, so kann mit Blick auf die Sache auffällig werden: Die philosophische Ästhetik beginnt mit dem Philosophieren. Ihre Themen beschäftigen – im Rahmen von Metaphysik und Ontologie, Erkenntnislehre und praktischer Philosophie, Poetik und Rhetorik – das philosophische Denken von Anfang an. Zwei der großen Menschheitsfragen haben ihren Ort seit der Antike – verstärkt im Humanismus der Renaissance und der Aufklärung des 18. Jahrhunderts – immer wieder auf dem Boden der Ästhetik gefunden: die im weitesten Sinne erkenntnistheoretische Frage nach dem Anteil der Sinnlichkeit am humanen Selbstverständnis, die sich, etwa in der Frage nach dem Charakter des ästhetischen Scheins, auf die ästhetische Wahrnehmung und die mit ihr einhergehenden Empfindungen richtet, und die gleichermaßen praktische wie metaphysische Frage nach dem Status und Wert des von Menschen Gestalteten im Ganzen der Welt, die ihren exemplarischen Fall in der Kunst hat. Mit der daraufhin naheliegenden Einteilung in Theorien der ästhetischen Erfahrung und Theorien der Kunst, rezeptionsästhetische und produktionsästhetische Ansätze, ist keine Alternative bezeichnet, sondern der jeweilige Schwerpunkt des theoretischen Zugangs auf dem epistemischen Subjekt oder dem Objektbereich der Erfahrung. In beiden Typen ästhetischer Theorie stehen neben und mit dem epistemischen und ethischen Sinn ästhetischer Erfahrungen und Gebilde von Anfang an vielfältige Emotionen im Fokus des Interesses: Liebe, Lust, Begeisterung, Verzückung, Wohlgefallen, Freude, Vergnügen, Furcht und Schrecken, Schaudern, Grausen, Erleichterung, Faszination, Rührung. Wo thematisch wird, wie sich der Mensch als empfindendes, erkennendes, denkendes und handelndes Wesen mit Leib und Seele auf die Dinge der Welt bezieht, wie er sich mit Sinn und Verstand reflexiv den Aufgaben und Produkten kreativer Gestaltung zuwendet, da ist mit der Frage nach der Sinnlichkeit immer auch das Gefühl als Ursprung oder Effekt, als Medium oder Modus gesteigerter Aufmerksamkeit thematisch.

1. Anziehung und Abstoßung – Platon über ergriffenes Streben und Begeisterung, Aristoteles über Furcht und Mitleid

Ohne dass hier ein reiner Begriff des Ästhetischen vorläge, vielmehr in begrifflichen Überschneidungen und fließenden Übergängen zwischen dem Schönen, dem Guten und dem Wahren, zeichnet bereits Platon die ästhetische Dimension emotiver Regungen als charakteristisch für eine besondere Einstellung auf die Wirklichkeit wie als Element einer humanen Lebensführung aus. Im Dialog *Symposion* ist es *eros* [die Liebe] als das epistemisch-praktisch verfasste und dabei emotive Streben nach dem Schönen, das in allen seinen Formen im Zentrum der Auseinandersetzung steht, im *Phaidros* wird das Schöne als das *ekphanestaton te kai erasmiotaton* [das Hervorleuchtendste und Liebreizendste] bestimmt; schon seine Idee zeichnet sich im *hyperouranios topos* [dem überhimmlischen Ort], wo die Seelen vor ihrer Geburt das Absolute schauen, unter den anderen Ideen durch sinnfälligen Glanz aus (Plat. *Phaidr.* 250 d). Auf die Seele des Menschen wirkt das Schöne wie ein anregender Balsam. Bei seinem Anblick beginnt das Gefieder, das sie beim Sturz aus dem Himmel in den irdischen Körper verloren hat, wieder zu wachsen: Das ästhetisch-erotische Gefühl ist das schmerzhaft-lustvolle Jucken, von dem dieses Wachstum wie der Durchbruch neuer Zähne begleitet wird (Plat. *Phaidr.* 251 a–c). Der Anblick des Schönen erinnert die Seele an die göttliche Sphäre, in der sie vor ihrer irdischen Existenz sein reines Urbild schaute; wir fühlen uns gleichsam beflügelt, dem himmlischen Zustand wieder nahezukommen – Schönes wirkt Gutes.

Schönheit ist das Medium intellektueller wie körperlicher Zeugung (Plat. *Symp.* 206e); das Streben nach ihr schildert Sokrates in der Wiedergabe der Rede der weisen Diotima als einen Aufstieg, der beim Begehren eines schönen Körpers anfängt und sein Ziel in der gedanklichen Schau „des Schönen selbst", d. i. seiner Idee, hat (Plat. *Symp.* 210 a–c). *Enthousiasmos* und *theia mania* [Begeisterung und göttlicher Wahn] sind die Art und Weise, in der sich dieses Verhältnis zum geliebten Gegenstand bei den Dichtern auswirkt. Platon exemplifiziert diesen gesteigerten Modus ästhetischer Ergriffenheit an der Wirkung des geliebten Menschen auf den Liebenden (*Phaidros*). Den Sinn für die komplementäre Faszination des Hässlichen dokumentiert ein unerhörtes Beispiel von Schaulust, an dem exemplarisch werden kann, dass auch in der Antike der affizierbare Blick nicht im idyllischen Rahmen einer heilen Welt befangen ist: dass sich eine Figur namens Leontios angesichts der Hingerichteten auf dem Richtplatz vor der Stadt in Missbilligung der eigenen Schwäche der Faszination des grausigen und obszönen Anblicks zu erwehren suchte, „[...] dann aber, von der Begierde überwunden, mit weitgeöffneten Augen zu den Leichnamen hinlief und sagte: Da habt ihr es nun, ihr Unseligen [so die Anrede an die sich durchsetzenden Antriebe der Seele, B. R.], sättigt euch an dem schönen Anblick!" (Plat. *Pol.* 440a)

Indem Platon die destruktiven Affekte ebenso wie den suggestiven sinnlichen Schein der Kunst im Interesse an der ethisch-politischen Ordnung unter die Kontrolle der Vernunft zu stellen beansprucht und deshalb etwa in der musikalischen Erziehung der Wächter nur die für die Ertüchtigung geeigneten Dur-Tonarten zulassen, die verweichlichenden Moll-Tonarten ausschließen will, verweist er indirekt, in der kritischen Reserve, gleichermaßen auf die Macht der Kunst wie der Sinnlichkeit (vgl. Panofsky 1985; Müller 1971; Murdoch 1977). Sein Schüler Aristoteles will beide direkt und positiv in Anspruch nehmen. Er zeigt in seiner *Poetik* an der Kunst der Tragödie, deren Wirkung auf den Menschen er grundsätzlich als positiv einschätzt, vor allem ein ethisches Interesse. Indem er die reinigende Wirkung (*katharsis*) betont, die von ästhetischen Emotionen ausgeht: von Furcht und Mitleid (bzw. Schrecken) (*phobos* und *eleos*) im Blick auf das Scheitern des tragischen Helden, preist er den therapeutischen Effekt eines sublimierten Auslebens der Affekte als die Leistung der Kunst – der Tragödie. Beide Positionen haben in die Philosophie des Mittelalters und der Renaissance gewirkt (Siehe Tatarkiewicz 1980 und 1987; Grassi 1962; Perpeet 1987 und 1988).

2. Das Zeitalter der Vernunft: Ästhetik als philosophische Disziplin

Nachdem Baumgarten bereits in seinen *Meditationes philosophicae de nonnullis ad poema pertinentibus* 1735 systematische Beachtung der ästhetischen Empfindungen gefordert hatte, erweitert er mit seiner *Aesthetica* (1983 [1750/1758]) den Rahmen der rationalistischen Schulphilosophie für eine Besonderheit menschlicher Einstellung auf die Wirklichkeit, indem er der sinnlichen Erkenntnis (*cognitio sensitiva*) im Vergleich zur Verstandeserkenntnis ihren Rang zuweist. In einer ganz aus der Perspektive der theoretischen Vernunft formulierten defizitären Bestimmung begreift er aber die sinnliche Wahrnehmung als eine undeutliche Weise des Erkennens, die Schönheit in Analogie zum rationalen Optimum des Verstandes als *perfectio phaenomenon* [sinnliche Vollkommenheit], die Ästhetik insgesamt als Lehre vom niedrigen Erkenntnisvermögen (*gnoseologia inferior*; vgl. Franke 1972).

An dem breiten, nicht alternativlosen Konsens, dem gemäß die Anfänge der philosophischen Ästhetik ins 18. Jahrhundert datiert werden, hat offensichtlich das Kriterium der damit einsetzenden diskursiven Verselbständigung und Benennung als philosophische Disziplin maßgeblichen Anteil. Tatsächlich erfahren deren Fragen im 18. Jahrhundert erstmals disziplinäre Geltung und methodische Reflexion. In der zunehmenden Differenzierung und Auseinandersetzung setzt sich jedoch nur ein längst auf den Weg gebrachtes Interesse durch. Nicht zufällig vollzieht sich die sachliche und methodische Verselbständigung der aus den Fragen der Erkenntnistheorie, der Ontologie und Metaphysik wie der Ethik gleichermaßen gespeisten Disziplin in der Zeit der Aufklärung: Philosophisch ist das kritische Bemühen, den Menschen durch die Bestimmung der Leistungen und Grenzen seiner Vernunft zum ‚Herrn im eigenen Hause zu machen', dazu angetan, bei allem Unterschied in den Traditionen und Gewichtungen überall systematisch das Bewusstsein für die konstitutive Differenz der *Conditio humana* zu einem jeden denkbaren Absoluten zu sensibilisieren und mit dem Problembewusstsein für die Stellung des Menschen in der Welt auch den Sinn für die Rolle der Sinnlichkeit zu schärfen (Cassirer 1932, Kap. 7). Damit ist das Interesse am Status von Sinnlichkeit und Gefühl – als Element, Komplement oder Widerpart – herausgefordert.

Das erstarkende Interesse an den Problemen der Ästhetik im 18. Jahrhundert ist ein europäisches Syndrom. Gefragt wird überall mit zunehmender Eindringlichkeit nach der Wahrnehmung der Sinne, der produktiven Einbildungskraft, dem verfeinerten Urteil des Geschmacks, der Vollkommenheit der Gestalt(ung) in den Werken der Kunst, dem Schönen und Erhabenen in Natur und Kunst, der Bedeutung des reflektierten Gefühls für das vernünftige Selbstverständnis. In

England und Schottland wird unter dem Einfluss des Sensualismus John Lockes in anthropologischem, psychologischem und erkenntnistheoretischem Interesse nach den Begriffen von Schönheit und Tugend, den Prinzipien des moralischen Urteils und des Geschmacks, dem Schönen und Erhabenen gefragt (Hutcheson 1986 [1725], Hume 1965 [1757], Burke 1989 [1757]).

In Frankreich setzt sich der neue Begriff mit Verspätung durch. Freilich gab es dort seit der *Querelle des anciens et des modernes* längst Theorien des Geschmacks und des Schönen (Crousaz, André, Boileau, Diderot), die jedoch weithin unter dem Cartesischen Primat der *ratio* und den Normen der Klassik stehen. Die französische Ästhetik des 18. Jahrhunderts ist vielfach rationalistisch und der antiken *mimesis*-Lehre verpflichtet. Auf dem Höhepunkt der stark materialistisch dominierten Aufklärung ist es Rousseau, der die Zeitgenossen im Rahmen seiner fundamentalistischen Kulturkritik und kritischen Pädagogik an die Ansprüche der Empfindung und des Gefühls erinnert (Rousseau 1971 [1750], 1971 [1755] und 1972 [1762]).

Im deutschen Sprachraum, wo die Rolle von Einbildungskraft beziehungsweise schöpferischer Fantasie, von Gefühl und (religiöser) Inspiration betont wird, durch die den Werken der Künstler Authentizität zukomme (Bodmer, Breitinger, Sulzer, Herder, Hamann, Lessing), kann die Rezeption sensualistischer Ansätze schottischer Provenienz verstärkend und differenzierend wirken. Die philosophische Aufklärung steht dabei im Wechselverhältnis mit der Bewegung, in der die Künste, insbesondere Literatur und Musik, sich von den Normen der traditionellen Regelwerke emanzipieren und zu jener Autonomie finden, durch die sie dem Selbstbewusstsein des modernen Menschen zur Darstellung verhelfen.

3. Aufbruch in die Moderne: Kants *Kritik der Urteilskraft* als Drehscheibe der Epoche

Wenn Kant früh von „metaphysischen Anfangsgründen des Ästhetischen" spricht (Kant 1991 [1764–1766], 42), so hat er dabei eine Theorie der ästhetischen Gefühle im Sinn. In seinem ästhetisch-ethischen Frühwerk stellt er 1764 in anthropologischem Interesse *Beobachtungen über das Gefühl des Schönen und Erhabenen* an: eine kleine Phänomenologie der ästhetischen und moralischen Gefühle und des Einflusses, den Natur und Kultur auf diese ausüben. Die Kunst interessiert Kant hier nicht als selbständiger Gegenstand des Philosophierens, sondern als kulturelle Hervorbringung, an der sich der Effekt der Verfeinerung menschlicher Lebensart anschaulich machen lässt. Auf der methodisch-metaphysischen

Grundlage seiner ‚kopernikanischen Wende' (Kant 1968 [1781/1787], 11–12) zu den Bedingungen der Möglichkeit von Erfahrung, die als Funktionen der Erkenntnis in deren Subjekt wirksam sind, wendet sich Kant 1790 in vernunftkritischem Interesse auch der ästhetischen Erfahrung und der Kunst zu.

3.1 Nobilitierung des Gefühls: Das Schöne und das Erhabene

Auch nach dem Schönen und dem Erhabenen, als den bereits von Edmund Burke und Anderen eingeführten ästhetischen Wertprädikaten (Burke 1989 [1757]) fragt Kant, indem er die Bedingungen der Möglichkeit ihrer Erfahrung im erlebenden Subjekt untersucht. So ist ihm „Schönheit [...] kein Begriff vom Object", sondern ein Reflexionsbegriff, der zusammenfasst, was sich im Subjekt der Erfahrung abspielt. Hatte schon David Hume auf der Basis des Lockeschen Sensualismus dafür werben können, dass *die Schönheit im Auge des Betrachters liege* (Hume 1965 [1757]), so ist es Kants Anspruch, diese These eines psychologischen Empirismus durch Fundierung auf apriorische Subjektivität zur Grundlage allgemeiner Geltungsansprüche von Urteilen zu qualifizieren. Das ästhetische Urteil vollzieht sich nach der *Analytik des Schönen* (Kant 1999 [1790], 203–240) in einer Bewegung des Geschmacks – hier als ästhetisch reflektierende Urteilskraft angesprochen –, die Kant als *freies Spiel der Erkenntniskräfte* rekonstruiert: Einbildungskraft und Verstand wirken in spielerischer Reflexion, freigesetzt vom Zweck der Erkenntnis und dabei doch zweckmäßig zusammen. Erlebt wird diese *Zweckmäßigkeit ohne Zweck* im Effekt eines Lustgefühls, das Kant als *interesseloses Wohlgefallen* von den bedürfnisorientierten Weisen der Anteilnahme abgrenzt: vom Erkenntnisinteresse ebenso wie vom pragmatischen Interesse am Nutzen, dem hedonistischen am Genuss und dem moralischen am Guten. Obwohl es sich nicht auf Begriffe gründet, geht das Geschmacksurteil, in dem sich dieses Gefühl der Lust an der bloßen Vorstellung des Gegenstandes artikuliert, mit einem allgemeinen Geltungsanspruch einher: Es hat seinen eigenen und allgemein mitteilbaren Sinn in der Vollzugsform einer freien Reflexion der Erkenntniskräfte, zu der jedes Subjekt einer Erkenntnis imstande sein muss. An dem Gegenstand, mit dem wir so gleichsam spielen, haben wir eine Lust in Gedanken. Diesem Begriff einer interesselosen Reflexionslust lässt sich keine objektive Bestimmung ästhetischer Gegenstände und keine Festlegung auf bestimmte Gegenstände entnehmen, wohl aber eine Bestimmung, die sich im Verhältnis zur Kunst wie zu den Schönheiten der Natur auswirkt: dass Schönheit „eigentlich nur die Form betrifft." (Kant 1999 [1790], 230; vgl. Kulenkampff 1994)

Anders als die reine Freude am Schönen ist das Erlebnis des Erhabenen eine indirekte und in sich widersprüchliche, durch Unlust vermittelte Lust: Angstlust, Erschütterung, Faszination, Hin- und Hergerissensein beim Anblick von Naturphänomenen, die die Auffassungsgabe des erlebenden Subjekts durch ihre unfassbare Größe oder Furcht erregende Macht überfordern. Die Sicht auf den bestirnten Himmel oder auf drohende Felsmassen, Vulkane, Unwetter auf offenem Meer vermittelt eine ästhetische Faszination, die Kant nicht auf ein „freies Spiel der Erkenntniskräfte" zurückführt (Kant 1999 [1790], 216–218), sondern auf einen „Widerstreit" der Einbildungskraft mit der Vernunft (Kant 1999 [1790], 258). Durch den überwältigenden Eindruck gleichermaßen herausgefordert wie überfordert, werden wir uns hier mit Schaudern einer „Selbsterhaltung von ganz andrer Art" (Kant 1999 [1790], 261) bewusst: dass es bei aller Zerbrechlichkeit in uns etwas gibt, das uns selbst der Größe und Macht der Natur überlegen sein lässt. Es ergreift uns das „Gefühl, daß wir reine, selbstständige Vernunft haben" (Kant 1999 [1790], 258).

Die *Kritik der ästhetisch reflektierenden Urteilskraft* hat wesentlich den Charakter einer Theorie der ästhetischen Erfahrung. Durch ihre Einbindung in eine naturteleologische Spekulation bilden die Schönheiten und das Erhabene der Natur ihre bevorzugten Erfahrungsgegenstände. Mit der Analyse des Schönen nimmt Kant das „Lebensgefühl" des mit Sinn und Verstand auf die Phänomene reflektierenden Subjekts (Kant 1999 [1790], 204), mit der Analyse des Erhabenen dessen „Geistesstimmung" (Kant 1999 [1790], 250) und agonale „Weltanschauung" (Kant 1999 [1790], 255) in die Theorie der Vernunft auf. Er präzisiert so nicht allein in transzendentalen Analysen die sensualistisch-triebtheoretischen Konzepte seines Vorgängers in der schottischen Aufklärung: von *pleasure* als der reinen Freude am Schönen und *delight* als dem Frohsein nach der Befreiung von einer Beschwerde (Burke 1989 [1757]). Indem er nach dem moralischen Gefühl der Achtung für das Gesetz (Kant 1999 [1788], 71–89) auch die ästhetischen Gefühle als Effekt kognitiver Leistungen zum integralen Moment eines vernünftigen Selbstverständnisses erklärt, befreit er das Gefühl nachhaltig vom Verdacht der Irrationalität. Mit der *dritten Kritik* erfährt so der Begriff der Vernunft eine folgenreiche Erweiterung: Gefühle gehören zu den vernünftigen Reaktionen (Recki 2001).

3.2 Schiller als erster Kantianer *in aestheticis*

Ihre erste und stärkste Wirkung entfalten die Intuitionen der Kantischen Ästhetik im Denken Friedrich Schillers, der seine in der direkten Abgrenzung gegen die *dritte Kritik* unternommenen Bemühungen um einen objektiven Schönheitsbegriff in den *Kallias-Briefen* an Körner 1793 rasch als vergeblich abbricht und in den Briefen Über die ästhetische Erziehung des Menschen 1795 das Schöne als Gegenstand und Auslöser eines (nach dem freien Spiel der Erkenntniskräfte modellierten) Spieltriebs begreift, dem er die Vermittlung der den Menschen entzweienden Widerspruchsdynamik zwischen Stofftrieb (Sinnlichkeit) und Formtrieb (Vernunft) zutraut. Da Schiller Schönheit als „Freiheit in der Erscheinung" begreift, ist es für ihn auch „die Schönheit [...], durch welche man zu der Freiheit wandert." (Schiller 1965 [1795], 2. Brief, 7; vgl. Cassirer 2001 [1916], Kap. 5) Jedem rationalistisch verkürzten Freiheitsverständnis der Art, wie er es als Zeitgenosse der zur *terreur* pervertierenden Französischen Revolution vor Augen hat, hält Schiller entgegen, dass es die ästhetische Erfahrung sei, die den Menschen durch „Ausbildung des Empfindungsvermögens" (Schiller 1965 [1795], 8. Brief, 31) erst gleichermaßen sensibilisiere und zur Vernunft bringe, ja: die ihn erst wirklich zum Menschen mache: „Der Mensch ist nur da ganz Mensch, wo er spielt" (Schiller 1965 [1795], 15. Brief, 63), und der Mensch soll nur mit Schönem spielen. Schiller ergänzt die Kantische Schönheitsanalyse nicht allein um die Differenzierung zwischen verschiedenen Modi von Schönheit nach der Art ihrer emotionalen Wirkung auf das menschliche Gemüt: In seinen Begriffen von schmelzender und energischer Schönheit gibt er eine Variante auf die Differenz zwischen Schönem und Erhabenem. Er legt vor allem Wert auf die Auszeichnung der menschlichen Schönheit, die sich in ihrer lebendigen Bewegtheit durch das vernunftbestimmte Leib-Seele-Verhältnis von allen anderen schönen Gegenständen unterscheide, und für die er den Begriff der Anmut reserviert. Während Schiller das Movens der Schönheit für eine letztlich auf das Ganze der Gesellschaft gerichtete Pädagogik der Befreiung zu nutzen beansprucht, übernimmt er die Analyse des Erhabenen als Interpretament seiner Poetik, um unser ‚Vergnügen an tragischen Gegenständen' in programmatischer Absicht zu explizieren. Schillers Poetik des Erhabenen verfügt dabei über eine besondere affekttherapeutische Dimension: Die Tragödie müsse den Helden leiden lassen, um den mitleidenden Zuschauer, der dem Affekt nicht erliegt, sondern ihn beherrscht, gegen mögliches eigenes Leiden zu immunisieren (vgl. Zelle 1995, 179 und 184; Zumbusch 2011, 113–130). Beide Elemente einer Ästhetik des Gefühls nimmt Schiller in ihren Wirkungen auf den handelnden Menschen im Rahmen seiner Konzeption der ‚Schaubühne als moralische Anstalt' in Anspruch.

3.3 Geschmack und Genie – Das Genie als Vermittlung von Natur und Freiheit

In der Polarität von Geschmack und Genie, in der sich die Perspektiven der Rezeption und der Produktion komplementär gegenüberstehen, macht die Kantische Ästhetik eine Tendenz verbindlich, die sich bereits in der vorangehenden Ästhetik des 18. Jahrhunderts abzeichnet. Der Geschmack wird verstanden als das Vermögen zur wohlunterschiedenen Wahrnehmung, in der mit der verfeinerten Empfindung des Gefallens und Missfallens auch der geistige Zustand und der kulturelle Anspruch des ganzen Menschen zum Ausdruck kommt. In der Frage nach dem Geschmack geht es im 18. Jahrhundert stets um ein zentrales Problem des menschlichen Selbstverständnisses. Die scholastische Weisheit *De gustibus non est disputandum* bekommt im systematisch erkundeten Horizont der Vernunft einen neuen, kritischen Sinn: Zum Thema wird die Innerlichkeit und Intensität von Erfahrungen, die von der *ratio* allein nicht vermittelt werden können. In Opposition, Korrektur und Ergänzung des Anspruchs der Vernunft auf objektive Geltung, wie er sich im Ideal der Wissenschaft zuspitzt, wird der Geschmack als Domäne der Subjektivität ausgezeichnet, die ihr Recht – auch auf Individualität und Vielfalt – in der Kultur der Empfindungen und Gefühle geltend macht.

In den elaborierten erkenntnistheoretischen Ansätzen auf die Sinnlichkeit, speziell auf die Einbildungskraft gegründet (Baumgarten, Hume), wird der Geschmack in der Frage nach den Möglichkeiten der freien, spontanen Äußerung des Subjekts als eine Fähigkeit der Wahrnehmung, Unterscheidung und Wertung durch Empfindung und Gefühl von der Rationalität der Begriffe abgegrenzt; er ist ein geistig-sinnliches Vermögen, das in der Unmittelbarkeit des Gegenstandsbezuges und in der Vermittlung zwischen den Sinnen und den Verstandeskräften auch die Verbindung des Individuellen mit dem Allgemeinen leistet. Die Gegenstände des Geschmacks werden vorwiegend in den Künsten und in der schönen Natur gesehen (Baumgarten, Sulzer, Herder) – aber auch in Fragen der moralischen Einstellung, dem Charakter, den Handlungen, den Sitten. Bei Shaftesbury stimmen *taste* und *moral sense* überein (ähnlich Sulzer, Rousseau), und auch in der Unterscheidung des Richtigen vom Falschen, in der Beziehung auf Tugend und Glück oder in der motivierenden Freude an Zusammenhang und Ordnung (Hume) hat der Geschmack eine Affinität zur Moral (Kant). Nachdem noch Baumgarten im ästhetischen Geschmacksurteil die undeutliche Erkenntnis der Vollkommenheit als Schönheit der Erscheinung gesehen hatte, spricht Kant im Begriff des Geschmacks die ästhetisch reflektierende Urteilskraft an (siehe Weisbach 1947; Klein 1967; Knabe 1972).

Dem Geschmack als rezeptivem Vermögen der Beurteilung wird vielfach – komplementär oder kritisch – die Produktivität des Genies gegenübergestellt: Als das Vermögen der freien Entdeckung und produktiven Hervorbringung ist es die Gabe des schöpferischen Menschen. Im Anschluss an Leibniz' Vorstellung von der göttlichen Wahl möglicher Welten wird das Genie zum Entbinder unrealisierter Möglichkeiten stilisiert.

Dabei ist die große Aufmerksamkeit des 18. Jahrhunderts auf den Begriff des Genies mehr noch als die Beachtung des Geschmacks dazu angetan, das Vorurteil von der bloßen Verstandeskultur der Aufklärung zu korrigieren: Denn in ihm wird zunehmend die naturgegebene, spontane und gefühlsbetonte Anlage der Kreativität vor dem Moment der vernunftgeleiteten Regelmäßigkeit ausgezeichnet. Mit der Betonung des Genies geht eine Aufwertung der Einbildungskraft einher, die hier nicht mehr nur als reproduktives, sondern als produktives Vermögen begriffen wird. Im Begriff des Genies verbinden sich die Ansprüche auf geistiges Wagnis, schöpferische Fantasie, Unmittelbarkeit des Ausdrucks, Produktivität und Vorrecht des Gefühls, Originalität des Schaffens, Nähe zur Natur und – Freiheit.

In Kants vernunftkritischer Analyse der reflektierten Gefühle ist die Grundlegung der modernen Ästhetik gegeben und zugleich die Autonomie der Kunst behauptet. Diese interessiert hier wesentlich als Äußerung einer Spontaneität, als freie Hervorbringung des Menschen. Die ästhetische Spontaneität, die Kant im Begriff der *Originalität* zu fassen sucht (Kant 1999 [1790], 308), geht bei weitem über die schulgerechte Anwendung erlernbarer Regeln hinaus: „Man kann nicht geistreich dichten lernen." (Kant 1999 [1790], 308) Sie ist in ihrer Unerklärbarkeit letztlich nur als „Natur im Subjecte" (Kant 1999 [1790], 307) überhaupt zu fassen. Diese in ihrer Ursache dunkle, in ihrer Folge luzide Naturwirkung bringt Kant auf den zeitgenössisch eingeführten Begriff des *Genies* (Kant 1999 [1790], 308).

Das Genie ist jene für die Originalität verantwortliche „Gemüthsanlage (ingenium), *durch welche* die Natur der Kunst die Regel giebt" (Kant 1999 [1790], 307; Hervorhebung B. R.); der Begriff bezeichnet den spontanen und unverfügbaren Aspekt, auf den man im Kunstschaffen stößt, als lebendiges Vermögen des Produzenten, durch das dieser als Künstler und sein Werk *als Kunst* eigentlich zählt. Das Genie ist durch Geist als „Günstling[] der Natur" (Kant 1999 [1790], 309) besonders ausgezeichnet. Dieses „Vermögen der Darstellung ästhetischer Ideen" (Kant 1999 [1790], 313–314) besteht „eigentlich in dem glücklichen Verhältnisse, welches keine Wissenschaft lehren und kein Fleiß erlernen kann, zu einem gegebenen Begriffe Ideen aufzufinden, und andrerseits zu diesen den Ausdruck zu treffen" (Kant 1999 [1790], 317). Die ästhetische Idee definiert Kant als eine „Vorstellung der Einbildungskraft, die viel zu denken veranlaßt, ohne daß ihr doch irgend ein bestimmter Gedanke, d. i. *Begriff*, adäquat sein kann" (Kant 1999 [1790], 314; vgl. Recki 2014). Man kann diesen Gedanken auf die Formel von der *essentiellen Vieldeutigkeit des* ästhetischen *Gegenstandes* bringen (Blumenberg 1966) und darin einen der Ursprünge der hermeneutischen Einsicht in den wesentlich unabschließbaren Prozess der Interpretation von Kunstwerken markieren (Makkreel 1990).

3.4 Die produktive Einbildungskraft

Es ist die Formulierung von der Vorstellung der Einbildungskraft, „die zu einem Begriffe *viel Unnennbares* hinzu denken läßt" (Kant 1999 [1790], 316; Hervorhebung B. R.; vgl. 317), in der die systematische Pointe dieses Begriffs hervortritt: *Individuum est ineffabile*. Es ist die Leistung und damit die Aufgabe des Genies, der *Individualität* seiner Gegenstände Ausdruck zu verschaffen. Kunst ist damit als Ort des lebendigen Ausdrucks von Individualität begriffen.

Im Zentrum von Kants Analyse steht dabei die Einbildungskraft als das Vermögen der bildhaften Anschauung, der sinnlichen Darstellung, der Ergänzung in der Vorstellung und der Vergegenwärtigung wirklicher, gedachter oder erinnerter Dinge, auch als Gabe der Einfühlung. Kant kann hier an ein breites und vertieftes Interesse der gesamten Aufklärungsphilosophie anknüpfen, in deren epistemologischen Untersuchungen vielfach eine Aufwertung der Einbildungskraft als Komplement oder Element der Vernunft vollzogen wird. Mit der Entdeckung der Einbildungskraft als Gemeinsamkeit zwischen Künstler und Betrachter geht ebenso wie mit der Unterscheidung der passiven von der erfinderisch aktiven Einbildungskraft, deren Kreativität das künstlerische Genie auszeichnet, eine Verstärkung des Bewusstseins vom Beitrag der sinnlichen Vorstellung aus. Von besonderer Wichtigkeit wird die Bestimmung als produktive *facultas fingendi* [das Vermögen zu dichten] durch Wolff. Die Vernunftkritik Kants, die im Verstand als Vermögen der Begriffe und in der Einbildungskraft als Vermögen der Anschauungen die allgemeinen Bedingungen der Möglichkeit von Erkenntnis im Subjekt ausweist und deren Funktionen analysiert, will damit die vermögenspsychologische Auffassung von epistemischer und emotiver Produktivität, in der sich das Zeitalter einig ist, methodisch belastbar machen. Schon die logischen Urteile der Wissenschaft sind demnach ohne die anschauliche Leistung der Einbildungskraft gar nicht möglich. Im ästhetischen Gefühl aber wird die Einbildungskraft in ihrem freien Spiel selbständig. An Kants Begriff der produktiven Einbildungskraft knüpfen die idealistischen und romantischen Denker – Schiller, Fichte, Schelling, Hegel, Friedrich Schlegel, Novalis – in ihrem Bemühen, die Einbildungskraft als grundlegende, gleichermaßen von Sinnlichkeit und Freiheit bestimmte schöpferische Kraft auszuzeichnen, in vielfältiger Weise an. Im 20. Jahrhundert wirkt der Begriff – wie schon in Hegels Ästhetik – in der ‚Fantasie', auch im Begriff des ‚Imaginären' (Sartre 1971 [1940]) weiter. An den großen idealistischen Ansätzen orientiert spricht Herbert Marcuse in seinem utopischen Gesellschaftsentwurf der Einbildungskraft schöpferische und befreiende Wirkung zu. Der in diesem Geist vorgetragene Anspruch der Pariser Studenten im Mai 1968, ‚die Fantasie an die Macht' zu bringen, ist direkt auf Novalis zurückzuführen.

Auf dieser Basis kann Kant seine schon früh artikulierte Ablehnung der Nachahmungstheorie der Kunst durch die Einsicht bekräftigen, „daß Genie dem Nachahmungsgeiste gänzlich entgegen zu setzen sei." (Kant 1999 [1790], 308) „Die Einbildungskraft (als productives Erkenntnisvermögen) ist nämlich sehr mächtig in Schaffung gleichsam einer andern Natur aus dem Stoffe, den ihr die wirkliche giebt", ja: dieser Stoff, der von der Natur „geliehen" ist, wird „zu etwas ganz anderem" verarbeitet, „was die Natur übertrifft" (Kant 1999 [1790], 314). Zwar ist in den Werken der Künste immer die Darstellung dessen zu sehen, was als natürlich gegeben vor Sinnen steht. Doch auch hier kommt im Moment des *Ausdrucks*, das Kant hervorhebt und das über bloße Darstellung hinausgeht (vgl. Kant 1999 [1790], 317), die durchweg betonte Freiheit der Einbildungskraft zur Geltung. „Die schöne Kunst zeigt darin eben ihre Vorzüglichkeit, daß sie Dinge, die in der Natur häßlich oder mißfällig sein würden, schön beschreibt." (Kant 1999 [1790], 312) In ihrer Selbständigkeit, die in der Freiheit der Einbildungskraft gründet, ist die Kunst nicht darauf festgelegt, die Naturerscheinungen schlichtweg wiederzugeben, in der originalen Hervorbringung des Genies verkörpert sie vielmehr das Prinzip der produktiven Natur.

Im Kantischen Geniebegriff mit seiner internen Naturdialektik wird ein Gedanke verstärkt, den bereits Baumgarten von Spinoza aufgenommen hatte: „natura [...] et poeta producunt similia" (Baumgarten 1983 [1735], §§ 110, 68), und den auch Karl Philipp Moritz in seinem Aufsatz Über die bildende *Nachahmung des Schönen* entfaltet hatte: wem „von der Natur selbst der Sinn für ihre Schöpfungskraft" gegeben sei, der werde „ihr nachahmen [...] und schaffen, so wie sie" (Moritz 1989 [1788], 73). Er wirkt über den Deutschen Idealismus und die romantische Kunstphilosophie bis in die Moderne, und zwar über einen Gedanken, den Friedrich Wilhelm Joseph Schelling in seiner Eröffnungsrede für die Münchner Akademie der Künste 1807, „Über das Verhältnis der bildenden Künste zu der Natur", einem gebildeten Publikum vermittelt. Schelling unterscheidet zwischen der *natura naturata* und der *natura naturans*: der geschaffenen Natur, wie sie in den Dingen vor Augen steht und der schaffenden Natur, die man sich als die lebendige und produktive Kraft in allen Dingen am Werk denken muss. Es macht einen Unterschied, auf welchen Aspekt von Natur sich die Rede von der Nachahmung der Natur bezieht. Im Bezug auf die nach der Art eines lebendigen und produktiven Subjekts gedachte schaffende Natur meint der Begriff der Nachahmung etwas weitaus Komplexeres als bloße naturgetreue Wiedergabe. Einem produktiven Prinzip nachahmen heißt etwas Neues schaffen. Von hier aus entfaltet der Gedanke seine starke Wirkung auf die Kunst der Moderne, deren Protagonisten sich mit dieser Unterscheidung nachhaltig vom mimetischen Nachahmungsanspruch verabschieden und dabei zugleich an der Nähe zu einer als produktives Vorbild empfundenen Natur festhalten können (Recki 1996).

4. Hegel und die Folgenden

Von Kant, Schiller und dem frühen Schelling stößt sich Hegel nach 1820 ab mit seinen auf Konkretheit dringenden Reflexionen über die Kunst als Form des lebendigen – menschlichen wie göttlichen – Geistes. Mit seinem Begriff der Kunst als einer Manifestation des Göttlichen in der Form menschlicher Freiheit geht die entschiedene Betonung eines ästhetischen Intellektualismus einher. Ebenso wie der Religion und der Philosophie kommt der Kunst die Aufgabe zu, die höchsten Interessen der Menschheit zur Darstellung zu bringen (vgl. Henrich 2001). Doch gehört die Epoche, in der sie dies den Ansprüchen der geistigen Entwicklung der Menschheit gemäß in völlig angemessener Weise vermochte, nach Hegels geschichtsphilosophischem Fortschrittsgedanken der Vergangenheit an. Im Verhältnis zum Ideal der Entsprechung von geistiger Idee und sinnlicher Gestalt durchläuft sie historisch drei Phasen der symbolischen, der klassischen und der romantischen Kunst, die Hegel im Blick auf das archaische Altertum, die Antike und die Epoche, die vom Mittelalter bis in seine eigene Gegenwart reicht, als das Erstreben, das Erreichen und das Überschreiten dieses Ideals auslegt. Mit der ‚romantischen' Phase des christlichen Mittelalters hat die Kunst nach Hegels geschichtsphilosophischem Modell aufgehört, die angemessene Ausdrucksform des Geistes zu sein; sie wird darin zunächst von der Religion, schließlich von der Philosophie ‚überflügelt'.

Der Anti-Hegelianer Kierkegaard bestimmt das Ästhetische selbst in seinen intellektuell anspruchsvollsten Erscheinungsformen durch lediglich variierende Modi der Lust. Seine Kritik am Hedonismus des Ästhetischen, das er im Rahmen seiner Existenzphilosophie als das unterste Stadium der menschlichen Entwicklung begreift, mündet konsequent in der Bemühung um dessen Aufhebung im Ethischen und im Religiösen. Unter dem Eindruck von Schopenhauers pessimistischer Willensmetaphysik, in deren Kontext dieser die Musik als eine Form der Erlösung vom Leiden am *principium individuationis* bestimmt hatte, ist es Friedrich Nietzsche, der gegen beide – explizit gegen den Pessimismus, systematisch gegen die Hedonismuskritik – den klassischen Kontrapunkt vertritt, indem er die ästhetische Produktivität zum Prinzip der Wirklichkeit erklärt.

5. Nietzsches „Artisten-Metaphysik"

Ohne dass hier explizit Analysen ästhetischer Gefühle geleistet würden, erfahren in Nietzsches „Artisten-Metaphysik" (Nietzsche 1988 [1872], 21) in einem Zuge mit den beiden „Kunsttrieben", dem Apollinischen und dem Dionysischen, die

Emotionen (Affekt, Gefühl, Lust, Furcht) auf der Folie der Abwertung von Vernunft und Verstand eine starke indirekte Aufwertung. In der gleichermaßen als Hymne auf das neue Musiktheater Richard Wagners wie als ästhetische Metaphysik konzipierten Schrift *Die Geburt der Tragödie aus dem Geiste der Musik* handelt Nietzsche 1872 von zwei ästhetischen Trieben, deren lebendiger Dualismus und dialektisches Wechselspiel die Welt im Innersten zusammenhalte. In der Kunst wirken wie in aller produktiven Gestaltung zwei gleichursprüngliche, einander widerstreitende und sich wechselseitig in ihrer Produktivität herausfordernde Kräfte, denen Nietzsche die Namen griechischer Götter gibt: Apoll und Dionysos. Apollon, der Gott des Lichtes und der Aufklärung, des Traumes und der visionären Entrückung, steht mit diesen Eigenschaften für das *principium individuationis*, das bilderschaffende, überhaupt das maß- und formgebende Prinzip: Er ist der Schutzgott der bildenden Kunst und der epischen Literatur. Dionysos, Gott des Weines, des Rausches und der rasenden Verzückung, steht für die Lust an der orgiastischen Ekstase, er verkörpert das Prinzip der auflösenden Entgrenzung und ist der Schutzgott der Musik und der Lyrik. Die beiden Prinzipien haben in agonaler Dialektik und in wechselnder Proportion an allen Gestalten der Kunst und des Lebens ihren Anteil. Als vollkommene Vereinigung des Apollinischen und des Dionysischen ist die attische Tragödie exemplarisch: das unüberbietbare Gesamtkunstwerk, in dem der Gegensatz ausgetragen und aufgehoben ist. Vision und Rausch, *metron* und *melos*, maßvolle Form und entgrenzender Affekt werden im tragischen Lebensgefühl angesichts des schicksalhaften Scheiterns des Helden miteinander versöhnt.

Es ist keine eigene Erfindung, die Nietzsche mit dem Dualismus und der Dialektik des Apollinischen und Dionysischen präsentiert. Apollon und Dionysos waren schon in der romantischen Altphilologie und Mythologie – prominent in Schellings Vorlesung über die Weltalter – rezipiert. Die dualistische Konzeption, die Nietzsche *uno actu* mit ihrer metaphysischen Totalisierung daraus macht, erlaubt es *zum einen*, von der griechischen Kunst und den schöpferischen Griechen ein deutlich anderes Bild zu zeichnen, als es im Blick auf ihre *edle Einfalt und stille Größe* im Anschluss an Winckelmann und die deutsche Klassik in seiner Auffassung der klassischen Kunstform als des Ideals noch Hegel wenige Jahrzehnte zuvor begeistert hatte. Nietzsche will gegen die Konzentration auf Schönheit zu einem tiefen Blick in die Abgründe der vielbeschworenen „griechischen Heiterkeit" anleiten, um das ganze Spektrum menschlicher Affekte in kulturphilosophischer Absicht zu rehabilitieren. In der gleichberechtigten Konstellation dessen, was er das Apollinische und das Dionysische nennt, macht er an ‚den Griechen' vor allem einen fruchtbaren existentiellen Zwiespalt sichtbar. *Zum anderen* stattet der Dualismus Nietzsches Ästhetik mit einem Potential der kunsttheoretischen Differenzierung aus. Während das Apollinische dem traditionellen Schönheitsbegriff entspricht, erlaubt das Dionysische ähnlich dem Begriff des Erhabenen, wie er bei Kant entwickelt ist, auch die Negativität ästhetisch zu artikulieren. Der ästhetische Dualismus macht es möglich, das Ursprüngliche und Ungebärdige, das zügellos Orgiastische und Maßlose, die entgrenzende Verzweiflung an der Tragik des Daseins ästhetisch ebenso ernst zu nehmen wie die wohlgeordnete, maßvolle Form. „Man muß noch Chaos in sich haben, um einen tanzenden Stern gebären zu können", lässt Nietzsche ein gutes Jahrzehnt nach der *Geburt der Tragödie* seine literarische Schlüsselfigur Zarathustra ausrufen (Nietzsche 1988 [1884], 19); damit ist – als Remedium einer von Erstarrung bedrohten Kultur – der früh betonte dionysische Gedanke wiederaufgenommen, dass für die künstlerische Produktivität im engeren wie im weitesten Sinne stets auch das auflösende und destruktive Potential nötig ist. Nietzsche vertritt mit seinem Dualismus bei allem Pathos insofern einen Realismus der Produktivität, als er auf diese Weise die destruktiven Energien gleichberechtigt neben den konstruktiven gewürdigt sehen will. Einer Kultur wie dem christlichen Abendland, in der er die Vernunft in allen Formen des Lebens dominieren sieht, verordnet er mit der Orientierung am Ideal der vorsokratischen Griechen eine dionysische Kur und setzt dabei auf die kulturerneuernde Kraft des Wagnerschen Gesamtkunstwerkes. Auch im wenig später entstandenen Essay *Ueber Wahrheit und Lüge im aussermoralischen Sinne* bindet er die Hoffnung in die erwünschte „Herrschaft der Kunst über das Leben" ganz daran, dass „der intuitive Mensch, etwa wie im älteren Griechenland seine Waffen gewaltiger und siegreicher führt, als sein Widerspiel" – dass mit anderen Worten das Dionysische über das Apollinische die Oberhand gewinnt. Sorgen in der dionysischen Kultur auf der einen Seite die „Verstellung" der Tragik des Lebens, das „Verläugnen der Bedürftigkeit", der „Glanz der metaphorischen Anschauungen" und die „Unmittelbarkeit der Täuschung" für „ein erhabenes Glück und eine olympische Wolkenlosigkeit" (Nietzsche 1988 [1873], 889), so darf sich der Mensch hier im Leid „ebenso unvernünftig" gebärden wie im Glück, und sein „zuckendes und bewegliches Menschengesicht" in der Performanz wahrer Aufrichtigkeit zur Schau tragen (Nietzsche 1988 [1873], 890). Mit diesem Ideal der Expressivität und der künstlerischen Produktivität wirkt Nietzsche an der Schwelle des 20. Jahrhunderts (vgl. Gerhardt 1988; Recki 2002) und darüber hinaus intensiv und nachhaltig wie kaum ein anderer Philosoph auf mehrere Generationen von Kunstschaffenden aller Gattungen – von Thomas und Heinrich Mann bis Pablo Picasso (Meyer 1993) – und bis in die tragisch grundierte Künstlermetaphysik eines Joseph Beuys.

Es darf als ein Paradox der Wirkungsgeschichte gelten, dass es mit Hugo von Hofmannsthals *Lord-Chandos-Brief* (1901) gerade eine der Programmschriften des europäischen Ästhetizismus ist, in der Nietzsches ästhetische Metaphysik der Lebenskunst in Form einer exaltierten Ästhetik der kleinen Dinge ins

20. Jahrhundert hineinwirkt. Mit epochalem Anspruch lässt Hofmannsthal den verzweifelten Anti-Helden, den fiktiven Schreiber des auf das Jahr 1603 datierten Briefes Zeugnis davon ablegen, wie ihm *die Worte wie modrige Pilze im Munde zerfallen*, und wie ihm nach diesem dramatischen Verlust des Vertrauens in die begriffliche Sprache die kleinen, nur scheinbar unscheinbaren Dinge des Lebens zum *Gefäß einer profanen Offenbarung* werden. Er schwärmt von den gesteigerten Augenblicken, in denen ihm „irgendeine Erscheinung [s]einer alltäglichen Umgebung mit einer überschwellenden Flut höheren Lebens wie ein Gefäß" erfüllt zu sein scheint: „Eine Gießkanne, eine auf dem Felde verlassene Egge, ein Krüppel, ein kleines Bauernhaus, alles dies kann das Gefäß meiner Offenbarung werden. Jeder dieser Gegenstände [...] kann für mich plötzlich in irgend einem Moment, den herbeizuführen auf keine Weise in meiner Gewalt steht, ein erhabenes und rührendes Gepräge annehmen [...]." (Hofmannsthal 1959 [1901], 16) In solchen Augenblicken „wird eine nichtige Kreatur, ein Hund, eine Ratte, ein Käfer, ein verkümmerter Apfelbaum, ein sich über den Hügel schlängelnder Karrenweg, ein moosbewachsener Stein mir mehr, als die schönste, hingebendste Geliebte der glücklichsten Nacht mir je gewesen ist." (Hofmannsthal 1959 [1901], 17) Wo in der Dynamik der *Umwertung der Werte* mit den kleinen Dingen des Lebens auch ein behinderter oder verstümmelter Mensch zum Objekt ästhetischer Inspiration werden kann, zeigt sich im ästhetischen Extrem moralischer Unempfindlichkeit die Gefahr einer bis zum Äußersten gesteigerten Sensibilität, die eine Ästhetik diesseits der großen Kunstwerke seither begleitet.

Literaturverzeichnis

Adorno, Theodor W. Ästhetische Theorie. *Gesammelte Schriften*. Hrsg. von Gretel Adorno und Rolf Tiedemann. Bd. 7. Frankfurt am Main: Suhrkamp, 1970.

Baeumler, Alfred. *Das Irrationalitätsproblem in der Ästhetik und Logik des 18. Jh.s bis zur Kritik der Urteilskraft*. Darmstadt: Wissenschaftliche Buchgesellschaft, 1974 [1923].

Baumgarten, Alexander Gottlieb. *Meditationes philosophicae de nonnullis ad poema pertinentibus*. Hrsg. von Heinz Paetzold. Hamburg: Meiner, 1983 [1735].

Baumgarten, Alexander Gottlieb. *Theoretische Ästhetik. Die grundlegenden Abschnitte aus der „Aesthetica"*. Hrsg. von Hans Rudolf Schweizer. Hamburg: Meiner, 1983 [1750/1758].

Blumenberg, Hans. „Die essentielle Vieldeutigkeit des ästhetischen Gegenstandes". *Kritik und Metaphysik. Studien*. Hrsg. von Friedrich Kaulbach und Joachim Ritter. Berlin und New York, NY: De Gruyter, 1966. 174–179.

Burke, Edmund. *Vom Erhabenen und Schönen*. Übers. und hrsg. von Werner Struwe. Hamburg: Meiner, 1989 [1757].

Cassirer, Ernst. *An Essay on Man. Introduction to a Philosophy of Culture* [1944]. *Gesammelte Werke*. Bd. 24. Hrsg. von Birgit Recki. Hamburg: Meiner, 2007. (Deutsche Fassung:

Cassirer, Ernst: *Versuch über den Menschen. Eine Einführung in die Philosophie der Kultur*. Übers. und hrsg. von Reinhard Kaiser. Frankfurt am Main: Fischer, 1990.)

Cassirer, Ernst. *Die Philosophie der Aufklärung* [1932]. *Gesammelte Werke*. Bd. 16. Hrsg. von Birgit Recki. Hamburg: Meiner, 2004.

Cassirer, Ernst. *Freiheit und Form. Studien zur deutschen Geistesgeschichte* [1916]. *Gesammelte Werke*. Bd. 7. Hrsg. von Birgit Recki. Hamburg: Meiner, 2001.

Franke, Ursula. *Kunst als Erkenntnis. Die Rolle der Sinnlichkeit in der Ästhetik des Alexander Gottlieb Baumgarten*. Wiesbaden: Steiner, 1972.

Freud, Sigmund. „Der Dichter und das Phantasieren" [1908]. *Gesammelte Werke*. Hrsg. von Anna Freud, Marie Bonaparte, E. Bibring und W. Hoffer. Bd. 7. Frankfurt am Main: Fischer, 1999. 213–223.

Gerhardt, Volker. *Pathos und Distanz. Studien zur Philosophie Friedrich Nietzsches*. Stuttgart: Reclam, 1988.

Gethmann-Siefert, Annemarie. *Einführung in die philosophische Ästhetik*. München: UTB, 1995.

Grassi, Ernesto. *Die Theorie des Schönen in der Antike*. Köln: Du Mont, 1962.

Guyer, Paul. *A History of modern Aesthetics*. 3 Bde. New York, NY: Cambridge University Press, 2014.

Hegel, Georg Wilhelm Friedrich. *Vorlesungen über die Ästhetik I–III* [1835/1842]. *Werke in 20 Bänden*. Hrsg. von Eva Moldenhauer und Karl Markus Michel. Bde 13–15. Frankfurt am Main: Suhrkamp, 1975.

Heidemann, Ingeborg. *Der Begriff des Spieles und das ästhetische Weltbild in der Philosophie der Gegenwart*. Berlin und New York, NY: De Gruyter, 1968.

Henckmann, Wolfhardt, und Konrad Lotter. *Lexikon der Ästhetik*. München: Beck, 1992.

Henrich, Dieter. *Versuch über Kunst und Leben. Subjektivität – Weltverstehen – Kunst*. München: Hanser, 2001.

Hess, Walter. *Dokumente zum Verständnis der modernen Malerei*. Reinbek bei Hamburg: Rowohlt, 1956.

Hofmannsthal, Hugo von. „Ein Brief" [1901]. *Gesammelte Werke in Einzelausgaben. Prosa II*. Hrsg. von Herbert Steiner. Frankfurt am Main: Fischer, 1959. 7–20.

Hume, David. *Of the Standard of Taste*. Hrsg. von John W. Lenz. Indianapolis, IN: Bobbs-Merrill, 1965 [1757].

Hutcheson, Francis. *Eine Untersuchung über den Ursprung unserer Ideen von Schönheit und Tugend. Über moralisch Gutes und Schlechtes*. Hrsg. von Werner Leidhold. Hamburg: Meiner, 1986 [1725].

Jean Paul [Richter]. *Vorschule der Ästhetik* [1804]. *Sämtliche Werke*. Hrsg. von Norbert Miller. Bd. 1.5. München: Hanser, 1960.

Kandinsky, Wladimir. *Essays über Kunst und Künstler*. Bern: Benteli 1973.

Kant, Immanuel. *Bemerkungen in den ‚Beobachtungen über das Gefühl des Schönen und Erhabenen'*. Hrsg. von Marie Rischmüller. Hamburg: Meiner, 1991 [1764–1766].

Kant, Immanuel. *Beobachtungen über das Gefühl des Schönen und Erhabenen* [1764]. *Gesammelte Schriften*. Bd. 2. Hrsg. von Paul Gedan, Kurd Lasswitz, Paul Menzer, Max Frischeisen-Köhler und Erich Adickes. Berlin und New York, NY: De Gruyter, 1969.

Kant, Immanuel. *Kritik der praktischen Vernunft* [1788]. *Gesammelte Schriften*. Bd. 5. Hrsg. von Paul Natorp und Wilhelm Windelband. Berlin und New York, NY: De Gruyter, 1999.

Kant, Immanuel. *Kritik der reinen Vernunft* [1781/1787]. *Gesammelte Schriften*. Bd. 3. Hrsg. von Benno Erdmann. Berlin und New York, NY: Walter de Gruyter. 1968.

Kant, Immanuel. *Kritik der Urtheilskraft* [1790]. *Gesammelte Schriften*. Bd. 5. Hrsg. von Paul Natorp und Wilhelm Windelband. Berlin und New York, NY: De Gruyter, 1999.
Kierkegaard, Sören. *Entweder – Oder*. München: dtv, 1975 [1843].
Klee, Paul. „Schöpferische Konfession" [1920]. *Schriften, Rezensionen und Aufsätze*. Hrsg. von Christian Geelhaar. Köln: Du Mont, 1976.
Klee, Paul. *Tagebücher (1898–1918)*. Hrsg. von der Paul-Klee-Stiftung. Bern: Hatje Cantz, 1988.
Klee, Paul. Über die moderne Kunst. Bern: Benteli 1979 [1924].
Klein, Hannelore. *There is no disputing about taste. Untersuchungen zum englischen Geschmacksbegriff im achtzehnten Jahrhundert*. Münster: Aschendorff, 1967.
Knabe, Peter-Eckhard. *Schlüsselbegriffe des kunsttheoretischen Denkens in Frankreich von der Spätklassik bis zum Ende der Aufklärung*. Düsseldorf: Schwann, 1972.
Kulenkampff, Jens. *Kants Logik des ästhetischen Urteils*. 2. Aufl. Frankfurt am Main: Klostermann, 1994.
Liessmann, Konrad Paul. *Reiz und Rührung*. Über ästhetische Empfindungen. Wien: Facultas, 2004.
Makkreel, Rudolph. *Imagination and Interpretation in Kant. The hermeneutical Import of the Critique of Judgment*. Chicago, IL: University of Chicago Press, 1990. [Deutsche Fassung: Makkreel, Rudolph: *Einbildungskraft und Interpretation. Die hermeneutische Tragweite von Kants Kritik der Urteilskraft*. Übers. von Ernst Michael Lange. Paderborn: Schöningh 1997].
Marcuse, Herbert. *Versuch über die Befreiung*. Frankfurt am Main: Suhrkamp, 1969.
Meier, Georg Friedrich. *Anfangsgründe aller schönen Wissenschaften*, 3 Bde. Halle: Hemmerde, 1748–1750.
Meyer, Theo. *Nietzsche und die Kunst*. Tübingen und Basel: Francke UTB, 1993.
Montaigne, Michel de. „Über die Macht der Phantasie" [1572]. *Essais*. Übers. von Hans Stilett, hrsg. von Hans Magnus Enzensberger. Frankfurt am Main: Eichborn, 1998. 52–59.
Moritz, Karl Philipp. „Über die bildende Nachahmung des Schönen" [1788]. *Beiträge zur Ästhetik*. Hrsg. von Hans J. Schrimpf und Hans Adler. Mainz: Dieterich'sche Verlagsbuchhandlung, 1989. 63–93.
Most, Glenn W. „Das Schöne". *Historisches Wörterbuch der Philosophie*. Hrsg. von Joachim Ritter, Karlfried Gründer und Gottfried Gabriel. Bd. 8. Basel: Schwabe, 1992. Sp. 1343–1385.
Müller, Armin. „Platons politische Theorie als direkte und indirekte Dichterkritik". *Autonome Theorie und Interessedenken. Studien zur politischen Philosophie bei Platon, Aristoteles und Cicero*. Wiesbaden: Steiner, 1971. 1–66.
Murdoch, Iris. *The fire and the sun. Why Plato banished the artists*. Oxford: Oxford University Press, 1977.
Nehamas, Alexander. *Nietzsche. Leben als Literatur*. Göttingen: Steidl, 1996.
Nietzsche, Friedrich. „Ueber Wahrheit und Lüge im aussermoralischen Sinne" [1873]. *Kritische Studienausgabe*. Hrsg. von Giorgio Colli und Mazzino Montinari. Bd. 1. München: dtv, Berlin und New York, NY: De Gruyter, 1988. 873–890.
Nietzsche, Friedrich. *Also sprach Zarathustra* [1884–1886]. *Kritische Studienausgabe*. Hrsg. von Giorgio Colli und Mazzino Montinari. Bd. 4. München: dtv, Berlin und New York, NY: De Gruyter, 1988.
Nietzsche, Friedrich. *Die Geburt der Tragödie aus dem Geiste der Musik* [1872]. *Kritische Studienausgabe*. Hrsg. von Giorgio Colli und Mazzino Montinari. Bd. 1. München: dtv, Berlin und New York, NY: De Gruyter, 1988. 9–156.

Nivelle, Alexander. *Kunst- und Dichtungstheorien zwischen Aufklärung und Klassik*. Berlin und New York, NY: De Gruyter, 1960.
Novalis. „Das allgemeine Brouillon" [1798–1799]. *Werke, Tagebücher und Briefe Friedrich von Hardenbergs*. Bd. 2: *Das philosophisch-theoretische Werk*. Hrsg. von Hans-Joachim Mähl und Richard Samuel. München: Hanser, 1978. 473–720.
Panofsky, Erwin. *IDEA. Ein Beitrag zur Begriffsgeschichte der älteren Kunsttheorie*. 5. Auflage. Berlin und New York, NY: De Gruyter, 1985.
Perpeet, Wilhelm. *Antike Ästhetik*. 2. Aufl. Freiburg im Breisgau und München: Karl Alber, 1988.
Perpeet, Wilhelm. *Das Kunstschöne. Sein Ursprung in der italienischen Renaissance*. Freiburg im Breisgau und München: Karl Alber, 1987.
Platon. *Phaidros. Werke in Acht* Bänden. *Griechisch und Deutsch*. Hrsg. von Günther Eigler. Bd. 5. Darmstadt: Wissenschaftliche Buchgesellschaft, 1983.
Platon. *Politeia / Der Staat. Werke in Acht Bänden. Griechisch und Deutsch*. Hrsg. von Günther Eigler. Bd. 4. Darmstadt: Wissenschaftliche Buchgesellschaft, 1971.
Platon. *Symposion / Das Gastmahl.Werke in Acht Bänden. Griechisch und Deutsch*. Hrsg. von Günther Eigler. Bd. 3. Darmstadt: Wissenschaftliche Buchgesellschaft, 1974.
Recki, Birgit. „‚Artisten-Metaphysik' und ästhetisches Ethos. Friedrich Nietzsche über Ästhetik und Ethik". *Falsche Gegensätze. Zeitgenössische Positionen zur philosophischen Ästhetik*. Hrsg. von Andrea Kern und Ruth Sonderegger. Frankfurt am Main: Suhrkamp, 2002. 262–285.
Recki, Birgit. „Das produktive Leben: Über die ästhetische Faszination der Natur". *Ästhetik und Naturerfahrung. Akten der ersten Tagung der deutschen Gesellschaft für Ästhetik*. Hrsg. von Uta Saenger und Jörg Zimmermann. Freiburg im Breisgau: Frommann-Holzboog, 1996. 69–78.
Recki, Birgit. „Raffael ohne Hände? Kant, Lessing, Valéry und andere über Bedingungen der Möglichkeit von Kunst". *Es gibt Kunstwerke – Wie sind sie möglich?* Hrsg. von Violetta Waibel und Konrad Paul Liessmann. München: Fink, 2014. 33–53.
Recki, Birgit. *Ästhetik der Sitten. Die Affinität von ästhetischem Gefühl und praktischer Vernunft bei Kant*. Frankfurt am Main: Klostermann, 2001.
Ritter, Joachim. „Ästhetik, ästhetisch". *Historisches Wörterbuch der Philosophie*. Hrsg. von Joachim Ritter, Karlfried Gründer und Gottfried Gabriel. Bd. 1. Basel: Schwabe, 1971. Sp. 555–580.
Ritter, Joachim. *Vorlesungen zur Philosophischen Ästhetik*. Hrsg. von Ulrich von Bülow und Mark Schweda. Göttingen: Wallstein 2010.
Rousseau, Jean-Jacques. *Über den Ursprung der Ungleichheit unter der Menschen*. Eingeleitet, übers. und hrsg. von Kurt Weigand. Hamburg: Meiner, 1971 [1755].
Rousseau, Jean-Jacques. *Über Kunst und Wissenschaft*. *Schriften zur Kulturkritik*. Eingeleitet, übers. und hrsg. von Kurt Weigand. Hamburg: Meiner, 1971 [1750].
Rousseau, Jean-Jacques. *Emile oder über die Erziehung*. Hrsg. von Ludwig Schmidts. Paderborn und München: UTB, 1972 [1762].
Sartre, Jean-Paul. *Das Imaginäre. Phänomenologische Psychologie der Einbildungskraft. Mit einem Beitrag „Sartre über Sartre"*. Reinbek bei Hamburg: Rowohlt, 1971 [1940].
Scheer, Brigitte. *Einführung in die philosophische Ästhetik*. Darmstadt: Primus, 1997.
Schelling, Friedrich Wilhelm Joseph. Über das Verhältnis der bildenden Künste zu der Natur [1807]. *Schellings Werke*. Hrsg. von Manfred Schröter. Bd. 9 (Dritter Ergänzungsband): *Zur Philosophie der Kunst (1803–1807)*. München: Beck, 1959.

Schelling, Friedrich Wilhelm Joseph. *Philosophie der Kunst* [1859]. *Schellings Werke*. Hrsg. von Manfred Schröter Schelling, Bd. 5: *Schriften zur geschichtlichen Philosophie*. München: Beck, 1959.
Schiller, Friedrich. *Kallias oder über die Schönheit. Fragment aus dem Briefwechsel mit Körner* [1793]. Stuttgart: Reclam, 1971.
Schiller, Friedrich. Über die ästhetische Erziehung des Menschen. In einer Reihe von Briefen [1795]. Stuttgart: Reclam, 1965.
Schiller, Friedrich. *Vom Pathetischen und Erhabenen* [1791–1793]. *Ausgewählte Schriften zur Dramentheorie*. Hrsg. von Klaus L. Berghahn. Stuttgart: Reclam, 1970.
Schneiders, Werner (Hrsg). *Lexikon der Aufklärung*. München: Beck, 1992.
Schopenhauer, Arthur. *Die Welt als Wille und Vorstellung*. 3. Buch. Leipzig: Brockhaus, 1819.
Schümmer, Franz. „Die Entwicklung des Geschmacksbegriffs in der Philosophie des 17. und 18. Jahrhunderts". *Archiv für Begriffsgeschichte* 1 (1956): 120–141.
Seel, Martin. *Die Kunst der Entzweiung. Zum Begriff der ästhetischen Rationalität*. Frankfurt am Main: Suhrkamp, 1985.
Seel, Martin. *Eine Ästhetik der Natur*. Frankfurt am Main: Suhrkamp, 1991.
Tatarkiewicz, Wladyslaw. *Geschichte der Ästhetik*. 3 Bde. Basel: Schwabe 1979, 1980 und 1987.
Warning, Rainer, Fabian, Bastian, Ritter, Joachim. „Genie". *Historisches Wörterbuch der Philosophie*. Hrsg. von Joachim Ritter, Karlfried Gründer und Gottfried Gabriel. Bd. 3. Basel: Schwabe, 1974. Sp. 279–309.
Weisbach, Werner. *Vom Geschmack und seinen Wandlungen*. Basel: Amerbach 1947.
Wiesing, Lambert (Hrsg.). *Philosophische Ästhetik (mit Kommentar)*. Münster: Aschendorff, 1992.
Zelle, Carsten. *Die doppelte Ästhetik der Moderne. Revisionen des Schönen von Boileau bis Nietzsche*. Stuttgart und Weimar: Metzler, 1995.
Zumbusch, Cornelia. *Die Immunität der Klassik*. Berlin: Suhrkamp, 2011.

2.3 Einfühlungslehre und Hermeneutik
Jutta Müller-Tamm

1. Psychologische Ästhetik

Die Einfühlungslehre, wie sie sich als dominante Strömung der psychologischen Ästhetik in der zweiten Hälfte des 19. Jahrhunderts herausbildete, profilierte sich vor allem in Abgrenzung gegen die auf Kant und Herbart zurückgreifende formalistische Kunsttheorie, die das Schöne als bloße Relation von Verhältnisgliedern auffasste. Die Debatten zwischen Einfühlungstheoretikern und Formalisten kreisten zunächst um das Problem der ästhetischen Auffassung abstrakter Wahrnehmungselemente – der Farben, Formen, Linien, Töne etc. – und bezogen sich daher vorrangig auf Musik und bildende Kunst beziehungsweise auf die Möglichkeit einer unmittelbaren Wirkung akustischer und optischer Reize. Im Hinblick auf die Konzeption von Literatur wurde hingegen die rezeptionstheoretische Annahme einer weitreichenden Gefühlsbeteiligung im ästhetischen Zustand bedeutsam, die von Vertretern der psychologischen Gehaltsästhetik in kritischer Auseinandersetzung mit dem kantischen Postulat eines interesselosen Wohlgefallens angeführt wurde. Diese Akzentuierung der Emotionalität ergab sich aus der Vorstellung, dass Formen überhaupt nur in symbolischer Beziehung zu einem Inhalt gefallen; demnach sind ästhetisch wirksame Gegenstände immer bedeutungsvoll und können ein differenziertes Spektrum verschiedenartigster Gefühle auslösen, das über die in formalistischen Ästhetiken allein veranschlagte Lust-Unlust-Dimension hinausgeht. Die Erklärung des ästhetischen Zustandes aus der tatsächlichen Gefühlswirkung und die differenzierte Analyse der zu beobachtenden ästhetischen Emotionen wurden wiederum als Aufgaben einer zeitgemäßen, das heißt empirisch vorgehenden, auf Psychologie und Physiologie rekurrierenden Ästhetik begriffen.

Kant hatte in der *Kritik der Urteilskraft* die freie, kein begrifflich bestimmbares Objekt darstellende Schönheit zum Objekt des reinen Geschmacksurteils erklärt und das Schöne als interesseloses und zweckfreies Lustgefühl, das auf dem Zusammenspiel von Einbildungskraft und Verstand beruht, streng unterschieden vom Angenehmen als einem ‚pathologisch' bedingten, durch bloß sinnliche Reize bewirkten und Begehren auslösenden Wohlgefallen (Kant 1974 [1790], §5, 122). In der 1866 veröffentlichten Revision seiner eigenen, an Hegel orientierten Ästhetik führt Friedrich Theodor Vischer den Symbolbegriff als kunsttheoretisches Fundamentalkonzept und zugleich als antiformalistischen, gegen die Idee einer freien Schönheit gerichteten Kampfbegriff ein. Das Schöne wird grundsätzlich als Vollzug des aktiven Subjekts, als „eine bestimmte Art der Anschauung" (Vischer 1866, 6) aufgefasst. Generell – so die neu herausgestellte Grundidee – liegt der ästhetischen Auffassung auch an sich gleichgültiger oder abstrakter Gegenstände ein mit der Anschauung notwendig verbundener Akt der Symbolisierung zugrunde. Nur durch das Hineinlegen von Bedeutung, durch die „Projektion der Gefühle" in den angeschauten Gegenstand (Volkelt 1905, 248), gewinnen Wahrnehmungsobjekte ästhetische Valenz, so das zentrale Postulat der im Detail sich durchaus unterscheidenden Varianten der Einfühlungslehre.

Vischers Konzeption des Symbolischen betont die sinnlich-affektive Komponente des Ästhetischen; was demnach in der Form zum Ausdruck kommt, ist keine ästhetische Idee, sondern die durch Übertragung dem Objekt der Wahrnehmung geliehenen Stimmungen und Leidenschaften. Für die Seite der Rezeption gilt wiederum, dass das künstlerische „Scheinbild des Lebens [...] [a]lles in uns aufregen [muss], was durch das Leben selbst in uns aufgeregt wird: die Sinnlichkeit, jede Leidenschaft, jede Spannung des Begehrens und Wollens, ebenso des denkenden Geistes" (Vischer 1866, 153). Diese Gefühle sind jedoch – so bemerkt Vischer unter Rückgriff auf Schillers Spielbegriff und anknüpfend an die eigenen Äußerungen zur Vorbehaltsstruktur des ästhetisch freien symbolischen Verfahrens – aufgehoben im Illusionsraum der Kunst, entlastet von alltagspraktischen Bezügen, „bloßer Schein" und doch „kein leerer, leichtfertiger Nicht-Ernst" (ebd., 154). Die ästhetische Gefühlsbewegung wird daher als „Interesse ohne Interesse" (ebd., 150 [im Original gesperrt]) charakterisiert; Vischers paradoxe Bestimmung des ästhetischen Zustands lautet: „Darin sein, sich ganz hineinversetzen und ganz darüber stehen, das ist die Losung." (Ebd., 152)

Mit dieser Modellierung der ästhetischen Gefühlswirkung eröffnet Vischer eine weitreichende, bis in die 1910er Jahre sich erstreckende Diskussion über die spezifische Qualität der ästhetischen Emotionen beziehungsweise des ästhetischen Zustandes. Vor dem Hintergrund unterschiedlicher Gefühlstheorien postulieren Julius von Kirchmann (1868, Bd. 1), Eduard von Hartmann (1887), Johannes Volkelt (1905), Stephan Witasek (1904), Konrad von Lange (1901), Karl Groos (1902), Moritz Geiger (1914), Oswald Külpe (1921) und Andere ‚ideale Gefühle', ‚Scheingefühle', ‚Fantasiegefühle' oder ‚Vorstellungsgefühle', die sich durch mehrere Merkmale von den ‚realen' oder ‚Ernstgefühlen' unterscheiden sollen: Sie weisen eine geringere Motivationskraft oder ‚psychomotorische Wirksamkeit' auf – „die Furcht im Theater veranlaßt uns keineswegs, aufzuspringen und davon zulaufen, das Mitleid treibt uns nicht, dem Helden eines Dramas zu helfen" (Geiger 1914, 192). Sie besitzen weiterhin eine geringere Dauer sowie eine erhöhte Modulierbarkeit und Mischbarkeit: Sie wechseln sich schneller ab; einander widerstrebende Gefühle können unmittelbar aufeinander folgend oder sogar gleichzeitig auftauchen. Schließlich betonen alle Verfechter der Scheingefühle, diese seien durch eine spezifische Erlebnisqualität, einen phänomenalen Index des Scheinhaften, charakterisiert: Ideale oder Fantasiegefühle haben demnach „etwas Gedämpftes, Gemäßigtes, gewissermaßen auf halbem Wege Steckengebliebenes" (Lange 1901, 100).

Durch die Akzentuierung der phänomenalen Scheinhaftigkeit ästhetischer Gefühle sollte die Frage beantwortet werden, wie trotz der Fiktionalität des Roman- oder Bühnengeschehens eine emotionale Reaktion überhaupt erfolgen kann. Unter dem Titel *paradox of fiction* wurde ebendieses Problem in der analytischen Philosophie der vergangenen Jahrzehnte erneut diskutiert, wobei sich trotz weitreichender Nichtbeachtung der historischen Thesen über Fantasie- oder Quasi-Gefühle zahlreiche Analogien und Berührungspunkte zeigen (Walton 1990; Yanal 1999; vgl. Vendrell Ferran 2010a; Vendrell Ferran 2010b). Im Verlauf der historischen Debatte verschob sich allerdings die Begründung der Schein-Gefühle: Sie wurden nicht mehr als Effekt der Fiktionalität und Folge eines Erkenntnisurteils aufgefasst, sondern als Ergebnis einer Einstellung – in den Worten von Geiger: einer „Spieleinstellung" und „Nichternsteinstellung" (Geiger 1914, 194) – sowie als psychologische Bedingung, nicht etwa als Folge von Fiktionalität (vgl. Simmel 1998 [1903], 111; Bullough 1977 [1912], 98–101; Langer 1953, 318–319). Es verhält sich demnach nicht so, dass wir auf die Erfahrung von Schein oder Nicht-Wirklichkeit mit ästhetischen Gefühlen reagieren, vielmehr bewirkt eine bestimmte Intensität der Gefühle, eine Form von distanzierter Gefühlsbeteiligung, die Einordnung eines Phänomens in den Raum des Ästhetischen oder Scheinhaften (vgl. Müller-Tamm 2008; Müller-Tamm 2014).

Das Postulat einer besonderen Klasse ästhetischer Emotionen sollte auch die alte Frage nach dem Vergnügen an tragischen Gegenständen, allgemeiner: nach der positiven Valenz negativer Emotionen, nach der Lust an unlustvollen Affekten in der Kunstrezeption beantworten. Bereits Eduard von Hartmann hatte das Paradoxon durch die Differenzierung unterschiedlicher psychischer Reaktionsformen aufgelöst: „Eine psychologische Analyse der ‚Wonne des Leids' muss nothwendig hinter ihrer Aufgabe zurückbleiben, wenn sie die Verwechselung und Vermischung der ästhetischen Auffassung mit dem realen praktischen Verhalten ausser Acht lässt, weil dann leicht als ein realdialektisches Ineinander entgegengesetzter realer Gefühle erscheinen kann, was thatsächlich nur ästhetische Lust an ästhetischem *Scheinleid* ist." (Hartmann 1887, 67, Anm.) Hartmann entwickelt in diesem Zusammenhang eine dreigliedrige Gefühlstypologie, die in Variationen die psychologische Ästhetik der Folgezeit durchziehen sollte: Er grenzt die Lust am Schönen als ein Gefühl von besonders „starker Motivationskraft" und „von vollkommener und ausgeprägtester Realität" (ebd., 65) ab gegen die ‚idealen Gefühle' als qualitativ bestimmte, auf Gehalt oder Ausdruck reagierende, flüchtige, wandelbare und pragmatisch folgenlose Gefühlszustände. Die

‚idealen Gefühle' lassen sich wiederum in sympathische, durch Identifikation mit den handelnden Figuren ausgelöste, und reaktive, als innere Antwort auf das dramatische Geschehen sich ergebende Gefühle unterteilen (vgl. ebd., 58–61). Die ‚realen' und ‚idealen' Gefühlszustände treten zugleich auf, liegen aber aufgrund ihrer kategorialen Differenz nicht im Widerstreit; sie ermöglichen vielmehr die Lust am Tragischen, insofern die Energie des realen ästhetischen Genusses die Unlustenergie der negativen Gefühle, die von der fiktiven Handlung und den fiktiven Figuren ausgelöst werden, überwiegt. In vergleichbarer Weise erklärten auch andere Theoretiker das Furchtbare, Schreckliche, Grausige oder Tragische zum ‚Fantasieunlustgefühl' und als solches zur Voraussetzung des ästhetischen Lustgefühls: „ein Einfühlungs- oder Anteilsgefühl, dessen Anschauung Lust erregt" (Witasek 1904, 297). Für die Theorie des Tragischen stellte die Gefühlsästhetik mit ihrer Erweiterung des emotionalen Spektrums über die klassisch tragischen Affekte von Furcht und Mitleid hinaus und mit deren Derealisierung zu Scheingefühlen eine Alternative zum therapeutischen, auf psychophysiologische Spannungsentladung abgestellten Katharsis-Konzept in der Nachfolge Jacob Bernays' dar (vgl. Wilke 2013).

Überhaupt unterscheiden sich die Ansätze der subjekt- beziehungsweise gefühlsorientierten Ästhetik um 1900 darin, welchen Status sie physiologischen Befunden und somatischen Phänomenen einräumen; diese Diskrepanzen treten noch verstärkt in der Dichtungstheorie zutage und verbinden sich dort mit der Diskussion um die Rolle der sinnlichen Wahrnehmung und der als Bewusstseinsphänomen gefassten ‚Anschaulichkeit' in der Literatur. Ein dezidiert psychologischer Ästhetiker wie Johannes Volkelt legt Wert darauf, zwischen ästhetischem Anschauen und der „Theilnahme unserer körperlichen Organisation" (Volkelt 1876, 60) eine scharfe Grenzlinie zu ziehen: „Der genaueste Einblick in die Organempfindungen, von denen anmutige, erhabene, rührende, komische, tragische Eindrücke begleitet werden, sowie deren physiologische Grundlagen vermag die Einsicht in die Natur des Anmutigen, Erhabenen u. s. w. nicht um Haaresbreite zu fördern." (Volkelt 1905, 165) Ein stärker auf die leiblichen Vollzüge orientierter Ästhetiker wie Karl Groos betont hingegen, das „Geheimnis des Dichters" bestehe „zu einem wesentlichen Teil eben darin, dass er die Kunst besitzt, mit dem abstrakten Mittel des gelesenen Wortes uns organisch zu packen" (Groos 1902, 79–80). Unter der tradierten ästhetischen Norm der Anschaulichkeit will Groos daher nicht bildhafte Konkretion des Dargestellten verstanden wissen; vielmehr bestehe die eigentlich sinnliche Wirkung darin, „dass der Dichter, selbst körperlich erregt und gepackt, solche Worte findet, die auch unseren Gefühlen die ganze Wärme einer leiblichen Teilnahme verleihen. Der organische Erregungsvorgang ist wichtiger als die Erregung von Phantasiebildern der Objekte, und wo solche

Phantasiebilder auftreten, da liegt ihr eigentlicher ästhetischer Wert zum guten Teil darin, dass sie das organische Gepacktwerden erleichtern." (Ebd., 79–80)

2. Wilhelm Dilthey

An der Wende zu einer emotionsorientierten Auffassung des Ästhetischen partizipieren auch jene Theoretiker, die sich von vornherein auf die Literatur als Gegenstand bezogen. Beispielhaft ist hier die Prominenz des Erlebniskonzepts in der Poetik von Wilhelm Dilthey. Im Zentrum der einschlägigen Texte Diltheys aus den 1880er Jahren – der Rede über *Dichterische Einbildungskraft und Wahnsinn* von 1886 und der umfangreichen Abhandlung *Die Einbildungskraft des Dichters. Bausteine für eine Poetik* von 1887 – steht die psychologische Analyse des dichterischen Produktionsprozesses, die bei den elementaren Vorgängen der Fantasietätigkeit ansetzt und im Anschluss an die physiologische Organisation des Dichters entwickelt werden soll. Denn der Mensch, so Diltheys Ausgangspunkt, ist ein „psychophysisches Wesen" (Dilthey 1997 [ca. 1888/1889], 276) und muss als eine solche „psycho-physische Lebenseinheit" (Dilthey 1966 [1883], 15) auch in den Geisteswissenschaften erfasst werden. An die Analyse der Fantasietätigkeit knüpft sich daher die Hoffnung, im Bereich der Poetik „eine Kausalerklärung aus den erzeugenden Vorgängen durchzuführen" (Dilthey 1962 [1887], 125) und „den Zusammenhang zwischen den elementarsten Vorgängen des psychischen Lebens und den höchsten Leistungen unseres schöpferischen Vermögens sichtbar zu machen" (ebd., 118).

Die emotionale Dimension der Dichtung fasst Dilthey in die Kategorie des Erlebnisses, die seit den *Bausteinen für eine Poetik* im Zentrum seiner Literaturtheorie steht: „Die Unterlage aller wahren Poesie ist sonach Erlebnis, lebendige Erfahrung, seelische Bestandteile aller Art, die mit ihr in Beziehung stehen." (Ebd., 128) Das Erlebnis bestimmt Dilthey in einer an die Symboltheorie der Einfühlungsästhetik erinnernden Weise als Synthese innerer und äußerer Erfahrung, als Einheit von psychischer Bedeutung und Bild: „Denn das Erlebnis, welches den kernhaften Gehalt aller Dichtung bildet, enthält immer einen Gemütszustand, als ein Inneres und ein Bild oder einen Bildzusammenhang, Ort, Situation, Personen als ein Äußeres: in der ungelösten Einheit beider liegt die lebendige Kraft der Poesie." (Ebd., 128) Dabei erscheint das Gefühl als Medium, das die poetisch hergestellte und repräsentierte Totalität des Erlebnisses ermöglicht, weshalb gilt, „daß alle Poesie das im Gefühl genossene Leben bildlich macht und in das Bildliche der Anschauung die im Gefühl genossene Lebendigkeit hineinträgt" (ebd., 177).

Die Untersuchung der dichterischen Einbildungskraft beginnt daher bei den elementaren Prozessen der Produktion innerer Bilder, bei der Entstehung und Verwandlung von Formen in der inneren Anschauung, die Dilthey mit Goethe und dem Physiologen Johannes Müller als eine in Traum, Wahnsinn, Hypnose und Dichtungsvorgang gleichermaßen wirksame, organisch bedingte Bildmetamorphose fasst. Die Dynamik der Bilder folgt drei Gesetzen, dem der „Ausschaltung", der „Steigerung" und der „Ergänzung". Die inneren Bilder verändern sich, so Dilthey, erstens, indem Teile wegfallen (Gesetz der Ausschaltung), oder zweitens, indem sie sich – als Bilder oder in der Empfindungsintensität – vergrößern oder verkleinern (Gesetz der Steigerung). Drittens (Gesetz der Ergänzung) verändern sich Bilder und ihre Verbindungen, „indem in ihren innersten Kern neue Bestandteile und Verbindungen eintreten und so diesen ergänzen" (Dilthey 1962 [1886], 99). Wesentlich ist für Dilthey dabei, dass den inneren Bildern eine „triebartige Energie" (ebd.) zukommt und dass die als Bildmetamorphose beschriebenen Bewusstseinsprozesse beim gesunden Menschen und also auch beim Dichter vom „erworbenen Zusammenhang des Seelenlebens" (Dilthey 1962 [1887], 168) reguliert und zugleich „von dem Spiel der Gefühle aus erwirkt" (ebd., 146) werden. Daher betont Dilthey, dass die „Analysis des Gefühls" den „Schlüssel für die Erklärung des künstlerischen Schaffens" (ebd., 148) enthalte.

Zu diesem Zweck stellt Dilthey eine Lehre von sechs Gefühlskreisen auf, die er „von außen nach innen" (ebd., 150) verfolgt: von den elementaren sinnlichen und Gemeingefühlen bis zu den Gefühlen, die sich aus den ‚materialen Antrieben' – Nahrungs-, Lebens-, Sexualtrieb – ergeben und in Gestalt von zusammengesetzten ‚Einzelgefühlen', wie Eitelkeit, Stolz, Scham oder Missgunst, und von sozialen Gefühlen, wie Sympathie, Mitleid oder Liebe, die moralische Welt durchwirken. „Die Poesie hat ihren elementaren Stoff in diesem Gefühlskreis. [...] Das Erleben der großen elementaren Antriebe der menschlichen Existenz, der aus ihnen entspringenden Leidenschaften und der Schicksale derselben in der Welt, nach ihrer kernhaften psychologischen Mächtigkeit, ist die eigentliche Basis alles dichterischen Vermögens." (Ebd., 154) Der letzte und höchste Gefühlskreis schließlich entsteht, „indem wir der *allgemeinen Eigenschaften der Willensregungen innewerden* und ihren Wert erfahren" (ebd., 155); Dilthey spricht hier von Regungen wie dem frohen Gefühl unserer Kraft, Bewusstsein von Treue, Konsequenz, Charakter, Mut etc. Aus den beiden letzten Gefühlskreisen stammen die aus dem Gehalt der Dichtung kommenden ästhetischen Wirkungen, aus dem letzten insbesondere die Idealität als Prinzip der Kunstwirkung.

Die dichterische Darstellung gilt Dilthey als „der unwirkliche Schein einer Realität, nacherlebt und zum Nacherleben dargeboten" (Dilthey 1974 [1907], 392–393); dieses produktive und rezeptive Nacherleben beschreibt er wiederum als Spiel, als emotional erfüllte Illusion, in der die Realität der Imaginationen geglaubt und doch nicht geglaubt wird (Dilthey 1962 [1887], 98). In ihren allgemeinsten Umrissen präsentiert sich seine Poetik des Erlebens und Nacherlebens so in Analogie zur Theorie der Scheingefühle. Zugleich erklärt Dilthey allerdings auch eine besondere Intensität und „Energie des Erlebens" (ebd., 130) zur Voraussetzung des dichterischen Schaffens, eine starke Gefühlserregung zu dessen Begleiterscheinung, Erschütterung auf Seiten des Rezipienten zur adäquaten Wirkung. Die spezifische Begabung, die psychophysische Disposition des Dichters, besteht nach Dilthey in der Fähigkeit zur sinnfälligen Visualisierung von Erinnerungen und Vorstellungen, in einer besonderen physischen Reizbarkeit und psychischen Affizierbarkeit, im Drang nach Erlebnissen, in einer gesteigerten Energie des Lebensgefühls; die emotional-volitiven Antriebe wirken in der „viel mächtigeren Seele" des Dichters „breiter, massiver" (ebd., 154).

Anders als die psychologische und teilweise auch die formalistische Ästhetik der zweiten Hälfte des 19. Jahrhunderts, die ihren Gegenstand vom wahrnehmenden Subjekt und dessen Reaktionen her anging, untersucht Dilthey primär die Bedingungen und Elemente des poetischen Produktionsprozesses und modelliert die Rezeption danach: Der psychische Vorgang im Dichter entspricht „nach Bestandteilen und Struktur" (ebd., 194) demjenigen im Hörer oder Leser. Das Erlebnis als eine die Produktion und Rezeption von Literatur verbindende Kategorie steht auch hierbei im Zentrum: Die emotional aufgeladenen Erfahrungen des Dichters drängen demnach zur dichterischen Umsetzung, der Hörer oder Leser vollzieht diese Erfahrungen, wenngleich in abgeschwächter Form, nach.

Auf dieses gefühlsmäßige Nacherleben des dichterischen Erlebnisses ist nach Dilthey nicht zuletzt das geisteswissenschaftliche Verstehen angewiesen: Die Methode auch der Literaturwissenschaft besteht im nachvollziehenden Schluss „auf den Zustand, in welchem das Kunstwerk sich bildete, und die Wissenschaft kann dieses Schlussverfahren nur vermöge der seit Schleiermacher und Böckh so vernachlässigten Hermeneutik oder Theorie des Verstehens regeln [...]" (Dilthey 2006 [1877], 141). Wurde Dilthey daher immer wieder als Vertreter einer auf Einfühlung und Unmittelbarkeit abgestellten naiven Methodologie der Geisteswissenschaften kritisiert, so wurde allerdings auch wiederholt darauf verwiesen, dass insbesondere in seinem Spätwerk mit dem „Zusammenhang von Erleben, Ausdruck und Verstehen" (Dilthey 1968 [1910], 86) nicht das Erleben selbst, sondern die Objektivationen des Lebensvollzugs zu Gegenständen der Geisteswissenschaften werden (vgl. Jung 1996, 160–174). Das bloße Nacherleben muss, so Dilthey, reflektierend aufgehoben werden: „In der geisteswissenschaftlichen Methode liegt die beständige Wechselwirkung des Erlebnisses und des Begriffs. In dem Nacherleben der individuellen und kollektiven Strukturzusammenhänge finden die geisteswissenschaftlichen Begriffe ihre Erfüllung, wie anderseits das unmittelbare Nacherleben selbst vermittels der allgemeinen Formen des Denkens zu wissenschaftlicher Erkenntnis erhoben wird." (Dilthey 1974 [1907], 341)

3. John Dewey

Anders als im deutschen Sprachraum, wo das Gefühl in der philosophisch-ästhetischen Theoriebildung des 20. Jahrhunderts lange Zeit keine nennenswerte Rolle spielte, gab es im angelsächsischen Raum durchaus gefühlsbasierte Ästhetiken, etwa im pragmatistischen Ansatz John Deweys. Dabei finden sich einige Berührungspunkte zwischen Deweys Abhandlung *Kunst als Erfahrung* von 1934 und Diltheys Entwurf einer geisteswissenschaftlichen Poetik, so in der Zusammenschau von künstlerischer Produktion und Rezeption, in der nicht-dualistischen Auffassung des Erlebnisses beziehungsweise der Erfahrung sowie im Insistieren auf der Lebensbedeutung und -bezüglichkeit von Kunst. Die von William James' experimenteller Psychologie ausgehende Ästhetik Deweys dreht sich um die Kategorie der Erfahrung im Sinne einer sich rundenden, emotional vermittelten Einheit der tätig handelnden und nach Intensität strebenden Weltbegegnung. Insofern Dewey jede (ästhetische) Erfahrung als Effekt „einer kontinuierlichen und sich steigernden Interaktion eines organischen Subjekts mit der Welt" (Dewey 1980 [1934], 257) beschreibt, denkt er auch die Ästhetik von der körperlichen Seite und den elementaren vitalen Funktionen her. Kunst wird nicht als autonomer ästhetischer Bereich aufgefasst, sondern den alltäglichen Lebensprozessen angegliedert; als „universalste und freieste Form der Kommunikation" (ebd., 318) stiftet sie zugleich Gemeinschaft und stärkt den sozialen Sinn. Jegliche Kunst wurzelt in einer Erfahrung, lässt sich als ganzheitlicher Prozess der Auseinandersetzung eines Organismus mit seiner vitalen und sozialen Umgebung begreifen; ästhetische Erfahrungen wiederum sind nicht nur auf die Kunstrezeption beschränkt, sondern ereignen sich auch in anderen Lebensbereichen. Auszeichnend für die ästhetische Erfahrung ist Ausdruckshaftigkeit, wobei Dewey den Ausdrucksakt als Artikulation einer Emotion durch ein Medium bestimmt. Ein Produkt trägt daher nicht etwa dann einen rein oder vollkommen ästhetischen Charakter, wenn es sich möglichst weit von allen praktischen Lebensvollzügen entfernt hat, sondern wenn der Akt der Herstellung zur „erlebnishaften Erfahrung wird, in der sich das Lebewesen in seiner vollen Lebendigkeit entfaltet und in der es aus Freude heraus von seinem Leben Besitz ergreift" (ebd., 37).

Emotionen sind für den das Kunstwerk hervorbringenden Ausdrucksakt unabdingbar, allerdings wehrt sich Dewey gegen die Vorstellung, jede Äußerung eines Gefühls sei bereits ein Ausdrucksakt, wie auch gegen das Missverständnis, Gefühl an sich sei das wesentliche Merkmal des Kunstwerks. „Bei der Entwicklung des Ausdrucksaktes wirkt das Gefühl wie ein Magnet, der das geeignete Material anzieht: geeignet, weil es in einer bereits erfahrenen emotionellen Nähe zu dem schon einsetzenden Gemütszustand steht. Auswahl und Anordnung des Materials sind Funktion und gleichzeitig Qualitätstest des erlebten Gefühls." (Ebd., 84)

In der Auseinandersetzung um die Existenz spezifisch ästhetischer Gefühle nimmt Dewey eine vermittelnde Position ein, indem er die ästhetischen Gefühle einerseits in einen genetischen Zusammenhang mit den ‚ursprünglichen' Gefühlen setzt, andererseits aber als eigene Qualität, als Verwandlung der ‚natürlichen', in pragmatischen Zusammenhängen entstehenden Gefühle fasst. Die Trauer in einem Klagegedicht sei etwas anderes als der Kummer, der sich in Tränen und Niedergeschlagenheit äußere; ersteres ein „Ausdrucksakt", letzteres ein „Sichentladen" (ebd., 95). In diesem Sinn begreift Dewey das ästhetische Gefühl als „ein ursprüngliches Gefühl [...], das von konkretem Material, dem es seine Entwicklung und seinen Höhepunkt anvertraut hat, verwandelt wird" (ebd., 95). Wichtig ist für Dewey die Beidseitigkeit der Relation, bei der auch das Material im ästhetischen Handlungszusammenhang ernstgenommen wird: Der Umwandlung des Materials zum Ausdrucksmittel im konkreten Produktionsprozess entspricht die Transformation des Gefühls- und Gedankenmaterials im Durchgang durch und in der Implementierung in den sinnlichen Stoff.

Produktion und Rezeption von Kunst werden bei Dewey einander angenähert, indem beide auf die Schlüsselkategorie der Erfahrung bezogen und als Interaktion des Lebewesens mit seiner Umgebung aufgefasst werden. Auch Dewey begreift den Rezeptionsprozess als Nachvollzug der Entstehung, allerdings weniger im Sinne einer Evokation des ursprünglichen, den Künstler umtreibenden Erlebnisses, sondern als analoge Form einer neuen, nun durch das Kunstwerk ausgelösten Erfahrung, also einer Interaktion zwischen Rezipienten und Werk, das seinerseits als prozessuale Organisation der Elemente einer ganzheitlichen Erfahrung gefasst wird.

4. Susanne K. Langer

In erklärter Abgrenzung gegen Deweys pragmatistischen Ansatz und unter Berufung auf Cassirers *Philosophie der symbolischen Formen* (1923–1929) hat Susanne K. Langer in ihrer Studie *Feeling and Form* (1953) eine das Gefühl ins Zentrum stellende, semiotisch begründete Ästhetik entwickelt. Der Ausdruck von Emotionen wird hier zum Definitionskriterium von Kunst überhaupt, jedoch nicht in dem Sinn, dass im Werk die Gefühle des Künstlers dargestellt würden; vielmehr werden im Kunstwerk Gefühlsdynamiken durch strukturelle Entsprechungen im Medium der jeweiligen Kunst symbolisch artikuliert: „Art ist the creation of forms symbolic of human feeling." (Langer 1953, 40)

Es sind nicht spezifische Gefühle, sondern formale Konfigurationen und Bewegungen des ganzheitlich gedachten menschlichen Gefühlslebens, die in der Kunst symbolisch gestaltet werden. Das Symbol wiederum definiert Langer als Ergebnis eines Aktes der ‚Abstraktion', das heißt der Entfernung von alltagspraktischen Bezügen. Nur dadurch verdichtet sich das konkret Gegebene in der Wahrnehmung zur ausdruckshaften Form: „In art forms are abstracted only to be made clearly apparent, and are freed from their common uses only to be put to new uses: to act as symbols, to become expressive of human feelings." (Ebd., 51) Insofern Kunstwerke durch Betonung der Form und aufgrund struktureller Eigenschaften zum symbolischen Ausdruck von Mustern und Dynamiken des Gefühlslebens werden, vermitteln sie in einer nicht-diskursiven Weise Wissen über das menschliche Gefühlsleben; Kunst begreift Langer daher als spezifische Form der Erkenntnis.

Langer entwickelt ihre Kunsttheorie im Ausgang von der Musik, deren Interpretation sie auf andere Kunstformen überträgt. Auch die verschiedenen literarischen Gattungen erlangen durch Abstraktion von praktischen Bezügen der Sprachverwendung je eigene Ausdrucksdimensionen, sie bringen unterschiedliche ‚primäre Illusionen' hervor (vgl. Lachmann 2000, 87–90). Literatur im engeren Sinn, das heißt Lyrik und Prosa, erzeugt die Illusion des Lebens im Modus einer virtuellen Vergangenheit (vgl. Langer 1953, 266), während das Drama wie auch der Film die Illusion virtuellen Lebens – sei es im Sinne einer gesteigerten Vitalität, sei es im Sinne abnehmender Lebensenergie und der Erwartung eines schicksalshaften Endes – hervorbringt: „As comedy presents the vital rhythm of self-preservation, tragedy exhibits that of self-consummation" (ebd., 351), so Langers Formel für die dramatischen Gattungen. In diesen Anwendungen zeigt sich zugleich, dass der Begriff *feeling* – als alleiniger Gegenstandsbereich der Kunst – hier ein großes semantisches Spektrum unter Einschluss kognitiver und volitiver Aspekte umfasst: Er beschreibt „das prinzipiell diskursiv nicht ausschöpfbare, ganzheitliche Welt- und Selbstverhältnis des Menschen im Modus des inneren Erlebens" (Scheer 2001, 659).

5. Hans-Georg Gadamer

Im Unterschied zum angelsächsischen Raum, wo das Themenfeld ‚Literatur und Emotionen' im weiteren Kontext der ästhetischen Theoriebildung pragmatistischer oder kultursemiotischer Provenienz verhandelt wurde, kann es für den deutschen Sprachraum im fortgeschrittenen 20. Jahrhundert als eigentliche Domäne der Hermeneutik gelten; es taucht vor allem in Auseinandersetzungen um die Rolle des Gefühls im Prozess des Verstehens auf. So hat Hans-Georg Gadamer in seiner Studie *Wahrheit und Methode* (1960) das Konzept eines dialogischen Verstehens aus einer Kritik an der ‚romantischen Hermeneutik', das heißt insbesondere an Schleiermacher, entwickelt. Gadamer deutet Schleiermachers Entwurf einer universalen Hermeneutik als entschiedene Emotionalisierung und Subjektivierung des hermeneutischen Vorgangs. Zum Problem wird dieser Lesart zufolge bei Schleiermacher die zwischen Individuen bestehende Fremdheit, gefragt wird nach dem Autor-Subjekt und dessen Psychologie. Das im hermeneutischen Zirkel erfasste unauflösliche Wechselverhältnis von Teil und Ganzem bezieht Schleiermacher nicht nur auf die Textphilologie, sondern wendet es auch auf das psychologische Verständnis an; Sprachwerke sollen als „Lebensmoment im Totalzusammenhang" (Gadamer 1972, 178) eines besonderen Menschen verstanden werden. Indem Schleiermacher die auf die Sprachtotalität bezogene grammatische Auslegung ergänzt um die auf das Autor-Subjekt gerichtete psychologische Interpretation, zielt seine Verstehenslehre Gadamer zufolge eigentlich auf „ein divinatorisches Verhalten, ein Sichversetzen in die ganze Verfassung des Schriftstellers, eine Auffassung des ‚inneren Herganges' der Abfassung des Werkes [...], ein Nachbilden des schöpferischen Aktes" (ebd., 175). Diesen Zugriff interpretiert Gadamer als Ästhetisierung der Hermeneutik, in deren Folge das Sach- und Gehaltinteresse an der Rede zugunsten der Aufmerksamkeit für die schöpferische Individualität des Künstlers hintangestellt wird. Zugleich sieht er darin eine Individualisierung des Verstehensprozesses, der als Einfühlung in die Persönlichkeit des Verfassers, als imaginäre Verwandlung des Rezipienten in das produzierende Subjekts gedacht wird. Verstehen setzt demnach Kongenialität voraus und zielt auf „Gleichsetzung mit dem Verfasser" (ebd., 179). Gadamer liest Schleiermacher ganz im Zeichen der Rekonstruktion; zentral ist demnach die Vorstellung der Wiederherstellung des ursprünglichen Entstehungszusammenhangs: „Verstehen ist also eine auf eine ursprüngliche Produktion bezogene Reproduktion, ein Erkennen des Erkannten [...], eine Nachkonstruktion, die von dem lebendigen Moment der Konzeption, dem ‚Keimentschluß' als dem Organisationspunkt der Komposition ausgeht." (Gadamer 1972, 175) In dem so an Schleiermacher herausgestellten Anspruch auf Rekonstruktion eines ursprünglichen Produktionszusammenhangs sieht Gadamer den Beginn des historistischen

Irrwegs, den er bei Dilthey noch verstärkt und in einzelnen Formulierungen auch der literaturwissenschaftlichen Hermeneutik seiner eigenen Zeit, etwa bei Emil Staiger, findet und kritisiert (ebd., 251).

6. Emil Staiger

Emil Staigers literaturwissenschaftlicher Ansatz markiert sicherlich den Höhepunkt einer das Gefühl ins Zentrum stellenden Hermeneutik und war eben darum seit Mitte der 1960er Jahre vielfach dem Vorwurf des Irrationalismus, der blinden Immanenz und der Unwissenschaftlichkeit ausgesetzt. Bezeichnenderweise verlaufen neuere Versuche einer Relektüre Staigers zumeist über eine Relativierung seines Gefühlspostulats beziehungsweise eine Kontextualisierung oder begriffliche Aufstockung seines Gefühlskonzepts (Martus 2007; Ladenthin 2007; Stockinger 2007; Wild 2007, bes. 215–219). Nach wie vor unstrittig ist aber erstens, dass die Kategorie des Gefühls bei Staiger eine herausragende Rolle spielt – nur sie soll im Folgenden skizziert werden –, und zweitens, dass diese Berufung aufs Gefühl methodologisch das Einfallstor für seine konservative, an idealistischen Ganzheitsvorstellungen ausgerichtete Ästhetik bildet.

Bereits in der Studie über *Die Zeit als Einbildungskraft des Dichters* von 1939 hat Staiger sein methodologisches Credo im Anschluss an Heideggers Konzeption des hermeneutischen Zirkels als „Ausdruck der existenzialen Vorstruktur des Daseins" (Heidegger 2006 [1927], 153) formuliert; seine Grundidee, dass philologische Forschung dem unmittelbaren Eindruck nachspüren und die Ergriffenheit des Lesers am literarischen Gegenstand nachvollziehen und begründen muss, hat er dort auf die berühmt gewordene Formel gebracht: „[D]aß wir begreifen, was uns ergreift, das ist das eigentliche Ziel aller Literaturwissenschaft." (Staiger 1963 [1939], 11) In diesem Sinn erläutert Staiger späterhin den Vorgang des Verstehens als einen in all seinen Phasen durch das Gefühl geleiteten Prozess. Die Kunst der Interpretation, so Staiger in dem 1951 veröffentlichten gleichnamigen Aufsatz, beruht, will sie „dem Wesen des Dichterischen" (Staiger 1955 [1951], 13) gerecht werden, unabdingbar auf Gefühlen der Liebe und Verehrung. Vom Liebhaber unterscheidet sich der Wissenschaftler allein in dem „Bedürfnis, nachzuweisen, wie alles im Ganzen und wie das Ganze zum Einzelnen stimmt" (ebd., 15). Den Prozess des Verstehens beschreibt Staiger am Beispiel der Gedichtlektüre als Verlauf, an dessen Anfang ein Fühlen des Rhythmus steht; den Rhythmus selbst wiederum definiert er als das Gefühl für den „Geist, der das Ganze beseelt" (ebd., 13). Weiterhin leistet das Gefühl eine Hierarchisierung und Semantisierung der Wahrnehmungen des literarischen Gegenstandes – was überhaupt am Gedicht und inwiefern es bedeutsam ist, teilt sich dem Leser durch sein Gefühl mit –, und schließlich bestätigt sich die Richtigkeit der Auslegung in der empfundenen Stimmigkeit, das heißt sowohl in der herausgearbeiteten inneren Stimmigkeit des Kunstwerks als auch in der gefühlten Gewissheit der Deutung: „Bin ich auf dem rechten Weg, hat mein Gefühl mich nicht getäuscht, so wird mir bei jedem Schritt das Glück der Zustimmung teil. [...] Auf solcher Evidenz beruht die Wahrheit unserer Wissenschaft." (Ebd., 19) Zwischen dem spontanen Eindruck und dessen Bestätigung entfaltet sich so das Verstehen: „In der Vorerkenntnis des ersten Gefühls und in dem Nachweis, daß es stimmt, erfüllt sich der hermeneutische Zirkel der Interpretation." (Ebd., 18) Die wissenschaftliche Beschäftigung mit Literatur erfordert Staiger zufolge daher eine besondere Begabung, „einen unmittelbaren Sinn für Dichtung", Takt, „ein reiches und empfängliches Herz" (ebd., 13) – alles wiederum Eigenschaften, die primär die emotionale Reaktionsfähigkeit und ästhetische Sensibilität betreffen. Daher kann Staiger das Gefühl zum Unterscheidungsmerkmal der philologischen Auslegung erklären: „Das Kriterium des Gefühls wird auch das Kriterium der Wissenschaftlichkeit sein." (Ebd., 13)

Darüber hinaus spielt die Gefühlskategorie bei Staigers Definition literarischer Gattungen als Möglichkeiten des Menschseins eine wichtige Rolle. In seiner 1946 veröffentlichten *Poetik* möchte Staiger die tradierten Gattungsbegriffe zugunsten der adjektivischen Bestimmungen ‚lyrisch – episch – dramatisch' im Sinne einer Unterscheidung menschlicher Grundhaltungen auflösen, womit er nicht nur an Goethes Idee dichterischer Naturformen, sondern auch an Diltheys Gattungsentwurf anschließt (vgl. Polaschegg 2007). Lyrik, Epos und Drama gibt es demnach nur, „weil die Bereiche des Emotionalen, des Bildlichen und des Logischen das Wesen des Menschen konstituieren, als Einheit sowohl wie als Folge, worin sich Kindheit, Jugend und Reife teilen" (Staiger 1971 [1946], 148). Auf diese Weise wird die Dreiheit ‚lyrisch – episch – dramatisch' als organisch-anthropologische Stufenfolge aufgefasst, wobei das Lyrische dem Gefühlsbereich zugeordnet und als „der letzte erreichbare Grund alles Dichterischen" ausgewiesen wird (ebd., 146). Die so angelegte Trias menschlich-literarischer Seinsweisen wird durch die Begriffe der Erinnerung, der Vorstellung und der Spannung näher bestimmt und in ihrer Wirkung folgendermaßen gefasst: Während das Epische „fesselt", und das Dramatische „aufregt und spannt", wird das Lyrische „eingeflößt", und zwar dem offenen, passiv-empfangenden Leser, dessen Seele gleich gestimmt ist wie die Seele des Dichters (ebd., 37). In Übereinstimmung mit zahllosen Lyriktheorien, die sich auf die eine oder andere Weise an der seit der Goethezeit dominierenden Idee der Erlebnislyrik orientieren, streicht Staiger die reflexionslose Emotionalität und Unmittelbarkeit des Lyrischen heraus. Die dem Lyrischen zugeordnete Erinnerung meint nichts anderes als Distanzlosigkeit zwischen dem Dichter und seinem Gegenstand, zwischen dem Leser und dem Gedicht, zwischen Dichter und Leser. „‚Erinnerung' soll der Name sein für das Fehlen des Abstands zwischen Subjekt und Objekt, für das lyrische Ineinander." (Ebd., 47) Tradition hat auch die daraus folgende Zuordnung des Lyrischen zur Stimmung, wobei Stimmung unter Berufung auf Otto F. Bollnow nicht als Vorfinden einer seelischen Situation, sondern als Seinsmodus der Zuständlichkeit (erneut im Sinne einer Aufhebung der Unterscheidung von Subjekt und Objekt) bestimmt wird (vgl. ebd., 46).

Sein Vorgehen versteht Staiger als „Beitrag der Literaturwissenschaft an die philosophische Anthropologie" (ebd., 10). Die Stufenfolge des Lyrischen, Epischen und Dramatischen wird entsprechend dargestellt als „Weg vom Emotionalen zum Bildlichen und zum Logischen" (ebd., 148) und – unter Berufung auf Cassirer sowie im Anschluss überhaupt an die Kulturphilosophie nach Simmel – als fortschreitende Objektivierung, als Herausbildung von Gegenständlichkeit und Zunahme an Distanz begriffen: „Fühlen – Zeigen – Beweisen: in diesem Sinn erweitert sich der Abstand. Bedenken wir den abstrakten Charakter dramatischer Auffassung des Lebens und andrerseits das Innige, Unbeweisbar-Verständliche lyrischer Stimmung, so zögern wir nicht länger, das dramatische Wesen als Geist, das lyrische aber als Seele zu bezeichnen." (Ebd., 149) Staiger verwahrt sich gegen eine vermögenspsychologische Auslegung der Begriffe Geist und Seele, um stattdessen seine anthropologisch-literarischen Zuordnungen gefühls- und geschlechtertheoretisch zu entfalten: Dem dramatischen Geist wird Kälte und Bewunderung, der lyrischen Seele Wärme und Liebe zugeordnet – mit dem, ist man einmal so weit gekommen, nachgerade zwingenden Schluss, „daß uns die Seele, das lyrische Dasein, immer klarer weibliche Züge, der Geist, das dramatische Dasein, härtere männliche Züge zu tragen scheint." (Ebd., 149–150) Hier also, wo das Gefühl nicht als methodische Leitgröße der philologischen Hermeneutik, sondern als Kategorie fundamentalpoetologischer Binnendifferenzierung aufgerufen wird, zeigt sich, in welchem Maß der Gefühlskomplex und seine Aufwertung bei Staiger mit den Klischees der romantischen Anthropologie befrachtet ist.

Literaturverzeichnis

Bullough, Edward. „‚Psychical Distance' as a Factor in Art and an Aesthetic Principle" [1912]. *Aesthetics*. Westport, CT: Greenwood Press, 1977. 91–130.
Dewey, John. *Kunst als Erfahrung*. Frankfurt am Main: Suhrkamp, 1980 [1934].
Dilthey, Wilhelm. „Dichterische Einbildungskraft und Wahnsinn" [Rede, 1886]. *Gesammelte Schriften*. Bd. 6: *Die geistige Welt. Einleitung in die Philosophie des Lebens. Zweite*

Hälfte. Abhandlungen zur Poetik, Ethik und Pädagogik. Hrsg. von Georg Misch. Stuttgart: Teubner; Göttingen: Vandenhoeck & Ruprecht, 1962. 90–102.

Dilthey, Wilhelm. „Die Einbildungskraft des Dichters. Bausteine für eine Poetik" [1887]. *Gesammelte Schriften.* Bd 6: *Die geistige Welt. Einleitung in die Philosophie des Lebens. Zweite Hälfte. Abhandlungen zur Poetik, Ethik und Pädagogik.* Hrsg. von Georg Misch. Stuttgart: Teubner; Göttingen: Vandenhoeck & Ruprecht, 1962. 103–241.

Dilthey, Wilhelm. *Gesammelte Schriften.* Bd. 1: *Einleitung in die Geisteswissenschaften. Versuch einer Grundlegung für das Studium der Gesellschaft und der Geschichte.* Hrsg. von Bernhard Groethuysen. Stuttgart: Teubner; Göttingen: Vandenhoeck & Ruprecht, 1966.

Dilthey, Wilhelm. „Abgrenzung der Geisteswissenschaften" [1910]. *Gesammelte Schriften.* Bd. 7: *Der Aufbau der geschichtlichen Welt in den Geisteswissenschaften.* Hrsg. von Bernhard Groethuysen. Stuttgart: Teubner; Göttingen: Vandenhoeck & Ruprecht, 1968. 79–88.

Dilthey, Wilhelm. „Das Wesen der Philosophie" [1907]. *Gesammelte Schriften.* Bd. 5: *Die geistige Welt. Einleitung in die Philosophie des Lebens. Erste Hälfte. Abhandlungen zur Grundlegung der Geisteswissenschaften.* Hrsg. von Georg Misch. Stuttgart: Teubner; Göttingen: Vandenhoeck & Ruprecht, 1974. 339–416.

Dilthey, Wilhelm. „Psychologie als Erfahrungswissenschaft" [ca. 1888/1889]. *Gesammelte Schriften.* Bd. 21: *Psychologie als Erfahrungswissenschaft. Erster Teil: Vorlesungen zur Psychologie und Anthropologie (ca. 1875–1894).* Hrsg. von Guy van Kerckhoven und Hans-Ulrich Lessing. Göttingen: Vandenhoeck & Ruprecht, 1997. 275–327.

Dilthey, Wilhelm. „Ueber die Einbildungskraft der Dichter" [1877]. *Gesammelte Schriften.* Bd. 25: *„Dichter als Seher der Menschheit". Die geplante Sammlung literarhistorischer Aufsätze von 1895.* Hrsg. von Gabriele Malsch. Göttingen: Vandenhoeck & Ruprecht, 2006. 125–169.

Gadamer, Hans-Georg. *Wahrheit und Methode. Grundzüge einer philosophischen Hermeneutik.* Tübingen: J. C. B. Mohr, 1972.

Geiger, Moritz. „Das Problem der ästhetischen Scheingefühle". *Kongress für Ästhetik und allgemeine Kunstwissenschaft, Berlin 7.–9. Oktober 1913. Bericht.* Stuttgart: Enke, 1914. 191–195.

Groos, Karl. *Der ästhetische Genuß.* Gießen: J. Ricker'sche Buchhandlung, 1902.

Hartmann, Eduard von. *Philosophie des Schönen. Zweiter systematischer Theil der Aesthetik.* Berlin: Duncker, 1887.

Heidegger, Martin. *Sein und Zeit.* 19. Aufl. Tübingen: Niemeyer, 2006 [1927].

Jung, Matthias. *Dilthey zur Einführung.* Hamburg: Junius, 1996.

Kant, Immanuel. *Kritik der Urteilskraft* [1790]. *Werkausgabe.* Bd 10. Hrsg. von Wilhelm Weischedel. Frankfurt am Main: Suhrkamp, 1974.

Kirchmann, Julius H. von. *Aesthetik auf realistischer Grundlage.* 2 Bde. Berlin: Julius Springer, 1868.

Külpe, Oswald. *Grundlagen der Aesthetik.* Leipzig: Hirzel, 1921.

Lachmann, Rolf. *Susanne K. Langer. Die lebendige Form menschlichen Fühlens und Verstehens.* München: Fink, 2000.

Ladenthin, Volker. „Legitimation von Wissenschaft. Emil Staigers Aufsatz ‚Die Kunst der Interpreation' als Paradigma". *1955–2005. Emil Staiger und Die Kunst der Interpretation heute.* Hrsg. von Joachim Rickes, Volker Ladenthin und Michael Baum. Frankfurt am Main u. a.: Lang, 2007. 135–154.

Lange, Konrad. *Die bewußte Selbsttäuschung als Kern des künstlerischen Genusses*. Leipzig: Veit, 1895.
Lange, Konrad. *Das Wesen der Kunst. Grundzüge einer realistischen Kunstlehre*. Bd. 1. Berlin: Grote, 1901.
Langer, Susanne. *Feeling and Form. A Theory of Art*. New York, NY: Charles Scribner's Sons, 1953.
Martus, Steffen. „Emil Staiger und die Emotionsgeschichte der Philologie". *1955–2005. Emil Staiger und Die Kunst der Interpretation heute*. Hrsg. von Joachim Rickes, Volker Ladenthin und Michael Baum. Frankfurt am Main u. a.: Lang, 2007. 111–133.
Müller-Tamm, Jutta. „Nähe und Distanz. Über den Raum und die Räumlichkeit der ästhetischen Erfahrung". *Bewegte Erfahrungen. Zwischen Emotionalität und Ästhetik*. Hrsg. von Anke Henning, Brigitte Obermayr, Antje Wessels und Marie-Christin Wilm. Zürich und Berlin: diaphanes, 2008. 97–110.
Müller-Tamm, Jutta. „Ästhetische Schwellen". *Gefühl und Genauigkeit. Empirische Ästhetik um 1900*. Hrsg. von Jutta Müller-Tamm, Henning Schmidgen und Tobias Wilke. München: Fink, 2014. 169–184.
Polaschegg, Andrea. „Tigersprünge in den hermeneutischen Zirkel oder Gedichte nicht verstehen. Gattungspoetische Überlegungen (lange) nach Emil Staiger". *1955–2005. Emil Staiger und Die Kunst der Interpretation heute*. Hrsg. von Joachim Rickes, Volker Ladenthin und Michael Baum. Frankfurt am Main u. a.: Lang, 2007. 87–109.
Scheer, Brigitte. „Gefühl". *Ästhetische Grundbegriffe*. Bd. 2. Hrsg. von Karlheinz Barck, Martin Fontius, Dieter Schlenstedt, Burkhart Steinwachs und Friedrich Wolfzettel. Stuttgart und Weimar: Metzler, 2001. 629–660.
Simmel, Georg. „Der Bildrahmen. Ein ästhetischer Versuch [1903]". *Soziologische Ästhetik*. Hrsg. von Klaus Lichtblau. Darmstadt: Wissenschaftliche Buchgesellschaft, 1998. 111–117.
Staiger, Emil. „Die Kunst der Interpretation". *Die Kunst der Interpretation. Studien zur deutschen Literaturgeschichte*. Zürich: Atlantis, 1955. 9–33.
Staiger, Emil. *Zeit als Einbildungskraft des Dichters*. Zürich: Atlantis, 1963 [1939].
Staiger, Emil. *Grundbegriffe der Poetik*. München: dtv, 1971 [1946].
Stockinger, Claudia. „,Lektüre'?, ,Stil'?. Zur Aktualität der Werkimmanenz". *1955–2005. Emil Staiger und Die Kunst der Interpretation heute*. Hrsg. von Joachim Rickes, Volker Ladenthin und Michael Baum. Frankfurt am Main u. a.: Lang, 2007. 61–85.
Vendrell Ferran, Íngrid. „Ästhetische Erfahrung und Quasi-Gefühle". *The Aesthetics of the Graz School*. Hrsg. von Venanzio Raspa [Meinong Studies/Meinong Studien 4]. Frankfurt am Main: Ontos-Verlag, 2010a. 129–168.
Vendrell Ferran, Íngrid. „Literarische Fiktion und fiktionale Gefühle". *Die Mimesis und ihre Künste*. Hrsg. von Gertrud Koch, Martin Vöhler und Christiane Voss. München: Fink, 2010b. 91–108.
Vischer, Friedrich Theodor. „Kritik meiner Ästhetik". *Kritische Gänge. Neue Folge*. H. 5. Stuttgart: Klett-Cotta, 1866. 1–156.
Volkelt, Johannes. *Der Symbol-Begriff in der neuesten Aesthetik*. Jena: Verlag von Hermann Dufft, 1876.
Volkelt, Johannes. *System der Ästhetik*. Bd. 1. München: C. H. Beck'sche Verlagsbuchhandlung, 1905.
Walton, Kendall L. *Mimesis as Make-Believe. On the Foundations of the Representational Arts*. Cambridge, MA und London: Harvard University Press, 1990.

Wild, Markus. „‚Schon unser Briefwechsel hat das Gedicht allzu schwer belastet.' Staiger und Heidegger über Mörikes ‚Auf eine Lampe'". *Kontroversen in der Literaturtheorie/Literaturtheorie in der Kontroverse*. Hrsg. von Ralf Klausnitzer und Carlos Spoerhase. Frankfurt am Main u. a.: Lang, 2007. 207–221.

Wilke, Tobias. „Die Entschärfung der Entladung. Katharsis und ästhetische Lust in der psychologischen Ästhetik um 1900". *Scientia Poetica* 17 (2013). 76–100.

Witasek, Stephan. *Grundzüge der allgemeinen Ästhetik*. Leipzig: Barth, 1904.

Yanal, Robert J. *Paradoxes of Emotion and Fiction*. University Park, PA: Pennsylvania State University Press, 1999.

2.4 Psychoanalyse und Literaturtheorie
Dominic Angeloch

1. Das Spannungsfeld: Psychoanalyse – psychoanalytische Ästhetik – Affekt(theorie) – Literatur(theorie)

Dass es so unbekannt ist, macht es nicht weniger wahr: Die frühe Psychoanalyse begreift das Kunstwerk zunächst wesentlich als Form. Diese Form betrachtet sie als Teil einer Reihe von Formen, die als psychische Bildungen allesamt denselben Zweck haben – die Erfüllung unbewusster Wünsche –, zur Erfüllung dieses Zwecks aber völlig verschiedene, je eigene Möglichkeiten bieten. Aus dieser Perspektive erarbeitet die frühe Psychoanalyse Hypothesen zum ästhetischen (Kommunikations-)Prozess – eine Annäherung an Kunst, Künstler und Rezipient, die unsystematisch verläuft, der aber gleichwohl eine verborgene Systematik zugrunde liegt, die sich nachzeichnen lässt (siehe Angeloch 2014, Kap. II.1–II.3): Vom Traum über Fantasie, Kinderspiel, Tagtraum, gemeinsamen Tagtraum und Witz zum Kunstwerk als komplexeste, realitätsgesättigste Bildung führt die Reihe, die die psychogenetische Herkunft des Kunstwerks aufhellen soll. Die in das Kunstwerk eingehenden, in ihm eingeschriebenen und von ihm induzierten Affektdynamiken und -konstellationen werden dabei systematisch im Spannungsfeld von Autor, Werk, Rezipient sowie unter Einbeziehung der jeweiligen Kontexte dieser Trias beobachtet.

Zumindest sieht die ästhetische Theorie der frühen Psychoanalyse das so vor. Möglichkeiten zur praktischen Einlösung dieses äußerst umfassenden Forschungsprogramms rücken erst im Zuge der Kritik und Abkehr von der Traum-Analogie als beherrschendem Paradigma psychoanalytischer Ästhetik in den Blick. Mit dem Verlassen des biografistischen/pathografischen Holzweges konnten neue, vielgestaltige psychoanalytische Annäherungen an Kunst erarbeitet werden, die von den Erkenntnissen psychoanalytischer Theorie und Praxis ausgehen und den spezifischen Eigenschaften ästhetischer Gegenstände wie auch der ästhetischen Erkenntnissituation Rechnung tragen. Unter diesen neuen Ansätzen sticht besonders die Übertragungs-Gegenübertragungs-Konzeption hervor: In Analogie zum Übertragungsgeschehen in der analytischen Sitzung entwickelt, bietet sie ein Instrumentarium psychoanalytischen Lesens, das erstmals auch Widerstand und Abwehr als substantielle Momente ästhetischer Erfahrung in den Blick zu nehmen erlaubt. Die Rolle von Emotionen und Affekten wird in der Psychoanalyse in einer ganzen Reihe von reichhaltigen, weit ausgreifenden Überlegungen sowohl in ihrer intrapsychischen Dynamik als auch in ihren interpersonalen Dimensionen reflektiert. Für den ästhetischen Gegenstandsbereich fruchtbar gemacht, können diese Überlegungen dabei helfen, ein tiefenhermeneutisches Verständnis der induzierten Gefühlsgehalte, vor allem aber ihrer Vermittlungswege und -weisen vom Produzenten über das Kunstwerk bis zu seinem Rezipienten und deren jeweiligen historischen und gesellschaftlichen Kontexten zu erarbeiten. Hier eröffnet sich ein bislang noch kaum begangenes Forschungsfeld. Auf der Grundlage einer Skizze der Ansätze früher psychoanalytischer Ästhetik sowie einer Darlegung der Grundzüge psychoanalytischer Affekttheorie(n) sollen im Folgenden Möglichkeiten im Umgang mit literarischen Texten umrissen, Fragen und offene Aufgaben im Hinblick auf Affekte und deren Übermittlung im ästhetischen Prozess benannt und mit einem Überblick über einige psychoanalytische Modelle nach Freud auch gleich einige Anhaltspunkte für deren Bearbeitung gegeben werden.

2. Traum-Analogie: Vom Modell des Traums zur Psychoanalyse des Kunstwerks

Die „Via regia zur Kenntnis des Unbewußten" (Freud 2000 [1900], 577) hatte Freud 1900 in der Traumdeutung ausgemacht. Der Königsweg zum Unbewussten in der Literatur führte ebenfalls über den Traum: „Dichtung", notierte sich Lou Andreas-Salomé 1912 nach ersten Begegnungen mit der Psychoanalyse etwa, „ist etwas zwischen dem Traum und seiner Deutung" (Andreas-Salomé 1965, 21). Weil die psychoanalytische Auffassung von Kunst in Analogie zu der des Traumes entwickelt wurde, liegt der Ausgangspunkt für jedes Verständnis der Methodik, Systematik und Problematik psychoanalytischer Ästhetik nach wie vor im Modell des Traumes und seiner Deutung (dazu Schönau und Pfeiffer 2003, 79–83; vgl. zum Folgenden Angeloch 2014, Kap. II.1).

Nach Freuds kürzester Definition, was ein Traum sei, kann man einen Traum „nichts anderes nennen als das Ergebnis der Traumarbeit, d. h. also die *Form*, in welche die latenten Gedanken durch die Traumarbeit überführt worden sind" (Freud 2000 [1916–1917], 189). Von dieser grundsätzlichen Definition aus lassen sich die zentralen Positionen, aber auch die Problematik der analog zur Traumtheorie entwickelten frühen psychoanalytischen Ästhetik entfalten (Pietzcker 1974).

Das Wirken der Traumarbeit beschreibt Freud (2000 [1900], 510–524) folgendermaßen: Angestoßen von einer unbewussten libidinösen Regung, verbindet sich ein unbewusster, grundsätzlich infantiler Wunsch mit vorbewussten Vorstellungen, körperlichen Reizen und Erinnerungsresten. Der Wunsch ist aufgrund seines anstößigen Charakters nicht bewusstseinsfähig und muss deswegen entstellt werden. Diese Entstellung leistet die Traumarbeit: Sie wandelt das latente Traummaterial in einen manifesten Trauminhalt um, das heißt, sie überführt sie in eine mehr oder minder narrativ verknüpfte Folge von Traumszenen, um den latenten Trauminhalt an der Zensur der verdrängenden Instanz (Ich) vorbeizuschleusen und gleichzeitig „die Entwicklung von Angst oder anderen Formen peinlichen Affekts zu verhüten" (ebd., 271). Der Traum ist also „das Produkt eines dynamischen Zusammenspiels des nach Ausdruck (oder zumindest nach Darstellung auf der intrapsychischen Leinwand) drängenden latenten Inhalts und den widerstreitenden Kräften der Abwehr, Scham, Schuld und realer Überlegungen [...], die diesen Ausdruck zu verhindern suchen" (Noy 2008, 186).

Aufgabe der Traumdeutung ist es entsprechend, die Entstellung der latenten Traumgedanken unter Rückgriff auf die freien Assoziationen des Analysanden in den manifesten Trauminhalt zurückzuverfolgen, um so den latenten Traumgedanken und dem Traumwunsch auf die Spur zu kommen. Dazu muss die Traumarbeit und ihr Ergebnis, die Entstellung, gleichsam umgekehrt werden.

Entstellt werden die latenten Traumgedanken durch wesentlich vier Mechanismen (Freud 2000 [1900], 280–488): *Verdichtung* (Auswahl, Auslassung oder Verschmelzung latenter Elemente; verantwortlich für die grundsätzliche ‚Überdeterminierung' aller manifesten Traumelemente), *Verschiebung* (Ersatz eines latenten Elementes durch Anspielung oder Überführung des psychischen Akzent von einem wichtigen auf ein unwichtiges Element, wesentlich veranwortlich für das Schicksal der Affekte im Traum), *Verbildlichung* (Verwandlung abstrakter Gedanken und Gefühle in assoziativ verwandte konkret-visuelle Bilder unter Auflösung der ursprünglichen kausalen und affektiven Beziehungen) und *sekundäre Bearbeitung* (Umarbeitung des Traums zu einem kohärenten Szenario im Dienste der vom Ich ausgeübten Zensur). Die *Symbolisierung* – in Traumdeutungsbüchern à la Jung ebenso wie in der frühen psychoanalytischen Literaturinterpretation exzessiv herangezogen – zählt bei Freud nicht zur eigentlichen Traumarbeit, sondern darf lediglich als Hinweis für die auf den Assoziationen des Träumers aufbauende Deutung verstanden werden.

Die Übertragung des psychoanalytischen Verständnisses des Traums auf das Kunstwerk geschieht über Analogiebildung. Grob skizziert führt sie zu folgendem Resultat (vgl. Schönau und Pfeiffer 2003, 79–80): Der manifeste Inhalt des Traumes – das heißt „das, was der Traum erzählt" (Freud 2000 [1916–1917], 134) – entspricht der Gestalt des literarischen Werkes. Die latenten Traumgedanken, das heißt „das Verborgene, zu dem wir durch die Verfolgung der Einfälle [des Träumers] kommen sollen" (ebd., 134), der ‚Sinn' des Traumes, den die Traumdeutung rekonstruiert, entsprechen dem Resultat der Literaturdeutung, den von der Interpretation zutage geförderten Kernfantasien des Werkes, dem Aufweis seines „psychodramatischen Substrat[s]" (Matt 2001 [1972], 68). Die Traumarbeit entspricht der Kunstarbeit, genauer: dem unbewussten Teil der Kunstarbeit. Das Analogon der sekundären Bearbeitung ist in der Kunstarbeit der Produktionsprozess, in dem der Künstler das Anstößige und allzu Persönliche seiner unbewussten Fantasien in sozial (gesellschaftlich, moralisch, ästhetisch) akzeptable Motive umwandelt.

Die skizzierte Analogiebildung vom Traum zum Kunstwerk wird allerdings nicht direkt vorgenommen, sondern über mehrere Bindeglieder, die, organisch miteinander zusammenhängend, das Kunstwerk genetisch mit dem Traum zusammenschließen.

3. Organik des Kunstwerks: Die psychogenetische Reihe Traum – Fantasie – (Kinderspiel –) Tagtraum – gemeinsamer Tagtraum – Witz – Kunstwerk

Das wichtigste dieser Bindeglieder zwischen Traum und Kunstwerk ist die *Fantasie*. Wie den Traum versteht Freud auch das Kunstwerk als „(verkleidete) Erfüllung eines (unterdrückten, verdrängten) Wunsches" (Freud 2000 [1900a], 271), der die verborgene thematische Einheit des Kunstwerkes stiftet. Wie der Traum ist die Fantasie Wunscherfüllung in konflikthafter, von Abwehrvorgängen entstellter Form; sie ist ein Kompromiss zwischen Befriedigung und Versagung, Triebwunsch und Verdrängungswiderstand, Lust- und Realitätsprinzip. Aufgrund dieses Kompromisscharakters vergleicht Freud die Fantasie mit einer „Schonung", einem „Naturschutzpark", in dem alles „wuchern und wachsen [darf], wie es will, auch das Nutzlose, selbst das Schädliche" (Freud 2000 [1916–1917], 363). Das Kunstwerk ist in psychoanalytischer Perspektive eine aus vielen verschiedenen Fantasien integrierte, hochkomplexe Gesamt-Fantasie, die, während der Traum „absolut egoistisch" (Freud 2000 [1900], 320) und narzisstisch ist, über die so nur ihr zukommende Eigenschaft verfügt, sowohl private als auch gemeinschaftlich geteilte Wünsche verhandeln und stellvertretend erfüllen zu können.

Die dem Kunstwerk in der Perspektive der frühen Psychoanalyse am nächsten stehende psychische Bildung ist der *Tagtraum* (Sachs 1924, 3; Rank und Sachs 1975, 144). Wie das Kinderspiel, dessen Abkömmling Tagtraum und Fantasie sind, ist der Tagtraum ein Gebiet, das „nach Art einer ‚Schonung' von den Anforderungen der Lebensnotwendigkeit freigehalten wird und das dem Ich nicht unzugänglich ist, aber ihm nur lose anhängt" (Freud 2000 [1924], 360–361). Er ist also ebenfalls eine Ersatz- und Kompromissbildung zwischen Wunsch und Wirklichkeit. Obwohl die äußere Realität und deren Gesetze beim Tagträumen anerkannt und dadurch viel weiter in die Realität eingebettet werden können als im Traum, ist der Tagtraum jedoch noch immer rein egoistisch und tendenziös, und darum weit davon entfernt, andere so bewegen zu können wie die in einem Kunstwerk ausgestalteten Fantasien.

In direktem Anschluss an Freud entwickelt Hanns Sachs die vom Traum auf das Kunstwerk führende genetische Reihe weiter, indem er das Phänomen des *„gemeinsamen Tagtraums"* als weiteres Glied in sie einträgt. Als unmittelbare Vorstufe zum Kunstwerk versteht Sachs den gemeinsamen Tagtraum insofern, als er erste Ansätze zur Sozialisierung des egoistischen, allzu privaten und darum für andere abstoßenden oder schlicht uninteressanten Tagtraums enthält. Ein gemeinsamer Tagtraum kommt zustande, wenn zwei Menschen über den „Weg des unbewußten Verständnisses" (Freud 2000 [1912–1913], 441) eine ähnliche unbewusste Gefühls- und Bedürfnislage beieinander erraten. Schuld, Angst, Scham und ähnliche peinliche und peinigende Gefühle verhindern die Fantasiebefriedigung bei jedem einzelnen. Durch das gemeinsame Ausarbeiten des Tagtraums und das gemeinsame Tragen der Schuld, die das Hegen und Ausspinnen verpönter Wünsche unausweichlich aufkommen lässt, wird es beiden möglich, die bei ihnen unterdrückten unbewussten Wünsche zu beleben und in der geteilten Fantasie zu befriedigen. Der Inhalt des Tagtraums muss dabei so gestaltet werden, dass beide ihre Fantasien gemäß ihrer unbewussten Wunschlage einbringen, bearbeiten und erfüllen können.

Freud entwirft die genetische Reihe Traum – Kunstwerk unter häufig wiederholtem Hinweis darauf, dass es sich „in Wirklichkeit als ein zu dürftiges Schema erweisen wird, aber eine erste Annäherung an den realen Sachverhalt" (Freud 2000 [1908], 178) enthalte. Eine weitere „Annäherung an den realen Sachverhalt" sieht die frühe psychoanalytische Ästhetik im *Witz*. In seiner Witz-Studie gelangt Freud über die Untersuchung der verschiedenen Witz-Techniken zu der Feststellung, dass die Traumarbeit grundsätzlich „mit denselben Mitteln arbeitet wie der Witz" (Freud 2000 [1905], 162). Im Gegensatz zum Traum ist der Witz jedoch an die Bedingung der Verständlichkeit gebunden und auf mindestens zwei Personen angewiesen, um seine Wirkungen entfalten und seine Aufgabe – die Neu- oder Wiedererschließung verborgener Lustquellen sowohl für den Witz-Erzähler als auch für den -Zuhörer – erfüllen zu können. Freud charakterisiert den Witz als „ein entwickeltes Spiel" (ebd., 168) unter dem Primat der Form, die den Inhalt nicht nur verhüllt, sondern überhaupt erst hervorbringt. Entsprechend erklärt er die Wirkungen des Witzes mit seinen verschiedenen Techniken (Verdichtung/Verkürzung, wie z. B. in Sprachwitzen, Verschiebung, Darstellung durchs Gegenteil bzw. Widersinn etc.).

Freuds Untersuchung der Witz-Form mündet in eine Bestimmung ihrer (ökonomischen) Funktion und „Affektdynamik" (Reik 1980, 209). Die Lust am Spiel mit den Worten wirkt als Vorlust, die den Hörer dazu einlädt, der Lust an stärker verdrängten, etwa aggressiven oder sexuellen Regungen nachzugehen, die das Wortspiel zugleich ent- und verhüllt. Weil der Hörer von der Technik des Witzes eingenommen ist und seine Aufmerksamkeit auf dessen vielfältig gebildete Form richtet, können die verbotenen Inhalte an seiner Ich-Zensur vorbeigeschleust werden. Der Hörer wiederholt also die Witzarbeit (in der ein vorbewusster Gedanke für einen Moment der unbewussten Bearbeitung überlassen und deren Ergebnis von der bewussten Wahrnehmung erfasst wird), muss beim Reproduzieren der Vorstellungen und Gedankenverbindungen des Witzes jedoch nicht denselben Energieaufwand aufbringen, wie er beim Hervorbringen des Witzes nötig gewesen war. Indem der Hörer das Spiel nachspielt, das der Witz ihm vorspielt, erfasst er das ‚heiße' Sinnzentrum des Witzes – assoziativ, also ohne den langen Weg, der während der Bildung des Witzes begangen wurde, in voller Länge nachgehen zu müssen. So spart er Energie, die jeweils für die Verdrängung und Unterdrückung von verbotenen Regungen aus dem Unbewussten, für das Nachvollziehen von komplexen Vorstellungs- und Gedankenverläufen und für die Vermeidung von peinlichen Gefühlen hätte aufgebracht werden müssen. Diese ‚Ersparung' von psychischem Aufwand gliedert sich für Freud in drei Momente auf: Die Lust des Witzes führt er auf „ersparten Hemmungsaufwand" zurück, die der Komik auf „ersparten Vorstellungs(Besetzungs)aufwand" und die des Humors auf „ersparten Gefühlsaufwand" (Freud 2000 [1905], 219). Die eingesparte überschüssige Energie kann dann durch Lachen abgeführt werden: „Das Ich, von Schuldgefühlen für Augenblicke befreit, fühlt sich wieder mit sich selbst einig; eines Stückes sozialer Angst ledig, kann es jetzt in das Lachen der Anderen einstimmen." (Reik 1980, 211)

4. „Affektkonstellationen": Psychoanalytische Theorie des ästhetischen (Kommunikations-)Prozesses

Auf dem Weg zu einer psychoanalytischen Literaturästhetik werden die Ergebnisse der Witz-Studie erweitert und in das Feld der Literatur überführt. Vor allem *Der Dichter und das Phantasieren* (Freud 2000 [1908]) entwickelt eine Theorie des literarischen Kommunikationsprozesses – und damit auch der Affektübermittlung – *in nuce*. Ausgangspunkt des kurzen, aber überaus gehaltvollen Vortrags ist die Frage, woher der Dichter „seine Stoffe nimmt [...] und wie er es zustande bringt, uns mit ihnen so zu ergreifen, Erregungen in uns hervorzurufen, deren wir uns vielleicht nicht einmal für fähig gehalten hätten" (ebd., 171). Wie der Witz – Ergebnis einer ähnlichen psychischen Leistung wie die Literatur, nur eben en miniature (Reik 1980, 219) – wird hier auch das literarische Kunstwerk als eine hochkomplexe Kompromissbildung zwischen Primär- und Sekundärprozess begriffen, mittels deren sich der Fantasierende einen unbewussten und verbotenen Wunsch erfüllt. Die literarische Form hat die Aufgabe, die aus dem Konflikt zwischen Wunscherfüllung und Abwehr entstehende Angst und weitere unlustvolle Affekte, wie Schuld, Scham, Ekel etc., abzuwehren, dem Rezipienten den Nachvollzug der Fantasien zu ermöglichen und dadurch Lust zu bereiten. Wie bei der Betrachtung der Technik des Witzes macht Freud in der formschöpfenden literarischen Technik, die die Grenze zu anderen Ichs (der Leser/Zuhörer) überwindet, die „eigentliche *Ars poetica*" (Freud 2000 [1908], 179) aus. Denn erst, wenn die Kunstarbeit den dem Kunstwerk zugrunde liegenden unbewussten Wunsch durchgearbeitet – verallgemeinert, objektiviert, handwerklich umgeformt, ansprechend ausgestaltet etc. – hat, kann es auch anderen gelingen, ihre unbewussten Wünsche in dem Kunstwerk verhandelt zu sehen und entsprechend von ihm berührt zu werden. Im ästhetischen Raum des Kunstwerks – Ernst Kris versteht diesen als „Rahmen für die affektive Reaktion der präsumptiven Höreroder Leserschaft" (Kris 1975, 204) – kann der Rezipient die im Kunstwerk dargebotenen sowie seine eigenen, durch Evokation in ihm aktualisierten Wünsche – oder auch verschiedene Möglichkeiten der Abwehr dieser Wünsche – mit den vom Kunstwerk zur Verfügung gestellten Mitteln so durchspielen, dass eine ästhetische Erfahrung daraus wird. Weil der Rezipient zur Teilnahme an einem vielgestaltigen Fantasieszenario eingeladen wird, das vom Künstler bereits vielfach be- und durchgearbeitet worden ist, fühlt er sich einerseits geschützt, andererseits frei genug, um sich auf das vom Künstler durchgestaltete Szenario und die ihm zugrunde liegenden unbewussten Wünsche einzulassen: „[D]as Unlustvolle wird als lustvoll empfunden, wenn der Affekt beherrscht ist; diese Beherrschung wird erzielt durch den Schutz, den die ästhetische Illusion gewährt." (ebd., 182)

Das Phänomen des Kunstgenusses teilt Freud in zwei Momente: *Vorlust*, die durch die ästhetische Form, und *Endlust*, die durch den Mitvollzug der im Inhalt verarbeiteten unbewussten Fantasien entsteht. Die gelungene ästhetische Form ermöglicht Befriedigungen, „die der Form selbst äußerlich sind, d. h., die Form bereitet Vergnügen infolge ihrer symbolischen Bedeutung, ihres Verhüllungswertes, ihrer Fähigkeit, gefährliche aggressive oder libidinöse Impulse zu befriedigen oder zu neutralisieren etc." (Bush 2008, 171; näher dazu Rose 1980), und signalisiert dem Leser, dass er keine Angst vor einem Unbewältigten und deswegen Überwältigenden haben muss, wenn er sich auf den Inhalt einlässt. Der eigentliche Genuss, die Endlust, besteht dann darin, dass wir „unsere eigenen Phantasien nunmehr ohne jeden Vorwurf und ohne Schämen" (Freud 2000 [1908], 179) genießen können; psychische Spannungen können in Form von Affekten abgeführt werden, und größere, aus dem Unbewussten stammende Lust kann sich freisetzen.

Hinter dem Vorlust-Begriff steht ein ökonomisches Erklärungsmodell für das Gefallen an ästhetischer Form und das, was wir unter der ‚Schönheit' des Kunstwerks verstehen. Darin erschöpft sich das Modell aber nicht. Unmittelbar nach seiner Einführung schließt Freuds *Der Dichter und das Phantasieren* mit dem Hinweis, „am Eingange neuer, interessanter und verwickelter Untersuchungen" (ebd., 179) zu stehen. Hier ist der Ansatz für ein äußerst umfassendes literaturpsychologisches Forschungsprogramm formuliert, dessen Tiefendimension bis heute noch kaum ausgelotet ist.

In der Perspektive psychoanalytischer (Trieb-)Ökonomie ist das Kunstwerk ein „Vermittlungspunkt zwischen Transformationen der Tiefenstruktur" (Gesing 1990, 36) in Künstler, Rezipient, Kultur, Geschichte, Gesellschaft. In diesem Sinne dient Kunst „always, consciously or unconsciously, [...] the purpose of communication" (Kris 2000, 31). Diese „psychogenetisch vielfach verankert[e]" (Reiche 2011, 62) Kommunikation verläuft, im Falle der Literatur, über sprachliche Vermittlung, ist aber keineswegs bloß sprachförmig. Das Kunstwerk spiegelt „Affektkonstellationen" (Rank und Sachs 1913, 85), stellt sie diskursiv, präsentativ oder evokativ dar, hilft dabei, sie abzuführen, indem sie sie transformiert, zur Debatte stellt und schon darum von ihnen entlastet, und vermag sie schließlich sogar zu befriedigen. „Die Fähigkeit, dieser komplizierten Aufgabe gerecht zu werden", schreiben Otto Rank und Hanns Sachs in Weiterführung von Freuds Ansätzen, „gewinnt das Werk daher, daß es bei seiner Entstehung für das Seelenleben des Künstlers das zu leisten hatte, was es bei seiner Reproduktion für die Zuhörer leistet, nämlich die Abfuhr und Phantasiebefriedigung der ihnen gemeinsamen unbewußten Wünsche" (ebd., 85). Ohne die Produktionsseite, so die Annahme hier, kann die Rezeption des Kunstwerks nicht nachvollzogen werden, weil der Rezeptionsvorgang analog zum Produktionsvorgang verläuft: „Es ist leicht darstellbar", meint Reik, „daß der psychische Vorgang beim Zuhörer nur den beim Dichter selbst kopiert" (Reik 1980, 195).

Gegenstand des von Freud und seinen Nachfolgern in ersten Umrissen vorgestellten Forschungsprogramms ist also von vornherein der gesamte ästhetische (Kommunikations-)Prozess, der vom Autor und seiner Kunstarbeit über das Werk selbst bis zur Analyse der Wirkung des als Gesamtfantasie verstandenen Werkes bei seinen Rezipienten reicht. Die hier eröffnete Erkenntnisperspektive greift weit in die verschiedensten, zuvor stets nur getrennt behandelten Bereiche aus, denn der ästhetische Kommunikationsprozess wird im Zusammenhang mit weiteren dynamischen Prozessen behandelt – Geschichte des Subjekts (Ontogenese), die ihrerseits Teil eines wiederum übergeordneten Prozesses ist, der Geschichte der Menschheit, Kultur, Zivilisation überhaupt (Phylogenese) – und jeweils darin einzutragen versucht. Ihr Ausgangspunkt liegt in der negativ-anthropologischen Annahme, dass der Mensch sich mittels der Kunst jene (Trieb-)Wünsche erfüllt, deren Erfüllung ihm die „unbefriedigende Wirklichkeit" (Freud 2000 [1908], 172) nicht – nicht mehr, noch nicht oder grundsätzlich nicht – gewährt.

Psychoanalytische Literaturwissenschaft ist also von ihrer Anlage her weder nur Produktions-, noch nur Werk- oder Rezeptionsanalyse, sondern immer schon alles dies zusammen. Die ‚minimale Untersuchungseinheit' der Literaturpsychologie ist darum – heuristisch – in der „*trianguläre*[n] *Struktur* von *Werk, Autor und Rezipient(en)*" (Fischer 2005, 17) auszumachen. In die Analyse miteinzubeziehen sind dabei auch die weiteren Kontexte, in denen alle diese drei Felder jeweils in ihrer je eigenen Weise stehen (Geschichte, Kultur, Gesellschaft).

5. Uneingelöste Agenden: Kritik, Abkehr, Dispersion

Die Traumerzählung ist eine Überführung eines Zusammenhangs von Bildern in eine narrative Wortfolge, die der Analysand nicht im luftleeren Raum, sondern in einem dynamischen Feld vorbringt, das sich zwischen ihm und dem Analytiker aufspannt. Bei der Deutung ist der Analytiker zwingend auf die Assoziationen des Traumproduzenten – und die Beobachtung ihres Affektgehaltes – angewiesen, denn erst diese eröffnen den Weg zum latenten Gehalt seines Traumes. Bei der Interpretation literarischer Texte entfällt dieses wesentliche Erkenntnisinstrument – ebenso wie die analytische Beziehung und der situationelle Kontext der psychoanalytischen Situation überhaupt. So wandte die psychoanalytische Literaturdeutung die klassische Methode in einer alles andere als klassischen Situation an (dazu: Goeppert 1978; Wolff 1981).

Ob zum Beispiel der Unterscheidung manifest – latent, die einfach aus der Theorie des Traums in die Literaturinterpretation übernommen worden war, im Bereich der Literatur überhaupt etwas korrespondiert, ist keineswegs so ausgemacht, wie es auf den ersten Blick erscheint (siehe Reiche 2011, 51–61). Literarische Kunstwerke sind nun einmal keine Traumberichte, und sie als Anamnesen zu lesen heißt, ihre Form, ihre Gestaltung, als wesentliches Merkmal von Kunst zu übergehen und als eigenständiges Objekt zu ignorieren. Mit der Symboldeutung war zudem der ebenso schwierige wie umstrittene Spezialfall psychoanalytischer Traumdeutung zum Regelfall psychoanalytischer Literaturdeutung geworden und hatte Massen jener bestenfalls anekdotenhaft relevanten Ergebnisse gezeitigt, die aus der Geschichte der psychoanalytischen Literaturinterpretation so sattsam bekannt sind.

Das Feld, auf dem und für das die psychoanalytische Methode entwickelt worden war, war verlassen worden, ohne dabei die Frage zu klären – oder überhaupt aufzuwerfen –, ob die Technik im neuen Bereich angewandt werden kann, und wenn ja, mit welchen theoretischen und verfahrensbezogenen Modifikationen. Eine hermeneutische Grundproblematik der traum-analog entwickelten psychoanalytischen Literaturinterpretation besteht also in der Sicherung der eindeutigen Anwendbarkeit der Interpretationsregeln auf einem ganz anderen Terrain als dem, auf dem und für das sie entwickelt worden sind. Die Reflexion dieser Problematiken führte dazu, dass die Traum-Text-Analogie zunehmend in Frage gestellt, teils aufgegeben, teils stillschweigend weitergeführt, teils lautstark durch andere methodische Leitbilder ersetzt wurde.

6. „Affekttheorie": Emotionen und Affekte in der Psychoanalyse

Eines der bislang bloß punktuell bearbeiteten – in den letzten Jahren aber immer mehr in den Fokus des Interesses gerückten – Felder ist die Frage nach den Affekten und ihren „Schicksalen" im literarischen Kommunikationsprozess (siehe Koppenfels 2007, bes. Kap. I, II). Um dieser Frage weiter nachgehen zu können, bedarf es zunächst eines genaueren Verständnisses dessen, was eigentlich unter Affekten zu verstehen ist, und welche Modelle Psychologie und/oder Psychoanalyse zu ihrer Beschreibung entwickeln.

„Affekt" bezeichnet im deutschen Sprachraum gemeinhin eine eher kurzfristige, verschieden intensive, aber nicht extensive emotionale Regung oder Reaktion, die, der allgemeinen Vorstellung nach, oft mit einem Verlust der Handlungskontrolle einhergeht (‚er ermordete sie im Affekt'). In Abgrenzung dazu ist in der akademischen Psychologie meist von „Emotionen" die Rede, deren supponierte Systematik in einer Vielzahl völlig unterschiedlicher Modelle erfasst werden sollen. Paul Ekman zum Beispiel versteht die Gefühle als diskrete Kategorien und postuliert (je nach Konzeption) sechs bis 15 universale ‚Basisemotionen'. Versuche, Affekte und Emotionen voneinander zu unterscheiden, sie zu klassifizieren und so – auch im Interesse moralisch-ethischer Wertung – zu beschreiben, lassen sich bis in die Antike zurückverfolgen (Platon, Aristoteles, Stoa, Descartes). Wilhelm Wundt, mit dessen Theorien sich Freud eingehend auseinandergesetzt hat, lehnte die Versuche, „Elementargefühle" aufzuweisen, als einer der ersten ab und wies einen Weg, den Faktorenbaukasten-Konkretismus zu verlassen, indem er eine dynamischere Beschreibung der Gefühle entlang von drei Hauptrichtungen (Lust/Unlust, Erregung/Beruhigung, Spannung/Lösung) vorschlug, den Reichtum der verschiedenen Gefühle selbst aber als „unerschöpflich" herausstellte.

Die Psychoanalyse bietet keine eigenständige und allgemeingültige Emotions- oder Affektlehre, wohl aber entwickelt sie eine Reihe von reichhaltigen, weit ausgreifenden Erklärungsansätzen, die den Affekten eine zentrale Rolle sowohl in der intrapsychischen (zwischen dem Unbewussten, Vorbewussten und Bewusstsein sowie zwischen Es, Ich und Über-Ich) als auch in der interpersonalen Kommunikation (klinisch, v. a. im Rahmen von Übertragungs- und Gegenübertragungsprozessen reflektiert) zusprechen. Das psychoanalytische Interesse an Affekten (meist synonym mit „Emotion" verstanden) zielt auf ein dynamisch-prozessuales Verständnis innerer und äußerer Zustände; die Annahme von Basisemotionen wie überhaupt der Versuch, Affekte und Emotionen positivistisch zu klassifizieren, spielt darum kaum eine Rolle, ja, er wird meist als arbiträr abgelehnt.

Im Rahmen seiner ersten Überlegungen zur Hysterie ging Freud von einem „eingeklemmten Affekt" aus; die Möglichkeit einer Heilung sah er in dessen Freisetzung, die er um 1895 noch mittels Hypnose, dann durch die mittels *talking cure* wiederzuerlangende Erinnerung an ein verdecktes Trauma und einen so in Gang gesetzten Prozess der *katharsis* erwirken zu können hoffte. Zentral ist hier die Auffassung der „Verdrängung": Eine unerträgliche Vorstellung wird erträglicher, indem der Affekt von ihr abgetrennt und dann entweder körperlich in Erscheinung tritt (hysterische Konversion) oder mit einer anderen Vorstellung verschmilzt, die dann Zwangscharakter annehmen kann (Freud 1980 [1894]; 1980 [1895]). Den Ursprung des Symptoms macht Freud hier noch in einem realen traumatischen Erlebnis aus – eine Konzeption, die er bald wieder verwirft. Ebenso tritt die zentrale Rolle des Affekts später zugunsten einer Untersuchung von Trieb und Triebschicksalen in den Hintergrund.

Leitend ist hier die – bis heute nicht abschließend beantwortete – Frage, in welchem Verhältnis die Affekte zu den Trieben stehen. Den Trieb versteht Freud als Repräsentanten des Körpers in der Seele, genauer als „Grenzbegriff zwischen Seelischem und Somatischem, als psychische[n] Repräsentant[en] der aus dem Körperinnern stammenden, in die Seele gelangenden Reize, als ein Maß der Arbeitsanforderung, die dem Seelischen infolge seines Zusammenhanges mit dem Körperlichen auferlegt ist" (Freud 2000 [1915c], 85). Freud differenziert noch weiter zwischen dem Trieb und seiner psychischen Repräsentanz, indem er hervorhebt, dass der Trieb sich entweder an eine Vorstellung heftet oder als Affektzustand zum Vorschein kommt (Freud 2000 [1915a], 136), also eine Vorstellungs- oder Affektrepräsentanz hat. Im Gegensatz zu Vorstellungen können Affekte nie völlig unbewusst sein, sondern nur durch falsche Verknüpfung verkannt werden; sie bestehen dann als bloße „Affektbeträge" weiter. Im Prozess der Verdrängung können die Affekte zum Beispiel von Vorstellungen abgekoppelt und auf andere verschoben werden (Gegenbesetzung) – sie sind dann zwar nach wie vor ‚da', aber in einer zu hohen (Affektualisierung) oder zu niedrigen (Trauma) Intensität, werden bis zur Unkenntlichkeit verzerrt (Idealisierung/Entwertung) oder schlicht am falschen Ort erlebt (Projektion). Um zu den zugehörigen Vorstellungen oder ursprünglichen Erlebnissen zu gelangen, muss man den Entstellungsvorgang umgekehrt zurückgehen, den Vorgang der Verteilung ihrer Energiequanta nachvollziehen und so allmählich dem Konflikt auf die Spur kommen, der den Verdrängungsprozess zuallererst notwendig gemacht hatte – erst dann lässt sich auch sagen, wohin sie verschoben, womit sie vertauscht, worin sie verwandelt worden sind.

Auf die Frage, was nun eigentlich „im dynamischen Sinne ein Affekt" ist, antwortet Freud: „Jedenfalls etwas sehr Zusammengesetztes." (Freud 2000 [1916–1917], 382) Ohne den Anspruch, damit eine vollständige Definition seines Wesens zu liefern, benennt Freud vier Momente, aus denen ein Affekt besteht: „motorische Innervationen oder Abfuhren", Wahrnehmungsempfindungen der stattgehabten motorischen Aktionen, Lust- und Unlustempfindungen, die den Grundton des Affekts ausmachen, sowie Niederschlag einer in die menschliche Urgeschichte zurückreichenden Reminiszenz (vgl. ebd., 383).

Die Neukonzeption seiner Angsttheorie, die Freud dann ab ca. 1923 vornimmt, hat auch weitreichende Konsequenzen für seine Theorie der Affekte. In *Das Ich und das Es* (Freud 2000 [1923]) macht er erstmals das Ich als den Ort der Angstempfindung aus. Von außen kommende Gefahren werden, konstatiert er, vom Ich in ähnlicher Weise behandelt wie von innen, aus Es oder Über-Ich auf es kommende. Im Zuge seiner Überlegungen zu den Zusammenhängen zwischen Angst und Verdrängung (Freud 2000 [1933], v. a. 524–525) stellt er dementsprechend fest, dass eine innerpsychisch ausgelöste Affektüberflutung ähnliche Wirkungen auf den psychischen Apparat zeitigen kann wie ein äußeres Trauma, das er noch im Rahmen seiner frühen Hysterie-Theorie als Symptomauslöser angenommen hatte. Dies veranlasst ihn dann, zwischen „automatischer Angst" und ans Ich gebundenem „Angstsignal", „Realangst" und „neurotischer Angst" zu unterscheiden (Freud 2000 [1926]). Die Angst ist in diesem neuen Verständnis nicht mehr nur bloßes Resultat einer nicht bewältigten oder vom Ich abgelehnten Libidoquantität („Abfuhr"), sondern kann auch eine Abwehrfunktion des Ichs sein, als „affektives Symbol" auf das Ich einwirken und so die Zensur als Schutzmechanismus mobilisieren. Der Angstaffekt wird also nicht mehr nur als Repräsentant eines Triebes verstanden; indem Freud ihm eine symbolisierende Funktion zuspricht, fasst er ihn wesentlich komplexer. Eine ähnliche Durchartikulierung wie für die Angst hat er auch für andere Affekte – zum Beispiel für Trauer und Schmerz (ebd., 305–308) – projektiert, aber nicht mehr vorgenommen.

Die weitere Entwicklung in der psychoanalytischen Auffassung der Affekte ließe sich entlang der latenten Widersprüche darstellen, die sich aus dem bei Freud nur skizzierten Verhältnis zwischen Trieb- und Affekttheorie ergeben. Wesentlicher Streitpunkt ist hier die Frage, ob die Konzeption der Affekte als Triebrepräsentanten beibehalten und weiterentwickelt oder nach dem in der zweiten Angsttheorie entwickelten Modell grundlegend modifiziert oder sogar ganz aufgegeben werden muss, um eine eigenständige Affekttheorie zu entwerfen.

Die Aufmerksamkeit richtet sich dabei vor allem auf den entwicklungspsychologischen Aspekt und die Prozesse der Symbolisierung, Affektbewältigung und -regulierung (siehe z. B. Krystal 1977, 2001; Krause 1997, 1998). Eine Theorie intersubjektiver Kommunikation in ihrer non-verbalen Dimension, unter anderem über Affekte, die jeweiligen Weisen ihrer Regulierung, Interpretation und die Bildung der Fähigkeiten dazu, versucht in jüngster Zeit beispielsweise das Konzept der „Mentalisierung" (Fonagy et al. 2002) zu entwickeln.

Im Zuge der Ausdifferenzierung psychoanalytischer Theorie(n) und Praxis sind eine Reihe weiterer Konzeptionen und Modelle entwickelt worden, die in einer je eigenen Sprache, mit ganz eigenen Begriffen und Verfahrensweisen, Aufschluss über Affekte, ihre Entwicklung und Bedeutung im psychischen und ästhetischen Geschehen bieten. Eine der wenigen zentralen Konzeptionen, die schulenübergreifend akzeptiert, breit im Hinblick auf Theorie und Praxis diskutiert und ständig weiterentwickelt und ausgearbeitet wird, ist die von Übertragung und Gegenübertragung. Bevor ein Ausblick auf die weiteren, schulenspezifischen psychoanalytischen Modelle gegeben werden kann, also zunächst ein Blick auf diese zentrale Rahmenkonzeption und ihre Überführung in den Bereich ästhetischer Gegenstände.

7. „Gegenübertragungsanalyse": Übertragung/Gegenübertragung als Modell ästhetischer Erkenntnis

Affekte haben eine direkte kommunikative Funktion, zum Beispiel zeigen sie sich in der Körperhaltung (Zusammenziehen der Schultern bei Angst, aufrechter Gang bei Stolz) oder bilden sich in der Mimik ab (Darwin 1872) und werden so unwillkürlich sichtbar und unmittelbar für andere nachvollziehbar. Sie haben aber auch eine indirektere kommunikative Dimension, zum Beispiel insofern sie auch bei zunächst unverstandenen Inhalten Hinweise auf diese enthalten beziehungsweise eine Bahnung des Verständnisses auf die Vorstellungen hin erlauben, auf denen sie basieren: „[O]ne understands and feels something which in the form of an argument might have remained incomprehensible and inaccessible." (Rose 1980, 204)

Die theoretisch am weitesten ausgearbeitete und praktisch instruktivste Methode, Affekte im analytischen Geschehen in einer umfassenden Weise nicht nur in Rechnung zu ziehen, sondern auch systematisch reflektieren zu können, ist die Gegenübertragungsanalyse. Als literaturwissenschaftlich entfaltetes Verfahren ermöglicht sie es, die während des Lesens entstandenen Reaktionen systematisch auf Ursprung, Wirkung, Sinn und darauf zu befragen, ob sie näheren Aufschluss über die unausgesprochen im Leser verhandelte Geschichte (Vietinghoff-Scheel 1991, 34) zu bringen imstande sind. Mit der unbewussten Dimension in der Beziehung zwischen Text und Leser erlaubt sie es erstmals, auch Widerstand und Abwehr als substantielle Momente ästhetischer Erfahrung in den Blick zu nehmen (vgl. dazu und zum Folgenden Angeloch 2013).

Die Übertragungs-Gegenübertragungs-Konzeption ist von Freud seit etwa 1912 entwickelt worden. Galt in der Anfangszeit der Psychoanalyse noch die Traumdeutung als „Via regia zur Kenntnis des Unbewußten", so wurde dieser Königsweg seit den 1920er Jahren zunehmend in der Analyse der Dynamik von Übertragungs-Gegenübertragungs-Prozessen innerhalb der psychoanalytischen Situation ausgemacht. Markiert wird dieser Paradigmenwechsel von Paula Heimanns bahnbrechendem Vortrag *On countertransference* (Heimann 1996 [1950]) und den daran anschließenden Änderungen in der Auffassung der Gegenübertragung und psychoanalytischen Technik.

Die Theorie der Übertragungs-Gegenübertragungs-Dynamik lässt sich kurz folgendermaßen zusammenfassen: Im Rahmen der analytischen Therapie inszeniert der Analysand seine inneren Konflikte außerhalb seiner, ‚überträgt' sie unwissentlich und unwillkürlich auf den Analytiker und in die analytische Situation. So stellt er unbewusst eine seiner seelischen Problemlage entsprechende Beziehungsszenerie her, in die der Analytiker einbezogen ist. Gerade durch dieses Einbezogensein kann der Analytiker die jeweils situativ modifizierte Wiederholung früherer Gefühle, unbewusster Vorstellungen, Fantasien und Einstellungen des Analysanden *aktuell* beobachten, unter kontinuierlicher Beachtung und Kontrolle seiner eigenen Gefühle und Gedanken die „Szene" (Lorenzer 1970) erspüren, in der er sich mit dem Analysanden befindet, und den Analysanden durch Benennung dieser Szene zur allmählichen Erkenntnis der seinen Symptomen zugrunde liegenden unbewussten Konflikte begleiten. Gegenübertragung meint die Gesamtheit aller emotionalen Reaktionen des Analytikers: Sowohl die vom Analysanden induzierten Anteile als auch mögliche Übertragungsdispositionen des Analytikers.

Seit den 1970er Jahren wird diese Konzeption – unter Aufnahme zentraler Theoreme der Rezeptionsästhetik nach Iser und Jauß – in den Bereich der Interpretation literarischer Texte überführt und zunehmend auch für andere ästhetische Gebiete (Film, bildende Kunst, Musik) fruchtbar gemacht.

Obwohl zunächst nichts weiter als eine Ansammlung von Zeichen auf Papier, ist ein literarischer Text keine fixe, für alle Zeiten fertige Struktur, sondern muss als das Ergebnis dynamischer Vorgänge verstanden werden, als ein Prozess, in dem ein Moment das andere anstößt (Iser 1994 [1976]). Jeder Text – so die Grundannahme der literaturwissenschaftlich entfalteten Gegenübertragungsanalyse – bringt seinen Leser in eine dynamische „Beziehungsszenerie", da im Text eine Wirkungsstrategie angelegt ist, die auf eine Übertragungsszene zielt. Das Werk appelliert auf bewusster, vor- und unbewusster Ebene an den Leser, schafft eine Beziehungsszenerie und ist insofern „Ausdruck von Übertragungen wie Auslöser von Gegenübertragungen. Elemente der literarischen Form nun vermitteln und steuern die kommunikativen Akte" (Gesing 1990, 45). Literaturwissenschaftlich entfaltete Gegenübertragungsanalyse versteht die Gesamtheit aller während der Beschäftigung mit dem Text aufkommenden Gefühle, Gedanken, Vorstellungen, Bilder, Körperwahrnehmungen dementsprechend als Reaktion auf den Text, die aus dem Verstricktsein mit ihm resultiert, als latent mit dem Text verbunden, und damit – heuristisch – als Teil des Textausdrucks.

Anders als die traditionelle psychoanalytische Literaturinterpretation meinte, gibt es „nur einen Weg, Zugang zum *unbewußten* Gehalt von Literatur und literarischer Form zu finden: den Weg über das eigene Unbewußte" (Wellendorf 1990, 124). Um den unbewussten Gehalt von Literatur und die Strategien, mittels der das Text-Unbewusste seine Szenen im Leser-Unbewussten induziert, zu erschließen, versucht eine gegenübertragungsanalytisch verfahrende Lektüre, den Text *und* die Gefühle des Lesers, die beim Lesen entstehen, beim Wort zu nehmen. Der Leser orientiert sich an seinen Gefühlen gegenüber dem Text, indem er sie artikuliert und so das ausspricht, was der Text nur andeutet, unausgesprochen verhandelt. Die auf diesem Wege objektivierten Vorstellungen und Fantasien sind der Leitfaden, an dem entlang der Deutungsprozess sich als Spiel zwischen dem Text und seinem Leser entfalten kann. Um der Gefahr zu entgehen, seine Subjektivität mitsamt aller unerkannten „Rezeptionswiderstände" (Schneider 1982) über den Gegenstand zu legen, sollte der Interpret versuchen, sich der Interpretation zunächst zu enthalten, das heißt von unreflektierten Identifizierungen mit dem Text, seinen Figuren, Motiven, Beziehungsangeboten etc. Abstand zu nehmen und Projektionen so gut es geht zu vermeiden. Ziel ist es, sich dem in den Text eingeschriebenen gestischen Verhalten vom kontrollierten Verstehen des aktuellen Erlebens her anzunähern. So kann „die verzerrende Wirkung unbewußter Phantasien" verringert, „ja mehr noch, [können] diese Phantasien als Instrumente zu deutlicherer Erkenntnis" eingesetzt werden (Pietzcker 1992, 12, 35; dort auch ausführliche Beschreibungen der Methode). Auf die kürzestmögliche Formel gebracht, ließe sich der gegenübertragungsanalytische Prozess so beschreiben: „Der Weg vom ‚szenischen Zusammenspiel' über das ‚Bildverstehen' zum ‚Benennen der Szene' ist die Zentralachse der psychoanalytischen Technik." (Lorenzer 1983, 11)

8. „Transformationen": Weitere psychoanalytische Modelle (Klein, Lacan, Bion, Winnicott)

Eine Gemeinsamkeit von Kunst und Psychoanalyse kann darin gesehen werden, dass hier wie dort „innere Bilder, Vorstellungen und Affekte freigesetzt, transformiert, und wieder neu gebunden" werden (Reiche 2011, 62). Diese „Transformationen" werden in den verschiedenen psychoanalytischen Schulen allerdings ganz unterschiedlich aufgefasst und je schulenspezifisch beschrieben. Reimut Reiche hat die verschiedenen Modi, Fokussierungen und Terminologien, mit denen diese Transformationen gefasst werden, mithilfe von „Transformationsformeln" (vgl. dazu und zum Folgenden ebd., 62–72) charakterisiert, die eine Orientierung in der Heterogenität von Psychoanalyse und psychoanalytischer Ästhetik bieten und damit auch die Möglichkeit eröffnen, die spezifischen Konzeptualisierungen im Ausgang von den jeweiligen Grundgedanken fortzuentwickeln.

Melanie Kleins Abkehr von der klassischen Psychoanalyse ab den 1930er Jahren nahm ihren Ausgang von einer Neukonzeption des „Objekts" und einem neuen Verständnis der Beziehung zwischen Ich und (äußeren und inneren) Objekten: In den ersten sechs Lebensmonaten – in der „paranoid-schizoiden Position" – erlebt das Kind die Mutter, Klein zufolge, als „gutes" oder „böses" Objekt, das geliebt und dann wieder gehasst, das heißt, in der Fantasie „zerstört" wird. Mit dem Eintritt in die „depressive Position" erfährt das Kind die Mutter dann zunehmend als ein Ganzes, das gute und böse Seiten aufweist und getrennt von ihm existiert. Die Erfahrung der „Zerstörung" des (Primär-)Objekts und der von Trauer und Schuldgefühlen motivierte Versuch seiner Wiederherstellung macht in diesem Paradigma den unbewussten Kern einer jeden – menschlichen, psychischen, ästhetischen – Entwicklung aus. Sowohl Produktion (Schöpfung eines Ganzen, einer eigenen Welt) als auch Rezeption (Nach-Vollzug einer Schöpfung und Anregung zur Bewältigung eigener Konflikte) eines Kunstwerkes lassen sich aus der Perspektive eines Versuchs der Wiederherstellung zerstörter Objekte betrachten. Hanna Segal (1996 [1991]) zufolge ist eines der wichtigsten Ziele des Künstlers die (Wieder-)Schaffung einer eigenen Welt aus fragmentierten inneren Anteilen, die von ehemals guten Objekten zu Verfolgern geworden sind;

zum Erreichen dieses Ziels braucht er einen außergewöhnlich entwickelten Sinn sowohl für seine eigene psychische Realität als auch für die seines Mediums.

Lacan unternimmt ab den 1950er Jahren eine vollständige, polemisch ausgerichtete Umformulierung der Psychoanalyse auf der Grundlage (neo-)strukturalistischer Konzepte. Zentral ist hier die Annahme eines Nexus' zwischen Unbewusstem und Sprache beziehungsweise einer „Struktur". Das Unbewusste entsteht nach Lacan durch die Unterwerfung des Subjekts unter die Sprache, die dem in sie eintretenden Menschen als „Ort des Anderen" (Gesetz des Vaters, Versagung etc.) schon immer vorgegeben sei. An die Stelle von Freuds erster und zweiter Instanzenlehre setzt Lacan das „Reale" (über das sich, wie bei Kant über das „Ding an sich", nichts aussagen lässt), das „Imaginäre" (Reich der Bilder und Fantasien; ersetzt z. T. Freuds Begriff des Narzissmus) und das „Symbolische" (unendliche Kette von Signifikanten, deren Beziehung zu den Signifikaten, auch wenn dies vom Menschen in den verschiedensten Weisen geleugnet wird, stets nur arbiträr ist). Seit dem Eintritt in die symbolische Ordnung der Sprache ist das Subjekt auf der Suche nach dem „Realen". Weil alle „realen" Objekte (z. B. die symbiotische Einheit mit der Mutter) immer schon verlorengegangen sind, kommt diese Suche niemals zu einem Ende; doch das Subjekt wird von seinem „Begehren" immer weiter getrieben, diesen fundamentalen Mangel mit Gedanken, Vorstellungen, Handlungen – imaginär – zu stillen. Wesentlich dieser Mangel ist es, der in der Kunst eine Gestaltung erfährt. Ihre Schönheit mäßigt das ‚Begehren' oder löscht es durch Untersagung aus. An Lacans „Symbolisches" anschließend und es zugleich kritisierend, hat Kristeva (1995 [1974]) das sich in der poetischen Sprache zeigende „Semiotische" untersucht, das als ein prä- und nonverbales Zeichenhaftes den Grund des „Symbolischen" ausmacht und sich beispielsweise als Klang, Rhythmus, Gestik, Gefühl äußert. Lacans Theorie hat, ihrer Herkunft entsprechend, äußerst starken Widerhall in der Literaturwissenschaft gefunden. Ihr Einfluss auf die klinische Praxis blieb hingegen begrenzt.

Weite Verbreitung in Theorie und Praxis der internationalen Psychoanalyse hat das von Wilfred R. Bion Anfang der 1960er Jahre ausgearbeitete Konzept des *Containments* gefunden: Ausgehend vom kleinianischen Paradigma der Zerstörung und Wiederherstellung des Objekts und auf Kleins Begriff der „projektiven Identifizierung" basierend, beschreibt es einen aktiven mentalen Vorgang, eine ‚Transformation' von nicht integrierten, erst vage von Körperwahrnehmungen geschiedenen Rohdaten der emotionalen Erfahrung („Beta-Elemente") mittels Projektion in einen „Behälter" (Bion 1992, 146), wo sie in protomentale Objekte umgewandelt werden, die die Bausteine des Träumens, der unbewussten Fantasien und des Denkens bilden („Alpha-Elemente"). Die entwicklungspsychologische Voraussetzung dieser Fähigkeit zu „Transformation" und Symbolisierung liegt in einer – später internalisierten – Aktivität der Mutter („Alpha-Funktion"), deren Produkt die Herausbildung von Sinn und Bedeutung ist. Das Denken lässt sich so als ein fortwährender Prozess der Bearbeitung („Verdauung", Bion 1992, 53) emotionaler Erfahrungen verstehen, die der Traumbildung und jeder kreativen Tätigkeit zugrunde liegen.

Theoretisch verwandt und ebenfalls weit verbreitet sind Donald W. Winnicotts Konzepte des „Holdings", des „Übergangsraums" und der „Übergangsobjekte" (Winnicott 1979, bes. 10–36 und 128–135). Winnicott geht mit ihnen der Frage nach, unter welchen äußeren und innerpsychischen Bedingungen der Entwicklungsschritt von der Objektbeziehung zur kreativen Objektverwendung möglich wird (ebd., 101–110). „Übergangsobjekte" sind, kurz gesagt, Dinge, die Brücken von der inneren in die äußere Welt schaffen. Unter Zuhilfenahme dieser Objekte (z. B. Kuscheldecke, Spielzeug, mütterliche Stimme) kann der Säugling sich als getrennt von der primären Bezugsperson erleben, ohne dass er dabei überwältigende Trennungs- und Vernichtungsängste ausstehen muss – während das Übergangsobjekt die haltende emotionale Verbindung zum nährenden Primärobjekt aufrechterhält, kann er in kleinen Schritten die Differenzierung zwischen Subjekt und Objekt einüben und sich so spielerisch der Realität annähern. Übergangsobjekte sind damit auch als psychogenetische Vorformen des ästhetischen Objekts anzusehen: Auch das Kunstwerk spannt einen Übergangsraum zwischen innen und außen, Fantasie und Realität auf, in dessen Rahmen die künstlerischen Inszenierungen von Realität mit der eigenen Lebenspraxis verglichen und durchgespielt werden können, ohne dass dabei die psychische Schwerstarbeit der Weiterentwicklung durch Integration realer Enttäuschungen und Entbehrungen geleistet werden muss.

9. „Affektschicksale": Ausblick

Wie Bions „Container/contained"-Konzeption entstammen auch Winnicotts Überlegungen einer äußerst komplexen Theorie psychischer Entwicklung und der darin wirksamen Mechanismen und Funktionen. Ihr Sinn und ihre Vielschichtigkeit werden erst vor dem Hintergrund dieser gesamten Theorien wirklich erfassbar. Seit einiger Zeit kommen diese Konzepte immer häufiger auch in psychoanalytischen Arbeiten zur Kunst zur Anwendung – zu Recht. Diese Anwendungen aber bleiben wiederum fast durchweg im Stichworthaften, Anekdotischen; eine wirkliche Ausformulierung dieser (wie so vieler anderer) auf dem klinischen Feld entwickelten Konzeptionen für das Gebiet ästhetischer Gegenstände steht aus. Sie ist umso wünschenswerter, als der dabei zu erwartende Erkenntnisgewinn kaum hoch genug zu veranschlagen ist.

Wie – vermittels welcher psychischer Prozesse und künstlerischen Strategien – schreiben sich Affekte in das literarische Kunstwerk ein? Von welcher Beschaffenheit muss der ‚Text-Behälter' oder ‚Text-Übergangsraum' sein, um all die verschiedenen und widersprüchlichen Affekte „halten", rezeptionsbereit in sich aufbewahren und für die ästhetische Erfahrung bereitstellen zu können? Wie werden Affekte induziert, und welche Momente literarischer Form evozieren wie welche Affektzustände im Leser? Welche Leistung(en) muss der Rezipient erbringen (können), um die vermittels des Textes in ihm induzierten Affektbeträge zu regulieren? Welche Elemente literarischer Form helfen ihm dabei, und wie? Wie und an welchen Textstellen oder -passagen ge- oder misslingt diese Regulierung, und warum? Gibt es einen – manifesten oder latenten – Zusammenhang mit den explizit im Text zur Darstellung kommenden oder lediglich durch ihn evozierten Vorstellungsinhalten?

Dies sind nur einige der Fragen, die trotz des aktuell zu beobachtenden psychologischen, neurologischen, geisteswissenschaftlichen Interesses an Emotionen im Umgang mit literarischen Texten bisher weitgehend unbeantwortet bleiben. Dabei fehlt es sowohl an durchgeführten Detailanalysen als auch einer allgemeinen (Affekt-)Ästhetik, die ein tieferes Verständnis der Gefühlsgehalte sowie ihrer Vermittlungswege und -weisen vom Produzenten über das Kunstwerk bis zu seinem Rezipienten und deren jeweiligen historischen und gesellschaftlichen Kontexten eröffneten.

Die skizzierten Konzeptionen aus der psychoanalytischen Theorie und Praxis enthalten nicht nur vielfältige Anregungen zur näheren Betrachtung jener ungelösten Probleme – zusammen mit den bisherigen Ansätzen psychoanalytischer Ästhetik, die noch immer der Aktualisierung, Weiterführung und Ausformulierung harren, bieten sie auch potente Modelle, um sie überhaupt erst in den Blick geraten zu lassen.

Literaturverzeichnis

Andreas-Salomé, Lou. *In der Schule bei Freud. Tagebuch eines Jahres* [1912/1913]. Hrsg. von Ernst Pfeiffer. München: Ullstein, 1965.

Angeloch, Dominic. „Die Beziehung zwischen Text und Leser. Methodik und Problematik gegenübertragungsanalytischen Lesens". *Psyche. Zeitschrift für Psychoanalyse und ihre Anwendungen* 67.6 (2013): 526–556.

Angeloch, Dominic. *Die Beziehung zwischen Text und Leser. Grundlagen und Methodik psychoanalytischen Lesens. Mit einer Lektüre von Flauberts ‚Éducation sentimentale'*. Gießen: Psychosozial-Verlag, 2014.

Bion, Wilfred R. *Lernen durch Erfahrung*. Frankfurt am Main: Suhrkamp, 1992.

Bush, Marshall. „Das Formproblem in der psychoanalytischen Kunsttheorie". *Psychoanalyse, Kunst und Kreativität heute. Die Entwicklung der Kunstpsychologie seit Freud.* Hrsg. von Hartmut Kraft. Berlin: Medizinisch Wissenschaftliche Verlagsgesellschaft, 2008. 147–179.

Darwin, Charles. *The Expression of the Emotions in Man and Animals.* London: John Murray, 1872.

Eissler, Kurt R. *Discourse on Hamlet and Hamlet. A Psychoanalytic Inquiry.* New York, NY: International Universities Press, 1971.

Fischer, Gottfried. *Von den Dichtern lernen... – Kunstpsychologie und dialektische Psychoanalyse.* Würzburg: Königshausen & Neumann, 2005.

Fonagy, Peter, György Gergely, Elliot L. Jurist und Mary Target. *Affektregulierung, Mentalisierung und die Entwicklung des Selbst.* Stuttgart: Klett-Cotta, 2002.

Freud, Sigmund. „Die Abwehr-Neuropsychosen" [1894]. *Gesammelte Werke.* Bd. 1. Hrsg. von Anna Freud, Marie Bonaparte, Ernst Bibring und Willy Hoffer. Frankfurt am Main: Fischer, 1980. 57–74.

Freud, Sigmund. „Studien über Hysterie" [1895]. *Gesammelte Werke.* Bd. 1. Hrsg. von Anna Freud, Marie Bonaparte, Ernst Bibring und Willy Hoffer. Frankfurt am Main: Fischer, 1980. 75–312.

Freud, Sigmund. „Die Traumdeutung" [1900]. *Studienausgabe.* Bd. 2. Hrsg. von Alexander Mitscherlich, Angela Richards und James Strachey. Frankfurt am Main: Fischer, 2000.

Freud, Sigmund. „Der Witz und seine Beziehung zum Unbewußten" [1905]. *Studienausgabe.* Bd. 4. Hrsg. von Alexander Mitscherlich, Angela Richards und James Strachey. Frankfurt am Main: Fischer, 2000. 9–220.

Freud, Sigmund. „Der Dichter und das Phantasieren" [1908]. *Studienausgabe.* Bd. 10. Hrsg. von Alexander Mitscherlich, Angela Richards und James Strachey. Frankfurt am Main: Fischer, 2000. 169–181.

Freud, Sigmund. „Zur Dynamik der Übertragung" [1912]. *Studienausgabe.* Ergänzungsband: *Schriften zur Behandlungstechnik.* Hrsg. von Alexander Mitscherlich, Angela Richards und James Strachey. Frankfurt am Main: Fischer, 2000. 157–169.

Freud, Sigmund. „Totem und Tabu. Einige Übereinstimmungen im Seelenleben der Wilden und der Neurotiker" [1912–1913]. *Studienausgabe.* Bd. 9. Hrsg. von Alexander Mitscherlich, Angela Richards und James Strachey. Frankfurt am Main: Fischer, 2000. 287–454.

Freud, Sigmund. „Das Unbewußte" [1915a]. *Studienausgabe.* Bd. 3. Hrsg. v. A. Mitscherlich, A. Richards und J. Strachey. Frankfurt am Main: Fischer, 2000. 119–174.

Freud, Sigmund. „Die Verdrängung" [1915b]. *Gesammelte Werke.* Bd. 10. Hrsg. von Alexander Mitscherlich, Angela Richards und James Strachey. Frankfurt am Main: Fischer, 1980. 247–261.

Freud, Sigmund. „Triebe und Triebschicksale" [1915c]. *Studienausgabe.* Bd. 3. Hrsg. von Alexander Mitscherlich, Angela Richards und James Strachey. Frankfurt am Main: Fischer, 2000. 75–102.

Freud, Sigmund. „Vorlesungen zur Einführung in die Psychoanalyse" [1916–1917]. *Studienausgabe.* Bd. 1. Hrsg. von Alexander Mitscherlich, Angela Richards und James Strachey. Frankfurt am Main: Fischer, 2000. 1–445.

Freud, Sigmund. „Das Ich und das Es" [1923]. *Studienausgabe.* Bd. 3. Hrsg. von Alexander Mitscherlich, Angela Richards und James Strachey. Frankfurt am Main: Fischer, 2000. 273–330.

Freud, Sigmund. „Der Realitätsverlust bei Neurose und Psychose" [1924]. *Studienausgabe.* Bd. 3. Hrsg. von Alexander Mitscherlich, Angela Richards und James Strachey. Frankfurt am Main: Fischer, 2000. 355–362.

Freud, Sigmund. „Hemmung, Symptom und Angst" [1926]. *Studienausgabe.* Bd. 3. Hrsg. von Alexander Mitscherlich, Angela Richards und James Strachey. Frankfurt am Main: Fischer, 2000. 227–310.

Freud, Sigmund. „Neue Folge der Vorlesungen zur Einführung in die Psychoanalyse" [1933]. *Studienausgabe.* Bd. 1. Hrsg. von Alexander Mitscherlich, Angela Richards und James Strachey. Frankfurt am Main: Fischer, 2000. 445–608.

Freud, Sigmund. „Die psychoanalytische Technik" [1940]. *Studienausgabe Ergänzungsband: Schriften zur Behandlungstechnik.* Hrsg. von Alexander Mitscherlich, Angela Richards und James Strachey. Frankfurt am Main: Fischer, 2000. 407–425.

Gesing, Fritz. „Annäherungen an eine psychoanalytische Theorie der literarischen Form". *Freiburger literaturpsychologische Gespräche.* Bd. 9: *Die Psychoanalyse der literarischen Form(en).* Hrsg. von Johannes Cremerius. Würzburg: Königshausen & Neumann, 1990. 33–63.

Goeppert, Sebastian. „*Über einige Schwierigkeiten der psychoanalytischen Kunst- und Literaturkritik*". *Perspektiven psychoanalytischer Literaturkritik.* Hrsg. von Sebastian Goeppert. Freiburg im Breisgau: Rombach, 1978. 42–53.

Heimann, Paula. „*Über die Gegenübertragung*" [1950]. *Forum der Psychoanalyse* 12 (1996): 179–184.

Holland, Norman N. *The Dynamics of Literary Response.* New York, NY: Oxford University Press, 1968.

Iser, Wolfgang. *Der Akt des Lesens. Theorie ästhetischer Wirkung.* München: UTB, 1994 [1976].

Koppenfels, Martin von. *Immune Erzähler. Flaubert und die Affektpolitik des modernen Romans.* München: Fink, 2007.

Krause, Rainer. *Allgemeine Psychoanalytische Krankheitslehre.* 2 Bde. Bd. 1: *Grundlagen.* Bd. 2: *Modelle.* Stuttgart: Kohlhammer, 1997, 1998.

Kris, Ernst. „Probleme der Ästhetik". *Psychoanalytische Literaturkritik. Ein Reader mit kommentierender Einleitung.* Hrsg. von Reinhold Wolff. München: Fink, 1975. 176–210.

Kris, Ernst. *Psychoanalytic Explorations in Art.* Madison, CT: International Universities Press, 2000.

Kristeva, Julia. *Die Revolution der poetischen Sprache.* Übers. von Reinold Werner. Frankfurt am Main: Suhrkamp, 1995 [1974].

Krystal, Henry. „Aspects of Affect Theory". *Bulletin of the Menninger Clinic* 41 (1977): 1–26.

Krystal, Henry. „Trauma und Affekte. Posttraumatische Folgeerscheinungen und ihre Konsequenzen für die psychoanalytische Technik". *Die Gegenwart der Psychoanalyse – die Psychoanalyse der Gegenwart.* Hrsg. von Werner Bohleber und Sibylle Drews. Stuttgart: Klett-Cotta, 2001. 197–207.

Lorenzer, Alfred. *Sprachzerstörung und Rekonstruktion. Vorarbeiten zu einer Metatheorie der Psychoanalyse.* Frankfurt am Main: Suhrkamp, 1970.

Lorenzer, Alfred. „Sprache, Lebenspraxis und szenisches Verstehen in der psychoanalytischen Therapie". *Psyche. Zeitschrift für Psychoanalyse und ihre Anwendungen* 37.2 (1983): 97–115.

Matt, Peter von. *Literaturwissenschaft und Psychoanalyse.* Stuttgart: Reclam, 2001 [1972].

Noy, Pinchas. „Die formale Gestaltung in der Kunst: Ein ich-psychologischer Ansatz kreativen Gestaltens". In: *Psychoanalyse, Kunst und Kreativität heute. Die Entwicklung* der Kunstpsychologie seit Freud. Hrsg. von Hartmut Kraft. Berlin: Medizinisch Wissenschaftliche Verlagsgesellschaft, 2008. 180–205.

Pietzcker, Carl. „Zum Verhältnis von Traum und literarischem Kunstwerk". *Psychoanalytische Textinterpretation*. Hrsg. von Johannes Cremerius. Hamburg: Hoffmann und Campe, 1974. 57–68.

Pietzcker, Carl. *Einführung in die Psychoanalyse des literarischen Kunstwerks am Beispiel von Jean Pauls Rede des toten Christus*. Würzburg: Königshausen & Neumann, 1983.

Pietzcker, Carl. „Ich kommandiere mein Herz." *Brechts Herzneurose – ein Schlüssel zu seinem Leben und Schreiben*. Würzburg: Königshausen & Neumann, 1988.

Pietzcker, Carl. *Lesend interpretieren. Zur psychoanalytischen Deutung literarischer Texte*. Würzburg: Königshausen & Neumann, 1992.

Rank, Otto, und Hanns Sachs. *Die Bedeutung der Psychoanalyse für die Geisteswissenschaften*. Wiesbaden: Bergmann, 1913.

Rank, Otto, und Hanns Sachs. „Ästhetik und Künstler-Psychologie". *Psychoanalytische Literaturkritik*. Hrsg. von Reinhold Wolff. München: Fink, 1975. 142–153.

Reiche, Reimut. *Mutterseelenallein # 2. Das Tabu der Schönheit in Kunst und Psychoanalyse*. Frankfurt am Main und Basel: Stroemfeld, 2011.

Reik, Theodor. „Künstlerisches Schaffen und Witzarbeit". *Psychoanalytische Literaturinterpretation*. Hrsg. von Jens Malte Fischer. München: dtv/Max Niemeyer, 1980. 188–221.

Rohse, Heide. *Unsichtbare Tränen. Effi Briest – Oblomow – Anton Reiser – Passion Christi. Psychoanalytische Literaturinterpretationen zu Theodor Fontane, Iwan A. Gontscharow, Karl Philipp Moritz und Neuem Testament*. Würzburg: Königshausen & Neumann, 2000.

Rose, Gilbert J. *The Power of Form. A Psychoanalytic Approach to Aesthetic Form*. New York, NY: International Universities Press, 1980.

Sachs, Hanns. *Gemeinsame Tagträume*. Leipzig, Wien und Zürich: Internationaler Psychoanalytischer Verlag, 1924.

Schneider, Peter. „Illusion und Grundstörung. Psychoanalytische Überlegungen zum Lesen". *Psyche. Zeitschrift für Psychoanalyse und ihre Anwendungen* 36.4 (1982): 330–357.

Schönau, Walter, und Joachim Pfeiffer. *Einführung in die psychoanalytische Literaturwissenschaft*. Stuttgart und Weimar: Metzler, 2003.

Segal, Hanna. *Traum, Phantasie und Kunst. Über die Bedingungen menschlicher Kreativität*. Stuttgart: Klett-Cotta, 1996 [1991].

Vietinghoff-Scheel, Alfrun von. *Es gibt für Schnee keine Bleibe. Trauma-analoge Literaturdeutungstheorie als Beziehungsanalyse von Text und Leser am Beispiel von Franz Kafkas ‚Schloß'*. Frankfurt am Main: Suhrkamp, 1991.

Wellendorf, Franz. *Einige Gedanken zur Psychoanalyse der literarischen Form. Freiburger literaturpsychologische Gespräche. Bd. 9: Die Psychoanalyse der literarischen Form(en)*. Hrsg. von Johannes Cremerius. Würzburg: Königshausen & Neumann, 1990. 124–134.

Winnicott, Donald W. *Vom Spiel zur Kreativität*. Stuttgart: Klett-Cotta, 1979.

Wolff, Reinhold. „Baudelaires ‚Chant d'Automne'. Überprüfungsprobleme des traumdeutend-psychoanalytischen Verfahrens". In: *Psychoanalytische und psychopathologische Literaturinterpretation*. Hrsg. von Bernd Urban und Winfried Kudszus. Darmstadt: Wissenschaftliche Buchgesellschaft, 1981. 47–72.

2.5 Kulturelle Codierungen. Soziologie, Ethnologie, Kultursemiotik
Schamma Schahadat

1. Natur oder Kultur? Die Erforschung der Emotionen in den Natur- und in den Geisteswissenschaften

Die Soziologie geht spätestens seit Norbert Elias davon aus, dass Emotionen einem Zivilisationsprozess unterworfen sind und im Laufe der Jahrhunderte zunehmend kontrollierter wurden. In der Ethnologie wurde bei den verschiedenen Völkern ein unterschiedlicher Umgang mit Gefühlen beobachtet, was in den 1970er Jahren einen sozialkonstruktivistischen Zugang zu Emotionen begründete. Und die Literaturwissenschaft, die für literarische Emotionen seit jeher auf das Affektrepertoire der Rhetorik zurückgreift, befasst sich ohnehin nicht mit natürlichen, sondern immer bereits codierten Gefühlen.

Sind Gefühle also immer schon (kulturell) codiert? In den Neurowissenschaften sieht die Emotionsforschung ganz anders aus als in den Geistes- und Sozialwissenschaften; wenn sich zum Beispiel die Angst im Gehirn verorten lässt, dann erscheinen Gefühle als anthropologische Konstante. *Nature or nurture,* das ist die große Frage, an der sich die Erforschung der Gefühle abarbeitet: Sind Emotionen angeboren oder sind sie sozial konstruiert? Zwei einander diametral entgegengesetzte Positionen stehen sich in der Emotionsforschung gegenüber; entweder wird ein universeller Charakter von Emotionen postuliert oder aber ein historischer und kultureller (siehe dazu ausführlich z. B. Plamper 2012). Einen universalistischen Ansatz vertritt prominent Paul Ekman, der ursprünglich sechs Basisemotionen (*distinctive universal signals*) unterscheidet: Fröhlichkeit, Wut, Ekel, Furcht, Traurigkeit und Überraschung. Diese Basisemotionen verbindet Ekman mit bestimmten Gesichtsausdrücken (Ekman 1999; siehe dazu auch Plamper 2012, 177–193). Ekman selbst bezog sich auf Erkenntnisse von Silvan Tomkins, der Emotionen auf ein ‚Affektsystem' („*affect system*", Tomkins2008, 137) zurückführte, das wiederum von einer „*drive affect interaction*" ausging (ebd.). „Äußere Reize lösen laut Tomkins in den stammesgeschichtlich ältesten Arealen des Gehirns Reaktionen aus, die wiederum automatisch ein bestimmtes Verhalten und eine bestimmte Körperbewegung in Gang setzen", fasst Jan Plamper Tomkins zusammen. „Emotionen werden so zu Reiz-Reaktions-Schemata, in denen wir Menschen auf Reize reagieren, was für uns heute womöglich keine Überlebensvorteile mehr mit sich bringt, unseren Stammesvorfahren aber einen Vorsprung im Überlebenskampf sicherte." (Plamper 2012, 180–181)

Die Neurowissenschaften, die eine Hirnemotionsforschung betreiben, sind die Erben dieser universalistischen Ansätze. Dazu gehören Joseph Le Doux und Antonio Damasio, zwei „popularisierende Bestsellerautor[en]" (ebd., 253), deren neurowissenschaftliche Untersuchungen weit über das Fachpublikum hinaus rezipiert wurden. Le Doux hat die Theorie von den ‚zwei Pfaden der Angst' (*„dual-pathway model of fear"*) entwickelt. Sieht ein Mensch ein gefährliches Objekt, geht die Information zunächst zum Thalamus, um dann unterschiedliche Wege einzuschlagen: einmal innerhalb von Tausendsteln von Sekunden vom Thalamus zur Amygdala, jenem Teil des Gehirns, der für Emotionen zuständig ist, sodass man sofort reagieren kann (Le Doux nennt diese Reaktion „*low road*"). Der andere Weg geht (langsamer) vom Thalamus zur Großhirnrinde (Kortex), die kognitiv auf einen gefährlichen Reiz reagiert („*high road*",Le Doux 1996; Plamper 2012, 251–252). Dadurch kann der Mensch schnell auf Gefahren reagieren, ohne erst nachzudenken zu müssen. Damasio hat Patienten untersucht, bei denen ein Gehirnbereich verletzt ist, und ist zu dem Schluss gekommen, dass Gefühle sich auf neuronaler Ebene beobachten lassen, wie er in seinem Buch mit dem ambitionierten Titel *Descartes' Error* von 1994 gezeigt hat (Engelen 2007, 37–39; eine Polemik gegen Damasio aus rhetorischer und politischer Perspektive führt Gross 2006, 38–39).

Diese Namen verweisen nur auf einige wenige Ansätze universalistischer Emotionstheorien. Den Gegenpol bilden die kulturalistischen oder sozialkonstruktivistischen Theorien, die in der Soziologie, der Ethnologie und in der Geschichtswissenschaft entwickelt wurden. Diese betonen den Kontext, in dem bestimmte Emotionen ebenso wie die Rede über Emotionen entstehen und Dominanz erlangen. Emotionen erscheinen so partikular, divergent und kontingent (Wulf et al. 2011, 1; Plamper 2012, 86). Dabei ist die Differenz zwischen kulturalistischen und universalistischen Theorien je unterschiedlich gewichtet; so ging der Ethnologe Robert Levy, der in den 1960er Jahren die Tahitianer erforschte, von universellen Gefühlen aus, die in unterschiedlichen kulturellen Kollektiven eine jeweils unterschiedliche Wertigkeit erlangten (Plamper 2012, 113). Für Gefühle, die für eine Gesellschaft kulturell bedeutsam sind (im Falle der Tahitianer z. B. Wut), gibt es Verhaltensmuster und ein Beschreibungsvokabular (diese Gefühle nennt Levy „*hypercognated*"), für andere Gefühle (z. B. Sehnsucht, ein Gefühl, das irrelevant für die Tahitianer ist und das Levy als „*hypocognated*" bezeichnet) fehlen sowohl Verhaltensmuster als auch Begriffe (Levy 1973, 285, 323–325).

Die neuesten Emotionstheorien versuchen, ein Gleichgewicht zwischen neurowissenschaftlichen Erkenntnissen (‚Natur') und kulturellen Besonderheiten herzustellen und zugleich ein Gesamtbild der Interaktion zwischen *ratio* und *emotio* zu erfassen. So zum Beispiel der Historiker William Reddy mit *The Navigation of Feelings* (Reddy 2001), der verschiedene ‚Theoriebausteine' vorschlägt, die eine Brücke schlagen zwischen der Kognitionspsychologie und der Emotionsethnologie, unter anderem *emotive, emotional navigation, emotional regime* (siehe hierzu Plamper 2013, 304–313). Diese Begriffe sollen Emotionen „frei vom Verdacht ethnozentrischer Implikationen" („as free as we can possibly make them of suspect ethnocentric implications", Reddy 2001, 119) beschreiben. Die Kulturwissenschaftlerin Monique Scheer wiederum betrachtet Körper, Emotionen, Kultur und Geschichte als ganzheitliches Konstrukt (Scheer 2012; dazu auch Plamper 2012, 313–319). Scheer verbindet Emotionen mit Bourdieus Theorie der sozialen Praktiken und des Habitus' und spricht, davon ausgehend, von „emotionalen Praktiken" („emotional practices", Scheer 2012). Diese, so Scheer, sind jedoch keineswegs nur bewusste Handlungen (etwas, das wir tun, nicht nur haben), sondern sie sind zudem an den Körper und an die Gesellschaft gebunden: Das individuelle Bewusstsein, der Körper und die Gesellschaft machen die emotionalen Praktiken aus (ebd., 194).

Im Folgenden werde ich verschiedene kulturwissenschaftliche Ansätze nachzeichnen und dabei auf soziologische (Abschnitt 2) und ethnologische (Abschnitt 3) Beiträge zur Emotionsforschung eingehen, die die Theorie von der kulturellen Bedingtheit auf jeweils unterschiedliche Weise entwickelt haben. Auf dieser Grundlage werden in Abschnitt 4 semiotisch beziehungsweise diskursiv begründete Ansätze der Emotionsforschung aus der Literaturwissenschaft vorgestellt.

2. Kulturelle Codierungen I: Soziologie (Norbert Elias, Niklas Luhmann, Eva Illouz, Arlie Russel Hochschild)

Die Mittelalterhistorikerin Barbara Rosenwein bezeichnet Norbert Elias' *Über den Prozess der Zivilisation* als eine Art *master narrative* der Emotionsforschung (Rosenwein 2002, 827). Elias' Buch, das 1939 erschien, wurde zunächst kaum zur Kenntnis genommen und entfaltete erst nach seiner Neuauflage 1968 und durch die Übersetzung ins Englische (als *The Civilizing Process*) in den späten 1960er und 1970er Jahren eine ungeheure Wirkung. Ausgehend von seinem Ziel, langfristige „gesellschaftliche Strukturwandlungen" (Elias 1979 [1939], 10) zu untersuchen, konzentriert Elias sich auf die zunehmende „Straffung und Differenzierung von Kontrollen" (ebd., 11) in Bezug auf Affekte. Zivilisation, so Elias, hat sich als eine „Festigung und Differenzierung der Affektkontrollen" (ebd., 12) herausgebildet, was langfristig zur „Differenzierung und Integrierung" sozialer Gruppen und schließlich zur „Festigung der ‚Staatskontrollen'" (ebd., 11) führte.

Triebverzicht und Affektkontrolle bindet Elias in einen Zivilisierungsprozess ein, der mit und an den Emotionen arbeitet: Emotionen, wie Angst oder Scham, werden erzeugt, um eine „Zurückdrängung [von] Lustäußerungen" (ebd., 273) zu erzwingen. Die „gute Form", die „Mäßigung der individuellen Affekte durch die Vernunft" (ebd., 106) findet sich für Elias in der klassischen (französischen, englischen und deutschen) Tragödie. Sie hat ihren Ort im Hofleben, von wo sie im Laufe des 18. Jahrhunderts auf das Bürgertum übergeht. Im Mittelalter dagegen beobachtet Elias ‚Einfalt' und ‚Naivität', was die Mediävistin Barbara Rosenwein vehement abstreitet. Die Affekte, so Elias, seien im Mittelalter „jäher und unmittelbarer", sodass es „weniger psychologische Nuancierungen und Komplizierungen in dem Gedankengut" (ebd., 171) gebe. Für Elias folgt die (zunächst äußere, dann innere) Kontrolle der Affekte der Modernisierung, oder, wie es bei ihm heißt, der „fortschreitende[n] Differenzierung der gesellschaftlichen Funktionen" (ebd., Bd. 2, 330): Je enger die Menschen sozial miteinander verbunden sind und je größer dieser soziale Raum wird, „desto mehr ist der Einzelne in seiner sozialen Existenz bedroht, der spontanen Wallungen und Leidenschaften nachgeht [...]" (ebd., Bd. 2, 332). Der individuelle und der gesellschaftliche Zivilisationsprozess vollziehen sich, wie Elias es darstellt, in gegenseitiger Abhängigkeit voneinander. Zivilisation, Triebverzicht und Affektkontrolle, Interdependenzen und Funktionsteilung sind die Begriffe, mithilfe derer Elias seine Sozio- und Psychogenese moderner Zivilisation beschreibt; die Kontrolle der Emotionen ist ein zentraler Bestandteil dieses Prozesses. Gefühle, folgt man Elias, sind vornehmlich etwas, das – vorzugsweise am Körper – diszipliniert werden muss.

Auch Luhmann befasst sich mit historischen Veränderungen beziehungsweise mit den Veränderungen der Semantik gesellschaftlicher Formen und steht damit in einer Tradition mit Elias' *Über den Prozess der Zivilisation* (Reese-Schäfer 1992, 55–56). In *Liebe als Passion* von 1982 geht es Luhmann um die Semantik eines ausgewählten Gefühls, der Liebe. Anders aber als bei Elias steht bei Luhmann nicht der Körper als Gefühlsträger im Zentrum: Liebe ist für Luhmann kein Gefühl, sondern ein Code, eine Form der Kommunikation, die mit anderen, nicht emotionsbezogenen Codes wie Macht, Geld oder Wahrheit vergleichbar ist. Luhmanns Ziel ist eine „allgemeine Theorie symbolisch generierter Kommunikationsmedien", anhand derer sich die „Überleitung von traditionellen in moderne Gesellschaftsformen" (Luhmann 1982, 9–10) beschreiben lässt. Bei Luhmann geht das Gefühl nicht vom Körper aus, sondern nimmt den umgekehrten Weg: „Der Code ermutigt, entsprechende Gefühle zu bilden." (ebd., 9–10) Als Material zur Erforschung des Liebescodes dienen Luhmann Romane aus dem 17. und

18. Jahrhundert, wobei zweit- und drittklassige Romane eine große Rolle spielen (ebd., 12).

Dabei folgt Luhmann, wie bereits Elias, der großen Erzählung von der Modernisierung: Die moderne Gesellschaft, so Luhmann, ist ausdifferenzierter beziehungsweise komplexer, sodass es einerseits mehr unpersönliche Beziehungen gibt, andererseits aber intensivere persönliche Beziehungen. Kommt es zu einer quantitativen Steigerung der Kontakte, so werden die Gefühle zugleich intensiviert und auch individualisiert. Wie Elias geht auch Luhmann von der „Soziogenese von Individualität" (ebd., 15) aus, die auf einem engen Zusammenspiel zwischen der Entwicklung des Individuums und der Gesellschaft beruht. Stärker aber als Elias konzentriert Luhmann sich auf das Individuum in dieser Gesellschaft, auf das „Selbstsein" im „Weltentwurf" (ebd., 18). Um die Differenz zwischen Ich und Welt zu überbrücken, so Luhmann, wurde ein gemeinsames ‚Kommunikationsfeld' entworfen, das sich der Semantik der Liebe und der Freundschaft bedient. Emotion, konkret: die Liebe, ist für Luhmann damit „kein Gefühl, sondern ein Kommunikationscode, nach dessen Regeln man Gefühle ausdrücken, bilden, simulieren, anderen unterstellen, leugnen" (ebd., 23) kann und dessen Funktion darin besteht, dem Ich in einer gemeinsamen Welt die Sonderstellung zu ermöglichen, derer es bedarf: „Es wird dann zur Bedingung für die Ausdifferenzierung einer gemeinsamen Privatwelt, daß jeder die Welt des anderen mittragen kann (obwohl er selbst höchst individuell erlebt), weil ihm selber darin eine Sonderstellung zugewiesen ist: weil er in dieser Welt des anderen vorkommt als der, der geliebt wird." (ebd., 18)

Davon ausgehend stellt Luhmann in seinem Buch die Ausdifferenzierung dieses Kommunikationscodes dar. Die Untersuchung des Liebescodes einer bestimmten Gesellschaft zu einer bestimmten Zeit ermöglicht das Verständnis der jeweiligen „Gesellschaftsstruktur" (ebd., 24). Dabei liegt die Besonderheit der Liebe darin, dass sie eine „indirekte Kommunikation" ist. Sie „verläßt sich auf Vorwegnahme und Schonverstandenhaben" (ebd., 29). Die Entwicklung des Liebescodes macht Luhmann an verschiedenen Parametern (bzw. ‚Sinnbereichen') fest: Form des Codes, Begründung der Liebe, Reaktion auf die Veränderung der Liebe, Anthropologie. Die Form des Codes soll exemplarisch das Luhmann'sche Denken vorführen. Der Code nahm seinen Anfang mit der Idealisierung, wie es bei der höfischen Liebe, der *amor fin*, der Fall war: „Die alte Differenz zwischen häuslicher Reproduktion und Liebesaffairen außerhalb wird nicht beseitigt, aber überformt durch die Idee einer großen Liebe." (ebd., 52) In der Idealisierung werden Liebe und Sexualität, wenngleich im höchsten Maße stilisiert, zusammen gedacht. Im 17. Jahrhundert dann wird das Ideal zur Floskel, und Liebe wird in paradoxer Form (bei Luhmann: ‚paradoxer Code') mit Sexualität engeführt. Diese paradoxe Verbindung wird – laut Luhmann – in der Romantik geheiligt.

2.5 Kulturelle Codierungen. Soziologie, Ethnologie, Kultursemiotik — 127

Im Laufe des 19. Jahrhunderts wird der Liebe die Funktion der Sublimierung des Geschlechtstriebes zugeschrieben, was wiederum zu ihrer Idealisierung führt. In der Gegenwart, so Luhmanns Blick auf eine Liebe, die die Romantik und das Ideal hinter sich gelassen hat, ist die Liebessemantik aufgrund der Möglichkeit alternativer Lebensentwürfe kaum mehr auf eine Leitformel zu bringen.

Deutlich wird durch diesen historischen Überblick über die sich ständig wandelnden Liebessemantiken, dass man sich in jeder Epoche aus anderen Gründen und auch anders verliebt. Am sichtbarsten wird dieser Wandel in der Literatur. Am Beispiel der Passion, die ja titelgebend ist, führt Luhmann vor, wie ein ursprünglich körperlich begriffener Zustand des Leidens sich im 17. Jahrhundert in eine soziale Regel verwandeln: Die „Zentralthese des Codes" ist die Maßlosigkeit, der Exzess. „Die Liebe beginnt erst, wenn man das, was verlangt werden kann, überschreitet, und ein Recht auf Liebe verhindert, daß sie überhaupt zustandekommt. Die Differenz zur institutionellen Ehe macht es möglich, einen Sachverhalt zu entdecken und zu formulieren, der seitdem zu den Eigengesetzlichkeit des Liebens gehört und als solcher erst sehr viel später in eine erneuerte Eheauffassung übernommen werden kann." (ebd., 84) In Luhmanns Modell wird das Gefühl als Kommunikationscode begriffen, der versucht, die Unmöglichkeit der Kommunikation zu überwinden. Jede Generation, so ließe sich *Liebe als Passion* kurz zusammenfassen, versucht, mithilfe eines Liebescodes zu kommunizieren, Sinn beziehungsweise eine Semantik zu schaffen, die das Verstehen möglich macht – und zwar auf eine besondere Weise, als „Kommunikation unter weitgehendem Verzicht auf Kommunikation" (ebd., 29). Denn wo zu viel kommuniziert wird, wird die Liebe unglaubwürdig, und zugleich befördert das Reden über die Liebe den Code.

Die Liebe ist ein Gefühl, mit dem die Emotionsforschung sich besonders häufig befasst, nicht nur in der Soziologie, sondern auch in der Ethnologie (Abu-Lughod, dazu s. u.) und in der (Kultur-)Semiotik (Barthes). In der Soziologie ist Eva Illouz die zweite große Liebesforscherin, wobei sie die Liebe unter allen möglichen Gefühlen ausgewählt hat, weil die Liebe das Gefühl ist, das die Gesellschaft am stärksten stört, missachtet und im Extremfall in Gefahr bringen kann – man denke nur an den Trojanischen Krieg. Die Liebe, so schreibt Illouz, „beharrt [...] auf dem Vorrang der Gefühle vor sozialen und ökonomischen Interessen [...]. Die Liebe vermittelt damit eine Aura der Transgression, sie verspricht und fordert eine bessere Welt." (Illouz 2003 [1997], 37) Die Liebe, von der Illouz spricht, ist konkret die romantische Liebe, eine Liebe, die gleichermaßen subversiv und von höchstem Wert ist (ebd., 35), „ein komplexes Gefühl [...], bei dem Geschichten, Bilder, Metaphern, materielle Güter und Volkstraditionen miteinander verwoben sind" (ebd., 31–32). Bei Illouz, wie schon bei Luhmann, wird der Liebe ein Sinn zugschrieben. Die Frage aber, die Illouz stellt, ist eine gänzlich andere als bei

Luhmann: Welche Verbindungen geht die Liebe im (Spät-)Kapitalismus mit der Ökonomie ein? Wie, so fragt sie, wirken Liebe und Markt zusammen, wie übersetzte „die Erfahrung romantischer Liebe sich in ökonomische Praktiken [...] und wie [wurden] im Gegenzug ökonomische Praktiken auf die Gefühlsstruktur übertragen?" (ebd., 52) Die Liebe und die Ökonomie, so die These, haben gegenseitig aufeinander gewirkt, indem die Waren romantisiert und die romantische Liebe verdinglicht wurde: „Romantisierung der Waren meint, dass zu Beginn des 20. Jahrhunderts in Filmen und Werbeanzeigen Waren eine romantische Aura bekamen. Verdinglichung der Liebesromantik andererseits betrifft die Art und Weise, in der sich romantische Praktiken zunehmend mit dem Konsum von Freizeitgütern und Freizeittechnologien verbanden, die vom wachsenden Massenmarkt angeboten wurden." (ebd., 53) Diese Verbindung zwischen Liebe und Ware, zwischen romantischem Gefühl und Konsum, entspricht, so Illouz, der paradoxen Logik des Kapitalismus', der protestantische Arbeitsethik und hedonistischen Überfluss miteinander verknüpft: Tagsüber soll der Mensch arbeiten, abends genießen (Illouz bezieht sich hier auf Daniel Bells *The Cultural Contradictions of Capitalism* von 1976, dt. 1991). Von diesem Grundwiderspruch ausgehend, untersucht Illouz die romantischen Praktiken, die ihn spiegeln. Am Beispiel des Rendevouz (bzw. des amerikanischen *dates*) zeigt Illouz, wie sich romantische und ökonomische Praktiken treffen.

Für ihre Untersuchung bedient Illouz sich eines Theoriemix' aus Max Webers soziologischen Schriften, Émile Durkheims Religionssoziologie, Victor Turners Ritualbegriff und Pierre Bourdieus Kultursoziologie: Weber hat untersucht, wie ethische Ideen profan realisiert wurden; Durkheim hat die Verschiebung des Heiligen auf andere Bereiche beobachtet; Turner hat den liminalen Zustand als Teil des Rituals betrachtet, in dem die herrschenden Regeln außer Kraft gesetzt werden, und Bourdieu hat Begriffe wie kulturelles Kapital, Habitus und Distinktion in die Debatte eingebracht. Illouz stellt die Liebe im Bund mit der Ökonomie als eine profane Realisierung einer romantischen Idee dar (im Anschluss an Weber); sie zeigt, dass die Liebe ein Bereich ist, in den das Heilige sich verschoben hat (im Anschluss an Durkheim), sie beschreibt die Ritualisierung der Liebe (im Anschluss an Turner), wobei „der rituelle Vollzug der romantischen Utopie zugleich mit der Erfahrung von Liebe als rationaler, utilitaristischer und mühevoller Sache einhergeht" (Illouz 2003 [1997], 39), und sie führt vor, dass Liebe im 20. Jahrhundert sich zunehmend an Formen sozialer ‚Distinktion' orientiert. Die Liebe erscheint (mit Bourdieu) als musterhaftes In-Szene-Setzen des Habitus, „und zwar gerade deshalb, weil der Habitus es den Menschen ermöglicht, romantische Liebe als spontane und freie Emotion zu erfahren, und ihnen gleichzeitig Partner liefert, die mit ihrer eigenen sozialen Position und Entwicklung vereinbar sind" (ebd., 231). Der Habitus funktioniert nicht anhand rationaler Entscheidungen, sondern ist eine Art Matrix von Verhaltens- und Denkweisen, die das Handeln (und damit auch das Lieben) von Menschen steuert. Liebe ist also, wie jedes soziale Handeln, interessengeleitet. Liebe mag ein Gefühl sein, aber eines, das keineswegs unabhängig von Gesellschaft und Kultur ist – „die moderne romantische Liebe [ist] eine Praxis, die aufs Engste mit der politischen Ökonomie des Spätkapitalismus verbunden ist" (ebd., 51).

Während Luhmann mithilfe eines historischen Überblicks über Liebessemantiken die Liebe als einen Code der Sinnerzeugung im gesellschaftlichen Gefüge untersucht und Illouz zeigt, dass die romantische Liebe immer schon ein von der Gesellschaft und ihren ökonomischen Gesetzen gesteuertes Gefühl ist, konzentriert sich die amerikanische Soziologin Arlie Russell Hochschild in ihrem Artikel *Emotion Work, Feeling Rules, and Social Structure* von 1979 auf das Individuum. Anstelle vom Code spricht sie von ‚Gefühlsregeln' (*feeling rules*) und ‚Gefühlsmanagement' (*emotion management*). Während Luhmann davon ausgeht, dass Passionen einer sozialen Semantik gehorchen, und Illouz sie in das Korsett des (Spät-)Kapitalismus einbindet, stellt Hochschild die Frage, wie Emotionen, die zumindest zum Teil körperlich ablaufen, trotz dieser Körperlichkeit einer sozialen Kontrolle gehorchen können – und erinnert so an Elias, der die Beherrschung des Körpers als fortschreitenden Zivilisationsprozess beschrieb. Hochschild geht es um die Ordnung der Gesellschaft, die durch Gefühlsmanagement gewährleistet wird. Auf einer Party ist man fröhlich, auf einer Beerdigung ist man traurig, wobei jeder Bruch dieser Konventionen die Ordnung stören würde.

Hochschild positioniert ihre *emotion management perspective* zwischen Erving Goffmans interaktionsorientierter Theorie vom sozialen Rollenspiel und Freuds Lehre vom Unbewusstem: „The self as emotion manager is an idea that borrows from both sides – Goffman and Freud – but squares completely with neither." (Hochschild 1979, 555) Während Goffman Gefühlsmanagement aus der Situation heraus erklärt, ignoriert er, so Hochschild, sowohl die Persönlichkeit als auch die soziale Struktur, in der dieses Management stattfindet. Goffmans ‚Schauspieler' des Alltags sind gefühllos, sodass seine Theorie sich nur bedingt für eine Emotionstheorie anbietet. Freud dagegen konzentriert sich auf die Persönlichkeit, geht allerdings davon aus, dass Instinkte der Emotion vorgelagert sind, und versucht herauszufinden, welche Gefühle der Mensch unbewusst empfindet. Die *emotion management perspective* dagegen will herausfinden, wie der Mensch bewusst fühlt. Das zeigt Hochschild anhand der beiden Schlüsselbegriffe *emotion work* und *feeling rules*, die sie mit einer ideologischen Fragestellung verbindet (lernen Kinder in unterschiedlichen sozialen Klassen unterschiedliche *feeling rules*?).

Mit *emotion work*, Gefühlsarbeit, ist die Arbeit an oder das Management von Gefühlen gemeint. Dabei handelt es sich um eine Anstrengung, die auch scheitern kann. Anders als das Unterdrücken von Gefühlen bezeichnet Gefühlsarbeit eine Formung von Gefühlen. Diese Gefühlsarbeit kann das Individuum alleine oder aber in Interaktion mit anderen durchführen. Hochschild nennt als Beispiel, dass jemand eine Liebesbeziehung beenden will, sich bewusst zu „ent-lieben" versucht und diesen Prozess mit Freunden und Freundinnen bespricht. Dabei ist Gefühlsarbeit ein *deep acting*: ein Schauspielen, das nicht an der Oberfläche bleibt (wie bei Goffman), sondern kognitiv, körperlich und/oder expressiv vonstattengeht: „The smoothly warm airline hostess, the ever-cheerful secretary, the unirritated complaint clerk [...] may all have to engage in deep acting, an acting that goes well beyond the mere ordering of display." (ebd., 563) Dies deutet sie als eine besondere Art der Arbeit: „Work to make feeling and frame consistent with situation is work in which individuals continually and privately engage. But they do so in obeisance to rules not completely of their own making." (ebd., 563) Eben diese Regeln sind die *feeling rules*. Gefühlsregeln, die uns Gefühle vorschreiben, werden sozial geteilt und geben Rahmen vor, die ideologisch gefüllt sind.

Gefühlsregeln, so Hochschilds Fazit, spiegeln soziale Zugehörigkeit wider, wobei es Regeln gibt, die universell sind (du sollst beim Töten keine Freude empfinden), und Regeln, die auf eine soziale Gruppe beschränkt sind. In ihrer Theorie lässt Hochschild kulturelle und historische Differenzen außer Acht, die in der Ethnologie eine wichtige Rolle spielen; so hat Michelle Rosaldo am Beispiel der Ilongot nachgewiesen, dass das Töten den Kopfjägern durchaus Freude bereitet (s. u.). Gefühlsregeln und Gefühlsmanagement sind, so Hochschilds These, die Kehrseite von Ideologien. Ideologien geben vor, wie Situationen zu beurteilen sind („framing rules", ebd., 566), während Gefühlsregeln das richtige Verhalten in diesen Situationen bestimmen. Das bedeutet, dass der Wechsel einer Ideologie einen Wechsel der Gefühlsregeln nach sich zieht: Amerikanische Feministinnen zum Beispiel definieren die Regeln für männliches und weibliches (Gefühls-)Verhalten neu, wenn Frauen, die Männern im Berufsleben gleichgestellt sind, auch gleiche Gefühle zeigen dürfen, wie zum Beispiel Ärger. Gefühlsregeln sind dementsprechend angesichts schneller sozialer Veränderungen wenig stabil.

3. Kulturelle Codierungen II: Ethnologie (Michelle und Renato Rosaldo, Catherine A. Lutz, Lila Abu-Lughod)

In diesen drei soziologischen Theorien – jener von der kulturellen Codierung der Intimität, von dem Zusammenhang zwischen Liebe und Ökonomie und von der (sozialen) Kontrolle von Gefühlen – sind Gefühle Teil eines hochkomplexen gesellschaftlichen Zeichensystems, in dem sie bedeuten, reagieren, einen Pakt eingehen mit der Vernunft, der Ökonomie und gesellschaftlichen Normen. Auf keinen Fall aber sind Gefühle ‚natürlich' oder ‚authentisch'. Eine ganz ähnliche Position nehmen auch die ethnologischen Untersuchungen ein, denn der Vergleich der eigenen mit den fremden Kulturen macht die kulturelle Bedingtheit deutlich sichtbar. War Lévi-Strauss als Strukturalist noch daran interessiert, die Gemeinsamkeit des menschlichen Denkens bei den verschiedenen Völkern herauszufiltern, indem er sich auf die Strukturen konzentrierte und die Inhalte als transformierbar und zufällig betrachtete, geht die neuere Ethnologie davon aus, dass nicht nur Gedanken, sondern auch Emotionen eine „kulturelle Kategorie" sind (Lutz 2007, 19: „Emotion as a Cultural Category"). „Emotionen werden bei einem gleichbleibenden Kern in unterschiedlichen Kulturen unterschiedlich ausgedrückt – auf diese Kurzformel lässt sich die ethnologische Emotionsforschung der 1970er Jahre bringen." (Plamper 2013, 116) In den 1980er Jahren, so Plamper weiter, hat die Ethnologie sich in ihrer Emotionsforschung radikalisiert: „nicht nur divergierende Gefühlsexpression, sondern radikal unterschiedliches Fühlen bei Menschen unterschiedlicher Kulturen" wurde postuliert (ebd., 116). Dabei hat sich Südostasien als Region zu einer *key area* entwickelt, in der man die körperliche und emotionale Kontrolle (oder die fehlende Kontrolle) untersuchte (Boellstorff und Lindquist 2004, 438).

Michelle und Renato Rosaldo, Catherine Lutz und Lila Abu-Lughod gelten als Vertreter der sozialkonstruktivistischen Richtung, die Emotionen als ‚radikal' unterschiedlich kulturell codiert begreifen. 1980, so Plamper, fiel der „Startschuss für die Dekade des Sozialkonstruktivismus in der Emotionsethnologie" (Plamper 2013, 117), als Michelle Rosaldos Buch *Knowledge and Passion* über die Ilongot, einer Volksgruppe im Norden der Philippinen („exotic, relatively isolated, and numbered no more than 3,500", so R. Rosaldo 1980, 14), erschien. Michelle Rosaldo hat die Ilongot Ende der 1960er und Anfang der 1970er Jahre gemeinsam mit ihrem Mann, Renato Rosaldo, erforscht. Dabei stießen sie auf eine Praxis, die erstens als bereits ausgestorben galt, und zweitens eng mit Emotionen verbunden war: auf die Kopfjagd, das heißt, das Töten von Menschen, um deren Kopf als Trophäe zu erlangen. Bei den Ilongot hatte die Kopfjagd, wie die Rosaldos feststellten, eine entlastende emotionale Funktion. Die Ilongot organisierten ihre Welt mithilfe emotionaler ‚Konstruktionen', die wiederum ihr soziales Verhalten bestimmten: „Not cosmology, but action and response, energy and anger, were what concerned them. Neither inward-looking nor oriented to the unique and individual, Ilongots spoke of feelings (and used an imagery of feelings) in describing the relation of their past to a rapidly changing present, and of themselves to social processes and to the natural world." (M. Rosaldo 1980, 36) Die Kopfjagd ist in dieses emotionale Gerüst eingebunden, denn das Gefühl der Wut (*liget*) wird jungen Ilongot-Männern durch ihre Väter vererbt und durch die Kopfjagd befriedigt (ebd., 138). Die Ilongot-Kopfjagd hat die Funktion, das „Herz zu erleichtern" (Plamper 2013, 120).

Die Rosaldos wählten ihr Feldforschungsobjekt aufgrund der Aufzeichnungen eines frühen Ethnologen vom Anfang des 20. Jahrhunderts, William Jones, der die Ilongot als ‚expressives' Volk mit lebhafter Gestik und damit als wild und ursprünglich beschrieben hat, wobei ihn später ihre ‚unzivilisierte Brutalität' erschreckte, die seinen Traum vom edlen Wilden zerstörte (R. Rosaldo 1980, 2). Jones verknüpfte Emotionalität und Ursprünglichkeit in seiner romantischen Wahrnehmung miteinander. Catherine A. Lutz hat gerade diese Dualismen, die Zuordnung kontrollierter Emotionen zu den ‚zivilisierten' Völkern und den emotionalen Exzess zu den ‚primitiven' Völkern, kritisiert. Jahrzehnte später versuchten die Rosaldos sich von den romantischen Träumen ihres Vorgängers zu befreien und die Kopfjagd als emotionales Verhalten zu beschreiben und zu verstehen. Michelle Rosaldos Interesse lag darin, die Wörter und das, was ihr erzählt wurde, festzuhalten. So ging sie methodisch ‚von innen nach außen' vor, also von der emotionalen Sprache zu den Organisationsformen, und nicht umgekehrt. „[W]e must ask not if ‚anger' and ‚lightness' are in fact things that a headhunter is apt to ‚feel', but rather how such terms inform his recollections and accounts and so provide him with a way of understanding the significance of disturbing feats of force for daily interactions." (M. Rosaldo 1980, 27) Die Gefühle sind Teil eines kulturellen Gedächtnisses und helfen bei der Bewältigung des Alltags. Dazu passen auch die späteren Ergebnisse von Rosaldos Forschung aus der Zeit, als die Regierung eingeschritten und die Kopfjägerei nicht mehr möglich war. Die christianisierten Ilongot hofften, dass die neue Religion die ‚Schwere', die sie fühlten, durch andere Emotionen kompensieren würde, wodurch die Kopfjagd überflüssig werden sollte. „These new developments of the second field trip [...] reflected a profound emotional engagement, but an emotional engagement that was itself a product of culture operating at a deeper level than previous anthropologists had recognized." (Reddy 2001, 37) Michelle Rosaldo hat also weniger die Realitäten des Ilongot-Lebens beschrieben als die kulturelle Formierung des Ausdrucks und des Empfindens von Emotionen, die zu bestimmten Handlungen führten.

Lutz, die radikalste der sozialkonstruktivistischen Emotionsethnologinnen, hat 1977 auf dem Ifaluk-Atoll im Südwestpazifik Feldforschung betrieben. Das Buch, das den Aufenthalt dokumentiert, trägt den programmatischen Titel *Unnatural Emotions* und formuliert die Absage an die Natürlichkeit von Emotionen. Emotionen, so Lutz, erscheinen nur natürlich, sie werden der Seite des Privaten, des Persönlichen, des Unaussprechlichen zugeordnet und damit dem weniger wertvollen Teil der Welt („the devalued aspects of the world", Lutz 1988, 3): dem Irrationalen, Unkontrollierbaren, dem Verletzlichen und dem Weiblichen. Lutz wollte die kulturelle Bedingtheit von Emotionen sichtbar machen: „This book attempts to demonstrate how emotional meaning is fundamentally structured by particular cultural systems and particular social and material environments [...] emotional experience is not precultural but pre-eminently cultural", schreibt sie (ebd., 5). Den Ausgangspunkt für ihr Forschungsprojekt und den Aufenthalt auf dem Ifaluk-Apoll bildeten die „Gender Ideologien" („*gender ideologies*", ebd., 16), die sie im US-amerikanischen akademischen Kontext beobachtete: Frauen in den 1970er Jahren wurden als schwächeres Glied im Universum der Macht mit Gefühlen anstatt mit Intellekt assoziiert, also auf die Kehrseite eines logozentristischen Betriebs verwiesen. Um die kulturelle Begründung dieser Zuweisung von Emotionen an das Weibliche zu unterminieren, wählte Lutz für ihre Feldforschung mit den Bewohnern des Ifaluk eine matrilinear strukturierte Gesellschaft, in der die Geschlechter gleichberechtigter zu sein schienen und damit emotionale Zuschreibungen auch anders zu funktionieren versprachen.

In dem Aufsatz *Emotion, Thought, and Estrangement. Emotion as a Cultural Category* von 1986 präzisiert Lutz ihre Position: Emotionen würden im westlichen Diskurs seit 2000 Jahren als ‚Essenz' begriffen, was Lutz als „master cultural category", eine Art *grand récit*, bezeichnet, was an Rosenweins Kritik an Elias erinnert. Die Anthropologen beziehungsweise Ethnologen, die ins Feld gehen, müssten sich dessen bewusst sein, dass mit dem Eigenen und Fremden unterschiedliche Zeichen- und Bedeutungssysteme („meaning systems", Lutz 2007, 19) aufeinandertreffen. Gerade Emotionen aber, die als essentiell und universal gelten, würden die Differenz dieser beiden kulturellen Zeichensysteme unsichtbar machen. Sobald fremde Kulturen einem euroamerikanischen emotionalen Normsystem unterworfen würden, käme es zu Werturteilen über das Fremde aus westlicher Perspektive: „[T]o look at the Euroamerican construction of emotion is to unmask the ways in which that schema unconsciously serves as a normative device for judging the mental health of culturally different peoples." (Lutz 2007, 20) Lutz' Ziel lag darin, die ideologischen Grundlagen des westlichen Emotionskonzepts der ‚euroamerikanischen Mittelklasse' freizulegen und es als „kulturell konstruierte Natürlichkeit" („culturally constructed naturalness of emotion", ebd.) auszuweisen. Westliche Emotionsnormen werden fremden Völkern unterlegt, um die Kultur-Natur-Dichotomie zu stärken. Lutz führt beispielhaft die Position des neuseeländischen Ethnologen Derek Freeman an, der den Bewohnern Samoas in der Kriegsführung gewalttätige Aggressionen unterstellt hat, was er als Scheitern kultureller Konventionen interpretiert hat: „[T]he conventions of culture would fail completely, and incensed chiefs, having attained to pinnacles of elaborately patterned politeness, would suddenly lapse into violent aggression." (Freeman, *Margaret Mead and Samoa*, 1983, zit. in Lutz 2007, 25) „Weder vor noch nach Lutz wurde der sozialkonstruktivistische Ansatz programmatischer formuliert", so Plamper über Lutz (Plamper 2013, 126).

Die Ethnologin Abu-Lughod verfolgt einen ähnlichen Ansatz wie Lutz, und wie diese integriert sie eine Gender-Fragestellung in ihre Forschung. Abu-Lughod hat von 1978 bis 1980 bei den Awlad'Ali, einem Beduinenstamm in der westägyptischen Wüste, als eine Art ‚adoptierte Tochter' gelebt (siehe dazu Plamper 2013, 121–123; Abu-Lughod 2007, 143). Die Awlad'Ali haben eine patrilinear organisierte Stammesstruktur, und soziale Beziehungen sind aufgrund von Blutsverwandtschaft strukturiert, was auch die Gefühlsökonomie des Stammes beeinflusst: „If blood bonds between paternal relatives, male or female, are privileged as the only basis of social relationships, then heterosexual or romantic love, even in its legitimate guise of marriage, are hard to deal with." (Abu-Lughod 2007, 144)

Das emotionale Leben der Awlad'Ali drückt sich vor allem in der Poesie aus; gesungene Lieder (*ghinnawas*) enthalten vertrauliche Informationen, sind Ausdruck für einen emotionalen Zustand und rufen Gefühlsregungen bei den Zuhörern hervor. Abu-Lughod zeigt, dass diese Lieder eine ganz konkrete Funktion im sozialen Gefüge der Beduinen haben: „[...] sentiments can actually symbolize values and [...] expression of these sentiments by individuals contributes to representations of self, representations that are tied to morality, which in turn is ultimately tied to politics in its broadest sense." (Abu-Lughod 1986, 34) Indem sie den Ausdruck von Gefühlen an die (männliche) Sphäre der Politik und an das gesellschaftliche System des Individuums und der (Beduinen-)Moral bindet, positioniert Abu-Lughod Gefühle, speziell die Liebe, in einem kulturellen Kontext. Während in einer literarischen Gattung, den *ghinnawas*, emotionale Bedürfnisse ausgedrückt werden, ist die Alltagsrede auf Respekt ausgerichtet. Die Sortierung einzelner emotionaler Bereiche, die mit unterschiedlichen Codes operieren, legt die kulturelle Bedingtheit offen, den „always social character of emotion discourse" (Abu-Lughod 2007, 149).

Die enge Verknüpfung zwischen Emotionen und Kultur in der Ethnografie der 1970er und 1980er Jahre ist in der Folge in der US-amerikanischen Anthropologie und Ethnologie kritisiert worden, da die ethnografischen Kontexte, die die Forscherinnen und Forscher untersucht haben, sehr geschlossen und Kultur, Ethnizität und Sprache isomorph erschienen. Unter anderem haben die zunehmende Globalisierung und die theoretische Problematisierung des Kulturbegriffs (siehe dazu z. B. Clifford 1986 über die „partiellen Wahrheiten", „partial truths", der Ethnologie) dazu geführt, dass die Stabilität kultureller Formen hinterfragt wurde. Dennoch gelten Clifford Geertz' *The Interpretation of Culture* von 1973 und Michelle Rosaldos Arbeit über die Ingolot-Kopfjäger bis heute als „groundbreaking work in the ethnography of emotion" (Boellstorff und Lindquist 2004, 439). Welche kulturkonstruktivistischen Ansätze, so soll zuletzt gefragt werden, sind in der literaturwissenschaftlichen Emotionsforschung entwickelt worden?

4. Kulturelle Codierungen III: (Kultur-)Semiotik und Literaturwissenschaft (Roland Barthes, Nikolaus Wegmann, Simone Winko)

Literatur ist in vielfachem Sinne der Ort der Emotionen: Von Emotionen wird erzählt und eine emotionale Bindung zwischen den (fiktiven) Figuren im Text und dem Leser oder der Leserin wird hergestellt. Aber auch der Autor oder die Autorin, die die Figuren erfinden, gehen eine emotionale Bindung mit ihren Figuren ein. So schreibt Nabokov über den Abschied des Erzählers von seinen literarischen Helden: „When we wonder about the destiny of an author's creation beyond the horizon of a discontinued romance, two feelings prompt our fancy and direct our conjectures. The character in the book has become so familiar to us that we cannot bear to have him depart without leaving us some address." (Nabokov 1964, 311)

Barthes hat mit *Die Lust am Text* (*Le plaisir du texte*, 1973) und mit *Fragmente einer Sprache der Liebe* (*Fragments d'un discours amoureux*, 1977) zwei Bücher vorgelegt, die die Liebe in der Literatur und die Liebe zur Literatur thematisieren. In *Die Lust am Text* entwirft Barthes den Leser als Antihelden, als „Abschaum der Gesellschaft" und als Außenseiter (Barthes 1996 [1973], 8). „Der Leser eines Textes in dem Moment, wo er Lust empfindet" (ebd., 8), ist derjenige, der alle Grenzen zwischen den Klassen niederreißt, der alle Sprachen miteinander vermischt, der nicht auf den ‚logischen Widerspruch' achtet. Gemeinsam mit dem wollüstigen Leser, der *plaisir/jouissance* (Lust/Wollust) empfindet, entsteht auch der wollüstige Autor, den Barthes 1967 (zunächst auf Englisch als *The Death of the Author*) für tot erklärt hatte. Durch die Lektüre des Textes kommt es zu einer (emotionalen) Gemeinschaft, die bei Barthes „Gesellschaft der Freunde des Textes" heißt; geeint sind sie durch ihre Feinde, „die dekreditieren, daß Text und Lust einander ausschließen" (ebd., 23). Die Beziehung zwischen Text und Leser beschreibt Barthes als eine rein körperliche Beziehung des Begehrens: „Die Lust am Text, das ist jener Moment, wo mein Körper seinen eigenen Ideen folgt – denn mein Körper hat nicht dieselben Ideen wie ich." (ebd., 26) *Die Lust am Text* versucht das Zeichen auszuschalten, das den Schreibakt beherrscht, und reiner Körper (Text) zu werden.

In *Fragmente einer Sprache der Liebe* führt Barthes die Idee des lustvollen Schreibens weiter, wobei er die Form der Textmontage wählt, um die Verbindung von Text und Körper performativ umzusetzen: „Die Beschreibung des Diskurses der Liebe ist also durch seine Nachbildung ersetzt worden." (Barthes 1988 [1977], 15) Barthes nennt dies die „dramatische Methode" (ebd.) seines Buches. *Fragmente einer Sprache der Liebe* ist als Lexikon konzipiert, die Begriffe sind alphabetisch angeordnet und speisen sich aus Barthes' Lektüre literarischer Texte.

Hier zum Beispiel der Eintrag „Der Liebesbrief": „[...] Als der (beim Gesandten angestellte) Werther an Lotte schreibt, befolgt sein Brief das folgende Schema: 1. Welche Freude, an Sie zu denken! 2. Ich befinde mich hier in mondäner Gesellschaft und fühle mich darin ohne Sie allein; 3. Ich habe jemanden getroffen (das Fräulein von B...), der Ihnen ähnelt und mit dem ich von Ihnen sprechen kann; 4. Ich wünsche mir sehnlichst, daß wir wieder vereint sein mögen. – Es wird, nach Art eines musikalischen Themas, eine einzige Information variiert: *ich denke an Sie*." (Barthes 1996 [1973], 15) Links neben dem Eintrag zum „Liebesbrief" steht „Werther", sodass die Quelle des kurzen Textes über den Liebesbrief offen gelegt wird. Es folgen noch Reflexionen zu Goethe, zu den *Gefährliche Liebschaften*, zur Etymologie und zu Freud. Auf diese Weise legt Barthes die literarische Fundierung der Liebe frei und kombiniert sie dennoch mit jener Lust, die er in *Die Lust am Text* eingefordert hat.

Die Literaturwissenschaft, die Emotionsforschung betreibt, greift häufig auf die älteste Disziplin zurück, die sich mit Leidenschaften befasst, auf die Rhetorik. Daneben aber sind auch die soziologischen und ethnologischen Untersuchungen zur Codierung der Gefühle von Bedeutung, die in den literaturwissenschaftlichen Untersuchungen zu der Frage führen, welche Gefühle in der Literatur zu unterschiedlichen Zeiten auf welche Weise konstruiert und codiert wurden. Das wird an Niklas Wegmanns Buch zum Diskurs der Empfindsamkeit im 18. Jahrhundert ebenso deutlich wie an Simone Winkos Untersuchung zu „kodierten Gefühlen" in der Lyrik um 1900.

Wegmann zeigt, wie das 18. Jahrhundert „natürliche Verhaltensmuster" erfunden hat, konkret: eine „moralisch positive Emotionalität" (Wegmann 1988, 20), die sich gegen die Ordnungsmuster und die Rationalität der Aufklärung wenden. Die Natürlichkeit der Gefühle ist somit nicht gegeben, sondern sie wird rhetorisch und literarisch konstruiert. Dabei ist gleichermaßen eine literarische und eine gesellschaftliche Bewegung hin zum Gefühl zu verzeichnen; es fand eine Emotionalisierung in der Literatur und in den gesellschaftlichen und familiären Beziehungen statt. Die Folge war eine exzessive „Rhetorik des Gefühls" (ebd., 34), wobei der Diskurs der Empfindsamkeit an das Gefühlsregister des sanfteren *ethos* anschloss, nicht an das des leidenschaftlicheren *pathos*. Die Fokussierung auf das *ethos* zog, wie Wegmann zeigt, eine Veränderung nicht nur der literarischen Sprache, sondern auch der literarischen Sujets und des Personals nach sich. Dabei war diese Verlagerung der Affekte von einem heftigen hin zu einem sowohl körperlich als auch sprachlich wohltemperierten Gefühlsrepertoire eine gesamteuropäische Bewegung; in Russland zum Beispiel bereitete der Schriftsteller Nikolaj Karamzin mit dem ‚sanften Stil', dem *nežnyj slog*, den er vor allem durch seine Erzählung *Die arme Liza* (*Bednaja Liza*, 1798) in die russische Literatur eingebracht hat, die moderne russische Literatursprache vor (zum

Import des westeuropäischen Gefühlssystems nach Russland siehe Zorin 2010). Wegmann beschreibt die Karriere der Gefühle im 18. Jahrhundert vornehmlich als eine Veränderung im Diskurssystem, speziell im System Literatur. Der Roman im 18. Jahrhundert, so Wegmann, eröffnet im Vergleich zu philosophischen Reflexionen einen zunächst scheinbar zwangsfreien Raum. Dennoch funktioniert auch der Roman nach bestimmten Regeln, er ist Teil des „sozialen Orientierungsmusters Empfindsamkeit" (Wegmann 1988, 108). Neu ist der Ausdruck der Emotionen wie auch ihre Radikalisierung.

Wegmann konzentriert sich in seinem Buch auf den Übergang von der vernunftbezogenen Aufklärung hin zur emotional angereicherten Empfindsamkeit; Simone Winko untersucht die Codierung der Gefühle in einer Studie über die Lyrik um 1900, die an der Grenze zur Moderne steht (Winko 2003). Emotionen fasst sie dabei als „textuelle Phänomene" auf (ebd., 12), literarische Emotionen als „kodierte Gefühle" mit „semiotischer Basis" (ebd., 110). Winkos Ausgangspunkt ist die These, „daß sprachlicher Emotionsausdruck konventionalisiert ist, daß Literatur an diesen Konventionen partizipiert, zugleich aber die Möglichkeit hat, sie zu modifizieren, zu erweitern, zu differenzieren und zu erneuern, und daß es gattungsspezifische Möglichkeiten gibt, dies zu tun" (ebd., 129). Indem Winko die semiotische Basis der Gefühle als Code aufdeckt, wendet sie sich gegen die These von der Lyrik als subjektivste oder emotionalste aller Gattungen.

Emotionen, so referiert sie die poetologischen Aussagen der Zeit um 1900, sollen zeitgemäß sein (ebd., 323). Um die je unterschiedlichen Mechanismen der Modernisierung von Gefühlen in der Lyrik genauer zu beschreiben, entwirft Winko ein Analyseraster, das fünf unterschiedliche Typen der Emotionsvermittlung umfasst: Alte Emotionsformeln werden durch neue Kombinationsregeln modernisiert (Typ I), konventionelle Formeln werden durch neue Metaphern und Vergleiche ersetzt (Typ II), typisierte Situationen werden neu gestaltet (Typ III), die „emotionalen Ausdrucksweisen" (ebd., 338) variieren (Typ IV) oder neue Emotionen, die zum Beispiel bisher tabuisiert waren, tauchen auf (Typ V). Während Typ I die traditionelleren Gedichte umfasst, lassen sich Gedichte von Typ II bis V als ‚modern' bezeichnen. Im Anschluss an ihre Gefühlstypologisierung führt Winko vor, wie bestimmte Emotionen – zum Beispiel die Trauer, die das am häufigsten dargestellte Gefühl in der Lyrik um 1900 ist – lyrisch umgesetzt werden. Die Verbindung einer historischen mit einer systematischen Perspektive zeigt gleichermaßen die Kontinuität wie auch die Differenzen in der emotionalen Codierung der Lyrik auf.

Soziologische, ethnologische und auch historische Emotionsstudien (siehe Kap. 2.6 in diesem Band) haben ganz ähnliche Erkenntnisinteressen wie die Literaturwissenschaft auch: All diese Disziplinen wollen herausfinden, wie Emotionen konstruiert, codiert und funktionalisiert werden, wobei sie den Schwerpunkt auf die kulturelle beziehungsweise ästhetische Verankerung oder auch ‚Gemachtheit', wie es im russischen Formalismus heißen würde, legen. Es geht um emotionales Management, um emotionale Gemeinschaften (Rosenwein), um die Codierung und den sozialen Sinnhorizont von Gefühlen; Gefühle werden als sinn- und ordnungsstiftend (Hochschild) begriffen oder aber auch als Ordnungsbedrohung (Illouz) beziehungsweise als ästhetisch-emotionaler Freiraum (Wegmann). Dabei sind gerade in einer kulturwissenschaftlich ausgerichteten Literaturwissenschaft die soziologischen und ethnologischen Theorien von eminenter Bedeutung, denn sie legen nicht nur die (kulturelle) Konstruktion von Emotionen frei, sondern auch ihre historische Instabilität: „Emotions change over time not only because norms, expectations, words, and concepts that shape experience are modified, but also because the practices in which they are embodied, and bodies themselves, undergo transformation." (Scheer 2012, 220)

Literaturverzeichnis

Abu-Lughod, Lila. „Shifting Politics in Bedouin Love Poetry". *The Emotions. A Cultural Reader.* Hrsg. von Helena Wulff. Oxford und New York, NY: Berg, 2007. 143–152.
Barthes, Roland. *Fragmente einer Sprache der Liebe.* Übers. von Hans-Horst Henschen. Frankfurt am Main: Suhrkamp, 1988 [1977].
Barthes, Roland. *Die Lust am Text.* Übers. von Traugott König. 8. Aufl. Frankfurt am Main: Suhrkamp, 1996 [1973].
Boellstorff, Tom, und Johan Lindquist. „Bodies of Emotion: Rethinking Culture and Emotion through Southeast Asia". *Ethnos* 69.4 (2004): 437–444.
Clifford, James. „Introduction: Partial Truths". *Writing Culture. The Poetics and Politics of Ethnography.* Hrsg. von James Clifford und George E. Marcus. Berkeley, CA, Los Angeles, CA und London: University of California Press, 1986.
Damasio, Antonio. *Descartes' Error. Emotion, Reason and the Human Brain.* New York, NY: Putnam's Son, 1994.
Ekman, Paul. „Basic Emotions". *Handbook of Cognition and Emotion.* Hrsg. von Tim Dalgleish und Michael J. Power. New York, NY: John Wiley and Sons, 1999. 45–60.
Elias, Norbert. *Über den Prozeß der Zivilisation.* 2 Bde. 20. Aufl. Frankfurt am Main: Suhrkamp, 1997 [1939].
Engelen, Eva-Marie. *Gefühle.* Stuttgart: Reclam, 2007.
Gross, David M. *The Secret History of Emotion. From Aristotle's „Rhetoric" to Modern Brain Science.* Chicago, IL und London: The University of Chicago Press, 2006.
Hochschild, Arlie Russel. „Emotion Work, Feeling Rules, and Social Structure". *American Journal of Sociology* 85.3 (1979): 551–575.
Ilouz, Eva. *Der Konsum der Romantik. Liebe und die kulturellen Widersprüche des Kapitalismus.* Übers. von Andrea Wirthensohn. Frankfurt am Main: Suhrkamp, 2003 [1997].
Levy, Robert. *Tahitians. Mind and Experience in the Society Islands.* Chicago, IL und London: University of Chicago Press, 1973.

Luhmann, Niklas. *Liebe als Passion. Zur Codierung von Intimität*. Frankfurt am Main: Suhrkamp, 1982.
Lutz, Catherine A. *Unnatural Emotions. Everyday Sentiments on a Micronesian Atoll and Their Challenge to Western Theory*. Chicago, IL und London: The University of Chicago Press, 1988.
Lutz, Catherine A. „Emotion, Thought, and Estrangement. Emotion as a Cultural Category". *The Emotions. A Cultural Reader*. Hrsg. von Helena Wulff. Oxford und New York, NY: Berg, 2007. 19–29.
Nabokov, Vladimir. *Eugene Onegin. A Novel in Verse by Alexandr Pushkin. Translated from the Russian, with a Commentary, by Vladimir Nabokov. In Four Volumes. Vol. 3: Commentary on Chapters Six to Eight, „Onegin's Journey", and „Chapter Ten"*. London: Bellington Foundation, 1964.
Plamper, Jan. *Geschichte und Gefühl. Grundlagen der Emotionsgeschichte*. Berlin: Siedler, 2012.
Reese-Schäfer, Walter. *Luhmann zur Einführung*. Hamburg: Junius, 1992.
Rosaldo, Michelle. *Knowledge and Passion. Ilongot Notions of Self and Social Life*. Cambridge und New York, NY: The University of Cambridge Press, 1980.
Rosaldo, Renato. *Ilongot Headhunting 1883–1974. A Study in Society and History*. Stanford, CA: Stanford University Press, 1980.
Rosenwein, Barbara. „Worrying about Emotions in History". *The American Historical Review* 107 (2002): 821–845.
Scheer, Monique. „Are Emotions a Kind of Practice (And What is it What Makes Them Have a History?) A Bourdieuan Approach to Understanding Emotion". *History and Theory* 51 (2012): 193–220.
Tomkins, Silvan S. *Affect Imagery Consciousness. The Complete Edition*. 2 Bde. New York, NY: Springer Publishing Company, 2008.
Wegmann, Nikolaus. *Diskurse der Empfindsamkeit. Zur Geschichte eines Gefühls in der Literatur des 18. Jahrhunderts*. Stuttgart: Metzler, 1988.
Winko, Simone. *Kodierte Gefühle. Zu einer Poetik der Emotionen in lyrischen und poetologischen Texten um 1900*. Berlin: Schmidt, 2003.
Wulf, Christoph, Jacques Poulain und Fathi Triki (Hrsg.). *Emotionen in einer transkulturellen Welt. Paragrana. Internationale Zeitschrift für Historische Anthropologie* 20.2 (2011).
Zorin, Andrej. „Import čuvst. K istorii emocional'noj evropeizacii russkogo dvorjanstva". *Rossijskaja imperija uvstv*. Hrsg. von Mark Ėli [Marc Elie], Jan Plamper und Šamma Šachadat [Schamma Schahadat]. Moskva: NLO, 2010. 117–130.

2.6 Geschichte der Gefühle. Wissensgeschichte, Begriffsgeschichte, Diskursgeschichte

Johannes F. Lehmann

Darüber, was Gefühle sind, wie sie als körper-seelische Phänomene zu beschreiben beziehungsweise wie sie zu bewerten sind und welche Funktionen sie haben, wird unter verschiedenen Begriffen – Affekte, Emotionen, Leidenschaften, Passionen unter anderen (Weigel 2004) – seit der Antike intensiv nachgedacht. Dieses Nachdenken geschieht zu verschiedenen Zeiten in verschiedenen Feldern des Wissens. Von der Antike bis in die Frühe Neuzeit sind es vor allem die Rhetorik, die Philosophie (von der Seelenlehre bis zur Staatstheorie und der Ethik), die Theologie und die Medizin, in der Moderne ist es das ganze Feld der sogenannten Humanwissenschaften, wie Historische Anthropologie, Psychologie, Psychiatrie, Psychoanalyse, Ethnologie, Soziologie, Soziobiologie und die Neurowissenschaften. Man blickt so auf eine Geschichte variierender methodischer Zugänge und Konstruktionen des Gegenstandsbereichs Emotion, auf verschiedene Theorien und Konzepte von Affekten, Emotionen und Gefühlen sowie auf unterschiedliche Abgrenzungen, Taxonomien, Bewertungen und Umgangsweisen. In diesem Sinne gibt es eine Geschichte der Gefühle als eine Wissens- beziehungsweise Wissenschaftsgeschichte (siehe den Überblick über klassische Emotionstheorien bei Landweer und Renz 2008 sowie die Darstellung von Weber 2008).

Dass aber Gefühle – vor dem Hintergrund ihrer jeweiligen diskursiven Produktion und ihrer verschiedenen Praktiken – zugleich selbst eine Geschichte haben, ist erst seit den 1980er Jahren Gegenstand von intensiver Debatte und Forschung und mittlerweile ein *turn*-verdächtiges Gebiet (zum *emotional turn* siehe Anz 2006), das bereits in die Phase seiner eigenen Historisierung eingetreten ist (siehe z. B. Leys 2011). Die Fragerichtungen des Forschungsfeldes ‚Geschichte der Gefühle' sind selbst heterogen. Zum einen geht es um die Rolle von Gefühlen in der und für die Geschichte (1.), zum anderen um die Historizität der Gefühle selbst (2.). Die Frage nach den Gefühlen und ihrer Geschichte hat dabei selbst eine Geschichte, die mit methodischen Vorentscheidungen in Geschichts-, Kultur- und Literaturwissenschaft zusammenhängt. Dies wiederum basiert auf den verschiedenen Theorien und Modellen von Gefühlen und Emotionen beziehungsweise auf der Beantwortung der Frage, was Gefühle eigentlich sind (3.). Das Interesse an Gefühlen und an ihrer Geschichte setzt einen entsprechenden Begriff von ‚Gefühl' voraus, der zuallererst an der Schwelle zur Moderne um 1800 diskursiv produziert wird, der neue Formen der Darstellung von Erfahrung und Erleben bedingt und somit sowohl auf seine Erscheinungsweise und seine Funktion als auch auf seine Rolle für die Literatur in der Moderne zu befragen ist (4.).

1. Gefühle in der Geschichte

Die Geschichte der Gefühle ist seit dem Beginn ihrer Hochkonjunktur in den 1980er Jahren in zwei Fragerichtungen problematisiert worden. Zum einen gemäß der Formel ‚Gefühle machen Geschichte' (Frevert 2009, 202), zum anderen gemäß der Formel ‚Gefühle haben eine Geschichte'. In der ersten der beiden genannten Forschungsrichtungen werden Gefühle, wie Angst, Zorn, Mitleid oder andere (meist unter dem Namen Emotionen), als Faktoren geschichtlicher Verläufe untersucht, die jeweils zugrunde gelegten Begriffe von Gefühl beziehungsweise Emotion selbst dagegen bleiben tendenziell ahistorisch. Vorläufer dieser Forschungsrichtung reichen zurück in die historische Schule der *Annales*. Diese Gruppe bedeutender französischer Historiker (Lucien Febvre, Marc Bloch, Fernand Braudel und andere), die in Deutschland erst in den 1970er Jahren rezipiert wurde (Honegger 1977, 7), ist nach der von ihr 1929 gegründeten Zeitschrift *Annales d'histoire économique et sociale* benannt. Zentrales Anliegen war eine Erweiterung der Sozial- und Wirtschaftsgeschichte um emotionale Einstellungen und ‚Mentalitäten'. Der Begriff der Mentalität ist theoretisch eher vage und umfasst sowohl den Bereich kollektiver Affekte, Einstellungen, Vorstellungen und Werte als auch kultureller Praktiken im Umgang mit Emotionen, die jeweils im Sinne eines historischen *Apriori* dem Denken beziehungsweise dem Weltbild einer Epoche als entzogen gedacht werden (Raulff 1987, 8–15). „Mentalitäten umschreiben kognitive, ethische und affektive Dispositionen" (ebd., 10), das heißt, nicht Ideen, Ideologien und auch nicht Ereignisse, sondern Haltungen, Gewissheiten, Glaubensinhalte, Selbstverständlichkeiten, latente Dispositionen. Mentalitäten müssen sich allerdings, will man sie als *Apriori* geschichtlicher Prozesse rekonstruieren, in Diskursen oder Praktiken manifestieren. Was als ‚Mentalität' erforscht wird, bleibt daher immer hinter den Diskursen und Praktiken zurück, als etwas, das *per definitionem* nur hypostasiert werden kann. Dennoch liegen hier zentrale Wurzeln einer Geschichte der Gefühle.

Mit den affektiven Dispositionen und ihrem historischen Wandel hatten sich bereits der Historiker Johann Huizinga in seinem Buch *Herbst des Mittelalters* (1919) und der Soziologe Norbert Elias in seiner monumentalen Studie *Über den Prozeß der Zivilisation* (1939) beschäftigt. Beide Bücher arbeiteten einem Großnarrativ zu, das Modernisierung als zunehmende Affektkontrolle und Affektunterdrückung beschrieb, als historischen Umbau des menschlichen „Affekthaushalts" (Elias 1976 [1939], Bd. 1, 282) im Sinne seiner Zivilisierung. Elias ging es dabei weniger um eine Historizität der Affekte und ihrer Klassifikationen, als vielmehr um eine langfristige Geschichte der Entwicklung der Formen von Affektkontrolle beziehungsweise Affektregulierung, die er mit einer Theorie des Zivilisationsprozesses verknüpfte, gemäß der intensivierte Formen der Affektregulierung mit höheren Formen der gesellschaftlichen Differenzierung (mit längeren Interdependenzketten) korrelieren. Elias öffnete den Blick dafür, dass mit geänderten Verhaltensstandards, etwa im Kampf oder beim Essen, auch geänderte Emotionen (Scham, Peinlichkeit, Angst) und geänderte Weisen des Fühlens und Empfindens einhergehen. Zugleich schloss er diesen Blick aber in sein Postulat einer Parallele von psychogener Ontogenese und Soziogenese wieder ein: So wie das Kind zum Erwachsenen zivilisiert wird, so werden auch die kindlichen Gesellschaften zur Zivilisation (ebd., LXXIV). Gegen den Sog dieses Großnarrativs und seines hydraulischen Affektmodells wendet sich die neuere Emotionsgeschichte, insbesondere die des bei Elias in den Blick genommenen Mittelalters (Rosenwein in Plamper 2010, 55).

Es gibt aber jenseits der Mentalitätsgeschichte und den Errungenschaften der *Annales*-Schule mit ihren emotionsaffinen Arbeiten über Angst, Familie, Kindheit und Tod noch ältere Wurzeln einer Geschichte der Gefühle. Sie liegen im Bereich dessen, was seit Nietzsche *Genealogie der Moral* (1887) heißt. Die Frage nach der Universalität beziehungsweise Historizität moralischer Standards und moralischer Gefühle, wie Mitleid, Empathie, Rechtsgefühl, stellt sich seit Ende des 18. Jahrhunderts, wird hier aber, von Adam Smith oder Francis Hutcheson, später von Schopenhauer in Richtung Universalität beantwortet. Dezidiert für eine Historizität solcher moralischen beziehungsweise ethisch relevanten Gefühle tritt, noch vor Nietzsche, Paul Rée in seinem Buch über *Die Entstehung des Gewissens* (1885) ein. Rée entwickelt hier gegen den moralischen Universalismus derer, die ihre „Kirchspielmoral [...] für diejenige des Erdkreises gehalten haben" (Rée 1885, 27), die „Methode des Vergleichs und der genetischen Entwickelung" (ebd., 32), die voraussetzt, dass Gefühle, wie das Gerechtigkeitsgefühl, historisch erforscht werden müssen. Rée (wie auch Nietzsche) lässt sich als Pionier einer Geschichte der Gefühle begreifen, der diese Geschichte nicht am Leitfaden einer evolutionären Fortschrittserzählung angeblich angeborener Racheinstinkte (Autenrieth 1846, Dühring 1875) oder aber eines Großnarrativs der zunehmenden Affektkontrolle erzählt (so vor Elias bereits Steinhausen 1895; Breysig 1931; vgl. hierzu Plamper 2012, 59), sondern im Sinne einer Genealogie, die das Rechtsgefühl als Produkt einer kontingenten historischen Entwicklung begreift.

Mit seinem Aufsatz *Sensibilität und Geschichte. Zugänge zum Gefühlsleben früherer Epochen* aus dem Jahr 1941 legte Febvre die Grundlagen für die neuere Erforschung der Geschichte der Gefühle, indem er sie explizit als neue „Forschungsmethode" (Febvre 1977 [1941], 319) propagierte: „Ich fordere die Aufnahme einer breitangelegten kollektiven Untersuchung der fundamentalen menschlichen Gefühle und ihrer Ausdrucksweisen." (ebd., 331) Febvre stellt dabei – im Rückgriff auf Überlegungen aus Johan Huizingas Mittelalterbuch – ebenfalls die Transformationen des Rechtsgefühls und den Umgang mit Strafe beziehungsweise Gnade ins Zentrum (ebd., 319–322) wie auch die Veränderung religiöser Gefühle. Unter der Annahme der „Ambivalenz der Gefühle als universelles, ‚menschliches' Faktum" (ebd., 322) schwebt Febvre allerdings eine Gefühlsgeschichte vor, die Emotionen in ihrer jeweiligen Ausprägung als (ansteckende) Faktoren der Geschichte berücksichtigt. Febvre tut das vor dem Hintergrund des Nationalsozialismus' und der Sorge, dass es gerade die Emotionen sind, die „die Welt morgen in ein stickendes Leichenhaus verwandeln" (ebd., 333). Der Zweite Weltkrieg und die Massenbewegung des Nationalsozialismus' hat Febvre für die Macht der Emotionen in der Geschichte sensibilisiert (Plamper 2012, 55), allerdings ohne dass dieser Forschungsimpuls unmittelbar aufgegriffen worden wäre.

Dass Emotionen zentrale Faktoren des menschlichen Handelns und menschlicher Entscheidungsprozesse darstellen und insofern auch von Historikern und Kulturwissenschaftlern berücksichtigt werden müssen, ist eine Einsicht, die dann im Zuge einer Etablierung der Historischen Anthropologie seit Ende der 1970er Jahre und im Kontext der Postmoderne plausibel wurde. In dem Maße, wie die Sozialgeschichte sich in den 1970er Jahren alltagsgeschichtlichen und ethnologischen Fragen öffnete und zunehmend das Privatleben und subjektive Dimensionen der Erfahrung in den Mittelpunkt rückte, erwuchs aus ihr eine Historische Anthropologie (van Dülmen 2000, 5–11), die – jenseits der Frage nach der Genese der Moderne – kultur- und mentalitätsgeschichtliche Fragen nach Familie, Geschlecht, Sexualität, Tod und Angst stellte (Ariès 1976, Delumeau 1978, Ariès und Duby 1989–1993). Gerade im Feld anthropologischer Beziehungsforschungen und verstärkter Berücksichtigung sogenannter Ego-Dokumente rückten dann auch Emotionen in den Fokus (z. B. Medick 1984).

Im Zuge der poststrukturalistischen Vernunft- und Subjektkritik (z. B. Baudrillard 1987), der Entdeckung der ‚Emotionalen Intelligenz' (Goleman 1996, Nussbaum 2001) beziehungsweise einer ‚fraktalen Affektlogik' (Ciompi 1997) und im Rahmen einer immer mehr auf (emotionale) Selbstoptimierung ausgerichteten therapeutischen, kapitalistischen Kultur (hierzu Illouz 2006 [2004] und Illouz 2009 [2008]) wurde dann auch eine genuine Fokussierung auf die Geschichte der Emotionen und Gefühle plausibel. Der Mensch ist nicht nur ein *homo oeconomicus*, sondern auch ein *homo sentiens*, ein emotionales Wesen, dessen Urteile und Handlungen mit manifesten Interessen oder rationalen Entscheidungen und Vorteilsnahmen häufig nicht zu erklären sind (Flam 2002, 173). Emotionen spielen auch als Medien der Gruppenbildung oder Differenzierung eine historisch bedeutsame Rolle, als Bindemittel gleichsam für „emotional communities" (Rosenwein 2006) oder sogar soziale Klassen (Wehler 2000). In diesem Sinne wuchs seit den 1980er Jahren und verstärkt im ersten Jahrzehnt des 21. Jahrhunderts das Interesse an Emotionen als Faktoren der Geschichte und der Kulturgeschichte.

Wenn Historiker allerdings das gegenwärtige Wissen über Emotionen heranziehen, so wie Wirtschaftshistoriker das heutige Wissen über Konjunkturzyklen, dann ist das im Sinne einer Befragung der Geschichtsmächtigkeit von Emotionen sicher sinnvoll, klammert aber gerade die Historizität von Gefühlen selbst aus (so etwa ebd., 467) und konzentriert sich auf die Historizität ihrer jeweiligen kulturellen Normung beziehungsweise Habitualisierung, etwa im Sinne Bourdieus. So hatten bereits Carol Z. und Peter N. Stearns (1985) in einem zentralen Gründungsaufsatz einer Geschichte der Gefühle dafür plädiert, nicht die Emotionen an sich, sondern die Emotionsnormen (hierfür prägten sie den Begriff ‚emotionology') zu untersuchen und danach zu fragen, wie neuronal und hormonell im menschlichen Körper verankerte Emotionen jeweils kulturell durch spezifische Legitimationen und Ausdrucksformen standardisiert werden (ebd., 813; hierzu Plamper 2012, 68–69).

2. Gefühle und ihre Geschichte

Die zweite der beiden eingangs genannten Forschungsrichtungen fragt – vor genau diesem Hintergrund einer Differenz von *emotion* und *emotionology* und in der Folge der nietzscheanischen Genealogie und der Foucaultschen Diskursanalyse – nach der Historizität der Emotionen selbst. Hier geht es nicht nur darum, Emotionen und Gefühlen ihren Platz als Geschichtsmächten und Entscheidungsfaktoren zuzusprechen, sondern darum, nach der Historizität der Gefühle, ihrer Taxonomien und Diskurse sowie nach der kulturellen Variabilität des emotionalen Erlebens selbst zu fragen. So wie Benjamin die Möglichkeit einer Geschichte der Sinneswahrnehmung erwogen hatte (Benjamin [1936] 1977) und man etwa zeigen kann, dass der Schmerz eine auch für die Literaturgeschichte relevante Geschichte hat (Borgards 2007), geht es hier darum, vermeintlich anthropologische Konstanten als historisch kontingent zu fassen. Die Annahme einer Geschichte beziehungsweise einer Geschichtlichkeit der Gefühle ist daher methodisch ungleich komplexer, denn sie verwickelt sich zum einen in die Frage nach dem Verhältnis von (biologischer) Universalität von Emotionen zu ihrer kulturellen Vermitteltheit und somit in die Frage, was Emotionen eigentlich sind. Sie verwickelt sich zum anderen in die damit zusammenhängende Frage, wie die Historizität der Gefühle, wenn man sie unterstellt, wissenschaftlich beobachtbar sein kann, von welchem Standpunkt aus man welche Dokumente und Manifestationen von Emotionen wie beschreiben kann, ohne nicht immer schon die eigenen Begriffe und Modelle unterzuschieben (vgl. hierzu Solomon 1981, 236).

Erschwert wird das methodische Problem noch zusätzlich dadurch, dass Emotionen und ihr Ausdruck in einem rückkoppelnden Verhältnis stehen. Jeder Aussagesatz über ein eigenes Gefühl (und damit jede Klassifikation von Gefühlen und die von ihr bereit gestellten sprachlichen Differenzierungsmöglichkeiten) verändert das Gefühl selbst oder bringt es womöglich allererst hervor. Es gibt Gefühle nicht so wie es Tische oder Stühle gibt, sondern Gefühle gibt es – für den Fühlenden selbst, aber mehr noch für den Beobachter – nur in Manifestationsformen, die sich unmittelbar auf das Manifestierte selbst auswirken: „The feeling does not simply exist before the utterance, but become ‚real' as an effect, shaping different kinds of actions and orientations" (Ahmed 2004, 13). Daraus folgt: „As such, emotions are performative [...] and they involve speech acts [...], which depend on past histories, at the same time as they generate effects." (ebd.)

Der Emotionshistoriker William Reddy hat zur Beschreibung dieses Dilemmas – in Analogie zu den sprechakttheoretischen Begriffen von ‚Konstativen' und ‚Performativen' – den Begriff der ‚Emotive' vorgeschlagen. Emotionsaussagen, wie ‚ich fühle X', sind weder konstative noch performative Äußerungen im Sinne Austins, sondern folgen einer eigenen rückkoppelnden Logik, die „sowohl beschreiben als auch verändern" (Plamper 2012, 304), worauf sie sich beziehen. Das gilt zum einen für den jeweiligen Umgang mit Gefühlen, für die jeweiligen Imperative, Wertungen oder Verbote bestimmter Gefühle in bestimmten Situationen oder Gruppen, also für all das, was Emotionshistoriker als *emotionology* (Stearns und Stearns 1985), Gefühlsstandards, *emotional communities* (Rosenwein 2006) oder *emotional regimes* (Reddy 2001, 124–130; Reddy in Plamper 2010, 44–45) untersuchen. Es gilt aber auch auf der Ebene dessen, was zu einer bestimmten Zeit überhaupt als Gefühl, Affekt, Leidenschaften oder Emotion gefasst wird, das heißt, welche Kategorien von Gefühl die jeweilige Sprache und der jeweilige Diskurs überhaupt bereitstellt. Was etwa Aristoteles unter dem Oberbegriff der *path*ê fasst, ist grundverschieden vom heutigen Begriff der Emotion (Konstan 2009, 39–41). Auch auf dieser Ebene der Emotionstheorie sind historische Transformationen zu verzeichnen, die wiederum rückkoppelnd auf das Erleben und den Umgang mit Emotionen wirken.

Diese Logik der Rückkopplung zwischen Diskurs und Phänomenalität von Emotionen bedeutet, dass es nicht ausreicht, die Historizität der Gefühle auf das Gebiet des Ausdrucks oder sogenannter *display rules* zu beschränken, ihnen gegenüber aber daran festzuhalten, dass unter dem historisch variablen

Emotionsausdruck oder ‚Emotionsregime' aber immer dieselben invarianten Emotionen liegen (so Ekman 1988, 30; Ekman 2009). Nimmt man die These der Rückkopplung von Gefühlsaussagen und ihrer kulturellen Formierung zu Gefühlsstandards oder „Gefühlsregimen" (Reddy 2001, 124) ernst, dann tangiert die jeweilige kulturelle Codierung von Gefühlen auch die Gefühle selbst, also auch die *feeling rules* (Hochschild 1979). Wie weit die kulturelle Vermitteltheit reicht, ist dabei durchaus offen: „Kultur bildet aber grundsätzlich den Rahmen, in dem Gefühle gestaltet und mit einem spezifischen Sinn versehen werden." (Trepp 2002, 88) Die Historizität der Emotionen in diesem starken Sinne zu postulieren, folgt dabei selbst gewissen Prämissen der Emotionstheorie. Indem sie nämlich die Rolle der Sprache und des Diskurses, der Taxonomien und der Sprach- und Verhaltenscodes ins Zentrum rückt, betont sie implizit oder explizit den kognitiven Anteil von Emotionen. Unausweichlich ist für eine Geschichte der Gefühle die Auseinandersetzung mit der Frage, was Emotionen eigentlich sind, und mit der Geschichte dieser Frage und ihren Antworten.

3. Was sind Gefühle? Theoretische Prämissen einer Geschichte der Gefühle

Fasste man Gefühle als anthropologische Konstanten oder evolutionsbiologisch erfolgreiche Universalien, die neurophysiologisch und physiologisch in der ‚Natur' des Menschen liegen, dann wäre eine Geschichte der Gefühle allenfalls evolutionsbiologisch möglich. Ausgehend von der These Darwins in seinem Buch *The Expression of the Emotions in Man and Animals,* der zufolge Emotionen ein adaptiver Mechanismus von Organismen sind, um fundamentale Lebensaufgaben zu bewältigen (Darwin 2009 [1872], 33–87), hat insbesondere Paul Ekman die These von universalen Basisemotionen und ihres kulturunabhängigen, ‚pankulturellen' Ausdrucks vertreten. Das Paradebeispiel, mittels dessen die These von der evolutionsbiologisch bedingten Nicht-Intentionalität von Emotionen immer wieder illustriert wird, ist die Furcht beziehungsweise die Angstreaktion vor einer Schlange oder einem sich schnell nähernden Gegenstand (Le Doux 1998, 176; Plamper 2012, 13). Andere Emotionen, wie etwa Neid, Stolz oder Hoffnung, werden hingegen in diesem Zusammenhang eher selten besprochen. Die Kritik, die insbesondere an der methodischen Herangehensweise von Ekman geübt wurde, legt das Paradox frei, dass der Versuch, die Universalität von Emotionen zu erweisen, mit sprachlichen Kategorien arbeiten muss, die selbst alles andere als universal sind. Ekman operierte zunächst mit sechs Basisemotionen, die aber der englischen Sprache entnommen waren. Die Heterogenität sogenannter Basisemotionen zeigen Listen bei Meyer et al. (2003, 2 und 159).

Der konstitutive Bezug zwischen der Existenz einer Emotion und ihrer sprachlichen Benennung musste Ekman schon deshalb aus dem Blick geraten, da er – und diese Prämisse steigert die Zirkularität seiner Argumentation – davon ausging, dass Emotionen mit Intentionalität beziehungsweise Bedeutung, also mit kognitiven Momenten, im Kern nichts zu tun haben, insofern sie rein physiologische Reaktionen auf bestimmte Reize sind (kritisch hierzu Leys 2011, 437 und Plamper 2012, 188–191). Emotionen, so formuliert dieselbe Ansicht Paul Griffiths, seien „sources of motivation not integrated into the system of beliefs or desires" (Griffiths 1997, 243). Hierzu passt, zumindest weitgehend, das Paradigma der Furcht, da sich Furchtreaktionen *(fight-or-flight-reaction)* als evolutionsbiologisch in der Amygdala verortete, automatische Reaktionen zeigen lassen, die viel schneller ablaufen als kognitive Prozesse (zur Geschwindigkeit der Informationsverarbeitung durch die Amygdala am Beispiel der Furcht vor der Schlange vor allem Le Doux 1998, 173–179; kritisch: Leys 2010 und Leys 2011, 438).

Fragt man, was Gefühle eigentlich sind, so erhält man schon deshalb sehr verschiedene Antworten, da jeweils andere paradigmatische Beispiele als Kern des Phänomens zugrunde gelegt werden. Geht man nämlich nicht, wie Ekman und sein *spiritus rector* Silvan Tomkins oder andere universalistisch oder neurobiologisch argumentierende Forscher (Überblick bei Plamper 2012, 177–294), davon aus, dass Emotionen klar definierte, universale Reaktionen auf bestimmte Reize sind beziehungsweise „biologische Funktionen des Nervensystems" (Le Doux zit. nach Herding 2004, 83), sondern Situations- und Handlungsbegleiter, die notwendig auf kognitiven Elementen der Erfassung, Perspektivierung und Interpretation der Situation im Hinblick auf bestimmte Wünsche, Bedürfnisse oder Handlungsziele basieren, dann sind Emotionen nicht bloße ‚Hirnfunktionen', sondern psychologische Zustände und als solche immer auch kulturell vermittelt. Identifiziert man also, wie einige kognitivistische Theoretiker es tun (Green 1992; Gordon 1987; kritisch hierzu Tanner 2006, 135), Emotionen mit Kognitionen, dann geht es um den Nachweis einer Universalgrammatik der Gefühle, allerdings nicht auf neuronaler, sondern auf propositionaler Ebene und als Folge der kulturellen Evolution.

Obwohl die philosophische Tradition vor Ende des 18. Jahrhunderts Emotionen ebenfalls immer stark in den Kontext von Überzeugungen und Urteilen gestellt hatte (Aristoteles, Descartes, Spinoza, Hume), lassen sich die Schwächen dieser Sichtweise leicht aufzeigen. Denn die Erfahrung des Phänomens Emotion, die Emotionalität der Emotion, besteht ja oft gerade darin, dass Gefühle unabhängig von oder sogar gegen die eigenen Überzeugungen auftreten. Wenn man zwar weiß, dass der Hund (die Maus, die Spinne) ungefährlich ist, man aber trotzdem große Angst verspürt (Hartmann 2010, 89–92). Oder wenn ich der Meinung bin, dass der andere mich nicht kränken wollte, ich mich aber trotzdem gekränkt fühle (weil er meinen Geburtstag vergessen hat). Weitere Beispiele für derlei nicht-propositionale Emotionen wären die grundlose Eifersucht, die Höhenangst auf einer Brücke oder die Liebe zu jemandem, von dem man weiß, dass er nicht liebenswert ist (z. B. Stockholm-Syndrom). Mit Rationalität, also mit der bloßen Änderung kognitiver Einsichten, sind diese Emotionen weder zu erklären noch zu beeinflussen.

Die für eine Geschichte der Gefühle vielversprechendsten Theorien der Emotionen sind daher diejenigen, die nicht-kognitive und kognitive Elemente in ihrem komplexen Ineinander berücksichtigen. Emotionen sind demnach spezifische Formen des subjektiven Beteiligtseins an der Welt (Solomon 2009), eines Involviertseins, das eine spezifische Erfassung, Perspektivierung oder Konstruktion von Situationen im Hinblick auf die eigenen Wünsche und Bedürfnisse meint. Robert C. Roberts spricht von *concerns*; das sind „Wünsche und Abneigungen [...] sowie die Bindungen und Interessen, aus denen viele unserer Wünsche und Abneigungen abgeleitet sind" (Roberts 2009, 192) und im Hinblick auf welche wir die Welt konstruieren *(concerned based construals)*. Construals sind Wahrnehmungen von Welt, die auf den jeweils eigenen Wünschen und Interessen basieren. „Emotions are", so sagt es Jenefer Robinson, „ways of evaluating the environment in terms of how it affects the organism [...]" (Robinson 2005, 19). Dabei schließt Robinson – gegen die strengen kognitivistischen Theoretiker – Tiere explizit mit ein: „Emotions are provoked when frogs, cats, or human interact with the environment, viewed in terms of its effect upon their wants, interests, and goals" (ebd., 19). In dem Maße, wie Emotionen als Medien der Vermittlung von Organismus und Umwelt gefasst werden, die auf einer spezifischen *concern*-bedingten Filterung, Perspektivierung oder Erfassung von Situationen (und bestimmten Aspekten an ihr) beruhen, sind Kognitionen beteiligt, aber diese selbst wiederum sozusagen emotional und interessengeleitet gefärbt. In diesem Sinne hat man von *cogmotions* (Barnett und Ratner 1997; Reddy 2001, 321) oder vom sogenannten affektiven Priming-Effekt (Meyer et al. 2001, 163–166) gesprochen, der eine unbewusste, gedächtnisbasierte affektive Bewertung eines Objekts beschreibt. Solche affektiven Bewertungen können daher auch in direktem Widerspruch zu bestimmten Propositionen stehen: Mir erscheint der Hund gefährlich, ich sehe (konstruiere) ihn so, als ob er gefährlich wäre, obwohl ich weiß, dass er es nicht ist.

Die Zirkularität, dass die bei einer Emotion beteiligten Kognitionen selbst emotional bedingt sind, insofern die jeweils subjektiven und ‚parteiischen' Wahrnehmungen und Situationskonstruktionen auf Wünschen und Abneigungen beruhen, die wiederum auf Emotionen beruhen, kann allenfalls durch die

Berücksichtigung der Zeitlichkeit des Subjekts aufgelöst werden. Emotionen sind als Medien der Vermittlung des Organismus mit seiner Umwelt immer zugleich Vermittlungen zwischen der Gegenwart des Organismus und seiner spezifischen Geschichte. Emotionen sind in dieser Perspektive nie nur Aktualereignisse, sondern zugleich immer auch rückbezogen auf die konkrete Geschichte des Organismus' und seine emotional-kognitive Entwicklung mit ihren verschiedenen Formen der Speicherung beziehungsweise Erinnerung. In den Begriffen von Affekt und Emotion als Oberbergriffen für den gesamten Phänomenbereich der Gefühle wird aber die Perspektive auf das Momentane und Aktuelle der Emotion stark privilegiert. Sowohl die neurobiologisch argumentierenden Theorien (mit ihrem Paradigma der Furcht vor der Schlange) wie die Kognitionstheoretiker mit ihrer Logik der Propositionen bevorzugen Beispiele, in denen die historische Dimension des individuellen Gefühlssubjekts entweder weitgehend unberücksichtigt oder aber in die biologische Vorgeschichte des Menschen verlegt wird.

Zur Frage nach der diskursiven und konstruktivistischen Rolle der leitenden Oberbegriffe für den Phänomenbereich der Emotionen gehört auch das Problem einer Abgrenzung von Emotion und Gefühl. Es gibt Gefühle, die in der Regel nicht als Emotionen angesehen werden, wie etwa Hunger oder Kälte, da sie eher als Empfindungen gedacht werden, umgekehrt gibt es neben Emotionen, die wie Zorn oder Furcht stark mit körperlichen Veränderungen einhergehen, auch andere, wie etwa Neid oder Staunen, bei denen das nicht der Fall ist. Vor allem die biologisch argumentierenden Emotionstheoretiker identifizieren Emotionen mit Gefühlen, während die Kognitionstheoretiker dies bestreiten und Emotionen eher für Urteile, also letztlich für Gedanken halten (Solomon 2009). Derlei begriffliche Abgrenzungen, die neben den Phänomenen zugleich die üblichen Sprachregelungen aufklären wollen, zeigen, dass der epistemische Status von ‚Emotionen' äußerst prekär ist, dass es ‚Emotionen', ‚Affekte', ‚Leidenschaften' und ‚Gefühle' als Erfahrung und als Erlebensrealität nur in dem Maße ‚gibt', wie Kultur und Sprache diese und ihre jeweiligen Differenzierungen als Möglichkeiten von Selbst- und Fremdzuschreibungen bereitstellen. In diesem Sinne sind Gefühle, ihre Differenzierungen, ihre Klassifizierungen, ihre begrifflichen Nuancierungen und ihre Bewertungen beziehungsweise ihre jeweilige Relevanz notwendig historisch. Das gilt auch für den Terminus Gefühl selbst, der im Deutschen eine Erfindung vom Ende des 18. Jahrhunderts ist, und dessen diskursives Erscheinen zugleich die Bedingung der Möglichkeit noch der heutigen Emotionsforschung und einer kulturellen Geschichte der Gefühle darstellt, ja dessen Erscheinung mit der reflexiven Geschichtlichkeit des Menschen selbst zusammenhängt – und mit literarischen Formen (wie dem Roman, dem Briefroman, der Autobiografie), die mit dieser Geschichtlichkeit emotionaler Subjekte korrespondieren.

4. Zur Geschichte des Begriffs Gefühl

In der heutigen Debatte der Emotionstheoretiker zum Verhältnis von Emotionen und Kognitionen spiegeln sich ältere affektpsychologische Traditionen vor der Erfindung der Kategorie des Gefühls. Affekte sind, etwa bei Descartes, Hobbes, Leibniz, Spinoza, Locke, Thomasius und Wolff, Vorstellungen oder Ideen. Allerdings nur solche Ideen, die unmittelbar auf den Willen wirken, indem sie sinnliche Begierde auslösen, und das sind vor allem die sogenannten dunklen, undeutlichen beziehungsweise die konfusen Ideen. Entsprechend definiert Descartes Affekte als „*cogitationes confusae*" (zit. nach Bernecker 1915, 20). Noch bei Alexander Baumgarten heißt es in seiner Metaphysik: „Stärkere Begierden und Zurückweisungen aufgrund verworrener Erkenntnis (ex confusa cognitione) sind AFFEKTE (Leidenschaften, Gemütsbewegungen, Beunruhigungen des Gemüts" (Baumgarten 2011 [1739], 362–363, § 678). Ähnlich Wolff: „Ein merklicher Grad der sinnlichen Begierde und des sinnlichen Abscheus wird ein Affect genennet." (Wolff 1983 [1751], 269). Die sogenannten dunklen Vorstellungen, die *cogitationes confusae*, wirken auf den Willen, und zwar nach Maßgabe von Lust und Schmerz, die dabei empfunden werden. „Aus der Lust und dem Schmerz rühren die Leidenschaften her." (Leibniz 1996 [1704], 225) Affekte sind so einerseits bezogen auf die Gegenwart von Lust und Schmerz, andererseits aber auf die Zukunft dessen, was der durch die dunkle Vorstellung bewegte Wille zu erreichen strebt. Insofern Lust und Schmerz letztlich als Vorstellungen gefasst werden (wenn auch als dunkle) und gerade nicht als Gefühle, sind sie immer schon auf den Willen beziehungsweise die Begierde bezogen.

Dies ändert sich in dem Moment, in dem im letzten Drittel des 18. Jahrhunderts neben Vorstellung und Wille/Begierde das Gefühl als dritter Bereich in den Diskurs über den Menschen eingeführt wird. Das Gefühl wird als neue Kategorie im Sinne eines permanent arbeitenden Rückmeldungsapparats eingeführt, das Auskunft gibt über jeweils gegenwärtige „Veränderung meines Gemüthes": „Nur jetzige Veränderungen, gegenwärtige Zustände von uns, können Objekte des Gefühls seyn. Die Vorstellungen haben auch das Vergangene und Zukünftige zum Gegenstand." (Tetens 1777, Bd. 1, 170) Im Gegensatz zum ‚Begehrungsvermögen' beziehungsweise zum Willen besteht das Gefühl „in keinem Bestreben, in keinem Ansatz, eine neue Veränderung zu bewirken. Es geht nicht über das Gegenwärtige hinaus." (ebd., 171) Das Gefühl bezeichnet eine notwendige und unhintergehbare, stets gegenwärtige „passive Modification der Seele" (ebd., 173). So wird das Gefühl fundamental, und zwar so sehr, „daß Leben ohne Gefühl, so wie Bewußtseyn ohne Selbstgefühl, ganz unmöglich erschien" (Richter 1824, 150). Gefühle beschreiben so die Selbstreferenz, die bei jedem Akt der Fremdreferenz notwendig mitläuft; letztlich „sind alle unsere Gefühle Selbstgefühle"

(Abicht 1801, 68; zum Begriff des Selbstgefühls Drüe 1994 und Lehmann 2012, 181–184). Objekt der Selbstreferenz im Gefühl sind die eigenen Kräfte, der eigene Zustand beziehungsweise die „innern Realitäten" (Tetens 1777, Bd. 1, 187). Das Gefühl kommuniziert Fremdreferenz über Selbstreferenz: „Folglich ist kein Objekt denkbar, welches *unmittelbar* und *an sich fühlbar* wäre, als die im Grundsatze genannten ,selbsterweblichen Vollkommenheiten der Seelenkräfte eines Jeden'" (Abicht 1801, 67). So wird das Gefühl als permanent mitlaufende Selbstreferenz von Vorstellung und Wille unterschieden.

Die durch die Erfindung der Kategorie des Gefühls entstandene „Dreiteilung in Gefühl (d. h. Modifikabilität und Bewusstsein davon!), Verstand und Willen" (Dessoir 1964 [1902], 344) beziehungsweise die Unterscheidung von „drei Hauptformen des psychischen Lebens" (Nahlowsky 1862, 41) ist grundlegend noch in den heutigen Lehrbüchern der Emotionspsychologie (Ulich 1995, 17; Ulich 2003). Hier entsteht dasjenige, was wir heute das Emotionale oder auch das Psychische nennen und das zeitgleich als „das Entstehen, Fortgehen und ganze Werden der Leidenschaft" (Blanckenburg 1965 [1774], 30) beziehungsweise als das „Innere der Personen" (ebd., 58) zum privilegierten Gegenstand der Gattung des Romans promoviert wird und hier zu neuen Erzählformen führt. Wenn heutige neurophysiologische Emotionstheoretiker Gefühle als angeborene Reiz-Reaktions-Schemata fassen oder einige Kognitionstheoretiker sie mit einer universalen Grammatik von Propositionen erklären, dann überspringen sie gerade jenes Psychische beziehungsweise Emotionale, das im Begriff des Gefühls am Ende des 18. Jahrhunderts diskursiv produziert wurde. Es ist gerade diese individuelle, subjektive Geschichtlichkeit der Gefühle selbst, die diese – im Wechselspiel von Wahrnehmung und Ausdruck – zur Basis der Erfindung der Geschichtlichkeit des Menschen selbst macht.

Herders Historismus, der überhaupt erst die Frage nach der Geschichte der Gefühle möglich macht, beruht wesentlich auf der Hypothese, dass Menschen aus den jeweils individuell und sinnlich-emotional verarbeiteten Umweltereignissen Sprache und Kultur stiften. Worte und ihre Bedeutungen werden oft „von der Not erzwungen und im Affekt, im Gefühl, in der Verlegenheit des Ausdrucks erfunden" (Herder 1989 [1772], 65). Und: „je ursprünglicher die Sprache, desto weniger Abstraktionen, desto mehr Gefühle" (Herder 1989 [1772], 69). Wenn Herder das Wort Gefühl einerseits in wörtlicher Bedeutung für Tastsinn benutzt, dann kann er es aber andererseits metaphorisch deshalb auf alle Sinne als eine Art integrales Verarbeitungsrelais der Außenwelt ausweiten („[a]llen Sinnen liegt Gefühl zum Grunde", ebd., 54), da der Tastsinn paradigmatisch Fremdreferenz als Selbstreferenz prozessiert: „Gefühl [hier im Sinne von Tastsinn, J. L.] empfindet alles nur in sich und in seinem Organ." (ebd., 57) Von diesem Gefühl her verarbeitet der Mensch seine jeweiligen Lebensumstände und schafft sich selbst jene

Kultur, die er dann im Rückblick auf sich selbst historisieren kann. Das Gefühl ist für Herder Medium der Geschichtlichkeit des Menschen wie zugleich Medium des poetischen Ausdrucks.

Auch Affekte sind nun Gefühle und in dieser neuartigen Konzeptualisierung liegen ihnen „lebensgeschichtlich geprägte Erlebniskomplexe und -interpretationen zugrunde" (Fink-Eitel 1986, 539). Dies hat Konsequenzen für die Darstellung von Emotionen. Ende des 18. Jahrhunderts, so die These von Rüdiger Campe, wird im Hinblick auf Affekte „das narrative Material ganz von der begrifflichen Analyse getrennt": Denn „[w]aren die Erzählschemata der alten Affektenlehre (wer haßt wen in Hinsicht worauf?) immer auch schon die Definition des einzelnen Affekts, gibt es jetzt Fallberichte, an denen sich das Wirken der Leidenschaft zeigt, oder aus der Introspektion gewonnene Berichte, die den Wechsel der Zeit als subjektives Erleben vor Augen stellen" (Campe 1990, 392). Erzählbar sind Affekte nurmehr aus der individuellen Geschichte, aus der Gefühlslebensgeschichte beziehungsweise aus der Textualität dieser Geschichte. Entsprechend bezeichnet Joseph Wilhelm Nahlowsky um die Mitte des 19. Jahrhunderts das Gefühlsleben als eine „individuell gestaltete Innenwelt" und diese als eine „Textur von Vorstellungsverbindungen" (Nahlowsky 1862, 5–6). Gefühle sind nicht mehr begrifflich, sondern allenfalls narrativ zu erfassen. Das Problem, dass „wir die Affekte zwar nicht ohne Sprache, aber auch nicht durch sie verstehen können, ist ein prinzipielles Problem, an dem sich vor allem die (individualistische) kulturelle Moderne abgearbeitet hat" (Fink-Eitel 1986, 539). Und das hat sie insbesondere auch im Medium der Literatur getan.

Über die literarische Darstellung von Leidenschaften, Affekten und Passionen hinaus, wie sie seit der Antike zentraler Bestandteil literarischer Texte und literarischer Wirkungstheorien ist, markiert die Auflösung der alten Affekt-Entitäten und die diskursive Erfindung des Gefühls einen literaturgeschichtlichen Einschnitt. Seither stehen Literatur und innovative Formen der Gefühlsdarstellung beziehungsweise -reflexion einerseits und Gefühlstheorie beziehungsweise -forschung andererseits in einem engen Wechselverhältnis. Zur Darstellung des subjektiven Erlebens der Gefühle etablieren sich nicht nur Gattungen (der Siegeszug des Romans mit seinen Untergattungen von Brief- und Bildungsroman, die Autobiografie, die psychologische Novelle, die sogenannte Erlebnislyrik, wie die Lyrik überhaupt, die im 19. Jahrhundert gattungspoetologisch auf die Darstellung der Gefühle festgelegt wird, das Theater der Vierten Wand etc.), sondern auch spezifische narrative Verfahren, wie der ‚erlebte Vergleich' und die ‚erlebte Rede'.

Erlebte Vergleiche – gemeint sind Als-ob-Wendungen wie im Satz aus Büchners *Lenz*-Novelle: „[e]s war ihm, als jage der Wahnsinn auf Rossen hinter ihm" – begegnen erst seit Ende des 18. Jahrhunderts und sind hier besonders hochfrequent im sogenannten Bildungsroman zu finden, wie etwa in Moritz' psychologischem Roman *Anton Reiser* (hierzu Lehmann 2013). In dieser narrativen Wendung wird das subjektive, emotionale Erleben der Figur in einem Vergleich gefasst, der zugleich eine fiktive Szene erzählt, die das zu erzählende Gefühl nicht benennt, sondern als Situationsbegleiter theatralisiert. Derlei szenische Narrativierung emotionalen Innenlebens literarischer Figuren bedingte etwa auch die ungeheure Wirkung des *Werther*. Werther beschreibt seine Gefühle als die selbstreferentiellen Effekte seiner Wahrnehmungen der Außenwelt. Wenn Gefühle als permanent arbeitendes Selbstgefühl das Bewusstsein begleiten, wie Tetens es modelliert, dann ist die narrative Strategie des *Werther*, exakt diese Bewusstseinstätigkeit so zu simulieren, dass der Leser selbst an die Stelle dieses Bewusstseins treten kann und so auch die entsprechenden Gefühle selbst fühlt (hierzu Huber 2003, 166–193).

Das Gefühl als Vermittlungsrelais zwischen Innen und Außen wird seit dem 19. Jahrhundert in vielfältiger Weise zum Kern literarischer Darstellung, insbesondere zum privilegierten Gegenstand des Romans erklärt. Deutlich wird das bei dem Hegelianer Friedrich Theodor Vischer: „Die Kämpfe des Geistes, des Gewissens, die tiefsten Krisen der Überzeugung, der Weltanschauung, die das bedeutende Individuum durchläuft, vereinigt mit *den Kämpfen des Gefühlslebens:* dies sind die Konflikte, die Schlachten des Romans." (Vischer 1975 [1857], Bd. 6, 181). Und: Das Gefühl ist „eine ungleich tiefere Form des Seelenlebens als das Bewußtsein, indem es *die objektive Welt in das innere Leben des Selbst und dessen einfache Idealität* verwandelt" (Vischer 1975 [1857], Bd. 5, 7). Nicht wie bei E. T. A. Hoffmann und seinem serapiontischen Prinzip soll die Außenwelt als Hebel der Innenwelt in den Blick kommen, sondern in umgekehrter Richtung soll, wie schon bei Friedhelm von Blanckenburg, über die Darstellung des Inneren zugleich die Außenwelt als die Bedingung des Inneren erfasst werden: „Im Gefühle wird das Subjekt seiner selbst inne, wie es in seinen *Lebensbedingungen durch die objektive Welt* gefördert oder gehemmt ist." (ebd., 7) Erscheint hier das Gefühl als Kern des darzustellenden Seelenlebens als Rettung der Poesie, so ist die Etablierung des Gefühls als Selbstreferenz des Menschen auch jenseits solcher Rettungen für die Literatur der Moderne unhintergehbar.

Literaturverzeichnis

Abicht, Johann Heinrich. *Psychologische Anthropologie. Erste Abteilung. Aetiologie der Seelenzustände*. Erlangen: Palm, 1801.
Ahmed, Sara. *The Cultural Politics of Emotion*. Edinburgh: Edinburgh University Press, 2004.
Anz, Thomas. „Emotional Turn? Beobachtungen zur Gefühlsforschung". literaturkritik.de (2006/12): http://www.literaturkritik.de/public/rezension.php?rez_id=10267.
Ariès, Philippe. *Studien zur Geschichte des Todes im Abendland*. München: Hanser, 1976.

Ariès, Philippe, Georges Duby und Paul Veyne. *Geschichte des privaten Lebens*. 5 Bde. Frankfurt am Main: Fischer, 1989–1993.

Autenrieth, Johann Heinrich Ferdinand. „Die Entstehung der Strafgesetzgebung aus dem wechselseitigen Einfluß des Racheinstincts und des geselligen Triebs des Menschen". *Gerichtlich-medicinische Aufsätze und Gutachten*. Hrsg. von Johann Heinrich Ferdinand Autenrieth und Hermann F. Autenrieth. Tübingen: Fues, 1846. 1–29.

Barnett, Douglas, and Hilary Horn Ratner. „Introduction: The Organization and Integration of Cognition and Emotion in Development". *Journal of Experimental Child Psychology* 67 (1997): 303–316.

Baudrillard, Jean. „Das fraktale Subjekt". *Ästhetik und Kommunikation* 67/68 (1987): 35–38.

Baumgarten, Alexander. *Metaphysica/Metaphysik. Historisch-kritische Ausgabe*. Übers. und hrsg. von Günter Gawlick und Lothar Kreimendahl. Stuttgart-Bad Cannstatt: Frommann-Holzboog, 2011 [1739].

Benjamin, Walter. „Das Kunstwerk im Zeitalter seiner technischen Reproduzierbarkeit" [1936]. *Illuminationen. Ausgewählte Schriften*. Hrsg. von Walter Benjamin. Frankfurt am Main: Suhrkamp, 1977. 136–169.

Bernecker, Karl. *Kritische Darstellung der Geschichte des Affektbegriffes. (Von Descartes bis zur Gegenwart)*. Berlin: Godemann, 1915.

Blanckenburg, Friedrich von. *Versuch über den Roman*. Faksimiledruck der Originalausgabe von 1774. Stuttgart: Metzler, 1965.

Borgards, Roland. *Poetik des Schmerzes. Physiologie und Literatur von Brockes bis Büchner*. München: Fink, 2007.

Breysig, Kurt. *Die Geschichte der Seele im Werdegang der Menschheit*. Breslau: M. und H. Marcus, 1931.

Campe, Rüdiger. *Affekt und Ausdruck. Zur Umwandlung der literarischen Rede im 17. und 18. Jahrhundert*. Tübingen: Niemeyer, 1990.

Ciompi, Luc. *Die emotionalen Grundlagen des Denkens. Entwurf einer fraktalen Affektlogik*. Göttingen: Vandenhoeck & Ruprecht, 1997.

Darwin, Charles. *The Expression of the Emotions in Man and Animals*. Hrsg. von Paul Ekman. London, New York, NY und Toronto: Harper Perennial, 2009 [1872].

Delumeau, Jean. *La Peur en Occident (XIVe-XVIIIe siècles). Une cité assiégée*. Paris: Fayard, 1978.

Descartes, René. *Les Passions de l'Ame/Die Leidenschaften der Seele*. Französisch/Deutsch. Hrsg. und übersetzt von Klaus Hammacher. Hamburg: Meiner, 1996 [1649].

Dessoir, Max. *Geschichte der neueren deutschen Psychologie*. 2. überarb. Aufl. Amsterdam: Bonset, 1964 [1902].

Döring, Sabine A. (Hrsg.). *Philosophie der Gefühle*. Frankfurt am Main: Suhrkamp, 2009.

Drüe, Hermann. „Die Entwicklung des Begriffs Selbstgefühl in Philosophie und Psychologie". *Archiv für Begriffsgeschichte* 37 (1994): 285–305.

Dühring, Eugen. *Cursus der Philosophie als streng wissenschaftlicher Weltanschauung und Lebensgestaltung*. Leipzig: Koschny, 1875.

Dülmen, Richard van. *Historische Anthropologie. Entwicklung, Probleme, Aufgaben*. Köln, Weimar und Wien: Böhlau, 2000.

Ekman, Paul. *Gesichtsausdruck und Gefühl. Zwanzig Jahre Forschung von Paul Ekman*. Hrsg. und übers. von Maria von Salisch. Paderborn: Junfermann-Verlag, 1988.

Ekman, Paul. „Universality of Emotional Expression? A Personal History of the Dispute". *Charles Darwin. The Expression of the Emotions in Man and Animals*. Hrsg. von Paul Ekman. 3. Aufl. London, New York, NY und Toronto: Harper Perennial, 2009. 363–393.

Elias, Norbert. *Über den Prozeß der Zivilisation. Soziogenetisch und psychogenetische Untersuchungen*. 2 Bde. Frankfurt am Main: Suhrkamp, 1976 [1939].

Febvre, Lucien. „Sensibilität und Geschichte. Zugänge zum Gefühlsleben früherer Epochen" [1941]. *Schrift und Materie der Geschichte. Vorschläge zur systematischen Aneignung historischer Prozesse*. Hrsg. von Claudia Honegger. Frankfurt am Main: Suhrkamp, 1977. 313–334.

Fink-Eitel, Hinrich. „Affekte. Versuch einer philosophischen Bestandsaufnahme". *Zeitschrift für philosophische Forschung* 40 (1986): 520–542.

Flam, Helena. *Soziologie der Emotionen. Eine Einführung*. Konstanz: UVK Verlagsgesellschaft, 2002.

Frevert, Ute. „Was haben Gefühle in der Geschichte zu suchen?" *Geschichte und Gesellschaft* 35 (2009): 183–208.

Goleman, David. *Emotionale Intelligenz*. München: Hanser, 1996.

Gordon, Robert M. *The Structure of the Emotions. Investigation in Cognitive Phiolosophy*. Cambridge: Cambridge University Press, 1987.

Green, O. H. *The Emotions: a Philosophical Theory*. Dordrecht und Boston, MA: Kluwer, 1992.

Griffiths, Paul E. *What Emotions Really Are: The Problem of Psychological Categories*. Chicago, IL: University of Chicago Press, 1997.

Hartmann, Martin. *Gefühle. Wie die Wissenschaften sie erklären*. 2. Aufl. Frankfurt am Main: Campus, 2010.

Herder, Johann Gottfried. *Abhandlung über den Ursprung der Sprache*. Hrsg. von Hans Dietrich Irmscher. Stuttgart: Reclam, 1989 [1772].

Herding, Klaus, und Bernhard Stumpfhaus (Hrsg.). *Pathos – Affekt – Gefühl. Die Emotionen in den Künsten*. Berlin und New York, NY: De Gruyter, 2004.

Hochschild, Arlie Russell. „Emotion, Work, Feeling Rules, and Social Structure". *American Journal of Sociology* 85 (1979): 551–575.

Huber, Martin. *Der Text als Bühne. Theatrales Erzählen um 1800*. Göttingen: Vandenhoeck & Ruprecht, 2003.

Illouz, Eva. *Gefühle in Zeiten des Kapitalismus. Frankfurter Adorno-Vorlesungen*. Übers. von Martina Hartmann. Frankfurt am Main: Suhrkamp, 2006 [2004].

Illouz, Eva. *Die Errettung der modernen Seele. Therapien, Gefühle und die Kultur der Selbsthilfe*. Übers. von Michael Adrian. Frankfurt am Main: Suhrkamp, 2009 [2008].

Konstan, David. „Haben Gefühle eine Geschichte?" *Pathos, Affekt, Emotion. Transformationen der Antike*. Hrsg. von Martin Harbsmeier und Sebastian Möckel. Frankfurt am Main: Suhrkamp, 2009. 27–46.

Landweer, Hilge, und Ursula Renz (Hrsg.). *Klassische Emotionstheorien. Von Platon bis Wittgenstein*. Berlin und New York, NY: De Gruyter, 2008.

Le Doux, Joseph. *Das Netz der Gefühle. Wie Emotionen entstehen*. München: Hanser, 1998 [1996].

Lehmann, Johannes F. *Im Abgrund der Wut. Zur Kultur- und Literaturgeschichte des Zorns*. Freiburg im Breisgau: Rombach, 2012.

Lehmann, Johannes F. „Es war ihm, als ob. Zur Theorie und Geschichte des erlebten Vergleichs". *Zeitschrift für deutsche Philologie* 4 (2013): 481–498.

Leibniz, Gottfried Wilhelm. *Neue Abhandlungen über den menschlichen Verstand/Nouveaux essais sur l'entendement humain. Philosophische Schriften*. Bd. 3.1. Französisch/Deutsch. Übers. und hrsg. von Wolf von Engelhardt und Hans Heinz Holz. Frankfurt am Main: Suhrkamp, 1996 [1704].

Leys, Ruth. „How did Fear Become a Scientific Object and What Kind of Object is it?". *Representation* 110 (2010): 66–104.

Leys, Ruth. „The Turn to Affect: A Critique". *Critical Inquiry* 37 (2011): 434–472.

Medick, Hans, und David Sabean (Hrsg.). *Emotionen und materielle Interessen. Sozialanthropologische und historische Beiträge zur Familienforschung*. Göttingen: Vandenhoeck & Ruprecht, 1984.

Meyer, Wulf-Uwe, Achim Schützwohl und Rainer Reisenzein. *Einführung in die Emotionspsychologie*. Bd. 1: *Die Emotionstheorien von Watson, James und Schachter*. 2. überarb. Aufl. Bern, Göttingen und Toronto: Huber, 2001.

Meyer, Wulf-Uwe, Achim Schützwohl und Rainer Reisenzein. *Einführung in die Emotionspsychologie*. Bd. 2: *Evolutionspsychologische Emotionstheorien*. 3. korr. Aufl. Bern, Göttingen und Toronto: Huber, 2003.

Nahlowsky, Joseph W. *Das Gefühlsleben. Dargestellt aus praktischen Gesichtspunkten*. Leipzig: Louis Pernitzsch, 1862.

Nussbaum, Martha. *Upheavels of Thought: The Intelligence of Emotions*. Cambridge: Cambridge University Press, 2001.

Plamper, Jan. „Wie schreibt man die Geschichte der Gefühle? William Reddy, Barbara Rosenwein und Peter Stearns im Gespräch mit Jan Plamper". *Werkstatt Geschichte* 54 (2010): 39–69.

Plamper, Jan. *Geschichte und Gefühl. Grundlagen der Emotionsgeschichte*. München: Siedler, 2012.

Raulff, Ulrich. *Mentalitäten-Geschichte. Zur historischen Rekonstruktion geistiger Prozesse*. Berlin: Wagenbach, 1987.

Reddy, William. *The Navigation of Feeling: A Framework for the History of Emotions*. Cambridge: Cambridge University Press, 2001.

Rée, Paul. *Die Entstehung des Gewissens*. Berlin: Duncker, 1885.

Richter, M. Heinrich. *Ueber das Gefühlsvermögen. Eine Prüfung der Schrift des Herrn Professor Krug über denselben Gegenstand, nebst einer Abhandlung aus dem Gebiete der Fundamentalphilosophie*. Leipzig: C. H. F. Hartmann, 1824.

Robinson, Jenefer. *Deeper than Reason. Emotion and its Role in Literature, Music, and Art*. Oxford: Clarendon Press, 2005.

Rosenwein, Barbara H. *Emotional Communities in the Early Middle Ages*. Ithaca, NY: Cornell University Press, 2006.

Solomon, Robert C. „Emotion und Anthropologie: Die Logik der emotionalen Weltbilder". *Logik des Herzens. Die soziale Dimension der Gefühle*. Hrsg. von Gerd Kahle. Frankfurt am Main: Suhrkamp, 1981. 233–253.

Solomon, Robert C. „Emotionen, Gedanken und Gefühle: Emotionen als Beteiligung an der Welt". *Philosophie der Gefühle*. Hrsg. von Sabine A. Döring. Frankfurt am Main: Suhrkamp, 2009. 148–168.

Stearns, Peter N., und Carol Z. Stearns. „Clarifying the History of Emotions and Emotional Standards". *American Historical Review* 90 (1985): 813–836.

Steinhausen, Georg. *Der Wandel deutschen Gefühlslebens seit dem Mittelalter. Eine Jenaer Rosenvorlesung*. Hamburg: Verlag-Anstalt (vorm. J. F. Richter), 1895.

Tanner, Jakob. „Das Rauschen der Gefühle". *Nach Feierabend. Zürcher Jahrbuch für Wissenschaftsgeschichte* 2: *Die Suche nach der eigenen Stimme*. Hrsg. von David Gugerli. Zürich und Berlin: diaphanes, 2006. 129–153.

Tetens, Johann Nikolaus. *Philosophische Versuche über die menschliche Natur und ihre Entwicklung*. Bd. 1. Hildesheim: Olms, 1979 [1777].

Trepp, Anne-Charlott. „Gefühl oder kulturelle Konstruktion? Überlegungen zur Geschichte der Emotionen". *Querelle* 7 (2002): 86–103.

Ulich, Dieter. *Das Gefühl. Eine Einführung in die Emotionspsychologie*. 3. Aufl. Weinheim: Psychologie Verlags Union, 1995.

Ulich, Dieter. *Psychologie der Emotionen*. Stuttgart: Kohlhammer, 2003.

Vischer, Friedrich Theodor. Ästhetik oder Wissenschaft des Schönen. Zwei Teile in einem Band [1857]. Bd. 5: *Kunstlehre: Die Musik*. Bd. 6: *Kunstlehre, Die Dichtkunst*. Hildesheim: Olms, 1975.

Weber, Florian. „Von der klassischen Affektenlehre zur Neurowissenschaft und zurück: Wege der Emotionsforschung in den Geistes- und Sozialwissenschaften". *Neue Politische Literatur* 53 (2008): 21–42.

Wehler, Hans Ulrich. „Emotionen in der Geschichte: Sind soziale Klassen auch emotionale Klassen?". *Europäische Sozialgeschichte*. Hrsg. von Christoph Dipper, Lutz Klinkhammer und Alexander Nützenadel. Berlin: Duncker und Humblot, 2000. 461–473.

Weigel, Sigrid. *Literatur als Voraussetzung der Kulturgeschichte. Schauplätze von Shakespeare bis Benjamin*. München: Fink, 2004.

Wolff, Christian. *Vernünfftige Gedancken von Gott, der Welt und der Seele des Menschen, auch allen Dingen überhaupt, anderer Theil*. Hildesheim: Olms, 1983 [1751].

2.7 Empirische Emotionsforschung
Katja Mellmann

Die programmatische Empirische Literaturwissenschaft (Schmidt 1991 [1980]; Groeben 1982; Groeben und Vorderer 1988) befasste sich in den 1980er und 1990er Jahren vornehmlich mit dem kognitiven Verstehensprozess; Fragen der emotionalen Wirkung von Literatur blieben weitgehend außer Acht (vgl. die Übersichten bei Viehoff 1988; Groeben und Landwehr 1991; Winko 1995; Crane und Richardson 1999; van Holt und Groeben 2006). Eine frühe Ausnahme ist die Studie von Henrike F. Alfes (1995). Neuere Ansätze einer Empirischen Literaturwissenschaft (vgl. Bortolussi und Dixon 2003; Miall 2006; Zyngier et al. 2008; van Peer, Hakemulder und Zyngier 2012; Groeben 2013; Schreier 2013) widmen sich nun verstärkt auch den Emotionen beim Lesen (E. Tsiknaki 2005; O. Tsiknaki 2005; van Holt und Groeben 2006; Miall 2007, 2011; Mar et al. 2011), wählen aber zumeist die schon von Alfes angewandte Methode des standardisierten Interviews; erst in jüngerer Zeit treten vereinzelt auch physiologische Messungen hinzu (vgl. Schacht et al. 2013; Abel und Stürmer 2007; Wallentin et al. 2011; Bohrn et al. 2012; Riese et al. 2014). Neben den genannten sind unter empirischen Ansätzen in der literaturwissenschaftlichen Emotionsforschung auch Studien zu berücksichtigen, die aktuelle psychologische Emotionstheorien (vgl. Meyer et al. 2001–2003; Sander und Scherer 2009) aufgreifen, um Reizkonfiguration und Wirkungspotential literarischer Texte oder literarische Emotionsdarstellungen zu analysieren (z. B. Oatley 1999, 2011; Hogan 2003, 2011a, 2011b; Winko 2003a, 2003b; Mellmann 2006, 2007b; Anz 2007, 2012; Holland 2009; Vermeule 2010; Richardson 2011), und dadurch auf eine Vereinbarkeit (*consilience*) ihrer Theoriebildung mit der in den sogenannten Empirischen Wissenschaften sowie in vergleichbaren Unternehmungen in Film- und Medienwissenschaften achten.

So unterschiedlich diese Ansätze im Einzelnen auch sind, ihre Gemeinsamkeit liegt in ihrem Interesse an Emotionen nicht nur in ihrer Eigenschaft als sprachliche Konstrukte in Texten, sondern auch und primär in ihrer Eigenschaft als psychische Realitäten. Damit verbunden ist ein Grundkonsens darüber, dass Emotionen, die im Zusammenhang mit literarischen Texten erlebt werden, prinzipiell von denselben psychischen Dispositionen herrühren, die auch das emotionale Erleben in außerliterarischen Kontexten bestimmen. Die Rede von ‚ästhetischen Emotionen' bezieht sich in dieser Perspektive also nicht auf eine eigene Klasse von Emotionen, sondern dient lediglich als zusammenfassender Begriff für emotionale Prozesse im Kontext von Kunst und Literatur, ohne dass damit notwendig eine kategorial distinkte Qualität dieser Prozesse impliziert würde. Allerdings wird mit der Rede von ‚ästhetischen Emotionen' häufig eine bestimmte Typik des Emotionserlebens in ästhetischen Zusammenhängen angedeutet. So resultieren ästhetisch evozierte Emotionen zum Beispiel meist nicht in Handlungen, sondern werden eher als ‚inneres', rein mentales Ereignis erfahren; bewusster Erlebnisaspekt und Lustempfinden treten umso deutlicher hervor. Unterscheidet man mit Antonio Damasio (2000 [1999], 49–103, 335–354; 2003; 2011 [2000], 121–142) und anderen zwischen Emotion und Gefühl (*emotion* und *feeling*), so lässt sich sagen, dass in ästhetischen und außerästhetischen Kontexten dieselben biologisch verankerten Dispositionen (Emotionen) abgerufen werden (vgl. Cosmides und Tooby 2008; Schwab 2004), die mentale Abbildung des Emotionsverlaufs (Gefühl) aber in der Regel differiert. In diesem Grundkonsens unterscheiden sich die empirisch ausgerichteten Ansätze literaturwissenschaftlicher Emotionsforschung zum Beispiel von der Ansicht, auf Fiktionen bezogene Emotionen seien grundsätzlich anderer Art als auf wirkliche Vorgänge bezogene, wie sie etwa im Kontext der Diskussionen um das *paradox of fiction* wiederholt artikuliert wurde (zum aktuellen Stand siehe Zipfel 2012; Vendrell Ferran 2010, 2014; Davies 2009). Während vor allem einige Vertreter der philosophischen Ästhetik der Ansicht sind, beispielsweise unser Mitleid für fiktive Figuren sei keine wirkliche, sondern eine nur vorgestellte (Quasi-)Emotion, legt die empirische Betrachtungsweise nahe, dass spontan durchaus wirkliche Emotionen ausgelöst werden und lediglich der Emotionsverlauf sich an die besondere Bedingung der Fiktionalität anpasst (Gerrig 1999 [1993], 179–191; Mellmann 2006, 59–60; Beecher 2007, 257, 260–264, Voland 2007; Keen 2011, 29–30; Green, Chatham und Sestir 2012; Armstrong 2013, 17–18).

Die Diskussion um das Fiktionsparadox betrifft in erster Linie Emotionen, die auf die literarisch dargestellten Gegenstände und Personen gerichtet sind und sich im Anschluss an Ed Tan als „*witness emotions*" (Tan 1994; 1996, 64–66; 2003, 126) charakterisieren lassen, das heißt, als emotionale Reaktionen vergleichbar denen eines unsichtbaren Zeugen der fiktiven Ereignisse. Von solchen auf die literarisch ‚repräsentierte' Welt bezogenen Reaktionen (*R-emotions*) unterschied Tan Reaktionen, die sich auf das Artefakt, seine künstlerische Faktur beziehen (*A-emotions*) (vgl. Tan 2003, 118–120; häufig spricht man in ähnlicher Unterscheidung auch von diegetischen/narrativen/fiktionsbezogenen versus ästhetischen Emotionen). Die bisherige Forschung hat sich stark auf R-Emotionen und infolgedessen auf darstellende (‚narrative') Texte konzentriert (vgl. die Übersichten bei Kafalenos 2008; Hillebrandt 2011; Keen 2011; Mar et al. 2011; Mellmann 2011; Szabó 2013). Die emotionale Bedeutung von nichtrepräsentationalen Strukturen, wie etwa von Fokalisierungsverläufen (vgl. Mellmann 2011, 70), Metrik (Mellmann 2006, 360–363), Wiederholungs- und anderen Formstrukturen (Eibl 2005; Dissanayake 2011), ist demgegenüber noch kaum genauer untersucht worden. Ein weiteres Defizit der bisherigen Forschung liegt darin, dass selten spezifische

Emotionen benannt werden, sondern meist pauschal von ‚Emotionalität' gesprochen wird. Die folgende Übersicht bemüht sich demgegenüber um eine psychologische Spezifizierung unterschiedlicher, am literarischen Rezeptionsprozess beteiligter Emotionen. Der erste Abschnitt geht kurz auf die Lustempfindung im Zusammenhang mit literarischer Lektüre ein. Im zweiten Abschnitt werden einige grundlegende Rezeptionsemotionen besprochen. Der dritte Abschnitt differenziert die geläufigen Pseudo-Emotionskonzepte Empathie und Spannung nach den vermutlich beteiligten Komponenten. Der vierte Abschnitt gibt einen kurzen Ausblick auf den Beitrag von Literatur zur kulturellen Codierung von Emotionen.

1. Lust

Die altbekannte Tatsache, dass Lesen Vergnügen bereiten kann und es so etwas wie Leselust und Unterhaltung gibt (Nell 1988; Anz 1998), hat jüngst neue Beachtung gefunden durch die evolutionspsychologische Vermutung, dass Lust ein wichtiges Steuerungsinstrument für menschliches Verhalten darstellt und Kunstverhalten – ähnlich wie Spielverhalten – sich zu einem erheblichen Anteil aus dieser Steuerungskomponente erklärt (Pinker 1998, 647–675; 2003, 557–578; Tooby und Cosmides 2001; Eibl 2004a, 277–352; 2004b; Mellmann 2006, 69–74; Ballerio 2009; Bloom 2010, 151–192; Frey 2012, 185–190). Unsere kognitive und emotionale Involviertheit in Literatur ist dieser Theorie zufolge intrinsisch motiviert als eine durch die erhöhte Plastizität des menschlichen Gehirns erforderliche neuronale Organisationsleistung (vgl. Tooby und Cosmides 2001, 13–18; Armstrong 2013, 50–53). Das Motivationssignal ‚Lust' lässt sich konzipieren als ein unbewusster Fortsetzungsimpuls (Frijda 2000, 76–78), der unterschiedlichste (organische, motorische, perzeptive, kognitive, emotionale) Prozesse begleiten kann. Psychologen sprechen vom ‚hedonischen Wert' einer Aktivität, vom dopaminergen oder mesolimbischen Belohnungssystem, von unbewussten ‚Präferenzen' oder *aesthetics*, um diese physiologisch nur mit gewissem Aufwand beobachtbaren Prozesse zu bezeichnen. Die Erforschung bestimmter Eigenschaften literarischer Texte, die in diesem Sinne als lustgenerierend (‚attraktiv', ‚schön', ‚angenehm') wirken könnten, steht erst ganz am Anfang (Frey 2012; Bohrn et al. 2012; Obermeier et al. 2013).

Die Annahme einer basalen Steuerungskomponente ‚Lust' im menschlichen Verhalten könnte außerdem neues Licht auf die Frage werfen, weshalb in ästhetischen Kontexten auch Emotionen mit negativer Valenz, wie beispielsweise Trauer, Angst und Schrecken, genossen werden können (das sogenannte *paradox of tragedy* bzw. *paradox of horror*). Denn auch diese angeborenen Emotionsdispositionen müssen neuronal aufgebaut und feinabgestimmt werden, sodass ihre spielerische Ausführung in pragmatisch entlasteten Kontexten vermutlich intrinsisch belohnt wird. Von einer solchen basalen Lustkopplung auch ‚negativer' psychischer Vorgänge ist die affektive Bewertung der Vorgänge im Zuge einer „Reaktion auf die Reaktion" oder „Meta-Emotion" (Mellmann 2006, 79–83; Odağ 2007, 149–151; Vorderer und Roth 2011; Mangold und Bartsch 2012, 97–98) zu unterscheiden, die außerdem noch hinzutreten und kulturelle Stabilisierungen in Form bestimmter Genres (Rührstück, Schauerroman) begünstigen kann.

2. Emotionale Reaktionen

Thomas Anz, einer der frühesten Advokaten einer literaturwissenschaftlichen Emotionsforschung, hat das Forschungsprogramm unter dem Namen Literaturwissenschaftliche Text- und Emotionsanalyse (LTE) näher präzisiert als „Analyse der beim Schreiben eingesetzten literarischen Emotionalisierungstechniken sowie ihrer potentiellen und realen Effekte beim Lesen" (Anz 2007, 214–215). Im Unterschied zu Emotionsanalysen in nichtliterarischen Zusammenhängen sei in der LTE der Artefaktcharakter der emotionalen Kommunikation besonders zu berücksichtigen, also der Umstand, dass es sich bei literarischen Texten um intentional verfasste Gebilde handelt und die tatsächlich-empirischen oder werkbasiert-potentiellen emotionalen Wirkungen von Texten auch im Zusammenhang mit bestimmten Ausdrucks- und Wirkungsabsichten der am Produktionsprozess Beteiligten betrachtet werden müssen (Anz 2012). Literaturwissenschaftliche Emotionsforschung in diesem Sinne dient also primär der Texthermeneutik und versucht – ganz nach dem Vorbild traditioneller Poetologie und Rhetorik – den Zusammenhang von Textstruktur und emotionaler Wirkung durch explizite „Regelformulierungen" (Anz 2007, 229) näher zu bestimmen. Im Folgenden werden einige zentrale Wirkungsemotionen behandelt, für die solche Regelformulierungen durch interdisziplinäre Theoriebildung bereits in Ansätzen vorhanden sind.

Als kleinstes Element der Textstruktur kann im Hinblick auf die zerebrale Sprachverarbeitung das Einzelwort gelten. Aus Gehirnstrommessungen (EEG) weiß man, dass die semantische Worterkennung nach etwa 400 ms erfolgt und dass emotionale Bedeutungen von Wörtern bereits im Rahmen dieses Verarbeitungsprozesses, zum Teil sogar noch vor dem semantischen Effekt aktiviert werden (vgl. Miall 2011, 325–331; Schacht et al. 2013, 435, 439–440). Für die literaturwissenschaftliche Perspektive bedeutet das, dass Texte schon im ersten Wahrnehmungsakt nicht neutral, sondern basal emotional semantisiert sind. Wenn man auf dieser Ebene auch noch nicht von ‚emotionalen Wirkungen' im Sinne eines Auslösens von lesereigenen Emotionen sprechen kann, so lassen sich doch bereits aufgrund der Lexik (vgl. O. Tsiknaki 2005) mehr und weniger emotional besetzte, aufmerksamkeitsbindende Texte unterscheiden. Stabile imaginäre Objekte, auf die sich spezifische Emotionen richten können, werden aber wohl erst auf suprasegmentaler Verarbeitungsebene gebildet. Hier spielen aufseiten der Textstruktur bestimmte Perspektivierungs-/Fokalisierungsstrategien und andere narrative Mittel zur Herstellung von ‚Erfahrungshaftigkeit' vermutlich eine wichtige Rolle bei der Optimierung der Reizdarbietung (Mellmann 2011, 69; 2014; Frey 2012, 187–190; Habermas 2012). Sie begünstigen eine hohe emotionale Involviertheit des Lesers und damit eine starke ‚Immersion' in die dargestellte Welt (nach Gerrig 1999 [1993] oft auch „*transportation*"; vgl. aktuell Green et al. 2012; Hakemulder 2013; Wolf 2013).

Emotionen lassen sich konzeptualisieren als übergeordnete psychische Programme, die eine Anzahl einzelner physiologischer, kognitiver und behavioraler Submechanismen in einer evolutionär angepassten Weise koordinieren (vgl. Cosmides und Tooby 2008; Colombetti 2009a). Die Auslösung von Emotionen erfolgt spontan und unwillkürlich, wenn ein entsprechender Reiz aufgenommen wird; der Emotionsverlauf aber kann je nach eingeholtem Situationsfeedback eine große Varianz hervorbringen und je nach Emotion bisweilen auch willentlich beeinflusst werden. Schon auf der Ebene der Emotionsauslösung können außerdem soziokulturelle Prägungen eine Rolle spielen, und in der Emotionsepisode, die häufig komplexe Kognitionsprozesse umfasst, sowie in der mentalen Rückmeldung als ‚Gefühl' (*feeling*, s. o.) stellen kulturelle Semantiken und soziales Lernen einen kaum zu überschätzenden Einflussfaktor dar. Der Versuch einer Regelformulierung für die emotionale Wirkung von Texten besteht zunächst darin, Theorien über die Auslösereize bestimmter Emotionen zu bilden, um den Grad der Kongruenz bestimmter Textmerkmale mit den Auslöseschemata einschätzen zu können (Mellmann 2007b, 359; zum Konzept der Schemakongruenz: Mellmann 2006, 52–59; 2012b; Jajdelska et al. 2010). Auf diese Weise gelangt man zu einer Bestimmung basaler emotionaler Wirkungspotentiale eines Textes; darauf aufbauende komplexe Emotionsverläufe und mentale Modifikationen sind wegen des erwähnten Kulturfaktors stärker leserseitig als textseitig determiniert, sodass eine diesbezügliche Regelformulierung weniger auf psychologische Emotionstheorien als auf kulturgeschichtliche Kontextanalysen verwiesen ist. Die folgenden Beispiele konzentrieren sich auf den für die literaturwissenschaftliche Praxis weniger selbstverständlichen Bereich der basalen, unwillkürlichen Wirkungspotentiale.

Zu den evolutionär besonders fest verankerten Emotionen gehören zahlreiche Angst- und Furchtemotionen. Die Evolutionsbiologie stellt Theorien über genetisch präfigurierte Gefahrvermeidungsstrategien bereit, aus denen sich ein breites Spektrum einschlägiger Schlüsselreize ableiten lässt, das in literarischen Texten sowohl literale als auch figurative Verwendung findet (Clasen 2012a; Eibl 2012b; Beispielstudien: Clasen 2011, 2012b); auch für literarische Motive des Erhabenen sind Furchtreize fundamental notwendig (Mellmann 2006, 231–254). Nah verwandt ist die Emotion des Staunens (Gess 2013; Mellmann 2006, 145–151), die ähnlich wie Furcht und Angst unter anderem mit Reizen der Neuheit, Überraschung und Kategorienverletzung verbunden ist. Reize derselben Klassen können unter bestimmten Bedingungen außerdem Effekte des Komischen erzielen (vgl. Ruch und Malcherek 2009; Eibl 2012b, 179–186). Wie an dieser kippfigurenhaften Mehrdeutigkeit aversiver Reize deutlich wird, umfassen emotionale Auslöseschemata nicht einfach nur bestimmte Objekte oder Objekteigenschaften, sondern vielmehr ganze Situationsschemata (vgl. Cosmides und Tooby 2008, die statt vom „Auslösemechanismus", wie es in der älteren Verhaltensforschung hieß, vom „Situationsdetektor" eines Emotionsprogramms sprechen).

Emotionale Reaktionen aus dem Bereich von Komik und Humor sind bereits seit Längerem Gegenstand intensiver theoretischer Bemühungen (vgl. Vandaele 2010, 2012; Kindt 2011, 24–158). Der evolutionäre Ursprung der Reaktion des Lachens lässt sich in der Bewältigung von sozialen Stress- und Konfliktsituationen vermuten, sodass man ein Reizschema ‚Situationen von unschwerwiegendem sozialem Stress' daraus ableiten kann (Eitzen 1999; Mellmann 2006, 332–338; Hurley et al. 2011, 257–299), das nicht nur auf Komik vom Typus der Schadenfreude (von Torte bis Bananenschale), sondern im Sinne von Verständigungshürden in der literarischen Kommunikation auch noch auf raffinierten Wortwitz applizierbar ist und so die enorme Spannweite potentiell komischer Reize erklären kann.

Auch für die Reaktion des Weinens (beziehungsweise des vorbereitenden ‚Kloß im Hals') wurde ein abstraktes Auslöseschema vorgeschlagen, das erklären kann, warum wir nicht nur über traurige Situationen (Sterbeszenen, Unglück des Helden, Hiobsbotschaften), sondern auch über freudige Ereignisse (Hochzeit, Kindsgeburt, Triumph der Tugend) weinen können. Ed Tan und Nico Frijda haben in Anlehnung an Helmuth Plessner vermutet, dass die damit angesprochene Emotion der ‚Rührung' (Tan und Frijda 1999; Mellmann 2006, 128–134; Sander und Scherer 2009, 74; Cova und Deonna 2013; Hanich et al. 2014; ferner Moltke 2010, 283–291) eine Reaktion auf Situationen sei, in denen eine schwerwiegende Ungewissheit zu einer – positiven oder negativen – Entscheidung gelangt, und dass sich die typische Körperreaktion des Weinens und sentimentalen ‚Weichwerdens' aus der plötzlichen psychischen Umstellung von Bewältigungs- auf Supplikationsverhalten ergebe.

Schließlich sind auch noch soziale Emotionen (vgl. Sander und Scherer 2009, 374–375) als ein wichtiger Kernbereich literarischer Wirkungsemotionen zu nennen. Auch die bereits erwähnten Reaktionen des Lachens und Weinens sind hinsichtlich ihres starken Signalcharakters zu dieser Gruppe zu rechnen, in ihren literarischen Verwendungen jedoch meist von ihrer ursprünglichen sozialen Funktion abgekoppelt und als Selbstzweck eingesetzt. Als auch im literarischen Kontext stark sozial adressierte Emotionen sind besonders die figuren- und autorbezogenen Emotionsreaktionen hervorzuheben, also sowohl R- als auch A-Emotionen (wenn man den impliziten Autor als Leserattribution eines ‚Urhebers/Artifex' zur Artefakt-Ebene rechnet). Dazu gehören zum einen Bewunderung (als emotionaler Antrieb zum Nachahmungslernen; vgl. Mellmann 2006, 143–155; 2014; Schindler et al. 2013) und Verehrung (als eine Emotion aus dem Bereich des Bindungsverhaltens; vgl. Schindler et al. 2013), die auf beiden Ebenen (R/A) eine eminente Rolle spielen. Zum anderen ist als eine der Kardinalemotionen auf R-Ebene Mitleid zu nennen, das hier – anders als das Emotionswort oft verstanden wird – nicht eine die Figurenemotion parallelisierende Leseremotion bezeichnet, sondern einen zum Leiden eines anderen komplementären Antrieb zu Schutz-, Hilfe- und Trostverhalten (Mellmann 2006, 124–128; vgl. auch *compassion*/Mitgefühl bei Sander und Scherer 2009, 91; Gilbert 2011). Dass dieser Handlungsantrieb in Bezug auf literarische Figuren notwendig ins Leere läuft, rückt die Mitleidsemotion in die Nähe des Weinens, denn die Einsicht, nichts ausrichten zu können, erfüllt als ein Aussetzen aller Bewältigungsanstrengungen das Situationsschema der Rührungsemotion. Der Impuls zu weinen wird subjektiv häufig interpretiert als ein Mit-Weinen mit dem Bemitleideten, dies entspricht jedoch vermutlich nicht den tatsächlichen psychischen Prozessen hinter dieser Emotionsreaktion.

Zum sozialen Aspekt emotionaler Literaturwirkungen gehört außerdem, dass literarische Darstellungen komplexe (und zumeist problematische) soziale Konstellationen entwerfen, die vom Leser mit einer Fülle von Algorithmen sozialer Kognition begleitet werden, welche in Form von Zustimmung und Ablehnung, Sympathie und Antipathie (Mellmann 2006, 140–142; Hillebrandt und Winko 2013) auch erhebliche emotionale Konsequenzen haben. Das Prinzip der ‚poetischen Gerechtigkeit' (das ist die Lesererwartung, dass die Guten belohnt und die Bösen bestraft werden) mit seinen emotionalen Begleiterscheinungen von Hoffen und Bangen, Schadenfreude und Genugtuung, Verehrung und Bewunderung (s. o.) gehört in diese Sparte (Flesch 2009; Vermeule 2010; Eibl 2012a), und ebenso die Frage, in welche der Figuren der Leser mehr und in welche er weniger Empathie investiert.

3. Empathie und Spannung

Empathie ist schon in der Psychologie ein problematisches, weil äußerst uneinheitlich gebrauchtes, vieldeutiges Konzept. In der literaturwissenschaftlichen Emotionsforschung kommt noch ein zweites gravierendes Problem hinzu: Empathie wird hier häufig benutzt als Argument für die Annahme einer generellen Gefühlsübertragung von Figuren auf den Leser (z. B. Oatley 1999, 114; Johnson-Laird und Oatley 2008, 109; als Gegenstellungnahmen und Korrekturbemühungen siehe Coplan 2000; Mellmann 2006, 104–156; 2010a; 2010b; Flesch 2009, 12–21; Wallentin et al. 2013). Zwar ist es eine sinnvolle Annahme, dass der Leser Figurenemotionen qua Empathie in seinem eigenen psychischen Apparat ‚simuliert' (Oatley 1994, 66; 1999, 105–106, 114; Oatley und Gholamain 1997, 265–269), diese mentale Simulation findet nach derzeitigem Kenntnisstand aber als Abbildung zweiter Ordnung statt, das heißt, sie spiegelt im neuronalen Selbst-Monitoring ein Gefühl (*feeling*) vor, ohne dass eine zugrunde liegende Emotion tatsächlich stattgefunden hätte (Damasio 2003 [2000], 138–141). Solche empathischen Vorstellungen vom Gefühlszustand eines anderen sind das Produkt komplexer kognitiver Prozesse und von lesereigenen Emotionen im oben beschriebenen Sinne einer distinkten Programmauslösung grundsätzlich unterschieden. Zur Auslösung lesereigener Emotionen, die weitgehend parallel zu Figurenemotionen verlaufen, kann es hingegen kommen (1.) in den seltenen Fällen, in denen emotionale Ansteckung (vgl. Sander und Scherer 2009, 99) mit im Spiel ist (was, da Ansteckung hauptsächlich über Emotionsausdruck, das heißt, über audio-visuelle Reize vermittelt wird, in Literatur nur in geringem Umfang der Fall ist; vgl. Mellmann 2010b; 113; 2012b, 120); (2.) wenn leser- und figureneigene Präferenzen bezüglich des antizipierten Handlungsverlaufs übereinstimmen (was im Fall von Sympathieträgern zumeist der Fall ist) und dadurch Planungsemotionen des Hoffens und Bangens beim Leser aktiviert werden, die den für die Figuren anzunehmenden sehr ähnlich sind (Mellmann 2006, 112–115; 2007a, 263–265); oder wenn (3.) Figuren- und Leseremotionen sich auf dieselben Situationsspezifika beziehen, das heißt, der Leser als eine Art ‚unsichtbarer Zeuge' (s. o.) der dargestellten Welt auf dieselbe imaginäre Situation reagiert wie eine Figur – was unter anderem durch entsprechende Fokalisierungsstrategien begünstigt und verstärkt werden kann (Mellmann 2006, 105–108; 2007a, 255–256). Solche ‚echten' Emotionsauslösungen werden bisweilen als „affektive Empathie" (z. B. Wallentin et al. 2013) bezeichnet, was der Aufhellung der tatsächlichen psychischen Mechanik aber nicht besonders dienlich ist. Die Bildung empathischer Vorstellungen (‚Einfühlung') und die Auslösung spezifischer Emotionsprozesse sind psychologisch zwei so unterschiedliche Sachverhalte, dass sie nicht durch einen gemeinsamen Oberbegriff kategorial vermengt werden sollten.

Dass dies trotzdem allenthalben geschieht, liegt vermutlich daran, dass Empathie ein hochgradig wertbesetzter Begriff ist und deshalb erstens möglichst weit ausgedehnt und zweitens eng an das ebenfalls hochgradig wertbesetzte Kulturgut Literatur gekoppelt werden soll. Die häufig anzutreffende Annahme, dass Lesen die Empathiefähigkeit (und im Zuge dessen Prosozialität) fördere, ist umstritten (vgl. die Diskussionen bei Keen 2007; Vendrell Ferran 2011; Koopman und Hakemulder 2015). Ob die in jüngster Zeit verstärkten Versuche, einen solchen Zusammenhang empirisch nachzuweisen (E. Tsiknaki 2005 [mit negativem Ergebnis]; Mar et al. 2006, 2009; Kidd und Castano 2013), daran etwas ändern werden, bleibt abzuwarten.

Ein weiteres (Pseudo-)Emotionskonzept, das wegen seines uneinheitlichen und übergeneralisierten Gebrauchs der Differenzierung bedarf, ist das der Spannung (Gerrig 1999 [1993], 65–96; Auracher 2007; Beecher 2007; Mellmann 2007a; Anz 2010; Sanchez Penzo 2011; Hastall 2013; Riese et al. 2014). Während ältere literaturtheoretische Konzeptualisierungen (vgl. Baroni 2007) Spannung weitgehend als homogenes Phänomen behandelt haben, zeigt der Versuch einer psychologischen Referentialisierung, dass Spannung vielmehr ein Sammelbegriff für mehrere unterschiedliche psychische Prozesse ist (Mellmann 2007a). Als Kernbereich dessen, was gemeinhin als Spannung bezeichnet wird, lassen sich Leseremotionen mit starkem Erregungspotential (*arousal*) ausmachen. Hierzu gehören zentral die oben angeführten Angst- und Furchtemotionen, die mit kognitiver und physischer Aktivierung verbunden sind. Die physiologischen Symptome wie erhöhte Herzfrequenz, elektrodermale Aktivität und Pupillenweitung (vgl. Schacht et al. 2013, 436–437) lassen sich relativ gut abgreifen (Abel und Stürmer 2006, 2007; Riese et al. 2014), liefern aber keine emotionsspezifischen, sondern eben bloß Erregungsmaße.

Der Begriff Spannung wird außerdem auch für rein kognitive Aktivierungen gebraucht, also zum Beispiel in Bezug auf das kontinuierlich rätsel- und problemlösende Verstehen einer literarischen Handlung, das durch bestimmte Informationsvergabestrategien im literarischen Text gezielt manipuliert werden kann. Der im engeren Sinn emotionale Gehalt solcher Vorgänge ist allerdings gering anzusetzen; allenfalls lässt sich in Anlehnung an die Gestaltpsychologin Bluma Zeigarnik von einer gewissen Unruhe/Anspannung sprechen, die offene kognitive Aufgaben erzeugen, bis sie gelöst sind (vgl. Mellmann 2007a, 261–262).

Einen dritten wichtigen Bereich dessen, was mit Spannung üblicherweise gemeint ist, stellen die bereits erwähnten Planungsemotionen dar, also das lesereigene Hoffen und Bangen im Hinblick auf gewünschte und befürchtete Ergebnisse des Handlungsverlaufs. Eine Untersuchung von David N. Rapp und

Richard J. Gerrig (2006) weist darauf hin, dass solche affektiven Präferenzen des Lesers mindestens ebenso wichtig für das Verstehen und Nachvollziehen der Handlung sind wie kognitive Antizipationen des wahrscheinlichsten Entwicklungsgangs. Dies bestätigt manche schon früher geäußerte Kritik an einem zu kognitiven Spannungskonzept in der theoretischen Diskussion (z. B. Carroll 1996, 76; Anz 1998, 168). Unter leserseitigen Präferenzen hat man sich dabei nicht nur individuelle Vorlieben vorzustellen, sondern in vermutlich viel größerem Ausmaß überindividuelle Gestalterwartungen, wie zum Beispiel das Prinzip der poetischen Gerechtigkeit, das Prinzip von Ausfahrt und Heimkehr, Trennung und Wiedersehen, Gefährdung und Rettung, Verbrechen und Aufklärung. Solche Verlaufsgestalten können sich im Laufe der Evolution als verhaltensanleitende kognitive Schemata stabilisiert haben, sodass sie als genetisch verankerte Dispositionen noch immer unser Denken und mithin auch Literatur prägen, nämlich in Form eines generalisierten triadischen Plotschemas „von vergangener Problemlosigkeit, gegenwärtigem Problemdruck und künftiger Wiederkehr der Problemlosigkeit" (Eibl 2008, 206; vgl. auch die Emotionsplots bei Hogan 2003, 2011b).

4. Emotionale Literaturgenese und literarische Emotionscodierung

Mit Blick auf einige der bislang angeführten emotionalen Bedeutungen von Literatur lässt sich annehmen, dass Emotionen nicht nur Wirkung, sondern auch Ursache von Literatur sind. Besonders Angst – verstanden als spezifische *conditio humana* des Operierens mit stets offenen Horizonten, die gleichsam erzählend abgeschlossen werden müssen – kann als ein wichtiges generatives Moment von Literatur angesehen werden (Austin 2010, 61–79; Eibl 2012b). Das ständige „Repetieren angeborener Plots" in zahllosen Geschichten mag dem Bedürfnis geschuldet sein, konsensuelle Schemata der „Weltstrukturierung zu bestätigen und variierend einzuüben" (Eibl 2008, 206), und auch der bereits angesprochene Bereich der sozialen Emotionen, die erzählerische Abbildung und Thesaurierung sozialer Konstellationen und Regeln, stellen vermutlich einen der Hauptantriebe zur dichterischen Produktion dar (Eibl 2004, 219–223; Flesch 2009; Mellmann 2012a). Die besondere Kognitionslastigkeit menschlicher Emotionen schafft einen Bedarf an kontinuierlichem intersubjektiven Abgleich von Emotionserleben und -konzepten, der unter anderem mit der Produktion von Kunst und Literatur, also der Herstellung gemeinsamer kultureller Gegenstände beantwortet wird. Literatur ist, mit anderen Worten, ein wichtiger Speicher- und Verhandlungsort für individuelles Erleben und kulturelle Konventionalisierung; sie stellt objektivierte Emotionscodierungen und *paradigm scenarios* von Emotionen bereit (Winko 2003; Anz 2007, 224–229; Kuipers 2009; Hogan 2011a), die durch soziale Praktiken kulturell eingeübt, homogenisiert und ständiger Aktualisierung ausgesetzt werden. Auf diese Weise erfüllt Literatur eine gleichsam rituelle Funktion im Beantworten, Festschreiben, Modifizieren und Differenzieren von Emotionen. Besonders in der Moderne können literarische Emotionscodes – gestützt durch das Schriftmedium und entlastet durch die zunehmend autonomisierte ästhetische Situation – einen extrem hohen Differenzierungsgrad erreichen und eine entsprechend spezialisierte Problemabsorption übernehmen (Winko 2003; Colombetti 2009b).

Literaturverzeichnis

Abel, Julia, und Ralf Stürmer. „Aristoteles im Text: Psychophysiologische Untersuchungen zur Wirkung von Tragödien". *Heuristiken der Literaturwissenschaft: Disziplinexterne Perspektiven auf Literatur*. Hrsg. von Uta Klein, Katja Mellmann und Steffanie Metzger. Paderborn: Mentis, 2006. 13–33.

Abel, Julia, und Ralf Stürmer. „Das Vergnügen an Jammer und Schaudern: Empirische Untersuchungen zur Aristotelischen Tragödientheorie am Beispiel von *Dancer in the Dark*". *Im Rücken der Kulturen*. Hrsg. von Karl Eibl, Katja Mellmann und Rüdiger Zymner. Paderborn: Mentis, 2007. 317–342.

Alfes, Henrike F. *Literatur und Gefühl: Emotionale Aspekte literarischen Schreibens und Lesens*. Opladen: Westdeutscher Verlag, 1995.

Anz, Thomas. *Literatur und Lust: Glück und Unglück beim Lesen*. München: Beck, 1998.

Anz, Thomas. „Kulturtechniken der Emotionalisierung: Beobachtungen, Reflexionen und Vorschläge zur literaturwissenschaftlichen Gefühlsforschung". *Im Rücken der Kulturen*. Hrsg. von Karl Eibl, Katja Mellmann und Rüdiger Zymner. Paderborn: Mentis, 2007. 207–239.

Anz, Thomas. „Spannung – eine exemplarische Herausforderung der Emotionsforschung: Aus Anlass einiger Neuerscheinungen zu einem wissenschaftlich lange ignorierten Phänomen". *literaturkritik.de* (2010/5): http://www.literaturkritik.de/public/rezension.php?rez_id=14010.

Anz, Thomas. „Gefühle ausdrücken, hervorrufen, verstehen und empfinden: Vorschläge zu einem Modell emotionaler Kommunikation mit literarischen Texten". *Emotionen in Literatur und Film*. Hrsg. von Sandra Poppe. Würzburg: Königshausen & Neumann, 2012. 155–170.

Armstrong, Paul B. *How Literature Plays with the Brain: The Neuroscience of Reading and Art*. Baltimore, MD: The Johns Hopkins University Press, 2013.

Auracher, Jan. „„... wie auf den allmächtigen Schlag einer magischen Rute": Psychophysiologische Messungen zur Textwirkung*. Baden-Baden: Deutscher Wissenschafts-Verlag, 2007.

Austin, Michael. *Useful Fictions. Evolution, Anxiety, and the Origins of Literature*. Lincoln, NB und London: University of Nebraska Press, 2010.

Ballerio, Stefano. „Gioco, letteratura: Alcune riflessioni". *Enthymema* 1 (2009): 4–24.

Baroni, Raphaël. *La tension narrative: Suspense, curiosité et surprise*. Paris: Seuil, 2007.

Beecher, Donald. „Suspense". *Philosophy and Literature* 31 (2007): 255–279.
Bloom, Paul. *How Pleasure Works: The New Science of Why We Like What We Like*. New York, NY und London: Norton, 2010.
Bohrn, Isabel C., Ulrike Altmann, Oliver Lubrich, Winfried Menninghaus und Arthur M. Jacobs. „Old Proverbs in New Skins – an FMRI Study on Defamiliarization". *Frontiers in Psychology* 3.204 (2012): http://www.frontiersin.org/language_sciences/10.3389/fpsyg.2012.00204/abstract.
Bortolussi, Marisa, und Peter Dixon. *Psychonarratology: Foundations for the Empirical Study of Literary Response*. Cambridge: Cambridge University Press, 2003.
Carroll, Noël. „The Paradox of Suspense". *Suspense: Conceptualizations, Theoretical Analyses, and Empirical Explorations*. Hrsg. von Peter Vorderer, Jans J. Wulff und Mike Friederichsen. Mahwah, NJ: Erlbaum, 1996. 71–91.
Clasen, Mathias. „Primal Fear: A Darwinian Perspective on Dan Simmons' *Song of Kali*". *Horror Studies* 2.1 (2011): 89–104.
Clasen, Mathias. „Monsters Evolve: A Biocultural Approach to Horror Stories". *Review of General Psychology* 16.2 (2012a): 222–229.
Clasen, Mathias. „Attention, Predation, Counterintuition: Why Dracula Won't Die". *Style* 46 (2012b): 378–398.
Colombetti, Giovanna. „From Affect Programs to Dynamical Discrete Emotions". *Philosophical Psychology* 22.4 (2009a): 407–425.
Colombetti, Giovanna. „What Language Does to Feelings". *Journal of Consciousness Studies* 16.9 (2009b): 4–26. (Deutsche Fassung: „Was Sprache mit Gefühlen macht". *Gefühle, Sprechen. Emotionen an den Anfängen und Grenzen der Sprache*. Hrsg. von Viktoria Räuchle und Maria Römer. Würzburg: Königshausen & Neumann, 2013. 43–66.)
Coplan, Amy. „Empathic Engagement with Narrative Fictions". *The Journal of Aesthetics and Art Criticism* 62.2 (2000): 141–152.
Cosmides, Leda, und John Tooby. „The Evolutionary Psychology of the Emotions and Their Relationship to Internal Regulatory Variables". *Handbook of Emotions*. Hrsg. von Michael Lewis, Jeannette M. Haviland-Jones und Lisa Feldman Barrett. 3. Aufl. New York, NY und London: Guilford, 2008. 114–137.
Cova, Florian, und Julien A. Deonna. „Being Moved". *Philosophical Studies* 2013 (2014): 447–466.
Crane, Mary Thomas, und Alan Richardson. „Literary Studies and Cognitive Science: Toward a New Interdisciplinarity". *Mosaic* 32.2 (1999): 123–140.
Damasio, Antonio R. *Ich fühle, also bin ich. Die Entschlüsselung des Bewusstseins*. Übers. von Hainer Kober. München: List, 2000 [1999].
Damasio, Antonio R. *Der Spinoza-Effekt: Wie Gefühle unser Leben bestimmen*. Übers. von Hainer Kober. München: List, 2003.
Damasio, Antonio R. *Selbst ist der Mensch: Körper, Geist und die Entstehung des menschlichen Bewusstseins*. Übers. von Sebastian Vogel. 2. Aufl. München: Siedler, 2011 [2000].
Davies, Stephen. „Responding Emotionally to Fictions". *The Journal of Aesthetics and Art Criticism* 67.3 (2009): 269–284.
Dissanayake, Ellen. „Prelinguistic and Preliterate Substrates of Poetic Narrative". *Poetics Today* 32.1 (2011): 55–79.
Eibl, Karl. *Animal poeta: Bausteine der biologischen Kultur- und Literaturtheorie*. Paderborn: Mentis, 2004a.

Eibl, Karl. „Adaptationen im Lustmodus: Ein übersehener Evolutionsfaktor". *Anthropologie der Literatur. Poetogene Strukturen und ästhetisch-soziale Handlungsfelder*. Hrsg. von Rüdiger Zymner und Manfred Engel. Paderborn: Mentis, 2004b. 30–48.

Eibl, Karl. „Biologie und Poetologie auf gleicher Augenhöhe: Mit einigen Hinweisen auf eine biologische Poetik der Wiederholung". *Biologie, Psychologie, Poetologie. Verhandlungen zwischen den Wissenschaften*. Hrsg. von Walburga Hülk und Ursula Renner. Würzburg: Königshausen & Neumann, 2005. 9–25.

Eibl, Karl. „Epische Triaden: Über eine stammesgeschichtlich verwurzelte Gestalt des Erzählens". *Journal of Literary Theory* 2.2 (2008): 197–208.

Eibl, Karl. „Poetische Gerechtigkeit als Sinngenerator". *Poetische Gerechtigkeit*. Hrsg. von Sebastian Donat, Roger Lüdeke, Stephan Packard und Virginia Richter. Düsseldorf: Düsseldorf University Press, 2012a. 215–240.

Eibl, Karl. „Von der biologischen Furcht zur literarischen Angst: Ein Vertikalschnitt". *KulturPoetik* 12.2 (2012b): 155–186.

Eitzen, Dirk. „The Emotional Basis of Film Comedy". *Passionate Views: Film, Cognition, and Emotion*. Hrsg. von Carl Plantinga und Greg M. Smith. Baltimore und London: Johns Hopkins University Press, 1996. 84–99.

Flesch, William. *Comeuppance: Costly Signaling, Altruistic Punishment, and Other Biological Components of Fiction*. Cambridge, MA und London: Harvard University Press, 2009.

Frey, Felix. „Erfahrungshaftigkeit als Attraktivitätspotential narrativer Formen: Evolutionäre Argumente für ein Primat der erfahrungshaften Medienrezeption". *Telling Stories/ Geschichten erzählen. Literature and Evolution/Literatur und Evolution*. Hrsg. von Carsten Gansel und Dirk Vanderbeke. Berlin und New York, NY: De Gruyter, 2012. 172–194.

Frijda, Nico H. „The Nature of Pleasure". *Unraveling the Complexities of Social Life: A Festschrift in Honor of Robert B. Zajonc*. Hrsg. von John A. Bargh und Deborah K. Apsley. Washington, DC: APA Books, 2000. 71–94.

Gerrig, Richard J. *Experiencing Narrative Worlds: On the Psychological Activities of Reading*. Boulder, CO: Westview, 1999 [1993].

Gerrig, Richard J. und David N. Rapp. „Predilections for Narrative Outcomes: The Impact of Story Contexts and Reader Preferences". *Journal of Memory and Language* 54 (2006): 54–67.

Gess, Nicola. „Staunen als ästhetische Emotion: Zu einer Affektpoetik des Wunderbaren". *Wie gebannt: Ästhetische Verfahren der affektiven Bindung von Aufmerksamkeit*. Hrsg. von Martin Baisch, Andreas Degen und Jana Lüdtke. Freiburg im Breisgau: Rombach, 2013. 115–132.

Gilbert, Paul. *Mitgefühl*. Übers. von Peter Brandenburg. Freiburg im Breisgau: Arbor, 2011.

Green, Melanie C., Christopher Chatham und Marc A. Sestir. „Emotion and Transportation into Fact and Fiction". *Scientific Study of Literature* 2.1 (2012): 37–59.

Groeben, Norbert: *Leserpsychologie*. Bd. 1: *Textverständnis – Textverständlichkeit*, Münster: Aschendorff, 1982.

Groeben, Norbert, und Peter Vorderer. *Leserpsychologie*. Bd. 2: *Lesermotivation – Lektürewirkung*. Münster: Aschendorff, 1988.

Groeben, Norbert. „Was kann/soll ‚Empirisierung (in) der Literaturwissenschaft' heißen?" *Empirie in der Literaturwissenschaft*. Hrsg. von Philip Ajouri, Katja Mellmann und Christoph Rauen. Münster: Mentis, 2013. 47–74.

Groeben, Norbert, und Jürgen Landwehr. „Empirische Literaturpsychologie (1980–1990) und die Sozialgeschichte der Literatur: ein problemstrukturierender Überblick". *Internationales Archiv für Sozialgeschichte der deutschen Literatur* 16.2 (1991): 143–235.

Habermas, Tilmann. „Emotionalisierung durch traurige Alltagserzählungen: Die Rolle narrativer Perspektiven". *Emotionen in Literatur und Film*. Hrsg. von Sandra Poppe. Würzburg: Königshausen & Neumann, 2012. 65–87.

Hakemulder, Jèmeljan. „Travel Experiences: A Typology of Transportation and Other Absorption States in Relation to Types of Aesthetic Responses". *Wie gebannt: Ästhetische Verfahren der affektiven Bindung von Aufmerksamkeit*. Hrsg. von Martin Baisch, Andreas Degen und Jana Lüdtke. Freiburg im Breisgau: Rombach, 2013. 159–177.

Hanich, Julian, Valentin Wagner, Mira Shah, Thomas Jacobsen und Winfried Menninghaus. „Why We Like to Watch Sad Films: The Pleasure of Being Moved in Aesthetic Experiences". *Psychology of Aesthetics, Creativity, and the Arts* 8.2 (2014): 130–143.

Hastall, Matthias R. „Spannung". *Handbuch Medienwirkungsforschung*. Hrsg. von Wolfgang Schweiger und Andreas Fahr. Wiesbaden: Springer, 2013. 263–278.

Hillebrandt, Claudia. *Das emotionale Wirkungspotenzial von Erzähltexten: Mit Fallstudien zu Kafka, Perutz und Werfel*. Berlin: Akademie-Verlag, 2011.

Hillebrandt, Claudia, und Simone Winko: „,Und jetzt will ich Ihnen sagen, warum Verdi ein Gott ist!': Sprachliche und narrative Verfahren zur emotionalen Bindung an Figuren am Beispiel von Franz Werfels ,Verdi. Roman der Oper'". *Wie gebannt: Ästhetische Verfahren der affektiven Bindung von Aufmerksamkeit*. Hrsg. von Martin Baisch, Andreas Degen und Jana Lüdtke. Freiburg im Breisgau: Rombach, 2013. 135–158.

Hogan, Patrick Colm. *The Mind and Its Stories: Narrative Universals and Human Emotion*. Cambridge: Cambridge University Press, 2003.

Hogan, Patrick Colm. *Affective Narratology. The Emotional Structure of Stories*. Lincoln, NB: University of Nebraska Press, 2011b.

Hogan, Patrick Colm. *What Literature Teaches Us About Emotion*. New York, NY: Cambridge University Press, 2011a.

Holland, Norman N. *Literature and the Brain*. Gainesville, FL: PsyArt Foundation, 2009.

Holt, Nadine van, und Norbert Groeben. „Emotionales Erleben beim Lesen und die Rolle textsowie leserseitiger Faktoren". *Heuristiken der Literaturwissenschaft: Disziplinexterne Perspektiven auf Literatur*. Hrsg. von Uta Klein, Katja Mellmann und Steffanie Metzger. Paderborn: Mentis, 2006. 111–130.

Hurley, Matthew M., Daniel C. Dennett und Reginald B. Adams. *Inside Jokes: Using Humor to Reverse-Engineer the Mind*. Cambridge, MA und London: MIT Press, 2011.

Jajdelska, Elspeth, Christopher Butler, Steve Kelly, Allan McNeill und Katie Overy. „Crying, Moving, and Keeping It Whole: What Makes Literary Description Vivid?" *Poetics Today* 31.3 (2010): 433–463.

Johnson-Laird, Philip N., und Keith Oatley. „Emotions, Music, and Literature". *Handbook of Emotions*. Hrsg. von Michael Lewis, Jeannette M. Haviland-Jones und Lisa Feldman Barrett. 3. Aufl. New York, NY und London: Guilford, 2008. 102–113.

Kafalenos, Emma. „Emotions Induced by Narratives". *Poetics Today* 29.2 (2008): 377–384.

Keen, Suzanne. *Empathy and the Novel*. Oxford und New York, NY: Oxford University Press, 2007.

Keen, Suzanne. „Narrative Empathy". *Toward a Cognitive Theory of Narrative Acts*. Hrsg. von Frederick Luis Aldama. Austin, TX: University of Texas Press, 2010. 61–93.

Keen, Suzanne. „Introduction: Narrative and the Emotions". *Poetics Today* 32.1 (2011): 1–53.

Kidd, David C., und Emanuele Castano. „Reading Literary Fiction Improves Theory of Mind". *Science* 342.6156 (2013): 377–380.

Kindt, Tom. *Literatur und Komik. Zur Theorie literarischer Komik und zur deutschen Komödie im 18. Jahrhundert*. Berlin: Akademie-Verlag, 2011.

Koopman, Emy M., und Frank Hakemulder. „Effects of Literature on Empathy and Self-reflection: A Theoretical-Empirical Framework". *Journal of Literary Theory* 9.1 (2015): 79–111.

Kuipers, Giselinde. „Humor Styles and Symbolic Boundaries". *Journal of Literary Theory* 3.2 (2009): 219–240.

Mangold, Roman, und Anne Bartsch. „Mediale und reale Emotionen – der feine Unterschied". *Emotionen in Literatur und Film*. Hrsg. von Sandra Poppe. Würzburg: Königshausen & Neumann, 2012. 89–105.

Mar, Raymond A., Jennifer L. Tackett und Chris Moore. „Exposure to Media and Theory-of-mind Development in Preschoolers". *Cognitive Development* 25.1 (2009): 69–78.

Mar, Raymond A., Keith Oatley, Jacob Hirsh, Jennifer dela Paz und Jordan B. Peterson. „Bookworms versus Nerds: Exposure to Fiction versus Non-fiction, Divergent Associations with Social Ability, and the Simulation of Fictional Social Worlds". *Journal of Research in Personality* 40.5 (2006): 694–712.

Mar, Raymond A., Keith Oatley, Maja Djikic und Justin Mullin. „Emotion and Narrative Fiction: Interactive Influences Before, During, and After Reading". *Cognition and Emotion* 25.5 (2011): 818–833.

Mellmann, Katja. *Emotionalisierung – Von der Nebenstundenpoesie zum Buch als Freund: Eine emotionspsychologische Analyse der Literatur der Aufklärungsepoche*. Paderborn: Mentis, 2006.

Mellmann, Katja. „Vorschlag zu einer emotionspsychologischen Bestimmung von ‚Spannung'". *Im Rücken der Kulturen*. Hrsg. von Karl Eibl, Katja Mellmann und Rüdiger Zymner. Paderborn: Mentis, 2007a. 241–268.

Mellmann, Katja. „Biologische Ansätze zum Verhältnis von Literatur und Emotionen". *Journal of Literary Theory* 1.2 (2007b): 357–375.

Mellmann, Katja. „Objects of ‚Empathy': Characters (and Other Such Things) as Psycho-Poetic Effects". *Characters in Fictional Worlds: Understanding Imaginary Beings in Literature, Film, and Other Media*. Hrsg. von Jens Eder, Fotis Jannidis und Ralf Schneider. Berlin und New York, NY: De Gruyter, 2010a. 416–441.

Mellmann, Katja. „Gefühlsübertragung? Zur Psychologie emotionaler Textwirkungen". *Machtvolle Gefühle*. Hrsg. von Ingrid Kasten. Berlin und New York, NY: De Gruyter, 2010b. 107–119.

Mellmann, Katja. „Emotionale Wirkungen des Erzählens". *Handbuch Erzählliteratur: Theorie, Analyse, Geschichte*. Hrsg. von Matías Martínez. Stuttgart und Weimar: Metzler, 2011. 68–74.

Mellmann, Katja. „Is Storytelling a Biological Adaptation? Preliminary Thoughts on How to Pose That Question". *Telling Stories/Geschichten erzählen. Literature and Evolution/Literatur und Evolution*. Hrsg. von Carsten Gansel und Dirk Vanderbeke. Berlin und New York, NY: De Gruyter, 2012a. 30–49.

Mellmann, Katja. „Schemakongruenz: Zur emotionalen Auslöserqualität filmischer und literarischer Attrappen". *Emotionen in Literatur und Film*. Hrsg. von Sandra Poppe. Würzburg: Königshausen & Neumann, 2012b. 109–125.

Mellmann, Katja. „Reassessing the Concept of ‚Ideology Transfer': On Evolved Cognitive Tendencies in the Literary Reception Process". *Cognition, Literature, and History*. Hrsg. von Mark Bruhn und Donald Wehrs. New York, NY: Routledge, 2014. 80–93.

Meyer, Wulf-Uwe, Achim Schützwohl und Rainer Reisenzein. *Einführung in die Emotionspsychologie*. 3 Bde. 3. korr. Aufl. Bern, Göttingen und Toronto: Huber, 2001–2003.
Miall, David S. *Literary Reading: Empirical and Theoretical Studies*. Frankfurt am Main u. a.: Lang, 2006.
Miall, David S. „Feeling From the Perspective of the Empirical Study of Literature". *Journal of Literary Theory* 1.2 (2007): 377–393.
Miall, David S. „Emotions and the Structuring of Narrative Response". *Poetics Today* 32.2 (2011): 323–348.
Moltke, Johannes von: „‚Deutsche Jungs dürfen ruhig auch mal weinen': Nachträgliche Identifikation in der sentimentalen Geschichtskultur". *Empathie und Erzählung*. Hrsg. von Claudia Breger und Fritz Breithaupt. Freiburg im Breisgau: Rombach, 2010. 273–291.
Nell, Victor. *Lost in a Book: The Psychology of Reading for Pleasure*. New Haven, CT: Yale University Press, 1988.
Oatley, Keith. „A Taxonomy of the Emotions of Literary Response and a Theory of Identification in Fictional Narrative". *Poetics* 23 (1994): 53–74.
Oatley, Keith, und Mitra Gholamain. „Emotions and Identification: Connections between Readers and Fiction". *Emotions and the Arts*. Hrsg. von Mette Hjort und Sue Laver. New York, NY und Oxford: Oxford University Press, 1997. 263–281.
Oatley, Keith. „Why Fiction Might Be Twice as True as Fact: Fiction as Cognitive and Emotional Simulation". *Review of General Psychology* 3 (1999): 101–117.
Oatley, Keith. *Such Stuff as Dreams: The Psychology of Fiction*. Chichester: Wiley-Blackwell, 2011.
Obermeier, Christian, Winfried Menninghaus, Martin von Koppenfels, Tim Raettig, Maren Schmidt-Kassow, Sascha Otterbein und Sonja A. Kotz. „Aesthetic and Emotional Effects of Meter and Rhyme in Poetry". *Frontiers in Psychology* 4.10 (2013): http://www.frontiersin.org/Language_Sciences/10.3389/fpsyg.2013.00010/abstract.
Odağ, Özen. *Wenn Männer von der Liebe lesen und Frauen von Abenteuern...: Eine empirische Rezeptionsstudie zur emotionalen Beteiligung von Frauen und Männern beim Lesen narrativer Texte*. Lengerich: Pabst, 2007.
Peer, Willie van, Jèmeljan Hakemulder und Sonia Zyngier. *Scientific Methods for the Humanities*. Amsterdam und Philadelphia, PA: John Benjamins Publication, 2012.
Pinker, Steven. *Wie das Denken im Kopf entsteht*. Übers. von Martina Wiese und Sebastian Vogel. München: Kindler, 1998.
Pinker, Steven. *Das unbeschriebene Blatt: Die moderne Leugnung der menschlichen Natur*. Übers. von Hainer Kober. Berlin: Berlin Verlag, 2003.
Rapp, David N., und Richard J. Gerrig. „Predilections for Narrative Outcomes: The Impact of Story Contexts and Reader Preferences". *Journal of Memory and Language* 54 (2006): 54–67.
Richardson, Alan. *The Neural Sublime: Cognitive Theories and Romantic Texts*. Baltimore, MD: Johns Hopkins University Press, 2010.
Riese, Katrin, Mareike Bayer, Gerhard Lauer und Annekathrin Schacht. „In the Eye of the Recipient: Pupillary Responses to Suspense in Literary Classics". *Scientific Study of Literature* 4.2 (2014): 211–232.
Ruch, Willibald, und Julia Malcherek. „Sensation Seeking, General Aesthetic Preferences, and Humor Appreciation as Predictors of Liking of the Grotesque". *Journal of Literary Theory* 3.2 (2009): 333–352.

Sanchez Penzo, Hannelore. *Die Kunst der literarischen Spannung*. Diss. Düsseldorf 2011: http://docserv.uni-duesseldorf.de/servlets/DocumentServlet?id=18753.

Sander, David, und Klaus R. Scherer (Hrsg.). *The Oxford Companion to Emotion and the Affective Sciences*. New York, NY: Oxford University Press, 2009.

Schacht, Annekathrin, Katrin Pollmann und Mareike Bayer. „Leseerleben im Labor? Zu Potential und Limitationen psycho(physio)logischer Methoden in der empirischen Literaturwissenschaft". *Empirie in der Literaturwissenschaft*. Hrsg. von Philip Ajouri, Katja Mellmann und Christoph Rauen. Münster: Mentis, 2013. 431–444.

Schindler, Ines, Veronika Zink, Johannes Windrich und Winfried Menninghaus. „Admiration and Adoration: Their Different Ways of Showing and Shaping Who We Are". *Cognition and Emotion* 27.1 (2013): 85–118.

Schmidt, Siegfried J. *Grundriß der Empirischen Literaturwissenschaft*. Frankfurt am Main: Suhrkamp, 1991 [1980].

Schreier, Margrit. „Zur Rolle der qualitativ-sozialwissenschaftlichen Methoden in der Empirischen Literaturwissenschaft und Rezeptionsforschung". *Empirie in der Literaturwissenschaft*. Hrsg. von Philip Ajouri, Katja Mellmann und Christoph Rauen. Münster: Mentis, 2013. 355–378.

Schwab, Frank. *Evolution und Emotion: Evolutionäre Perspektiven in der Emotionsforschung und der angewandten Psychologie*. Stuttgart: Kohlhammer, 2004.

Szabó, Judit. „Narráció és érzelmek: Válogatás az utóbbi évek elméleti terméséből [Narration und Emotionen: Zu einigen neuen theoretischen Beiträgen]". *Helikon: Irodalomtudományi Szemle* 59.2 (2013): 247–256.

Tan, Ed. „Film-Induced Affect as a Witness Emotion". *Poetics* 23 (1994): 7–32.

Tan, Ed. *Emotion and the Structure of Narrative Film: Film as an Emotion Machine*. Mahwah, NJ: Erlbaum, 1996.

Tan, Ed, und Nico H. Frijda. „Sentiment in Film Viewing". *Passionate Views: Film, Cognition, and Emotion*. Hrsg. von Carl Plantinga und Greg M. Smith. Baltimore, MD und London: Johns Hopkins University Press, 1999. 48–64.

Tan, Ed. „Emotion, Art, and the Humanities". *Handbook of Emotions*. Hrsg. von Michael Lewis und Jeannette M. Haviland-Jones. 2. Aufl. New York, NY und London: Guilford, 2000. 116–134.

Tooby, John, and Leda Cosmides. „Does Beauty Build Adapted Minds? Toward an Evolutionary Theory of Aesthetics, Fiction and the Arts". *Substance: A Review of Theory and Literary Criticism* 30.1–2 (2001): 6–27.

Tsiknaki, Eirini. *Literatur und Persönlichkeitsentwicklung: Eine empirische Untersuchung zur Erfassung des Zusammenhangs zwischen literarischem Lesen und emotionaler Intelligenz*. München: Meidenbauer, 2005.

Tsiknaki, Ourania. *Emotionsprognose – Das affektive Lexikon München: Entwurf eines Modells zur Vorhersage der Affektivität eines Textes*. München: Meidenbauer, 2005.

Vandaele, Jeroen. „Narrative Humor I: Enter Perspective". *Poetics Today* 31.4 (2010): 721–785.

Vandaele, Jeroen. „Narrative Humor II: Exit Perspective". *Poetics Today* 33.1 (2012): 59–126.

Vendrell Ferran, Íngrid. „Literarische Fiktion und fiktionale Gefühle". *Die Mimesis und ihre Künste*. Hrsg. von Gertrud Koch, Christiane Voss und Martin Vöhler. München: Fink, 2010. 91–108.

Vendrell Ferran, Íngrid. „Can Literature Be Moral Philosophy? A Sceptical View on the Ethics of Literary Empathy". *Philosophy and Literature and the Crisis of Metaphysics*. Hrsg. von Sebastian Hüsch. Würzburg: Königshausen & Neumann, 2011. 197–212.

Vendrell Ferran, Íngrid. „Das Paradoxon der Fiktion". *Fiktionalität: Ein interdisziplinäres Handbuch.* Hrsg. von Tobias Klauk und Tilmann Köppe. Berlin und New York, NY: De Gruyter, 2014. 313–337.

Vermeule, Blakey. *Why Do We Care About Literary Characters?* Baltimore, MD: The Johns Hopkins University Press, 2010.

Viehoff, Reinhold. „Literarisches Verstehen: Neuere Ansätze und Ergebnisse empirischer Forschung". *Internationales Archiv für Sozialgeschichte der deutschen Literatur* 13 (1988): 1–39.

Voland, Eckart. „Virtuelle Welten in realen Gehirnen: Evolutionspsychologische Aspekte des Umgangs mit Medien". *Zeitschrift für Literaturwissenschaft und Linguistik* 146 (2007): 7–22.

Vorderer, Peter, und Franziska S. Roth. „How Do We Entertain Ourselves With Literary Texts?" *Scientific Study of Literature* 1.1 (2011): 136–143.

Wallentin, Mikkel, Andreas Højlund Nielsen, Peter Vuust, Anders Dohn, Andreas Roepstorff und Torben Ellegaard Lund. „Amygdala and Heart Rate Variability Responses from Listening to Emotionally Intense Parts of a Story". *NeuroImage* 58.3 (2011): 963–973.

Wallentin, Mikkel, Arndis Simonsen und Andreas Højlund Nielsen. „Action Speaks Louder than Words: Empathy Mainly Modulates Emotions from Theory of Mind-Laden Parts of a Story". *Scientific Study of Literature* 3.1 (2013): 137–153.

Winko, Simone. „Verstehen literarischer Texte versus literarisches Verstehen von Texten? Zur Relevanz kognitionspsychologischer Verstehensforschung für das hermeneutische Paradigma der Literaturwissenschaft". *Deutsche Vierteljahrsschrift für Literaturwissenschaft und Geistesgeschichte* 69 (1995): 1–27.

Winko, Simone. *Kodierte Gefühle: Zu einer Poetik der Emotionen in lyrischen und poetologischen Texten um 1900.* Berlin: Schmidt, 2003a.

Winko, Simone. „Über Regeln emotionaler Bedeutung in und von literarischen Texten". *Regeln der Bedeutung: Zur Theorie der Bedeutung literarischer Texte.* Hrsg. von Fotis Jannidis, Gerhard Lauer, Matías Martínez und Simone Winko. Berlin und New York, NY: De Gruyter, 2003b. 329–348.

Wolf, Werner. „Aesthetic Illusion". *Immersion and Distance. Aesthetic Illusion in Literature and Other Media.* Hrsg. von Walter Bernhart, Andreas Mahler und Werner Wolf. Amsterdam und New York, NY: Rodopi, 2013. 1–63.

Zipfel, Frank. „Emotion und Fiktion: Zur Relevanz des Fiktions-Paradoxes für eine Theorie der Emotionalisierung in Literatur und Film". *Emotionen in Literatur und Film.* Hrsg. von Sandra Poppe. Würzburg: Königshausen & Neumann, 2012. 127–153.

Zyngier, Sonia, Marisa Bortolussi, Anna Chesnokova und Jan Auracher (Hrsg.). *Directions in Empirical Literary Studies.* Amsterdam: Benjamins, 2008.

3. Modelle und Begriffe

3.1 Der iliadische Zorn und die transkulturelle Emotionsforschung

Douglas L. Cairns

1.

Wer die Gefühlssprache einer anderen Kultur untersucht, begibt sich auf das Feld der Emotionsforschung und ihrer grundlegenden Fragen nach der Universalität oder kulturellen Spezifität der Emotionen und nach dem Beitrag, den sprachliche Bezeichnungen und Kategorien zur Konstruktion von Emotionen als kulturellen Phänomenen leisten. Darum ist es Aufgabe der klassischen Philologen, welche die Emotionsterminologie der Griechen oder Römer erforschen wollen, sich auch mit der aktuellen Forschung zur Natur der Emotionen in anderen Disziplinen vertraut zu machen und ihre Untersuchung in einen größeren Zusammenhang einzubetten, der neben Sinn und Bezug bestimmter sprachlicher Ausdrucksformen auch andere Emotionsaspekte umfassend berücksichtigt (Kövecses 2000, 1–6, 139–163). Die Kulturdeterministen, die gegenwärtig in den Altertums- und den Geisteswissenschaften den Ton angeben, entziehen sich dieser Aufgabe allerdings zumeist. Sie gehen davon aus, dass sich alle signifikanten Merkmale einer Kultur unter dem Einfluss von Rahmenbedingungen herausbilden, die für diese Kultur spezifisch sind. Da dies sowohl für die zu erforschende Kultur als auch für die Kultur des Forschenden gilt, muss sich der Forschende auf irgendeine Art um Zugang zu Phänomenen bemühen, die spezifisch für eine Gesellschaft sind, die seiner eigenen Erfahrung fremd ist. Glücklicherweise ist das Ziel jedoch nicht derart unerreichbar: Zwischen allen Kulturen gibt es Überschneidungen und Berührungspunkte, die diese Kulturen füreinander verständlich machen, und alle Kulturen werden von einer Spezies geformt und bevölkert, die ihre kulturschaffenden Fähigkeiten unter weitgehend gleichen Umwelteinflüssen herausgebildet hat. Ein Dialog zwischen den alten Kulturen und unserer eigenen Kultur ist möglich, wenn wir weder naiv einen allgemein menschlichen Erfahrungsraum unterstellen, noch unhaltbare Verfahren der Abgrenzung und Verfremdung annehmen.

Emotionen sind zum einen mit Urteilen und Bewertungen über Gegebenheiten in der Welt verbunden, zum anderen aber mehr als nur Möglichkeiten, wie man die Welt sehen kann. Sie umfassen auch physische Aspekte, und zwar in Form der typischen neurophysiologischen und viszeralen Veränderungen, die mit ihnen verbunden sind, und diese Veränderungen können nicht rein kulturell bedingt sein, weil sie auf der organischen Beschaffenheit beruhen, die die Spezies herausgebildet hat (de Sousa 1987, 47–106). Eingehende Untersuchungen haben gezeigt, dass der Gesichtsausdruck von Emotionen das Ergebnis phylogenetischer Anpassung ist: In allen Kulturen ist, selbst bei taubblinden Kindern, in ihrer frühen Entwicklungsphase das gleiche Spektrum von Gesichtsausdrücken zu beobachten. Und auch wenn sich die Kulturen in der Frage unterscheiden, was als angemessener Auslöser für einen bestimmten Gesichtsausdruck gilt und in welchem Maß verschiedene Ausdrucksformen gebilligt oder missbilligt werden, können die Angehörigen einer bestimmten Gesellschaft die Gesichtsausdrücke von Angehörigen einer anderen Kultur in der Regel richtig deuten (Darwin 1998, 445–448). Mit den oben erwähnten physischen Aspekten der Emotion sind zahlreiche charakteristische Symptome und Verhaltensmuster verknüpft, die vielfach instinktiv oder aber kulturelle Ausgestaltungen des Instinktiven sind.

Daneben gibt es all die vielen Aspekte der Emotionen und emotionalen Szenarien, die von Kultur zu Kultur unterschiedlich sein können: die auslösenden Umstände (der Ekel und sein Gesichtsausdruck sind zwar universell, aber was in einer bestimmten Gesellschaft Ekel auslöst, ruft bekanntlich nicht in allen Gesellschaften Ekel hervor; vgl. Pinker 1997, 378–385), die Bewertung verschiedener Emotionen (kulturelle Unterschiede in der Bewertung von Zorn sind in unserem Zusammenhang sehr von Belang), die Ausdrucksformen, die bei verschiedenen Personengruppen kulturell akzeptiert oder eben nicht akzeptiert sind (z. B. die recht unterschiedlichen Erwartungen, die in unserer Gesellschaft in Bezug auf die Äußerung von Zorn an Männer und an Frauen gestellt werden), die Emotionsmetaphern und natürlich die Emotionsbegriffe. Diese Aspekte sind nicht unerheblich. Dennoch würde diese Aufzählung universeller und variabler Faktoren in die Irre führen, wenn sie eine trennscharfe Unterscheidung zwischen den beiden Kategorien suggerierte, denn (auf der einen Seite) sind alle Emotionsaspekte aufgrund ihrer Einbindung in die komplexen Syndrome von Faktoren, die für Emotionen konstitutiv sind, der Konstruktion unterworfen. Der kognitiv-bewertende Aspekt der Emotion als einer Reaktion auf Gegebenheiten in der Welt setzt immer ein konstruktivistisches Element voraus – die typischen Szenarien, in denen Emotionen sich entfalten und die mit Emotionsbezeichnungen belegt werden, müssen im Rahmen der Praktiken einer konkreten Kultur begriffen werden. Somit sind alle Aspekte der emotionalen Gesamterfahrung der Konstruktion und Interpretation unterworfen, die für eine bestimmte Kultur spezifisch sein können.

Auf der anderen Seite gibt es Aspekte der kulturellen Konstruktion von Emotionen, die fest in unser physischen Natur als Menschen verankert sind: Wie George Lakoff und seine Mitarbeiter gezeigt haben, entstammen die kulturellen Modelle und Alltagstheorien, die das emotionale Leben einer Kultur strukturieren, und die Metaphern und Metonymien, die unsere Emotionsvorstellungen strukturieren, zu einem sehr großen Teil den Erfahrungen, die wir als physisch verkörperte Wesen in der Welt machen (Lakoff und Johnson 1980; Lakoff und Kövecses 1987; Kövecses 2000). Es bleiben also in jedem genuinen Gefühlsszenario und somit auch im emotionalen Repertoire jedes Einzelnen grundlegende und wesentliche Aspekte, die nicht kulturell determiniert sind, sondern vielmehr auf biologischen Faktoren beruhen. ‚Biologie versus Kultur' ist eine falsche Antithese, weil das Biologische in einem kulturellen Kontext erlebt und konstruiert werden muss und gemeinsame kulturelle Kategorien aus unserer Natur als physisch verkörperte und gesellschaftlich verfasste Spezies schöpfen. Darum gilt es zwar, darauf zu achten, wie die Konstruktion von Emotionen von Kultur zu Kultur variiert. Zugleich dürfen wir aber nicht erwarten, dass diese Variationen keinerlei Einschränkungen unterliegen.

Untersuchungen der Emotionsterminologie werden darum immer nötig sein – am stärksten dürfte sich die Art, wie Kulturen ihr Gefühlsleben darstellen, in der Benennung von Emotionen und in dem Ort unterscheiden, den sie den Emotionen in ihren semantischen Kategorien zuweisen (vgl. Russell 1991) – doch werden diese Untersuchungen nie ausreichend sein. Wir müssen bei den Termini ansetzen, mit denen die Griechen selbst ihre emotionalen Erfahrungen beschrieben haben, und sollten unserem Datenmaterial sicher nicht unsere eigenen Vorannahmen in Bezug auf bestimmte Emotionen überstülpen. Die philologische Untersuchung darf sich aber nicht damit begnügen, Sinn und Bezug bestimmter sprachlicher Benennungen zu erforschen; das Instrumentarium der Philologen oder auch der Altertumswissenschaftler im Allgemeinen wird für die Untersuchung der antiken Gefühlswelt nicht ausreichen. Um die geeigneten methodischen Grundsätze und Deutungskategorien zu entwickeln, müssen wir auch Erkenntnisse anderer Disziplinen heranziehen und unsere Untersuchungen der Semantik antiker Begriffe durch Daten über andere (sprachliche und nichtsprachliche) Aspekte emotionaler Erfahrung ergänzen. Dieser Ansatz soll hier unter besonderer Berücksichtigung der Terminologie, der Ethik und der nonverbalen Ausdrucksformen des Zorns in Homers *Ilias* erprobt werden.

Nach den Erkenntnissen der neurophysiologischen Emotionsforschung sind Emotionen unter neuronalen und evolutionären Gesichtspunkten komplexe Phänomene, bei denen verschiedene – sowohl kortikale als auch subkortikale, evolutionsgeschichtlich ‚alte' und evolutionsgeschichtlich ‚junge' – Regionen des Gehirns so miteinander interagieren, dass Emotionen zum Teil eines integrierten Systems werden, das höhere kognitive Leistungen und körperregulierende Grundsysteme umfasst. Im Lichte dieser Untersuchungen erscheinen Emotionen als Mechanismen, die Gehirn, Nervensystem und Körper miteinander verbinden und (in unterschiedlichem Maß) auf vorangelegten (angeborenen) Grunddispositionen und Dispositionen einer höheren Ordnung beruhen, die in jedem Individuum je nach der Geschichte seiner Interaktionen mit der physischen und sozialen Umwelt justiert oder kalibriert werden (Damasio 1994). Ein solches Bild lässt vermuten, dass es ein evolutionäres Erklärungsmodell für Emotionen gibt (denn wie soll man ein derart kompliziertes Mechanismengefüge anders erklären als mit natürlicher Selektion?, vgl. Rolls 1999, 266–276); zugleich deutet es aber vielleicht auch darauf hin, dass ein solches Erklärungsmodell detaillierter, nuancierter und komplexer sein muss als alles, was bislang an evolutionären Erklärungen vorgebracht wurde.

Diese Ausführungen sollen zu einem kurzen Blick darauf überleiten, wie der aufstrebende Forschungszweig der evolutionären Psychologie die Herausbildung der Emotionen darstellt. Dieser Denkansatz verankert die Emotionen in der Evolution der Kooperation und sieht in ihnen Mechanismen, die so ‚gestaltet' sind – um eine gängige evolutionstheoretische Metapher zu bemühen, die an den von Daniel Dennett geprägten Begriff der „intentionalen Einstellung" (Dennett 1995, 229–238) anknüpft –, dass sie Engagement in kooperativen Sozialbeziehungen demonstrieren, die den Beteiligten erhebliche langfristige Nutzen bringen. Der erste Schritt zu einer Erklärung ist hier der von Robert Axelrod geführte (und auf der Spieltheorie und computerbasierten Interaktionsmodellen aufbauende) Nachweis, dass einfache Gegenseitigkeit/Reziprozität (‚tit for tat' – das heißt: ‚erst kooperieren und dann in gleicher Weise auf die Reaktion des Gegenübers reagieren') sich als evolutionär stabile Strategie etablieren kann, die denen, die sie praktizieren, nutzt und alternativen Strategien überlegen ist (Axelrod 1984).

Das Gegenstück zur Tit-for-Tat-Strategie in der Natur ist eine Strategie, die bei mehreren Spezies untersucht wurde und für die Robert Trivers den Begriff ‚reziproker Altruismus' geprägt hat. Trivers meint, dass die Herausbildung einer solchen Strategie möglicherweise mit der Evolution der Emotionen bei Menschen (und Primaten) korreliert ist und dass Emotionen wie Schuldgefühle oder Zorn den Bedürfnissen des reziproken Altruismus' dienen, indem sie ein regelkonformes Verhalten befördern und kommunizieren, dass man zur Fortsetzung der Kooperation bereit ist, oder zeigen, dass man entschlossen ist, Abweichler zu bestrafen (Trivers 1985, 386–389). Robert Frank hat allerdings darauf hingewiesen, dass es (erstens) ökonomischer sein dürfte, wenn der reziproke Altruismus von psychologischen Mechanismen getragen wird, die weitaus einfacher sind als Emotionen (dass die Tit-for-Tat-Strategie gerade in Computersimulationen gedeiht, zeigt ja, dass sie nicht von Emotionen getragen sein muss; warum sollte die natürliche Auslese für ein relativ einfaches Problem eine so aufwändige Lösung liefern?) und dass (zweitens) menschliche Emotionen nicht nur reziproken Altruismus hervorbringen (also eine Kooperation, die eindeutig im Eigeninteresse des Individuums liegt), sondern auch echten Altruismus (die Inkaufnahme offensichtlicher Kosten, die höher sind als jeder zu erwartende Nutzen für sich selbst, vgl. Frank 1988, 35–37). Franks Antwort ist das sogenannte ‚Selbstverpflichtungsmodell' (*commitment model*): Emotionen dienen der (im übergeordneten Interesse des Individuums liegenden) Kooperation nicht fallweise, sondern dispositionell. Das bedeutet: Wer eine Disposition für die geforderte Emotion vorweisen kann, verschafft sich nicht nur in einer einzelnen Transaktion oder Transaktionsreihe, sondern grundsätzlich einen Kooperationsvorteil; Emotionen lösen das ‚Selbstverpflichtungsproblem' dadurch, dass die Dispositionen, die womöglich langfristig belohnt werden, sich auch dann manifestieren, wenn die Nachteile für den Einzelnen erheblich sind (Frank 1988). In diesem System bürgt der Zorn als Reaktion auf einen Kooperationsverstoß für die Drohung, die in der Reaktion dessen liegt, gegen den sich der Verstoß richtet, und macht diese Drohung glaubhaft, weil die affektive Reaktion des Zorns geeignet ist, sich der rationalen Kontrolle zu entziehen. Dies gilt auch dann, wenn es den Drohenden teuer zu stehen käme, wenn er seine Drohung wahr macht (Frank 1988, 53–55, 83). Die Adaptivität des Zorns liegt darin, dass Personen mit einer anerkannten Zorndisposition fähig sind, gegen sie gerichtete Ausbeutungsversuche anderer Personen durch Abschreckung abzuwehren.

Die Stärke und die Anziehungskraft dieses Denkansatzes liegen meines Erachtens darin, dass er erstens die Antwort an der richtigen Stelle sucht – da so viele Emotionsaspekte in der Biologie verankert sind, ist die natürliche Selektion der einzige Mechanismus, der die Ursprünge der Emotionen plausibel erklären kann – und dass zweitens diese Sicht auf den Zweck der Emotionen relativ nah bei unseren Alltagsintuitionen zu der Frage liegt, was Emotionen eigentlich leisten. Indem solche Denkansätze zu Recht den Selektionsdruck betonen, der von der Umwelt ausgeht, verankern sie die Emotionen fest in der Entwicklung der menschlichen Sozialität; aus dem gleichen Grund betonen sie die kommunikative Funktion der Emotion für die soziale Interaktion; indem sie betonen, dass Emotionen ein Aspekt des Gruppenlebens und nicht nur des individuellen Lebens sind, lösen sich diese Ansätze weitgehend von der westlichen Tradition von Descartes bis Freud. Aus diesem Blickwinkel betrachtet, sind Emotionen deswegen adaptiv, weil sie unser Sozialverhalten beeinflussen und unser Engagement gegenüber anderen Menschen kommunizieren. Das evolutionäre Erklärungsmodell sieht in den kooperationsunterstützenden Emotionen die Ursprünge unseres ‚moralischen' Empfindens, aber dieses moralische Empfinden ist voll und ganz eingebettet nicht nur in die affektiven und desiderativen Fähigkeiten der Individuen, sondern auch in die Strukturen und Praktiken des Gruppenlebens.

Dass dies für das griechische Ethikverständnis zutrifft, wurde bereits bemerkt (Gill 1996). Die evolutionäre Perspektive lässt allerdings vermuten, dass das, was manch einer als Spezifikum der griechischen Kultur entdeckt zu haben meint, in

Wahrheit viel umfassender oder sogar universell gilt. Muellners Ausführungen (1996, 138) zum Primat der sozialen Dimension der Emotion bei Homer im Gegensatz zu ‚unserer' angeblich individualisierten und internalisierten Auffassung konstruieren eine ‚Wir'-versus-‚Sie'-Antithese, die wie so viele Konstrukte dieser Art in die Irre geht – nicht weil sie die antiken Quellen falsch verstehen würden, sondern weil sie die Moderne unreflektiert als das genaue Gegenteil der Antike definieren, um an kulturdeterministischen Annahmen festhalten zu können. Zumindest die zentrale Bedeutung von Emotionssignalen – insbesondere von Gesichtsausdrücken – in ‚unserer' Kultur (wie in allen Kulturen) hätte die Aufstellung dieser Antithese verhindern müssen, denn wenn der sichtbare Ausdruck in den Emotionsszenarien aller Kulturen eine wichtige Rolle spielt, dann ist Sozialität ein universelles Merkmal von Emotionen.

Wo antike Definitionen von Zorn diesen Begriff fest in reziproken oder hierarchischen Ehrstrukturen verankern (also in Strukturen, die öffentlich beobachtbare Formen sozialer Interaktion voraussetzen), haben sie viel mit dem evolutionären Denkansatz gemeinsam (siehe [Plat.] *Def.* 415e 11; Arist. *Rhet.* 2.2 1378a 30–32; Arist. *Top.* 4.6 127b 30–31, 6.13 151a 15–16, 6.13 156a 32–33). Aristoteles definiert Zorn als „ein mit Schmerz verbundenes Streben nach einer vermeintlichen Vergeltung für eine vermeintliche Herabsetzung einem selbst oder einem der Seinigen gegenüber" (Arist. *Rhet.* 2.2 1378a 30). Damit trägt er den affektiven, wertenden und desiderativen Aspekten des Zorns Rechnung und siedelt ihn in den Beziehungen an, in denen man mit Recht erwarten kann, von anderen respektiert zu werden. Damit stimmt Aristoteles mit der Aussage unserer modernen, biologisch orientierten Theoretiker überein, Zorn sei eine grundlegende Strategie zum Erhalt der Bindungen, die unser gesellschaftliches und ethisches Leben zusammenhalten. Dies kontrastiert deutlich mit dem ethischen Status des Zorns nicht nur in der nachaufklärerischen Tradition, sondern auch in der stoischen und der christlichen Ethik, die dieser Tradition vorausgingen. Für diese war der Zorn etwas, das es zu eliminieren, zu unterdrücken oder bestenfalls von einer ‚natürlichen' in eine ‚moralische' Empfindung zu transformieren galt (siehe Sorabji 2000; Harris 2002).

Aristoteles' Zorndefinition stimmt auch mit dem ‚prototypischen Szenario' des Zorns, das Lakoff und Kövecses in ihrer Untersuchung dieses Begriffs im modernen amerikanischen Englisch aufgestellt haben, insofern überein, als in diesem Szenario das schmerzhafte Gefühl des Zorns durch Übertretung hervorgerufen und durch Vergeltung befriedigt wird (Lakoff und Kövecses 1987, 211–219). Dieser Begriff wird jedoch durch eine Reihe von Metaphern und Metonymien ausgeschmückt, die Zorn als eine ontologische Entität erscheinen lassen – als eine auf das Selbst ausgeübte Kraft, als heiße Flüssigkeit in einem Gefäß, als einen Gegner, gegen den man kämpfen kann, als Feuer, als gefährliches und aggressives Tier und dergleichen mehr. Zu einem sehr großen Teil sind diese Metaphern und Metonymien in der Phänomenologie des Zorns als einer beobachtbaren psychophysischen Erfahrung verwurzelt, die mit typischen physiologischen Symptomen, Anzeichen und Ausdrucksformen verbunden ist. Kövecses hat diese Untersuchungen in jüngster Zeit weitergeführt und durch Studien der Verbildlichung von Zorn in anderen Sprachen nachgewiesen, dass die Konzeptualisierung von Zorn durch die entsprechenden Metaphern und Metonymien ein erhebliches Maß an kulturübergreifenden Gemeinsamkeiten aufweist und dass das prototypische Szenario nicht nur im amerikanischen Englisch prototypisch ist (Kövecses 2000, 142–161). Im weiteren Verlauf werden wir feststellen, dass (erstens) das prototypische Szenario (das auch Aristoteles' Paradigma ist) zum größten Teil auch für die Darstellung von Zorn in der *Ilias* gilt und dass (zweitens) dieses Szenario bei Homer mit Metaphern und Metonymien ausgestaltet wird, die mit jenen im Englischen und in anderen modernen Sprachen vergleichbar sind.

Es überrascht nicht, dass sich die evolutionäre Darstellung des Zorns und die Darstellung von Lakoff und Kövecses überlagern. Beide orientieren sich an der Beobachtungstatsache, dass Zorn ein verkörperter psychophysischer Mechanismus ist; die evolutionäre Darstellung sucht diese durch Anpassung zu erklären, während Lakoff und Kövecses die grundlegende Bedeutung der Verkörperung für die Konzeptualisierung der Emotion herausarbeiten. Da die physische Verkörperung die Möglichkeiten der Konzeptualisierung von Zorn innerhalb von Kulturen begrenzt, muss sich jede kulturübergreifende Untersuchung von Zorn ernsthaft mit ihr auseinandersetzen (Lakoff und Kövecses 1987, 219–220).

Wer die Welt der Emotionen in der antiken griechischen Gesellschaft untersucht, kann die evolutionäre Dimension nicht ausblenden. Die vielen kulturübergreifenden Gemeinsamkeiten, die mit diesem Denkansatz herausgearbeitet werden, können uns klassischen Philologen helfen, unser Verständnis der antiken Kultur mit einem reflektierten Verständnis unserer eigenen Gesellschaft und anderer Gesellschaften in einen aussagekräftigen Zusammenhang zu bringen. Kritisiert man eine evolutionäre Erklärung für die Existenz einer bestimmten Emotion mit der Begründung, dass sie nicht der Erfahrung dieser Emotion durch jeden Einzelnen Rechnung trage, so vermischt man schlicht und einfach die Erklärungsebenen. Dass die evolutionäre Perspektive (was die natürliche Selektion ‚will') nicht identisch ist mit der Perspektive des Einzelnen, lässt sich an einem einleuchtenden Beispiel deutlich machen: Es gibt zweifelsohne eine evolutionäre Erklärung für die Existenz sexuellen Begehrens bei Menschen, aber diese hat zumindest nicht immer eine Rolle für die Motivation der meisten Menschen gespielt, die diesem Begehren unterworfen waren. Auch wenn Franks Aussagen zum evolutionären Zornerklärungsmodell richtig sind (dass eine Zorndisposition, die kultiviert und anderen vermittelt werden kann, dem langfristigen Interesse des Einzelnen nur dann dienlich ist, wenn es wahrscheinlich ist, dass er unter den relevanten Umständen echten Zorn empfindet), wird dieses Erklärungsmodell in den Gedanken des zürnenden Einzelnen selten eine Rolle spielen – wenn Zorn andere Menschen abschrecken soll, müssen diese anderen Menschen glauben, dass der Zürnende seine Interessen vermutlich aus dem Blick verliert, indem er seine Zornimpulse ohne Rücksicht auf Verluste befriedigt. Zugleich allerdings bestimmt die evolutionäre Begründung des Zorns durchaus konkret, welche Kognitionsprozesse bei dem Einzelnen ablaufen, denn Trivers, Frank und andere stimmen mit Aristoteles überein, dass Zorn im Grunde eine Reaktion auf eine wahrgenommene Übertretung ist.

Gemeinsam ist allen drei hier erörterten Betrachtungsweisen des Zorns (der aristotelischen, der evolutionären und der kognitivistischen Betrachtungsweise von Lakoff und Kövecses) die grundlegende Ethisierung des Zorns, und ich werte es als Stärke, dass die evolutionäre Erklärung, wozu Zorn gut ist, relativ nah bei unserer (und der aristotelischen) Auffassung vom Zweck des Zorns liegt. Doch auch wenn Zorn unbestreitbar sowohl allgemein als auch, wie wir im weiteren Verlauf sehen werden, bei Homer auf der Vorstellung beruht, dass jemand geschädigt wurde, ist dies nicht immer der Fall. Wenn wir subjektive Zornerfahrungen betrachten, müssen wir auch die Möglichkeit einkalkulieren, dass das Auftreten dieser Emotion durch Zustände oder Vorfälle im Subjekt hervorgerufen werden kann und nicht nur durch Zustände oder Vorfälle in der Welt; in ähnlicher Weise müssen wir auch berücksichtigen, dass Menschen mit (lang- oder kurzfristiger) Zorndisposition dazu neigen, die Emotion an einem Objekt auszuleben, das gelegen kommt (aber nicht unbedingt legitim ist) (siehe Berkowitz 1990); und wir müssen (so meine ich) der intuitiven Beobachtung Rechnung tragen, dass manche Formen des Zorns lediglich Ausdruck von Frustration oder Verärgerung sind, die sich vielleicht manchmal auf den öffentlichen Status des Einzelnen richten, aber nicht bedeuten, dass dieser Status durch jemand anderen in Frage gestellt wurde.

2.

Ich bitte den Leser, die oben geführte Diskussion bei der folgenden Analyse der Terminologie, der Ethik und des nonverbalen Ausdrucks von Zorn in der *Ilias* stets mitzubedenken. Bei der Betrachtung der homerischen Zeugnisse stoßen wir auf eine Vielzahl von Termini, die wir als Begriffe für Zorn einstufen und deren Bedeutung, Bezug und Gebrauch einzeln untersucht werden müssen. Da die Konzeptualisierung und Bezeichnung von Emotionserlebnissen für den Einzelnen in

3.1 Der iliadische Zorn und die transkulturelle Emotionsforschung — 187

hohem Maße erfahrungskonstitutiv sein kann, müssen wir uns bewusst machen, dass die Terminologie anderer Kulturen die Emotionslandschaft möglicherweise anders kartografiert als unsere eigene Kultur. Im Rahmen der terminologischen Untersuchung kann somit überprüft werden, ob das evolutionäre Erklärungsmodell zu monolithisch ist, um die Besonderheit dieser Terminologie angemessen zu würdigen, oder ob hinter dieser Besonderheit ein erhebliches Maß an Universalität steht.

Zugleich werde ich zum einen die Frage in den Mittelpunkt rücken, wie sehr Bedeutung, Bezug und Anwendung der betrachteten Termini ‚zueinander passen', und zum anderen den Fokus auf die Einstufung des Zorns als einer für die kooperative Interaktion entscheidenden Emotion richten; ich werde untersuchen, wie sich die betrachteten Termini auf die wahrgenommene Übertretung oder den vermeintlichen Kooperationsverstoß beziehen, und ich werde dem Status des Zorns als eines sozial eingebetteten ethischen Begriffs Rechnung tragen. Abschließend werde ich den nonverbalen Ausdruck von Zorn betrachten und dabei die kommunikative Rolle deutlich machen, die der Emotionsausdruck für den Verlauf der sozialen Interaktion spielt. Diese Betrachtung wird es uns ermöglichen, Emotionsverhalten und Emotionstermini als Daten heranzuziehen, mit deren Hilfe wir untersuchen können, wie spezifisch oder nicht-spezifisch der iliadische Zorn ist.

Wer der Gefühlsregung des Zorns bei Homer anhand der verschiedenen lexikalischen Einheiten nachgeht, die in diesem semantischen Feld vorkommen, sieht sich mit einer zunächst überraschenden Kombination aus mangelnder Differenzierung auf der einen und Spezifität auf der anderen Seite konfrontiert. Der Mangel an Differenzierung besteht darin, dass es im homerischen Griechisch eine Reihe von Termini gibt, die in Zorn-Kontexten gebraucht werden können, aber auch andere Formen der emotionalen Erregung oder des Emotionsausdrucks umfassen können; die Spezifität hat ihre Ursache darin, dass es im Gegensatz zum späteren klassischen Griechisch (dort sind *orgê* und *thymos* die Hauptbegriffe für Zorn) im homerischen Griechisch eine Vielzahl von Begriffen gibt, die für gewöhnlich als Formen oder Aspekte von Zorn übersetzt werden.

Thymos ist in der *Ilias* nie Zorn als solcher, sondern immer die allgemeine psychische Kraft, welcher der Zorn zusammen mit anderen Emotionen angehört; gelegentlich kann die Verwendung des Wortes *thymos* allerdings zur Nennung des Zorns überleiten. Dies ist etwa in 1.192 der Fall, wo Achilleus erwägt, ob er dem *cholos* Einhalt gebieten und den *thymos* zurückhalten soll, und diese beiden Aspekte in ein und demselben Vorgang aufgehen. Physikalisch ist *thymos* höchstwahrscheinlich als die Luft in den Lungen zu betrachten (Clarke 1999, 75); dass diese physikalische Entität auch als emotionale Kraft fungieren kann, ist mithin ein Beispiel für eine der grundlegendsten konzeptuellen Emotionsmetaphern überhaupt – für die Gefäß-Metapher (Lakoff und Kövecses 1987, 197–198). Eine wichtige Rolle spielt *thymos* in der Phänomenologie des iliadischen Zorns auch als der Sitz des Affekts, der mit vielen der spezielleren Zorn-Termini beschrieben wird (*cholos*, z. B. 9.436; *chôesthai*, z. B. 1.243–1.244; *nemesis*, z. B. 2.223). In ähnlicher Weise steht *achos* für die seelische Not, die Teil des Zorns und anderer Emotionen ist; daher kann sich *achos*, insofern es eine schmerzhafte Gefühlsreaktion auf eine Beleidigung oder Kränkung der eigenen *timê* (Ehre) bezeichnet, gelegentlich auf die Emotion des Zorns selbst beziehen (1.188–1.192; 15.205–15.211; 16.48–16.59).

Ein weiterer ähnlicher Begriff ist *menos*: Als Athene dem *menos* des Achilleus Einhalt gebietet (1.207) oder als Nestor Agamemnon drängt, seinem *menos* Einhalt zu gebieten (1.282), beziehen sich sowohl Athene als auch Nestor auf den Zorn, der an anderer Stelle im jeweils gleichen Kontext ausdrücklich genannt wird und durch die Beleidigungen hinreichend motiviert ist, die Achilleus beziehungsweise Agamemnon erlitten zu haben meinen. Ähnlich kann auch das Verb *meneainein* in Zornzusammenhängen verwendet werden (19.65–19.68), und der Einzelne (9.679) oder seine *phrenes* (1.103–1.104) können als Reaktion auf eine vermeintliche Kränkung ‚mit *menos* erfüllt' sein (Gefäß-Metapher); *menos* kann jedoch auch die Kraft sein, die einen Krieger antreibt, in die Schlacht zu ziehen, und ist eine Kraft, die der Krieger mit Naturphänomenen und mit dem Feuer gemeinsam hat; das Verb *meneainein* kann ein ernstes Verlangen oder Streben bezeichnen (wie z. B. in 4.32 Heras Eifer, Troja zu zerstören). *Menos* kann also eine Begleiterscheinung des Zorns sein, und seine Konzeptualisierung überlagert sich mit der des Zorns, und die Energie, die *menos* darstellt, kann sowohl etwas von der Körpererfahrung der auftretenden Emotion (vielleicht insbesondere die Stimulierung des vegetativen Nervensystems) als auch ihren zielgerichteten, desiderativen Aspekt (die Entschlossenheit zur Vergeltung) vermitteln, aber *menos* an sich kommt nicht als eine Form des Zorns in Frage.

Diese Möglichkeit ist eher bei dem Verb *ochthein* gegeben. Es wird meistens, aber nicht ausschließlich in der Redeeinleitungsformel *tên/ton meg' ochthêsas prosephê* („Da fuhr [er] groß auf und sagte zu ihm/ihr") verwendet und kann eine Gefühlsreaktion auf ein Verhalten bezeichnen, das als Kränkung oder Respektlosigkeit aufgefasst werden kann. Die Überschneidung mit dem Zorn wird daran deutlich, dass diese Formel als Einleitung zu der Rede verwendet wird, in der Poseidon in 15.184–15.199 seinen Zorn darüber kundtut, dass Zeus ihn als Untergebenen behandelt, obwohl er (aus seiner Sicht, 15.186) *homotimos* ist („gleich an *timê*"; in 15.211 wird diese Einstellung als *nemesis* umformuliert). In manchen Fällen wäre eine zornbezogene Interpretation allerdings weit hergeholt. Dies gilt zum Beispiel dort, wo mit *ochthein* die Reaktion einer Figur bezeichnet wird, die sich in einem Dilemma befindet: Odysseus (9.403), Menelaos (17.90), Agenor

(21.552) und Hektor (22.98) sprechen alle *ochthêsas* zu ihrem *thymos*, als sie vor der schweren Entscheidung stehen, ob sie sich so verhalten sollen, wie es von ihnen erwartet wird, oder auf ihre eigene Sicherheit bedacht sein sollen (oder in Agenors Fall zwischen Flucht und sicherem Tod oder Flucht und einem möglichen Überleben zu wählen haben); in diesen Fällen steht ohne Zweifel *timê* – so wie das Leben selbst – auf dem Spiel, aber das betroffene Individuum zürnt hier in keiner Weise sich oder anderen. In diesen und anderen Fällen charakterisiert das Verb offenbar vor allem den Grad der emotionalen Erregung, mit der die Rede vorgetragen wird; in die Reaktion der Figuren mischen sich Beklemmung und Frustration, aber es wäre falsch, den Begriff auf eine dieser beiden Emotionen zu reduzieren. Das Verb scheint eher einen verhältnismäßig undifferenzierten (negativen) Affekt zu bezeichnen, der ausgelöst wird, wenn sich das Subjekt frustriert, verärgert oder in die Enge getrieben fühlt, und in der Regel exklamatorisch und emotional ausgedrückt wird; dieses Verb kann daher, je nach Kontext und Auslöser, die positiven Eigenschaften spezifischerer Emotionen annehmen. Dieses Wort bezieht sich vor allem auf das Ansehen des Einzelnen in den Augen anderer, hat aber einen weiteren Bezugsrahmen als alle anderen Begriffe, die für uns als Übersetzungen des englischen *anger* oder deutschen Zorn in Frage kommen.

Auch das Verb *chalepainein* wird häufig als ‚zürnen' übersetzt und kommt oft in Zorn-Kontexten vor (z. B. 14.256–14.257), kann aber auch für nicht-reaktive Verhaltensformen verwendet werden, wie in 24.369. Dort beobachtet Hermes, dass Priamos und sein betagter Begleiter schlecht gerüstet sind, um sich gegen einen grundlosen Angriff zu wehren – *andr' apamynesthai, hote tis proteros chalepênê* („um einen Mann abzuwehren, wenn einer als erster *chalepainein*"). Die gleiche Zeile kommt auch (in Verbindung mit *aparessasthai*, „versöhnen") in 19.183 vor und bezieht sich auf den von Agamemnon herbeigeführten Streit mit Achilleus; im gleichen Zusammenhang wird das Verb in 2.378 auch von Agamemnon selbst verwendet. Während man in den beiden zuletzt genannten Fällen die Möglichkeit gelten lassen könnte, dass die betreffende Formulierung nicht das Herbeiführen eines Konflikts bezeichnet, sondern die Entstehung von Zorn im Rahmen einer Konfliktsituation (also als Reaktion auf die Beleidigung durch eine andere Person), legt die Passage aus dem 24. Gesang (wo dies nicht möglich ist) nahe, dass das Verb auch in den anderen Passagen für einen grundlosen Angriff verwendet wird. *Chalepainein* bezeichnet mithin nicht ein Erleben von Zorn als solches, sondern ein gewalttätiges oder barsches Verhalten, das sich in Worten oder Taten äußert und Teil des *Ausdrucks* von Zorn sein kann (16.386; 18.108), aber auch in diversen anderen Situationen verwendbar ist.

Diese Bezeichnungen sind kein Indiz dafür, dass dieses Gefühl in der homerischen Zornterminologie anders konstruiert wird als im modernen Englisch, sondern deuten vielmehr darauf hin, dass der Zorn erwartungsgemäß, da der

Zorn eine Art der Gattung Emotion ist, Ähnlichkeiten mit anderen Formen des Emotionserlebens aufweist; dies gilt es zu beachten, wenn wir das Gefühl des Zorns und die dazugehörige Terminologie bei Homer und andernorts untersuchen. Doch müssen wir das Rad nicht neu erfinden, nur weil sich die eine oder andere Standardübersetzung, die wir in der Schule erlernt haben, als untauglich erweist.

Dass viele homerische Termini nicht nur das Erleben und/oder den Ausdruck von Zorn, sondern ein breiteres Spektrum von Gefühlserlebnissen erfassen, wäre soziolinguistisch nur dann signifikant, wenn es im homerischen Griechisch keine Begriffe gäbe, die das bezeichnen, was wir im engeren Sinne als Zorn betrachten; in diesem Fall müssten wir zumindest mit größeren Unterschieden in Bezug auf die Konstruktion und Bezeichnung des Gefühlserlebnisses rechnen, wenn auch nicht oder nicht zwangsläufig in Bezug auf das Gefühlserlebnis selbst. Das homerische Griechisch verfügt aber über eine Reihe von Termini, die meines Erachtens eindeutig das Erleben von Zorn in der einen oder anderen Form bezeichnen, nämlich die Worte *cholos*, *chôesthai*, *kotos*, *skyzesthai* und *nemesis*. *Cholos* ist von diesen Worten das gebräuchlichste. Hervorgerufen wird *cholos* in der Regel durch eine Herabsetzung oder Kränkung; er gehört zum Bedeutungsumfeld von *thymos*, *êtor* (14.367) oder *kêr* (16.585; 21.136) und bezeichnet einen schmerzhaften Affekt, der den Betreffenden scheinbar ‚ergreift', ‚befällt' oder in ihn ‚eindringt' und danach verlangt, durch Vergeltung befriedigt zu werden (4.178); in der Regel ist er mit der Erwartung verbunden, dass eine heftige Reaktion folgt (2.195, 241–242). Er kann sich in Entrüstung, Beleidigungen oder Drohungen, aber auch in gewaltsamer Vergeltung bis hin zum Töten des Beleidigers entladen. Seine Körpersymptomatik, ‚Aura' und Bildsprache umfassen das Anschwellen der Brust (oder des ‚Herzens', *kradiê*), das ‚Erfülltsein mit *menos*'; er ist ein Feuer, das gelöscht werden muss (9.678), eine Krankheit, die durch Vergeltung geheilt werden muss (4.36), oder ein Hunger, der gestillt werden muss (4.35–4.36). „Bitterer *cholos*" ist die Reaktion eines Löwen, dem seine Jungen geraubt wurden (18.318–18.322), aber auch eine Leidenschaft „süßer als Honig" (18.109, zitiert von Arist. *Rhet.* 2.2 1378b 6–7, zur Veranschaulichung des desiderativen Aspekts von *orgê*). Das prototypische Szenario von *cholos* deckt sich im Übrigen mit dem aristotelischen Szenario für *orgê* und mit dem Szenario, das Lakoff und Kövecses für den Zorn im amerikanischen Englisch aufstellen; der Begriff des *cholos* wird zudem auf sehr ähnliche Weise konstruiert wie das englische *anger* – beiden liegt die gleiche ontologische Metapher zugrunde (*cholos* ist eine Entität) (siehe Lakoff und Johnson 1980, 25–34); das Vorhandensein dieser Entität wird als Präsenz gedacht; erlebt wird er als Kraft oder als Flüssigkeit in einem unter Druck stehenden Gefäß; er ist ein Feuer, ein wildes Tier, ein Gegner, mit dem man kämpfen kann, und eine Krankheit oder Last, von der man befreit werden will. Diese Korrespondenzen sind nicht akzidentell, sondern systematischer Natur; auch wenn sich die volkstümliche Körpervorstellung, auf der sie beruhen, in vielen konkreten Einzelheiten von unserer Körpervorstellung unterscheidet, bezeichnet das homerische *cholos* im Grunde den gleichen Begriff wie das englische Wort *anger* (oder das deutsche Zorn).

Cholos wird zwar eindeutig für einen akut auftretenden Affekt verwendet, kann aber auch zur Disposition werden (z. B. in 16.30–16.31). In diesem Fall kann man den eigenen *cholos* ‚verkochen' (z. B. 4.513; 9.565); dispositioneller *cholos* kann allerdings jederzeit akut ausbrechen, sobald das betreffende Individuum an die Erstursache des Zorns erinnert wird (z. B. 9.646–9.648). *Cholos* kann als überzogen, drastisch, unangemessen oder nicht hilfreich missbilligt (z. B. 6.626), aber auch als berechtigte Reaktion auf eine Kränkung gebilligt (9.523) oder als für die gegebenen Umstände unzureichend kritisiert werden (2.241–2.242). Demnach eignet *cholos* eine gewisse Rationalität; er ist eine kognitive Reaktion auf bestimmte Szenarien und kann je nachdem, ob er diesem Szenario angemessen ist oder nicht, angeraten oder abgelehnt werden. Auf der anderen Seite ist er kein bloßes kognitiv-wertendes Urteil: Er geht normalerweise mit einem (paradoxerweise angenehmen) Verlangen nach Vergeltung einher und hat somit auch einen desiderativen Aspekt; zugleich kann er sich ungeachtet der Rationalität, die sich in ihm zeigt, der verstandesmäßigen Kontrolle entziehen (24.584–24.585); außerdem ist er mit schmerzhaften Symptomen und bestimmten physiologischen Veränderungen verbunden.

In einer Hinsicht allerdings weicht das Verhalten, das der Terminus bezeichnet, etwas von der aristotelischen *orgê*-Definition ab, weil *cholos* zwar in der Regel die Reaktion auf irgendeine Art von Beleidigung ist, dies aber nicht immer auf unkomplizierte Weise. So kann der Auslöser für *cholos* zum Beispiel einfach ein Misserfolg im Wettkampf sein: Nachdem die Thebaner von Tydeus in einer Reihe von Kampfspielen deklassiert wurden, beschließen sie in ihrem *cholos*, Tydeus auf dem Heimweg in einen Hinterhalt zu locken (4.391); die Thebaner empfanden ihren Misserfolg zweifellos als Schmach, konnten aber unmöglich ernsthaft erwarten, dass Tydeus nicht versuchen würde, sie in den Kampfspielen zu besiegen, und wenn sie diese Erwartung gehabt hätten, hätte niemand eine solche Erwartung für berechtigt gehalten; dieses Szenario würde folglich die von Aristoteles genannte Bedingung nicht erfüllen, dass Zorn durch eine „vermeintliche Herabsetzung" hervorgerufen wird, die „ungerechtfertigt" (*mê prosêkontos*, Arist. *Rhet.* 2.2 1378a 31–32) ist. Hier bietet sich ein Vergleich mit der Reaktion auf den Tod eines Kameraden in der Schlacht an, die regelmäßig als *cholos* bezeichnet wird (4.494, 501; 18.337; 19.16). Der Verlust eines Kameraden im Kampf tangiert die eigene Ehre und verlangt nach Vergeltung, und die Kriegsfeinde schulden einem Einzelnen (oder nach dem Tod seinem Leichnam) einen gewissen

Grundrespekt, aber dieser Respekt geht nicht so weit, dass ich von den Feinden verlangen könnte, sie mögen mich oder meinen Kameraden aus Rücksicht auf unsere Ehre verschonen.

Zwischen solchen Fällen und der aristotelischen Zorndefinition besteht eine offenkundige Diskrepanz in der Frage, was als ungerechtfertigte Kränkung empfunden wird. Diese Diskrepanz lässt sich nicht dadurch lösen, dass man einen Keil zwischen die aristotelische *orgê* und den homerischen *cholos* treibt: Nach Aristoteles' Überzeugung gelten seine Aussagen über *orgê* auch für *cholos*, denn er führt eine Feststellung über *cholos* an, um einen wesentlichen Gesichtspunkt zu *orgê* zu verdeutlichen (Arist. *Rhet.* 2.2 1378b 6–7). Die wahre Auflösung liegt in der Erkenntnis, dass die aristotelische Sicht der *orgê* keine erschöpfende und allumfassende, sondern eine prototypische Definition des Zorns liefert – ähnlich dem prototypischen Modell, das Lakoff und Kövecses für das moderne Englisch aufstellen. Die Szenarien bei Homer, in denen der *cholos* nicht direkt von einer vermeintlichen, unberechtigten Beleidigung herrührt, sind nicht vom aristotelischen Zorn zu trennen, sondern lediglich als weniger prototypische Fälle zu verstehen, die trotzdem eine signifikante ‚Familienähnlichkeit' mit dem prototypischen Szenario aufweisen. In manchen Szenarien sollte man nicht wie Aristoteles darauf beharren, dass eine unberechtigte Beleidigung vorliegen muss: So wie wir oft zornig werden, wenn wir uns der Lächerlichkeit preisgegeben fühlen, und dabei keine Rolle spielt, ob uns jemand kränken wollte, kommt es (so könnte man sagen) wahrscheinlich dann zur Entstehung von *cholos*, wenn eine Person sich in ihrer *timê* angegriffen fühlt; in solchen Situationen kann sich der Einzelne auch dann einfach aufgrund seiner Bindung an ein bestimmtes Selbstbild gekränkt fühlen, auch wenn er nicht in seinem berechtigten Anspruch auf Respekt enttäuscht wurde. Für Aristoteles jedoch ist, wie wir nicht vergessen dürfen, die *Vorstellung* (*phantasia*) einer unberechtigten Herabsetzung eine notwendige Voraussetzung für Zorn; eine solche Vorstellung kann gänzlich subjektiv sein, und im Kriegswesen ist ein solches subjektives Empfinden, unberechtigt verletzt worden zu sein, vielleicht sogar ein notwendiges Element der Motivation des Kriegers. Wie Susanna Braund und Giles Gilbert (2003) im Zusammenhang mit der römischen Epik zeigen, kann ein gewisses Maß an Zorn, ein Element persönlicher Kränkung in den Kampfgeist einfließen, den Krieger brauchen, damit sie dem Feind wirksam entgegentreten können, und es dürfte Teil der Soldatenerfahrung sein, dass der Tod eines Kameraden das Ereignis *par excellence* ist, durch das der Kampf „zum persönlichen Anliegen" (Shay 1994; Tritle 2000) wird. An der von Aristoteles aufgestellten Bedingung, dass Zorn nach Vergeltung für eine unberechtigte Kränkung verlangt, muss man nicht um jeden Preis festhalten, doch die Kategorien, die sein paradigmatisches Szenario strukturieren, können – wenn auch in veränderter Konfiguration – in anderen, nicht-paradigmatischen Fällen bestehen bleiben.

Skyzesthai und *chôesthai* sind nahezu Synonyme von *cholousthai*. *Skyzesthai* und *cholos* treten zusammen auf (4.23–4.24; 8.459–8.460), und den Nachweis für die Synonymie von *skyzesthai* und *kecholôsthai* liefern die Worte, die Zeus in 24.113–24.114 an Thetis richtet (und über die Thetis in 24.134–24.135 Achilleus berichtet): „Sage ihm, dass die Götter ihm *skyzesthai*, dass aber ich vor allen/ den Unsterblichen *kecholôsthai* […]". Diese Passage ist logisch nur schlüssig, wenn *skyzesthai* und *kecholôsthai* die gleiche Reaktion bezeichnen. Der konkrete Unterschied zwischen den beiden Verben besteht darin, dass das mit *skythros* und *skythrôpos* verwandte *skyzesthai* im Wesentlichen den Gesichtsausdruck des Zorns bezeichnet, auch wenn es sich ohne Zweifel oftmals metonymisch auf das Auftreten der Emotion selbst bezieht (s. u.).

Man könnte versucht sein, *cholos*/*cholousthai* und *chôesthai* als einfache Synonyme aufzufassen: Sie können in Bezug auf die gleiche Reaktion austauschbar verwendet werden (wie z. B. in 1.80–1.81) und haben die gleichen Merkmale im Hinblick auf Symptomatik, Phänomenologie und Auslösebedingungen. Signifikant dürfte auch sein, dass – mit einer partiellen Ausnahme – keine belegte Form des einen Wortes mit irgendeiner belegten Form des anderen Wortes metrisch äquivalent ist. In einem Bereich allerdings scheint sich *chôesthai* von *cholousthai* zu unterscheiden: Es wird verwendet, um die Frustration oder Verärgerung eines Akteurs über seinen eigenen Fehler oder Misserfolg zu bezeichnen. So sagt Achilleus voraus, dass Agamemnon *chôesthai* wird, wenn er erkennt, dass er den Besten der Achaier „für nichts geehrt" (1.244) hat, und Krieger reagieren häufig im Sinne des *chôesthai*, wenn eine Waffe abbricht oder ihr Ziel verfehlt (z. B. 13.165); Adkins wertet diese Fälle als Indizien dafür, dass *chôesthai* nach unserem Verständnis kein Begriff für Zorn sei, sondern eine eher undifferenzierte Reaktion zur Bezeichnung der „seelischen Verfassung eines Mannes, der einen unliebsamen Reiz von seiner Umwelt erhalten hat" (Adkins 1969, 13–14, 17); diese Reaktion gehe einher mit einer „positiven Einstellung zu dem Hindernis, das ihm im Weg liegt" (Adkins 1969, 17); es sei „auf undeutliche Weise Kummer und Zorn in einem" (ebd.). Kummer und Zorn hängen im homerischen Griechisch gewiss miteinander zusammen – vor allem weil *achos* als Bezeichnung für beide (und noch weitere) Emotionen dient; dies trifft allerdings auch auf das Englische zu, wo Erzürnen und Bekümmernis oft Aspekte ein und desselben Gefühls sind; in einem allgemeineren und vielleicht bedeutsameren Sinn ließe sich hier auf das ganz reale Zornempfinden verweisen, das echte menschliche Trauer sowohl in spontanen als auch in ritualisierten Formen durchdringt (s. o.). Aber selbst wenn man dies einräumt, ist Adkins' Unbestimmtheit in Bezug auf *chôesthai* unangebracht; Agamemnons vermutetes *chôesthai* über seinen Fehler und das *chôes*-

thai anderer Akteure, denen es nicht gelungen ist, einen Gegner in der Schlacht zu verwunden, scheinen mir legitimere Fälle von Zorn zu sein, sofern wir von der prototypischen Vorgabe ablassen, der zum Zorn führende Ansehensverlust müsse durch das kränkende Verhalten einer anderen Person verursacht worden sein.

Kotos ist leichter abzuhandeln: Er kann auf der einen Seite ein akut auftretender Effekt sein (4.168; 14.111; 23.391) und rückt stets – ebenso wie üblicherweise *cholos* und *chôesthai* – das Begehen einer Kränkung oder Beleidigung in den Mittelpunkt, lässt sich aber auf der anderen Seite von *cholos* und *chôesthai* unterscheiden als eine länger andauernde, dispositionelle Form des Zorns (1.80–1.83: man beachte die Gefäß-Metaphern):

> Denn mächtiger ist ein König, wenn er *chôesthai* einem geringeren Mann.
> Mag er den *cholos* auch am selben Tag hinunterschlucken,
> so hegt er den *kotos* auch hernach noch, bis er ihn erfüllt hat,
> in seiner Brust.

Kotos ist also das, was bleibt, nachdem das akut auftretende Zornempfinden zur Disposition wurde; ebenso wie der akute Zorn ist er mit einem ausgeprägten Verlangen nach Vergeltung verbunden. Der dispositionelle Aspekt des *kotos* wird in anderen Passagen deutlich (z. B. 13.517) und ist wohl auch an weiteren Stellen anzunehmen (z. B. 1.181; 3.345); somit dürfte in 5.177–5.178 *kotos* als Langzeitfolge einer Kränkung zu betrachten sein, die ursprünglich akuten *mênis* hervorrief, und in 16.386 ist *kotos* wohl die dispositionelle Grundlage dafür, dass sich der Zorn sofort in *chalepainein* ausdrückt.

Die genannte Passage 5.177–5.178 zeigt, dass *kotos* und *mênis* die gleiche Kränkung in den Mittelpunkt rücken können (ein Gott wird beim Opfern nicht geehrt). Im Hinblick auf seinen Bezugsrahmen weist *mênis* in der Tat keine distinktiven Merkmale auf: Ebenso wie *cholos* und *chôesthai* ist er eine Reaktion auf eine vermeintliche Kränkung – darauf, dass eine Person nicht die gebotene *timê* erweist. Vielfach wird damit eine Reaktion von Göttern bezeichnet, die aber auch bei Sterblichen auftreten kann – nicht nur beim gottähnlichen Achilleus, sondern auch bei Agamemnon (gegenüber Achilleus, 1.247), bei Aeneas (gegenüber Priamos, 13.460) und, in der *Odyssee*, bei Telemachos (gegenüber den Freiern, nach ihrem Mordkomplott gegen ihn, 16.377) und sogar bei einem Bettler, bei dem es sich allerdings um einen verkleideten Helden handelt (17.14). Die gleichzeitig auftretenden *mênis* und *cholos* sind offenbar austauschbar und können die gleiche Reaktion bezeichnen. So wird zum Beispiel für Apollos *cholos* (1.9) darüber, wie Agamemnon seinen Priester behandelt, in 1.75 das Wort *mênis* gewählt. Man kann sich nur schwer der Schlussfolgerung verschließen, dass *mênis* immer *cholos* ist und dass *mênis*, die in der gleichen Art von Szenarien ausgelöst und ausgedrückt wird wie *cholos*, ohne Zweifel eine Form des Zorns ist.

Häufig wird versucht, für *mênis* die Bedeutung ‚göttlicher Zorn' zu reservieren. Dabei wird als unproblematisch eingestuft, dass es von Achilleus heißt, er zeige *mênis*, denn Achilleus ist ein Halbgott, sodass sein gewaltiger und schrecklicher Zorn dem Zorn der Götter gleichgesetzt wird. Dass aber auch Agamemnon, Aeneas, Telemachos und dem verkleideten Odysseus *mênis* zugeschrieben wird, ist schon eher ein Problem. Wenn zwischen *mênis* und *cholos* unterschieden werden muss, liegt der Unterschied weder in ihrem Bezugsrahmen noch in der Art der Szenarien, mit denen sie verbunden sind, und auch nicht in dem Status derjenigen, die sie erleben, sondern in ihrer Konnotation (Frisk 1946, 29). Worin dieser Konnotationsunterschied genau besteht, lässt sich vermutlich nicht allein anhand der *Ilias* zufriedenstellend bestimmen – jedenfalls nicht, wenn man sich nicht dem Vorwurf eines logischen Zirkelschlusses aussetzen will. Untersucht man, wie die gleiche Wurzel in späteren Zeiten verwendet wird, erhärtet sich die Vermutung, dass *mênis* usw. *weitgehend* den Göttern, Helden und Verstorbenen vorbehalten ist (Frisk 1946, 31–39), aber selbst in diesen späteren Zeiten tritt *mênis* auch bei Sterblichen als Reaktion auf Kränkungen durch andere Sterbliche auf. Dass bei und nach Homer die ‚übernatürlichen' Verwendungssituationen überwiegen, spricht zwar dafür, dass *mênis* aufgrund bestimmter Eigenschaften als Begriff für göttlichen Zorn besonders *geeignet* ist, aber eine spezifische Verengung auf ‚göttlichen Zorn' ist eindeutig auszuschließen: Vermutlich liegt es an der Massivität und Heftigkeit von *mênis*, dass sich dieses Wort sowohl für göttlichen als auch für menschlichen Zorn eignet, der wegen seines massiven und heftigen Charakters die Norm sprengt.

Mênis, *cholos*, *skyzesthai*, *chôesthai* und *kotos* bezeichnen im Allgemeinen die Reaktion des Opfers/Betroffenen oder seines Parteigängers. Das Gleiche gilt bisweilen für *nemesis*; in diesem Fall ähnelt *nemesis* am meisten dem *cholos* oder *mênis* (z. B. 6.335–6.336). In anderen Fällen ist *nemesis* allerdings die Reaktion des Beobachters – auch des desinteressierten Beobachters. Darin unterscheidet sich dieses Wort von den meisten Stellen, an denen die anderen Begriffe vorkommen, denn in solchen Fällen wird mit *nemesis* auf eine Handlung oder Gegebenheit reagiert, die man nicht für vereinbar hält mit den allgemeinen Ehrbarkeitsmaßstäben der Gesellschaft, und weniger auf eine Handlung, die sich direkt und nachteilig auf die eigene Ehre auswirkt (z. B. 6.351). Das Adjektiv *nemessêton* hat eine ähnliche Funktion wie die diversen quasi-ästhetischen Termini, mit denen Verstöße gegen den homerischen „standard of appropriateness" (Long 1970; vgl. Cairns 1993) bezeichnet werden, und wer eine Handlung als *nemessêton* ablehnt, stellt nicht nur fest, dass diese Handlung bei (nicht näher bestimmten) anderen Personen auf Missbilligung stoßen wird, sondern macht sich diese (potenzielle)

Bewertung auch zu eigen und lehnt die Handlung als Verstoß gegen die Maßstäbe der eigenen Gesellschaft ab (3.410; 14.335–14.336; 24.463).

Nemesis steht in einer Beziehung zur Vorstellung der Berechtigung, die fast schon analytisch ist. Die Wendungen *ou nemesizomai / ou nemesis / ou nemessêton* usw. weisen darauf hin, dass Kritik unter den gegebenen Umständen nicht berechtigt ist, während *mê nemesa* darauf abzielt, eine zugegebenermaßen berechtigte Empörung angesichts einer noch dringlicheren Notwendigkeit hintanzustellen. Darum spricht vieles dafür, dass *nemesis*, auch wenn es sich um die Reaktion des Opfers oder Parteigängers auf eine persönliche Kränkung handelt, insofern an dieser Idee einer Berechtigung festhält, als sie die Reaktion des Gekränkten als eine Reaktion charakterisiert, die nach den allgemeinen Maßstäben der Gesellschaft von anderen gebilligt würde. So wird zum Beispiel die *nemesis*, die Poseidon im 15. Gesang (211) Zeus gegenüber empfindet und die Zeus als seine Antwort anerkennt (227), mit dem Hinweis auf die nach Poseidons Überzeugung anerkannte Gleichheit an *timê* zwischen Zeus, ihm selbst und Hades (185–195) gerechtfertigt; darum stellt Poseidon seine Reaktion nicht nur als Empörung des Opfers dar, sondern als Entrüstung über die Missachtung einer öffentlich bestätigten, gerechten Zuteilung von *timê*. Wenn *nemesis* an dieser impliziten Berufung auf Standards festhält, deren Befürwortung durch andere erwartet werden kann, ist sie möglicherweise mit der Rolle des Grolls (*resentment*) in Adam Smiths *Theory of Moral Sentiments* vergleichbar, den das Opfer empfindet und den sich der ‚unparteiische Zuschauer' zu eigen macht.

Nemesis ist nicht der einzige Zorn-Begriff, der einen reflexiven Aspekt beinhaltet. (Wir haben gesehen, wie *chôesthai* den Zorn eines Akteurs darüber ausdrücken kann, dass er durch das eigene Verhalten seine Ehre gefährdet hat.) Die Reflexivität von *nemesis* stellt jedoch nicht bloß auf das Versagen per se ab, sondern darauf, dass man selbst eine Pflicht nicht erfüllt oder übliche Standards nicht eingehalten hat. In einer Passage wie 16.544–16.547 bleibt zunächst offen, ob die *nemesis*, zu der Glaukos seine Verbündeten drängt (*alla, philoi, parstête, nemessêthête de thymô*) als Zorn auf die Myrmidonen zu verstehen ist, die (ihrerseits erzürnt – *kecholômenoi* – durch den Verlust ihrer Kameraden, 16.546) Sarpedons Leichnam zu entkleiden und zu verstümmeln versuchen, oder als Zorn auf sich selbst und die eigenen Verbündeten, weil sie eine solche Schmach zugelassen haben, indem sie ihre *aidôs* sowohl qua Selbstachtung als auch qua Respekt für ihren toten Helden missachtet haben. In anderen Passagen bestätigt sich allerdings, dass die zuletzt genannte Deutung zutrifft: In 17.254–17.255 mahnt Menelaos seine Zuhörer, sich die Schmach vor Augen zu führen, die sie sich zuziehen würden, wenn sie Patroklos' Leichnam nicht in Sicherheit bringen; sein Vorwurf richtet sich ausschließlich an die Adresse der ihm zuhörenden Achaier; er mahnt sie, die Situation als *nemessêton* für sich selbst aufzufassen. Diese reflexive Verwendung von Nemesis-Verben ergibt sich mit einer gewissen Selbstverständlichkeit aus dem Aspekt der persönlichen Zustimmung zu gesellschaftlichen Normen, der in Redewendungen zum Tragen kommt, in denen eine Figur eine bestimmte Verhaltensweise als für sich inakzeptabel ablehnt, weil sie anfällig für *nemesis* ist, oder in denen ein Adressat ermahnt wird, sich die Möglichkeit von *nemesis* vor Augen zu führen, und diese Ermahnung als Möglichkeit genutzt wird, eine Bewertung der Situation aus der Sicht Dritter zu suggerieren, die sich der Adressat dann anschließend zu eigen machen könnte (z. B. 13.121–13.122).

Dank dieser Verknüpfung mit dem Rechtfertigungsgedanken, mit der Berufung auf althergebrachte Normen und Gepflogenheiten und mit der persönlichen Zustimmung zu den Standards der Gesellschaft ist *nemesis* derjenige homerische Zornbegriff, der sich am ehesten zur Universalisierung eignet. Die *Ilias* liefert dafür ein Beispiel, wenn Achilleus im Rahmen der Leichenspiele im 23. Gesang seinen Unmut (implizit *nemesis*) über den ‚unziemlichen' Streit zwischen Idomeneus und Ajax Oiliades äußert und sie ermahnt, an ihr eigenes Verhalten die gleichen Maßstäbe anzulegen, die sie an das Verhalten anderer anlegen würden (23.492–23.494):

> „Nicht mehr erwidert jetzt einander mit harten Worten,
> Aias und Idomeneus! mit schlimmen, da sich dies auch nicht geziemt.
> Auch einem anderen würdet ihr es verargen *(nemesaton)*, der solches täte."

Der gleiche Universalisierungsmechanismus einschließlich seiner Anwendung als rhetorische Strategie findet sich auch in 6.329–6.330, selbst wenn hier kein Nemesis-Verb verwendet wird: „Du würdest doch auch mit einem anderen hadern [*machesaio*], | Den du siehst, wie er sich zurückhielte von dem verhaßten Kampf!" Paris wird ebenso wie die Streitenden im 23. Gesang ermahnt, einzusehen, dass sein eigenes Verhalten nicht den Maßstäben genügt, die er an andere anlegt; *machesaio* dürfte den Ausdruck von *nemesis* in äußerst missbilligenden Worten implizieren (*aischrois epessin*, 325). Ähnlich wird in der *Odyssee* (6.286; 15.69–15.71) die Universalisierbarkeit von *nemesis* in Redewendungen in der Ich-Form verwendet, um für die eigene Person ein Verhalten abzulehnen, das man bei anderen kritisieren würde.

Nemesis kann also in Homers Dichtung so verwendet werden, dass der moderne Interpret darin die Struktur einer echten ‚moralischen' Auseinandersetzung erkennt; und dass *nemesis* auf diese Weise verwendet werden kann, ist sicherlich von einiger Bedeutung, denn es zeigt, dass das homerische Griechisch in der Lage ist, den wichtigen Gedanken auszudrücken, dass eine ethische (und nicht nur rein egoistische oder ausbeuterische) Einstellung zur Interaktion zwischen Selbst und Anderem auf der Einsicht aufbauen sollte, dass die Standards, die man für andere aufstellt, genauso auch für einen selbst gelten müssen. Doch während die Form einiger Auseinandersetzungen, die sich des Nemesis-Gedankens bedienen, in der Wahrnehmung mancher Betrachter Homers ethische Reflexion von der ‚prudentiellen' auf die ‚moralische' Stufe heben, sollten auch Inhalt und Kontext dieser Auseinandersetzung berücksichtigt werden: Als Achilleus Aias und Idomeneus auffordert, ihr eigenes Verhalten unvoreingenommen zu betrachten, schaltet er sich ein, um einen kleinlichen Streit zu beenden, der sich daran entzündet hatte, dass Aias die Sehschärfe des Idomeneus in Abrede gestellt hat (23.473–23.481); und wenn (in der *Odyssee*) Menelaos sein Bekenntnis zu den Maßstäben, an denen sein Verhalten vermutlich gemessen wird, mit einem Universalisierungsgedanken zum Ausdruck bringt, geht es ihm darum, die Anstandsregeln für die Bewirtung von Gästen einzuhalten (15.69–15.71). Der Gebrauch, der von augenscheinlich ‚moralischen' Argumenten gemacht wird, muss nichts besonders ‚Moralisches' an sich haben.

Homers Figuren können sich auf universelle Standards berufen, können den Unterschied zwischen Klagen aus Groll und legitimen Klagen ausdrücken und einsehen, dass sich der Einzelne allgemein akzeptierte Standards zu eigen machen kann, aber es gibt im Gebrauch aller oben genannten Termini keine absolute Unterscheidung zwischen Moralischem und Nichtmoralischem. Anders als die anderen Termini bezeichnet *nemesis* häufiger die Reaktion des Beobachters als die des Opfers; aber die Varianten unangemessenen Verhaltens, die mit dem Wort *nemesis* gekennzeichnet werden, umfassen – auch wenn es sich um Reaktionen Dritter handelt – ein breites Spektrum heterogener Verhaltensformen: schamloses Heimkehren nach einem Liebesspiel im Freien (14.336), nicht statusgerechtes Handeln (19.182; 24.462–24.464; vgl. *Od.* 22.489), Beschimpfung eines Höhergestellten durch eine Person von niederem Rang (2.223), mangelnder Einsatz in der Schlacht (13.292–13.293), maßloses und gewalttätiges Gebaren entgegen dem Befehl, das Kämpfen einzustellen (5.757, 872), barbarische und unmenschliche Bestattungsverweigerung und Leichenverstümmelung (24.53). Als Reaktion des Opfers auf die Respektlosigkeit eines anderen lässt sich *nemesis* nicht trennscharf von *mênis*, *cholos* und *chôesthai* abgrenzen, die sich allesamt auf das Empfinden eines Unrechts beziehen (insbesondere *mênis* bezeichnet in der Regel die Reaktion darauf, dass ein legitimer Ehranspruch nicht erfüllt oder eine anerkannte Verteilung nicht eingehalten wird); darum darf *nemesis* keinesfalls mit dem Privileg bedacht werden, die einzige ‚moralische' Empfindung bei Homer zu sein.

Mênis ist von den untersuchten Begriffen der einzige, der nur Reaktionen auf die Nichterfüllung berechtigter Erwartungen und auf den Verstoß gegen anerkannte Verteilungen von *timê* bezeichnet; die anderen untersuchten Begriffe können neben den genannten Reaktionen auch Reaktionen auf andere Formen der Ehrverletzung bezeichnen, wie sie zum Beispiel einfach aus dem Misserfolg im Wettstreit mit anderen oder aus einem Fehler resultiert, den man selbst in der Öffentlichkeit gemacht hat; die Reaktion auf empfundenes Unrecht (auf den Kooperationsverstoß durch eine andere Person) wird im Übrigen nicht trennscharf unterschieden von der Reaktion auf eine persönliche Kampfansage (auf die Selbstbehauptung des anderen im Wettstreit); überhaupt wird nicht klar zwischen persönlichem und moralischem Ärgernis unterschieden. Der Zorn spielt zwar im ethischen Leben bei Homer eine zentrale Rolle – „Zorn ist für die heroische das, was Sex für die viktorianische Sittlichkeit ist" (Mueller 1984, 33) – aber das Ethische ist tief im Persönlichen und Gesellschaftlichen eingebettet, insofern ethische Einstellungen in der emotionalen Einbindung in konkrete soziale Praktiken und Beziehungen verankert sind. Vor diesem Hintergrund ist die Antithese ‚moralisch/nichtmoralisch' kein hilfreiches Instrument für die Erörterung der homerischen Ethik.

Die homerischen Zornbegriffe weisen eindeutig auf die Stelle, die das Gefühl des Zorns in der Gegenseitigkeitsethik einnimmt; dabei ist unerheblich, ob die Zornbegriffe die Reaktion des Opfers auf einen bestimmten Verstoß gegen das Gegenseitigkeitsprinzip im Rahmen einer bestimmten Interaktion bezeichnen oder die Einsicht formulieren, dass sich die Gegenseitigkeit von Ehre und Respekt, die in Eins-zu-Eins-Beziehungen gilt, grundsätzlich auf die gesamte Gesellschaft erstreckt und die Grundlage für die ethischen Normen dieser Gesellschaft bildet. Wir halten jedoch fest, dass nicht alle oben genannten Begriffe zwangsläufig eine Reaktion darauf bezeichnen, dass eine andere Person eine Kooperations- oder Gegenseitigkeitserwartung nicht erfüllt; *chôesthai* und *nemesis* können das Selbst und *cholos* und *chôesthai* das Feindverhalten in den Mittelpunkt rücken; gemeinsam ist jedoch allen genannten Fällen, dass immer der Status als eine öffentliche, sichtbare Qualität des Einzelnen auf dem Spiel steht. Wir müssen also die aristotelische Zorndefinition revidieren (oder vielmehr deren paradigmatischen Charakter einsehen), aber wir können die Verknüpfung, die Aristoteles zwischen Zorn und *timê* herstellt, als einen fundamentalen Gesichtspunkt bestehen lassen; Aristoteles liefert uns den Prototyp, aber es gibt zahlreiche Varianten, die dem Prototypen ähnlich genug sind, um als Formen der gleichen Vorstellung in Frage zu kommen. Die homerischen Zornbegriffe, die wir untersucht haben, stimmen alle darin überein, dass sie auf den Schutz des Selbstbildes ausgerichtet sind, dass der Einzelne in der sozialen Interaktion vermittelt und von anderen anerkannt sehen möchte.

Timê hat grundlegende Bedeutung für die griechischen Vorstellungen über Selbstsein und Identität als gesellschaftliche Phänomene. Sie beruht auf dem Bild des eigenen Selbst, das der Einzelne in sozialen Beziehungen zur Geltung bringt und vermittelt, und auf der Anerkennung dieses Bildes durch die Interaktionspartner; somit umfasst sie auch die komplementären Begriffe *demeanor* (Benehmen/Auftreten) und *deference* (Ehrerbietung) in Erving Goffmans Beschreibung des sozialen Interaktionsrituals (Goffman 1967; zu Goffman und der homerischen *timê* vgl. van Wees 1992). Der zentrale Gegenstand von *timê* ist daher das, was Goffman das ‚sacred self' (heiliges Selbst) nennt – das liebgewordene Bild des eigenen Selbst, von dem man inständig hofft, dass es andere für gut befinden werden; Interaktionsrituale beinhalten nach Goffmans Darstellung im Wesentlichen Auftretens- und Ehrerbietungsstrategien, die das eigene ‚heilige Selbst' im heiklen Geschäft der Interaktion mit anderen stärken und schützen sollen. Die obige terminologische Untersuchung hat gezeigt, auf welche Weise Zorn unabhängig davon, wie er bezeichnet wird, mit der Darstellung des ‚heiligen Selbst' in Zusammenhang steht; und es wird immer weiterer terminologischer Nachforschungen bedürfen, um zu bestimmen, wie verschiedene Begriffe mit verschiedenen Szenarien oder verschiedenen Konstruktionsvarianten ein und desselben Szenarios zusammenhängen; aber um das Wesen des Verhältnisses zwischen Zorn und Ehre in Interaktionsritualen genau zu ermitteln, müssen wir über das Vokabular des Zorns hinausgehen und seine charakteristischen Anzeichen und Ausdrucksformen untersuchen.

3.

In der *Ilias* wird Zorn sehr unterschiedlich ausgedrückt: in Worten (Drohungen, Beleidigungen, entrüstete Klagen usw.) und in Taten, die bis zu Gewalt und Mord reichen. Achilleus überlegt, ob er Agamemnon töten soll (1.188–1.191); Patroklos tötet einen Spielkameraden (23.87–23.88); Artemis tötet (aus *cholos*) Laodemeia, (6.205; 24.605–24.606); Apollo tötet Niobes Söhne, *chôômenos* (und Artemis tötet die Töchter, 606); man vergleiche damit die Episode, in der Achilleus den Herrscherstab zu Boden schleudert (1.245). An anderer Stelle lässt die Verwüstung, die Diomedes in seiner Aristie angerichtet hat, die Trojaner vermuten, er sei ein erzürnter Gott (5.175–5.178, 191). In 14.257–14.258 schleudert Zeus im Zorn die Götter durch das Haus und wirft Hephaistos aus dem Olymp. Auch Drohgebärden (3.345; 4.167–4.168) und bloße energische Bewegungen können Zorn ausdrücken (Apollo, 1.43–1.47). All diese Situationen können einerseits als Emotionssignale, die dem Kränkenden die Information übermitteln, dass der Gekränkte die Kränkung realisiert, und andererseits als Ausdrücke des für diese Emotion typischen Verlangens nach Vergeltung betrachtet werden. Für die Zwecke der vorliegenden Untersuchung zum Verhältnis zwischen Zorn und Ehre sind allerdings diejenigen Ausdrücke des Zorns am wichtigsten, die visuell kommuniziert werden, denn die Verknüpfung zwischen Ehre und dem Visuellen tritt im griechischen Kontext explizit und deutlich hervor. So geht es zum Beispiel bei *aidôs* als der Emotion, die die eigene *timê* schützt und auf die *timê* anderer Personen reagiert, ganz vordringlich darum, wie man von anderen gesehen wird und wie man visuell auf die anderen reagiert; als eine Möglichkeit, für geeignete Formen von Blickkontakt und visueller Aufmerksamkeit zwischen der eigenen Person und anderen Personen zu sorgen, steht sie in einer Wechselbeziehung mit *anaideia*, die typischerweise in Form eines visuellen Kontaktes ausgedrückt wird, der mangelnden Respekt vor sich selbst und anderen offenbart. Doch auch wenn *aidôs* und *anaideia* kulturspezifische Begriffe sind, ist die wichtige Rolle, die die visuelle Kommunikation bei der Interaktion spielt, kein kulturspezifisches Phänomen. Ganz allgemein hängt das Erkennen des Status' anderer Personen mit visueller Aufmerksamkeit zusammen: Wir belohnen diejenigen, denen wir unsere visuelle Aufmerksamkeit schenken, und regulieren den wechselseitigen Blickkontakt je nachdem, wie vertraut wir mit unseren Gesprächspartnern sind; vom frühesten Kindesalter an nutzen wir Blickkontakte, um Interaktionen einzuleiten, weiterzuführen und abzubrechen; insbesondere entwickeln wir ab der frühesten Kindheit die Fähigkeit, den schmalen Mittelweg zwischen zu viel und zu wenig visueller Aufmerksamkeit zu finden, zwischen pausenlosem Anstarren und der Unfähigkeit, anderen in die Augen zu sehen, statt ihrem Blick auszuweichen (Eibl-Eibesfeldt 1989, 170–184; 335–337).

Die Blickinteraktion spielt für den Ausdruck von Zorn bei Homer (wie überhaupt für den Ausdruck von Zorn generell) eine doppelte Rolle: Der Blick kann genutzt werden, um den eigenen Zorn aggressiv als Eskalationsstufe nach dem Zusammenbruch der Interaktion auszudrücken, oder in weniger aggressive Strategien eingebunden werden, die sowohl eine Eskalation als auch eine Auflösung zulassen. Im Eskalationsfall nutzt der Zorn die kommunikativen Möglichkeiten, die das Strahlen der Augen bietet, das viele Formen emotionaler Erregung begleitet, aber auch ein universelles Kennzeichen für Zorn ist (Darwin 1998, 237). Aufschlussreich ist in diesem Zusammenhang Agamemnons Reaktion darauf, dass Kalchas ihm den Grund für Apollos Zorn nennt (1.101–1.105):

> Da erhob sich unter ihnen
> Der Heros, der Atreus-Sohn, der weitherrschende Agamemnon,
> Bekümmert, und von *menos* gewaltig waren die ringsumdunkelten *phrenes*
> Erfüllt, und seine Augen glichen brennendem Feuer.
> Zu Kalchas sprach er zuerst, *kak' ossomenos*.

Menos bezieht sich hier wie an anderen Stellen auf die Erregung und zielgerichtete Entschlossenheit des Zorns, und die glühenden Augen vermitteln Kalchas die bedrohlichen Intentionen, auf die *kak' ossomenos* verweist. Dass die Augen

Aggression vermitteln können, bestätigt sich in 12.466, wo Hektors Augen „von Feuer brannten", als er gegen die Mauer der Achaier anstürmt, und in 15.607, wo ihm die Augen unter den Brauen leuchten, als er im Kampf wie Ares oder wie ein Feuer wütet; die konkrete Verknüpfung mit dem Zorn wird in 19.16–19.18 deutlich, wo das schreckliche Hervorstrahlen von Achilleus' Augen unter den Lidern den *cholos* signalisiert, der in ihm aufkommt, als er die göttliche Rüstung betrachtet, die die mit Patroklos verlorengegangene Rüstung ersetzen soll und Achilleus' Verlangen nach Vergeltung wieder neu aufflammen lässt. Im Rahmen einer Interaktion zwischen zwei Individuen sind strahlende/glänzende Augen Kennzeichen für einen ‚invasiven' und bedrohlichen Zorn: Der normale Ablauf der Blickinteraktion wird abgebrochen, wenn der Erzürnte zur Vergeltung seinen Blick nutzt, indem er den persönlichen Schutzbereich desjenigen verletzt, der ihn erzürnt hat (siehe Eibl-Eibesfeldt 1989, 337).

Der aggressive Blick kann durch Stirnrunzeln – ein universelles und typisches Zornzeichen – akzentuiert werden (Darwin 1998, 226–228; 237; 242). In der *Ilias* wird dies in der Regel durch die Formulierung *hypodra idôn* ausgedrückt (ein regelmäßiger Bestandteil der Einleitungsformel *ton/tên d' ar' hypodra idôn prosephê*..., und immer in irgendeiner Form von Redeeinleitung). *Hypodra idôn* bezeichnet einen grimmigen und durchdringenden Blick, der unter zusammengezogenen und gesenkten Brauen hervorkommt und (metonymisch) Zorn in unterschiedlichen Schattierungen ausdrückt; als Zornausdruck wird *hypodra idôn* verwendet, wenn die *timê* auf dem Spiel steht: Wenn eine anerkannte Verteilung von *timê* zum eigenen Nachteil bedroht wird (1.148), wenn eine Person von niederem Rang sich über andere erhebt (2.245), wenn die eigene *timê* direkt in Abrede gestellt wird (4.349), wenn ein Gefährte mit *nemesis* und nicht mit *aidôs* auf eine Kränkung reagiert (4.411), wenn eine Handlungsweise vorgeschlagen wird, die der Sprechende als unehrenhaft empfindet (5.251; 12.230; 14.82; 18.284), wenn ein lästiges und widerspenstiges Individuum die eigenen Pläne zunichte macht (5.888; 15.13; vgl. 24.559, wo Achilleus zornig darauf reagiert, dass Priamos sich zunächst weigert, seiner Einladung zum Platznehmen zu folgen), wenn ein Verbündeter das Gegenseitigkeitsprinzip verletzt (17.141) oder wenn man von einem Verbündeten zu Unrecht beschuldigt wird, das Gegenseitigkeitsprinzip verletzt zu haben (17.169). Das bedrohliche Element, das in dem Ausdruck steckt, zeigt sich in 20.428–20.429 – in der ersten von drei Situationen, in denen Achilleus Hektor „finster anblickt": „Sprach's, und *hypodra idôn* sagte er zu dem göttlichen Hektor: | ‚Komm näher, daß du schneller gelangst in des Verderbens Schlingen.'" Auch in 22.260 und 22.344 werden mit *hypodra idôn* Äußerungen eingeleitet, in denen unerbittlicher Hass, Verlangen nach Vergeltung und die Entschlossenheit zum Ausdruck kommen, das Ansehen, das Hektor sich durch die Tötung des Patroklos erwarb, restlos zunichte zu machen. In diesen und anderen Passagen hat die mit dieser Formulierung eingeleitete Rede einen stark verächtlichen Tenor (vgl. 14.82–14.103, wo Odysseus auf Agamemnons Vorschlag, die Achaier sollten bei Nacht aus Troja fliehen, zornig reagiert und ihm die Befähigung als Befehlshaber abspricht); dieser Aspekt steht in 10.446 im Vordergrund, wo *hypodra idôn* die Verachtung auszudrücken scheint, die Diomedes für Dolon als Person und für seine mangelnde Selbstachtung empfindet.

Hypodra idôn rückt also, wie James P. Holoka feststellt, Statusfragen in den Mittelpunkt; Holokas Behauptung, die Formulierung setze ein hierarchisches Verhältnis zwischen der erzürnten hochgestellten Person und dem Untergebenen voraus, der ihn erzürnt (Holoka 1983, 16), ist jedoch unzutreffend. Man könnte eher sagen, dass die Formulierung die Annahme einer aggressiven, von sich selbst eingenommenen Rolle in der Interaktion erfordert und dass die erzwungene Vertrautheit und mithin das Eindringen in den Raum des Gesprächspartners einen Überlegenheitsanspruch nur insofern voraussetzt, als sie sich das Recht zum Maßregeln, Kritisieren oder Protestieren nimmt.

Doch *hypodra idôn* ist in der *Ilias* nicht der einzige Begriff für den Gesichtsausdruck des Zorns. *Skyzesthai* – verwandt mit *skythros* und *skythrôpos* – muss sich ursprünglich auf den Zornausdruck in Stirnrunzeln oder finsterem Blick bezogen haben; in der *Ilias* wird es allerdings auch metonymisch für das Erleben der Emotion selbst verwendet – mit dem Ergebnis, dass sich das Verb in einigen wenigen Zusammenhängen auf einen Gesichtsausdruck bezieht, während wir in anderen Zusammenhängen nicht sicher sind, ob es mehr bedeutet als einfach nur ‚zürnen'. So ist es zum Beispiel unwahrscheinlich, dass in 9.198 („Die ihr, *skyzomenô per*, mir die Liebsten sein sollt der Achaier!") Achilleus konkret auf seinen Gesichtsausdruck Bezug nimmt. In zwei oder drei Passagen der *Ilias* hat das Verb jedoch eine besondere Bedeutung: In 4.22–4.24 bzw. 8.459–8.461 wird Athenes Zurückhaltung mit Heras Unfähigkeit kontrastiert, ihren Zorn (*cholos*) auf Zeus im Zaum zu halten; während Hera ihre Gefühle uneingeschränkt in Worte fasst, bleibt Athene still, und das einzige Anzeichen für den wilden (*agrios*) *cholos*, der sie ergreift, besteht darin, dass es von ihr heißt, sie empfinde *skyzesthai*. An dieser Stelle muss das Verb seine eigene Bedeutung haben; aber das Stirnrunzeln, auf das es sich bezieht, ist nicht ganz dasselbe wie dasjenige, das mit der Wortverbindung *hypodra idôn* vermittelt wird, die nämlich immer eine empörte Rede einleitet, während Athena schweigt; und während Hera den Weg der aggressiven Vergeltung einschlägt, hat sich Athene offenbar entschieden, ihren Zorn im Zaum zu halten. Das Stirnrunzeln muss also nicht ganz und gar aggressiv sein; es kann einen Zorn ausdrücken, dem man nicht ganz freien Lauf zu lassen versucht.

Es gibt eine universelle und instinktive Reaktion, die beweist, wie wichtig die visuelle Kommunikation bei der Interaktion ist: Man zeigt mit einem visuellen ‚cut off', dass die Kränkung angekommen ist, und beendet damit die Interaktion. Kinder in aller Welt zeigen diese Reaktion ab dem Alter von zwei Monaten; sie ist auch bei nichtmenschlichen Wirbeltieren zu beobachten (Eibl-Eibesfeldt 1989, 170, 205–206, 373, 488, 560; Lorenz 1996, 183–184). Es handelt sich um eine komplexe und interessante Reaktion: Sie demonstriert dem Kränkenden den Gesichtsverlust des Opfers (Respektlosigkeit seitens des Kränkenden) und hat zur Folge, dass die passive Opferrolle angenommen wird; zugleich wird der Kränkende durch den Entzug der visuellen Aufmerksamkeit und die abrupte Beendigung der Interaktion bestraft (damit wird Respektlosigkeit gegenüber dem Kränkenden gezeigt). Außerdem lässt die Reaktion, wie wir noch sehen werden, die meisten Optionen offen (Eibl-Eibesfeldt 1989, 499) – sie kann beschwichtigend wirken und die Interaktion damit wieder in Ordnung bringen, aber sie kann auch Unmut demonstrieren und ermöglicht eine Eskalation der Aggression im Rahmen einer späteren Vergeltung; andererseits bringt sie jedoch erhebliche Risiken für das zu wahrende ‚Gesicht' des Erzürnten mit sich (Goffman 1967, 23).

Dass der abgewendete Blick, das Vermeiden des Blickkontakts bei Homer ein typisches Anzeichen für Zorn ist, wird in 3.216–3.220 deutlich. Dort beschreibt Helena, dass man Odysseus aufgrund seines Verhaltens (er schaut nach unten, die Augen auf die Erde geheftet, 217) für einen unverständigen Mann hätte halten können, der einen lang anhaltenden und heftigen Groll hegt (220, *phaiês ke zakoton te tin' emmenai aphrona t' autôs*). Die Reaktion hat eine gewisse Ähnlichkeit mit dem deprimierten, bedrückten Ausdruck, mit dem Hektor in 22.291–22.293 seinen Zorn (*chôesthai*) über seinen fehlgeschlagenen Speerwurf kundtut – zumindest insofern, als der abgewandte Blick sowohl Zorn vermittelt als auch die Einsicht des Akteurs, dass seine *timê* verwundbar geworden ist. Die typischste Verwendung des visuellen ‚cut off' als Ausdruck von Zorn in der *Ilias* ist jedoch das Motiv des Rückzugs des Helden.

Dieses Motiv zieht sich durch die mündlich überlieferte Dichtung der griechischen Frühzeit; Zorn und Rückzug sind so miteinander korreliert, dass Hektor, als er bemerkt, dass sich Paris aus dem Schlachtgewühl zurückgezogen hat, den Schluss zieht, er müsse in irgendeiner Weise erzürnt sein (6.325–6.331). Die klassische Variante, die auch unter dem Gesichtspunkt ihrer Eigenschaft als Interaktionsstrategie am interessantesten ist, ist diejenige, die den Zorn des Achilleus zum Ausdruck bringt. Achilleus reagiert, wie oben erwähnt, zuerst aggressiv (mit einem aggressiven Gesichtsausdruck: *hypodra idôn*, 1.148) auf Agamemnons Angriff auf seine *timê*; er erwägt sogar, ihn zu töten (188–191), wird aber von Athene überzeugt, sich zurückzuziehen und die Entschädigung abzuwarten. Danach hält er sich von den anderen Griechen fern und verbringt die meiste Zeit zurückgezogen in seinem Zelt.

Seine Reaktion tritt also (erstens) an die Stelle einer gewaltsameren Alternative und lässt (zweitens) Agamemnon registrieren, dass er durch die Verletzung der von Gegenseitigkeit und Kooperation getragenen Beziehung, die zwischen den beiden bestehen sollte, Achilleus beleidigt hat, lässt aber gleichzeitig Raum für die spätere Wiederherstellung dieser Beziehung (zu den von Achilleus gestellten Bedingungen). Als Strategie, die auf Wiederherstellung der eigenen verletzten Ehre abzielt, ist dieses Vorgehen aber nicht ungefährlich. Thersites kann zum Beispiel in 2.239–2.242 vorbringen, Achilleus' Reaktion auf die Kränkung durch Agamemnon verrate einen tadelnswerten Mangel an Zorn (und folglich einen tadelnswerten Mangel an Selbstachtung). Man kann an dieser Strategie also bemängeln, dass sie nicht aggressiv genug und zu gleichgültig gegenüber dem eigenen ‚heiligen Selbst' sei. Da der Erfolg dieser Strategie von der Bereitschaft des Kränkenden abhängt, die Beziehung wieder in Ordnung zu bringen, kann man dieses Vorgehen wie Phoinix im Meleagros-Paradigma im 9. Gesang auch deswegen kritisieren, weil ihre Wirksamkeit ungewiss ist. Phoenix weist ausdrücklich darauf hin, dass Meleagros am Ende die Rückzugsstrategie aufgeben musste, ohne sein Ziel zu erreichen (nämlich seinen Status und seinen Wert in der Gemeinschaft und auch die Tatsache sichtbar zu demonstrieren, dass die Beleidiger auf sein Können angewiesen sind), stellt das Paradigma aber auch so dar, dass die Rückzugsstrategie in einem unattraktiven Licht erscheint. Denn Meleagros entzieht sich nicht nur, sondern er zieht sich in sein Schlafgemach zurück und legt sich neben seine Gattin ins Bett, hinter verriegelten Türen weggeschlossen im *thalamos* (9.556–9.565; 574–576; 581–583; 588). Damit begibt sich ein Held der ersten Liga mit Absicht der Möglichkeit, sein Heldentum zu leben; stattdessen bleibt er wie eine Frau in seinem *thalamos* und verbringt wie Paris seine Zeit mit seiner Frau im Bett. Damit stellt Phoinix indirekt fest, was Thersites offen ausspracht – dass nämlich die Strategie des Rückzugs, indem sie ja der Welt die eigene Ehrabschneidung vorführt und das Annehmen des Opferstatus erfordert, gefährliche Implikationen für den Status des betroffenen Akteurs hat – vor allem (aber nicht nur) dann, wenn sie letztlich nicht zum Erfolg führt.

4.

Die oben erörterten Zorn-Szenarien zeigen, dass die Rolle des Zorns in Interaktionsritualen viele universale Merkmale aufweist – besonders in Bezug auf Ausdruck und nonverbales Verhalten, aber auch im eigentlichen affektiven Erleben, das durch spezifische lexikalische Einheiten gekennzeichnet und mit Hilfe typischer konzeptueller Metaphern und Metonymien in Begriffe gefasst wird. Die homerischen Zornmechanismen und ihre grundsätzliche Ausrichtung auf den Gedanken der *timê* sind ein Beleg für die Affinität zwischen diesem Konzept und

Goffmans Begriff des öffentlich vermittelten ‚heiligen Selbst', das im sozialen Interaktionsritual den Gegenstand des eigenen Auftretens und der Ehrerbietung der Interaktionspartner bildet; dies wiederum bestätigt den hohen Stellenwert, den Aristoteles und moderne Theoretiker der grundsätzlichen Sozialität solcher Emotionen beimessen. Im Hinblick auf seine auslösenden Umstände und typischen Verhaltensmuster, aber auch bezüglich seiner Symptome, seiner ‚Aura' und Verbildlichung und seines Ausdrucks weist der Zorn bei Homer regelmäßig universale Merkmale dieser grundlegenden menschlichen Emotion auf, auch wenn es ohne Zweifel Ausdrucksformen gibt, bei denen die universelle Reaktion kulturell umgestaltet und weiterentwickelt wurde (ein Beispiel dafür ist die Ausgestaltung des visuellen ‚cut off' zu einem voll entfalteten Rückzugsmotiv in der mündlich überlieferten Dichtung; vgl. die Ritualisierung der gleichen Reaktion in der Praxis der Verschleierung). Doch auch wenn der Gedanke der *timê* und die damit verbundenen Gegenseitigkeitsvorstellungen Universalmerkmale der menschlichen Sozialität aufweisen, wird die *timê* auch durch spezifisch griechische Vorstellungen auf besondere Weise realisiert – sowohl an sich als auch in ihrem Verhältnis zu Begriffen wie *aidôs* und *nemesis*, die für uns auf der einen Seite verständlich und in vieler Hinsicht sogar vertraut, auf der anderen Seite aber in ihrer Gesamtkonzeption dennoch für die griechische Sprache und Kultur spezifisch sind. Dank der griechischen Zeugnisse können wir leichter aufzeigen, dass im Rahmen der gesellschaftlichen Konstruktion der menschlichen Emotionen das Spezifische das Universelle in sich begreift und dass kulturelle Praktiken und ‚Mentalitäten' phylogenetische Fähigkeiten beinhalten: Diese sind keine für sich allein stehenden und voneinander trennbaren Bausteine von Natur und Kultur, sondern existieren in einem gegenseitigen Bedingtheitsverhältnis, in dem alle natürlichen Fähigkeiten unter dem Einfluss von Umweltimpulsen aktualisiert und im Rahmen einer bestimmten Reaktionsnorm ausgedrückt werden; das komplexe Verhältnis von Vertrautheit und Verschiedenheit zwischen ‚uns' und ‚jenen' erfordert die genaueste Beachtung der Spezifika der griechischen Ethik- und Gesellschaftsvorstellungen, aber dies muss eingebettet werden in den Kontext eines verstärkten Bewusstseins für das Gemeinsame in der menschlichen Natur und für die Einschränkungen, die dies für die kulturelle Ausgestaltung mit sich bringt. Um also sein Potenzial voll zu entfalten, muss der Dialog zwischen uns klassischen Philologen und den Gesellschaften, die wir erforschen, durch einen Dialog zwischen klassischer Philologie und anderen Disziplinen ergänzt werden – und zwar nicht nur mit historischen, philologischen und literaturwissenschaftlichen, sondern auch mit philosophischen, soziologischen und naturwissenschaftlichen Fachrichtungen.

(Gekürzte Fassung des ursprünglich unter dem Titel „Ethics, Ethology, Terminology: Iliadic Anger and the Cross-cultural Study of Emotion" erschienenen Aufsatzes (in: *Ancient Anger. Perspectives from Homer to Galen*. Hrsg. von Susanna Braund und Glenn W. Most. Cambridge: Cambridge University Press, 2003. 11–49). Übersetzung: Andreas Bredenfeld.)

Literaturverzeichnis

(Anmerkung zur Zitierweise: Zitate aus der *Ilias* nach der Übersetzung von Wolfgang Schadewaldt, Frankfurt am Main: Insel 1975, werden nachgewiesen mit: Gesang. Zeilenzahl in arabischen Ziffern. Stellenangaben aus Aristoteles' *Rhetorik* werden nachgewiesen mit Namenskürzel. *Kurztitel*. Seite Spalte Zeilenzahl in arabischen Ziffern nach Bekker-Zählung.)

Adkins, Arthur William Hope. „Threatening, Abusing, and Feeling Angry in the Homeric Poems". *Journal of Hellenic Studies* 89 (1969): 7–21.
Axelrod, Robert. *The Evolution of Co-operation*. New York, NY: Basic Books, 1984.
Berkowitz, Leonard. „On the Formation and Regulation of Anger and Aggression". *American Psychologist* 45 (1990): 494–503.
Braund, Susanna, und Giles Gilbert. „An ABC of Epic Ira: Anger, Beasts, and Cannibalism". *Ancient Anger. Perspectives from Homer to Galen*. Hrsg. von Susanna Braund und Glenn W. Most. Cambridge: Cambridge University Press, 2003. 250–285.
Cairns, Douglas L. *Aidôs: The Psychology and Ethics of Honour and Shame in Ancient Greek Literature*. Oxford: Clarendon Press, 1993.
Clarke, Michael. *Flesh and Spirit in the Songs of Homer: A Study of Words and Myths*. Oxford: Clarendon Press, 1999.
Damásio, António Rosa. *Descartes' Error: Emotion, Reason, and the Human Brain*. New York, NY: Putnam, 1994.
Darwin, Charles. *The Expression of the Emotions in Man and Animals*. Hrsg. von Paul Ekman. London: Harper Collins Publishers, 1998 [1892].
De Sousa, Ronald. *The Rationality of Emotion*. Cambridge, MA: MIT Press, 1987.
Dennett, Daniel Clement. *Darwin's Dangerous Idea*. New York, NY: Simon & Schuster, 1995.
Eibl-Eibesfeldt, Irenäus. *Human Ethology*. Berlin und New York, NY: De Gruyter, 1989.
Frank, Robert Harris. *Passions within Reason: The Strategic Role of the Emotions*. New York, NY: Norton, 1988.
Frisk, Hjalmar. „Mênis: Zur Geschichte eines Begriffes". *Eranos* 44 (1946): 28–40.
Gill, Christopher. *Personality in Greek Epic, Tragedy and Philosophy: The Self in Dialogue*. Oxford: Clarendon Press, 1996.
Goffman, Erving. *Interaction Ritual: Essays on Face-to-Face Behavior*. New York, NY: Doubleday, 1967.
Harris, William V. *Restraining Rage: The Ideology of Anger Control in Classical Antiquity*. Cambridge, MA: Harvard University Press, 2002.
Holoka, James P. „‚Looking Darkly' (ὑπόδρα ἰδών): Reflections on Status and Decorum in Homer". *Transactions of the American Philological Association* 113 (1983): 1–16.

Kövecses, Zoltán. *Metaphor and Emotion: Language, Culture, and Body in Human Feeling.* Cambridge: Cambridge University Press, 2000.

Lakoff, George und Mark Johnson. *Metaphors We Live By.* Chicago, IL: University of Chicago Press, 1980.

Lakoff, George, und Zoltán Kövecses. „The Cognitive Model of Anger Inherent in American English". *Cultural Models in Language and Thought.* Hrsg. von Dorothy Holland und Naomi Quinn. Cambridge: Cambridge University Press, 1987. 195–221.

Long, Anthony Arthur. „Morals and values in Homer". *JHS* 90 (1970): 121–139.

Lorenz, Konrad. *On Aggression.* Übers. von Marjorie Kerr Wilson. London: Routledge, 1996 [1963].

Mueller, Martin. *The Iliad.* London und Boston, MA: G. Allen and Unwin, 1984.

Muellner, Leonard C. *The Anger of Achilles: Mênis in Greek Epic.* Ithaca, NY: Cornell University Press, 1996.

Pinker, Steven. *How the Mind Works.* New York, NY: Norton, 1997.

Rolls, Edmund T. *The Brain and Emotion.* Oxford u. a.: Oxford University Press, 1999.

Russell, James A. „Culture and the Categorization of Emotions". *Psychological Bulletin* 110 (1991): 426–450.

Shay, Jonathan. *Achilles in Vietnam: Combat Trauma and the Undoing of Character.* New York, NY: Atheneum, 1994.

Smith, Adam. *The Theory of Moral Sentiments.* Hrsg. von David D. Raphael und Alexander L. Macfie. Oxford: Oxford University Press, 1976 [1759].

Sorabji, Richard. *Emotion and Peace of Mind: From Stoic Agitation to Christian Temptation.* Oxford: Oxford University Press, 2000.

Tritle, Lawrence. *From Melos to My Lai: War and Survival.* London: Routledge, 2000.

Trivers, Robert. *Social Evolution.* Menlo Park, CA: Benjamin Cummings Publishing Company, 1985.

Van Wees, Hans. *Status Warriors: War, Violence, and Society in Homer and History.* Amsterdam: Gieben, 1992.

3.2 Pathos in der griechischen Tragödie
Susanne Gödde

1. Nach der Tragödie: Pathos in Rhetorik, Poetik und Dichtungskritik

Das antike Konzept des Pathos (von griech. *paschein* – etwas erleiden, erfahren) operiert – im Drama oder in einer Rede – häufig zugleich auf drei Ebenen: auf der Ebene der Handlung beziehungsweise Erzählung, auf der Ebene der affektiven, physisch-psychischen Reaktion auf das Geschehen und auf der Ebene des sprachlichen Ausdrucks. Während *pathos* in seiner Grundbedeutung zunächst positive *und* negative Erfahrungen bezeichnen kann, wird im Diskurs der Tragödie und der Tragödientheorie die Bedeutung überwiegend auf den negativen Aspekt, das Leid, eingeengt. Die Tragödie selbst verwendet das Wort *pathos* ausschließlich im Sinne eines leidvollen Geschehens (1. Ebene), wobei aber häufig die affektive Reaktion auf das Ereignis, also Schmerz, Trauer und Klage oder Hass, Zorn und Scham, mitzudenken ist (Schlesier 2009). Erst in der *Rhetorik* und der *Poetik* des Aristoteles steht der Begriff *pathos* beziehungsweise *pathêma* auch für die Affekte (2. Ebene) und – meist in adjektivischer Formulierung – für den ‚pathetischen', also hohen und dunklen, Stil (3. Ebene). Grundsätzlich wird das Adjektiv *pathêtikos* in der *Poetik* sowohl auf Handlungszusammenhänge als auch auf die Redeweise bezogen und lässt sich in beiden Fällen mit „productive of emotions" (Gill 1984, 150) wiedergeben.

Dass die griechische Sprache dasselbe Wort für das leidvolle Ereignis als Gegenstand eines Plots und für die Affekte und Umgangsweisen, die dieses Ereignis hervorruft, verwendet, also sowohl für *pathos* im objektiven als auch für *pathos* im subjektiven Sinn (vgl. Lear 1992, 330; Schlesier 2009, 85), ist signifikant und erklärt, warum dieser Beitrag nicht ausschließlich Gefühle in den Blick nehmen wird, sondern auch die Geschehnisse, die diese Gefühle bedingen. Eine Formulierung Walter Burkerts, der *pathos* als einen „manchmal mechanische[n], manchmal vielleicht auch geheimnisvolle[n], aber ganz bewußtseinsunabhängige[n] Kausalzusammenhang" umschreibt (Burkert 1955, 64; zur „Mechanik" als „Dimension der Pathos-Kultur" vgl. auch Honold 2010, 100), deutet die fließenden Übergänge zwischen Handeln und Erleiden, Fühlen und Gefühlsausdruck an.

Das ‚Kommunikationsgefüge', das durch *pathos* etabliert werden kann, lässt sich besonders gut an einem Beispiel aus der Rhetorik verdeutlichen: Will ein Redner vor Gericht erreichen, dass die Richter auf der Basis ihrer leidenschaftlichen Gefühle (*pathos*) überzeugt werden, so referiert er in der *narratio* seiner Rede einen erschütternden Vorgang (*pathos*) in einer drastischen und anschaulichen Sprache (*pathos*). Diese dreifache Auffächerung des Konzepts, die Aristoteles in der *Rhetorik* – zum Teil in kritischer Abkehr davon – beschreibt (Arist. *Rhet.* 1356a 14–16; 1408a 23–24: die Affekte der Rede bzw. des Redners entsprechen den Affekten des Zuhörers; 1408a 10–19; 1408b 11–20: ‚pathetische' Sprache als Ausdruck des Pathos des Redners; vgl. Gill 1984; Rapp 2007, 156–158) und die von der späteren Stiltheorie weiterentwickelt wird (u. a. Theophrast, Pseudo-Longin; vgl. Wehrli 1946), macht deutlich, dass es sich beim *pathos* um ein Phänomen des Transports handelt (Zierl 1994, 29; Koppenfels 2002, 123; Böhme 2009, 165 sowie, mit Bezug auf Hölderlin, Honold 2010, 101). Zwischen erzähltem Ereignis und leiblich verspürter Emotion dient die *pathos*-geladene Sprache als Medium der Übertragung und der Intensivierung.

In der *Poetik* zählt Aristoteles das *pathos* – neben Peripetie und Anagnorisis – zu den drei ‚Teilen' der Fabel (*mythos*). *Pathos* wird hier definiert als „verderbliches oder schmerzliches Geschehen, wie zum Beispiel Todesfälle auf offener Bühne, heftige Schmerzen, Verwundungen und dergleichen mehr" (Arist. *Poet.* 1452b 10–14; vgl. Rees 1972). Dass Pathos den beiden anderen ‚Teilen' nicht nur beigeordnet, sondern auch inhärent ist, zeigt eine Bemerkung im 14. Kapitel, nach der das *pathos* durch die (zu) späte Einsicht in die Tat – Aristoteles denkt hier an den Mord an einer nahestehenden und zunächst unerkannten Person – gesteigert werden kann: „die Wiedererkennung ruft Erschütterung hervor." (*hê anagnôrisis ekplêktikon*, Arist. *Poet.* 1454a 4; zu Kap. 11 und 14: Belfiore 1992, 134–141)

Die zweite Ebene des Pathos, die die *Poetik* kennt, betrifft eben diese Reaktion der Zuschauer: die durch die leidvolle Handlung erzeugten Affekte, insbesondere Furcht beziehungsweise Schrecken (*phobos*) und Jammer beziehungsweise Mitleid (*eleos*) (zur Übersetzung der Termini: Schadewaldt 1955; Kerkhecker 1991). Nach dem berühmten Tragödiensatz des 6. Kapitels bewirke die Tragödie im Zuschauer mittels (*dia*) dieser Affekte eine „Reinigung" (*katharsis*) von eben diesen „Erregungszuständen" (so Fuhrmanns Übersetzung von *pathêmata*; Arist. *Poet.* 1449b 24–28; zum Tragödiensatz und der Deutung des Genitivs: Kommerell 1940, 265–272; Dirlmeier 1940; Schadewaldt 1955; Fuhrmann 1992 [1973], 102–103; Halliwell 1998 [1986], Appendix 5; Belfiore 1992, 293; Seidensticker 2009). So umstritten auch die genaue Bedeutung der aristotelischen *katharsis* sein mag (siehe Abschnitt 4), deutlich wird, dass den Affekten die Rolle eines Mittels zukommt, das zu einem bestimmten Zweck führt. In diesen Zusammenhang gehört auch das Konzept der Psychagogie, der Entrückung oder Verführung des Zuhörers oder Zuschauers durch die affektive und sinnliche Dimension der Dichtung (*psychagôgein*: Arist. *Poet.* 1450a 33; vgl. Wehrli 1946, 13–17) – eine

Strategie, die Aristoteles allerdings in der *Rhetorik* zugunsten der Sacharqumente und der Klarheit eher kritisch bewertet (Wehrli 1946, 16–17, 27–28). Doch während in der Rhetorik Pathos primär auf die Überzeugung eines Adressaten zielt, will die Dichtung vor allem einen als lustvoll (*hêdonê*, Arist. *Poet.* 1453b 11–13) bezeichneten und nach dem Modell von Anspannung und Entspannung zu denkenden Rezeptionseffekt hervorbringen – so jedenfalls die Deutungstradition des Katharsis-Satzes, die sich von Lessings moralischer Auslegung abwendet und Jacob Bernays folgt (Bernays 1970 [1857]; Schadewaldt 1955; Flashar 1956; vgl. Luserke 1991; Vöhler und Seidensticker 2007; Vöhler und Linck 2009 sowie Abschnitt 4).

In der *Poetik* berücksichtigt Aristoteles die in der *Rhetorik* angedeutete und erst in der späteren Stiltheorie, insbesondere in Pseudo-Longins Schrift *Über das Erhabene*, etablierte Pathos-Dimension der Sprache, also den ‚hohen' Stil, kaum; lediglich die Metapher als Ausdruck des Poetischen findet Erwähnung (Arist. *Poet.* 1459a 10), vergleichbar der Glosse als Spezifikum epischer Erhabenheit (Arist. *Poet.* 1459a 9) (vgl. Gill 1984, 155). Allerdings hebt er an einer aufschlussreichen, wenngleich nicht ganz eindeutigen Stelle die Bedeutung von ‚Figuren' (*schêmata*) für die Eindringlichkeit der dramatischen Darstellung hervor:

> Außerdem soll man die Figuren (*schêmata* – Fuhrmann übersetzt ‚Gesten') möglichst lebhaft ausarbeiten. Am überzeugendsten sind bei gleicher Begabung diejenigen, die sich in Leidenschaft (*en tois pathesin*) versetzt haben, und der selbst Erregte stellt Erregung, der selbst Zürnende Zorn am wahrheitsgetreusten dar. Daher ist die Dichtkunst Sache eines Begabten (*euphyous*) oder Rasenden (*manikou*); die einen sind wandlungsfähig (*euplastoi*), die anderen in Ekstase (*ekstatikoi*). (Arist. *Poet.* 1455a 29–34 [Übersetzung modifiziert])

Der Begriff *schêma* scheint hier zwischen körperlicher Geste und rhetorischer Figur zu changieren (Gödde 2001; Knape 2010, 31–32), weshalb Interpreten dieser Passage als Ausführende der *schêmata* bald die Schauspieler, bald den Dichter angenommen haben (Gödde 2001, 247–248; nach Gill 1984, 152 stellt Aristoteles sich einen Dichter vor, der wie ein Redner vor einem Publikum agiere;. Aristoteles scheint hier zu postulieren, dass der Dichter sich, um zu ‚überzeugen', im Zustand der *pathê*, der Leidenschaften, befinden müsse – ganz anders als es Diderot wollte. Je größer seine Fähigkeit, sich in Erregung zu versetzen, desto eindringlicher, so wird impliziert, geraten seine Sprachfiguren (im Fall des Schauspielers: seine Gesten). Diese Deutung der Stelle, die auf die gedankliche, imaginative und sprachliche Ausarbeitung des Tragödientextes zielt, lässt sich auch in Einklang bringen mit einer Bemerkung im 19. Kapitel, nach der die Emotionserregung eine Sache der *dianoia*, der Gedankenführung und ihrer sprachlichen Umsetzung, sei (Arist. *Poet.* 1456a 36–1456b 2; vgl. Rapp 2007, 160–161). Eine signifikante Formulierung im 25. Kapitel nennt die Tropen „*pathê* der Sprache" (Arist. *Poet*. 1460b 12; Fuhrmann übersetzt hier „Veränderungen der Sprache").

Wenngleich uns von Aristoteles die ersten systematischen Entwürfe zu Poetik und Rhetorik überliefert sind, so ist er nicht ohne Vorgänger. Die Vorstellung, dass Dichtung emotional bewegt, die psycho-physische Disposition des Rezipienten verändert, ja entrücken und verzaubern kann, gehört seit Homer (*Odyssee* 8) zu den Grundlagen dichtungstheoretischer Reflexion (Fuhrmann 1992 [1973], 89–110; Walsh 1984; Parry 1992; Lada 1993). Neben den Ausführungen über die emotionale Wirkung der (dichterischen) Rede in der *Helena* des Gorgias (Ende 5. Jahrhundert; vgl. Segal 1962) ist es vor allem Platon, der – wenn auch unter negativen Vorzeichen – dem Pathos der Dichtung Rechnung trägt. Um dessen verführerische Intensität zu dämonisieren, musste er sie gleichwohl eindrücklich vor Augen stellen. Jede Mimesis, und besonders die dramatische, spricht, so Platon im 10. Buch der *Politeia*, diejenigen Seelenteile des Rezipienten an, die vom Gefühl (*pathos*) bestimmt werden, erregt sie und macht sie stark, sodass das Erziehungsideal der Beherrschung und der Gefühllosigkeit scheitern muss und Verweichlichung droht. Platon reduziert die Aufführungen von Tragödien auf leidende und klagende Helden, die jammervolle und lange Reden halten, singen und sich gemäß dem rituellen Trauergestus die Brust schlagen (Plat. *Polit*. 605c10–d5). Was Platon als Gefahr diagnostiziert, beschreibt er zugleich sehr kenntnisreich: Die tragischen Darstellungen lösen beim Zuschauer Freude und Hingabe aus, und das unter dem Postulat der Besonnenheit zurückgehaltene und ‚ausgehungerte' Gefühl bricht sich Bahn und gibt dem Bedürfnis nach Tränen mit großer Lust nach, zumal es sich nicht um das eigene, sondern um fremdes Leid (*allotria pathê*) handelt (Plat. *Polit*. 606a3–b8). Dabei ist das *pathos* mit dem Wechsel assoziiert, während der Gegenbegriff, *logos*, durch Beständigkeit, die sich der Mimesis widersetzt, bestimmt wird (Plat. *Polit*. 604d–e). Mimesis, Pathos und die Fragilität des Charakters sind für Platon eng miteinander vermittelt. Damit hat er eine zentrale Konstellation der attischen Tragödie erfasst (zu Plat. *Polit*. 604–606: Nehamas 1982, 66–69; Halliwell 1984, 53–54; Ferrari 1989, 134–141).

Es scheint unmöglich, sich dem Pathos in der griechischen Tragödie ohne einen Umweg über Aristoteles zu nähern, denn zu sehr hat seine Begriffsbildung in *Rhetorik* und *Poetik* unseren Zugang zu dieser Gattung geprägt. Doch liegt der Schwerpunkt seiner Analyse auf einem funktionalistischen, nämlich psycho-hygienischen, Rezeptionsmodell, das dem Pathos der Tragödie letztlich den Stachel ziehen möchte, indem es Leid und Schmerz in Lust (*hêdonê*) und Erleichterung (*katharsis*) überführt (Schadewaldt 1955, passim und 156 zur „Seelen-Hygiene"; vgl. Abschnitt 4). Die folgenden Abschnitte gelten daher nicht dem aristotelischen Rezeptionsmodell, sondern wenden sich zunächst einer tragödienimmanenten Poetik des Pathos zu. Dabei gilt das Augenmerk einerseits einer Typologie der Affekte (2), andererseits ihren ästhetischen und rhetorischen Darstellungsmustern (3). Abschließend soll dann unter der Überschrift ‚Ökonomie der Affekte' nach möglichen Funktionalisierungen oder Semantisierungen des Leids gefragt werden (4).

2. Typologie der tragischen Affekte

Der Katalog der in den Tragödien ausagierten Affekte oder empfundenen Emotionen geht weit über die für die aristotelische Rezeptionsästhetik zentralen Affekte *phobos* und *eleos* hinaus. Neben Angst und dem Jammer über eigenes oder fremdes Unglück sind es Gefühle beziehungsweise Affekte wie Trauer (Elektra, Antigone), Hass und Rache (Klytaimestra), Liebe (Phaidra) und Eifersucht (Medea), Scham (Aias, Phaidra) und Stolz (Antigone, Prometheus), die Gier nach Macht (Eteokles) oder das starre Beharren auf ihr (Kreon), der Drang nach Wissen (Ödipus) oder die Neugier auf das Verbotene (Pentheus), physischer Schmerz (Philoktet) oder von Göttern induzierter Wahnsinn (Herakles, Pentheus), die die tragischen Handlungsverläufe bestimmen (vgl. Stanford 1983, Kap. 3; Konstan 1999 will darüber hinaus den aristotelischen Gegenbegriff zu *phobos*, die triumphierende Zuversicht der Sieger (*tharsos*), und damit ein ‚positives' Pathos in der Tragödie ausmachen).

Gleichwohl haben Angst und Schrecken sowie Jammer und Mitleid in der Forschung zur Tragödie besonders viel Aufmerksamkeit erfahren, eben weil sie den erwähnten Transfer- und Transformationsprozess zwischen Dramenhandlung und Rezeption in besonderer Weise befördern. Die Atmosphäre der sich steigernden Angst, mit der insbesondere die Tragödien des Aischylos arbeiten (vgl. Bohrer 1994, 2009), überträgt sich in Form einer Angstspannung auf den Rezipienten; der Jammer, den die tragödienimmanenten ‚Zuschauer', insbesondere die Chöre, über die Schicksale der Protagonisten empfinden, steuert in vergleichbarer Weise die emotionale Anteilnahme des Publikums.

Zudem wurde in der Forschung immer wieder eine Entwicklung beobachtet von einer ‚Poetik der Angst' bei Aischylos (Snell 1928; de Romilly 1971; Schnyder 1995; Kantzios 2004; Bohrer 1994, 2009; Hose 2014) zu einer Dramaturgie, die stärker die pathische Reaktion, das (Mit-)leiden oder die Rührung (*eleos*) in Szene setzt, bei Euripides (Schadewaldt 1955, 146; de Romilly 1961; Segal 1993; Dachselt 2003, 58). Für Sophokles lässt sich ein solcher seine Dramatik strukturell prägender Hauptaffekt weniger leicht ausmachen (Hose 2014, 45; vgl. aber Friedrich 1967). Atmosphärisch und dramatisch umgesetzt wird Angst bei Aischylos etwa im Zustand des Wartens – auf die Rückkehr des persischen Heeres und die Nachricht seiner Niederlage in den *Persern* (LaCourse Munteanu 2012, Kap. 6), auf die Rückkehr des Agamemnon, die in seinen Tod mündet, im *Agamemnon* – oder in der Flucht (in den *Hiketiden*); die *Sieben gegen Theben* dramatisieren ganz konkret die Angst vor dem Krieg.

Wie aktiv die Angst in der Tragödie des Aischylos ‚mitspielt', zeigt ihre Personifikation: Als „Traumwahrsager" (*oneiromantis*) fällt der Schrecken (*phobos*) mit dumpfem Sprung und gesträubtem Haar in das Schlafgemach der Klytaimestra ein und lässt Angstgeschrei erschallen – es handelt sich hier um den Albtraum, der den Rächer ankündigt (Aisch. *Cho.* 31–36); in ähnlicher Weise figuriert das vor Angst schwere Herz in der Brust der persischen Alten als „Unglücksprophet" (*kakomantis*, Aisch. *Pers.* 10), und auch der Chor des *Agamemnon* erfährt durch seine Angst die Wahrheit und bezeichnet daher das Herz, in dem die Angst zu spüren ist, als *teraskopos* (‚zeichensehend' bzw. ‚wahrsagend', Aisch. *Ag.* 977). Wenn Atossas Herz ein schwarzes Gewand trägt, das von der Angst zerrissen wird (Aisch. *Pers.* 115–116), dann verkörpert sich die destruktive Angst metaphorisch in der Figur einer Klagenden, die ihr Kleid zerreißt und ihre Wangen zerkratzt (vgl. Hose 2014, 36). Die Beispiele zeigen, wie die Metaphorik der Angst die Dichotomie von innen und außen unterläuft: Wirkort der Affekte sind zwar häufig die inneren Organe – Herz, Brust oder Zwerchfell – doch werden diese gewissermaßen zu einer Bühne, auf der eine personifizierte Angst agiert (vgl. Dachselt 2003, 47).

Angst und Schrecken finden immer wieder eine konsequente Verlängerung in dem Verlust der Kontrolle, einem Aufgeschrecktsein oder einem Schwindel, Zuständen, die Assoziationen des Wahnsinns (*mania*) auch dort aufrufen, wo der von Göttern induzierte Wahnsinn nicht Teil der Handlung ist (vgl. Mattes 1970; Schlesier 1985 und 1993; Foley 2001 [1993], 43). Berühmt ist der ‚Wahnsinn' des Orest nach dem Muttermord, in dem ein psychologisches Schuldgefühl und die konkrete Strafverfolgung der vor seinem inneren Auge erscheinenden mythischen Rächerinnen, der Erinyen, kaum zu trennen sind. Schreckensnachrichten führen zum Aussetzen des Verstandes (*paraphronô*, Aisch. *Hepta* 806); ‚gleich einer Mänade' (*thuias*, Aisch. *Hepta* 836) singt der Chor angesichts des Todes des thebanischen Brüderpaars sein Trauerlied; Antigones Trauer um ihre Brüder artikuliert sich in einem ‚Rasen' des Herzens (*mainetai*, Aisch. *Hepta* 967), und die Choreuten der *Antigone* werden aus ihrem ‚Gesetz' (*thesmos*) – man könnte auch sagen: aus ihrer ‚Fassung' – herausgeschleudert, als sie sehen, wie Antigone gefesselt zu ihrer Hinrichtung geführt wird (Soph. *Ant.* 801–802). Angst, Entsetzen und Trauer bestimmen ganz konkret und physisch die Haltung der Figuren und machen sie zu Getriebenen oder Ohnmächtigen. Dieser Kontrollverlust, der immer wieder metaphorisch in die Vokabeln des dionysischen Wahnsinns gefasst wird, ist den beseligenden Auflösungserscheinungen im Kult des Theatergottes nur äußerlich vergleichbar.

Deutlich schwerer einzugrenzen sind all jene in den Tragödien ubiquitären Affektzustände und Gefühlsartikulationen, die sich mit dem aristotelischen *eleos* verbinden. Das Spektrum dieser Emotionen wird in den Tragödien selbst überwiegend durch das Wortfeld *oiktos* und *oiktirein* vertreten, gewöhnlich übersetzt mit Jammer oder Klage und weitgehend synonym mit *eleos* (das Verb *eleein* findet sich nur in Sophokles' *Philoktet*; das Substantiv *eleos* ist erstmals in den späten Stücken des Euripides belegt: vgl. Burkert 1955, 49; zur Synonymität: Konstan 2001, 53). Beide Wörter dienen sowohl der Klage über eigenes Leid als auch dem anteilnehmenden Jammer über das Leid der Mitspieler, letzterer wird besonders häufig von Chören artikuliert (Aisch. *Ag.* 1069, 1321; Soph. *Phil.* 169, 318, 507; Eur. *Med.* 1233; Eur. *Andr.* 421; Eur. *Iph. Aul.* 469, 1336; die Stellen nach Burkert 1955, 45, Anm. 5). Wolfgang Schadewaldt hat 1955 – im selben Jahr, in dem Walter Burkerts Dissertation über den altgriechischen Mitleidsbegriff erschien und mit ähnlicher Stoßrichtung – Lessings christlich und philanthropisch geprägte Übersetzung von *eleos* mit ‚Mitleid' nachdrücklich in Frage gestellt und den Elementaraffekt des ‚Jammers' dagegen gesetzt. Salopp übersetzt er *phobos* und *eleos* in die Formel von „Gänsehaut und […] nassen Taschentücher[n]" (Schadewaldt 1955, 147; kritisch dazu Halliwell 1998 [1986], 173). Ethische Deutungen der Tragödien haben jedoch in jüngerer Zeit wieder Konjunktur, und damit wird auch erneut um den Begriff des Mitleids gestritten, genauer gesagt: um die Alternative zwischen bloß expressiver und selbstbezogener Klage einerseits und einer auf ein Gegenüber gerichteten Empathie, die den Impuls zu handeln und zu helfen einschließt, andererseits (vgl. Lada 1993; Kerkhecker 1991; Grethlein 2003; Halliwell 2005; Nussbaum 2008; für die radikale Trennung zwischen antikem *eleos* und modernem Mitleid plädieren Giuliani 2004, 16–19 sowie Rombach und Seiler 2009).

Gegenstand der tragischen Versuchsanordnung ist das Changieren zwischen Mitleiden und Mitleid etwa in der Eingangsszene des sophokleischen *Aias* (Soph. *Ai.* 118–133), die als Testfall in dieser Debatte gelten kann. Der Anblick des leidenden Aias veranlasst Odysseus zu der Bemerkung, „er jammert mich" (so Schadewaldt) beziehungsweise „ich bejammere ihn" (*epoiktirô nin*, Soph. *Ai.* 121), und dieser Jammer wird sogleich durch eine Reflexion der allgemeinen menschlichen Verletzlichkeit und Nichtigkeit, von der auch Odysseus selbst nicht ausgeschlossen ist, substantiiert. Wenn auch dieses Gefühl nicht unmittelbar in eine altruistische Handlung mündet, so wird doch die identifikatorische Kraft des Leidens, die sich im Jammer ausdrückt, in Odysseus' Reaktion deutlich (zur Stelle: siehe Konstan 1999, 4–6 und 2001, 60; LaCourse Munteanu 2012, 185–192). Auch Hekabe appelliert im gleichnamigen Stück des Euripides, als ihre Tochter von den Griechen geopfert werden soll, mit begrenztem Erfolg sowohl an das Mitgefühl des Odysseus als auch an das des Agamemnon (vgl. Konstan 1999 und siehe Abschnitt 3.3). Am deutlichsten und (zunächst) erfolgreichsten fordern die Hauptfiguren Mitgefühl und Hilfe ein im *Philoktet* des Sophokles (vgl. aber die Negierung des Mitleids durch Neoptolemos am Ende: Soph. *Phil.* 1317–1323) und im *Gefesselten Prometheus* von (Pseudo-)Aischylos (dazu Konstan 2001, 60–61; LaCourse Munteanu 2012, Kap. 7). Schließlich liegt es nahe anzunehmen, dass die Frage der humanitären Hilfe zum Thema in allen Hikesie-Tragödien wird, in denen Verfolgte und Notleidende um Hilfe und Aufnahme bitten (Grethlein 2003, 46–52). Doch wird die Handlung hier häufig eher durch den Zwang des Sakralrechts als durch echtes Mitgefühl motiviert, und die ritualisierte Körperlichkeit erfährt bisweilen mehr Aufmerksamkeit als die ethische Dimension der Handlung.

Während bei Aischylos das machtvolle Wirken der Affekte noch *vor* den Gefühlen der Figuren zum Gegenstand der Darstellung wird, ja, der Schrecken die Figuren eher erstarren lässt, verschiebt sich der Akzent in der Tragödie des Euripides hin zu einer stärkeren Dynamisierung des emotionalen Geschehens: „[...] le pathétique du *pathos* atteint finalement son comble." (Schlesier 2009, 93) Als Motoren dieser Verschiebung, so könnte man sagen, fungieren vor allem Tränen und Rührung. So dokumentiert Euripides in der *Alkestis* über etwa 250 Verse (Eur. *Alk.* 141–391) das Sterben der Protagonistin, zunächst im Perspektiv des Berichts einer Dienerin, dann im Dialog zwischen der sterbenden Alkestis und Admet, und nimmt damit eine deutliche Umakzentuierung vor: von den aischyleischen Leichen-Tableaux (siehe Abschnitt 3.1) hin zur gedehnten Inszenierung des Sterbens sowie des Abschieds. Die einleitende Feststellung der Dienerin, Alkestis sei zugleich „lebend und tot" (Eur. *Alk.* 141), signalisiert dem Zuschauer den Todeskampf, dessen Zeuge er nun werden wird. Dabei wird er förmlich mitgerissen von einem kumulativ anschwellenden Tränenstrom – zuerst der Dienerin, dann der Alkestis, dann der Kinder, dann aller Diener und schließlich des Admet (Eur. *Alk.* 137, 176, 184–185, 189–190, 192–193, 201).

Aus den zahlreichen euripideischen Eleos-Passagen, die man mit einem anachronistischen Begriff wohl als ‚melodramatisch' einstufen würde, sei noch auf das Ende der *Phoinissen* verwiesen: Iokaste, die ihre beiden Söhne vor dem Brudermord bewahren will, kommt zu spät zum Ort des Kampfes und bricht über den sterbenden Körpern zusammen. Letzte Blicke der Söhne unter Tränen, Liebesbekundungen und die Bitte um Bestattung erreichen sie noch, dann greift sie zum Schwert und ersticht sich. Euripides wählt für Iokastes Trauerschmerz ein singuläres und offenbar für diese Szene erfundenes Kompositum, das das Grenzüberschreitende – aber wohl nicht das Übertriebene – ihres Gefühls transportieren soll: Er sagt von ihr, dass sie ‚über die Maßen leide' (*hyperpathêsasa*, Eur.

Phoin. 1456). Auch hier führt die Länge des Berichts, die wörtliche Wiedergabe der Figurenrede durch den Boten sowie eine viele Details erfassende Blickregie zur Identifikation des Rezipienten mit Iokaste und zur Steigerung des Pathos.

Positive Affekte, wie Freude, Sehnsucht oder erotisches Begehren, flackern bisweilen, zumal in Chorliedern, auf, um der kontrastiven Orchestrierung der Stimmungen willen, erweisen sich jedoch meist als Illusion. Zwei Beispiele aus dem Werk des Sophokles mögen eine solch exaltierte, instabile Freude illustrieren: Als der wahnsinnige Aias scheinbar zur Vernunft gekommen ist und seinen beabsichtigten Selbstmord in Bildern einer kosmischen Ruhe und Ordnung verschleiert, wendet sich der Chor der salaminischen Matrosen in einem Tanzlied voll Freude und Erleichterung dem Pan und damit dem Gott ekstatischer Tänze zu. Doch sein Ausruf „ich schaudere vor Begehren" (*ephrix' erôti* – gemeint ist offenbar das Begehren zu tanzen) „und überfreudig fliege ich auf" (*pericharês d' aneptamên* Soph. *Ai.* 693, [Übersetzung modifiziert]) verrät das Gefahrvolle und Bodenlose dieser Freude und offenbart hinter ihr den ‚panischen' Schrecken, der den folgenden Ereignissen bei weitem angemessener ist (zur Stelle vgl. Henrichs 1994, 44–45). Ähnlich irreführend und illusorisch ist die Freude, die der Chor in Sophokles' *Trachinierinnen* über die nahende Rückkehr des Herakles zum Ausdruck bringt. Sophokles vermittelt die bevorstehende Wende zum Unglück durch den Umschlag von einer Musik, die dem Bereich des Apollon zugeordnet wird, hin zu einer stärker dionysisch konnotierten Musik. Der Wechsel wird markiert durch die Evokation der Flöte (*aulos*), die den Choreuten das Gefühl einer ‚Erhebung' (*airomai*) vermittelt und sie ‚in Aufruhr' (*anatarassei*) geraten lässt (Soph. *Trach.* 216–220) – erneut dient die Figur des inneren wie äußeren ‚Auffliegens' dazu, eine erhöhte, zwischen Freude und Angst taumelnde Emotionalität ins Bild zu setzen (zum ‚Auffliegen' vor Schrecken: Soph. *Ant.* 1307: *aneptan phobô* – Kreon sieht die Leiche seiner Frau).

3. Ästhetische und rhetorische Figuren des Pathos

Nach dieser exemplarischen Auflistung einiger für die Tragödie besonders zentraler Affekte seien im Folgenden drei Darstellungscluster aus dem breitgefächerten Inventar pathischer Szenarien herausgegriffen, die vom Spektakel des verwundeten Körpers bis hin zu seinem rhetorischen Einsatz eine zunehmende poetisch-rhetorische Ästhetisierung, aber auch Operationalisierung des Leids aufweisen. Diese Figurationen – das Pathos des Körpers (3.1), die Ästhetik beziehungsweise ‚Aisthetik' (3.2) und die Rhetorik des Leids (3.3) – sind jedoch nicht als chronologisches Entwicklungsmodell zu verstehen.

3.1 Pathos des Körpers: Schmerz und Trauer

Allen Affekten, die die Disposition der tragischen Protagonisten ausmachen, ist gemeinsam, dass sie deren Integrität und Stabilität unterlaufen. Schmerz, Schwindel oder der Verlust der aufrechten Haltung, Zittern, Beklemmungen und erhöhter Herzschlag, Wahrnehmungsstörungen und Aphasien, Gestammel und immer wieder die rituellen Klagerufe – *io, io, totototoi, papai papai* – verbunden mit Tränen, das sind die körperlichen und sprachlichen Signaturen des durch Krieg, Mord, Verfolgung und Verschleppung, aber auch durch tragisches Missverstehen oder Götterzorn verursachten Leidens. Dabei geht es den Tragikern weniger um eine psychologische Bestimmung der Affekte (diese leistet Aristoteles in der *Rhetorik*); im Vordergrund steht vielmehr ihre sinnliche Intensität, ihre raumgreifende Präsenz, ihre penetrierende zeitliche Ausdehnung und ihre körperliche Drastik.

Wenngleich extreme Gewalttaten in der Regel nicht auf der Bühne des Theaters gezeigt wurden (Zeppezauer 2011), so spart der Text dennoch nicht mit Szenarien des Sterbens, des Schmerzes und der körperlichen Zerstörung. Entscheidend bei der Evokation körperlicher Schmerzen ist die Aufmerksamkeit auf Einzelnes, Konkretes, insbesondere auf Körperteile sowie die wiederholte Evokation des immer gleichen, nicht nachlassenden Schmerzes. Während die geschlossene Narration des Botenberichts die Pathos-Beschreibung sorgfältig und effektvoll gliedern und dramatisieren kann, ist die subjektive Schilderung eigenen Schmerzes durch die Figuren selbst von einer affektiven und exklamatorischen Darstellung bestimmt. Paradigmatisch hierfür sind die sophokleischen Protagonisten Philoktet und Herakles zu nennen. Beide erleben ihre ‚Krankheit' – Philoktet seine Fußwunde und Herakles den Schmerz, den ihm das Nessosgewand zufügt – als ein Geschoss, das sie durchbohrt, ein Tier, das sie auffrisst, oder einen Dämon, der ihren Körper anfällt, ihn in Krämpfen schüttelt und mitreißt (Soph. *Phil.* 743–745, 787–788; Soph. *Trach.* 769–771, 1053–1057, 1082–1084 – zur Personifikation der Affekte: Dachselt 2003, 47). Hier die Worte, mit denen Herakles sein Leiden beschreibt:

> Denn an den Seiten klebend hat es [sc. das Gewand, das er kurz zuvor als Netz bezeichnet] weggefressen
> Bis in das Innerste mein Fleisch, es schlürft,
> Mir einwohnend, der Lunge Röhren aus
> Und hat mein frisches Blut schon ausgetrunken,
> Und durch und durch zerstört bin ich am ganzen Leib,
> Niedergemacht von dieser unsäglichen Fessel! (Soph. *Trach.* 1053–1057)

Auch die folgende Passage zeigt, wie der unter Schmerzen Leidende seinen Körper – entsprechend seiner von Schmerzensschreien ‚zerfetzten' Rede – als fragmentierten wahrnimmt:

> Ai! ai! ich Armer! Ai! ai!
> Da brannte dieser, des Verderbens Krampf,
> Grad wieder auf, durchdrang die Seiten, und nicht ungequält
> Läßt mich, so scheint es, die unselige
> Fressende Pest!
> O Herrscher Hades, Gott der Toten! nimm mich auf!
> O Wetterstrahl des Zeus, schlag zu!
> Fahre herein, Herr! schmettre nieder das Geschoß
> Des Donners, Vater! Denn da frißt sie wieder,
> Blüht auf, fährt los! – O Hände! Hände!
> O Rücken und Brust! O ihr meine Arme!
> Ihr, *die hier*, seid dieselben, die einst ihn,
> Der in Nemea hat gehaust, [...]
> Den Löwen [...]
> [...] mit Macht
> habt überwältigt, [...]. (Soph. *Trach*. 1081–1094)

Zur drastischen Darstellung körperlichen Leidens und Sterbens gehört schließlich auch, dass Eiter und Blut fließen – eine Motivik, die Aischylos im *Agamemnon* durch zahlreiche Evokationen der Farbe Rot bis in die Inszenierung hinein verlängert und die in dem Blutstrahl kulminiert, den Agamemnon seiner Mörderin Klytaimestra sterbend ins Gesicht speit und den diese wiederum in das Bild eines fruchtbaren Samenergusses überführt (Aisch. *Ag*. 1389–1392).

Immer wieder setzen die Tragiker die physische Schwäche der Leidenden und Sterbenden buchstäblich in Szene und machen so die Schwerkraft und Fragilität des Körpers für den Zuschauer und Leser erfahrbar; so, wenn der von seinen Pferden fast zu Tode geschleifte, sterbende Hippolytos in Euripides' gleichnamiger Tragödie auf einer Bahre in die Orchestra getragen wird und seine Diener anhält:

> Bei den Göttern, sachte, ihr Diener,
> berührt den wunden Leib mit den Händen!
> [...]
> Behutsam hebt mich auf, [...]
> O weh, o weh!
> Da fällt er über mich her, der Schmerz, der Schmerz –
> laßt nieder mich Elenden! (Eur. *Hipp*. 1358–1359, 1361, 1370–1372)

Auch in den *Trachinierinnen* wird das Leid des Herakles – neben der stammelnd-repetitiven Sprache – durch die schmerzhaften Berührungen seines Körpers transportiert:

> Laßt mich! laßt mich, den Unglückseligen, ruhen!
> Laßt mich, den Unglückseligen ruhn!
> Wie faßt du mich an? wohin beugst du mich?
> Du bringst mich um! bringst mich um!
> Auf störst du, was schon die Augen schloß!
> Otototoi! (Soph. *Trach*. 1005–1010)

Hekabe wird gleich in zwei euripideischen Tragödien (*Hekabe* und *Troerinnen*) strauchelnd, von Dienerinnen gestützt oder am Boden liegend eingeführt, und Euripides spart nicht mit Worten, um ihren geschwächten Körper zur Chiffre ihres Schicksals zu machen:

> Führt Kinder, die Greisin hinaus vor das Zelt,
> führt, richtet empor eure Sklavengenossin,
> ihr troischen Frauen, die einst eure Königin war!
> Ergreift und tragt und hebt und geleitet mich doch,
> faßt an meinen greisen Arm!
> Gestützt mit der Hand auf den krummen Stab,
> will ich mich bemühen, den Schritt
> der langsamen Füße vorwärts zu setzen. (Eur. *Hek*. 59–67; vgl. Eur. *Troad*. 89–121)

Dass nicht nur Schmerzen leidende und sterbende Protagonisten die tragische Bühne bevölkern, sondern auch Leichen, vermittelt ebenfalls die physische Dimension tragischen Leids und akzentuiert darüber hinaus noch einen weiteren Aspekt: den des Spektakels (siehe Abschnitt 3.2). Festzuhalten ist, dass nahezu alle Toten, die die Tragödie zu verzeichnen hat, dem Publikum auch *gezeigt* werden (Zeppezauer 2011 spricht von „Ecce-Szenen"), sei es, dass sie auf dem Ekkyklema gleich einem Tableau aus dem Bühnenhaus gerollt werden, sei es, dass sie von einer der Figuren herausgetragen werden oder die geöffnete Tür den Blick ins Innere freigibt, sei es, dass die Leichen oder die Urnen mit der Asche vom außerszenischen Schlachtfeld zum Ort der dramatischen Handlung gebracht werden, um dort betrauert zu werden. Im Bühnenhaus vollzogene Mordtaten werden zudem durch die aus dem Haus dringenden Todesschreie der Ermordeten akustisch wahrnehmbar.

Eine neue Dimension des tragischen Schmerzes wird erreicht, wenn auch die Worte, die den Schrecken und das Leid übermitteln, eine physische Reaktion hervorrufen, einen Aufruhr der inneren Organe. Aischylos ist besonders interessiert an solchen quasi-medizinischen Beobachtungen, die Psychisches und

Physisches miteinander engführen (Thalmann 1986; Schnyder 1995, Kap. 3). So reagiert der Chor der alten Argiver im *Agamemnon* auf Kassandras Prophezeiung von Agamemnons Tod mit einer physiologischen Beschreibung seiner Schock-Reaktion: „Zu meinem Herzen stürzt, von Galle gelbgefärbt, | Das Blut, wie es auch vom Speer Gefällten geht, ..." (Aisch. *Ag*. 1121–1122). Worte treffen unmittelbar das Herz, werden als Schlag oder Biss wahrgenommen (Aisch. *Ag*. 1164–1165), hinterlassen Wunden (Aisch. *Ag*. 1166) oder führen zu Bewusstseinsschwund (Aisch. *Cho*. 211; vgl. auch Soph. *Ant*. 1306–1309; Eur. *Alk*. 273–274). In extremer Weise physisch reagiert Kassandra auf die durch Apollon induzierten Visionen, die in ihr brennende Schmerzen (Aisch. *Ag*. 1256) und Wahnsinnsanfälle auslösen. Auch die Angst, die bei Aischylos immer wieder aus dem Herzen spricht (in Liedern oder in Traumbildern: Aisch. *Ag*. 975–983; vgl. Abschnitt 2 sowie Eur. *Hek*. 68–72), und die eine dezidiert andere, nämlich schonungslosere und offenere Sprache spricht als die Zunge (Aisch. *Ag*. 1028–1029; vgl. Aisch. *Cho*. 183–184 und siehe Abschnitt 3.2), gehört in diese Kategorie der Physiologie des Leidens.

Die in der Tragödie wohl prominenteste körperliche Bearbeitungs- und Ausdrucksform des Leids betrifft jedoch nicht die inneren Organe, sondern ein Ausagieren der Schmerzen nach außen, nämlich durch die rituellen Gesten der Totenklage. Rhythmische und stakkatohafte Bewegungen des Körpers, insbesondere der Arme, gehen hier einher mit einer partiellen Autodestruktion des Körpers – dem Schlagen der Brust, dem Zerraufen der Haare und dem Zerkratzen der Wangen –, die den Trauernden als Versehrten rituell dem Status der Gestorbenen angleicht. Die heftige gestische Dynamik bildet sich bisweilen in einer hyperbolischen Sprache ab, so etwa in den ersten Worten des um Agamemnon trauernden Chors in Aischylos' *Choephoren*:

> Gesendet, kam ich aus dem Haus
> Weihguß geleitend, hurtighändgen, dumpfen Schlags.
> Es gleißt die Wang purpurn, in Blut,
> Zerfleischt, von des Nagels Riß frisch erst gefurcht;
> Und neu, stets neu an Wehklagen weidet sich das Herz.
> Zu Leinwandstücken, Webestof-
> fes Fetzen zerschliß vor der Qualen Schmerz,
> Brüstedeckend, unser Kleid, das in freudlos
> Bittrer Not zerschlagen ward. (Aisch. *Cho*. 22–30)

Der griechische Text versinnlicht das Verzweifelte der Klage und ihren Rhythmus durch p-Alliterationen (Aisch. *Cho*. 24: *prepei parês phoiniss*'; 29–30: *prosternoi ... peplôn ... peplêgmenôn*) und metrisch durch die Auflösung von Längen, die den Sprechrhythmus beschleunigt (Aisch. *Cho*. 25: *onychos aloki neotomô*; zum Zusammenhang von Metrik und Angst siehe Hose 2014, 40). An einer späteren

Stelle im selben Stück begleitet der Chor die Klage der Kinder um ihren Vater mit denselben Gesten und Bildern, und es will scheinen, als würden die heftigen Schläge, die auf die Köpfe der Choreuten niedergehen, zur Metonymie des Gesamtgeschehens, das ja immerhin zwei Doppelmorde verzeichnet:

> Ich schlug in Klag, asiatischer, mich, der Kissier Klang
> und Weis, in jammerschreindem Sang.
> Unirrbaren Schlages, blutüberrrieselt konnt man schaun,
> Dicht nacheinander auftreffend, Hände, im Ruck bewegt,
> Von oben jählings hinab. Und dazu dröhnte mir,
> vom Krachen dumpf, mein unselges armes Haupt. (Aisch. *Cho.* 423–428)

Trauer kommt in diesen Darstellungen nahezu ohne jeden Ausdruck von Gefühlen aus und geht ganz in körperlicher, schmerzhafter Aktion auf, so als müsse der bereits vorhandene Trauerschmerz ‚homöopathisch', also zunächst durch Steigerung, abgeführt werden. Die zitierten Passagen und viele andere dieser Art (z. B. Aisch. *Hepta* 854–860; Eur. *Hek.* 650–656) dienen einerseits einer musikalisch-rhythmischen und atmosphärischen Kommentierung des Geschehens durch den Chor, der so seine Anteilnahme rituell artikuliert, andererseits bilden sie die destruktiven Momente der Handlung in körperlicher Aktion nach. Der bis hierhin zitierte Befund zeigt, wie die gewaltsame Klage das Leid vor allem ausstellt, nicht aber einhegt und heilt. Einige Tragödien thematisieren jedoch auch Versuche, den Exzess der Trauer zu domestizieren – etwa die *Sieben gegen Theben* des Aischylos, die *Elektra* und *Antigone* des Sophokles sowie die *Hiketiden* des Euripides (vgl. Foley 2001 [1993]).

Lediglich die wenigen Stücke, die threnodisch, nämlich in langen Wechselgesängen (Amoibaia) der Klage, ausklingen, mögen dadurch einen Effekt der ‚closure' und damit eine *katharsis* anstreben. Hier wird die Trauer zum orchestrierten und antiphonischen Gesang, in dem sich zwei Halbchöre oder ein Vorsänger und ein Chor gegenüberstehen, sodass das Eruptive der Gesten durch die sympathetische Reaktion eines Gegenübers aufgefangen und ausgeglichen wird. Dies ist insbesondere der Fall in der Exodos von Aischylos' *Persern*, die zeigt, wie die dem Xerxes zunächst noch anklagend gegenüberstehenden Choreuten im Laufe der gemeinsamen Klage zunehmend in seine emotionale Disposition und seine rituelle Gestik einstimmen und das Ritual so zu einem stabilisierenden Faktor wird. Dass der Kriegsverlierer Xerxes mittels der kollektiven Klage in den Palast zurückgeführt wird, mag diese Deutung stützen (Gödde 2000; LaCourse Munteanu 2012, 161–162). Es fällt auf, dass viele Exodoi, die Klage-Amoibaia enthalten, textkritisch in Zweifel gezogen und für spätere Interpolationen befunden werden, so die Schlüsse der aischyleischen *Sieben gegen Theben* und der *Phoinissen* des Euripides. Ist es denkbar, dass spätere Bearbeiter hier ein deutlicheres

Bedürfnis nach dem kathartisch-tröstenden Effekt der gesungenen und ausgedehnten Totenklage artikulieren? (vgl. Foley 2001 [1993], 52, die die Interpolation vor dem Hintergrund der Grabaufwandgesetze erklärt und die Klage der Schwestern als Widerstand deutet)

Zur Klage gehören freilich auch die Tränen – eine Ausdrucksform, die das Augenmerk vom Rituell-Gestischen zum stärker Emotionalen verschiebt. In allen dichtungstheoretischen Ausführungen seit Gorgias (vgl. *Helena* §9) gehören Tränen und *eleos* zusammen: der Jammer beziehungsweise die Rührung, die auf Seiten des Rezipienten den entscheidenden Ausschlag dafür geben, dass tragisches Leid – auch physisch – ‚genossen' werden kann. Doch während für diese Poetik vor allem die durch die Tränen herbeigeführte Erleichterung und damit ihr Ende ausschlaggebend ist – so versteht sich das homerische *terpesthai gooio*, meist übersetzt mit ‚Sich-Ergötzen an der Klage', oder die vielfache Rede von der ‚Sättigung' (*koros*), die die Klage bewirkt (dazu Seidensticker 1991, 236, Anm. 60–62) –, werden tragische Tränen häufig als unersättlich und endlos imaginiert: „Aus meinen Augen aber", so Elektra, nachdem sie die Locke des Orest auf dem Grab des Vaters gefunden hat, „stürzen durstig mir | Die Tropfen ungehemmt, in stürmisch wilder Flut" (Aisch. *Cho.* 185–186). Auch wenn es sich hier um Freudentränen zu handeln scheint, steht im Zentrum des Bildes zum einen die Haltlosigkeit des Weinens (*apharktoi* – ‚ohne Zaun', ‚nicht eingehegt') und zum anderen die Unersättlichkeit der Tränen, hier paradoxerweise als Durst versinnlicht, der den Strom der Flüssigkeit stetig weiter anschwellen lässt. Auch die Tränen der um ihre gefallenen Söhne trauernden Mütter in Euripides' *Hiketiden* fließen ohne Grenze, und ihre Kraft wird ebenfalls mit den Gewässern der wilden bergigen Natur verglichen: „Ich kann am tränenreichen Jammerlied mich nicht | ersättigen [wörtlich: ‚unersättlich reißt mich die Anmut (*charis*) der Klage davon, die schmerzensreiche']; genau so wie vom steilen Fels | die Quelltropfen rinnen, | versiegen nie meine Tränen." (Eur. *Hik.* 79–82) Wie Tränen als Mittel der Rührung eingesetzt werden können, hat bereits die oben besprochene Szene aus Euripides' *Alkestis* gezeigt, und weiter unten (3.3) soll eine noch dezidiertere Rhetorik der Tränen zur Sprache kommen (zum Tränenmotiv vgl. auch Aisch. *Hepta*, 919–920; Soph. *Ant.* 802–803, 831–832 [Niobe]; Soph. *Trach.* 847–848, 851–852; Eur. *HF* 448–450; Eur. *Iph. Aul.* 684–685; Eur. *Troad.* 119, 605–606; McDonald 2002, insbesondere zur Differenz zwischen weiblichen und männlichen Tränen sowie zu vorgetäuschten Tränen).

3.2 Ästhetik/Aisthetik des Leids: Visualisierung und Auralisierung

Die Frage nach dem Vergnügen an tragischen Gegenständen ist alt, und die Antworten darauf berühren immer wieder ästhetische und ethische Grenzphänomene, wie die Lust an der Angst oder gar den im Menschen angelegten Aggressionstrieb, der hier befriedigt würde. Seit Aristoteles gilt, dass wir uns am Hässlichen und Schrecklichen nur dann erfreuen können, wenn es uns in der künstlerisch-mimetischen Bearbeitung begegnet, nicht aber in der Realität (Arist. *Poet*. 1448b 4–12). Lukrez hat dem durch sein Bild vom ‚Schiffbruch mit Zuschauer' das Moment der Distanz als Voraussetzung der ästhetischen Lust am Untergang hinzugefügt (*de rerum natura* 2.1–4). Und schon Platon hatte erkannt, dass die Wirkung der Tragödie (und der Komödie) in einer Mischung aus Lust und Unlust bestünde (Plat. *Phil*. 50b). Worin genau die mit der *katharsis* scheinbar zusammenfallende *hêdonê* der aristotelischen *Poetik* besteht, ob im Ausleben der Affekte oder erst in ihrem Abklingen, das ist ein in der Forschung hart umkämpftes Deutungsproblem (Seidensticker 1991; vgl. auch Abschnitt 4.).

Die zuvor entfaltete Phänomenologie physischen und psychischen Leidens wird in der antiken Tragödie in gattungseigenen Bauformen, wie Chorlied, Dialog oder Amoibaion, und einer kunstvollen poetischen Sprache präsentiert. Ob diese Überformung des Leids seiner Bannung und Entschärfung, also seiner Distanzierung, dient oder ob Rhythmus und Melodie, rhetorische Figuren und poetische Bilder das Leid gerade präsent und sinnlich erfahrbar machen, also intensivieren, mag von der individuellen Disposition des Rezipienten abhängen. In diesem Abschnitt soll überlegt werden, wie die Tragödie auch durch Bilder und Metaphern einer Ästhetisierung des Leids zuarbeitet und ob diese Ästhetisierung nicht vielmehr als ‚Aisthetisierung', als Sicht- und Hörbarmachung von Leid gefasst werden muss.

Tränen und Klage werden bisweilen als ‚süß' bezeichnet (z. B. Eur. *Troad.* 608; Eur. *Hik*. 79), und dadurch wird vielleicht suggeriert, dass sie mit der Erleichterung vom Schmerz der Trauer auch Lust verschaffen. Aischylos steigert und pervertiert diese Verschmelzung von schön und schrecklich, indem er das Leid immer wieder in Bilder einer nur scheinbar positiv konnotierten Natur fasst und ihm die Qualität des ‚Blühens' beziehungsweise ‚Hervorsprießens' (*anthein*) zuspricht (vgl. auch die oben zitierte Stelle Soph. *Trach*. 1089 und Soph. *Phil*. 259): ‚Des Kummers Blüten' pflücken die Danaostöchter in Angst vor ihren Verfolgern (Aisch. *Hik*. 73–76), und der Chor der *Choephoren* flicht Klagelieder zu einem Blütenkranz (*epanthizein*, Aisch. *Cho*. 150); der Bote im *Agamemnon* berichtet von einem Meer, das ‚von Leichen blüht' (Aisch. *Ag*. 659), und die nach dem Muttermord drohende Rache durch die Erinys wird als (erneutes) Aufblühen von Leid (*pathos anthei*, Aisch. *Cho*. 1009) bezeichnet. Bei genauerem Hinsehen entpuppt sich die paradox anmutende Metaphorik als Verweis auf das Organische und Lebendige von Leid und Trauer, die immerzu wachsen und gleich wilden Pflanzen nicht zu bändigen sind. Schließlich wird das Leid sogar mit Vieh verglichen, das zur Weide getrieben wird (Aisch. *Ag.* 669–670) – zum einen ein sarkastischer Hinweis auf die Fürsorge, die der Leidende gegenüber seinem eigenen Leid empfindet, beziehungsweise auf die Intimität, mit der er daran gebunden ist, zum anderen erneut eine Anspielung auf die schwer zu kontrollierende Vitalität des Leidens. Das Umschlagen der scheinbar schönen Metapher in die Erkenntnis ihrer entwaffnenden Wörtlichkeit kommt einem Schock gleich (vgl. dazu Bohrer 1994, 42). ‚Schrecklich' und ‚schön' gehen dabei keine harmonische Verbindung ein.

Ebenso wörtlich und zugleich autoreferentiell sind die zahlreichen Hinweise auf den Anblick, das Schauen des Leids zu verstehen (grundsätzlich dazu Schauer 2002, 137–158 und 254–255), in denen sich nicht selten Termini desselben Stammes (*thea, theama, thean*) finden, mit dem das *theatron*, der Schauraum des Theaters, bezeichnet wurde. Auf das Zeigen der Leichen, das insbesondere durch das Ekkyklema zu einem quasi-gerahmten Bild wird, wurde bereits hingewiesen. Dass die Rahmung durch den Vergleich mit einem Bild eine Distanz des Betrachters ermöglichen soll, die die Haltung des Mitleidens beziehungsweise der Rührung (hier: des Zuschauers) begünstigt, legt besonders deutlich die aischyleische Erzählung des Iphigenie-Opfers in der Parodos des *Agamemnon* nahe: Nachdem die Opferdiener Iphigenie geknebelt haben, kann sie nur noch „stumm sprechen", „wie ein Bild" (*tôs en graphais*), und der Blick, den sie auf ihre Opferer richtet, wird mit einem „erbarmungflehenden Pfeil" (so die Übersetzung von Oskar Werner) – wörtlich: „einem Pfeil, der den Jammer liebt" (*belei philoiktô*) – verglichen (Aisch. *Ag.* 240–242). Jenseits der visuellen Akzentuierung dieser Gewaltszene durch den Vergleich mit einem Bild zeigt sich hier zugleich die Schwierigkeit, Mitleid in der Tragödie auszumachen: Ist der Jammer (und insofern auch das Mitleid) der Adressaten von Iphigenies Blick gemeint (das legt die zitierte, aber tendenziöse Übersetzung Werners nahe) oder soll ihr Blick vor allem ihren eigenen Jammer transportieren? Der ‚jammerliebende Pfeil' scheint als Transmitter des Leidens durchaus auf eine Wirkung zu zielen. Festzuhalten ist, dass Aischylos, während er mit dem Bildvergleich die Anteilnahme und die Rührung des Theaterzuschauers fokussiert und steigert, auf der Erzählebene die Wirkungslosigkeit von Iphigenies Blick vorführt (zur Ästhetisierung der Gewalt in dieser Szene: Bohrer 2006; Seidensticker 2006; Gödde 2011, 285–288).

Die Szenen, in denen eine Figur von einer anderen aufgefordert wird, ihr Leid, etwa die Leiche eines Kindes oder einer Gattin, *anzusehen* (z. B. Soph. *Ant.* 1293; Eur. *Hek.* 679; Eur. *Troad.* 1119 f.), oder in denen eine Figur ihr eigenes Leid, zum Beispiel die Zurichtung des Körpers, selbst enthüllt, damit die Mitspieler zu

Zeugen werden (Herakles in Soph. *Trach.* 1078–1080), scheinen nicht in erster Linie (zumindest nicht explizit) Mitleid einzufordern, sondern zielen ganz auf die unhintergehbare Faktizität des Leids. Das gilt auch für diejenigen Ekkyklema-Szenen, in denen Klytaimestra oder Orest und Elektra ihre jeweiligen Mordopfer – Agamemnon und Kassandra beziehungsweise Klytaimestra und Aigisth – vorführen. „Hier steh ich, wo ich schlug, bei durchgeführtem Werk. | So aber mach ich's, und das leugn' ich keineswegs: ..." (Aisch. *Ag.* 1378–1379) – so leitet Klytaimestra, über den Leichen stehend, das Protokoll ihrer Mordtat ein. Und auch das doppelte *idesthe*, „seht", des Orest im Folgestück sowie die Adresse an Helios (Aisch. *Cho.* 973, 980, 986) unterstreichen, dass es zunächst um Zeugenschaft geht, die sich freilich auch auf die Zuschauer bezieht (vgl. auch Eur. *El.* 1177–79: die Götter als Zeugen).

Paradigmatisch für das Epiphanische des Schreckens (Bohrer 1994) mag die Erscheinung des Ödipus nach der Blendung – „une incarnation du *pathos* lui-même" (Schlesier 2009, 91; vgl. Bohrer 2009, 214–225) – Erwähnung finden: Nachdem der Bote zuvor detailliert geschildert hatte, wie Ödipus sich die Augen ausgestochen hat, werden Mitspieler und Publikum mit dem blutigen Ergebnis (vermutlich dargestellt durch eine Maske mit zerstörten Augen) konfrontiert. Die Blendung war eine Reaktion auf Ödipus' leidvolle Taten – Vatermord und Inzest –, die er so symbolisch auszulöschen sucht, in Wirklichkeit aber umso grausamer und zeichenhafter sichtbar macht. Entsprechend fällt auch die Reaktion des Chors aus: „O Entstellung! entsetzlich für Menschen zu sehen (*ô deinon idein pathos anthrôpois)*! | O entsetzlichste unter allen, soviel | Ich antraf schon! Welcher Wahnsinn kam, | O Armer, dich an?" (Soph. *Oid.Tyr.* 1297–1300; Schadewaldt übersetzt *pathos* hier mit ‚Entstellung'). Der Anblick des verstümmelten Gesichts wird noch vor der schmerzlichen Erfahrung des Betroffenen und der anteilnehmenden Anrede akzentuiert, was zugleich der Wortregie dient.

Die Tragödie liefert in den wenigsten Fällen ein psycho-hygienisches Modell für den Umgang mit dem Leiden. Wenn die Protagonisten die Toten, um die sie trauern, immer wieder auch sehen wollen, so mag das zunächst einer auch uns wohlvertrauten Reaktion der Trauer und des Abschieds entsprechen, die einer ‚Verarbeitung' des Geschehenen zuträglich ist. Zugleich drängt sich der Eindruck auf, dass die visuelle Konfrontation mit dem Tod in diesen Szenen darüber hinaus etwas Gewaltsames, ja Selbstquälerisches hat, das auf eine Steigerung des Grauens sowie die Erschütterung des Zuschauers zielt. So, wenn der Chor im *Herakles* des Euripides, nachdem der Protagonist im Wahnsinn seine Kinder und seine Frau getötet hat, nicht zuletzt an die Adresse des Publikums ausruft: „Oh weh! Schauet hin, es weicht auseinander | des hohen Palasts Portal. | Weh mir! Erblicket die Kinder, | die elenden, hingestreckt | vor ihrem unseligen Vater!" (Eur. *Her.* 1028–1033) Als Amphitryon kurz darauf seinen Sohn – ganz ähnlich wie

Kadmos seine Tochter Agaue in den *Bakchen* (Eur. *Bak.* 1279) – auffordert: „Schau her, betrachte (*idou, theasai*) die Leichen deiner Kinder!" (Eur. *Her.* 1131), so verfolgt er damit wohl weniger einen therapeutischen Zweck, als dass er Herakles überhaupt zu Bewusstsein bringen will, was dieser getan hat. Herakles' Reaktion macht ihn jedenfalls zum ,role model' des Zuschauers: „O weh! Welch Schauspiel (*tin' opsin*) muß ich sehn, ich Unglücklicher!" (Eur. *Her.* 1132) Eher als Moment einer ,Trauerarbeit' zu sehen, ist Theseus' Wunsch im *Hippolytos*, „das Jammerbild der Gattin" zu sehen (*pikran thean gynaikos*, wörtlich: „den bitteren Anblick der Gattin", Eur. *Hipp.* 809; vgl. *theôros* in 807); die Mütter der toten Feldherren in den *Hiketiden* sehnen sich nach dem Anblick ihrer toten Söhne, den sie als „bitteres Schauspiel" (*pikron theama*, Eur. *Hik.* 782–785) bezeichnen, und sowohl in der *Medea* als auch im *Hippolytos* werden die qualvollen Tode vom Boten als „Schauspiel" (*theama*, Eur. *Med.* 1167, 1202; Eur. *Hipp.* 1217) tituliert.

Deutlicher enggeführt werden der Appell an das Sehen und die Forderung nach Mitleid im (pseudo-)aischyleischen *Gefesselten Prometheus*, der durch die erhöhte Position des Gefesselten am Felsen (in der Inszenierung wohl am Bühnenhaus) die Ecce-Situation unterstreicht. Die Anteilnahme des Chors, den Prometheus als *ponôn emôn theôros*, als „Betrachter meiner Leiden" (Pseudo-Aisch. *Prom.* 117–118), adressiert und der am Ende, in einem Akt politischer Auflehnung und Revolte (LaCourse Munteanu 2012, 172) bereit ist, gemeinsam mit Prometheus unterzugehen (*synkamnousai*, „mitduldend", Pseudo-Aisch. *Prom.* 1059; vgl. 1067: *meta toude* [...] *paschein*, „mit diesem leiden"), steuert hier die Emotionalität der Zuschauer. Prometheus fordert die Blicke und das Mitgefühl der Choreuten (und damit auch der Zuschauer) immer wieder ein und bezeichnet sich selbst als „ein Schauspiel, [dem] Zeus zur Schmach" (*Zêni dyskleês thea*, Pseudo-Aisch. *Prom.* 241, siehe auch 69, wo Hephaistos' Mitgefühl und Empörung durch das ,Schauspiel' des gefesselten Prometheus evoziert wird; vgl. LaCourse Munteanu 2012, 168–170 mit zahlreichen weiteren Belegen).

Der tragische Schrecken scheint seine ästhetische Wirkkraft nicht zuletzt aus seiner ,Aisthetisierung' zu beziehen: Er wird schonungslos zu einem Phänomen der Wahrnehmung, des Sehens und des Hörens, gemacht. Die aurale Dimension des Pathos zeigt sich als besonders dialektisch in den vielfältigen Bezügen zwischen Leid und Lied. Zunächst ist daran zu erinnern, dass der tragische Ausdruck des Pathos überwiegend den lyrischen Szenen – Chorliedern, Amoibaia, Monodien – eigen ist, während sich in den Sprechpartien eine stärker argumentative Redeweise findet. Angst, Schrecken und Jammer finden ihre angemessene Umsetzung also in dem manierierteren und deutlicher devianten Stil, eben dem ,hohen' Stil, der Lyrik und damit zugleich in der Musik der Tragödie. Der Gesang, und nicht die gesprochene Sprache, erscheint bei Aischylos als der angemessene und spontane Ausdruck der Angst (vgl. das Kapitel *Gesänge der Angst* in Bohrer 2009,

242–283): „Ohne Lohn und ohne Auftrag", „von selbst (*autodidaktos*)" kündet der Gesang der Choreuten von dem bevorstehenden Unheil und lässt Angst aufsteigen (Aisch. *Ag.* 975–979, 992 – vgl. die *auto*-Komposita für die Eigendynamik der Klage in Aisch. *Hepta.* 917). Es sind die inneren Organe, Zwerchfell und Herz, die einem Wirbel ausgesetzt sind und verlässlich, also wahr, ‚singen' (Aisch. *Ag.* 994–996). Dass Angst zum Wahrsager wird (Aisch. *Cho.* 31–36), kam bereits zur Sprache (siehe Abschnitt 2).

So sehr aber Angst und Musik hier zusammentönen, so diametral einander entgegengesetzt können sie zugleich sein. Charles Segal hat darauf hingewiesen, dass alle drei Tragiker „the rhetorical figure of negated song" (Segal 1993, 16) verwenden, um das spannungsvolle Verhältnis zwischen dem Inhalt des Tragödientextes und seiner Musikalität anzudeuten. Die Lieder, die in der Tragödie gesungen oder auch evoziert werden, werden aufgrund ihrer leidvollen Thematik als Lieder bezeichnet, die keine sind (*nomos anomos*, Aisch. *Ag.* 1142), weil ihnen entscheidende Voraussetzungen, wie die Muse, die Leier oder der Chor fehlen, Elemente, die in der archaischen Festkultur grundsätzlich positiv konnotiert sind (Aisch. *Hik.* 679–83; Soph. *OK* 1221–1222; Eur. *IT* 143–147, 179–185; Eur. *Troad.* 121; Eur. *Hel.* 185 – Segal 1993, 18). Wenn der Chor im *König Ödipus* resigniert fragt: „Warum soll ich noch tanzen?" (Soph. *Oid.Tyr.* 896), dann macht er auf ein kulturell bedingtes Paradox aufmerksam, nämlich den Widerspruch zwischen Gesang und Tanz auf der einen und Leid auf der anderen Seite (grundsätzlich zu dieser Stelle: Henrichs 1996, 55–57).

Doch wird das Leid in der Tragödie nicht ausschließlich als Gegensatz zur Musik konzeptionalisiert, sondern es besitzt auch seine eigene Musikalität. Dies dokumentiert etwa die Geschichte von Prokne (beziehungsweise Philomela), die, in eine Nachtigall verwandelt, die Klage um den Sohn (Itys) in Gesang transformiert. So ruft der Chor in der *Helena* des Euripides neben den Sirenen, deren Gesang schön, aber gefährlich ist, auch die „kunstvolle Sängerin, die tränenerregende Nachtigall" an, seinen Jammer zu begleiten (Eur. *Hel.* 1109–1110). Wenn die Choreuten im *Agamemnon* Kassandra entgegenhalten, dass sie „Schreckliches in ein Lied (*melos*) präge" (*epiphoba ... melotypeis*, Aisch. *Ag.* 1152), oder sie fragen, welcher Dämon sie zwänge, „dieses Leid zu singen" (*melizein pathê*, Aisch. *Ag.* 1176), dann wird damit zunächst ein Widerspruch konstatiert und Entrüstung zum Ausdruck gebracht, aber in einem zweiten Sinne auch an die kunstvolle lyrische Sprache der Tragödie erinnert, die eben das tut, was Kassandra tut: Leid in Lieder zu ‚prägen'. Durch metrische Rhythmisierung und lautliche Figurationen bringen die Tragiker das Leid zum Klingen: Wenn die Danaiden bei Aischylos in schnellen aufgelösten Iamben auf ihr Leid rekurrieren – *toiauta pathea melea* threomena legô | *ligea barea dakruopetê* (Aisch. *Hik.* 112–113 [meine Hervorhebung, S. G.]) –, dann hat der Übersetzer zwei Möglichkeiten, das Homoioteleuton *pathea melea* aufzulösen: Entweder er deutet *melea* als den Plural von *melos*, Lieder, oder er leitet das Wort von dem Adjektiv *meleos*, furchtbar, ab. Im ersten Falle würde die Übersetzung lauten: „Solche Leiden, in Liedern singend ..." (so Werner), wobei Leid und Lied durch den identischen Ausklang der Wörter auch semantisch aufeinander bezogen wären; die zweite Variante hieße: ‚solch furchtbare Leiden singend ...'. *Pathea melea* wird bei Euripides zu einer topischen Verbindung, zu einer Klangfigur (Eur. *Hel.* 173; Eur. *Her.* 1180; Eur. *Hipp.* 363 und 830; Eur. *Troad.* 1117; Eur. *Phoin.* 1734), und wenn auch die Syntax in den meisten Fällen für das Adjektiv und damit die weniger spannungsvolle Übersetzung spricht, so scheint doch ein allusives Spiel mit der Mehrdeutigkeit (eine dritte Ableitung bezöge sich auf *melos* als ‚Körperglied') vorzuliegen, das zugleich die poetische Qualität des Pathos unterstreicht (vgl. Schlesier 2009, 94–99).

3.3 Rhetorik des Leids: Körper und Sprache

Das Augenmerk galt zunächst (3.1) vor allem dem physischen Ausdruck des Leids, dann seiner sinnlichen Wahrnehmbarkeit (3.2); nun soll der Blick auf eine noch deutlicher rhetorische Dimension der Pathos-Inszenierung gerichtet werden, auf Szenen, in denen Figuren ihr Leid ganz gezielt einsetzen, um ihr Gegenüber zu rühren, zu bewegen, zu einem bestimmten Urteil oder einer bestimmten Handlung aufzufordern. Hier wird erneut die Problematik des Mitleids (*oiktos*, *eleos*) virulent, das die antike Tragödie weniger als moralische oder humanitäre Verpflichtung fasst, denn als affektbestimmte Interaktion, als eine ‚Erweichung', die Mitgefühl fördert. Zwischen der Klage über eigenes Unglück, dem Appell an das Gegenüber, dieses mitzuempfinden, und der Aufforderung zu handeln bestehen fließende Übergänge.

Noch eine Vorbemerkung mag erforderlich sein: Der noch so eloquente und rhetorisierte Ausdruck des Leidens konkurriert mit dem ebenfalls tragischen (aber in der Lyrik vorgeprägten; vgl. Sappho fr. 31 Voigt) Topos der Unsagbarkeit des Leidens – beides steht also in einem performativen Widerspruch zueinander (Gödde 2005). „Es zu klagen reicht kein Wort", singt der Chor in Aischylos' *Sieben gegen Theben* (Aisch. *Hepta.* 846; vgl. Soph. *Phil.* 756) nach dem gegenseitigen Mord der Brüder, ohne dabei zu verstummen, und wenn Hekabe sich angesichts ihrer Leiden als „sprachlos" (*aphthongos*, Eur. *Troad.* 695) bezeichnet, so tut sie das auf dem Höhepunkt einer Rede, die insgesamt 30 Verse umfasst. Andere Szenen inszenieren deutlicher den Widerstand gegen das Sprechen, etwa das Verhör des Hirten in *König Ödipus*, der die schreckliche Wahrheit lieber verschweigen will (Soph. *Oid.Tyr.* 1169–1170, vgl. 1289), oder die widerständige Enthüllung von Ödipus' Identität im *Ödipus auf Kolonos*, die in seinem Ausruf endet:

„O mir! der Tod, dieses zu hören." (Soph. *OK* 510–529; dazu Gödde 2011, 219–226; vgl. Soph. *Ai.* 214–215) Das Amoibaion zwischen Hekabe und Andromache in den *Troerinnen* (Eur. *Troad.* 577–607), eine Klage über die Zerstörung Troias und das Leid der versklavten Frauen, gerät zwar auf der semantischen Ebene (und in der deutschen Prosa-Übersetzung) zu einem immer wieder nach einzelnen Wörtern oder halben Versen abreißenden Gestammel, das das Versagen der Sprache inszenieren mag – betrachtet man die Szene aber unter dem Gesichtspunkt des Versmaßes und der ‚Symphonie' im Original, so stellt sie sich als ein wohlkomponiertes Klage-Duett dar (vgl. Port 2001, 429–430).

Es wurde bereits darauf hingewiesen, dass Sophokles' *Philoktet* (neben dem *Gefesselten Prometheus*) unter allen antiken Tragödien das Problem und die Grenzen des Mitleids am konsequentesten durchspielt. Wenn Philoktet den Chor und Neoptolemos darum bittet, ihn, den Elenden, zu bejammern (*oiktisantes*, Soph. *Phil.* 227), dann ist dies angesichts seiner Ausgesetztheit zugleich ein Appell und eine Bitte um Hilfe. Dies zementiert er später durch eine rituelle Hikesie mit den entsprechenden Bittgesten (Berühren der Knie), verbunden mit der Aufforderung an Neoptolemos, sich „bewegen" (oder „überreden", „überzeugen") zu lassen (*peisthêti*, Soph. *Phil.* 485). Kurz darauf kulminiert seine lange Rede in der Bitte: „rette mich, hab' Mitleid mit mir." (*sy sôson, sy m' eleêson* Soph. *Phil.* 501 – Schadewaldt übersetzt: „erbarm dich meiner"; vgl. erneut 967: *eleêson*) Dass Neoptolemos das erflehte Mitleid am Ende nicht gewährt (Soph. *Phil.* 1316–1323), steht auf einem anderen Blatt.

Wie sehr der Appell an das Gegenüber durch die Sprache des Körpers intensiviert werden kann, zeigt eine Szene aus der *Hekabe*, in der diese versucht, Agamemnon als Bündnispartner für die Rache an Polymestor zu gewinnen. Dass Hekabe sich der Notwendigkeit einer Taktik bewusst ist, dass sie sich also in dieser Szene weniger spontan und emotional als berechnend verhält, zeigen die vielen ‚asides', in denen sie mit sich selbst zu Rate geht und mögliche Strategien abwägt (Eur. *Hek.* 736–737, 741–742, 745–746, 749–751; zum effektvoll und bewusst inszenierten Leid vgl. auch Eur. *Troad.* 472–473), bevor sie beschließt, sich Agamemnon zu Füßen zu werfen. Das tut auch sie gemäß der Hikesie, also mit Bezug auf die Knie, den Bart und die rechte Hand des Adressaten als denjenigen Körperteilen, durch deren Berührung der Flehende an die besondere sakrale Kraft des Rituals appellierte. Nachdem Hekabe Agamemnon über den Mord an ihrem Sohn in Kenntnis gesetzt hat, ist dieser zwar bereit, ihr Los zu beklagen – „O wehe! Welch eine Frau ward derart unglücklich?" (Eur. *Hek.* 785) –, jedoch bleibt dies zunächst ohne Konsequenzen für sein Handeln. Dass sie die Lektionen der Rhetorik gelernt hat, sagt Hekabe explizit (Eur. *Hek.* 814–820), wenngleich resigniert über ihren geringen Erfolg.

Zweimal macht sie ihren eigenen Körper zum Mittel der Überredung: Zunächst, wenn sie Agamemnon bittet, „wie ein Maler" (*hôs grapheus*), der sein Werk betrachtet, zurückzutreten und sich ihrer Not, so Ebeners Übersetzung, zu „erbarmen" (*oiktiron*, Eur. *Hek.* 807). Will man die christliche Konnotation des Wortes ‚Erbarmen' vermeiden, könnte man auch übersetzen: ‚ihre Not zu bejammern'. Andererseits ist unbestritten, dass Hekabe durch die Vergegenwärtigung ihres Leids Agamemnons aktive Hilfeleistung für die Rache erreichen möchte. Der Fortgang der Szene zeigt deutlich, dass altruistisches Mitempfinden allein Agamemnon nicht zum Handeln bewegen wird. Hekabe erinnert ihn daher an sein Liebesverhältnis zu ihrer Tochter Kassandra, für deren Dienste sie nun eine Gegenleistung fordert. Als letzte Steigerung dieser Bitte macht sie dann erneut ihren Körper zum rhetorischen Instrument, und zwar mit dem Zweck, Agamemnon einerseits zu schmeicheln und ihn andererseits an seine moralische Pflicht zu erinnern:

> O wohnte mir eine Stimme in den Armen, in den Händen,
> im Haar, im Tritt der Füße, sei es durch die Kunst
> des Daidalos, sei's durch die Kunst auch eines Gottes,
> daß allesamt sie weinend deine Knie umschlängen
> und flehend alle ihre Zungen sprechen ließen:
> Gebieter, hellster Glanz für Griechenland! Laß dich
> bewegen, biete deinen Rächerarm der Greisin,
> mag sie ein Nichts auch sein, trotzdem! Es ist die Pflicht
> des edlen Mannes, der Gerechtigkeit zu dienen
> und überall den Bösen Böses zuzufügen. (Eur. *Hek.* 836–845)

Euripides amalgamiert hier die rituellen Gesten der Hikesie imaginativ mit den rhetorischen Gesten des eindringlich-flehenden Sprechens und weist Sprechen so als einen Akt des ganzen Körpers aus, mit dem der Bittende den Adressaten gleichsam physisch angeht (zur *physis* der Stimme: Lehmann 1991, 43). Agamemnon reagiert mit ‚Rührung' beziehungsweise ‚Jammer' (*oiktos*, Eur. *Hek.* 851), der aber sogleich von der Sorge um den eigenen Ruf relativiert wird, sodass Hekabe ihn mit Rücksicht auf seine Angst aus der Pflicht mitzuhandeln entlässt. An seine Stelle treten die trojanischen Frauen als Mittäterinnen der Rache.

Die zitierte Passage zeigt ebenso wie die folgende, dass Euripides sich der Konkurrenz beziehungsweise Gleichwertigkeit von Tränen und kunstvollen Worten bei der Erzeugung von Jammer oder Mitleid bewusst war, dass Leid auch operationalisiert werden kann. Während Agamemnon, der in der *Iphigenie in Aulis* der Opferung seiner Tochter nicht auszuweichen vermag, von einer Tränenflut gehindert wird weiterzusprechen (Eur. *Iph. Aul.* 683–688), setzt Iphigenie

Tränen – und ebenfalls ihren Körper – dezidiert als Ersatz für die Rhetorik der Rede ein, um ihr Leben zu retten, und sie tut dies eben mittels der Sprache:

> Besäße ich des Orpheus Stimme, lieber Vater,
> und könnte singend Steine um mich scharen und
> bezaubern, wen ich wollte, so bediente ich
> mich dieser Gabe. Jetzt – das ist all meine Kunst –
> kann ich nur Tränen bieten. Das vermag ich noch.
> Ich selbst schmieg meinen Körper, als Zweig der Zufluchtflehenden,
> an deine Knie, ich, von ihr für dich geboren:
> Vernichte mich nicht vor meiner Zeit! (Eur. *Iph. Aul.* 1211–1218 [Übersetzung leicht modifiziert])

Seit Aristoteles bezeichnen die Termini *pathos* beziehungsweise *pathêtikos* auch eine Kategorie der Sprache (siehe Abschnitt 1), und schon früher, am Ende des 5. Jahrhunderts, hat Aristophanes im Dichterwettstreit der *Frösche* Aischylos und Euripides als Vertreter des ‚hohen' (*genus grande*) respektive ‚leichten' oder ‚feinen' Stils (*genus tenue*) etabliert (O'Sullivan 1992, 106–150). Aischylos steht bei Aristophanes für den Ausdruck heroischer Seelengröße, für die dunkle Rede und gewaltige Wortschöpfungen, Euripides repräsentiert die eher rhetorisch durchgearbeitete Rede der Intellektuellen und damit tentativ auch Klarheit und Verständlichkeit. Insbesondere für Aristoteles war ‚Klarheit' (*saphêneia*) ein Ideal der Rede, das aber in der Dichtung immer wieder zugunsten der *obscuritas* aufgegeben werden musste und durfte. In *Rhetorik* und *Poetik* behandelt er die rhetorischen Figuren vor allem unter dem Gesichtspunkt der Abweichung vom eigentlichen Ausdruck, wobei für das Uneigentliche gelegentlich Zuschreibungen wie das „Fremde" oder „Barbarische" eintreten (Arist. *Poet.* 1458a). Wie oben bereits angedeutet, handelt es sich bei diesen Abweichungen – Aristoteles zählt dazu etwa die Glosse, die Metapher, die Erweiterung und die Verkürzung – um *pathê tês lexeôs*, um ein Leiden, das der Sprache widerfährt, nämlich insofern, als sie ihrer idealen und zumal für die Prosa geforderten Klarheit beraubt wird (Arist. *Poet.* 1460b 12). Die Dichtung allerdings, so gesteht er zu, wird durch eine solche fremdartige Devianz von der alltäglichen Rede „erhaben" (*semnê*, Arist. *Poet.* 1458a 22). Es fällt auf, dass weder in der *Rhetorik*, in der die pathetische Sprache als Ausdruck von Zorn, Entrüstung und Abscheu zugestanden wird (Arist. *Rhet.* 1407b), noch in der *Poetik*, in der sie mit der schwer zu greifenden Kategorie der *semnotês*, des Ernsten, Ehrwürdigen und Erhabenen, verbunden wird, jene Jammer und Entsetzen hervorrufende *condition humaine*, die Fragilität und Ohnmacht des Menschen, die die Tragödie zur Darstellung bringt, mit dem Pathos der Sprache in Verbindung gebracht wird. Dieser Konnex scheint ein gänzlich modernerer zu sein.

Fast alle im Inventar der Rhetorik katalogisierten rhetorischen Figuren steigern aber nicht nur die Höhe und Erhabenheit des Ausdrucks, sondern auch seine Intensität und Emotionalität. William B. Stanford untersucht in seiner Studie *Greek Tragedy and the Emotions* die emotionale Wirkung der folgenden Redemuster: Wiederholung, Apostrophe, Aposiopese, Anakoluth, Asyndeton, Hyperbaton, Antilabe, Frage, Pleonasmus und Tautologie, zusammengesetzte Wörter und Anhäufung von Epitheta, Hyperbole, Paronomasie und Oxymora (Stanford 1983, 93–102). Den extremsten Grad an Emotionalität transportieren wohl die für die griechische Tragödie so charakteristischen Interjektionen – Ausrufe, Schreie, Klagelaute –, die den Sprachfluss unterbrechen und die diskursive Sprache unterlaufen (dazu Stanford 1983, Kap. 4). Ausrufe wie „*pheu, iô, iô iê* [...] mein König, mein König, wie soll ich weinen um dich?" (Aisch. *Ag.* 1489–1490) oder „O mir! ich! um dich, Vater! | [...] leidend! | Wie wird mir? was kann ich ersinnen? | O mir!" (Hyllos in Soph. *Trach.* 971–972) verbinden die Exclamatio mit der rhetorischen Frage, arbeiten zudem mit Wiederholung und Pleonasmus – letztlich wohl, um das Versagen der Sprache, das Ineffabile des Leids und der Trauer vorzuführen (zur Unaussprechlichkeit tragischen Leids siehe bereits oben in Abschnitt 3.3).

Ähnlich wie solche Wiederholungen propagieren auch die für Aischylos so charakteristischen eigenwilligen Wortzusammensetzungen oder die Kumulation von Epitheta einen sprachlichen Exzess (vgl. z. B. Aisch. *Hepta.* 916–920; Aisch. *Ag.* 146–155, 192–196), der ebenso wie sperrige Wortstellungen (Hyperbata) eine ‚normale' und stringente Syntax verunmöglicht.

Besonderes Augenmerk verdient jedoch eine Figur, die von rhetorischen Handbüchern gemeinhin als pathossteigernd erkannt wird, ohne dass die Erklärungen dafür gänzlich befriedigen können: Es handelt sich um eine besondere Form der Apostrophe, um die ‚Abkehr' einer Figur von ihren Mitspielern und die Hinwendung zu leblosen Gegenständen, an die sich die Rede nun richtet – nicht selten in einer Weise, die uns heute leicht als übertrieben oder sonderbar erscheinen mag. So ruft Philoktet, als er ohne seinen Bogen auch sein Leben dahingehen sieht, die einsame Natur um ihn herum an, ganz explizit weil er nun keinen anderen Zuhörer mehr zu finden glaubt:

O Buchten, o ihr Vorgebirge! o du mein
Gemeinsam Leben mit den Tieren des Gebirgs
Und o ihr schroffen Felsen! euch – denn keinen
Anderen weiß ich sonst, zu dem ich sprechen könnte –
Euch klag' ich, die ihr da seid, wie gewohnt,
Was da für Dinge mir angetan
Der Sohn Achills! (Soph. *Phil.* 936–942)

Philoktet nimmt dieses Zwiegespräch später erneut auf und wendet sich in langen quasi-monologischen Reden an die Höhle, in der er lebt, und schließlich auch an seinen Bogen, dem sogar Gefühle zugeschrieben werden:

> O du mein Bogen, o du mit
> Gewalt meinen Händen Entrissener,
> Gewiß siehst du mit Mitleid (*eleinon*), wenn
> Du irgend ein Bewußtsein hast,
> Den Gefährten des Herakles,
> Der, so im Elend, nie mehr
> Künftig von dir Gebrauch macht! (Soph. *Phil.* 1128–1133)

Einsamkeit, Isolation und Todesangst bestimmen ebenfalls die Apostrophen in den Reden der Antigone, die die Örtlichkeiten Thebens zu Zeugen anruft (Soph. *Ant.* 842–849), ja sogar die Beirrungen und ‚Beischlafe' des Vaters adressiert (Soph. *Ant.* 863–865) und sich schließlich an ihr steinernes Gefängnis wendet, das ihr Grab und Brautgemach zugleich ist (Soph. *Ant.* 891–892). Sowohl Deianeira (Soph. *Trach.* 920–922) als auch Alkestis (Eur. *Alk.* 177–182) verabschieden sich vor ihrem jeweils freiwilligen Tod von ihren Ehebetten – zugleich ein zynischer Hinweis darauf, dass nicht zuletzt ihre Ehemänner es sind, die sie in den Tod getrieben haben. Verwandt mit der Prosopopoeia und der Personifikation mag die Apostrophe der Verlebendigung der Rede (und der adressierten ‚toten' Gegenstände) zuarbeiten. Primär aber scheint sie der emphatischen Akzentuierung des Ausdrucks und der Aussprache zu dienen und den Eindruck zu unterstreichen, dass diese Klagen ohne eine tröstende oder gar rettende Antwort bleiben müssen. Die Apostrophe inszeniert die Abwesenheit des menschlichen Gegenübers und damit auch des Dialogs, und dieser Befund erinnert noch einmal daran, dass die Position des aus altruistischem Mitleid agierenden Gegenübers in der Tragödie in der Regel unbesetzt bleibt (zum Monolog als „basale[m] Transmitter des tragischen Pathos": Port 2001, 437; zur Aussprache bzw. Anspruche an die Natur: Lehmann 1991, 44–50, 107; nach Schauer 2002, 108–110 evozieren und ersetzen die Anreden „Bühnenkulissen").

4. ‚Ökonomie' der Affekte

Nietzsche hat in einflussreicher Weise *pathos*, ‚Leiden', und *drama*, ‚Handlung', in Opposition und Konkurrenz zueinander gebracht: „Zum Pathos, nicht zur Handlung bereitet alles vor", so schreibt er in der *Geburt der Tragödie* (Nietzsche 1980 [1872], 85; vgl. Port 2005, 292–293) und wendet sich damit aus guten Gründen gegen ein idealistisches Tragödienverständnis, das den Kern der Gattung in einer heroischen Tat oder zumindest im heroischen Erdulden und in der Überwindung von Leid ausmachen möchte. Der Theaterwissenschaftler Hans-Thies Lehmann (1991 und 1999) reflektiert diese Dominanz des Leidens in seiner Bezeichnung des griechischen Theaters als ‚prädramatisch' (und damit ‚nicht-dramatisch') in Analogie zum postdramatischen Theater des ausgehenden 20. Jahrhunderts. Doch hat der Durchgang durch die Pathos-Figuren der Tragödien gezeigt, dass die Affekte, die das Leid transportieren, alles andere als statisch sind, dass sie in ihrer Körperlichkeit und Expressivität, auch in ihrer potentiellen Ausrichtung auf ein Gegenüber durchaus auch als Ereignis und Aktion, als Handlung begriffen werden können – zumal dann, wenn das Pathos sich metaphorisch in dämonischen Kräften, in Traumgestalten oder wilden Tieren verkörpert, die den Leidenden anfallen. Die Rede von ‚Schicksalsschlägen' trifft auf die Dynamik der Affekte in der Tragödie in ihrer ganzen Wörtlichkeit zu, und die ‚Agenten' des Schicksals sind dabei die Affekte. Die Affekte (*pathê*), so könnte man sagen, demonstrieren in dieser Ereignishaftigkeit und Schlagkraft ihre Nähe zu den leidvollen Ereignissen (*pathê*), auf die sie reagieren, und die die griechische Sprache mit demselben Wort beschreibt.

Wie aber passt diese Gewaltsamkeit der Affekte zu der lustvollen und erleichternden *katharsis*, die durch sie nach Aristoteles bewirkt werden soll? Die Geschichte der Tragödieninterpretation weist seit Aristoteles zahlreiche Versuche auf, die Härte der Affekte zu moderieren und sie in eine rationale Ökonomie zu überführen, die heilsam ist – ungeachtet der Tatsache, dass in den Tragödien selbst dem Leiden und den Affekten, die es evoziert, selten ein Sinn oder eine positive Funktion zugesprochen werden kann. Bernhard Greiner macht in seinem Tragödien-Buch unter der Überschrift *Die Perspektive der Selbstverfügung des Menschen* darauf aufmerksam, dass das im Zentrum der Tragödie stehende Leiden nur dann Genuss bereiten kann, wenn es umcodiert wird, und er unterscheidet drei Argumentationsfelder, in denen dies geschehen ist: erstens „die medizinisch-anthropologische Umkodierung" durch die aristotelische Katharsis-Theorie, zweitens die „philosophisch-idealistische Positivierung des tragischen Leidens" einerseits durch Hegel, andererseits im Umfeld der Konzeptionen des Erhabenen und schließlich drittens die „implizite oder gar explizite Bejahung" (also gerade nicht Umbesetzung) des Leidens in einer „Ästhetik der Präsenz [...] ohne Perspektive einer Sinnstiftung", für die die Namen Friedrich Nietzsche und Karl Heinz Bohrer stehen (Greiner 2012, 14–15).

Aristoteles' einziger Satz über den Zusammenhang von Affekten und *katharsis* gibt den Mechanismus der tragischen Lust nicht explizit preis. So sind sich die Interpreten zum einen nicht darüber im Klaren, ob die kathartische Lust mit dem Erleben der Affekte zusammenfällt oder allererst durch die Befreiung von ihnen zustande kommt (vgl. Holzhausen 2000, 18–26). Mit seinem Konzept der Erleichterung verschaffenden ‚Entladung' der Affekte, das sowohl Nietzsche als auch Freud beeinflussen sollte (Most 2009; Vöhler und Linck 2009), hat Jacob Bernays (1979 [1857]) versucht, beides zusammenzuführen, doch scheint dies der aristotelischen Auffassung des Affekts als schmerzhafter Störung (*lypê*) zu widersprechen. Des Weiteren wird darüber gestritten, inwieweit die von der Tragödie erzeugten Affekte – zumal das ‚Mitleid', wenn dies denn die angemessene Übersetzung für *eleos* ist – eben doch den Zuschauer ‚besser' machen, und zwar nicht im engen Sinne einer moralischen Besserung, sondern hinsichtlich einer Steigerung und Habitualisierung seiner prinzipiellen Fähigkeit zur Empathie (zu all diesen Fragen u. a.: Belfiore 1992; Halliwell 1998 [1986], Kap. 6; Lear 1993; Lada 1993; Most 1998; zur Wissenschaftsgeschichte der Verbindung von Lust und Leid: Schlesier 1995).

Beide Fragenkomplexe werden wesentlich durch eine Passage in der *Politik* des Aristoteles inspiriert (Arist. *pol.* 8.7), nach der orgiastische Musik *katharsis* erzeuge, indem sie ‚Besessene', einer ärztlichen Behandlung vergleichbar, besänftigen und heilen könne, während die sogenannte ethische Musik zum Zweck der Erziehung eingesetzt werden solle. Aristoteles' Analogie von Dichtung beziehungsweise Musik und Medizin, die sich auch bei Gorgias und anderen antiken Autoren findet (Flashar 1956), mündet bei Manfred Fuhrmann in die – gegen Platons Position gerichtete – Formel: „Dichtung steckt nicht an, sondern sie impft" (Fuhrmann 1992 [1973]), eine Metapher, die vielleicht zu sehr auf Abhärtung und Gesundheit setzt. Erwägenswert scheint mir daher Brian Vickers' Entgegnung auf all diejenigen Deutungen, die der „angenehmen Erleichterung" und der „unschädlichen Freude" aus der *Politik*-Passage allzu großes Gewicht beimessen: „I am not tranquillized by tragedy [...] I am upset rather than calmed." (Vickers 1973, 611; zitiert nach Holzhausen 2000, 26, der diese Äußerung als Missverständnis wertet)

Unbestritten ist jedenfalls, dass Aristoteles mit der *katharsis* ein Modell einführt, das dazu dient, die in den Tragödien zur Aufführung kommenden Schmerzen und Leiden zu bewältigen und zu beherrschen, sie in Lust zu überführen, um gerade nicht „beim Schmerz stehenzubleiben" oder diesen direkt, also als Schmerz und nicht als Lust, auf den Rezipienten zu übertragen (Koppenfels 2002, 129). Was Aristoteles hier mit anthropologischem und psychologischem Scharfsinn erkannt und beschrieben hat, ist der lustvolle Effekt, den *fiktives* Leid beim distanzierten, nicht persönlich betroffenen, aber doch empathischen Rezipienten auslösen kann. Ob den Affekten allerdings innerhalb der Tragödienhandlung, also für den Gefühlshaushalt der Dramenfiguren und jenseits ihrer aristotelischen Domestizierung, dieselbe kathartische Funktion zukommt, bleibt zu bezweifeln.

Ein weiteres Modell der Semantisierung von Leid scheint in der Tragödie selbst angelegt zu sein, doch ist seine tatsächliche Reichweite begrenzt: An einer berühmten Stelle in Aischylos' *Agamemnon* wird der alte Weisheitsspruch „durch Leiden Lernen" (*pathei mathos*) in einem Hymnos an Zeus als dessen Botschaft an die Menschen und als Ausweis seiner „gewaltsamen Huld" (*charis biaios*) propagiert (Aisch. *Ag.* 177). Während der Kontext hier suggeriert, dass Zeus die Menschen durch das Leiden zur Besonnenheit führt, wird eine derart christlich anmutende Aufwertung von Leid durch keine der antiken Tragödien tatsächlich bestätigt (vgl. Smith 1980, 21–26; Schlesier 1994; mit anderem Akzent: Halliwell 2005). Auf der Ebene der Tragödienplots fallen Erkennen und Entsetzen, Leiden und Lernen vielmehr häufig zusammen (Soph. *Ai.* 259; Soph. *Ant.* 1272; Eur. *Hek.* 687; Eur. *Ba.* 1298). Wenngleich also die Erschütterungen, die den Protagonisten und den Zuschauern widerfahren, ihr Verständnis für die *condition humaine* vertiefen, findet eine theologische Auratisierung des Leidens, die etwa Leid zur Voraussetzung von Glück oder Heil machte, in der Tragödie nicht statt (Schlesier 2009, 89).

Dass man das Pathos der Tragödie religiös rückbinden könne, war auch die Ansicht Nietzsches, der ‚die Leiden des Dionysos' zur Formel für die Tragödie erhob und glaubte, dass alle Protagonisten der Tragödie nur „Masken dieses leidenden Gottes" (Nietzsche 1980 [1872], 71) seien. Im Hintergrund dieser Vorstellung steht eine Bemerkung Herodots (Hdt. *Hist.* 5.67), nach der die Sikyonier in den tragischen Chören zunächst die ‚Leiden' (*pathea*) des Heros Adrast besungen hätten, bevor der Tyrann Kleisthenes diese Chöre dem Dionysos (zurück)gab (Reibnitz 1992, 216–217, 257). Bereits vor Nietzsche fand die Vorstellung, dass der tragische Chor primär um den toten, von den Titanen zerrissenen Dionysos klage, Eingang in die altertumswissenschaftliche Literatur (etwa bei Karl Otfried Müller: dazu Schlesier 1995, 398, Anm. 39; Port 2005, 291–292, Anm. 56).

Eine derart enge genealogische Bindung der Tragödie an den Heroenkult wird heute nicht mehr vertreten. Auch ist daran zu erinnern, dass im Zentrum der Tragödie ganz unbestritten die Leiden der Menschen und nicht die der grundsätzlich als leidlos konzipierten Götter stehen. Doch kann Nietzsche ein gewisser Spürsinn in dieser Frage keineswegs abgesprochen werden: Zwar ist sein Dionysos *patiens* das deutliche Produkt einer *interpretatio christiana*; doch gehört eine gewisse quasi-menschliche Potentialität des Leidens und des Todes in der Tat zu diesem Gott, der der Sohn einer sterblichen Mutter ist. Als solcher wurde er vermutlich auch zum Rollenmodell der Initianden bei den dionysischen Mysterien, in deren Ritualen und Ritualtexten die Erfahrung von Leid und das Glück der Unsterblichkeit eng miteinander vermittelt sind (Schlesier 1994 und 2003; Port 2005, 291–292). Wenn also Nietzsche das Pathos der Tragödie als Kern einer

‚Mysterienlehre' fassen wollte (Nietzsche 1980 [1872], 72–73), so erinnert das durchaus an die Verbindung von Leid und Lust in der Aristotelischen *Poetik*.

Noch in einem ganz anderen – eher kulturpolitischen – Sinne lässt sich das Pathos der griechischen Tragödie als Faktor in einem ökonomischen Modell ausmachen. Vor dem Hintergrund der griechischen Trauergesetzgebung, die seit dem 6. Jahrhundert exzessive Artikulationen von Trauer in der Öffentlichkeit unter Verbot stellte, wird das – ebenfalls öffentliche – Theater gewissermaßen zu einem Ort des Verdrängten im Affekthaushalt der Stadt (Loraux 1992 [1985]; Foley 2001 [1993]). Wie oben bereits angedeutet, gibt es Tragödien, die das Maß oder die Berechtigung der Trauer beziehungsweise der Totenklage zu ihrem zentralen Thema machen, etwa die *Elektra* und die *Antigone* des Sophokles. Die *Hiketiden* des Euripides konfrontieren zwei Modelle der Trauer miteinander: das weibliche und eher der archaischen Kultur entsprechende der Mütter, die beanspruchen, die Toten zu sehen und zu berühren und in ihrer Gegenwart die traditionelle Totenklage zu vollziehen, und das männliche, der klassischen Zeit angehörende Modell der Heroisierung der Toten, die die Trauer zu übertönen und gemäß der Politik der öffentlichen Grabrede zu verdrängen droht. Eine solche Verhandlung der Grenzen des Pathos kommt in der Tragödie ohne dessen Diffamierung aus: Die Trauer der Mütter, insbesondere ihre vor Trauer zerkratzten Wangen, werden vielmehr als „Schmuck" (*kosmos*) für die Toten qualifiziert (Eur. *Hik.* 78).

Das Pathos der Tragödie, das Nietzsche zum „Hauptträger des Dionysischen" (Port 2005, 294–295) machen wollte, ist nicht dazu angetan, sein Publikum mitzureißen und auf den Flügeln der Begeisterung fortzutragen, wie es seit Pseudo-Longin die Poetik des Erhabenen möchte. Zwar wird die Sprache der Tragödie, ihre schwindelerregenden Bilder und abgründigen Metaphern, bisweilen mit einer dionysischen, also entgrenzenden Erfahrung assoziiert (Schlesier 2009, 100; Dachselt 2003, 20–24, 35–36), aber diese Erfahrung ist immer auch eine des Strauchelns, der Schmerzen und der Gewalt. Die Pathos-Figuren der Tragödie stellen diese Erfahrung aus und intensivieren sie. Die Lust des Zuschauers, die so evoziert wird, ist ein rätselhaftes und abgründiges Gefühl.

Literaturverzeichnis

(Anmerkung zur Zitierweise: Stellenangaben aus Aristoteles' *Poetik* und *Rhetorik* werden nachgewiesen mit Namenkürzel. *Kurztitel*. Seite in arabischen Ziffern nach Bekker-Zählung. Übersetzungen nach Aristoteles 1982 bzw. Aristoteles 1993 [1980]. Stellenangaben aus Dramen werden nachgewiesen mit Namenskürzel. *Kurztitel*. Verszahl. Zitate aus Dramen beziehen sich auf Aischylos 1980 [1959], Euripides 1979 und Sophokles 1973, 1974, 1994, 1999, 2000.)

Aischylos. *Tragödien und Fragmente*. Hrsg. und übers. von Oskar Werner. 3. Aufl. München: Heimeran, 1980 [1959].
Aristoteles. *Poetik*. Griechisch/Deutsch. Übers. und hrsg. von Manfred Fuhrmann. Stuttgart: Reclam, 1982.
Aristoteles. *Rhetorik*. Übers. von Franz G. Sieveke. 4. Aufl. München: Fink, 1993 [1980].
Belfiore, Elisabeth. *Tragic Pleasures. Aristotle on Plot and Emotion*. Princeton, NJ: Princeton University Press, 1992.
Bernays, Jacob. *Grundzüge der verlorenen Abhandlung des Aristoteles über Wirkung der Tragödie*. Hildesheim: Olms, 1970 [1857].
Böhme, Hartmut. „Vom ‚phobos' zur Angst. Zur Transformations- und Kulturgeschichte der Angst". *Pathos, Affekt, Emotion. Transformationen der Antike*. Hrsg. von Martin Harbsmeier und Sebastian Möckel. Frankfurt am Main: Suhrkamp Verlag, 2009. 154–184.
Bohrer, Karl Heinz. „Erscheinungsschrecken und Erwartungsangst. Die griechische Tragödie als moderne Epiphanie". *Das absolute Präsens. Die Semantik ästhetischer Zeit*. Frankfurt am Main: Suhrkamp, 1994. 32–62.
Bohrer, Karl Heinz. „Zur ästhetischen Funktion von Gewalt-Darstellungen in der griechischen Tragödie". *Gewalt und Ästhetik. Zur Gewalt und ihrer Darstellung in der griechischen Klassik*. Hrsg. von Bernd Seidensticker und Martin Vöhler. Berlin und New York, NY: De Gruyter, 2006. 169–184. (Wieder abgedruckt als „Stil der Gewalt. Seine ästhetische Funktion in der griechischen Tragödie". *Großer Stil. Form und Formlosigkeit in der Moderne*. München: Hanser, 2007. 58–78.)
Bohrer, Karl Heinz. *Das Tragische. Erscheinung, Pathos, Klage*. München: Hanser, 2009.
Burkert, Walter. *Zum altgriechischen Mitleidsbegriff*. Diss. Erlangen: masch.-schr., 1955.
Dachselt, Rainer. *Pathos. Tradition und Aktualität einer vergessenen Kategorie der Poetik*. Heidelberg: Winter, 2003.
Dirlmeier, Franz. „ΚΑΘΑΡΣΙΣ ΠΑΘΗΜΑΤΩΝ". *Hermes* 75 (1940): 81–92.
Euripides. *Werke in drei Bänden*. Übers. von Dietrich Ebener. Berlin und Weimar: Aufbau-Verlag, 1979.
Ferrari, Giovanni R. F. „Plato and Poetry". *The Cambridge History of Literary Criticism*. Bd. 1: *Classical Criticism*. Hrsg. von George Alexander Kennedy. Cambridge, Melbourne und New York, NY: Cambridge University Press, 1989. 92–148.
Flashar, Hellmut. „Die medizinischen Grundlagen der Lehre von der Wirkung der Dichtung in der griechischen Poetik". *Hermes* 84 (1956): 12–48.
Foley, Helene P. „The Politics of Tragic Lamentation" [1993]. *Female Acts in Greek Tragedy*. Princeton, NJ und Oxford: Princeton University Press, 2001. 19–55. (Zuerst: *Tragedy, Comedy and the Polis*. Hrsg. von Alan H. Sommerstein, Stephen Halliwell, Jeffrey Henderson und Bernhard Zimmermann. Bari: Levante editori, 1993. 101–143.)
Friedrich, Wolf Hartmut. „Sophokles, Aristoteles und Lessing". *Vorbild und Neugestaltung. Sechs Kapitel zur Geschichte der Tragödie*. Hrsg. von Wolf Hartmut Friedrich. Göttingen: Vandenhoek & Ruprecht, 1967. 188–209.
Fuhrmann, Manfred. *Die Dichtungstheorie der Antike*. 2. Aufl. Darmstadt: Wissenschaftliche Buchgesellschaft, 1992 [1973].
Gill, Christopher. „The Ethos/Pathos Distinction in Rhetorical and Literary Criticism". *The Classical Quarterly* 34 (1984): 149–166.
Giuliani, Luca. „Die Not des Sterbens als ästhetisches Phänomen. Zur Mitleidlosigkeit des antiken Betrachters". *Pegasus* 6 (2004): 9–22.

Gödde, Susanne. „Zu einer Poetik des Rituals in Aischylos' *Persern*". *Skenika. Beiträge zum antiken Theater und seiner Rezeption. Festschrift zum 65. Geburtstag von Horst-Dieter Blume*. Hrsg. von Susanne Gödde und Theodor Heinze. Darmstadt: Wissenschaftliche Buchgesellschaft, 2000. 31–47.

Gödde, Susanne. „*Schêmata*. Körperbilder in der griechischen Tragödie". *Konstruktionen von Wirklichkeit. Bilder im Griechenland des 5. und 4. Jahrhunderts v. Chr.* Hrsg. von Ralf von den Hoff und Stefan Schmidt. Stuttgart: Franz Steiner, 2001. 241–259.

Gödde, Susanne. „Unsagbares sagen. Ästhetische und rituelle Aspekte des Schweigens in der griechischen Tragödie: Ödipus und Orest". *Poetica* 37 (2005): 255–284.

Gödde, Susanne. *Euphemia. Die gute Rede in Kult und Literatur der Antike*. Heidelberg: Winter, 2011.

Greiner, Bernhard. *Die Tragödie. Eine Literaturgeschichte des aufrechten Ganges. Grundlagen und Interpretationen*. Stuttgart: Kröner, 2012.

Grethlein, Jonas. „Die poetologische Bedeutung des Aristotelischen Mitleidbegriffes. Überlegungen zu Nähe und Distanz in der griechischen Tragödie". *Poetica* 35 (2003): 41–67.

Halliwell, Stephen. „Plato and Aristotle on the Denial of Tragedy". *Proceedings of the Cambridge Philological Society* N. S. 30 (1984): 49–71.

Halliwell, Stephen. *Aristotle's Poetics*. 2. Aufl. London: Duckworth, 1998 [1986].

Halliwell, Stephen. „Learning from Suffering: Ancient Responses to Tragedy". *A Companion to Greek Tragedy*. Hrsg. von Justina Gregory. Oxford: Blackwell, 2005. 394–412.

Henrichs, Albert. *Warum soll ich denn tanzen? Dionysisches im Chor der griechischen Tragödie*. Stuttgart und Leipzig: Teubner-Verlag, 1994.

Herodot. *Historien. Bücher I–IX*. Griechisch/Deutsch. 2 Bde. Hrsg. und übers. von Josef Feix. Düsseldorf: Artemis & Winkler, 2001.

Holzhausen, Jens. *Paideia oder Paidia: Aristoteles und Aristophanes zur Wirkung der griechischen Tragödie*. Stuttgart: Steiner, 2000.

Honold, Alexander. „Pathos-Transport um 1800. Modelle tragischer Bewegung in Theaterdiskurs und Briefkultur". *Pathos. Zur Geschichte einer problematischen Kategorie*. Hrsg. von Cornelia Zumbusch. Berlin: Akademie-Verlag, 2010. 99–116.

Hose, Martin. „,Angst hab' ich, dass sie etwas Schlimmes plant.' Über die produktive Rolle der Angst in der griechischen Tragödie". *Existenzangst und Mut zum Sein*. Hrsg. von Gunther Wenz. Göttingen: Vandenhoeck & Ruprecht, 2014. 30–49.

Kantzios, Ippokratis. „The Politics of Fear in Aeschylus' ,Persians'". *Classical World* 98 (2004): 3–19.

Kerkhecker, Arndt. „Furcht und Mitleid". *Rheinisches Museum für Philologie* 134 (1991): 288–310.

Knape, Joachim. „Rhetorischer Pathosbegriff und literarische Pathosnarrative". *Pathos. Zur Geschichte einer problematischen Kategorie*. Hrsg. von Cornelia Zumbusch. Berlin: Akademie-Verlag, 2010. 25–44.

Kommerell, Max. *Lessing und Aristoteles. Untersuchungen über die Theorie der Tragödie*. 5. Aufl. Frankfurt: Klostermann, 1984 [1940].

Konstan, David. „The Tragic Emotions". *Comparative Drama* 33 (1999): 1–21.

Konstan, David. *Pity Transformed*. London: Duckworth, 2001.

Koppenfels, Martin von. „Schmerz. Lessing, Duras und die Grenzen der Empathie". *Grenzwerte des Ästhetischen*. Hrsg. von Robert Stockhammer. Frankfurt am Main: Suhrkamp, 2002. 118–145.

LaCourse Munteanu, Dana. *Tragic Pathos. Pity and Fear in Greek Philosophy and Tragedy.* Cambridge: Cambridge University Press, 2012.

Lada, Ismene. „Emphatic Understanding: Emotion and Cognition in Classical Dramatic Audience Response". *Proceedings of the Cambridge Philological Society* 39 (1993): 94–140.

Lear, J. „Katharsis". *Essays on Aristotle's Poetics.* Hrsg. von Amélie Oksenberg Rorty. Princeton, NY: Princeton University Press, 1992. 315–340.

Lehmann, Hans-Thies. *Theater und Mythos. Die Konstitution des Subjekts im Diskurs der antiken Tragödie.* Stuttgart: Metzler, 1991.

Lehmann, Hans-Thies. *Postdramatisches Theater.* Frankfurt: Verlag der Autoren, 1999.

Loraux, Nicole. *Die Trauer der Mütter. Weibliche Leidenschaft und die Gesetze der Politik.* Übers. von Eva Moldenhauer. Frankfurt und New York, NY: Campus Verlag, 1992 [1985].

Luserke, Matthias (Hrsg.). *Die Aristotelische Katharsis. Dokumente ihrer Deutung im 19. und 20. Jahrhundert.* Hildesheim: Olms, 1991.

Mattes, Josef. *Der Wahnsinn im griechischen Mythos und in der Dichtung bis zum Drama des fünften Jahrhunderts.* Heidelberg: Winter, 1970.

McDonald, Marianne. „Euripides' Dramatic Tears. Weeping as Characterization of Women and Men". *Kleos* 7 (2002): 181–192.

Most, Glenn. „Katharsis". *Routledge Encyclopedia of Philosophy.* Bd. 5. Hrsg. von Edward Craig. London: Routledge, 1998. 218–220.

Most, Glenn. „Nietzsche gegen Aristoteles mit Aristoteles". *Grenzen der Katharsis in den modernen Künsten. Transformationen des aristotelischen Modells seit Bernays, Nietzsche und Freud.* Hrsg. von Martin Vöhler und Dirck Linck. Berlin und New York, NY: De Gruyter, 2009. 51–62.

Nehamas, Alexander. „Plato on Imitation and Poetry in ‚Republic' 10". *Plato on Beauty, Wisdom, and the Arts.* Hrsg. von Julius Moravcsik und Philip Temko. Totowa, NJ: Rowman and Littlefield, 1982.

Nietzsche, Friedrich. *Die Geburt der Tragödie* [1872]. *Sämtliche Werke. Kritische Studienausgabe.* Bd. 1. Hrsg. von Giorgio Colli und Mazzino Montinari. München, Berlin und New York, NY: dtv und De Gruyter, 1980. 9–156.

Nussbaum, Martha. „The Morality of Pity: Sophocles' ‚Philoctetes'". *Rethinking Tragedy.* Hrsg. von Rita Felski. Baltimore, MD: Johns Hopkins University Press, 2008. 148–69.

O'Sullivan, Neil. *Alcidamas, Aristophanes and the Beginning of Greek Stylistic Theory.* Stuttgart: Franz Steiner, 1992.

Parry, Hugh. *Thelxis: Magic and Imagination in Greek Myth and Poetry.* Lanham, MD und London: University Press of America, 1992.

Platon. *Politeia/Der Staat. Werke in acht Bänden. Griechisch und Deutsch.* Hrsg. von Günther Eigler unter Mitarbeit von Heinz Hofmann, Dietrich Kurz, Klaus Schöpsdau, Peter Staudacher und Klaus Widdra. Bd. 4. 2. Aufl. Darmstadt: Wissenschaftliche Buchgesellschaft, 1990.

Port, Ulrich. „‚Pathologisches Interesse' und ‚ästhetisches Spiel'. Zur Genealogie des tragischen Pathos in der Moderne". *Poetica* 33 (2001): 423–444.

Port, Ulrich. *Pathosformeln: Die Tragödie und die Geschichte exaltierter Affekte (1755–1888).* München: Fink, 2005.

Rapp, Christof. „Katharsis der Emotionen". *Katharsiskonzeptionen vor Aristoteles. Zum kulturellen Hintergrund des Tragödiensatzes.* Hrsg. von Martin Vöhler und Bernd Seidensticker. Berlin und New York, NY: De Gruyter, 2007. 149–172.

Rees, Binley Roderick. „‚Pathos' in the ‚Poetics' of Aristotle". *Greece & Rome* 19 (1972): 1–11.

Reibnitz, Barbara von. *Ein Kommentar zu Friedrich Nietzsche „Die Geburt der Tragödie aus dem Geiste der Musik" (Kapitel 1–12)*. Stuttgart und Weimar: Metzler, 1992.
Rombach, Ursula, und Peter Seiler. „Eleos – misericordia – compassio. Transformationen des Mitleids in Text und Bild". *Pathos, Affekt, Emotion. Transformationen der Antike*. Hrsg. von Martin Harbsmeier und Sebastian Möckel. Frankfurt am Main: Suhrkamp, 2009. 250–276.
Romilly, Jacqueline de. *L'évolution du pathétique d'Eschyle à Euripide*. Paris: Presses Universitaires de France, 1961.
Romilly, Jacqueline de. *La crainte et l'angoisse dans le théâtre d'Eschyle*. Paris: Les Belles Lettres, 1971.
Schadewaldt, Wolfgang. „Furcht und Mitleid? Zur Deutung des Aristotelischen Tragödiensatzes". *Hermes* 83 (1955): 129–171.
Schauer, Markus. *Tragisches Klagen. Form und Funktion der Klagedarstellung bei Aischylos, Sophokles und Euripides*. Tübingen: Gunter Narr, 2002.
Schlesier, Renate. „Der Stachel der Götter. Zum Problem des Wahnsinns in der Euripideischen Tragödie". *Poetica* 17 (1985): 1–45.
Schlesier, Renate. „Mixtures of Masks: Maenads as Tragic Models". *Masks of Dionysus*. Hrsg. von Thomas H. Carpenter und Christopher A. Faraone. Ithaca, NY und London: Cornell University Press, 1993. 89–114.
Schlesier, Renate. „Pathos und Wahrheit. Zur Rivalität zwischen Tragödie und Philosophie". *„Kultur" und „Gemeinsinn"*. Hrsg. von Jörg Huber und Alois Martin Müller. Basel: Stroemfeld, 1994. 127–148.
Schlesier, Renate. „Lust durch Leid: Aristoteles' Tragödientheorie und die Mysterien. Eine interpretationsgeschichtliche Studie". *Die athenische Demokratie im 4. Jahrhundert v. Chr. – Vollendung oder Verfall einer Verfassungsform?* Hrsg. von Walter Eder. Stuttgart: Franz Steiner, 1995. 389–415.
Schlesier, Renate. „Die Leiden des Dionysos". *Die emotionale Dimension antiker Religiosität*. Hrsg. von Alfred Kneppe und Dieter Metzler. Münster: Ugarit-Verlag, 2003. 1–20.
Schlesier, Renate. „'Pathos' dans le théâtre grec". *Violentes émotions. Approches comparatistes*. Hrsg. von Philippe Borgeaud und Anne-Caroline Rendu Loisel. Genf: Librairie Droz S. A., 2009. 83–100.
Schnyder, Bernadette. *Angst in Szene gesetzt. Zur Darstellung der Emotionen auf der Bühne des Aischylos*. Tübingen: Gunter Narr, 1995.
Segal, Charles. „Gorgias and the Psychology of the Logos". *Harvard Studies of Classical Philology* 66 (1962): 99–155.
Segal, Charles. *Euripides and the Poetics of Sorrow. Art, Gender, and Commemoration in Alcestis, Hippolytus, and Hecuba*. Durham, NC und London: Duke University Press, 1993.
Seidensticker, Bernd. „Über das Vergnügen an tragischen Gegenständen". *Fragmenta Dramatica: Beiträge zur Interpretation der griechischen Tragikerfragmente und ihrer Wirkungsgeschichte*. Hrsg. von Heinz Hofmann und Annette Harder. Göttingen: Vandenhoeck & Ruprecht, 1991. 219–241. (Wieder abgedruckt in: Bernd Seidensticker. *Über das Vergnügen an tragischen Gegenständen. Studien zum antiken Drama*. Hrsg. von Jens Holzhausen. Berlin und New York, NY: De Gruyter, 2005. 219–241).
Seidensticker, Bernd. „Distanz und Nähe. Zur Darstellung von Gewalt in der griechischen Tragödie". *Gewalt und Ästhetik. Zur Gewalt und ihrer Darstellung in der griechischen Klassik*. Hrsg. von Bernd Seidensticker und Martin Vöhler. Berlin und New York, NY: De Gruyter, 2006. 91–122.

Seidensticker, Bernd. „Die Grenzen der Katharsis". *Grenzen der Katharsis in den modernen Künsten. Transformationen des aristotelischen Modells seit Bernays, Nietzsche und Freud.* Berlin und New York, NY: De Gruyter, 2009. 3–20.
Smith, Peter M. *On the Hymn to Zeus in Aeschylus' Agamemnon.* Chico, CA: Scholars Press, 1980.
Snell, Bruno. *Aischylos und das Handeln im Drama.* Leipzig: Dieterich, 1928.
Sophokles. *König Ödipus.* Übers. von Wolfgang Schadewaldt. Hrsg. von Hellmut Flashar. Frankfurt am Main: Insel, 1973.
Sophokles. *Antigone.* Übers. von Wolfgang Schadewaldt. Hrsg. von Hellmut Flashar. Frankfurt am Main: Insel, 1974.
Sophokles. *Aias.* Übers. von Wolfgang Schadewaldt. Hrsg. von Hellmut Flashar. Frankfurt am Main: Insel, 1994.
Sophokles. *Philoktet.* Übers. von Wolfgang Schadewaldt. Hrsg. von Hellmut Flashar. Frankfurt am Main: Insel, 1999.
Sophokles. *Die Frauen von Trachis.* Übertr. von Wolfgang Schadewaldt. Hrsg. von Hellmut Flashar. Frankfurt am Main: Insel, 2000.
Stanford, William B. *Greek Tragedy and the Emotions. An Introductory Study.* London: Routledge & Kegan Paul, 1983.
Thalmann, William G. „Aeschylus' Physiology of the Emotions". *American Journal of Philology* 107 (1986): 489–511.
Vöhler, Martin und Bernd Seidensticker (Hrsg.). *Katharsiskonzeptionen vor Aristoteles. Zum kulturellen Hintergrund des Tragödiensatzes.* Berlin und New York, NY: De Gruyter, 2007.
Vöhler, Martin und Dirck Linck (Hrsg.). *Grenzen der Katharsis in den modernen Künsten. Transformationen des aristotelischen Modells seit Bernays, Nietzsche und Freud.* Berlin und New York, NY: De Gruyter, 2009.
Walsh, George B. *The Varieties of Enchantment. Early Greek Views of the Nature and Function of Poetry.* Chapel Hill, NC und London: University of North Carolina Press, 1984.
Wehrli, Fritz. „Der erhabene und der schlichte Stil in der poetisch-rhetorischen Theorie der Antike". *Phyllobolia. Festschrift für Peter von der Mühll.* Hrsg. von Olof Gigon, Karl Meuli, Willy Theiler, Fritz Wehrli und Bernhard Wyss. Basel: Benno Schwabe & Co. 1946. 9–34.
Zeppezauer, Dorothea. *Bühnenmord und Botenbericht. Zur Darstellung des Schrecklichen in der griechischen Tragödie.* Berlin und New York, NY: De Gruyter, 2011.
Zierl, Andreas. *Affekte in der Tragödie. Orestie, Oidipous Tyrannos und die Poetik des Aristoteles.* Berlin: Akademie-Verlag, 1994.

3.3 *Gloria passionis*. Zur Affektkultur der christlichen Mystik des Mittelalters
Niklaus Largier

„Dramatisierung", schreibt Georges Bataille in *L'expérience intérieure*, ist die Grundlage aller „inneren Erfahrung" und „aller Religion" (Bataille 1973, 22). Sie ist Voraussetzung für Momente der Liebe, der Ekstase, des Schreckens, überhaupt intensiver Gefühle, die immer neu überschreiten, was sich als etablierte Wahrnehmungsform sedimentiert hat und als „natürlich empfunden wird" (ebd., 26). So verbindet sich für Bataille mit der Idee der Dramatisierung, die er hier in Anlehnung an Ignatius von Loyola, an Teresa von Avila und an Angela von Foligno entwickelt, eine Vorstellung der Produktion affektiver und kognitiver Konstellationen, die auf zwei Dinge abhebt: das Überschreiten einer als natürlich empfundenen Wahrnehmungs- und Gefühlsordnung einerseits, die Orientierung an exemplarischen Texten und Skripts der Dramatisierung andererseits. Dass für letzteres Ignatius, Teresa und vor allem Angela stehen, ist kein Zufall. Die drei Figuren bilden, auf je bestimmte Weise, Referenzmodelle einer Form dessen, was religionsgeschichtlich als Passionsfrömmigkeit, als Passions- oder auch als Leidensmystik bezeichnet wird und was Bataille als Prozesse einer Dramatisierung fasst, die er ‚atheologisch' in Gestalt einer Exploration „der Extreme des Möglichen" (ebd., 21) weiterschreibt. Im Zentrum solcher Passionsmystik steht, dass mit elaborierten Techniken der Kontemplation und des Gebets in Anlehnung an die Leidensgeschichte Christi und ausgehend von Praktiken der Schriftlektüre und des Erinnerns (Carruthers 2000, 2013) immer wieder neue Erfahrungsmöglichkeiten exploriert werden. In den Vordergrund rückt so bei allen drei Figuren, auf die Bataille sich bezieht – wie schon in einer langen Tradition der „Theodramatik", die sie zitieren und verarbeiten (Balthasar 1976) –, die experimentelle Produktion körperlich-sinnlicher, emotional-leidenschaftlicher und kognitiver Erfahrung und Erkenntnis, wobei immer wieder auf Spannungsverhältnisse zwischen diesen drei Bereichen, letztlich aber auf eine Kongruenz im Überschreiten der ‚alten Natur' abgehoben wird.

Nun geht es hier nicht darum, religions- oder philosophiegeschichtliche Aspekte dieser Tradition zu behandeln, sondern die Bedeutung dieser kontemplativen Praktiken, wie sie in Europa vor allem vom 11. bis zum 17. Jahrhundert gepflegt wurden, für die Geschichte der Emotionen und für die Literatur herauszustreichen. Dabei betrachte ich die Texte und die literarischen Verfahren, die zum Zuge kommen, gewissermaßen als Elemente einer Experimentanordnung

(Largier 2008), die darauf ausgerichtet ist, sinnliche, affektive und kognitive Möglichkeiten zu schaffen und phänomenologisch auszuloten.

Dies geschieht, wie unter anderen Erich Auerbach in einer kurzen Studie mit dem Titel *Gloria passionis* gezeigt hat, in der christlichen Transformation spätantiker moralphilosophischer Positionen, die nicht den „Nullpunkt der Leidenschaftslosigkeit außerhalb der Welt" und Strategien, „um Leiden und Leidenschaft zu vermeiden", sondern das „leidenschaftliche Leiden in der Welt" (Auerbach 1958a, 55) sich als Ziel setzt. In einer Wende gegen die stoische Passionslehre, die, schematisch gesprochen, auf die Ruhigstellung der Leidenschaften in der *ataraxia* oder *apatheia* abhebt (Sorabji 2002), entwickelt sich schon bei Ambrosius und Augustinus ein neuer Umgang mit Affekten und Leidenschaften, der sich am Faktum orientiert, dass „die Liebe Gottes, die ihn bewog, das Leiden der Menschen auf sich zu nehmen, selbst ein motus animi ohne Maß und Grenze" (Auerbach 1958a, 56) ist. Dabei begegnen wir einem Paradox, das Gott und den Menschen in dieser Hinsicht gleichermaßen charakterisiert. Gott ist *impassibilis*, also nicht von Leidenschaften bewegt, und seine Liebe ist daher als leidenschaftslos zu begreifen. Ebenso soll der Mensch in der Perspektive christlicher Pädagogik leidenschaftslos liebend werden, was indes gerade keine Unterdrückung, sondern eine Transformation der Leidenschaften verlangt, die im irdischen Leben nie an ihr Ende kommt. Diese Transformation gelingt nur dort, wo der Mensch sich in der asketisch-kontemplativen Praxis durch die Leidenschaften hindurch bewegt und ihnen, oft in irdischer Antizipation eschatologischer Versöhnung, aber ohne diesen Endpunkt leidenschaftsloser Liebe je zu erreichen, neu Gestalt verleiht. Die Dynamik eines endlosen und immer intensiver werdenden Begehrens ist denn auch der Ort solcher Dramatisierung, setzt doch die Transformation der Leidenschaften voraus, dass das als natürlich Wahrgenommene, also die scheinbar gegebene Form der Affekte und Leidenschaften, als post-lapsarischer Zustand des Lebens nach dem Verlust des Paradieses zunächst evoziert wird, damit es Prozessen der Transformation im Licht der rettenden Inkarnation Gottes unterworfen werden kann. Mit anderen Worten, die geforderte Praxis muss die ‚natürliche' instrumentelle Bindung der Leidenschaften dramatisieren und mit Mitteln ihrer Neuformung experimentieren. Dies geschieht in den verschiedenen Formen einer auf die Passion bezogenen Praxis der Kontemplation.

Orientiert sich der Begriff der *gloria passionis* zunächst am Szenario des Märtyrers (Vermeulen 1956, 94), der im Leiden zum Zeugen der christlichen Wahrheit wird, so bezieht er sich später auf Techniken der Imitation, die als geistiges, aber nicht weniger als sinnlich-emotional bestimmtes Martyrium zu sehen sind und durch die die Neuformung der Leidenschaften als Transformation der ‚alten Natur' über die Angleichung ans Bild Christi vollzogen wird (Largier 2005; 2010). In diesem Rahmen entwickelt sich denn auch die Bedeutung des Begriffs der *gloria passionis* für eine Geschichte der Emotionen und der literarischen Verfahren „eindringlicher Darstellung" (Auerbach 1958a, 56), die eine Reihe wichtiger Autoren und Texte im Laufe des Mittelalters entwerfen. Zu Recht hebt Auerbach im Anschluss an einschlägige Stellen aus den Schriften Augustins und Bernhards von Clairvaux hervor, dass man sich diese „laut vorlesen wolle" (ebd., 56; Auerbach 1958b, 27), geht es doch in der Literatur, die hier zu besprechen ist, nicht nur um Wissens- und Glaubensbestände, sondern auch um eine rhetorische Erregung der Affekte, die im Hören des gesprochene Worts am deutlichsten fassbar wird. Das Wort wird in Praktiken der Schriftlektüre, der Liturgie, des Gebets, der Kontemplation, generell des Sprechens und Schreibens, so eingesetzt, dass Emotionen evoziert, in ihrer Dynamik exploriert und schließlich neu geformt werden. Wenn Auerbach schreibt, die „Haltung der Seele" sei in dieser Hinsicht „eher eine dynamisch-potentielle als eine eigentlich tätige" (Auerbach 1958a, 61), meint er, dass sich die Seele in der kontemplativen Praxis den Effekten des Wortes, der Sprache, der Bilder und der Musik aussetzt, um darin gegebene Wahrnehmungsordnungen zu dramatisieren und neu Form anzunehmen.

Die Grundlage für diesen Einsatz audiovisueller Medien zur Formung des affektiven Lebens der Seele und einer virtuellen Sinnlichkeit bildet die Lektüre der Heiligen Schrift und eine Reihe miteinander verknüpfter Szenarien, die der Schrift entnommen werden. Zunächst sind dies vor allem das biblische *Hohelied* und die Passionsgeschichte des Erlösers. Daran schließen Märtyrerleben, Heiligenviten und Erzählungen der Wüsteneremiten an, die als exemplarische Modelle der Imitation und der Nachfolge Christi gelten. Diese Szenarien werden schon früh zu eigentlichen Skripten „christlicher Weltfeindschaft" (ebd., 55), die indes nicht auf eine gnostische Verneinung der Welt, sondern in der Dramatisierung der Wahrnehmungsformen auf eine Neugestaltung der Welterfahrung abheben. Konstruktion und Produktion von Gefühlen bilden dabei ein wesentliches Element, liefern doch die Szenarien des *Hohelieds* und der Passionsgeschichte ‚realistische', das heißt sinnliche, körperliche und konkrete (Auerbach 1958b, 36) Bilder und Momente des Exils und des Schreckens, der Intimität und der Hoffnung, die für das christliche Leben charakteristisch sind und den Hintergrund vor allem der monastischen Lebensformen und Selbsttechniken bilden.

Deutlich wird dieser Einsatz dramatischer Bildlichkeit etwa in der Lebensgeschichte des Heiligen Antonius, der sich in die Wüste zurückzieht, dort im Gebet seine Ruhe sucht, diese Ruhe aber nur innerhalb des Kampfes mit den Dämonen findet (Brakke 1995; Largier 2005a). Es ist diese in ihrer traditionsbildenden Kraft äußerst wirkungsvolle Erzählung, welche die Selbstwahrnehmung des Mönchs und der Nonne modellhaft prägt, die sich in die Zelle zurückziehen und im Gebet die Nähe Gottes suchen. Dort finden sie indes nicht nur innige Liebe in der Kontemplation, sondern sie steigen in ihrer Gebetspraxis, wie etwa Wilhelm von Saint

Thierry schreibt, „oft in die Hölle hinab" („saepe descendunt in infernum"), bevor sie die „himmlischen Freuden" („gaudia caelestia") wiederfinden (Wilhelm 2004, 170). Die „Übung der Zelle" („exercitium cellae"), die man als exemplarische Imitation der genannten Szenarien betrachten kann, übersetzt damit das Modell der Vita des Antonius in eine Praxis konkreter Selbsttechniken. Nicht mehr das blutige Martyrium der Glaubensbezeugung bildet indes das Ideal, sondern der Vollzug einer spezifischen, dem Martyrium in seiner Dramatik analogen Wahrnehmungsformung, über die der spirituelle Gehalt der Schrift in sinnlich-affektiver Erfahrung als *cognitio experimentalis*, als gleichzeitig experientielle (erfahrungshafte) und experimentelle Erkenntnis erschlossen wird. *Gloria passionis*, die Freude in der Passion und letztlich ihre Verklärung, verliert dabei den Aspekt von Leistung und Gegenleistung grundsätzlich, ist sie nun doch zu sehen im Licht der paulinischen Forderung der Überwindung des Buchstäblich-Natürlichen, des Empirischen und des in irdischer Instrumentalität Gefangenen. Solche Überwindung wird bereits in der frühen christlichen Theologie, etwa bei Origenes und Gregor von Nyssa, zur Theorie spiritueller Aisthesis umformuliert (Largier 2003), die auf rhetorische Effekte" beim Lesen der Heiligen Schrift und auf die Verwendung bestimmter Schriftstellen und -zitate in der kontemplativen Praxis abhebt. Dies zielt darauf – in Anerkennung der Unmöglichkeit, Gott zu erkennen, doch gleichzeitig als Kompensation dieser Unmöglichkeit –, durch Techniken der Meditation von Zitaten und Bildern, die der Heiligen Schrift, den Märtyrer- und den Heiligenleben entnommen sind, in der asketischen Lebensform bestimmte sinnliche und affektive Zustände herzustellen. So entwickelt sich hier eine eigentliche Erfahrungsseelenkunde, die man insofern als experimentell bezeichnen kann, als es darum geht, den verborgenen, spirituellen Sinn der Schrift in Form vielfältiger sinnlich-affektiver Erfahrung und Erkenntnis in der Mitte des Lebens als Affirmation der Zeit und der Welt zu produzieren. Um diese Praxis genauer zu beschreiben, wende ich mich im Folgenden drei exemplarischen mittelalterlichen Textformen zu: der Gebetstechnik, wie sie Hugo von Sankt Viktor in *De virtute orationis* vor Augen führt, der literarischen Form, die diese Technik in Mechthild von Magdeburgs *Das fließende Licht der Gottheit* annimmt, und den *Hundert Betrachtungen und Gebeten* aus Heinrich Seuses *Büchlein der Ewigen Weisheit*, einem der populärsten Andachtstexte der europäischen Literatur (vgl. Aelst 2011).

1. Die Kunst des Gebets

„Oratio est ascensus mentis in Deum." [„Das Gebet ist der Aufstieg des Gemüts zu Gott."] So lautet ein im Mittelalter oft zitierter Satz des Johannes von Damaskus über die Funktion des Gebets (1864, 1089). Die zweite Formel, der man in diesem Kontext ebenso häufig begegnet, ist der Dreischritt *lectio – meditatio – oratio* (Lektüre – Meditation – Gebet), der die Tradition des meditativen Gebets begleitet. Was beides zum Ausdruck bringt, ist zunächst eine Bewegung, die im Gebet stattfindet. Dabei ist die Figur des Aufstiegs charakteristisch, ist das Gebet, insbesondere das meditative und affektive Gebet, von dem ich hier sprechen werde, doch oft in eine Linie eingebunden, die letztlich auf Momente mystischer Einheitserfahrung im Erkennen oder in der Liebe abzielt. So ist denn auch die Erweiterung des Dreischritts etwa beim Kartäuser Guigo II. nicht überraschend, der von *lectio, meditatio, oratio* und *contemplatio* spricht. Er steht für eine Tradition, die im Spätmittelalter gerade auch im Blick auf die Bedeutung der Affekte zunehmend reicher ausgebaut wird, etwa bei David von Augsburg, Rudolf von Biberach und Heinrich Herp, die alle das Gebet im Bild mystischer Einung in überwältigender Liebe enden lassen und das Modell des Aufstiegs in ein Modell der Transformation des affektiven und sinnlichen Erlebens überführen. Dabei ist die Lektüre (*lectio*) *inspectio* der Heiligen Schrift, die Meditation (*meditatio*) *investigatio* des verborgenen Sinns, das Gebet (*oratio*) *devota intentio*, die *contemplatio* schließlich ‚Erhebung des Geistes zu Gott', in dem sie ‚die Freude der ewigen Süße verkostet'. In den Worten des Kartäusers Guigo: „Beatae vitae dulcedinem lectio inquirit, meditatio invenit, oratio postulat, contemplatio degustat." [„Die *lectio* erforscht, die *meditatio* (er-)findet oder erkundet, die *oratio* fordert und die *contemplatio* schmeckt die Süße des ewigen Lebens."] Oder auch: „Quaerite legendo, et invenietis meditando; pulsate orando, et aperietur vobis contemplando." [„Sucht in der Lektüre und ihr werdet finden in der Meditation; klopft an im Gebet und es wird euch aufgetan werden in der Kontemplation."] (Guigo 1862, numerus 2. 476)

Was damit in vielen Traktaten über das Gebet vor uns liegt, ist die Erläuterung einer komplexen Praxis, die Schriftlektüre, explorierendes und betrachtendes Verstehen des Textes, betendes Anklopfen und überwältigenden Genuss verbindet. Dabei spielen die Affekte, wie einschlägige Traktate Hugos von Sankt Viktor, Wilhelms von Saint Thierry, Anselms von Canterbury und natürlich auch Bernhards von Clairvaux belegen, eine zentrale Rolle. Affekte entfalten sich in der *meditatio*, der *oratio* und der *contemplatio*. Dass die Affekte von ausschlaggebender Bedeutung sind, belegt denn auch bereits ein kurzer Überblick über das Vokabular dieser Texte, das ständig die Bereiche *excitatio* (Erregung) und *inflammatio* (Entzündung) umkreist. „In affectibus pietatis", sagt etwa Hugo von Sankt Viktor, „est omnis virtus orandi" (1997, numerus 14. 152). [„Im Affekt der Frömmigkeit besteht die Kraft des Gebets."]

Die Zahl der in der Gebetspraxis evozierten und möglichen Affekte ist indes, wie Hugo in *De virtute orandi* festhält, „unendlich" („infiniti enim sunt affectus"), und deshalb lassen sich nie alle aufzählen („omnes enumerare non possumus", 1997, numerus 14. 152). Er behandelt in seinem kurzen Traktat nur eine kleine Gruppe davon, die ich beispielhaft erwähnen möchte: den *affectus dilectionis*, den *affectus admirationis*, den *affectus congratulationis*, den *affectus humilitatis*, den *affectus moeroris*, den *affectus timoris*, den *affectus indignationis*, den *affectus zeli*. Es sind also Gefühle der Freude, der Bewunderung, der Demut und Erniedrigung, der Furcht, des Entsetzens, der Hingabe, der Hoffnung, die im Blick auf das Gebet und seine Wirkung zur Sprache kommen.

Ich werde mich nun hier nicht auf die Liste der Affekte konzentrieren, von denen in den einschlägigen Texten mehr oder weniger ausführlich die Rede ist, sondern den Aspekt der Praxis im Auge behalten, der *lectio*, *meditatio*, *oratio* und *contemplatio* verbindet und in dieser Verbindung Affekte produziert, diesen Gestalt verleiht und sie zum Ausdruck bringt. Ein erster Überblick zeigt, dass dabei ein Prozess von der sachlich unaufgeregten Lektüre zur affektiven Erregung in der Meditation führt, welche dann im Gebet in Form „überwältigender Hingabe" und „überwältigenden Begehrens" (Hugo 1997, numerus 1. 128) ganz auf Gott ausgerichtet wird. In der *contemplatio* schließlich wird der Betende vom Geschmack des Göttlichen absorbiert, was sich nach Guigo im überwältigten Tränenfluss ausdrückt (Guigo 1862, 5–6). Formal führt die Linie von der sachlichen Lektüre des Textes zur affektiv aufgeladenen Perzeption, zur Fokussierung des Affekts auf Gott, schließlich zur Absorption im Habitus einer Leidenschaft, die alle Wahrnehmung prägt.

In diesem Schema kommt der *meditatio* eine entscheidende Stellung zu. Sie bildet die Schnittstelle zwischen der Lektüre und dem erfolgreichen Gebet – und so auch der kontemplativen Erfahrung, die als Absorption in überwältigender Liebe gefasst ist. Die Meditation ist der Ort der Übung der Gefühle. So schreibt Hugo: „orationi sancta meditatio necessaria est" [„die heilige Meditation ist notwendig für das Gebet"] und „jugi meditatione animum nostrum exerceamus" [„Wir üben unsere Seele unter dem Joch der Meditation"] (Hugo 1997, numerus 2. 128). Die Meditation produziert mithin als Übung, Kunst und *artificium* die Erregung (*excitatio*), die die Grundlage der Fokussierung im Gebet und der Absorption in der Kontemplation ist.

Doch worin besteht die Praxis der Meditation genau? Das Kennwort, das Hugo und Guigo hier verwenden, ist zunächst *cogitatio* und *frequens cogitatio*, also ein intensives und wiederholtes Nachdenken über die Schrift, ein Betrachten, das Guigo auch als *masticatio* beschreibt („meditatio masticat et frangit", Guigo 1862, numerus 2. 476). Die Meditation legt zunächst in und nach der *lectio* den historischen, allegorischen und tropologischen Schriftsinn, also semantische Potentiale des biblischen Textes, frei. *Cogitare* meint jedoch mehr als ein bloßes Übersetzen des oberflächlichen und des tieferen Schriftsinnes in begriffliches

Verstehen oder seine diskursive Erschließung in theologischen Begriffen oder Lebensnormen. Entscheidend ist vielmehr die affektive Dimension, die im *cogitare* mit seinen multiplen Bezüglichkeiten freigesetzt wird. Über den Begriff der *cogitatio* schreibt denn auch noch Thomas von Aquin im Anschluss an Richard von Sankt Viktor, dass er ein „vielfältiges Betrachten und Verstehen" bedeute, das je nach Gegenstand sowohl die sinnliche Wahrnehmung, die Imagination und das diskursive Erfassen beinhalten könne (Thomas von Aquin 1964, II II 180 3 ad 1; vgl. Karnes 2011).

Nach Hugo von Sankt Viktor bedeutet dies zunächst, dass der Mensch sich in der *meditatio* dadurch übt, dass er sich zur *cogitatio* anhält und darin, ganz praktisch, aufgrund der eigenen Lebenserfahrung, der Erinnerung und der Heiligen Schrift Listen von Worten, Bildern und Textstellen erstellt, die seine Affekte evozieren. Dies tut er etwa dadurch, dass er alle möglichen Aspekte der Vergänglichkeit und Gebrechlichkeit der Welt und allen Übels bedenkt, aufzählt und bildhaft gestaltet. Je mehr er dies tut, desto mehr „stöhnt und seufzt er" („tanto amplius suspirat et gemit", Hugo 1997, numerus 3. 130) und verstärkt dadurch sein affektives Erleben. Als Gegengewicht mag der Mensch dann in einem nächsten Schritt der *meditatio* alles Gute und die künftige Herrlichkeit bildhaft-imaginativ vor sein inneres Auge führen und dies den Torturen der ewigen Verdammnis gegenüberstellen. Auch hier stehen Lebenserfahrung, Erinnerung und Schriftstellen als Quellen rhetorischer *inventio* nebeneinander, und auch hier steht der Affekt im Zentrum, zielt doch das Verfahren, gerade in der dramatischen Gegenüberstellung, darauf ab, die *devotio* als *humilis affectus in Deum* zu produzieren, die aus der *compunctio* hervorgeht. *Compunctio* heißt, dass aus dieser Serie von Betrachtungen anhand der hergestellten Listen das Herz von innerem Schmerz und damit einhergehenden Gefühlen berührt wird („cor interno dolore tangitur" [„das Herz wird von innerem Schmerz berührt"]) und eine „conversio in Deum pio et humili affectu" [„eine Hinwendung zu Gott im frommen und demütigen Affekt"] stattfindet. Darin, das heißt „per pium et humilem affectum" (Hugo 1997, numerus 5. 132), konvergieren die Affekte in der Erregung (*excitatio*), durch die das Begehren stimuliert und in einen Zustand wachsender Sehnsucht versetzt wird.

Die *meditatio* bildet so einen Resonanzraum, in dem die erzeugten affektiven Schwingungen sich verstärken und die Intensität des Affekts dazu führt, dass dieser – ganz im Sinne der negativen Theologie – nicht mehr in Worten zu beschreiben ist („quanto major et ferventius est, tanto minus foras per vocem explicari potest", Hugo 1997, numerus 7. 136) und dass er – ganz im Sinne der Epektasis-Lehre des Gregor von Nyssa (Smith 2004, 104–125) – umso stärker wird, je näher er dem Ziel kommt, ohne dies indes je zu erreichen.

Nun ist all dies, wie Hugo schreibt, dort am klarsten und einleuchtendsten, wo der Mensch mit einer Bitte oder einem Anliegen ins Gebet eintritt und dieses dadurch bereits affektiv durch den Wunsch aufgeladen ist. Wie verhält es sich aber da, fragt Hugo, wo gebetet wird, ohne dass ein solches Bitten präsent ist? Wie verhält es sich, wenn „wir die Psalmen singen, die weder eine Bitte ausdrücken noch sich irgendwie auf eine solche beziehen" (Hugo 1997, numerus 10. 142)? Ähnlich verhält es sich ja auch, schreibt Hugo weiter, mit vielen anderen Stellen der Schrift, die wir betend rezitieren, ohne dass diese eine Bitte zum Ausdruck bringen würden. Ist es nicht ‚lächerlich' (*ridiculum*), wenn wir glauben, damit zu beten, ist es nicht schlechthin ‚absurd' (*absurdum*)?

In Hugos Antwort auf diese Frage finden wir die wohl interessantesten Überlegungen zur Gestaltung der Affekte im Gebet. Zunächst hält er fest, dass gerade das Gebet, das nicht Bittgebet ist, ‚wirkungsvoller' (*efficacius*) als dieses sei. Zudem, fügt er bei, weiß Gott, schon lange bevor wir bitten, was wir benötigen. Die Wirkung des Gebets bezieht sich daher nicht darauf, Gott etwas mitzuteilen, sondern darauf, die affektive Erregung (*excitatio*) des Betenden zu produzieren, in der dieser mit Gott kommuniziert, ohne ihm etwas anderes als die Intensität des Affektes mitzuteilen, die im Gebet entsteht. Diese *excitatio* ist das Resultat der oben vorgestellten Mittel, das heißt, der Herstellung von Listen des Übels, des Vergänglichen, der Gebrechlichkeit, aber auch des möglichen Glücks und der Seligkeiten, die Gott keineswegs etwas mitteilen, sondern im Betenden den affektiven Raum entstehen lassen, in dem sich dieser so Gestalt verleiht, dass er schließlich in überwältigender Liebe absorbiert wird. Noch intensiver, da von aller Bitte immer schon befreit, geschieht dies im Beten der Psalmen, was deshalb ‚nicht absurd ist', weil die Worte die Affekte des Betenden erregen und seine *excitatio* zum Ausdruck bringen.

Ein wichtiger Aspekt dieser Praxis, die im Beten der Psalmen von Hugo exemplarisch analysiert wird, ist die *narratio*, also die narrative Entfaltung des dem Gebet zugrunde liegenden Meditationstextes und seine Verbindung mit Erinnerungen und Lebenserfahrungen. Damit wird nicht Gott etwas erzählt, das er nicht schon wüsste, sondern es ist der Mensch, der sich Klarheit über seinen eigenen Zustand verschafft und sich gleichzeitig affektiv erregt. Was hier in den Blick kommt, ist nicht nur ein Vorgriff auf ewiges Glück in der oft erwähnten *praegustatio*, dem eschatologischen Moment eines ‚Vorgeschmacks' des ewigen Lebens, sondern auch eine Fülle affektiver Erfahrungsmöglichkeiten. Gutes und Schlechtes, Momente des Begehrens und des Schreckens, Aspekte der Versuchung, der Hölle und des Gerichts werden Teil der *narratio*, welche der Betende in der Meditation poetisch formt, um sich in den Zustand der Erregung zu bringen, der schließlich im Gebet in Form der auf Gott fokussierten Liebe Gestalt annimmt. Dies geschieht gerade dort, fügt Hugo an, wo in der Intensität des Gebets die anfänglich vorgestellte Bitte vergessen und so der Zustand der „*pura oratio*" erreicht wird, in der sich nichts als Liebe ausdrückt (Hugo 1997, numerus 7. 136).

Die Funktion der *narratio*, die auf Schriftstellen und Lebenserfahrung zurückgreift und diese in der Meditation je neu artikuliert, zielt damit auf das ab, was wir als rhetorische Selbstaffektion mit poetischen Mitteln beschreiben können. Sie ist narrative Inszenierung des in der *lectio* aus der Schrift gesammelten und zunächst im Blick auf mögliche Sinngehalte semantisch ausgelegten Materials mit dem Ziel, über die rhetorische Produktion sinnlicher und emotionaler Wahrnehmung ein Spiel der Affekte herzustellen, die wahrgenommen, in ihrem Charakter erfahren, dann aber auch evaluiert werden können und müssen.

Was damit gefordert wird, ist nichts anderes als eine rhetorische Produktion von Evidenz (Kemmann 1996, 33) und eine Phänomenologie der Affekte, das heißt eine explorierende und verstehende Wahrnehmung, die sich auf die Vielfalt der Affekte richtet, die im Prozess der Meditation mittels der gestalteten Texte und Bilder produziert wird. *Surgent* ist das Wort, das Hugo für die Art und Weise verwendet, in der die Affekte in der Verwendung rhetorischer und poetischer Mittel solcher Evidenzherstellung aus dem Bereich der Latenz hervorgehen. So schreibt er, der „Affekt der Demut geht aus der Betrachtung unserer Schwächen hervor" („affectus humilitatis surgit ex commemoratione propriae infirmitatis"), oder auch: „Der Affekt des Schmerzes geht aus der Betrachtung gegenwärtiger und der erinnernden Wahrnehmung vergangener Übel hervor." („affectus doloris surgit ex commemoratione malorum praesentium, vel ex recordatione praeteritorum", Hugo 1997, numerus 14. 154) Das heißt, dass die Affekte in der poetischen Praxis der Verfertigung von Meditationstexten aus diesen hervorgehen, dass sie aktiv produziert werden und dass sich dabei einzelne Affekte bestimmen, aber auch neue Affekte und Affektkonfigurationen herstellen lassen. Gleichzeitig hält Hugo fest, dass „ein Affekt in den anderen übergeht" (ebd., numerus 14. 156), dass wir also von gleitenden Übergängen ausgehen müssen, die eine affektive Textur bilden und die ein gesteuertes Spiel mit den Affekten durch die Verwendung bestimmter erregender Medien, von Textstellen, Bildern und Musik, erlauben. Wir können uns so in einen Zustand von Schrecken und Furcht versetzen, danach aber Gefühle des Trostes und Glückes hervorrufen, also eine affektive und sinnliche Ästhetik des Schreckens mit einer Ästhetik des Schönen und Guten in Kontakt treten lassen. Gerade damit eröffnet sich denn auch die Möglichkeit, das traditionelle Aufstiegsschema der *purgatio*, *illuminatio* und *unio*, der Reinigung, Erleuchtung und Einung auf die Gebetstechnik zu projizieren und die *meditatio* mit ihrer dramatisierenden Evokation von Schrecken und Hoffnung, Terror und Friede, Hässlichkeit und Schönheit als Raum der *purgatio* zu begreifen, die *oratio* in der Fokussierung der Erregung als *illuminatio* und die *contemplatio* in der Absorption der Leidenschaft als *unio* zu verstehen.

Dass sich dabei die Frage nach der Authentizität und der Simulation unmittelbar stellt, ist auch Hugo klar. Schlüssel für die Echtheit der Gefühle ist indes hier nicht die ‚Natürlichkeit', wie sie sich in der Moderne etabliert, sondern eine wiederum experimentelle Praxis der Unterscheidung und Evaluation (Largier 2005c), die auf die Erfahrung in Demut, also eine spezifische Form der Passivität abhebt.

Bemerkenswert ist hier vor allem, was in der Verbindung von *meditatio* und *inventio* zum Ausdruck kommt: Sie markiert den Übergang von der Lektüre zum Gebet, also die Schwelle, an der die Seele in dieser Form der Passivität zum Ort und Instrument der Exploration von Erfahrungsmöglichkeiten wird. *Meditatio* ist eine Technik, die sich an den rhetorischen Umgang mit Texten anlehnt und die Heilige Schrift in ihrer rhetorischen Dichte im Blick auf sinnlich-affektive Evidenzerzeugung und leidenschaftliche Überwältigung zur Wirkung zu bringen sucht. *Meditatio* ist zunächst *inventio*, insofern sie der Schrift und der Erinnerung Stellen entnimmt, die affektiv und damit persuasiv zu wirken vermögen. Sie ist dann auch *enumeratio*, etwa in der aufzählenden Betrachtung aller Leiden, Übel und Schrecken, die den Menschen zu befallen vermögen. Zum Bestand rhetorischer Mittel gehört natürlich ebenfalls die *narratio*, also die Erzählung, die auf der *inventio*, der Suche nach geeignetem Material, aufbaut und dieses narrativ persuasiv, hier in Form der Evokation von Affekten poetisch entfaltet. Und dazu gehören weitere Mittel, etwa die Wiederholung und die rhetorische Frage, die Hugo in diesem Kontext oft einsetzt. Es sind dies Mittel der Amplifikation, die hier nicht dem Zweck dienen, einen Zuhörer von einem Sachverhalt zu überzeugen, sondern das affektive Leben der Seele zu gestalten.

Ich habe an anderer Stelle den Begriff einer „Phänomenologie rhetorischer Effekte" (Largier 2007; 2009) geprägt, um diese Gebets- und Meditationstechniken adäquat zu beschreiben. Was ich damit meine, lässt sich am Beispiel von Hugos *De virtute orandi* einfach darstellen. Nach ihm hat die Meditation die Funktion, bestimmte Elemente aus einem umfassenden Text- und Erinnerungsarchiv so verfügbar zu machen, dass diese eine affektive Wirkung entfalten, dass also auf ihren rhetorischen Effekt abgehoben wird. Damit wird der persuasive Aspekt der Schrift hervorgehoben, der in der *cogitatio* zunächst im Rahmen der mittelalterlichen Hermeneutik über vielfache Querbezüge semantisch entfaltet, dann aber vor allem im Blick auf die Affektproduktion eingesetzt wird. Biblische Texte werden mit anderen Texten, Skripten und Medien verbunden, um möglichst reichhaltige Erkenntnisformen, Gefühlslandschaften und Erregungszustände herzustellen. Gleichzeitig beinhaltet die *meditatio* als *cogitatio* mehr. Sie meint eine Exploration des affektiven Raumes, der entsteht, und ein bedenkendes, evaluierendes Verhältnis zur Vielfalt der Affekte, die in Liebe und Demut im Gebet fokussiert werden sollen. Diese Vielfalt verschwindet dabei nicht, sondern sie bildet die Voraussetzung der Liebe, insofern sie bewusst durch Mittel rhetorischer Amplifikation verstärkt wird und damit die Intensität erst entstehen lässt, in der sie ihre überwältigende Gestalt annimmt. Dazu gehört auch eine Praxis der Unterscheidung, die die Affekte begleitet und sie einer Evaluation unterzieht. Das heißt, dass wir es mit einer experimentellen Phänomenologie zu tun haben, in der Affekte mit rhetorischen Mitteln – neben der Ebene intellektueller und sinnlicher Wahrnehmung – als Form der Evidenz produziert und in ihrem Charakter erfahren und exploriert werden.

2. Gebet, Allegorie, Experiment

In dieser Praxis entstehen Möglichkeiten zum Experiment mit der Evokation und der Gestaltung der Affekte, die bereits in Hugos Text und in ähnlichen mittelalterlichen Traktaten über das Gebet angelegt sind, die aber in poetisch reichhaltigster Form erst in Texten wie Mechthilds von Magdeburg *Fließendem Licht der Gottheit* ausgeschöpft werden. Dieses ‚Buch', das Mechthild wohl um die Mitte des 13. Jahrhunderts begonnen und bis in die letzten Lebensjahre fortgeführt hat, sammelt in sieben Büchern, die schon vor der Fertigstellung als „Teilpublikationen" (Mechthild 2003, 671) zirkuliert haben dürften, eine Reihe zumeist kürzerer Texte, die das Verhältnis der Seele zu Gott vielschichtig inszenieren und reflektieren. Dass ‚das Ich' sich hier zum Organ göttlichen Sprechens macht und gleichzeitig „als ein Schreibendes und die mit dem Schreiben verbundenen Probleme reflektierendes dargestellt wird" (ebd., 675), ist dabei ebenso bemerkenswert wie die formale Vielfalt der Texte. Diese speisen sich aus einer Reihe von Quellen, biblischen Büchern, dem *Hohelied* und der Leidensgeschichte vor allem, aber auch der Liturgie und der Tradition monastischer Gebetsformen, wie sie uns bei Hugo begegnet ist.

Was Mechthilds Texte dabei auszeichnet, ist eine Verbindung auch mit der höfischen Literatur und ein sprachliches Verfahren, in dem immer wieder „Elemente der Literalebene mit solchen der Deutungsebene kontaminiert" (Köbele 1993, 193), also semantische Potentiale metaphorisch entworfen werden, die selbst wiederum literal gesehen werden und als primäre Wahrnehmungsebene fungieren können. Darin sehe ich am Werk, was Hugo als *cogitatio* bezeichnet und als sprachlich-rhetorische Praxis der Evidenzherstellung versteht, in der zunächst der spirituelle Sinn der Schrift über Bezugsnetze entfaltet und semantisch exploriert, dann aber – mit Blick auf die Affekte und die Gestaltung des affektiven Lebens – im Rahmen der Technik des Gebets, der Meditation und der Kontemplation eingesetzt wird. So werden zunächst metaphorische und allegorische Gehalte der Schrift, also Elemente der Schriftdeutung, zu rhetorischen Stimuli einer Wahrnehmung, die Mechthild affektiv, sinnlich und kognitiv ent-

3.3 *Gloria passionis*. Zur Affektkultur der christlichen Mystik des Mittelalters — 255

faltet, um sie in einem nächsten Schritt wiederum zu deuten und wiederum im Sinne der rhetorischen Produktion von Affekten zu verwenden. Der spirituelle Sinn wird zum buchstäblichen, dieser wiederum zum spirituellen, und so weiter. Damit öffnet sich für Mechthild ein sprachliches Feld, in dem sie poetisch experimentiert, also immer neue Formen der Gestaltung und Repräsentation entwirft, gleichzeitig aber auch die affektiven und kognitiven Potentiale solcher Gestaltung auslotet. Man darf wohl sagen, dass der Formenreichtum, der dabei entsteht, durchaus eine Lust an der Variation bezeugt, ja dass hier im religiösen Bereich zum Ausdruck kommt, was Rhetoriker als Prinzip des Vergnügens durch Variation beschreiben. In diesem Sinne greift Mechthild in ihrem Buch auf alle Möglichkeiten rhetorischer Gestaltung des der Meditation zugrunde liegenden Lectio-Materials zurück, auf Monolog und Dialog, auf Allegorie und Allegorese, auf Listen und Kataloge, auf Prosaerzählung und Vers, auf Modelle der Psychomachie und der höfischen Liebe, um imaginativ und rhetorisch genau den Bereich affektiver Erregung zu evozieren und zu explorieren, den Hugo zur Grundlage des Gebets macht. Was sie von diesem unterscheidet, ist die Form, in der sie das erste Buch einführt, und zwar als Wort Gottes, das heißt „als die Äußerung meiner [Gottes, N. L.] selbst, indem es lobpreisend mein Geheimstes offenbart" (Mechthild 2003, 19). Die Texte sind so – als poetisch gestaltete Gebets- und Meditationstexte – der Ort, an dem und durch den sich Gott ‚offenbart', in einer Vielfalt sprachlicher Formen, die alle mit übernommenen Bildern, Schriftstellen und -szenarien und ihren hermeneutischen, affektiven und kognitiven Potentialen experimentieren. Allegorie, Metapher, Dialog und Mittel rhetorischer Variation und Amplifikation werden so zum Medium einer Offenbarung Gottes, die sich im literarischen Text vollzieht.

Dabei wird dogmatisches Wissen mithilfe narrativer Strategien entfaltet und in eine erfahrungshafte Präsenz überführt, die Mechthild als „*spil*" (Spiel) (ebd., 22–23) bezeichnet, das zwischen der Seele und Gott statt hat und in ihrem Text in komplexen allegorischen Konstruktionen Gestalt annimmt. Diese greifen auf Versatzstücke aus dem *Hohelied* (ebd., 22–23) und aus der Passionsgeschichte (ebd., 42–43), aber auch auf die höfische Vorstellungswelt zurück (ebd., 22–23), um mit rhetorischen Mitteln – ganz im Sinne von Hugos Gebetstechniken – seelische Erfahrungsmöglichkeiten zu produzieren und in ihrer Dynamik zu erproben. Theologische Begrifflichkeit, etwa der Begriff der Trinität oder der Inkarnation, wird übersetzt in meditative Evokation (*cogitatio*) möglicher Bedeutungshorizonte und rhetorischer Effekte auf der affektiven und sinnlichen Ebene, wobei der „Bereich der sinnlichen Wahrnehmung" (Kemmann 1996, 33) als Moment unmittelbarer Evidenz eine wichtige Rolle spielt. Oft nimmt dabei die *enumeratio*, also die Bildung von Reihen und Listen, eine besonders eindrückliche Stellung ein, schafft Mechthild doch auf dieser Grundlage über die syntagmatische

Verknüpfung paradigmatische Ersetzungsmöglichkeiten, deren Entfaltung die Produktion affektiver Intensitäten und Variationen leitet. Das Gotteslob nimmt etwa Gestalt an in der Reihe „O du brennender Berg, | o du auserwählte Sonne, | o du voller Mond, | o du unerschöpflicher Brunnen, | [...]" (Mechthild 2003, 32–33), die indiziert, dass der Text unendlich fortgeschrieben werden kann und die Begegnung mit Gott in der Reichhaltigkeit der rhetorischen Effekte ihren Ort hat, die Mechthild hier produziert. Dabei werden kognitiv-semantische Gehalte in Formen anschaulicher Evidenz überführt und gleichzeitig mit den affektivsinnlichen Effekten entfaltet. Mechthild entwirft so ein poetisches ,Spiel' kognitiver Exploration und affektiver Erregung, das über den literarischen Formenreichtum die Seele immer neu Gestalt annehmen lässt. Beides, das Wort Gottes, das über die Heilige Schrift in den Text eingegangen ist, wie das Leben der Seele, das sich im Rückzug von der gängigen natürlichen Welt ganz der rhetorischen und literarischen Kraft des Textes übergibt, konvergiert in der experimentellen Form des Textes und der Lektüre. Diese repräsentiert durchaus, was dogmatisch und biblisch vorgegeben ist, doch überführt sie es in eine literarische Praxis der Wahrnehmungsformung, die alle Repräsentation in der Produktion einer Kongruenz von Affekt, Erfahrung und Erkenntnis unterläuft, um – bei Mechthild wie bei Hugo – in der absorbierenden Kraft der Liebespassion zu enden.

4. Andacht und Aufmerksamkeit

„Wer kurz, bestimmt und voll Verlangen seine Betrachtungen vornehmen will an Hand des liebevollen Leidens unseres Herrn Jesus Christus [...]", schreibt der Dominikanermystiker Heinrich Seuse, „der soll diese hundert Betrachtungen [...] auswendig lernen und zusammen mit hundertmaligem Niederwerfen [...] täglich durchgehen und bei jedem Niederfall ein Vaterunser oder das Gebet ,Gegrüßt seist du, Königin' sprechen [...]." Seuse fährt fort: „Denn so wurden sie einem Predigerbruder von Gott mitgeteilt, als er einst nach der Mette vor dem Kruzifix stand und Gott innerlich klagte, dass er über das Leiden des Herrn keine Betrachtung vornehmen könne und ihm das so bitter sei. Damit hatte er bis zu dieser Stunde große Mühe gehabt. Dann aber war es damit vorbei. Die Gebete hat er aus eigenem in Kürze hinzugefügt, damit jeder Mensch für sich selber eine Ursache zu bitten finde, je nachdem es seinem Inneren entspricht." (Seuse 1986, 317; 1961 [1907], 314).

Was Seuse hier am Schluss seines *Büchleins der Ewigen Weisheit* dem Leser präsentiert, ist ein Therapeutikum und eine Selbsttechnik, die er mit dem autobiografischen Gestus verbindet, der das Buch einleitet: „Einst stand ein Predigerbruder [Heinrich Seuse, N. L.] nach der Mette vor dem Kreuzbild des Heilandes. Er klagt Gott von Herzen, dass er Christi Qual und Leiden nicht betrachten könne und dass ihm das gar bitter sei; denn darin hatte es ihm bis zu dieser Stunde sehr, sehr gefehlt." Darauf lernte er, „dass die hundert Betrachtungen den bitteren Tod des Herrn von Beginn zu Ende ganz ausdrücklich in sich einschlossen", und so „ward seine frühere Trockenheit in liebevolle Zuneigung verwandelt" (Seuse 1986, 203; 1961 [1907], 196–197).

Die Konstruktion einer autobiografischen Erzählung, die Seuse hier vorlegt, kann als exemplarisches Modell einer an der von Hugo und Mechthild gepflegten Affektkultur orientierten Erfahrungsseelenkunde gesehen werden, die vom Problem der *acedia*, der „hertikeit", „Verhärtung" oder „Trockenheit" (Seuse 1986, 197), ausgeht. Es ist dies ein, ja: das klassische Problem des geistigen Lebens der Mönche und Nonnen, die vom Text der Heiligen Schrift und von der Passionsgeschichte nicht mehr berührt werden. Darin ist denn auch eine Grundlage und Voraussetzung der Entwicklung rhetorischer Mittel affektiver und sinnlicher Erregung zu sehen, wie sie uns bei Hugo und Mechthild begegnet sind. Diese sind darauf angelegt, Evidenz (lat. *evidentia*, gr. *enargeia*) mit den Mitteln „lebhaft-detaillierte Schilderung [...] durch Aufzählung (wirklicher oder in der Phantasie erfundener) sinnenfälliger Einzelheiten" und so ein „Gleichzeitigkeitserlebnis des Augenzeugen" herzustellen (Lausberg 1960, 399–400; vgl. Müller 2007, 61–65). Dabei hebt die Produktion solch unmittelbarer Augenzeugenschaft auf die „Verlebendigung" (gr. *energeia*) und auf einen „energischen Realismus" (Auerbach 1967, 66) ab – eine Verlebendigung also, die mit Mitteln der allegorischen Schriftdeutung arbeitet und neue Bilder und hermeneutische Ebenen der Lesbarkeit entstehen lässt, gleichzeitig aber die figurale Wirkung der poetischen Sprache als sinnliche und affektive Wahrnehmungsformung in den Vordergrund rückt. Dies macht Seuse deutlich, wenn er die Verwendung allegorischer Deutungspraktiken bei der Schriftlektüre und in der Kontemplation erörtert (Largier 2012). Die *Hundert Betrachtungen*, mit denen die komplexe Allegorie des *Büchleins der Ewigen Weisheit* schließt, führen dies nochmals vor Augen. Sie lassen den Text in Formen des Gebets münden, das einerseits Bitte ist, andererseits das Bittgebet immer neu überführt in realistische Evokationen anschaulicher Szenen einer Passionsmeditation (Haas 1995, 128–135). Ihr Kern besteht in der Produktion und Lenkung der Aufmerksamkeit des Betenden im Blick auf affektive und sinnliche Wahrnehmungsformung. Direkte Anrede und aufzählende Reihenbildung sind auch hier – neben Paradoxien, Gegensätzen etc. – die wichtigsten Verfahren rhetorischer Amplifikation, die poetisch in großer Variationsbreite entfaltet und in ihrer affektiven Wirksamkeit entwickelt werden:

> Deine göttlichen Ohren wurden von Spott und Laster erfüllt,
> Dein edler Geruch in üblen Gestank verwandelt,
> Dein süßer Mund mit bitterem Trank,
> Deine zarte Berührung mit harten Schlägen [traktiert.] (Seuse 1961 [1907], 316)

So wird die Aufmerksamkeit durch Mittel poetischer Figuration und rhetorischer Amplifikation gelenkt, die auch hier eine Vielfalt von Emotionen entstehen lassen, mit denen der Text spielt und deren Formbarkeit er voraussetzt. Die Aufmerksamkeit verwandelt sich damit in „Andacht" („*andaht*", ebd., 314), in der die Seele sich der Wirksamkeit der poetischen und rhetorischen Mittel aussetzt und darin die dramatische Intensität der Affekte, der Erfahrung und der Erkenntnis findet. Dadurch lässt sie die ‚Trockenheit' etablierter Wahrnehmungsformen im Experiment mit der Wirkung des Wortes immer neu hinter sich.

Literaturverzeichnis

Aelst, José van. *Vruchten van de Passie. De laatmiddeleuwse passieliteratuur verkend aan de hand van Suso's ‚Honderd artikelen'*. Hilversum: Verloren, 2011.

Auerbach, Erich. „Gloria passionis". *Literatursprache und Publikum in der lateinischen Spätantike und im Mittelalter*. Bern: Francke, 1958a. 54–63.

Auerbach, Erich. „Sermo humilis". *Literatursprache und Publikum in der lateinischen Spätantike und im Mittelalter*. Bern: Francke, 1958b.

Auerbach, Erich. „Figura". *Gesammelte Aufsätze zur romanischen Philologie*. Bern und München: Francke, 1967. 55–92.

Balthasar, Hans Urs von. *Theodramatik*. 4 Bde. Einsiedeln: Johannes, 1976.

Bataille, Georges. „L'expérience intérieure". *La Somme athéologique*. Bd. 1. Paris: Gallimard, 1973. 7–181.

Brakke, David. *Athanasius and Asceticism*. Baltimore, MD und London: Johns Hopkins UP, 1995.

Carruthers, Mary. *The Craft of Thought. Meditation, Rhetoric, and the Making of Images, 400–1200*. Cambridge: Cambridge University Press, 2000.

Carruthers, Mary. *Rhetoric Beyond Words: Delight and Persuasion in the Arts of the Middle Ages*. Cambridge: Cambridge University Press, 2013.

Guigo II. der Kartäuser. „Scala claustralium, sive tractatus de modo orandi". *Patrologia latina*. Hrsg. von Jacques-Paul Migne. Bd. 184. Paris: Migne, 1862. 475–484.

Haas, Alois. *Kunst rechter Gelassenheit. Themen und Schwerpunkte von Heinrich Seuses Mystik*. Frankfurt am Main u. a.: Lang, 1995.

Hugo von Sankt Victor. „De virtute orandi". *L'Oeuvre de Hugues de Saint-Victor*. Hrsg. von H. B. Feiss und P. Siccard. Turnhout: Brepols, 1997. 126–171.

Johannes von Damaskus. „De fide orthodoxa". *Patrologia graeca*. Hrsg. von Jacques-Paul Migne. Bd. 94. Paris: Migne, 1864. 790–1228.

Karnes, Michelle. *Imagination, Meditation, and Cognition in the Middle Ages*. Chicago, IL: University of Chicago Press, 2011.

Kemmann, Ansgar. „Evidentia, Evidenz". *Historisches Wörterbuch der Rhetorik*. Hrsg. von Gert Ueding. Bd. 3. Darmstadt: Wissenschaftliche Buchgesellschaft, 1996. 33–47.

Köbele, Susanne. *Bilder der unbegriffenen Wahrheit. Zur Struktur mystischer Rede im Spannungsfeld zwischen Latein und Volkssprache*. Tübingen und Basel: Francke, 1993.

Largier, Niklaus. „Inner Senses – Outer Senses: The Practice of Emotions in Medieval Mysticism". *Codierungen von Emotionen im Mittelalter/Emotions and Sensibilities in the Middle Ages*. Hrsg. von C. Stephen Jaeger und Ingrid Kasten. Berlin und New York, NY: De Gruyter, 2003. 3–15.

Largier, Niklaus. „Medialität der Gewalt. Das Martyrium als Exempel agonaler Theatralisierung". *Gewalt im Mittelalter*. Hrsg. von Cornelia Herberichs und Manuel Braun. München: Fink, 2005b. 273–291.

Largier, Niklaus. „Präsenzeffekte. Die Animation der Sinne und die Phänomenologie der Versuchung". *Poetica* 37 (2005a): 393–412.

Largier, Niklaus. „Rhetorik des Begehrens. Die ‚Unterscheidung der Geister' als Paradigma mittelalterlicher Subjektivität". *Inszenierungen von Subjektivität in der Literatur des Mittelalters*. Hrsg. von Martin Baisch. Königstein: Helmer, 2005c. 249–270.

Largier, Niklaus. „Die Applikation der Sinne. Mittelalterliche Ästhetik als Phänomenologie rhetorischer Effekte". *Das fremde Schöne. Dimensionen des Ästhetischen in der Literatur des Mittelalters*. Hrsg. von Manuel Braun und Christopher Young. Berlin und New York, NY: De Gruyter, 2007. 43–60.

Largier, Niklaus. „Praying by Numbers. An Essay on Medieval Aesthetics". *Representations* 104 (2008): 73–92.

Largier, Niklaus. „Die Phänomenologie rhetorischer Effekte und die Kontrolle religiöser Kommunikation". *Literarische und religiöse Kommunikation in Mittelalter und Früher Neuzeit. DFG-Symposion 2006*. Hrsg. von Peter Strohschneider. Stuttgart: Metzler, 2009. 953–968.

Largier, Niklaus. „Das Theater der Askese: Gewalt, Affekt und Imagination". *Askese und Identität in Spätantike, Mittelalter und Früher Neuzeit*. Hrsg. von Werner Röcke und Julia Weitbrecht. Berlin und New York, NY: De Gruyter, 2010. 207–222.

Largier, Niklaus. „Allegorie und Figur. Figuraler Realismus bei Heinrich Seuse und Erich Auerbach". *Paragrana* 21 (2012): 36–46.

Largier, Niklaus. „Zwischen Sinnlichkeit, Rhetorik und Hermeneutik. Erich Auerbachs *Figura* und das Konzept der ‚historischen Topologie'". *Figura. Dynamiken von Zeichen und Zeiten*. Hrsg. von Katharina Mertens Fleury und Christian Kiening. Würzburg: Königshausen & Neumann, 2013. 51–70.

Lausberg, Heinrich. *Handbuch der literarischen Rhetorik. Eine Grundlegung der Literaturwissenschaft*. München: Hueber, 1960.

Müller, Jan-Dirk. „Evidentia und Medialität. Zur Ausdifferenzierung von Evidenz in der Frühen Neuzeit". *Evidentia. Reichweiten visueller Wahrnehmung in der Frühen Neuzeit*. Hrsg. von Gabriele Wimböck. Münster: LIT-Verlag, 2007. 57–81.

Mechthild von Magdeburg. *Das fliessende Licht der Gottheit*. Hrsg. von Gisela Vollmann-Profe. Frankfurt am Main: Deutscher Klassiker Verlag, 2003.

Seuse, Heinrich. „Das Büchlein der ewigen Weisheit". *Deutsche Schriften*. Hrsg. von Karl Bihlmeyer. Frankfurt am Main: Minerva, 1961 [1907]. 196–235.

Seuse, Heinrich. „Das Büchlein der ewigen Weisheit". *Deutsche mystische Schriften*. Hrsg. und übers. von Georg Hofmann. Düsseldorf: Patmos, 1986. 209–330.

Smith, Warren J. *Passion and Paradise. Human and Divine Emotion in the Thought of Gregory of Nyssa*. New York, NY: Crossroad, 2004.
Sorabji, Richard. *Emotion and Peace of Mind. From Stoic Agitation to Christian Temptation*. Oxford: Oxford University Press, 2002.
Thomas von Aquin. *Summa theologiae*. 11 Bde. New York, NY: McGraw-Hill, 1964–1976.
Vermeulen, A. J. *The Semantic Development of Gloria in Early-Christian Latin*. Nijmegen: Dekker van de Vegt, 1956.
Wilhelm von Saint-Thierry. *Lettre aux frères du Mont-Dieu (Lettre d'or)*. Hrsg. von Jean Déchanet. Paris: Éditions du Cerf, 2004.

3.4 Die Liebe der *trobadors*
Cornelia Wild

Die Troubadoure – die Dichter, die im 12. Jahrhundert in Provenzalisch bzw. Altokzitanisch gedichtet haben – nannten ihr permanentes Reden über die Liebe *trobar* und verbanden ihr Dichten mit dem Anspruch, Sprache und Begehren zusammenzuführen. Die grundlegende Frage, was es heißt, über Liebe zu reden, hat damit in dieser Dichtung eine erste entscheidende Szene gefunden. Im Mittelpunkt dieser Dichtung steht die Unterwerfung unter die Liebe zu einer Minnedame, *domna*, deren anmutiger Körper (*cors gens*) vor allem durch die schönen Augen (*bel olh*) und den schönen Mund (*bela bocha*) in den Blick gerückt wird: „Anc sa bela bocha rizens | non cuidei, baizan me träis […] Bela domna, ·l vostre cors gens | e·lh vostre belh olh m'an conquis." [„Schöne Frau, Euer anmutiger Leib und Eure schönen Augen haben mich gewonnen. [...] Nimmer glaubte ich, daß ihr schöner lachender Mund mich verraten würde."] (V. 41–42 und V. 49–50; zit. nach Appel 1915, 5)

Fin'amors, die Liebe der *trobadors*: Das ist keine in einem romantischen Sinn ‚authentische', sondern eine raffinierte, extrem kodifizierte Liebe, hinter der man die Feinheiten der höfischen Kultur hervorscheinen sieht (Lazar 1995; Zink 2013). Diese Dichtung konstituiert ein Liebesschema, das nicht auf den Liebesakt zielt, sondern das Reden über die Liebe an seine Stelle setzt. Mit Blick auf diese Dichtung haben Jacques Lacan und Julia Kristeva den Begriff der Lust/des Genusses (*jouissance*) ins Spiel gebracht und damit einen Überschuss an Affektivität bezeichnet (Kristeva 1989 [1983]; Lacan 1991). Denn die Dichtung der *trobadors* zeichnet sich, wie Kristeva in ihren *Geschichten von der Liebe* betont hat, durch eine „unmittelbare Einschreibung der Lust [*jouissance*]" (Kristeva 1989 [1983], 270) aus. Dichten und Genießen, eine Frau zu besingen (*cantar*) und zu begehren (*dezirer*), fällt in der provenzalischen Dichtung zusammen, wenn die Dichtung eine Art der Affektivität bestimmt, die sie *joi* nennt. Das Liebesschema beruht dabei nicht auf Erfüllung, sondern geradezu umgekehrt auf Versagung und Verzicht: als eine auf Dauer gestellte Inszenierung der Nichterfüllbarkeit des Begehrens. Eine solche Dichtung ist eine Liebeskunst, eine „Rhetorik des Begehrens" (Largier 2007, 129), die durch ihre Rede die Affekte aufs Genaueste differenziert. Ihre Geschichte ist darin eine „versäumte Geschichte" (Mancini 2009). Denn die Implikationen eines endlosen Diskurses über das Begehren sind als eine Rhetorik (wieder-)zuentdecken, die die Figuren der Liebe den Triumphen der Erfüllung vorzieht.

1. trobar, tropare

Die Bezeichnung der Dichter als *trobadors* impliziert eine doppelte Ausrichtung des Dichtens: *Trobador* geht zurück auf provenzalisch beziehungsweise altokzitanisch *trobar, trouver, trovare, trovar* und bezeichnet die dichterische Tätigkeit als ein Finden. *Trobador* leitet sich aber auch von dem mittellateinischen *tropare* her, ist also über die erste Bedeutung hinaus der rhetorische Akt des Bildens von Tropen, das heißt von rhetorischen Figuren wie Metapher, Metonymie oder Ironie (Zumthor 1995, 13; G. Paris 1878). Für die *trobadors* wie auch für die weiblichen *trobadors*, die *trobairitz*, impliziert das Finden der Topoi zugleich ein Bilden der Tropen (Rieger 1991; Bruckner 1995).

Ein solches *trobar* im doppelten Sinn fällt nicht zwangsläufig mit dem Singen, dem Vortragen der Texte durch Spielmänner (*jongleurs*) oder die *trobadors* selbst zusammen. Wenn ihre Dichtung auch keine gelesene, sondern eine vorgesungene war, so spricht der Grad ihrer Ausarbeitung doch für eine Schriftsprache (Rieger 1983, 210). Im Unterschied zum mittelhochdeutschen Begriff Minnesänger, bei dem die Bezeichnung auf die performative Ebene der Dichtung abhebt, das Singen der Liebe, bezeichnet *trobadors* nicht nur die eigene Aufführungspraxis, sondern auch die damit zum Ausdruck gebrachte Tätigkeit: das Dichten als Gebrauchen von rhetorischen Figuren (ebd., 213 und 226). Noch Dante Alighieri hatte diese Bedeutung im Blick, als er in seinem sprachphilosophischen Traktat *De vulgari eloquentia* die provenzalischen *trobadors* als „Lehrer der Beredsamkeit" (im Original: *eloquentes doctores*, Dante 2007, IX, 2) verhandelte.

Der Gegenstand der Dichtung dieser *trobadors* ist nahezu ausschließlich die Liebe und damit das *Tro[b]/[p]ar* zuallererst eine Liebesrede. Die am häufigsten vorkommende Liedform ist die Kanzone (Rieger 1983, 249). Robert Guiette hat in den 1970er Jahren den Blick zum ersten Mal konsequent für diese Dichtung auf die formale Ebene gelenkt und damit von der biografischen und historischen Situation der Dichter abgesehen. Als formale *variatio* würde das Sprechen über Liebe im Korpus der Trobador-Dichtung durchgespielt – „jeu de la variation sur un thème connu" (Guiette 1972, 32; vgl. Jauß 1977). Als solche reflektiert sie sowohl über den Gegenstand als auch über ihre eigenen poetologischen Voraussetzungen: Die Dichtung der *trobadors* begründet einerseits die erste romanische Dichtung – eine Dichtung in der sogenannten *langue d'oc*, von der die *langue d'oïl*, die Sprache Nordfrankreichs, unterschieden werden kann (Dante 2007, viii, 6–7) –, andererseits muss sie sich auch mit der ihr schon vorausgegangenen Dichtung auseinandersetzen (Zink 2013, 14). Zahlreiche Gedichte haben im Rückgriff auf die bestehenden Topoi der Liebe diese im Zitieren verändert oder erweitert und somit letztlich auch neu erfunden: als Dichtung einer Sprache der Liebe, auf die sich die Liebesdiskurse von Dante, Petrarca, Ronsard, Stendhal bis Baudelaire und Proust beziehen werden. Explizit weist sie sich dabei als Liebeskunst, als *saber d'amor* aus. Dietmar Rieger betont, dass es sich bei dieser poetischen Sprache nicht um die gesprochene Sprache, sondern um eine Kunstsprache, Koiné, handelt (Rieger 1983, 202–203). Das 12. und das 13. Jahrhundert entdecken die Liebe als eine Erfahrung, die in dieser Weise nur in der Sprache ihren Ort hat. Sprache und Liebe verbinden sich in einem doppelten Sinn in dieser Dichtung: als Sprache der Liebe und als Liebe zur Sprache.

2. Liebe, Körper, Gesellschaft

Die Kritik hat seit dem 19. Jahrhundert die Topik der Liebe auf die höfische Kultur bezogen (vgl. G. Paris 1894). Das Dichten über Liebe wurde daran anschließend von Erich Köhler als „Bildungserlebnis" (Köhler 1962, 91) bezeichnet: als Möglichkeit zur Vervollkommnung eines höfischen Rittertums. Die Liebe zur Minnedame erschien hierbei als „Ausgangspunkt aller Tugenden" (ebd., 89), und das Ziel dieser Ausbildung zur Tugend war eine Selbstperfektion, die im Dienst der höfischen Gesellschaft stand. In dieser Perspektive hat die solchermaßen als Tugendlehre verstandene Dichtung die von der Dichtung gesetzte Differenz der Geschlechter und die Überschreitung dieser Differenz benutzt, um einen männlichen Körper der Gesellschaft zu behaupten: „Die höfische Frau hat, in der Erfüllung ihrer Pflicht, den Wert des Mannes zu steigern." (ebd., 95) Demnach würde die Liebe der *trobadors* nicht nur die sozialen Verhältnisse reflektieren, sondern spiegelte – in der Minnedame – die Perfektion männlicher Tugendhaftigkeit.

Die Reduktion der poetischen Funktion auf diese Dimension hat weitere Differenzierungen erfordert. So wurde von Rainer Warning die Liebe der *trobadors* nicht als Spiegel der Gesellschaft verstanden, sondern als „Aufbau einer sozialen Formation" (Warning 1979, 121; vgl. Rieger 1983, 234–248), für die die *trobadors* eine bestimmte Konstellation im Verhältnis der Geschlechter isolieren: „nämlich die des werbenden Mannes und der sich entziehenden Frau, um sie in liedhaften Fiktionen auf Dauer zu stellen" (Warning 1979, 121; vgl. Müller 2004). Insbesondere durch das feudalrechtliche Vokabular, wie vasallitische Huldigungen als Ritus der Selbstaufgabe (*flectis genibus*, *manibus iunctis*) oder auch Verweise auf die *convenientia* oder den Kuss auf den Mund (*osculum*), die auf die feudalrechtliche Treue anspielen, würde das Referenzsystem explizit (Rieger 1983, 240–241). Die Dichtung der *trobadors* ist hierbei nicht allein Mittel der Erziehung zur Tugend, sondern exemplifiziert höfisches Verhalten durch Sprachhandlungen durchaus auch in seinen unausgesprochenen Aporien und ideologischen Wunschvorstellungen sowie hinsichtlich ihres imaginären Potentials und ihrer (orientalischen)

Phantasmen (Teuber 2013). Konstitutiv hierfür sind Sprechakte wie Jubel, Klage, Lobpreisung der Dame, Treuegelöbnis und Liebesbitte, die nicht allein auf ihre Topik, sondern auf das Referenzsystem Feudalwesen bezogen werden können. Durch die Referenzen der Dichtung auf das Feudalsystem wird nicht mehr nur das Ideal der Tugend, sondern das poetische Tun, Meisterschaft und *auctoritas*, funktional bestimmt, und aus dem „strengen Ernst der Ideologie" wird auf diese Weise ein „Spiel der Konnotationen" (Warning 1979, 144 und 149). Als solchermaßen bestimmte Sprachhandlung, die das Rollenprogramm des Dienstes aus dem Feudalsystem ausspielt und als neue Verhaltensweise einübt, wird die Dichtung jedoch nach dem Maßstab der Wirklichkeit gemessen und bleibt letztlich die Fiktion ein Ort „gesellschaftlicher Sinnkonstitution" (ebd., 125).

Eine Dichtung, die den Körper der Dame, ihre schönen Augen und den lächelnden Mund in den Mittelpunkt stellt, übersetzt allerdings Gesellschaft in einen ästhetischen Körper, der mit den Augen und dem Mund einer Frau ausgestattet ist. Rückt damit nicht diese Dichtung das Geschlecht dieses Körpers in den Blick, seine ästhetischen Qualitäten, aber auch das Begehren, das diesen Körper bestimmt? In diesem Sinn würde der hervorgehobene schöne Körper der Frau, wenn er auf den Dienst an der Gesellschaft verweist, folglich immer auch von der Gesellschaft als weiblichem Körper handeln. Bei der Bestimmung der dichterischen Rede als Ort gesellschaftlicher Sinnkonstitution könnte die Frage der Referentialisierung in Bezug auf die außerhalb der Sprache liegende Wirklichkeit auch für die Geschlechtlichkeit des gesellschaftlichen Körpers gestellt werden und würden damit auch diejenigen Affektstrukturen in den Blick rücken, die die gesellschaftliche Ökonomie des 12. Jahrhunderts als zugleich femininen und poetischen Körper konstituieren.

3. Paradoxien der Liebe

Die Sprache der Liebe der *trobadors* bestimmt der imaginäre Dienst an der Dame, die vollständige Unterwerfung unter ihre Anordnungen – „ve·us m'al vostre comandamen" [„Sehet mich hier zu Eurem Befehl"] (Bernart de Ventadorn, 31, V. 53, zit. nach Appel 1915, 191). Die Besonderheit dieser Liebesdichtung besteht nicht nur darin, den Ruhm des Dichters, sondern auch den seines Gegenstandes, den Ruhm der Dame, zu steigern. Frauendienst (*domnejar*) heißt, einer Dame (*domna*) ‚den Hof zu machen' (Zink 2013, 35). Die eigene Meisterschaft wird in den Dienst der Herrin gestellt; sie ist es, zu deren Gefallen von Liebe gesprochen wird. Im Unterschied zur Liedersammlung des *Canzoniere*, durch die sich Francesco Petrarca als der „größte Trobador" (Appel 1915, XXIII) mit seiner Dame selbst

Ruhm zuschreibt, insofern er ihre Huldigung ganz in den Dienst des Dichterruhms, *laurea corona*, stellt, zielt in der provenzalischen Dichtung die Rede des Sprechers in erster Linie darauf, den Wert nicht des Ichs, sondern der Dame zu steigern. Zwar hat der Gesang zu ihrem Ruhm dennoch nicht dazu geführt, die Dame selbst zu Wort kommen zu lassen. Nur an wenigen Stellen wird die Rede der Minnedame direkt oder indirekt zitiert (Wild 2014). Explizit erklärt aber das Subjekt poetischer Rede zur Aufgabe seines Dichtens die Verbreitung nicht seines, sondern *ihres* Ruhmes: „Et es merces, s'il me deingna acuillir, | Qu'en maint bon loc fatz *son ric pretz* [meine Hervorhebung, C. W.] auzir." [„Es wäre eine Gnade von ihr, wenn sie mich annehmen wollte, denn ich verbreite ihren Ruhm doch in mancher edlen Gesellschaft."] (Folquet de Marseille, zit. nach Diez 1966, 121).

Ob die Adressierung des Begehrens dabei tatsächlich ausschließlich auf eine Frau, eine Geliebte, gerichtet ist, lässt sich nicht immer eindeutig sagen. Als Name für die Dame steht neben *domna* auch *senhor* oder *midons*, mein Herr [*mi* = fem. Possessivum *mia/meus/mos* und *dons* = mask. lat. *dominus*]. ‚Dame' referiert also nicht zwangsläufig auf das biologische Geschlecht; es kann sich auch um eine „form of flattery" (Begin 1980, 50) oder eine Redefigur handeln, die einen Mann durch eine Frau und den feudalen durch einen Liebesbund ersetzt (Paden 1975). Auch kann die Dame durch ein männliches *senhal*, das heißt einen Decknamen, versteckt werden. Mit diesen wechselnden Bezeichnungen ist die Überschreitung der Differenz der Geschlechter in der Dichtung der *trobadors* angelegt, denn die Adressierung der Dame als Herrin/Herr lässt darauf schließen, dass das soziale und das grammatikalische Geschlecht in der Sprache der *trobadors* nicht zusammenfallen müssen.

Die Unterwerfung unter den Ruhm der Dame ist die Voraussetzung für die Darstellung einer bestimmten Affektivität des Sprechers, bei der die Lust mit dem Leiden an der Liebe zusammen fällt. Die Dichtung der *trobadors* ist zu einem großen Teil die Klage des Nicht-Geliebten, des von der Dame verschmähten Ichs, wobei stets mitinszeniert wird, wie die Klage in Lust kippt. Die Unauflösbarkeit dieser Struktur, die die Dichtung von Anfang an kennzeichnet, ist der in nahezu jedem Gedicht wiederholte Kern, den Hans Robert Jauß auch als „Urszene" bezeichnet hat: als Szene „zwischen der vollkommensten, aber unnahbaren Dame und dem sich nach ihr verzehrenden, aber sein Martyrium als Auszeichnung empfindenden Dichter" (Jauß 1977, 389). In dieser Urszene begehrt das Subjekt poetischer Rede gerade das, was es nicht haben kann: „Tot ayso dic per una domna que·m fay languir ab belas paraulas et ab lonc respieg, no say per que." [„All dies sage ich wegen einer Dame, die mich mit schönen Worten und mit dauerndem (langem) Aufschub schmachten lässt, ich weiß nicht warum."] (Raimbaut d'Aurenga, *Escotatz, mas no say que s'es*/Hört zu, ich weiß nicht, was es ist, V. 21–23; zit. nach Rieger 1980, 122–123) In einer solchen Unerreichbarkeit der Dame hat Lacan eine Schranke (*barrière*) gesehen, die zwischen Ich und Dame errichtet wird und deren Unverfügbarkeit Bestandteil der poetischen Logik ist (Lacan 1996; vgl. Leupin 2005).

Jaufre Rudel hat in seiner Dichtung eine solche Liebe *amor de lonh* genannt, eine Liebe aus der Ferne, bei der die Unerreichbarkeit des Liebesobjekts immer wieder aufs Neue sprachlich erzeugt werden muss. Im Zentrum seiner Dichtung steht nicht das Glück der Erfüllung, sondern das beständige Besingen der Unerfüllbarkeit und des lustvollen Verzichts. Aus diesem Grund hatte Leo Spitzer für diese Liebe die Paradoxien betont. Er versteht sie als „amour qui ne veut posséder, mais jouir de cet état de non-possession" (Spitzer 1959, 364; Söffner 2009), eine Liebe also, die gerade aus dem Zustand der Unerfüllbarkeit, des Nichtbesitzes des Liebesobjekts Lust bezieht. Die Struktur dieses *paradoxe amoureux* artikuliert sich durch die Antinomie von Verlangen nach Berührung (*toucher*) einerseits und der Liebe auf Distanz (*amor de lonh*) andererseits. Dabei erschließen die Referenzen auf die Sphäre des Körpers einen Bereich, in dem der Kontakt mit dem weiblichen Körper permanent als Wunsch formuliert und durch Anspielungen auf den Geschlechtsakt oder durchaus sehr körperliche Bilder evoziert wird (Gubbini 2012, 9).

Auch wenn also die provenzalische Dichtung nicht auf die Realisierung des Liebesbegehrens zielt, so entfaltet sie dieses doch in komplexer Weise. Am deutlichsten wird dies im sogenannten *trobar ric*, einer extrem formalisierten Dichtung, wie sie Arnaut Daniel praktiziert hat:

> Lo ferm voler q'el cor m'intra
> no·m pot ies becs escoissendre ni ongla
> de lausengier, qui pert per mal dir s'arma;
> e car non l'aus batr'ab ram ni verga,
> sivals a frau, lai on non aurai oncle,
> iauzirai ioi, en vergier o dinz cambra.
>
> [Das beständige Begehren (Wollen), das in das Herz mir *hineingeht*,
> können (kann) mir keineswegs zerreißen ein Schnabel oder ein *Fingernagel*
> eines Übelredners (falschen Schmeichlers), der durch Übelreden seine *Seele* verliert (verdirbt);
> und da ich nicht mit einem Zweig und mit einer *Rute* zu schlagen wage,
> werde ich wenigstens heimlich, (und zwar) dort wo ich keinen *Onkel* (d. h. Zeugen, Aufpasser) haben werde, die (Liebes-)Freude genießen, im Garten oder drinnen in der *Kammer*.]
> (Arnaut Daniel, *Lo ferm voler q'el cor m'intra/Das beständige Begehren, das in das Herz mir hineingeht*, 1–6; zit. nach Rieger 1980, 152–153, Herv. i. Orig.)

Im Reimschema der Sestine variieren sechs Reimwörter, die am Ende jeder Strophe nach einem präzisen Schema alterniert werden, um schließlich in der letzten Strophe (*tornada*) nochmals zusammengeführt zu werden. Doppeldeutigkeit entsteht dabei schon dadurch, dass *cors* und *cor* im Provenzalischen sowohl Herz als auch Körper heißen können, sodass nie sicher ist, ob, wenn vom Herzen die Rede ist, nicht auch der Körper bezeichnet wird und umgekehrt (Lommatzsch 1957, 83). Es ist also weder klar, ob das Ich tatsächlich nur von seinem Herzen oder auch von seinem Körper spricht, noch, ob, wenn das Herz der Geliebten angesprochen wird, nicht auch ihr Körper ins Spiel kommt, zumal bei Arnaut Daniel auch der *cors* genannt wird: „anc cors" [„in einem Körper"] (Arnaut Daniel, *Lo ferm voler q'el cor m'intra/Das beständige Begehren, das in das Herz mir hineingeht*, V. 28; zit. nach Rieger 1980, 152–153). Durch das solchermaßen dargestellte doppelte Begehren wird auch der Ort der Liebe, nämlich die Kammer (*cambra*), zugleich als Ort der Liebe und als Ort der Dichtung konstituiert. Die Liebesrede stellt Herz und Körper nebeneinander, allerdings auch hier nicht, um den Liebesakt als vollzogenen zu behaupten. Im Gegenteil wird die Ambiguität durch die Suspension des Liebesakts noch zusätzlich gesteigert.

4. Tropen des Begehrens

In *De Amore*, der für das Mittelalter maßgeblichen Schrift über die Liebe, hat der Kleriker Andreas Capellanus die Liebe des Mittelalters codiert und eine Anleitung zum richtigen Verhalten in Sachen Liebe verfasst: eine Erziehung zum *amour courtois*. *De amore* erhebt den Anspruch, wie die *Ars amatoria* Ovids, den Liebenden zum richtigen Umgang mit Venus anzuleiten. Sie versteht sich folglich als Lehre von der Liebe (*amoris doctrina*) (Capellanus 2003, 10). Die gesamte Metaphorik von den Pfeilen im Herzen, der Sklaverei durch Venus, den Zügeln des Pferdes bis hin zur Metapher des Netzes, in das Venus verstrickt, ruft Ovid als Intertext auf (vgl. Ovid 1999, I, 21–24). Liebe ist in Capellanus' Liebestraktat eine *passio*, der der Liebende verfallen muss, weil es sich, wie es in *De Amore* heißt, um eine angeborene Leidenschaft („passio quaedam innata", Capellanus 2003, 11) handeln würde. Er versteht Liebe als eine Art Krankheit, als ein passives Leiden also, das offensichtlich noch nicht dem Gebrauch von Leidenschaft als *sentiment*, Gefühl oder Empfindung im modernen Sinn entspricht (Auerbach 1967).

Die Liebesregeln, *amoris praecepta*, dienen in Form von beispielhaften Dialogen und Regellisten beziehungsweise durch Darstellung von Rechtsfällen der Unterweisung in das höfische, demütige Verhalten gegenüber einer Dame (*servitio*), den Umgang mit Standesunterschieden sowie in die Rhetorik (*eloquentia*). Die Regeln dienen dabei ganz offensichtlich der Formalisierung außerehelicher Liebesverhältnisse zugunsten des Funktionierens der höfischen Gesellschaft.

Denn die Funktion des Traktats besteht in der Regulierung der *passio* innerhalb des Feudalwesens, wobei die Liebe zu einem Gegenstand der Verwaltung einer eindeutig heterosexuellen Beziehung wird, die die Partner gegenseitig verpflichtet. Dieser nahezu juristischen Liebescodierung gegenüber, und damit implizit auch anders als Ovids *Ars amatoria*, praktiziert die Dichtung der *trobadors* geradezu das Gegenteil. Denn ihr Ziel ist keine Maßregelung der *passio*, sondern ihre Erzeugung: In der provenzalischen Dichtung geht es nicht darum, die *passio* zu vermeiden, selbst wenn sie nicht auf ihre Erfüllung setzt. So beschreibt sie die absolute Affizierung, ein ‚Getroffen-Werden' von der Liebe bis zum Tod und darüber hinaus (Kristeva 1989, 148). Wie die Liebe der Christen, *passio gloriosa*, ist die Liebe der *trobadors* eine Inszenierung des Leidens und wie bei den Mystikerinnen und Heiligen ist dieses Leiden voll der Süße, wie sie in der berühmten Durchbohrung mit einem Pfeil aus dem *Libro de la Vida* der Teresa von Avila zur Darstellung kommt (Santa Teresa de Jésus 1979, 352–353; vgl. Lacan 1991, 83).

Mit dieser Affektmodellierung ist die provenzalische Dichtung zum Modell für den europäischen Diskurs der Leidenschaften geworden, was insbesondere in der französischen Moralistik des 17. Jahrhunderts deutlich wird, als durch sie mit der „*incurable faiblesse*" (Starobinski 1966, 34) ein Konflikt der Leidenschaften, der *passions*, erneut hervorgebracht worden ist. Die Dichtung der *trobadors* kultiviert die Leidenschaften in einer Weise, die man nach dem ihr zugrunde liegenden *paradoxe amoureux* ein *paradoxe affectif* nennen könnte: Denn sie stellt die Gegensätze Leid beziehungsweise Schmerz (*sofrire, dolor*) und Lust (*joi*), Übel (*mal*) und Gutes (*grazitz*), Zorn (*iratz*) und Freude (*jauzens*) bruchlos nebeneinander und ruft damit den Ovid'schen Topos des *dulce malum*, des ‚süßen Leidens' auf (Ovid 1999, 2,9,26). *Joi* gilt als der Schlüsselbegriff dieser doppelt paradoxen Dichtung, der besonders von Bernart de Ventadorn geprägt worden ist. Die Etymologie des Wortes ist umstritten, wird aber üblicherweise als Überblendung von lateinisch *joculum* (Spiel) und *gaudium* (Freude) verstanden (Lazar 1995, 77). *Joi* wird meist mit Freude oder als französisch *jouissance* mit Lust übersetzt. Allerdings ist damit die Bedeutung des Wortes verkürzt, denn es meint nicht die reine *joia*, sondern *joi* dient als geradezu schmerzlicher Ausdruck für die Liebe (Zink 2013, 49; Lévy 1973, 218). Der *joi* taucht in denjenigen Kontexten auf, die in zentralem Zusammenhang mit den Themen der provenzalischen Dichtung stehen. Die bevorzugte Jahreszeit ist der Frühling, die Zeit der Weißdornblüte und des Lerchengesangs, in der die Dame zur Quelle der Lust (*joi*) werden kann (Lazar 1995, 78).

Als Allegorie der Liebe tritt der Liebesgott mal in weiblicher mal in männlicher Gestalt auf und trifft den Dichter mit seiner Lanze ins Herz: „E'l dieus d'amor m'a nafrat de tal lansa." [„Die Liebe trifft uns leicht mit ihrer Lanze."] (vgl. Diez 1966, 122–123) Dabei scheint immer wieder Ovid als Intertext durch, verweisen die

Pfeile der Liebe auf die *Ars amatoria,* in der der römische Amor den Liebenden mit seinen Pfeilen verwundet oder ihn ergreift: „Aquest'amors me fer tan gen | al cor d'una dousa sabor: | cen vetz mor lo jorn de' dolor | e reviu de joi autras cen." [„Diese Minne trifft mich so schön ins Herz mit süßer Lust, hundertmal am Tage sterbe ich vor Schmerz und hundertmal lebe ich vor Freude wieder auf."] Bernart de Ventadorn, 31, V. 25–28, zit. nach Appel 1915, 189). Die Liebe entfaltet ihre ganze Süße (*dousa sabor*) gerade dann, wenn aus ihr Schmerz (*dolor*) und Lust (*joi*) gezogen werden kann. Doch das Sprechen von der Liebe als *trobar* wiederholt nicht nur den „ovidsche[n] Diskurs" (Mancini 2009, 7). Der Topos des *dulce malum* wird zwar aufgerufen, aber die Folie wird verändert. Typisch sind das Zittern und Erbleichen, das Dante in der *Divina Commedia* aufgreifen wird, als der Sprecher auf dem Läuterungsberg Beatrice begegnet, deren Befehlsmacht er sich ebenfalls unterwirft (Dante 2012, Purg., 30.34–39). ‚Wie ein Blatt im Wind' lässt Bernart de Ventadorn das von der Liebe getroffene poetische Subjekt erzittern (vgl. Bernart de Ventadorn, 31, V. 43–44, zit. nach Appel 1915, 190). Nichts kann und soll vor dieser Liebe schützen: „e s'eu mor, car mos cors ama | vos, vas cui res no·m defen" [„Und wenn ich sterbe, weil ich Euch liebe, gegen die nichts mich schützt"] (Bernart de Ventadorn, 3, V. 53–54, zit. nach Appel 1915, 17).

In diesem Liebeskonzept ist die Empfindung dabei nicht nur auf der thematischen Ebene situiert, denn die Figuren des *joi* lassen darauf schließen, dass es sich nicht nur um Topoi, sondern auch um Tropen der Liebe handelt. Die permanente Wiederholung des Begehrens ist ein sprachliches Spiel, fast schon ein *pun*: „Car lay ay joy meravilhos | Per qu'ieu la lau ab joy jauzen." [„Denn dort habe ich wunderbare Freude, daher freue ich mich ihrer erfreut (und) erfreuend."] (Jaufre Rudel, *Quan lo rossinhols el folhos / Wenn die Nachtigall im Gebüsch*, V. 17–18; zit. nach Stimming 1873, 60) Freude (*joi*) erstreckt sich hier nicht nur auf seine Darstellung, sondern die Sprache, die diesen *joi* aussagt, ist selbst ihr Gegenstand. Das Gedicht formuliert *joi* als Tautologie, die als Figur des Identischen vor allem sich selbst besingt. Mit der Wiederholung des Wortes *joi* wird die Kanzone zum Gesang, die über sich als Gesang singt und hiermit neben der dargestellten Liebe das Begehren zu singen, den „désir de chanter" (Guiette 1972, 31), vorführt.

Ist aber die *poésie formelle* als Spiel mit dem Reim nicht das Pendant für eine stark formalisierte Gesellschaft, die großen Wert auf das Raffinement und die Codierung des Begehrens legt, wie ein Traktat wie *De l'amour* zeigt? Ohne die Referenz auf das Feudalsystem zu leugnen, zeigt sich, dass die Ausrichtung auf die sozial-historische Dimension der Liebesdichtung von der Art der Bestimmung des Begehrens ablenkt, das die Dichtung inszeniert und durch das sie zum Modell für die kommenden poetischen Generationen geworden ist. Auch bei Bernart de Ventadorn übersetzt die *variatio* der Reime den Topos des *dulce malum* in ein sprachliches Spiel eigener Art: „ben es mos mals de bel semblan, |

que mais val mos mals qu'autre bes; | e pois mos mals aitan bos m'es, | bos er lo bes apres l'afan." [„Wohl ist mein Leid von schöner Art, denn mehr gilt mein Leid als eines Andern Freude; und da mein Leid mir so gut erscheint, wird nach dem Kummer das Gute (wahrlich) gut sein."] (Bernart de Ventadorn, 31, V. 29–32, zit. nach Appel 1915, 189–190). In der genannten Strophe werden durch einen Chiasmus Gutes (*bes*) und Übel (*mals*) überkreuzt, aber daraus entsteht keine Tugendlehre. Anders als in dem Traktat über die Liebe, der zum richtigen Umgang mit den Leidenschaften (*passiones*) erziehen soll, entdeckt sich die Sprache der Liebe der *trobadors* in ihrer eigenen (Ana-)Grammatik: „Ben es mos mals [...] bos m'es" (ebd.).

Diese Entdeckung ist in dieser frühen Dichtungssprache eine neue Erfahrung, denn die Grammatik war dem Lateinischen vorbehalten und die ersten provenzalischen Grammatiken entstanden erst gegen Ende des 13. Jahrhunderts, also zeitlich nach der Dichtung (Dante 2007, i, 3; Rieger 1983, 225). Durch diese grammatikalische Dimension, die zugleich immer auch eine ana-grammatische ist, entfaltet die provenzalische Dichtung das poetische Potential der romanischen Sprache als Grammatik, die somit nicht nur die Lust des Liebenden repräsentiert, sondern auch eine Lust an der Sprache ist. Die dargestellte Liebe erweist sich immer auch als eine Liebe zur Sprache, insofern der geliebte Körper Schrift ist. In diesem Sinn bedeutet das zitierte „*anc cors*" Arnaut Daniels nicht nur „in einem Körper", sondern auch *ancọr, encore*, ein Noch-Einmal des Körpers als Schriftkörper.

Derselbe sprachliche ‚Überschuss' findet sich auch bei der Comtessa di Dia, die als „provenzalische Sappho" (Schultz-Gora 1888, 7) bezeichnet worden ist und die sich in ihrer Sprachlust nicht von den *trobadors* unterscheidet: „Ab ioi et ab ioven m'apais | e iois e iovens m'apaia." [„Von Liebesglück und Jugend lebe ich, | und Liebesglück und Jugend erfüllt mich."] (Comtessa di Dia 1: 1–2, zit. nach A. Rieger 1991, 586). Ist bei Jaufre Rudel die Tautologie diejenige Figur, die die immer gleiche Freude herstellt, und ist bei Bernart de Ventadorn das rhetorische Spiel mit dem Topos der Grund der Lust, so wird bei dem weiblichen *trobador*, der *trobairitz*, die Sprache der Liebe durch eine Lust am Gleichklang bestimmt, die sich in der Spiegelung der Vokale (*ioi/ioven/iois/iovens*) äußert. Bei den Dichterinnen und Dichtern zeigt sich immer wieder, dass *trobar* nicht nur die Inhalte, das heißt, den un/möglichen Liebesakt, darstellt, sondern auch ein Akt der Sprache ist. Die Liebe stellt den Zugang zur Sprache dar, aber in dieser Sprache ist sie selbst nichts anderes als Sprache, insofern *trobar* eben immer auch ein *tropare*, das heißt das Bilden von Tropen, impliziert. Man könnte diese Dichtung als „Erfahrung der Ankunft des poetischen Wortes" (Agamben 2007, 112) bezeichnen und die Strophe als Ort von „Sprachereignissen" (Agamben 2005, 97; Agamben 2006, 93) interpretieren. Deutlich zeigt sich auf jeden Fall, dass die

Unerfüllbarkeit, die die Liebe der *trobadors* auszeichnet, durch das Spiel mit Worten keinesfalls aufgehoben, aber der entzogene Körper der Dame durch die Körperlichkeit der Buchstaben ersetzt wird.

Die Inszenierung der Liebe impliziert folglich ein Zurücktreten des Dichters gegenüber der Sprache. „Farai un vers de dreyt nien" [Ich werde ein Lied über rein gar nichts machen] (Wilhelm IX. von Aquitanien, V. 1, zit. nach Rieger 1980, 16–17), hatte der erste *trobador* Wilhelm IX. von Aquitanien reflektiert und tatsächlich über dieses „Nichts" ein ganzes Gedicht gemacht – über eine Dame, die das Ich nicht kennt und nie gesehen hat, über sich selbst, von dem das Ich nichts weiß:

> Farai un vers de dreyt nien:
> non er de mi ni d'autra gen,
> non er d'amor ni de joven,
> ni de ren au,
> qu'enans fo trobatz en durmen
> sobre chevau.
>
> [Ich werde ein Lied über rein gar nichts machen:
> Es wird nicht von mir noch von anderen Leuten handeln [sein],
> es wird nicht von der Liebe noch von Jugend handeln,
> noch von etwas anderem,
> denn es wurde vielmehr im Schlaf [wörtl.: schlafend] gedichtet [gefunden],
> auf dem Pferd.]
> (Wilhelm IX. von Aquitanien, *Farei un vers de dreht nien/Ich werde ein Lied über gar nichts machen*, V. 1–6, zit. nach Rieger 1980, 16–17).

Durch die Anspielung auf den Geschlechtsakt mittels einer Metapher wird die Sphäre des Liebesspiels geöffnet: „[...] denn es wurde vielmehr im Schlaf gedichtet, | auf dem Pferd." [„trobatz en durmen | sobre chevau"] (Wilhelm IX. von Aquitanien, V. 5–6; zit. nach Rieger 1980, 16–17; vgl. Gubbini 2012, 24). Dabei gerät auch hier der Liebesakt in Spannung zum sprachlichen Akt des ‚Verses über nichts' und zeigt damit exemplarisch, was im Grunde genommen auch für die restliche provenzalische Dichtung gilt: dass sie die Inszenierung eines Nichts ist – *nichts* anderes nämlich als eine Sprache der Liebe, *nichts* als ein Vers, den der Dichter einer Frau schickt. Sie ist folglich nicht mehr und nicht weniger als ein Transport von Tropen, die von einem Spielmann übermittelt und der im Lied besungenen Dame schließlich zu ihrem Genuss vorgetragen werden: „Messatgers, vai e cor, | e di·m a la gensor | la pena e la dolor | que·n trac, e·l martire." [„Bote, geh, lauf, und sage mir der Schönsten die Not und den Schmerz und die Qual, die ich um sie erdulde."] (Bernart de Ventadorn, 44, V. 73–76, zit. nach Appel 1915, 263). Die Unerreichbarkeit ist nicht, wie später in der Romantik, Grund der Trauer und

Melancholie, sondern Bedingung des *trobar* selbst: in einer Dichtung, die ihre eigenen Aporien, Paradoxien und Unmöglichkeiten ausstellt.

Ob die Dichtung das Feudalsystem also darstellt oder ob umgekehrt die Dichtung dieses zum Vorbild genommen hat, lässt sich nachträglich nicht beantworten. Offensichtlich aber ist, dass das paradoxe Begehren nach Lust (*joi*) und Schmerz (*dolor*) die Spannung zwischen buchstäblicher Materialität und fehlendem Körper bestimmt, die das Reden über Liebe hervorgebracht und durch diese immanente Reflexion über den Liebesdiskurs die Möglichkeit eröffnet hat, zur Voraussetzung von zukünftiger Dichtung oder von Philologie zu werden.

Literaturverzeichnis

Agamben, Giorgio. *Stanzen. Das Wort und das Phantasma in der abendländischen Kultur.* Zürich: diaphanes, 2005.
Agamben, Giorgio. *Die Zeit, die bleibt. Ein Kommentar zum Römerbrief.* Übers. von Davide Giuriato. Frankfurt am Main: Suhrkamp, 2006.
Agamben, Giorgio. *Die Sprache und der Tod. Ein Seminar über den Ort der Negativität.* Übers. von Andreas Hiepko. Frankfurt am Main: Suhrkamp, 2007.
Appel, Carl. *Bernart von Ventadorn. Seine Lieder. Mit Einleitung und Glossar.* Halle: Niemeyer, 1915.
Auerbach, Erich. „Passio als Leidenschaft". *Gesammelte Aufsätze zur Romanischen Philologie.* Hrsg. von Erich Auerbach. Bern und München: Francke, 1967. 161–175.
Begin, Meg. *The Women Troubadours. An Introduction of the Women Poets of 12th-Century Provence and a Collection of their Poems.* New York, NY und London: W. W. Norton and Company, 1980.
Bruckner, Matilda Tomaryn. „The Trobairitz". *A Handbook of the Troubadours.* Hrsg. von F. R. P. Akehurst und Judith M. Davis. Berkeley, CA: University of California Press, 1995. 101–233.
Capellanus, Andreas. *De Amore/Über die Liebe.* Übers. und hrsg. von Florian Neumann. Mainz: DVB, 2003.
Dante Alighieri. *De vulgari eloquentia/Über die Beredsamkeit in der Volkssprache.* Übers. von Francis Cheneval. Hamburg: Meiner, 2007.
Dante Alighieri. *La Commedia/Die göttliche Komödie.* Bd 2: *Purgatorio.* Übers. von Hartmut Köhler. Stuttgart: Reclam, 2012.
Diez, Friedrich. *Die Poesie der Troubadours. Nach gedruckten und handschriftlichen Werken derselben dargestellt.* 2. Aufl. Hildesheim: Olms, 1966 [1883].
Gubbini, Gaia. *La poésie lyrique des troubadours, les sens du toucher et le corps du désir.* Rom: Bagatti Libri, 2012.
Guiette, Robert. *D'une poésie formelle en France au moyen âge.* Paris: A. G. Nizet, 1972.
Jauß, Hans Robert. „Ästhetische Erfahrung als Zugang zu mittelalterlicher Literatur. Zur Aktualität der *Questions de littérature* von Robert Guiette". *Alterität und Modernität der mittelalterlichen Literatur.* Hrsg. von Robert Guiette. München: Fink, 1977. 411–427.
Köhler, Erich. *Troubadourlyrik und höfischer Roman. Aufsätze zur französischen und provenzalischen Literatur des Mittelalters.* Berlin: Rütten & Loening, 1962.

Kristeva, Julia. *Geschichten von der Liebe*. Übers. von Dieter Hornig und Wolfram Bayer. Frankfurt am Main: Suhrkamp, 1989 [1983].
Lacan, Jacques. *Encore. Das Seminar, Buch XX*. Hrsg. von Norbert Haas und Hans-Joachim Metzger. Berlin: Quadriga, 1991. 71–84.
Lacan, Jacques. „Die höfische Liebe, anamorphotisch". *Die Ethik der Psychoanalyse*. Übers. von Norbert Haas. Berlin: Quadriga, 1996. 171–189.
Largier, Niklaus. *Die Kunst des Begehrens. Dekadenz, Sinnlichkeit und Askese*. München: Beck, 2007.
Lazar, Moshé. „Fin'amor", *A Handbook of the Troubadours*. Hrsg. von F. R. P. Akehurst und Judith M. Davis. Berkeley, CA: University of California Press, 1995. 61–99.
Leupin, Alexandre. „Médiévisme et psychanalyse", *Perspectives Médiévales (Société de langues et de littératures médiévales d'Oc d'Oïl)*, 2005: 319–336.
Lévy, Emil. *Petit dictionnaire provençal-français*. Heidelberg: Winter, 1973.
Lommatzsch, Erhard. *Leben und Lieder der provenzalischen Troubadours*. Berlin: Akademie-Verlag, 1957.
Mancini, Marco. *Die fröhliche Wissenschaft der Trobadors*. Übers. von Leonie Schröder. Würzburg: Königshausen & Neumann, 2009.
Müller, Jan-Dirk. „Die Fiktion höfischer Liebe und die Fiktionalität des Minnesangs". *Text und Handeln. Zum kommunikativen Ort von Minnesang und antiker Lyrik*. Hrsg. von Albrecht Hausmann. *Beihefte zum Euphorion. Zeitschrift für Literaturgeschichte*, 46 (2004): 47–64.
Ovid. *Ars amatoria/Liebeskunst*. Lateinisch/Deutsch. Übers. von Niklas Holzberg. Zürich: Artemis & Winkler, 1999.
Paden, William D. „The Troubadour's Lady: Her Marital Status and Social Rank". *Studies in Philology* 72.1 (1975): 28–50.
Paris, Gaston. *La poésie au Moyen Age. Leçons et lectures*. Paris: Hachette, 1895. 1–44.
Paris, Gaston. „Trouver". *Romania* 7 (1878): 418–419.
Rieger, Dietmar. *Mittelalterliche Lyrik Frankreichs I: Lieder der Trobadors*. Stuttgart: Reclam, 1980.
Rieger, Dietmar. „Die altprovenzalische Lyrik". *Lyrik des Mittelalters I. Probleme und Interpretationen*. Hrsg. von Heinz Bergner. Stuttgart: Reclam, 1983. 197–387.
Rieger, Angelica. *Trobairitz. Der Beitrag der Frau in der altokzitanischen höfischen Lyrik. Edition des Gesamtkorpus*. Tübingen: Niemeyer, 1991.
Santa Teresa de Jésus. *Libro de la vida*. Hrsg. von Dámaso Chiacharro. Madrid: Cátedra, 1979.
Schultz-Gora, Oskar. *Die Provenzalischen Dichterinnen. Biographieen und Texte*. Leipzig: G. Fock, 1888.
Söffner, Jan. „Liebe als Distanz. Die ‚Fernliebe' bei Jaufre Rudel". *Der Tod der Nachtigall. Liebe als Selbstreflexion von Kunst*. Hrsg. von Martin Baisch und Beatrice Trînca. Göttingen: Vandenhoeck & Ruprecht, 2009. 55–81.
Spitzer, Leo. „L'amour lointain de Jaufré Rudel et le sens de la poésie des troubadours". *Romanische Literaturstudien, 1936–1956*. Tübingen: Niemeyer, 1959. 363–417.
Starobinski, Jean. „La Rochefoucauld et les morales substitutives". *La nouvelle revue française* 8 (1966): 15–34.
Stimming, Albert. *Der Troubadour Jaufre Rudel, sein Leben und seine Werke*. Kiel: Schwers, 1873.
Teuber, Bernhard. „Pèlerinage imaginaire en Orient. Le comte de tripoli et le troubadour Jaufré Rudel". *Parcourir le monde. Voyages d'Orient*. Hrsg. von Dominique de Courcelles. Paris: École des Chartres, 2013. 51–71.

Warning, Rainer. „Lyrisches Ich und Öffentlichkeit bei den Trobadors". *Deutsche Literatur im Mittelalter. Kontakte und Perspektiven. Hugo Kuhn zum Gedenken*. Hrsg. von Christoph Cormeau. Stuttgart: Metzlersche Verlagsbuchhandlung, 1979. 120–159.

Wild, Cornelia. *Göttliche Stimme, irdische Schrift. Dante, Petrarca, Caterina da Siena* Habilitationsschrift. München, 2014 (erscheint Berlin: De Gruyter, 2016).

Zink, Michel. *Les troubadours. Une histoire poétique*. Paris: Perrin, 2013.

Zumthor, Paul. „An Overview: Why the Troubadours?" *A Handbook of the Troubadours*. Hrsg. von F. R. P. Akehurst und Judith M. Davis. Berkeley, CA, Los Angeles, CA und London: University of California Press, 1995. 11–18.

3.5 Melancholie in der Frühen Neuzeit
Eckart Goebel

1. Definition der Melancholie

Melancholie „ist der Ausdruck für eine Geisteskrankheit, die durch Angstzustände, tiefe Depression und Lebensüberdruss gekennzeichnet ist [...]. Es ist ferner der Ausdruck für eine auch im physischen Habitus kenntlich werdende Charakterveranlagung, die zusammen mit der sanguinischen, cholerischen und phlegmatischen das System der ‚vier Temperamente' [...] bildet. Es ist schließlich der Ausdruck für einen vorübergehenden Seelenzustand, der bald quälend, deprimierend, bald aber auch nur sanft-träge oder nostalgisch sein kann. In diesem Fall ist es eine rein subjektive Stimmung, die dann auf die Welt der objektiven Dinge übertragen werden kann." (Klibansky et al. 1992 [1964], 37)

Auch ein halbes Jahrhundert nach Erscheinen des Standardwerkes über *Saturn und Melancholie* bleibt die Definition, die Klibansky, Panofsky und Saxl für die Melancholie gefunden haben, hilfreich. Sie hält die in der Terminologie hörbare historische Tiefe der Beschäftigung mit der Sache fest, während sie zugleich die Stabilität eines komplexen Syndroms durch die Zeiten erkennbar macht, dessen Charakteristik zwischen Krankheit, Temperament, flüchtiger, womöglich sentimentaler Empfindung und schließlich – wie aus der Perspektive christlicher Theologie zu ergänzen ist – einer Todsünde (*acedia*) schwankt. Seit der Patristik ist die schwarze Galle (*atra bilis*) stets auch christlich, mit Gefühlen schwerer Schuld, kontaminiert, wie umgekehrt antikes Erbe durch Mittelalter und Neuzeit hindurch der Depression bis heute beigemischt bleibt, trotz der Versuche bereits des Heiligen Augustinus, den Einfluss Saturns zu bannen (vgl. ebd., 248).

An der Rede über Melancholie, Acedia, Schwermut, Depression hängt der diskursive Tang von 2500 Jahren europäischer Geschichte, und doch, so Stanley W. Jackson, sind Muster in der Schwärze erkennbar: „While there have certainly been variations in the content of this clinical disorder, there have been both a remarkable consistency and a remarkable coherence in the basic cluster of symptoms." (Jackson 1986, IX) [„Während es einerseits gewiss Veränderungen in der Beschreibung dieser klinischen Erkrankung gab, beobachten wir andererseits sowohl eine bemerkenswerte Konsistenz als auch eine bemerkenswerte Kohärenz mit Blick auf das elementare Set von Symptomen." (E. G.)]

2. Petrarcas Geheimnis

Petrarca gibt im *Secretum* (1347) eine paradigmatische Schilderung seines gleich mit zwei Begriffen benannten seelischen Leidens, der *acedia*, des Überdrusses, beziehungsweise der *aegritudo*, des Grams, die sich in deutscher Übersetzung liest, als sei sie einer Fallstudie der Gegenwart entnommen. In der Schwermut, berichtet Petrarca seinem Dialogpartner, dem Geist des Heiligen Augustinus, „ist alles hart, elend und schrecklich, immer tut sich der Weg zur Verzweiflung auf und zu allem, was unglückliche Seelen in den Untergang treibt. [...] [D]iese seelische Krankheit erfasst mich manchmal so hartnäckig und hält mich tage- und nächtelang so sehr gefangen, dass mir diese Zeit [...] als die Finsternis der Hölle und grausamster Tod erscheint. Und zu allem Überfluss ergehe ich mich dabei in einer Art düsterer Wollust in meinen Tränen und meinen Leiden und lasse beinahe ungern davon ab. [...] Von allen Seiten bedrängt und erschreckt vor einer solchen Masse von Übeln, [erhebe ich] laute Klagen. Da beginnt dieser tiefe Schmerz. Mir geht es wie einem Menschen, der von unzähligen Feinden eingeschlossen ist, keinen Ausweg mehr sieht, keine Hoffnung auf Erbarmen und keinen Trost. [...] Keine meiner Wunden ist so alt, dass sie durch Vergessen unempfindlich geworden ist; alle schmerzen wie neu. Und wenn eine von der Zeit hätte geheilt werden können, sucht das Schicksal immer wieder dieselbe Stelle aus, so dass die Wunde nie vernarben kann. Dazu kommen mein Hass und meine Verachtung für das irdische Dasein, und durch all dies niedergedrückt, kann ich nicht anders als tieftraurig sein. Ob du dies alles Seelenleiden oder Lebensüberdruss oder wie auch immer nennen willst, spielt für mich keine Rolle." (Petrarca 2004 [1347], 293–294)

In der Darstellung einer Überwältigung entdeckt Petrarca auch einen erst fünfhundert Jahre später ‚Weltschmerz' genannten modernen Aspekt der Melancholie, wenn er mit psychologischem *acumen* die Lust am Leiden als Symptom identifiziert, das Moment von Masochismus oder süßlichen Selbstmitleids. Die Rede von der immer neu geöffneten alten Wunde weist ebenfalls in die Zukunft, wäre in psychoanalytischer Terminologie, derjenigen Melanie Kleins etwa, lesbar als Rückzug in die ‚depressive Position' (Klein 1984, 344).

Im Vorwort zur deutschen Fassung von *Saturn und Melancholie* moniert Klibansky, Petrarca habe nicht klar zwischen Melancholie und Acedia differenziert, beides miteinander „verwechselt" (Klibansky et al. 1992 [1964], 15), als wäre der labil auf der Schwelle zwischen Mittelalter und Neuzeit balancierende Dichter ein auf Konsistenz verpflichteter Kollege und nicht eine Stimme aus längst vergangener Zeit, die ihr Leiden unter einer Überflutung mit Übeln artikuliert. Petrarca aber fügt – so provoziert der Humanist, dem es um präzise Worte geht – apathische Gleichgültigkeit in Fragen der Terminologie den Symptomen hinzu.

Ihm ist einerlei, wie man nennt, woran er leidet, und auch darin liegt die bedrohliche Modernität der Passage: Petrarca evoziert potentiell tödliche Verzweiflung, die weder durch Humoralpathologie noch Theologie konzeptionell oder therapeutisch eingefangen werden kann, und selbst den *poeta doctus* mit erstickender Sprachnot schlägt. Damit ist die Heimsuchung durch Depression nicht als nur Diskurs-, sondern auch als Realphänomen präsent: der Zug zum Exzessiven, zur radikalen Weltverneinung der Suizidalität, die ihr mythologisches Emblem im Verdacht besitzt, Saturn, der „Stern der Nemesis", sei im Spiel, wenn ein Mensch sich erhängt oder ertränkt (ebd., 233 u. a.).

Umso mehr erstaunt das Ende der dreitägigen Debatte zwischen Petrarca und dem Geist des Heiligen Augustinus, die unter den Augen der schweigenden Veritas geführt wird: Petrarca behauptet sich, indem er die Lehren des Kirchenvaters, der ihm das Elend irdischen Lebens vor Augen führt, höflich, aber bestimmt zurückweist. Er gewinnt sein eigenes Leben, weil er dem Begehren nach Liebe und Dichterruhm die Treue hält und die qualvolle Sorge um sein Seelenheil aufschiebt, die womöglich Ursache der Depression war, das eigentliche ‚*secretum meum*'. Damit avanciert der geisterhafte Augustinus potentiell zur Variante des Versuchers; „der Dialog endet nicht mit der Einsicht des Sünders" (Küpper 2002, 23). Beide, der Heilige als Geist und der sündige Francesco, „gewinnen im Zeichen faktischer Absenz des Logos die Autonomie" (ebd., 52) und der Dichter Petrarca in kontingent gewordener Welt die Freiheit, dem Verlangen nachzugeben, ein weiteres Buch zu schreiben: „[So] mache ich mich nun eilends an die übrigen Aufgaben, um sie zu vollenden und mich dann diesem Größten und Wichtigsten zuzuwenden. [...] Dabei weiß ich sehr wohl [...], dass es für mich sehr viel sicherer sein würde, [...] ohne alle Umwege den rechten Pfad zu meinem Seelenheil zu nehmen. Doch ich kann mein Verlangen nicht zügeln." (Petrarca 2004 [1347], 362)

3. Von Petrarca bis Burton

Klinische Melancholie entzieht sich als Athymie oder als „Gefühl der Gefühllosigkeit" (Koppenfels 2007, 9–19) der Mitteilung wie der an ihr Leidende potentiell dem unerträglich gewordenen Leben. Daher lastet auf den zuweilen wortreichen Texten zur schwarzen Galle aus der Frühen Neuzeit der fahle Verdacht, die Krise sei überwunden, weil Artikulation hier möglich scheint. Doch ist die Absenz von Gefühl „selbst ein Gefühl, und zwar eines, das unter Umständen mit jener Intensität empfunden wird, für die nur das Vokabular des Schmerzes zur Verfügung steht" (ebd., 11). Schreiben, schon früh den Symptomen zugeordnet, gilt im Kontext einer widersprüchlichen Phänomenologie – Saturn ist als „Gott der

Gegensätze" (Klibansky et al. 1992 [1964], 211) bezeichnet worden – zugleich als gefährliche Ursache *und* als Therapeutikum der Melancholie, von Petrarca bis zu Robert Burton: „I write of melancholy, by being busy to avoid melancholy." (Burton 2001 [1621], 20) [„Ich habe über die Melancholie geschrieben, um sie mir mit dieser Unternehmung vom Leibe zu halten." (Burton 1988, 23)] Burton geht es, wie Petrarca, um sein eigenes Davonkommen, nicht um Neuigkeiten: „No news here." (Burton 2001 [1621], 22) [„Bei mir gibt es denn auch keine neuen Erkenntnisse." (Burton 1988, 24)] Die Klage wiederum, dass es nichts Neues unter der Sonne oder im Buch gibt, gehört ihrerseits ebenfalls zu den bleiernen Sprachspiralen des Melancholie-Diskurses von Burton bis Beckett: „The sun shone, having no alternative, on the nothing new." (Beckett 1969 [1939], 5) [„Die Sonne schien, da sie keine Wahl hatte, auf eine Welt, in der nichts Neues passiert." (E. G.)] Notorisch wurde die abweisende Geste Burtons, der seine kreiselnde Arbeit unter Inanspruchnahme klassischer Topoi als trost- und zielloses ‚Wühlen im Dunghaufen der Überlieferung' beschreibt und dabei einfach sich selbst nicht leiden kann: „[...] a rhapsody of rags gathered together from several dung-hills, excrements of authors [...] I confess all ('tis partly affected), thou canst not think worse of me than I do of myself." (Burton 2001 [1621], 26) [„[...] diese Rhapsodie der von allen möglichen Abfallhaufen zusammengeklaubten Lumpen, die tolle Mischung der Ausscheidungen fremder Schriftsteller [...], so gestehe ich das alles ein, und kein Leser kann schlimmer von mir denken, als ich es selbst tue." (Burton 1988, 27)]

Mit Blick auf die reiche Literatur zur Melancholie kann man die ‚Frühe Neuzeit' mit Petrarcas spektakulärem *Secretum* (1347) beginnen und mit Burtons von Auflage zu Auflage weiter aufquellendem Buch mit dem grausamen Titel *The Anatomy of Melancholy* (1621) enden lassen. Neben *Hamlet* (1602), Inbegriff des depressiven Helden mit Sinnlosigkeitsverdacht, bringen Shakespeare und Marlowe (Greenblatt 2005, 193–221) zahlreiche weitere Melancholiker auf die Bühne. Shakespeares *Richard II* (1595) etwa erleidet nicht nur den deprimierenden Zerfall der im Akt der Salbung amalgamierten zwei Körper des Königs (Kantorowicz 1990 [1957], 47–63), sondern wird als Entthronter der modernen Frage ausgesetzt, was ‚Identität' jenseits sozialer Rollen noch heißen kann, der philosophischen „Metamorphose vom Realismus zum Nominalismus" (ebd., 52). Dem Blick in die leere Krone – „the hollow crown" [„die hohle Krone"] (Shakespeare 1980, 156) – enthüllt sich im 3. Akt die leere Performativität der Existenz, die selbst beim Souverän nicht mehr bedeutet als „a little scene" (Shakespeare 2011 [1595], 213) [„einen kleinen Auftritt" (Shakespeare 2000, 137)].

Aus dem von Starobinski sogenannten „goldenen Zeitalter der Melancholie" (Starobinski 1960, 38) sind, um nur drei weitere Beispiele zu nennen, Ficinos *De vita libri tres* (1489), Dürers Meisterstich *Melencolia I* (1514) oder die *Essais* Montaignes (1580) als immer neue Deutungen provozierende Dokumente melancholischer Esoterik, Kunst und Philosophie überliefert. Das goldene Zeitalter endet faktisch, das heißt medizinisch, 1628 mit der Entdeckung des Blutkreislaufs: Seit „Harvey [...] ist [das] System der Humoralpathologie erledigt: die Leber erzeugt kein Blut mehr, die Milz ist funktionslos, die schwarze Galle verliert so ihre Produktionsstätte, ihren organischen Stammsitz und schließlich auch die Existenzberechtigung." (Schings 1977, 62)

4. *Saturn und Melancholie*: Marsilio Ficino

Aus der Antike ererbt die Renaissance die Lehren der Humoralpathologie, die etwa noch für Shakespeare verbindlich sind (Schabert 1978, 24–29). Wie in *Saturn und Melancholie* oder *Melancholia and Depression* gezeigt wurde, hatte sich im Lauf der Jahrhunderte ein perfektes und ästhetisch bezauberndes System von Tetraden herausgebildet, das die vier Körpersäfte Blut, Schleim, gelbe Galle und schwarze Galle mit den vier Jahreszeiten, den vier Elementen und ihren Qualitäten (feucht, warm, trocken, kalt) kombinierte, denen seit Galen wiederum die vier Temperamente als affektive Dispositionen korrespondieren sollten. Gekrönt wurde das System durch den bis in die organischen Details (Milz oder Knochen z. B. unterstehen dem Einfluss Saturns) ausgearbeiteten Bezug zwischen Makrokosmos und Mikrokosmos, da den Temperamenten im frühen Mittelalter vier verstirnte Götter der Antike zugeordnet wurden. Weil die Planeten Eigenschaften und Mythen der Götter erbten, behielten diese über die Astrologie Einfluss auf die Geschicke der Sterblichen noch in christlich gewordener Welt: „Dethroned on earth [...] they become rulers of celestial spheres and men continue to invoke and fear them." (Feld 2011, 50; Seznec 1940) [„Auf Erden zwar entthront [...] bleiben sie so die Herren der himmlischen Sphären, und die Menschen hören weder auf, sie anzurufen, noch sie zu fürchten." (Seznec 1990, 35)] Die sanguinische Veranlagung korrespondierte mit Jupiter, die cholerische mit Mars, die phlegmatische wurde Luna oder Venus zugeordnet, die melancholische Veranlagung aber unterstand dem Einfluss Saturns, in dem der Göttervater Kronos, Chronos (die Zeit) und der lateinische Flurgott Saturnus zu einem vielschichtigen personalen Muster verschmolzen. Die im frühen Mittelalter vollzogene ‚Verlötung' des saturnischen mit dem melancholischen Menschen wurde dadurch begünstigt, dass zahlreiche der dem kastrierten Göttervater Kronos, dem ‚Gott der Gegensätze' zugeschriebenen Attribute und Charakterzüge ohnehin in den Bereich des Ausgestoßenen, Düsteren, Greisenhaften und Traurigen fielen. Naturphilosophie, Medizin, Religion und Astrologie verbanden sich zu einer faszinierenden und die Künstler inspirierenden Einheit.

Ergänzend ist auf die von Rufus von Ephesos entwickelte Idee der ‚Verbrennung' der Körpersäfte hinzuweisen. Um natürliche von krankhafter Melancholie, depressive Verstimmung vom klinischen Fall unterscheiden zu können, hatte der in der ersten Hälfte des 2. Jahrhunderts tätige Arzt eine relativ harmlose schwarze Galle angenommen, die sich bei Abkühlung des Blutes bildet, und dieser die „viel verderblichere ‚melancholia combusta' oder ‚adusta' gegenübergestellt, die durch ‚Verbrennung' der gelben Galle entsteht, ein Unterschied, der nie wieder vergessen worden ist" (Klibansky et al. 1992 [1964], 106). Insbesondere in der Psychologie des Elisabethanischen Zeitalters rückt die bedrohliche Spielart und Schlacke der *melancholy adust* [„verbrannte[n] schwarzen Galle"] (Burton 1988, 151 u. a.) ins Zentrum der Aufmerksamkeit.

Erneuten Aufschwung erfährt in der Renaissance das Genietheorem aus Pseudo-Aristoteles' *Problemata XXX, 1*, das die Frage aufwirft, warum „alle hervorragenden Männer, ob Philosophen, Staatsmänner, Dichter oder Künstler, offenbar Melancholiker gewesen" seien (zit. nach Klibansky et al. 1992 [1964], 59). Zwar sind die ‚Kinder des Saturn' „im allgemeinen die unglücklichsten der Sterblichen" (ebd., 231), doch ist das Unglück der Obolus, der für den exklusiven Zugang zu höherem Wissen entrichtet werden muss. Durch die Fusion von Humoralpathologie, Saturnlehre und Genietheorem kommt es in der italienischen Renaissance zur ‚Nobilitierung der Melancholie', die ihr berühmtestes Denkmal in Ficinos *Drei Büchern über das Leben* findet und europaweit rezipiert wird. In Ficinos Buch vollzieht sich, exemplarisch für den Florentiner Neuplatonismus, „die Gleichsetzung von ‚Aristotelischer' Melancholie und Platonischem ‚furor divinus'" (ebd., 361), aus der sich der moderne Geniebegriff entwickelt. Exemplarisch heißt es bei Ficino über die von Saturn Heimgesuchten und damit zugleich Ausgezeichneten: „Saturn kann kaum für eine allgemeine Qualität und das gemeinsame Los des Menschengeschlechtes stehen; er steht vielmehr für eine individuelle Gruppe neben anderen, göttlich oder brutal, selig oder vom schlimmsten Elend gebeugt." (Ficino 2012 [1489], 223)

Ficino entwickelt im ersten Buch Regeln zur Gesundheitsvorsorge für Menschen, die sich gelehrten Studien hingeben, diskutiert im zweiten Mittel und Wege, ein langes Leben zu erreichen, und widmet sich im dritten dem heilenden Einfluss kosmischer Kräfte, wodurch das Buch zu einem „Schlüsseltext der frühneuzeitlichen Esoterik" (ebd., 8) und zu einem kostbaren Dokument der Medizingeschichte wird. Die Rezepte, Diäten und Ratschläge des Arztes und Gelehrten oszillieren zwischen Absurdität – morsche Greise sollen zur Kräftigung „das Blut junger Menschen saugen" (ebd., 157); „Enzian beruhigt Tollwut bei Hunden" (ebd., 285) – und der Vorwegnahme dessen, was heute psychosomatische Medizin oder *Wellness* heißt: von Aloe als unverzichtbarer Ingredienz bis zu regelmäßigen Ganzkörper- und Kopfmassagen, die depressiven Intellektuellen aufhelfen sollen. Ficino entwirft ein ‚ganzheitliches' Weltbild: „[D]ie Welt lebt und atmet überall, und uns ist es erlaubt, ihren Geist in uns aufzunehmen." (ebd., 233) *De vita* überliefert die vollständigste Bestandsaufnahme des Wissens der Renaissance über den Nexus von Saturn und Melancholie: „Durch Distanz zu den menschlichen Angelegenheiten, durch Muße, Einsamkeit, Beständigkeit, durch Theologie und esoterische Philosophie, durch Aberglaube, Magie, Landwirtschaft oder durch Trauer, geraten wir unter den Einfluss Saturns." (ebd., 227)

Bedeutend ist *De vita* als Studie zur bewegungsarmen Gelehrtenexistenz und deren vielfach beobachteten Nähe zur Depression, die insbesondere im IV. Kapitel des ersten Buches vorgelegt wird. Ficinos Beschreibung der ‚der Tiefe hörigen' Lebensweise des Gelehrten findet Eingang noch in Benjamins Phänomenologie der Kontemplation in der Abhandlung über den *Ursprung des deutschen Trauerspiels* (1928). Ficino skizziert die dialektisch-depressive Einheit des Tiefsten und des Höchsten, wenn er ausführt, „dass sich die Seele, um wissenschaftliche Studien (insbesondere schwierige) durchführen zu können, vom Äußeren abwenden und ins Innere, gewissermaßen von der Peripherie ins Zentrum, zurückziehen und während des Kontemplierens ganz reglos in diesem Zentrum des Menschen […] verharren muss. Nun ist es aber eine Haupteigenschaft der Erde selbst, sich von der Peripherie weg im Zentrum zu sammeln und dort zu verharren, und diesbezüglich ist die schwarze Galle ihr sehr ähnlich. Daher treibt die schwarze Galle die Seele ständig dazu, sich in sich selbst zu Einem zu sammeln und in dieser Einheit mit sich zu bleiben und nachzudenken. Und infolge ihrer Ähnlichkeit mit dem Zentrum der Welt zwingt sie sie, forschend ins Zentrum der Einzeldinge vorzudringen und sich zum Verständnis der höchsten Dinge aufzuschwingen, zumal sie ja mit Saturn, dem höchsten der Planeten, die größte Übereinstimmung aufweist. Die Kontemplation ihrerseits führt wegen der andauernden Konzentration und gewissermaßen Verdichtung wiederum zu einem Zustand, der der schwarzen Galle sehr ähnlich ist. […] Dies alles pflegt den Lebensgeist melancholisch und die Seele traurig und ängstlich zu machen, weil ja innere Dunkelheit noch viel mehr als die äußere die Seele traurig und furchtsam macht." (ebd., 55–56)

5. Saturn und Satan

Die den Büchern über das Leben beigegebene ‚Apologie' sowie entsprechende Bemerkungen im Text behaupten einen Einklang zwischen den Lehren des Christentums und den medizinisch-astrologischen Spekulationen. Doch wird man kaum sagen können, dass Ficino – der, im Gegensatz zu Augustinus und Luther, in der Willensfreiheit kein Problem sieht (Ficino 2012 [1489], 287) – sich eigens mit einer folgenreichen Veränderung des Blicks auf die Melancholie befasst habe, die durch das Christentum erfolgte: Während das Gleichgewicht der Säfte, Eukrasie, in der Antike als Ideal der Gesundheit vorstellbar blieb, markiert die *acedia*, die Mönchskrankheit, einen Einschnitt in der Begriffsgeschichte nicht nur, weil Traurigkeit im Angesicht von Gottes schöner Schöpfung zur Sünde wird – „Tristitia omnis a Sathana" [„vom Teufel kömmt alle Traurigkeit und Schwermuth"], lehrt noch Luther (Luther 1914, 316; Luther 1912, 405) – sondern weil mit ihr eine grundlegende medizinische Modifikation einhergeht. Die Erbsünde macht das Gleichgewicht der Säfte vorab unmöglich, da sich im Augenblick des Falls, so die Argumentation etwa der Hildegard von Bingen, die schwarze Galle in Adams Seele ansammelte und zur sündigen Verzweiflung prädisponierte, wie Jean Starobinski erläutert: „Car les théologiens, depuis Origène, ont admis que la mélancolie prédispose aux entreprises du diable. Melancholia balneum diaboli. Les noires fumées d'atrabile sont un agréable séjour pour le Malin." (Starobinski 1963, 412) [„Denn die Theologen sind seit Origines der Überzeugung, dass die Melancholie einen Menschen für die Werke des Teufels anfällig macht: *Melancholia balneum diaboli*. Die schwarzen Dünste der *atra bilis* sind ein angenehmer Aufenthaltsort für den Bösen" (Starobinski 2005, 25)]. Der der Acedia ausgesetzte Mensch wird zu einem bevorzugten Opfer Satans.

Erst in jüngerer Zeit ist darauf hingewiesen worden, dass es in Mittelalter und Renaissance zunehmend zur Überblendung von Satan und Saturn kommt (Feld 2011, 52): Faktisch ähneln sich die Geschichten des entthronten heimatlosen Gottes Kronos/Saturn und die des von Gott verdammten Luzifer. In der Figur des gefallenen Engels verschmelzen Satan, Saturn und das Genietheorem, wie exemplarisch an Dürers *Melencolia I* oder an Miltons *Paradise Lost* zu studieren ist. Noch fehlt eine Studie zu ‚Satan und Saturn', deren potentieller Ertrag erkennbar wird, wenn man etwa bei Ficino dort ‚Satan' setzt, wo er vom feindlichen Aspekt Saturns handelt und in einer faustisch anmutenden Szene empfiehlt, man solle sich „bezüglich der geheimeren und zu intensiv betriebenen Lust des kontemplativen Geistes vor Saturn hüten", „denn dabei geschieht es oft, dass er seine Kinder frisst" (Ficino 2012 [1489], 175).

Die bedenkliche Nähe zwischen Saturn und Satan zeigt sich bereits an den von Klibansky et al. konsultierten Texten aus dem 9. Jahrhundert, in denen die Zuordnung von Saturn und Melancholie erstmals vollzogen wird. Der Text des arabischen Gelehrten Abu Ma'sar (gest. 885) zum Beispiel liest sich in der finsteren Konstellation von Satan-Saturn wie eine blasphemische Neuerzählung der *Genesis*: An die Stelle des Gottesatems tritt im Anbeginn der „stinkende[] Wind", der über eine von kalten Geometern vielfach geteilte, von „Verblendung, Verderbtheit, Hass, List, Verschlagenheit" heimgesuchte, dunkle und bittere Welt fährt, bevölkert von Greisen, Geizigen, mürrischen Menschen, Dieben, Totengräbern und „niedrige[n] Leuten". Die dunkle Welt nötigt zu Einsamkeit, Sorgen, „viele[m] Denken", „Schreiben". Satan/Saturn, Herr dieser Welt, heißt es zuletzt, „zeigt hin auf Selbstvernichtung und Fragen der Langeweile" (zit. nach Klibansky et al. 1992 [1964], 207–208).

Es liegt nahe, die Schriften Luthers in die Tradition depressiver Weltbilder zu rücken. Luthers These, auf den Sündenfall sei die „Verfluchung der gesamten Welt" als Strafe gefolgt, „gipfelt in seiner Überzeugung von allgemeiner und progressiver Korruption, die apokalyptische Züge trägt" (Groh 2003, 580). In der Kontroverse mit dem konzilianten, die Aufklärung vorbereitenden Katholiken Erasmus von Rotterdam um die Frage nach dem freien Willen des postlapsalen und daher mit schwarzer Galle vollgesogenen Menschen hat Luther 1525 in *De servo arbitrio* die Menschenwelt außerhalb des Beistands des Heiligen Geistes zum Reich Satans erklärt, zur verworrenen, chaotischen Finsternis: „Quid enim est universium genus humanum, extra spiritum, nisi regnum Diaboli [...], confusum chaos tenebratum?" (Luther 2006 [1525], 338) [„Denn was ist das gesamte menschliche Geschlecht außerhalb des Geistes anderes als das Reich Satans [...], ein verworrenes Durcheinander von Finsternis?" (ebd., 339)] Doch resultiert der Sturz in den Abgrund depressiver Verzweiflung – „ad profundum et abyssum desperationis" –, in dem der Reformator wünscht, dass „er niemals als Mensch geschaffen worden wäre" (ebd., 487), nicht aus dem Erschrecken über die satanische Finsternis der Welt allein. Der Absturz ist beklemmendes Resultat einer brutal formulierten – Erasmus bringt „Abfall und Dreck in goldenen und silbernen Gefäßen" guter Rhetorik (ebd., 221) – und kompromisslosen Zurückweisung der Willensfreiheit in Dingen des Heils: Die Erlösung aus der Finsternis ist unbeeinflussbar, und ihr Eintreten oder Ausbleiben wird sich erst am Ende der Zeiten erweisen. Damit wird das Leiden an der üblen Welt unerträglich. Im Streit mit Erasmus hatte Luther den freien Willen zum exklusiven Alleinbesitz Gottes erklärt und den Menschen als gebunden bestimmt, als strikt unfähig, auf sein Heil hinarbeiten zu können. Die menschliche Situation verkantet sich in deprimierenden Unmöglichkeiten: Der in die Finsternis geworfene Mensch steht in einem Kommunikationsverhältnis zu Gott, „das heilsentscheidend ist, und [dem er] sich aufgrund der Allmacht Gottes [...] nicht entziehen kann (Parallele zur Eltern-Kind-Beziehung). Gottes Heilsanspruch ist universal, sein heilschaffendes Wort ist aber nicht selbstwirksam, sondern an die Gegenwart des Heiligen Geistes gebunden, der aber für den Menschen kontingent ist." (Groh 2003, 563) Damit steht in der zur quälenden Paradoxie geschärften Soteriologie Luthers dem „ausgesprochenen universalen Heilswillen Gottes [...] zugleich dessen willkürlicher Heilsvorbehalt gegenüber, womit die klassische double-bind-Situation gegeben ist" (ebd., 563–564). Der Mensch kann der in abgründige Verzweiflung treibenden Lage nur entkommen, indem „er Gottes Handeln nicht nur als paradox, sondern

Gott als in sich selbst gespalten, als schizophren wahrnimmt" (ebd., 564). Erträglich wird die Verzweiflung an Gottes Willkür, zumindest temporär, wenn der Mensch nicht den von Luther eindrucksvoll evozierten *Deus absconditus* zu ergründen versucht, sondern sich „angesichts lebenslänglicher Infizierung mit einer Neigung zum Bösen" (ebd., 572) hingebungsvoll an den Text der Heiligen Schrift hält, an das den Glauben stärkende *verbum Dei* (ebd., 564), die offenbare Seite Gottes. Luthers Depression ist modernes Leiden an der Kontingenz, theologisch grandios ausgestaltet zur Heilsungewissheit. Die von Blumenberg mit Blick auf Augustinus' *De libero arbitrio* rekonstruierte Heimsuchung der Kirche durch „das gnostische Syndrom" (Blumenberg 1974, 150) kehrt beim Augustinermönch Luther „in Gestalt des verborgenen Gottes und seiner unbegreiflichen absoluten Souveränität zurück. Mit ihr bekam es die Selbstbehauptung der Vernunft zu tun." (ebd., 156)

6. Einsetzung des Realitätsprinzips: Niccolò Machiavelli

Im Kontext der Florentiner Blüte nobilitierter Melancholie ist abschließend auf Machiavellis berühmten Traktat *Il Principe* (*Der Fürst*) hinzuweisen, der, 1513 geschrieben, erst posthum 1532 gedruckt erschien. Der Text markiert einen tiefen Einschnitt in der Geschichte des Affekt-Managements, dessen Folgen nicht nur politische sind. Rudolf Zorn pointiert, dass *Der Fürst*, ähnlich wie Ficinos *De vita*, auch als Beitrag zur Psychologie, hier des genialen, von Saturn heimgesuchten Herrschers, gelesen werden kann, als Therapeutikum auch wider die Lähmung der *Condottieri* und anderer Machthaber mit depressiven Aussetzern: „Aufgabe des Herrschers ist es, die Menschen zu regieren. Regieren aber ist für Machiavelli Therapeutik. Daher vergleicht er häufig die politische Praxis mit der Tätigkeit des Arztes." (Machiavelli 1978 [1532], XVII)

Machiavelli, vielfach als amoralisch oder teuflisch verdammt, besteht konsequent darauf, die Dinge so zu sehen, wie sie (seines Erachtens) sind, und nicht in Wunschdenken abzudriften: „[D]enn zwischen dem Leben, wie es ist, und dem Leben, wie es sein sollte, ist ein so gewaltiger Unterschied, dass derjenige, der nur darauf sieht, was geschehen sollte, und nicht darauf, was in Wirklichkeit geschieht, seine Existenz viel eher ruiniert als erhält. Ein Mensch, der immer nur das Gute möchte, wird zwangsläufig zugrunde gehen inmitten von so vielen Menschen, die nicht gut sind. Daher muss sich ein Herrscher, wenn er sich behaupten will, zu der Fähigkeit erziehen, nicht allein nach moralischen Gesetzen zu handeln sowie von diesen Gebrauch oder nicht Gebrauch zu machen, je nachdem es die Notwendigkeit erfordert." (ebd., 63)

Machiavelli führt mit seinem *Principe* das Realitätsprinzip in die Geschichte des Denkens und der Psychologie ein, und es wäre Aufgabe einer eigenen Studie, im Detail zu erörtern, ob und inwieweit Freuds Aufsatz *Formulierungen über die beiden Prinzipien des psychischen Geschehens* auf die politische Philosophie bereits im Titel – *Il Principe* – die Prinzipien – sowie im Text selbst anspielt und sie einarbeitet. Freud rekonstruiert die in der Entwicklung der Seele notwendigen Anpassungen, die zuletzt zum „Handeln" (Freud 1982 [1911], 20) führen sollen, zur „zweckmäßigen Veränderung der Realität" (ebd., 20). Der Kampf zwischen den „Prinzipien" ist, wie bei Machiavelli, einer um „Herrschaft" (ebd., 21). Während das „Lust-Ich nichts anderes kann als *wünschen*" (ebd., 21), wird mit der „Herrschaft des Realitätsprinzips" (ebd., 24) die Befähigung zur stabilen „Realitätsprüfung" installiert, die, ebenfalls wie im *Fürsten*, verlässlich zwischen nur vorgestellter „Denkrealität" und einer „äußeren Wirklichkeit" zu differenzieren vermag (ebd., 23), die der harten Notwendigkeit, Ananke, untersteht. Als subtiler Kommentator kommuniziert Freud mit seinem Vorgänger insofern kritisch, als Machiavelli sich kaum um die Verdrängungen und Versagungen sorgt, die dem Fürsten zugemutet werden, sondern sich beinahe ausschließlich auf Instrumente der Realitätsprüfung als Machttechnik konzentriert. Im Gegenzug wird bei Freud die Funktion des Realitätsprinzips nur skizziert, während die Aufmerksamkeit des Psychologen den Folgen der Einsetzung dieses Prinzips gilt. Da mit der Einsetzung des machiavellistisch-Freudschen Herrschaftsprinzips ein niemals akzeptierter Verzicht auf Erfüllung, bedrohliche Verdrängung, chronisches Leiden einhergehen, tritt eine neue Gestalt der Depression auf, die bis in die Gegenwart den Umgang mit Affekten, Wünschen und Gefühlen versehrt. Die Florentiner Ficino und Machiavelli gehören auch deshalb zusammen, weil sie, januskörfig wie Saturn, das Ende des klassischen Melancholie-Diskurses sowie den Beginn moderner Depression markieren. Machiavelli glaubt an nichts mehr, schon gar nicht an den Menschen: „Ein Herrscher braucht also nur zu siegen und seine Herrschaft zu behaupten, so werden die Mittel dazu stets für ehrenvoll angesehen und von jedem gelobt. Denn der Pöbel hält sich immer nur an den Schein und an den Erfolg; und in der Welt gibt es nur Pöbel." (Machiavelli 1978 [1532], 74) Als Umschrift Machiavellis, der die ungehemmte Lust ermöglichende Herrschaft als Dialektik von Weg und Ziel vorstellt, ist Freuds Entwurf ebenfalls „in Wirklichkeit" tragisch, weil „die Ersetzung des Lustprinzips durch das Realitätsprinzip keine Absetzung des Lustprinzips [ist], sondern nur eine Sicherung desselben" (Freud 1982 [1911], 22). Freuds Realitätsprinzip ist das Schema instrumenteller Vernunft, die dem Lustprinzip auf Umwegen dient.

7. Grund der Moderne: Burckhardt und Pater

In *Saturn und Melancholie* wird im Anschluss an die Lektüre Ficinos auf eine bereits von Burton beobachtete Gabelung in der modernen Begriffsgeschichte am Ende der Renaissance hingewiesen. Burton differenziert zwischen *melancholy habit* (Temperament), *melancholy disease* (Depression) und *transitory melancholy disposition* (Stimmung), und aus der letzteren, in *Saturn und Melancholie* als „Traurigkeit ohne Ursache" charakterisierten Emotion leiten Klibansky et al. die Geschichte poetischer Melancholie ab (Klibansky 1992 [1964], 319). Doch liegt im abgründigen Begriff einer „Traurigkeit ohne Ursache" nicht nur eine epistemologische Provokation – die These, dass etwas keine Ursache habe –, sondern auch ein medizinisches Problem. Sobald die Säftelehre ‚erledigt' ist, wird die Ursache der Depression dunkel. *Saturn und Melancholie* zeichnet den Diskurs der poetischen Melancholie von Burton über Milton bis zu Keats erhellend nach, hinterlässt aber eine neue Frage, die sich als Hypothese formulieren lässt: In der in *Saturn und Melancholie* beschriebenen Übergangszeit springt der poetische Diskurs rettend ein, um die Depression zu beschreiben, da Psychologie und Psychiatrie ihre modernen Begriffe erst bilden müssen: Noch in der Rede von der ‚Hypochondrie', mit der im 18. Jahrhundert die Depression etwa von Kant adressiert wird, klingt humoralpathologisches Erbe nach, da in der Gegend links ‚unter den Rippenknorpeln' die Milz ihren Sitz hat, die nach alter Vorstellung die schwarze Galle produziert.

In Jacob Burckhardts *Die Kultur der Renaissance in Italien* (1860) und Walter Paters *Studies in the History of the Renaissance* (1873), ihrerseits melancholische Bücher, deren Entwürfe bis heute Einfluss nehmen, erscheint die italienische Renaissance als „die Führerin unseres Weltalters" (Burckhardt 1925 [1860], 527), als Grund der Gegenwart, nicht als historischer Gegenstand. Insofern die Frühe Neuzeit mit Petrarca die Depression entdeckt, mit Machiavelli das Realitätsprinzip implementiert, mit Luther den ‚Willkürgott' ins Extrem treibt und zuletzt mit Burton die „Traurigkeit ohne Ursache" entdeckt, hinterlässt sie eine schwarze Schlacke, in der die Moderne für immer stecken wird, wie bei Dante die Herzensträgen im Sumpf des *Inferno*: Von Burckhardt wird die Wiederentdeckung des Altertums als Beginn moderner Bildung begriffen, der niemals wird überschritten werden können, sondern fahl gewordener Horizont bleibt: „*Alle* Bildung der seitherigen und künftigen Zeiten beruht darauf, dass dies geschehen ist, und dass es damals so ganz einseitig und mit Zurücksetzung aller anderen Nebenzwecke geschehen ist." (ebd., 251)

Burckhardt und Pater tarieren die Geschichte triumphaler ‚Wiedergeburt' durch eine dichte Darstellung ihrer schwarzen Rückseite aus, Burckhardt im furiosen Kapitel über den „Sturz der Humanisten im 16. Jahrhundert", Pater in der berühmten Interpretation der *Mona Lisa* da Vincis. Es sind diese Abschnitte, die das *punctum* oder den magnetischen Kern ihrer Studien bilden, der alles andere an sich und in sich hineinzieht.

Für Burckhardt sind die zunehmend in Misskredit geratenen Humanisten „die auffallendsten Beispiele und Opfer der entfesselten Subjektivität" (ebd., 252), deren kompromisslose Leidenschaft für das Altertum allen Glauben und jede Sittlichkeit zersetzt: „Leidenschaft, Eitelkeit, Starrsinn, Selbstvergötterung, zerfahrenes Privatleben, Unzucht aller Art, Ketzerei, Atheismus, – dann Wohlredenheit ohne Überzeugung, verderblicher Einfluss auf die Kabinette, Sprachpedanterei, Undank gegen die Lehrer, kriechende Schmeichelei gegen die Fürsten, welche die Literaten zuerst anbeißen und dann verhungern lassen" (ebd., 253) – die genuin moderne Existenzform des „Poetenphilologen" (ebd., 248), ausgesetzt der „Garantielosigkeit ihres äußeren Daseins" (ebd., 250), versinkt im „Wirbel der Feindschaften" (ebd., 252), Intrigen und Morddrohungen, um zuletzt in epidemisch sich ausbreitender Depression zu verenden: „Ziemlich viele, zumal Florentiner, enden durch Selbstmord." (ebd., 254) Der Sturz der Humanisten im 16. Jahrhundert zeigt wie im Brennspiegel die Depression der Moderne: „Wer ist am Ende noch glücklich? Und auf welche Weise? Etwa durch die völlige Abstumpfung des Gefühles gegen solchen Jammer?" (ebd., 254) Im „Sturz der Humanisten" zeichnet Burckhardt den Ikarus-Flug der Subjektivität nach, dessen Bogen von der euphorischen Rede Pico della Mirandolas *De hominis dignitate* (1486) über die Lebenslehren von Ficinos *De vita libri tres* (1489) bis in die Welt der emotionslosen Machttechnik Machiavellis in *Il principe* (1513) reicht, die den Begriff der Realität noch der klassischen Psychoanalyse diktiert.

Paters Beschreibung der *Mona Lisa* liest aus dem Bild Leonardos denselben Bogen heraus, der von einer begeistert-begeisternden Wiedergeburt ins Elend eines Bewusstseins führt, das alle Formen des Denkens und Lebens ein letztes Mal zusammenfasst, um der Nachwelt die Monotonie reflexiv-mechanischer Zusammenfassungen der Zusammenfassung zu vererben. Die Renaissance ist in der Perspektive Burckhardts und Paters doppelgesichtig. Moderne, das ist seither, im Denken, in der Dichtung, in der Kunst, in der Erfahrung der Welt, das Brüten über der historischen Tatsache, dass alles gedacht, geschrieben, geschaffen worden ist. Im Feuer der Renaissance verbrennen die rote Galle sanguinischer Freude und die gelbe Galle ehrgeizigen Neides auf die Alten und lassen eine *melancholia adusta* zurück, deren Kälte und Trockenheit das moderne Bewusstsein sich frierend ausgesetzt sieht, da alles schon geschehen und erloschen ist. Die *Mona Lisa* ist das Bild eines Vampirs, ihr Nachleben das der Untoten: „She is older than the rocks among which she sits; like the vampire, she has been dead many times, and learned the secrets of the grave; and has been a diver in deep seas, and keeps their fallen day about her. And all this [...] lives only in the delicacy with which it has molded the changing lineaments, and tinged the eyelids and the hands. The fancy of a perpetual life, sweeping together ten thousand experiences, is an old one; and modern philosophy has conceived the idea of humanity as wrought upon by, and summing up in itself, all modes of thought and life." (Pater o. J. [1873], 103–104) [„Sie ist viel älter als die Felsen rings um sie her; gleich dem Vampyr hat sie schon viele Male sterben müssen und kennt die Geheimnisse des Grabes; sie tauchte hinunter in die See und trägt der Tiefe verfallenen Tag in ihrem Gemüt [...] und das alles war für sie doch nur wie ein Ton der Lyra und der Flöten und seine Spur lebt in der Freiheit allein, mit der ihre wechselnde Liniensprache sich gebildet und ihre Hände und Augenlider so weich getönt sind. Die Vorstellung eines unendlichen Lebens durch das Ineinanderfließen von zehntausend verschiedenen Erfahrungen ist eine uralte, und unsere moderne Auffassung ist die einer Gesamtmenschheit, welche alle Arten des Lebens und Denkens in sich aufnimmt." (Pater 1906, 159)]

Literaturverzeichnis

Beckett, Samuel. *Murphy*. London: Calder & Boyars, 1969 [1938].
Blumenberg, Hans. *Säkularisierung und Selbstbehauptung*. Frankfurt am Main: Suhrkamp, 1974.
Burckhardt, Jacob. *Die Kultur der Renaissance in Italien*. Hrsg. von Walter Goetz. Leipzig: Kröner 1925 [1860].
Burton, Robert. *The Anatomy of Melancholy*. New York, NY: New York Review Books, 2001 [1621]. (Deutsche Fassung: *Anatomie der Melancholie. Über die Allgegenwart der Schwermut, ihre Ursachen und Symptome sowie die Kunst, es mit ihr auszuhalten*. Übers. von Ulrich Horstmann. Zürich und München: Artemis, 1988.)
Feld, Alina N. *Melancholy and the Otherness of God. A Study of the Hermeneutics of Depression*. Lanham, MD: Lexington Books, 2011.
Ficino, Marsilio. *De vita libri tres/Drei Bücher über das Leben*. Übers. und hrsg. von Michaela Boenke. München: Fink, 2012 [1489].
Freud, Sigmund. „Formulierungen über die zwei Prinzipien des psychischen Geschehens" [1911]. *Studienausgabe* Bd. 3: *Psychologie des Unbewussten*. Hrsg. von Alexander Mitscherlich. Frankfurt am Main: Fischer, 1982. 17–24.
Greenblatt, Stephen. „Marlowe and the Will to Absolute Play". *Renaissance Self-Fashioning. From More to Shakespeare*. Chicago, IL und London: University of Chicago Press, 2005. 193–221.
Groh, Dieter. *Schöpfung im Widerspruch. Deutungen der Natur und des Menschen von der Genesis bis zur Reformation*. Frankfurt am Main: Suhrkamp, 2003.
Jackson, Stanley W. *Melancholia and Depression. From Hippocratic Times to Modern Times*. New Haven, CT und London: Yale University Press, 1986.
Kantorowicz, Ernst H. *Die zwei Körper des Königs. Eine Studie zur politischen Theologie des Mittelalters*. München: dtv, 1990 [1957].

Klein, Melanie. „Mourning and its Relation to Manic-Depressive States" [1940]. *Love, Guilt and Reparation and other Works 1921–1945*. New York, NY: The Free Press, 1984.

Klibansky, Raymond, Erwin Panofsky und Fritz Saxl. *Saturn und Melancholie. Studien zur Geschichte der Naturphilosophie und Medizin, der Religion und der Kunst*. Frankfurt am Main: Suhrkamp, 1992 [1964].

Koppenfels, Martin von. *Immune Erzähler. Flaubert und die Affektpoetik des modernen Romans*. München: Fink, 2007.

Küpper, Joachim. *Petrarca. Das Schweigen der Veritas und die Worte des Dichters*. Berlin und New York, NY: De Gruyter, 2002.

Luther, Martin. „Tischreden". *Werke. Kritische Gesamtausgabe*. Abt. 2., Bd. 1 und 3, Weimar 1912 und 1914.

Luther, Martin. *Lateinisch-Deutsche Studienausgabe. Bd. 1. Der Mensch vor Gott*. Leipzig: Evangelische Verlagsanstalt, 2006.

Machiavelli, Niccolò. *Der Fürst. „Il Principe"*. Übers. und hrsg. von Rudolf Zorn. Stuttgart: Kröner, 1978 [1513].

Pater, Walter. *The Renaissance*. New York, NY: Random House, o. J. [1873]. (Deutsche Fassung: *Die Renaissance*. Übers. von Wilhelm Schölermann. Leipzig und Jena: Diederichs, 1906.)

Petrarca, Francesco. *Das einsame Leben. Über das Leben in der Abgeschiedenheit. Mein Geheimnis*. Übers. von Friederike Hausmann. Stuttgart: Klett-Cotta, 2004 [1347].

Schabert, Ina. *Shakespeare-Handbuch*. Stuttgart: Kröner, 1978.

Schings, Hans-Jürgen. *Melancholie und Aufklärung. Melancholiker und ihre Kritiker in Erfahrungsseelenkunde und Literatur des 18. Jahrhunderts*. Stuttgart: Metzler, 1977.

Seznec, Jean. *La survivance des dieux antiques*. London: The Warburg Institute, 1940.

Seznec, Jean. *Das Fortleben der antiken Götter. Die mythologische Tradition im Humanismus und in der Kunst der Renaissance*. Übers. von Heinz Jatho. München: Fink, 1990.

Shakespeare, William. *Richard II*. Englisch/Deutsch, Studienausgabe. Übers. von Wilfried Braun. Bern und München: Francke, 1980.

Shakespeare, William. „Richard II.". *Sämtliche Werke* Bd. 3: *Historien*. Übers. von August Wilhelm Schlegel, Dorothea Tieck und Wolf Graf Baudissin. Berlin: Aufbau-Verlag, 2000. 89–177.

Shakespeare, William. *Richard II*. Oxford: Oxford University Press, 2011 [1595].

Starobinski, Jean. *Histoire du traitement de la mélancolie des origines à 1900*. Basel: J. R. Geigy, 1960.

Starobinski, Jean. „L'Encre de la Mélancholie". *La Nouvelle Revue Française* 11 (1963): 410–423.

Starobinski, Jean. „Die Tinte der Melancholie". *Melancholie. Genie und Wahnsinn in der Kunst, zu Ehren von Raymond Klibansky (1905–2005), dem großen Gelehrten und Erforscher der Geschichte der Melancholie*. Hrsg. von Jean Clair. Ostfildern-Ruit: Hatje Cantz, 2005. 24–32.

3.6 Trauer und Trauerspiel. Spätantike, Frühe Neuzeit, Moderne

Wolfram Ette

1. Theorie der Trauer

1.1 Definition

Eine Definition, auf die man immer wieder stößt, ist die von Sigmund Freud: „Trauer ist", so heißt es in dem Aufsatz *Trauer und Melancholie*, „regelmäßig die Reaktion auf den Verlust einer geliebten Person oder einer an ihre Stelle gerückten Abstraktion, wie Vaterland, Freiheit, ein Ideal usw." (Freud 1999 [1917], 428–429). Den affektiven Gehalt dieser Reaktion charakterisiert Freud dann wie folgt: „Die schwere Trauer [...] enthält die [...] schmerzliche Stimmung, den Verlust des Interesses für die Außenwelt – soweit sie nicht an den Verstorbenen mahnt, – den Verlust der Fähigkeit, irgend ein neues Liebesobjekt zu wählen – was den Betrauerten ersetzen hieße, – die Abwendung von jeder Leistung, die nicht mit dem Andenken des Verstorbenen in Beziehung steht." (Freud 1999 [1917], 429) Das Leitmotiv dieser Beschreibung ist die Bindung des Überlebenden an den Toten über den Tod hinaus. Dieser widersprüchlichen Situation verdankt sich die Dynamik der Trauer. Sie ist der Prozess der Ablösung von dem Verlorenen. Der Schmerz der Trauer ist der Konflikt zwischen dem wahnhaften Wunsch, dass der Verstorbene noch am Leben sein möge, und der realistischen Anerkennung des Verlustes. Aus dieser Dynamik resultiert der Freudsche Begriff der Trauerarbeit als langsame und graduelle Abschwächung dieses Konflikts: „Worin besteht nun die Arbeit, welche die Trauer leistet? [...] Die Realitätsprüfung hat gezeigt, daß das geliebte Objekt nicht mehr besteht, und erläßt nun die Aufforderung, alle Libido aus ihren Verknüpfungen mit diesem Objekt abzuziehen. Dagegen erhebt sich ein begreifliches Sträuben [...]. Dies Sträuben kann so intensiv sein, daß eine Abwendung von der Realität und ein Festhalten des Objekts durch eine halluzinatorische Wunschpsychose [...] zu stande kommt. Das Normale ist, daß der Respekt vor der Realität den Sieg behält" (Freud 1999 [1917], 430).

Dieser dynamischen Auffassung der Trauer entspricht der Grundzug aller Trauergebräuche. Die rituellen Klagen, die das Geschehen objektivieren (vgl. de Martino 1958), die vorgeschriebene Trauerzeit, die räumliche Trennung von Friedhof und Wohnort und der kalendarische Rhythmus des Gedenkens, die den meisten Trauerbräuchen gemeinsam sind, laufen auf die Anerkennung des Verlustes und die Integration des Todes in das fortgehende Leben hinaus. (Thomas Mann hat in *Joseph und seine Brüder* eine halb-ironische, aber fast schulmäßige Darstellung dieses Prozesses geliefert: Mann 2007 [1934], 460–481.) In der älteren Religionswissenschaft findet sich überdies der Gedanke, dass die Bräuche das Gedenken regeln, indem sie die Wiederkehr des Toten blockieren, Vergegenwärtigung und Distanzierung in ein ausgeglichenes Verhältnis zueinander bringen. Sie schützen die Lebenden vor den Toten, weil diese sie geisterhaft heimzusuchen drohen: ein mythologischer und – wenn man an die Gattung der Gespenstergeschichte denkt – literarischer Ausdruck für den Sachverhalt, dass die Ablösung der Lebenden von den Toten nicht gelungen ist. Der Inbegriff einer gelungenen Ablösung ist demgegenüber das Grabmal als Zeichen – das griechische Wort *sema* bedeutet beides – des Toten, das an ihn erinnert und ihn gleichzeitig unten hält (Zum Zusammenhang von Gräberkult und Literatur vgl. Assmann 1983).

1.2 Trauer und Melancholie

Der wichtigste Grund für die Störung der Trauerarbeit sind Schuldgefühle gegenüber den Toten. Ihre Geister kommen nicht von selbst, sondern werden vom Schuldgefühl beschworen. Es kann in feindseligen Regungen gegenüber dem Toten seine Ursache haben, die die Überlebenden mit dem unbewussten Vorwurf zurücklassen, seinen Tod verschuldet zu haben. Es kann aber auch kontingente Gründe haben.

In Freuds Sicht ist das Schuldgefühl verantwortlich für die melancholische Blockade der Trauerarbeit (Freud 1999 [1917], 434). Man muss aber diesen klinischen Melancholiebegriff von der Vorstellung einer quasi-konstitutionellen Stimmung trennen, die die europäische Geistesgeschichte seit der späten Antike begleitet (vgl. 3.5 GOEBEL). Freuds Bestimmung lässt sich allerdings entnehmen, worin sich Trauer und Melancholie phänomenologisch unterscheiden: (1.) Die Melancholie ist statisch; sie hört nicht auf; sie ist kein auf ihr Ende bezogener Prozess. Sie wird allenfalls von den genialischen Aufschwüngen unterbrochen, die in der frühneuzeitlichen Melancholietheorie Konjunktur haben und die in Freuds nüchterner klinischer Perspektive als manische Zwischenphase erscheinen (Freud 1999 [1916], 440–442). (2.) Die Melancholie hat keinen fest umrissenen Gegenstand. Ihr intentionales Korrelat ist eine sinnlose Welt und ein wertloses Selbst. In Freuds Perspektive hat diese intentionale Entleerung ihren Grund eben in einer übermäßigen, durch das Gefühl der Schuld fixierten Bindung an das Objekt. Es verliert seine konkrete Physiognomie dadurch, dass der Überlebende sich mit ihm identifiziert, es also zum Bestandteil seiner psychischen Organisation macht. Dadurch wird es anonym und das Fremdverhältnis zum

Selbstverhältnis. Durch die Identifikation wird der Tote ins Über-Ich integriert, die Klage des Überlebenden wird deutbar als Anklage durch das Über-Ich. Daher rührt die Selbstentwertung des Melancholikers.

Die europäische Literatur kennt wenigstens einen großen Melancholiker, auf den diese Analyse zutrifft: Hamlet. Die psychoanalytische These (vgl. Jones 1911 und 1949), dass der ödipale Hass auf seinen Vater nach seinem Tod einen Konflikt zwischen Genugtuung und Schuldgefühl heraufbeschwört, der sein Handeln blockiert und für seine Melancholie als Welt- und Selbstverachtung verantwortlich ist, hat hohe Plausibilität. Dennoch ist Hamlets Fall zu speziell, als dass man ihn zur verbindlichen Grundlage für literarische Melancholie machen könnte. Diese umfasst einen weiteren Phänomenbereich und kann von der Trauer letztlich nur graduell getrennt werden. Gerade was Freud die „Reaktion auf den Verlust einer [...] Abstraktion, wie Vaterland, Freiheit, ein Ideal" (Freud 1999 [1917], 428–429), nennt, ist für die historischen Konjunkturen eines melancholischen Weltverhältnisses verantwortlich, das alles als trist und leer empfindet. Sie überlappt sich mit der Vorstellung einer unstillbaren Trauer (vgl. Liebsch 2006, 59–76).

Das Verhältnis von klinischer und weltanschaulicher Melancholie lässt sich so bestimmen, dass für jene das Schuldgefühl der Überlebenden, für diese ein durch Veranlagung oder Überforderung zustande gekommener Akt der Abstraktion verantwortlich ist, der vom einzelnen Trauerfall (wenn er überhaupt vorhanden ist) absieht. In dieser Form ist sie für die Literatur von erheblicher Bedeutung. Das heißt, es würde die Frage nach dem Verhältnis von Trauer und Literatur unzulässig einengen, wenn man die Erscheinungsformen der Melancholie kategorisch aus ihr ausschlösse. Man muss die begriffliche Abgrenzung von Trauer und Melancholie im Kopf haben, darf sie aber nicht mechanisch handhaben.

1.3 Das Barock

Das lässt sich exemplarisch an einer literarischen Epoche zeigen, in der die Phänomene fast ununterscheidbar werden: am deutschen Barock. Die Trauerreden und „Leich-Abdanckungen" (Gryphius 1665), die in ihm proliferieren, sind von einer Melancholie grundiert, der die rasende Vergängnis der gefallenen Welt und die Nichtigkeit der menschlichen Existenz vor Augen steht. Das Trauma des Dreißigjährigen Krieges ist der Hintergrund einer epochalen Erfahrung, die sich krampfhaft an den sich unaufhaltsam verweltlichenden christlichen Ordnungsrahmen klammerte, von dessen Brüchigkeit sie insgeheim wusste. Das barocke Jenseits ist leer (Benjamin 1980 [1928], 246). Was bleibt, ist der Überschwang einer Welt, in der alles zum Tod prozessiert, in der die Verheißungen erloschen sind und sich nichts zum Besseren wendet.

Benjamin hat den Gehalt des deutschen Trauerspieles auf die Formel gebracht, dass es „vor Traurigen" (Benjamin 1980 [1928], 298) stattfinde. Die in ihm dargestellte wie die von ihm ausgelöste Trauer sind die austauschbaren Requisiten einer melancholischen Grundverfassung, die den unabänderlichen Lauf der Welt stets aufs Neue bestätigt findet: „Der Stand des kreatürlichen Menschen selber ist der Grund des Untergangs. Diesen typischen Untergang, der so verschieden von dem außerordentlichen des tragischen Helden ist, haben die Dichter im Auge gehabt, wenn sie [...] ein Werk als ‚Trauerspiel' bezeichnet haben." (Benjamin 1980 [1928], 268) Das barocke Drama kreist um die Idee einer „Darstellung der Geschichte als eines Trauerspiels" (Benjamin 1980 [1928], 321).

Auch in der barocken Lyrik lassen sich Trauer und Melancholie nicht trennen. Alles ist von der Gewalt der transzendenzlosen Zeit erfasst, und der Schmerz der Trauer lässt sich allenfalls durch seine melancholische Verallgemeinerung abmildern.

1.4 Zeittheoretische Überlegungen

Vielleicht waren die säkularen Verheißungen der aufgeklärten Menschheit nur ein Surrogat der religiösen, deren einschneidende Erosion das deutsche Barock dokumentiert. Ihre immer wiederkehrende Enttäuschung bildet jedenfalls den tristen Unterton der Neuzeit (vgl. Lepenies 1969). Die Katastrophen des 20. Jahrhunderts verurteilen, Adorno zufolge, die Philosophie zu einer „traurigen Wissenschaft" (Adorno 1993 [1951], 7). Umso mehr gilt dies von der Literatur, soweit dargestellte Kritik an der rationalistischen Aufklärung mit ihrem Fortschrittsglauben ihr Thema ist. Trakls Weltkriegsgedichte, Brechts *Buckower Elegien*, Celans Lyrik, Becketts und Heiner Müllers Stücke haben ein jeweils unverwechselbares emotionales Gepräge. Dennoch ist ihnen eine zum Verstummen neigende Trauer über den Kollaps aller Vorstellungen zivilisatorischer Verheißungen gemeinsam.

Unbekümmert um die Sozialgeschichte setzt Karl Heinz Bohrer den Beginn dieser spezifisch modernen Melancholie in das Werk Baudelaires (Bohrer 1996, 45–319). In der Tat gibt dieses Werk den vielleicht tiefsten Einblick in die temporale Struktur, die ihr zugrunde liegt. Das den Abschluss des ersten Teils (*Spleen et Idéal*) bildende Gedicht *L'Horloge* (Baudelaire 1975 [1861]) dokumentiert ein spezifisches Leiden an der Zeit; es ist das Fundament des Baudelaireschen Spleens. Die zentrale Metapher dieses Textes ist der Sekundenzeiger. An ihm erscheint das Leben der Menschen gebannt, fraktioniert in identische, nicht miteinander zusammenhängende Einzelaugenblicke. Es stellt den Verlust zeitlicher Synthesis dar, den Wegfall von Erinnerung und Erwartung, die die menschliche Zeit gliedern, die Regression des Zusammenhangs von Gegenwart, Zukunft und Vergangenheit auf die leere Folge ununterschiedener Jetztpunkte (vgl. Benjamin 1980 [1940], 635–636). Das Leiden daran bezeichnet die Melancholie der Moderne, für die Tradition und Fortschritt zu Phrasen geworden sind. In einem nachdrücklichen Sinne leidet der Melancholiker nicht an etwas, sondern am Mangel an etwas. Er leidet an der Zeit, und leidet an der Welt eben insofern sie von der leeren Zeit beherrscht ist (vgl. Theunissen 1991 und 1996). In *Warten auf Godot* heißt es in diesem Sinn: „Hören Sie endlich auf, mich mit ihrer verdammten Zeit verrückt zu machen? Es ist unerhört! Wann! Wann! Eines Tages, genügt Ihnen das nicht? Irgendeines Tages ist er stumm geworden, eines Tages bin ich blind geworden, eines Tages werden wir taub, eines Tages wurden wir geboren, eines Tages sterben wir, am selben Tag, im selben Augenblick, genügt Ihnen das nicht? [...] Sie gebären rittlings über dem Grabe, der Tag erglänzt für einen Augenblick und dann von neuem die Nacht" (Beckett 1976 [1953], 94).

Diese Verkümmerung der menschlichen Zeiterfahrung ist nicht neu, sie hat sich bei Baudelaire unterm kapitalistischen Zeitregiment bloß formalisiert. Von den Klageliedern des Alten Testaments über die Tränen des Xerxes, der über sein Heer weint, weil in hundert Jahren kein Krieger mehr am Leben sein wird (Herodot, *Hist.* 7.46); von Shakespeares resignierter Einsicht in den „Großen Mechanismus" der Geschichte (Kott 1980, 21), die blutige Marionetten tauscht, zu Gryphius' Sonetten über die Eitelkeit der Welt; von Schillers *Nänie* bis zum hoffnungslosen Elend von Büchners *Woyzeck* –: im Hintergrund steht regelmäßig die „Herrschaft der Zeit" (vgl. Theunissen), die in melancholische Phasen der Geschichte totalitäre Züge annimmt und das Subjekt mit Hoffnungslosigkeit überschwemmt. Immer liegt ihr die Schwächung dessen zugrunde, was in der Zeit die Zeit transzendiert. Das kann der religiöse oder metaphysische Bezug auf ein Jenseits der Zeit sein, der sich zur Vorstellung außerzeitlicher Ewigkeit steigern kann. Es kann aber auch in der aktiven Gestaltung der Zeit durch den Menschen beschlossen liegen, der sein zeitliches Dasein aus der Vergangenheit herleitet und/oder aus der Zukunft entwirft.

Das philosophische Werk, in dem das Ende der klassischen Metaphysik und die Verwerfung ihres geschichtsphilosophischen Surrogats sich am vehementesten bekundet, ist dasjenige Schopenhauers. Jenseits der Erscheinungen liegt keine Welt zeitlosen Seins, sondern das reine Werden, die reine Zeit als Fundament des anthropomorphen Hilfsbegriffs des „Willens" (vgl. Schopenhauer 1988 [1859], 150–158). Bar der Grundlage heidnischen Naturvertrauens steht Schopenhauers Werk im Zeichen einer unauflöslichen Melancholie. Die Vorstellung einer besseren Welt im Jenseits, in Vergangenheit oder Zukunft „ist die philosophische Überzeugung und zugleich die Funktion der Philosophie, mit der Schopenhauer gebrochen hat" (Horkheimer 1985 [1961], 131).

2. Trauerspiele

Die folgenden Analysen heben aus dem Feld, das von Trauer und Melancholie aufgespannt wird, einige Punkte heraus. Sie beschränken sich auf das Theater als der Form, in der gesellschaftliche Affekte öffentlich verhandelt wurden. Sie sind nicht repräsentativ, sondern versuchen Schlaglichter in ein Gebiet zu werfen, das sich nur schwer systematisieren lässt.

2.1 Lucius Annaeus Seneca, *Oedipus*

Senecas Werk artikuliert sich angesichts einer übermächtigen und unberechenbaren politischen Welt, die dem Einzelnen keinerlei Gestaltungsmöglichkeit lässt. Dieser „Absolutismus der Wirklichkeit" (Blumenberg 1979, 10) gibt der jüngeren Stoa, deren wichtigster Vertreter Seneca ist, die Fragen vor, um die sie sich – monoton in der theoretischen Architektur, faszinierend einfallsreich im lebenspraktischen Detail – bewegt. Wie ist Freiheit in einer Welt, die empirisch zur Unfreiheit verdammt, möglich? Wie können wir glücklich und ohne Angst leben?

Dass Seneca sich obsessiv auf dies Wenige konzentriert und keine davon unabhängigen theoretischen Interessen verfolgt – seine Theologie und Kosmologie sind bloß Hilfsmittel zu diesem Zweck –, hat seiner Philosophie ihre fortdauernde Popularität beschert. Denn der Absolutismus der Wirklichkeit ist die historische Normalerfahrung; der Optimismus aufgeklärter Lebensgestaltung erscheint als inspirierende, aber seltene Ausnahme. Seneca hat die Geschichte auf seiner Seite. So hat wohl kein anderer antiker Autor eine so kontinuierliche Breitenwirkung in der Kunst, der praktischen Lebenslehre und der Politik entfaltet. Noch Sartre, dessen intellektuelle Physiognomie derjenigen Senecas in einigen Zügen verblüffend ähnlich ist, liegt auf der Linie eines neuzeitlichen Stoizismus senecanischer Prägung.

Die Antwort, die Seneca auf die Fragen nach Freiheit und Glück in einer Welt gibt, die es schon schwer macht, sie überhaupt zu stellen, ist nicht originell. Die strikte Trennung von Seele und Körper durch eine asketische Selbstpraxis geht mindestens auf Sokrates zurück; der Strom, der von dieser philosophischen Hauptquelle ausgeht, verbreiterte sich durch die Zuflüsse des Epikureismus und der diversen Mysterienreligionen, die nach dem Zerfall der Polisgesellschaft der klassischen Zeit einen enormen Aufschwung erfuhren. Dass die Seele ein empirisch unzerstörbares, die Wirklichkeit transzendierendes Gut sei, war unabhängig von der Frage der Metempsychose die gemeinsame Überzeugung dieser nachklassischen Strömungen, die in Seneca zusammenlaufen.

Trennung von Seele und Körper als Selbstpraxis – das bedeutet konkret: das, was im Tod geschieht, aktiv vollziehen; den Tod ins Leben hineinnehmen – „Sein zum Tode", wie Heidegger (1984 [1927], 260–267) es genannt hat. Denn: Wenn man innerlich schon tot ist, hat der Tod keine Macht mehr; wenn es gelingt, alle voluntativen, affektiven und intellektuellen Verbindungen zur Wirklichkeit durchzuschneiden, hat die Todesfurcht ein Ende. „Darin nämlich täuschen wird uns, daß wir den Tod vor uns sehen: ein großer Teil davon ist bereits vorbei. Was immer an Lebenszeit in der Vergangenheit liegt – der Tod besitzt es." (Seneca 1999, 3 [*Ep. Luc.* 1.2]) Die Vorstellung, dass das Leben mit graduell zunehmenden Anteilen der Tod schon ist, sodass am Ende in unmerklichem Übergang ratifiziert würde, was mit der Geburt begann, ist suggestiv; sie unterschlägt aber planvoll, das das Leben eine im Vollzug durch Erinnerung und Erwartung zusammengehaltene Ganzheit ist. Dass die temporale Synthesis, der Zusammenhang von Gegenwart, Vergangenheit und Zukunft, von Seneca unter den Tisch gekehrt wird, macht die Figur der Selbstbehauptung deutlich, der sich sein Werk verschrieben hat. Es ist die Identifikation mit dem Gegner. Die einzig mögliche Reaktion auf eine Realität, die das Dasein unerbittlich in unzusammenhängende Einzelaugenblicke fraktioniert, besteht darin, diesen Vorgang mitzumachen, aktiv an sich zu vollziehen; das – vorgeblich – aus Freiheit zu tun, was einem von der Notwendigkeit diktiert wird.

Für dieses ethische Ideal macht Seneca in seinen Tragödien Werbung. Diese, die bis zum 19. Jahrhundert als ein vom philosophischen Werk streng getrenntes Corpus angesehen wurden, sind drastische Exemplifikationen, in denen wieder und wieder die Lebenslehre der stoischen Freiheit vorgeführt wird. Es gibt „einen Grad von Unterdrückung [...], der als Freiheit empfunden wird" (Müller 1991, 59). Dieser Umwendung liefern Senecas Tragödien heroische und in vieler Hinsicht ideologische Anschauungsmodelle. Warum sollten sie also im Zusammenhang mit literarischen Formen, die mit dem Affekt der Trauer verbunden sind, überhaupt Erwähnung finden? Weil die Bewunderung, die sie erregen sollen, von einer tief-resignativen Grundströmung unterhöhlt wird, einer fatalistischen Trauer über eine Verfassung der Wirklichkeit, die Freiheit und Glück nur als Resultat einer Selbstpraxis zulässt, die die Welt aus der Welt schafft: „Wir sind schicksalsgelenkt [...] | Alles geht auf genau vorgezeichnetem Pfad, | und der erste Tag legt den letzten auch fest" (Sen. *Oed.* 980, 987–989). Die totalitäre Schicksalsvorstellung, die im fünften Chorlied des Oedipus ausgesprochen wird, wird gemeinhin als die Botschaft aufgefasst, die Sophokles im *König Ödipus* seinem Publikum habe mitteilen wollen. Dass nichts irriger wäre als diese Deutung des berühmten Vorgängerstücks, lehrt schon der Umstand, dass Seneca es tiefgreifend verändert hat – das wäre ja nicht nötig gewesen, wenn Sophokles' Drama für sich selbst schon darauf aus gewesen wäre.

In der Hauptsache betreffen diese Veränderungen das Verhältnis von Natur und Kultur. Denn Schicksal wird erst dann zur absoluten Macht, wenn es – in einer Weise, die die Aristotelische Poetik (vgl. Ette 2005), keineswegs aber *König Ödipus* vorgebildet hat –, mit der natürlichen Ordnung identifiziert wird. Das tragische Handeln erscheint als Bruch mit dieser Ordnung, korrigierbar einzig durch eine Tat der Restitution, die sie im Selbstopfer des stoischen Heros vollständig wiederherstellt. Wie immer gefährdet, entfaltet die griechische Tragödie sich im Raum eines geschichtlichen Empfindens, das Raum für Handlungsalternativen lässt. Wie hätte der tragische Ausgang vermieden werden können? So fragen, ihrem sich selbst missverstehenden Antagonisten Brecht gar nicht unähnlich, die dramatischen Handlungsanalysen, die aus der klassischen Zeit überliefert sind (vgl. Ette 2012). Dieses Empfinden ist dem stoischen Drama verlorengegangen. Was hier verhandelt wird, ist nicht die Frage, ob es zu dem, was auf der Bühne sich zuträgt, eine bessere Alternative gegeben hätte; sondern, ob nicht Handeln überhaupt, durch das Kultur und Geschichte sich als von der Natur unterschiedene Bereiche des Menschenlebens konstituieren, den zu tilgenden Urfrevel darstellt. Damit bereitet Senecas Drama dem europäischen Trauerspiel der Neuzeit den Boden.

„Natur | hat sich verdreht" („natura versa est" – Sen. *Oed.* 371): Der Schlüsselsatz des Dramas fällt während der Eingeweideschau, die an die Stelle der Auseinandersetzung zwischen Ödipus und Teiresias getreten ist. Das heißt: An die Stelle des deutenden und der Deutung offenstehenden Worts, das bei Sophokles zweideutig zwischen den Vertretern der Religion und des Staates steht, setzt sich das eindeutige Zeichen der Natur. Und auch dort, wo sie tatsächlich redet – im Orakel von Delphi (Sen. *Oed.* 233–238) und während der Totenbeschwörung des Laios, die Seneca hinzuerfunden hat (Sen. *Oed.* 626–657) –, redet sie eindeutig. Mit den Göttern beziehungsweise mit der hinter ihnen stehenden Naturmacht (der Götterglaube der Stoa ist im Kern keiner, das heißt bloß ein Zugeständnis an die religiösen Konventionen des römischen Staates) ist nicht zu verhandeln, was für das griechische Orakelwesen durchaus üblich war (vgl. Herodot, *Hist.* 7.141).

Damit ändert sich die psychologische Erscheinung der Hauptperson. Die des Sophokles war getrieben vom schlechten Gewissen eines Aufklärers, der vor dem, gegen das er rebelliert, Angst hat; Verdrängung und Flucht sind die Markzeichen seines Lebenswegs. Senecas Oedipus hat zwar Angst, aber kein Unbewusstes; die Figur des tragischen Rebellen weicht der des schuldlos Verstrickten, der in jedem Augenblick die Strafe für eine Tat antizipiert, die er wissentlich noch gar nicht begangen hat. Bereits die Pest in Theben erscheint in diesem Licht:

> Schon setzt das Schicksal etwas gegen mich in Gang!
> Was sonst denn soll ich denken, da doch diese Pest [...]
> nur mich verschont! [...]
> Im Sturz der Stadt [...]
> da steh ich unversehrt – ganz klar Apolls Beklager.
> Ja konntest du erwarten, dass für solche Frevel
> noch ein gesundes Reich verliehen würde? (Sen. *Oed.* 28–36)

Wenn sich Oedipus hier vorauseilend für eine Tat bestraft fühlt, die seines Wissens in der Zukunft liegt, dann hat der Unterschied von Vergangenheit und Zukunft insgesamt, dann hat Zeit selbst keine Bedeutung. Der Fluss fließt zur Quelle, und in dieser Bewegung wird Geschichte in den Raum einer sich ewig gleichbleibenden Natur zurückgestellt. Auf sie als tragenden Grund des Geschehens verweist der Schluss des zweiten Chorlieds an Bacchus, der in einer eigentümlichen Umdeutung seines griechischen Vorläufers als Gott der Naturordnung angerufen wird (Sen. *Oed.* 503–508).

Darauf, dass der Natur grundsätzlich Recht zu geben ist und dass das spezifische Handeln des Ödipus bloß ein Anwendungsfall der allgemeinen Maxime ist, der zufolge Kultur selbst der Urfrevel ist, deutet schließlich das dritte Chorlied. Der Chor sagt zu Ödipus: „Nicht du bist der Grund, dass wir so in Gefahr, | nicht von dort hat des Labdakos | Stamm sein Los, sondern älterer Zorn | des Gotts verfolgt uns" (Sen. *Oed.* 709–712). Es ist die Gründung der Stadt Theben (Sen. *Oed.* 712–763), mit der das Unheil seinen Anfang nahm und jener ‚Perversion' der Natur der Weg bereitet wurde, die im Vergehen des Ödipus bloß sichtbar wird. Die Politik ist der Irrtum, der jedem Trauerspiel des Seneca vorausgeht und von jedem einzelnen aktualisiert wird.

In der Beantwortung der Frage, wie der Natur zu ihrem Recht verholfen werden kann, entscheidet sich die Wirkung dieses Dramas. Auf der einen Seite steht die Figur des Ödipus, der zum stoischen Helden avanciert und in der mit splatterhafter Eindrücklichkeit geschilderten Selbstblendung (Sen. *Oed.* 971–979) seine Angst verliert. Er zeichnet die blutige Figur einer Selbstbehauptung in die Luft, die das, was das Schicksal ihm zugefügt hat, nicht bloß willentlich akzeptiert, sondern sogar noch übertrifft: „O Phöbus, du Betrüger, übertrumpft hab ich die frevelhaften Schicksalssprüche" (Sen. *Oed.* 1046–1047). Dass seine Selbstbestrafung drastischer ist, als vom Orakel vorgesehen, ist ihm die letzte Genugtuung angesichts einer Welt, die ihm von Anfang an keine Handlungsspielräume, und also keine Freiheit, gelassen hat. Seine Freiheit ist die des Borderliners, der sich selbst verletzt, weil sein Körper das Einzige ist, über das er noch verfügen kann. Das kann man bewundern. Aber man kann sich auch der hoffnungslosen Traurigkeit öffnen, die darunter arbeitet.

Auf der anderen Seite finden wir den Chor, der dazu aufruft, wenn irgend möglich, den Naturraum des Handelns nicht zu verlassen:

> Dürft nach Wunsch ich gestalten mir
> mein Geschick: leichten Südwind nur
> setzte ich meine Segel aus, [...]
> sicher leite das Leben mich,
> laufe auf mittlerer Bahn nur ab. [...]
> Alles, was übersteigt das Maß,
> steht auf schwankendem Fundament (Sen. *Oed.* 882–890).

Die ‚mittlere Bahn', das ‚Maß' – es sind die altüberlieferten Begriffe für ein Handeln, das keines sein will, weil es von der Nichtigkeit des Versuchs, etwas zu verändern, überzeugt ist. „Ich stellte mich unter, ich machte mich klein", schrieb Wolfgang Koeppen (1961, 252) über seine Zeit der Inneren Emigration. Diese traurige Botschaft will der innere Emigrant Seneca zu einer Zeit, in der die frohe des Christentums sich zu verbreiten begann, den Lesern des *Oedipus* mitteilen.

2.2 William Shakespeare, *Richard III.*

Shakespeares frühes Stück wirkt in der Auseinandersetzung mit dem hundert Jahre alten historischen Stoff drei Geschichtsauffassungen ineinander; er hat es dabei nicht auf einen Entscheid, sondern auf ihre produktive Interferenz abgesehen (vgl. Iser 1988). (1.) Zunächst kommt man nicht an der Tatsache vorbei, dass in diesem Stück der heilsgeschichtlich imprägnierte Tudormythos bedient wird; Richmond, der Richard besiegt und durch die Heirat mit Prinzessin Elizabeth die Häuser York und Lancaster zusammenführt, tritt als Agent eines göttlichen Plans auf; das letzte Wort des Stücks lautet signalhaft ‚Amen'. Diese geschichtsphilosophische Dominante wird von Shakespeare jedoch vielfach gestört und skeptisch unterwandert, und zwar (2.) durch die archaische Vorstellung eines ewigen Kreislaufs der Geschichte, nach dessen Gesetz fallen muss, was einmal stieg – ganz unabhängig von seinem Verdienst und den konkreten Gründen für seinen Auf- und Abstieg. Im Stück ist es das Bild der reifen Frucht, die auf dem Höhepunkt ihrer Entwicklung in die Fäulnis übergeht (Sh. *R.III* 4.4.1–4.4.4). Angelagert ist ihm das Vanitas-Motiv aus Clarences Traum (Sh. *R.III* 4.4.24–4.4.33): „Wedges of gold, great anchors, heaps of pearl, | Inestimable stones, unvalued jewels, | All scatter'd in the bottom of the sea: | Some lay in dead men's skulls." (Sh. *R.III* 1.4.26–1.4.29; vgl. Clemen 1969) Wenn dieses Gesetz universelle Geltung besitzt, muss auch das Haus der Tudors irgendwann fallen; der Endzustand ermäßigt sich zum historischen Interim. (3.) Dieses Naturgesetz von Aufstieg und Fall, das in Richards Niedergang nach der Krönung immer deutlicher zutage tritt (Kott 1980, 21–22, 45, 68), wird überlagert von der Idee, dass Machtgier und Rache die Substanz der Geschichte bilden. Die Täter von heute sind die Opfer von morgen, weil ihre Opfer sich an ihnen rächen werden; dies gilt für Richards Opfer ebenso wie für ihn selbst. Die Sprecherin dieses Mechanismus ist Queen Margaret, der Hass der greisen Witwe Heinrich VI., die in den Wirren seiner Nachfolge ihre gesamte Familie verlor, befähigt sie zu einem einseitigen, aber prophetischen Durchblick auf den Grund des Geschichtsgangs (1.3 passim). Sie ist Richard als einzige gewachsen, nicht intellektuell, sondern in der Größe ihres Hasses.

Die Interferenz dieser Geschichtsvorstellungen schwächt den Finalismus der Tudor-Ideologie. Regelrecht blass erscheint sie aber angesichts der maßlosen Faszination, die von der Hauptfigur des Stücks ausgeht. Shakespeare macht uns (nicht zuletzt durch Richards zahlreiche Monologe) zu Komplizen des Bösen, mit dem er bis an die Grenze des Glaubhaften und des Erträglichen experimentiert. Der skrupellose Aufsteiger, der dem Leben Rache geschworen hat und in der wachsenden Macht über andere sich für die Ohnmacht eines verkrüppelten Lebens entschädigt (Sh. *R.III* 1.1.18–1.1.31), fasziniert, weil wir das Ressentiment und den Hass auf die Umstände, die uns nicht zu dem haben werden lassen, was uns zustünde, mit ihm gemeinsam haben; auch wenn wir seine Konsequenzen zu ziehen nicht wagen. Richard ist nicht bloß das außerhalb der Menschheit stehende Scheusal, als welches ihn Lessing (1981 [1767–1769], 405) von allen Bühnen verbannt wissen wollte; er ist ein Wunschbild aller zu kurz Gekommenen, weil er sich nimmt, was ihm versagt wurde, weil er alle moralischen Bedenken über Bord wirft, die ihm nur hinderlich wären, und weil er mit dem Einsatz seines ohnehin verlorenen Lebens für das Einzige spielt, wofür es sich zu leben lohnt: für die Rache, die in der Erniedrigung des anderen besteht (vgl. Sh. *R.III* 1.2, 3.4 passim). Er ist der große Verbrecher, dem Schiller (1992 [1793], 450–451) widerwillige Anerkennung zollt; idealistisch in dem Sinn, das er sich einer einzigen Idee verschrieben hat, der er alles zum Opfer bringt. Richard ist ein Extrem, aber keine Ausnahme.

Zu der moralischen Indifferenz, mit der Shakespeare die Geschichte vorüberziehen lässt, steht die etwas aufgesetzt wirkende Bestrafung des Verbrechers in einer gewissen Spannung. Die forcierte poetische Gerechtigkeit bringt die Welt nicht mehr in Ordnung. Denn Shakespeares Drama handelt zuletzt von der Ungerechtigkeit der Natur. Sie stattet den einen mit allen Vorzügen aus, über die sie verfügt; den anderen aber stempelt sie zum Auswurf, hässlich und widerwärtig. Das Böse ist das Ergebnis solcher natürlichen Ungleichheit unter den Menschen, kontingent und sinnlos, und doch so tief, wie nur denkbar, in den Lauf der Welt eingesenkt. Wer durch seine äußerliche Erscheinung den Ekel der Menschheit auf sich zieht, wird an ihr sich rächen wollen; und wehe allen, wenn ihm die

Mittel dazu in die Hand gegeben sind. Die Norm der Schönheit produziert das Gegenbild des Hässlichen, ja sie ist darauf angewiesen; und sie würde von ihm hinweggefegt werden, wenn es könnte, wie es wollte.

Aber so ist es nicht; und auch über diese Wahrheit belehrt Shakespeares Drama. Am Ende verliert der Behinderte, ein sabbernder, psychisch dissoziierender Hanswurst, der verlacht, ein schlechter Verlierer, der vom schönen und vernünftigen Gewinner vom Platz gestellt wird, in dessen Welt Kreaturen wie er ausgemerzt werden. Das Gute siegt, aber man mag die rechte Genugtuung darüber nicht empfinden. Shakespeare hat allen nur möglichen Reaktionen auf den Tod des Unholds den Weg verlegt; moralische Befriedigung, Mitleid und Gelächter blockieren sich gegenseitig. Was bleibt, ist ein eigenartig stumpfes Empfinden, vergleichbar demjenigen, mit dem man Schreckensnachrichten aufnimmt, die das subjektive Fassungsvermögen übersteigen. Die Trauer, die Richard III. hinterlässt, ist anästhetisch.

3. Pedro Calderón de la Barca, *La vida es sueño* [*Das Leben ein Traum*]

Blickt man von dem deprimierenden Schauspiel, das die Geschichte im englischen Trauerspiel bietet, auf das Werk des Calderón, so erglänzt es in dem letzten Licht, das das spanische *siglo de oro* auf das ausgehende Mittelalter warf. Dennoch erscheint es bereits von den Fissuren durchzogen, die sich im späteren Trauerspiel zu dem unschließbaren Riss erweitert haben, der Himmel und Erde voneinander trennt.

Das Leben ein Traum (1636) schildert die Genese der Einsicht, die dem Drama seinen Titel verliehen hat, als brutalen pädagogischen Prozess. Der polnische Königssohn Sigismund wird in einem Versteck weitab von den Menschen gefangen gehalten, weil sein Geburtshoroskop darauf wies, dass er seinen Vater gewaltsam entthronen und das Land in Aufruhr und Zerrüttung stürzen werde. Um ihn zu prüfen, wird ihm ein Schlafmittel gegeben; bewusstlos wird er an den Königshof verbracht, um dort die Herrschaft anzutreten. Sigismund besteht diese Probe jedoch nicht. Wut und erotisches Begehren, die sich in ihm durch die jahrelange Einkerkerung angestaut haben (ob sie sie allererst schuf oder zumindest verstärkte, wird im Drama nahegelegt), entladen sich am Hof in Akten blinder Aggression gegen jeden, der ihm im Weg steht. Darauf wird er erneut eingeschläfert und in sein Gefängnis zurückgeschafft. Um diese abrupten Wendungen seines Geschicks verkraftbar zu machen, redet man ihm ein, all das, was er am Hof erlebt habe, sei nur ein Traum gewesen. Das führt ihn zu der Erkenntnis, dass nicht bloß das vermeintlich Geträumte, sondern auch das für wirklich Gehaltene nichts als ein Traum sei:

> in den Räumen
> dieser Wunderwelt ist eben
> nur ein Traum das ganze Leben;
> und der Mensch (das seh' ich nun)
> träumt sein ganzes Sein und Tun,
> bis zuletzt die Träum' entschweben (Calderón 1965 [1636], 118)
>
> [Y sí haremos, pues estamos
> en mundo tan singular,
> que el vivir sólo es soñar;
> y la experiencia me enseña,
> que el hombre que vive, sueña
> lo que es, hasta despertar (Calderón 1991 [1636], 164)]

Die metaphysische These einer Entwirklichung der Wirklichkeit führt freilich das systematische Problem mit sich, dass sich das ‚rechte' Handeln nicht aus ihr ableiten lässt; sie vergleichgültigt ja auch die Unterscheidung von Gut und Böse. Ist es nicht egal, was man tut, ja ob man überhaupt etwas tut? Die Verhinderung dieser Implikationen gestaltet *La vida es sueño* zu einem philosophischen Drama ganz eigener Art.

Calderón geht dazu in mehreren Schritten vor. Zunächst wird Sigismund durch die erkenntnistheoretische Distanz zur Wirklichkeit zur Affektkontrolle ermächtigt: „[…] darum zäumen | wollen wir den rauhen Mut, | diesen Ehrgeiz, diese Wut, wenn wir wieder einmal träumen" (Calderón 1965 [1636], 118; vgl. 127–128, 141). [„pues reprimamos | esta fiera condición, | esta furia, esta ambición | por si alguna vez soñamos" (Calderón 1991 [1636], 164)]. Daran schließt sich die Setzung einer zweiten, wahrhaften Wirklichkeit, in die der Mensch durch seinen Tod gelangt: „ […] el hombre que vive, sueña | lo que es, hasta despertar." (Calderón 1991 [1636], 164) [„Und der Mensch (das seh' ich nun) | träumt sein ganzes Sein und Tun, | Bis zuletzt die Träum' entschweben" (Calderón 1965 [1636], 161, 118)]. Der Schein des Realen hängt nicht in der Luft, sondern wird durch die Scheinlosigkeit der Transzendenz balanciert. Und schließlich wird die transzendente Überwirklichkeit im christlichen Geiste mit Gerichtsvorstellungen aufgeladen: „Si es sueño, si es vanagloria | ¿quién, por vanagloria humana, | pierde una divina gloria?" (Calderón 1991 [1636], 195) [„Ist es Traum, ist's eitle Glorie: | Wer, für Glorien der Erde, | Möchte Himmelsglorien opfern?" (Calderón 1965 [1636], 141)

All dies befähigt Sigismund dazu, selbst zum Richter seines Handelns zu werden und die ‚zweite Probe', die ihm nicht mehr von den Menschen, sondern von Gott auferlegt wird (vgl. Kommerell 1946, 218–222), zu bestehen. Er wird von Aufständischen befreit, die ihn als legitimen Herrscher einsetzen wollen, und setzt sich nach einigem Zögern an ihre Spitze. Aber der Kampf zwischen Vater und Sohn verläuft anders als es die astrologische Prophezeihung zu besagen schien. Zwar liegt am Ende der alte König vor dem jungen im Staub, aber es ist keine Demütigung, sondern ein freiwilliger Verzicht auf die Herrschaft. Daraufhin fällt auch Sigismund vor seinem Vater auf die Knie und wird zum rechtmäßigen Herrscher ernannt. Diese (ikonisch ungemein wirkungsvolle) Symmetrie des Verhaltens ermöglicht die Versöhnung. Das Schicksal wird transzendiert, indem es sich in einem Geiste erfüllt, der ihm wesensfremd ist.

Durch das ganze Stück ziehen sich Erwägungen darüber, ob der Mensch den Sternen unterworfen sei, ob sein Leben bloß das von ihnen im Voraus Bestimmte ratifiziere oder ob es möglich sei, einen anderen Weg einzuschlagen – „porque el hado más esquivo, | la inclinación más violenta | el planeta más impío, | sólo el albedrío inclinan, | no fuerzan el albedrío" (Calderón 1991 [1636], 113) [„weil die sprödesten Geschicke, | die unbändigsten Gelüste, | die feindseligsten Gestirne, | immer nur den Willen lenken, | aber zwingen nicht den Willen" (Calderón 1965 [1636], 78)]. Die philosophischen und theologischen Debatten über die Willensfreiheit bestimmten Calderóns Studienzeit in Salamanca; das schwer übersetzbare Wort *inclinar* – Kommerell (1946, 204) schlägt „disponieren" vor – dürfte als eine mögliche Kompromissformel aus diesen Diskussionen hervorgegangen sein (vgl. auch Gerstinger 1967, 34–36).

Holzschnitthaft formuliert, kennt das antike Schicksal nur die starre Alternative von Rebellion und Unterwerfung; die tragische Dialektik speist sich wesentlich aus dem Umschlag dieser Extreme ineinander. Calderón reagiert darauf mit der These, dass jeder Versuch, dem Schicksal direkt die Stirn zu bieten, es herausfordert und erst recht in Tätigkeit setzt. „Meinem Vater", sagt Sigismund, „erging es | so wie dem, der aus dem Schlafe | weckt das Untier, das ihm drohet" (Calderón 1965 [1636], 148) [„Lo mismo le ha sucedido | que a quien, porque le amenaza | una fiera, la despierta" (Calderón 1991 [1636], 203)]. Das figuriert den Import der antiken Schicksalsvorstellung ins christliche Trauerspiel. Aber Calderón geht über sie durch einen dritten Weg hinaus, der zwischen Rebellion und Unterwerfung hindurchführt. Der Schauplatz nämlich, auf dem sich der menschliche freie Wille entfaltet und den Lauf der Sterne zu „beugen" (*vencer*) vermag, ist die der raschen, geistesgegenwärtigen Reaktion. Nicht summarisch kann dem Verhängten entgegengetreten werden, aber sein Sinn kann sich wenden, indem dem jetzt und hier Gegebenen frei und unvorhergesehen entsprochen wird:

> wer zu beugen trachtet
> Sein Geschick [...], so geschieht's
> Doch nur dann, wenn er im Falle
> Der Gefahr ist, denn kein Mittel
> Gibt's, um diese fernzuhalten (Calderón 1965 [1636], 148)
>
> [quien vencer aguarda
> a su fortuna [...] no es
> sino después que se halla
> en la ocasión, porque aquésta
> no hay camino de estorborla (Calderón 1991 [1636], 203–204)]

Das Gewebe des Schicksals ist zu grob; der freie Wille zerreißt es nicht, sondern wird von ihm gar nicht erfasst.

Diese Einsicht strahlt von der Sigismund-Handlung auf die parallel laufende Rosaura-Astolf-Handlung (in der es um Liebe und gekränkte Ehre geht) mit ihren an der Person Clarins hängenden burlesken Seitenstücken aus. Dabei verdient vor allem Clarin Beachtung. Er ist Narr und Hanswurst, der nur ans Essen denkt, die einzige ganz volkstümliche Gestalt des Dramas. Gleichzeitig hat ihn Calderón zu der neben Sigismund zentralen Weisheitsgestalt des Dramas aufgebaut. Clarin stirbt in der Schlacht um die Herrschaft gerade in dem Moment, in dem er sich vor ihr versteckt, durch eine verirrte Kugel. Dem Sterbenden wird die Weisheit des Stücks, dass man den Lauf des Schicksals nur ändern kann, wenn man ihm folgt, in einer populären Form in den Mund gelegt. Auch er verkörpert auf seine Weise die eine Handlung des Dramas.

Mit der Erkenntnis, dass die Zeit nur „Vortäuschung der Wirklichkeit" (Gerstinger 1967, 64) sei, nimmt sich das Drama am Ende als Handlung selbst zurück, und dies geschieht in *Das Leben ein Traum* auf eine so unvergleichlich brutale Weise, dass spätestens an dieser Stelle die restaurative Schwäche des Calderónschen Weltbilds erkennbar wird. Die Versöhnung hat nämlich ein Nachspiel. Einer aus Sigismunds Gefolge wendet sich an den neuen König:

> du so, wer nicht dir diente:
> Was werd' ich denn, der des Landes
> Aufstand wirkt' und dich erlöste
> aus dem Turme, wo du saßest,
> was werd' ich zum Lohn empfahn? (Calderón 1965 [1636], 150)
>
> [Si así a quien no te ha servido
> honras, a mí que fui causa
> del alboroto del reino
> y de la torre en que estabas
> te saqué, ¿qué me darás? (Calderón 1965 [1636], 206)]

Sigismund antwortet:

> Jenen Turm; und daß von dannen
> nie du bis zum Tod entweichst,
> geb' ich dir gnugsame Wache.
> Des Verräters nicht bedarf's
> nach vollendetem Verrate (Calderón 1965 [1636], 150)

> [La torre; y porque no salgas
> della nunca hasta morir,
> has de estar allí con guardas;
> que el traidor no es menester
> siendo la traición pasada (Calderón 1991 [1636], 206)]

In einem Trauerspiel englischer oder deutscher Provenienz hätte dies bedeutet, dass von Sigismund ebenso wenig Gutes zu erwarten sein wird wie von seinem Vorgänger. Es wäre ein Signal dafür gewesen, dass das Rad der Geschichte einen Umlauf beendet habe und nun von vorn beginne. Hier aber revoziert es auf paradoxe Weise die Handlung des Dramas. Sigismund hält die Macht in Händen, als ob er nie zu ihr gekommen wäre. Er versteinert zur starren Maske des Herrschers, der durch die Zeiten immer derselbe bleibt. Was noch an Geschichte erinnert, daran, dass etwas wurde, dass die Zeit mehr ist als die Bühne der Idee, wird ausradiert.

Aber dennoch: Von der Art und Weise, mit der ein Diktator alle einstigen Weggefährten beseitigt, um die Erinnerung daran auszulöschen, dass er selbst wurde, dass er eine Geschichte hat und einmal ein anderer war als der allmächtige Potentat und womöglich Fehler gemacht hat (vgl. Rybakow 1987, 314–315, 553–554), ist das nicht weit entfernt. Darin bedingt sich die spezifische Trauer, die dieses Stück auslöst. Letztlich ist Calderóns Lösung unglaubwürdig, und das Urteil, das über die empirische Welt gesprochen wird, macht es sich zu leicht. Benjamin (1980 [1928], 260) hat betont, dass Spiel und Reflexion die Dramen des Spaniers zu einer Konfliktlösung befähige, die den deutschen Trauerspielen des 17. Jahrhundert fremd sei. Aber es ist letztlich Stukkatur. Die Rückstellung des dramatischen Verlaufs in die zeitlose Welt Gottes ist ein Gewaltakt; und es gehört zur Größe Calderóns, dass er auf seine Darstellung nicht verzichtet. Es qualifiziert sein Stück zu einem Trauerspiel, das vielleicht weniger Trauer erzeugt als es die Trauer seines Zeitalters, die in Europa um sich gegriffen hatte, bestätigt.

4. Andreas Gryphius, *Leo Armenius*

Die Melancholie, von der das deutsche Barock zumindest in seiner protestantischen Ausprägung befallen ist, erscheint auf der einen Seite als verallgemeinerte Trauer. Die Gräuel des Dreißigjährigen Krieges hatten bewiesen, dass die Welt ein Jammertal war, aus dem kein Entkommen möglich schien. Der über sie sinnierende Melancholiker flüchtet vor der Trauer über den Einzelnen in die Einsicht, dass alles eitel und zum Untergang verurteilt sei. Gryphius' Lyrik fasst diese Einsicht in Worte: „Nichts ist, das auf der Welt, | So schön es immer sei, Bestand und Farbe hält. | Wir sind vom Mutterleib zum Untergang erkoren" (Gryphius 1980 [1637], 9–11). Zu dieser Einsicht steht das dramatische Werk im Verhältnis eines Exempels, das immer wieder aufs Neue statuiert werden muss.

Auf der anderen Seite ist die barocke Melancholie von Glaubenszweifeln grundiert. Diese artikulieren sich selten direkt. Aber letztlich resultieren die Verlautbarungen dieser Epoche aus der Brüchigkeit der christlichen Gewissheiten. Die Frage nach einem Gott, der sich anscheinend von der verwüsteten Welt zurückgezogen hatte, kann durch die radikale Gnadentheologie Luthers nicht zur Ruhe gebracht werden (zu Gryphius vgl. Gundolf 1927, 9). In einem Reyen des *Leo Armenius* heißt es: „Fragt nicht | warumb es in dem Stall einzih'! | Es sucht uns | die mehr Vihisch als ein Vih" (Gryphius 1991 [1650], 93). Ob das Christkind findet, was es sucht und ob es in ihm den Menschen zu erkennen bereit ist, bleibt offen.

Der *Leo Armenius* ist Gryphius' Erstling und vielleicht sein drastischstes Stück (zum Folgenden vgl. South 1975). Es spielt am Heiligabend und in der Weihnachtsnacht des Jahres 820 in Konstantinopel. Was dieses Stück – es handelt von der Ermordung des Kaisers Leo Armenius durch Michael Balbus und eine Gruppe von Mitverschwörern – zum Trauerspiel (im Gegensatz zur Tragödie) qualifiziert, ist die Ausweglosigkeit eines geschichtlichen Mechanismus, der bloß Statisten gegeneinander auswechselt. Gegen ihn können die Protagonisten nichts ausrichten. Alles, was sie unternehmen, führt bloß seine Bestätigung herbei. Der gewaltsame Herrschaftswechsel bedeutet weder eine Verbesserung noch eine Verschlechterung der Verhältnisse. In ihm manifestiert sich bloß die Wiederholung des Immergleichen.

Danach ist der Charakter der Protagonisten gemodelt. Ein glaubwürdiger Wille zum Guten und abgrundtiefe Bosheit finden sich in ihm weniger vereint als hart nebeneinandergesetzt, und unvermittelt schlägt eines ins andere um. Was Benjamin von den Gestalten Lohensteins schreibt, gilt auch von den *Dramatis Personae* des *Leo Armenius*: In ihnen bekunde sich „die jähe Willkür eines jederzeit umschlagenden Affektsturms", in dem sie „wie zerrißne, flatternde Fahnen sich bäumen" (Benjamin 1980 [1928], 251). Letztlich aber erweisen sich Angst und

Machtstreben als Prinzip aller Beziehungen. Ein Tyrann wird durch den nächsten ersetzt, dem es nicht anders ergehen wird:

> Streich / rase / toedt' und stoß / biß deine stunde schlag!
> Erheb die neben dich / so unser blut gefärbet,
> Die größer ehr und glück durch unsern fall geerbet!
> Erheb' / was Meyneyd mehr als Redlikeit gelibt!
> Was sich in Fürsten-Mord so meisterlich geübt!
> Was mächtig Kirch und Hoff und Kercker zu erbrechen!
> Vnd wetz' ein Schwerdt / das dir noch wird die Brust durchstechen!
> (Gryphius 1991 [1650], 109)

Die vor Trauer um Leo Armenius wahnsinnig gewordene Theodosia glaubt in Michael Balbus ihren vom Tod wiedergekehrten Mann zu erkennen (Gryphius 1991 [1650], 111; vgl. Szondi 1961, 83). Damit spricht sie die Wahrheit des Trauerspiels aus. „Mit der alten Formel: Le roi est mort, vive le roi! werden irdische und himmlische Könige zugleich auf das endlos rotierende Rad geflochten" (South 1975, 180–181).

Das Verhältnis zum Christentum ist im *Leo Armenius* von aggressiver Ambivalenz. Vor allem zeigt dies das Schlussbild des Dramas. Der Kaiser wird in der Heiligen Nacht zu Füßen desselben Kreuzes ermordet, an dem Christus starb. Ob er, der sich durch beispiellose Gräueltaten den Weg zur Herrschaft bahnte, damit zum Märtyrer in der Nachfolge Christi wird, ist trotz der Verbreitung des Imitatio-Christi-Modells im Barock (Tschopp 1991) zweifelhaft. Eher dürfte es sich um einen Akt äußerster Blasphemie handeln, in dem der theologische Raum, der von den Eckpfeilern der christlichen Verheißung gebildet wird, implodiert. Was bleibt, ist die heillose Welt des im ewigen Wechsel Immergleichen und der allmächtigen Vergängnis:

> Ach! der Zeit ist nichts zu feste!
> Was ich bau / bricht jener ein.
> Nichts! Nichts ist das nicht noch heute
> Könt in eil zu drümmern gehn;
> Vnd wir! ach! wir blinden leute
> Hoffen für und für zu stehn. (Gryphius 1991 [1650], 61–62)

5. Heiner Müller, *Die Hamletmaschine*

Dass die Idee der Geschichte nur eine Illusion gewesen sein könnte; dass die kommunistische Verheißung nach dem, was die sozialistischen Staaten über sie aussagen, nicht einmal ein schöner, sondern ein falscher Traum war: dass die

Welt, was immer man politisch unternimmt, um sie zu ändern, sich dreht „im Gleichschritt der Verwesung" (Müller 1988 [1978], 412) –: all diese Figuren qualifizieren Heiner Müllers *Hamletmaschine* zu einem (post-)modernen Trauerspiel (vgl. Weber 1978, 88). Müllers Hamlet ist der kritische Intellektuelle, der gelernt hat, dass alles Handeln sinnlos ist und am Lauf der Welt nichts ändert. Die einzige noch mögliche Form des Protestes ist zur Schau gestelltes *désengagement*. Die einzige Rolle, die er noch spielen kann, ist die des Zuschauers im Welttheater. Darüber wird er zum Zyniker. Das Aufbegehren des Sohnes gegen den Vater (Müller legt auf diesen von der Psychoanalyse hervorgehobenen Aspekt großen Wert) sinkt in sich zusammen. Der, dem alles, einschließlich seiner eigenen Person egal geworden ist, kriecht am Ende in die Rüstung seines Vaters, wird sein Vater, assoziiert sich mit der Macht und macht das, was alle machen:

> HAMLET DER DÄNE PRINZ UND WURMFRASS STOLPERND
> VON LOCH ZU LOCH AUFS LETZTE LOCH ZU LUSTLOS
> IM RÜCKEN DAS GESPENST DAS IHN GEMACHT HAT
> GRÜN WIE OPHELIAS FLEISCH IM WOCHENBETT
> UND KNAPP VORM DRITTEN HAHNENSCHREI ZERREISST
> EIN NARR DAS SCHELLENKLEID DES PHILOSOPHEN
> KRIECHT EIN BELEIBTER BLUTHUND IN DEN PANZER (Müller 1988 [1978], 418–419)

Diesen trostlosen Zustand durchbricht das spätsozialistische Trauerspiel an drei Stellen. Aber alle drei sind im Irrealis gehalten und weisen bloß im Modus eines utopischen Zeichens über das Bestehende hinaus.

Das ist zunächst die Rolle, die Ophelia spielt. Im fünften Bild erscheint sie im Rollstuhl gefesselt in der Tiefsee und wütet gegen die Welt. „Ich stoße allen Samen aus, den ich empfangen habe. Ich verwandle die Milch meiner Brüste in tödliches Gift. Ich nehme die Welt zurück, die ich geboren habe. Ich ersticke die Welt, die ich geboren habe, zwischen meinen Schenkeln. Ich begrabe sie in meiner Scham. Nieder mit dem Glück der Unterwerfung. Es lebe der Hass, die Verachtung, der Aufstand der Tod. Wenn sie mit Fleischermessern durch eure Schlafzimmer geht, werdet ihr die Wahrheit wissen." (Müller 1988 [1978], 419) Angeschrieben ist ihre Situation durch die von Hölderlin geborgte Überschrift „WILDHARREND | IN DER FURCHTBAREN RÜSTUNG | JAHRTAUSENDE" (Müller 1988 [1978], 419). Es ist also der *aeon* Hamlets, an den sie auf unabsehbare Zeit gefesselt ist. Ihre submarinen Proklamationen verhallten und finden allenfalls ein schwaches Echo im sinnlosen Terrorismus der Manson-Family, den ihr letzter Satz zitiert (vgl. Fehervary 1982, 140).

Die zweite Figur utopischer Transzendenz ist der Aufstand, den Hamlet im vierten Bild imaginiert. Von der Revolution unterscheidet der Aufstand sich dadurch, dass er als Akt reinen Widerstands um seiner selbst willen stattfindet.

Weder faktisch noch seinem Selbstverständnis nach verändert er etwas Grundsätzliches an der gesellschaftlichen Verfassung. Aber selbst diese eingeschränkte Ansicht wird von Hamlet in Klammern gesetzt: „Mein Drama, wenn es stattfinden würde, fände in der Zeit des Aufstands statt. [...] Mein Platz, wenn mein Drama noch stattfinden würde, wäre auf beiden Seiten der Front, zwischen den Fronten, darüber. [...] Mein Drama hat nicht stattgefunden" (Müller 1988 [1978], 416–417) – oder eben nur in der Fantasie.

Das aber ist nicht gering zu schätzen. Es ist die Fantasie, die wie ohnmächtig auch immer gegen das Bestehende revoltiert und sich mit dem melancholischen Bewusstsein, dass alles so bleibt, wie es schon immer war, nicht abfinden kann. Fantasie ist aber ein Ursprung der Kunst. In einer Situation, in der alle politischen Wege verbaut sind, bleibt nur die Kunst, um das auszumalen, was anders wäre und nicht sein kann. Das wird im dritten Bild dargestellt: eine halluzinative Bilderfolge, die an die Grenzen des Vorstellbaren stößt – etwa in dieser Form: Hamlet, in eine Frau verwandelt, stellt sich „in Hurenpose. Ein Engel, das Gesicht im Nacken: Horatio. Tanzt mit Hamlet. [...] Der Tanz wird schneller und wilder. Gelächter aus dem Sarg. Auf einer Schaukel die Madonna mit dem Brustkrebs. Horatio spannt einen Regenschirm auf, umarmt Hamlet. Erstarren in der Umarmung unter dem Regenschirm. Der Brustkrebs strahlt wie eine Sonne" (Müller 1988 [1978], 415, im Original kursiv). Es ist die Utopie des ‚Neuen Menschen', an der Müller festhält, nachdem sich die Figur ihrer sozialistischen Propaganda erledigt hatte. Aber sein Bild des ‚Neuen Menschen' entspricht nicht dem aus Gewalt und Arbeit gehämmerten totalgesellschaftlichen Wesen. „Ein Mensch ist etwas, in das man hineinschießt, | Bis der Mensch aufsteht aus den Trümmern des Menschen", heißt es resigniert in *Mauser* (Müller 2001 [1970], 254). Sein Bild in *Die Hamletmaschine* unterläuft demgegenüber den zivilisatorischen Antagonismus von Mann und Frau, Krankheit und Gesundheit, Kunst und Wirklichkeit. Der rasende Stillstand des Tanzes figuriert einen im Wortsinn surrealen Augenblick reiner Gegenwart, der aus der vom Elend der Wiederkehr des Gleichen beherrschten geschichtlichen Welt herausspringt.

Diese ästhetische Transzendenz der im öden Gleichlauf erstarrten Wirklichkeit ist aber nur ein illusionäres Interim. Das dritte Bild der Hamletmaschine entspricht dem Spiel im Spiel im dritten Akt von Shakespeares Hamlet. Auf der Bühne von 1978 ff. verkörpert es die Kunst, das „Theater der Auferstehung" (Müller 1986, 62) als „Lusthaus und Schreckenskammer der Verwandlung" (Müller 2005 [1983], 261). Wenn die politischen Optionen erschöpft und die historischen Utopien unglaubwürdig geworden sind, bleibt nur noch die Kunst, um ohne jede Aussicht auf wirkliche Veränderung zu zeigen, was anders sein könnte (vgl. Ette 2011, 546–550). „Der Kommunismus existiert in der Traumzeit" (Müller 1991, 26). Die melancholische Ansicht der Geschichte hat zur Folge, dass die Kunst als trotziges Wahrzeichen eines Nichtseienden errichtet wird.

Literaturverzeichnis

(Anmerkung zur Zitierweise: Stellenangaben aus Herodots *Historien*, Senecas *Oedipus* und Shakespeares *Richard III.* werden nachgewiesen mit Namenskürzel. *Kurztitel*. Kapitel. Zeilenzahl beziehungsweise Namenskürzel. *Kurztitel*. Akt. Szene. Zeilenzahl in arabischen Ziffern. Nachweise der deutschen Fassungen sowie Nachweise aus Calderón 1965 [1636] und Gryphius 1991 [1650] geben jeweils die Seitenzahlen an.)

Adorno, Theodor W. *Minima Moralia. Reflexionen aus dem beschädigten Leben*. Frankfurt am Main: Suhrkamp, 1993 [1951].

Assmann, Jan. „Schrift, Tod und Identität. Das Grab als Vorschule der Literatur im alten Ägypten". *Schrift und Gedächtnis, Archäologie der literarischen Kommunikation*. Hrsg. von Aleida Assmann, Jan Assmann und Christof Hardmeier. München: Fink, 1983. 64–93.

Baudelaire, Charles. „L'Horloge" [1861]. *Oeuvres Complètes*. Bd. 1. Hrsg. von Claude Pichois. Paris: Gallimard, 1975. 81.

Beckett, Samuel. „Warten auf Godot" [1953]. *Werke*. Bd. 1. Hrsg. und übers. von Elmar Tophoven und Klaus Birkenhauer in Zusammenarbeit mit Samuel Beckett. Frankfurt am Main: Suhrkamp, 1976. 7–99.

Benjamin, Walter. „Ursprung des deutschen Trauerspiels" [1928]. *Gesammelte Schriften*. Bd. 1.1. Hrsg. von Rolf Tiedemann und Hermann Schweppenhäuser. Frankfurt am Main: Suhrkamp, 1980. 206–430.

Benjamin, Walter. „Über einige Motive bei Baudelaire" [1940]. *Gesammelte Schriften*. Bd. 1.2. Hrsg. von Rolf Tiedemann und Hermann Schweppenhäuser. Frankfurt am Main: Suhrkamp, 1980, 605–653.

Blumenberg, Hans. *Arbeit am Mythos*. Frankfurt am Main: Suhrkamp, 1979.

Bohrer, Heinz. *Der Abschied. Theorie der Trauer*. Frankfurt am Main: Suhrkamp, 1996.

Calderón de la Barca, Pedro. *La vida es sueño*. Edición de Ciriaco Morón. Madrid: Cátedra, 1991 [1636]. (Deutsche Fassung: „Das Leben ein Traum" [1636]. *Das große Welttheater*. Übers. von J. D. Gries. Leipzig: Reclam, 1965. 53–151.)

Clemen, Wolfgang. *Kommentar zu Shakespeares Richard III. Interpretation eines Dramas*. Göttingen: Vandenhoeck & Ruprecht, 1969.

De Martino, Ernesto. *Morte e pianti rituale. Das lamento funebre antico al pianto di Maria*. Turin: Einaudi, 1975 [1958].

Ette, Wolfram. *Die Aufhebung der Zeit in das Schicksal. Zur „Poetik" des Aristoteles*. Berlin: Lucas Verlag, 2005.

Ette, Wolfram. *Kritik der Tragödie. Versuch über dramatische Entschleunigung*. Weilerswist: Velbrück, 2011.

Fehervary, Helen. „Autorschaft, Geschlechtsbewusstsein und Öffentlichkeit. Versuch über Heiner Müllers ‚Die Hamletmaschine' und Christa Wolfs ‚Kein Ort. Nirgends'". *Entwürfe von Frauen in der Literatur des 20. Jahrhunderts*. Hrsg. von Irmela von der Lühe. Berlin: Argument, 1982.

Freud, Sigmund. „Trauer und Melancholie" [1917]. *Gesammelte Werke*. Hrsg. von Anna Freud, Marie Bonaparte, E. Bibring und W. Hoffer. Bd. 10. Frankfurt am Main: Fischer, 1999. 428–446.

Gerstinger, Heinz. *Calderón*. Hannover: Friedrich, 1967.

Gryphius, Andreas. *Andreae Gryphii Dissertationes Funebres, Oder Leich-Abdanckungen; Bey Unterschiedlichen hoch- und ansehnlichen Leich-Begängnüssen gehalten. Auch Nebenst seinem letzten Ehren-Gedächtnüß und Lebens-Lauff*. Zum Druck befördert von Veit Jacob Treschern/Buchhändlern. Breßlau: 1665.

Gryphius, Andreas. „An eben Dieselbe" [1637]. *Werke in einem Band*. Hrsg. von Maria Szyrocki. Berlin und Weimar: Aufbau-Verlag, 1980.

Gryphius, Andreas. „Leo Armenius oder Fuerstenmord. Trauerspiel" [1650]. *Dramen*. Hrsg. von Eberhard Mannack. Frankfurt am Main: Deutscher Klassiker Verlag, 1991. 9–116.

Gundolf, Friedrich. *Andreas Gryphius*. Heidelberg: Weiss, 1927.

Heidegger, Martin. *Sein und Zeit*. Tübingen: UTB, 1984 [1927].

Herodot. *Historien. Bücher I–IX*. Griechisch/Deutsch. 2 Bde. Hrsg. und übers. von Josef Feix. Düsseldorf: Artemis & Winkler, 2001.

Horkheimer, Max. „Die Aktualität Schopenhauers" [1961]. *Gesammelte Schriften*. Bd. 7. Hrsg. von Gunzelin Schmid. Frankfurt am Main: Fischer, 1985. 122–142.

Iser, Wolfgang. *Shakespeares Historien. Genesis und Geltung*. Konstanz: Universitätsverlag Konstanz, 1988.

Jones, Ernest. „Das Problem des Hamlet und der Ödipuskomplex". *Schriften zur angewandten Seelenkunde* 10 (1911).

Jones, Ernest. *Hamlet and Oedipus*. New York, NY: W. W. Norton, 1949.

Koeppen, Wolfgang. „Umwege zum Ziel. Eine autobiographische Skizze" [1961]. *Gesammelte Werke 5, Berichte und Skizzen II*. Hrsg. von Marcel Reich-Ranicki. Frankfurt am Main: Suhrkamp, 1990. 250–252.

Kommerell, Max. „Beiträge zu einem deutschen Calderón". Bd. 1: *Etwas über die Kunst Calderóns*. Frankfurt am Main: Klostermann, 1946.

Koppenfels, Martin von. *Immune Erzähler. Flaubert und die Affektpoetik des modernen Romans*. München: Fink, 2007.

Kott, Jan. *Shakespeare heute*. München: dtv, 1980.

Lepenies, Wolfgang. *Melancholie und Gesellschaft*. Frankfurt am Main: Suhrkamp, 1998 [1969].

Lessing, Gotthold Ephraim. *Hamburgische Dramaturgie*. Stuttgart: Reclam, 1981 [1767–1769].

Liebsch, Burkhard. *Revisionen der Trauer. In philosophischen, geschichtlichen, psychoanalytischen und ästhetischen Perspektiven*. Weilerswist: Velbrück Wissenschaft, 2006.

Mann, Thomas. „Der junge Joseph" [1934]. *Joseph und seine Brüder*. Hrsg. von Thomas Sprecher. Frankfurt am Main: Rowohlt, 2007.

Müller, Heiner. „Brief an Wonder". *Erich Wonder, Raum-Szenen/Szenen-Raum*. Hrsg. von Elisabeth Schweeger. Stuttgart: Hatje, 1986.

Müller, Heiner. „Die Hamletmaschine" [1978]. *Stücke*. Hrsg. von Joachim Fiebach. Berlin: Henschel, 1988.

Müller, Heiner. *„Jenseits der Nation" – Heiner Müller im Interview mit Frank M. Raddatz*. Berlin: Rotbuch, 1991.

Müller, Heiner. „Mauser" [1970]. *Werke*. Bd. 4. Hrsg. von Frank Hörnigk. Frankfurt am Main: Suhrkamp, 2001. 243–260.

Müller, Heiner. „Brief an den Regisseur der bulgarischen Erstaufführung von ‚Philoktet' am dramatischen Theater Sofia" [1983]. *Werke*. Bd. 8. Hrsg. von Frank Hörnigk. Frankfurt am Main: Suhrkamp, 2005. 259–269.
Rybakow, Anatolij. *Die Kinder vom Arbat*. München: dtv, 1990 [1987].
Schiller, Friedrich. „Über das Pathetische". *Werke und Briefe in zwölf Bänden*. Bd. 8: *Theoretische Schriften*. Hrsg. von Rolf-Peter Janz. Frankfurt am Main: Deutscher Klassiker Verlag, 1992. 423–451.
Schopenhauer, Arthur. *Die Welt als Wille und Vorstellung. Nach der Ausgabe letzter Hand*. Bd. 1. Hrsg. von Ludger Lütkehaus. Zürich: Haffmanns, 1988 [1859].
Seneca, Lucius Annaeus. *Oedipus*. Lateinisch/Deutsch. Übers. und hrsg. von Konrad Heldmann. Stuttgart: Reclam, 1974.
Seneca, Lucius Annaeus. *Philosophische Schriften*. Lateinisch/Deutsch. Bd. 3. Übers. und hrsg. von Manfred Rosenbach. Darmstadt: Wissenschaftliche Buchgesellschaft, 1999.
South, M. S. „Leo Armenius oder die Häresie des Andreas Gryphius. Überlegungen zur figuralen Parallelstruktur". *Zeitschrift für deutsche Philologie* 94 (1975): 161–183.
Szondi, Peter: *Versuch über das Tragische*. Frankfurt am Main: Insel, 1961.
Theunissen, Michael. „Melancholisches Leiden an der Herrschaft der Zeit". *Negative Theologie der Zeit*. Hrsg. von Michael Theunissen. Frankfurt am Main: Suhrkamp, 1991, 218–282.
Theunissen, Michael. *Vorentwürfe der Moderne. Antike Melancholie und die Acedia des Mittelalters*. Berlin und New York, NY: De Gruyter, 1996.
Tschopp, Silvia Serena. *Heilsgeschichtliche Deutungsmuster in der Publizistik des Dreißigjährigen Krieges*. Frankfurt am Main u. a.: Lang, 1991.
Weber, Richard. „‚Ich war, ich bin, ich werde sein!' Versuch, die politische Dimension der Hamletmaschine zu orten". *Die Hamletmaschine. Heiner Müllers Endspiel*. Hrsg. von Theo Giershausen. Köln: Prometh, 1978.
Wilson, E. M. „On La vida es sueño". *Critical Essays on the Theatre of Calderón*. Hrsg. von Bruce W. Wardropper. New York, NY: University Press, 1965. 63–89.

3.7 *Gradatio*. Zur Darstellung des Gefühls im Theater des 18. Jahrhunderts

Janine Firges/Juliane Vogel

1. Affekte/Gefühle

Emotionsbegriffe hängen entschieden von ihrer kulturellen und diskursiven Formung ab. Sie sind gebunden an Wahrnehmungs- und Repräsentationsstrukturen, an anthropologische wie sozialpsychologische sowie ästhetische Vorstellungen. Bereits in der Antike arbeitet man sich vor allem in philosophischen, ethischen und rhetorischen Schriften an der Bestimmung von Emotionen ab. Dabei dienen Begriffe wie Affekt, Passion, Gemütsbewegung oder Leidenschaft der Beschreibung von Emotionen. Empfindungen und Gefühle hingegen sind Konzepte, die erst seit dem 18. Jahrhundert ihre volle Bedeutung für das emotionale System entfalten. Im Gegensatz zu den herkömmlichen Emotionsbegriffen beruhen diese auf einer aktivischen Vorstellung der graduellen Zu- und Abnahme. Eine wesentliche Neuerung in der veränderten Konzeption ist daher die Einführung gradueller Steigerungs- und Abschwächungsmechanismen, welche in der Gradation eine Figur finden. Ursprünglich aus der Rhetorik stammend, reagiert sie auf die Einführung neuer Konzepte in den Körper-Seele-Haushalt (Firges 2014). Das partikulare Affektmodell, in dem typisierte Affekte wie Liebe, Wut, Zorn oder Angst von außen auf den Menschen einwirkten, wandelt sich zu einem dynamischen Modell, das individuelle Empfindungen als Verlaufsformen zutage treten lässt. Entsprechend avanciert die *gradatio* in den Wissenschaften wie in den Künsten des 18. Jahrhunderts zu einer zentralen Beschreibungsgröße. Erst durch die Einführung von Abstufungsmöglichkeiten lassen sich Kontinuitäten und Übergänge des Emotionalen darstellen, erfassen und beschreiben, und nur mithilfe von Gradationen können Empfindungen zu transitorischen, raschen und ästhetisch lebhaften Abfolgen angeordnet und aus einem im Inneren der Seele wirkenden Prinzip der Selbstveränderung hergeleitet werden.

Im Folgenden soll zunächst diese Transformation des emotionalen Systems nachvollzogen werden, die eine Umstrukturierung emotionaler Selbstbeschreibung zur Folge hat. Dieser Wandel nimmt in einem nächsten Schritt wesentlichen Einfluss auf Darstellungskonzepte des 18. Jahrhunderts: Dabei lässt sich beobachten, dass die gradationalen Strukturen zunehmend auf ästhetische Strukturen in der Rede, in der Musik oder im Tanz übertragen werden. Auch hier weichen statische Konzepte zunehmend dynamischen Konzepten der Zunahme, der Minderung und der Übergänglichkeit. Im Zentrum stehen dann die konzeptuellen Auswirkungen emotionaler Gradation im Drama und Melodram sowie die medialen und semiotischen Herausforderungen, die sich mit der Darstellung unmerklicher Gefühlsabstufungen in den Künsten verbinden. Dabei zeigt sich, dass insbesondere musikalische und sprachliche Zeichen darum konkurrieren, Wachstum und Schwinden von Emotionen darzustellen.

2. Ablösung der Affektkataloge

Die gängige Art, Affekte einzugrenzen und bestimmbar zu machen, ist seit der Antike die *enumeratio*, die Aufzählung der Affekte und ihre Systematisierung in Katalogen. Dieses der aristotelischen Topik und Dialektik entstammende Verfahren der Verallgemeinerung diente der Abgrenzbarkeit und schrieb den Emotionen zur gleichen Zeit eine einfache, typisierte Qualität zu, welches der Grund ihrer Kategorisierbarkeit und Voraussetzung ihrer Ordnung war. Das Sichtbarmachen der Affekte bestand somit in ihrer Sammlung oder in der Einteilung in Haupt- und Nebeneffekte (z. B. bei Cicero und Seneca), hingegen nicht in ihrer (medizinisch-physikalischen) Herleitung.

Descartes' Passionstraktat *Les passions de l'âme* (1649) lässt schon im Aufbau seiner Schrift eine veränderte Herangehens- und Darstellungsweise seines Untersuchungsgegenstands vermuten. Die Schrift ist in drei Teile untergliedert: eine physiologisch-mechanische Darstellung des Körpers und seiner inneren Vorgänge im ersten Teil und eine an traditionelle Affektlisten angelehnte Aufzählung der Haupt- und Nebenaffekte im zweiten und dritten Teil der Schrift. Dabei beschreibt Descartes seine Vorgehensweise selbst als die eines „Physikers" (Cassirer 1995 [1939], 95), der an der mechanischen Wirkung ebenso wie an der Ursachenforschung der Leidenschaften interessiert ist: „[I]l est besoin de rechercher leurs sources, & d'examiner leurs premieres causes." (Descartes 1996 [1649], 90) [„Es ist nötig, ihren Ursprung zu erforschen und ihre ersten Ursachen zu untersuchen." (J. F./J. V.)] Voraussetzung der Analyse der Leidenschaften ist für ihn also eine Darstellung „de toute la nature de l'homme" (ebd., 2) [„der Natur des ganzen Menschen" (J. F./J. V.)], worin sich der erste Teil der Schrift begründet sieht. Entsprechend der Einteilung der Schrift lassen sich jedoch zwei unterschiedliche Herangehensweisen erkennen, die es zu differenzieren gilt. Emotionen werden einer gegenständlichen und einer seelisch-mechanistischen Betrachtungsweise unterzogen, was sich nicht nur in der Einteilung der Schrift, sondern auch in der Beschreibungssprache und der räumlichen Zuordnung der Emotionsformen niederschlägt. In der gegenständlichen Betrachtung werden die Affekte als Erschütterung („*agitation*", ebd., 90) bezeichnet, die auf die Zirbeldrüse von außen einwirkt und so die Lebensgeister bewegt („dont les esprits meuvent la petite glande qui est au milieu du cerveau", ebd., 90). Diese im zweiten und dritten Teil der Schrift beschriebenen „*agitations*" sind ihrer Struktur nach plötzliche, kondensierte Affekteinheiten und damit grundsätzlich benennbar. Descartes unterscheidet zwischen den „einfach[en] und ursprünglich[en]" (Descartes 1996 [1649], 109) Hauptaffekten Verwunderung, Liebe, Hass, Begehren, Freude und Traurigkeit (Art. 69) und einer großen Anzahl an Mischaffekten beziehungsweise abgeleiteten Leidenschaften oder ‚*especes*', welche theoretisch unendlich sind. Mit der Tatsache, dass Descartes hier nur sechs Hauptaffekte benennt, grenzt er sich auch von der bis ins 17. Jahrhundert gängigen thomistischen elfgliedrigen Affektliste und der Trennung in „passiones concupiscibiles" und „passiones irascibiles" (Newmark 2008, 134) ab. Aufgrund ihrer Eingrenzbarkeit und ihrer einfachen Qualität findet in diesem Teil der Schrift der Affektkatalog noch seinen Ort. Unterschieden werden diese „*agitations*" von den seelischen Emotionen, bestimmten Eindrücken also, die vermittels der Zirbeldrüse innerhalb der Seele wahrnehmbar sind. Diese sind ihrer Konzeption nach deutlich unterschieden: Descartes versteht sie als Kraftprinzip, welche die Leidenschaften erhalten und auch verstärken können, und benennt sie als „des perceptions, ou des sentimens, ou des émotions de l'ame, qu'on raporte particulierement à elle, & qui sont causées, entretenuës & fortifiées par quelque mouvement des esprits" (Descartes 1996 [1649], 47) [„Wahrnehmungen oder Empfindungen oder Emotionen der Seele, die durch die Bewegung der Lebensgeister verursacht, erhalten und verstärkt werden" (J. F./J. V.)]. Vermittels dieser seelischen Emotionen wird ein neuer Raum der Emotionsdarstellung eröffnet: Ein obskurer Raum, innerhalb welchem Wahrnehmungen, Empfindungen und Emotionen im Sinne einer Kräftelehre und in ihrer Verlaufsform beobachtbar werden. Hier befindet sich das Unbestimmbare, dasjenige „ce qui ne sauroit être détérminé" (Descartes zit. nach Menke 2008, 11) [„das nicht bestimmt werden kann" (J. F./J. V.)]. Auch wenn die Ausführungen zu diesem diffusen dunklen Emotionsraum kürzer ausfallen und der Affektkatalog weiterhin den Hauptteil der Schrift ausmacht, lässt sich feststellen, dass seit Descartes Entstehungsformen und Wirkmechanismen der Leidenschaften einen immer wichtigeren Platz in den Passionsschriften einnehmen. Ungeachtet der unterschiedlichen Betrachtungsweisen der Passionen, lässt die Privilegierung der ‚Admiration' als Hauptaffekt unter den körperlichen Emotionen zudem auf eine stärker erkenntnis- und wahrnehmungszentrierte Passionstheorie schließen (Newmark 2008, 135). Der neubegründete Raum, in welchem Eindrücke und Wahrnehmungen in ihrer Verlaufsform beobachtbar werden, beginnt das Verfahren der Affektkatalogisierung grundsätzlich in Frage zu stellen und verdrängt es zunehmend.

Auch in anderen Schriften lässt sich feststellen, dass die herkömmliche Darstellungsweise der Emotionen im Affektkatalog modifiziert wird und sich letztlich transformiert: Es lässt sich eine Destruktion der Affekteinheiten beobachten (Campe 1990, 163). In Spinozas *Ethica* (1677, posthum erschienen) findet sich zwar ebenso eine Auflistung der Leidenschaften in Haupt- und Nebenaffekte, jedoch geht Spinoza von einer Übergänglichkeit der Affekte aus. Auch die drei (Haupt-) Affekte sind letztlich nicht eingrenzbar, denn „[e]s gibt ebenso viele Arten von Lust, Unlust und Begierde und folglich auch von jedem Affekt, der aus ihnen zusammengesetzt ist, wie das Schwanken des Gemüts oder was daraus abgeleitet ist, wie Liebe, Haß, Hoffnung, Furcht usw., wie es Arten von Objekten gibt, von denen wir affiziert werden" (Spinoza 2002 [1677], 379). Grundsätzlich den Affekten unterliegend ist das Tätigkeitsvermögen, die *potentia agendi*, das auf dem Prinzip der Zu- und Abnahme beruht. Der Affekt selbst ist ein *fluctuatio animi*, ein Schwanken der Seele. Dieses wird definiert als „Zustand des Geistes, der [...] aus zwei entgegengesetzten Affekten entsteht", und ist nicht auf ein einzelnes Objekt zurückzuführen, sondern „die wirkende Ursache beider Affekte" (ebd., 293). Der Affekt wird bei Spinoza als zusammengesetzt, abgeleitet und durch andere Affekte affiziert beschrieben. Er ist kein statisch greifbares Phänomen, sondern schwankend und je nach Auslösungsgrund verschieden: Je nachdem, was auf ihn einwirkt, wird der Mensch von manchen Dingen „intensiver [intensius] affiziert" (ebd., 463) als von anderen. Die Leidenschaften werden hier in ihrer intensiven, das heißt durch Zunahme und Abnahme gekennzeichneten und übergänglichen Verfasstheit dargestellt, weshalb ihre systematische Aufzählung und Eingrenzung zunehmend problematisch wird. Der transitorisch-gleitende Affekt bei Spinoza unterscheidet sich nicht zuletzt auch in seiner Disposition deutlich von der stoßenden Erschütterung durch die Descartes'sche „*agitation*" und lässt sich damit mit den herkömmlichen Katalogen nicht länger erfassen.

3. Gradation der Leidenschaften

Ein System, anhand dessen diese Übergänglichkeit beschreibbar gemacht werden kann, findet sich in Leibniz' *Nouveaux Essais sur l'entendement humain* (1704). Im Zentrum des Leibniz'schen Systems steht die Beobachtung, dass keine Lücke, keine Plötzlichkeit (die bei Descartes noch Auslöser jeder Emotion ist) in der Natur angelegt ist, vielmehr geschieht in der Natur nichts „auf einen Schlag; und es ist einer meiner wichtigsten und bewährtesten Grundsätze, daß die Natur niemals Sprünge macht" (Leibniz 1971 [1704], 13). Auch Formen der Wahrnehmung und Empfindungen sind durch dieses Kontinuitätsgesetz (*„loi de* *la continuité*') geprägt: In Anlehnung an den englischen Empirismus (v. a. Locke) spricht Leibniz hier von Empfindungen oder Eindrücken (*sensations*), die bewirken, dass im Inneren je nach Intensitätsgrad kleinste Perzeptionen (*petites perceptions*) zutage treten. Während Descartes die Wahrnehmung noch als einen Parallelvorgang zum Seelengeschehen darstellt, lässt sich nach Leibniz das Geschehen innerhalb der Monade als kausale Kontinuität begreifen. Zentral an der Darstellung – und eine Neuerung im Vergleich zu Spinoza – ist hier die Einführung eines Beschreibungssystems durch die Einteilung in Grade. Die Idee infinitesimal kleiner Stufen als Denkmodell kann als eine ‚Erfindung' des 18. Jahrhunderts gelten, insofern sie hier als Maßbegriff für Intensität eingeführt wird (Kleinschmidt 2004). In Diderots und D'Alemberts *Encyclopédie* ist ein eigens für Leibniz' Kontinuitätsgesetz eingerichteter Artikel verfasst worden. Dieser unterstreicht, dass die ursprünglich bereits auf Aristoteles zurückgehende Beobachtung (*natura non facit saltus*) über Leibniz rezipiert wurde und nun zu einer in unterschiedlichen Gebieten angewendeten Allgemeingültigkeit erklärt wird. „‚[I]l y a de la gradation dans tous' [‚Die Gradation ist in allem' (J. F./J. V.)]" paraphrasiert der Artikel das Gesetz der Kontinuität. (Mallet 1966 [1752], 116b). Die Gradation findet sich somit nicht nur als Beschreibungsfigur der Emotionen wieder; sie gilt in der *Encyclopédie* ebenso als Prinzip der Physik (Licht), der Mathematik (Geometrie), der Literatur und insbesondere des Dramas, wie im Artikel weiter ausgeführt wird. Die Einteilung in Grade ermöglicht hier die Messbarkeit gleitender Kraftgrößen, welche „in idealer Weise das Bedürfnis [erfüllt], Formen der Wahrnehmung und Empfindung von mobil aktivierbaren Gegenstandbereichen sowie deren sich wandelnde Verfasstheit ‚exakt' zu umschreiben" (Kleinschmidt 2004, 10).

Die Frage, wie Kontinuitäten zwischen wechselnden Affekten und schwankenden Intensitäten herzustellen seien, bleibt jedoch kein ausschließlich naturphilosophisches oder anthropologisches Anliegen. Sie bedeutet vor allem eine ästhetische Herausforderung an die Künste, die sich in der Folge damit zu beschäftigen haben, auf welche Weise eine möglichst ‚natürliche' Gradation der Leidenschaften gelingen kann. Die Schwierigkeit besteht hier nicht in der Messung, sondern in der Gestaltung der Übergänge: Wenn die Emotion „unnennbar viele Stufen von dem ersten Anfang, dem ersten Verdacht eines Affects, bis zu seiner gänzlichen Ausbildung, seiner Vollendung" (Engel 1971 [1804], 168) durchläuft, muss es das Ziel sein, „die ganze Richtigkeit der Gradation, die ganze Wahrheit des Fortschritts durch alle die kleinsten Bewegungen" (ebd., 308) überzeugend und nachvollziehbar darzustellen. Plötzlichkeit und abrupte Wechsel sollen hingegen aus der Darstellung verbannt werden: Wenn Ruhe „zu plötzlich auf den Sturm der Leidenschaften folgt, vermissen wir zu unserm Verdrusse das Stetige, das Allmähliche, das hier überall Gesetz der Natur ist" (ebd., 293).

Terminologisch sortieren sich die Emotionsbegriffe erst im 19. Jahrhundert deutlicher, doch zeichnet sich ab, dass sich die Struktur und Zeitlichkeit von Emotion seit dem 18. Jahrhundert maßgeblich verändert hat. Graduelle Verlaufsformen und Entwicklung der Emotionen treten in zahlreichen Schriften – vor allem in literarischen – in den Vordergrund. Die ungebändigte und zumeist irrationale Extremform des ‚plötzlichen' Affekts hingegen sondert sich zunehmend in pathologische, psychologische und kriminalistische Wissensbestände ab.

4. Die ‚Infinitesimalisierung' des Selbst

Diese Verzeitlichung der Empfindungen lässt sich mit den tradierten Möglichkeiten der Affektrhetorik somit nicht länger beschreiben. Da die statische Ordnung der Affekte der beweglicheren der Empfindung weicht, wird auch die Zuständigkeit der rhetorischen Topik für die Inszenierung menschlicher Leidenschaften zweifelhaft. An deren Stelle treten dynamisierte Formen, die sich den Steigerungen und Minderungen derselben anpassen und die Darstellung eines ehemals punktuellen Zustands durch die Darstellung stufenloser und unmerklicher Abfolgen ersetzen. Entgrenzt und freigesetzt, sprengen die Gefühlsbewegungen den ihnen durch die Rhetorik des Barocks gewährten, performativen Äußerungsrahmen und erfassen nun das Gesamtgefüge einer Handlung, eines Textes, eines Tanzes oder einer musikalischen Komposition. Rednerische und musikalische Vortragsformen, wie die Arie oder die Prunkrede, die auch ein hohes Erregungsquantum unter die Kontrolle fester dramaturgischer oder gattungspoetologischer Regeln bringen, werden durch prozesshafte Formen substituiert, die aus den Registern der Klassifikationen und Kataloge in das entregelte Feld der natürlichen Zeichen entlassen werden. Dieses ist nicht mehr nach den Gesichtspunkten der Einteilung und Unterscheidung, sondern in Metaphern des Wachstums, des Übergangs und der organischen Veränderung organisiert. Erst wenn die menschlichen Gefühlsregungen als lebendige oder natürliche bestimmt werden, können sich affektive Zustände in „staffelmäßige[m] Anwuchs und Abnahme" (Noverre 1977 [1769], 69) entwickeln. Die Technik der Gradation dient demnach der Vermannigfaltigung und Dynamisierung eines vormals rhetorisch strukturierten und in Einzelaffekte aufgegliederten Affektfeldes. In seinen 1769 in Deutschland erschienenen *Briefen zur Tanzkunst* gibt Jean Georges Noverre seinem Erstaunen über die neu geschaffenen Möglichkeiten folgenden Ausdruck: „Wieviele Abänderungen ist diese Begierde und diese Furchtsamkeit fähig! Wie vieler Kontraste! Wie vieler Staffeln von dem Wenigern zum Mehrern! Sollen die nicht genützet werden? [...] Die Leidenschaften sind bey allen Menschen die nehmlichen, und unterscheiden sich nur nach den Graden ihrer Empfindlichkeit; bey diesem entstehen sie schneller, bey jenem langsamer; bey dem einen äußern sie mehr, bey dem andern weniger Stärke und Heftigkeit: hier sind sie anhaltender, dort übergehender." (ebd., 11) Noverres Forderung, die Staffelungen und Abänderungen menschlicher Empfindlichkeit für die Kunst zu nutzen, deutet auf eine weitere Verschiebung innerhalb des aufgeklärten Emotionsdiskurses hin. Wenn die vormodernen Affektzustände als Überwältigungen wehrloser Subjekte beschrieben werden, die dem Affizierten jeweils äußerlich blieben und daher auch nur in allgemeinen rhetorischen Formeln formuliert werden konnten, wird die *fluctuatio animi* einem Individuum zugerechnet, das sich in ihm unverwechselbar selbst zum Ausdruck bringt. Individualität definiert sich als ein einziger, unteilbarer und in sich beweglicher Gefühlszusammenhang, der zahllose graduelle Abänderungen einschließt und sich durch jeweils spezifische Abläufe von anderen unterscheidet. Ihre Unverwechselbarkeit resultiert aus der affektiven Vermannigfaltigung eines Selbst, das sich im Strom der wandelbarer Empfindungen als ein in sich bewegtes Ganzes erfährt. Mit einem Begriff von Winfried Menninghaus ließe sich hier von seiner „Infinitesimalisierung" (Menninghaus 1999, 90) im Auf und Ab der Gefühle sprechen.

Diese Dynamisierungen werden auf ein im Inneren der Seele wirkendes Prinzip zurückgeführt, das die Empfindungen des Menschen permanenten Modifikationen unterzieht. Gradation entsteht aus „nicht zu beschwichtigender Unruhe" („inquiétude insurmontable"), wie es in Rousseaus Melodram *Pygmalion* (1762) heißt, das anhand des Bildhauers und seiner zum Leben erwachenden Statue die Infinitesimalisierung des Selbst auf der Bühne verhandelt (Rousseau 1989 [1762], 170). Wie Cassirer in seiner *Philosophie der Aufklärung* festhält, wird diese Unruhe seit Leibniz mit dem Begriff der Kraft verbunden: „Um die latente Kraft zu verstehen, die hinter all den Metamorphosen der Seele steht, die sie in keiner Gestalt ruhen lässt, sondern sie zu immer neuen Operationen weitertreibt, muss man ein ursprünglich bewegendes Prinzip in ihr annehmen. Dieses Prinzip kann nur im Begehren und Streben gefunden werden." (Cassirer 2007 [1932], 107; vgl. auch Menke 2008, 20–24) Die unruhige Bewegung des Begehrens wird daher nicht durch Klassifikationen beherrscht, sondern in Graden angegeben. Auch Étienne Bonnot de Condillac macht in seiner *Abhandlung über die Empfindungen* (1754) deutlich, dass sich das Spiel der Seelenkräfte nur in Formen der Staffelung vorstellen lässt: „Wie es mehrere Grade der Unruhe, die die Entbehrung eines liebenswerten Objekts verursacht, und des Mißvergnügens, das der Anblick eines verhaßten Objekts erregt, geben kann, so muß man deren gleichfalls in der Liebe und im Haß unterscheiden. Wir haben sogar Wörter dafür, wie ‚Geschmack', ‚Hang', ‚Neigung'; ‚Abneigung', ‚Widerwille', ‚Ekel'. Kann man diese Wörter auch nicht durch ‚Liebe' und ‚Haß' ersetzen, so sind doch die Gefühle, die sie ausdrücken, nichts anderes als ein Anfang dieser Leidenschaften. Sie unterscheiden sich nur durch ihren schwächeren Grad." (Condillac 1983 [1754], 23)

Im Gefolge dieser Dynamisierung kommt es zu wechselseitigen Übertragungen zwischen psychologischer und ästhetischer Organisation. Wenn sich das Selbst als die Einheit einer affektiven Mannigfaltigkeit entwirft, entdecken auch die Künste das dynamische Spiel der unmerklichen seelischen Abstufung. Die Bewegungen des Seeleninnenlebens lassen sich auf alle diejenigen Medien übertragen, die ihrer Struktur nach in der Lage sind, Affektbewegungen in der Zeit, das heißt als eine Skala von Abänderungen zu entfalten. Lessing fordert in seiner *Hamburgischen Dramaturgie* (1767–1769), der Schauspieler müsse „aus einer Gemütsbewegung in die andere übergehen, und diesen Übergang durch das stumme Spiel so natürlich zu machen wissen, daß der Zuschauer durchaus durch keinen Sprung, sondern durch eine zwar schnelle, aber doch dabei merkliche Gradation mit fortgerissen wird" (Lessing 1967 [1767], 188). Auch Johann Jakob Engel betont in seiner programmatischen Schauspielschrift *Ideen zu einer Mimik* (1785) die Eignung der fein nuancierten „natürlichen" Geste als Medium seelischer Unruhe (Engel 1971 [1804], 296). Noverres *Briefe zur Tanzkunst* belegen, dass sich das stumme Spiel des Körpers beziehungsweise der Tanz in besonderer Weise für die Gradation von Übergängen eignet. Texte, Musikstücke, tänzerische und schauspielerische Darbietungen gewinnen ästhetische Einheit aus dem Vollzug einer infinitesimalisierten Seelenbewegung und erlangen dadurch höchste Wirksamkeit. Lessings *Laokoon* (1766) versucht, das Prinzip der Gradation in die Malerei hineinzutragen, wenn er im Prinzip des fruchtbaren Augenblicks eine im Medium der Malerei selbst nicht darstellbare, graduelle Steigerung der Leidenschaften bildnerisch antizipiert. Alle diese Versuche reagieren nicht zuletzt auf ein verändertes Rezeptionsverhalten, das von Affektregistern auf dynamische und ganzheitliche Gefühlsdarstellungen umgestellt hat: „Nichts wirkt stärker und schöner auf die Menge, als eine richtig durchgeführte und wahr wiedergegebene Gradation." (Iffland 2009 [1785], 73) Umgekehrt setzt die „*fortwährende, wachsende Wirkung* von Anfang des Stücks bis zu dessen Ende" (Herder 1998 [1795], 129) auch bei den Zuschauern „Ströme *der Empfindung*" (ebd., 124) frei. Die Einheit eines Werkes ergibt sich daher nicht mehr aus der Anwendung eines durchgreifenden Konstruktionsprinzips oder der Einheit einer Handlung, sondern durch eine wachsende emotionale Strömung, die auch den Zuschauer absorbiert und seine Immersion in das Dargestellte fördert.

5. Graduelle Texturen im Drama

Die Übertragbarkeit des Seeleninnenlebens auf ästhetische Strukturen kann dabei zunächst für literarische Texte der Zeit geltend gemacht werden. Auch sie richten ihr Augenmerk vornehmlich auf Prozesse und Evolutionen des Gefühls. Gestützt auf die Kenntnisse einer genetischen Psychologie, die kollektive und individuelle Gefühlszustände zu historisieren und auf ihre Ursprünge zurückzuverfolgen beginnt, werden Übergänge, ‚Anwuchs' und ‚Abnahme' von Gefühlen nachvollzogen. Dieses Interesse ist besonders im Drama des 18. Jahrhunderts zu erkennen, das an seinem heiratsfähigen Protagonisten die Geburt der Liebe und ihr Wachstum beobachtet. Der Autor, dessen Name sich zuerst mit diesem Interesse verknüpft, ist der französische Dramatiker Pierre Carlet de Chambrain Marivaux, dessen Komödien das Thema wie auch den Verlauf der *amour naissant* variantenreich umkreisen. Diese zeigen, wie sich eine Liebe zunächst ohne Wissen der Liebenden entwickelt, wie sie allmählich an Kraft gewinnt, bis die liebenden Personen selbst ihrer ‚gewahr' werden. Die Komödie *Das Spiel von Liebe und Zufall* (1730) verfolgt an einem höheren wie an einem niederen Paar Amors Geburt und Gedeihen. Folgender Dialog zwischen der Zofe Lisette und dem sie umwerbenden Arlequin thematisiert die erstaunlichen Wachstumsgeschwindigkeiten eines gerade geborenen Gefühls: Lisette: „Ihre Liebe kann noch gar nicht groß sein, sie wird höchstens gerade geboren." – Arlequin: „Sie täuschen sich, Sie Wunder aller Zeiten, eine Liebe auf ihre Art bleibt nicht lange in der Wiege; ihr erster Blick hat meine zur Welt gebracht, der zweite ihr Kraft gegeben, und der dritte hat sie groß gemacht." (Marivaux 1985 [1730], 121) Auch in Christian Fürchtegott Gellerts Komödie *Die zärtlichen Schwestern* (1747) steht ein solcher, nach Marivaux gebildeter genetischer Prozess im Mittelpunkt. Dezidiert interessiert sich jedoch Gellert für den Moment, in dem ein beständig anwachsendes und den Liebenden zunächst selbst verborgenes und unbewusstes Gefühl die Bewusstseinsschwelle überschreitet: Damis soll Julchen dazu bringen, „daß sie sieht, was in ihrem Herzen vorgeht" (Gellert 1979 [1747], 382). Die dargestellte Spanne reicht dabei von einem Zustand des Nichtwissens – „[s]ie liebt den Herrn Damis, und weis es nicht, daß sie ihn liebt" (ebd., 381) – bis hin zum jubilatorischen Moment der Erkenntnis: Julchen: „Ja. Nunmehr weiß ich's gewiß, daß ich Sie liebe." (ebd., 423) Eingestreut werden dabei Selbst- und Fremdbeobachtungen, die in Abständen die Wachstumsfortschritte überprüfen: Lottchen: „Nun, Herr Damis, wie weit sind Sie in Ihrer Liebe? Sie weinen? Ist das möglich?" (ebd., 400) – Julchen: „Wenn ich nur wüßte, ob ich ihn etwan schon gar liebte! Nein, Papa, ich liebe ihn noch nicht." (ebd., 419)

Um diesen Prozess auf Erfahrung und Beobachtung zu gründen, werden in den Texten Beobachtungsinstanzen namhaft gemacht, deren höchstes Vergnügen darin besteht, bei anderen Menschen Regungen ausbrechen zu sehen und Indizien kommender Steigerung zu lesen. Ihre Neugier und ihre Fantasien konzentrieren sich auf den Fortschritt des ‚Anwuchses' und sein allmähliches Bewusstwerden: „Ich möchte Sie beide itzt beisammensehen, ohne von Ihnen bemerkt zu werden. Sie würden beide tiefsinnig sein. Sie würden reden wollen und stattdessen seufzen. Sie würden die verräterischen Seufzer durch gleichgültige Mienen entkräften wollen und ihnen nur mehr Bedeutung geben. Sie würden einander wechselweise bitten, sich zu verlassen, und einander Gelegenheiten geben, zu bleiben. Und vielleicht würde Ihre beiderseitige Wehmut zuletzt in etliche mehr als freundschaftliche Küsse ausbrechen." (Ebd., 402)

6. Sprache und Musik

Doch nicht nur die Entwicklungen der Liebe, auch die graduelle Evolution von Leid findet in der Literatur Niederschlag. In Heinrich Wilhelm von Gerstenbergs Tragödie *Ugolino* (1768) wird die Darstellung, der „Gang" einer „Verhungerung" (Gerstenberg an Lessing, Lessing 1978 [1768], 516) zum Ausgangspunkt genommen, um im Verlauf des Dramas Leid, Verzweiflung und immer zunehmenden Hunger in motivischer wie in textueller Hinsicht bis ins Extrem zu steigern. Während einerseits der jüngste Sohn Gaddo immer schwächer wird und sich im Zuge des Hinsterbens immer mehr vermindert, kommt es andererseits auf Seiten Ugolinos zu einer emotionalen Steigerung, die die Verzweiflung des Vaters allmählich auf ihre höchste Staffel führt. In einer Rezension hat Herder die Wirksamkeit der Gradationen in Gerstenbergs Hungertragödie besonders herausgestellt. Die „Aggradation bis zu einem Knoten" sei „die würksamste Handlung auf unser Gefühl" (Herder 2001 [1770], 77), heißt es dort. Gerade den Tod von Gaddo hebt Herder dabei hervor: „Insonderheit verhungert der arme kleine *Gaddo* so recht von innen aus mit allen Symptomen der fühlenden zarten Menschheit in einem Kinde: wir sehen ihn Schritt vor Schritt, mit seinen Erholungen und Rückfällen dem Tode näher, bis er erblasset." (Ebd., 85) Im Zuge dessen kommt es jedoch auch zu einer folgenreichen medialen Umorientierung: Wenn am Ende des Dramas, an einem Punkt also, als Ugolinos Verzweiflung auf einen Extrempunkt gesteigert ist, die Musik einsetzt, so unter der Voraussetzung, dass musikalische Mittel die Bewegungen der Seele überzeugender auszudrücken vermögen als die Sprache. Als Ugolino in eine Wahnvorstellung verfällt, ist es die Musik, die seine Seele zum Sprechen bringt: Sie wird beschrieben als „sanfte traurige Musik", die fortfährt, sich dann „entfernt", dann „klagender" wird und zuletzt „erhaben" endigt (Gerstenberg 2001 [1768], 64–66). Die Musik fungiert so als Substitut der Sprache, welche das eigentliche Seelenleben nur noch bruchstückhaft, „[m]it erstickter Stimme" (ebd., 66) darzustellen vermag.

Gerstenbergs *Ugolino* steht damit stellvertretend für die spannungsvollen medialen Konstellationen, die sich in Hinblick auf die Gradationen menschlicher Seelenbewegungen ergeben. Unter der Perspektive wachsender, schwindender und übergehender Gefühle werden offenbar jene Zeichensysteme fragwürdig, die wie die Sprache einen organischen Verlautbarungszusammenhang in diskrete Signifikanten zerlegen. Während die Gefühle als fließende und strömende wahrgenommen werden, treten die Unzulänglichkeiten der auf Artikulation, Unterteilung, Klärung und Verdeutlichung ausgerichteten sprachlichen Funktionen stärker hervor. Zumindest werden Potential und Grenzen des sprachlichen Zeichens in Hinblick auf die Darstellung von Gradation in besonderer Weise reflektiert. Denn beginnt man bei Lessing, ist es zunächst noch die Sprache, die volle Gradationsfähigkeit besitzt: Ihr – vor allen anderen Medien – wird die Fähigkeit zugeschrieben, einen Gefühlsverlauf in der Zeit, das heißt durch eine Sukzession sprachlicher Zeichen zu repräsentieren: Nach Auskunft der *Hamburgischen Dramaturgie* (1767/1769) lässt sich ein emotionaler Zusammenhang nur dann angemessen darstellen, wenn die Empfindung unter die Leitung der Sprache tritt und sich dem Vermögen eines souveränen Dichtersubjekts unterstellt: „Nun begreife ich sehr wohl, wie uns der Dichter aus einer jeden Leidenschaft aus der ihr entgegenstehenden, zu ihrem völligen Widerspiele, ohne unangenehme Gewaltsamkeit, bringen kann; er tut es nach und nach, gemach und gemach; er steiget die ganze Leiter von Sprosse zu Sprosse, entweder hinauf oder hinab, ohne irgendwo den geringsten Sprung zu tun." (Lessing 1967 [1767], 229) An der Gradationsfähigkeit der Musik hat er jedoch Zweifel: „Aber kann dieses auch der Musikus? Es sei, dass er es in Einem Stücke, von der erforderlichen Länge, eben so wohl tun könne, aber in zwei besonderen, von einander gänzlich abgesetzten Stücken, muß der Sprung, z. E. aus dem Ruhigen in das Stürmische, aus dem Zärtlichen in das Grausame, notwendig sehr merklich sein, und alle das Beleidigende haben, was in der Natur jeder plötzliche Übergang aus einem Äußersten in das Andere […] Alles das kann die Musik nicht bestimmen; sie lässt uns in Ungewißheit und Verwirrung; wir empfinden, ohne eine richtige Folge unserer Empfindungen wahrzunehmen […] Die Poesie hingegen lässt uns den Faden unserer Empfindungen nie verlieren; hier wissen wir nicht allein, was wir empfinden sollen, sondern auch warum wir es empfinden sollen." (Ebd., 229) Demnach ist es zunächst der Dichter, der die Abfolge der Leidenschaften anordnet, so wie es im Vermögen seiner Sprache liegt, das Unbestimmte zu bestimmen und das emotionale Geschehen aus „Ungewissheit und Verwirrung" (ebd.) in klare Vorstellungen zu überführen. Die Wiedergabe stufenloser Abfolge von Leidenschaften stellt sich bei Lessing als ein kontrollierter dichterischer Vorgang dar, der natürliche und arbiträre Zeichenstrukturen zusammenführt und dadurch auch der Sprache die unmittelbare oder intuitive Sinneswirkung eines natürlichen Signifikanten zuschreibt (Wellbery 1984, 191–203).

Zugleich gewinnen jedoch Konzepte an Einfluss, die nach der Ausdrucksfähigkeit der Künste fragen und hinsichtlich des Verhältnisses von Sprache und Musik eine neue Rangordnung vornehmen. Wo der Akt des Ausdrückens den der Bezeichnung dominiert (Gumbrecht 2000, 421), scheint sich das Verhältnis umzukehren. So rückt die Musik dort in den Vordergrund, wo die Willkürlichkeit des sprachlichen Zeichens als Hindernis für die sinnliche Repräsentation natürlicher Prozesse angesehen wird. In den Augen der Kritiker ist es die artikulatorische und semiotische Funktion der Sprache, die sie für die Realisierung eines emotionalen Kontinuums ungeeignet macht. Während das sprachliche Zeichensystem in Verworrenes klärend eingreift, den natürlichen Empfindungsstrom in diskrete Einheiten zerlegt oder das Zusammenhängende in den artikulatorischen Interventionen von Gaumen und Palatum unterbricht, scheinen die natürlichen Zeichen der Musik in besonderer Weise fähig, das ununterbrochene Fließen der menschlichen Leidenschaften darzustellen. So gewinnt die Musik dort „strukturelle Dominanz" (Wellbery 1984, 94), wo sich Leidenschaften ungehemmt verströmen sollen und das Unbestimmte volle Anerkennung erfährt (vgl. Eggebrecht 1977, 77): „Klang hat etwas mit dem ungehemmten Dahinströmen im offenen Raum zu tun, die Artikulation dagegen mit der Überwindung von Hindernissen." (Wilczek 2012, 83) Jedenfalls ist es die zeitgenössische Musik, die die Herausforderung der Gradation annimmt und in ihren Kompositionen das Wachstum von Emotionen in variable Lautstärken zu übersetzen beginnt. Sie erfindet das *Crescendo* und *Diminuendo* und erlebt im sogenannten „Mannheimer Crescendo" einen von der gesamten musikalischen Welt wahrgenommenen Höhepunkt (Mennicke 1906, 317–326; Firges 2014, 36–41). Auf dem Feld der Oper ist es vor allem Niccoló Jommelli, der das künstliche Ab- und Zunehmen der Töne in Beziehung zur dynamischen Seelenbewegung setzt. Das musikalische *Crescendo* vermag aufgrund seiner Struktur, die es mit der aufwallenden und abklingenden Empfindung teilt, unmittelbar zu rühren: Es „ist [...] das für unsere Empfindung, was die anziehende Kraft des Mondes fürs Meer ist: eben so sichere Ebbe und Flut wird dadurch in uns hervorgebracht." (Koch 2001 [1802], 398) Die Sprache ist hingegen darauf angewiesen, „durch andere Mittel zu ersetzen suchen, was ihnen durch die Natur der Zeichen abgeht" (Eberhard 1786 [1783], 76).

7. Melodram

Zentraler Akteur ist auch in diesem intermedialen Spannungsfeld der Dichter und Kritiker Gerstenberg, der das Verhältnis der Medien Sprache und Musik ins Zentrum eines Gattungsexperiments stellt, welches auf die Darstellung entgrenzter Gefühlsbewegungen zugeschnitten ist: Anschließend an Rousseaus *Pygmalion* entwickelt er die Gattung des Melo- oder Monodrama, eines in der Regel einaktigen Dramenmodells, das die Gefühlsbewegungen einer zumeist weiblichen Protagonistin im Moment einer Lebenskrise entfaltet und diese in Gradationen beziehungsweise permanenten Abänderungen auf einen tragischen Höhepunkt führt. Auch hier ist es die Musik, die den Empfindungsstrom an- und abschwellen lässt und für die Defizite des sprachlichen Zeichens aufkommt. Alle Vektoren dieser neuen und insgesamt kurzlebigen Form sind auf den Vollzug von Kontinuität ausgerichtet (Vogel 2013, 38). Bereits Rousseau hatte in seinem Melodrama *Pygmalion* die Musik als das jeweils in die Abstände der Wörter eintretende Bindemittel eingesetzt. Hier fließen die Töne steigernd und graduierend in die Zwischenräume der von Mal zu Mal abbrechenden Sprache ein: „Die Musik bringt in wenigen Takten diese verschiedenen Gemütsbewegungen zum Ausdruck; sie beginnt sanft, steigert sich sodann und endet wie sie angefangen hat." (Rousseau 1989 [1762], 174) Musik und Sprache verbinden sich hier zu einem wechselhaften Kontinuum, das nicht nur Übergänge und Intensitäten der Leidenschaften, sondern auch Übergänge zwischen den beteiligten Medien stiftet. Damit stehen auch die Regieanweisungen in Einklang, die Herder seinem „Drama zur Musik", *Brutus* (1772), beifügt, wenn er schreibt: „[d]ie ganze erste Handlung ist ein Ganzes, wo die Tonmischung Stuffenweise [sic] abnimmt und ins Stille geht" (Herder 1884 [1772], 16), sie „endet sich also vom höchsten Affekt zur vestesten stillen Entschließung durch alle Grade herabgedämpft!" (Ebd., 18) Vermittels des Einsatzes von Musik können so Übergänge „unvermerkt" (ebd., 15) vollzogen werden. Damit werden nicht nur sprachliche Brüche nivelliert, sondern auch herkömmliche kontrastierende musikalische Strukturen, wie sie beispielsweise für Arie und Rezitativ der höfischen *Opera seria* kennzeichnend waren, in Kontinuitäten überführt (Krämer 1998, 273–277). Gerstenbergs breit rezipiertem Monodram *Ariadne auf Naxos* liegt eine Versfassung zugrunde, die für den monodramatischen Gebrauch wieder entmetrisiert, zerlegt und für den musikalischen Fluss geöffnet wird. Hier verzichtet die Poesie freiwillig auf ihre konstruktiven, syntaktischen und tektonischen Möglichkeiten, um sich vom An- und Abschwellen der Töne aus der Sphäre semiotischer Willkürlichkeit in jene der Natur tragen zu lassen: „Der Tonkünstler muß sonderlich auf den Uebergang der Leidenschaft, auf ihren wachsenden oder abnehmenden Grad sehen, muß die Empfindung fortsetzen, wenn der Handelnde verstummt, er muß unvermerkt den Zuschauer vorbereiten oder auch neue Empfindungen erwecken und ihn mit sich fortreißen." (Rößig 1779, 15; vgl. Schimpf 1988, 79) Andererseits darf nicht übersehen werden, dass das symbolische Vermögen der Poesie im Musiktheater weiterhin wirksam bleibt. Wo sich die Musik auf ein dramatisches – oder poetisches Schema bezieht, kann auf die Interventionen der Sprache nicht verzichtet werden. Auch im melodramatischen Fluss der Empfindungen bleibt dann die strukturbildende Kraft der Worte bemerkbar. Wie Herder in einem Brief an Christoph Willibald Gluck vermerkt, können nämlich nur diese „die sonst unbestimmten Empfindungen der Musik" bestimmen, dienen sie doch der *„Erklärung, Leitung* des Stroms der Musik, durch dazwischen gestreute Worte" (Herder 1985 [1774], 124–125).

Literaturverzeichnis

Campe, Rüdiger. *Affekt und Ausdruck. Zur Umwandlung der literarischen Rede im 17. und 18. Jahrhundert*. Tübingen: Niemeyer, 1990.

Cassirer, Ernst. *Descartes. Lehre – Persönlichkeit – Wirkung*. Hamburg: Meiner, 1995 [1939].

Cassirer, Ernst. *Die Philosophie der Aufklärung*. Hamburg: Meiner, 2007 [1932].

Descartes, René. *Les passions de l'âme. Die Leidenschaften der Seele*. Übers. und hrsg. von Klaus Hammacher. 2. Aufl. Hamburg: Meiner, 1996 [1649].

Eberhard, Johann August. *Theorie der schönen Wissenschaften. Zum Gebrauche seiner Vorlesungen*. 2. Aufl. Halle: Buchhandlung des Waisenhauses, 1786.

Eggebrecht, Hans Heinrich. „Das Ausdrucks-Prinzip im musikalischen Sturm und Drang". *Musikalisches Denken. Aufsätze zur Theorie und Ästhetik der Musik*. Wilhelmshaven: Heinrichshofen, 1977. 69–112.

Engel, Johann Jakob. *Ideen zu einer Mimik. Zweiter Teil* [1804]. *Johann Jakob Engel. Schriften*. Bd. 8. Frankfurt am Main: Athenaeum, 1971.

Firges, Janine. „Gradatio/Crescendo – Eine Geschichte der Steigerung. Transformationen rhetorischer und musikalischer Gradationsfiguren im 18. Jahrhundert". *Rhetorik. Ein internationales Jahrbuch*. Bd. 33: Rhetorik im 18. Jahrhundert. Hrsg. von Dietmar Till. Berlin und New York, NY: De Gruyter, 2014. 27–41.

Gerstenberg, Heinrich Wilhelm von. *Ugolino. Eine Tragödie in fünf Aufzügen*. Hrsg. von Christoph Siegrist. Stuttgart: Reclam, 2001 [1768].

Gellert, Christian Fürchtegott. „Die zärtlichen Schwestern. Ein Lustspiel von drey Aufzügen" [1747]. *Werke*. Bd. 1. Hrsg. von Gottfried Honnefelder. Frankfurt am Main: Insel, 1979. 375–443.

Götz, Joseph Franz von. *Versuch einer zalreichen Folge leidenschaftlicher Entwürfe für empfindsame Kunst- und Schauspiel-Freunde. Erfunden, gezeichnet, geäzt und mit Anmerkungen begleitet von J. F. von Gö[t]z*. Augsburg: Akademische Handlung, 1783.

Gumbrecht, Hans Ulrich. „Ausdruck". *Ästhetische Grundbegriffe. Historisches Wörterbuch in sieben Bänden*. Bd. 1. Hrsg. von Karlheinz Barck, Martin Fontius, Dieter Schlenstedt, Burkhart Steinwachs und Friedrich Wolfszettel. Stuttgart und Weimar: Metzler, 2000. 416–431.

Herder, Johann Gottfried. „Brutus". *Poetische Werke*. Bd. 4. Hrsg. von Carl Redlich. Berlin: Weidmannsche Buchhandlung, 1884. 11–27.
Herder, Johann Gottfried. *Briefe*. Bd. 3: *Mai 1773 – September 1776*. Bearb. von Wilhelm Dobbek und Günter Arnold. Weimar: Hermann Böhlaus, 1985.
Herder, Johann Gottfried. „Die Lyra. Von der Natur und Wirkung der lyrischen Dichtkunst". *Schriften zu Literatur und Philosophie 1792–1800*. Bd. 8. Hrsg. von Hans Dietrich Irmscher. Frankfurt am Main: Deutscher Klassiker Verlag, 1998. 117–130.
Herder, Johann Gottfried. „Ugolino. Heinrich Wilhelm von Gerstenberg". *Ugolino. Eine Tragödie in fünf Aufzügen*. Hrsg. von Christoph Siegrist. Stuttgart: Reclam, 2001. 74–86.
Iffland, August Wilhelm. „Fragmente über die Menschendarstellung auf den deutschen Bühnen". *Beiträge zur Schauspielkunst*. Hrsg. von Alexander Košenina. Hannover: Wehrhahn, 2009. 26–92.
Kleinschmidt, Erich. *Entdeckung der Intensität. Geschichte einer Denkfigur im 18. Jahrhundert*. Göttingen: Wallstein, 2004.
Koch, Heinrich Christoph. *Musikalisches Lexikon*. Hrsg. von Nicole Schwindt. Kassel: Bärenreiter, 2001.
Krämer, Jörg. *Deutschsprachiges Musiktheater im späten 18. Jahrhundert. Typologie, Dramaturgie und Anthropologie einer populären Gattung*. Teil 1. Tübingen: Niemeyer, 1998.
Lessing, Gotthold Ephraim. „Hamburgische Dramaturgie" [1767–1769]. *Schriften I: Schriften zu Poetik, Dramaturgie, Literaturkritik. Lessings Werke*. Bd. 2. Hrsg. von Kurt Wölfel. Frankfurt am Main: Insel, 1967. 120–533.
Lessing, Gotthold Ephraim. *Werke. Briefe von und an Lessing 1743–1770*. Bd. 11. Hrsg. von Helmut Kiesel. Frankfurt am Main: Deutscher Klassiker Verlag, 1978.
Mallet, Edme-François. „Continuité" [1752]. *Encyclopédie ou Dictionnaire raisonné des sciences, des arts et des métiers*. I, Bd. 3: *Ch – Co*. Hrsg. von Denis Diderot und Jean D'Alembert. Stuttgart und Bad Cannstadt: Frommann, 1966. 116a–117a.
Marivaux, Pierre Carlet Chambrain de. *Das Spiel von Liebe und Zufall und andere Komödien*. Übers. von Gerda Scheffel. Frankfurt am Main: Insel, 1985.
Menke, Christoph. *Kraft. Ein Grundbegriff ästhetischer Anthropologie*. Frankfurt am Main: Suhrkamp, 2008.
Mennicke, Carl. *Hasse und die Brüder Graun als Symphoniker. Nebst Biographien und thematischen Katalogen*. Leipzig: Breitkopf und Härtel, 1906.
Menninghaus, Winfried. *Ekel. Theorie und Geschichte einer starken Empfindung*. Frankfurt am Main: Suhrkamp, 1999.
Newmark, Christine. *Passion – Affekt – Gefühl. Philosophische Theorien der Emotionen zwischen Aristoteles und Kant*. Hamburg: Meiner, 2008.
Noverre, Jean Georges. *Briefe zur Tanzkunst und die Ballette. Faksimile der Ausgabe Hamburg 1769* (=Documenta Choreologica. Bd. XV). Hrsg. von Kurt Petermann. München: Heimeran, 1977.
Rieve, Renate. „Sentiment, sentimental". *Europäische Schlüsselwörter*. Bd. 2: *Wörter im geistigen und sozialen Raum*. München: Hübner, 1964. 167–189.
Rößig, Carl Gottlob. *Versuche im musikalischen Drama, nebst einigen Anmerkungen über die Geschichte und Regeln desselben wie auch über die Moralität und Vortheile des Theaters*. Bayreuth: Lübeck, 1779.
Rousseau, Jean-Jacques. *Pygmalion* [1762]. *Musik und Sprache. Ausgewählte Schriften*. Mit einem Essay von Peter Gülke. Leipzig: Reclam, 1989. 169–179.

Schimpf, Wolfgang. *Lyrisches Theater. Das Melodrama des 18. Jahrhunderts*. Göttingen: Vandenhoeck & Ruprecht, 1988.
Wellbery, David E. *Lessing's Laocoon. Semiotics and Aesthetics in the Age of Reason*. Cambridge: Cambridge University Press, 1984.
Vogel, Juliane. „Zurüstungen im Medienverbund. Zur Selbstaufgabe der Dichtung im Melodram um 1800". *Das Melodram – Ein Medienbastard*. Hrsg. von Bettine Menke, Armin Schäfer und Daniel Eschkötter. Berlin: Theater der Zeit, 2013. 36–50.
Wilczek, Markus. *Das Artikulierte und das Inartikulierte. Eine Archäologie strukturalistischen Denkens*. Berlin und New York, NY: De Gruyter, 2012.

3.8 Zärtliche Liebe und Affektpolitik im Zeitalter der Empfindsamkeit

Davide Giuriato

1. Affektpolitische Aspekte der Empfindsamkeit

Mit seiner Schrift *Ueber Empfindsamkeit und Empfindelei in pädagogischer Hinsicht* von 1779 verfolgt Joachim Heinrich Campe ein affektpolitisches Anliegen, das im Zentrum der empfindsamen Kultur steht. Die Ausführungen des deutschen Aufklärers und Philanthropen schließen sich einer in der zweiten Hälfte der 1770er Jahre schärfer werdenden Kritik gegenüber einem literarischen Phänomen an, das seit dem Erscheinen von Samuel Richardsons *Pamela or Virtue Rewarded* die Jahrzehnte zwischen 1740 und 1780 in England, Frankreich und Deutschland dominiert, aber zusehends dem Vorwurf ausgesetzt ist, den Gefühlshaushalt der Leserinnen und Leser auf bedrohliche Art und Weise aus dem Gleichgewicht zu bringen (Karthaus 1976; Kaiser 2007). Schon angesichts der Nachahmungen und Trivialisierungen von Jean-Jacques Rousseaus *Julie, ou la Nouvelle Héloïse* im Frankreich der 1760er Jahre wird die Tendenz der neueren Literatur zur schwärmerischen Hypertrophie der Gefühle, zum künstlich Exaltierten und exzessiv Überspannten registriert, und zwar dergestalt, dass auch über den engeren Rahmen des literarischen Diskurses hinaus dringender Handlungsbedarf zu bestehen scheint. Campes Abhandlung liest sich weniger als Bestandesaufnahme einer Krise denn als handfester Versuch, eine für die Individuen ebenso wie für das Gemeinwesen alarmierende Entwicklung im Keim zu ersticken, indem schon für die Erziehung der Zöglinge angemahnt wird, „wahre Empfindsamkeit von faselnder Empfindelei in jedem Falle deutlich zu unterscheiden" (Campe 1779, 16).

Auf den ersten Blick ist diese kanonisch gewordene Gegenüberstellung an der Opposition zwischen ‚natürlicher' und ‚künstlicher' Empfindung und deren Äußerung orientiert. ‚Wahre Empfindsamkeit' zeigt sich demnach in der Übereinstimmung von Gefühl und Vernunft sowie in einem ruhigen, würdevollen und einfältigen Ausdruck, der weniger durch Worte als durch unscheinbare Taten zur Geltung kommt und sozial tugendhaftes Verhalten beweist. ‚Empfindelei' dagegen verrät die affektive Disharmonie eines eitlen Subjekts, das seine Emotionen so übersteigert zur Schau trägt, dass die Sprache des Herzens „in die uneingestandene rhetorische Beschwörung abwesender Gefühle" (Müller 1991, 274) umschlägt, anstatt Authentizität und Unmittelbarkeit zu verbürgen.

Indes kann der Kontrast zwischen ‚Empfindsamkeit' und ‚Empfindelei' keinen ontologischen Wert beanspruchen, ist die strategische Absicht von Campes Überlegungen doch unverkennbar. An mehr als einer Stelle seines Aufsatzes wird greifbar, dass ‚Empfindelei' nicht als modisches Begleitphänomen und triviales Abfallprodukt der ‚wahren Empfindsamkeit' abgetan werden kann, weil der Hang, die Gefühle – etwa durch Lektüre oder Briefeschreiben – zu steigern und zu intensivieren, zum inneren Wesen der empfindsamen Kultur selbst gehört. Im Wesentlichen ist ‚wahre Empfindsamkeit' für den Philanthropen daher eine Frage nach der richtigen Proportion der Affekte. Denn wie Campe festhält, kann „so wohl ein gar zu geringes, als auch ein gar zu großes Maaß von wirklicher Empfindsamkeit mit dem wahren Werth und der Glükseeligkeit des Menschen nicht bestehen" (Campe 1779, 19).

Es ist für den empfindsamen Diskurs insgesamt prägend, dass die Verabschiedung der alten Rhetorik nicht einfach nur „in einer neuen Rhetorik des Authentischen, Ursprünglichen und Naiven endet" (Müller 1991, 275). Der Hinweis auf die originäre Mittelbarkeit der zarten Gefühle greift zu kurz, wenn man ihn nicht um die Beobachtung erweitert, dass die Manifeste der Zeit regelmäßig auf die Notwendigkeit einer ethischen Praxis hinauslaufen. Auch bei Campe leitet die Diskussion um den Gegensatz zwischen ‚Empfindsamkeit' und ‚Empfindelei', zwischen wahren und eingebildeten Gefühlen zur Frage über, welches Maß an guten Neigungen das richtige sei. Der strittige Punkt bildet den Auftakt zum Plan einer umfassenden Therapie der Affekte, die mit medizinischen Metaphern konzipiert wird. Gegen die ‚Wunden', die edle Gefühle über kurz oder lang ins Herz des Zöglings schlagen, gegen die Tendenz der ‚Empfindsamkeit', früher oder später an ‚Empfindelei' zu erkranken, entwirft Campe eine Diätetik der Gefühle, die „im voraus den Balsaam zur Heilung" (Campe 1779, 36) bereitstellen soll. Durch eine umsichtige Erziehung muss sich das Subjekt vor Affekten schützen, die – so mustergültig sie auch sein mögen – Gefahr laufen, auszuarten und sozial unverträglich zu werden. Den um die *âme sensible* kreisenden Moralkodex seiner Zeit bringt Campe daher auf den Punkt einer praktischen Anleitung: „[Ü]be, stärke, veredle die Empfindsamkeit deines Zöglings, so sehr du kanst; nur vergiß nicht, alle andere [sic!], sowohl körperliche, als geistige Kräfte und Fähigkeiten desselben in völlig gleichem Grade zugleich mit zu üben, zu stärken und zu veredeln; so wird es deiner Bildung gelingen, dem höchsten Ideale menschlicher Vollkommenheit am nächsten zu kommen." (ebd., 21)

Durch diese Maxime werden die bürgerlichen Tugendvorstellungen des 18. Jahrhunderts, die mit aller Entschiedenheit gegen die höfische Kultur gerichtet sind und Werte wie Aufrichtigkeit, Sympathie, Wohlwollen, Mitleid, Gefühlsliebe, Freundschaft und Intimität propagieren, auf die Füße einer rigiden Affektregulierung gestellt. Weit davon entfernt, das moralische Gefühl wie die englischen Philosophen des *Moral-Sense* Shaftesbury und Hutcheson als natürlichen Instinkt vorauszusetzen (Sauder 1974, 203; Engbers 1998, 11–30), entfaltet Campe aus pädagogischer Sicht die Auffassung, dass sittliches Verhalten nur durch Erziehung gewährleistet werden kann. Da der Mensch nach anthropologischen Gesichtspunkten als wesentlich unbestimmt gelten muss und man nicht davon ausgehen kann, dass ‚wahre Empfindsamkeit' von Anfang an mitgegeben ist, wird sie als Produkt von Bildung und Gewöhnung begriffen, als idealer Fluchtpunkt einer Entwicklung, deren vorrangiges Ziel darin besteht, das Subjekt emotional zu wappnen. Im Vokabular der Übung, der Stärkung und der Veredelung greift Campe auf Ansichten zurück, die aus der antiken Stoa stammen und die bei den zeitgenössischen Kritikern der ‚Empfindelei' durchweg aktuell sind (Sauder 1974, 65–66).

Zwar geht die Aneignung des stoizistischen Gedankenguts in diesem Kontext nicht so weit, nach dem Modell der klassischen *apathia* die vollkommene Unempfindlichkeit des Individuums einzufordern, weil damit Gefühllosigkeit, Hartherzigkeit und Unmenschlichkeit drohen. Doch um die Exzesse der Leidenschaften und Affekte zu mäßigen und zu zügeln, muss der Empfindsame zu einer Arbeit an sich selbst angeleitet werden, deren Kernstück das stoische Ideal der Selbstbeherrschung bildet (vgl. Wegmann 1988, 88). Folglich kann nicht angenommen werden, dass „die aufgeklärte Empfindsamkeit alle ihre Elemente nicht so sehr auf das Subjekt hin auslegt, sondern immer und mit größerer Intensität nach ihrer Funktion in der Gesellschaft und deren Wohlfahrt fragt" (Sauder 1974, 197). Vielmehr veranschaulicht Campe in einer für den empfindsamen Diskurs beispielhaften Art und Weise den Sachverhalt, dass die Forderung nach sozialem Ethos auf einem gesteigerten Selbstverhältnis der Individuen gründet. Wie Michel Foucault mit Blick auf die stoischen Traktate der Antike festgehalten hat, so ist auch die empfindsame Moral von einer „Intensivierung des Selbstbezugs [geprägt], durch den man sich als Subjekt seiner Handlungen konstituiert" (Foucault 1989a, 57). Für Campe geht es darum, den Empfindsamen gegen Leidenschaften zu „rüsten", die den Grundsätzen eines vernünftigen Lebens zuwiderlaufen (Foucault 1989b, 137). Anstelle der herkömmlichen Moraldidaxe tritt demgemäß der Vorsatz einer konkreten Selbstsorge, mit dem sich das Subjekt „Tag und Nacht beschäftigen" (Campe 1779, 44) muss, um unentwegt Aufsicht über das eigene Gefühlsleben zu führen.

Für diese seelische Schulung empfiehlt Campe zum Schluss seiner Publikation ein Programm, das sich in Form eines Dekalogs präsentiert und daher als eine Art ‚Bibel' der empfindsamen Affektdiätetik gelesen werden will. Es versammelt „ein ganzes Arsenal von Festigungs- und Immunisierungsmitteln" (Koschorke 1999, 75), die dazu dienen, das bürgerliche Individuum gegen die Infektion durch stürmische Leidenschaften resistent zu machen und zu panzern. Denn die Gefahr ungebundener Affekte lauert hier und da, vor allem aber in der Imagination der Leserinnen und Leser. Wie der letzte Punkt des Katalogs hervorhebt, stellen literarische Erzeugnisse die größte Bedrohung dar, weil sie die Fantasie am stärksten stimulieren und die Grenzen der Einbildungskraft auf unheilvolle Art und Weise verrücken. So prangert Campe im Einvernehmen mit der zeitgenössischen Kritik an der ‚Lesesucht' (vgl. ebd., 393–430) die empfindlerischen „Modebücher" als „verderbliches Gift" und „moralische Seuche" an, denen es mit einem wirksamen „Gegengift" beizukommen gelte (Campe 1779, 42).

Der immunologischen Metaphorik gemäß ist diese Arznei affektprophylaktischer Natur, wird die Kur doch darauf angelegt, den Zöglingen und Erziehern Maßnahmen gegen heftige Leidenschaften an die Hand zu geben, damit ein dauerhafter Schutz vor unkontrollierbaren Passionen im Voraus aufgebaut werden kann. Die Liste der Anweisungen, die Campe nach stoischem Vorbild festlegt, will die edlen Neigungen durch Übungen des Geistes und des Körpers so stärken, dass die früher oder später eintretende Wucht der Affekte besser aufgefangen werden kann. Vernunft, Maß und Natürlichkeit der Empfindungen (Regeln 1 bis 3) sind die Grundpfeiler, mit denen sich das Subjekt rüstet und zur Vorbeugung (Regel 4) „auf künftige unausbleibliche Trennungen und andere gewöhnliche Vorfälle im menschlichen Leben" (ebd., 35) bereitmacht. Einübung in positive Gefühle (Regeln 5 und 6), die unmittelbar durch soziales Handeln umgesetzt werden müssen (Regel 7), sowie die Beachtung von Geschlecht und künftigem Beruf bei der Erziehung des Zöglings (Regel 8), gepaart mit einem unausgesetzten Training von Geist und Körper (Regel 9) und der Vorsicht bei der Wahl der Lektüre (Regel 10) sollen als Vorkehrungen zur „Erhaltung unserer Zufriedenheit [sic!]" (ebd., 37) getroffen werden.

Unter dem für die Empfindsamkeit insgesamt zentralen Begriff der ‚Zufriedenheit', der oftmals mit ‚Vergnügen' und ‚Gelassenheit' variiert, fasst Campe das Ideal einer Balance der Seelenkräfte zusammen, um das unablässig gerungen werden muss. Erst auf der Grundlage einer strengen Beherrschung und Mäßigung der Leidenschaften, die im Gleichgewicht zwischen ‚Kopf' und ‚Herz' lediglich als ‚sanfte Empfindungen' wirken dürfen, können die sozialen Vorzüge der Gefühlsliebe, der intimen Freundschaft und des selbstlosen Mitleids erfüllt werden. Umgekehrt betrachtet, geht die Aufwertung der bürgerlichen Sittlichkeit im 18. Jahrhundert mit der beständigen Zähmung und Stilllegung ausschweifender Affekte sowie unzulässiger Triebregungen einher, die das Subjekt auf den Prüfstand einer „unaufhörlichen Bewährung" (Koschorke 1999, 244) setzen. Die Literatur ist maßgeblich an diesem Projekt beteiligt – obwohl oder gerade weil sie als Affektstimulans immer wieder kritisch beäugt wird. Da sie angesichts rasant zunehmender Alphabetisierung ein immer breiteres Lesepublikum erreichen können, erhalten literarische Texte die sozialpolitisch gewichtige Aufgabe, die

Subjekte nach Maßgabe der aufgeklärten Sittenreform in die Ordnungskraft einer permanenten Selbstüberwachung einzuweisen.

2. Ästhetisch-moralische Bildung

Als Mitbegründer des empfindsamen Diskurssystems gehört Christian Fürchtegott Gellert zu den repräsentativen Stimmen, die der Literatur eine zentrale Rolle für die Veränderung der Gesellschaft im Übergang zu einem modernen Staatswesen beimessen. Sowohl durch seine literarischen Texte, mit denen er ab Mitte der 1740er Jahre das Zeitalter der ‚Zärtlichkeit' in Deutschland inauguriert (das Wort ‚empfindsam' bürgert sich erst nach 1768 durch Lessings Übersetzungsvorschlag für Laurence Sternes *Sentimental Journey* ein), als auch durch das Amt des akademischen Lehrers ist Gellert maßgeblich an der programmatischen Grundlegung und Popularisierung einer neuen Kultur beteiligt. In seiner Leipziger Antrittsvorlesung von 1751 lobt er die schöne Literatur ausdrücklich als dasjenige Medium, das mehr als alle anderen Kommunikationsmittel die bürgerlichen Tugenden zu verbreiten sowie die moralische Erziehung des Menschen zu fördern vermag. Im Verweis auf Samuel Richardsons *Clarissa* behauptet Gellert, dass ein Roman besser „als eine ganze Bibliothek moralischer Schriften" (Gellert 1994, 189) bilden könne. Zum einen hat diese These ihren Grund darin, dass die Literatur im 18. Jahrhundert erstmalig auch „die neuen weiblichen Leserschichten erreichen" (Witte 1996, 129) kann. Zum anderen ist der Vorzug der schönen Wissenschaften nach Gellert in der Tatsache zu suchen, dass die Leserinnen und Leser durch ästhetisch vermittelte Beispiele der Tugend einfacher als durch trockene Moraldidaxe zu adressieren sind. Der gute Geschmack, der nichts weniger als das alles entscheidende Fundament der neuen Gesellschaft bereitstellen soll, wird ungleich wirksamer ausgebildet, wenn er sich nicht auf dem Weg des Verstandes, sondern über die Empfindungen im Herzen der Rezipienten verfeinert. So ist es der Literatur vorbehalten, die „großen Beyspiele der Menschenliebe, der Zärtlichkeit, der Freundschaft, der Dankbarkeit, der Liebe zum Vaterlande, des Heldenmuthes, der wahren Ehrbegierde [...] in ihrem schönsten Lichte" (Gellert 1994, 181–183) auszumalen und dergestalt „in alle Verrichtungen des Lebens, in die Geschäffte des Hauses, in die Angelegenheiten des Staats, in die Unternehmungen des Kriegs" (ebd., 185) zu wirken.

Mit der Gleichsetzung von moralischer und ästhetischer Bildung verfolgt Gellert das Anliegen, das Gemeinwesen vom einzelnen Bürger aus zu erneuern. Weil sich jede aufgeklärte „Gesellschaft durch die Existenz besonders tugendhafter Individuen auszeichnet" (Engbers 1998, 59), verdichtet sich das sozialpolitische Interesse in der Forderung nach einer sorgfältigen Erziehung zur Sittlichkeit. Dabei ist entscheidend zu sehen, dass die Etablierung einer aufgeklärten Gesellschaft für Gellert nur gelingen kann, wenn die einzelnen Subjekte ein neues Verhältnis zu sich selbst installieren. So wie der moderne Staat die sichtbare Kontrolle der Bürger zurückfährt, um zunehmend auf die Selbstkontrolle der Individuen zu setzen, so sieht Gellert den Vorteil der ästhetischen Bildung nicht etwa in der belehrenden Vermittlung der neuen Tugendlehre, sondern primär darin, dass die Menschen durch Lektüre zur ständigen Selbstbeobachtung angehalten werden. Das fleißige Studium mustergültiger Werke baue sowohl den guten Geschmack, das heißt das unwillkürliche Gefühl für das Richtige, Schöne und Gute, als auch die Instanz eines „getreuen Aufsehers" im Subjekt auf, der „über alle Pflichten unsers Lebens" wacht und unvermerkt die gute Art lehrt, „mit der wir [diese Pflichten] verrichten sollen" (Gellert 1994, 181). Wer mit Empfindung liest, könne in der Wirklichkeit unmöglich „ein undankbarer Bürger, ein harter Hausvater, ein beschwerlicher Ehemann, ein treuloser Freund, ein unangenehmer Gesellschafter, ein kalter und müßiger Zuschauer bey dem Unglück Andrer seyn" (ebd., 183). Denn die Literatur richte im Individuum eine „geheime Stimme" ein, die jederzeit und überall lehrt, was „schön, gut und wohlanständig, was zu viel und was zu wenig sey" (ebd., 183).

So beschränken sich literarische Werke nicht darauf, den Sinn für Ordnung, Anstand und Übereinstimmung zu vermitteln und anschaulich zu machen. Vielmehr sind sie nach Gellert performativ an der Ausbildung eines emotional gemäßigten, beständigen und gewissenhaften Subjekts beteiligt. Lektüre und Studium der schönen Wissenschaften schaffen einen Raum, in dem das Individuum die empfindsamen Gefühle unter den medialen Bedingungen der Schriftlichkeit immer und immer wieder einüben kann, damit es gegen die seelischen Gefährdungen des gemeinen Lebens gefeit ist. Solcherart ist die Literatur wesentlicher Bestandteil eines prophylaktischen Programms, das die Affekte des Einzelnen zum Wohl des Gemeinwesens regulieren soll. Der Zweck des Schriftkonsums besteht darin, die Subjekte zu jener ‚Gelassenheit' zu führen, die im Zeitalter der Empfindsamkeit als „Frucht der Weisheit und der Herrschaft über unsere Leidenschaften" (Sauder 1974, 265) zu verstehen ist.

3. Gelassenheit, Selbstbeherrschung, Affektprophylaxe

Mit dem 1747/48 in zwei Bänden erschienenen Roman *Leben der Schwedischen Gräfin von G**** hat Gellert ein Werk vorgelegt, das die Anfänge des empfindsamen Diskurses im deutschsprachigen Raum wesentlich mitgeprägt hat. Im

Einvernehmen mit den programmatischen Äußerungen des Autors verfolgt es die Absicht, die stoische Gelassenheit des Subjekts als die alles entscheidende Grundlage für das Ethos der interesselosen Freundschaft, des mildtätigen Wohlwollens und der von vernünftiger Gefühlsliebe getragenen Ehegemeinschaft vor Augen zu stellen. In Epoche machender Art und Weise rückt Gellert von der Tradition der großen Leidenschaften ab und steuert „jene Affektlagen und Charakterstrukturen an, die am entgegengesetzten Ende der vom *pathos* ausgehenden Gefühlsskala liegen" (Wegmann 1988, 32). Das Ideal der reinen Humanität, das fernab vom höfischen Geschehen im intimen Raum der bürgerlichen Familie verfolgt und durch die sanfte Liebe sowie die selbstlose Sympathie gegenüber Mitmenschen realisiert wird, vermag es jedoch nicht, die moralische Unerschütterlichkeit der Romanfiguren auf Dauer zu gewährleisten. Zwar zeigt der Text, wie die schwedische Gräfin und ihre zärtlichen Freunde die widrigsten Schicksalsschläge abfangen und allen Zumutungen zum Trotz glücklich leben. Doch kommen die vielen Extremsituationen und dramatischen Wendungen im Leben der Protagonistin als „Anfechtungen der Gelassenheit, das heißt, [als] seelische Gefährdungen" (Witte 1996, 121) so zur Geltung, dass sich die Figuren auf Schritt und Tritt moralisch bewähren müssen. Wenn die leidigen Situationen regelmäßig in der Bedrohung des seelischen Gleichgewichts kulminieren, so kehren sie hervor, dass die Gefühle ihrem Wesen nach dazu neigen, durch Übermaß Unheil anzurichten. Weil die innere Balance der vorbildlichen Akteure daher allenthalben infrage steht, sind sie mit einer Selbstsorge beschäftigt, die unentwegt nach Ausgleich strebt und die der Roman als Frage nach den Möglichkeiten rationaler Affektkontrolle verhandelt.

Das Misstrauen gegenüber der menschlichen Gefühlsnatur äußert sich im *Leben der Schwedischen Gräfin von G**** durch die wiederholte Darstellung einer kaum zu bändigenden Übermacht der Leidenschaften. Unabhängig davon, ob diese gut oder schlecht sind, ob es sich um aufrichtige Liebe oder Eifersucht handelt, stets hängt der glückliche Ausgang des Geschehens davon ab, ob die Affekte im richtigen Maß zu beherrschen sind. Obwohl es scheint, als könnte die Vernunft die Gefühle aufklären und in Schach halten (vgl. Schön 1991), wird sie immer wieder als unzuverlässiges Mittel gegen die Ausschweifung der Empfindungen problematisiert (vgl. Löffler 2009). Die Grenzen der rationalen Affektkontrolle zeigen sich beispielsweise, als sich bei der Nachricht vom (vermeintlichen) Tod des ersten Gemahls eine unsägliche Verzweiflung der Gräfin bemächtigt: „Meinen Schmerz über diese Nachricht kann ich nicht beschreiben. [...] Ich habe alles gesagt, wenn ich gestehe, daß ich etliche Tage ganz betäubt gewesen bin. Alle Trostgründe der Religion und der Vernunft waren bei meiner Empfindung ungültig, und sie vermehrten nur meine Wehmut, weil ich sah, daß sie solche nicht besänftigen konnten." (Gellert 1989, 16) Anders als es die Moralphilosophie eines Christian Wolff will, ist die Vernunft nach Gellerts Ansicht nicht von sich aus in der Lage, die Stärke des Affekts zu mindern (vgl. Engbers 1998, 39–40). Die rationale Erkenntnis moralischer Regeln und Gebote allein kann keine seelische Linderung herbeiführen. Es bedarf zusätzlicher Mittel, um zur gewohnten Gelassenheit zurückzufinden. So hilft der Gräfin zum einen ein anderer Affekt, nämlich das Mitleid von Herr R..., der durch Anteilnahme Trost spendet und dazu beiträgt, dass der bohrende Schmerz abstumpft. Zum anderen geht dieser Prozess nur allmählich vonstatten und braucht mehrere Tage, bis die Protagonistin wenigstens aus ihrer Betäubung herausfindet und wieder ein vernünftiges Leben aufnehmen kann. Nach der Vernunft und der zärtlichen Empfindung ist die Zeit demnach der dritte Faktor, dem Gellert für das Affektmanagement der Figuren eine zentrale Rolle beimisst.

Die Episode von Carlson und Mariane kann diesen Sachverhalt im Kontrast veranschaulichen. Der traurige Hergang um den Leutnant und die Nonne, die heimlich aus dem Kloster flieht, um den feurigen Jüngling geradenwegs zu ehelichen, kann als Beispiel für die Klippen der empfindsamen Liebe gelten. Der tragische Ausgang der Geschichte, die mehr als ein Drittel des ersten Bandes einnimmt und mit dem Selbstmord der verzweifelten Mariane endet, nachdem sich herausgestellt hat, dass Carlson von Dormund aus Eifersucht vergiftet worden ist, liegt nicht in einem falschen Gefühl begründet. An der vorbildlichen ‚Zärtlichkeit' der jungen Leute besteht kein Zweifel, ist die Liebe doch aufrichtig und werden die „strenge Lebensart [sowie] die Regeln einer hohen Keuschheit" (Gellert 1989, 24–25) von der unschuldigen Jungfräulichkeit des Klosters ohne Umschweife in ein geregeltes Eheleben überführt. Aus Sicht der erzählenden Gräfin kündigt sich das Unheil vielmehr dadurch an, dass die beiden den Bund fürs Leben geschlossen haben, ohne den Affekt zuerst in ein Gleichgewicht mit der Vernunft zu bringen: „Wir vermutheten bey dieser Ehe zwar genug Liebe, aber nicht genug Überlegung." (ebd., 24) Der Fehler der Liebenden besteht also nicht primär darin, dass sie unwissentlich ein inzestuöses Verhältnis eingehen, sondern dass sie zu früh und übereilt heiraten. In der Tat stellen Nachforschungen bald heraus, dass Carlson und Mariane Geschwister sind und das Bündnis aufgelöst werden muss. Das Dilemma zwischen dem Gebot des Herzens und dem Gesetz der Religion verursacht nachfolgend einen Gefühlsausbruch, der „das Gewaltsame [des] Affects" (ebd., 28) mit aller Heftigkeit hervorkehrt und im Roman seinesgleichen sucht. Mariane fällt von einer „Ohnmacht [...] in die andre" und findet nicht „wieder zu sich selbst" (ebd., 28). Carlson ist von der „Stimme der Leidenschaften" beherrscht und kann nur noch in der „Sprache des Affects" reden, ohne seine Verzweiflung beruhigen zu können (ebd., 29). Nach Ansicht der Erzählerin hilft es nichts, dass „wir eine gute Vernunft haben", wenn „die Liebe einen Schritt über die Grenzen der Vernunft" (ebd., 34) getan hat, und so kann erst der Tod dem Leiden des unglücklichen Liebespaars ein Ende setzen.

Zu den epochenspezifischen Merkmalen von Gellerts Roman gehört der Umstand, dass die affektiven Abenteuer der Protagonisten fortlaufend reflektiert werden. Empfindsame Literatur redet nicht nur vermehrt über Gefühle, sondern zeigt auch Figuren, die selbst unablässig über ihr Innenleben reden und nachdenken. Im Fall der *Schwedischen Gräfin von G**** ist die Erzählerin bemüht, aus der Episode von Carlson und Mariane eine nützliche Lehre für den Umgang mit extremen Leidenschaften zu ziehen. Denn der wilde Affekt, der die jungen Leute ins Unglück treibt, ist der Gräfin aus eigener Erfahrung durchaus bekannt. Nicht nur ringt sie angesichts des unbeschreiblichen Leids wiederholt selbst um Fassung. Als wenig später der vermeintlich verstorbene Ehemann aus zehnjährigem sibirischem Gewahrsam zurückkehrt, sieht sich die Protagonistin auch einem vergleichbaren Dilemma ausgesetzt, weil sie inzwischen erneut geheiratet hat und Mutter geworden ist. Wiederum gipfelt der Konflikt in einer emotionalen Zerrissenheit: „Man muß es fühlen, wenn man wissen will, was es heißt, von zween Affecten zugleich bestürmt zu werden, von denen einer so groß, als der andere ist." (ebd., 38) Es ist bezeichnend, dass sich die Gräfin nicht selbst, sondern erst durch die großzügige Bereitschaft des zweiten Ehemanns aus der Klemme ziehen kann, weil dieser in der Lage ist, das Liebesgefühl umgehend in zärtliche „Ehrerbietung" (ebd., 40) zu verwandeln und von seinen legitimen Ansprüchen abzulassen. Der Sturm der Affekte legt sich nur dank des freiwilligen Triebverzichts einer dritten Instanz, die einen so unwahrscheinlichen Sonderfall darstellt, dass sie in der Geschichte von Carlson und Mariane ausbleibt. Deren Geschick soll somit daran erinnern, was jeden empfindsam Liebenden ereilen kann, wenn keine höhere Vernunft zur Seite steht.

So niederschmetternd die Episode der tragischen Geschwisterliebe auch ist – die Erzählerin sieht einen Nutzen darin, solche Geschichten immer wieder vor Augen zu haben: „Das Unglück, das uns zeither betroffen, hatte unsere Gemüter gleichsam aufgelöset, die Ruhe nunmehr desto stärker zu schmecken. Man dürfte fast sagen, wer lauter Glück hätte, der hätte gar keines. Es ist wohl wahr, daß das Unglück an und für sich nichts angenehmes ist; Allein es ist doch in der Folge und in dem Zusammenhange. Wenigstens gleichet es den Arzeneýen, die unserm Körper einen Schmerz verursachen, damit er desto gesünder wird." (ebd., 32) Erst wenn man sich dem Unglück regelmäßig aussetzt und sich präsent hält, dass niemand vor ihm sicher ist, kann man sich womöglich in die Lage versetzen, einen stärkeren Schutz vor ebendiesem Unglück aufzubauen – so könnte man die immunologische Lehre in Gellerts Roman auf den Punkt bringen. Mit dieser Strategie setzt die Gräfin einen Plan fort, der allenthalben darauf bedacht ist, der Gefahr seelischen Ungleichgewichts vorzubeugen.

Mit Blick auf ihre Kindheit und Jugend macht die Erzählerin von Anfang an klar, dass sie die empfindsamen Moralvorstellungen nur deshalb so mustergültig vertreten kann, weil sie eine entsprechende Erziehung genossen hat (vgl. Engbers 1998, 47–51). Wäre die Frau des Vetters, die dem Waisenmädchen die „Liebe zu einer solchen Galanterie in den Kopf" (Gellert 1989, 3) gesetzt hat, nicht frühzeitig gestorben, hätte die Anleitung zu einem vernünftigen Leben auf Widerstände stoßen oder sogar scheitern können. Die menschliche Natur erweist sich in diesem Fall als von Grund auf anfällig für allerlei Einflüsse und Versuchungen. Deshalb wird es als „Glück" beschrieben, dass die Base noch vor dem zehnten Lebensjahr der Gräfin verschieden ist, weil der nachfolgende Unterricht des Vetters „die üblen Eindrücke wieder auszulöschen" (ebd., 3) vermag. Wie auf ein leeres Blatt Papier schreiben sich nachfolgend die bürgerlichen Tugenden ein, welche die „Hoheit der Seele ausmachen" (ebd., 3). Bis zu seinem Ende konzipiert der studierte Vormund, der so mäßig und diszipliniert gelebt hat, dass ihm noch die letzte Mahlzeit vor dem Tod vorzüglich schmeckt, seine pädagogischen Methoden als „weise Vorsorge" (ebd., 13). Die Zöglinge sollen die Ausübung der Tugend als autonome Subjekte selbst in die Hand nehmen und zu diesem Zweck die eigenen Handlungen und Affekte unter ständige Aufsicht stellen, damit der unkontrollierte Ausbruch der Leidenschaften unterbunden werden kann, noch bevor er eintritt (vgl. Späth 1990).

Im Zeichen dieser Anleitung zur Affektprophylaxe führt auch die Gräfin ein ebenso strenges wie unausgesetztes Regiment über sich selbst. Weil die Erzählerin nur zu gut weiß, dass extreme Gefühlslagen ansteckend sind, legt sie immer wieder die Mühe an den Tag, wilde Affekte möglichst schmucklos und nüchtern wiederzugeben, wo diese zur Schonung des Lesepublikums nicht sogar ausdrücklich ausgespart werden (Gellert 1989, 32). Nach gängiger Meinung ist der Sachverhalt darauf zurückzuführen, dass für Gellert „eine individualisierte, psychologisch fein gezeichnete Person noch nicht formulierbar ist" und „die zärtliche Sprache keine Schilderung intensiver Emotionen" kennt, während die „Gestaltung innerer, aus intensiver Introspektion abgeleiteter Konfliktlagen" erst in der späteren Phase der empfindsamen Epoche möglich wird (Wegmann 1988, 45). Doch lässt die scheinbar gelassene Ordnung des Romans einen solchen Schluss nicht zu, ist sie doch das beschwerlich errungene Resultat einer kalkulierten Erzählstrategie. „Ich muß mir Gewalt anthun, indem ich [...] beschreibe" (Gellert 1989, 37–38), ist eine wiederkehrende Wendung, mit der die schwedische Gräfin nicht nur die Anfälligkeit für allerlei emotionale Turbulenzen einräumt, sondern auch durchblicken lässt, dass die Gelassenheit erst auf der Grundlage einer selbst gewaltsamen Affektbeherrschung beziehungsweise einer gewaltigen Kraftanstrengung zu haben ist.

4. Liebe und Ehe

Am Beispiel seiner Protagonistin führt Gellerts Roman vor, dass die eiserne Selbstsorge des empfindsamen Subjekts das Substrat für die Veredelung und Ausübung altruistischer Tugenden, wie Sympathie, Mitleid und Freundschaft, bildet. Mit Blick auf das Liebesgefühl wird zudem ausdrücklich festgehalten, dass die fortwährende Zähmung und Dämpfung der Affekte einen politischen Sinn besitzt: „Eine recht zufriedne Ehe bleibt, nach allen Ansprüchen der Vernunft, die größte Glückseligkeit des gesellschaftlichen Lebens." (Gellert 1989, 22) Mit dieser Äußerung propagiert der Text die Vorstellung, dass die Ehe wie kein anderes Mittel die Leidenschaften zu bändigen vermag und solcherart allgemeinen Nutzen stiftet. Das Ziel ist eine Gesellschaft, in der die ungebundenen Triebe und Affekte durch geregelte Lebensgemeinschaften kontrolliert und stillgelegt werden. Gellert partizipiert an einem Schrifttum, „das den Begriff der Liebe mit großem Eifer von dem der Leidenschaft absondert und reinigt, an die Seite von Tugend und Beständigkeit rückt und damit sozial integrierbar macht" (Koschorke 1999, 21). Nicht von ungefähr wird das ideale Eheleben im Roman als Zustand konstanter Regungslosigkeit und vollkommenen Friedens (der Seelen und der Körper) beschrieben: „Wir lebten ohne zu befehlen, und ohne zu gehorchen. Wir durften niemanden von unsern Handlungen Rechenschaft geben, als uns selbst. Wir hatten mehr, als wir begehrten, und also genug, andern wohl zu thun. Wir hatten eine Gesellschaft, die sich zu unsern Neigungen schickte. [...] Wir konnten uns beyde mit dem edelsten Zeitvertreibe, mit Lesen und Denken, unterhalten. Wir studirten, ohne daß uns deswegen jemand bewundern sollte. Wir studierten zu unserer eigenen Ruhe." (Gellert 1989, 23) Der bürgerliche Ehebund vollendet eine Gefühlskultur, die in entschiedener Abgrenzung zu den Ausschweifungen der aristokratischen Lebensweise auf schlichte Häuslichkeit, beschauliche Zurückgezogenheit, strenge Sittlichkeit und stille Lektüre setzt.

Mit dem wiederkehrenden Hinweis auf das Studium, das den Alltag der Gräfin dominiert, macht Gellert die Tätigkeit des Lesens als operatives Moment im Prozess der zärtlichen Affektregulierung anschaulich. Dadurch wird die zentrale Rolle hervorgehoben, die das Schriftmedium für die Durchsetzung der Empfindsamkeit im 18. Jahrhundert generell spielt. Der rasante Anstieg in der Produktion und Rezeption von Briefen, Tagebüchern und ähnlichen Herzensschriften ist dafür ebenso charakteristisch wie auf dem Feld des Literarischen die Konjunktur des Briefromans. Auch im *Leben der Schwedischen Gräfin von G**** vertrauen sich die Liebenden ihre Hingabe signifikanterweise auf dem Weg der Schrift an, wie das briefliche Geständnis des Grafen zu Beginn des Romans belegt. Wenn das Herz der jungen Protagonistin erst nach der Lektüre des Briefs anfängt, „auf einmal [...] zu empfinden" (ebd., 6), dann macht Gellert unmissverständlich klar, dass die nötige Intensität der Zuneigung von Beginn an durch Texte gestiftet wird. Der mediale Charakter der empfindsamen Liebe impliziert jedoch, dass die räumliche Trennung und Isolierung der Körper die Voraussetzung für das zärtliche Zusammenleben bildet. Wiederum bringt Gellert die Sache pointiert zum Ausdruck: „Mein Graf war zwar auf etliche vierzig Meilen von mir entfernt; allein die Liebe machte mir ihn gegenwärtig." (ebd., 6) Ihre affektiven Energien bezieht die empfindsame Liebe demnach aus der physischen Abwesenheit des Geliebten, dessen Präsenz vor allem imaginärer Natur zu sein hat. Nach Maßgabe dieser Organisation sorgt die Schrift nicht nur für die Steigerung der Gefühle, sondern zugleich auch für Aufschub und Nivellierung des Begehrens. „Die Distanzierung von einem erotischen Prätext bildet [...] ein unerläßliches Movens für das Entstehen von Liebe." (Koschorke 1999, 41) Wo schließlich die Verheirateten ihre Zeit mit Lesen und Schreiben verbringen, wird die Gefühlsliebe ebenso wie die darauf basierte Institution der Ehe als Entsagungsanstalt vor Augen geführt.

Die Beschreibung der Beziehung zwischen Amalia und Steeley im zweiten und letzten Teil des Romans bietet die Aufschubsstruktur der empfindsamen Liebe in wünschenswerter Klarheit dar. Der Episode von Carlson und Mariane diametral entgegengesetzt, durchlaufen die Liebenden in diesem Fall eine lange Zeit der Entsagung, ehe sie sich die zärtlichen Gefühle wechselseitig gestehen. Wo die jungen Leute im ersten Band unvermittelt zueinander finden, kommen die Gefühle bei Amalie erst durch einen Brief Steeleys in Gang. Während Carlson und Mariane übereilt handeln und dadurch ins Verderben rennen, geht dem glücklichen Bund im zweiten Teil des Romans eine ausgedehnte Phase der Verzögerung voraus. Der Grund beruht keineswegs darauf, dass die Frau „sich erst über ihr Gefühl klar werden muss" (Löffler 2009, 109). Vielmehr dient das Abwarten dazu, den Affekt zu mäßigen, damit er in Zukunft beständiger wird, wie Amalias Erzählung ausführt: „Wir sahn beide nicht, daß die Behutsamkeit, die wir in unsern Reden und in unsern Handlungen beobachteten, nichts als die stärkste Liebe war; oder besser, wir fühlten die Liebe so sehr, daß wir genötiget wurden, uns strenge Gesetze vorzuschreiben." (Gellert 1989, 83) Nicht von ungefähr verbringen die Liebenden ihre Zeit immer wieder mit dem Schachspiel, denn dabei können sie einander sowohl „genauer [...] beobachten" (ebd., 83) als auch das drängende Gefühl so lange ‚in Schach halten', bis der Affekt zuletzt abkühlt und sein zerstörerisches Potential einbüßt. Wo Carlson und Mariane ihr erotisches Begehren in der Hitze so schnell wie möglich befriedigen, wird dieses im zweiten Band des Romans durch Selbstbeherrschung gereinigt und veredelt, bis von der sexuellen Lust zum Schluss nur noch die „unschuldigsten Liebkosungen" (ebd., 84) übrig bleiben.

Gut zweieinhalb Jahrzehnte nach Gellerts Roman hat Jakob Michael Reinhold Lenz in seinen *Vorlesungen für empfindsame Seelen* von 1772 den zumeist verschwiegenen sexuellen Subtext der empfindsamen Kultur in aller Offenheit auseinander gelegt: „Nichts bleibt uns jetzt übrig als [...] uns nach Mitteln um zu sehen, der Heftigkeit des bloß thierischen Triebes Zügel anzulegen und Einhalt zu thun. [...] Es kommt hier also auf eine Medicin an, die ihre Kraft vor der Krankheit äussert welche sie verhüten soll – und die ist – um einmal kurz zu schliessen [...] – Die empfindsame Liebe." (Lenz 1780, 72) In einer für seine Zeit wohl singulären Art und Weise hat Lenz eine Sublimationstheorie vorgelegt (vgl. Bosse und Lehmann 2002), nach der die empfindsame Liebe das beste Mittel gegen die Ausschweifungen des Geschlechtstriebs darstellt, gilt es doch als ausgemacht, dass es diesen zu zähmen und zu zivilisieren gilt.

Literaturverzeichnis

Bosse, Heinrich und Johannes Lehmann. „Sublimierung bei Jakob Michael Reinhold Lenz". *Kunst – Zeugung – Geburt. Theorien und Metaphern ästhetischer Produktion in der Neuzeit*. Hrsg. von Christian Begemann und David E. Wellbery. Freiburg im Breisgau: Rombach, 2002. 177–201.

Campe, Joachim Heinrich. *Ueber Empfindsamkeit und Empfindelei in pädagogischer Hinsicht*. Hamburg: Herold'sche Buchhandlung, 1779.

Engbers, Jan. *Der „Moral-Sense" bei Gellert, Lessing und Wieland. Zur Rezeption von Shaftesbury und Hutcheson in Deutschland*. Heidelberg: Winter, 1998.

Foucault, Michel. *Der Gebrauch der Lüste. Sexualität und Wahrheit II*. Übers. von Ulrich Raulff und Walter Seitter. Frankfurt am Main: Suhrkamp, 1989.

Foucault, Michel. *Die Sorge um sich. Sexualität und Wahrheit III*. Übers. von Ulrich Raulff und Walter Seitter. Frankfurt am Main: Suhrkamp, 1989.

Gellert, Christian Fürchtegott. „Leben der schwedischen Gräfin von G***". *Gesammelte Schriften*. Hrsg. von Bernd Witte. Bd. 4. Berlin und New York, NY: De Gruyter, 1989. 1–96.

Gellert, Christian Fürchtegott. „Von dem Einflusse der schönen Wissenschaften auf das Herz und die Sitten". *Gesammelte Schriften*. Hrsg. von Bernd Witte. Bd. 5. Berlin und New York: De Gruyter, 1994. 175–193.

Kaiser, Gerhard. *Aufklärung, Empfindsamkeit, Sturm und Drang*. 6. Aufl. Tübingen und Basel: Francke, 2007.

Karthaus, Ulrich. *Sturm und Drang und Empfindsamkeit*. Stuttgart: Metzler, 1976.

Koschorke, Albrecht. *Körperströme und Schriftverkehr. Mediologie des 18. Jahrhunderts*. München: Fink, 1999.

Lenz, Jakob Michael Reinhold. *Philosophische Vorlesungen für empfindsame Seelen*. Faksimiledruck. St. Ingbert: Röhrig 1994 [1780].

Löffler, Katrin. „Gellerts Roman ‚Leben der schwedischen Gräfin von G***' im Kontext der zeitgenössischen philosophischen und theologischen Anthropologie". *Gellert und die empfindsame Aufklärung*. Hrsg. von Sibylle Schönborn und Vera Viehöver. Berlin: Erich Schmidt, 2009. 99–116.

Müller, Lothar. „Herzblut und Maskenspiel. Über die empfindsame Seele, den Briefroman und das Papier". *Die Seele. Ihre Geschichte im Abendland*. Hrsg. von Gerd Jüttemann. Weinheim: Union, 1991. 267–290.

Richardson, Samuel. *Pamela or Virtue Rewarded*. Oxford: Oxford University Press, 2001 [1740].

Rousseau, Jean-Jacques. *Julie oder Die neue Héloïse. Briefe zweier Liebenden aus einer kleinen Stadt am Fuße der Alpen*. München: Winkler, 1978 [1761].

Sauder, Gerhard. *Empfindsamkeit*. Bd. 1: *Voraussetzungen und Elemente*. Stuttgart: Metzler, 1974.

Schön, Erich. „Aufklärung der Affekte. Christian F. Gellerts Leben der schwedischen Gräfin von G***". *Der Deutschunterricht* 6 (1991): 31–41.

Späth, Sibylle. „Vom beschwerlichen Weg zur Glückseligkeit des Menschengeschlechts. Gellerts Moralische Vorlesungen und die Widerstände der Realität gegen die empfindsame Gesellschaftsutopie". *‚Ein Lehrer der ganzen Nation'. Leben und Werk Christian Fürchtegott Gellerts*. Hrsg. von Bernd Witte. München: Fink, 1990. 151–171.

Wegmann, Nikolaus. *Diskurse der Empfindsamkeit. Zur Geschichte eines Gefühls in der Literatur des 18. Jahrhunderts*. Stuttgart: Metzler, 1988.

Witte, Bernd. „Christian Fürchtegott Gellert: ‚Leben der schwedischen Gräfin von G***'. Die Frau, die Schrift, der Tod". *Romane des 17. und 18. Jahrhunderts*. Stuttgart: Reclam, 1996. 112–149.

3.9 Zur Kategorie der Stimmungslyrik im 19. Jahrhundert

Burkhard Meyer-Sickendiek

Kaum eine Kategorie aus der Tradition der Lyrik ist in der poetologischen Theoriebildung so kritisiert worden wie der Begriff der Stimmung. Ein knapper Überblick über die vielleicht wichtigsten Essays der vergangenen vierzig Jahre macht dies schnell deutlich. Erste Einwände formulierte bekanntlich schon Walther Killy, der in *Elemente der Lyrik* von 1972 die romantische Stimmungslyrik zwar auf die Entdeckung vermischter Empfindungen im 18. Jahrhundert zurückführte, dieses Genre jedoch spätestens in der Lyrik von Storm und Löns als verbraucht ansah (Killy 1972, 114–128), da „Stimmungspoesie [...] wie keine andere zur Trivialität" (ebd., 120) neige. Noch weniger Kredit genossen lyrische Stimmungen in Jürgen Links 1981 entstandenem Essay *Das lyrische Gedicht als Paradigma des überstrukturierten Textes*. Eine am Begriff der Stimmung orientierte Lyriktheorie gerate „zunehmend in völligen Widerspruch vor allem zu den an moderner Lyrik erfahrbaren Tatsachen", betone „die moderne Lyrik doch gerade das Gemachte ihres Produkts, zerstört sie doch die ‚Stimmung' und ‚Einfühlung'" (Link 1981, 195). Bezog sich Link mit dieser Kritik auf Emil Staigers *Grundbegriffe der Poetik*, so richtete Karl Otto Conrady sich ähnlich unmissverständlich gegen Bruno Markwardts These, Lyrik müsse man als „Gefühlsausdruck einer ichbezogenen Stimmung" verstehen: „Ganze Bestände europäischer Dichtung, die wir inzwischen selbstverständlich der Dichtung zuordnen, können damit nicht erfasst und begriffen werden." (Conrady 1994, 35–57) Auch Dieter Lamping betonte in seiner maßgeblichen Studie *Moderne Lyrik* von 1989, die Lyrik der Moderne weiche von der „Erlebnis- und Stimmungslyrik" des 18. und 19. Jahrhunderts ab, indem sie „neuartige, zunächst betont nicht-realistische, verfremdende Darstellungsweisen" (Lamping 1989, 10) verwende.

Zweifellos haben diese Vorbehalte ihren berechtigten Anhaltspunkt im Unbehagen gegenüber der essentialistischen Lyriktheorie Staigers. Fragt man allerdings nach dem genaueren Begriffsverständnis, dann fällt auf, dass dieses kritische Verständnis von ‚Stimmungslyrik' oftmals weniger an Staigers *Grundbegriffen*, denn vielmehr an der *Ästhetik* Hegels orientiert ist. Wir erkennen dies relativ schnell an der fast alle zitierten Vorbehalte kennzeichnenden, engen Verschränkung von Stimmung und Innerlichkeit. Denn eben dies erhob nicht die Poetik Staigers, sondern Hegels *Ästhetik* kritisch zum Kennzeichen romantischer Lyrik: Innerlichkeit gehöre zum Empfinden von Stimmungen, welche nach Hegel die „eigentlich lyrische Einheit" (Hegel 1970 [1835–1838], 421) bilden: „Das lyrische Gedicht erhält dadurch eine vom Epos ganz unterschiedene Einheit, die Innerlichkeit nämlich der Stimmung oder Reflexion, die sich in sich selber ergeht, sich in der Außenwelt widerspiegelt, sich schildert, beschreibt oder sich sonst mit irgendeinem Gegenstande beschäftigt und in diesem subjektiven Interesse das Recht behält, beinahe wo es will anzufangen und abzubrechen." (ebd., 421) Nun wäre es falsch, in Staigers *Grundbegriffen* die Fortsetzung der Hegelschen *Ästhetik* zu sehen. Hegels Begriff der Stimmung hat mit demjenigen Staigers nichts gemein, im Gegenteil. Mit seinem Begriff der Innerlichkeit meinte Hegel nämlich „die Auffassungsweise und Empfindung des Subjekts, die freudige oder klagende, mutige oder gedrückte Stimmung, die durch das Ganze hindurchklingt" (ebd., 422): Dies sei die „Hauptsache" (ebd., 421) der Lyrik. Staiger hingegen bezog sich mit seinem Begriff der Stimmungslyrik gerade nicht auf die Kategorie der Innerlichkeit, sondern distanzierte diese ganz unmissverständlich: „Ursprünglich", so heißt es in den *Grundbegriffen der Poetik*, „ist eine Stimmung gerade nichts, was ‚in' uns besteht. Sondern in der Stimmung sind wir in ausgezeichneter Weise ‚draußen', nicht den Dingen gegenüber, sondern *in* ihnen und sie in uns." (Staiger 1966, 61) Wir kennen den Grund dieser nachdrücklichen Korrektur: Diese hat wesentlich damit zu tun, dass Staiger seine Poetik an der Existenzphilosophie Martin Heideggers sowie an Hugo von Hofmannsthals *Das Gespräch über Gedichte* von 1903 orientierte. Die zentrale Passage, auf welche Staiger Bezug nahm, spricht der Protagonist Gabriel aus Hofmannsthals Gespräch Über Gedichte aus: „Sind nicht die Gefühle, die Halbgefühle, alle die geheimsten und tiefsten Zustände unseres Inneren in der seltsamsten Weise mit einer Landschaft verflochten, mit einer Jahreszeit, mit einer Beschaffenheit der Luft, mit einem Hauch? Eine gewisse Bewegung, mit der du von einem hohen Wagen abspringst; eine schwüle sternlose Sommernacht; der Geruch feuchter Steine in einer Hausflur; das Gefühl eisigen Wassers, das aus einem Laufbrunnen über deine Hände sprüht: an ein paar tausend solcher Erdendinge ist dein ganzer innerer Besitz geknüpft, alle deine Aufschwünge, alle deine Sehnsucht, alle deine Trunkenheiten." (Hofmannsthal 1979a [1903], 497) Diese Anspielung Hofmannsthals auf Goethes berühmtes Gedicht *Ein Gleiches* steht unter einem ästhetiktheoretischen Vorzeichen, welches für die in *Das Gespräch über Gedichte* entwickelte Lyriktheorie zentral ist. Der „Hauch" ist wie im Gedicht Goethes bezogen auf die Phänomenologie der Stimmungen und Atmosphären, die als *tertium comparationes* die spürbare Verwandtschaft zwischen den inneren Ich-Zuständen und den atmosphärischen Naturphänomenen herstellen. Die These Gabriels beziehungsweise Hofmannsthals richtet sich also gewissermaßen mit Goethe gegen das Hegel'sche Theorem von der Innerlichkeit der romantischen Stimmungslyrik: „Wollen wir uns finden, so dürfen wir nicht in unser Inneres hinabsteigen: draußen sind wir zu finden, draußen." (ebd., 497) Und an anderer

Stelle: „Wir besitzen unser Selbst nicht: von außen weht es uns an, es flieht uns für lange und kehrt uns in einem Hauch zurück." (ebd., 497) Mit dieser Formel ist nicht nur der Hegelschen Kritik, sondern auch den zu Zeiten Hofmannsthals typischen Frontstellungen von Romantik versus Naturalismus beziehungsweise Realismus der Boden entzogen: Lyrik ist spürbares Versinken ins Atmosphärische, also in jene Stimmungen, die den im *Gespräch über Gedichte* beschriebenen Naturphänomenen zugrunde liegen, zugleich aber den innersten Ich-Zuständen entsprechen. Gabriel geht also davon aus, dass „wir und die Welt nichts Verschiedenes sind", ein ruhevoller Gedanke, ja gar eine süßliche Vorstellung sei es demnach, „einen Teil seiner Schwere abgeben zu sehen, und wäre es nur für die mystische Frist eines Hauches" (ebd., 504).

Verfolgt man die Entwicklungsgeschichte der Lyriktheorie seit Hugo Friedrich und vor allem Dieter Lamping, dann wird freilich deutlich, dass sich nicht der Stimmungsbegriff Hofmannsthals beziehungsweise in der Folge Staigers, sondern derjenige Hegels durchgesetzt hat. Und zwar in doppelter Hinsicht: Zum einen affirmativ, wenn etwa Gero von Wilpert noch in der siebten Auflage seines *Sachwörterbuchs der Literatur* betont, Lyrik sei „unmittelbare Gestaltung innerseelischer Vorgänge im Dichter" (Wilpert 1989, 347); vor allem aber kritisch, wenn etwa – stellvertretend für zahlreiche Lyrikdefinitionen – Rudolf Brandmeyer in Dieter Lampings *Handbuch der literarischen Gattungen* von 2009 schreibt: „Ältere Versuche, die Lyrik ausgehend von ihrem romantischen Verständnis als eine Gattung der subjektiven Ich-Aussage zu definieren, gelten heute als untauglich, weil sie nicht in der Lage sind, der Fülle des Überlieferten gerecht zu werden." (Brandmeyer 2009, 485) Damit reformulierte Brandmeyer die These Lampings, nach welcher ein „Begriff des Lyrischen, der an klassischen und romantischen Gedichten gewonnen wurde," – das Beispiel ist auch hier die Lyrik-Theorie Staigers – „für eine Beschreibung der modernen Lyrik kaum etwas hergibt" (Lamping 1993, 135).

Nun ist jedoch zu beobachten, dass sich im Zuge des von Thomas Anz so genannten *emotional turns* in den Kulturwissenschaften (Anz 2007, 207–239) auch eine Renaissance der Kategorie der ‚Stimmung' vollzieht. Bekanntlich beobachten wir seit den 1990er Jahren ein Interesse an der Bildung von „Gefühlen beim Lesen" (Keitel 1996), am Zusammenhang von „Literatur und Gefühl" (Alfes 1995) sowie an der Codierung von Emotionen beziehungsweise an „kodierten Gefühlen", auch und gerade in jenen nur scheinbar ent-emotionalisierten Texten der modernen Lyrik um 1900, wie Simone Winko dies in ihrer Habilitationsschrift zeigte (2003). Studien zum Begriff der Stimmung gingen jüngst etwa von Autorinnen wie Caroline Welsh (2006), Anna-Katharina Gisbertz (2009) oder Angelika Jacobs (2006a und 2006b) aus; zudem ist der Begriff Stimmung selbst durch

Studien David Wellberys (2003) oder Hans-Ulrich Gumbrechts (2008 und 2011) wieder in den Blick gerückt.

Es gibt also offensichtlich Bedarf an einer Revision. Ich werde aus diesem Grunde im Folgenden anhand verschiedener diskursiver Verdichtungen die Schwerpunktsetzungen im Begriff der Stimmungslyrik nachzeichnen, um so zu verdeutlichen, dass die in diesem Begriff angelegte ästhetische Intention moderner Poetiken in der poetologischen beziehungsweise lyriktheoretischen Diskussion bis auf den heutigen Zeitpunkt nicht wirklich aufgearbeitet worden ist. Diese ästhetische Intention ist im Grunde seit Kants *Kritik der Urtheilskraft* bekannt, erlangt um 1900 jedoch eine neue Präzisierung angesichts der Auseinandersetzung mit der Hegelschen *Ästhetik*. Die ästhetiktheoretische Argumentation, wie sie in der um 1900 zu beobachtenden Neudeutung der Kategorie ‚Stimmungslyrik' angelegt ist, harrt bis heute einer entsprechenden Würdigung im Rahmen moderner Lyriktheorien. So kontinuierlich sowohl romantische wie moderne Poetiken also das ästhetische Potential lyrischer Stimmungen zu bestimmen versuchten, so kontinuierlich scheinen umgekehrt moderne wie postmoderne Lyriktheorien Stimmungen im Sinne Hegels auf bloße Launen entsprechend des ‚good and bad humour' zu reduzieren. Diese Diskrepanz gilt es im Folgenden herauszuarbeiten. Wie der Kategorie der Stimmungslyrik stattdessen zu begegnen wäre, dies soll in einem abschließenden Plädoyer für eine ‚neuphänomenologisch' orientierte Theorie moderner Lyrik angezeigt werden. Die zentrale Formel, welche ich dem Begriff der Stimmungslyrik unterlegen möchte, sei dennoch schon an dieser Stelle genannt: Ich mache den Vorschlag, Stimmungslyrik in Zukunft als *Abduktion leiblicher Erfahrungen in rhythmisierter Sprache* zu verstehen (vgl. ausführlich Meyer-Sickendiek 2011a). Gemeint ist damit letztlich, dass leibliche Erfahrungen, wie etwa das Erspüren einer Atmosphäre beziehungsweise einer atmosphärischen Situation, dadurch in einen lyrischen Text eingehen, dass man sie fiktionalisiert. Um dies jedoch zu können, bedarf es einer „erklärenden Hypothese" (vgl. dazu Peirce 1991 [1903], 115), welche letztlich nur sprachlich präzisiert, was beim Prozess des „eigenleiblichen Spürens" (Schmitz 1990, 115–117) erfahren wurde.

2. Die Kategorie der Stimmungslyrik um 1800

Seit David Wellberys grundlegendem Essay zur Begriffsgeschichte der Stimmungskategorie weiß man um die Differenz zwischen dem Begriffsverständnis des 18. und demjenigen des 19. Jahrhunderts: „Der Ichbezug des modernen Stimmungsbegriffs fehlt bei Kant und [...] seinen unmittelbaren Nachfolgern völlig." (Wellbery 2003, 709) Kant stehe noch in der Denktradition des „musikalischen

Stimmungsbegriffes", weshalb er darunter wesentlich eine bestimmte „Proportioniertheit" verstand und in der *Kritik der Urtheilskraft* entsprechend die Stimmung als „proportionierte Stimmung" (zit. nach ebd., 709) begriff. Entscheidend ist die Schlussfolgerung Wellberys: „Was Kant mit dem Begriff der Stimmung benennt, wird – wie im Falle der musikalischen Stimmung – von außen beobachtet." (ebd., 709) Natürlich stellt sich vor diesem Hintergrund die Frage, ob dem Begriff der Stimmungslyrik eine vergleichbare Umdeutung eingeschrieben ist. Die folgende knappe Skizze widmet sich daher ausschließlich dem Begriff der Stimmungslyrik; hinsichtlich der Kategorie der Stimmung sei auf Wellberys grundlegende Darstellung in den Ästhetischen *Grundbegriffen* (ebd., 709) verwiesen. Beginnt Wellbery mit Kants *Kritik der Urtheilskraft* von 1790, so scheint der Begriff der Stimmungslyrik meines Erachtens erstmals in August Wilhelm Schlegels *Vorlesungen über philosophische Kunstlehre* von 1798 entwickelt zu sein. Schlegel begreift Lyrik als eine „unmittelbare Darstellung innerer Zustände", welche als Ausdruck jedoch nicht mimisch, sondern „musikalisch" sei, wie es im Paragraph 186 seiner Vorlesungen heißt (Schlegel 1911 [1798], 131). Dabei stehen die Überlegungen Schlegels ganz eindeutig unter dem Eindruck des triadischen Gattungsmodells von Epik, Lyrik und Prosa, demnach sind Stimmungen hier eine Domäne der ‚lyrischen Poesie'. Die „äußere Welt des lyrischen Dichters" sei also „ganz subjektiv bestimmt, es sind für ihn nur solche Gegenstände vorhanden, die mit seiner Stimmung im Zusammenhange stehen, und sie berühren seinen Geist nur von der Seite, die derselben homogen ist" (ebd., 137). Auch die „lyrische Diktion" wählt unter „den Formen und Bestandteilen der Sprache nur solche […], die der jedesmaligen Stimmung auf das Speziellste entsprechen" (ebd., 139): Darin liegt der wesentliche Unterschied etwa zur ‚epischen Diktion'. Beispiele der lyrischen Stimmungen, die nach Einschätzung Schlegels „immer ein individuelles Kolorit" haben, sind etwa die „lyrische Begeisterung": In dieser dominiere eine „völlige rhythmische Gesetzlosigkeit", ein Ausdruck „der einseitigsten und ungehemmten Energie", wie er „in keiner andern Gattung als der lyrischen stattfinden darf" (ebd., 140) und speziell bei Pindar vorliege. Ein anderes Beispiel lyrischer Stimmungen ist dann die Elegie: „Daß sanfte Schwermut gewöhnlich als der Charakter der elegischen Gattung angegeben wird, läßt sich insofern rechtfertigen, als dies eben die Stimmung ist, welche aus der Vereinigung der Besonnenheit mit einer innigen Regung entspringt; nur darf man nicht erwarten, diesen Charakter in jeder einzelnen Elegie anzutreffen. […] jede Gemütsstimmung wird, sobald die Betrachtung und die Besonnenheit hinzukommt, schwermütig und elegisch." (ebd., 146) Eine entscheidende Verlagerung erfährt diese romantische Theorie der Stimmungslyrik kurze Zeit später in Hölderlins um 1800 verfasstem Aufsatz *Über die Verfahrensweise des poetischen Geistes*. Dieser Text ist, wie Winfried Menninghaus gezeigt hat, im Ganzen eine Theorie der Darstellung. Die Bewegung des Textes geht, so Menninghaus, vom ‚Geist' zur ‚Sprache', und als Hauptmotor dieser Vermittlung, als die der ‚Verfahrensweise des Geistes' zugrunde liegende Tätigkeit erweist sich „die unendlich schöne Reflexion" (Hölderlin 1962 [ca 1800], 276). Der Text analysiert also dialektische Entfaltung und Selbsterkenntnis des poetischen Ichs im Gedicht, wobei diese Selbsterkenntnis primär eine Erkenntnis der ursprünglichen Einheit des Selbstbewusstseins ist. Das heißt, die Reflexion kann nicht als Urheber des Selbstbewusstseins gelten, denn dieses wird als ein vereinter Urzustand gedacht, der allem vorausgeht und begrifflich nicht darstellbar ist. Am Anfang steht also zunächst nur das „innere idealische Leben in verschiedenen Stimmungen", also ein Ich-Zustand, den Hölderlin im Text 22-mal mit dem Begriff der Empfindung und 30-mal mit dem Begriff der Stimmung markiert. Dieser Zustand ist Ausgangspunkt einer Selbsterkenntnis, bei welcher der Mensch „sich als Einheit in Göttlichem-Harmonischentgegengesetztem enthalte[n], so wie umgekehrt, das Göttliche, Einige, Harmonischentgegengesetzte, in sich, als Einheit enthalten erkenne" (ebd., 270).

Wie aber soll das geschehen? Es droht die Gefahr, dass diese Übereinstimmung nicht zu einer unendlichen Einheit werde, sondern zu einer leeren Unendlichkeit, und zwar aufgrund der von Hölderlin im Text sehr präzise herausgearbeiteten Problematik, dass eine jede Form der Reflexion auf dieses ursprüngliche idealische Leben in verschiedenen Stimmungen zugleich eine Abtrennung, eine Spaltung von diesem provoziert. Sich selbst mit dieser ursprünglichen und unzertrennlichen Sphäre der als reine Stimmung empfundenen Sphäre des Geistes zu identifizieren, dies würde bedeuten, die Unzertrennlichkeit dieser Sphäre zur zerstören. An eben diesem Punkt liefert Hölderlin gegenüber vielen Theoretikern lyrischer Stimmungen, wie etwa Hegel, ein eher funktionales Konzept des Stimmungsbegriffes: Das macht diesen Text so interessant. Zunächst betrachtet Hölderlin dieses „innere idealische Leben in verschiedenen Stimmungen" (ebd., 257) als Ausgangspunkt jedes Gedichts. Dieses innere idealische Leben in verschiedenen Stimmungen gelte es im Gedicht beziehungsweise in dessen Verlauf zu begründen, was wiederum in verschiedener Form stattfinden kann. Erstens kann die „idealische Stimmung als Empfindung aufgefasst" werden, ist also als solche „die Hauptstimmung des Dichters" und wird durch den Vorgang des Begründens als ein *Verallgemeinerbares* betrachtet. Zweitens kann sie als Streben festgesetzt werden und wird durch das Begründen „als *Erfüllbares*" betrachtet. Und drittens kann sie als „intellektuale Anschauung" festgehalten werden, dann wird sie durch das Begründen „als *Realisierbares* betrachtet" (ebd., 257).

Ein rein poetisches Leben beginnt also mit einer idealisch charakteristischen Stimmung und schreitet fort im Wechsel der Stimmungen, wobei jedesmal die nachfolgende durch die vorhergehende bestimmt, zugleich aber auch von dieser „entgegengesetzt" (ebd., 257) ist, sodass die verschiedenen Stimmungen nur in metaphorischer oder, wie Hölderlin auch sagt, hyperbolischer Form verbunden sind. Entscheidend ist der Gedanke, dass gerade im stärksten Gegensatz der ersten idealischen und zweiten künstlerischen Stimmung das Unendlichste sich am fühlbarsten darstellt. Zugleich aber geht es in diesem Wechsel der Stimmungen des Gedichtes darum, dass „der Geist in einem Momente wie im andern fortdauernd und in den verschiedenen Stimmungen sich gegenwärtig bleibe, wie er sich gegenwärtig ist in der unendlichen Einheit" (ebd., 262). Die Sphäre des Geistes wird also nicht in der Reflexion identifiziert, sondern in der Stimmung als „einig entgegengesetztes unzertrennlich gefühlt, und als gefühltes erfunden" (ebd., 262). Dieser Prozess hat nach Hölderlin weder mit Genie noch mit Kunst zu tun, wohl aber mit dem, was in diesem Essay die „Identität der Begeisterung" genannt wird, welche Hölderlin auch als „die Vergegenwärtigung des Unendlichen" beziehungsweise des „göttlichen Moments" begreift. Es geht um die Abfolge von lyrischen Stimmungen, in denen der Mensch seine Bestimmung erfährt, welche ihrerseits darin besteht, dass der Mensch „sich als Einheit in Göttlichem-Harmonischentgegengesetztem enthalte[n], so wie umgekehrt, das Göttliche, Einige, Harmonischentgegengesetzte, in sich, als Einheit enthalten erkenne. *Denn dies ist allein in schöner heiliger, göttlicher Empfindung möglich*, in einer Empfindung, welche darum schön ist, weil sie weder bloß angenehm und glücklich, noch bloß erhaben und stark, noch bloß einig und ruhig, sondern alles zugleich ist." (ebd., 270 [Kursivierung im Orig.]) Wie verhält sich die Kritik Hegels an den Stimmungen der romantischen Lyrik zu diesen beiden Definitionen? Zum einen verkennt die Kritik Hegels den intermedialen Ausgangspunkt der Stimmungstheorie, wohingegen Schlegels Überlegungen zum Verhältnis von Stimmung und Lyrik ihren entscheidenden Bezugspunkt in der Übertragung musikalischer Aspekte auf die Lyrik hatten, wie schon Paul Böckmann zeigte (Böckmann 1954, 425–452). Und zum anderen birgt Hegels Begriff der Innerlichkeit ein Missverständnis, wenn wir dagegen Hölderlins Überlegungen zur Darstellbarkeit von Stimmungen heranziehen. Zwar sind es auch bei Hegel innere Stimmungen, die in seiner Lyriktheorie die „eigentlich lyrische Einheit" (Hegel 1970 [1835–1838], 421) bilden. Bei Hölderlin sind Stimmungen jedoch keine Launen, sondern zu begründende Ausgangsempfindungen, die vom Dichter gesetzt und unterschiedlich dargestellt werden können. Hegel reduziert diese Überlegungen ganz erkennbar, wenn in seiner *Ästhetik* die „Hauptsache" lyrischer Texte „die Auffassungsweise und Empfindung des Subjekts, die freudige oder klagende, mutige oder gedrückte Stimmung, die durch das Ganze hindurchklingt" (ebd., 422), sei. Hegel hat also nicht nur das Kriterium der Intermedialität im Sinne der Übertragung musikalischer auf lyrische Aspekte, sondern auch die zentrale Problematik der Darstellbarkeit von Stimmungen verkannt. Zudem ist sein Begriff der Stimmungslyrik erkennbar polemisch, denn spottend äußert er sich über „das ganz leere Lirum-larum, das Singen und Trällern rein um des Singens willen als echt lyrische Befriedigung des Gemüths, dem die Worte mehr oder weniger bloße gleichgültige Vehikel für die Aeußerung der Heiterkeiten und Schmerzen werden" (ebd., 421).

Ungeachtet dieser Polemik erwies sich der Vorwurf der Innerlichkeit jedoch als ausgesprochen folgenreich, wie die Geschichte des Wortes Stimmungslyrik im weiteren Verlauf des 19. Jahrhunderts verdeutlicht. Auf diesen reagiert schon Rudolf Gottschalls *Poetik* von 1858: „Den reichsten Stoff für die Lyrik" biete demnach „das Gemüth selbst mit seinen Stimmungen, Leidenschaften, all' seinen inneren Begebenheiten" (Gottschall 1858, 253). Lyrik ist nach Gottschall aus dem „Bedürfniß des Gemüths" entstanden, „sich selbst in künstlerischer Verklärung gegenwärtig zu werden" (ebd., 250). Fehlte es demnach in der Musik, „die geschichtlich der Dichtkunst vorausging" am Wort, sodass diese zwar „den dunkeln Grund des Gemüthes" zu erregen, „die Seele [aber] nicht von der Dumpfheit befreien" könne, so gelang eben dies der Lyrik: „Erst als sich zur Lyra, Cither und Flöte das melodische Wort gesellte, wurde der Zauber der Stimmung gelöst; denn erst die ausgesprochene Stimmung befreit die Seele." (ebd., 251) Wie eng dies trotz affirmativer Geste an Hegel orientiert bleibt, verdeutlicht Gottschalls These, Stimmungen seien ein „Element [...], das sich nicht geist- und lebensvoll bewegt und ausbreitet" (ebd., 249). Dies ist präzise das Gegenteil der These Hölderlins, dessen Darstellungstheorie ja eben davon ausging, dass Stimmungen sich „geist- und lebensvoll" bewegen und ausbreiten. Ähnlich argumentiert auch noch *der Grundriss der Ästhetik* Eduard von Hartmanns vor dem Hintergrund der Hegelschen Kritik an der Innerlichkeit. Denn wie Hegel den Begriff der Stimmung mit Nachdruck vom Begriff der Gelegenheit unterscheidet – „nicht die äußere Gelegenheit als solche", sondern die „poetische[] Gemütsstimmung" bilde den lyrischen „Gegenstande" (Hegel 1970 [1835–1838], 426) –, so unterscheidet Hartmann entsprechend zwischen Stimmungslyrik und Situationslyrik: „Die *Stimmungslyrik* schildert die Gefühle entweder, ohne sie auf objektive Ursachen zu beziehen, oder auch, indem sie sie auf nebensächliche oder irrtümliche Ursachen bezieht. Die *Situationslyrik* schildert die Gefühle im Zusammenhang mit den Situationen, durch welche sie hervorgerufen sind, so daß die letzteren der Darstellung der ersteren zur Verdeutlichung und Verstärkung dienen. *Die kontemplative Lyrik hebt aus dem bunten zufälligen Wechsel* der gefühlserregenden Situationen das Wesentliche, Gesetzmäßige, Allgemeine und Notwendige heraus und stellt es im Zusammenhang mit den dadurch gesetzmäßig erregten *Gefühlen* und *Stimmungen* dar." (Hartmann 1909, 243)

3. Die Kategorie der Stimmungslyrik um 1900

Die wahrscheinlich entscheidende Epoche der Stimmungslyrik ist nicht die Romantik, sondern – wie die jüngeren Arbeiten Gisbertz' und Jacobs zeigten – wohl eher das *fin de siècle* (Gisbertz 2009). Was den diskursiven Schwerpunkt um 1900 von demjenigen um 1800 entscheidend profiliert, ist der Hintergrund der spätestens ab 1890 konkurrierenden ‚Ismen' der Kunst. Entscheidend ist dabei die theoretische Konkurrenz zwischen Naturalismus und Symbolismus, wie ein Blick auf Hermann Bahrs Essay mit dem Titel *Symbolisten* zeigt, der im Juni 1892 in *Die Nation. Wochenschrift für Politik, Volkswirtschaft und Literatur* erschien. Die berühmte Kunst der Nerven ist demnach auch eine Kunst der Stimmungen, und eben dies ist programmatisch für den „neuen Symbolismus", denn dieser wolle „die Nerven in jene Stimmungen zwingen, wo sie von selber nach dem Unsinnlichen greifen" (Bahr 1894, 28). Dazu verwende der Symbolismus „die Symbole als Stellvertreter und Zeichen nicht des Unsinnlichen, sondern von anderen ebenso sinnlichen Dingen" (ebd., 28). Es geht also darum, an die Romantik anzuschließen, ohne dabei romantisch zu erscheinen. Der Symbolismus hat jedoch partiell die romantische Gemütsstimmung durch die Analyse heterogener Zeitstimmungen ersetzt, wie das folgende Zitat verdeutlicht: „Die Absicht aller Lyrik ist immer die gleiche: Ein Gefühl, eine Stimmung, ein Zustand des Gemüthes soll ausgedrückt und mitgetheilt, soll suggerirt [sic] werden. Was kann der Künstler thun? Das nächste ist wohl, es zu verkünden, sein inneres Schicksal zu erzählen, zu beschreiben, was und wie er es empfindet, in recht nahen und ansteckenden Worten. Das ist die rhetorische Technik. Oder der Künstler kann die Ursache, das äußere Ereigniß seiner Stimmung, seines Gefühls, seines Zustandes suchen, um, indem er sie mittheilt, auch ihre Folge, seinen Zustand mitzutheilen. Das ist die realistische Technik. Und endlich, was früher noch Keiner versucht hat: der Künstler kann eine ganz andere Ursache, ein anderes äußeres Ereigniß finden, welche seinem Zustande ganz fremd sind, aber welche das nämliche Gefühl, die nämliche Stimmung erwecken und den nämlichen Erfolg im Gemüthe bewirken würden. Das ist die Technik der Symbolisten." (ebd., 28–29) Auch die „Technik der Symbolisten" bedient sich der lyrischen „Stimmungen", diese sind jedoch nicht empfindsamer Ausdruck des „inneren Schicksals", sondern beziehen sich vielmehr auf ein fremdes „äußeres Ereigniß", welches aber dennoch „die nämliche Stimmung erwecken" (ebd., 29) solle. Für Bahr sind Stimmungsgedichte der Moderne also kein direkter, sondern allenfalls ein indirekter Ausdruck von Stimmungen. Was damit gemeint ist, erläutert er an einem Beispiel, das sich sehr deutlich um eine Distanzierung falscher Innerlichkeit im Sinne Hegels bemüht. Denn wo der „rhetorische Dichter [...] jammern und klagen und stöhnen" wird angesichts der elegischen Darstellung einer verlustreichen Erfahrung, der „realistische Dichter" hingegen „einen genauen und deutlichen Bericht aller äußeren Thatsachen" liefere, leiste „der symbolische Dichter" eine Umschreibung: „ [...] er wird ganz andere und entfernte Thatsachen berichten, aber welche fähig sind, das gleiche Gefühl, die nämliche Stimmung, den gleichen Zustand, wie in dem Vater der Tod des Kindes, zu wecken. Das ist der Unterschied, das ist das Neue." (ebd., 29) Dass Bahrs Essay einflussreich war, scheinen Stefan Georges *Einleitungen und Merksprüche* aus den *Blättern für die Kunst* von 1894 nahezulegen. Ähnlich der zitierten Passage schreibt George dort im zweiten Band vom März 1894, ein Gedicht sei „nicht wiedergabe eines gedankens sondern einer stimmung", die durch ein „sinnbild (symbol)" geleistet werde: „Wir wollen keine erfindung von geschichten sondern wiedergabe von stimmungen". Diese Wiedergabe von Stimmungen meint auch: „keine betrachtung sondern darstellung keine unterhaltung sondern eindruck", anders gesagt: „Das Gedicht ist der höchste der endgültige ausdruck eines geschehens: nicht wiedergabe eines gedankens sondern einer stimmung. was in der malerei wirkt ist verteilung linie und farbe, in der dichtung: auswahl maass und klang." (George 1964 [1894–1919], 10–11)

Schon zwei Jahre danach lieferte der wohl wichtigste Theoretiker des Naturalismus, Julius Hart, in seinem Essay *Entwicklung der neueren Lyrik in Deutschland* von 1896 die Antwort auf das neue symbolistische Programm. Der Aufsatz erschien im Juni 1896 in der Zeitschrift *Pan*, also jener seit 1895 in Berlin von Otto Julius Bierbaum und Julius Meier-Graefe herausgegebenen Kunstzeitschrift, die bekanntlich das wichtigste Organ des Jugendstils in Deutschland darstellte. Wenn es nach Hart das „objektive Trachten" sei, welches „die neue Lyrik von der älteren" scheidet, dann liegt dies am „schärfstausgeprägten subjektiven Charakter", welchen Hart ganz im Sinne Hegels in der „älteren" Lyrik, also der Romantik angelegt sah: „Seit hundert Jahren stand die europäische Poesie unter der Herrschaft des vollkommensten Subjektivismus." Entsprechend sei „die Kraft der Objektivität, deren keine Kunst entbehren kann, allzusehr untergraben worden." Wenn demnach die Kategorie der Stimmung geprägt ist durch den vollständigen Rückzug „von der Aussenwelt", durch die Beschränkung „auf das Innenleben", dann wiederholt auch Hart *in nuce* ein Hegel'sches Argument: „Die Dichtung löste sich zuletzt in dünne Gefühle, in einen ätherischen Hauch von Stimmungen auf. Und diese verschwebende Stimmungslyrik gallertartigen Wesens mit ihren weichen, verhallenden Tönen, ihren kaum angedeuteten Empfindungen, die sich in kleinen Zwei- und Dreistrophern erschöpfte, wollte als die einzig berechtigte gelten. Sie eiferte gegen eine geistig-ideelle Dichtung, die sie als Gedankendichtung, als Reflexionslyrik anzuschwärzen wusste und betrog sich damit um die Erkenntnis und das Verständnis tiefsten Wesens Goethe'scher Lyrik." (zit. nach Ruprecht und Bänsch 1981, 8)

Nach Hart werde die Stimmungslyrik beziehungsweise die „alte Subjektivitäts- und Gefühlslyrik" in der Moderne durch eine naturalistische „Grossstadtlyrik" ersetzt, aber auch durch eine „schauende und beobachtende Objektivitätspoesie". Statt des reinsten Lyrismus nehme die moderne Lyrik nun „mehr episch-dramatischen Charakter" an: „Die Gedichte wachsen in der Breite und in der Länge an." (ebd., 8–9) Mit Harts Vorwurf ist nunmehr jenes bei Bahr und George noch fehlende, entscheidende Stichwort gegeben, das in den Aktualisierungen der Kategorie Stimmung um 1900 relevant wird: die *Objektivierung*. Die Fokussierung der Stimmung liegt fast allem zugrunde, was Rilke bis etwa 1902 dichtet: „Reine Stimmungslyrik" war das Schlagwort von Rilkes früher Modernität, entsprechend jener Losung, die Rilke am 29. November 1896 in einem Brief an Richard Dehmel verwendete (Jacobs 2004). Rilke sprach dabei freilich von einer ‚Pflege' der Stimmungslyrik – im Brief an Dehmel schreibt Rilke: „Zu erwähnen wäre diesbezüglich nur, daß das Heft reine Stimmungslyrik pflegt und das Gedicht noch nirgends veröffentlicht sein darf." (Rilke 1937, 27) –, was den eher restaurativen Aspekt betont. Anders ist dies in der Lyrik Hofmannsthals, die mit ihrem weit stärker sprachphilosophischen Ansatz bei der Definition von Stimmungslyrik entschieden auf eine Modernisierung setzt. In Hofmannsthals Vortrag über *Poesie und Leben* vom Mai 1896 heißt es zunächst: „Ich weiß nicht, ob Ihnen unter all' dem ermüdenden Geschwätz von Individualität, Stil, Gesinnung, Stimmung und so fort, nicht das Bewußtsein dafür abhanden gekommen ist, daß das Material der Poesie die Worte sind, daß ein Gedicht ein gewichtloses Gewebe aus Worten ist, die durch ihre Anordnung, ihren Klang und ihren Inhalt, indem sie die Erinnerung an Sichtbares und die Erinnerung an Hörbares mit dem Element der Bewegung verbinden, einen genau umschriebenen, traumhaft deutlichen, flüchtigen Seelenzustand hervorrufen, den wir Stimmung nennen." (Hofmannsthal 1979 [1896], 16) Entscheidend ist hier der performative Aspekt: Stimmungen stehen am Ende einer kombinatorischen Spracharbeit, in welcher aus dem im Gedicht verwendeten Sprachmaterial Stimmungen beim Leser evoziert werden; Max Kommerell wird diesen Gedanken später wieder aufgreifen. Man ist bei Hofmannsthal zum einen an eine Art Mäeutik verwiesen, wenn diese Stimmungen aus dem Erinnerungsschatz des Lesers entwickelt werden. Zum anderen jedoch – und dies ist das Neue – werden Stimmungen aus einem Materialbegriff entwickelt. Auffallend ist allerdings, dass in diesem Vortrag der Objektivitätsbezug der Stimmung noch fehlt, er wird – wie gesehen – sechs Jahre später in Hofmannsthals Gespräch *Über Gedichte* von 1904 nachgetragen: Stimmungen sind nun – ohne dass der Begriff explizit fällt – „die Gefühle, die Halbgefühle, alle die geheimsten und tiefsten Zustände unseres Inneren", welche „in der seltsamsten Weise mit einer Landschaft verflochten [sind], mit einer Jahreszeit, mit einer Beschaffenheit der Luft, mit einem Hauch" (Hofmannsthal 1979 [1904], 479), wie es in deutlicher

Anspielung auf Goethes *Ein Gleiches* heißt. Dieser Hauch ist als deutlich ästhetisches Phänomen ganz bezogen auf die Phänomenologie von Stimmungen im Sinne ‚objektiver' Atmosphären, die die spürbare Verwandtschaft zwischen den inneren Ich-Zuständen und den atmosphärischen Naturphänomenen herstellen. Gegen das im Naturalismus aktualisierte Hegel'sche Wort von der Innerlichkeit der Lyrik richtet sich auch die berühmte These des Protagonisten Gabriel: „Wollen wir uns finden, so dürfen wir nicht in unser Inneres hinabsteigen: draußen sind wir zu finden, draußen." (ebd., 479) Und an anderer Stelle: „Wir besitzen unser Selbst nicht: von außen weht es uns an, es flieht uns für lange und kehrt uns in einem Hauch zurück." (ebd., 479) Mit dieser Formel ist nicht nur der Hegelschen Kritik, sondern auch den Frontstellungen von Romantik versus Naturalismus beziehungsweise Realismus der Boden entzogen: Lyrik ist spürbares Versinken ins Atmosphärische, also in jene ‚objektiven' Stimmungen, die den Naturphänomenen zugrunde liegen, zugleich aber den innersten Ich-Zuständen entsprechen. Möglicherweise liegt hier auch eine Bezugnahme auf Rilke vor. Denn schon Rilke hatte in seinem Vortrag über *Moderne Lyrik* von 1898 den Begriff des Hauches auf ‚objektive' Stimmungen beziehungsweise Zeitstimmungen bezogen, welche nur der moderne Dichter zu erspüren vermöge: „Wenn alle Künste Idiome der Schönheitssprache sind, so werden die feinsten Gefühlsoffenbarungen, um welche es sich handelt, am klarsten in derjenigen Kunst erkennbar sein, welche im Gefühle selbst ihren Stoff findet, in der Lyrik. Aber selbst dieser Gefühlsstoff, mag es eine Abendstimmung oder eine Frühlingslandschaft sein, erscheint mir nur der Vorwand für noch feinere, ganz persönliche Geständnisse, die nichts mit dem Abend oder dem Blütentag zu tun haben, aber bei dieser Gelegenheit in der Seele sich lösen und ledig werden." (Rilke 1965 [1898], 365) Nach Rilke ist der „Stoff" der Lyrik „um so vieles durchscheinender, beweglicher und veränderlicher [...] als in jeder anderen Kunst" (ebd., 366). Ist dem Maler die „Landschaft" ein „Bildmotiv", so habe es der Lyriker „mit einem breiten, blassen Landschaftsgefühl zu tun, in welches die einzelnen Spezialempfindungen sich aus dem Dämmern seiner Seele projizieren". Und während der Maler „an diese Landschaft gebunden ist", könne es bei dem Dichter geschehen, dass „das ursprüngliche Gefühlsfeld durch die Fülle oder die Stärke der hinzukommenden Einzelgefühle überwuchert, verdeckt und verwandelt wird", weshalb etwa „das vorhandene Landschaftsgefühl in eine Abendstimmung oder in das Allgemeingefühl von einem Meer übergeht". Stimmungen stehen insofern im Zeichen der „während des Schaffens [auftretenden] Neigungen und Bedürfnisse nach einem anderen Motiv", welche ihrerseits nicht aus dem Stoff, sondern aus „persönlichen Spezialempfindungen" hervorgingen: Diesen Stimmungen beziehungsweise Spezialempfindungen müsse man freilich „Recht und Möglichkeit gewähren, sich auch über die Grenze des Stoffes hinaus irgendwo auszuprägen" (ebd., 367). Wenn Rilke dann den Dichter als eine

Art Seismographen schildert, dann basiert dies auf der Vorstellung vom „Hauch der neuen Zeit" als einer Art Zeitstimmung, welche nur der feinsinnige Dichter zu erspüren vermag: „Wie die kleinste Menge Elektrizität sich in den isolierten Blättchen des Gold-Elektroskops nachweisen läßt, ehe elektrische Wirkung sonst irgendwo bemerkbar wird, so rührt der Hauch der neuen Zeit auch erst an die Tiefen von einigen isolierten, einsamen Menschen, lange bevor die Menge die Strömung empfindet. Und während die Masse auch dann noch feindlich und ablehnend bleibt, sehnt sich der Einsame längst schon den frühesten Offenbarungen entgegen und kann, wenn er tönen darf, ihr treuer zuverlässiger Verkünder werden." (ebd., 369)

4. Stimmungslyrik bei Staiger, Kommerell, Böckmann und Killy

Die Diskussion um Stimmungslyrik ist im zwanzigsten Jahrhundert zweimal entscheidend aktualisiert worden: Um 1945 bei Kommerell und Staiger und um 1970 bei Killy und Böckmann. Kritisch auf die Einflüsse der Hegelschen Lyriktheorie bezog sich Staiger, der entsprechend die Hegelschen Begriffe Subjekt und Objekt durch ein neues Konzept ersetzte. Denn Staiger sah im lyrischen Zustand ein gänzliches Einssein von Ich und Welt beziehungsweise von innen und außen, in welchem die beiden Komponenten letztlich ununterscheidbar werden. Um das Zustandekommen dieses Ineinander zu erklären, verknüpfte Staiger die Begriffe Stimmung und Erinnerung: „‚Erinnerung' *soll der Name sein, für das Fehlen des Abstands zwischen* Subjekt und Objekt, *für das lyrische Ineinander.*" (Staiger 1966 [1946], 62) Dieser sogenannte ‚Lyrische Stil' steht in den *Grundbegriffen* in Kontrast zum ‚Epischen Stil', den Staiger als ‚Vorstellung' definiert, sowie zum ‚Dramatischen Stil', den Staiger ‚Spannung' nennt. Wenn er das Lyrische als „unmittelbares Verlauten von Stimmung" beschreibt, dann äußert sich diese Unmittelbarkeit als Einheit von Bedeutung und Klang im lyrischen Wort: eine These, die gleichfalls an Hofmannsthals Gespräch über Gedichte orientiert ist (ebd., 63–64). Und wie bei Hofmannsthal wird die lyrische „Stimmung" als eine Korrespondenz und Kongruenz von „Seele" und „Landschaft" (ebd., 69) charakterisiert, weshalb „wir […] nicht den Dingen gegenüber [sind], sondern in ihnen und sie in uns" (ebd., 61). Wie anders dies gegenüber dem Hegelschen Verständnis ist, verdeutlicht Staigers These, dass das Ich „im Lyrischen nicht ein ‚moi' ist", das sich seiner Identität bewusst bleibt, „sondern ein ‚je'". Anders gesagt: „Es wäre ebenso richtig und falsch, zu sagen, *es sinkt in die Außenwelt.* Denn ‚ich' bin im Lyrischen nicht ein ‚moi', das sich in seiner Identität bewußt bleibt, sondern ein ‚je', das sich nicht bewahrt, das in jedem Moment des Daseins aufgeht. Hier ist nun der Ort, den fundamentalen Begriff der Stimmung zu erklären. ‚Stimmung' bedeutet nicht das Vorfinden einer seelischen Situation. Als seelische Situation ist eine Stimmung bereits begriffen, künstlicher Gegenstand der Beobachtung. Ursprünglich aber ist eine Stimmung gerade nichts, was ‚in' uns besteht. Sondern in der Stimmung sind wir in ausgezeichneter Weise ‚draußen', nicht den Dingen gegenüber, sondern in ihnen und sie in uns." (ebd., 61) Etwas anders sah Kommerell in seinen *Gedanken über Gedichte* von 1943 diesen wichtigen Punkt. Denn bei Kommerell ist die „lyrische Stimmung" eines Gedichtes immer auf dreierlei Dinge bezogen: „auf sich selbst", „auf den Dichter" und „auf den, der es liest oder hört" (Kommerell 1985 [1943], 21). Dieser wichtige rezeptionsästhetische Aspekt fehlt in Staigers *Grundbegriffen*. Kommerell dagegen sieht die Schönheit eines Gedichtes durch den Zusammenklang dieser drei Momente: „Die Stimmung eines Gedichtes ist also etwas sehr Zusammengesetztes. In ihr war der Dichter gestimmt, ist das Gedicht gestimmt und wird der Leser gestimmt. Daraus erklärt sich, was man mit der Behauptung meint, ein Gedicht sei schön. Es ist dies die Stimmung des Gedichtes. Das Gedicht ist schön, heißt: es ist nichts in dem Gedicht vorhanden, das nicht vollkommen in dieser Stimmung schwänge. Damit ist nicht nur gesagt, dass es den Dichter enthält; es enthält auch den Leser. Wozu nicht nötig ist, dass der Dichter allgemein menschlich oder der Leser dem Dichter ähnlich ist. Sondern das Gedicht hat durch seine Stimmung die Gewalt, den, der es vernimmt, in diese Stimmung hinüberzunehmen." (ebd., 25) Gegenüber diesen beiden letzten Versuchen, Stimmungen essentialistisch als ‚Wesen der Lyrik' zu begreifen, erstreben die Definitionen sowohl Böckmanns wie Killys eindeutig eine Historisierung dieser strittigen Kategorie. Dies zeigt schon Böckmanns Essay über die Formensprache beziehungsweise über Klang und Bild in der Stimmungslyrik der Romantik. Böckmanns Frage war, in welcher Weise in der Romantik das Gedicht „als ein Lautwerden der Stimmung zur Geltung kam und wie dadurch das Wort als Klang und Bild bedeutsam wurde" (Böckmann 1954, 426). Entscheidend sei diesbezüglich die Einsicht Tiecks, dass die „Bilder und Klänge der Sprache [...] durch ihre musikalische[n] Beziehungen von der Teilhabe des Menschen an dem Leben der Natur" zeugen. Anders gesagt: Stimmungslyrik bezieht sich auf „all jene Naturerscheinungen, die mit Geräuschen und Klängen verbunden sind oder sich der Musik vergleichen lassen; das Rauschen des Waldes, der Ströme und Brunnen oder die Geräusche der Mühle, die Stimmen der Vögel, der Widerhall der Jagdhörner werden zu bevorzugten Motiven, um auf die Sprache der Natur hinzuweisen." (ebd., 430) Im Gedicht eine Stimmung auszudrücken, das habe vor Tieck kaum einer und nach ihm fast jeder gewollt; Tieck habe also als erster Romantiker Stimmungen in ihrer „dichterischen Bedeutung erkannt" (ebd.). In Tiecks Gedichten würde entsprechend „die dargestellte

Gemütsbewegung zum lyrisch-musikalischen Klang" (ebd.), aber auch bei Brentano, Eichendorff oder Mörike verdichte sich in den Versen der Stimmungsgehalt. Noch stärker wird die Historisierung dann bei Killy, dessen Essay von 1972 den Begriff der „Stimmung" zwar neben Kategorien wie „Natur" , „Zeit", „Mythologie", „Allegorie", „Maske" oder „Kürze" zu den „Elementen der Lyrik" zählt, aber auch den Verfall dieser Kategorie in der Moderne betont; ohne dabei freilich auf Autoren wie Rilke, George oder Hofmannsthal Bezug zu nehmen. Seine Agenten des Niedergangs sind vielmehr Hermann Löns und Theodor Storm (Killy 1972, 128–129). Insofern reicht die Kategorie der Stimmung bei allen vier Theoretikern nicht über die Romantik hinaus, weshalb die Kategorie der Stimmungslyrik für die Lyrik der Moderne nicht kompatibel erscheint.

Dass dies bezweifelbar ist, zeigen jedoch nicht nur die genannten Arbeiten von Gumbrecht, Gisbertz oder Jacobs. Auch Anz' wichtige Unterscheidung von *Stimmungskunst und -kitsch* oder Friederike Reents Beitrag zu den *Methoden der literarischen Stimmungserzeugung* haben zu einer nachhaltigen Etablierung der Kategorie beigetragen (beide Beiträge finden sich in Meyer-Sickendiek und Reents 2013). Zudem hat Burkhard Meyer-Sickendiek am Beispiel (post-)moderner Großstadtlyrik nachgezeichnet, wie sich diese auch im 20. Jahrhundert am Phänomen der Stimmung orientierte (ebd., 291–312). Stimmungslyrik ist also keineswegs auf die romantische Landschafts- und Naturerfahrung beschränkt, sondern lässt sich als Kategorie auch auf Gedichte des 20. Jahrhunderts beziehen, zu deren Motivik etwa die urbane Erfahrung zählt. Was in einer bestimmten Stimmung erfahren wird, ist jedoch dann besser zu verstehen, wenn man sich an der *Neuen Phänomenologie* beziehungsweise der *Neuen Ästhetik* orientiert, die den alten Gedanken der Stimmungslandschaft durch den einer situativ erlebbaren Atmosphäre ersetzte. Insbesondere der Phänomenologe Hermann Schmitz lieferte dazu entscheidende Anregungen, wenn er in seinem grundlegenden Werk *Der unerschöpfliche Gegenstand* „Dichtung als schonende Explikation von Situationen" (Schmitz 1990, 71) definierte. Dies scheint in der Tat eine Lösung der skizzierten Problematik: Stimmungslyrik in Zukunft als „Situationslyrik" zu verstehen (vgl. dazu Meyer-Sickendiek 2011).

Literaturverzeichnis

Alfes, Henrike F. *Literatur und Gefühl. Emotionale Aspekte literarischen Schreibens und Lesens.* Opladen: Westdeutscher Verlag, 1995.

Anz, Thomas. „Kulturtechniken der Emotionalisierung. Beobachtungen, Reflexionen und Vorschläge zur literaturwissenschaftlichen Gefühlsforschung". *Im Rücken der Kulturen.* Hrsg. von Karl Eibl, Katja Mellmann und Rüdiger Zymner. Paderborn: Mentis, 2007. 207–239.

Anz, Thomas. „Stimmungskunst und -kitsch in der Literatur um 1900. Untersuchungen zum Gelingen und zur Bewertung emotionaler Kommunikation". *Stimmung und Methode*. Hrsg. von Burkhard Meyer-Sickendiek und Friederike Reents. Tübingen: Mohr Siebeck, 2013. 235–249.

Apel, Friedmar. „Der Mensch soll eine Harfe sein. Stimmung und Befindlichkeit in der Lyrik seit der Romantik". *Stimmung und Methode*. Hrsg. von Burkhard Meyer-Sickendiek und Friederike Reents. Tübingen: Mohr Siebeck, 2013. 169–182.

Bahr, Hermann. „Symbolisten". *Studien zur Kritik der Moderne*. Hrsg. von Hermann Bahr. Frankfurt am Main: Rütten & Loening, 1894.

Böckmann, Paul. „Formen der Stimmungslyrik". *Formensprache. Studien zur Literarästhetik und Dichtungsinterpretation*. Hamburg: Hoffmann und Campe, 1954. 425–452.

Böhme, Gernot. *Aisthetik. Vorlesungen über Ästhetik als allgemeine Wahrnehmungslehre*. München: Fink, 2001.

Brandmeyer, Rudolf. „Lyrik". *Handbuch der literarischen Gattungen*. Hrsg. von Dieter Lamping. Stuttgart: Kröner, 2009. 485–497.

Conrady, Karl O. „Kleines Plädoyer für Neutralität der Begriffe Lyrik und Gedicht". *Brücken schlagen ... „Weit draußen auf eigenen Füßen". Festschrift für Fernand Hoffmann*. Hrsg. von Joseph Kohnen. Frankfurt am Main u. a.: Lang, 1994. 35–57.

George, Stefan. *Einleitungen und Merksprüche der Blätter für die Kunst*. Düsseldorf und München: Verlag Helmut Küpper, vormals Georg Bondi, 1964 [1892–1919].

Gisbertz, Anna-Katharina. *Stimmung – Leib – Sprache. Eine Konfiguration in der Wiener Moderne*. München: Fink, 2009.

Gottschall, Rudolph. *Poetik: Die Dichtkunst und ihre Technik; vom Standpunkte der Neuzeit*. Hrsg. von Rudolph Gottschall. Bd. 1. Breslau: Trewendt, 1858.

Gumbrecht, Hans-Ulrich. „Reading for the ‚Stimmung'. About the Ontology of Literature Today". *Boundary* 2.35 (2008): 213–221.

Gumbrecht, Hans-Ulrich. *Stimmungen lesen. Über eine verdeckte Wirklichkeit der Literatur*. München: Hanser, 2011.

Hartmann, Eduard von. *Grundriß der Ästhetik*. Bad Sachsa im Harz: Haacke, 1909.

Hegel, Georg Wilhelm Friedrich. „Vorlesungen über die Ästhetik III" [1835–1838]. *Werke*. Hrsg. von Eva Moldenhauer und Karl Markus Michel. Bd. 15. Frankfurt am Main: Suhrkamp, 1970.

Hofmannsthal, Hugo von. „Das Gespräch über Gedichte" [1903]. *Gesammelte Werke in zehn Einzelbänden*. Bd. 7. *Erzählungen. Erfundene Gespräche und Briefe. Reisen*. Hrsg. von Bernd Schoeller. Frankfurt am Main: Fischer, 1979a. 495–509.

Hofmannsthal, Hugo von. „Poesie und Leben" [1896]. *Gesammelte Werke in zehn Einzelbänden*. Bd. 1. *Reden und Aufsätze 1–3*. Hrsg. von Bernd Schoeller. Frankfurt am Main: Fischer, 1979b.

Hölderlin, Friedrich. „Über die Verfahrensweise des poetischen Geistes" [ca 1800]. *Sämtliche Werke*. Hrsg. von Friedrich Beißner. Bd. 4. Stuttgart: Cotta, 1962. 251–276.

Holz, Arno. *Werke*. Hrsg. von Wilhelm Emrich und Anita Holz. Bd. 1. Neuwied am Rhein und Berlin-Spandau: Luchterhand, 1964.

Jacobs, Angelika. „Vom Symbolismus zur ‚Stimmung'. Zur Poetik des Gefühls beim frühen Rilke". *„Unter den großen Städten die sympathischste, duldsamste und weiteste". Rilke und München*. Hrsg. von Rudi Schweikert. Frankfurt am Main: Suhrkamp, 2004. 99–127.

Jacobs, Angelika. „Den ‚Geist der Nacht' sehen. Stimmungskunst in Hofmannsthals lyrischen Dramen". *Literatur und Musik in der klassischen Moderne. Mediale Konzeptionen und intermediale Poetologien*. Hrsg. von Joachim Grage. Würzburg: Ergon-Verlag, 2006a. 107–133.

Jacobs, Angelika. „Stimmungskunst als Paradigma der Moderne. Am Beispiel von Novalis, Die Lehrlinge zu Saïs". *Germanistische Mitteilungen. Zeitschrift für deutsche Sprache, Literatur und Kultur* 64 (2006b): 5–27.

Keitel, Evelyne. *Von den Gefühlen beim Lesen. Zur Lektüre amerikanischer Gegenwartsliteratur*. München: Fink, 1996.

Killy, Walter. „Stimmung". *Elemente der Lyrik*. Hrsg. von Walter Killy. München: Beck, 1972. 114–128.

Kommerell, Max. *Gedanken über Gedichte*. Frankfurt am Main: Klostermann, 1985 [1843].

Lamping, Dieter. *Moderne Lyrik. Eine Einführung*. Göttingen: Vandenhoeck & Ruprecht, 1989.

Lamping, Dieter. *Das lyrische Gedicht. Definitionen zur Theorie und Geschichte der Gattung*. Göttingen: Vandenhoeck & Ruprecht, 1993.

Link, Jürgen. „Das lyrische Gedicht als Paradigma des überstrukturierten Textes". *Literaturwissenschaft. Grundkurs 1*. Hrsg. von Helmut Brackert. Reinbek bei Hamburg: Rowohlt, 1981. 192–219.

Meyer-Sickendiek, Burkhard. *Lyrisches Gespür. Vom geheimen Sensorium moderner Poesie*. München: Fink, 2011a.

Meyer-Sickendiek, Burkhard. „,Spürest du kaum einen Hauch': Über die Leiblichkeit in der Lyrik". *Gefühle als Atmosphären. Der Beitrag der Neuen Phänomenologie zur philosophischen Emotionstheorie*. Hrsg. von Kerstin Andermann und Undine Eberlein. Bielefeld: transcript, 2011c. 213–232.

Meyer-Sickendiek, Burkhard. „Über das Gespür. Neuphänomenologische Überlegungen zum Begriff der Stimmungslyrik". *„Stimmung". Zur Wiederkehr einer ästhetischen Kategorie*. Hrsg. von Anna-Kathatina Gisbertz. München: Fink, 2011b. 45–61.

Meyer-Sickendiek, Burkhard. „Großstadtlyrik als Stimmungslyrik: Fünf Beispiele und ein theoretisches Modell". *Stimmung und Methode*. Hrsg. von Friederike Reents und Burkhard Meyer-Sickendiek. Tübingen: Mohr Siebeck, 2013. 291–312.

Meyer-Sickendiek, Burkhard, und Friederike Reents. *Stimmung und Methode*. Tübingen: Mohr Siebeck, 2013.

Peirce, Charles Sanders: *Vorlesungen über Pragmatismus/Lectures on Pragmatism*. Hrsg. von Elisabeth Walther, Hamburg: Meiner, 1991 [1903].

Reents, Friederike. „Ästhetik der Materialschlacht. Methoden der literarischen Stimmungserzeugung". *Stimmung und Methode*. Hrsg. von Burkhard Meyer-Sickendiek und Friederike Reents, Tübingen: Mohr Siebeck, 2013. 249–262.

Rilke, Rainer Maria. *Briefe aus den Jahren 1902 bis 1921*. Hrsg. von Ruth Sieber-Rilke und Carl Sieber. Leipzig: Insel, 1937.

Rilke, Rainer Maria. „Moderne Lyrik" [1898]. *Sämtliche Werke*. Hrsg. vom Rilke-Archiv. In Verbindung mit Ruth Sieber-Rilke besorgt durch Ernst Zinn. Bd. 5. Frankfurt am Main: Insel, 1965. 360–394.

Ruprecht, Erich, und Dieter Bänsch (Hrsg.). *Jahrhundertwende. Manifeste und Dokumente zur deutschen Literatur 1890–1910*. Stuttgart: Metzler, 1981.

Schlegel, August Wilhelm. *August Wilhelm Schlegels Vorlesungen über philosophische Kunstlehre mit erläuternden Bemerkungen von Karl Christian Friedrich Krause*. Hrsg. von August Wünsche. Leipzig: Dieterich'sche Verlagsbuchhandlung Theodor Weicher, 1911 [1798].

Schmitz, Hermann. *Der unerschöpfliche Gegenstand. Grundzüge der Philosophie.* Bonn: Bouvier, 1990.
Spinner, Kaspar H. *Zur Struktur des lyrischen Ich.* Frankfurt am Main: Akademische Verlagsgesellschaft, 1975.
Staiger, Emil. *Grundbegriffe der Poetik.* Zürich: Atlantis, 1966 [1946].
Wellbery, David. „Stimmung". Ästhetische Grundbegriffe. Historisches Wörterbuch in sieben Bänden. Hrsg. von Karlheinz Barck, Martin Fontius, Dieter Schlenstedt, Burkhart Steinwachs und Friedrich Wolfszettel. Bd. 5. Stuttgart und Weimar: Metzler, 2003. 703–733.
Welsh, Caroline. „Die Figur der Stimmung in den Wissenschaften vom Menschen. Vom Sympathie-Modell zur Gemüts- und Lebensstimmung". *Wissen. Erzählen. Narrative der Humanwissenschaften.* Hrsg. von Arne Höcker, Jeannie Moser und Philippe Weber. Bielefeld: transcript, 2006. 53–64.
Wilpert, Gero von. *Sachwörterbuch der Literatur.* Stuttgart: Kröner, 1989.
Winko, Simone. *Kodierte Gefühle. Zu einer Poetik der Emotionen in lyrischen und poetologischen Texten um 1900.* Berlin: Erich Schmidt, 2003.

3.10 Schock und Schrecken. Formen avantgardistischer Traumatophilie*

Hanno Ehrlicher

Die künstlerischen Avantgarden des 20. Jahrhunderts mit einer Ästhetik des Schreckens in Verbindung zu bringen, ist inzwischen längst zu einem Topos der Forschung geworden. Grob lässt sich das Feld dabei differenzieren zwischen Ansätzen, die den Schrecken der Avantgarde als Ausdruck einer intensivierten und radikalisierten Selbstwahrnehmung des künstlerischen Subjekts behandeln (Bohrer 1978), solchen, die darin umgekehrt eine zielgerichtete Aggression gegen die autonom gewordene ‚Institution Kunst‘ ausmachen und den Willen erkennen „Kunst in Lebenspraxis zurückzuführen" (Bürger 1974, 29), und schließlich Untersuchungen, welche die von der Avantgarde in Umlauf gebrachten Schreckensbilder (sprachlicher oder ikonischer Natur) weder intransitiv als eine bewusst produzierte emotionale Selbstbewegung des Subjekts noch transitiv als einen gegen das bürgerliche Publikum und dessen Normen gewendeten Anstoß deuten, sondern darin vor allem eine letztlich nicht bewusst gesteuerte, zwanghafte Schockreaktion sehen und entsprechende Analogien zu den Symptomen individueller Traumatisierung betonen. Aus einer traumatologischen Perspektive heraus, die seit etwa 20 Jahren für die Kulturwissenschaften an Bedeutung gewonnen hat (Bronfen et al. 1999, Mülder-Bach 2000 u.a.), erscheinen die Künstler der Avantgarde weder als extreme Romantiker auf der Suche nach Momenten des Erhabenen (Bohrer mit Blick besonders auf Ernst Jünger) noch als radikale Kritiker der bürgerlichen Gesellschaft und ihrer Institutionen und Normen (Bürger im Bezug vor allem auf den französischen Surrealismus), sondern vielmehr als neurotisch gewordene Zeitgenossen. Ihr Verhalten kann dabei grundsätzlich entweder in Analogie zu den posttraumatisch erkrankten Weltkriegsopfern gesehen werden, die als sogenannte ‚Kriegszitterer‘ nach 1918 zum gesellschaftlichen Alltag gehörten, und erscheint dann eher bemitleidenswert (für diesen Ansatz z.B. Doherty 1997 mit Bezug auf den Dadaismus), oder aber es wird mit Hilfe der Freudschen Psychoanalyse aus Schocks erklärt, deren Wahrheitsgehalt nicht in der Wirklichkeit historischer Ereignisse wurzelt und damit exogen verursacht ist, sondern sexualätiologisch aus innerpsychischen, phantasmagorischen Ängsten des Individuums abgeleitet wird, die auf eine unheimliche Wiederholung drängen (so schon Foster 1993 mit Bezug auf den Surrealismus). Keine der genannten Per-

---

* Im Andenken an meinen Freund Christoph Schumann, der viel zu früh verstarb.

spektiven ist ganz verfehlt, aber auch keine allein vermag das äußerst komplexe Verhältnis der künstlerischen Avantgarden zu den Phänomenen von Schrecken und Schock hinreichend zu erklären.

Die Komplexität des avantgardistischen Schocksyndroms ergibt sich schon aus der kulturellen Pluralität der vielen einzelnen ‚Ismen', der Heterogenität der daran beteiligten Künstler und der von ihnen eingesetzten Mittel, sowie aus den geschichtlichen Veränderungen, die sich in der langen Zeitspanne des Wirkens der sogenannten ‚historischen' Avantgarden von 1909 bis zum Ende des Zweiten Weltkriegs 1945 ergaben. So wird es beispielsweise schwer sein, mit der These von der posttraumatischen Verfasstheit der Avantgarden, die für den unmittelbar nach dem Ersten Weltkrieg einsetzenden Dadaismus noch sehr einschlägig und realistisch scheint, auch das Agieren der Avantgarden zu erklären, die *vor* dem Ersten Weltkrieg tätig waren oder weit von diesem Ereignis entfernt (was beispielsweise für die zahlreichen Avantgarden Lateinamerikas gilt); es sei denn, man verlegt die vermeintlich ursprüngliche affektauslösende seelische ‚Verwundung' durch die historische Kriegserfahrung psychoanalytisch in die Triebentwicklung des Individuums oder auf einen noch grundlegenderen und vorgängigen gewaltsamen Erfahrungsverlust, der in der technisch geprägten industriellen Moderne strukturell immer schon angelegt gewesen wäre. Letzteren Weg ging am entschiedensten wohl Walter Benjamin, der in seinen Schriften eine geschichtsphilosophische Begründung für den Nexus von Avantgarde, Schock und Schrecken liefert und der als denkender Zeitgenosse der Avantgarden der Zwischenkriegszeit auch heute noch den naheliegendsten Zugang zu diesen (und nicht allein zum Surrealismus) bietet.

1. Der Schock als Signatur der Moderne und als Mittel künstlicher Traumatophilie

Benjamins Arbeiten können als ein entscheidender Umschlagspunkt in der modernen Begriffsgeschichte des Schocks verstanden werden, insofern er die schon durch Freuds Psychoanalyse vorgenommene Abkoppelung des Phänomens von unmittelbaren somatischen Kausalursachen weiterführt und das Schockerleben als Wahrnehmungs- und Geschichtsmodell der Moderne beziehungsweise als epochales Psychem etabliert (Sick 2007). Der direkteste und ausführlichste Bezug auf Freud findet sich dabei zwar in der 1939 entstandenen Abhandlung *Über einige Motive bei Baudelaire* (Benjamin 1991 [1939], 612–615), aber Benjamins Rede vom Schock beziehungsweise „Chock" versteht sich nicht aus dieser Stelle allein, sondern ist weit über sein gesamtes Schrifttum gespannt. Die Beschreibung von

Schocks unterschiedlicher Provenienz und ihren Wirkungen wird dort an zentralen Stellen immer wieder zur Intensitätssteigerung eingesetzt und bildet so ein wiederkehrendes Motiv, wobei diese Wiederkehr keine Wiederholung eines exakt bestimmten identischen Sachverhalts bedeutet, sondern die ständige Verschiebung eines Phänomens in neue Konstellationen. Die Beschreibung der Schockästhetik als Mittel der Poesie Baudelaires korrespondiert so mit der Analyse des „Sürrealismus" und der von diesem erweckten „profane[n] Erleuchtung" (Benjamin 1991 [1929], 297 und 310), die Erinnerung an die frühkindliche Wahrnehmung des Telefons, das als schockierende und unheimliche Apparatur die „Schrecken der Berliner Wohnung" (Benjamin 1991 [1932], 243) noch weiter gesteigert habe wiederum mit der Analyse der Schockwirkungen des Films als der aurafreien, auf Reproduzierbarkeit angelegten Kunstform, welche der „gesteigerten Lebensgefahr, der die Heutigen ins Auge zu sehen haben" (Benjamin 1991 [1939], 503, Fußnote 29) am besten entspreche. Die wiederkehrenden, sprachlich evozierten Bilder des Schocks vollziehen dabei *en miniature* und in zugespitzter Form noch einmal, was Benjamin durch die Anlage seiner Schriften als montageartige, diskontinuierliche Konstellation von Denkbildern auch im Ganzen zu vollziehen versucht: Statt Geschichte als homogen-kontinuierlichen Ablauf in systematischer Chronologie zu erzählen, provoziert er selbst durch die Isolierung einzelner historischer Momente und Materialien und das offene Ausstellen ihres Fragmentcharakters immer wieder jenen „kleinen Sprung", aus dem er sich die „Rettung" aus der „kontinuierlichen Katastrophe" des Fortschritts erhofft (Benjamin 1991 [1939–1940], 683). Die geschichtsphilosophische Haltung, die er seinen Lesern als Reaktion auf die von den Produktivkräften der Moderne geschaffene Erfahrungsarmut empfiehlt und im eigenen Denken einnimmt, lässt sich als Strategie einer bewussten Traumatophilie beschreiben. Benjamin entwendet diesen bis heute sehr umstrittenen Fachbegriff (zur aktuellen Diskussion über das Konzept der Traumatophilie vgl. Frank et al. 2006), dessen genaue Quelle (Karl Abraham) er ungenannt lässt, dem psychoanalytischen Diskurs seiner Zeit und setzt ihn zur Beschreibung der Dichtung Baudelaires ein (Benjamin 1991 [1939], 614), wobei das entscheidende Moment in der dabei geleisteten Übertragung eines eigentlich unbewusst ablaufenden und vom Subjekt nicht kontrollierten innerpsychischen Wiederholungszwangs in eine vom Subjekt gesteuerte und bewusst eingeübte künstliche Praxis liegt. Während die klinische Traumadiagnose auch bei Fällen der Traumatophilie davon ausgeht, dass die individuelle Psyche eine tatsächlich bereits erfolgte Traumatisierung durch nachträgliche und dabei nie vollständig gelingende symbolische Wiederholungen zu bewältigen versucht (Fischer und Riedesser 2009, 397 und 399), geht Benjamins Konzept bewusster Traumatophilie umgekehrt davon aus, dass aufgrund der Reizschutzfunktion des Bewusstseins die ständige Antizipation drohender Schocks der Gefahr einer realen Traumatisierung vorbeugen könne. Durch den Ebenenwechsel vom Unbewussten ins Bewusstsein und durch eine Inversion der Zeitperspektive wird so aus einem Effekt erlebter vergangener Gewalt die Strategie einer virtuellen Präventivgewalt gewonnen. Der damit verbundene Wechsel des Subjektes vom geschockten Opfer der Gewalt zum selbst schockierenden potentiellen Täter macht auch die Annahme des hedonistischen Lustgewinns, die das Konzept der Traumatophilie so umstritten macht, plausibler, denn die Steigerung der Geistesgegenwart, die Benjamin zufolge das einzig erfolgreiche Mittel zur Schockabwehr darstellt (Benjamin 1991 [1935], 503), ist im Regelfall wohl mit positiven Gefühlen der Selbstbestätigung beziehungsweise -erhöhung verbunden. Den psychoanalytischen Ansatz eines therapeutischen Durcharbeitens der Schocks im andauernden Gespräch ersetzt jedenfalls im Programm eines dialektischen historischen Materialismus der immer wieder neu erfolgende „feste, scheinbar brutale Zugriff" auf die Gegenwart, der notwendig „zum Bilde der ‚Rettung' gehört" (Benjamin 1991 [1939–1940], 677).

Oft genug legt der Autor dabei die Parallelen selbst offen, die sein Denken mit den Kunstpraktiken der Nachkriegsavantgarden verbinden, am konsequentesten wohl im Aufsatz *Das Kunstwerk im Zeitalter seiner technischen Reproduzierbarkeit* (Benjamin 1991 [1935]). Dort findet sich auch der deutlichste Versuch, eine Differenzierung zwischen unterschiedlichen Formen der historischen Avantgarde vorzunehmen. Dieser Versuch ist explizit politisch motiviert und führt zur ideologiekritischen Scheidung zwischen einer positiven avantgardistischen Schockästhetik auf der einen Seite, die Benjamin in der Kunstpraxis des Dadaismus und vor allem im Medium des Films verwirklicht sieht und die er in sein Projekt rettender, wenn nicht gar ‚revolutionärer' Geschichtsphilosophie integriert, und einer falschen, ‚faschistischen' Ästhetisierung des Krieges auf der anderen Seite. Beide Tendenzen formuliert Benjamin am Ende seines Essays in einem wirkungsvollen Chiasmus als sich einander ausschließende Alternativen: Der „Ästhetisierung der Politik, welche der Faschismus betreibt" und die Benjamin mit einem Zitat aus einem futuristischen Manifest Marinettis belegt, wird so die „Politisierung der Kunst" als eine entsprechende ‚Antwort' des Kommunismus entgegengesetzt (ebd., 508).

Die von Benjamin formulierte ideologische Kontrastierung verdeckt jedoch die formalen und strukturellen Ähnlichkeiten, die zwischen den unterschiedlichen historischen Avantgarden Verbindungen schufen. Der Dadaismus bezog seine künstlerischen Techniken und Verfahren faktisch ja zu weiten Teilen aus dem Futurismus, auch wenn diese dann mit neuen, teilweise diametral entgegengesetzten politischen Positionierungen verbunden wurden. Aus einer psychotraumatologischen Perspektive dagegen erscheinen die ästhetisch produzierten Schocks der Avantgarden eher als eine Kontinuität von in dichten Intervallen aufeinander folgenden Schockwellen, die erst zusammengenommen den Wiederholungscharakter, der für die Traumatophilie so kennzeichnend ist, in seinem vollen Ausmaß offenbaren. Allerdings ist diese künstlerische Traumatophilie – anders als bei Benjamin – nicht auf eine reflexive Steigerung des individuellen Bewusstseins ausgerichtet, sondern auf das Beeindrucken und letztlich sogar auf die Überwältigung des Rezipienten durch Reizintensivierung. Sie vollzog sich dementsprechend nicht in Denkbildern, die bei aller Anschaulichkeit doch diskursiv und begrifflich verfasst sind, sondern ungleich sinnlich-konkreter mit Hilfe akustischer oder optischer Effekte. Das avantgarde-typische Motiv, durch gleichsam vorauseilende symbolische Schockproduktion realer Traumatisierung zu entgehen, macht diese Strategie der offensiven künstlichen Traumatophilie, wie ihre Formen im Einzelnen auch ausgefallen sein mögen, zugleich unvereinbar mit den literarischen Verarbeitungen wirklich Traumatisierter, wie sie im Beitrag zur Holocaustliteratur in diesem Band exemplarisch beschrieben sind.

2. Vom Unfall zum permanenten Krieg: Schocksimulation als Strategie des Futurismus

Filippo Tommaso Marinetti wäre vermutlich ein literaturhistorisch wenig bemerkenswerter später italienischstämmiger Vertreter des französischsprachigen Symbolismus geblieben, wenn es ihm nicht gelungen wäre, durch die Veröffentlichung des ersten Futuristischen Manifestes am 20. Februar 1909 in der Pariser Tageszeitung *Le Figaro* und das dadurch ausgelöste Medienecho, das er unter Einsatz aller publizistischen Möglichkeiten selbst so weit wie möglich plante, nach einigen zuvor gestarteten Probeläufen tatsächlich etwas in Bewegung zu setzen und medial ein Ereignis zu generieren. Die umfangreiche Presseberichterstattung zum Manifest, die erst für das weiträumige publizistische Echo sorgte, die das Manifest zum Medienereignis machte, fokussierte dabei meist etwas einseitig auf den in zwölf Punkte gegliederten programmatischen Teil mit seiner exzessiven Gewaltrhetorik und den bekannten provokativen Forderungen – die Verherrlichung des Krieges als „einziger Hygiene der Welt" (Marinetti 1993a [1909]), der Vorschlag, die Museen niederzubrennen etc.. Zum Verständnis der Motivationslage Marinettis ist dagegen der erste Teil des Manifestes, der als mythologisch überhöhte Initiationsgeschichte gestaltet ist, ergiebiger. Dessen Höhepunkt bildet ein Unfall, der zur eigentlichen Urszene für die Schaffung eines radikal ‚neuen', von sentimentaler Gefühligkeit und humanistischen Hemmungen befreiten futuristischen Übermenschen wird. Das Unfallereignis musste Marinetti dabei nicht erfinden, sondern hatte es bei einer Fahrt mit seinem Rennwagen in den Graben einige Monate vor Veröffentlichung des Manifestes wirklich erlebt. Dieses potentiell traumatische biografische Erlebnis wird nun aber in der mythologischen Inszenierung des Manifestes zur willentlichen Tat uminterpretiert. So kann es zur Grundlage eines freiwilligen Selbstopfers des ‚passatistischen' alten Menschen werden, der mit der modernen Technik verschmilzt, die dabei nicht rationalistisch als Werkzeug verstanden und gebraucht, sondern als magische Kraft fetischisiert und libidinös aufgeladen wird. Als Ergebnis des symbolischen initiatorischen Selbstopfers wird ein futuristischer Übermensch präsentiert, der nicht nur moralisch jenseits von Gut und Böse stehen soll, sondern zugleich affektiv jenseits der Fähigkeit zum Mitleiden (Ehrlicher 2001, 87–98).

Die phantasmagorische Selbstinszenierung des Futurismus wäre für den Zusammenhang von Literatur und Emotionen allein jedoch folgenlos geblieben, wäre dieses erste Manifest nicht in den folgenden Jahren durch eine Manifestproduktion ergänzt worden, die schon ihrer schieren Quantität nach durchaus beeindrucken musste. Bereits die Tatsache, dass alle weiteren Texte grundsätzlich dem Modell des ersten Manifestes nachgebildet sind, lässt sich als Symptom einer vom lustbetonten Wiederholungszwang charakterisierten Traumatophilie deuten. Aber auch programmatisch-inhaltlich und ästhetisch-formal zielten sie auf die Simulation immer neuer Schockerlebnisse, wobei die vom Symbolismus ererbten sprachlichen Strategien zur Produktion synästhetisch verdichteter Sinnlichkeit radikalisiert und vor allem durch den Einsatz verschiedener künstlerischer und technischer Medien über den engeren Bereich literarischer Texte hinaus ausgeweitet wurden. Für die Ausweitung und Radikalisierung des literarischen Symbolismus' sorgte dabei noch innerhalb des Bereichs des Textuellen die Technik der ‚befreiten Worte' (*parole in libertà*), die Marinetti im *Technischen Manifest der futuristischen Literatur* im Mai 1912 zum Programm erhob (Marinetti 1993b [1912]). Dass die Schockästhetik des Futurismus aber über den Bereich des Literarischen entschieden hinausdrängte, zeigt sich dann zum einen im Übergang der Freiworttechnik in Richtung weitgehend entsemantisierter, primär optisch konfigurierter Wortbilder (*tavole parolibere*) und besonders klar in den theatralisch-politischen Bühnenaufführungen (*serate*), mit denen die Futuristen schon vor dem Ersten Weltkrieg durch ganz Italien und in Europa auf Tour gingen. Dass all diese künstlerischen Mittel, *parolibrismo*, *tavole paroliberi* und *serate*, auf eine symbolische Simulation des Krieges abzielten, wobei Krieg ästhetisch als ein simultaneistisches Chaos der Sinne konzipiert und als ‚Fest' gefeiert wird, wurde in der Forschung schon vielfach konstatiert (Schnapp 1985 und 1994; Schultz-Buschhaus 1992; Rainey 2004 u. a.) und soll hier lediglich durch ein konkretes Beispiel belegt werden (Abb. 1).

Abb. 1: Emilio Filippo Tommaso Marinetti: *Montagne + Vallate + Strade x Joffre* (1915), 23×26 cm.
© VG Bild-Kunst, Bonn 2013

Das von Marinetti 1915 noch vor der Veröffentlichung im Rahmen eines Buches als einzelnes Flugblatt zu Reklamezwecken verteilte ‚Freiwortbild' bezieht sich auf die im Automobil vorgenommene Besichtigung der Marne-Front durch den französischen General Joseph Joffre, ein Ereignis, das in einer „Verbalisation dynamique de la route", also einer Art dynamischem Bewegungsprotokoll, anschaulich gemacht werden soll, wobei das eingesetzte Zeichensystem sich grundsätzlich sowohl graphematisch (als optische Reproduktion der Fahrt Joffres über das Schlachtfeld mit seinen Bergen und Tälern) als auch phonetisch (als onomatopoetische Reproduktion des dabei zu vernehmenden Kriegslärms mit einzelnen Geräuschen wie „Toumb Toum") interpretieren lässt und gerade aufgrund dieser fundamentalen Mehrdeutigkeit die angestrebte simultaneistische und synästhetische Wirkung beim Rezipienten erreicht (Grasshoff 2000, 108–112). Dass diese Wirkung als schockäquivalent intendiert ist, machte Marinetti in einem auf das *Technische Manifest* folgenden Manifest mit dem Titel *Zerstörung der Syntax. Drahtlose Phantasie. Befreite Worte* unmissverständlich deutlich, wenn er die Zerstörung der lateinischen Syntax als den sprachlichen Effekt einer Reizüberflutung darstellt, die aus den Erlebnissen „in einer Zone intensiven Lebens (Revolution, Krieg, Schiffbruch, Erdbeben usw.)" resultiert, und sich die entsprechende Rede eines „lyrischen und erregten" Freundes imaginiert, der „ganz außer Atem in Eile seine Seh-, Gehör- und Geruchsempfindungen in eure Nerven werfen"

(Marinetti 1993c [1913], 213) wird. Wesentlich ist hier die Ausrichtung gegen das Publikum, das durch die sprachlich simulierten Schocks und ästhetische Überforderung regelrecht entnervt werden soll. Der Futurist selbst ist seinem eigenen Selbstverständnis nach als maschinisierter neuer Mensch ja bereits völlig befreit von derartigen Emotionen, seine Nerven sind schon zu Stahl geworden. Wenn Marinetti durch Destruktion der herkömmlichen Syntax „das ‚Ich' in der Literatur" und damit „die ganze Psychologie in der Literatur" zerstören und an deren Stelle „die lyrische Besessenheit der Materie" treten lassen will (Marinetti 1993b [1912], 285), so läuft das deshalb nicht auf eine selbstkritische Infragestellung der eigenen Autorität als Produzent hinaus, sondern auf eine Verweigerung semantisch codierter Kommunikation mit dem Rezipienten und deren Ersetzung durch eine willkürlich dekretierte Zeichensetzung, in der ein gleichsam übermächtiges Autorsubjekt durch eine appellative und autoritative Rhetorik der Stimme und des Blickes konstituiert wird (vgl. Finter 1980, 159–196). Im besprochenen Beispiel etwa ist klar, dass Marinetti selbst die Stelle des Kriegführenden einnimmt, der das symbolische Schlachtfeld organisiert, überblickt und den Anschein des Chaos erzeugt, dessen negative Wirkungen der Desorientierung allein den Rezipienten treffen sollen. Allerdings bleibt im Rahmen rein text- oder bildbasierter futuristischer Schocksimulationen für den realen Leser ein viel zu großer hermeneutischer Deutungsspielraum (der ja durch die fehlende Konventionalität der Codierung im Vergleich zu herkömmlichen Texten noch wesentlich gesteigert ist) und damit die Möglichkeit, sich den autoritär verordneten Schocks zu entziehen.

Der futuristische Aktionismus drängte deshalb notwendigerweise über das Medium der Schrift hinaus und fand mit der Bühne das wesentlich effektivere Dispositiv für die Umsetzung der eigenen Intentionen. Eine detaillierte Rekonstruktion der *serate* ist nicht nur methodisch, aufgrund der Flüchtigkeit theatralischer Aufführungen, problematisch, sondern kann an dieser Stelle schon aus Platzgründen nicht geleistet werden (zum futuristischen Theater vgl. Berghaus 1998; Antonucci 2005 u. a.). Dass die Aufführungen systematisch auf ein Erschrecken des Publikums ausgerichtet waren, lässt sich aber bereits an einer ‚theatralischen Synthese' von Francesco Cangiullo zeigen, die erstmals im Rahmen des Sammelbands *Il teatro sintético futurista* 1915 erschien und die antihumanistische Tendenz der futuristischen Schockästhetik auf den Punkt bringt. Es lässt sich als eine extreme Radikalisierung der klassischen aristotelischen Wirkungsästhetik des Dramas verstehen, bei der *phobos* als Mittel zum Zweck einer *katharsis* konzipiert ist, und als entschiedener Bruch mit dieser Tradition. So umstritten bis heute ist, ob das aristotelische Affektmodell auf eine Reinigung *der* Emotionen, eine *durch* Emotionen oder gar eine *von* Emotionen ausgerichtet ist, fest steht, dass dabei die glaubwürdige Mimesis menschlichen Handelns und die damit ermöglichte empathische Identifikation des Zuschauers mit dem Protagonisten notwendige Voraussetzung ist. In Cangiullos *Detonazione* (Marinetti et al. 1921 [1915], 87, deutsche Übersetzung in Landes 1989, 106) wird nun aber diese handlungslogische Grundlage des Dramas *ad absurdum* geführt, wenn ein Projektil den einzigen, nicht mehr humanen Akteur darstellt. Die ‚Handlung', die dem unbescheidenen epochalen Untertitel gemäß ‚das ganze moderne Theater' synthetisieren soll, ist auf das akustische Ereignis eines Revolverschusses reduziert, der nach Regieanweisung eine Minute der Stille, in der nur eine menschenleere nächtliche Straße zu sehen war, plötzlich durchbricht und im unvorbereiteten Zuschauer ein Moment reinen Erschreckens produziert. Während der Schrecken der klassischen Tragödie ethische und letztlich sinnstiftende Funktion im Rahmen eines Handlungsverlaufs besaß, der Pathos und Empathie forderte, inszeniert das Stück von Cangiullo ihn an und für sich als ein bloßes Ereignis in seiner sinnlichen Qualität.

3. Bilder, die unter die Haut gehen: Surrealistische ‚Operationen' zwischen Ästhetik und Politik

Vom Einsatz des Revolverschusses als besonders spektakulärem Schockeffekt im synthetischen Theater des Futurismus scheint der Weg nicht weit zum Surrealismus, dessen „einfachste Handlung", dem berüchtigten Diktum André Bretons aus dem *Zweiten Manifest des Surrealismus* zufolge, darin bestehen soll, „mit Revolvern in den Fäusten auf die Straße zu gehen und blindlings soviel wie möglich in die Menge zu schießen" (Breton 1986 [1930], 56). Dieses rhetorische Bekenntnis zum Amoklauf und ähnliche Aussagen haben dem Surrealismus im Folgenden immer wieder den Vorwurf eingebracht, späteren realen Gewaltverbrechen Vorschub geleistet zu haben, wobei wahlweise die Schrecken des Nationalsozialismus und des Zweiten Weltkriegs, Aktionsformen des politischen Terrorismus nach 1968 (Hecken 2006) oder zuletzt der ‚neue' Terror Al-Qaidas (Clair 2004, 46–50) in den Blick genommen wurden. Sofern damit eine moralische Schuldzuweisung verbunden ist und die Künstler als Bildproduzenten verantwortlich gemacht werden sollen für die Folgen realer Zerstörungen, verdecken derartige Rückkoppelungen jedoch das eigentlich Motiv surrealistischer Gewaltimaginationen, die ja gerade auf den Bruch mit einer pragmatischen Handlungslogik angelegt sind, die durch den Rekurs auf unbewusste Automatismen des Psychischen erweitert und damit auch ver-rückt werden soll. Dieses Interesse an den im Unter- und Unbewussten verankerten Mechanismen des Psychischen unterscheidet die ästhetischen Mittel des Surrealismus dann auch deutlich von der performativ-theatralisch ausgerichteten Schockästhetik des Futurismus und Dadaismus.

An die Stelle von Schockeffekten, die direkt auf der Ebene sinnlicher Wahrnehmung ansetzen und auf optische oder akustische Signalreize setzen, tritt nun der Versuch, die auf wirkliche traumatische Schocks folgenden Verrückungen des ‚normalen' Bewusstseins anschaulich und nachvollziehbar zu machen. Der Rezipient und dessen Einbildungskraft wird dabei wieder entscheidend, was auch zu einer weitgehenden Rücknahme direkter Konfrontationen mit dem Publikum führt. Soweit es die Produktion literarischer Texte betrifft, stellte der Surrealismus einen *retour à l'ordre* dar, insofern syntaktische und orthografische Normen wieder Gültigkeit gewinnen. Diese formale Normalisierung ist aber lediglich Mittel zum Zweck, in nun wieder formal ‚lesbaren' Texten mit Hilfe einer entkonventionalisierten kühnen Metaphorik logische und semantische Überraschungen zu produzieren und damit auf einer vermeintlich ‚tieferen' Ebene der Normierung zu wirken. Dafür wurde in der Frühphase des Surrealismus das Konzept der *écriture automatique* entwickelt, dessen keineswegs unkomplizierte Verbindung zu den zeitgenössischen Theorien der stark mit Hypnose arbeitenden französischen Schulpsychologie (Jean-Martin Charcot, Pierre Janet), aber auch zur Parapsychologie (Frederic William Henry Myers) in der Forschung immer wieder diskutiert worden ist (Starobinski 1982; Bender 1989; Hötter 1990; Hilke 2002 u. a.). Welche Ideen in welcher genauen Mischung dabei auch immer die Programmatik des ‚automatischen Schreibens' im Surrealismus unterfütterten, die Texte, die durch unterschiedliche experimentelle Schreibstrategien (kollektives mehrhändiges Schreiben, bewusste Steigerung der Schreibgeschwindigkeit etc.) und zum Teil auch durch Einsatz bewusstseinserweiternder Drogen entstanden, sind dezidiert antitherapeutisch ausgerichtet. Wo die Theorien von Psychiatrie, Neurologie und Psychoanalyse bei aller Unterschiedlichkeit gleichermaßen auf die Auflösung von ‚Störungen' des Bewusstseins angelegt sind, also vom Trauma zum Logos gelangen wollen, beabsichtigte Breton umgekehrt die Auslösung einer „Bewußtseinskrise allgemeinster und schwerwiegendster Art" (Breton 1986 [1930], 55). Erreicht werden sollte dieses Ziel auch durch die symbolische Reproduktion von Trauma-Schemata und Mechanismen der Depersonalisation, die Breton nicht nur aus der Theorie kannte, sondern auch aus eigener ‚klinischer' Erfahrung. Während seines Kriegsdienstes als medizinische Hilfskraft hatte Breton 1916 einige Monate auch in der Neuropsychiatrie von Saint-Dizier gearbeitet und war von dieser Tätigkeit immerhin so beeindruckt, dass er sogar erwogen haben soll, eine psychiatrische Laufbahn zu beginnen (Breton 1988, XXXIV). Entscheidend für das Verständnis des Surrealismus als kollektive Avantgarde-Bewegung sind aber nicht die biografischen Erfahrungen einzelner Künstler oder deren konkrete Wissensquellen, sondern die Tatsache, dass man gemeinsam an der Produktion von Bildern arbeitete, die wirkungsästhetisch konzipiert waren und eine anthropologische Wucht entfalten, weil sie unabhängig von den konkreten Dispositionen des jeweiligen Individuums an elementare Strukturen der menschlichen Psyche rühren. Die Form der Gemeinschaftspublikation poetischer Werke ist deshalb Programm, wobei das frühe Paradigma des ‚automatischen Schreibens', das mit der Veröffentlichung der *Champs Magnétiques* [*Die magnetischen Felder*] von Breton und Soupault im Jahr 1920 installiert und 1930 mit der Veröffentlichung von *L'immaculée Conception* [*Die unbefleckte Empfängnis*] durch Breton und Eluard wiederaufgenommen worden war, durch eine direkte sprachliche Simulation psychotischer Zustände in seiner Wirksamkeit noch gesteigert werden sollte. Den nachhaltigsten Eindruck beim Publikum entfaltete der Surrealismus aber erst mit dem Wechsel vom symbolischen Zeichensystem der Schrift zu ikonischen Bildern, ein Medienwechsel, der in seiner zweiten Phase seit 1929 auch der neuen Zusammensetzung der Gruppe und der dadurch gestiegenen Bedeutung der bildenden Kunst entsprach. Dank der aus Spanien nach Paris gekommenen neuen Mitglieder Salvador Dalí und Luis Buñuel, die mit *Un Chien andalou* ihren spektakulären Einstand gaben, entdeckte der Surrealismus schließlich auch den Film als geeignetes Medium für die angestrebten Operationen am bürgerlichen Bewusstsein. Nirgendwo trifft die von Benjamin zur Beschreibung der „Schockwirkungen" des Films eingesetzte Rede vom Kameramann als chirurgischem „Operateur", der – im Gegensatz zum Magier – „tief ins Gewebe der Gegebenheit" eindringe (Benjamin 1991 [1935], 496), so wörtlich zu wie bei diesem Film, in dem eine chirurgische Verletzung ganz direkt ins Bild gesetzt wird, wenn am Ende der Eingangssequenz der Einschnitt eines Rasiermessers in ein Auge zu sehen ist (Abb. 2).

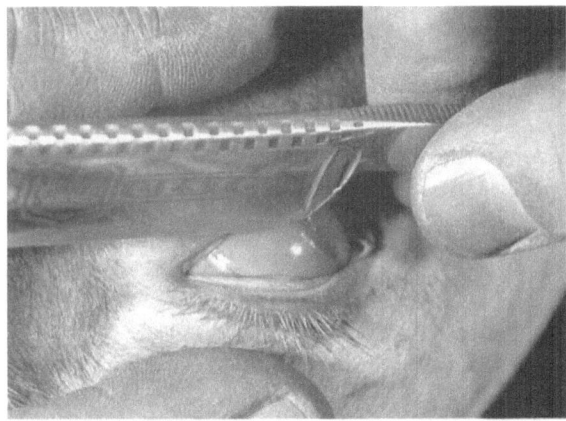

Abb. 2: Luis Buñuel/Salvador Dalí: Filmstill aus *Un chien andalou*. © Salvador Dalí, Fundació Gala-Salvador Dalí/ VG Bild-Kunst, Bonn 2013

Dieser Rasiermesserschnitt etablierte nicht nur einen „ästhetischen Schock par excellence" (Brittnacher 2006, 534), der für die Gattung des Horrorfilms geradezu konstitutiv ist, er bildet innerhalb der Logik des Gesamtfilms von Buñuel und Dalí zugleich den Auftakt für eine darauffolgende filmische ‚Erzählung', die nicht mehr handlungslogisch als ein realistisches Drama gestaltet ist, sondern traumanalog als assoziative Verkettung von Handlungssegmenten, bei deren Reihung die Regeln raumzeitlicher Kontinuität und personaler Identität außer Kraft gesetzt sind (vgl. Ehrlicher 2002). Dem traumatisierenden Schnitt folgt so ein ‚Traum', dessen Inhalte sich mit Hilfe der Freudschen Psychoanalyse leicht als Ausdruck libidinöser Wünsche analysieren ließe. Analyse war jedoch gar nicht der Anspruch des Surrealismus, sondern eine politisch intendierte Revolution der Gesellschaft, welche allerdings auf herkömmliche Mittel der Politik (auch und gerade der kommunistischen Parteipolitik) verzichten zu können meinte und stattdessen auf eine ästhetisch-schockartig herbeigeführte Bewusstseinsrevolution setzte. Dass dieser maßlose und utopische Anspruch, dem sich auch Benjamins geschichtsphilosophisches Projekt grundsätzlich verbunden fühlte, geschichtlich nicht realisierbar war, wissen wir heute. Dennoch ist die Aussage vom definitiven ‚Ende der Avantgarden' ebenso falsch wie der Versuch, ihre Schockästhetik in eine direkte Verbindungslinie mit aktuellen Bildern politischen Terrors zu stellen und zu behaupten, der globalisierte Terror des neuen Jahrtausends hätte seine Pläne dem symbolischen Extremismus der Surrealisten ablesen können (Clair 2004, 46–50). Die Artefakte, die uns diese Kunstströmungen hinterlassen haben, sind weder ‚tote' Objekte noch schaffen sie selbst Realitäten. Sie sind vor allem Zeichen, die im strukturell offenen Prozess der Semiose immer neue kulturelle Bedeutung erhalten können. Aufgabe der Wissenschaft bleibt es, dabei auf notwendige Differenzierungen zu setzen.

4. Realitäten von Zeichen und Emotionen

Echte Schocks, egal, ob medial vermittelt oder nicht, führen beim Wahrnehmenden zu emotionaler und kognitiver Überforderung, Desorientierung und dem Bedürfnis, diesen Zustand möglichst schnell zu beenden. Die medialen Bilder vom 11. September 2001, die den Effekt wirklicher Gewalt in Echtzeit vermittelten, versetzten tatsächlich in einen solchen echten Schrecken, der zunächst unfassbar schien. Dass und wie die Kulturwissenschaften auf diesen vermeintlich epochalen Schock reagierten und in ihre Deutungsroutinen zurückfanden, ist inzwischen auch schon wieder analysiert worden. Das in diesem Zusammenhang von Helmut Lethen (2003) ausgesprochene Plädoyer, nicht länger Zuflucht zu nehmen zu entlastenden metaphorischen Großtheorien wie der vom ‚Einbruch des Realen', sondern weiter auf die undramatische und mühselige Kulturarbeit in den Archiven zu setzen, lässt sich auch auf die Avantgarde-Forschung übertragen. Die Übernahme einer psychotraumatologischen Perspektive kann sie durchaus bereichern, wenn es dabei nicht bei allzu raschen metaphorischen Übertragungen bleibt. Zwischen somatischen Verletzungen und materieller Gewalt, der subjektiven Realität emotionaler Eindrücke und den Realitätsgehalten unterschiedlicher Medien und Zeichensysteme muss ebenso genau unterschieden werden wie zwischen den Verfahren der einzelnen Strömungen und Künstler der Avantgarden, die trotz ihrer gemeinsamen Tendenz zu einer künstlichen Traumatophilie doch jeweils unterschiedliche Fälle in unterschiedlichen Kontexten darstellen, deren Spezifik es herauszuarbeiten gilt. Nicht zur Begründung einer großen geschichtsphilosophischen Erzählung der Moderne ist der „Schock des Neuen" (Hughes 2000 [1981]), den die Avantgarden produzierten, weiterhin ein wesentliches Paradigma für die Kulturwissenschaften, sondern aufgrund der Vielfalt und Pluralität der dazu eingesetzten ästhetischen Mittel und wegen der mit diesen Mitteln erreichten Erweiterung des Spielraums der Literatur.

Literaturverzeichnis

Antonucci, Giovanni. *Storia del teatro futurista*. Roma: Edizioni Studium, 2005.
Bender, Beate. *Freisetzung von Kreativität durch psychische Automatismen. Eine Untersuchung am Beispiel der surrealistischen Avantgarde der zwanziger Jahre*. Frankfurt am Main u. a.: Lang, 1989.
Benjamin, Walter. „Der Sürrealismus. Die letzte Momentaufnahme der europäischen Intelligenz" [1929]. *Gesammelte Schriften*. Hrsg. von Rolf Tiedemann und Hermann Schweppenhäuser. Bd. 2.1. Frankfurt am Main: Suhrkamp, 1991. 295–310.
Benjamin, Walter. „Berliner Kindheit um Neunzehnhundert" [1932]. *Gesammelte Schriften*. Hrsg. von Rolf Tiedemann und Hermann Schweppenhäuser. Bd. 4.1. Frankfurt am Main: Suhrkamp, 1991. 235–304.
Benjamin, Walter. „Das Kunstwerk im Zeitalter seiner technischen Reproduzierbarkeit" [1935]. *Gesammelte Schriften*. Hrsg. von Rolf Tiedemann und Hermann Schweppenhäuser. Bd. 1.2. Frankfurt am Main: Suhrkamp, 1991. 471–508.
Benjamin, Walter. „Über einige Motive bei Baudelaire" [1939]. *Gesammelte Schriften*. Hrsg. von Rolf Tiedemann und Hermann Schweppenhäuser. Bd. 1.2. Frankfurt am Main: Suhrkamp, 1991. 605–653.
Benjamin, Walter. „Zentralpark" [1939–1940]. *Gesammelte Schriften*. Hrsg. von Rolf Tiedemann und Hermann Schweppenhäuser. Bd. 1.2. Frankfurt am Main: Suhrkamp, 1991. 655–690.
Berghaus, Günter. *Italian Futurist Theatre, 1909–1944*. Oxford: Clarendon Press, 1998.
Bohrer, Karl Heinz. *Ästhetik des Schreckens. Die pessimistische Romantik und Ernst Jüngers Frühwerk*. München: Hanser, 1978.
Breton, André. „Zweites Manifest des Surrealismus" [1930]. *Die Manifeste des Surrealismus*. Übers. von Ruth Henry. Reinbek bei Hamburg: Rowohlt, 1986. 49–99.
Breton, André. *Œuvres complètes*. Hrsg. von Marguerite Bonnet. Bd. 1. Paris: Gallimard, 1988.

Breton, André, und Paul Éluard. *L'immaculée conception/Die unbefleckte Empfängnis*. Zweisprachige Ausgabe, deutsch von Johannes Hübner, mit Illustrationen von Salvador Dalí und einer Studie von Gisela Steinwachs. München: Rogner & Bernhard, 1974 [1930].

Breton, André, und Philipp Soupault. *Die magnetischen Felder*. Hrsg. von Eugen Helmlé, übers. von Ré Soupault. München: edition text + kritik, 1981 [1920].

Brittnacher, Hans Richard. „Bilder, die unter die Haut gehen. Zur Inszenierung von Schock und Schrecken im Horrorfilm". *Bildtheorie und Film*. Hrsg. von Thomas Koebner und Thomas Meder in Verbindung mit Fabienne Liptay. München: edition text + kritik, 2006. 526–543.

Bronfen, Elisabeth, Birgit R. Erdle und Sigrid Weigel (Hrsg.). *Trauma. Zwischen Psychoanalyse und kulturellem Deutungsmuster*. Köln: Böhlau, 1999.

Bürger, Peter. *Theorie der Avantgarde*. Frankfurt am Main: Suhrkamp, 1974.

Clair, Jean. „Über den Surrealismus zwischen Spiritismus und Totalitarismus. Zu einer Geschichte des Unfassbaren". *Von der Romantik zur ästhetischen Religion*. Hrsg. von Michael Ley und Leander Kaiser. München: Fink, 2004. 27–50.

Doherty, Brigid. „'See: We Are All Neurasthenics!' or, The Trauma of Dada Montage". *Critical Inquiry* 24.1 (1997): 82–132.

Ehrlicher, Hanno. *Die Kunst der Zerstörung. Gewaltphantasien und Manifestationspraktiken europäischer Avantgardebewegungen*. Berlin: Akademie Verlag, 2001.

Ehrlicher, Hanno. „Terror und Begehren. Anmerkungen zu Gewalt und Geschlechtlichkeit in den Filmen Luis Buñuels". *Gewalt und Geschlecht. Bilder, Literatur, Diskurse im 20. Jahrhundert*. Hrsg. von Hanno Ehrlicher und Hania Siebenpfeiffer. Köln, Weimar und Wien: Böhlau, 2002. 21–42.

Fischer, Gottfried und Peter Riedesser. *Lehrbuch der Psychotraumatologie*. 4. akt. Aufl. München: Reinhardt, 2009.

Foster, Hal. *Compulsive Beauty*. Cambridge, MA: MIT Press, 1993.

Finter, Helga. *Semiotik des Avantgardetexts. Gesellschaftliche und poetische Erfahrung im italienischen Futurismus*. Stuttgart: Metzler, 1980.

Frank, Claudia, Ludger M. Hermanns und Helmut Hinz (Hrsg.). *Jahrbuch der Psychoanalyse. Beiträge zu Theorie, Praxis und Geschichte*. Bd. 52. Stuttgart-Bad Cannstatt: Frommann-Holzboog, 2006.

Grasshoff, Richard. *Der befreite Buchstabe. Über Lettrismus*. Dissertation FU Berlin, 2000. http://www.diss.fu-berlin.de/diss/receive/FUDISS_thesis_000000000373.

Hecken, Thomas. *Avantgarde und Terrorismus. Rhetorik der Intensität und Programme der Revolte von den Futuristen bis zur RAF*. Bielefeld: transcript, 2006.

Hilke, Manfred. *L'écriture automatique – Das Verhältnis von Surrealismus und Parapsychologie in der Lyrik von André Breton*. Frankfurt am Main u. a.: Lang, 2002.

Hötter, Gerd. *Surrealismus und Identität. André Bretons „Theorie des Kryptogramms". Eine poststrukturalistische Lektüre seines Werks*. Paderborn: Igel-Verlag, 1990.

Hughes, Robert. *The Shock of the New*. London: Thames & Hudson, 2000 [1981].

Landes, Brigitte (Hrsg.). *Es gibt keinen Hund. Das futuristische Theater*. München: edition text + kritik, 1989.

Lethen, Helmut. „Bildarchiv und Traumaphilie. Schrecksekunden der Kulturwissenschaften nach dem 11.9.2001". *Eskalationen. Die Gewalt von Kultur, Recht und Politik*. Hrsg. von Klaus R. Scherpe und Thomas Weitin. Tübingen: Francke, 2003. 3–14.

Marinetti, Filippo Tommaso. „Manifest des Futurismus" [1909]. *Futurismus. Geschichte, Ästhetik, Dokumente*. Hrsg. von Hansgeorg Schmidt-Bergmann. Reinbek bei Hamburg: Rowohlt, 1993a. 75–80.

Marinetti, Filippo Tommaso. „Technisches Manifest der futuristischen Literatur" [1912]. *Futurismus. Geschichte, Ästhetik, Dokumente.* Hrsg. von Hansgeorg Schmidt-Bergmann. Reinbek bei Hamburg: Rowohlt, 1993b. 282–288.

Marinetti, Filippo Tommaso. „Zerstörung der Syntax. Drahtlose Phantasie. Befreite Worte" [1913]. *Futurismus. Geschichte, Ästhetik, Dokumente.* Hrsg. von Hansgeorg Schmidt-Bergmann. Reinbek bei Hamburg: Rowohlt, 1993c. 210–220.

Marinetti, Filippo Tommaso, Emilio Settimelli und Bruno Corrà. *Teatro futurista sintetico.* Piacenza: Casa Editrice Ghelfi Costatino, 1921 [1915].

Mülder-Bach, Inka (Hrsg.). *Modernität und Trauma. Beiträge zum Zeitenbruch.* Wien: WUV Universitätsverlag, 2000.

Rainey, Lawrence. „Shock Effects: Marinetti, Pathology, and Italian Avant-Garde Poetics". *The Mind of Modernism. Medicine, Psychology, and the Cultural Arts in Europe and America, 1880–1940.* Hrsg. von Mark S. Micale. Stanford, CA: Stanford University Press, 2004. 197–213.

Schnapp, Jeffrey. „Politics and Poetics in Marinettis ‚Zang Tumb Tuuum'". *Stanford Italian Review* 5.1 (1985). 75–92.

Schnapp, Jeffrey. „Propeller Talk". *Modernism/modernity* 1.3 (1994): 153–178.

Schulz-Buschhaus, Ulrich. „Die Geburt einer Avantgarde aus der Apotheose des Krieges. Zu Marinettis Poetik der ‚parole in libertá'". *Romanische Forschungen* 104.1/2 (1992): 132–151.

Sick, Franziska. „Schock, Trauma und Verletzung". *Epochale Psycheme und Menschenwissen.* Hrsg. von Heinz Thoma. Würzburg: Königshausen & Neumann, 2007. 151–168.

Starobinski, Jean. „Freud, Breton, Myers" [1970]. *Surrealismus.* Hrsg. von Peter Bürger. Darmstadt: Wissenschaftliche Buchgesellschaft, 1982. 138–155.

4. Exemplarische Lektüren

4.1 Shakespeares Affektpoetik
Verena Olejniczak Lobsien

1. Zum Programm

Alles scheint sich in Shakespeares Dramen um Gefühle zu drehen, um große wie um kleine. Der Zorn Lears, die Liebe Romeos und Julias, der Ehrgeiz der Lady Macbeth, die Eifersucht Othellos sind von geradezu sprichwörtlichem Format. Handlungsbestimmende Kraft entfalten aber auch uneindeutigere und zweifelhafte Affektlagen wie die Unzufriedenheit Richards III., das Ressentiment Shylocks, Edmunds Empfindung des Zurückgesetztseins, Kents Treue, Iagos Missgunst, Malvolios Eitelkeit, Coriolans Stolz und hochfahrender Ärger, Empörung und Schmerz Richards II. über seine Absetzung, Gier, Geilheit, Schadenfreude und Gewaltlust auf griechischer wie trojanischer Seite in *Troilus and Cressida*, die Leidenschaften Antonys und Cleopatras, die Rachlust und die schlichte Bosheit vieler Figuren in *Titus Andronicus*. Manche Figuren sind durch ihre emotionale Disposition charakterisiert und bleiben ihr für die Dauer des Stücks treu – wie der Melancholiker Jaques in *As You Like It* oder der Choleriker Coriolanus –, andere erleben vorübergehende Trübungen durch Kummer oder freudige Aufhellungen, wie sie vor allem in den Komödien generisch erwartbar sind, aber auch in den Romanzen und einigen *problem plays* überraschend auftreten. Das Spektrum ist ebenso breit wie differenziert. Was kann eine historisch informierte Affektpoetik angesichts dieser Fülle ausrichten?

Ihre Aufgabe kann es weder sein, dieses Spektrum klassifizierend oder typologisch zu verdoppeln, noch punktuell zu schildern, wie vorab als gegeben angenommene Gefühle in einzelnen Figuren realisiert werden. Vielmehr müsste sie, bezogen auf das Werk dieses Autors, versuchen zu zeigen, worin die Besonderheiten seiner Affektpräsentation bestehen und auf welche Weise diese den Werken eingeschrieben sind. Eine solche implizite Poetik darzulegen, heißt, weit über die bloße Charakterdarstellung hinauszugehen, indem sie die strukturierende Kraft der Affekte für den Text als ganzen entfaltet. Insofern sie damit auch die in den Texten angelegten Potentiale für spezifische Effekte sichtbar macht, enthält sie die Grundzüge einer Wirkungsästhetik. Es versteht sich, dass das nur exemplarisch zu leisten ist. Für Shakespeare als dramatischen Autor, in dessen Werk auch die Gedichte, ob in der kleinen Form des Sonetts oder in der größeren der ovidischen Epyllia *Venus and Adonis* oder *The Rape of Lucrece*, ihre eigene Theatralik aufweisen, heißt es zu verdeutlichen, wie die Texte Gefühle inszenieren, vorführen, inspizieren und durch ihre eigene, poetische Performanz zur Betrachtung anbieten – kurz: wie sie sie modellieren. Dass sie genau das tun – also die affektiven Phänomene, die sie zeigen, nicht nur sehr präzise und eindrucksvoll analysieren, sondern sie zugleich reflektieren, multiperspektivisch bespiegeln und sie so der rezipierenden Aufmerksamkeit präsentieren, dass diese zugleich kognitiv, wahrnehmend, verstehend und erkennend engagiert *und* selber imaginativ und mit-fühlend beansprucht wird –, ist bereits eines der Kennzeichen der Shakespeareschen Affektpoetik. In Shakespeares Texten bilden die Affekte gleichsam Konvergenz- und Kreuzungsbereiche, in denen sich Problematiken ganz unterschiedlicher Art begegnen und konzentrieren. Affekte stehen hier am Schnittpunkt juristischer, ökonomischer, politischer, rhetorischer Diskurse mit solchen, die Sexualität, Geschlechterordnung, Herrschaftskultur, Geheimwissenschaft, Theater, Kunst oder die Ordnung der geistigen Vermögen zu regeln suchen. Innerlichkeit und Gesellschaftlichkeit, Sprechen und Handeln, Natur und Kultur werden hier so ins Treffen geführt, dass sie in Interaktionen eintreten, in denen sich ihre Grenzen verschieben, ihre Valenzen verändern und ihre elisabethanische oder jakobäische Prägnanz trotz und wegen ihrer Historizität als gegenwärtige Relevanz zu erscheinen vermag. Diese charakteristische – und erklärungsbedürftige – Mischung aus Nähe und Ferne, mit der uns die Dramen und Gedichte bei aller historischen Fremdheit vieler ihrer Themen auch heute noch zu Leibe rücken und die sich in ihren affektiven Qualitäten und Strukturen fokussieren lässt, ist ein Grund ihrer ungebrochenen kulturellen Präsenz und dafür, dass mindestens einige Kritiker in ihnen die Fundamente der *conditio humana* mit überzeitlicher Geltung freigelegt sehen (z. B. Bloom 1998; Girard 1991).

Ohne Zweifel gibt es hier Anknüpfungsmöglichkeiten für eine literarische Anthropologie, die weder ‚humanistisch'-universalistisch noch ideengeschichtlich oder nur historistisch verfahren, und auch nicht erst mit dem 18. Jahrhundert einsetzen möchte. Im Blick auf die Antiketransformationen, wie sie in der Renaissance erfolgen, erscheint dies umso vielversprechender. Was Shakespeares Lucrece empfindet, ist und ist nicht dasselbe wie das, was Ovids (oder Livius') Lucretia empfindet. Worin Kontinuität und Unterschiede bestehen und welche Wirkungen ihre Darstellung in welcher historischen Situation zu entfalten vermögen, sollte sich erklären lassen. Mindestens wäre das ein zentraler Aspekt Shakespearescher Affektpoetik. Zudem würde daran erkennbar, worin ihr Beitrag zu einer Geschichte der Gefühle und der Emotionstheorien im Horizont der schwierigen Frage nach ihrer Historizität und Transformation (vgl. Harbsmeier und Möckel 2009; Perler 2011) bestehen könnte.

2. Affektregime und Affektpoetik

Kontexte, Schwierigkeiten und Möglichkeiten dieser Poetik lassen sich wie folgt pointieren: Die Bestände frühneuzeitlichen Affektwissens, die Affektregimes und -ideologien, die die Texte Shakespeares aufrufen und zu denen sie sich verhalten, sind hellenistisch, dabei überwiegend stoisch und aristotelisch-hylemorphistisch geprägt, teilweise auch neuplatonisch. Stoizismen unterschiedlicher Art und Provenienz kommt dabei eine Hauptrolle zu. Sie entfalten besonders starke kulturelle Normativität – als Mittel zur Erziehung der männlichen Jugend zu einer an *romanitas* orientierten Tugend, als Techniken des Gefühlsmanagements im Sinne einer „therapy of desire" (Nussbaum 1994), als Bausteine einer Alltagsethik und Lebenskunst, die sich gut mit christlichen Haltungen verträgt (Sorabji 2000; Hadot 1998, 2002; Foucault 2000). Repositorien der stoischen *ars vitae* sind für Shakespeares Zeitgenossen vor allem die Texte Ciceros (insbesondere *De officiis*) und Senecas, aber auch Epiktets und Marc Aurels. An Übersetzungen fehlt es nicht; die lateinischen Texte sind auch Schulstoff.

Der elisabethanische Zugriff auf die antiken Vorgaben ist verkürzend. An einer Philosophie, die in Anspielung auf ihre Telosformel eines ‚Lebens im Einklang' (*homologoumenos zen*) treffend als ein Denken des Zusammenhangs – mit der eigenen Natur, mit der Gesellschaft – bezeichnet worden ist (Hadot 1998, 75; Forschner 1995), interessieren offenbar weniger ihre naturphilosophischen, logischen oder (meta)physischen Grundlagen und Verzweigungen (Long und Sedley 1987; Steinmetz 1994) als ihre Tauglichkeit als Wegweisung zum Glück (*eudaimonia*), Anleitung zur Selbstsorge (*cura sui*) und Vademecum des guten, gelingenden Lebens (Hossenfelder 1985). So gewinnt der Renaissance-Stoizismus das Profil einer Selbstbeherrschungsdoktrin. Das anzustrebende Ideal beinhaltet ein Selbst, das seiner selbst vollkommen gewahr und inne ist; das heroische Selbst eines Mannes, der sich von seinen Gefühlen nicht behelligen lässt, weil er sie zu ordnen und zu regulieren versteht, indem er sie recht deutet, bewertet und von sich fernhält.

Gewiss spielt „self-mastery" (*enkrateia*) als Weg zu Seelenruhe und innerer Unbetroffenheit von den Widrigkeiten und Anfechtungen des Lebens (*apatheia*) eine wichtige Rolle in der stoischen Ethik (Long 2006). Und sicherlich leistet die Neigung dieses Denkens, zu Aphorismen, Maximen, Sentenzen zu gerinnen, dem frühneuzeitlichen Bedürfnis nach Handreichung und transportabler Weisheit Vorschub. Gleichwohl erscheint es bemerkenswert, in welchem Umfang sich das angedeutete Ideal menschlichen, vor allem männlichen Selbstbesitzes in der englischen Kultur des 16. und 17. Jahrhunderts durchsetzen und zu einem Ziel des „self-fashioning" (Greenblatt 1980) werden konnte. Ziel ist gleichsam ein alltagstaugliches Heldentum in der Arbeit an einem Selbst, das gewappnet ist gegen

Unglück, Enttäuschung, Leid, Verlust und Versuchung, weder himmelhoch jauchzend noch zu Tode betrübt, sondern stets bewusst, beherrscht, gelassen und eins mit sich (Lobsien 2009). Solche Unanfechtbarkeit resultiert nicht zuletzt auch aus einer klugen Ökonomie des Wollens und Wünschens, aus einem praktikablen Affektregime. Der Stoiker setzt sich keine Ziele, von denen er vermuten kann, dass er sie nicht erreichen wird. Er legt die Latte nur so hoch, dass er auch darüberkommt.

Dabei sind die Aussichten, dass das auch beim Management heftiger Gefühle gelingt, im Rahmen der stoischen Affektmechanik recht gut. Affekte sind zwar potentielle Störungen der Seelenruhe, aber zu wirklichen Trübungen, Leiden verursachenden Leidenschaften (*passiones*) werden sie erst, wenn man ihnen das gestattet, indem man dem zustimmt, was sie vor Augen zu führen scheinen. Das ist aus stoischer Sicht eine Frage der Interpretation und der Einstellung. Denn die Affekte sind vernünftiger Kontrolle zugänglich, weil sie – vermittelt über die Imagination – Affinitäten mit dem Verstand unterhalten. Sie führen Werturteile mit, die ihrerseits auf sinnlichen Affektionen, Wahrnehmungen, Vorstellungen und deren Deutung beziehungsweise Einschätzung als ‚gut' oder ‚übel' beruhen. Diesen Beurteilungen des jeweiligen emotionalen Widerfahrnisses kann man zustimmen oder auch nicht. Wird seine mentale Repräsentation aufgeklärt, dann wird erkennbar, ob sie wahrheitsfähig ist (*phantasia kataleptiké*). Gefühle haben aus stoischer Sicht also durchaus eine kognitive Seite. Eben das macht sie regulierbar. Man muss die Vorstellungen, mit denen sie einhergehen, nicht kurzschlüssig als entzückend, furchterregend, schmerzlich oder begehrenswert begreifen, sondern kann sich solcher Zustimmung enthalten oder sie zumindest suspendieren. Diese Zurückhaltung lässt sich nach Art einer Verhaltenstherapie einüben (Landweer und Renz 2008).

Wer sich also nicht berühren lässt, gerät auch nicht aus dem seelischen Gleichgewicht. Gelegentlich, etwa bei Shakespeares vielgelesenem Zeitgenossen Thomas Wright, finden sich derartige Empfehlungen auch in deutlicher aristotelischer und psychophysiologischer Wendung (Wright 1973; Paster et al. 2004; Tilmouth 2007). Hier erscheint die Vernunft weniger als Gegenpart des Gefühls denn in der Rolle eines nachsichtigen Herrschers, der die Affekte kritisch sichtet und leitet, sich von ihnen anregen, motivieren und unterstützen lässt (vgl. Rapp 2008; Krajczynski 2011). Jedoch lassen sich im engeren Sinne stoische, „vorstellungsphilosophische" Schemata von solchen eher kooperativen, „unterscheidungsphilosophischen" Modellen (Schmitt 2008; Krewet 2013) frühneuzeitlich nicht immer klar trennen.

Das liegt auch an dem galenisch vermittelten, humoralpathologischen Kontext, in dem sich diese Diskurse bewegen. Er lenkt den Blick zusätzlich auf die Leiblichkeit der Gefühle und damit auf ein heikles Feld. Hier nur von „Materialismus" (Paster 2002, 143 u. ö.) zu sprechen, greift zu kurz; gleichwohl wird so einmal mehr die problematische Zwischenstellung der Affekte in einem schwer bestimmbaren seelisch-körperlichen Grenzbereich deutlich, der auch die Ökonomie der Vermögen tangiert und zwischen mikro- und makrokosmischen Bewegungen moderiert. Aus stoischer Sicht beginnt *passio* tatsächlich in einer sinnlich-materiellen Affektion und endet in einem vernünftigen Respons der (ebenfalls materiell gedachten) Seele, aristotelisch betrachtet mündet sie in erkenntnis- und handlungsrelevanten Distinktionen. Aus neuplatonischer Sicht allerdings behält die Seele in dieser mehrseitigen, phantasievermittelten Interaktion eindeutig die Oberhand (Ficino 2004, XIII.1.1 und 6–7). Schon für Shakespeares Zeitgenossen birgt diese Liminalität der Affekte ‚nach innen' wie ‚nach außen' heikle Implikationen für die Geschlechterordnung ebenso wie für eine christliche Ethik und Metaphysik.

Dass den Affekten auf diese Weise auch fakultätstheoretisch ein prekärer Ort zugewiesen wird, hat schließlich auch poetologische Folgen: Sie spielen zwischen Sinneserfahrung, Wahrnehmung und Phantasie und dynamisieren deren Verhältnis zu den höheren Vermögen im Übergang zwischen *anima sensitiva* und *intellectiva* (Harvey 1975; Park 1988; Corcilius 2011; Perler 2011; Lobsien 2013; Perler 2014). Gerade aufgrund ihrer interaktiven Beziehung zur Imagination, die ihrerseits ein Grenzvermögen ist – „In confinio […] intellectus et sensus posita" (Pico 1997, 78; Lobsien 2004) –, kommt den Gefühlen eine Schlüsselstellung zu. Mag ihre Nähe zur Vorstellungskraft die philosophische Imaginationskritik herausfordern (Lobsien und Lobsien 2003), so bildet für die Literatur Shakespeares gerade die Unausgemachtheit dieses Bereichs, seine Unklarheit als medizinisch-psychophysiologische Kampfzone mit prekären evaluativen und moralischen Markierungen und Durchlässigkeiten zu epistemologischen und metaphysischen Dimensionen das Spielfeld, auf dem wenig oder widersprüchlich Bestimmtes gleichsam experimentell erkundet werden und erprobt werden kann, wie weit die jeweiligen Auffassungen tragen.

Angesichts der beteiligten Antagonisten kann das kein unverbindliches Spiel sein. Es geht um zu viel – nicht nur um diskursive Zuständigkeiten, Schulzwänge oder disziplinäre Hegemonien; nicht nur um kulturpolitischen Vorrang oder die Machtverteilung in Geschlechterbeziehungen, sondern auch um die Zulässigkeit und Wirkung der Darstellung exzessiver Affekte, dabei zuletzt um nichts geringeres als das Seelenheil. Poetisch evident gemachte oder auf der Bühne vorgeführte Gefühle entfalten potentielle affektive Wirkungen (Craik und Pollard 2013), die rhetorisch nicht restlos steuerbar sind. An den folgenden Beispielen soll gezeigt werden, wie sich die Modi Shakespeare'scher Gefühlspräsentation und Affektmodellierung zur zeitgenössischen Affektideologie verhalten. Dabei wird sich vor allem das Ungenügen der vorhandenen Denkschemata erweisen. Indem Shakespeares Texte wiederholt vor die Frage führen, wie die Gleichzeitigkeit und das Ineinandergreifen von Sinnlichkeit und Rationalität zu denken sind, bringen sie die dominanten Schlichtformen damaliger Imaginations- und Affekttheorie an ihre Grenzen und deuten zugleich auf blinde Flecken auch der heutigen Diskussion.

3. Zustimmung

Schon ein frühes Werk, *The Rape of Lucrece* von 1594 (Shakespeare 2002), blendet fast die gesamte Problematik auf. Es lässt zudem sichtbar werden, auf welche Weise Affektpoetik zum Medium und Austragungsort für Themen werden kann, die über die literarische Darstellung von Gefühlen hinausgehen. Nicht zufällig spielt die in 1855 iambischen Pentametern erzählte Geschichte im alten Rom im Übergang von der Monarchie zur Republik. Die Fabel von der Vergewaltigung der Lucretia durch Sextus Tarquinius, den Sohn des letzten römischen Königs Tarquinius Superbus, war mit ihrem anschließenden spektakulären Selbstmord in vielen Versionen (u. a. bei Ovid, Livius, Dionysios von Halikarnassos, Gower, Chaucer) geläufig und als künstlerisches Sujet bestens eingeführt (Bullough 1961; Bate 1993). Politische, moralische und erotische Diskurse überschneiden sich hier auf suggestive Weise. Aber Shakespeares Text bleibt nicht bei einem ingeniösen Rearrangement von Gemeinplätzen stehen, mag er seine stoizistische Topizität auch wiederholt – etwa durch die typografische Hervorhebung von *sententiae* – herausstellen. Auf affektpoetischem Feld inszeniert und gegeneinander geführt, ermöglichen vertraute Topoi die Artikulation heikler, vielleicht unbeantwortbarer Fragen (Burrow in Shakespeare 2002, 73).

Hier kreist alles um das Zentralproblem stoischer Affektdoktrin, die Zustimmung. Für beide Protagonisten, Tarquin wie Lucrece, ist dies von höchstem Belang, wenn auch auf unterschiedliche Weise. Für Tarquin fokussieren sich Wille und Entscheidung an diesem Punkt, für Lucrece die Frage, ob die Vergewaltigung nachträglich als konsensuell konstruiert werden kann. Für beide ist es eine Frage der Selbstverfügung – für Tarquin besonders unter dem Aspekt der Selbstkontrolle, für Lucrece unter den Aspekten der Selbstbestimmung und der Selbstwahrnehmung, aus eigener wie aus öffentlicher Sicht. Beider Handeln steht damit unter dem Aspekt der Schuld, Lucreces zusätzlich unter dem der Scham. Das Tun beider fordert die Beurteilung nach christlich-ethischen, zuletzt metaphysischen Kriterien heraus. Für die vergewaltigte Lucretia formieren sich diese, wie schon Augustinus pointiert hatte (Burrow in Shakespeare 2002, 45), zu einem unlösbaren Dilemma: Ist lediglich ihrem Körper gegen ihren Willen

Gewalt angetan worden, sind also ihre Seele und damit ihre Keuschheit unberührt geblieben, dann ist ihre Selbsttötung unnötig und nicht zu rechtfertigen; hält man den Selbstmord für entschuldbar, womöglich angemessen, dann wird man ihn als Konsequenz ihrer geheimen Einwilligung in den Ehebruch werten. Schuld- und Scham-Management erscheinen hier unvereinbar. Aber auch Tarquin ist durch seine Tat nicht nur entehrt („disgracèd", 718), sondern auch seine Seele hat Schaden genommen: „Besides, his soul's fair temple is defacèd" (719). Ihre Unsterblichkeit ist gefährdet, und es drohen sowohl Schande als auch ewige Verdammnis (725–726).

So wenig wie Tarquin imstande ist, sein Begehren und seine Lust zu bezähmen, so wenig vermag sich offenbar Lucrece ihres überwältigenden Schmerzes zu erwehren oder ihrem Zorn und ihrem Wunsch nach Vergeltung zu widerstehen. Auch nach stoischen Maßstäben versagen beide: Tarquin, von Anfang an geleitet von „false desire" (2), „keen appetite" (9) und dem Willen („intent", 46), sein Verlangen zu stillen („to obtain his lust", 156, vgl. 168, 169, 173, 179 u. ö.), lässt seine Leidenschaft die Oberhand gewinnen; Lucrece stimmt den Vorstellungen zu, die ihre Imagination ihr vor Augen führt, die sie als verraten und beschmutzt definieren und sie unwiderruflich auf das Bild der Geschändeten festlegen. Die reflexiven Prozesse, in denen beide Protagonisten bis zu dem kritischen Punkt der unheilbaren Gewalttat gegen den anderen beziehungsweise sich selbst gelangen, werden in Shakespeares Text in schmerzhafter Länge, gleichsam in Zeitlupe vorgeführt und analysiert. Die extreme Zerdehnung zwingt uns im Lesen, wahrzunehmen, wie Tarquin seinem klaren Bewusstsein von der Schwere seines Treubruchs und der Ruchlosigkeit der Tat zum Trotz tut, wonach ihn gelüstet und was sein böses Wollen ihm eingibt; wie er gegen sein eigenes besseres Wissen agiert (183–245) und taub bleibt für die ebenso verzweifelte wie luzide Beredsamkeit Lucreces. Gerade weil es an nichts fehlt, das ihn umstimmen könnte, müssen wir uns über die Ohnmacht der rettenden Vernunft entsetzen. Der Text hält ihr Unvermögen lakonisch fest: „Thus graceless holds he disputation | 'Tween frozen conscience and hot burning will, | And with good thoughts makes dispensation, | Urging the worser sense for vantage still" (246–249). Eine Lektüre, die sich zum Komplizen des Täters machte, ist angesichts der äußerst spärlichen voyeuristischen Elemente nur um den Preis eines kompletten Ignorierens langer unzweideutiger Textstrecken möglich, die zeigen, wie Tarquin sich selbst zum hässlichen Objekt seiner „unresisted lust" (282) herabsetzt, indem er der Schändung der Begehrten wie seinem eigenen Verderben zustimmt. Die Hellsichtigkeit, mit der ihm im Augenblick der Ausführung und unmittelbar danach nochmals die absehbaren und unvermeidlichen Konsequenzen der frevelhaften Tat vor Augen treten (688–732), lässt diese noch unverzeihlicher erscheinen. Hier ist kein Moment der

Unbewusstheit oder des Nicht-anders-Könnens. Tarquin ist verantwortlich, zu verurteilen, und er verurteilt sich selbst. Er weiß, was er tut – und tut es dennoch.

Aber auch Lucrece ergeht sich in selbstzerstörerischer Antirationalität, die letztlich trotz ihres erstaunlichen Wortreichtums unbegreiflich bleibt. Shakespeares Verfahren ist bemerkenswert genug: Er verleiht nicht nur dem – weiblichen – Leid eine Stimme, indem er Lucrece eine unerhört ausführliche und eindringliche *lamentatio* in den Mund legt (Burrow in Shakespeare 2002, 50). Ihr teilweise allegorischer *complaint* hat hohe dramatische Qualität und nimmt als Performanz äußersten Schmerzes in eigener Sache vorweg, was im frühen Römerdrama *Titus Andronicus* ein anderer übernehmen wird: Dort wird ihr Onkel Marcus zum Fürsprecher der vergewaltigten, verstümmelten und ihrer Zunge beraubten Lavinia (Lobsien 2004). Während die Unaussprechlichkeit der Tat dort gleichsam im Sprechen des anderen vorgeführt wird, ist es in *Lucrece* der nicht enden wollende Wortschwall, die schreckliche Exuberanz, in der das Opfer wenigstens die Verfügung über die Deutung des ihm Angetanen wiederzugewinnen sucht. Aber auch die Rede der Lucrece führt die Defizite des stoischen Denkschemas vor. Denn auch sie vermag sich von den Produkten ihrer eigenen Imagination nicht zu distanzieren; im Gegenteil: Sie stimmt den Vorstellungen ihres durch die Tat entwerteten, absolut verdorbenen und heillos zugrunde gerichteten Lebens vorbehaltlos zu.

Besonders deutlich wird das in der Ekphrasis, in die ihre Rede mündet (1366–1568). Lucrece betrachtet ein Gemälde, das die Absicht der Griechen, „Helen's rape" (1369) schrecklich zu rächen, den Fall Trojas und dabei „perjured Sinon" (1521) abbildet, durch dessen Verrat das fatale Pferd in die Stadt gelangte. Das Bild ermöglicht ihr nicht nur, ihren Schmerz mit dem Zorn und der Verzweiflung der trojanischen Frauen zu vereinen und mit ihnen, denen der Maler „so much grief, and not a tongue" (1463) verliehen hat, „[t]ime's ruin, beauty's wrack, and grim care's reign" (1451) zu beklagen. Vielmehr erkennt sie im Gesicht Sinons ein Porträt Tarquins, in dessen Tat eine ebenso verheerende Invasion ihrer eigenen Innerlichkeit: „[...] so my Troy did perish." (1547) Aber das damit im Wortsinne vor Augen Gestellte findet in ihrer Interpretation einmal mehr emphatische Zustimmung. Das Kunstwerk wird gerade in seiner bewunderten Vieldeutigkeit negiert – „For much imaginary work was there, | Conceit deceitful, so compact, so kind," (1422–1423) –, indem die Betrachterin die Aussage des Ganzen auf ein Teil (das Antlitz Sinons) reduziert: „[...] a head | Stood for the whole to be imaginèd." (1428) Lucreces Blick auf den Verräter und ihre imaginative Identifikation mit der ruinierten Stadt bestärken sie in ihrem Rachewunsch und ihrem Entschluss zum Selbstmord. Auch sie weiß genau, was sie tut – und tut es gerade deshalb.

Damit ist aber das Programm des stoischen Affektregimes gescheitert. Die Grundlage der Römertugend erscheint bereits in diesem frühen Text demontiert.

Die Verwerfungen, die *Lucrece* inszeniert, reichen jedoch noch weiter. Das Ganze hat, nicht anders als der Trojanische Krieg, unerfreuliche politische Implikationen. Tarquins Handeln mag zwar zweifelsfrei als verbrecherisch, abscheulich und in jeder Hinsicht verwerflich erscheinen, aber auch Lucreces extremer, ungezügelter Affekt, der durch den Strom ihrer Eloquenz noch verstärkt wird, mündet einerseits in den fragwürdigen Akt des öffentlichen Selbstmords und zeitigt andererseits ambivalente politische Folgen – jedenfalls in der möglichen Taciteischen Deutung der Ablösung aristokratischer Herrschaft durch eine konsularische Regierungsform, die lediglich eine andere Art der Oligarchie installiert. Römische ‚Freiheit' erscheint so gegründet auf Vergewaltigung und Suizid. Monarchische Ideale bleiben dabei ebenso wenig unbeschädigt wie republikanische. Für die Protagonisten sind Passion und Imagination so eng und affirmativ verquickt, dass sie es nicht vermögen, ihren Vorstellungen die Zustimmung zu verweigern. Die Leser des narrativen Gedichts, das das Scheitern stoischer Affektregulierung vorführt, werden so zugleich angehalten, sich Rechenschaft über den Umgang mit den Produkten der eigenen, von der Lektüre angeregten Einbildung abzulegen und geraten in kaum aufzulösende moralische und politische Aporien.

4. Einbildung

Die Dysfunktionalität stoisch gegründeter *romanitas* hat Shakespeare nicht nur zu Beginn seiner Karriere, sondern noch in einem späten Römerdrama wie *Coriolanus* beschäftigt, auch wenn wohl kaum ein zweiter seiner Texte die Analyse widervernünftiger Zustimmung unter den Vorgaben stoischer Affektmechanik so quälend mikroskopisch betreibt wie *The Rape of Lucrece*. Neben der Frage nach der Steuerbarkeit von Affekten zieht sich aber auch die nach ihrem Zusammenhang mit der Einbildungskraft in unterschiedlichen Variationen durch das Gesamtwerk. Nicht zuletzt die wohl berühmteste Komödie, *A Midsummer Night's Dream* (Shakespeare 1994), rückt sie erneut in den Mittelpunkt.

Hier stehen nun weniger Ehre, Lust, Scham und Zorn auf dem Prüfstand als Liebe in ihrem Ausschließlichkeitsanspruch und ihrer – ebenso beunruhigenden – Mobilität (Greenblatt in Shakespeare 1997, 810). Die Zustimmungsproblematik erscheint auf den ersten Blick in geradezu lächerlicher Weise irrelevant, denn zu Beginn sind die Paare bereits liiert, und in ihren späteren Verwandlungszuständen haben sie keinerlei Spielraum für eine Entscheidung gegen die Leidenschaft, die sie unwiderstehlich befällt, an ihr je neues Objekt kettet und in fester Rationalitätsüberzeugung hält (z. B. *MND* 2.2.121–2.2128). Als verweigerte Einwilligung in die Eheschließung erscheint die Leitfunktion der Vernunft gleichsam auf Hermias Vater Egeus ausgelagert. Sie löst damit immerhin die Handlung aus und wirft auch auf Theseus' bevorstehende Hochzeit mit Hippolyta einen Schatten, der die Freiwilligkeit der unterworfenen Amazonenkönigin in Zweifel zieht.

Auch hier wird Begehren indes von Anfang an mit Imagination verknüpft, und das auf eine Weise, die mindestens zwischendurch droht, die Liebe ihres – unter petrarkistischen Vorzeichen im Kontext des verspäteten englischen Humanismus gerade erst gewonnenen – metaphysischen Anspruchs zu berauben. So lautet Egeus' Vorwurf gegen Lysander, er habe unter Hermias Fenster „[w]ith feigning voice verses of feigning love" vorgetragen und ihr mithilfe solcher Trugbilder und anderer „conceits" Flausen in den Kopf gesetzt: „[...] stol'n the impression of her fantasy" (*MND* 1.1.31–1.1.33). Was in den Augen der Autoritätspersonen bloße Einbildungen, „fancies" (*MND* 1.1.118), sind, die ihrer eigenen Heiratspolitik zuwiderlaufen, ist für die Betroffenen wahre Liebe, derer sie sich weder erwehren können noch wollen und zu deren Kennzeichen es gehört, dass sie auf Hindernisse trifft: „The course of true love never did run smooth" (*MND* 1.1.134). Aber gerade die Absolutheit der Liebe wird in diesem Stück wiederholt in Frage gestellt. Ihre vermeintliche Fraglosigkeit wird zusammen mit ihrer ebenso transparenten wie absurden Rationalisierung zur Hauptquelle der Komik, denn sie erweist sich bei allen Figuren als völlig grund- und ankerlos – sowohl arbiträr als auch transferierbar. In seiner Konsequenz geht das weit über den Topos von der Irrationalität der Liebe hinaus, den auch *Troilus and Cressida* noch auf ebenso kunstvolle wie unangenehme Weise seziert und bestätigt (Lobsien 2015). Cressidas sentenziöse Überzeugung „For to be wise and love | Exceeds man's might; that dwells with gods above" (*TC* 3.2.146–147) besitzt fraglos auch für *A Midsummer Night's Dream* Gültigkeit. Aber es scheinen sich in diesem eigentlich bestürzenden Szenario doch – an unvermuteten Stellen und ohne nachhaltige Einsicht für die Protagonisten – einige Funken transzendenter Weisheit mitzuteilen. Ausschlaggebend dafür ist die ambivalente Imaginationsbasiertheit des Gefühls.

Schon der erste Dialog der Liebenden (*MND* 1.1.128–1.1.155) lässt erkennbar werden, dass die Liebe eine Hervorbringung der Phantasie, ja: ein Kunstprodukt ist, und was daraus folgt. So bekennt Lysander, dass er sein topisches Wissen aus zweiter, fiktionaler Hand bezieht, aus Angelesenem oder „by tale or history" (*MND* 1.1.133) Erfahrenem. Mehr noch: All die konventionellen Epitheta, mit denen er die bedrängte Liebe ausstattet, lassen sie als anfechtbar und vergänglich erscheinen („short as any dream", *MND* 1.1.144) und keineswegs als ewig: „So quick bright things come to confusion." (*MND* 1.1.149) Schon früh taucht die Vorstellung eines Austausches des angeblich unvergleichlichen Liebespartners auf, der Verwandlung einer/eines Geliebten in eine/einen anderen (*MND* 1.1.191). Das nachfolgende, durch den Elfenzauber ausgelöste Verwirrspiel im Wald wird genau diese Möglichkeiten realisieren, ebenso wie es die mythologisch verbrämten, aus einschlägigen poetischen Kontexten bekannten Gemeinplätze, mit denen Helena sich zu trösten sucht, auf bestürzend komische Weise literalisiert:

> Things base and vile, holding no quantity,
> Love can transpose to form and dignity.
> Love looks not with the eyes, but with the mind,
> And therefore is winged Cupid painted blind.
> Nor hath love's mind of any judgement taste;
> Wings and no eyes figure unheedy haste.
> And therefore is love said to be a child
> Because in choice he is so oft beguiled. (*MND* 1.1.232–1.1.239)

Schon in der an dieser Stelle noch nicht erfahrungsgedeckten Aufzählung von *loci communes* ist die Pointe nicht vorrangig die Unvernünftigkeit des Eros und seine Unfähigkeit zu rationalem Urteil, sondern seine metamorphotische Kraft. Liebe erscheint von Anfang an als eine ‚Figuration', ein Korrelat der künstlerischen Imagination, die imstande ist, die Dinge zu transponieren, sie in ein anderes ihrer selbst zu übersetzen, indem sie sie als etwas und damit anders sieht (Lobsien und Lobsien 2003).

Sie funktioniert damit genau analog zu der auf die Augen der Liebenden applizierten Magie. Die magische Affizierung resultiert ja aus einem Wahrnehmungsirrtum Pucks und seiner Verwechslung der Athener im Wald; sie ist eine teilweise fehlgehende Strafmaßnahme des Elfenkönigs Oberon gegen seine Königin Titania und hat ihren Anlass in seiner Eifersucht. Das Liebeszerwürfnis, das das Herrscherpaar zu entzweien droht und auch für die Menschenwelt nachteilige makrokosmische Auswirkungen hat, entspringt seinerseits der „polytropischen" sexuellen Promiskuität der beiden (Greenblatt in Shakespeare 1997, 810), die allerdings selbst in der Elfenwelt einer Doppelmoral unterliegt, die dem männlichen Partner gestattet, was sie dem weiblichen untersagt. Ursprung und Wirkung der komischen Irrungen und Wirrungen, die durch die Fehlanwendung der aus der Blume „love-in-idleness" gewonnenen Liebesdroge ausgelöst werden, sind also auch hier imaginationsbestimmte und -bestimmende Affekte.

Indem das Drama nun eine komplizierte Interferenz von Elfen- und Menschenbelangen inszeniert, macht es jedoch an der solchermaßen ‚passionierten' Imagination überdies eine Reihe metapoetischer Aspekte sichtbar. Diese stellen sich nicht nur in der lyrischen Qualität und raffinierten Mehrfachreflektiertheit ein, in der das Elfenkönigspaar die Vorgeschichte der Zuneigung Titanias zum indischen „changeling" (*MND* 2.1.120–2.1.137) einerseits, Oberons Schau der von Cupidos Pfeil verfehlten Vestalin und der Entstehung des Liebeszaubers andererseits (*MND* 2.1.149–2.1.172) erzählt. Die Worte beider, „endowed with an extraordinary, eroticizing rhetoric" (Greenblatt in Shakespeare 1997, 811) evozieren emblematische Erinnerungen, Momente reichster Fertilität und kühler Entsagung, mit starken sinnlichen Resonanzen; poetische Allegorien beweglicher Leidenschaft. Autoreferentielle Aspekte scheinen auch auf in der Nebenhandlung des Handwerkerspiels. Die Bemühungen Bottoms und seiner Gefährten, ihr Drama um Pyramus und Thisbe zur Aufführung zu bringen, stellen – unterbrochen und zugleich pointiert durch „Bottom's dream" (*MND* 4.1.201–4.1.215), seine eigene Verwandlung und die Liebesaffäre mit der Elfenkönigin – in ihrer Präsentation des ovidischen Stoffs auch auf ‚niederer' Ebene das Wissen der Kunst um die metamorphotische Kraft der Imagination heraus, aber auch eine Ahnung davon, dass die leidenschaftlich erregte Einbildung zum Guten wie zum Schlechten ausschlagen kann. Jonathan Bate hat darauf hingewiesen, wie weit die Shakespearesche *imitatio* Ovids über diesen metadramatischen Fokus hinausgreift (1993, 130–146). Mit Bottom als Spielführer und Regisseur verwandelt sich indes das Spiel im Spiel, das mit schrecklicher Konsequenz um verbotene Liebe, die Flucht des Liebespaars und die imaginative Fehlinterpretation eines Zeichens kreist, von einer Tragödie in eine Farce. Nicht zuletzt diese Wendung ins Lächerliche lässt rückblickend erkennen, wie knapp auch die durch ihre fehlgeleiteten Imaginationen ausgelösten Konfusionen der Liebenden im Wald einem tragischen Ende entgehen.

Diese Einsicht wird jedoch nur dem Theaterpublikum eröffnet. Die Liebenden selbst sind für sie völlig unempfindlich – jedenfalls sobald sie ihre eigene metamorphotische Erfahrung hinter sich gelassen haben. Das Stück erzeugt, mit anderen Worten, einen ästhetischen Überschuss, der wiederum in dem, was er zu zeigen vermag, in eine metaphysische Dimension verweist und damit rein physiologische Erklärungsmodelle als unzulänglich darstellt. Solche Effekte stellen sich vor allem in den Szenen ein, in denen die Verwandelten wieder zu ihren vormaligen Identitäten erwachen. (Dass einzig Demetrius im Zustand der Liebesverzauberung belassen wird – *MND* 4.1.163–4.1.170 –, erscheint als Affirmation der ihn selbst erstaunenden Alterierung bedeutsam: Andernfalls könnte sie zu leicht als ‚bloße Magie' oder Theatertrick abgetan werden.) Indem die Liebenden zur Normalität zurückkehren, kommen sie zugleich wieder zu einem Bewusstsein vom eigenen Selbst als ausgestattet mit Kräften der sensitiven Seele, die das Vermögen zu deren Koordination beziehungsweise einer mitlaufenden, das Bewusstsein von der eigenen Lebendigkeit begleitenden *aisthesis* einschließen (zum *sensus communis* als „inner touch" in diesem Sinne: Heller-Roazen 2007). Als sich bei Bottom dieses Gefühl einer inneren Selbstberührung, einer überraschend erneuerten Selbstvertrautheit und Selbstbeziehung wieder einstellt und er versucht, es zu artikulieren, unterlaufen ihm vielsagende Konfusionen: „The eye of man hath not heard, the ear of man hath not seen, man's hand is not able to taste, his tongue to conceive, nor his heart to report what my dream was" (*MND* 4.1.207–210). In Verbindung mit seiner Anspielung auf die paulinische Beschreibung der himmlischen Seligkeit in 1 Kor 2,9 gerät Bottoms Vertauschung der Sinneskompetenzen zu einer Überbietung der berühmten Transzendenzformel. „Bottom's Dream" ist, so scheint es, mehr gewesen als eine bloß körperliche Affektion.

Vergleichbare Ineffabilitätseffekte werden erzeugt, als die Liebenden nach ihrem Heilschlaf im Wald wieder zu sich kommen. Auch hier bleibt in der sich langsam wieder einstellenden Empfindung des basalen Sichspürens ein Moment produktiver Defokussierung. Hermia sucht es auf suggestive Weise in Worte zu fassen: „Methinks I see these things with parted eye, | When everything seems double" (*MND* 4.1.188–189). Ihr Tasten nach dem Grund der sinnlichen Unschärfe pointiert ein Mehr an Wahrnehmung, einen überraschenden Gewinn, insofern sich die gleichzeitige Präsenz von Unterschiedlichem in einer unmöglichen Doppelschau zeigt. Diese paradoxe Doppeltheit artikuliert auch Helena. Die Liebe des Geliebten ist für sie ein beglückender Fund ohne Besitz: „[...] I have found Demetrius like a jewel, | Mine own and not mine own." (*MND* 4.1.190–4.1.191) In solchem Sehen-als zeichnet sich aber zum einen erneut die Struktur der Phantasie ab, zum anderen wird buchstäblich im Vorübergehen auf die reale Unverfügbarkeit dessen hingewiesen, was sie vor Augen stellt. In der Selbstreflexion der *facultas* blitzt die Rechtfertigung des Gefühls auf – und zugleich seine Bodenlosigkeit. Hier scheint eine Ahnung dessen ausgesprochen zu werden, was Marsilio Ficino der *phantasia* zubilligt: Sie ist imstande, vom Guten und Schönen zu träumen – „res incorporales [...] somniare videtur" (Ficino 2002b, 8.1.3) –, und vermag so der *mens* auf ihrem Weg zum Höchsten immerhin beizustehen.

5. Heilung und Einung

Die damit angedeutete neuplatonische Perspektive zeigt sich in Shakespeares Affektpoetik vor allem strukturell. Lässt die transitorische Erfahrung einiger Figuren in *A Midsummer Night's Dream* sie in der Tat „[m]ore than cool reason ever comprehends" (*MND* 5.1.6) erahnen, so verkehrt sich die bekannte Phantasiekritik des Theseus gegen seine Absicht in ein Kompliment: „[...] imagination bodies forth | The forms of things unknown" (*MND* 5.1.14–5.1.15) spricht gerade dem täuschungsanfälligen Vermögen hohe Wahrheitsfähigkeit zu. Das Drama gibt insgesamt Hippolyta recht, die in der vorgeführten gemeinsamen Transfiguration „something of great constancy; | But howsoever, strange and admirable" (*MND* 5.1.26–5.1.27) entdeckt. Sie kommentiert damit indes eine affektive Relationsdynamik, die über das hinausreicht, was die Figuren erleben. Als Zuschauer wie als Leser sehen und wissen wir mehr und anderes als sie.

Das ist vor allem Grund der Komik; aber auch der Einsicht. Denn das, was den Liebenden in der Mittsommernacht widerfahren ist, hat sich vor unseren Augen zugetragen, ist also mehr als ein Traum. Umgekehrt ist Pucks Versprechen, dass nun ‚alles wieder gut' wird – „all shall be well" (*MND* 3.2.464) –, keineswegs so wahr, wie es klingt: Etwas ist geschehen, und da der Zauber bei Demetrius bleibt, gibt es keine perfekte Symmetrie. Eine Spur von Magie – von Arbitrarität, Unverfügbarkeit, ‚bloßer' Einbildung – bleibt und erscheint so legitim, auch in gelingenden Liebesbeziehungen. Aufgrund ihres Mangels an fiktionaler und theatraler Kompetenz misslingt das Spiel der Handwerker auf grotesk erheiternde Weise, aber gerade damit ist die redemptive Kraft *unserer* Imagination herausgefordert, wie Hippolyta zu Theseus bemerkt: „It must be your imagination, then, and not theirs" (*MND* 5.1.212; vgl. auch Greenblatt 1997, 811). Damit wird aber eine genuin sympathetische Wirkungsästhetik ins Werk gesetzt. Mit-Fühlen heißt hier Mit-Imaginieren und Verstehen des eigenen Mit-Fühlens. Pucks Schlussappell – „Think but this, and all is mended" (*MND* 5.1.415, vgl. 5.1.421, 5.1.425, 5.1.429) – pointiert diese Synchronie von Affekt und Phantasie. Indem er als Sprecher der gezeigten „shadows" und „visions" auftritt und diese untertreibend als „weak and idle theme, | No more yielding but a dream" darstellt (*MND* 5.1.414–5.1.419), verleiht er ihnen am Ende des durch die Elfen gespendeten Hochzeitssegens doch potentiell mantische Dignität. *A Midsummer Night's Dream* überspielt so die Grenzen zwischen Bühne und Publikum in einer reflektierten Wechselseitigkeit, die selber etwas von der Beweglichkeit und vom unerschöpflichen Reichtum der Liebe hat.

Bei Shakespeare fungieren solche Krypto-Neuplatonismen wiederholt als Korrektiv stoisch-materialistischer Ideologeme (zu Grundzügen der frühneuzeitlichen neuplatonischen Ästhetik: Lobsien 2010). Nicht zuletzt macht sich das im Spätwerk, insbesondere in den *romances* bemerkbar. Ein abschließender Blick auf *The Winter's Tale* mag das verdeutlichen. *The Winter's Tale* rückt auch das Thema der Prokreativität, das am Schluss von *A Midsummer Night's Dream* prominent wird, in einer Weise in den Vordergrund, die seine Relevanz für die Shakespearesche Affektpoetik nochmals in mehrfacher Hinsicht betont; zunächst gleichsam verschattet und wörtlich, sodann transfiguriert und mit allegorischem Potential. Dass seine Frau Hermione ein Verhältnis mit seinem Jugendfreund Polixenes haben könnte, dass sein Sohn Mamillius aus einer solchen ehebrecherischen Beziehung hervorgegangen sein könnte, also gar nicht sein eigener ist; dass sich die Fruchtbarkeit seiner Gattin seiner tyrannischen Kontrolle entziehen könnte – all diese imaginativen Möglichkeiten wirken als Auslöser für die verheerende Eifersucht des Leontes, die den Tod seines Sohnes, seiner Frau und den

Verlust seiner Tochter Perdita zur Folge hat, bei deren Aussetzung auch der treue Diener Antigonus ums Leben kommt. An der Grundlosigkeit und anhaltenden Unvernunft dieser cholerischen Leidenschaft zerbricht Leontes' Freundschaft mit Polixenes; sie macht Paulina, Hermiones Gefährtin, zur Witwe und isoliert ihn selbst von allen früheren Beziehungen.

Der korrosiven Wirkung dieser Vorstellung, dass seine Ehe etwas hervorbringen könnte, über das er nicht verfügt, steht die heile Prokreativität gegenüber, die sich in Perditas Exil anbahnt. Dort, in Polixenes' Reich Böhmen, lebt sie als Schäferin und gewinnt die Liebe des Prinzen Florizel, der beim Schäferfest – das hier in der längsten Szene des Shakespeareschen Œuvres als große Feier pastoraler Fruchtbarkeit inszeniert und mit allen Facetten der Renaissancedebatte um Natur und Kunst angereichert wird (WT 4.4; Lobsien und Lobsien 2003, 158–167) – erfolgreich um sie wirbt. Mit der Flucht des jungen Paars nach Leontes' Sizilien, der Heimkehr Perditas und der beginnenden Versöhnung der Kinder mit den Vätern und der Väter untereinander bereitet sich nach sechzehn Jahren der Trennung auch die Wiedervereinigung des durch Leontes' Schuld entzweiten Elternpaars vor. Diese Heilung vollzieht sich in der Schlussszene unter der Leitung Paulinas. Auch hier wird nun keineswegs alles wieder gut, aber einiges besser (vgl. Howard in Shakespeare 1997, 2880–2881). Vor allem verwandelt sich verdächtige weibliche Fruchtbarkeit in genuines, zudem theatrales Künstlertum – in redemptive Kreativität. Paulina führt den Angehörigen eine bestürzend naturgetreue Statue der vermeintlich verstorbenen Hermione vor, die sich zur überwältigenden Freude aller tatsächlich als die lebendige, wiewohl unübersehbar gealterte Mutter Perditas erweist. Aus der lehrhaften Exploration eines verderblichen Affekts entspringt so eine grandiose Rechtfertigung schöpferischer Imagination. Die Pathologie des Gefühls wird transformiert in eine Apologie der Kunst.

Das reicht strukturell und wirkungsästhetisch weit über eine stoizistische Didaktik oder den erwartbaren Appell zur rationalen Affektkontrolle hinaus. Im Gegenteil: Das Ende des Dramas in einer Schlussszene, die Stephen Orgel als „emotional centre" (Orgel in Shakespeare 1996, 63) des Stücks bezeichnet hat, verleiht gerade einer bestimmten Art des Gefühlsüberschwangs und des Enthusiasmus nachdrücklich Geltung. Zu dieser Steigerung tragen viele in der Forschung vielfach beobachtete Elemente bei (Orgel in Shakespeare 1996, 57–62) – das Wunderbare als konstitutives Moment der Romanze; die Strukturanalogie zur Auferstehung Christi bis hin zum Motiv des Berührungsverbots; nicht zuletzt die über poetische Gerechtigkeit hinausgehende Gnade einer umsonst und gratis an Leontes ergehenden Vergebung und mit ihr die Möglichkeit einer Lebenserneuerung. Nun beruht zwar die Wirkung dieser Szene in der Tat auf einer paradoxen ‚Evidenz des Unsichtbaren' (Orgel in Shakespeare 1996, 57 u. ö.). Aber das christliche Heilsschema von Reue, Umkehr und Neubeginn wird hier zum einen überblendet mit einem potentiell tragischen: Die *anagnorisis* ereignet sich spät, fast zu spät – sechzehn Jahre sind unwiederbringlich vergangen, Hermiones Antlitz trägt unübersehbar die Zeichen ihres Alters (*WT* 5.3.28–5.3.34), Mamillius und Antigonus sind und bleiben tot. Zum anderen hat die Wiederbegegnung mit der Totgeglaubten in der scheinbar magisch zum Leben erweckten Statue für Leontes die letzte therapeutische Wirkung, derer es noch zu seiner vollständigen Heilung bedurfte. Indem jedoch Paulina hier als Heilerin, als Beziehungskünstlerin und in ihrem performativen Arrangement des redemptiven Szenarios zugleich als Heiland fungiert, nimmt auch das Publikum teil an dieser *katharsis*, die Leontes von seinen destruktiven Affekten reinigt, die Leidenschaften in erneuerte wechselseitige Zuwendung der Beteiligten überführt, sie dabei bewusst und ihren Gegenstand in der Reflexion wertvoll macht.

Dieser tragische Effekt ohne katastrophalen Ausgang bezeugt nicht nur tragikomische Genre-Angemessenheit; seine Inszenierung mit der gleichzeitigen Rechtfertigung magie-analoger und magisch gestützter Imagination (vgl. Paulina: „It is required | You do awake your faith.", *WT* 5.3.94–5.3.95, und Leontes: „If this be magic, let it be an art | Lawful as eating.", *WT* 5.3.110–5.3.111) formiert sich nicht nur zu einer spektakulären Apologie des Theaters oder der Kunst schlechthin. Vielmehr gewinnt die Schlussszene im Bestehen auf der spirituellen Dimension des Geschehens und in der Anspielung auf die Thematik der belebten Statuen einmal mehr eine deutlich neuplatonische Resonanz. Im Verweis auf „that rare Italian master Giulio Romano" als dem Schöpfer des erstaunlichen Kunstwerks (*WT* 5.2.95) erinnert der Text an das theurgische Projekt der italienischen Renaissance. Auch Marsilio Ficino hatte sich auf hermetisch-neuplatonischer Grundlage mit der Herstellung animierter Bilder und Statuen befasst, nicht zufällig in seiner großen Schrift zur Melancholie und ihrer sympathetischen Therapie, *De vita libri tres* (Ficino 2002a, 45–55, Kap. 3.18 und 3.26; Schneider 2012). Das heilende, lebensstiftende, affekttransformierende, im Materiellen wirksame, aber die erdenschwere Trauer inspirierende und in enthusiastischen Aufschwung verwandelnde Prinzip bleibt hier wie dort unsichtbar und unverfügbar. Aber es erscheint in seinen Versöhnung und Einheit stiftenden, die Anwesenden in Sympathie verbindenden Wirkungen real präsent.

Die spezifische metaphysische Qualität des Schlusses von *A Winter's Tale* manifestiert sich überdies in einem Detail, das auch das poetische Frühwerk Shakespeares mit seinem Spätwerk auf suggestive Weise verknüpft. In ihrer letzten Rede betont Paulina neben der Teilhabe aller anderen an der nun anbrechenden Freude nochmals ihren eigenen Verlust und ihre ungestillte Trauer:

> [...] Go together,
> You precious winners all; your exultation
> Partake to everyone. I, an old turtle,
> Will wing me to some withered bough, and there
> My mate, that's never to be found again,
> Lament till I am lost. (*WT* 5.3.130–5.3.135)

Angesichts des bevorstehenden allgemeinen Jubels ist diese Verabschiedung fast ein Eklat. Erst vor dem angedeuteten affektpoetischen Hintergrund verwandelt sich die depressive Note in ihr Gegenteil. Denn die sprichwörtliche Treue der Turteltaube (die zuvor schon Florizel in der *sheep shearing scene* beschworen hatte: *WT* 4.4.154–4.4.155) war für Shakespeare bereits Thema gewesen: In seinem enigmatischen, unter dem Titel *The Phoenix and the Turtle* bekannten Gedicht hatte er die wechselseitige spirituelle Permeabilität der allegorischen Partner in ihrer Liebe über den Tod hinaus gefeiert. Die Unüberbietbarkeit dieses Gefühls, seine Transzendenz in der Figur einer Verbundenheit über Körpergrenzen und über die Grenzen irdischer Vernunft hinweg bis zu Selbstverlust und Selbstverschwendung wird verständlich nur unter Voraussetzungen einer neuplatonischen Metaphysik. Indem Paulina sich als „old turtle" bezeichnet und so nicht ohne Ironie Alter und liebenden Höhenflug, Zeit und Ewigkeit, Klage und Freude verbindet, erweist diese sich einmal mehr als grundlegend. In den hier anklingenden Gedichtzeilen aus *The Phoenix and the Turtle* findet die Shakespearesche Affektpoetik ihre zusammenfassende Formel: „Love hath reason, Reason none, | If what parts can so remain." (47–48)

Literaturverzeichnis

(Anmerkung zur Zitierweise: Stellenangaben aus Shakespeares Dramen nennen, in arabischen Ziffern und in runden Klammern (*Kurztitel*, Akt. Szene. Zeilen) direkt nach dem jeweiligen Zitat. *A Midsummer Night's Dream* wird zitiert als *MND*, *The Winter's Tale* als *WT*, *Troilus and Cressida* als *TC*. Bei den Gedichten werden die Zeilenzahlen angegeben.)

Bate, Jonathan. *Shakespeare and Ovid*. Oxford: Clarendon Press, 1993.
Bloom, Harold. *Shakespeare. The Invention of the Human*. New York, NY: Riverhead Books, 1998.
Bullough, Geoffrey (Hrsg.). *Narrative and Dramatic Sources of Shakespeare*. Bd. 1. London: Routledge & Kegan Paul, 1961.
Corcilius, Klaus. „Phantasia". *Aristoteles Handbuch. Leben – Werk – Wirkung*. Hrsg. von Christof Rapp und Klaus Corcilius. Stuttgart: Metzler, 2011. 298–302.

Craik, Katharine, und Tanya Pollard (Hrsg.). *Shakespearean Sensations. Experiencing Literature in Early Modern England*. Cambridge: Cambridge University Press, 2013.
Ficino, Marsilio. *Three Books on Life*. A Critical Edition and Translation with Introduction and Notes by Carol V. Kaske and John R. Clark. Tempe, AZ: Arizona Center for Medieval and Renaissance Studies, 2002a.
Ficino, Marsilio. *Platonic Theology*. Bd. 2: *Buch V–VIII*. Engl. Übers. Michael J. B. Allen. Lat. Text hrsg. James Hankins. Cambridge, MA: Harvard University Press, 2002b.
Ficino, Marsilio. *Platonic Theology*. Bd 4: *Buch XII–XIV*. Engl. Übers. Michael J. B. Allen. Lat. Text hrsg. James Hankins. Cambridge, MA: Harvard University Press, 2004.
Forschner, Maximilian. *Die stoische Ethik. Über den Zusammenhang von Natur-, Sprach- und Moralphilosophie im altstoischen System*. 2. Aufl. Darmstadt: Wissenschaftliche Buchgesellschaft, 1995.
Foucault, Michel. *Die Sorge um sich. Sexualität und Wahrheit*. Bd. 3. Übers. von Ulrich Raulff und Walter Seitter. Frankfurt am Main: Suhrkamp, 2000.
Girard, René. *A Theatre of Envy. William Shakespeare*. Oxford: Oxford University Press, 1991.
Greenblatt, Stephen. *Renaissance Self-Fashioning. From More to Shakespeare*. Chicago, IL: University of Chicago Press, 1980.
Hadot, Pierre. *The Inner Citadel. The ‚Meditations' of Marcus Aurelius*. Übers. von Michael Chase. Cambridge, MA: Harvard University Press, 1998.
Hadot, Pierre. *Philosophie als Lebensform. Antike und moderne Exerzitien der Weisheit*. Frankfurt am Main: Fischer, 2002.
Harbsmeier, Martin, und Sebastian Möckel (Hrsg.). *Pathos, Affekt, Emotion. Transformationen der Antike*. Frankfurt am Main: Suhrkamp, 2009.
Harvey, Ruth. *The Inward Wits. Psychological Theory in the Middle Ages and the Renaissance*. London: The Warburg Institute, 1975.
Heller-Roazen, Daniel. *The Inner Touch. Archaeology of a Sensation*. New York, NY: Zone Books, 2007.
Hossenfelder, Malte. *Die Philosophie der Antike 3. Stoa, Epikureismus und Skepsis*. München: Beck, 1985.
Krajczynski, Jakub. „Emotionen". *Aristoteles Handbuch. Leben – Werk – Wirkung*. Hrsg. von Christof Rapp und Klaus Corcilius. Stuttgart: Metzler, 2011. 209–213.
Krewet, Michael. *Die stoische Theorie der Gefühle. Ihre Aporien. Ihre Wirkmacht*. Heidelberg: Winter, 2013.
Landweer, Hilge, und Ursula Renz (Hrsg.). *Klassische Emotionstheorien. Von Platon bis Wittgenstein*. Berlin und New York, NY: De Gruyter, 2008.
Lobsien, Verena Olejniczak. „Passion und Imagination. ‚Signs and Tokens' der Leidenschaft in *Coriolanus, Titus Andronicus* und *Cymbeline*". *Shakespeare Jahrbuch* 140 (2004): 45–65.
Lobsien, Verena Olejniczak. „Zweifel am Römertum. Hellenismen in Shakespeares ‚Römerdramen'". *Philosophie im Umbruch. Der Bruch mit dem Aristotelismus im Hellenismus und im späten Mittelalter – seine Bedeutung für die Entstehung eines epochalen Gegensatzbewusstseins von Antike und Moderne*. Hrsg. von Arbogast Schmitt und Gyburg Radke-Uhlmann. Stuttgart: Franz Steiner, 2009. 177–199.
Lobsien, Verena Olejniczak. *Transparency and Dissimulation. Configurations of Neoplatonism in Early Modern English Literature*. Berlin und New York, NY: De Gruyter, 2010.
Lobsien, Verena Olejniczak. „Topik und Tropik der Imagination: Revisionen frühneuzeitlicher Seelenlehre in Spensers *Cantos of Mutabilitie*". *Die Frühe Neuzeit. Revisionen einer*

Epoche. Hrsg. von Andreas Höfele, Jan-Dirk Müller, Wulf Oesterreicher. Berlin und New York, NY: De Gruyter, 2013. 255–282.

Lobsien, Verena Olejniczak. „‚Stewed phrase' and the impassioned imagination in Shakespeare's *Troilus and Cressida*". *Love, history and emotion in Chaucer and Shakespeare.* Troilus and Criseyde *and* Troilus and Cressida. Hrsg. von Andrew J. Johnston, Elisabeth Kempf und Russell West-Pavlov. Manchester: Manchester University Press, im Druck (voraussichtlich 2016). 125–140.

Lobsien, Verena Olejniczak, und Eckhard Lobsien. *Die unsichtbare Imagination. Literarisches Denken im 16. Jahrhundert.* München: Fink, 2003.

Long, A. A. *From Epicurus to Epictetus. Studies in Hellenistic and Roman Philosophy.* Oxford: Clarendon Press, 2006.

Long, A. A., und D. N. Sedley (Hrsg.). *The Hellenistic Philosophers.* 2 Bde. Cambridge: Cambridge University Press, 1987.

Nussbaum, Martha. *The Therapy of Desire. Theory and Practice of Hellenistic Ethics.* Princeton, NJ: Princeton University Press, 2006 [1994].

Park, Katharine. „The organic soul". *The Cambridge History of Renaissance Philosophy.* Hrsg. von Charles B. Schmitt, Quentin Skinner, Eckhard Kessler und Jill Kraye. Cambridge: Cambridge University Press, 1988. 464–484.

Paster, Gail Kern. „The tragic subject and its passions". *The Cambridge Companion to Shakespearean Tragedy.* Hrsg. von Claire McEachern. Cambridge: Cambridge University Press, 2002. 142–159.

Paster, Gail Kern, Katherine Rowe, und Mary Floyd-Wilson (Hrsg.). *Reading the Early Modern Passions. Essays in the Cultural History of Emotion.* Philadelphia: University of Pennsylvania Press, 2004.

Perler, Dominik. *Transformationen der Gefühle. Philosophische Emotionstheorien 1270–1670.* Frankfurt am Main: Fischer, 2011.

Perler, Dominik (Hrsg.). *The Faculties. History of a Concept.* Oxford: Oxford University Press, 2015.

Pico della Mirandola, Gianfrancesco. *Über die Vorstellung/De imaginatione.* Hrsg. von Eckhard Keßler. 3. Aufl. München: Fink, 1997 [1501].

Rapp, Christof. „Aristoteles: Bausteine für eine Theorie der Emotionen". *Klassische Emotionstheorien. Von Platon bis Wittgenstein.* Hrsg. von Hilge Landweer und Ursula Renz. Berlin und New York, NY: De Gruyter, 2008. 47–68.

Schmitt, Arbogast. *Die Moderne und Platon. Zwei Grundformen europäischer Rationalität.* Stuttgart und Weimar: Metzler, 1993.

Schneider, Steffen. *Kosmos, Seele, Text. Formen der Partizipation und ihre literarische Vermittlung: Marsilio Ficino, Pierre de Ronsard, Giordano Bruno.* Heidelberg: Winter, 2012.

Shakespeare, William. *Troilus and Cressida.* Hrsg. von Kenneth Muir. Oxford: Clarendon Press, 1982.

Shakespeare, William. *A Midsummer Night's Dream.* Hrsg. von Peter Holland. Oxford: Clarendon Press, 1994.

Shakespeare, William. *The Winter's Tale.* Hrsg. von Stephen Orgel. Oxford: Clarendon Press, 1996.

Shakespeare, William. *The Norton Shakespeare.* Hrsg. von Stephen Greenblatt, Jean E. Howard, Katharine Eisaman Maus. New York, NY: W. W. Norton & Co., 1997.

Shakespeare, William. *The Complete Sonnets and Poems.* Hrsg. von Colin Burrow. Oxford: Oxford University Press, 2002.

Sorabji, Richard. *Emotion and Peace of Mind. From Stoic Agitation to Christian Temptation*. Oxford: Oxford University Press, 2000.
Steinmetz, Peter. „Die Stoa". *Philosophie der Antike*. Bd. 4: *Die Hellenistische Philosophie*. Hrsg. von Hellmuth Flashar. Basel: Schwabe, 1994 [Ueberweg: *Antike* 4/2]. 498–716.
Tilmouth, Christopher. *Passion's Triumph over Reason. A History of the Moral Imagination from Spenser to Rochester*. Oxford: Oxford University Press, 2007.
Wright, Thomas. *The Passions of the Minde*. Hildesheim und New York, NY: Olms, 1973 [1601].

4.2 Racine, *passion classique*
Achim Geisenhanslüke

1. Racine und die französische Klassik

Das klassische Zeitalter Frankreichs, das in den Tragödien Racines seine literarische Vollendung gefunden zu haben scheint – für Roland Barthes ist Racine der am engsten mit der Idee klassischer Transparenz verbundene Dichter, „l'auteur français le plus lié à l'idée d'une transparence classique" (Barthes 2002 [1988], 54) [„der französische Autor, der am meisten mit der Idee einer klassischen Transparenz verbunden ist", (A. G.)] – ist von einem ambivalenten Verhältnis gegenüber den Affekten gekennzeichnet. Das wird vor allem an den philosophischen Grundlagen des âge classique deutlich. In den *Passions de l'âme* setzt Descartes die Affekte an die Schnittstelle von Körper und Geist, um sie zugleich der Macht der menschlichen Willensfreiheit zu unterwerfen. Zwar liege der Ursprung der Affekterregung eindeutig auf der Seite des Körpers. Der Geist müsse aber jederzeit dazu in der Lage sein, die Affekte wenn nicht selbst hervorzubringen, so doch zu kontrollieren. „Nos passions ne peuvent pas aussi directement être excitées ni ôtées par l'action de notre volonté, mais elles peuvent l'être indirectement par la représentation des choses qui ont coutume d'être jointes avec les passions que nous voulons avoir, et qui sont contraintes à celles que nous voulons rejeter" (Descartes 1989 [1649], 988). [„Unsere Leidenschaften also können weder durch die Tätigkeit unseres Willens direkt erregt noch aufgehoben werden, aber sie können es indirekt durch die Vorstellung der Umstände, die durch Gewohnheit mit den Leidenschaften verbunden sind, die wir erstreben wollen und die denen entgegengesetzt sind, die wir zurückdrängen wollen" (Descartes 1984 [1649], 73–75)]. Descartes geht es darum, die möglicherweise zerstörerische Wirkung von starken Affekten abzuwehren. Den natürlichen Ursprung der Affekte verwandelt der Geist demzufolge in eine Form der Repräsentation über die er scheinbar frei verfügen kann. Am Leitfaden der sechs Affekte, der Bewunderung, der Liebe, des Hasses, des Begehrens, der Freude und der Traurigkeit, entwickelt Descartes ein Bild der Leidenschaften, das ganz im Zeichen ihrer Beherrschung durch den Geist steht. Das einzige, was der Mensch von den Leidenschaften der Seele zu fürchten habe, sei „leurs mauvais usages ou leurs excès" (Descartes 1989 [1649], 1101) [„ihren schlechten Gebrauch und Übermaß" (Descartes 1984 [1649], 321)]. Den Optimismus, der Descartes' Umgang mit den Leidenschaften leitet, teilt die klassische Tragödie allerdings nicht. Vielmehr ist es gerade der von Descartes angemahnte schlechte Gebrauch oder Exzess der Leidenschaften, den Racines

Theater so wirkungsvoll in Szene setzt. Racines Tragödien, die Lucien Goldmann nicht von ungefähr mit Pascals negativer Anthropologie im Zeichen des Jansenismus enggeführt hat (Goldmann 1955), geben damit geradezu ein Umkehrbild der cartesianischen Philosophie. In der klassischen französischen Tragödie, wie sie Racine geschaffen hat, zeigt sich die zerstörerische Seite der Affekte, die Descartes rational zu begrenzen suchte. Der Forderung nach Affektkontrolle entzieht sich das Theater Racines, indem es den destruktiven Lauf der Leidenschaften in all ihrer Macht aufzeigt. Ein spezieller Affekt steht im Mittelpunkt seiner Tragödien: die Liebe (Matzat 1982, 140). Sie verbindet sich, neben dem Komplement des Hasses, mit einer zweiten starken Empfindung: der Scham (Geisenhanslüke 2013). Liebe und Scham erscheinen vor diesem Hintergrund nicht als getrennte Gefühle, sondern als wechselseitig aufeinander verweisende Leidenschaften: Wer bei Racine liebt, schämt sich dafür, wer sich schämt, zeigt, dass er verliebt ist. Der Zusammenhang von Liebe und Scham ist das beherrschende Thema des Racineschen Theaters. Mit ihm vollzieht er eine Subversion der von Descartes geforderten Affektkontrolle, die sich auf mehreren Ebenen bemerkbar macht: Descartes' rationaler Begründung der Affekte als vernunftfähiger Bewegungen der Seele setzt Racine die Irrationalität körperlichen Begehrens gegenüber; dem klassischen Geist der Affektdämpfung, den ihm Leo Spitzer zugesprochen hat (Spitzer 1931), setzt er eine barocke Gestaltung der Leidenschaften entgegen, die mit ihrer rhetorischen Kraft die klassische Architektur des Dramas zu sprengen drohen; schließlich begegnet er dem männlichen Diktat der Affektbeherrschung durch eine Aufwertung der meist mit der Macht der Leidenschaften assoziierten Instanz des Weiblichen. Nicht umsonst stehen im Zentrum von Racines Tragödien meist liebende, hassende und zugleich schambesessene Frauenfiguren. An zwei von ihnen, *Andromaque* und *Phèdre*, lässt sich besonders deutlich machen, wie radikal Racine mit der Affektmodellierung umgeht, die das klassische Zeitalter ihm vorgegeben hat.

2. Liebe und Scham in *Andromaque*

„L'amour est une émotion de l'âme causée par le mouvement des esprits, qui l'incite à se joindre de volonté aux objets qui paraissent lui être convenables" (Descartes 1989 [1649], 1012–1013). [„Die Liebe ist eine Emotion der Seele, bewirkt durch die Bewegung der Lebensgeister, die sie dazu anreizt, sich willentlich mit Objekten zu verbinden, die ihr angemessen erscheinen" (Descartes 1984 [1649], 123)]. So lautet die cartesianische Definition der Liebe. In seinen Dramen verweigert sich Racine ihr konsequent (Vuillemin 1996). Auf drei Ebenen widerspricht er Descartes' Definition: Erstens ist Liebe kein Gefühl, das aus einem ‚mouvement des esprits' hervorgeht, sondern eine unbeherrschbare irrationale Macht, zweitens entscheidet über den Objektbezug der Liebe nicht die ‚volonté', sondern ein über dem menschlichen Willen thronendes mythisches Verhängnis, drittens sind die einmal gewählten Liebesobjekte keineswegs ‚convenables', sondern im Gegenteil ganz und gar unziemlich. Sie ziehen denjenigen, der sie liebt, unweigerlich in den Schmutz und die Schmach. Das Gefühl, das der Liebe korrespondiert, ist daher das der Scham: Wer bei Racine liebt, muss sich für die stets unpassende Form der Liebe, die ihn beseelt, zugleich schämen. In seinen Tragödien präsentiert Racine ganz und gar unmögliche Leidenschaften im Zeichen der Scham. Sie führen nicht zur Erfüllung, sondern mit einer beispiellosen exzentrischen Kraft in die Verbannung, den Wahnsinn oder den Tod. Racines Tragödien, etwa *Bérénice*, *Andromaque* und *Phèdre*, geben eindrucksvolle Beispiele für diese Darstellung der Liebe und Scham im Rahmen eines unmöglichen Begehrens, das die Protagonistinnen beherrscht.

Von den Tragödien Racines ist die *Andromaque* aus dem Jahr 1667 vielleicht die verstörendste. Ihre zentrale Gestalt bezieht sich, wie die einschlägigen Einführungen betonen, auf die gleichnamige Tragödien von Euripides und die epische Gestaltung in Vergils *Aeneis* zurück (Rohou 2000; France 1977). Das Stück zeigt ein Kammerspiel der Liebe, das zum Schluss ganz in Hass, Gewalt und Tod umschlägt. „Bref, pour la première fois avec *Andromaque*, la fureur et la violence, la souffrance et la mort allaient être présentées comme le résultat d'un égarement passionel dans lequel sombrent des héros qui ne cessent pas pour autant d'être des héros" (Forestier 2006, 299) [„Kurz, die Wut und die Gewalt, das Leiden und der Tod sind in *Andromaque* zum ersten Mal als das Resultat einer leidenschaftlichen Verirrung dargestellt worden, in der die Helden versinken, ohne doch dabei aufzuhören, Helden zu bleiben" (A. G.)]. In der *Andromaque* setzt Racine ein tendenziell sadistisches Begehren in Szene, das als Erfüllungspunkt nur die körperliche und geistige Vernichtung des anderen kennt. An dem grausamen Spiel um die Liebe, das Racine präsentiert, sind nicht allein die Lebenden beteiligt, sondern zugleich die Toten, allen voran diejenigen, die in der mythischen Vergangenheit des Trojanischen Kriegs gekämpft haben: Agamemnon, Menelaos, Achill und Hektor. Racines Drama verhandelt so nicht allein das Thema der Liebe, sondern zugleich die Bindung der Protagonisten an die Vergangenheit und nicht zuletzt den mythischen Ursprung der griechischen Tragödie selbst.

In Racines *Andromaque* verknüpft das Thema der Liebe vier Figuren auf unheilvolle Art und Weise miteinander und unterstellt sie zugleich der mythischen Vergangenheit, die sie in einer familiären Folge repräsentieren, die die Tragödie einer psychoanalytischen Lesart zu überantworten scheint: Andromaque, Pyrrhus, Hermione und Orest. Hinter Andromaque, gleichsam als ihr Schatten, steht der tote Hektor, hinter Pyrrhus Achill, hinter Hermione Menelaos, hinter Orest Agamemnon. Alle vier Personen sind in unglückliche Liebesverhältnisse verstrickt, in einem zwischen Komödie und Tragödie schwankenden Reigen der Unerfüllbarkeit (Weinrich 1958): Hermione liebt Pyrrhus, Pyrrhus Andromaque, Andromaque Hektor, Orest Hermione. In diesem Reigen unmöglicher Liebe steht zugleich die mythische Vergangenheit wieder auf. Der Kampf zwischen Griechen und Trojanern entbrennt in den Liebesbanden auf einer symbolischen Ebene erneut, um dieses Mal anders entschieden zu werden als durch die List des Odysseus: Am Ende triumphiert die Witwe Hektors über die ohnmächtigen Griechen (Goodkin 1991; Karsenti 2012).

Die Ausweglosigkeit der Liebe, die Racine in *Andromaque* für alle Beteiligten schmerzhaft inszeniert, stellt schon der Beginn des Dramas vor Augen. Er führt den Muttermörder Orest vor die von ihm geliebte Hermione, die ihrerseits niemand anderen als Pyrrhus begehrt. Orests Liebe steht daher von Beginn an in einem seltsamen Licht: „L'amour me fait ici chercher une inhumaine" (Racine 1999 [1667], 1.1.26) [„Zu finden kam ich, die ich liebe und die mich verschmäht" (Racine 1988 [1667], 75)]. Unmenschlich, geradezu barbarisch, erscheint Hermione dem Sohn des Agamemnon, da sie, die von Pyrrhus verschmäht wird, dennoch seine Liebe nicht erwidert. Die Frage nach dem Inhumanen erweist sich so als zentrales Thema des Stückes. Die Unmenschlichkeit verbindet Hermione mit ihrer Rivalin Andromaque, die nichts anderes zu kennen und zu lieben scheint als den toten Gatten und den ebenfalls vom Tod bedrohten Sohn Astyanax. Andromaques Begehren ist aber grundsätzlich anders strukturiert als das der jungen Hermione. Wo Hermione nach dem Sohn des Achill verlangt, da richtet sich Andromaques Wunsch einzig und allein auf den toten Gatten. Wie schon Barthes betont hat, ist es weder die Liebe zu ihrem Sohn noch der politische Wille, Astyanax auf den Thron zu bringen, die Andromaque leiten, sondern allein die über den Tod hinaus bestehende Liebe zu Hektor: „[...] c'est parce que Andromaque n'est pas une mère, mais une amante, que la tragédie est possible" (Barthes 2002 [1988], 118) [„die Tragödie ist deshalb möglich, weil Andromaque nicht eine Mutter, sondern eine Liebende ist" (A. G.)]. Die Liebe, die Andromaque beseelt, ist aber die Liebe zu einem Toten. Racine präsentiert die Titelheldin als eine zutiefst traumatisierte Figur, die sich von dem Schock über den Tod des geliebten Hektor nicht erholt hat und nicht erholen will. Beständig steht er ihr als Phantasma der Vergangenheit vor Augen. Umso irritierender ist es, dass die in vielerlei Hinsichten aus den Fugen geratene Welt der Andromaque am Ende die Oberhand behält.

Die Handlung der *Andromaque* ist ganz von den sich kreuzenden Wegen des Begehrens bestimmt, die die Protagonisten des Dramas aneinander bindet. So ist das Schicksal von Orest und Hermione unlösbar mit dem von Pyrrhus und Andromaque verknüpft. Die nicht erwiderte Liebe Orests zu Hermione erhält zunächst eine gänzlich unverhoffte Chance, da Pyrrhus Andromache statt Hermione liebt. „J'aime: je viens chercher Hermione en ses lieux, | La fléchir, l'enlever, ou mourir à ses yeux" (Racine 1999 [1667], 1.1.99–1.1.100) [„Ich liebe – und ich will hier Hermione finden, | erobern und entführen oder vor ihr untergehen" (Racine 1988 [1667], 78)], so lautet das unmissverständliche Begehren Orests, der Hermione aus den Armen des schändlichen Pyrrhus reißen möchte.

Der Kampf zwischen Orest und Pyrrhus um Hermiones Liebe nimmt die Rivalität von Agamemnon und Achill auf, mit der schon Homers *Ilias* begonnen hatte. In dem Maße, in dem Pyrrhus nicht Hermione, sondern Andromaque begehrt, wird diese – und mit ihr das geschlagene Troja – zum Mittelpunkt des Begehrens. Im Zentrum des Konflikts, der Orest und Pyrrhus zu erbitterten Gegnern werden lässt, steht nicht Hermione, sondern Andromaque.

Die komplexe Ausgangssituation, die auf der einen Seite durch die unterschiedlichen Wege des Begehrens bestimmt ist, verkompliziert sich noch durch die politischen Vorgaben, unter denen Orest angereist ist. Er kommt als Vertreter der Sorge Griechenlands um die Aussicht, dass Andromaches Sohn die Herrschaft des Vaters wieder übernehmen könnte. Dass Pyrrhus Andromaque liebt, stürzt Orest in einen Zwiespalt: Der politische Skandal um Pyrrhus' Annäherung an Troja eröffnet ihm zugleich die Möglichkeit, die Hand der verschmähten Hermione zu erlangen. Die politischen Entscheidungen, die die Protagonisten treffen, sind immer schon mit persönlichen Motiven unterlegt, die der Gestaltung der Zukunft zuwider laufen.

Vor diesem Hintergrund verknüpft sich das Thema der Liebe in *Andromaque* unauflösbar mit dem der Scham. Nicht nur für Orest und die Griechen ist die Tatsache, dass Pyrrhus sich ausgerechnet für Andromaque entscheidet, eine einzige Beschämung und Herabsetzung der einst vor Troja erlangten Ehre. „Songez quelle honte pour nous, | Si d'une Phrygienne il devenait l'époux" (Racine 1999 [1667], 2.2.572–2.2.573) [„Denkt an unsere Schmach, | Wenn er sich einer Phrygierin vermählt" (Racine 1988 [1667], 95)]. Ihre tragische Verkörperung findet die Scham darüber hinaus in der von Pyrrhus verschmähten Hermione. Denn trotz der Zurückweisung, die sie von Pyrrhus erfährt, liebt sie ihn. Den Zusammenhang zwischen Liebe, Scham und Zurückweisung hat der Psychoanalytiker Léon Wurmser herausgearbeitet. „Scham ist eine spezifische Form von Angst, die durch die drohende Gefahr der Bloßstellung, Demütigung und Zurückweisung hervorgerufen wird" (Wurmser 2013 [1990], 74). Den Höhepunkt der Scham bildet dementsprechend die Erfahrung, dass die eigene Liebe vom anderen nicht angenommen wird. „Die radikalste Scham ist es schließlich doch, sich selbst der Liebe anzubieten und als liebensunwert verstoßen zu empfinden" (Wurmser 2013 [1990], 157–158). Genau das aber passiert Hermione. Für sie ist der Bruch des Heiratsversprechens, das Pyrrhus ihr und mit ihr Griechenland gegeben hat, auch über die politischen Begleitumstände hinaus eine ungeheure Beschämung, die in letzter Konsequenz ihren Selbstmord nach sich ziehen wird. Mit dem galanten Pyrrhus tritt so eine infame, in mancher Hinsicht sadistische Figur in den Mittelpunkt des Dramas, dessen einziges Bestreben in der Demütigung der Griechen und ihres Pfandes Hermione zu bestehen scheint.

Umgekehrt aber wird auch Pyrrhus zum traurigen Objekt der Scham. Denn so wie er sich dem Begehren Hermiones entzieht, so verweigert sich Andromache trotz aller erwartbaren politischen Vorteile seiner Werbung. Ihre Entscheidung wiegt umso schwerer, als sie mit der Zurückweisung des Achilles-Sohns zugleich ihr von den Griechen gefürchtetes Kind gefährdet. So bestätigt sich zugleich, dass Andromache keineswegs aus Liebe zu Astyanax, sondern einzig aus dem traumatischen Verlust Trojas und Hektors heraus handelt. Das letzte, was ihr von der ruhmreichen Vergangenheit Trojas bleibt, ist das Kind. Astyanax gilt ihr aber nur als Stellvertreter Hektors: „Il m'aurait tenu lieu d'un père et d'un époux" (Racine 1999 [1667], 1.4.279) [„Statt Vater, statt Gemahl wäre mir er geblieben" (Racine 1988 [1667], 84)]. Mit der Heirat könnte Andromache ihren Sohn retten. Sie zieht es jedoch vor, den Vater und Gatten in Gestalt des Sohnes noch einmal zu verlieren: „Hélas! Il mourra donc" (Racine 1999 [1667], 2.1.373) [„Weh mir, so muß er sterben" (Racine 1988 [1667], 87)]. Andromache will, dass ihr Sohn stirbt. Das Skandalon ihrer Entscheidung besteht darin, dass sie geradezu danach verlangt, dass sich die traumatisch erfahrene Vergangenheit noch einmal wiederholt. Jenseits aller politischen Klugheit erscheint Andromache bei Racine als eine Figur, die so unbedingt an ihrer Liebe zu dem Toten festhält, das auch alles andere um sie herum in Schutt und Asche sinken soll. Wenn es schon vor Freuds Entdeckung eines *Jenseits des Lustprinzips* einen Hinweis auf den geheimen Zusammenhang der beiden antagonistischen Kräfte von Eros und Thanatos gibt, dann ist es Andromaches über jedes Maß der menschlichen Trauer hinausgehende Liebe zu ihrem toten Gatten.

Vor diesem Hintergrund bleibt Pyrrhus zunächst nichts anderes übrig, als der von ihm eigentlich abgelehnten Verbindung zu Hermione zuzustimmen. Damit werden Liebe und Scham im Reigen des unerfüllten Begehrens einander angenähert: Orest schämt sich, da Hermione Pyrrhus versprochen ist und er um ihre Liebe betteln muss, Pyrrhus ist beschämt, da Andromache ihn zurückweist, Hermione, da Pyrrhus sie nicht will, und schließlich Andromache, da sie dem Willen Hektors zuwiderhandeln müsste, ihm treu zu bleiben, um den Sohn retten zu können. Liebe und Scham verbinden sich bei Racine zu einem unmenschlichen, zugleich aber in sich stabilen Gefüge der Leidenschaften, die das Handeln der einzelnen Figuren bestimmen.

Die Stabilität von Liebe, Scham und Missachtung wird jedoch auf doppelte Weise erschüttert. Bewegung kommt in die scheinbar festgefahrene Situation, da Andromache angesichts des drohenden Todes ihres Sohnes doch eine Entscheidung für Pyrrhus treffen muss. In Gedanken pilgert sie zum symbolischen Zentrum des Dramas, zum Grab von Hektor, um aus dieser Erinnerung heraus schließlich ihre Einwilligung in die Hochzeit zu geben.

Andromaques Opfer entfacht so zugleich Orests Phantasma von einer Vereinigung mit Hermione neu. Um ein Phantasma handelt es sich, da sich die erhoffte Verbindung nur durch den symbolischen Prozess einer stellvertretenden Wiederholung der mythischen Vergangenheit ergibt: „Vous la place d'Hélène, et moi d'Agamemnon" (Racine 1999 [1667], 4.3.1160) [„Werdet Ihr Helena, und Ich will Agamemnon sein" (Racine 1988 [1667], 119)]. Agamemnon und Helena: Orest unterläuft ein bezeichnender Lapsus, war es doch Menelaos, den Paris von der Seite Helenas verdrängte. Orest, auch hier ganz und gar Sohn, setzt sich in seiner Fantasie an die falsche Stelle, an die des von der eigenen Gattin gemordeten Vaters. Nicht nur Andromaque, alle Figuren des Dramas scheinen gleichermaßen durch die Vergangenheit des Trojanischen Krieges traumatisiert zu sein. So kämpfen die toten Helden in ihren Söhnen und Töchtern weiter. Als die von Pyrrhus zum zweiten Mal aufs äußerste erniedrigte Hermione Orest dazu auffordert, Pyrrhus zu töten, verkehrt sich die mythische Vergangenheit jedoch in ihr Gegenteil. Die Griechen zerfleischen sich selbst. Sie töten Pyrrhus vor dem Altar in dem Moment, als er Andromaque heiraten will. Damit scheint die politische Ordnung wieder hergestellt und der drohende Sieg Trojas abgewehrt. Doch es handelt sich im wahrsten Sinne des Wortes um einen Pyrrhussieg. Das tragische Königopfer auf dem Altar der Liebe bringt Hermione nicht wie von diesem erhofft in die Arme Orests. Im Gegenteil: Hermione offenbart Orest, dass sie immer und nur Pyrrhus geliebt habe, dass sie selbst den toten Sohn des Achill dem des Agamemnon vorzieht. Im Selbstmord sucht sie eine letzte Vereinigung mit Pyrrhus. Orest versinkt daraufhin in einem Wahnsinn, der sich nicht wie in der antiken Überlieferung dem Muttermord verdankt, sondern der Beschämung, die er durch die von ihm geliebte Hermione erfahren hat:

> Venez, à vos fureurs Oreste s'abandonne.
> Mais non, retirez-vous, laissez-faire Hermione:
> L'ingrate mieux que vous saura me déchirer.
> Et je lui porte enfin mon coeur à dévorer (Racine 1999 [1667], 5.5.1641–1644)
>
> [So kommt, denn Eurem Wüten gibt Orest sich preis.
> Doch nein, zieht euch zurück: lasst ihn Hermione:
> Besser als ihr wird mich die Grausame zerfleischen;
> Ihr bringe ich mein Herz, endlich soll sies verschlingen (Racine 1988 [1667], 137)]

Am Ende triumphiert allein Andromaque. Nach dem Tod von Pyrrhus, dem von Hermione angekündigten Selbstmord sowie dem Wahnsinn, der Orest überfällt, sind die Griechen keine angemessenen Gegner für den wütenden Furor Andromaques mehr. In dem grausamen Spiel um Liebe und Macht, das Racine in diesem Stück inszeniert, behält die traumatisierte Witwe des Hektor letztendlich die Oberhand.

Racines *Andromaque*, sein erster großer Erfolg auf dem Theater, geht damit weit über das hinaus, was Niklas Luhmann in *Liebe als Passion* als eine Paradoxierung der Liebe bezeichnet hat (Luhmann 1982). Liebe erscheint bei Racine weder wie bei Luhmann als ein Code, der dazu ermutigt, Gefühle auszubilden, noch wie bei Descartes als ein rational beherrschbares Gefühl, sondern als ein zerstörerischer Affekt, der sich gleichermaßen nach innen wie nach außen richtet und zugleich die traumatische Bindung an eine mythische Vergangenheit aufrechterhält, die ganz von der Erfahrung der Grausamkeit, des Schmerzes und des Todes bestimmt ist. Ihr Äquivalent findet die Liebe in der Scham als der erniedrigenden Erfahrung, der Liebe des anderen nicht wert zu sein. Das gilt für Andromaque, die ihrer Treue zu Hektor abschwören muss, um den Sohn zu retten, wie für Pyrrhus, Hermione und Orest, der zuletzt die schlimme Kränkung erfahren muss, dass ein Toter seiner Geliebten mehr wert ist als er selbst. Mit Troja siegt so am Ende der *Andromaque* weder die Vernunft noch das Recht, sondern einzig und allein die barbarische Vergangenheit von Krieg und Zerstörung, die sich in dem Bild der toten Helden Achill, Agamemnon und Hektor festgebrannt hat.

3. Liebe und Scham in *Phèdre et Hippolyte*

Den Zusammenhang von Liebe und Scham hat Racine in seiner wohl berühmtesten Tragödie wieder aufgenommen. Im Mittelpunkt der 1677 entstandenen *Phèdre et Hippolyte*, wie das Stück bis zur zweiten Auflage 1687 hieß, steht eine in Walter Benjamins Sinne als mythisches Verhängnis erfahrene Liebe, die die Protagonistin zugleich ganz der Scham überantwortet. Bereits der erste Auftritt Phèdres bindet die blinde Leidenschaft, die sie ihrem Stiefsohn Hippolyte entgegenbringt, an den Fluch, den Venus über ihr Geschlecht verhängt hat. Von Pasiphaé, ihrer Mutter, über die Schwester Ariadne bis hin zu Phèdre selbst erstreckt sich der mythische Schicksalszusammenhang, von dem die Tragödie ihren Ausgang nimmt. „Ô haine de Vénus! Ô fatale colère! | Dans quels égarments l'amour jeta ma Mère!" (Racine 1999 [1677], 1.3.249–1.3.250) [„O Haß der Venus! O verhängnisvoller Zorn! | Auf welchen Irrweg trieb die Liebe meine Mutter!" (Racine 1988 [1677], 18)], so beginnt Phèdres Klage, um mit der über das eigene Schicksal zu enden: „Puisque Vénus le veut, de ce sang déplorable | Je péris la dernière, et la plus misérable" (Racine 1999 [1677], 1.3.257–1.3.258) [„Von diesem Unglückshaus, Da Venus es so will | Geh ich als letzte und als elendste zugrunde" (Racine 1988 [1677], 18)]. Die doppelte Anrufung der Liebesgöttin stellt Phèdres Schicksal in eine Reihe mit dem von Mutter und Schwester. Das tragische Moment des göttlichen Zorns der Göttin überantwortet Phèdre, darin der Sophokleischen Antigone gleich, als letzte ihres Geschlechtes einem Zerstörungsprozess, dem sie wissend und doch machtlos gegenübersteht. Im Vergleich zur Vorlage des Euripides zeigt sich im französischen Drama von Beginn an, wie sehr Racine die Leidenschaften aufwertet, wenn er den von den Göttern verhängten Affekt der Liebe zum eigentlichen Gegenstand des tragischen Zerstörungszusammenhanges werden lässt. Was insbesondere die deutsche Rezeption Racine lange Zeit vorgeworfen hat, dass er nichts kenne als höfische Liebesverstrickungen, ergibt sich aus einer geschichtlichen Konstellation, die in Anknüpfung wie in Abwendung von der Antike in den starken Empfindungen der Liebe und der Scham den eigentlichen Grund der Tragödie entdeckt.

Die Darstellung der beiden Affekte der Liebe und der Scham stellt Racine in *Phèdre et Hippolyte* in die Spannung von Sehen und Sprechen. Lieben bedeutet für Phèdre, sich dem Blick der anderen auszusetzen, Liebe als Scham, sich vor ihnen verstecken zu müssen, den Gegenstand der Liebe sprachlich zu verdecken. Dass die Erfahrung der Scham mit der imaginären Ordnung des Blicks korrespondiert, hatte schon Aristoteles in der *Rhetorik* betont, wenn er feststellt, „dass in den Augen die Scham wohnt" (Arist. *Rhet.* 1348a). In *Phèdre et Hippolyte* verdankt sich die Liebe ganz einer Ordnung des Blicks, die sie zugleich der Scham überantwortet: „Nous pouvons, dès lors, mieux préciser la signification des deux situations fondamentales de l'être racinien: regarder et être regardé" [„Damit können wir die Bedeutung der beiden grundlegenden Situationen der Racineschen Geschöpfe genauer beschreiben, das Betrachten und Betrachtetwerden"] (Starobinski 1984, 63), so definiert Jean Starobinski Racines Poetik des Blicks (Starobinski 1961, 89). Sie offenbart sich in Phèdres erstem Liebesgeständnis:

> Je le vis, je rougis, je pâlis à sa vue;
> Un trouble s'éleva dans mon âme éperdue;
> Mes yeux ne voyaient plus, je ne pouvais parler,
> Je sentis tout mon corps et transir et brûler.
> Je reconnus Vénus, et ses feux redoutables,
> D'un sang qu'elle poursuit tourments inévitables (Racine 1999 [1677], 1.3.273–1.3.278)

[Ich sah ihn und errötete, erbleichte bei dem Anblick;
Ein Taumel brach in meiner trunknen Seele aus,
Mein Auge sah nicht mehr, ich konnte nicht mehr sprechen;
Ich fühlte meinen Leib erfrieren und verbrennen.
Venus erkannt ich da und jenes Schreckensfeuer,
Mit dessen Qual sie unentrinnbar unser Haus verfolgt (Racine 1988 [1677], 19)]

Phèdres Liebe erfolgt als unmittelbare Reaktion auf den ersten Anblick Hippolytes. In ähnlicher Weise wie in der *Andromaque* findet die Liebe in *Phèdre et Hippolyte* ein unwürdiges Objekt. Im Fall Hippolytes ist es die von seinem Vater gefangene Aricie, in dem Phèdres ihr eigener Stiefsohn. In einer parataktischen Reihe zeigt Racine die Erfahrung der Liebe, die Phèdre heimsucht, als gewaltsame Überwältigung durch ein Bild, das sich ihren Augen aufdrängt. Es ist der Blick, der in ihr eine körperliche Reaktion hervorruft, gegen die sie sich nicht zur Wehr setzen kann. Von einer Kontrolle der Affekte kann keine Rede mehr sein: Widerstandslos unterliegt Phèdre ihrer Leidenschaft.

Über die imaginäre Ordnung des Blicks hinaus verlagert Racine die Darstellung des Liebesaffektes ganz in die symbolische Ordnung der Sprache. Sie kommt in der Folge von Geständnissen zur Geltung, die Phèdre zunächst vor ihrer Vertrauten Œnone, dann vor Hippolyte und schließlich vor Theseus ablegt. In der Sprache des Geständnisses wird der Affekt jedoch nicht gebändigt, sondern selbst zum Instrument der Zerstörung, die über die Protagonistin hereinbricht. Die Macht der Leidenschaft, der das Subjekt überantwortet ist, offenbart nicht nur die parataktische Reihe „Je le vis, je rougis, je pâlis à sa vue" (Racine 1999 [1677], 1.3.273) und der darauf folgende Verlust von Augenlicht und Sprache. Trotz des Verlustes aller Sinnesfunktionen spricht Racine Phèdre ein Minimum an Erkenntnis zu, das sich freilich darauf beschränkt, die erlittene Gewalt der Göttin Venus zuzuschreiben. Die Darstellung des Affektes der Liebe findet ihre mythische Überhöhung in der Bindung an die Göttin, deren Zorn unerbittlich über den Menschen herrscht. Waren es in *Andromaque* die toten Helden der Griechen und Trojaner, die das Geschick der Lebenden bestimmten, so sind es in *Phèdre et Hippolyte* die Götter, die auf die schicksalhaft erfahrene Vergangenheit verweisen. Sie scheinen übrigens nicht weniger sadistisch als die mythischen Heroen. Phèdre erfährt Liebe nicht nur als ein zwanghaft über sie verhängtes Schicksal, sondern zugleich als eine Beschämung, angesichts derer sie den Drang verspürt, sich vor dem offenbarenden Licht der Sonne zu verstecken. Der Wunsch, im Boden zu versinken, sich unsichtbar zu machen, den die Theorien der Scham seit Aristoteles herausgestellt haben, bestimmt auch den tragischen Weg Phèdres, bis er sich in ihrem Tod erfüllt. Was die Affekte der Liebe und der Scham in der Tragödie erreichen, ist eine Desintegration der eigenen Persönlichkeit, der Phèdre nichts entgegenzusetzen hat. Die Sprache der Racineschen Tragödie ist – ganz im Sinne von Lacans Bemerkung, „Il ne s'agit pas de savoir si je parle de moi de façon conforme à ce que je suis, mais si, quand j'en parle, je suis le même que celui dont je parle" (Lacan 1966, 517) [„Es geht nicht darum zu wissen, ob ich von mir in einer Weise spreche, die dem, was ich bin, konform ist, sondern darum, ob ich, wenn ich darüber spreche, derselbe bin wie der, von dem ich spreche" (Lacan 1986, 42)] – der symbolische Ort, an dem das Ich nicht mehr mit sich identisch werden kann. Im Wüten der Liebe gerät Phèdre außer sich. Wo Descartes die Freiheit des menschlichen Willens als Grund ansetzte, die Leidenschaften zu beherrschen, da zeigt Racine den zerstörerischen Lauf der Affekte auf, der Phèdre zum widerstandslosen Opfer der Venus macht.

4. Tragödie und Trauerspiel

Die Verschränkung von Liebe und Scham führt Racine nicht allein in der Figur der Phèdre vor, sondern ebenso in der des Hippolyte. So wie Phèdre sich ihrer unwürdigen Liebe zu dem Sohn des Theseus schämt, so schämt sich der spröde Hippolyte, der bei Euripides noch ganz der Macht der Venus abschwören wollte, seiner Leidenschaft für Aricie. Hippolytes Tod ist daher nicht nur unmittelbare Folge des Fluches, den der Vater über ihn verhängt hat, sondern zugleich Strafe für seine ganz und gar unpassende Liebe. So wenig wie Phèdre kann Hippolyte der Forderung nach Affektbeherrschung entsprechen, die die Klassik aufgestellt hat. Von seinen eigenen Pferden, die „ne connaissent plus ni le frein ni la voix" (Racine 1999 [1677], 5.6.1536) [„keine Zügel, keine Stimme mehr [kennen]" (Racine 1988 [1677], 67)] – eine Metapher seiner entfesselten Leidenschaften –, wird er zu Tode getrampelt. Was von ihm übrigbleibt, ist nichts als ein zerschundener Körper, ein „corps défiguré" (Racine 1999 [1677], 5.6.1568) [„entstellte[r] Leib" (Racine 1988 [1677], 68)], den selbst der eigene Vater nicht mehr zu erkennen vermag. Hippolytes Tod führt daher noch einen dritten Affekt in die Racinesche Tragödie ein, den die *Andromaque* nicht kannte: die Trauer. Ihr bleibt es vorbehalten, eine Distanz zum mythischen Geschehen aufzunehmen, die den tragischen Affekten der Liebe und der Scham versagt bleibt. Möglich ist dies allerdings nur in der epischen Sprache der Erinnerung, die Théramène auf der Bühne bemüht, um vom grausamen Tod Hippolytes zu berichten. Als großer narrativer Block entzieht sich der Bericht zugleich dem tragischen Geschehen, das er erinnert. Von dem mythischen Schicksal, das Hippolyte ereilt, distanziert sich Théramène im subjektiven Moment der Trauer. Die Linearität des Berichtes, der den Tod Hippolytes in allen Einzelheiten wiedergibt, unterbricht Théramène, um seinen Schmerz über den

Tod seines Schützlings auszudrücken: „Excusez ma douleur. Cette image cruelle | Sera pour moi de pleurs une source éternelle" (Racine 1999 [1677], 5.6.1545) [„Verzeiht mir meinen Schmerz. Das grauenvolle Bild | Wird alle Zeit die Quelle meiner Tränen sein" (Racine 1988 [1677], 67)]. Die sprachliche Repräsentation des Schreckens, den der Bericht wiederholend zusammenfasst, weicht dem sprachlichen Ausdruck der Trauer. Die Trauer, Benjamin zufolge „nicht gleich der Tragik eine waltende Macht" (Benjamin 1980 [1916], 137), sondern „ein Gefühl" (Benjamin 1980 [1916], 138), offenbart sich nicht als bloße Repräsentation des Naturverhängnisses, die am mythischen Schicksalszusammenhang partizipiert, sondern als erinnernde Klage, die sich von der tragischen Erfüllung des Fluches distanziert. Nicht im Sinne eines heroisch-tragischen Schicksals behält Théramène das bezeugte Unglück in Erinnerung, sondern als trauriges Beispiel der grausamen Macht der Götter: „Triste objet, où des Dieux triomphe la colère" (Racine 1999 [1677], 5.6.1569) [„Ein Bild der Qual, an dem der Zorn der Götter triumphiert" (Racine 1988 [1677], 68)]. Der mythische Tod des Hippolyte verkehrt die Tragödie zugleich in ein barockes Trauerspiel, das sich im Tod Phèdres erfüllt und wieder der Tragödie annähert. „Das Barocke ist für Racine eine Versuchung und eine Gefahr", so erklärt Philip Butler den Widerstreit von Barock und Klassizismus in Racines Werk (Butler 1959, 18). Leo Spitzer nennt Racine schlicht einen „baroque poet" (Spitzer 1962, 125) [„barocke[n] Dichter" (Spitzer 1976, 98)] und *Phèdre* „the ideal type of a baroque tragedy" (Spitzer 1962, 119) [„de[n] Idealtypus einer barocken Tragödie" (Spitzer 1976, 88)]. In *Phèdre et Hippolyte* überlagen sich so klassische Tragödie und barockes Trauerspiel zu einer widerspenstigen Einheit, die in ihrer Spannkraft zugleich auf die Moderne vorverweist.

Die Trauer, die Hippolytes Tod auslöst, findet ihre Steigerung in dem gewaltsamen Ende seiner Stiefmutter. Die sprachliche Darstellung ihres Todes ist jedoch ganz anders gestaltet als die des unglücklichen Theseus-Sohnes. Im Vergleich zum barock anmutenden Untergang Hippolytes ist die Schilderung von Phèdres Tod von erhabener Schlichtheit. Nicht durch einen Boten wird er übermittelt, sondern von ihr selbst verkündet. „Les moments me sont chers, écoutez-moi, Thésée. | C'est moi qui sur ce fils chaste et respectueux | Osai jeter un œil profane, incestueux" (Racine 1999 [1677], 5.7.1622–5.7.1624) [„Die Zeit ist kostbar, Theseus, hört mich an. | Ich selber warf auf Euren tugendhaften Sohn | Ein blutschänderisches, frevlerisches Auge" (Racine 1988, 70)], so beginnt Phèdre ihr letztes Geständnis, um in der gebotenen Kürze fortzufahren:

J'ai pris, j'ai fait couler dans mes brûlantes veines
Un poison que Médée apporta dans Athènes.
Déjà jusqu'à mon cœur le venin parvenu
Dans ce cœur expirant jette un froid inconnu,
Déjà je ne vois plus qu'à travers un nuage
Et le Ciel, et l'Époux que ma présence outrage.
Et la Mort dérobant à mes yeux la clarté
Rend au jour, qu'ils souillaient, toute sa pureté (Racine 1999 [1677], 5.7.1637–5.7.1644)

[Ich fand und goß in meine heißen Adern
Ein Gift, das durch Medea nach Athen gelangte.
Schon dringt es lähmend bis zu meinem Herzen
Und füllt dies Herz mit nie gefühlter Kälte an;
Schon sehe ich nur mehr durch dichte Schleier
Den Himmel, den Gemahl, die meine Nähe krankt;
Der Tod, in dessen Dunkel meine Augen brechen,
Gibt nun dem Tag, den sie befleckt, die Reinheit wieder (Racine 1988 [1677], 71)]

Dem Feuer der Leidenschaft, das Venus über sie verhängt hat, begegnet Phèdre mit dem Gift Medeas. Nicht nur fällt sie im Unterschied zu Hippolyte von eigener Hand, sie verkündet ihren Tod auch selbst. Mit dem einleitenden Hinweis auf die Kürze der ihr noch verbleibenden Zeit, eine schmale Zeitspanne, die ihr Geständnis ganz ausfüllt, verpflichtet sie sich einer sprachlichen Schlichtheit, die der ausufernden Länge und Expressivität des Berichtes vom Tode Hippolytes entgegengesetzt ist. Der Schlichtheit ihrer Worte korrespondiert die Reinheit, die sie jenseits von Liebe und Scham anstrebt. „Ihr letztes Wort ist: *pureté*" (Szondi 1978, 239), hebt schon Peter Szondi hervor. Das Moment der Reinheit, das Phèdre scheidend nennt, verklammert Racine in einer chiastischen Konstruktion mit dem der ‚clarté'. Phèdres Tod stellt das Licht der Augen der Reinheit des Tages gegenüber. Die Reinheit bindet er an den Untergang der Klarheit, die Descartes als Zeichen der inneren Gewissheit des Geistes in den Mittelpunkt der klassischen Theorie der Erkenntnis gestellt hat. Im Vergleich zur subjektiven Gewissheit steht die Reinheit – im Sinne Lucien Goldmanns zugleich Zeichen für die Prägung Racines durch den Jansenismus – für den Bereich einer durch keinen Blick getrübten Abwesenheit der Scham ein. Dass dieser Zustand erst nach dem Tod Phèdres in den Blick gerät, zeigt abschließend noch einmal, welch ungeheure Macht den Leidenschaften bei Racine zukommt: Liebe und Scham als Agenten der Tragik, Trauer als deren Widerpart.

5. Racine und die Leidenschaften

Dass die Leidenschaften in Racines Theater einen eigenen und vielfach widersprüchlichen Ort gewinnen, ist in der in Forschung nicht unbemerkt geblieben. In Frage steht damit zugleich, wie sich Racines Verständnis der Affekte von dem der antiken Tragödie unterscheidet. Auf die Differenz von antiker *passio* und moderner Leidenschaft hat bereits Erich Auerbach hingewiesen: „Den psychologischen Inhalten, die in der Antike durch das Wort *pathos* bzw. *passio* ausdrückbar waren, liegt stets die Vorstellung des ‚Erleidens' zugrunde, und sie entsprechen weit eher dem, was wir mit ‚Gefühl' oder ‚Empfindung' als dem, was wir mit ‚Leidenschaft' bezeichnen" (Auerbach 1967a, 161). Die tragischen Affekte der Liebe und der Scham bei Racine unterstreichen diese Dimension des Erleidens, die Auerbach den Passionen zuschreibt. Wie Auerbach deutlich gemacht hat, erfahren sie in der Zeit der französischen Klassik eine außerordentliche Aufwertung, die bei Racine kulminiert. „Die *passions* sind im 17. Jahrhundert die großen menschlichen Begierden, und das Eigentümliche daran ist die neuzeitliche Neigung, sie als tragisch, heroisch, erhaben und bewunderungswürdig anzusehen" (Auerbach 1967a, 173). Dieser Weg „erreicht seinen Höhepunkt in der Tragödie Racines, deren Ziel es ist, die Leidenschaften zu erregen und zu verherrlichen" (Auerbach 1967a, 173). Wie am Beispiel der *Andromaque* und der *Phèdre* deutlich geworden ist, dient die Verherrlichung der Leidenschaften, von der Auerbach spricht, jedoch gerade nicht ihrer Apotheose. Vielmehr zeugt das Theater Racines gerade in seinem Rückbezug auf die griechische Tragödie von einer in der Moderne kaum zu überbietenden Aufwertung des *pathos* gegenüber dem *ethos*, das Aristoteles in den Mittelpunkt der Tragödie stellen wollte. Im Blick auf Racines *Phèdre* konnte Auerbach daher formulieren: „Die ganze Tragik des Stückes beruht auf dem Glauben an die Unüberwindlichkeit und den letzten, gewissermaßen transzendenten Ernst des Begierdenlebens" (Auerbach 1967b, 201). Wie Auerbach erkannt hat, geht das psychologische Theater Racines mit einer Wendung einher, die sich ganz in Richtung der Affekte und Instinkte bewegt. „Racine fand die Quellen der individuellen Dynamik in der Tiefe der Instinkte" (Auerbach 1967b, 202). Wie schon Barthes gezeigt hat, spricht Racines Theater die moderne Sprache der Psychoanalyse. In der Überantwortung des Menschen an die *passio* begründet er eine negative Anthropologie (Stierle 1985), in der das Individuum als ein Wesen auftritt, das ganz dem ihm selbst unbewussten Begehren überantwortet ist. Racines *passion classique* ist daher alles andere als ein Zugang zur klassischen Reinheit der Form, die die Forschung so lange in ihr erkennen wollte. Vielmehr fördert sie den ganzen Schmutz und Schmerz der Seele hervor, der mit der Macht der Leidenschaften verbunden ist. Neben Shakespeare markiert das Theater Racines so einen zweiten Bezugspunkt für die Affektmodellierungen der Moderne, wie sie im Theater Kleists und anderer begegnen.

Literaturverzeichnis

(Anmerkung zur Zitierweise: Stellenangaben aus Racines Dramen nennen für das französische Original Akt. Szene. Zeilenzahl, für die deutsche Fassung die Seitenzahlen in arabischen Ziffern.)

Aristoteles. *Rhetorik. Werke in deutscher Übersetzung.* Bd. 4. Übers. und hrsg. von Christoph Rapp. Berlin: Akademie-Verlag, 2002.
Auerbach, Erich. „Passio als Leidenschaft". *Gesammelte Aufsätze zur romanischen Philologie.* Hrsg. von Erich Auerbach mit Fritz Schalk. Bern und München: Francke, 1967a. 161–175.
Auerbach, Erich. „Racine und die Leidenschaften". *Gesammelte Aufsätze zur romanischen Philologie.* Hrsg. von Erich Auerbach mit Fritz Schalk. Bern und München: Francke, 1967b. 196–203.
Barthes, Roland. „Sur Racine". Œuvres complètes. Tome II. 1962–1967. Hrsg. von Éric Marty. Paris: Seuil, 2002. 53–194.
Benjamin, Walter. „Die Bedeutung der Sprache in Trauerspiel und Tragödie" [1916]. *Gesammelte Schriften.* Bd. 2.1. Hrsg. von Rolf Tiedemann und Hermann Schweppenhäuser. Frankfurt am Main: Suhrkamp, 1980. 137–140.
Butler, Philip. *Classicisme et baroque dans l'œuvre de Racine.* Paris: Nizet, 1959.
Descartes, René. *Les Passions de l'Ame/Die Leidenschaften der Seele.* Übers. und hrsg. von Klaus Hammacher. Hamburg: Meiner, 1984 [1649].
Descartes, René. „Les passions de l'âme" [1649]. Œuvres philosophiques. Tome III. 1643–1650. Hrsg. von Ferdinand Alquié. Paris: Garnier, 1989.
Forestier, Georges. *Jean Racine.* Paris: Gallimard, 2006.
France, Peter. *Racine: Andromaque.* London: Arnold, 1977.
Geisenhanslüke, Achim. „Scham. Theorie und Geschichte einer starken Empfindung". *Scham. Freiburger Literaturpsychologische Gespräche. Jahrbuch für Literatur und Psychoanalyse.* Bd. 32. Hrsg. von Joachim Küchenhoff, Joachim Pfeiffer und Carl Pietzcker. Würzburg: Königshausen & Neumann, 2013. 21–39.
Goldmann, Lucien. *Le dieu caché. Étude sur la version tragique dans les Pensées de Pascal et dans le théâtre de Racine.* Paris: Gallimard, 1955.
Goodkin, Richard E. „La Guerre de Troi(e): ‚Andromaque'". *The Tragic Middle. Racine, Aristotle, Euripides.* Wisconsin: University of Wisconsin Press, 1991. 94–111.
Guénoun, Solange. *Archaïque Racine.* Frankfurt am Main u. a.: Lang, 1993.
Karsenti, Tiphaine. *Le mythe de Troie dans le théâtre français.* Paris: Champion, 2012.
Lacan, Jacques. Écrits. Hrsg. von François Wahl. Paris: Seuil, 1966.
Lacan, Jacques. *Schriften II.* Hrsg. von Norbert Haas, übers. von Chantal Creusot, Wolfgang Fietkau, Norbert Haas, Hans-Jörg Rheinberger und Samuel M. Weber. Berlin: Quadriga, 1986.
Luhmann, Niklas. *Liebe als Passion. Zur Codierung von Intimität.* Frankfurt am Main: Suhrkamp, 1982.

Matzat, Wolfgang. *Dramenstruktur und Zuschauerrolle. Theater in der französischen Klassik.* München: Fink, 1982.
Racine, Jean. „Andromaque" [1667]. *Œuvres Complètes.* Bd. 1: *I. Théâtre – Poésie.* Hrsg. von Georges Forestier. Paris: Gallimard, 1999. 193–256. (Deutsche Fassung: „Andromache". *Jean Racine: Phädra. Andromache. Zwei Tragödien.* Übers. von Simon Werle. Frankfurt am Main: Verlag der Autoren, 1988. 73–137.)
Racine, Jean. „Phèdre et Hippolyte" [1677]. *Œuvres Complètes I. Théâtre – Poésie.* Hrsg. von Georges Forestier. Paris: Gallimard, 1999. 815–876. (Deutsche Fassung: „Phädra". *Jean Racine: Phädra. Andromache. Zwei Tragödien.* Übers. von Simon Werle. Frankfurt am Main: Verlag der Autoren, 1988. 7–71.)
Rohou, Jean. *Andromaque.* Paris: Presses Universitaires de France, 2000.
Spitzer, Leo. „Die klassische Dämpfung in Racines Stil". *Romanische Stil- und Literaturstudien I.* Marburg: Elwert, 1931. 135–269.
Spitzer, Leo. „The ‚Récit of Théramène'". *Linguistics and Literary History. Essays in Stylistics.* New York: Russell & Russell, 1962. 87–134.
Spitzer, Leo. „Der Bericht des Théramene Racines in ‚Phedre'". *Racine.* Hrsg. von Wolfgang Theile. Darmstadt: Wissenschaftliche Buchgesellschaft, 1976. 43–98.
Starobinski, Jean. „Racine et la poétique du regard". *L'oeil vivant, Corneille, Racine, La Bruyère, Rousseau, Stendhal.* Paris: Gallimard, 1961. 71–92. (Deutsche Fassung: Starobinski, Jean. „Racine und die Poetik des Blicks". *Das Leben der Augen.* Übers. von Henriette Beese. Frankfurt am Main, Berlin und Wien: Ullstein, 1984. 52–66.)
Stierle, Karl-Heinz. „Die Modernität der französischen Klassik. Negative Anthropologie und funktionaler Stil." *Französische Klassik. Theorie Literatur Malerei.* Hrsg. von Fritz Nies und Karl-Heinz Stierle. München: Fink, 1985. 81–127.
Szondi, Peter. *Schriften I.* Frankfurt am Main: Suhrkamp, 1978.
Weinrich, Harald. *Tragische und komische Elemente in Racines ‚Andromaque'.* Münster: Aschendorff, 1958.
Vuillemin, Jean-Claude. „Éros tragique. Transgression et subversion de l'éthique amoureuse dans ‚Andromaque'". *Poétique* 27 (1996): 87–100.
Wurmser, Léon. *Die Maske der Scham. Die Psychoanalyse von Schamaffekten und Schamkonflikten.* 5. Aufl. Berlin und Heidelberg: Klotz, 2013 [1990].

4.3 Höfische Affektkontrolle. Graciáns *Oráculo manual*

Johanna Schumm

1. Einleitung

„Un homme qui sait la cour est maître de son geste, de ses yeux et de son visage; il est profond, impénétrable; il dissimule les mauvais offices, sourit à ses ennemis, contraint son humeur, déguise ses passions, dément son cœur, parle, agit contre ses sentiments." [„Ein Mensch, der sich auf den Hof versteht, ist Herr seiner Bewegungen, seiner Blicke, seiner Mienen; er ist undurchdringlich, unergründbar; er weiß schlimmem Tun einen angenehmen Schein zu geben, lächelt seinen Feinden zu, bezwingt seine Laune, verhehlt seine Leidenschaften, verleugnet sein Herz, spricht und handelt wider seine Gefühle."] (La Bruyère 1688, 215)

In seinen Ausführungen über den Hof, „De la Cour", verknüpft Jean de la Bruyère den Erfolg am Hof mit der Kontrolle der eigenen Affekte und ruft damit ein weit verbreitetes Bild des Höflings auf. Der Höfling, ebenso wie die Hofdame, reüssieren am Hof, wenn sie ihre Affekte verbergen oder bestimmte Affekte vortäuschen. Was La Bruyère hier moralisch disqualifizieren möchte – die größte Ehre sei es, einem Mann zu sagen, er verstehe nichts vom Hof – ist ein zentrales Thema der Literatur des 16. und 17. Jahrhunderts – jedoch keineswegs nur in kritischer Einfärbung. Der gekonnte Umgang mit den Affekten bildet in diesen Jahrhunderten einen zentralen Bestandteil aller literarischer Genres, nicht nur der Hofmannsliteratur und der moralistisch-aphoristischen und philosophischen Abhandlungen zur höfischen Lebenskunst, sondern auch des höfischen Dramas oder Romans. Das große literarische Potential der Affektkontrolle liegt im dramaturgischen Reiz von gezeigten und verborgenen Affekten, Täuschungen durch und Enthüllungen über sie, wie ihn etwa Racines *Phèdre* vorführt (vgl. 4.2 Geisenhanslüke), und genauso an ihrer engen Verbindung zur sprachlichen Modellierung von Affekten: Einen Affekt zu kontrollieren heißt ggf. zu schweigen oder, wie La Bruyère formuliert, gegen sein Gefühl zu sprechen; Affektkontrolle prägt eine eigene „Sprache der Verstellung" (Geitner 1992 und Benthien 2006). Der kalkulierende Umgang mit Affekten wird dabei meist im Kontrast zu der sich auf Authentizität berufenden Ästhetik des 18. Jahrhunderts als Moment der Artifizialität und Distanz verstanden. Indes umfasst die Affektkontrolle genauso den gezielten Einsatz von Aufrichtigkeit bzw. eine Rhetorik der Authentizität, die zunehmend von der Forschung in den Blick genommen wird (Benthien/Martus 2006).

Die literarische Behandlung der Affektkontrolle entspricht ihrer zentralen Rolle im politischen und historischen Schrifttum der Zeit, die wiederum mit der gesellschaftlichen Realität korrespondiert. Norbert Elias hat sie zum Charakteristikum der höfischen Gesellschaft erklärt: „Die höfische Rationalität", schreibt er, ist eine „Bändigung der Affekte um bestimmter lebenswichtiger Zwecke willen" (Elias 2002 [1969], 190).

Immer wenn vom Leben am Hof gehandelt wird, ist die Affektkontrolle ein zentrales Thema, trotz aller Unterschiede der einzelnen Hofkulturen. Vielmehr scheinen gerade über das Interesse an dem gezielten Umgang mit Affekten die beträchtlichen regionalen und historischen Unterschiede der Hofkulturen recht mühelos überschritten zu werden: Das belegen europäische Rezeptionsgeschichten, etwa die von Baldassare Castigliones *Il Libro del Cortegiano [Das Buch vom Hofmann]* (1528) – das sich auf den Renaissance-Hof von Urbino bezieht, aber in den unterschiedlichsten höfischen Kontexten aufgenommen und neu interpretiert wurde (Burke 1995) – oder die von Baltasar Graciáns *Oráculo manual y arte de prudencia [Handorakel oder Kunst der Weltklugheit]* (1647), das hier einer exemplarischen Lektüre unterzogen werden soll. Denn Gracián adaptiert die Hofmannskunst für eine allgemeinere Kunst der Klugheit und hat so der darin entworfenen Affektkontrolle eine große Wirkung beschert. Sie wurde in den verschiedensten Kontexten, und das heißt eben auch in verschiedenen höfischen Kontexten, aktualisiert: Die französische Übersetzung von Nicolas Amelot de la Houssaie (1684) münzt den Text mit dem Titel *L'homme de cour* und der Widmung an Louis XIV. auf den absolutistischen Hof Frankreichs. Hier begründet sich auch die große Wirkung des *Oráculo manual* auf die deutsche (Hof-)Literatur und Philosophie: Christian Thomasius bezieht sich ausgerechnet auf den Spanier Gracián (in der Übersetzung Houssaies), wenn er von der „Nachahmung der Frantzosen" (1687) handelt und gelungene Galanterie und Politesse erläutern will (Thomasius 1894 [1687/1701], 11). Dabei kommt auch ihm die Situationsentbundenheit der Graciánschen Affektkontrolle entgegen: Er löst den von Houssaie stark gemachten Bezug auf den absolutistischen Hof wieder auf und formuliert in der Folge in Bezug auf Gracián eine allgemeinere „Hofphilosophie" (*philosophia aulica*) und einen grundsätzlichen *Entwurff der politischen Klugheit*.

Dass das Interesse an der Kontrolle der Affekte im 16. Jh. so stark aufflammt, ist verschiedentlich begründet worden: Neben der spezifischen sozialen Realität des Hofes spielen hier auch die zahlreichen politischen, wirtschaftlichen und sozialen Probleme der Zeit hinein, die wiederum einer sogenannten negativen Anthropologie zuträglich sind, welche davon ausgeht, dass das Leben des einzelnen ein permanenter Überlebenskampf auch gegen den anderen ist – pointiert formuliert in Thomas Hobbes' Diktum, der Mensch sei dem Menschen ein Wolf (‚Homo homini lupus est') (1647, 59). Der entscheidende Referenztext für die Idee, dass soziale oder politische Behauptung wesentlich auf Affektkontrolle beruhe, ist Niccolò Machiavellis *Il Principe* (1513). Die dort vorgenommene Scheidung des moralisch Guten vom politisch Notwendigen ermöglicht es, die Verstellung des Herrschers als Gebot politischer Klugheit aufzuzeigen. Dieses Moment wird auch in der kritischen Machiavelli-Rezeption weitergetragen, so dass die Verstellung aus der politischen Lehre nicht mehr wegzudenken ist. Diese Legitimation der Verstellung wirkt (wenn auch zum Teil eingeschränkt) in den Fürstenspiegeln der Zeit sowie im sogenannten Tacitismus und Neostoizismus fort, der sich insbesondere auf Justus Lipsius' *De Constantia* (1584) beruft. In diesen Traditionslinien steht auch Graciáns *Oráculo manual*, das exemplarisch für die höfische Beschäftigung mit der Affektkontrolle stehen kann und zugleich als paradigmatische und besonders einflussreiche literarische Ausarbeitung dieses Motivs anzusehen ist. Grundlage dieses Erfolgs ist nicht zuletzt die vielschichtige, kasuistische Entfaltung der Affektkontrolle: In immer neuen situativen Entwürfen wird der strategische Umgang mit den eigenen und den fremden Affekten durchgespielt und dargestellt. Im Folgenden möchte ich dieser Komplexität der höfischen Affektkontrolle, die sich keineswegs in einem einfachen Verbergen oder Vortäuschen erschöpft, nachgehen und Bezüge zu anderen literarischen Entwürfen dieser einflussreichen Emotionskultur aufzeigen.

2. Die Politik der Verstellung

Gracián entwirft in seiner Aphorismensammlung *Oráculo manual* eine beispielhafte Kunst der Affektkontrolle, in der höfisches Verhalten zu klugem Verhalten per se stilisiert wird.

„*Hombre inapassionable* [...]. No ai mayor señorío que el de sí mismo, de sus afectos, que llega a ser triunfo del alvedrío." [„Leidenschaftslos sein. [...] Keine höhere Herrschaft, als die über sich selbst und über seine Affekte, sie wird zum Triumph des freien Willens."] (Gracián 1647, Aph. 8) Wer die höchste Herrschaft erreichen will, der muss die eigenen Affekte beherrschen. Damit stellt Gracián den Umgang mit den Affekten ins Zentrum einer taktischen Lebensklugheit, die er im *Oráculo manual* entwirft. Die Beherrschung der Affekte meint vor allem eine Verbergung der Affekte, da mit ihnen nach außen dringen könnte, was nicht nach außen dringen soll: „Son las passiones los portillos del ánimo. El más plático saber consiste en dissimular [...]." [„Die Leidenschaften sind die Pforten der Seele. Das praktischste Wissen besteht in der Verstellungskunst."] (ebd., Aph. 98)

Mit der engen Verbindung von Herrschaft und Verstellung schließt Gracián an einen regen Diskurs der Frühen Neuzeit an, in dessen Zentrum der Umgang mit Affekten steht. Ein zentraler Ausgangspunkt ist dabei Machiavellis Legitimation der Verstellung als Teil eines klugen, am politisch Notwendigen orientierten Regierens des *Principe*. Der Fürst, so heißt es dort, müsse ein „gran simulatore e dissimulatore" [„Lügner und Heuchler"] (Machiavelli 1513, 136) sein.

Machiavellis Thesen haben in der spanischsprachigen politischen Theorie der Zeit vielfache Kritik hervorgerufen: Sie seien „salidas del infierno" [„der Hölle entstiegen" (J. S.)] schreibt zum Beispiel Pedro de Ribadeneyra (1595, 222) in seiner christlichen Fundamentalkritik Machiavellis. Allerdings bleibt auch für Machiavellis Kritiker die Verstellung legitim, zumindest solange sie der Gemeinschaft beziehungsweise dem, was als politisch notwendig angesehen wird, diene (ebd., 238). Für das Wohl der Gemeinschaft sind in ihren Augen insbesondere die Affekte gefährlich und müssen daher kontrolliert und verstellt werden, da sie eine klare Sicht auf die Dinge trübten. In einem generell „als bodenlos wahrgenommenen Dasein" (Krauss 1947, 13) schüren die Affekte die allgegenwärtige barocke Angst vor Täuschung. So warnt etwa Diego de Saavedra Fajardo in seiner *Idea de un principe politico christiano*: „Asi nos engañan las cosas miradas solamente por una parte de los antojos de nuestros afectos, o pasiones." [„So täuschen uns die Dinge, wenn wir sie nur durch die Brillen unserer Affekte oder Leidenschaften sehen." (J. S.)] (Saavedra Fajardo 1640, 41) Deshalb stellt Saavedra Fajardo den Umgang mit den Affekten ins Zentrum der Erziehung eines christlichen Fürsten und legitimiert die Verstellung. Insbesondere der Prinz dürfe sich nicht von seinen Affekten leiten lassen, sondern von der Staatsräson: „No a de obrar por inclinacion, sino por razon de govierno. No por genio propio, sino por arte. Sus costumbres mas an de ser politicas, que naturales. Sus deseos mas an de nazer del corazon de la Republica, que del suyo. Los particulares se goviernan a su modo, los Principes segun la conveniencia comun. En los particulares es doblez disimular sus pasiones, en los Principes razon de estado." [„Er darf nicht aus Neigung handeln, sondern aus Regierungsräson. Nicht aus seinem eigenen Gemüt, sondern durch Kunst. Seine Sitten müssen eher politisch als natürlich sein. Seine Wünsche müssen mehr dem Herzen der Republik entspringen als seinem eigenen. Die Gewöhnlichen beherrschen sich auf ihre Weise, die Prinzen dem allgemeinen Zweck gemäß. Bei den Gewöhnlichen ist es ein Makel seine Affekte zu verbergen, bei dem Prinzen Staatsräson." (J. S.)] (ebd. 1640, 42)

Die Orientierung des eigenen Handelns nicht am Affekt, sondern an einer durch die Vernunft gegebenen Maxime ist ebenso in Graciáns Affektkontrolle grundlegend; auch er tritt damit das Erbe Machiavellis an. Gracián weitet jedoch die Forderung nach Verstellung auf ein breiteres Publikum aus und überträgt sie von einer Lehre des klugen Regierens auf eine allgemeine „arte de prudencia" [„Kunst der Weltklugheit"] (Gracián 1647), wie der Untertitel des Handorakels lautet. Mit dieser Verallgemeinerung steht Gracián nicht alleine. So verteidigt etwa Torquato Accetto in seinem Traktat *Della dissimulazione onesta* (1641) die Verstellung als ehrbare, mit dem christlichen Glauben vereinbare und stets notwendige Lebenspraxis. Und die Hofmannstraktate der Renaissance, insbesondere Castigliones *Il Libro del Cortegiano* und Giovanni della Casas *Galateo* (1558), haben schon lang zuvor einen Hofmann beziehungsweise eine Hofdame entworfen, die sich selbst nach einem Ideal komponieren. Und zwar nicht nur, um im erotischen und gesellschaftlichen Spiel zu reüssieren, sondern auch um das Gefallen des jeweiligen Fürsten zu erreichen. Während in den Hofmannstraktaten dabei der Aspekt der Herrschaft durch gezielte Affektkontrolle in einer im positiven Sinne höfisch zivilisierten Gesellschaft nur an einzelnen Stellen durchscheint, ist er bei Gracián so explizit wie in den christlichen Prinzenlehren. Im Gegensatz zu diesen ist die Affektkontrolle bei Gracián jedoch nicht an einem vermeintlich allgemeinen, sondern allein am individuellen Wohl orientiert. Damit steht er Machiavelli näher, auch wenn die Lehre, die er vertritt, nicht allein für den Herrscher bestimmt ist, sondern generell für alle, die Macht gewinnen oder in einer feindlichen Umgebung überleben wollen.

Dieser universelle Anspruch von Graciáns Lebensklugheit schlägt sich auch darin nieder, dass die Aphorismen nur ganz vage in historisch und kulturell spezifischen Situationen verortet sind. Gerade das wiederum hat zu ihrer von Anfang an regen Rezeption beigetragen, denn Graciáns Maximen sind leicht auf andere historische und lebensweltliche Kontexte und Diskurse übertragbar. Davon zeugt auch die für die Rezeption im deutschen Sprachraum entscheidende und auch hier zitierte Übersetzung des Handorakels durch Schopenhauer (Gracián 1832), die nicht zuletzt die von Helmut Lethen beschriebene Aktualisierung Graciáns in *Verhaltenslehren der Kälte* (Lethen 1994) der Weimarer Republik möglich gemacht hat.

Die Affektkontrolle ist bei Gracián und seinen Nachfolgern in einem konfliktiven Umfeld verortet, einem Dasein mit „Kampfcharakter", wie Werner Krauss schreibt (1947, 86). Die in Anschluss an antike Emotionstheorien geforderte Behauptung der Vernunft gegenüber den Leidenschaften hat dabei weniger selbstpraktische Gründe, die auf Veredelung des Charakters, als sozialstrategische Motive, die auf Behauptung in einer Gemeinschaft zielen. Ich möchte im Folgenden die Konturen dieser Affektkontrolle aufzeigen und dafür argumentieren, dass Gracián das soziale Überleben und Aufsteigen des von ihm angeleiteten Klugen auf der Kontrolle der eigenen Affekte und auf einer Manipulation der Affekte der anderen gründet.

3. Der Kriegsdienst des Menschen

Die Aufforderungen zur Affektkontrolle formuliert Gracián vor allem in seinen lebenspraktischen Schriften, die ein Ideal des Weltmannes (*El discreto*), Politikers (*El político*), Helden (*El héroe*) und allgemein eine Kunst der Klugheit (so das einflussreichste *Oráculo manual*) entwerfen. Die diesen zugrundliegende Anthropologie aber illustriert sein Roman *El Criticón*, der die Lebensreise zweier Protagonisten, Andrenio und Critilo, erzählt: Andrenio verkörpert eine Urzustandsfiktion, nämlich einen Mensch, der in einer Höhle unter Tieren aufgewachsen ist, dann allein auf einer Insel die Welt entdeckt und schließlich erst von seinem Vater und Lehrer Critilo in die menschliche Gesellschaft eingeführt wird. Critilo erläutert Andrenio, dass die Welt grundsätzlich von widerstreitenden Tendenzen geprägt sei und sich dieser universelle Konflikt in jedem einzelnen Menschen wiederhole. Im Menschen stünden die Körpersäfte im Gefecht miteinander, der obere Seelenteil mit dem unteren und die Vernunft mit dem Begehren: „[A] la razón se le atreve el apetito, y tal vez la atropella." [„Das Begehren legt sich mit der Vernunft an und wirft sie oft genug aus der Bahn."] (Gracián 1651, 92) Selbst die Affekte untereinander kämpften: „[E]l temor las ha contra el valor, la tristeza contra la alegría; ya apetece, ya aborrece; la irascible se baraxa con la concupiscible; ya vencen los vicios, ya triunfan las virtudes, todo es arma y todo guerra. De suerte, que la vida del hombre no es otro que una milicia sobre la haz de la tierra." [„Die Angst hat es mit dem Mut, die Trauer mit der Freude; Begehren weicht dem Abscheu; Jähzorn streitet mit Lüsternheit; bald obsiegen die Laster, bald triumphieren die Tugenden, alles ist Waffe und alles ist Kampf. So ist das Leben des Menschen nichts anderes als Kriegsdienst auf Erden."] (ebd., 92)

In Anlehnung an die Begrifflichkeit Thomas von Aquins kombiniert Gracián hier Topoi des antiken und scholastischen Welt-, Menschen- und Affektverständnisses. Für seine Konzeption der Affektkontrolle ist dabei die Formulierung des inneren Widerstreits als „Kriegsdienst auf Erden" entscheidend, die ein Zitat aus dem Buch Hiob – „militia est vita hominis super terram" (Hiob, 7, 1) – ins Innermenschliche wendet. An anderer Stelle, wenn auch in ganz ähnlicher Formulierung, fasst Gracián diesen Kriegsdienst als zwischenmenschlichen auf. Es handelt sich um die konzeptistische Zuspitzung des Hiob-Motivs im *Oráculo manual*: „Milicia es la vida del hombre contra la malicia del hombre [...]." [„Ein Krieg ist das Leben des Menschen gegen die Bosheit des Menschen."] (Gracián 1647, Aph. 13) Der Gleichklang von *milicia* und *malicia* lässt dabei den Schluss vom Kriegsdienst auf die Bosheit der anderen zwingend erscheinen.

Gracián entwirft den Menschen als Krieger in vielen Schlachten, mit sich selbst und mit seinen Mitmenschen. Der Kampf der Affekte innerhalb des Menschen muss schon geschlagen sein, um im Kampf zwischen den Menschen zu triumphieren. Er formuliert damit ein Gesellschaftsbild, das stark an Hobbes erinnert. Während sich bei Hobbes die Formulierung, der Mensch sei dem Menschen ein Wolf, jedoch auf die ursprüngliche Natur des Menschen bezieht, die den Vertragsschluss und die Übertragung aller Macht auf den Souverän nötig macht, wird der Mensch bei Gracián erst in der Zivilisation zum Wolf des anderen. So sagt im *Criticón* Critilo zu Andrenio: „Dichoso tú que te criaste entre las fieras y ¡ay de mí! que entre los hombres, pues cada uno es un lobo para el otro, si ya no es peor el ser hombre." [„Glücklich du, der du unter Raubtieren, und beklagenswert ich, der ich unter Menschen aufwuchs, denn da ist doch ein jeder dem andern ein Wolf, wenn nicht Schlimmeres."] (Gracián 1651, 99) Eben dieses bedrohliche Umfeld erfordert Selbstkontrolle, da der unkontrollierte Mensch verletzlich und angreifbar ist. So rät Critilo Andrenio, als er das erste Mal unter Menschen kommt: „Advierte, Andrenio, que ya estamos entre enemigos: ya es tiempo de abrir los ojos, ya es menester vivir alerta." [„Merk auf Andrenio, nun sind wir unter Feinden, nun ist es Zeit, die Augen offen zu halten, nun heißt es wachsam sein."] (ebd., 100)

Dass die Gesellschaft eine Gesellschaft der Feinde ist, ist für Gracián – im Unterschied zu Hobbes – keine universelle Tatsache, sondern Ergebnis einer historischen Entwicklung. Genau an diesem Punkt setzt das *Oráculo manual* ein, dessen erster Aphorismus lautet: „*Todo está ya en su punto, y el ser persona en el mayor. Más se requiere hoi para un sabio que antiguamente para siete; y más es menester para tratar con un solo hombre en estos tiempos que con todo un pueblo en los passados.*" [„Alles hat heutzutage seinen Gipfel erreicht, aber die Kunst, sich geltend zu machen, den höchsten. Mehr gehört jetzt zu einem Weisen, als in alten Zeiten zu sieben, und mehr ist erforderlich, um in diesen Zeiten mit einem einzigen Menschen fertig zu werden, als in vorigen mit einem ganzen Volke."] (Gracián 1647, Aph. 1) Diese Entwicklung betrifft für Gracián auch den Hof und macht damit die Hofmannstraktate der Renaissance, die in seinen Augen in einer anderen, weniger konfliktiven Gesellschaft situiert sind, hinfällig. So formuliert es zumindest eine Szene im *Criticón*, in der die beiden Protagonisten nach Madrid an den Hof kommen und ein Buch suchen, das ihnen Ratschläge gebe, wie sie sich in diesem „laberinto cortesano" [„höfischen Labyrinth"] (Gracián 1651, 236) zurechtfinden können. Von dem Buchhändler bekommen sie eines angeboten, über die „arte de ser personas y de tratar con ellas" [„Kunst, *Person* zu sein und mit solchen umzugehen"] (ebd., 236). Das angebotene Buch heißt *El Galateo Cortesano* und bezeichnet damit die Essenz der italienischen Hofmannsliteratur, insofern der Titel Castigliones *Il libro de cortegiano* und Della Casas *Galateo* verbindet, zwei der meist gelesenen und übersetzten Manierenbücher des 16. Jahrhunderts. Ein sich ebenfalls in der Buchhandlung befindender Hofmann kommentiert in der Folge die Ratschläge des angebotenen Buches spöttisch, und zwar weil sie anachronistisch seien: „En aquel buen tiempo cuando los hombres lo eran, digo buenos hombres, fueran admirables estas reglas; pero ahora, en los tiempos que alcançamos, no valen cosa. Todas las liciones que aquí encarga eran del tiempo de las ballestas, mas ahora, que es el de las gafas, creedme que no aprovechan." [„In den guten Zeiten damals, als auch die Menschen noch gute Menschen waren, da waren diese Regeln wohl beachtenswert; aber jetzt, in den Zeiten, die wir erreicht haben, taugen sie nicht mehr. All die Lehren, die darin empfohlen werden, stammen aus der Armbrustzeit; jetzt aber ist Brillenzeit, und glaubt mir, da haben sie ihren Nutzen eingebüßt."] (ebd., 237) Die Anweisung etwa, dass man nicht in sein benutztes Taschentuch hineinsehen solle, sei hinfällig. Heute gelte es, hinzusehen, obgleich das Sehen nicht mehr ungetrübt möglich sei; auch darauf spielt die Metapher der Brille an: „Diga que sí, que miren todos y vean lo que son en lo que echan [...]." [„Ja, ja, schaut nur alle hinein ins Sacktuch und seht, was ihr seid: An eurem Auswurf sollt ihr euch erkennen!"] (ebd., 238) Der Höfling heute, so belehrt der Hofmann im *Criticón*, könne sich am früheren Höfling also nur durch das Gegensätzliche orientieren, besser sei eine Nachahmung des listenreichen Odysseus. Denn: „Sabed que el peligroso mar es la corte, con la Cila de sus engaños y la Caribdis de sus mentiras." [„Die tückischen Wasser sind der Hof, mit der Skylla seiner Täuschungen und der Charybdis seiner Lügen."] (ebd., 244) Critilo und Andrenio erleben in der Folge am Hof, so der Kommentar des Erzählers, das bestätigt, was ihnen der Hofmann vorausgesagt hat.

Gracián versagt damit den früheren Hofmannstraktaten ihre Gültigkeit und legitimiert seine eigene höfische Verhaltenslehre: Das *Oráculo manual* lehrt eine solche „Kunst, Person zu sein", wie sie Andrenio und Critilo im Buchladen gesucht haben. Dass das *Oráculo manual* durchaus als Hofmannstraktat gelesen wurde, davon zeugt etwa seine französische Übersetzung durch Amelot de la Houssaie als *Homme de cour* (1684). Graciáns Entwurf des Hofes als gefährliches Meer der Täuschungen und Lügen steht dabei dem Hof Urbinos, wie ihn Castiglione entwirft, fern und der späteren Hofkritik durch die französischen Moralisten näher.

Diese Wandlung des Hofes und seiner Bewertung vollzieht sich auf der kulturellen Schwelle, die man zwischen der Renaissance und dem Barock ansiedelt. Mit ihr verändert sich auch das Hofverständnis. Bei Castiglione ist der Hof von Urbino ein von allem äußeren nahezu abgeschlossener Raum, bei La Bruyère und Gracián sind die Grenzen zwischen „la cour et la ville" (Auerbach 1951), zwischen Hof und Welt, nicht nur fließend, sondern am Hof kristallisiert sich der Charakter der Welt heraus: „Qui a vu la cour a vu du monde ce qui est le plu beau, le plus spécieux et le plus orné; qui méprise la cour, après l'avoir vue, méprise le monde." [„Wer den Hof gesehen hat, der hat die schönste, glänzendste Zier der

Welt gesehen. Wer den Hof verachtet, nachdem er ihn gesehen hat, verachtet die Welt."] (La Bruyère 1688, 247) *Province, ville* und *cour* sind nur Steigerungen eines Übels, das den Menschen den Weg in die Einsamkeit weist: „Un esprit sain puise à la cour le goût de la solitude et de la retraite." [„Ein gesunder Geist gewinnt am Hofe Geschmack an der Einsamkeit und einem zurückgezogenen Leben."] (ebd., 247)

Gracián dagegen lehrt nicht den Rückzug, sondern den richtigen Umgang mit dem Hof und stellt damit genau das dar, was La Bruyère kritisiert. Das höfische Verhalten ist für Gracián nicht nur am Hof, sondern überhaupt vonnöten, denn der Hof ist für ihn – wie für La Bruyère – nur ein schärferes Abbild der Welt und ihres Sittenverfalls. Wenn Gracián daher vom Hof spricht, dann meint er weniger eine historisch konkrete soziale Institution als vielmehr eine bestimmte zivilisierte Form des Zusammenlebens und Verhaltens. Der Hof ist der gesamte Agitationsraum des Weltmannes. „Das Höfische", so schreibt Krauss über Gracián, „ist zur Höflichkeit geworden" (Krauss 1947, 58). Auch deswegen dominiert bei Gracián die adjektivische Verwendung *cortesano* gegenüber dem Nomen *corte*.

Die Korruption des Hofes als Korruption der Welt, wie sie Gracián in Abgrenzung von Castiglione und Della Casa beschreibt, fordert eine zunehmende Selbstkontrolle und Selbstverstellung. Die von Gracián formulierte höfische Bildung und Klugheit entspricht damit dem Prozess der Zivilisation, wie ihn Elias (1978 [1939]) entworfen hat. Er ist ein Prozess zunehmender Selbstkontrolle. Das macht die alten Hofmannstraktate hinfällig und provoziert bei Gracián eine Nähe zu dem auch von ihm deutlich kritisierten Machiavelli, der aber, so heißt es im *Criticón*, gezeigt habe: „la ruindad destos tiempos, la malignidad destos siglos y cuán acabado está el mundo" [„den Niedergang dieser Zeiten [...], die Schlechtigkeit dieser Epoche und wie weit es mit dieser Welt gekommen" sei] (Gracián 1651, 377). Einher mit der Universalisierung des Hofes geht eine Ausweitung des Politischen: Die Machiavelli zugeschriebene Staatsräson, welche unmoralisches Handeln politisch rechtfertigt, verwandelt Gracián im Rückgriff auf die Hofmannstraktate zu einer „política de cada uno" [„Politik jedes Einzelnen"], der „razón especial de ser personas" [„speziellen Räson des Person-Seins"] (ebd., 378). Politik ist bei Gracián „angewandtes Wissen vom Menschen", für das der Hof „exemplarische Geltung hat" (Krauss 1947, 58). Die Räson des Person-Seins fordert eine strenge Selbstkontrolle, bei der die Verstellung nur ein Modus ist.

4. Modi der Affektkontrolle

Wie die vorangegangenen Beispiele schon gezeigt haben, sind in der spanischen Sprache des 17. Jahrhunderts *pasiones* und *afectos* terminologisch nicht klar unterschieden. Saavedra Fajardo spricht von „afectos, o pasiones" (Saavedra Fajardo 1640, 41), die den Blick auf die Dinge trüben könnten, Gracián ersetzt im 8. Aphorismus die zunächst eingeführten *„afectos"* im nächsten Satz problemlos durch *„passión"* (Gracián 1647, Aph. 8). Diese begriffliche Indifferenz legt auch das *Diccionario de Autoridades*, das erste Wörterbuch der königlich spanischen Akademie nahe, wenn es *afecto* als „pasión del alma" (Real Academia Española 1726, 102) auffasst und für *pasión* neben anderen Bedeutungen die Bestimmung gibt: „qualquier perturbacion ò afecto desordenado del ánimo" [„jegliche Störung oder jeglicher ungeregelte Affekt der Seele" (J. S.)] (Real Academia Española 1737, 153).

Für Gracián sind die Affekte an den Körper gebunden. In seiner „moral anatomía del hombre" [„moralischen Anatomie des Menschen"], einer allegorischen Deutung der menschlichen Physiologie, beschreibt er etwa die Nase als eine Art ‚Schornstein der Affekte', durch den die „excessos de las passiones del ánimo" [„Exzesse der Leidenschaften in der Seele"] entweichen könnten (Gracián 1651, 198). Die Affektkontrolle ist damit vor allem eine Körperkontrolle. So führt er in dem die Affektkontrolle behandelnden Primor 2 seines *Héroe* Isabel von Kastilien als Vorbild – „[a]quella católica amazona" – an, die sich für die Geburt ihres Kindes in ein Zimmer zurückgezogen und keinen Schmerzenslaut von sich gegeben habe (Gracián 1637, Pr. 2). Körperkontrolle im Schmerz, das heißt die Dissoziation von körperlichem Empfinden und Ausdruck, beherrscht auch die späte Meisterin höfischer Affektkontrolle, die Marquise de Merteuil aus Choderlos de Laclos' *Les liaisons dangereuses*: Um die Affektkontrolle zu lernen, habe sie sich absichtlich Schmerzen zugefügt und dabei eine vergnügte Miene gemacht. Das richtige Mienenspiel habe sie in der Beobachtung von Politikern gelernt, ihre eigentliche Schule seien aber die Moralphilosophen des 17. Jahrhunderts gewesen, schreibt sie (Laclos 1782, 205–208). Teil dieser Körperkontrolle ist eine Sprachkontrolle, denn die Affekte zeigen sich nicht nur am Körper, sondern auch in unbedachten Äußerungen. Sie steigen, laut Gracián, aus der Nase und aus dem Mund: „Son las passiones los humores del ánimo, y qualquier excesso en ellas causa indisposición de cordura; y si el mal saliere a la voca, peligrará la reputación." [„Die Affekte sind krankhafte Säfte der Seele; und an jedem Übermaß derselben erkrankte die Klugheit; steigt gar das Übel bis zum Munde hinaus, so läuft die Ehre Gefahr."] (Gracián 1647, Aph. 52) Critilo rät daher Andrenio bei seiner ersten Begegnung mit Menschen, besonders auch auf seine Sprache zu achten: „Procura de ir con cautela en el ver, en el oír y mucha más en el hablar [...]."

[„Nimm dich in Acht beim Sehen, beim Hören und noch viel mehr beim Reden."] (Gracián 1651, 100)

Die Voraussetzung für alle Affektkontrolle ist Selbsterkenntnis. Gracián führt dies im 89. Aphorismus des *Oráculo manual* aus: *„Comprehensión de sí. En el Genio, en el Ingenio; en dictámenes, en afectos. No puede uno ser señor de sí si primero no se comprehende."* [„Kenntnis seiner selbst: an Sinnesart, an Geist, an Urteil, an Neigungen. Keiner kann Herr über sich sein, wenn er sich nicht zuvor begriffen hat."] (Gracián 1647, Aph. 89) Mit der Selbsterkenntnis geht eine stete Selbstbeobachtung einher. Beide zusammen ermöglichen einen regulierenden Umgang mit den eigenen Affekten. Als paradigmatische Probe kann dabei der Umgang mit dem Zorn verstanden werden, der – ausgehend von der stoischen Lehre, insbesondere Senecas *De Ira* – immer wieder als größte Herausforderung der Selbstbeherrschung angesehen wird. Accetto etwa schreibt, der Zorn sei neben der Liebe am schwersten zu beherrschen, eben da er sich so unverhohlen in Mimik und Sprache ausdrücke: „Il maggior naufragio della dissimulazione è nell'ira, che tra gli affetti è 'l più manifesto, essendo un baleno che, acceso nel cuore, porta le fiamme nel viso, e con orribil luce fulmina dagli occhi, e di più fa precipitar le parole quasi con aborto de' concetti che, di forma non intieri e di materia troppo grossa, manifestano quanto è nell'animo." [„Am schlimmsten scheitert die Verhehlung am Zorn, dem unverhülltesten aller Affekte, denn er ist ein Blitz, der, im Herzen entzündet, die Flammen ins Gesicht steigen läßt und mit fürchterlichem Licht aus den Augen wetterleuchtet, und dazu läßt er die Wörter beinahe als Mißgeburten des Sinns hervorstürzen, so daß sie in verstümmelter Gestalt und von zu grobem Stoff zeigen, was einer im Sinn hat."] (Accetto 1641, 67)

Daher entwickelt Gracián gerade am Zorn eine eigene Kunst, in Leidenschaft zu geraten, eine *„Arte en el apassionarse"* (Gracián 1647, Aph. 155). Hier steht der Zorn für die Leidenschaft überhaupt, was besonders die Übersetzung Schopenhauers deutlich macht, der das allgemeine *apassionarse* mit ‚in Zorn geraten' überträgt. Eine Kunst ist die „arte en el apassionarse" insofern, als der Affekt kontrolliert und gezielt modelliert wird. Der erste Schritt ist dabei die Erkenntnis und Beobachtung der eigenen Erregung: „El primer passo del apassionarse es advertir que se apassiona, que es entrar con señorío del afecto, tanteando la necessidad hasta tal punto de enojo, y no más." [„Gerät man aber in Zorn, so sei der erste Schritt, zu bemerken, daß man sich erzürnt; dadurch tritt man gleich mit Herrschaft über den Affekt auf; jetzt messe man die Notwendigkeit ab, bis zu welchem Punkt des Zornes man zu gehen hat, und dann nicht weiter!"] (ebd., Aph. 155) Der zweite Schritt ist, den richtigen Moment der Unterbrechung zu finden: „Sepa parar bien, y a su tiempo, que lo más dificultoso del correr está en el parar." [„Man verstehe gut und zu rechter Zeit einzuhalten, denn das Schwierigste beim Laufen ist das Stillestehen."] (ebd., Aph. 155) Generell ist das Abwarten oder Vorbeiziehen-lassen einer der Königswege der Affektkontrolle. Das schreibt auch Accetto in seinen Ausführungen über den Zorn (Accetto 1641, 68).

Den konkretesten Hinweis, wie in einer Situation der affektiven Erregung überhaupt die nötige Beruhigung erlangt werden kann, um abzuwarten und seine Mimik und Sprache zu kontrollieren, gibt Gracián im 69. Aphorismus, in dem er – ausgehend von der Selbstreflexion – einen Weg zur künstlichen Mäßigung des Affekts weist. Er läuft über die innere Ausrichtung auf das Gegenteil hinaus: „Es lición de advertencia la reflexión sobre sí: un conocer su disposición actual y prevenirla, y aun decantarse al otro extremo para hallar, entre el natural y el arte, el fiel de la sindéresis." [„Beobachtung seiner selbst ist eine Schule der Weisheit. Man kenne seine gegenwärtige Stimmung und baue ihr vor; ja, man werfe sich aufs entgegengesetzte Extrem, um zwischen dem Natürlichen und Künstlichen den Punkt zu treffen, wo auf der Waage der Vernunft die Zunge einsteht."] (Gracián 1647, Aph. 69) Dabei geht es Gracián weniger um eine innere Selbstkorrektur, um eine Arbeit am Affekt selbst, als vielmehr um eine Korrektur nach außen, um eine Arbeit an der Erscheinung, sei es an der Mimik oder am sprachlichen Ausdruck. Diese sind im richtigen Maß zwischen Natur und Kunst zu gestalten, denn die Affektkontrolle ist bei Gracián immer auf ein Gegenüber bezogen. Die höfische Welt, so hat Elias anschaulich dargestellt, war eine ‚Börse', in der sich der ‚Kurs' jedes Einzelnen „in den Nuancen des Verkehrs [zeigte], in denen man wechselseitig die Meinung über diesen Kurs ausdrückte" (Elias 2002 [1969], 157). Die Affektkontrolle dient bei Gracián jedoch nicht nur der gezielten Darstellung des eigenen und fremden Wertes, sondern sichert gesellschaftliches Ansehen per se, da in seinen Augen unkontrollierte Affekte die eigene Reputation schädigen und eine soziale Behauptung behindern. Entscheidend ist dabei, dass Gracián von einer konfliktiven Gesellschaft ausgeht, in der die Absicht des anderen nicht als wohlwollend eingeschätzt wird. Vor ihr muss man sich schützen, indem man seine eigenen Affekte verbirgt und gezielt einsetzt sowie die fremden erkennt und manipuliert.

5. Affekte als ‚Daumenschrauben'

„Sea uno primero señor de sí, y lo será después de los otros." [„Erst sei man Herr über sich, so wird man es nachher über andere sein."] (Gracián 1647, Aph. 55) Die Herrschaft über sich selbst führt, wie es im 55. Aphorismus heißt, zur Herrschaft über andere. Die eigene Unergründlichkeit, die durch eine gelungene Dissimulation der Affekte erlangt wird, dient der sozialen Behauptung. Der 98. Aphorismus, der die Leidenschaften als Pforten der Seele beschreibt, trägt etwa die Maxime: „*Cifrar la voluntad*" [„Sein Wollen nur in Ziffernschrift"] (ebd., Aph. 98) und entwirft in der Folge eine kompetitive Situation, in der von Gracián beliebten Metaphorik des Kartenspiels und der Verstellungskunst von Tieren: „lleva riesgo de perder el que juega a juego descubierto. Compita la detención del recatado con la atención del advertido: a linces de discurso, xibias de interioridad. No se le sepa el gusto, porque no se le prevenga, unos para la contradición, otros para la lisonja." [„Wer mit offenen Karten spielt, läuft Gefahr, zu verlieren. Die Zurückhaltung des Vorsichtigen kämpfe gegen das Aufpassen des Forschenden: gegen Luchse an Spürgeist, Tintenfische an Verstecktheit. Selbst unseren Geschmack darf keiner kennen, damit man ihm nicht begegne, entweder durch Widerspruch oder durch Schmeichelei."] (ebd., Aph. 98) Die Kontrolle der Affekte richtet sich nicht nur auf die eigenen. Diese sollen verborgen werden, aber die der anderen sollen für die eigenen Zwecke benutzt werden. Gracián fordert, die Affekte der anderen zu erforschen und aus deren Kenntnis taktischen Gewinn zu schlagen. Dabei warnt er davor, sich vom anderen in seinen Affekten erregen zu lassen. Die „agena astuta intención" [„fremde Arglist"] lege es bisweilen darauf an „tentaciones de prudencia" [„Versuchungen der Vernunft"] in einem zu wecken (ebd., Aph. 207). Die Versuchungen der vernünftigen Klugheit sind die Affekte.

An der Warnung des 98. Aphorismus', nicht seinen Geschmack preiszugeben, damit er nicht durch Widerspruch oder Schmeichelei manipuliert werden könne, wird deutlich, wie Gracián sich die Versuchung der Klugheit durch Affekte vorstellt: nämlich etwa durch Widerspruch. Klarer noch fasst das der 213. Aphorismus: „*Saber contradezir*. Es gran treta del tentar, no para empeñarse, sino para empeñar. Es el único torcedor, el que haze saltar los afectos." [„Zu widersprechen verstehen. Eine große List zum Erforschen; nicht um sich, sondern um den anderen in Verwicklung zu bringen. Die wirksamste Daumenschraube ist die, welche die Affekte in Bewegung setzt."] (ebd., Aph. 213) Ein Widerspruch lockt den anderen aus der Reserve, insofern er in ihm einen Affekt, gemeint ist wohl den Zorn, erregt. Nahezu mechanisch reagiere das Gegenüber auf Zweifel mit einer unvorsichtigen Offenbarung seiner selbst. Sich jemandem gegenüber ungläubig zu geben, sei ein „vomitivo para los secretos" [„Vomitiv für Geheimnisse"], das Zweifeln ein Dietrich („ganzúa"). Bewegt, geöffnet werden soll mit diesen Werkzeugen das sonst ‚unerforschliche' Herz des anderen („coraçon inescrutable") (ebd., Aph. 213).

Die Manipulation des Gegenübers durch die Aufregung seiner Affekte und die damit verbundene Preisgabe seiner selbst ist nur ein Aspekt der von Gracián entworfenen sozialen Affektkontrolle. Sie zielt insgesamt auf eine Aufwiegelung der Affekte des anderen gegen diesen selbst, nämlich gegen seine vernünftige Klugheit, die im Widerspruch zu diesen Affekten gesehen wird, wie es Critilo im

Criticón als Kampf der Affekte gegen die Vernunft beschreibt. Eine zweite Strategie besteht darin, die Affekte des anderen mir gegenüber zu erregen. Auch damit verliert jener die vernünftige Kontrolle über sein Verhalten: Während im oben genannten Fall der Affekt die von der Klugheit gebotene Zurückhaltung durchbricht, färbt der Affekt hier die Sicht auf den, der sie provoziert hat. Es gilt, dem anderen die Brille der Affekte aufzusetzen, die ihn, wie Saavedra Fajardo schreibt, täuschen wird.

Der Kluge trachtet danach, von den Menschen geliebt zu werden, und versucht, ihre Affekte entsprechend zu beeinflussen: „*Gracia de las gentes*. Mucho es conseguir la admiración común, pero más la afición; [...] hazer bien a todas manos, buenas palabras y mejores obras, amar para ser amado." [„Gunst bei den Leuten. Die allgemeine Bewunderung zu erlangen, ist viel; mehr jedoch, die allgemeine Liebe. [...] Gutes getan, mit beiden Händen, schöne Worte, noch bessere Taten, lieben, um geliebt zu werden."] (ebd., Aph. 40) „Lieben, um geliebt zu werden", wird hier als Machstrategie verstanden.

Allerdings unterscheidet Gracián zwischen einer hingebenden und einer achtenden Liebe. Im Hintergrund steht ein Misstrauen gegenüber der Souveränität des Liebesobjekts. Das Ziel ist, verehrt zu werden. „*Es felicidad juntar el aprecio con el afecto:* no ser mui amado para conservar el respeto. Más atrevido es el amor que el odio; afición y veneración no se juntan bien; y aunque, no ha de ser uno mui temido ni mui querido. El amor introduze la llaneza, y al passo que ésta entra, sale la estimación. Sea amado antes apreciativamente que afectivamente, que es amor mui de personas." [„Es ist viel Glück, zur Hochachtung auch die Liebe zu besitzen. Gemeiniglich darf man, um sich die Achtung zu erhalten, nicht sehr geliebt sein. Die Liebe ist verwegener als der Haß. Zuneigung und Verehrung lassen sich nicht wohl vereinen. Zwar soll man nicht sehr gefürchtet sein, aber auch nicht sehr geliebt. Die Liebe führt die Vertraulichkeit ein, und mit jedem Schritt, den diese vorwärts macht, macht die Hochachtung einen zurück. Man sei eher im Besitz einer verehrenden als einer hingebenden Liebe: so ist sie ganzen Leuten angemessen."] (ebd., Aph. 290) Den Gedanken einer affektpolitischen Herrschaftssicherung und zugleich das Misstrauen gegenüber der Liebe teilt Gracián mit Machiavelli, der die affektive Bindung der Untertanen ins Zentrum seines Regierungskalküls rückt. Verachtung und Hass sind laut Machiavelli unbedingt zu meiden, jedoch ist auch die Liebe der Untertanen eine Gefahr für den Herrscher: Auf die Frage hin, „s'egli è meglio essere amato che temuto" [ob es „besser ist, geliebt als gefürchtet zu werden"] (Machiavelli 1513, 128), gibt Machiavelli im Zweifel der Furcht den Vorzug.

Gracián schließt an Machiavellis Skepsis gegenüber der Liebe an und sieht, wenn er die verehrende Liebe der hingebenden vorzieht, in der Gottesliebe das Vorbild. Gott wird auch wegen seiner Unergründlichkeit verehrt, und eben diese

Unergründlichkeit gilt es nachzuahmen, um selbst verehrt zu werden, so Gracián. Unter der Maxime „*Llevar sus cosas con suspensión*" [„Über sein Vorhaben im Ungewissen lassen"] schreibt er: „Imítese, pues, el proceder divino para hazer estar a la mira y al desvelo." [„Man ahme daher dem göttlichen Walten nach, indem man die Leute in Vermutungen und Unruhe erhält."] (Gracián 1647, Aph. 3) Das unerwartete Verhalten erlange mehr Aufmerksamkeit, Wertschätzung und Ehrfurcht: „[...] amaga misterio en todo, y con su misma arcanidad provoca la veneración." [„Bei allem lasse man etwas Geheimnisvolles durchblicken und errege, durch seine Verschlossenheit selbst, Ehrfurcht."] (ebd., Aph. 3)

Der Gedanke, dass der Mensch sich durch die Verstellung Gott ähnlich mache, ist innerhalb des frühneuzeitlichen Diskurses der Verstellung nicht selten. Laut Accetto wird die vom Menschen geforderte Verhehlung von einer göttlichen gespiegelt, die erst am Tag des Jüngsten Gerichts enden wird, wie es im 23. Traktat seiner *La dissimulazione onesta* heißt. Gottes Verhehlung besteht, so Accetto in Anlehnung an das „Buch der Weisheit", auch im Hinwegsehen über die menschlichen Sünden. Auf ähnliche Weise interpretieren einige christliche Fürstenspiegel den Aufschub weltlicher Strafen als mögliche Form der Verstellung eines Herrschers, der der göttlichen Gnade nacheifere (Werle 1992, 60–61). Einem Verbrecher gnädig zu begegnen, wird als erfolgreiche Affektkontrolle gedeutet, die wiederum Bewunderung generiert. Sie dient der Erregung einer verehrenden Liebe, die Gracián als die sicherste affektive Bindung des Gegenübers sieht.

Der Gedanke der Nachahmung göttlicher Unergründlichkeit bietet auch einen Ansatzpunkt, um Graciáns affektiven Umgang mit seinen Lesern zu erfassen. Wenn sein Text aufgrund seiner Pointierung und Vergeistigung kühl und distanziert wirkt, so ist dies der Tatsache geschuldet, dass Gracián in seinem eigenen Schreiben die von ihm beschriebene Affektkontrolle einsetzt. Seine Ausführungen über die Ehrfurcht gebietende Unergründlichkeit zielen auch auf die Sprache: „Hase de hablar como en testamento, que a menos palabras, menos pleitos. [...] La arcanidad tiene visos de divinidad." [„Man rede wie im Testament; je weniger Worte, desto weniger Streit. [...] Das Geheimnisvolle hat einen gewissen göttlichen Anstrich."] (Gracián 1647, Aph. 160) Ein Vorbild für eine derart geheimnisvolle Sprache stellt für Gracián das Orakel dar. Die affektkontrollierte, stille Isabella etwa beschreibt er als „*oráculo*" (Gracián 1637, Pr. 2). Wenn er seinen Text *Oráculo manual* betitelt, dann liegt auch darin ein Verweis auf die Unergründlichkeit. Er gibt sich selbst undurchdringlich, indem er als Autor kaum greifbar wird, und chiffriert seinen Text, etwa durch Ambivalenz und Verdichtung. Undurchdringlichkeit generiert Bewunderung, da sie das göttliche Walten nachahmt und den anderen, den Leser, in Vermutungen und Unruhe versetzt. Eben dies betreibt Gracián selbst und behauptet sich damit als Meister der Affektkontrolle, seiner eigenen und der der anderen: „*No allanarse sobrado en el concepto. Los más no* estiman lo que entienden, y lo que no perciben lo veneran." [„Keinen allzudeutlichen Vortrag haben. Die meisten schätzen nicht, was sie verstehen; aber was sie nicht fassen können, verehren sie."] (Gracián 1647, Aph. 253)

Literaturverzeichnis

Accetto, Torquato. *Della dissimulazione onesta*. Genova: Costa & Nolan, 1983 [1641]. (Deutsche Fassung: *Von der ehrenwerten Verhehlung*. Übers. von Marianne Schneider. Berlin: Wagenbach, 1995.)

Auerbach, Erich. „La cour et la ville". *Vier Untersuchungen zur Geschichte der französischen Bildung*. Hrsg. von Erich Auerbach. Bern: Francke, 1951. 12–50.

Bacon, Francis. „Of Simulation and Dissimulation" [1625]. *The Oxford Francis Bacon*. Bd. 15: *The Essayes or Counsels, Civill and Morall*. Hrsg. von Michael Kiernan. Oxford: Clarendon Press, 2000. 20–23.

Benthien, Claudia. *Barockes Schweigen. Rhetorik und Performativität des Sprachlosen im 17. Jahrhundert*. München: Fink, 2006.

Benthien, Claudia und Steffen Martus. *Die Kunst der Aufrichtigkeit im 17. Jahrhundert*. Tübingen: Max Niemeyer, 2006.

Buck, August. „Die Kunst der Verstellung im Zeitalter des Barocks". *Festschrift der Wissenschaftlichen Gesellschaft*. Wiesbaden: Steiner, 1981. 85–103.

Burke, Peter. *The Fortunes of the Courtier. The European Reception of Castiglione's Cortegiano*. Cambridge: Polity Press, 1995.

Castiglione, Baldassare. *Il libro del cortegiano*. Torino: Einaudi, 1960 [1528].

Della Casa, Giovanni. *Galateo*. Hrsg. von Ruggiero Romano. Torino: Einaudi, 1975 [1558].

Elias, Norbert. *Über den Prozeß der Zivilisation. Soziogenetische und psychogenetische Studien*. Frankfurt am Main: Suhrkamp, 1978 [1939].

Elias, Norbert. *Die höfische Gesellschaft*. Frankfurt am Main: Suhrkamp, 2002 [1969].

Geitner, Ursula. *Die Sprache der Verstellung. Studien zum rhetorischen und anthropologischen Wissen im 17. und 18. Jahrhundert*. Tübingen: Max Niemeyer, 1992.

Gracián, Baltasar. *Handorakel und Kunst der Weltklugheit*. Übers. von Arthur Schopenhauer. Stuttgart: Kröner, 1992 [1832].

Gracián, Baltasar. *Oráculo manual y arte de prudencia*. Hrsg. von Emilio Blanco. Madrid: Cátedra, 1995 [1647].

Gracián, Baltasar. *El Criticón*. Hrsg. von Santos Alonso. Madrid: Cátedra, 2001 [1651].

Gracián, Baltasar. *Das Kritikon*. Übers. von Hartmut Köhler. Zürich: Ammann, 2001.

Gracián, Baltasar. *El héroe. Oráculo manual y arte de prudencia*. Hrsg. von Antonio Bernat Vistarini und Abraham Madroñal. Madrid: Castalia, 2003 [1637].

Hobbes, Thomas. *Vom Menschen [1658]. Vom Bürger [1647]. Elemente der Philosophie II/III*. Übers. von Max Frischeisen-Köhler. Übers. und hrsg. von Günter Gawlick. Hamburg: Meiner, 1994.

Krauss, Werner. *Graciáns Lebenslehre. Das wissenschaftliche Werk*. Bd. 3: *Spanische, italienische und französische Literatur im Zeitalter des Absolutismus*. Hrsg. von Werner Krauss. Berlin: Akademie-Verlag, 1997. 5–165.

La Bruyère, Jean de. „Vom Hofe". *Die Charaktere oder die Sitten des Jahrhunderts*. Übers. und hrsg. von Gerhard Hess. Leipzig: Dieterisch'sche Verlagsbuchhandlung, 1940. 154–185.

La Bruyère, Jean de. „De la Cour" [1688]. *Oeuvres complètes*. Hrsg. von Julien Benda. Paris: Gallimard, 1951. 215–247.

Laclos, Choderlos de. *Les liaisons dangereuses*. Paris: Gallimard, 2011 [1782].

Lethen, Helmut. *Verhaltenslehren der Kälte. Lebensversuche zwischen den Kriegen*. Frankfurt am Main: Suhrkamp, 1994.

Lipsius, Justus. *De constantia. Lateinisch/Deutsch*. Mainz: Dieterich, 1998 [1584].

Machiavelli, Niccolò. *Il principe. Der Fürst*. Übers. und hrsg. von Philipp Rippel. Stuttgart: Reclam, 1986 [1513].

Real Academia Española. *Diccionario de la lengua castellana* [...]. Tomo primero. A. B. Madrid: Imprenta de Francisco del Hierro, 1726.

Real Academia Española. *Diccionario de la lengua castellana* [...]. Tomo quinto. O. P. Q. R. Madrid: Imprenta de la Real Academia Española, por los herederos de Francisco del Hierro, 1737.

Ribadeneyra, Pedro de. *Tratado de la religión y virtudes que debe tener el príncipe christiano para gobernar y conservar sus Estados. Contra lo que Nicolás Machiavelo y los políticos de este tiempo enseñan*. Anvers: 1597 [1595].

Saavedra Fajardo, Diego. *Idea de un principe politico christiano. Representada en cien empresas*. Monaco: Empresa de Nicolao Enrico, 1640.

Thomasius, Christian. *Von Nachahmung der Franzosen*. Nach den Ausgaben von 1687 und 1701. Stuttgart: Göschen, 1894.

Thomasius, Christian. *Introductio ad philosophiam aulicam*. Hildesheim u. a.: Georg Olms, 1993 [1688].

Thomasius, Christian. *Kurzer Entwurf der politischen Klugheit*. Hildesheim u. a.: Georg Olms, 2002 [1707].

Werle, Peter. El Héroe. *Zur Ethik des Baltasar Gracián*. Tübingen: Gunter Narr, 1992.

4.4 Hymnik und hoher Ton. Klopstock und Goethe

John T. Hamilton

1. Empfindsame Kommunikation

Ein bloßer Name kann ausreichen, um bei einem empfindsamen jungen Mann einen emotionalen Zusammenbruch zu verursachen. „Wir traten ans Fenster. Es donnerte abseitswärts, und der herrliche Regen säuselte auf das Land, und der erquickendste Wohlgeruch stieg in aller Fülle einer warmen Luft zu uns auf. Sie stand auf ihren Ellenbogen gestützt, ihr Blick durchdrang die Gegend; sie sah gen Himmel und auf mich, ich sah ihr Auge tränevoll, sie legte ihre Hand auf die meinige und sagte: ‚Klopstock!' – Ich erinnerte mich sogleich der herrlichen Ode, die ihr in Gedanken lag, und versank in dem Strome von Empfindungen, den sie in dieser Losung über mich ausgoß." (Goethe 1998 [1774], 27)

Diese prominente Szene des Sturm und Drang, die in Goethes bekanntem Briefroman den Auslöser der Leiden seines jungen Werthers markiert, stellt nicht nur ein wichtiges Beispiel der frühen Rezeptionsgeschichte Friedrich Gottlieb Klopstocks dar, sondern ist auch ein Dokument, das verdeutlicht, wie die hymnische Dichtung und der hohe Ton in der zweiten Hälfte des 18. Jahrhunderts intime Beziehungen herzustellen vermochten, indem sie Emotionen auslösten. Innerhalb des Empfindsamkeitsdiskurses, der um 1770 vor allem aufgrund des Erfolgs des *Werther* einen Höhepunkt erreichte, lässt sich die hier beschriebene Begegnung als ein neues Gemeinschaftsmodell verstehen. So wie die kirchliche Hymnik eine Basis für das Zusammengehörigkeitsgefühl der Gemeinde bot, dienten Klopstocks Oden empfindsamen Seelen als Mittel der Kommunikation. Das eigentliche Medium dieser Art von Kommunikation ist die stille Einfühlsamkeit. Ohne eine Zeile des Gedichts vorzutragen, ohne einen Satz zu formulieren, sprechen die jungen Kommunizierenden schweigsam miteinander – allein durch die Gefühle, die das Gedicht evoziert. Wie diese oft zitierte Passage zeigt, fungiert die Poesie als Grundstein einer starken Verbindung, die von einer liebenden Handberührung besiegelt wird. Die so gegründete Gemeinschaft ist freilich eine merkwürdige: Neben der Tatsache, dass diese *communitas* aus lediglich zwei Personen besteht, ist zu bedenken, dass der arme Werther, gleich am Anfang der Erzählung, eine entscheidende Abkehr von der Gesellschaft proklamiert hat: „Wie froh bin ich, daß ich weg bin!" (Goethe 1997 [1774], 7), beginnt Goethes Text, der zwar wie ein Briefroman anmutet, aber wesentlich aus Monologen besteht. Die

Bedingungen für dialogische Kommunikation sind zwar gegeben, aber Werthers Worte bleiben, zumindest für den Leser, ohne Antwort. Bis zu jener, der eingangs zitierten Fensterszene ist der Protagonist mehr oder weniger allein, außerhalb jedweder Gemeinschaft, und diese Situation ist für ihn, der er in der Position des Außenseiters ist, zunächst eine Quelle der Seligkeit – „Die Einsamkeit ist meinem Herzen köstlicher Balsam in dieser paradiesischen Gegend" (Goethe 1997 [1774], 8) –; allerdings nur, bis er seine Eva kennenlernt. Dann, in einer stürmischen Nacht, während die anderen sich an einen Tanz auf dem Lande erfreuen, findet er, der Einsame, eine Seelenfreundin, eine Gleichgesinnte – am Ende, wie jeder weiß, mit den fatalen Folgen seines Falls. Bei jenem Kennenlernen aber scheint sich ein Paradies aufzutun, ein Ort der Gemeinschaft zweier Seelenverwandter, noch ohne den Schlangenbiss einer unmöglichen Liebe.

Trotz der Ablehnung der Gesellschaft wird mithin eine Idee des kommunalen Lebens aufrechterhalten, vermutlich mit dem Ziel, eine Art des Zusammenlebens durch eine andere zu ersetzen. Denn diese intime Gemeinsamkeit ist ganz anders beschaffen als die Gesellschaft, die der junge Mann verließ. Aber wie sollen wir diese besondere Verbindung verstehen? Was bezeichnet und motiviert diese zwei empfindsamen Kommunizierenden, und, wichtiger noch, welche Rolle spielt die geteilte Dichtung – insbesondere die Hymnik – im Zusammenhang mit diesem exklusiven Kollektiv? Kurz gesagt: Was teilen die beiden Empfindsamen, Poesie Lesenden miteinander?

Schon lange bevor Ferdinand Tönnies den Unterschied zwischen ‚Gesellschaft' und ‚Gemeinschaft' etablierte, schien die Empfindsamkeit, selbst im etwas schematischen Verständnis des 18. Jahrhunderts, eine alternative Antwort auf das Problem des menschlichen Zusammenlebens anzubieten und zwar nicht anhand der Verschiedenheit zwischen direkten sozialen und indirekten instrumentalen Beziehungen, sondern anhand der Abweichung von Vernunft und Emotion, von normativem Rationalismus und unreguliertem Sensualismus. „Anstelle einer in einfachen intellektuellen Grundoperationen wirksamen Vernunft setzt die Empfindsamkeit ein ganz anderes Motiv. Sie hat ihr verbindliches Prinzip in einer moralisch positiven Emotionalität" (Wegmann 1988, 20). Obgleich dem Vernunftideal im Namen der Aufklärung die wesentliche Rolle zukam, die Autorität der Monarchie, der Aristokratie und des Klerus zu hinterfragen und zu untergraben, führte diese säkularisierende Gesellschaftskritik unweigerlich zu einer Entzauberung, welche im Gegenzug die Ideologie der Empfindsamkeit und des ‚Genie-Gedankens' zu heilen versuchte. Während die Vernunft allgemeine Geltung beanspruchte, setzte die geniale Dichtung, jetzt im Namen der individuellen Emotionen, den aufklärerischen Drang zur Emanzipation noch fort, indem sie die Autorität der Vernunft in Frage stellte. Wie Jochen Schmidt es in seiner *Geschichte des Genie-Gedankens* erklärt: „Indem der Dichter nicht mehr bloß als aufklärerisches Popularisierungsinstrument einer allgemein zugänglichen Vernünftigkeit verstanden wird, sondern als ein gefühlhaft Ergriffener, den die Kraft seiner Empfindung zu höchsten Erfahrungen und Gestaltungen befähigt, ist er endgültig keiner Norm und keiner Autorität mehr unterworfen." (Schmidt 1985, 64)

Dementsprechend fungiert die Klopstocksche Hymnik in Goethes Erzählung als Katalysator eines intimen Gefühls, das ein rein rationales Leitbild der Gemeinschaft maßgeblich zu korrigieren verspricht. Diese Wende zum Fühlen, die die Vorherrschaft der Kognition verringert, modifiziert auch den Begriff der individuellen Subjektivität, die sonst auf einer stoisch-rationalistischen Tradition gegründet ist. Während die Vernunft die Stabilität eines autonomen Ichs fördert – eine Stabilität, die durch eine Konstanthaltung der Emotionen errungen wird – verlangt die Empfindsamkeit, dass die strengen Grenzen zwischen einem Menschen und dem anderen überschritten werden. Werther, der fortwährend nach der expressiven Unmittelbarkeit des Gefühlslebens sucht, hat die auf den stoischen Idealen *apatheia* und *constantia* basierende Gesellschaft ablehnen müssen, um eine neue Art der Verbindung zu entdecken – eine beinah irrationale, pathetische und sympathische Verbindung, die jede Trennung überflutet.

Demgemäß bringt Goethe die Metaphorik der Fluidität ins Spiel. Die ‚Klopstock-Episode' dreht sich explizit um eine magische ‚Losung', die ein kräftiges Überfluten der Empfindungen auslöst. Eine unwiderstehliche Flüssigkeit sättigt daher die ganze Beschreibung und versucht, die harten, stabilen Grenzen von Identität zu überschwemmen. Mit dem herrlichen Regen reimt sich des Mädchens tränenvolles Auge, dessen Gewässer bald in die Seele ihrer Begleitung durchsickern. „Ich ertrug's nicht, neigte mich auf ihre Hand und küßte sie unter den wonnevollsten Tränen." (Goethe 1998 [1774], 27) Nur der Name des hymnischen Dichters wird ausgesprochen, ein Machtwort, das alle andere Worte unangemessen oder einfach unmöglich macht: Lotte und Werther müssen sich darauf beschränken, mit Tränen zu kommunizieren. Wie es Herder 1771 empfohlen hat:

> Ihr sollt mit Klopstock weinen! Eure Thräne
> aus schönem Herz, soll ihn schöner schmücken
> als harter Meeresperlen Kranz!
>
> Ihr sollt mit Klopstock weinen! und in Blumen
> des nahen Frühlings hinzerfließend, fühlen
> ihn fühlen, Lebens ganzen Werth!
> (Herder 1877 [1771], Bd. 29, 349)

Bei Goethe ist es in einer warmen Frühlingsnacht, wo eine zu Tränen rührende Seele mit einer anderen in Berührung kommt, woraufhin die alltägliche Sprache nur scheitern kann. Früher gibt Werther in einem Brief zu: „Das ist alles garstiges Gewäsch, was ich da von ihr sage, leidige Abstraktionen" (Goethe 1998 [1774], 19). Anstatt seine authentischen Gefühle derart vermittelten und daher falsifizierenden Abstraktionen auszuliefern, beschwört der überwältigte Briefschreiber eine lyrische Szene herauf, die unmittelbar zu wortlosen Tränen führt. Trotzdem hängt die Leistung der Unmittelbarkeit völlig von einem Medieneffekt ab, nämlich von der Dichtung, denn es ist die ‚Losung Klopstock', die es ermöglicht, dass die Sprache trotz der Sprache expressiv wirkt. Als Zeichen für den Zusammenbruch der Sprache genau in der Sprache löst die larmoyante Ausströmung das Problem der Unsagbarkeit, indem sie es fortbestehen lässt.

Die Voraussetzung für das wortlose intensive *Kommunizieren*, das Werther gewissermaßen frustriert vortragen möchte, ist der durch diese Losung geöffnete Durchgang, der eine Schwachstelle einführt, indem er den stoischen, apathischen, *immunisierenden* Schutz des Verstandes entfernt. Latent vorhanden in der Konzeption der Kommunikation und ihrer Negation als Immunisierung ist die lateinische Idee des *munus*, des verpflichtenden Geschenks, das jemanden mit der Umwelt verbindet. *Munus* klingt schon im Begriff der Gemeinschaft (communitas) mit, die ein Kollektiv denkt, das seine Mitglieder dadurch aneinander bindet, dass sie diese Verpflichtung teilen. Als pflichtbewusste Aufgabe besteht das *munus* aus einem Weggeben; es lässt alles los, was ansonsten drinnen oder privat bleiben würde, alles, was von einer geizigen Immunitätsklausel zurückgehalten würde. Kommunikation impliziert Verwundbarkeit oder Schwachheit – deswegen muss Lotte sich auf ihren Ellenbogen stützen, als Werther „in dem Strome von Empfindungen" (Goethe 1997 [1774], 27) versinkt. Denn der kommunikative Fluss zwischen diesen zwei Personen beruht auf der Bereitwilligkeit, auf den Willen zur Stabilität zu verzichten und damit eine Offenheit für etwas anderes, etwas höheres oder etwas beunruhigendes zu schaffen. Das heißt, der Mitteilende lässt das Fenster seines Selbst offen und erlaubt so, dass alles von innen nach draußen fließen und von außen hineintreten kann. Er ist einer Infektionsgefahr ausgesetzt und stellt zugleich selbst eine dar. Diese Art der lyrischen Kommunikation ist ansteckend.

2. Beschreibung, Darstellung und der hohe Ton

Wie der Großteil von Goethes ersten Lesern zweifellos wusste, ist die „herrliche Ode" von Klopstock, die Lotte „in Gedanken lag", *Die Frühlingsfeyer* beziehungsweise *Das Landleben* aus dem Jahr 1759. Werthers Erzählung verdankt dem

Wortschatz des Dichters viel, der das ehrfurchtgebietende Gewitter nicht so sehr beschreibt als vielmehr darstellt:

> Seht ihr den Zeugen des Nahen, den zückenden Blitz?
> Hört ihr den Donner Jehovah?
> Hört ihr ihn?
> Hört ihr ihn?
> Den erschütternden Donner des Herrn?
> (Klopstock 1966 [1759], 64)

Durch direkte Apostrophe an den Leser, durch die Deixis, die mit beharrlichen, anaphorischen Fragen hergestellt wird, bedient sich Klopstock der Strategien der Lebhaftigkeit und Anschaulichkeit, die die klassische Rhetoriktradition als *enargeia* und *illustratio* bezeichnet. Diese deiktische Praxis geht über die Grenzen der *mimēsis* hinaus, insofern der Sturm nicht als eine berichtete Episode aus der Vergangenheit präsentiert wird, sondern als ein Ereignis, das gerade jetzt vor den Augen der Leser passiert. Auf diese Weise werden die Leser Zuschauer, genau wie Werther und Lotte, die sich das Gewitter hinter dem Fenster ansehen. Dieses Verfahren, das Klopstock besonders in seinen poetologischen Essays konsequent betonte, rückt von der die dichterische Arbeit sonst regierender Nachahmungsästhetik ab. Zu diesem Zweck eignete Klopstock sich Aspekte der religiösen Dichtung an, deren Wirkung darin besteht, beschriebene Episoden in dargestellte Ereignisse zu verwandeln. „Poesie – so meinte, kurz gefasst, die ältere Literaturtheorie – ahmt die Wirklichkeit nach, wiederholt sie; das religiöse Lied dagegen ist Wirklichkeit, der Psalmist ahmt das Gotteslob nicht nach, er lobt Gott in der Tat" (Ketelsen 1983, 248).

Auf klassische Mythologie rekurrierend, unterscheidet Klopstock in einem Epigramm von 1771 explizit zwischen kalter Beschreibung und lebendiger Darstellung:

> In der Dichtkunst gleicht Beschreibung der Schönheit Pygmalions Bilde
>   Da es nur noch Marmor war;
> Darstellung der Schönheit gleicht dem verwandelten Bilde
>   Da es lebend herab von den hohen Stufen stieg.
> (Klopstock 1966 [1771], 182)

Die rhetorische Strategie der *enargeia* soll den poetischen Zweck erfüllen und auf die Empfindungen der Zuhörer einwirken. Wie Klopstock erklärt: „Das Wesen der Poesie besteht darin, daß sie [...] eine gewisse Anzahl von Gegenständen [...] von einer Seite zeigt, welche die vornehmsten Kräfte unsrer Seele in einem so hohen Grade beschäftigt, daß eine auf andere wirkt, und dadurch die ganze Seele in Bewegung setzt" (Klopstock 1966 [1759], 992–993). Dass Poesie die „ganze Seele" beschäftigen soll, ist ein Kriterium, das sowohl dem horazischen Ruf nach *movere* als auch dem Vorbild der empfindsamen Kommunikation folgt. Nach Karl Daniel Küsters *Sittlichem Erziehungs-Lexikon* (1773) bedeutet „Empfindsamkeit" eine „zärtliche Beschaffenheit des Verstandes, des Herzens und der Sinne" (Doktor und Sauder 1976, 9). Wenn das Wunschbild der Rationalität den Kopf privilegiert, so erinnern die Diskurse der Empfindsamkeit daran, dass ein Mensch eine Ganzheit ist, dass er, zusätzlich zum Verstand, ein Herz und einen sinnlichen Körper hat – einen Körper, der bewegt werden kann und soll, worin alle Fähigkeiten ineinander fließen.

Seit der Antike hat der hohe Ton mit der oratorischen Leistung des *movere* zu tun, die auf einen *sensus communis* zielt. Lotte und Werther entsinnen sich Klopstocks *Frühlingsfeyer*, und dabei bewegen sie sich gemeinsam, kommunal. Klopstock gilt als ein Dichter, der fähig ist, diesen gemeinsamen Sinn zu erzeugen, da er selbst die stiftende, religiöse Funktion des *vates*, des ‚gottbegeisterten Sängers' angenommen hat. Bereits in seiner lateinischen Abschiedsrede von Schulpforta (1745), versuchte er, wie Vergil, Horaz und Ovid, den Dichterberuf zu erhöhen, indem er ihn als *vates* bezeichnet: „Ein solcher Dichter [*vates*] besteigt den Gipfel der Größe, der als der höchste in seiner Kunst erfunden wird. Denn so weit die Offenbarung Gottes die Vernunft übertrifft, eben so weit übertrifft der, der über das gewöhnliche Loos der Menschen erhaben, die himlische Weisheit und Frömmigkeit besingt, den, der nur von menschlicher Weisheit und Tugend erzählt." (zit. nach Vöhler 1997, 26)

Für Klopstock impliziert die Vernunft eine Regelpoetik, die ein Ordnungsprinzip oktroyiert, um wilde Emotionen im Zaum zu halten. Repräsentativ für diese rationale Poetik ist Johann Christoph Gottsched, dessen *Versuch einer Critischen Dichtkunst* von 1730 gegen die stilistischen Extreme des Barock argumentierte. Gottsched misstraute besonders der dichterischen Einbildungskraft, welche die Poesie dazu verführt, von den Kriterien der Einheit und Wahrscheinlichkeit abzuweichen. Er warnt: „Eine gar zu hitzige Einbildungskraft macht unsinnige Dichter: da fern das Feuer der Phantasie nicht durch eine gesunde Vernunft gemäßiget. Nicht alle Einfälle sind gleich schön, gleich wohlgegründet, gleich natürlich und wahrscheinlich. Das Urtheil des Verstandes muß Richter darüber seyn." (Gottsched [1751] 1962, 108) Statt seine Dichtung dem Urteil der Vernunft zu unterwerfen, lässt Klopstock als ein *poeta vates* die Zügel locker, indem er absichtlich seine Sprache „als eine Sprache der Begeisterung, des Enthusiasmus, der Erhabenheit, der Leidenschaft und der Herzensempfindung stilisiert" (Schmidt 1985, 61). Poesie wird so in den Rang der Religion erhoben.

Es war Johann Jakob Bodmers 1742 entstandene Übersetzung von John Miltons *Paradise Lost*, die Klopstock motivierte, sein eigenes religiöses Epos zu komponieren: *Der Messias*, dessen erste drei Gesänge 1749 in den *Bremer Beiträ-*

gen (*Neue Beiträge zum Vergnügen des Verstandes und Witzes*) erschienen sind. Abgesehen von dem unmittelbaren Publikationserfolg, verbündete sich Klopstock durch dieses anspruchsvolle Gedicht mit einer Gruppe von Literaten und Wissenschaftlern, die sich gegen Gottscheds poetisches Programm aufbäumten. Die Herausgeber der *Bremer Beiträge* antworteten auf die Vorschriften, die der ‚Literaturpapst' – unter diesem leicht pejorativen Namen war Gottsched bei seinen Zeitgenossen bekannt – in seiner Zeitschrift, *Belustigungen des Verstandes und Witzes*, veröffentlichte. Für Gottsched gehört der Witz, zusammen mit dem Primat des Verstandes und einer Idee des allgemein gültigen Geschmacks, zum Wesen der Poesie und zwar als eine Art „rationale Methode, [...] die dem großen Anliegen der Aufklärung zu dienen hat: der Ausbreitung der Vernunft" (Schmidt 1985, 31). Gestützt von der Bremer Gruppe und ihren freimütigen Literaturtheoretikern, Bodmer und Johann Jakob Breitinger, entwickelte Klopstock eine Poetik der Begeisterung, die auf eine starke emotionale Wirkung zielte.

Johann Andreas Cramer, Theologe in Kiel und einer der Herausgeber der *Bremer Beiträge*, fügte zu seiner *Poetischen Uebersetzung der Psalmen* (1755–1759) die Abhandlung *Von dem Wesen der biblischen Poesie* hinzu, in der „Begeisterung" als „der Ursprung und der Endzweck der Poesie" (Cramer 1755–1759, 262) genannt wird. Auch sein Argument bedient sich der Metaphorik der Fluidität: Wie Sokrates es in Platons *Ion* beschreibt, fließt die „göttliche Kraft" (*theia dynamis*) der Begeisterung von den Musen durch den Dichter und den Rhapsoden zu den Zuhörern (Plat. *Ion* 534a–b). Auf diese Weise, so Cramer, bewegt der inspirierte *vates* durch einen kontinuierlichen Strom „alle Leidenschaften des Herzens" (Cramer 1755–1759, 262). Bei Klopstock fungiert die Hymne als das ideale Medium, um Zuhörer *und* Dichter zusammenzubringen, von einer Liebe zu Gott gebunden: „Denn das Objekt [der Hymne] ist etwas Göttliches, eine göttliche Wesenheit, ist Gott, und das Verhältnis des poetischen Subjekts zu ihm ist grundsätzlich davon bestimmt, daß es ihm danken, ihn loben und preisen will"; deswegen erscheint das poetische Subjekt „in der Rolle des Priesters, des Propheten, der stellvertretend für die Gemeinde der Ergriffenen und vor ihr spricht" (Gabriel 1992, 11–12). Die Begeisterung bildet also die Grundlage für eine neue, empfindsame *communitas*.

3. Pindarisieren

Der Ideologie des Genies zufolge soll die begeisterte Poesie der Hymnen und Oden als spontane, unmittelbare und autonome Schöpfung rezipiert werden, insofern sie der kognitiven Kontrolle des Dichters entzogen ist. Von Gott inspiriert, gehören die Worte nicht dem Sänger. Demgemäß werden alle strukturellen Regeln und Vorschriften – hinsichtlich der Metrik, des Reimschemas, der Strophenform usw. – außer Kraft gesetzt. Hier liegt die ansteckende Gewalt der *Frühlingsfeyer*, die über Lotte und Werther hereinbrach. Die freien Rhythmen, die Klopstocks Hymnik kennzeichnen, sollen als Ausfluss eines Dichters interpretiert werden, der fähig ist, seine Zuhörer zu bewegen, weil er selbst von einer höheren Kraft bewegt wird. Horaz erinnert uns an dieses Grundprinzip, wenn er vorschlägt: „si vis me flere, dolendum est primum ipsi tibi." [„Wenn du mich zum Weinen bringen willst, musst du zuvor selber Schmerz empfinden."] (Hor. *Ars poet.* 102–103). Wie Klopstock in einem Brief bekennt: „[...] es [ist] eine ungemein süße Sache (denn ich habe sie recht sehr und recht oft erfahren), wenn man von liebenswürdigen Leserinnen zugleich geliebkost und zugleich verehrt wird. [...] Man hat mich mit Thränen belohnt" (Klopstock 1867 [1750], 45).

Das antike Vorbild für die freien Rhythmen, für diesen gefühlsbetonten Verzicht auf rationale Kontrolle, sind die Dithyramben von Pindar. Ungefähr 445 v. Chr. gestorben, vertritt der thebanische Dichter ein archaisches – vorklassisches – Zeitalter. Abgesehen von dem maßgebenden Korpus an Epinikien und einigen Fragmenten sind seine Dithyramben nicht überliefert. Nichtsdestotrotz erfreuen sie sich aufgrund von Horazens Pindar-Ode (Hor. *carm.* 4.2) einer reichen Rezeptionsgeschichte. Die berühmte Ode ist der Schlüsseltext sowohl des gesamten Pindarverständnisses in der Neuzeit als auch der Fluidum-Metaphorik, die den Genie-Gedanken des 18. Jahrhunderts aktiviert (siehe Gelzer 1981):

> Pindarum quisquis studet aemulari,
> Iulle, ceratis ope Daedalea
> nititur pinnis, vitreo daturus
> nomina ponto
>
> monte decurrens velut amnis, imbres
> quem super notas aluere ripas,
> fervet immensusque ruit profundo
> Pindarus ore,
>
> laurea donandus Apollinari,
> seu per audacis nova dithyrambos
> verba devolvit numerisque fertur
> lege solutis
> (Hor. *carm.* 4.2.1–4.2.12)

In der Übersetzung von Johann Heinrich Voß (1802):

> Wer des Pindar Schwung zu erreichen strebet,
> Der vertraut sich wächserner Schwing' Julus,
> Durch des Dädal Kunst, um dem Azur-Meere
>   Namen zu geben.
>
> Gleich dem bergabrollenden Strom, den Regen
> Über sein herkömmliches Ufer anschwellt,
> Braust einher grenzlos aus getiefter Mündung
>   Pindaros strudelnd;
>
> Wert des apollinischen Lorbeerlaubes,
> Ob er durch wildtaumelnde Dithyramben
> Neue Laut' abwälzt und dem Sturm des Rhythmos
>   Ohne Gesetz folgt. (Voß 1944 [1802], 82)

In Bezug auf die Gattung exemplifiziert die Ode eine *recusatio* (Ablehnung): Horaz hat Angst davor, der brausenden Gewalt des unerreichbaren Pindar zu folgen. Das fiktive Dilemma besteht aus der Entscheidung zwischen dichterischer Kontrolle und erhabenem, pathetischem Kontrollverlust, die im Gedicht als ein Unterschied zwischen Aktiv und Passiv bezeichnet ist: „devolvit [...] fertur" [„er abwälzt [und] ist getragen" Übers. J. H.]. Im Fortgang der Ode lernen wir, dass Horaz das *genus tenue* dem gefährlichen – ikarischen – Extrem des *genus grande* vorzieht.

> multa Dircaeum levat aura cycnum
> tendit, Antoni, quotiens in altos
> nubium tractus, ego apis Matinae
>   more modosque
>
> grata carpentis thyma per laborem
> plurimum circa nemus uvidique
> Tiburis ripas operosa parvus
>   carmina fingo.
> (Hor. *carm.* 4.2.25–4.2.32)
>
> [Viel des Luftschwalls hebt den Dircäerschwan auf;
> Wann er auch, Antonius, dringt in hohe
> Wolkenräum'. Ich selbst, dem Matinerbienlein
>   Ähnlich geartet,
>
> Das sich Kost aus Thymus in Fleiß und Arbeit
> Nippend sucht: so rings am Gehölze Tiburs
> Und der Bach' Umuferung bild' ich Kleiner
>   Mühsame Liedlein (Voß 1944 [1802], 82)]

Horaz schreckt folglich vor dem Pathetisch-Erhabenen zurück, das verlangen würde, dass er sich der pindarischen Sturzflut hingibt. Der hohe Ton der hemmungslosen Emotionen wird als Gefahr geschildert: die horazische *persona* beharrt lieber auf der sanften „Umuferung" und wendet sich von dem „durch Regen anschwollenen Ufer" ab.

Daher fragt Klopstock sich, ob seine Ode *Auf meine Freunde* in horazischer Form „per laborem plurimum" bleiben oder in Erhabenheit ausufern soll:

> Willst du zu Strophen werden, o Lied, oder
> Ununterwürfig Pindars Gesängen gleich,
>   Gleich Zeus erhabenen trunknen Sohne,
>   Frei aus der schaffenden Seele taumeln?
> (Klopstock 1966, 12)

Der Verlockung, die höhere Stellung des Dichters einzunehmen und mit den freien Rhythmen eines Dithyrambus zu experimentieren, gibt Klopstock in Hymnen wie *Frühlingsfeyer* bald nach. In der ersten Hälfte des 18. Jahrhunderts noch als ein ‚Irrgedicht', ein ‚Rasenlied' oder ein geschmackloses ‚Trinklied' verachtet, wurde der Dithyrambus um 1750 zum Inbegriff dichterischer Begeisterung (siehe Fantoni 2009, 13–14). Diese Aufwertung der Gattung signalisiert nicht nur eine weitere Entfernung von der normativen Regelpoetik eines Gottscheds, sondern auch eine wichtige Reevaluation der Gefühle, der Sinnlichkeit und der Einbildungskraft. Genau wie in Horazens Beschreibung der pindarische „Strom über sein herkömmliches Ufer anschwellt" (Hor. carm. 4.2.5–4.2.6), ignoriert Klopstocks reich variierende Metrik alle hemmenden Faktoren, alle Konventionen und alle normativen Erwartungen. In diesem Sinne schreit Werther verblüfft auf: „O meine Freunde! warum der Strom des Genies so selten ausbricht, so selten in hohen Fluthen hereinbraust, und eure staunende Seele erschüttert." (Goethe 1998 [1774], 16)

Die Veröffentlichung der anscheinend stümperhaften *Dithyramben* von Johann Gottlieb Willamov (1766) veranlasste Herder, über die wahren Eigenschaften und den Wert dieser antiken Gattung zu reflektieren. In Herders Erwägung stand Pindar am Ende einer langen Tradition, die bis in eine nebelhafte Vorgeschichte zurückreichte. Der letztlich von einem Nachahmungskriterium bestimmte Ursprungsimpuls stammte aus „wilden Freudentänzen": „[...] ihr Gesang war voll von der *tierischsinnlichen* Sprache des Weins, und der Wein erhob sich wieder zu einer gewissen *mystischsinnlichen* Sprache der Götter" (Herder 1985 [1767], 326, [Hervorhebung im Original]). Demzufolge erwarten wir in Dithyramben eine Sprache, „die in Worten *neu*, *kühn*, und *unförmlich*; in Konstruktionen *verflochten* und *unregelmäßig* [ist]" (Herder 1985 [1767], 328 [Hervorhebung im Original]). Diese nun durch eine fantasievolle Kunst entwickelte Sprache ist genau das, was wir in Pindars Oden lesen: eine Sprache, die den Unterschied zwischen klar denkender Vernunft und emotionaler Beschäftigung hervorhebt. „Pindars Gang ist der Schritt der begeisterten Einbildungskraft, die, was sie siehet, und wie sie es sieht, singt; aber die Ordnung der philosophischen Methode, oder der Vernunft, ist der entgegengesetzte Weg, da man, was man denkt, aus dem, was man sieht, beweiset." (Herder 1985 [1767], 340)

In seinem berühmten Brief an Herder, im Sommer 1772 in Wetzlar verfasst, berichtet der junge Goethe von seinem turbulenten Gefühlszustand. „Noch immer auf der Wooge mit meinem kleinen Kahn und wenn die Sterne sich verstecken, schweb' ich so in der Hand des Schicksaals hin und Mut und Hoffnung und Furcht und Ruh wechseln in meiner Brust. Seit ich die Kraft der Worte στηθος und πραπιδες fühle, ist mir in mir selbst eine neue Welt aufgegangen. Armer Mensch, an dem der Kopf alles ist! Ich wohne jetzt in Pindar [...]" (Goethe 1997 [1772], 256). Die gewaltsame und schnelle Alteration der Emotionen („Mut und Hoffnung und Furcht und Ruh"), die den fragilen Kahn der Subjektivität gefährdet, ist symptomatisch für eine poetische Dunkelheit, die von der „Brust" (στῆθος) und dem „Zwerchfell" (πραπίδες) stammt, und also der rationalen Kontrolle des Kopfs entgeht – ein typisch pindarisches Motiv, das der junge Goethe von Johann Georg Hamanns ‚kabbalistischen Prosa' übernahm und zwar genau zum Zeitpunkt als er die *Werther* Novelle verfasste (siehe Hamilton 2003, 237–248). Die Macht dieser kreativen *obscuritas* findet bald ihren Niederschlag in Goethes eigenen Dithyramben, die kühn vor der gewaltigen Herausforderung zur Begeisterung stehen:

> Wen du nicht verlässest, Genius,
> Nicht der Regen, nicht der Sturm
> Haucht ihm Schauer übers Herz.
> Wen du nicht verlässest, Genius,
> Wird der Regenwolke
> Wird dem Schloßenstrum
> Entgegen singen
> Wie die Lerche
> Du dadroben.
> (Goethe 1998 [1772], 33)

Das Gewitter, ein äußerlicher Ausdruck der innersten Gefühle, gibt also Anlass zu einer Ode, die, wie die Lerche, erst während eines Sturms singt. Die psalmartige Wiederholung („Wen du nicht verlässest, Genius"), die sich durch das gesamte Gedicht zieht, erinnert an Klopstocks hymnischen Stil und betet nach Transzendenz. Auch operativ ist Goethes Beschreibung eine der pindarischen Flut (‚*amnis monte decurrens*'). Die Metapher der Fluidität, des vertikalen Fließens von oben, wirkt in Goethes frühen Oden als Verbindungsmittel, das den Dichter dichter zum Göttlichen trägt, zum Beispiel in *Mahomets Gesang*:

> Seht den Felsenquell,
> Freudenhell,
> Wie ein Sternenblick!
> Über Woken
> Nährten seine Jugend
> Gute Geister
> Zwischen Klippen im Gebüsch.
> Jünglingfrisch
> Tanzt er aus der Wolke
> Auf die Marmorfelsen nieder,
> Jauchzet wieder
> Nach dem Himmel.
> (Goethe 1998 [1774], 42)

Präsentiert als von Mahomet gesungene Verse, in voller Übereinstimmung mit dem Genius-Paradigma, kommt das Gedicht zurück auf die Idee einer gemeinschaftsbildenden Macht – einer *communitas*, die die Schranken der individuellen, immunisierten Isolation durchbricht, und damit neue Verbindungen zwischen jenen schafft, die ihre Emotionen auf der Flucht durch des Herzens Losung zulassen. Ob diese durch die Hymnik erzeugte Gemeinschaft zu einer Erneuerung des Lebens oder zu dem fatalen Absturz eines Werthers führt, bleibt eine offene Frage.

Literaturverzeichnis

(Anmerkung zur Zitierweise: Stellenangaben aus Horaz werden nachgewiesen mit Namenskürzel. *Kurztitel*. Kapitel. Zeilenzahl. Nachweise der Gedichte von Klopstock und Goethe sowie der Übersetzungen von Voß geben jeweils die Seitenzahlen an.)

Cramer, Johann Andreas. *Poetische Uebersetzung der Psalmen mit Abhandlungen über dieselben*. Bd. 1. Leipzig: Breitkopf, 1755–1759.
Doktor, Wolfgang, und Gerhard Sauder (Hrsg.). *Empfindsamkeit. Theoretische und kritische Texte*. Stuttgart: Reclam, 1976.
Fantoni, Francesca. *Deutsche Dithyramben. Geschichte einer Gattung im 18. und 19. Jahrhundert*. Würzburg: Königshausen & Neumann, 2009.
Gabriel, Norbert. *Studien zur Geschichte der deutschen Hymne*. München: Fink, 1992.
Gelzer, Thomas. „Pindarverständnis und Pindarübersetzung im deutschen Sprachbereich vom 16. bis zum 18. Jahrhundert". *Geschichte des Textverständnisses am Beispiel von Pindar und Horaz*. Hrsg. von Walther Killy. München: Kraus, 1981. 81–116.

Goethe, Johann Wolfgang von. *Sämtliche Werke, 40 Bde.* Bd. 28: *Briefe, Tagebücher und Gespräche.* Hrsg. von Karl Eibl. Frankfurt am Main: Deutscher Klassiker Verlag, 1997.
Goethe, Johann Wolfgang von. *Die Leiden des jungen Werthers* [1774]. *Werke.* Bd. 6. Hrsg. von Erich Trunz. München: dtv, 1998.
Goethe, Johann Wolfgang von. *Wandrers Sturmlied* [1772]. *Werke.* Bd. 1. Hrsg. von Erich Trunz. München: dtv, 1998. 33–36.
Goethe, Johann Wolfgang von. *Mahomets Gesang* [1774]. *Werke.* Bd. 6. Hrsg. von Erich Trunz. München: dtv, 1998. 42–44.
Gottsched, Johann Christoph. *Versuch einer Critischen Dichtkunst.* Nachdruck. Darmstadt: Wissenschaftliche Buchgesellschaft, 1962 [1730; 4. Aufl.: 1751].
Hamilton, John. *Soliciting Darkness: Pindar, Obscurity, and the Classical Tradition.* Cambridge, MA: Harvard University Press, 2003.
Herder, Johann Gottfried. *Sämmtliche Werke.* Hg. von Bernhard Suphan. Berlin: Weidmann, 1877–1913.
Herder, Johann Gottfried. *Werke.* Bd. 1: *Frühe Schriften 1764–1772.* Hrsg. von Ulrich Gaier. Frankfurt am Main: Deutscher Klassiker Verlag, 1985.
Horaz [Quintus Horatius Flaccus]. *Carmina (Oden) und Epoden.* Lateinisch/Deutsch. Hrsg. von Friedrich Klinger und Will Richter. Frankfurt am Main: Fischer 1964. (Deutsche Fassung: Horaz. *Gedichte.* Übers. von Johann Heinrich Voß. Leipzig: Philipp Reclam jun., 1944 [1802].)
Horaz [Quintus Horatius Flaccus]. *Ars poetica/Die Dichtkunst.* Übers. und hrsg. von Eckart Schäfer. Stuttgart: Reclam, 1984.
Ketelsen, Uwe. „Poetische Emotion und universale Harmonie. Zu Klopstocks Ode ‚Das Landleben/Die Frühlingsfeyer'". *Gedichte und Interpretation.* Bd. 2: *Aufklärung und Sturm und Drang.* Hrsg. von Karl Richter. Stuttgart: Reclam, 1983.
Klopstock, Friedrich Gottlieb. *Briefe.* Hrsg. von J. M. Lappenberg. Braunschweig: Westermann, 1867.
Klopstock, Friedrich Gottlieb. *Oden.* Hrsg. von Karl Ludwig Schleiden. Stuttgart: Reclam, 1966.
Schmidt, Jochen. *Die Geschichte des Genie-Gedankens in der deutschen Literatur, Philosophie und Politik 1750–1945.* Bd. 1: *Von der Aufklärung bis zum Idealismus.* Darmstadt: Wissenschaftliche Buchgesellschaft, 1985.
Vöhler, Martin. *„Danken möchte' ich, aber wofür?" Zur Tradition und Komposition von Hölderlins Hymnik.* München: Fink, 1997.
Wegmann, Nikolaus. *Diskurse der Empfindsamkeit. Zur Geschichte eines Gefühls in der Literatur des 18. Jahrhunderts.* Stuttgart: Metzler, 1988.

4.5 Friedrich Schillers großes Welttheater. Affektrhetorik und Dramaturgie um 1800
Claudia Benthien

Neben der Barockliteratur ist die deutschsprachige Dramatik um 1800 ein bevorzugter Gegenstand der Befassung mit Affekten. Während die ältere Forschung etwa den Zusammenhang der theoretischen und ästhetischen Schriften einzelner Autorinnen und Autoren mit ihrer dramatischen Produktion herausgestellt hat – zum Beispiel das Konzept des Pathetisch-Erhabenen bei Schiller (siehe dazu zuletzt Port 2002b) –, haben sich andere Untersuchungen unter anderem auf den Aspekt der körpersprachlichen Kommunikation konzentriert (vgl. Košenina 1995; Guthrie 2006) und dabei betont, inwiefern der nonverbale, vielfach durch Nebentexte vermittelte emotionale Affektausdruck zuweilen im Gegensatz zur Figurenrede steht und gegenüber dieser als ‚wahrer' gilt. In jüngster Zeit wurde demgegenüber die Theatralik und Exaltiertheit von Affekten (vgl. Vogel 2002; Port 2005) herausgearbeitet, wie auch ihre Rätselhaftigkeit und ‚Unlesbarkeit' (vgl. Port 2002a; Schuller 2006; Lü und Stephens 2008/2009; Pahl 2008/2009). Schließlich wurden die in Dramen um 1800 verhandelten Affekte im Kontext so unterschiedlicher Bereiche wie Rhetorik (vgl. Campe 1990), Medientheorien (vgl. Koschorke 1999) oder medizinischen Praktiken, etwa der Immunisierung (vgl. Zumbusch 2011), interpretiert. Im Zentrum der germanistischen Forschung zur Affektthematik standen die Autoren Schiller und Kleist.

Dieser Beitrag widmet sich anhand zweier Dramen und einer Dramenübersetzung Schillers folgenden Fragestellungen: Der erste Abschnitt stellt anhand von *Don Carlos* die zeitgenössische Dramaturgie nonverbaler Gefühle vor. Demgegenüber wird im zweiten Abschnitt die Thematik der Verstellung und Dissimulation von Emotionen anhand von *Maria Stuart* erörtert. Und im dritten Abschnitt werden anhand von Schillers Übersetzung von Racines *Phèdre* Überlegungen zur sprachlichen Codierung von Affekten im komparatistischen Vergleich angestellt.

1. Die stumme Affektregie der *eloquentia corporis* am Beispiel von *Don Carlos*

Die *eloquentia corporis* (‚Beredsamkeit des Körpers') gewinnt in der Dramatik des 18. Jahrhunderts, nicht zuletzt durch die sich etablierenden ‚Wissenschaften vom Menschen' an Signifikanz. In der Literatur- und Theaterwissenschaft hat diese sich in Gesten, Gebärden und Mimik äußernde „psychologisch-fundierte körperliche Ausdruckssprache" (Košenina 1995, 25) viel Aufmerksamkeit gefunden (vgl. Brandstetter 2005, 166). Die Aufwertung der Körpersprache lässt sich als Resultat der Aufklärungszeit begreifen, speziell der Empfindsamkeit, die ein gesteigertes und positiv bewertetes ‚Fühlen' propagiert. Der Gefühlsausdruck wird in dieser „neuen, auf Unmittelbarkeit zielenden Empfindungsdramaturgie" (Košenina 1995, 2) regelrecht zu einem „Phantasma der natürlichen Gestalt" (Heeg 2000) überhöht. Denn die körperliche Beredsamkeit wurde gegenüber der Sprache als unmittelbarer, authentischer, lebendiger und wirkmächtiger angesehen (vgl. Huschka 2008, 104), wie exemplarisch eine Formulierung des Tänzers und Choreografen Noverre verdeutlicht: „Einen Gedanken durch Worte vorzustellen, dazu gehört gewisse Zeit, die Gebehrden zeigen ihn auf einmal mit Nachdruck; es ist ein Blitz, der aus dem Herzen fährt, in den Augen flammt, alle Gesichtszüge hell macht, den Knall der Leidenschaften verkündet, und uns gleichsam die Seele nackend sehen läßt." (Noverre 1977 [1760], 148) Dabei ging man, ganz im Sinne des Topos von der Beredsamkeit, von einer ‚Lesbarkeit' nonverbal ausgedrückter Gefühle aus, wie ein Beispiel aus *Don Carlos* belegt:

> MARQUIS *(mit Bedeutung).*
> Sagtest du mir nicht,
> Du *liebest* deine Mutter? – Du bist willens,
> Ihr diesen Brief zu zeigen?
> *(Carlos sieht zur Erde und schweigt)*
> Karl, ich lese
> In deinen Mienen etwas – mir ganz neu –
> Ganz fremd bis diesen Augenblick. – Du wendest
> Die Augen von mir? *Warum* wendest du
> Die Augen von mir? So ists wahr? (Schiller 1981 [1787], 2.15.2391–2.15.2397)

Marquis Posa interpretiert das schamhafte Stummbleiben und den abgewendeten Blick seines Freundes als unwillkürlichen Ausdruck seiner Gefühle: In der Ausdeutung des Schweigens – welche er als ‚Lesen' bezeichnet – gibt Posas Replik die Antwort, die der Prinz schuldig bleibt. Das in der anschließenden Bühnenanweisung markierte beiderseitige „*[l]ange[] Stillschweigen*" (ebd., 2.15.2401), nachdem Posa den Brief zerrissen hat, ist ebenfalls beredt; der Marquis kommentiert den ‚Dialog' ihrer Blicke: „Nun freilich | Lern ich dich fassen. O, wie schlecht hab ich | Bis jetzt auf deine Liebe mich verstanden!" (ebd., 2.15.2407–2.15.2409)

Nicht nur pathetische Gebärden wie das Fußstampfen oder das Hinwerfen von Gegenständen, die affektive Umarmung oder das impulsive Hinauslaufen, die Rührung, welche sich am beständigen Weinen der Protagonisten oder auch nur an der einzelnen ‚Träne' im Augenwinkel zeigt, sondern insbesondere die als unwillkürlich geltenden Ausdrucksgebärden des Errötens, Erblassens und der

4.5 Friedrich Schillers großes Welttheater. Affektrhetorik und Dramaturgie um 1800 — 447

Ohnmacht werden zum konstitutiven Element der Dramaturgie und zugleich zur Herausforderung an die Schauspielkunst, was zahlreiche in dieser Zeit publizierte Traktate belegen. In einem Artikel zum Stichwort „Schauspieler; Schauspielkunst" bemerkt Sulzer in seiner *Allgemeinen Theorie der schönen Künste* etwa: „In gar vielen Fällen sind die Gebehrden eine so genaue und lebhafte Abbildung des innern Zustandes der Menschen, daß man ihre Empfindungen dadurch weit besser erkennet, als der beredteste Ausdruck der Worte sie zu erkennen geben würde. Keine Worte können weder Lust noch Verdruß, weder Verachtung noch Liebe so bestimmt, so lebhaft, viel weniger so schnell ausdrüken, als die Gebehrden. Also ist auch nichts, wodurch man schneller und kräftiger auf die Gemüther würken kann." (Sulzer 1773, 571) Im Unterschied zur Dramaturgie des Barock, in der man davon ausging, dass die Figurenrede die Leidenschaften nicht mimetisch nachzuahmen habe, sondern die Umsetzung der seelischen Bewegung in einer gesteigerten Sprachbewegung erfolge und die emotionale Spannung somit in das sprachliche Gefüge der Repliken selbst aufgenommen wird (vgl. Geisenhof 1957, 155) – eine rhetorische Stilanhebung in affektiven Passagen, wie sie etwa in *Phèdre* zu beobachten ist –, hielt man diese Mittel nicht mehr für adäquat.

Schillers Dramentexte sind durch eine auf Effekte und Affekte zielende Dramaturgie geprägt. Wie kein Dramatiker vor ihm, hat er seine Bühnenfiguren psychologisch motiviert und glaubwürdig gemacht (vgl. Kommerell 1991 [1936]; Pikulik 2004). Nicht zuletzt über das Mittel des dramatischen Nebentextes hat er Techniken entwickelt, um differenzierte emotionale Regungen darzustellen. Insbesondere die ersten Akte des ‚dramatischen Gedichts' *Don Carlos*, die der Autor in einer bekannten Formulierung als ‚Familiengemählde in einem fürstlichen Haußer' (Brief an Dahlberg, vom 7. Juni 1784) bezeichnet hat, setzen stark auf Mitleidsaffekte, wie sie die Theorie des bürgerlichen Trauerspiels propagiert hat (vgl. Alt 1994, 175–190). Schiller knüpft dabei an einen Gedanken Lessings an, der in der *Hamburgischen Dramaturgie* bemerkt hat, selbst die heroische Tragödie könne nur dort Wirkungen erzielen, wo sie Muster des bürgerlichen Trauerspiels aufgreife und das private Schicksal des Menschen jenseits der Standeskategorien (und der Politik) behandele (vgl. Lessing 1986 [1767–1769], 14. Stück, 73; siehe auch Alt 1994, 172).

Don Carlos als Thronfolger des mächtigen Königs Philipp II. von Spanien, absolutistischer Herrscher ‚vor Gottes Gnaden' und Befürworter der Inquisition, ist zugleich auch dessen erbitterter Rivale – nicht nur um politischen Einfluss, sondern insbesondere um die junge, schöne und im liberalen Geist Frankreichs erzogene Elisabeth von Valois, die zunächst dem Prinzen zugedacht (und geneigt) war, dann aber aus Gründen der Staatsräson vom König geehelicht wurde. Carlos wird durch seine exzessive Emotionalität als Gegenpol zu seinem gefühlskalten Vater eingeführt, wie ein paar Beispiele demonstrieren mögen. In der Exposition des Dramas weigert sich der Infant, seine vormalige Verlobte als Königin Spaniens und Stiefmutter anzuerkennen und beharrt sentimentalisch auf der Liebe. In dem lange ersehnten Zwiegespräch mit Elisabeth wirft diese Carlos die ‚falschen Gefühle' vor und rät ihm, seine Libido schlicht umzulenken – von ihr auf das ‚Vaterland':

> Trotz ist es
> Und Bitterkeit und Stolz, was Ihre Wünsche
> So heftig nach der Mutter zieht. Die Liebe,
> Das Herz, das Sie verschwenderisch mir opfern,
> Gehört den Reichen an, die Sie dereinst
> Regieren sollen.
> [...]
> Elisabeth
> War Ihre erste Liebe. Ihre zweite
> Sei Spanien! Wie gerne, guter Karl,
> Will ich der besseren Geliebten weichen!
> CARLOS *(wirft sich, von Empfindung überwältigt, zu ihren Füßen).*
> Wie groß sind Sie, o Himmlische! – Ja, Alles,
> Was Sie verlangen, will ich tun. – Es sei! (Schiller 1981 [1787], 1.5.779–1.5.796)

Carlos reagiert auf diesen prudentistischen Vorschlag überzogen: mit Überwältigung und Adoration. In einer späteren Szene glaubt er, durch einen Pagen einen heimlichen Brief Elisabeths zu erhalten, deren Handschrift er angeblich nicht kennt (in Wirklichkeit ist er von der ihn verehrenden Prinzessin von Eboli), was Schiller in der Bühnenanweisung als stumme Szene beschreibt: „*Er reißt hastig das Siegel auf und tritt an das äußerste Ende des Saals, den Brief zu lesen. [...]. Carlos fängt an, heftig zu zittern und wechselweise zu erblassen und zu erröten. Nachdem er gelesen hat, steht er lange sprachlos, die Augen starr auf den Brief geheftet.*" (ebd., 2.4.1262) Diese stumme Szene eines „regredierenden Verliebten" (Luserke-Jaqui 2005, 102) mit ihren wechselnd auftretenden, unwillkürlichen Gebärden des Erblassens und Errötens soll verdeutlichen, wie erregt der Infant über den Vorschlag eines heimlichen Stelldicheins mit der (vermeintlichen) Königin ist.

Philipp und Carlos werden von Schiller als Repräsentanten konträrer epochaler Affektkulturen eingeführt: der gefühlsnegierenden Frühen Neuzeit und der gefühlsaffirmierenden Aufklärung (wie das im 16. Jahrhundert spielende Stück ja auch ideengeschichtlich ostentativ anachronistisch auf das 18. Jahrhundert vorausweist, was insbesondere Posas von der aufgeklärten Tugendphilosophie durchdrungene Redebeiträge demonstrieren). Philipp wird von seinem Sohn, der sich in einer intimen Aussprache leidenschaftlich an ihn wendet – Carlos „*geht, sobald der Herzog des Zimmer verlassen hat, auf den König zu und fällt vor*

4.5 Friedrich Schillers großes Welttheater. Affektrhetorik und Dramaturgie um 1800 — 449

ihm nieder, im Ausdruck der höchsten Empfindung" (Regieanweisung zu Beginn von Szene 2.2) und bittet tränenreich (vgl. ebd., 2.2.1066) um Versöhnung –, als fühllos und mithin gar als inhuman beschimpft, als er dieses Ansinnen ablehnt („die ewige | Beglaubigung der Menschheit sind ja Tränen, | Sein Aug ist trocken, ihn gebar kein Weib –", ebd., 2.2.1077–2.2.1079). Philipps charakterliche Härte, von Schiller als Grundbedingung seiner Hegemonie demonstriert, wird durch die nagende Eifersucht auf seinen Sohn nach und nach unterminiert, bis er schließlich durch einen skandalösen Gefühlseinbruch – die ‚Ent-Täuschung' über das Hintergangenwerden durch Posa – seine herrscherliche „Fassade" (Goffman 1991 [1959], 23–30) vollständig verliert („Lerma. Der König hat | Geweint. | Domingo. Geweint? | Alle *(zugleich, mit betretnem Erstaunen)*. | Der König hat geweint?"; Schiller 1981 [1787], 4.23.4463–4.23.4464). Dieses Versagen muss Philipp nachfolgend auch dem Großinquisitor in erbärmlicher Demütigung gestehen: „Leidenschaft riß mich | Dahin" (ebd., 5.10.5185–5.10.5186).

Schiller gestaltet Carlos' Emotionalität über die Figurenrede, aber auch szenisch und nonverbal. Demgegenüber bleibt Philipps singuläre emotionale Affektreaktion im vierten Akt als ‚Rollenbruch' außerszenisch; sie wird nicht gezeigt, sondern nur durch die Höflinge und das eigene Geständnis nachträglich berichtet. Sie ist damit zwar ein wichtiges Element der Dramaturgie (und der Peripetie) des Stücks, verfolgt aber nicht die gleichen wirkungsästhetischen Ziele. Die Empfindsamkeit des Infanten hingegen ist die Voraussetzung für seine nachfolgende Wandlung zum besonnenen, das private Glück den politischen Zielen unterordnenden Staatsmann – in Übereinstimmung mit Schillers pathostheoretischem Grundsatz, wonach der „tragische Held [...] sich erst als empfindendes Wesen bei uns legitimiert haben [muss]; ehe wir ihm als Vernunftwesen huldigen und an seine Seelenstärke glauben" (Schiller 1993 [1792], 513) –, mithin für den dramaturgisch notwendigen Übergang vom Rührungsaffekt zum Bewunderungsaffekt (vgl. Zumbusch 2005, 66 und 2011, 170–175): Erst als es zu spät ist, so die tragische Ironie, lernt Carlos, durch das Vermächtnis Posas, aber auch durch die vermittelnde Intervention der Königin, dass die politische Sache es wert ist, den persönlichen Liebesanspruch aufzugeben: „Ein reiner Feuer hat mein Wesen | Geläutert. Meine Leidenschaft wohnt in den Gräbern | Der Toten. Keine sterbliche Begierde | Teilt diesen Busen mehr" (Schiller 1981 [1787], 5.11.5314–5.11.5317), wie er selbst es metapoetologisch in der allerletzten Szene des Stücks formuliert.

2. Frühneuzeitliche Verstellungskunst um 1800: (Dis-)Simulation von Emotionen in *Maria Stuart*

Die titelgebende Formel vom ‚Welttheater' stammt aus dem spanischen *siglo de oro* (‚goldenes Zeitalter') und leitet sich von Calderóns geistlichem Festspiel *El gran teatro del mundo* (1675) ab. Sprichwörtlich steht sie für die Sinnlichkeit, Opulenz und Illusionsmacht des frühneuzeitlichen Theaters (vgl. Alewyn 1989 [1959]), aber auch für die generelle Theatralität dieser Zeit, wie sie nicht zuletzt die höfischen Verhaltenslehren prägt. Denn im Sinne der politischen Klugheit (*prudentia*) muss derjenige, der am Hof Erfolg haben will oder bereits Herrschaft ausübt, beständig schauspielern. Die *dissimulatio* (‚so tun als ob nicht') – das Verbergen oder Verschweigen von Emotionen und Intentionen – wurde in der Frühen Neuzeit moralisch weniger problematisiert als die *simulatio* (‚so tun als ob') – das aktive Vortäuschen von falschen Eigenschaften oder Gefühlen, zum Beispiel Freundschaft oder gar Liebe. Als im Absolutismus des 16. Jahrhunderts angesiedeltes höfisches Drama orientieren sich auch die Verhaltensformen in *Maria Stuart* stark an den Techniken des ‚Stellens' und ‚Verstellens', der *simulatio* und *dissimulatio*. Schiller betont dies etwa in einer Bühnenanweisung, in der die englische Königin Elisabeth Tudor vorgibt, das inszenierte Zusammentreffen mit der abgedankten und inhaftierten schottischen Königin Maria Stuart sei reiner Zufall („*stellt sich überrascht und erstaunt*", Schiller 1981 [1800], 3.4.2333) oder in der Rede Mortimers, der Elisabeth gegenüber davon spricht, dass er sich ‚eine Miene' gab, um Maria gegenüber etwas Bestimmtes vorzutäuschen (ebd., 2.4.1498) – eine Aussage, die ihrerseits eine Täuschung ist (vgl. ebd., 2.6.1632–2.6.1633). Insbesondere Elisabeth artikuliert ein Leiden an diesem Zwang zur Verstellung („Die Könige sind nur Sklaven ihres Standes, | Dem eignen Herzen dürfen sie nicht folgen.", ebd., 2.2.1155–2.2.1156). Die Thematik der Verstellungskunst, und mithin die Virulenz jeglicher Gefühlsäußerungen, ist für die Analyse und spannungsvolle Dramaturgie dieses zutiefst metadramatischen Schauspiels von hoher Relevanz. Zu Recht wurde bemerkt, dass „nahezu sämtliche Figuren mit zwei Zungen sprechen" (Alt 2000 Bd. 2, 497) – oder, wie es im Stück selbst heißt, „zweierlei Gesichter zeigen" (Schiller 1981 [1800], 2.8.1703) –, was Schiller mittels Techniken wie Monolog, Beiseitesprechen oder vertraulichen Zwiegesprächen sowie über metatheatrale Selbstreflexionen in der Figurenrede gestaltet.

Besonders differenziert ist das Wechselspiel von strategischer Aufrichtigkeit und Verstellung in der einzigen Szene des architektonisch aufgebauten Stücks, in der die beiden Königinnen aufeinander treffen (vgl. Vonhoff 2005, 163). Zu Beginn der Szene zeigt Schiller Marias inneren Kampf: wie sie sich gleichsam zwingt, sich der verhassten ‚Schwester' Elisabeth gegenüber nicht nur höflich, sondern auch unterwürfig zu ‚stellen', um ihr Ziel, die Begnadigung, zu erreichen. So fällt

4.5 Friedrich Schillers großes Welttheater. Affektrhetorik und Dramaturgie um 1800 — 451

sie zwar vor ihr, der amtierenden Herrscherin, auf die Knie, macht jedoch in einer rhetorisch brillanten Rede zugleich unmissverständlich klar, dass es nun an Elisabeth ist, ihr die Hand zu reichen und sie symbolisch wieder zu ‚erheben':

> MARIA. [...]
> Doch seid auch *Ihr* nun edelmütig, Schwester!
> Laßt mich nicht schmachvoll liegen, Eure Hand
> Streckt aus, reicht mir die königliche Rechte,
> Mich zu erheben von dem tiefen Fall.
> ELISABETH *(zurücktretend)*. Ihr seid an Eurem Platz, Lady Maria!
> Und dankend preis ich meines Gottes Gnade,
> Der nicht gewollt, daß ich zu Euren Füßen
> So liegen sollte, wie Ihr jetzt zu meinen.
> MARIA *(mit steigendem Affekt)*.
> Denkt an den Wechsel alles Menschlichen!
> Es leben Götter, die den Hochmut rächen!
> Verehret, fürchtet sie, die schrecklichen,
> Die mich zu Euren Füßen niederstürzen –
> Um dieser fremden Zeugen willen, ehrt
> In mir Euch selbst, entweiht, schändet nicht
> Das Blut der Tudor, das in meinen Adern
> Wie in den Euren fließt [...] (Schiller 1981 [1800], 3.4.2253–3.4.2268)

Maria gemahnt nicht nur an ihren eigenen royalen Stammbaum, sondern warnt Elisabeth in frühneuzeitlicher Rhetorik vor der *vanitas* alles Irdischen und der Gefahr der *superbia*, die ihr als Herrscherin beständig drohe. Elisabeth aber bleibt, so die ihrer Replik vorangestellte Regieanweisung, „*kalt und streng*" (ebd., 3.4.2278), was Marias gekränkten Stolz provoziert. Sie fällt aus der Rolle, und die Szene endet im Eklat, in gegenseitigen Beleidigungen: Elisabeth bezeichnet Maria (indirekt) als Hure („die *allgemeine* Schönheit"; ebd., 3.4.2417 [Hervorhebung im Original]), Maria beschimpft Elisabeth als „Bastard" (ebd., 3.4.2447).

Nicht zufällig am Beispiel zweier als eitel charakterisierter Königinnen stellt Schiller die Konsequenzen mangelnder politischer Klugheit und Selbstkontrolle dar. Alles weitere, so der psychologisierende Subtext, ist die Folge der gegenseitigen narzisstischen Kränkungen, wobei Elisabeth ihre Handlungsmacht zur Abwehr dieses Gefühls gnadenlos ausspielt, wie sie in ihrem Monolog offenbart: „Mit welchem Hohn sie auf mich nieder sah, | Als sollte mich der Blick zu Boden blitzen! | Ohnmächtige! Ich führe beßre Waffen, | Sie treffen tödlich, und du bist nicht mehr!" (ebd., 4.10.3239–3242) Elisabeth fühlt sich aber auch hintergangen durch die vor ihr verheimlichte Liebe Graf Leicesters zu Maria und sein doppeltes Spiel, das sie in diese zutiefst demütigende Situation gebracht hat („O ich sterbe | Für Scham! Wie mußt er meiner Schwäche spotten! | *Sie* glaubt ich zu erniedrigen und war, | Ich selber, ihres Spottes Ziel!", ebd., 4.5.2828–4.5.2831 [Hervorhebung im Original]). Ihre politische Entscheidung, Maria Stuart hinrichten zu lassen, ist also, ähnlich wie die von König Philipp angeordneten Tötungen in *Don Carlos*, stark affektiv motiviert, und zwar durch ihren Neid auf die bei den Männern erfolgreichere und vom Volk adorierte charismatische Rivalin. Der Verräter Leicester soll gar gezwungen werden, bei Marias Hinrichtung zuzuschauen, so ihre schließlich in die Tat umgesetzte Rachefantasie: „Er soll sie fallen sehn, und nach ihr fallen" (ebd., 4.5.2847).

In den der Hinrichtung vorangehenden Szenen wird Maria als mehr und mehr gefasste Persönlichkeit gezeigt. Es gelingt ihr, ihre weltlichen Interessen zu transzendieren und im Glauben neue Kraft zu gewinnen. Sie ist damit modellbildend für Schillers generelle Affektauffassung, die darauf beruht, dass der Held oder die Heldin im tragischen Drama zunächst „tief und heftig *leiden* [muss]" und erst danach „Widerstand [...] gegen die Gewalt der Gefühle" entwickeln soll, um das „freie Prinzip in uns kenntlich [zu machen]" (Schiller 1993 [1793], 512). Maria beginnt ihre Abschiedsrede „*mit ruhiger Hoheit im ganzen Kreise herumsehend*" und erklärt, dass sie den Tod – sehr barock – als Befreiung aus den „Bande[n]", dem irdischen „Kerker", versteht, sich ihre Seele nun „[a]uf Engelsflügeln [...] zur ewgen Freiheit [schwingen werde]" (Schiller 1981 [1800], 5.6.3482–5.6.3484). Es finden sich hier Korrespondenzen zu August Adolph von Haugwitz' barockem Trauerspiel *Maria Stuarda* (1683), einem der mehr als 50 Maria-Stuart-Dramen, die vor Schiller verfasst wurden (vgl. Diecks 1990, 234), auch wenn es eher unwahrscheinlich ist, dass Schiller es kannte (vgl. Alt 2000/2, 493). Schon Haugwitz' Trauerspiel ist eine „psychologisch gestützte Fallstudie, die die einseitige Perspektive des Märtyrerdramas durch ein facettenreiches Porträt der beiden Widersacherinnen ersetzt" (ebd., 493) und weist einen architektonischen Aufbau auf (vgl. Diecks 1990, 238). Schillers Trauerspiel endet aber, anders als die barocke Version Haugwitz' (und Schillers ebenfalls in der Sphäre des Katholizismus angesiedelte *Jungfrau von Orleans*), nicht mit der Verklärung und Apotheose der Titelheldin, sondern mit einer Reihe von höchst profanen Szenen in den Regierungskreisen Elisabeths. Es wird erkennbar, dass die affektgesteuerte Tötung der Rivalin deutliche Wirkungen zeitigt: Die unumschränkte Autorität Elisabeths ist angekratzt; ihre Höflinge wagen offene Kritik oder wenden sich gar gänzlich von ihr ab. Insgesamt lässt sich Schillers *Maria Stuart* daher als eine Auseinandersetzung mit der Aporie frühneuzeitlicher Affektdiskurse deuten, die – anders als *Don Carlos* – keine dezidiert aufklärerisch-empfindsame Kontrafaktur beinhaltet.

3. Schillers Übersetzung von Racines *Phèdre*: Zur Codierung von Gefühlen im âge classique und in der deutschen Klassik

> O nie gefühlter Schmerz!
> Zu welcher neuen Qual spart ich mich auf!
> Was ich erlitten bis auf diesen Tag,
> Die Furcht, die Angst, die Rasereien alle
> Der Leidenschaft, der Wahnsinn meiner Liebe,
> Des innern Vorwurfs grauenvolle Pein,
> Die Kränkung selbst, die unerträgliche,
> Verschmäht zu sein, es war ein Anfang nur
> Der Folterqualen, die mich jetzt zerreißen.
> Sie lieben sich! [...]
> Hell und heiter
> Ging jedes Tages Sonne für sie auf!
> Und ich, der traurge Auswurf der Natur,
> Verbarg mich vor dem Licht, der einzge Gott,
> Dem ich zu rufen wagte, war der Tod.
> Ihn sah ich schon mit schnellen Schritten nahn,
> Mit Tränen nährt ich mich, mit bitterm Gram,
> Und selbst in meinen Tränen durft ich nicht
> Nach Herzenswunsche mich ersättigen!
> Vom Blick der Neugier allzuscharf bewacht,
> Genoß ich zitternd diese traurge Lust,
> Ja oft mußt ich sie gänzlich mir versagen
> Und unter heitrer Stirn den Gram verbergen (Racine 1980 [1667], 4.6.1322–4.6.1353)

In dieser Passage aus Racines antikisierter Tragödie *Phèdre* (1667) in Schillers Übersetzung von 1805 ist die Rede von einer Vielzahl von Gefühlen. Phädra, die Königin von Athen, ist in Liebe zu Hippolytos, ihrem Stiefsohn, entbrannt. Sie hat ihm in übermächtigem Affekt ihr Begehren gestanden und wurde zurückgewiesen. Gerade hat sie zudem erfahren müssen, dass er eine andere Frau (und Kriegsgefangene ihres Mannes) liebt. Phädras ‚Gefühlshaushalt‘ war bislang von ganz gegensätzlichen Affekten bestimmt; so spricht sie am Anfang des Zitats von Furcht und Angst, von Rasereien, Leidenschaft, Wahnsinn, von inneren Vorwürfen und „grauenvoller Pein". Nun aber, da sie von Hippolytos' Liebe weiß, ist sie beherrscht von einer einzigen Regung: maßloser Eifersucht. Phädra beschreibt ihr Empfinden, diesen „nie gefühlten Schmerz", als „Folterqualen", welche sie „zerreißen". Die Scham über ihr inzestuöses Begehren (Racines Figuren verwenden mehrfach dem Begriff *inceste*, auch wenn es sich faktisch nicht um Blutsverwandte handelt; vgl. z. B. Racine 1995 [1667], 4.2.88, 4.2.1146, 4.6.94 und 4.6.1270) und die Demütigung, zugunsten einer anderen „verschmäht" zu werden, lösen den archaischen Wunsch aus, sich zu verbergen, des „Tages Sonne" zu fliehen –

Phädra wünscht sich, vor Scham zu sterben. „Vom Blick der Neugier allzuscharf bewacht", muss aber auch diese Herrscherin dissimulieren, ihren „Gram" unter „heitrer Stirn" verbergen.

Racine verhandelt in dieser Tragödie die Überwältigung durch Gefühle als menschliche Schwäche, als Prüfung durch die Götter und als Fluch. Er beruft sich auf den im 17. Jahrhundert populären Diskurs über die Leidenschaften: Gefühle wurden als Teil der ‚Natur' des Menschen verstanden, als etwas, das es zu beherrschen und zu bezähmen gilt. Phädras Schwäche ist, dass ihr dies nicht (mehr) gelingt. Während Racines Alexandriner die Leidenschaften seiner Protagonistin in formvollendete französische Paarreime fasste, überträgt Schiller sie in rhythmischen Blankvers. Ein Vergleich beider Texte zeigt, dass bereits dies einen starken Unterschied in der Qualität der dargestellten Empfindungen ausmacht. Racines Französisch ist lyrisch-opernhaft, Schillers Deutsch ist pathetisch-affektiv – voller Ausrufe, Appelle, Auslassungen und sich steigernder Wiederholungen.

Merkmal dieser Tragödie ist es, dass die Protagonistin innere Gefühle zu versprachlichen sucht. Sie ringt geradezu verzweifelt danach, Worte für das Unaussprechliche zu finden, was in ihr vorgeht. Gleichzeitig nimmt das Verhängnis erst in dem Moment seinen Lauf, als sie ihr Begehren verbal artikuliert hat. Suggeriert wird so, dass das Aussprechen von Gefühlen schädlich sein kann: Erst die Versprachlichung macht sie real, setzt sie performativ in Kraft. Zudem zeigt Racine, was für problematische Folgen die sprachliche Benennung haben kann, denn die Codierung von Gefühlen, so ein Dilemma des 17. Jahrhunderts, produziert nicht immer die erwünschte Eindeutigkeit, sondern ruft auch neue Täuschungen hervor. Und dies gilt nicht nur für die Sprache, sondern gleichermaßen für den mimisch-gestischen Affektausdruck, der in dieser Zeit ebenfalls konventionalisiert war. So wird auch die Möglichkeit, Gefühle vorzutäuschen, sie zu ‚affektieren', zum Handlungselement des Dramas, was sich auch im Zitat zeigt, als Phädra formuliert, sie verberge ihre wahren Empfindungen hinter einer Fassade der Heiterkeit.

Wo Schiller in der zitierten Passage die Affekte und Zustände Phädras nominalisiert („Die Furcht, die Angst, die Rasereien alle | Der Leidenschaft, der Wahnsinn meiner Liebe | Des innern Vorwurfs grauenvolle Pein"), finden sich in Racines Original erstens ein durchaus anders getöntes Emotionsvokabular und zweitens keine vergleichbare Benennung von Affekten, sondern eher komplexe Genitivkonstruktionen: „La fureur de mes feux, l'horreur de mes remords, | Et d'un refus cruel l'insupportable injure | N'était qu'un faible essai du tourment que j'endure [...]" (ebd., 4.6.1228–4.6.1230). Es wird eine starke Bildlichkeit erzeugt; die Gefühle wirken aber recht abstrakt und durch die sprachliche Eloquenz gleichsam von der Sprecherin selbst distanziert.

4.5 Friedrich Schillers großes Welttheater. Affektrhetorik und Dramaturgie um 1800 — 455

Bemerkenswert ist speziell eine Umcodierung, die Schiller vornimmt: Wiederholt wählt er den Begriff der Schuld zur Bezeichnung des Gefühls beziehungsweise Zustands der Figuren, insbesondere der Titelheldin. So in folgenden Wendungen, in denen Phädra jeweils über sich selbst spricht: Sie bezeichnet Hippolyte in einem Dialog mit ihrer Vertrauten Oenone als „témoin de ma flamme adultère" (ebd., 3.3.841), was Schiller als „furchtbare[n] Vertraute[n] meiner Schuld" (Racine 1980 [1667], 3.3.901) überträgt. Kurz darauf bemerkt sie ihr gegenüber selbstkritisch, „[j]e connais mes fureurs" (Racine 1995 [1667], 3.3.853), was als „*ich* weiß meine Schuld" (Racine 1980 [1667], 3.3.912 [Hervorhebung im Original]) übersetzt wird, und bejammert das Schicksal ihrer Kinder mit den verallgemeinernden Worten, „[l]e crime d'une mère est un pesant fardeau" (Racine 1995 [1667], 3.3.864), was bei Schiller lautet: „Der Mutter Schuld wird schwer auf ihnen lasten" (Racine 1980 [1667], 3.4.926). Weiterhin klagt Phädra: „Hélas! Du crime affreux dont la honte me suit, | Jamais mon triste cœur n'a recueilli le fruit" (Racine 1995 [1667], 4.6.1291–4.6.1292). Dies wird von Schiller übersetzt als: „Ach von der schweren Schuld, die mich befleckt, | Hat dieses traurge Herz nie Frucht geerntet!" (Racine 1980 [1667], 4.6.1402–4.6.1403) Als sie schließlich nach dem Suizid Oenones und dem grausamen, durch die Verfluchung Theseus' verursachten Tod Hippolytes' ihrem Mann ein Geständnis ablegt, nachdem sie bereits ein Gift eingenommen hat, das langsam seine Wirkung zeitigt, formuliert sie: „J'ai voulu, devant vous exposant mes remords" (Racine 1995 [1667], 5.7.1635). Schiller hingegen wählt die Wendung, „[u]m meine Schuld dir reuend zu gestehn" (Racine 1980 [1667], 5.7.1777). In allen Zitaten ist bei Racine, im Gegensatz zu Schiller, nicht von Schuld (*culpabilité*) die Rede; stattdessen finden sich die umschreibende Formel „flamme adultère" („ehebrecherische Flamme') sowie die Gefühls- beziehungsweise Tatbeschreibungen „*fureur*" (Wut, Raserei, Toben), „*crime*" (Verbrechen, Untat, Vergehen) und „*remords*" (Gewissensbisse).

Diese Transformation durchaus unterschiedlicher Termini in die einheitliche Formel der ‚Schuld' steht im Kontext zeitgenössischer Entwicklungen in der Tragödientheorie: Um 1800 entsteht im deutschsprachigen Raum eine kulturtheoretische Auseinandersetzung mit der Tragödie, mithin bildet sich eine ‚Philosophie des Tragischen' aus (vgl. Szondi 1978, 151). Es handelt sich um einen Paradigmenwechsel: Gefragt wird nicht mehr danach, wie Tragödien zu schreiben sind, damit sie als besonders gelungen gelten – emotionale und ethisch-moralische Wirkungen beim Zuschauer erreichen –, sondern was sie an philosophischen, auf den Zustand und das Weltbild des Menschen bezogenen Aussagen beinhalten (vgl. Courtine 1998, 185; Schlaffer 2003, 671). Diese Interessenverschiebung führt auch zu einer Anthropologisierung und Universalisierung des der Tragödie entnommenen Schuldkonzepts (vgl. Felski 2008, 2–3; Benthien 2011, 68–78). Einflussreich für Vorstellungen von ‚tragischer Schuld' um 1800 sind Schellings diesbezügliche Ausführungen. Er bemerkt, dass eine „tragische Person [...] *nothwendig* eines Verbrechens schuldig" sei und ein Werk desto „tragischer oder verwickelter" sei, je höher diese Schuld ist (Schelling 1966 [1802–1805/1856], 339). Ihm zufolge ist „das höchste denkbare Unglück" dasjenige, ohne eigentliche Schuld schuldig zu werden: „Es ist also nothwendig, daß die Schuld selbst wieder Nothwendigkeit, und nicht sowohl [...] durch einen Irrthum, als durch den Willen des Schicksals und ein unvermeidliches Verhängniß oder eine Rache der Götter zugezogen sey." (ebd., 339) Schiller zufolge ist eine „blinde Unterwürfigkeit unter das Schicksal immer demütigend und kränkend für freie, sich selbst bestimmende Wesen" (Schiller 1993 [1792b], 380–381). Das „*Erhabene* in der Tragödie" besteht nach Schelling deswegen auch darin, „daß dieser schuldlose Schuldige freiwillig die Strafe übernimmt" (Schelling 1966 [1802–1805/1856], 343): Schiller formuliert ähnlich, dass eine affektive „Gewalt", die ein Individuum erleiden muss, zwar nicht faktisch, aber doch „dem Begriffe nach [zu] vernichten" sei, was „nichts anderes [heißt], als sich derselben freiwillig [zu] unterwerfen" (Schiller 1993 [1801], 794).

Racines *Phèdre* kann als Modell dieser erlittenen ‚schuldlosen Schuld', die von der Heldin schließlich ‚freiwillig' angenommen wird, dienen: Erstens, weil die Tragödie die in der Antike noch vorherrschende und erst nach und nach infrage gestellte ‚faktizistische' Schuldauffassung aufruft. Damit wird eine unfreiwillig und kontingent erlittene Bürde bezeichnet, wie sie im Mythos insbesondere den Folgegenerationen durch die genealogische ‚Erbschuld' auferlegt wird (vgl. Benthien 2011, 71–72). Zweitens, weil Phädra die Schulddisposition von ihren Eltern ‚erbt', ja regelrecht für deren Sünden und Transgressionen bestraft wird. Für Schiller ist dieser um ‚ererbte' Schuld kreisende Affektkomplex, den er semantisch gegenüber Racine verstärkt, attraktiv, weil er ihn mit seiner Theorie des Pathetisch-Erhabenen verknüpfen kann, denn die „moralische[] Selbständigkeit im Leiden" (Schiller 1993 [1793], 512) zeigt sich seiner Auffassung zufolge erst in der Erhebung über dasselbe: „Je furchtbarer die Gegner, desto glorreicher der Sieg; der Widerstand allein kann die Kraft sichtbar machen" (Schiller 1993 [1792a], 364). Ähnlich wie in seinen eigenen Trauerspielen der gleichen Schaffensperiode – insbesondere in *Die Jungfrau von Orleans* und *Die Braut von Messina* (vgl. Benthien 2011, 105–134 und 165–193) – setzt er den Schuldbegriff in der Phädra-Übertragung geradezu ubiquitär ein.

‚Schuld' als tragischer Zustand weist jedoch wenig Theatralität auf, vergleicht man ihn mit den von Racine aufgerufenen Gefühlen, etwa dem stark affektiv-expressiven *fureur*. Und auch der für Phädras Disposition so bedeutende Schamaffekt (vgl. das erste Textzitat sowie Lehmann 1994, 833–835) ist aufgrund seiner ‚Anti-Theatralität' – dem Wunsch, im Boden zu versinken, den Blicken auszuweichen – in seiner Bühnenwirkung effektiver als Schuld. Es ist ferner definitionsabhängig, ob Schuld überhaupt als ‚Gefühl' zu bezeichnen ist, gilt sie doch eher als objektive Gegebenheit, die durch Gesetze geregelt und durch Rechtsakte festgestellt wird. Wenn Schiller also von Racine gewählte Affektbegriffe durch ‚Schuld' ersetzt, so führt dies sowohl zu einer Enttheatralisierung und einer verstärkten Psychologisierung – man denke hier auch an die Instanz des Gewissens, die etwa Kant als ‚innerer Gerichtshof' konzipiert (vgl. Benthien 2011, 78–82) – als auch zu einer latenten Assoziation mit christlichen Schuld- und Sündenvorstellungen, die den antiken Stoff terminologisch ‚neuzeitlich' überformen.

4. Resümee

Vier der neun vollendeten Dramen Schillers spielen in der Frühen Neuzeit (neben den hier behandelten Werken: *Der Fiesko zu Genua* [1783] und die *Wallenstein*-Trilogie [1800]). Dies ist bemerkenswert, insofern ein leitender Impuls der Theaterästhetik der Aufklärungsepoche eben darin bestand, sich von der Frühen Neuzeit abzuwenden. Auch wenn Schiller dezidiert keine ‚Barockästhetik' intendiert, werden in seinen Geschichtsdramen auffällig ähnliche Thematiken wie in der Frühen Neuzeit – Höhe und Fall des Herrschers, Tragik und Isolation der Macht, die Problematik der Affektbeherrschung, aber auch der heroische Tod im Stil des barocken Märtyrers – verhandelt (vgl. Rehm 1972 [1941]). Die Zusammenfügung unterschiedlicher Mentalitäten erweist sich, bezogen auf die Affektthematik, allerdings durchaus als schwierig. Wie deutlich wurde, erzeugt Schiller durch die Konfrontation zeitgenössischer Einstellungen über Emotionalität und die Modi ihrer Darstellung mit der älteren Affektkultur der Frühen Neuzeit einerseits durchaus produktive Spannungen, andererseits aber auch unlösbare Widersprüche. In allen drei untersuchten Werken geht es um die höfische Welt und um problematische Verschränkungen von Eros und Politik. In allen dreien ist speziell der Affekt der Eifersucht Auslöser des tragischen Konflikts, der wesentlich auf Rivalität beruht.

Im Falle von *Don Carlos* erfolgt die Gestaltung von Emotionen verstärkt über die doppelten Register einerseits der Figurenrede, andererseits der Bühnenanweisungen, realisiert als ‚verbale' und ‚nonverbale' Äußerungen. Den verschiedenen Figuren werden hier unterschiedliche Möglichkeiten affektiver Expression zugeschrieben beziehungsweise gestattet. Die Privatheit von Gefühlen und Intentionen der Herrscherinnen, die Schiller durch dramaturgische Mittel offenbart, und die gleichwohl das politische Handeln wesentlich motivieren, sind ein zentrales Thema von *Maria Stuart* – ein Trauerspiel, das die höfische Verstellungskunst sowohl zu nutzen als auch zu entlarven sucht. Die sprachliche Codierung von Gefühlen ist nicht nur zeit- und kulturtypisch, sondern umfasst auch moralische Prägungen und gattungsspezifische Vorstellungen der jeweiligen Zeit, was die Diskussion der *Phädra*-Übertragung ergeben hat. Die untersuchte Affektrhetorik und Dramaturgie Schillers beinhaltet beide grundlegenden Typen der sprachlichen Gestaltung und Kodierung von Emotionen, wie sie in der Forschung differenziert wurden: einerseits der „Thematisierung", das heißt der expliziten Benennung, wie besonders anhand von *Phädra* diskutiert, andererseits der „Präsentation", das heißt über „implizite sprachliche und strukturelle Mittel" (Winko 2003, 111–112, 116), wie anhand der beiden Dramen Schillers erörtert. Bereits auf der Ebene des dramatischen Textes, nicht erst in der Bühneninszenierung, lassen sich also vielschichtige Darstellungstechniken von Emotionen ausmachen und bestimmen.

Literaturverzeichnis

(Anmerkung zur Zitierweise: Stellenangaben aus Dramen nennen in arabischen Ziffern und in runden Klammern Akt. Szene. Zeilen.)

Alewyn, Richard. *Das große Welttheater. Die Epoche der höfischen Feste*. Nachdruck der 2. Aufl. München: Beck, 1989 [1959].
Alt, Peter-André. *Tragödie der Aufklärung. Eine Einführung*. Tübingen und Basel: Francke, 1994.
Alt, Peter-André. *Schiller. Leben – Werk – Zeit. Eine Biographie*. 2 Bde. München: Beck, 2000.
Benthien, Claudia. *Tribunal der Blicke. Kulturtheorien von Scham und Schuld und die Tragödie um 1800*. Köln, Weimar und Wien: Böhlau, 2011.
Brandstetter, Gabriele. „Schillers Spielbein: Bewegung und Tanz. Zu einer Ästhetik im Zeichen von ‚movere'". *Spieltrieb. Was bringt die Klassik auf die Bühne? Schillers Ästhetik heute*. Hrsg. von Felix Ensslin. Berlin: Theater der Zeit, 2005. 165–181.
Campe, Rüdiger. *Affekt und Ausdruck. Zur Umwandlung der literarischen Rede im 17. und 18. Jahrhundert*. Tübingen: Niemeyer, 1990.
Courtine, Jean-François. „Tragödie und Erhabenheit. Die spekulative Interpretation des ‚König Ödipus' an der Schwelle des deutschen Idealismus". *Die Realität des Wissens und das wirkliche Dasein. Erkenntnisbegründung und Philosophie des Tragischen beim frühen Schelling*. Hrsg. von Jörg Jantzen. Stuttgart-Bad Cannstatt: Frommann-Holzboog, 1998. 161–210.
Diecks, Thomas. „‚Schuldige Unschuld': Schillers ‚Maria Stuart' vor dem Hintergrund barocker Dramatisierungen des Stoffes". *Schiller und die höfische Welt*. Hrsg. von Achim Aurnhammer, Klaus Manger und Friedrich Strack. Tübingen: Niemeyer, 1990. 233–246.
Felski, Rita (Hrsg.). *Rethinking Tragedy*. Baltimore: Johns Hopkins University Press, 2008.
Geisenhof, Erika. *Die Darstellung der Leidenschaften in den Trauerspielen des Andreas Gryphius*. Diss. Universität Heidelberg, 1957.
Goffman, Erving. *Wir alle spielen Theater. Die Selbstdarstellung im Alltag*. Übers. von Peter Weber-Schäfer. München: Piper, 1991 [1959].

Guthrie, John. „Language and Gesture in Schiller's Later Plays". *Schiller. National Poet – Poet of Nations.* Hrsg. von Nicholas Martin. Amsterdam: Rodopi, 2006. 139–158.

Haugwitz, August Adolph von. *Schuldige Unschuld oder Maria Stuarda.* Nachdruck der Ausgabe Dresden 1683. Hrsg. von Robert R. Heitner. Frankfurt am Main u. a: Lang, 1974.

Heeg, Günter. *Das Phantasma der natürlichen Gestalt. Körper, Sprache und Bild im Theater des 18. Jahrhunderts.* Frankfurt am Main und Basel: Stroemfeld, 2000.

Huschka, Sabine. „‚Wenn die Leidenschaften zu Triebfedern werden' – Zum Tanzstil des ballet d'action". *Stil, Stilbruch, Tabu. Stilerfahrung nach der Rhetorik. Eine Bilanz.* Hrsg. von Matthias Rothe und Hartmut Schröder. Berlin: LIT, 2008. 95–110.

Kommerell, Max. „Schiller als Psychologe" [1936]. *Geist und Buchstabe der Dichtung. Goethe, Schiller, Kleist, Hölderlin.* Frankfurt am Main: Klostermann, 1991. 175–242.

Koschorke, Albrecht. *Körperströme und Schriftverkehr. Mediologie des 18. Jahrhunderts.* München: Fink, 1999.

Košenina, Alexander. *Anthropologie und Schauspielkunst. Studien zur „eloquentia corporis" im 18. Jahrhundert.* Tübingen: Niemeyer, 1995.

Lehmann, Hans-Thies. „Das Welttheater der Scham. Dreißig Annäherungen an den Entzug der Darstellung". *Merkur* 45.9/10 (1991): 824–839.

Lessing, Gotthold Ephraim. *Hamburgische Dramaturgie.* Hrsg. von Kurt Wölfel. Frankfurt am Main: Insel, 1986 [1767–1769].

Lü, Yixu, und Anthony Stephens. „‚Gewaltig die Natur im Menschen'. Affekte und Reflexivität der Sprache in Kleists vollendeten Trauerspielen". *Kleist-Jahrbuch* (2008/09): 214–231.

Luserke-Jaqui, Matthias. „Don Karlos – Briefe über Don Karlos". *Schiller-Handbuch. Leben – Werk – Wirkung.* Hrsg. von Matthias Luserke-Jaqui. Stuttgart: Metzler, 2005. 92–109.

Noverre, Jean Georges. *Briefe über die Tanzkunst und die Ballette.* Übers. von Gotthold Ephraim Lessing. Hrsg. von Kurt Petermann. Nachdruck der Ausgabe Hamburg 1769. München: Heimeran, 1977 [1760].

Pahl, Kathrin. „Gefühle schmieden, Gefühle sehen. Kleists theatralische Theorie der geschichteten Emotionalität". *Kleist-Jahrbuch* (2008/09): 151–165.

Pikulik, Lothar. *Der Dramatiker als Psychologe. Figur und Zuschauer in Schillers Dramen und Dramentheorie.* Paderborn: Mentis, 2004.

Port, Ulrich. „‚In unbegriffner Leidenschaft empört'? Zur Diskursivierung der (tragischen) Affekte in Kleists ‚Penthesilea'". *Kleist-Jahrbuch* (2002a): 94–108.

Port, Ulrich. „‚Künste des Affekts'. Die Aporien des Pathetischerhabenen und die Bildrhetorik in Schillers ‚Maria Stuart'". *Jahrbuch der deutschen Schillergesellschaft* 46 (2002b): 134–159.

Port, Ulrich. *Pathosformeln. Die Tragödie und die Geschichte exaltierter Affekte (1755–1888).* München: Fink, 2005.

Racine, Jean. *Phädra* [1667]. Übers. von Friedrich Schiller. *Friedrich Schiller. Sämtliche Werke.* Bd. 3: *Dramatische Fragmente, Übersetzungen, Bühnenbearbeitungen.* Hrsg. von Gerhard Fricke und Herbert G. Göpfert. 6. Aufl. München: Hanser, 1980. 587–645.

Racine, Jean. *Phèdre.* Hrsg. von Christian Delmas und Georges Forestier. Paris: Gallimard, 1995 [1667].

Rehm, Walter. „Schiller und das Barockdrama" [1941]. *Schiller. Zur Theorie und Praxis der Dramen.* Hrsg. von Klaus L. Berghahn und Reinhold Grimm. Darmstadt: Wissenschaftliche Buchgesellschaft, 1972. 55–107.

Schelling, Friedrich Wilhelm Joseph. *Philosophie der Kunst.* Darmstadt: Wissenschaftliche Buchgesellschaft, 1966 [Vorlesungen: 1802–1805; veröffentlicht 1856].

Schiller, Friedrich. *Don Carlos, Infant von Spanien. Ein dramatisches Gedicht* [1787]. *Sämtliche Werke*. Bd 2: *Dramen II*. Hrsg. von Gerhard Fricke und Herbert G. Göpfert. München: Hanser, 1981. 7–268.
Schiller, Friedrich. *Maria Stuart* [1800]. *Sämtliche Werke*. Bd 2: *Dramen II*. Hrsg. von Gerhard Fricke und Herbert G. Göpfert. München: Hanser, 1981. 549–686.
Schiller, Friedrich. „Über den Grund des Vergnügens an tragischen Gegenständen" [1792a]. *Sämtliche Werke*. Bd. 5: *Erzählungen, Theoretische Schriften*. Hrsg. von Gerhard Fricke und Herbert G. Göpfert. 9. Aufl. München: Hanser, 1993. 358–371.
Schiller, Friedrich. „Über die tragische Kunst" [1792b]. *Sämtliche Werke*. Bd. 5: *Erzählungen, Theoretische Schriften*. Hrsg. von Gerhard Fricke und Herbert G. Göpfert. 9. Aufl. München: Hanser, 1993. 372–393.
Schiller, Friedrich. „Vom Erhabenen" [1793]. *Sämtliche Werke*. Bd. 5: *Erzählungen, Theoretische Schriften*. Hrsg. von Gerhard Fricke und Herbert G. Göpfert. 9. Aufl. München: Hanser, 1993. 489–512.
Schiller, Friedrich. „Über das Pathetische" [1793]. *Sämtliche Werke*. Bd. 5: *Erzählungen, Theoretische Schriften*. Hrsg. von Gerhard Fricke und Herbert G. Göpfert. 9. Aufl. München: Hanser, 1993. 512–537.
Schiller, Friedrich. „Über das Erhabene" [1801]. *Sämtliche Werke*. Bd. 5: *Erzählungen, Theoretische Schriften*. Hrsg. von Gerhard Fricke und Herbert G. Göpfert. 9. Aufl. München: Hanser, 1993. 792–810.
Schlaffer, Heinz. „Tragödie". *Reallexikon der deutschen Literaturwissenschaft. Neubearbeitung des Reallexikons der deutschen Literaturgeschichte* 3. Hrsg. von Jan-Dirk Müller gemeinsam mit Georg Braungart, Harald Fricke, Klaus Grubmüller, Friedrich Vollhardt und Klaus Weimar. Berlin und New York, NY: De Gruyter, 2003. 669–674.
Schuller, Marianne. „Penthesilea weint. Zum Problem der Darstellbarkeit auf dem Theater". *Penthesilea von Heinrich von Kleist. Geschlechterszenen in Stephan Kimmigs Inszenierung am Thalia-Theater Hamburg*. Hrsg. von Ortrud Gutjahr. Würzburg: Königshausen & Neumann, 2006. 83–94.
Sulzer, Johann Georg. „Gebehrden". *Allgemeine Theorie der schönen Künste in einzeln, nach alphabetischer Ordnung der Kunstwörter auf einander folgenden, Artikeln abgehandelt*. Bd. 1. Leipzig: Weidmann, 1773. 571–574
Szondi, Peter. „Versuch über das Tragische". *Schriften 1*. Frankfurt am Main: Suhrkamp, 1978. 149–260.
Vogel, Juliane. *Die Furie und das Gesetz. Zur Dramaturgie der ‚großen Szene' in der Tragödie des 19. Jahrhunderts*. Freiburg im Breisgau: Rombach, 2002.
Vonhoff, Gert. „Maria Stuart". *Schiller Handbuch. Leben – Werk – Wirkung*. Hrsg. von Matthias Luserke-Jaqui. Stuttgart: Metzler, 2005. 153–168.
Winko, Simone. *Kodierte Gefühle. Zu einer Poetik der Emotionen in lyrischen und poetologischen Texten um 1900*. Berlin: Erich Schmidt, 2003.
Zumbusch, Cornelia. „Don Carlos' letzter Akt: Die Überwindung des Rührstücks in der Tragödie." *Ästhetik und Kommunikation* 128: *Denken mit Schiller* (2005): 65–71.
Zumbusch, Cornelia. *Die Immunität der Klassik*. Berlin: Suhrkamp, 2011.

4.6 Ästhetik des Schreckens: Der Schauerroman von Horace Walpole bis Ann Radcliffe

Michael C. Frank

1. „Terrorist novel writing": Die Anfänge des Schauerromans bei Horace Walpole

In einem Handbuch zu *Literatur & Emotionen* darf eine Gattung nicht fehlen, deren wesentliches Merkmal gerade darin besteht, dass sie mit literarischen Mitteln Emotionen erzeugt – zumindest, wenn wir der deutschen Gattungsbezeichnung ‚Schauerroman' Glauben schenken. Der Begriff ‚Schauer' bezieht sich einerseits auf nasse Unwetter aller Art. Andererseits bezeichnet er jenes Frösteln, das außer von Regen-, Hagel- oder Schneeschauern auch durch das Gefühl wohligen Grusels hervorgerufen werden kann. Laut dem Grimmschen Wörterbuch manifestiert sich diese zweite Art des Schauers als „erschütterung des menschlichen körpers, schnell vorübergehende zitternde bewegung der haut, in folge von äuszern anlässen, besonders von kälte oder in folge von seelischen empfindungen" (Grimm und Grimm 1999 [1893], 2324, im Original kursiv). Schauerromane, so die Implikation, erzeugen in ihren Leserinnen und Lesern eine vergleichbare Reaktion, wobei die Ursache für den Schauer hier freilich nicht von klimatischen Bedingungen abhängt, sondern allein in „seelischen empfindungen" (ebd.) begründet liegt, die ihrerseits auf den Inhalt der betreffenden Texte zurückzuführen sind. Die Gattungsbezeichnung ‚Schauerroman' sagt allerdings noch nichts darüber aus, *wie* genau dieser Effekt erzeugt wird. Was ist so schaurig an den Geschichten, die Schauerromane erzählen?

Auskunft darüber gibt ein Text aus der Zeit, in welcher der Schauerroman seine erste Blüte erlebte – und zwar in Großbritannien, wo die Gattung zwischenzeitig als ‚Schreckensroman' bekannt war, bevor sich die heute geläufige Gattungsbezeichnung *Gothic novel* durchsetzte. In einem als Leserbrief formulierten Zeitungsessay beklagte sich ein anonymer Verfasser 1797 über die zeitgenössische Mode des „terrorist novel writing" (Anonymus 2000 [1797]), die den literarischen Markt dominierte. Unmittelbarer Anlass für das satirische Beschwerdeschreiben waren die großen Erfolge Ann Radcliffes, deren mehrbändige Romanbestseller *A Sicilian Romance* (1790), *The Romance of the Forest* (1791), *The Mysteries of Udolpho* (1794) und *The Italian* (1797) zahlreiche Nachahmer auf den Plan gerufen hatten. Das Produkt dieser literarischen Mode beschreibt der anonyme Leserbriefschreiber wie folgt: „[...] novels, [...] in which it has been the fashion to make *terror* the *order of the day*, by confining the heroes and heroines in old gloomy castles; full of spectres, apparitions, ghosts, and dead men's bones." (Anonymus 1798 [1797], 223 [Hervorhebung im Original]) Wesentliche Bedeutung kommt demnach dem Schauplatz zu – dem finsteren mittelalterlichen Schloss, in dem sich die schauerlichen beziehungsweise schreckenerregenden Vorkommnisse ereignen. In dieser finsteren Umgebung trägt sich Übernatürliches zu. Mit gleich mehreren Wörtern wird das Motiv der Geistererscheinung beschrieben („spectres, apparitions, ghosts").

Es war der englische Parlamentarier Horace Walpole, der diesen gattungstypischen Schauplatz in die Romanliteratur einführte. Mit der Wahl eines mittelalterlichen, italienischen Settings begründete Walpole die traditionelle Vorliebe des frühen englischen Schauerromans für südeuropäische Handlungsorte und gotische Bauwerke, die Ann Radcliffe ebenso fortführte wie Matthew Gregory Lewis (in *The Monk* 1796), bevor der Schauerroman im Laufe des 19. Jahrhunderts verschiedene andere geografische Regionen für sich entdeckte (vgl. hierzu die vielen einschlägigen Beiträge in Byron und Townshend 2014). In der zweiten Auflage von 1765 gab Walpole seinem Roman den Untertitel *A Gothic Story*. Das englische Adjektiv *Gothic* war ursprünglich auf das Volk der Goten und dessen Sprache bezogen, seine Bedeutung wurde im 17. und 18. Jahrhundert aber zunehmend ausgedehnt (vgl. *OED*, „Gothic"). So bezeichnete es schließlich alles, was mit dem Mittelalter (dem ‚finsteren Zeitalter') verbunden war, insbesondere aber gotische Architektur. Es war diese Bedeutung, die Walpole vor Augen hatte, als er den Untertitel seines Romans formulierte. Obgleich sich die Verbindung des Adjektivs *Gothic* mit dem Genre des Schauerromans mithin bis 1765 zurückverfolgen lässt, gibt es nur eine Handvoll Autorinnen und Autoren, die die Walpolesche Gattungsbezeichnung für ihre Texte übernahmen (vgl. Clery 2002, 37, Anm. 2). Erst in den 20er, 30er Jahren des 20. Jahrhunderts sollte sich der Begriff *Gothic novel* einbürgern, nun allerdings als literaturwissenschaftliche Beschreibungskategorie (vgl. ebd., 37, Anm. 3).

Bis dahin galt *terror* als entscheidendes Distinktionsmerkmal der Gattung. Und wie der eingangs zitierte Leserbriefschreiber schon 1797 richtig erkannte, war für diesen Schrecken nicht allein der ‚gotische' Schauplatz verantwortlich, sondern auch und vor allem das, was sich dort ereignete. Der anonyme Verfasser unterschlug allerdings die wichtige Tatsache, dass in Bezug auf die schreckenerregenden Ereignisse im Schauerroman zwischen tatsächlichen und nur vermeintlichen Geistererscheinungen unterschieden werden muss. Bei Radcliffe beispielsweise erhalten scheinbar übernatürliche Geschehnisse spätestens am Romanende stets eine natürliche Erklärung, weshalb ihre Texte in der englischsprachigen Forschung der Kategorie des *explained supernatural* zugezählt werden (vgl. Clery 1995). Sir Walter Scott kritisierte dieses Erzählverfahren in einer Rezension des wenig bekannten Schauerromans *Fatal Revenge; or, the Family of Montorio* scharf: „[W]e disapprove of the mode introduced by Mrs. Radcliffe, and followed by [...] her [...] imitators, by winding up their story with a solution by which all the incidents, appearing to partake of the mystic and marvellous, are resolved by very simple and natural causes." (Scott 1810, 344) Im Gegensatz dazu bleibt das ‚Wunderbare' bei Horace Walpole bis zum Schluss als solches bestehen, weshalb Tzvetan Todorov – analog zum *surnaturel expliqué* – vom *surnaturel accepté* spricht (vgl. Todorov 1970, 47). Der Schauplatz ist hier in der Tat ein Spukschloss. Und Walpole bricht sogar noch eindeutiger mit dem mimetischen Prinzip der Wahrscheinlichkeit (vgl. Aristoteles 1997, Kap. 9, 29, 1451a–1451b): Nicht nur wird die Burg von Otranto von einem wahrhaftigen Geist heimgesucht, sondern dieser Geist hat noch dazu eine turmhohe Gestalt.

Wie sich im Verlauf der Erzählung erweist, handelt es sich bei dem riesenhaften Wiedergänger um Don Alfonso, den rechtmäßigen Fürsten von Otranto, der vor zwei Generationen während eines Kreuzzugs von seinem Kammerherrn Ricardo vergiftet wurde. Mit einem gefälschten Testament erschlich sich Ricardo daraufhin den Thron. Ricardos Enkel Manfred, der jetzige Fürst von Otranto, weiß von der Schuld seines Ahnen, ist jedoch nicht bereit, Gerechtigkeit walten zu lassen. Im Gegenteil hat er zusätzliche Schuld auf sich geladen. Als der legitime Thronfolger Frederic, der Marchese von Vicenza, bei einem Kreuzzug verwundet und gefangen genommen wurde, versuchte Manfred, die Situation für seinen eigenen Vorteil zu nutzen. Er bestach die Schutzbefohlenen von Frederics Tochter Isabella und ließ die junge Frau in seine Burg bringen, wo er sie mit seinem einzigen männlichen Nachkommen verheiraten will, um so die Erbfolge zu sichern. Die Romanhandlung setzt am Tag der Hochzeit mit einem ersten übernatürlichen Ereignis ein: Manfreds Sohn wird noch vor der Trauung von einem riesigen, aus dem Himmel fallenden Helm erschlagen.

Mit der Auferstehung Don Alfonsos in gigantischer Größe erfüllt sich ein Familienfluch. Einer „alten Prophezeiung" zufolge wird der jetzige Fürst von Otranto die Herrschaft verlieren, sobald der wahre Eigentümer „zu groß geworden sein wird", um die Burg zu bewohnen (Walpole 1998 [1764/1765], 17 [meine Übersetzung, M. C. F.]). Zu Beginn weiß nur Manfred, dass sein Großvater Ricardo den letzten rechtmäßigen Fürsten im Heiligen Land umgebracht hat. Auf der Heimreise in einen Sturm geraten, gelobte der Mörder und Usurpator damals, eine Kirche und zwei Klöster zu Ehren des Heiligen Nikolaus zu errichten, wenn er nur lebend ankomme – und wurde erhört. Seiner Familie sollte die Herrschaft über Otranto jedoch nur so lange gewährt werden, wie ihre männliche Linie fortbestehen würde. Und diese Zeit hat nun ihr Ende erreicht. Don Alfonso ist im wahrsten Sinne des Wortes „zu groß geworden" (ebd. [meine Übersetzung,

M. C. F.]). Im Anschluss an die Helm-Episode werden zunächst verschiedene Körperteile eines Riesen in Ritterrüstung gesichtet, dann lässt der Marchese von Vicenza ein Schwert von entsprechendem Ausmaß herbeitragen. Am Ende erscheint Alfonso in voller, monumentaler Gestalt inmitten der zu Ruinen zerfallenden Burg und identifiziert den wahren Erben. Die dergestalt inszenierte sprichwörtliche Größe Alfonsos hat zugleich eine metaphorische Bedeutung: Was hier zu groß geworden ist, ist die Last der Vergangenheit oder, genauer, die Bürde einer uneingestandenen Schuld. Alle Versuche Manfreds, den Untergang seines Geschlechts zu verhindern, scheitern. Nach dem Tod seines Sohnes will er Isabella zwingen, stattdessen ihn selbst zu heiraten. Manfred wird so zur ersten Verkörperung jener illegitimen (inzestuösen) Leidenschaft, welche in der weiteren Tradition des Schauerromans viele bunte Blüten getrieben hat. Die Flucht Isabellas durch die unterirdischen Passagen der Burg führt zugleich das Motiv der verfolgten Unschuld ein. Vor allem im Werk Radcliffes sollte die Figur der Jungfrau in Nöten zentrale Bedeutung erhalten. Bei Walpole liegt der Fokus der Erzählung stärker auf dem mächtigen Schurken selbst. Manfred wird immer mehr zu einem Gefangenen in seiner eigenen, von Don Alfonso heimgesuchten Burg. Hier bricht das Vergangene in die Gegenwart ein. Der Schrecken, der dadurch hervorgerufen wird, ist gleichbedeutend mit der Freudschen ‚Wiederkehr des Verdrängten', die Verborgenes und Verheimlichtes auf *un-heimliche* Weise in Erscheinung treten lässt und das traute Heim auf diese Weise zu einem *un-heimeligen* Ort macht (vgl. Freud 1999 [1919], v. a. 232–237 und 254; für eine Anwendung der Freudschen Theorie auf *The Castle of Otranto* vgl. Tatar 1981, hier 171–174). So überrascht es wenig, dass das Konzept des Unheimlichen fester Bestandteil der literaturwissenschaftlichen Betrachtung des Schauerromans geworden ist (vgl. stellvertretend Jackson 1981, v. a. 63–71).

Es lohnt sich jedoch, nachträgliche Theoretisierungen vorübergehend auszublenden und zunächst einmal zu rekonstruieren, wie der Schrecken des Schauerromans in dessen eigener Zeit poetologisch reflektiert wurde. Und genau darum soll es in den folgenden Abschnitten gehen. Wie zu zeigen sein wird, ging dem Aufstieg des Schauerromans eine Neuentdeckung des Schreckens als affektive Quelle des ästhetischen Genusses voraus, für die vor allem Edmund Burkes Theorie des Erhabenen wegweisend war. Am Beispiel Horace Walpoles lässt sich diese poetologische Aufwertung – und Umdeutung – des Schreckaffekts gut nachvollziehen, da Walpole sie mit Verweis auf die klassizistische Tragödientheorie explizit thematisiert. Zu berücksichtigen sein wird ferner die politische Instrumentalisierung des Schreckens im Zuge der *Grande Terreur*. Denn in der jakobinischen Schreckensherrschaft glaubten mehrere frühe Kommentatoren eine direkte Ursache für den Boom des Schauerromans im ausgehenden 18. Jahrhundert zu erkennen – eine Verbindung, die schon die eingangs zitierte Rezension herstellt. Ihr Verweis auf Romane, die ‚Schrecken auf die Tagesordnung setzen' greift einen bekannten jakobinischen Slogan auf: Die Formel „Plaçons la terreur à l'ordre du jour" wurde erstmals von dem ehemaligen Pfarrer Claude Royer am 30. August 1793 in einer Sitzung des Jakobinerclubs benutzt und später mehrfach aufgegriffen, am folgenreichsten von Bertrand Barère am 5. September 1793 gegenüber dem Komitee für Öffentliche Sicherheit (zit. nach Heuvel 1985, 108). Die Tatsache, dass die Kategorie der *terreur* um 1800 zwischen Poetik und Politik oszillierte, ist im vorliegenden Zusammenhang von einiger Bedeutung. Selbiges gilt für Radcliffes einflussreichen Versuch, zwischen *terror* und *horror* als zwei entgegengesetzten ästhetischen Prinzipien zu unterscheiden, mit dem ich diesen Beitrag abschließen möchte.

2. „Terror, the author's principle engine": Vom tragischen zum erhabenen Schrecken

The Castle of Otranto erschien 1764 zunächst ohne Nennung von Walpoles Namen. In einem Vorwort wies der Autor den nachfolgenden Text als Übertragung eines italienischen Werkes aus, das vermutlich aus der Feder eines Priesters stamme. Das Original sei 1529 in Neapel gedruckt und nun in der Bibliothek einer alten katholischen Familie im Norden Englands aufgefunden worden. Möglicherweise stelle der Text ein Stück kontrareformatorischer Propaganda dar, das zeitgenössische Leser in ihrem Aberglauben bestärken sollte. Nach dieser Apologie des übernatürlichen Charakters der Romanhandlung sagt Walpole über seinen Text, er halte sich fast durchweg an die „Regeln des Dramas" (Walpole 1998 [1764/1765], 6 [meine Übersetzung, M. C. F.]) – was die gesamte Herausgeberfiktion *ad absurdum* führt (denn warum sollte sich der besagte Priester am klassizistischen Regelkanon eines späteren Jahrhunderts orientiert haben?).

Mit Walpoles Verweis auf die dramatischen Regeln ist unter anderem die berühmte Passage aus der *Poetik* des Aristoteles gemeint, der zufolge die Tragödie im Zuschauer *eleos* und *phobos* hervorrufen soll, um mit den Mitteln des Theaters eine *katharsis* dieser Leidenschaften zu erreichen. Die Begriffe *eleos* und *phobos* wurden in der Aufklärung gemeinhin mit ‚Mitleid' und ‚Furcht' wiedergegeben, wohingegen Manfred Fuhrmann sie in seiner 1982 erschienenen Neuübertragung mit ‚Jammer' und ‚Schaudern' übersetzt (Aristoteles 1997, Kap. 6 , 19, 1449b). Laut Fuhrmann handelt es sich bei *eleos* und *phobos* um heftige Erregungszustände, die sich jeweils physisch manifestieren und die daher nicht als rein innere Empfindungen verstanden werden können. So habe *phobos* ursprünglich „ein durch Erschrecken bewirktes physisches Tun" (Fuhrmann 1997, 162) bezeichnet, nämlich die Flucht vor einer Gefahrenquelle. Später habe sich die Bedeutung des Begriffes zwar auf den „Affekt des Erschreckens" selbst verschoben, dieser Affekt lasse sich jedoch „nicht durch ‚Furcht', eine lang anhaltende mildere Gestimmtheit, sondern eher durch ‚Schrecken' oder ‚Schaudern' angemessen wiedergeben" (ebd., 163). Bei Walpole findet sich die aristotelische Paarung von *eleos* und *phobos* in folgender Formulierung wieder: „Never is the reader's attention relaxed. [...] Terror, the author's principal engine, prevents the story from ever languishing; and it is so often contrasted by pity, that the mind is kept up in a constant vicissitude of interesting passions." (Walpole 1998 [1764/1765], 6) Das Wort *terror* (Schrecken) kommt der Fuhrmannschen Deutung von *phobos* nahe. Im betreffenden Lemma des *Oxford English Dictionary* werden die zwei folgenden Hauptbedeutungen unterschieden: „1. The state of being terrified or greatly frightened; intense fear, fright, or dread. [...] 2. *transf.* a. The action or quality of causing dread; terrific quality, terribleness; *spec.* this action or quality in fiction, esp. in *novel* (or *tale*) *of terror*; also *concr.* a thing or person that excites terror; something terrifying." (*OED*, „Terror") Dem deutschen Schrecken entsprechend kann *terror* demnach sowohl auf das Subjekt bezogen sein, das besagten Angstzustand empfindet (‚erfüllte mich mit Schrecken'), als auch auf das Objekt, das diesen Zustand erzeugt (‚der Schrecken des Todes'). Auffallend ist die starke Betonung des Schreckens in Walpoles Vorwort, die eindeutig auf Kosten des Mitleids geht. Während *terror* als Hauptmotor der Romanhandlung ausgewiesen wird, hat *pity* lediglich die Funktion, einen Kontrast zum Schrecken herzustellen, um so ein anregendes Wechselspiel der Leidenschaften zu erzeugen und die Aufmerksamkeit des Lesers wachzuhalten. Keine Rolle spielt in diesem Zusammenhang der aristotelische Gedanke einer kathartischen ‚Reinigung' der besagten Affekte.

Die stärkere Gewichtung von *phobos* gegenüber *eleos* setzte bereits in der Tragödientheorie der französischen Aufklärung ein. Als entscheidenden Grund dafür identifiziert Helmut Keßler die verbreitete Auffassung, die Tragödie stehe im Dienste der moralischen Läuterung. Der Schrecken, so Keßler, wurde diesbezüglich als wirksamer erachtet als „das Mitleid mit dem Schicksal anderer, zumal nach Auffassung der Zeit die Angst als eines der bestimmenden Motive jedes menschlichen Handelns (bzw. Nicht-Handelns) galt" (Keßler 1971, 157). In der Tat betont Louis de Jaucourt in seinem *Encyclopédie*-Eintrag zur *terreur*, der Zweck des aristotelischen *phobos* bestehe darin, den Zuschauer abzuschrecken: Das Negativbeispiel der tragischen Figur animiere uns dazu, unsere eigenen Leidenschaften zu zügeln, um einem ähnlichen Schicksal zu entgehen (Jaucourt 1765, 186). Dieselbe Interpretation des tragischen Schreckens findet sich in einer unvollendeten Abhandlung des Aphoristen Nicolas Chamfort (1741–1794), der zu Beginn seiner literarischen Karriere einige Erfolge als Theaterautor feierte. Chamforts posthum erschienene *Ébauches d'une poétique dramatique* enthalten einen

Abschnitt zur *terreur*, dessen Anfangsabsätze weitgehend mit Jaucourts *Encyclopédie*-Artikel identisch sind, ihm aber die Unterscheidung zwischen *terreur directe* und *terreur réfléchie* hinzufügen (vgl. Chamfort 1824, 190–192). ‚Unmittelbaren Schrecken' empfinden wir laut Chamfort dann, wenn wir Angst um eine Figur in einem Theaterstück haben. Er überkommt uns etwa in der Szene von Pierre Corneilles *Rodogune* (1645), in der Antiochus sich anschickt, aus einer vergifteten Schale zu trinken. In solchen Momenten ist unser Geist ganz vom Schicksal des tragischen Helden erfüllt: Wird er sterben oder wird er gerettet werden? Anders verhält es sich bei der *terreur réfléchie*. Einen solchen ‚reflexiven Schrecken' empfinden wir, sobald wir die fiktive Szene eines Theaterstückes auf unsere eigene reale Situation übertragen. In Voltaires *Zaïre* (1732) zum Beispiel stößt Orosman in einem Augenblick der Wut und der Eifersucht einen Dolch in das Herz seiner geliebten Zaire. Wissend, dass wir zu denselben Leidenschaften fähig sind, fürchten wir um uns selbst – und uns selbst. Und deshalb hält unsere affektive Reaktion auch deutlich länger an: Wir bleiben selbst nach Beendigung der Aufführung emotional erregt. Das aristotelische Konzept der *katharsis* impliziert in Chamforts Augen, dass *phobos* und *eleos* in der griechischen Antike als Schwächen betrachtet wurden, von denen man die Zuschauer heilen müsse. Dementsprechend hätten die klassischen Tragödien zumeist eine *terreur directe* angestrebt, die auf die Dauer des Stückes beschränkt bleiben sollte. Im Gegensatz dazu versuche das moderne Drama bewusst, Leidenschaften zu erregen, um sie für ‚moralische Lektionen' (*leçons morales*) zu nutzen: „Le théâtre modern ne prétend pas nous guérir de la pitié ni de la terreur, ni simplement se borner à exciter ces deux grandes affections en nous, pour le plaisir de nous faire verser des larmes et de nous épouvanter; mais il prétend s'en servir comme des deux plus puissans [sic!] ressorts pour nous porter à l'horreur du crime et à l'amour de la vertu." (ebd., 193) [„Das moderne Theater behauptet weder, uns von Mitleid oder Schrecken zu heilen, noch will es diese großen Leidenschaften nur in uns erregen, um uns das Vergnügen zu bereiten, Tränen zu vergießen und uns zu entsetzen; vielmehr gibt es vor, sie als Triebfedern zu nutzen, um uns zum Grausen vor dem Verbrechen und zur Liebe zur Tugend zu bringen." (M. C. F.)]

Grausen vor dem Verbrechen und *Liebe zur Tugend* – um diese ethischen Dispositionen im Publikum hervorzurufen beziehungsweise zu verfestigen, müssen sie affektiv vermittelt und gestützt werden. Und dafür nutzt die Tragödie vor allem den Schreckaffekt. Sehr deutlich wird die Umkehrung der aristotelischen Rangfolge von *eleos* und *phobos* in Baculard d'Arnauds Vorrede zu seiner 1770 entstandenen Tragödie *Fayel*. Während d'Arnaud den Mitleidsaffekt gänzlich vernachlässigt, apostrophiert er die Tragödie kurzerhand als „*genre terrible*" (d'Arnaud 1795, vi [Hervorhebung im Original]). Seiner Ansicht nach sind seit der griechischen Antike nur noch die Engländer – zumindest in einigen Szenen – der eigentlichen Bestimmung der Tragödie nachgekommen, heftige Leidenschaften und insbesondere Schrecken zu erregen. Corneille, dem Gründungsvater des französischen Dramas, sei eine solche Wirkung hingegen nur noch an einer einzigen Stelle geglückt, nämlich im fünften Akt der *Rodogune*: „[C]'est-là [sic!] qu'il se rend maître de moi, me fait craindre, frissonner; je suis prêt à m'écrier; j'éprouve ce bouleversement des sens, tous ces divers orages qui doivent agiter Antiochus, Rodogune, Cléopatre, &c." (ebd., vii) [„[H]ier gewinnt er Gewalt über mich, versetzt mich in Angst und Beben; ich bin kurz davor, aufzuschreien; ich empfinde dieselbe Überwältigung der Sinne, all diese Gewitter, die auch Antiochus, Rodogune, Kleopoatra etc. erschüttern." (M. C. F.)].

In seiner Betrachtung dieser Textstelle lässt Keßler unerwähnt, dass die hier beschriebene *terreur*, wenn überhaupt, nur noch partiell im Dienste der Tugenddidaxe steht (vgl. Keßler 1971, 157). Der mit dramatischen Mitteln hervorgerufene Schrecken erscheint weitgehend als ästhetischer Selbstzweck, eine lustvolle Empfindung, die ein Stück und seine Figuren überhaupt erst einprägsam macht. Von der aus Aristoteles' *Poetik* abgeleiteten *terreur*-Konzeption des Klassizismus ist nicht mehr viel übrig. Vielmehr befinden wir uns in einem anderen theoretischen Feld. *Terreur* steht hier mit Merkmalen in Verbindung, die d'Arnaud „Größe (*grandeur*)" und „Erhabenheit (*sublime*)" (d'Arnaud 1795, vii, Anm.) nennt. Das, was wir als *terreur tragique* bezeichnen könnten, ist mittlerweile von einer *terreur sublime* abgelöst worden, und genau an diesem Punkt setzt Walpole in seinem Vorwort zu *The Castle of Otranto* an. Der Schauerroman ist gewissermaßen ein neues *genre terrible*, das den Schrecken als Quelle des ästhetischen, erhabenen Genusses einsetzt.

3. „The strongest emotion which the mind is capable of feeling ": Der erhabene Schrecken nach Edmund Burke

Die Theorie des Erhabenen wird oft als Reaktion auf den klassizistischen Regelkonformismus verstanden. Wie das Beispiel d'Arnauds zeigt, gab es aber durchaus Überschneidungen. Beide Strömungen speisten sich zudem aus einer gemeinsamen Quelle, nämlich den 1674 veröffentlichten *Œuvres diverses* von Nicolas Boileau. In ihnen enthalten ist neben Boileaus eigenem, eng an die antiken Regelpoetiken angelehntem *Art poétique* auch seine mit Einleitung und Anmerkungen versehene Übersetzung des pseudo-longinischen *Traité sur le sublime ou du merveilleux dans le discours* (vgl. Boileau-Despréaux 1674). Letzterer Text löste vor allem in England eine wahre Flut an Publikationen zum Erhabenen aus, während der das ursprünglich rhetorische Konzept in die Ästhetik überführt wurde (vgl.

Monk 1960 [1935]). Bei Pseudo-Longin ist das Erhabene primär eine Eigenschaft menschlicher Rede. Das Konzept steht in seinem Text für das im metaphorischen Sinne ‚Große' in Prosa und Poesie, in dem sich die Seelengröße des betreffenden Autors manifestiert. Der Begriff bezeichnet all das, was den Hörer nicht rational überzeugt, sondern affektiv berührt, ja: überwältigt (vgl. Longinus 1997, 5-7). Die dazu benötigten Grundfähigkeiten sind nach Pseudo-Longin naturgegeben; sie müssen jedoch durch eine entsprechende Kunstfertigkeit ergänzt werden, die rhetorisch geschult werden kann. Zu diesem Zweck erläutert der Autor am Beispiel antiker Klassiker verschiedene Strategien für eine erhabene Redeführung. Um zu belegen, dass dem Menschen die Bewunderung des Großen angeboren ist, verweist er dabei – wenn auch eher beiläufig – auf den erhabenen Charakter von Meeren und Vulkanausbrüchen (vgl. ebd., 89).

Im 18. Jahrhundert verschob sich der Akzent zunehmend von der bei Pseudo-Longin und Boileau betonten Großartigkeit und Suggestionskraft bestimmter Redner oder Dichter auf die erhabene Dimension natürlicher, politischer und kultureller Phänomene. Das Erhabene erschien nun als eine Eigenschaft, die gewissen Gegenständen ebenso inhärent ist wie deren Darstellungen in Literatur und Kunst. Dabei kristallisierte sich *terror* als Hauptauslöser erhabener Empfindungen heraus. Burkes *Philosophical Enquiry into the Origin of Our Ideas of the Sublime and the Beautiful* (1757, 2. Aufl. 1759) ist bei weitem nicht der einzige Traktat zum Thema, sollte sich aber als besonders wirkmächtig erweisen. Burke führt darin die – gegensätzlich verstandenen – Empfindungen des Erhabenen und des Schönen auf basale menschliche ‚Leidenschaften' (*passions*) zurück, die wir heute eher als ‚Instinkte' bezeichnen würden (vgl. Burke 2004 [1757/1759], 85-88). Die sozialen Leidenschaften gewährleisten das Fortbestehen der menschlichen Spezies, indem sie uns die Gesellschaft anderer aufsuchen lassen. Sie äußern sich im Gefühl der Liebe (in ihren unterschiedlichen Erscheinungsformen und Intensitätsgraden) und wirken, indem sie Vergnügen bereiten. In entsprechender Weise wird das Überleben jedes Einzelnen durch Leidenschaften abgesichert, die im Dienste der Selbsterhaltung stehen. Sie wirken dadurch, dass sie in lebensbedrohlichen Situationen die Gefühle der Angst (*fear*) und des Schreckens (*terror*) in uns hervorrufen. Während nach Burke die sozialen Leidenschaften für die Empfindung des Schönen verantwortlich sind – paradigmatisch repräsentiert durch die von Männern empfundene Schönheit der Frau –, beruht das Erhabene auf den Vorstellungen von Schmerz und von Gefahr. Da der Selbsterhaltungstrieb die Grundbedingung dafür ist, dass die sozialen Instinkte überhaupt zur Wirkung kommen können (das Überleben des Einzelnen ist Voraussetzung für die Reproduktion der Spezies), geht Burke davon aus, dass dieser Trieb die stärksten Emotionen auslöst. Eine berühmte Passage zu den Quellen des Erhabenen lautet bei Burke: „Whatever is fitted in any sort to excite the ideas of pain, and danger, that is to say, whatever is in any sort terrible, or is conversant about terrible objects, or operates in a manner analogous to terror, is a source of the *sublime*; that is, it is productive of the strongest emotion which the mind is capable of feeling. [...] When danger or pain press too nearly, they are incapable of giving any delight, and are simply terrible; but at certain distances and with certain modifications, they may be, and they are delightful, as we every day experience." (ebd., 86)

Offenbar war Burke der Ansicht, dass Instinkte, die eine lebenswichtige Funktion haben, mit angenehmen Empfindungen verbunden sein müssen. Dabei lag es ihm freilich fern, eine masochistische Freude am Schmerz und an der Gefahr zu postulieren. Was uns ein intensives Vergnügen bereitet, ist Burke zufolge die *Vorstellung* von Schmerz und Gefahr, nicht eine Situation, in der wir *tatsächlich* von Schmerz und Gefahr betroffen sind (vgl. ebd., 97). Mit der Behauptung, Schmerz und Gefahr bereiteten – aus der Distanz betrachtet – ein noch intensiveres Vergnügen als das Schöne, bietet Burke eine Erklärung dafür an, warum sich der Mensch in Bild und Text so gerne mit dem Furchterregenden, Schrecklichen konfrontiert und warum sich nur ein Teil der Kunst- und Literaturproduktion auf eine anthropologische Freude am Schönen zurückführen lässt. Die sieben Jahre nach Erscheinen der Burkeschen *Enquiry* begründete Tradition der *Gothic novel* könnte als ein Beleg für diese These gedeutet werden. Fest steht, dass der Schauerroman in seinen Ursprüngen dasselbe zeitspezifische Vergnügen am ästhetisch erzeugten Schrecken zum Ausdruck bringt wie Burkes Essay, mit dem er überdies eng intertextuell verknüpft ist, wie noch zu zeigen sein wird.

4. *Terror* zwischen Politik und Poetik

Neben dem Diskurs des Erhabenen könnte es noch einen weiteren außerliterarischen Faktor gegeben haben, der zur Entstehung und zum Aufstieg des Schauerromans beitrug. Auf ihn deutet schon die Gattungsbezeichnung *terrorist novel* hin. Just in den 1790er Jahren, als in Großbritannien die *terrorist novel* boomte, erfuhr das Wort *terror* eine entscheidende semantische Erweiterung. Seit der *Grande Terreur* (1793–1794) war es eindeutig politisch konnotiert, was insbesondere auch für das von ihm abgeleitete Adjektiv *terroriste* gilt, das sich unmittelbar nach dem Sturz Robespierres von Frankreich aus verbreitete – als diskreditierende Bezeichnung für die Jakobiner (vgl. Heuvel 1985, hier 124; Walther 1990, hier 348). Im Jahr 1795 lässt sich das Substantiv *terrorist* erstmals im Englischen nachweisen. Die berühmte Stelle stammt aus einem Brief Burkes, der die jüngsten Ereignisse in Frankreich mit den Worten kommentierte: „Thousands of those Hell-hounds called Terrorists [...] are let loose on the people." (zit. nach *OED*, „Terrorist")

Der politische Terrorismus schwingt in dem Titel *Terrorist Novel Writing* unweigerlich mit, auch wenn der Verfasser des Schreibens dies nicht weiter kommentiert. Ein weiterer Leserbrief aus demselben Jahr nutzt die Zweideutigkeit des Begriffes *terrorist* dagegen in ganz expliziter Weise. Das heute unter dem Titel *The Terrorist System of Novel-Writing* bekannte Schreiben an das *Monthly Magazine* betrachtet den Schauerroman als eine Nachahmung der Robespierreschen *Terreur* im Medium der (englischen) Literatur: „[S]o prone are we to imitation, that we have exactly and faithfully copied the *system of terror*, if not in our streets, and in our fields, at least in our circulating libraries, and in our closets." (Anonymus 2000 [1797], 299–300 [Hervorhebung im Original großgeschrieben]) Bei der Etablierung einer literarischen Schreckensherrschaft, so der Verfasser weiter, handele es sich um nichts Geringeres als eine literarische Revolution – eine Revolution allerdings, die nichts Neues hervorgebracht habe, sondern im Gegenteil eine kulturelle Regression in das Zeitalter der „Gespenster, Kobolde und Geister" (ebd., 300 [meine Übersetzung, M. C. F.]) herbeigeführt habe. Infolge dieser Entwicklung sei es heute leichter denn je, als Schriftsteller zu Ruhm zu gelangen. Denn hierfür bedürfe es gar keiner literarischen Begabung. Die Leistung eines Autors werde allein danach bemessen, wie erfolgreich er seine Leserinnen und Leser in Schrecken versetze: „What has he [i. e. a writer] to do but build a castle in the air, and furnish it with dead bodies and departed spirits, and he obtains the character of a man of a most wonderful imagination, rich in imagery, and who has the wonderful talent of conducting his reader in a cold sweat through five or six volumes." (ebd., 300) Der Verfasser des Leserbriefs – der sein Schreiben ironisch mit ‚A Jacobin Novelist' signiert – gibt vor, die Rückkehr in das Zeitalter der Schreckgespenster zu begrüßen, wofür er zwei Argumente vorbringt. Einerseits habe diese Entwicklung den literarischen Markt demokratisiert und für unbegabte Autoren geöffnet. Und andererseits habe sie zu einer dringend benötigten Wiederbelebung der Einbildungskraft geführt. Die zur Routine gewordene Beschreibung menschlicher Sitten habe sich erschöpft und der realistische Roman sein Motiv-Repertoire verbraucht. Folgerichtig verlangten die Leserinnen und Leser heute nach etwas, das nicht ihrem eigenen Alltag, sondern der Imagination eines Autors entsprungen sei. An dieser Stelle setzt der Verfasser die Engführung von politischer Schreckensherrschaft und literarischer Schreckenserzeugung fort: „[J]ust at the time when we were threatened with a stagnation of fancy, arose Maximilian [sic!] Robespierre, with his system of terror, and taught our novelists that *fear* is the only passion they ought to cultivate, that to frighten and instruct were one and the same thing, and that none of the productions of genius could be compared to the production of an ague." (ebd., 300)

Der Überzeugung, dass die Französische Revolution geradezu ursächlich für die Entstehung der *Gothic novel* gewesen sei, war auch der Marquis de Sade. In einer kurzen Passage seiner 1800 erschienenen *Idée sur les romans* spricht de Sade von einer neuen Gattung, die sich weitgehend auf die Merkmale Zauber (*sortilège*) und Trugbilder (*fantasmagorie*) reduzieren lasse, und er fügt hinzu, diese neue Gattung sei die notwendige Folge der revolutionären Erschütterungen, die ganz Europa erfasst hätten (vgl. Sade 1961 [1800], 31). Gerade in den fantastischen Elementen der neuen Gattung erkennt de Sade einen Effekt der Französischen Revolution. Angesichts des Leides, das reale Bösewichte (*méchants*) den Menschen zugefügt hätten, sei es schwer geworden, Romane zu schreiben, die mit den Schrecken der Wirklichkeit mithalten könnten; und so hätten die Romanciers die Hölle um Hilfe angerufen und sich ihre Stoffe im Land der Schimären besorgt (vgl. ebd., 31). Konkret nennt de Sade nur den Namen Radcliffe sowie den Titel *Le Moine*, wobei er abschließend anmerkt, dass er letzteren Roman den Werken Radcliffes in jeder Hinsicht vorzieht (vgl. ebd., 31).

In dem unter Zeitgenossen äußerst kontrovers diskutierten *Monk* des zum Zeitpunkt der Niederschrift erst neunzehnjährigen Matthew Lewis erkennen auch jüngere Analysen Referenzen auf das politische Geschehen in Frankreich. Dabei liegen solche Referenzen auf den ersten Blick fern. Thema des 1796 erschienenen Romans sind die sexuellen Verstrickungen und Verbrechen des allseits für seine Frömmigkeit und Keuschheit bewunderten Kapuzinermönchs Ambrosio. Von einer Agentin des Teufels verführt, verkommt Ambrosio zu einem gewissenlosen Vergewaltiger, Entführer und Mörder, der am Ende gar seine Seele an den Satan verkauft. Hauptschauplatz ist zwar ein Madrider Klosterkomplex zur Zeit der spanischen Inquisition, doch haben einige Szenen durchaus eine aktuelle Resonanz. An seinem Höhepunkt beschreibt der Roman, wie eine aufgebrachte Menschenmasse die Priorin des Nonnenklosters lyncht und schließlich – in einem kollektiven Blutrausch – in das Gebäude eindringt, um auch alle Nonnen zu töten und den Komplex in Brand zu stecken. Ausgangspunkt ist die berechtigte Empörung darüber, dass die schwangere Nonne Agnes im unterirdischen Gewölbe gefangen gehalten, gefoltert und vermeintlich getötet wurde. Doch selbst nachdem die sadistische Priorin sprichwörtlich zu Brei zertrampelt worden ist, eskaliert die Gewalt so lange, bis die Gemäuer des Klosters über der wütenden Meute zusammenstürzen, die Revolution also ihre eigenen Kinder verschlungen hat.

Unter anderem hierauf verweist Ronald Paulson, wenn er in einem klassisch gewordenen Aufsatz *Gothic novels* als metaphorische Repräsentationen der Ereignisse in Frankreich liest. Aus einer solchen Perspektive erscheint die Mob-Episode aus *The Monk* als eine Allegorie auf die Erstürmung der Bastille (vgl. Paulson 1981, 534–535). Dieser Ansatz ist mit der Tatsache vereinbar, dass die zentralen Motive des Schauerromans bei Ausbruch der Revolution längst existierten, was zeitgenössische Kommentare übersehen, die die Gattung erst bei Radcliffe und Lewis beginnen lassen. Der Schauerroman stellte in seiner bereits bestehenden Form eine Schreibweise bereit, die für die metaphorische Reflexion politischer Gewalt aktualisiert und erweitert werden konnte und die nicht – wie von de Sade behauptet – neu erfunden werden musste. In diesem Sinne liest auch Patrick Brantlinger die Mob-Episode aus *The Monk*, um zu dem allgemeinen Schluss zu gelangen, ab 1789 reflektiere „gotischer Schrecken" oft „revolutionären Schrecken" (Brantlinger 1998, 50–51, hier 50 [meine Übersetzung, M. C. F.]). Spätestens an dieser Stelle sind allerdings entscheidende Präzisierungen nötig. Das post-revolutionäre Verständnis von *terror* bezog sich, wie gesehen, auf Staatsterrorismus nach dem Muster der *Grande Terreur*. Die Mob-Episode aus *The Monk* stellt aber gar nicht die *terreur* eines machthabenden Regimes dar. Statt um die inquisitionsgestützte Willkürherrschaft der Kirche, die in anderen Passagen des Romans geschildert wird, geht es hier um die Gewalthandlungen einer aufständischen Masse *gegen* die Kirche – also Terror ‚von unten', nicht Terror ‚von oben'. Brantlingers Begriff „revolutionary terror" ist so gesehen wenig hilfreich. Ebenso problematisch ist die de Sade'sche These einer Brutalisierung und Abstumpfung der Leserschaft infolge realer Gräuel, zumal nicht alle Schauerromane von exzessiver Gewalt geprägt sind.

5. Erhabene Unbestimmtheit: *Terror* versus *horror*

In diesem Zusammenhang ist die Unterscheidung zwischen *terror* und *horror* von Interesse, die Radcliffe zu Beginn des 19. Jahrhunderts in einem posthum erschienenen Essay entwickelt hat. Mit *terror* und *horror* benennt Radcliffe zwei gegensätzliche ästhetische Prinzipien und zieht damit (zumindest implizit) eine Grenze zwischen zwei unterschiedlichen Schreibweisen innerhalb der Schauerliteratur, nämlich ihrer eigenen einerseits und derjenigen Lewis' andererseits. Auf den ersten Blick scheint die Gegenüberstellung von *terror* und *horror* nur schwer nachvollziehbar, da beide Begriffe oft synonym verwendet werden und sich ihre Bedeutungen überschneiden. Das *Oxford English Dictionary* definiert *horror* als „[a] painful emotion compounded of loathing and fear; a shuddering with terror and repugnance; strong aversion mingled with dread; the feeling excited by something shocking or frightful. Also in weaker sense, intense dislike or repugnance. (The prevalent use at all times.)" (OED, „Horror") Genau wie *terror* kann *horror* mit Schrecken übersetzt werden. Im Falle von *horror* mischt sich dem Schrecken jedoch Aversion und Verachtung bei: Das, was uns in Angst versetzt, erscheint uns zugleich als widerwärtig, weshalb man zur besseren Differenzierung gegenüber dem Schrecken von Grausen sprechen könnte. Radcliffe geht es bei ihrer Begriffsunterscheidung jedoch weniger um die psychischen Schattierungen beider Emotionen. Vielmehr ist sie an ihrem Verhältnis zur Vorstellungskraft interessiert. Radcliffes idiosynkratischer Deutung von *terror* und *horror* zufolge kann nur ersterer Affekt die Imagination der Leserinnen und Leser anregen und dabei zur Quelle erhabener Empfindungen werden.

Der betreffende Text Radcliffes erschien 1826 im *New Monthly Magazine* als Fragment aus dem Nachlass der drei Jahre zuvor verstorbenen Autorin. Konzipiert war er ursprünglich als Teil der Einleitung zu Radcliffes letztem Roman *Gaston de Blondeville*. Im *New Monthly Magazine* wurde er jedoch als alleinstehender Essay veröffentlicht, mit dem (nicht von Radcliffe selbst stammenden) Titel *On the Supernatural in Poetry*, unter dem er bis heute bekannt ist. Das Fragment besteht weitgehend aus einem Dialog und enthält nur rudimentäre erzählerische Elemente. Auf der Reise durch Warwickshire unterhalten sich die Gesprächspartner „Mr. S—" und „W—" über das Übernatürliche im dramatischen Werk Shakespeares. Als sie auf das Motiv der Geistererscheinung zu sprechen kommen, lobt W— die Eröffnungsszenen aus *Hamlet* als Musterbeispiel für die erhabene Art und Weise, wie Shakespeare das Übernatürliche einsetze. Das bloße Reden von diesen Szenen versetze ihn in einen Zustand des erhabenen Schauers: „I thrill with delightful awe, even while I recollect and mention them, as instances of the exquisite art of the poet." (Radcliffe 1826, 148) Seinen Enthusiasmus für die Geistererscheinungen in *Hamlet* teilt W— mit dem bereits zitierten *Encyclopédie*-Artikel zur *terreur* (vgl. Jaucourt 1765, 186) sowie mit der entsprechenden Passage bei Chamfort, in der es heißt: „[C]ette scène de Hamlet [...] où le phantome paraît: il est vrai que cette scène est le chef-d'œuvre du théâtre moderne dans le genre terrible." [„Diese Szene im *Hamlet*, in welcher der Geist erscheint: Es ist wahr, dass sie das Meisterstück des modernen Theaters in der Gattung des Schrecklichen ist."] (Chamfort 1824, 191) Bei Radcliffe wird allerdings ein anderes Verständnis von *terror* vorausgesetzt als in den dramentheoretischen Texten der französischen Aufklärung. Für W— erzeugt die Erscheinung des Geistes von König Hamlet nicht aristotelischen *phobos*, sondern eine „düstere und erhabene Art des Schreckens" (Radcliffe 1826, 149 [meine Übersetzung, M. C. F.]). Dies erläutert er mit Verweis auf Burkes *Enquiry*: „The union of grandeur and obscurity, which Mr. Burke describes as a sort of tranquillity tinged with terror, and which causes the sublime, is to be found only in Hamlet [sic!]; or in scenes where circumstances of the same kind prevail." (ebd., 149)

Gemeint sind die Passagen in Burkes *Enquiry*, in denen ‚Dunkelheit' als zweitwichtigstes Merkmal erhabener Objekte aufgeführt wird – gleich nach dem ‚Schrecken' und noch vor der ‚Macht' (vgl. Burke 2004 [1757/1759], 102–107). Burke gebraucht den Begriff *obscurity* nicht nur im wörtlichen Sinne, zur Bezeichnung des Fehlens von Licht, sondern auch ich im Sinne von Unklarheit beziehungsweise Undeutlichkeit. In seinen Augen ist Dunkelheit eng mit literarischer

Repräsentation verbunden. Im Gegensatz zur visuellen Darstellung der Malerei könne Dichtung die Unbestimmtheit der Sprache nutzen. Sie habe die Freiheit, entscheidende Details wegzulassen, abstrakte Konzepte wie Unendlichkeit und Ewigkeit zu verwenden und eine Vielzahl miteinander konfligierender Bilder zu schaffen. Ersteres und letzteres illustriert Burke am Beispiel von Miltons Versepos *Paradise Lost* (1667/1674), aus dem er das Porträt des Todes (2.666–2.673) sowie die erste Beschreibung Satans (1.589–1.599) zitiert. Dagegen habe die Malerei nur beschränkte Möglichkeiten, Unbestimmtheit zu erzeugen, da sie letztlich einer naturgetreuen, gegenständlichen Darstellung verpflichtet bleibe, die die repräsentierten Objekte für den Betrachter erkennbar gestalten müsse (dass Burke mit dieser Einschätzung falsch lag, braucht heute nicht mehr erwähnt zu werden; schon die Werke William Turners aus der ersten Hälfte des 19. Jahrhunderts sollten dies eindrücklich belegen). Burke war der Überzeugung, dass Klarheit in der Darstellung der Erregung von Leidenschaften im Wege steht und dass uns die Kunst der Malerei deshalb zwar Bewunderung abverlangt, nicht aber in einen Zustand erhabener Empfindungen zu versetzen vermag. Die Burkesche „Bevorzugung der Suggestion gegenüber der genauen Bestimmung" (Trott 1998, 80 [meine Übersetzung, M. C. F.]) sollte ein wesentliches Merkmal der Ästhetik des Erhabenen bleiben, gerade auch in der Schauerliteratur. Noch Mary Shelleys 1818 erschienener Roman *Frankenstein; or, The Modern Prometheus* zelebriert narrative Unbestimmtheit in Bezug auf Victor Frankensteins Kreatur, deren Entstehung ebenso im Vagen bleibt wie ihre äußere Erscheinung. Der erste Ich-Erzähler Robert Walton charakterisiert das Monster einmal als „a form which I cannot find words to describe: gigantic in stature, yet uncouth in its proportions" (Shelley 1998 [1818], 186–187) und rekurriert dabei auf den Unaussprechlichkeitstopos, der fester Bestandteil der Ästhetik des Erhabenen ist.

Radcliffe wertet das Stilmittel der Dunkelheit in ihrem Dialog sogar noch stärker auf als Burke. Wenn das Schreckenerregende in allen Details beschrieben werde, argumentiert W— (als Sprachrohr der Autorin), bleibe für die Leserinnen und Leser nichts mehr übrig, was sie sich selbst ausmalen könnten. Vorzuziehen sei darum eine Erzählweise, die nur unvollständig darstelle, flüchtige Eindrücke beschreibe und schattenhafte Umrisse entwerfe und die dergestalt die Einbildungskraft dazu anrege, den fehlenden Rest zu ergänzen (vgl. Radcliffe 1826, 150). Ohne das Element der Dunkelheit verkomme der Schrecken (*terror*) zu bloßem Grausen und Entsetzen (*horror*), der die Geisteskräfte nicht beflügele, sondern sie im Gegenteil lähme: „Terror and horror are so far opposite, that the first expands the soul, and awakens the faculties to a high degree of life; the other contracts, freezes, and nearly annihilates them. I apprehend, that neither Shakspeare [sic!] nor Milton by their fictions, nor Mr. Burke by his reasoning, anywhere looked to positive horror as a source of the sublime, though they all agree that terror is a very high one; and where lies the great difference between horror and terror, but in the uncertainty and obscurity, that accompany the first [sic!], respecting the dreaded evil?" (ebd., 149–150)

Ein Text kann demnach entweder die *Möglichkeit* eines schreckenerregenden Ereignisses evozieren, oder er kann die Figuren (und somit die Leserinnen und Leser) mit *tatsächlichen* schrecklichen Gegebenheiten konfrontieren. Im ersteren Fall beschreibt er bestimmte Indizien, die zwar als Hinweise auf ein mögliches grauenvolles Geschehen interpretiert werden können, die ein solches Geschehen aber eben nicht in aller Eindeutigkeit bestätigen. Nach Radcliffes Verständnis passt der Begriff *terror* nur auf erstere Textart, wohingegen letztere als Horrorerzählung beschrieben werden muss. Während Schreckensnarrative die Leserinnen und Leser dazu anregen, die Hinweise des Textes aktiv zu deuten, versetzen Horrornarrative uns in eine rein passive Haltung: Wir werden so stark von Schrecken, Ekel und Abscheu erfasst, dass unsere Vorstellungskraft vorübergehend ihre Arbeit einstellt.

Vielleicht hatte Radcliffe Passagen wie die oben diskutierte Mob-Episode aus *The Monk* im Sinn, wo der Lynchmord an der Priorin sehr plastisch geschildert wird: „She [i. e. the Prioress] sank upon the ground bathed in blood, and in a few minutes terminated her miserable existence. Yet though She [sic] no longer felt their insults, the Rioters still exercised their impotent rage upon her lifeless body. They beat it, trod upon it, and ill-used it, till it became no more than a mass of flesh, unsightly, shapeless, and disgusting." (Lewis 1998 [1796], 356) Der *horror*, den die Beschreibung des Lynchmordes bei den Leserinnen und Lesern auslösen soll, wird von den beobachtenden Figuren im Text selbst empfunden: „Unable to prevent this shocking event, Lorenzo and his Friends [sic!] had beheld it with the utmost horror." (ebd., 356) *Horror* durchfährt auch Manfred in *The Castle of Otranto* beim Anblick des riesigen Helms, der seinen fünfzehnjährigen Sohn Conrad in Stücke reißt. Um die Leserinnen und Leser an diesem Grausen teilhaben zu lassen, spricht Walpole in drastischen Worten von den „blutenden, verstümmelten Überresten des jungen Prinzen" (Walpole 1998 [1764/1765], 19 [meine Übersetzung, M. C. F.]).

Die explizite Thematisierung von Affekten ist charakteristisch für den Schauerroman, der Schauern nicht nur erzeugen will, sondern auch zum Gegenstand hat. Viele Dutzende Male tauchen die Wörter *terror* und *horror* jeweils in den Romanen Radcliffes auf, deren Heldinnen sich durch eine ausgeprägte Empfindsamkeit auszeichnen. Dies macht sie besonders empfänglich für all das Schreckliche und Grauenerregende, dem sie im Verlauf der Handlung ausgesetzt werden, und das sie in großer Regelmäßigkeit in Ohnmacht fallen lässt. Radcliffes bekanntester Roman *The Mysteries of Udolpho* behält den von Walpole eingeführten ‚gotischen' Schauplatz bei, stellt der unheimlichen Burg von Udolpho in den

Apenninen, wo die Leidenszeit für die Heldin Emily St. Aubert beginnt, jedoch die zu Beginn beschriebene pastorale Idylle des bescheidenen elterlichen *chateau* in der Gascogne gegenüber. Der Roman ist im Jahr 1584 angesiedelt. Kurz nach Einsetzen der Handlung verliert Emily zuerst ihre Mutter und später auch ihren Vater, mit dem sie eine große Liebe zur Natur verband. Als Waise muss Emily ihrer wenig wohlgesonnenen Tante Madame Cheron in das isolierte Schloss des Heiratsschwindlers Montoni folgen, der sich als Edelmann ausgibt, in Wahrheit aber eine Bande plündernder Söldner anführt. Aus den heimlichen Aktivitäten der Banditen ergibt sich für Emily immer wieder der Eindruck unerklärlicher, scheinbar übernatürlicher Geschehnisse. Und dieser Eindruck wird durch die Geistergeschichten der abergläubischen Dienerinnen verstärkt – so sehr Emily auch versucht, ihm mit der Kraft der Vernunft entgegenzuwirken. Am berühmtesten ist das Beispiel des schwarzen Schleiers, der in einer Kammer der Burg ein ominöses Bild verhüllt. Nachdem sie den Schleier eines Nachts bemerkt hat, wird Emily von Neugierde erfasst. Geheimnisvolle Geschichten über die ehemalige Burgherrin Signora Laurentini und die Tatsache, dass niemand anders sich traut, den Schleier zu lüften, erfüllen sie mit einem Anflug von Schrecken (vgl. Radcliffe 1980 [1794], 248). Dazu wird eine Erläuterung angefügt, die – wie viele andere Passagen des Romans – geradezu lehrbuchartig die Burkesche Theorie des erhabenen Schreckens zur Anwendung bringt: „But a terror of this nature, as it occupies and expands the mind, and elevates it to high expectation, is purely sublime, and leads us, by a kind of fascination, to seek even the object, from which we appear to shrink." (ebd., 248) So betritt Emily schließlich alleine die Kammer und greift nach dem Schleier. In nur einem Satz wird uns mitgeteilt, dass das, was sie sieht, *kein* Bild ist, und dass sie noch auf dem Weg zur Tür das Bewusstsein verliert (vgl. ebd., 248). Wir befinden uns im sechsten Kapitel des Romans. Erst im siebzehnten Kapitel erfahren wir, was sich hinter dem schwarzen Schleier verbarg: etwas, das wie ein verwester und von Würmern besiedelter Leichnam aussah (vgl. ebd., 662). Dabei handelte es sich jedoch, wie sogleich nachgeschoben wird, um eine bloße Wachsfigur, die einst für einen Marquis von Udolpho hergestellt worden war – als *memento mori* und Strafe für mangelnden Respekt vor der Autorität der katholischen Kirche. Während Emily selbst an der betreffenden Stelle im Roman von *horror* übermannt wird (ein Wort, das in diesem Zusammenhang gleich zweimal fällt), bleibt für die Leserinnen und Leser vierhundert Seiten lang der *terror* des Geheimnisses bestehen. Wir haben ausführlich Zeit, uns vorzustellen, was Emily gesehen hat. Hätte Radcliffe schon im sechsten Kapitel die Eindrücke ihrer Heldin vom ekelerregenden Wachsleichnam beschrieben, hätte sie (ihrer eigenen Definition gemäß) einen Horror-Effekt erzielt. So aber hält die Erzählung mittels ‚Dunkelheit' den erhabenen Schrecken aufrecht und regt die Vorstellungskraft der Leserinnen und Leser bis zum Ende an.

6. Schluss

In ihrem Buch *The Coherence of Gothic Conventions* beschreibt Eve Sedgwick den Schauerroman als eine formelhafte Gattung, die auf eine geringe Zahl von Motiven beschränkt sei: „Once you know that a novel is of the Gothic kind, you can predict its contents with an unnerving certainty." (Sedgwick 1986, 9) Schon die wenigen in diesem Beitrag betrachteten Beispiele verdeutlichen allerdings, wie heterogen der Schauerroman bereits im Zeitraum zwischen 1764 und 1818 war, ungeachtet seiner Vorliebe für südeuropäische Handlungsorte und ‚gotische' Bauwerke und ungeachtet seiner geradezu obsessiven Auseinandersetzung mit einem Imaginären des Katholizismus' (Elementen, die allerdings in *Frankenstein* gänzlich fehlen). Was Manfreds Heimsuchung durch einen riesenhaften Geist mit Ambrosios Sündenfall und Teufelspakt verbindet, ist der dahinterstehende Versuch, mit literarischen Mitteln Schrecken zu erzeugen. Die unerklärlichen Ereignisse, die sich während Emilys Gefangenschaft in der Burg von Udolpho zutragen, und die Kreatur Victor Frankensteins zeigen, wie produktiv der Schreckaffekt sich auf die Einbildungskraft auswirkt und wie unterschiedlich die ‚Schreckgespenster' sind, die er hervorbringt. Diese „spectres, apparitions, ghosts" (Anonymus 1798 [1797], 223) mögen zwar vereinzelt mit der politischen Gewalt und dem Terror der Französischen Revolution zusammenhängen; die von den frühen Schauerromanen etablierten Schreibweisen haben ihren ursprünglichen historischen Kontext jedoch überlebt. Und so begegnen uns *terror* und *horror* noch heute allenthalben in ihrer ‚gotischen', das heißt auf erhabenen Schauer ausgerichteten Form.

Literaturverzeichnis

Anonymus. „The Terrorist System of Novel-Writing" [1797]. *Gothic Readings. The First Wave, 1764–1840*. Hrsg. von Rictor Norton. London und New York, NY: Leicester University Press, 2000. 299–303. (Zuerst erschienen als „Letter to the Editor". *Monthly Magazine* 4.21 (August 1797): 102–104.)

Anonymus. „Terrorist Novel Writing". *The Spirit of the Public Journals for 1797. Being an Impartial Selection of the Most Exquisite Essays and Jeux d'Esprits, Principally Prose, That Appear in the Newspapers and Other Publications. With Explanatory Notes and Anecdotes of Many of the Persons Alluded to*. Bd. 1. London: R. Philipps, 1798. 223–225.

Aristoteles. *Poetik*. Griechisch/Deutsch. Übers. und hrsg. von Manfred Fuhrmann. Stuttgart: Reclam, 1997.

Boileau-Despréaux, Nicolas. *Œuvres diverses du sieur D***. Avec le Traité du sublime ou du merveilleux dans le discours, traduit du Grec de Longin*. Paris: Claude Barbin, 1764.

Brantlinger, Patrick. *The Reading Lesson. The Threat of Mass Literacy in Nineteenth-Century British Fiction*. Bloomington, IN: Indiana University Press, 1998.

Burke, Edmund. „A Philosophical Enquiry into the Origin of Our Ideas of the Sublime and the Beautiful" [1757/1759]. *A Philosophical Enquiry into the Origin of Our Ideas of the Sublime and the Beautiful and Other Pre-Revolutionary Writings*. Hrsg. von David Womersley. London: Penguin, 2004. (Deutsche Fassung: *Philosophische Untersuchung über den Ursprung unserer Ideen vom Erhabenen und Schönen*. Übers. von Friedrich Bassenge. Hrsg. von Werner Strube. 2. Aufl. Hamburg: Meiner, 1989).
Byron, Glennis, und Dale Townshend (Hrsg.). *The Gothic World*. London und New York, NY: Routledge, 2014.
Chamfort, Sébastien Roch Nicolas. *Ébauches d'une poétique dramatique. Œuvres de Chamfort*. Bd. 4. Hrsg. von P. R. Auguis. Paris: Chez Chaumerot Jeune, Libraire, 1824. 1–234.
Clery, Emma J. „The Supernatural Explained". *The Rise of Supernatural Fiction, 1762–1800*. Cambridge: Cambridge University Press, 1995. 106–114.
Clery, Emma J. „The Genesis of ‚Gothic' Fiction". *The Cambridge Companion to Gothic Fiction*. Hrsg. von Jerrold E. Hogle. Cambridge: Cambridge University Press, 2002. 21–39.
D'Arnaud, François-Thomas-Marie de Baculard. „Préface [à *Fayel*]". *Œuvres de d'Arnaud. Contenant Fayel*. Bd. 10. Paris: Laporte, 1795. iii–xl.
Freud, Sigmund. „Das Unheimliche" [1919]. *Gesammelte Werke*. Hrsg. von Anna Freud, Marie Bonaparte, E. Bibring und W. Hoffer. Bd. 12. Frankfurt am Main: Fischer, 1999. 227–268.
Fuhrmann, Manfred. „Nachwort". Aristoteles. *Poetik*. Griechisch/Deutsch. Übers. und hrsg. von Manfred Fuhrmann. Stuttgart: Reclam, 1997. 144–178.
Grimm, Jacob, und Wilhelm Grimm. *Deutsches Wörterbuch von Jacob Grimm und Wilhelm Grimm*. Bd. 14: *R – Schiefe*. Hrsg. von Dr. Moriz Heyne. München: Deutscher Taschenbuch Verlag, 1999 [Reprint von *Deutsches Wörterbuch von Jacob Grimm und Wilhelm Grimm*. Bd. 8: *R – Schiefe*. Hrsg. von Dr. Moriz Heyne. Leipzig: S. Hirzel, 1893].
Heuvel, Gerd van den. „Terreur, Terroriste, Terrorisme". *Handbuch politisch-sozialer Grundbegriffe in Frankreich 1680–1820*, Heft 3: *Philosophe, Philosophie/Terreur, Terroriste, Terrorisme*. Hrsg. von Rolf Reichardt und Eberhard Schmitt. München: R. Oldenbourg, 1985. 89–132.
Hurd, Richard. *Letters on Chivalry and Romance*. London: Printed for A. Millar, in the Strand; and W. Thurlbourn and J. Woodyer, in Cambridge, 1762.
Jackson, Rosemary. *Fantasy. The Literature of Subversion*. London und New York, NY: Routledge, 1981.
Jaucourt, Le Chevalier [Louis] de. „Terreur". *Encyclopédie ou Dictionnaire raisonné des sciences, des arts et des métiers. Par une société de gens de lettres. Mis en ordre et publié par Mr. ***. Tome Sezième [sic!]: Te – Venerie*. Neufchatel: Samuel Faulche & Compagnie, 1765. 186.
Kelly, George Armstrong. „Conceptual Sources of the Terror". *Eighteenth-Century Studies* 14.1 (1980): 18–36.
Keßler, Helmut. *Terreur. Ideologie und Nomenklatur der revolutionären Gewaltanwendung in Frankreich von 1770 bis 1794*. München: Fink, 1973.
Lewis, Matthew. *The Monk*. Hrsg. von Howard Anderson. Oxford und New York, NY: Oxford University Press, 1998 [1796].
Longinus. *Vom Erhabenen*. Griechisch/Deutsch. Übers. und hrsg. von Otto Schönberger. Stuttgart: Reclam, 1997.
Monk, Samuel. *The Sublime. A Study of Critical Theories in XVIII-Century England*. Ann Arbor: The University of Michigan Press, 1960 [1935].
OED. „Gothic". *The Oxford English Dictionary*. URL: http://www.oed.com/view/Entry/80225.

OED. „Horror". *The Oxford English Dictionary*. URL: http://www.oed.com/view/Entry/88577.
OED. „Terror". *The Oxford English Dictionary*. URL: http://www.oed.com/view/Entry/199606.
OED. „Terrorist". *The Oxford English Dictionary*. URL: http://www.oed.com/view/Entry/199609.
Paulson, Ronald. „Gothic Fiction and the French Revolution". *English Literary History* 48.3 (1981): 532–554.
Radcliffe, Mrs. [Ann]. „On the Supernatural in Poetry". *The New Monthly Magazine and Literary Journal, Part I: Original Papers* 16.1 (1826): 145–152.
Radcliffe, Ann. *The Mysteries of Udolpho*. Hrsg. von Bonamy Dobrée. Oxford und New York, NY: Oxford University Press, 1980 [1794].
Sade, D. A. F. de. *Idée sur les romans* [1800]. *Œuvres complètes*. Bd. 4. *Les crimes de l'amour*. Bd. 1. Paris: Jean-Jacques Pauvert, 1961. 11–43.
Scott, Sir Walter. Rezension zu ‚Fatal Revenge; or, the Family of Montorio: a Romance'. *The Quarterly Review*, May 1810: 339–347.
Sedgwick, Eve Kosofsky. „The Structure of Gothic Conventions". *The Coherence of Gothic Conventions*. New York, NY und London: Methuen, 1986. 9–36.
Shelley, Mary. *Frankenstein or The Modern Prometheus. The 1818 Text*. Hrsg. von Marilyn Butler. Oxford und New York, NY: Oxford University Press, 1998.
Tatar, Maria M. „The Houses of Fiction: Toward a Definition of the Uncanny". *Comparative Literature* 33.2 (1981): 167–182.
Todorov, Tzvetan. *Introduction à la littérature fantastique*. Paris: Seuil, 1970.
Trott, Nicola. „The Picturesque, the Beautiful and the Sublime". *A Companion to Romanticism*. Hrsg. von Duncan Wu. Oxford und Malden, MA: Blackwell, 1998. 72–90.
Walpole, Horace. *The Castle of Otranto*. Hrsg. von Wilmarth Sheldon Lewis. Oxford und New York, NY: Oxford University Press, 1998 [1764/1765].
Walther, Rudolf. „Terror, Terrorismus". *Geschichtliche Grundbegriffe. Historisches Lexikon zur politisch-sozialen Sprache in Deutschland*. Bd. 6. Hrsg. von Otto Brunner, Werner Conze und Reinhart Koselleck. Stuttgart: Klett-Cotta, 1990. 351–444.

4.7 Lev Tolstoj und die Kommunizierbarkeit der Gefühle
Sylvia Sasse

„Wenn ein Gedicht über die Traurigkeit nichts wollte, als uns mit der Traurigkeit des Verfassers anzustecken, so wäre das sehr traurig für die Kunst" (Vygotskij 1976 [1925], 287; vgl. Sasse 2012), kommentierte der Psychologe und Literaturwissenschaftler Lev Vygotskij im Jahr 1925 die Theorie der Übertragbarkeit von Gefühlen durch Kunst, die Tolstoj mehr als dreißig Jahre zuvor entwickelt hatte. In seinem langen Traktat *Was ist Kunst?* (Čto takoe iskusstvo?) hatte Tolstoj die Gefühlsübertragung unter dem Stichwort der ‚Ansteckung' („*zaraženie*") zum wichtigsten Kriterium von Kunst erhoben. Nur Kunst, die Gefühle vom Autor auf den Leser übertrage, könne auch Kunst genannt werden. Tolstojs Schrift wird zum Anlass zahlreicher Debatten in der russischen und auch in der sowjetischen Kulturtheorie. Tolstojs Zeitgenossen, insbesondere der Symbolist Valerij Brjusov, stehen der Übertragbarkeit von Gefühlen skeptisch gegenüber. Zwar schreibt Brjusov in seinem Essay *Über Kunst* (*O iskusstve*), dass er wie Tolstoj die Idee, Kunst sei ein Mittel der Kommunikation, teile (Brjusov 1975 [1904]), über die von Tolstoj ins Spiel gebrachte Direktübertragung durch Ansteckung macht er sich aber eher literarisch lustig. So kann man seine Erzählung *Republik des Südkreuzes* (*Respublika južnogo kresta*) (1905) als Antwort auf Tolstojs Konzept lesen.

In dieser Erzählung bricht eine ganze Gesellschaft unter einer seltsamen und hoch ansteckenden emotionalen Krankheit, der Widerspruchswut, die besonders rasant im Theater und durch Zeitungen übertragen wird, zusammen. Brjusov parodiert mit seiner Erzählung nicht nur Tolstojs Ansteckungsvisionen, sondern auch gleich noch eine der Quellen seiner Theorie: Max Nordaus Schrift *Entartung*, die 1893 in russischer Übersetzung erschien. Nordau war ebenfalls der Überzeugung, dass die „Aufgabe der Kunst" das „Erregen von Emotionen" (Nordau 1893, 151) sei, in der Nachahmungssucht der Leser aber auch eine Gefahr liege. Bei Nordau wurde gerade Tolstoj – neben Nietzsche, den französischen Symbolisten und Wagner – als einer jener ‚entarteten' Schriftsteller disqualifiziert, deren eigene Emotionen Gift für die Leser seien. Bei den genannten Autoren zeige sich der Erschöpfungszustand der Epoche in einer emotionalen Überreizung, im Fall von Tolstoj in Widerspruchswut (*mania contradicens*). Es ist genau diese Widerspruchswut, die der Symbolist Brjusov in seiner parodistischen Erzählung *Die Republik des Südkreuzes* zum Ausgangspunkt einer Dystopie machte.

Dreißig Jahre später, in der frühen Sowjetunion, wird Tolstojs Modell der Ansteckung wieder aktuell. Der damalige Kulturtheoretiker und Kommissar für

Aufklärung Anatolij Lunačarskij sieht in Tolstojs Gefühlsansteckung die Basis für seine Idee von Agitation, die als „Organisator von Ideen und Emotionen" (Lunačarskij 1985, 116) dienen sollte. Gegen genau diese agitatorische Vereinnahmung der Literatur wiederum richtet sich Vygotskijs anfangs angeführtes Zitat. In seinem 1925 verfassten Buch *Psychologie der Kunst* (*Psichologija iskusstvo*) distanziert sich Vygotskij aber nicht nur von Tolstoj und Lunačarskij, die das Kunstwerk zum bloßen „Resonator" (Vygotskij 1976 [1925], 283), Verstärker oder Übertragungsapparat der Emotionen des Autors machen wollten, sondern auch von der zeitgenössischen empirischen Ästhetik. Diese konzentrierte sich auf Experimente an der Staatlichen Akademie für künstlerische Wissenschaften (GACHN), die 1921 unter anderem von Kandinskij gegründet worden war. Philosophen, insbesondere Phänomenologen, Psychologen, Physiologen und Literaturwissenschaftler untersuchten in unterschiedlichen Experimenten und Feldstudien nicht nur die seit der antiken Rhetorik und Poetik behauptete poetische Kraft der Sprache, sondern auch die emotionale Wirkung von Bildern, Tönen und Architekturen.

Vygotskij kritisiert, dass die Experimente die Frage nach der Literarizität oder ästhetischen Qualität nicht beantworten können, sie könnten lediglich klären, wie ein Wort oder eine Farbe auf einen einzelnen Rezipienten in einem bestimmten Moment wirke. Die empirische Forschung klammere das Kunstwerk als Ort eines komplizierten strukturellen Wirkungsgeschehens komplett aus und vergesse die kulturelle Präfiguration von Wahrnehmung und Emotionen. Vygotskij verwendet deshalb einen neuen Begriff, den der ‚ästhetischen Reaktion', der auf die ‚Emotion der Form' (‚ėmocija formy') und nicht auf die Emotionen von Autor oder Leser abzielt. Die Emotion der Form sieht Vygotskij, wie später auch Ėjzenštejn, im Hervorrufen und Lösen affektiver Widersprüche und kontrapunktischer Strukturen eines künstlerischen Werkes angelegt, nicht in der „Widerspruchswut" eines Autors, sondern in der Widerständigkeit als künstlerischem Verfahren (ebd., 251; 363–364). Vygotskij geht es dann auch nicht mehr um die Übertragung eines Gefühls, sondern um das Hervorrufen eines Affektes, um etwas, das noch unbestimmt ist, das aufrüttelt, das – im Vokabular der russischen formalen Schule – den bisherigen Gefühlshaushalt ‚deautomatisiert'. Dass Vygotskij die ‚Emotion der Form' Mitte der 1920er Jahre so deutlich hervorkehrt, hat auch damit zu tun, dass formale Aspekte in der postrevolutionären Ästhetik der 1920er Jahre eine immer geringere Rolle zu spielen beginnen und schließlich am Ende der Dekade sogar in Verruf beziehungsweise unter Verdacht geraten. Formalismus in den Künsten wird zu einem Verhaftungsgrund. Tolstojs Ansteckungstheorie hingegen legitimiert in der stalinistischen Sowjetunion die omnipräsente Zensur: Wenn Kunst ansteckt, dann muss überprüft werden, mit welchen Gefühlen Autoren ihre Leser affizieren möchten. Und umgekehrt: Die

Reaktionen der Leser lassen – so gedacht – auch Rückschlüsse auf die Emotionen des Autors zu.

1. Gefühlsansteckung

Tolstoj schreibt sein Kunsttraktat *Was ist Kunst?* in den 1890er Jahren nach seiner religiösen Wende. Diese hatte er mit seiner *Beichte* (*Ispoved'*), geschrieben 1879, eingeleitet. In der *Beichte* lehnt er auch sein Frühwerk, darunter die Romane, die ihn berühmt gemacht haben, wie *Anna Karenina* und *Krieg und Frieden* (*Vojna i mir*), ab. Sie entsprächen nun weder seinen moralischen noch seinen ästhetischen Anforderungen. Letztere konzentriert er ganz auf die Idee der emotionalen Übertragung, der Ansteckung, die ein literarisches Werk seiner Ansicht nach leisten müsse. Man könnte auch sagen: Übertragung und Kunst verbindet Tolstoj in diesem Traktat so eng miteinander, dass er die emotionale Übertragungsfähigkeit der Kunst zum ästhetischen Kriterium werden lässt: „Ein einmal empfundenes Gefühl erneut in sich hervorzurufen und, hat man es in sich hervorgerufen, es vermittels Bewegungen, Linien, Farben, Tönen oder in Worten ausgedrückter Bilder so wiederzugeben, dass andere genau das gleiche Gefühl empfinden – hierin besteht das Wirken der Kunst. Kunst ist eine menschliche Tätigkeit, die darin besteht, dass ein Mensch durch bestimmte äußere Zeichen anderen die von ihm gefundenen Gefühle bewusst mitteilt und dass andere von diesen Gefühlen angesteckt werden und sie erleben." (Tolstoj 1984 [1898], 80; Tolstoj PSS 30, 65) Tolstoj bezeichnet also die Gefühlsübertragung als eine Ansteckung und diese wiederum als die kommunikative Funktion der Kunst. Der Autor, so seine Überzeugung, stecke die Leser genau mit jenem Gefühl an, das er selbst beim Schreiben zunächst in sich hervorgerufen und empfunden habe, um es dann an die Rezipienten weiterzugeben. Wir haben es also mit einer doppelten Evokation von Gefühl zu tun: Der Autor soll in der Lage sein, bereits empfundene Gefühle wieder in sich hervorzurufen, wobei Tolstoj nicht weiter ausführt, wie dieses Hervorrufen des Gefühls vonstatten gehen soll. Er fragt nicht nach dem emotionalen Gedächtnis oder nach Techniken der Reevokation durch die Einbildungskraft oder durch mimetisches Verhalten. Ist das Gefühl da, soll der Autor es in künstlerische Zeichen, zum Beispiel in Worte oder Linien, übersetzen. Diese fungieren dann als Medium, die das Gefühl des Autors an den Leser übermitteln sollen. Die Übertragung von Gefühlen, die Tolstoj als Ansteckung (,zaraženie, zarazitel'nost') bezeichnet, funktioniert jedoch nicht einfach über das Vorhandensein von Sprache, sondern über die ,künstlerische Gestalt' (,obrazy iskusstva').

Es handelt sich also um eine Übertragung beziehungsweise Ansteckung, die von der künstlerischen Gestalt abhängt, nicht vom Inhalt. Allerdings wird Tolstoj die „künstlerische Gestalt" in seiner Schrift so charakterisieren, dass diese durchlässig und leitend sein müsse. Sie habe einfach und klar zu sein, damit sie das zu transportierende authentische Gefühl des Autors nicht störe oder umwandle. Indem er die „künstlerische Gestalt" als transparentes Medium bestimmt, kann Tolstoj, als Verfechter einer antirhetorischen Tradition, Übertragung – jenseits einer figurativen und persuasiven Affektrhetorik – als störungsfreien Transfer vom Autor zum Rezipienten denken. Es ist genau diese Reduktion der Literatur auf ihre Vermittlerfunktion, gegen die sowohl seine Zeitgenossen Brjusov als auch der Psychologe Vygotskij Einspruch erhoben haben und die umgekehrt Anatolij Lunačarskij als großartige Möglichkeit für die Übertragung der Gefühle auf die Masse im Rahmen von Agitprop angesehen hat. Tolstojs Idee war allerdings nicht neu; er transformierte vielmehr Konzepte einer psychologischen beziehungsweise protoempirischen Ästhetik des 18. Jahrhunderts in seine durch die Ansteckung formulierte (Po-)Ethik. Thomas Anz nennt als Beispiel einer solchen Ästhetik vor allem Jean-Baptiste Dubos' *Réflexions critiques sur la poésie et sur la peinture*, publiziert 1719, in denen „die emotionale Wirkung zur zentralen Funktion der Künste" (Anz 2007, 223) erklärt wurde. Dubos schreibt die Fähigkeit, Leser oder Betrachter zu bewegen, ebenfalls dem Einfühlungsvermögen des Autors zu, die Wirkung „kommt hauptsächlich dadurch zustande, dass man selbst von den Gefühlen bewegt und durchdrungen erscheint, die man bei ihnen hervorbringen will […]. Es ist ein Gefühl des anderen, das uns bewegt." (ebd., 223) Solche „Techniken der Selbstemotionalisierung" liegen bei Dubos, wie bei Tolstoj, jenseits des rhetorischen Handwerks, sie haben, zumindest bei Tolstoj, auch nichts mit einer geniehaften emotionalen Inspiration zu tun, sondern mit einer Ethik der Kommunikation.

2. Gefühlsgemeinschaft

In einem Tagebucheintrag vom 23. März 1894, in der Spätphase von *Was ist Kunst?*, schreibt Tolstoj schließlich: „Ein künstlerisches Werk ist jenes zu nennen, das die Menschen ansteckt, das sie alle in ein und dieselbe Stimmung versetzt." (Tolstoj *PSS* 52, 113) In Tolstojs Idee der Gefühlsansteckung verbirgt sich die Idee der Bildung von Gemeinschaft. Die kommunikative Funktion der Kunst stellt demnach nicht nur eine Verbindung zwischen Kunstwerk und Leser her, sondern auch „zu all denen, die gleichzeitig mit ihm, vor ihm oder nach ihm den gleichen künstlerischen Eindruck empfangen haben oder empfangen werden" (Tolstoj,

PSS 30, 64–65). Denn Kunst, die anstecke, besitze die Eigenschaft, Menschen zu vereinen, sie rücke alle durch das gemeinsam empfundene Gefühl auf eine Stufe. Es handle sich um eine „Wahrheit aus dem Gebiet des Verstandes", die „auf das Gebiet des Gefühls übertragen wird, so dass das Wohl der Menschen auf ihrer Einigung untereinander beruhe" (Tolstoj, *PSS* 30, 304). Dabei ist für Tolstoj hier nicht nur der gegenwärtige Aspekt der Gemeinschaftsstiftung entscheidend, sondern auch der an die Vergangenheit anknüpfende. Denn durch die von der Kunst vermittelte Kommunikation wird für jeden einzelnen Menschen auf dem Gebiet des Gefühls all das zugänglich, was die Menschheit vor ihm erlebte, alle von Zeitgenossen erfahrenen Gefühle, auch wenn sie Tausende von Jahren zurückreichen. Die von Tolstoj geforderte kommunikative Funktion der Kunst lässt sich als ein Modell beschreiben, das ästhetische Erfahrung als *communio* und auch als *sobornost'* konzipiert –, wobei *sobornost'* die Kirche als Leib Christi und die Gemeinschaft der orthodoxen Christen als Teil dieses einen Körpers meint.

Tolstoj reagiert mit seiner Idee von Gefühlsansteckung insbesondere auf Jean Marie Guyaus 1889 veröffentlichte Schrift *L'art au point de vue sociologique*, die unmittelbar nach ihrem Erscheinen auch ins Russische übersetzt und breit rezipiert wurde. Der französische Moralphilosoph Guyau untersucht darin „Einflußphänomene zwischen verschiedenen Bewusstseinskonstellationen" (Guyau 1987 [1889], 28), die er als Grundlage einer soziologischen Betrachtung der Kunst verstanden wissen will. Er geht davon aus, dass Gefühle zwischen den Menschen durch Nervenschwingungen beziehungsweise nervliche Strömungen übertragen werden. Die Übertragung der Emotionen gehe bewusst oder unbewusst, direkt oder indirekt vonstatten. Zu den direkten Mitteln zählt er alle die Sinne betreffenden Wege wie Berühren, Riechen, Hören, Sehen (ebd., 36). Die Übertragung selbst stellt er sich recht naiv vor. Guyau schreibt: „Die durch Nervenschwingungen bewegten Körper werden, bis sie zu uns gelangen, von den Licht- oder Schallwellen getragen. Im Grunde genommen gibt es nur Empfindungen von Bewegungen, und in jeder dieser Bewegungsempfindungen kann man eine mehr oder minder elementare *Nachahmung* der wahrgenommenen Bewegung erblicken. Der Eindruck des Angstschreis kommt dadurch zustande, dass dieser Schrei uns völlig durchdringt, uns auf eine den Nervenschwingungen des Wesens, das ihn ausgestoßen hat, symmetrische Art vibrieren lässt; ebenso beginnt mit dem Sehen einer Bewegung diese Bewegung in uns selbst." (ebd., 35)

Guyau glaubt, eine mimetische Reaktion oder der mimetische Reflex (seine Terminologie ist nicht sehr differenziert), der eine Art ‚Nervenwelle' verursacht, führe zu einer „Solidarität der Nervensysteme" (ebd., 35). Kunst und alle zeichenhaften Systeme seien indirekte Mittel zur Übertragung von Emotionen. Sie hätten die Aufgabe, „die individuelle Emotion zu verdichten, um sie unmittelbar übertragbar, um sie gewissermaßen soziabel zu machen" (ebd., 35). Ein Kunstwerk zu rezipieren bedeute, Teil einer emotionalen Gesellschaft zu werden, an einer Induktion (vgl. latein. *inductio* für Einführung, Hineinführung) teilzunehmen, die durch Expression und Fiktion vonstatten gehe. Wie Tolstoj verwendet Guyau den Begriff der Ansteckung (*contagion*) und den der Übertragung (*transmission*).

Hinter Tolstojs und Guyaus Übertragungsvisionen steht also nicht nur eine Kunsttheorie, sondern auch ein Gesellschaftsmodell, bei dem sprachlich vermittelte Gedanken und Gefühle eine Gemeinschaft stiften sollen. Diese Gemeinschaftsstiftung durch das Gefühl ist auch einer der deutlichsten Kritikpunkte, die Vygotskij 1925 in *Psychologie der Kunst* formuliert. Vygotskij stellt das Soziale des Gefühls in den Vordergrund, allerdings tut er dies anders als Tolstoj, Guyau und auch Lunačarskij. Er schreibt: „Es ist nicht so, wie es die Theorie der Ansteckung darstellt, dass das Gefühl, das in einem einzelnen aufkeimt, alle ansteckt und sozial wird" (Vygotskij 1976 [1925], 295), sondern die Umschmelzung der Gefühle bei der ästhetischen Reaktion erfolgt durch „die Gewalt eines sozialen Gefühls, das in den äußeren Kunstgegenständen, die zu Objekten der Gesellschaft geworden sind, objektiviert, entäußert und materialisiert wird" (Vygotskij 2001 [1925], 415). Im Kunstwerk selbst habe sich das Soziale des Gefühls abgelagert, dort sei es gespeichert, und nicht etwa das Gefühl des Autors, das auf die Gemeinschaft übertragen werden will. Es sei eine Fehlannahme zu glauben, das Kunstwerk vergesellschafte das individuelle Gefühl; ganz im Gegenteil ermögliche Kunst, soziale Gefühle individuell zu erleben.

3. Gefühlsansteckung versus Gefühlserregung

Weil Tolstoj jedoch die Übertragung zwischen Autor und Leser so unmittelbar konzipiert und sogar die Möglichkeit einer emotionalen Gemeinschaftsstiftung daran koppelt, muss er damit rechnen, dass auch Gefühle übertragen werden, die gemeinschaftszersetzend sind. Diese mögliche Wirkung verknüpft Tolstoj mit der Qualität des Künstlerischen. Er lehnt, wie Platon im 10. Buch der *Politeia*, Kunst wegen ihrer Ansteckungsgefahr nicht generell ab, sondern unterscheidet Kunst nach positiver emotionaler Ansteckung und negativer Affekterzeugung. Erregt ein Werk nur die Nerven, affiziert es die Leser nur unbestimmt, handle es sich nicht um Kunst, sondern um Kunstimitate. „Die Gefühlsübertragung findet nicht statt, wenn der Autor ein fremdes, ihm selbst mitgeteiltes Gefühl wiedergibt. Tut er dies, dann vermag er nur Kunst zu imitieren, und das könnte allenfalls zu einer effektheischenden Erregung führen, zu einer zu nichts Gutem führenden Reizung der Nerven." („vozdejstvie na nervy", Tolstoj *PSS* 30, 117) Die negative

Wirkung der effektheischenden Erregung von Kunst hatte Tolstoj vor der Fertigstellung der positiven Ansteckungstheorie in *Was ist Kunst?* in seiner Erzählung *Kreutzersonate* (*Krejcerova sonata*, 1889) dargestellt. Tolstoj gibt in der *Kreutzersonate* über die Beichte des Protagonisten Pozdnyšev zu verstehen, dass Musik generell und insbesondere Beethovens *Kreutzersonate* eine gefährliche Sache sei, die ein Gefühl erzeuge, das man gar nicht habe: „Musik erweckt in mir immer das Gefühl, als empfände ich etwas, was ich in Wirklichkeit gar nicht empfinde, als verstünde ich etwas, was ich gar nicht verstehe, als könnte ich etwas ausführen, wozu ich gar keine Möglichkeiten habe." (Tolstoj *PSS* 27, 61) Eine solche negative Reizung der Nerven, wie sie in der *Kreutzersonate* dargestellt ist, erzeuge jene Kunstimitate, wie Tolstoj sie nennt, die nur das Gefühl übertragen, das der Künstler mithilfe herkömmlicher Techniken wiederholt, nicht aber selbst empfindet. In *Was ist Kunst?* begründet Tolstoj am Beispiel von Beethovens Spätwerk den Unterschied von guter Ansteckung und verwerflicher Erregung. Denn aufgrund seiner fortschreitenden Taubheit sei Beethoven nicht mehr in der Lage gewesen, zu hören und damit auch zu empfinden, was er komponierte. Dies führte dazu, dass der taube Beethoven „völlig konstruierte, unfertige und daher oft sinnlose, musikalisch unverständliche Werke" (Tolstoj *PSS* 30, 134) geschrieben habe.

Wird darüber hinaus die Musik jenseits des Zweckes gespielt, aus dem heraus sie komponiert wurde, wirke sie nur erregend, ohne die von ihr erzeugte Erregung zu kanalisieren. So schlussfolgert der Ich-Erzähler der *Kreutzersonate*: „In China steht die Musik unter Staatsaufsicht. Und das ist auch notwendig. Man kann doch nicht zulassen, dass jedermann, dem es einfällt, einen oder mehrere Menschen hypnotisiert und dann mit ihnen anstellt, was ihm beliebt. Und vor allem muss verhütet werden, dass sich der Erstbeste sittlich verkommene Mensch als ein solcher Hypnotiseur betätigt." (Tolstoj *PSS* 27, 61) In *Was ist Kunst?* unterstreicht Tolstoj die Ansichten seines Erzählers. Tolstojs Meinung nach waren Beethovens Stücke zu abstrakt, „formlose Improvisationen", die „keinerlei bestimmtes Gefühl enthielten und dadurch auch durch nichts ergreifen" (Tolstoj *PSS* 30, 166), sondern nur künstlich erregen konnten.

Aber nicht nur die emotionale Authentizität beim Schreiben, auch andere Faktoren können nach Tolstoj aus gewollter Ansteckung bloße Erregung werden lassen. Dazu zählt Tolstoj eine unangemessene Rezeptionssituation im Salon oder im Theater und die Offensichtlichkeit von Techniken und Verfahren, also das Zurschaustellen des Künstlerischen der Kunst. Wenn Kunst nicht in der Lage sei, ihre Kunstgriffe zu verbergen, dann übertrage sie nicht nur keine Gefühle, sondern rufe eigentlich nur noch Ärgernis hervor: „Die Romane und Erzählungen Zolas und anderer mit ihren so herzergreifenden Sujets haben mich nicht eine Minute gerührt, vielmehr habe ich mich über diese Autoren geärgert, wie man sich über jemanden ärgert, der einen für so naiv hält, dass er nicht einmal den

Kniff verbirgt, mit dem er einen übers Ohr hauen will." (Tolstoj *PSS* 30, 145) Nicht ein ehrlich erlebtes Gefühl werde hier übertragen, sondern lediglich „der Wunsch des Autors, einen Roman schreiben zu wollen" (Tolstoj *PSS* 30, 145).

Die Unterscheidung von ehrlichem Gefühl und gekünsteltem Effekt und Affekt, von spontaner, authentischer Kreativität (*poiesis*) und Könnertum (*techne*), das losgelöst von einer moralisch-ethischen Intention Regungen evoziert, ist für Tolstoj das grundlegende Kriterium, um Kunst von der Kunstimitation zu unterscheiden. Diese Unterscheidung adressiert Tolstoj gleichermaßen an eine epigonale Nachahmungskunst wie auch an den „ästhetischen Extremismus" der „dekadenten" Gegenwartskunst (Tolstoj *PSS* 30, 141), die seiner Auffassung nach dafür verantwortlich sei, dass die Kunst immer komplizierter, ornamentaler und undeutlicher werde und allein auf Genuss abziele. Doch auch der ornamentalen Kunst könne man in Ausnahmefällen, wenn ihr eine ehrliche Empfindung zugrunde liegt, zugestehen, dass sie Kunst sei. Dieses Eingeständnis macht Tolstoj, und er ahnt im Moment des Formulierens wohl schon, dass ihm diese Widersprüchlichkeit in der Argumentation dann zum Verhängnis werden könnte, wenn er seine Übertragungstheorie nicht noch moralisch qualitativ fundiert. Deshalb heißt es schließlich: Übertragen werden kann Kunst, „die Gefühle vermittelt, welche dem religiösen Bewusstsein des Menschen entstammen" beziehungsweise die „die allereinfachsten irdischen Gefühle vermittelt" (Tolstoj *PSS* 30, 159). In seinem Tagebuch vermerkt er zusätzlich, dass die Übertragung der religiösen Gefühle nicht zuletzt darauf zurückzuführen sei, dass diese in Form von „bewussten Erfindungen" erscheinen, also in „einer poetischen, begeisterten und halb vom Glauben getragenen Verbindung" (Tolstoj *PSS* 30, 25) weitergegeben werden.

Dass Tolstoj Gefühlserregung und Gefühlsansteckung so streng voneinander unterscheidet, kann man als Reaktion auf seine Lektüre von Nordaus Schrift *Entartung* deuten. Tolstoj stimmt Nordau in seiner kunst- und kulturpessimistischen Diagnose zu und verurteilt, wie auch Nordau, jene ‚geistige Zerrüttung', die durch dekadente und exzentrische Texte provoziert wird. Tolstoj übernimmt sogar einige Formulierungen aus Nordaus Untergangsfantasie, obwohl er selbst auch Gegenstand von Nordaus polemischen Pauschalverdikten wurde. Es ist wahrscheinlich, dass sich Tolstoj bemüßigt sah, eben aufgrund dieser unheilvollen Erwähnung seine Ansteckungstheorie zu modifizieren (vgl. Ingold 1981, 413). Die von Tolstoj abgelehnte effektheischende Ansteckung, die leere Erregung, passt sehr gut zu Nordaus Kulturpessimismus, während Tolstojs positive, religiös motivierte Ansteckung in Nordaus Denksystem keinen Platz gefunden hätte.

4. Gefühlsbeichten

Schon bevor sich Tolstoj in *Was ist Kunst?* explizit mit der Gefühlsübertragung beschäftigte, sind in seinen Romanen implizit ästhetische Entwürfe enthalten, die unterschiedliche Möglichkeiten der Übertragung durchspielen. Diese beziehen sich sowohl auf dargestellte Übertragungsszenen auf der Figurenebene als auch auf die emotionale Gestimmtheit des Erzählers, dessen Gefühl möglicherweise an die Rezipienten übertragen werden könnte. Es lohnt sich, einen Blick auf diese Übertragungsszenarien zu werfen, um sie als poetologische Werkstatt der später ausformulierten Theorie zu lesen. An Tolstojs weltbekanntem Roman *Anna Karenina*, erschienen 1878, lässt sich beispielsweise veranschaulichen, wie Tolstoj die noch recht diffuse Idee von einer Gefühlsübertragung vor allem narratologisch nutzt.

Anna Karenina ist der Roman einer verborgenen und gesellschaftlich geächteten Liebe. Anna, verheiratet mit dem viel älteren Petersburger Staatsbeamten Aleksej Karenin und Mutter eines siebenjährigen Knaben, verliebt sich in den Grafen Aleksej Vronskij, liebt ihn zuerst verborgen, dann mit dem Wissen der Öffentlichkeit. Da das Scheidungsrecht um 1870 vorsieht, dass nur der Mann und nicht die Frau die Ehe auflösen kann und die Kinder automatisch beim Mann bleiben, steht Anna Karenina vor ausweglosen Entscheidungen, an denen schließlich auch ihre Liebe zu Vronskij zerbricht. In einer der tragischsten Szenen der Weltliteratur wirft sie sich vor den Zug und stirbt.

In *Anna Karenina* wird eine Gesellschaft dargestellt – die Welt des russischen Adels Mitte des 19. Jahrhunderts –, in der es sich nicht gehört, Gefühle zu verbalisieren und offen zu zeigen, vor allem keine Gefühle, die wie bei Anna und ihrem Liebhaber Vronskij aus moralisch zweifelhafter Leidenschaft entstehen. Tolstojs Protagonisten sind aus diesem Grund andauernd damit beschäftigt, bei sich selbst eine Art Gefühlsausdruckskontrolle zu betreiben und bei den anderen die unkontrollierbaren, falschen oder nur angedeuteten Gefühlsausdrücke zu lesen und zu deuten. Der zentrale Moment des Romans, das Öffentlichwerden des Liebesverhältnisses, ist deshalb auch einer nicht mehr beherrschbaren mimischen Kontrolle geschuldet. Karenin sieht auf Annas Gesicht, was sich nicht mehr verbergen lässt: „Er wollte sie nicht anschauen, doch sein Blick wurde unwillkürlich von ihr angezogen. Wieder betrachtete er dieses Gesicht, bemüht, nicht zu lesen, was so klar darauf geschrieben stand, und gegen seinen Willen las er darauf mit Entsetzen, was er nicht wissen wollte." (Tolstoj *PSS* 18, 221) Anna kann ihre Liebe zu Vronskij nicht mehr verbergen. Eine verbale Beichte ist überflüssig, ihr Gesichtsausdruck verrät ihre Emotionen. Aber nicht nur die Figuren des Romans richten ihre Blicke stets auf die Mimik und Gestik der anderen, auch der Erzähler ist geradezu manisch von Gesichtern und Körpern angezogen, um kleinste

Regungen festzuhalten und diese zu interpretieren. Neben dieser zwar verbergenden, aber gerade noch sichtbaren Kommunikation der Gefühle gibt es noch eine weitere, eine tatsächlich verborgene Kommunikation der Gefühle: Tolstojs Figuren kommunizieren unsichtbar, durch Übertragung. Medien dieser Übertragung sind Gedanken und Worte. Voraussetzungen für diese Gefühlsübertragung ist selbst ein Gefühl, die Liebe.

So wird die Liebe der beiden Paare des Romans – Anna und Vronskij, Kitty und Levin – unter anderem daran gemessen, wie die Kommunikation zwischen beiden als Übertragung funktioniert. Zwar ist keine Kunst im Spiel, kein Lesen von Büchern, kein Vortragen von Gedichten, aber dennoch handelt es sich um Rezeptionsszenen, die zeigen, ob derjenige, der liest, durch den anderen hindurchlesen kann. In beiden Fällen demonstriert die Übertragungsfähigkeit die Gefühlsverbindung, die Worte entweder überflüssig werden lässt oder an der eine Verbalisierung scheitern würde. In beiden Fällen nimmt die Szene der Gefühlsübertragung innerhalb des Romans jeweils eine Szene zu Beginn des Romans wieder auf, die im Nachhinein als Prolepse lesbar wird. Die Übertragung verbindet also nicht nur die Protagonisten auf mysteriöse Weise miteinander, sondern auch verschiedene Szenen im Roman.

In der Mitte des Romans haben Anna und Vronskij den gleichen Traum. Erzählt wird die Gedankenübertragungsszene zeitlich invertiert. Vronskij träumt von einem zerzausten Mann mit schwarzem Bart, der sich über einen Gegenstand beugt und dabei etwas Unverständliches auf Französisch sagt. Nach dem Aufwachen ist Vronskij entsetzt, er zittert, ohne sich diese starke Gefühlsregung aus dem manifesten Trauminhalt heraus erklären zu können. Seine Gefühle für Anna sind zu diesem Zeitpunkt schon ziemlich erkaltet, das plötzlich aufkommende Gefühl, das der Traum provoziert, wird erst dann für ihn lesbar, als Anna bei der nächsten Begegnung ebenfalls von einem Traum erzählt. Dieser lag, obwohl später erzählt, zeitlich vor Vronskijs Traum. In diesem Traum erschien ebenfalls ein Mann mit zerzaustem Haar und Bart, der sich über einen Gegenstand beugt. Im Unterschied zu Vronskij hat Anna den Traum jedoch vollständig geträumt; sie sieht den Gegenstand, einen Sack, und sie hört, was der Mann sagt: „Il faut le battre le fer, le broyer, le pétrir." (Tolstoj *PSS* 18, 381) Anna kommentiert: „Von Angst gepackt, bemühte ich mich aufzuwachen... und ich wachte auch auf, aber nur im Traum. Ich dachte nach, was dies zu bedeuten habe. Da sagte Kornej zu mir: ‚Im Wochenbett werden Sie sterben, meine Gute, im Wochenbett...' Und ich wachte auf." (Tolstoj *PSS* 18, 381).

Der gemeinsam geträumte Traum ist zugleich mantisch beziehungsweise proleptisch als auch analeptisch, das heißt, er verbindet sowohl den Anfang und das Ende des Romans miteinander. Denn bereits zu Beginn des Romans werden Anna und Vronskij bei ihrer ersten Begegnung Zeugen eines Zugunfalls, den ein zerzauster Mann mit Bart, ein Bahnarbeiter, der mit Eisen auf die Schienen klopft, erleidet. Am Schluss des Romans wird es Anna selbst sein, die vom Eisen, vom Eisen der Zugräder, erfasst wird und stirbt. Die Vorhersage von Kornej erweist sich also als falsche, ihr Tod selbst wird sich nicht im Wochenbett ereignen, sondern später als Selbstmord. Es war der zerzauste Mann, der ihr diesen Tod schon bei der ersten Begegnung mit Vronskij angekündigt hatte, auch wenn diese Szene erst viel später als Prolepse lesbar wird.

Dass Vronskij den Traum nur halb träumt, deutet auf die bereits erkaltete Liebe hin, das Eisen ist schon kalt. Denn, so demonstriert es Tolstoj an anderer Stelle mit Kitty und Levin, ist die Liebe intakt, dann funktioniert auch die Übertragung vollständig. Kitty und Levin verständigen sich zum berühmten zweiten Liebesgeständnis von Levin nur noch per Allusion, die durch das Aufschreiben von Anfangsbuchstaben funktioniert. Auf wunderbare Weise errät Kitty die von Levin geschriebenen durchaus komplizierten Sätze: „‚Schauen Sie her'", sagte er und schrieb folgende Buchstaben hin: A, S, m, a: E, i, u, b, d, n, o, n, d?" (Tolstoj *PSS* 18, 418) Ebenso kann Kitty Levin lesen, sie versteht den Satz, ohne ihn ausbuchstabieren zu müssen. Levin hatte gefragt, wie endgültig Kittys Ablehnung seines ersten Liebesgeständnisses gewesen sei: „Als Sie mir antworteten: Es ist unmöglich, bedeutete das niemals oder nur damals?" (Tolstoj *PSS* 18, 418) Während also beim ersten Liebesgeständnis, bei dem das Gefühl nur einseitig war, das Verstehen nicht gelungen war, funktioniert es jetzt wie von alleine. Und je deutlicher im Verlauf der Unterhaltung die gegenseitige Vergewisserung der Liebe wird, umso weniger Buchstaben sind für die Kommunikation notwendig: „Er schrieb drei Buchstaben hin; aber noch bevor er zu Ende geschrieben hatte, las sie das Geschriebene über seine Hand hinweg, vollendete selbst den Satz und setzte die Antwort hinzu: Ja." (Tolstoj *PSS* 18, 419)

Das Lesen funktioniert jedoch weniger über die Schrift als über Mimik und Gestik. Levin, der während des Liebesgeständnisses eine von Kitty angedeutete Zeile nicht versteht, versucht stattdessen, in ihrem Gesicht zu lesen und findet in den „bezaubernd leuchtenden Augen" von Kitty, „alles, was er wissen muss" (Tolstoj *PSS* 18, 419). Wie Karenin auf dem Gesicht von Anna lesen konnte, dass sie ihn betrügt, kann Levin in Kittys Augen ein Liebesgeständnis erkennen. Liebe ist lesbar, könnte man resümieren, sie führt im Fall von Levin und Kitty sogar zu einer unter anderen Umständen unerklärbaren Gedankenübertragung.

Tolstojs Interesse an dieser liebesbedingten Gedankenübertragung ist dabei kein spiritistisches; ganz im Gegenteil: Modische okkulte Phänomene erwähnt er in seinen Texten eher ironisch, so auch in *Anna Karenina* oder in seiner zwischen 1886 und 1889 geschriebenen Komödie *Früchte der Aufklärung* [*Plody prosveščenija*], in der spiritistische Seancen durch theatrale Tricks unterlaufen werden. Zwar sind, als Tolstoj Mitte der 1870er Jahre an *Anna Karenina* schreibt,

Gedankenleser populär, und auch Wissenschaftler behaupten – so der Neuropathologe George M. Beard, der Studien über die Psychologie und Pathologie des tierischen Magnetismus, des Hellsehens, des Spiritismus veröffentlicht hat –, dass sich das Gedachte unbewusst in Muskelbewegungen des Gesichts verrate, die von einem erfahrenen Gesichtsleser gut entziffert werden können (vgl. Kotik 1908). Tolstoj hat mit diesen parawissenschaftlichen Experimenten, die später bei Gorkij Interesse hervorrufen, allerdings nichts zu tun. Er interessiert sich ausschließlich für die Übertragbarkeit von Gefühlen und er schildert uns eine Leseszene, die seine Ansteckungstheorie vorwegnimmt und im Unterschied zu dieser weltberühmt geworden ist. Levin verlässt sich lieber auf Kittys Augen, nicht auf die Buchstaben; diese sind nur Medium dessen, was er ohnehin auf ihrem Gesicht entziffern kann. Es sind nicht die Buchstaben, die das Gefühl evozieren, nicht das Wort, dass die Liebe hervorruft, Wörter und Buchstaben transportieren das Gefühl nur und werden am Schluss des gegenseitigen Liebesgeständnisses ganz überflüssig.

5. Gefühlsmimesis

Die legendäre Lese- und Schreibszene zwischen Levin und Kitty ist nicht die einzige des Romans. Anna selbst ist es, die – wie ihre Vorläuferin Madame Bovary – besonders mimetisch auf Literatur reagiert. „Las sie, wie die Heldin des Romans einen Kranken pflegte, dann hatte sie den Wunsch, sich selbst mit lautlosen Schritten im Krankenzimmer zu bewegen; las sie von der Rede, die ein Mitglied des Parlaments gehalten hatte, dann wünschte sie, diese Rede selbst zu halten, und auch wenn sie meinte, der Held müsse sich schämen, überkam sie selbst ein Gefühl der Scham." (Tolstoj *PSS* 18, 106–107) Das gerade Gelesene lässt in Anna den Wunsch der Nachahmung aufkeimen. Obwohl sie es den Protagonisten der Romane nachtun will, tut sie nichts: Es bleibt beim Wunsch. Nur das Gefühl, das ihrer Meinung nach der Held erleben müsse, erlebt sie selbst, und sie erlebt es geradezu stellvertretend. Hier ist nicht die Rede von Ansteckung, sondern vielmehr von einem spezifischen Vermögen Annas, das sich als Fähigkeit des emotional-mimetischen oder emotional-kompensierenden Lesens beschreiben ließe. Die Leserin ergänzt die Gefühle, die die Figur selbst gerade nicht äußert. Abgeschaut hat Anna beziehungsweise Tolstoj sich diese Leseszene zwar bei Flaubert, doch im Unterschied zu Emma Bovary, die ihr Bedürfnis nach Emotionen immer wieder aus der Literatur – vorwiegend aus Trivialromanen, mitunter aus romantischen Romanen – bezieht, spielen solche Leseszenen für den weiteren Verlauf des Romans von Tolstoj keine Rolle. Vielmehr wird diese

Leseszene von der zwischen Levin und Kitty konzeptuell abgelöst. Wenn Anna liest, findet keine Übertragung im Sinne der Ansteckungstheorie statt, schließlich handelt es sich um Trivialromane, deren handwerkliche Ausführung nicht die Emotionen des Autors transportiert. Was Anna beim Lesen empfindet, geht nicht vom Roman selbst aus, sondern von ihrem eigenen mimetischen Begehren. In der Szene zwischen Kitty und Levin hingegen sind es genau die Gefühle des jeweils Schreibenden, die auf den jeweils Lesenden übertragen werden.

Vergleichbar, zumindest in einem Aspekt, ist jedoch die Rezeption der Romane von Tolstoj und Flaubert. Von Flauberts *Madame Bovary* wusste Tolstoj, dass man die Nachahmungsfähigkeit der Leserinnen für gefährlich hielt, zumal man bei Flaubert auf der Ebene des Erzählens keine ablehnende Haltung seiner Figur gegenüber feststellen konnte. Das war auch der Grund, warum Flaubert wegen Obszönität in seinem Roman angeklagt wird, wobei es weniger um die Obszönität des geschilderter Ehebruchs ging, sondern um sein erzählerisches Verhältnis dazu. Man verallgemeinerte im Grunde Emma Bovarys Leseverhalten, um prophylaktisch diesem mimetischen Leseverhalten vorzubeugen. Die Romanlektüre im Roman und die Romanlektüre des Romans fallen aus der Perspektive des Gerichts in eins (vgl. Ladenson 2007).

Tolstoj wurde zwar wegen seines Romans vor kein Gericht gestellt, die philosophische Debatte um seinen Roman kreiste jedoch ebenfalls um das emotionale Verhältnis des Erzählers zur Figur Anna. Der russische Philosoph Lev Šestov hatte bemerkt, dass kein „Dichter in der ganzen russischen und vielleicht in keiner anderen Literatur seine Helden so gelassen und mitleidlos dem schrecklichen Schicksal zugeführt" (Šestov 1923, 6) hatte wie Tolstoij Anna in diesem Werk. Tolstoj empfinde, so heißt es bei Šestov weiter, „für keines seiner Opfer Mitleid. Nirgends vernehmen wir bei ihm die weichen Noten des Mitgefühls, wie so oft in den Werken von Dickens oder Turgenjeff [...], die nie die Gelegenheit versäumen, ihre humanen Empfindungen zu unterstreichen. Es dürfte Tolstoj sicher befremden, daß viele ihn als kalt, gefühllos, hart bezeichnen. Anna Karenina unter den fahrenden Zug zu bringen, ohne auch nur einen einzigen Seufzer auszustoßen!" (ebd., 31) Offenbar nimmt Šestov hier einen Widerspruch auf, den auch Tolstojs andere Texte implizit schon formulieren: Ihn wundert, dass der „Dichter, der uns gelehrt hatte", „wie man von Kindererzählungen aufs tiefste gerührt sein könne" (ebd., 31), in Bezug auf das tragische Schicksal von Anna Karenina so kalt blieb. Šestov erklärt sich die distanziert emotionslose Haltung Tolstojs gegenüber Figuren wie Anna Karenina mit dessen Absicht, über das Leben seiner Protagonisten im Buch zu Gericht sitzen zu wollen. Berücksichtigt man Tolstojs später formulierte Ansteckungstheorie, dann lässt sich Šestovs These noch unterstützen: Wenn Tolstoj davon ausgeht, dass das Gefühl des Autors auf den Leser übertragen werden kann, dann ist Mitleid wohl genau nicht das Gefühl, das Tolstoj bei seinen Lesern erwecken wollte. Ganz im Gegenteil: Die Leser sollen gerade nicht mitfühlen. Will Tolstoj also, wie man das von Flauberts kühler ‚Teilnahmslosigkeit' (*impassibilité*) sagen kann, gerade kein Gefühl übertragen? Ist er gleichgültig und gefühllos gegenüber seiner Protagonistin?

In seiner unmittelbar nach *Anna Karenina* verfassten *Beichte* bestätigt sich schließlich, dass Tolstoj sein eigenes potentiell an die Leser übertragbares Gefühl immer im Hinterkopf hat. Auch die Darstellung seiner Sünden in der *Beichte* ist von einer kühlen Distanz gekennzeichnet. Tolstoj schildert seine Sünden nicht, indem er an das Mitgefühl des Lesers appelliert, um – wie zum Beispiel Rousseau – Verständnis und Mitgefühl für seine Sünden zu erzeugen. Genau dies hielte Tolstoj für sündig. Er will, ganz im Gegenteil, dass sein Gefühl der Reue und der Selbstverabscheuung auch beim Leser ankommt. Den russischen Philosophen Nikolaj Berdjaev veranlasste diese Kühle dazu, die Beichte Tolstojs keine richtige Beichte zu nennen, sondern lediglich die Schilderung des Weges eines „Wahrheitssuchers" (Berdjaev 1957, 347). Auch Anna Karenina, so lässt sich vermuten, wollte Tolstoj nicht nur „von der ersten Zeile an auf die Schienen" (Šestov 1923, 34) legen, er wollte auch seine emotionale Kälte gegenüber seiner Protagonistin an die Leser übertragen, ein Gefühl der Kälte, das das Feuer der dargestellten Leidenschaft löschen soll. Es ist nicht weiter verwunderlich, dass die Rezeption von Tolstojs Texten immer wieder zu Irritationen geführt hat. Der Glaube an die Ansteckung hat Tolstoj dazu verleitet, an die Möglichkeiten einer unmittelbaren emotionalen Rezeption zu glauben, die nicht durch Hermeneutik, sondern durch Übertragung funktioniert.

Literaturverzeichnis

(Anmerkung zur Zitierweise: Texte von Tolstoj werden nachgewiesen nach Tolstoj, Lev. *Polnoe sobranie sočinenij*. Moskau: Gosudarstvennoe izdatel'stvo chudožestvennoj literaturoj, 1928–1952 und zitiert als *PSS* mit Bandangabe. Übersetzungen von S. S.)

Anz, Thomas. „Kulturtechniken der Emotionalisierung. Beobachtungen, Reflexionen und Vorschläge zur literaturwissenschaftlichen Gefühlsforschung". *Im Rücken der Kulturen*. Hrsg. von Karl Eibl, Katja Mellmann und Rüdiger Zymner. Paderborn: Mentis, 2007. 207–239.
Berdjaev, Nikolaj. *Selbsterkenntnis. Versuch einer philosophischen Autobiographie*. Darmstadt und Genf: Holle, 1953.
Brjusov, Valerij. „O iskusstve". *Sobranie sočinenij, tom šestoj*. Moskau: Chudožestvennaja Literatura, 1975. 43–54.
Guyau, Jean Marie. *Die Kunst als soziologisches Phänomen*. Berlin: Spiess, 1987 [1889].

Ingold, Felix Philipp. „Lev Tolstoj und Max Nordau. Zur Rezeption und Diskussion des Dekadentismus in Russland". *Komparatistik. Theoretische Überlegungen und südosteuropäische Wechselseitigkeit*. Hrsg. von Fridrun Rinner und Klaus Zerinschek. Heidelberg: Winter, 1981. 399–416.

Kotik, Naum. *Die Emanation der psychophysischen Energie. Eine experimentelle Untersuchung über die unmittelbare Gedankenübertragung im Zusammenhang mit der Frage über die Radioaktivität des Gehirns*. Wiesbaden: Bergmann, 1908.

Ladenson, Elisabeth. *Dirt for Art's Sake. Books on Trial from ‚Madame Bovary' to ‚Lolita'*. Ithaca, NY: Cornell University Press, 2007.

Lunačarskij, Anatolij. „Die Grundlagen der künstlerischen Bildung". *Musik und Revolution*. Leipzig, 1985. 113–141.

Nordau, Max. *Entartung*. Berlin: Duncker, 1893.

Sasse, Sylvia. „Ästhetische Reaktionen. Lev Vygotskijs künstlerische Reaktologie". *Form und Wirkung. Phänomenologische und empirische Kunstwissenschaft in der Sowjetunion der 1920er Jahre*. Hrsg. von Aage A. Hansen-Löve, Brigitte Obermayr und Georg Witte. München: Fink, 2012. 385–410.

Sasse, Sylvia. „Kunst". *Tolstoj als theologischer Denker und Kirchenkritiker*. Hrsg. von Martin George, Jens Herlth, Ulrich Schmid und Christian Münch. Göttingen: Vandenhoeck & Ruprecht, 2014. 462–476.

Šestov, Lev. *Tolstoi und Nietzsche. Die Idee des Guten in ihren Lehren*. Berlin: Matthes & Seitz, 1994.

Tolstoj, Lev. „Was ist Kunst?" [1898]. *Gesammelte Werke in zwanzig Bänden*. Bd. 14. Hrsg. von Eberhard Dieckmann und Gerhard Dudek. 2. Aufl. Berlin: Rütten & Loening, 1984. 39–232.

Vygotskij, Lev. *Psichologija iskusstva. Analiz èstetičeskoj reakcii*. Moskau: Labirint, 2001 [1925]. (Deutsche Fassung: *Psychologie der Kunst*. Hrsg. und übers. von Helmut Barth. Dresden: Verlag der Kunst, 1976 [1925].)

4.8 Trauma und Affektabspaltung in der Holocaust-Literatur. Primo Levi, Georges Perec und W. G. Sebald

Judith Kasper

1. Zur Genese des Trauma-Begriffs

Eine beeindruckende Zahl literatur- und kulturwissenschaftlicher Beiträge, die mit dem Begriff des Traumas operieren, sind in den letzten zwanzig Jahren großenteils, wenn auch nicht ausschließlich, im Zuge der Auseinandersetzung mit Formen der Erinnerung und Repräsentation der Judenvernichtung in Kunst, Film und Literatur entstanden. Der Begriff des Traumas selbst ist dabei zunehmend zur unhinterfragten, kurrenten ‚Münze' in einem Diskurs geworden, der um ein Ereignis kreist, dessen vernichtendes Ausmaß bis heute noch nicht zu Ende gedacht worden ist und dessen Absolutheit nicht zuletzt selbst maßgeblich dazu beiträgt, dass all die Begriffe und Namen, mit denen es benannt werden soll, alsbald verbraucht und entleert erscheinen.

Die methodischen Schwierigkeiten, die sich mit dem Begriff des Traumas verknüpfen, betreffen in erster Linie seine Gespaltenheit in einen ereignisorientierthistorischen und in einen strukturell-transhistorischen Begriff. Im Feld der Holocaust-Studien wird der Trauma-Begriff vorwiegend historisch aufgefasst. Dem gegenüber wird seine für das menschliche Leben strukturelle und transhistorische Dimension vor allem im Diskursraum von Dekonstruktion und Psychoanalyse erörtert. Wer mit dem historisch orientierten Trauma-Begriff argumentiert, neigt zur positivistischen Festschreibung eines Ereignisses als traumatisierendes und statuiert damit diejenigen, die von diesem Ereignis betroffen worden sind, als Opfer. Die Folge davon ist, das Trauma als einen Tatbestand festzuschreiben und die komplexen, im Wesentlichen paradoxen zeichentheoretischen Fragen, die sich mit dem Trauma verbinden, sekundär zu behandeln oder gar zu verkennen. Wer mit dem strukturell-transhistorischen Trauma-Begriff arbeitet, schärft das Verständnis für letztere, läuft indessen Gefahr, gegenüber dem singulären Charakter des Holocaust indifferent zu bleiben (vgl. Caruth 1996; kritisch dazu: Weigel 1999; LaCapra 2001). Die Herausforderung, die der Begriff des Traumas an die Kulturwissenschaft stellt, ist mithin eine doppelte: Es geht einerseits darum, die Skylla – das Trauma mit dem Holocaust selbst zu identifizieren – ebenso zu umschiffen wie die Charybdis – nämlich aus der Akzentuierung auf die strukturelle Entzugskraft des Traumas das spezifische *men made desaster*, die nationalsozialistische Vernichtungspolitik, aus den Augen zu verlieren, das Trauma als Chiffre für jede (Über-)Lebensgeschichte zu universalisieren. Der Trauma-Begriff fordert vielmehr dazu auf, den Holocaust als Katastrophe der Emotionen zu denken: als Spaltung des überlebenden Subjekts, als Abspaltung der Affekte. Es geht mithin darum, den verworrenen Wegen der Wiederkehr der Affekte zu einer anderen, nachträglichen Zeit und an einem anderen Schauplatz nachzuspüren.

Für die Zuspitzung der zeitlichen, räumlichen und repräsentationstheoretischen Aporien, die das Trauma impliziert, sind bis heute die von Josef Breuer und Sigmund Freud gemeinsam verfassten *Studien über Hysterie* (1895) ein notwendiger Ausgangspunkt. In ihrer „Vorläufigen Mitteilung", mit dem Titel *Über den psychischen Mechanismus hysterischer Phänomene* überschrieben, äußern Breuer und Freud zunächst einmal ihr Erstaunen darüber, dass die wiederholten Anfälle der Hysteriker in einem extremen ökonomischen Missverhältnis zum einmaligen, diese veranlassenden Unfall stehen (vgl. Breuer und Freud 2000 [1895], 28–29). Sie bemerken des Weiteren, dass selbst auch „scheinbar gleichgiltige Umstände" eine anhaltende Serie von Anfällen auslösen können. In der Tat kann als psychisches Trauma „jedes Erlebnis wirken, welches die peinlichen Affekte des Schreckens, der Angst, der Scham, des psychischen Schmerzes hervorruft, und es hängt begreiflicherweise von der Empfindlichkeit des betroffenen Menschen [...] ab, ob das Erlebnis als Trauma zur Geltung kommt" (ebd., 29–30). Sie schlussfolgern, dass nicht das Ereignis selbst, sondern der Modus des Zusammentreffens eines wie auch immer gearteten Ereignisses mit einer besonders reizbaren Psyche für die Ausbildung eines psychischen Traumas entscheidend ist (ebd., 30). Darüber hinaus ist für die Verwandlung eines gewaltvollen Ereignisses ins Trauma der Umstand maßgeblich, dass die peinlichen Affekte im Moment des Erlebens nicht zum Ausdruck gelangen konnten, dass mithin eine „adäquate Reaktion" (ebd., 32) auf das Erlebnis ausgeblieben war. Es ist, als lähme der Schock die Ausbildung einer solchen Reaktion und bedinge mithin eine Abspaltung der Affekte. In solcher Weise dissoziiert, bleiben die Affekte „in wunderbarer Frische und mit ihrer vollen Affektbetonung durch lange Zeit" (ebd., 33) erhalten. Der rechtzeitigen Abreaktion entzogen und „in Ausnahmsstellung zur Usur" stehend, manifestiert sich das psychische Trauma in der Psyche „nach Art eines Fremdkörpers" und muss „noch lange Zeit nach seinem Eindringen als gegenwärtig wirkendes Agens gelten" (ebd., 34 und 30). Diese Spaltung bedingt eine für das Trauma spezifische Zweizeitigkeit: Ein plötzliches Ereignis hat unwiderruflich stattgefunden; nach einer Phase der Latenz und scheinbaren Affektlosigkeit manifestieren sich die Affekte nachträglich, zur unrechten Zeit, am unrechten Ort.

Für die im Entstehen begriffene Psychoanalyse stellt sich an dieser Stelle die Frage nach einer Methode, die dem anhaltenden Ausagieren von Affekten Abhilfe schaffen kann. Die kathartische Methode, die in den *Studien* vorgestellt wird, basiert im Wesentlichen auf einer hypnotisch eingeleiteten Rückerinnerung des ursprünglichen Unfalls, um die Anfälle an ihre Veranlassung zurückzubinden, auf diese Weise zu rationalisieren und ein für alle Mal abzuführen. Doch bleiben darin Widersprüche, ja: Restbestände. Verdichtet finden wir diese in der am Ende der „Vorläufigen Mitteilung" aufkommenden Wendung „Dauersymptome restlos beseitigen". Die Spannung zwischen einem Andauern der Symptome und der Bekundung ihrer restlosen Beseitigung bleibt darin irreduzibel, der Ausgang der Kur mithin ungewiss.

Der Rest, der im Heilungsprozess zurückbleibt und zur Wiederkehr des Symptoms führt, hat wesentlich mit dem zweischneidigen Charakter der Wiederholung zu tun, die gleichermaßen an der Pathogenese wie auch an der Therapie beteiligt ist. Die hysterische Reproduktion der traumatischen Urszene ringt mit der Reproduktion derselben Szene durch den Analytiker. Während erstere zur immer wieder erneuten Reproduktion strebt, intendiert letztere die Hervorbringung einer abschließenden Reproduktion (vgl. Bronfen 1998, 74).

Als eigentliches Ergebnis der *Studien über Hysterie* ist damit festzuhalten: Es bleibt stets ein Rest, der sich der Ökonomie des kathartischen Verfahrens entzieht und unbeeinträchtigt davon weiter insistiert. Die an der Aristotelischen Tragödienpoetik geschulte Methode stößt an Grenzen. Es gelingt nicht, die Nachträglichkeit des Affekts in den Begriffen der *anagnorisis* und der *lysis* gänzlich aufzufangen. Dem Unbewussten, das die Psychoanalyse als ihr Feld entdeckt hat, ist durch dieses im Wesentlichen mimetische Verfahren der Abreaktion nur bedingt beizukommen. Durch seine dezidierte Abwendung von der Hypnose wird Freud dieses mimetische Modell verabschieden und stattdessen den Akzent auf das diegetische Prinzip der Erzählung setzen, das durch die ihm inhärente Dynamik des Aufschubs das geschlossene Modell der Tragödienpoetik sprengt (Koppenfels 2007, 26).

2. Trauma und die Literatur

Die Literaturwissenschaft ist insofern aufgerufen, Figurationen des Traumatischen zu befragen, als das Trauma in unmittelbarer Weise das Verhältnis des Subjekts zur Sprache betrifft: Inwiefern schreibt sich das Trauma selbst in die Sprache ein, verändert sie von innen heraus, und in welchen Formen findet ein Sprechen beziehungsweise Schreiben über das Trauma statt? Mimesis und Diegesis verweisen dabei nicht auf die Gattungsfrage, sondern auf die Spaltung des sprachlichen Zeichens zwischen der Bezeichnung des Traumatischen und dem Erfasstsein vom Traumatischen. Traumatisch ist die Dissoziation einer Rede in

Sinn und Bedeutung, in Buchstäblichkeit, Wörtlichkeit und Metaphorizität. Die Literatur ist nicht nur der Raum, in dem sich traumatische Erfahrungen sprachlich manifestieren, sondern auch das Medium, in dem Formen ihrer Durcharbeitung erprobt werden. Dabei kann die innere Aufspaltung der Sprache als eine genuin poetische Spracherfahrung fruchtbar gemacht werden, aus der heraus das für die Literatur so charakteristische Spiel mit Sprache überhaupt erst entspringt. Daher geht es, wenn nach dem Zusammenhang von Trauma und Literatur gefragt wird, nicht nur um Darstellungsformen schmerzhafter Verlusterfahrungen, sondern vor allem um die Frage, wie der literarische Text diese in ein sprachliches Experiment umarbeitet.

Diese doppelte Frageausrichtung gilt für alle Textsorten, die zum Korpus der Holocaust-Literatur gehören. Die Texte selbst werden in der Regel nach dem Zeitpunkt ihres Entstehens – wir sprechen inzwischen von einem Zeitraum von 70 Jahren – unterschieden. Es kann festgestellt werden, dass mit der Zunahme des historischen Wissens über den Holocaust das Problem des Traumas nicht absorbiert wird, wie man zunächst meinen könnte, sondern dass im Gegenteil die Zunahme an Wissen die traumatische Dimension eines Ereignisses eher noch potenziert. Je weiter die Vernichtung auf der chronologischen Skala in die Ferne rückt, desto stärker setzt sich der traumatische Charakter dieses Ereignisses – also die Phänomenologie seines Nachlebens auf der Ebene des Phantasmas – durch. Unabhängig von der Rationalisierung des Ereignisses durch Wissenszuwachs und entgegen dem zeitlich bedingten Verfall der Erinnerungen kennt das Trauma das Verblassen des an ihn gebundenen und zugleich von ihm abgespaltenen Affektes nicht.

Insofern dem Trauma-Begriff in den Holocaust-Studien ein Wirklichkeitsbezug anhaftet, können die literarischen Zeugnisse nicht ohne Berücksichtigung der biografischen Daten ihrer Verfasser betrachtet werden. Es kann nicht abgesehen werden davon, ob sie – wie Primo Levi, Imre Kertész und Ruth Klüger – jüdische oder – wie Robert Antelme, Jorge Semprun und Charlotte Delbo – politische Überlebende der Lager sind, ob sie – wie Georges Perec und Sarah Kofman – jüdische Kinder sind, deren Eltern in Krieg und Lager getötet worden sind und selbst versteckt überlebt haben; ob sie – wie Cécile Wajsbrot und Daniel Mendelsohn – jüdische Enkel sind, deren Großeltern in den Lagern getötet worden sind; oder ob sie – wie Ingeborg Bachmann und W. G. Sebald – nicht-jüdische, deutschsprachige Autoren sind, die sich in fiktiven Werken mit dem Holocaust auseinandersetzen. Die Texte der ersten Zeugengeneration werden wiederum unterschieden in solche, die sehr früh, wie Antelmes *L'espèce humaine* (1947) und Primo Levis *Se questo è un uomo* (1947), oder wesentlich später wie Imre Kertész' *Roman eines Schicksallosen* (1996, Ungarische Originalausgabe: *Sorstalanság*, 1975) und Jorge Sempruns Werk erschienen sind. Je größer der zeitliche Abstand zum Ereignis wird, desto mehr fließen in den autobiografischen Modus auch fiktive Momente ein.

Diese Ordnungsprinzipien, die gerne in literaturhistorisch und -soziologisch ausgerichteten Forschungsarbeiten angeführt werden, sind allerdings nicht unproblematisch, weil sie die Frage, welchem Autor die Autorität zukommt, über die Lager zu sprechen, implizit immer schon mitverhandeln. Aus einer strukturalistisch-philologischen Perspektive, die vor allem nach dem Status des sprachlichen Zeichens in literarischen Trauma-Texten fragt, treten diese Zuordnungen indessen in den Hintergrund.

Von den genannten Beispielen sollen im Folgenden drei genauer untersucht werden, anhand derer die narratologischen Implikationen des Traumatischen besonders deutlich erkennbar werden. Mit Levi kommt ein Autor in den Blick, der als italienischer Jude die einjährige Inhaftierung in Buna-Monowitz, einem Außenlager von Auschwitz, überlebt und unmittelbar nach seiner Rückkehr nach Turin begonnen hat, *Se questo è un uomo* (1947), seinen Bericht über seine Lagererfahrung, niederzuschreiben; mit Perec ein französisch-jüdischer Autor, der seine Kindheit in seinem autobiografischen Roman *W ou le souvenir d'enfance* (1975) verarbeitet hat; schließlich mit W. G. Sebalds letztem Roman *Austerlitz* (2001) das fiktive Werk eines deutschsprachigen, nicht-jüdischen Autors.

3. Insistenz eines Fremdworts (Levi, *Se questo è un uomo* und *La tregua*)

Der zweiten, 1958 im Turiner Verlag Einaudi erschienenen Ausgabe von *Se questo è un uomo* hat Levi (1919–1987) ein kurzes Vorwort hinzugefügt. Er schreibt darin, dass der vorliegende Bericht das Ergebnis eines gewaltvollen Mitteilungsdrangs sei, durch den er sich innerlich habe befreien wollen (Levi 1989 [1947, 1958], 9). An diese kathartische Auffassung des Erzählens hat sich die Levi-Forschung meist gehalten. Dadurch sind jedoch jene sprachlichen Momente, die ihrer ‚Abreaktion' durch die Erzählung widerstehen, aus dem Blick geraten. Der nachfolgende Bericht *La tregua* (1963), der, 15 Jahre später verfasst, auf der Erzählebene direkt an *Se questo è un uomo* anschließt, berichtet von Levis neun Monate dauernder Odyssee von Auschwitz zurück nach Turin. Ihm steht nicht mehr ein optimistisches Vorwort voran, sondern das Gedicht *Alzarsi* [Aufstehen], das Levi am 11. Januar 1946 verfasst hatte und welches das Erzählen problematisiert als eines, das allzu schnell seinem Versiegen entgegenstrebt. In der Chronologie der von Levi verfassten Texte steht das Gedicht ganz am Anfang. Später zwischen die

4.8 Trauma und Affektabspaltung in der Holocaust-Literatur — 501

beiden Prosaberichte eingefügt, zieht es deren erzählerische Ausfaltung in zwei kurze Strophen zusammen:

Sognavamo nelle notti feroci
Sogni densi e violenti
Sognati con anima e corpo:
Tornare; mangiare; raccontare.
Finché suonava a breve sommesso
Il comando dell'alba:
‚Wstawać';
E si spezzava in petto il cuore

Ora abbiamo ritrovato la casa,
Il nostro ventre è sazio,
Abbiamo finito di raccontare.
È tempo. Presto udremo ancora
Il comando straniero:
‚Wstawać'. (Levi 1989 [1963], 155)

[Wir träumten in den entsetzlichen Nächten
Schwere Träume voller Gewalt,
Wir träumten mit Seele und Leib:
Heimkehr, Essen, Erzählen.
Bis der kurze, leise
Befehl der Frühe ertönte:
‚Wstawać!';
Und es zersprang in der Brust das Herz uns.

Jetzt haben wir unser Haus wiedergefunden,
Unser Bauch ist gesättigt,
Wir sind mit dem Erzählen am Ende.
Es ist an der Zeit. Bald hören wir wieder
Den fremden Befehl:
‚Wstawać!' (ebd., 155)]

Die erste Strophe erinnert parataktisch, Infinitive setzend in sehr verknappter Form an den vielfach bezeugten kollektiven Wunschtraum der KZ-Häftlinge von einer Zeit der Heimkehr, des Essens und des Erzählens. Die zweite Strophe wendet indes die Semantik der Infinitive *„tornare"*, *„mangiare"*, *„raccontare"* einmal um die Spiegelachse des Gedichts in die vollendete Vergangenheit: „Ora abbiamo ritrovato la casa | Il nostro ventre è sazio | Abbiamo finito di raccontare." Und sie wendet im Gegenzug dieser Rückwendung in einer weiteren Spiegelung das, was in der ersten Strophe als Vergangenes markiert war, nämlich das Ertönen des Morgenappells im Lager, in eine unmittelbar anstehende Zukunft. Das polnische Wort „*Wstawać*" – ein Infinitiv mit imperativer Funktion – durchbricht in seiner unveränderten Wiederkehr als eine Art *hysteron proteron* die chronologische Zeit, verkehrt Vergangenheit und Zukunft miteinander, macht sie miteinander verwechselbar, löscht die Gegenwart als Differenzpunkt zwischen den Zeiten gleichsam aus und reduziert damit die Gegenwart selbst auf eine Falte zwischen Vergangenheit und Zukunft. Insofern das Gedicht dem Bericht *La tregua* voransteht, problematisiert es die überwindende Kraft des Erzählens, weist zugleich aber der Erzählung die Aufgabe zu, genau diesen problematischen Zusammenfall von Vergangenheit und Zukunft zu entzerren und die im Gedicht ausgelassene Mitte auszuschreiben (vgl. Koppenfels 2000, 214). Die erzählte Mitte ist hier die irrwitzige Reise von Auschwitz nach Turin, die bis zum Ende der Kriegsgefechte kaum vorankommt, nach dem Waffenstillstand zunächst weit in den Osten Weißrusslands führt, von einem Sammellager zum nächsten. „*Tregua*", ein Wort, das nicht zuletzt deutschsprachigen Ursprungs ist, auf das gothische Wort *treiggwa* (Abmachung, später überlagert durch das fränkische Wort *triuwa*, Sicherheit, Treue) zurückgeht, bedeutet im Gegenwartsitalienisch Waffenruhe. Die deutsche Übersetzung schreibt „Atempause". Der Bericht selbst erwähnt die italienische Wendung „*senza tregua*" (pausenlos) ebenso oft wie „*tregua*". Ob es sich um eine Unterbrechung eines politischen und psychischen Kriegszustandes handelt oder vielmehr um eine Fortschreibung desselben, kann nicht entschieden werden. Denn angekündigt als „*tregua*" schreibt diese erzählte Reise in unheimlicher Weise die Logik des Lagers über seine Grenzen hinaus fort. Das Ende der Reise, das – unter der Überschrift *Il risveglio* [Das Erwachen] angekündigt – die Heimkehr erzählt, mündet nach einer knappen Schilderung der „gioia liberatrice del raccontare", auf die das Vorwort zu *Se questo è un uomo* verwiesen hatte, in die Schilderung eines sich wiederholenden und gleichsam in sich eingefalteten Alptraums. Dieser besteht aus einem äußeren und einem inneren Traum. Der innere Traum, im Kreis von Freunden und Familie aufgehoben zu sein, löst sich plötzlich und in stets unvorgesehener Weise in einen äußeren Traum auf: dem Traum, wieder im Lager zu sein. „[...] tutto cade e si disfa intorno a me, lo scenario, le pareti, le persone, e l'angoscia si fa più intensa e più precisa. Tutto è ora volto in caos: sono solo al centro di un nulla grigio e torpido, ed ecco, io so che cosa questo significa, ed anche so di averlo sempre saputo: sono di nuovo in Lager, e nulla era vero all'infuori del Lager." (Levi 1989 [1963], 325) [„[...] nach und nach oder auch mit brutaler Plötzlichkeit löst sich im Verlauf des Traumes alles um mich herum auf; die Umgebung, die Wände, die Personen weichen zurück; die Beklemmung nimmt zu, wird drängender, deutlicher. Dann ist alles ringsum Chaos, ich bin allein im Zentrum eines grauen wirbelnden Nichts; und plötzlich weiß ich, was es zu bedeuten hat –, und weiß auch, dass ich es immer gewußt habe: Ich bin wieder im Lager, nichts ist wirklich außer dem Lager." (ebd., 245)] In der geträumten Wiederkehr des Lagers hat das unerbittliche Wort „*Wstawać*" wiederum das letzte Wort: „Ora questo sogno interno, il sogno di pace, è finito, e nel sogno esterno, che prosegue gelido, odo risuonare una voce, ben nota: una sola parola, non imperiosa, anzi breve e sommessa. È il commando dell'alba in Auschwitz, una parola straniera, temuta e attesa: alzarsi, ‚Wstawać'." (ebd., 325) [„Der innere Traum, der Traum vom Frieden, ist nun zu Ende, der äußere dagegen geht eisig weiter: Ich höre eine Stimme, wohlbekannt, ein einziges Wort, nicht befehlend, sondern kurz und gedämpft. Es ist das Morgenkommando von Auschwitz, ein fremdes Wort, gefürchtet und erwartet: Aufstehen, ‚Wstawać'." (ebd., 246)]

La tregua schreibt die Mitte aus, bleibt aber eine Parenthese. Dem Versuch, das vorangestellte Gedicht durch die Prosa aufzufalten, gelingt es indessen nicht, über das Gedicht hinaus ein anderes Ende zu entwerfen. Das fremde Wort, das übersetzt und umgeschrieben wird, kann nichtsdestoweniger nicht assimiliert werden. Es kehrt wieder und unterwandert zuletzt jede Möglichkeit, aus dem Lager-Alptraum zu erwachen. Seine Wiederkehr zwingt die Schrift jedes Mal zum Abbruch, um sich selbst als letztes Wort zu setzen. Als eines, das in sich lautlich gleichsam gedoppelt erscheint, entfaltet es eine Echostruktur, aus der heraus es sich selbst ständig von neuem generiert und alles andere zu übertönen droht.

4. Insistenz von Buchstaben (Perec, *W ou le souvenir d'enfance*)

Der französisch-jüdische Schriftsteller Perec (1936–1981) verlor seinen Vater im Krieg, seine Mutter wurde vermutlich in Auschwitz-Birkenau getötet, er selbst überlebte versteckt in den französischen Alpen und wurde nach Ende des Zweiten Weltkriegs von der Schwester seines Vaters und dessen Ehemann adoptiert. In seinem autobiografischen Roman *W ou le souvenir d'enfance* schreibt er das Ereignis der Vernichtung als nachträglich sich manifestierendes Trauma des Verlustes und Ausbildung eines Lagerphantasmas aus. Das bei Levi insistierende Wort „*Wstawać*" erfährt in Perec ein eigentümliches Echo im Buchstaben W (‚double V'), der dem französischen Alphabet ebenso fremd ist wie dem italienischen und in dem nicht zuletzt das deutsche Wort Weh (und genauer: ‚doppeltes Weh') homofon aufgerufen wird. Im Titel steht W im Ausschließungsverhältnis zu einer angekündigten Kindheitserinnerung. Der Text beginnt mit der Bekundung eines Mangels an Erinnerung, für den die Geschichte selbst verantwortlich gemacht wird: „Je n'ai pas de souvenirs d'enfance [...]: une autre histoire, la Grande, l'Histoire avec sa grande Hache, avait déjà répondu à ma place." (Perec 1993 [1975], 13) [„Ich habe keine Kindheitserinnerung. [...] eine andere

Geschichte, die Große, die Geschichte mit der Streitaxt, hatte an meiner Stelle die Antwort gegeben." (Perec 2012 [1975], 12)] Von der eigenen Kindheit buchstäblich abgespalten, wird das Ich von Phantasmen heimgesucht, die in Form von zwei unterschiedlichen Strängen, unterteilt in 37 alterierende Kapitel, erzählt werden. Den einen Strang nennt Perec selbst einen dem Imaginären geschuldeten Abenteuerroman über die auf den Feuerlandinseln angesiedelte Welt W, „une cité régie par l'idéal olympique" [„eine vom olympischen Ideal beherrschte Stadt"] (Perec 1993 [1975], Klappentext), die in allegorischer Manier ein Lagerphantasma vorstellt. Der andere Erzählstrang besteht aus Erinnerungsfragmenten, die die Kindheit des Ich-Erzählers während des Zweiten Weltkriegs aufblitzen lassen. Er wird vom Autor als „un récit pauvre d'exploits et de souvenirs, fait de bribes éparses, d'absences, d'oublis, de doutes, d'hypothèses, d'anecdotes maigres" [„ein Bericht, dem es an Heldentaten und Erinnerungen mangelt, bestehend aus zusammenhanglosen Fetzen, Leerstellen, aus Vergessen, Zweifel, Hypothesen, mageren Anekdoten"] (ebd., Klappentext) bezeichnet. Keine der beiden Erzählstränge repräsentiert das Trauma, sondern allein in ihrer Verschlingung und Brechung scheint etwas auf, was dem Ausdruck selbst fremd ist. Diese Konstellation bewirkt die kryptische Einschreibung des Buchstaben W, aus dem das Lagerphantasma erwächst, in den Erzählstrang der fragmentierten Kindheitserinnerung. Denn Perec erzählt W nicht nur als eine ins ferne Feuerland verbannte Fantasiewelt, sondern er kehrt in der Erzählung stets auch das sprachliche Zeichen an sich im Zustand des Traums hervor. Als phantasmagorisches Zeichen entwickelt es eine inkommensurable Eigendynamik, die jeden referentiell ausgerichteten Sinn durchkreuzt und stattdessen zu zahlreichen Effekten semantischer Kontamination treibt. Der Buchstabe oder Fremdkörper W, dem eigens eine totalitäre Welt geschaffen wird, in der alles nach W benannt ist und in die er gleichsam eingeschlossen werden soll, weist nichtsdestoweniger über die erzählten Grenzen hinaus. Paradigmatisch hierfür mag eine Kindheitsszene stehen, in welcher ein alter Mann Holz zersägt – eine wörtliche Vorstellung von Spaltung, die an ‚l'Histoire avec sa grande hache' – die große Axt der Geschichte – gemahnt. Doch diesmal steht nicht der Buchstabe H im Zentrum, sondern der Buchstabe X, der das Gestell bildlich nachahmt, auf dem der zu zersägende Holzbalken liegt. Wiederum also entspringt einer Szene ein Buchstabe, der sich alsbald zu einer „géométrie fantasmatique" (ebd., 106) verselbstständigt: Auch das X besteht aus einem zweifachen V (‚Weh'), diesmal stehen sie nicht nebeneinander, sondern sind an ihren Spitzen miteinander vereint; wenn man das X an seinen Spitzen verlängert, erscheint ein Hakenkreuz, das selbst wieder auseinandergenommen und gedreht zu einem SS-Zeichen mutiert, welches wiederum über weitere geometrische Operationen einen Davidstern hervortreibt (vgl. Perec 1993 [1975], 106; 2012 [1975], 86).

In dieser quer zu jeder vernünftigen Lesart verlaufenden Logik stehen auch eine Reihe von fantasierten Verletzungen des Körpers des Ich-Erzählers. Der für die Mutter tödliche Verlauf der Vernichtungsgeschichte wird buchstäblich in den eigenen Körper eingetragen. Als Beispiel sei verwiesen auf einen vermeintlichen winterlichen Schlittschuh- oder Schlittenunfall (dies bleibt ambivalent), bei dem sich das Ich den Bruch des Schulterblatts zugezogen haben will. Die korrigierende und selbstbezichtigende Stimme des erzählenden Ichs vermag es nicht, die falsche Erinnerung aufzulösen. Sie verdeutlicht vielmehr die irreduzibel phantasmagorische *Verfasstheit* der Erinnerung. Denn wiederum kommt es nicht auf die Szene selbst an, sondern auf die Worte und mehr noch auf die in diesen Worten eingeschriebenen Zeichen: „Quoi qu'il en soit et d'aussi loin que je me souvienne, le mot ‚omoplate' et son comparse, le mot ‚clavicule', m'ont toujours été familiers." (Perec 1993 [1975], 109) [„Wie dem auch sei und soweit ich mich zurückerinnern kann, sind mir das Wort ‚Schulterblatt' und sein Komparse, das Wort ‚Schlüsselbein', immer vertraut gewesen." (Perec 2012 [1975], 90)] Das Schulterblatt wird implizit als typografisches Dreieck gelesen; das stets doppelt vorhandene Schlüsselbein als zwei S – wodurch im eigenen Körper ein gebrochener Davidstern neben einem SS-Zeichen zu stehen kommt (Kasper 2005, 75). Die Verengung eines sprachlichen Zeichens zu einem unwiderruflichen und unkorrigierbaren Einsinn kann als eine sprachliche Folge des Traumas betrachtet werden. Zugleich erweist sich aber genau diese vermeintliche Eindeutigkeit als gespalten: nämlich einerseits in den Versuch des Ichs, sich selbst zum Opfer zu stilisieren, und andererseits in sein Bestreben, das psychische Trauma an eine körperliche Wunde zurückzubinden und auf diese Weise aufzulösen. Wo beide Bestrebungen in eine unvermeidliche Sackgasse münden, ereignet sich unterdessen ein ver-rückendes Sprachspiel innerhalb des buchstäblichen Insistierens des Traumatischen. Auch dafür sei ein Fall genannt, der aus den vielen erzählten Unfällen gleichsam herausfällt. In den unerinnerbaren und zugleich unvergesslichen Abschied von der Mutter an der *Gare de Lyon*, der im Verlauf des autobiografischen Romans dreimal erzählt wird, schreibt sich – wiederum als Fantasie, die anstelle abwesender Erinnerung tritt – ein Element ein, das anstelle des zerrissenen Fadens oder des Bruches ein elastisches Band hervortreibt. Auf dem Deckblatt einer illustrierten Zeitschrift, welche die Mutter dem Kind beim Abschied gekauft haben will, „on voyait Charlot, sa canne, son chapeau, ses chaussures, sa petite moustache, sauter en parachute. Le parachute est accroché à Charlot par les bretelles de son pantalon." (Perec 1993 [1975], 76) [„sah man Charlie Chaplin, seinen Stock, seinen Hut, seine Schuhe, seine kleine Fliege, wie er mit dem Fallschirm abspringt. Der Fallschirm ist an den Hosenträgern von Charlies Hose befestigt." (Perec 2012 [1975], 61)] Der auf diese ungewöhnliche Art befestigte Schirm setzt dem Fall in die Leere – eben dort wo es keine Bänder,

Stützen, Fäden gibt – etwas entgegen, ohne den Fall selbst zu verhindern. Das große H – eben noch die zerstörerische Axt der Geschichte, welche die Abspaltung bewirkt – wird hier, durch einen Sprung vom phonetischen ins bildliche Register des Buchstaben, zum Hosenträger, zu einem elastischen Band, das den fallenden Körper mit einer Kraft verbindet, die nicht erhebt, aber den Fall doch sanfter gestaltet. Für das Ich heißt dies: den Fall in den Status den Waisenkindes, aber auch den Fall in den unwiederbringlichen Abgrund zwischen kindlicher Wahrnehmung und nachträglicher Deutung des Geschehens, den Fall in den Spalt zwischen den fehlenden Fäden (frz. *fils*, homonym mit *fils* für Sohn) der *filiation* und dem Wiederholungszwang, der immer wieder an jenen Moment des Abschieds zurückführt. Der an den Hosenträgern aufgespannte Schirm, der als Fall- und als Projektionsschirm, als Schutz- und Abwehrschirm lesbar wird, ist hier jene listige Erfindung, die weniger ein „Monument über der Leere" (Lejeune 1988, 111) darstellt, als vielmehr ein elastisches Dispositiv, das dort, wo es die Bindung an das Trauma darstellt, welche den Wiederholungszwang hervortreibt, diesen abfedert, indem es die Geworfenheit in einen aktiven Sprung überführt.

5. Eigendynamik eines Namens (W. G. Sebald, *Austerlitz*)

W lässt sich in keine Geschichte integrieren, auch nicht in diejenige, die Sebald (1944–2001) für seinen Protagonisten Austerlitz im gleichnamigen Roman ersonnen hat. Dort steht der Buchstabe nicht, wie bei Levi und Perec, als fremdartiger heraus, sondern glänzt an entscheidender Stelle durch Abwesenheit. Denn *Austerlitz* kreist um die Abwesenheit desjenigen Namens, der im politischen, historischen und kulturellen Diskurs seit fast 70 Jahren unumgänglich scheint, um sich auf die Geschehnisse der Judenverfolgung und Vernichtung zu beziehen. Der symbolische Name für die Vernichtung fehlt. Zugleich aber ist dieser Name allgegenwärtig, insofern er zwar nicht ganz, aber doch fast, nämlich buchstäblich dem Namen des Protagonisten eingeschrieben ist. Dieser wächst zunächst als Dafydd Elias im Haus eines calvinistischen Predigers an der Küste von Wales auf. Im Alter von 15 Jahren erfährt er vom Schuldirektor, dass sein eigentlicher Name Jacques Austerlitz lautet. Dieser klingt zunächst wie ein unverständliches Fremdwort. Denn dort, wo der Protagonist aufwächst, heißt niemand so. Zunächst also sagt der Name demjenigen, der gerade dabei ist, ihn als seinen eigenen annehmen zu müssen, schlechterdings gar nichts. Er bildet eine Leerstelle, die sich – wie wir schon bei Perec beobachten konnten – bestens dafür eignet, mit Bedeutungen aufgefüllt zu werden. Diese werden auch kurz darauf geliefert, wieder durch die Instanz der Schule, nun von Austerlitz' verehrtem Geschichtslehrer André

Hilary. Dessen Lehreinheiten über Napoleons Herrschaft über Europa vermitteln dem Protagonisten ein erstes Wissen über diesen, seinen fremden Namen. Unabdingbar verknüpft sich dieser im Gedächtnis des Protagonisten, wie dies im Gedächtnis eines einigermaßen gebildeten Lesers längst der Fall ist, mit Napoleons militärischem Triumph in der Schlacht von Austerlitz im Jahre 1805. Nicht zuletzt trägt diese semantische Verknüpfung maßgeblich dazu bei, dass aus dem jungen Protagonisten später ein exzellenter Historiker wird, der insbesondere das 19. Jahrhundert wie seine Westentasche kennt. Doch zugleich ist diese Absorption des Eigennamens durch die große Geschichte des 19. Jahrhunderts dafür verantwortlich, dass andere Implikationen seines Namens – zum Beispiel auch die Frage nach seiner *filiation* – zunächst abgespalten werden und erst viel später, nachträglich, rekapituliert werden. Hätte Austerlitz zum Beispiel die Geschichte der jüdischen Familiennamen studiert (was er nicht tut, und der Roman thematisiert diese Geschichte nur indirekt), hätte er erfahren, dass diejenigen jüdischen Familiennamen, die sich von Ortsnamen ableiten, häufig das Ergebnis einer administrativen Registrierung sind, die im 17. Jahrhundert begonnen hat und im Zuge derer die Juden, die in der Regel keinen Familiennamen trugen, qua Zuweisung eines solchen nach ihrer Herkunft verzeichnet wurden. Der Name Austerlitz meint dabei allerdings nicht diejenige Person, ‚die in Austerlitz wohnt' (was ja zur Folge gehabt hätte, dass zu einem bestimmten Zeitpunkt alle Bewohner eines Ortes denselben Namen getragen hätten), sondern diejenige Person, ‚die aus Austerlitz kommt', aber inzwischen woanders angesiedelt worden ist. Damit zeugt Austerlitz – wie viele andere jüdische Familiennamen – von zwei einander gegenläufigen Tatsachen: erstens davon, dass es bis ins 17. Jahrhundert im mährischen Austerlitz eine wichtige jüdische Gemeinde gegeben hat (Atze 2005, 203), und zweitens, dass zum Zeitpunkt der Namenszuteilung längst eine Vertreibung, Umsiedelung beziehungsweise Versprengung dieser jüdischen Gemeinde stattgefunden hat. Die Bezeugung einer Zugehörigkeit zu einem Ort durch den Namen erweist sich mithin zugleich als Zeugnis einer unwiderruflichen Privation (Kasper 2012, 368). Austerlitz wird nun lesbar als jener Punkt, an dem die Genealogie immer schon Gefahr läuft, von einer Politik mit der Geografie, kurzum: von der Geopolitik, ausgelöscht zu werden. Diesem Sachverhalt fügt Sebalds Roman noch eine weitere Dimension hinzu, die dann in Anschlag kommt, wenn Austerlitz auf der Spurensuche nach seinem Vater nach Paris und dort zur *Gare d'Austerlitz* gelangt und dabei auch auf die vergessenen Spuren eines einst dort gelegenen Außenlagers von Drancy mit dem Namen *Camp d'Austerlitz* stößt (vgl. Kasper 2011). Denn hier verwandelt sich die im Namen angelegte topografische Referenz in eine toponymische, die ihrerseits zu einer weiteren räumlichen Verschiebung und Dissemination von Bezügen und Bedeutungen beiträgt.

Doch wenn man heute das Schicksal der europäischen Juden mit einem Ortsnamen verbindet, so ist dieser nicht Austerlitz, aber fast. Der andere, im Roman ungesagte Name ist darin nur als Assonanz präsent. Er ist darin gleichsam suspendiert und in solcher Weise nichtsdestoweniger wirksam. Er insistiert darin, ohne sich je ganz zu manifestieren. Er ist darin latent im Sinne einer besonderen Abwesenheit, die immer schon eine hochwirksame und mithin insistierende ist. Er steht stellvertretend für einen „Holocaust-in-absence", der überall und nirgends zugleich stattgefunden hat und noch stattfindet (Anderson 2003, 105). Austerlitz' Spurensuche, welche die späte Wiedererinnerung seiner Prager Kindheit ebenso umfasst wie das spät erlangte, fragmentarisch bleibende Wissen über die Deportation seiner Eltern, ist als ein unaufhörliches Umkreisen dieses blinden Punktes, der in seinen eigenen Namen eingeschrieben ist, konzipiert. Die Referenz des Namens, ob diese nun geografischer, genealogischer oder toponymischer Natur ist, wird dabei im Roman durch einen weiteren Modus durchkreuzt: denjenigen der Einschreibung, der durch kein referentielles Repräsentationsmodell mehr erfasst werden kann, ja vielmehr selbst alle in ihm angelegten Bezüge außer Kraft setzt. Wie dieser Modus der Inschrift wirkt, zeigt sich zum Beispiel in eindrücklicher Weise in jener Erzählpassage, die Austerlitz' Aufenthalt im Jahr 1972 in Marienbad evoziert. Ausgerechnet in Marienbad, dem Kurort, der zur Genesung des Protagonisten beitragen sollte, wird Austerlitz von einem heftigen und unheimlichen Unwohlsein heimgesucht. Dem Leser wird dafür erst nachträglich eine halbwegs plausible psychologische Erklärung geliefert, wenn erzählt wird, dass Austerlitz als Kind mit seinen Eltern eine Reise in dieses berühmte Bad unternommen hatte, und zwar kurz bevor der Vater exilierte, kurz bevor er selbst mit einem Kindertransport nach London gebracht und kurz bevor seine Mutter ins Konzentrationslager Theresienstadt deportiert wurde. Trotz der nachgeschobenen Darlegung dieser Umstände durch den übergeordneten Erzähler muss Austerlitz' Unbehagen in Marienbad – „daß mir irgend etwas Unbekanntes hier in Marienbad das Herz umdrehe, etwas ganz Naheliegendes, wie ein einfacher Name oder eine Bezeichnung, auf die ich mich nicht besinnen kann, um nichts und niemanden auf der Welt" (Sebald 2001, 304); „daß es mir schien, als wüßten die stummen Fassaden der Häuser etwas Ungutes über mich" (ebd., 308) – dem Leser unverständlich bleiben, solange er dessen Ursachen allein auf der inhaltlichen Ebene sucht. Auch die durch Sebalds Erzählweise stets suggerierte intertextuelle Ebene, die in dieser Passage Goethe, Kafka und Alain Resnais ins Spiel bringt (Schmucker 2012, 479–495), vermag keine wirklichen Anhaltspunkte für das extreme Unbehagen des Protagonisten zu liefern. Im Gegenteil wird hier auf der Oberfläche des Textes über unterschiedliche Signalworte Marienbad blitzartig mit Theresienstadt zu einer einzigen Realität zusammengezogen. Bekanntlich hatten die Nazis – der Roman selbst erinnert daran –

Theresienstadt als einen den Juden bestimmten „böhmischen Luftkurort namens *Theresienbad* mit schönen Gärten, Spazierwegen, Pensionen und Villen" (Sebald 2001, 339 [Hervorhebung im Original]) camoufliert. Darüber hinaus ist es aber ein weiteres sprachliches Detail, das in diesem Sinne wirkt: Es wird erzählt, wie Austerlitz eine Gruppe von Kurgästen – „auffallend untersetzte, leicht vornübergebeugte Gestalten" (ebd., 309) – beobachtet, die ständig damit beschäftigt sind, das Wasser der Auschowitzer Heilquellen zu trinken. Auschowitz ist der einstige Name der Marienbader Quellen, deren therapeutische Kraft gegen Ende des 18. Jahrhunderts von der österreichisch-ungarischen Kaiserin Maria Theresia entdeckt worden war. In ihrem Doppelnamen vereinigt sie nun abermals die beiden Realitäten Marienbad und Theresienstadt zu einem untrennbaren Kompositum, gleichsam um diese an sich unausgesprochene, aber stets mitgezählte *téléscopage* dieser beiden Orte ihrerseits noch einmal bestätigen. Jedenfalls wird deutlich, dass es nicht so sehr inhaltliche oder intertextuell vermittelte, sondern vor allem buchstäbliche Bezüge sind, genauer: eine unentwirrbare Kombination aus phonetischen, buchstäblichen und wörtlichen Ähnlichkeiten zwischen Marienbad und Theresienstadt, zwischen Kurbad und Lager, zwischen Auschowitz und Auschwitz, die hier auf der Ebene des *discours* Austerlitz' Unwohlsein plausibel machen, insofern diese unheilvollen Assonanzen in eine Leseerfahrung übersetzt werden. Kurzum: Sebalds Erzählprosa, wie auch Perecs autobiografischer Roman, lassen die Leser eine eindringliche Erfahrung vom Staben des Buchstäblichen machen, durch das das Signifikante selbst ins Signifizierte eingeht. Die Affektabspaltung, durch die Erinnerungszusammenhänge auseinandergerissen worden waren, führt an anderer Stelle und zur anderen Zeit zum Zusammenstoß scheinbar unzusammenhängender Momente. Denn die traumatische Wiederkehr ereignet sich nie am Ort des ursprünglichen Unfalls. Insofern muss rückblickend auf Levis frühen Text, der in höchst sachorientierter Weise das Gefangensein im Lager schildert, festgestellt werden, dass er im strengen Sinn des Wortes nicht traumatisch ist. Erst dort, wo – wie in *La tregua* – das Nachleben des Lagers Thema wird, zeigt sich die traumatische Dimension seiner Gefangenschaft.

6. Schlussbetrachtung

Die analysierten Textbeispiele zeugen von der für das Trauma spezifischen Zweizeitigkeit: Ein gewaltsames, lebensbedrohliches Ereignis hat stattgefunden; es hat dabei das Verhältnis des Betroffenen zur Sprache wesentlich verändert. Durch die Texte wird die traumatische Wiederkehr des einmaligen Ereignisses zu einer Leseerfahrung. Die sprachlichen Zeichen tragen in sich eine Insistenz, die sie nicht auszudrücken vermögen und die sie ihrer eigentlichen Ausdruckskraft beraubt. Es ist eine Insistenz, die sich gleichsam von selbst Ausdruck verschafft, indem sie das sprachliche Zeichen, in dem sie sich manifestiert, in seiner lexikalisierten Bedeutung außer Kraft setzt. In solcher Weise entstellt wiederkehrend, präsentiert sich die erzählte Vergangenheit als eine nicht vergehende, als Frage, die Gegenwart und Zukunft des Erzählens heimsucht. Die besondere Leistung der Literatur im Feld des Traumatischen kann darin gesehen werden, dass es ihr gelingt, in den verwendeten sprachlichen Zeichen das darin kryptisch Eingeschriebene hörbar zu machen und zu dynamisieren. In solcher Weise findet im wahrsten Sinne, nämlich im Sinne des doppelten Genitivs, ein Erzählen des Traumas statt. Der Literatur gelingt es in solcher Weise, ihre Bindung an das Traumatische nicht zu leugnen, im Gegensatz zu all denjenigen Diskursen, die in Begriffen der Bewältigung und Überwindung argumentieren; zugleich aber mündet ihre Rede auch nicht in die Eindeutigkeit einer Opferposition. Sie vermag es, innerhalb der unaufhaltsamen Wiederkehr des Traumas dessen vermeintliche Eindeutigkeit durchzustreichen, um im sprachlichen Zeichen eine radikale Differenz aufscheinen zu lassen. Diese Differenz betrifft nicht nur die horizontal angelegte Dynamik zwischen Signifikat und Signifikant, die zum Bedeutungsaufschub beiträgt, sondern auch eine dazu vertikal und quer verlaufende insistierende Buchstäblichkeit. Die drei hier vorgestellten und punktuell analysierten Erzählwerke können in dieser Hinsicht als Versuche gewertet werden, das geschichtliche Trauma in eine Formel des Unmöglichen umzuschreiben, die dafür sorgt, dass sich der Sinn nie zu einer eindeutigen Bedeutung verfestigt, dass die Suche nach einer Sprache, die um das historische Trauma kreist, immer wieder von neuem beginnt und auf ihrem nie zum Abschluss kommenden Weg immer wieder neu in höchster Not die Erfahrung vom Funktionieren des sprachlichen Symbols als solchem nachvollziehen lässt.

Literaturverzeichnis

Anderson, Mark. „The Edge of Darkness: On W. G. Sebald". *The New England Quarterly* (2003): 102–121.

Atze, Marcel. „Die Gesetze der Wiederkunft der Vergangenheit. W. G. Sebalds Lektüre des Gedächtnistheoretikers Maurice Halbwachs". *Sebald. Lektüren*. Hrsg. von Marcel Atze und Franz Loquai. Eggingen: Edition Isele, 2005. 195–211.

Breuer, Josef, und Sigmund Freud. *Studien über Hysterie*. Hrsg. von Stavros Mentzos. Frankfurt am Main: Fischer, 2000 [1895].

Bronfen, Elisabeth. *Das verknotete Subjekt. Hysterie in der Moderne*. Berlin: Verlag Volk und Welt, 1998.

Caruth, Cathy. *Unclaimed experience. Trauma, Narrative, and History*. Baltimore, MD und London: Johns Hopkins University Press, 1996.

Kasper, Judith. „Georges Perecs ‚W ou le souvenir d'enfance' – Trauma, Körper, Zeugenschaft". *Die Literatur und die Erinnerung an die Shoah*. Hrsg. von Joseph Jurt. Freiburg im Breisgau: Frankreich-Zentrum der Albert-Ludwigs-Universität, 2005. 69–80.

Kasper, Judith. „Die Bibliothèque Nationale de France und das Phantasma eines Lagers". *Die Transformation der Orte. Annäherung an die nationalsozialistischen Konzentrations- und Vernichtungslager*. Hrsg. von Alexandra Klei, Katrin Stoll und Annika Wienert. Bielefeld: transcript, 2011. 101–118.

Kasper, Judith. „Austerlitz de W. G. Sebald. Une vue poétologique sur l'histoire des camps". *European Review of History/Rue européenne d'histoire*. Special Issue: *W. G. Sebald, the Writing of History*. 19.3 (2012): 367–376.

Koppenfels, Martin von. „Dante in- und auswendig. Primo Levis Gedächtnisfuge". *Poetica* 32 (2000): 203–225.

Koppenfels, Martin von. *Immune Erzähler. Flaubert und die Affektpolitik des modernen Romans*. München: Fink, 2007.

LaCapra, Dominick. *Writing History, Writing Trauma*. Baltimore, MD und London: Johns Hopkins University Press, 2001.

Lejeune, Philippe. „Le bourreau Veritas". *Cahiers Georges Perec* 2 (1988): 101–118.

Perec, Georges. *W ou le souvenir d'enfance*. Paris: Gallimard, 1993 [1975]. (Deutsche Fassung: *W oder die Kindheitserinnerung*. Übers. von Eugen Helmlé. Zürich: diaphanes, 2012 [1975].)

Levi, Primo. *Se questo è un uomo* [1947, 1958]/*La tregua* [1963]. Torino: Einaudi, 1989. (Deutsche Fassung: *Die Atempause*. Übers. von Barbara und Robert Picht. München: dtv, 1994 [1963]).

Schmucker, Peter. *Grenzübertretungen. Intertextualität im Werk von W. G. Sebald*. Berlin und New York, NY: De Gruyter, 2012.

Sebald, W. G. *Austerlitz*. München: Hanser, 2001.

Weigel, Sigrid. „Téléscopage im Unbewußten. Zum Verhältnis von Trauma, Geschichtsbegriff und Literatur". *Trauma. Zwischen Psychoanalyse und kulturellem Deutungsmuster*. Hrsg. von Elisabeth Bronfen, Birgit Erdle und Sigrid Weigel. Köln, Weimar und Wien: Böhlau, 1999. 51–76.

4.9 Die emotionale (In-)Kompetenz des Literarischen. Zu J. M. Coetzees *Life & Times of Michael K.*

Robert Stockhammer

> „Prose, fortunately, does not demand emotion: there is that to be said for it." (J. M. Coetzee)

1. Martha Nussbaum und die Intelligenz der Emotionen

„I therefore begin with a story [...]" (Nussbaum 2001, 19). Wie das *therefore* anzeigt, steht dieser Satz doch nicht ganz am Beginn von Martha C. Nussbaums über 700 Großoktav-Seiten umfassender Studie *Upheavals of Thought*, sondern folgt auf eine Einleitung, in der die Autorin einen Überblick über ihr Buch gibt und ihre leitenden Thesen vorausschickt. Wie schon der Untertitel *The Intelligence of Emotions* ausweist, versteht Nussbaum Emotionen nicht als einfaches Gegenteil von Kognition, sondern schreibt ihnen selbst eine „complicated cognitive structure" (ebd., 2) zu. Die Studie ist damit ein Beitrag zu jener jüngeren Spielart der Emotionsforschung, die als ‚kognitivistische' zusammengefasst wird (wobei einige der beteiligten Autoren diese Bezeichnung selbst verwenden, andere nicht). Ein jüngerer deutschsprachiger Sammelband mit Beiträgen zu dieser Forschungsrichtung erläutert, Emotionen seien als „repräsentationale und damit kognitive mentale Zustände" (Döring 2009a, 9) zu begreifen: Angst vor einer Schlange etwa richte sich intentional auf einen Gegenstand in dieser Welt und repräsentiere diesen in bestimmter Weise (in diesem Fall als gefährlich, vgl. Döring 2009b, 15). Diese These wird mit dem Verfahren gestützt, den Wörtern Emotion und Gefühl, die ja alltagssprachlich meistens synonym gebraucht werden, disjunkte, theoriekonstitutive Bedeutungen zu verleihen: Emotionen, die dieser kognitiven Definition nicht folgen, „sind" eben gar keine, sondern bloß „nichtemotionale Gefühle" (Döring 2009a, 9 und 2009b, 12).

Wenngleich diese These philosophiehistorisch wohl nicht so neu ist (vgl. Landweer und Newmark 2009, 97–98), durchkreuzt sie in erfrischender Weise die vulgärpsychologische Dichotomie von ‚Bauch' und ‚Kopf', die in Alltagsdiskussionen über Prozesse der Entscheidungsfindung immer wieder auf frustrierende Weise Selbstevidenz beansprucht. Zugleich jedoch passt ein weicherer Umgang mit dem Verhältnis von Emotionalität und Rationalität offenbar gut in eine gesamtgesellschaftliche Situation, die sich dem Primat der Emotionalen Intelligenz unterstellt, in der also Emotionen in Privat- *und* Arbeitssphäre „explizit und direkt dem ökonomischen Nutzenkalkül unterworfen werden" (ebd., 101). Durfte man seine Emotionen früher wenigstens noch aus dem beruflichen Alltag heraushalten, so „verschwinden" inzwischen – wie ein einschlägiger Ratgeber warnt – „die Nischen, in denen man ohne entwickelte emotionale und soziale Kompetenz erfolgreich bestehen kann" (vgl. Kanitz 2008, 70 – zwischen emotionaler Kompetenz und Intelligenz wird meistens kein terminologischer Unterschied getroffen; letzterer Begriff wird vor allem dann vermieden, wenn man nicht den Anschein erwecken will, Emotionale Intelligenz lasse sich ebenso punktgenau messen wie der IQ).

Martha Nussbaum hält Distanz zur Ratgeber-Literatur und teilt auch nicht den philosophiehistorischen Reduktionismus, der in den Kognitionswissenschaften dominiert. Doch verbindet eben auch sie in ihrem Untertitel *emotion* und *intelligence*, wenngleich in anderer syntaktischer Verbindung. Vor allem jedoch eignet sich ihre Studie besonders gut für eine spezifisch literaturwissenschaftliche Auseinandersetzung mit dem gegenwärtigen Emotionswissen. Nicht nur wurde vor einigen Jahren ein *emotional turn* auch in *literaturkritik.de* ausgerufen (vgl. Anz 2006); überdies belegt Nussbaums Buch, gerade weil es eher *nicht* zur disziplinären Literaturwissenschaft zählt, die Funktionalisierung des Literarischen für die Funktionalisierung von Emotionen. ‚Das Literarische' sei dabei zunächst als bewusst vager Suchbegriff verwendet, der verschiedene Ausprägungen dessen umfasst, was man aus ganz unterschiedlichen Gründen einigermaßen intuitiv mit ‚Literatur' assoziiert.

Schon der Titel des Buches, *Upheavals of Thought*, stammt, wie das vorangestellte Motto ausweist und die Einleitung gleich zu Beginn erläutert, aus einem literarischen Text: aus Marcel Prousts *À la recherche du temps perdu*. In literaturwissenschaftlich vorbildlicher Weise verwendet Nussbaum das Zitat, welches ihre Titelformulierung enthält, nicht einfach als Einsicht, die auch in einem theoretischen Text enthalten sein könnte, sondern begreift den Sachverhalt, dass es einem Roman entstammt, als konstitutiv: „[...] if emotions are as Proust describes them, they have a complicated cognitive structure that is in part narrative in form, involving a story [...]." (Nussbaum 2001, 2) Nussbaum leitet daraus für ihr eigenes Verfahren ab, dass „we will need to turn to texts that contain a narrative dimension" (ebd., 2–3). Unter solchen Texten mit narrativer Dimension, denen sie ausführliche Lektüren widmet, befinden sich Romane (wie Emily Brontës *Wuthering Heights*, James Joyce' *Ulysses* oder eben Prousts *Recherche*), aber auch Dantes *Divina Commedia* sowie lyrische Texte (wie solche Whitmans oder die von Gustav Mahler vertonten Gedichte).

Zu diesen Narrativen zählt überdies – um endlich zum eingangs zitierten Satz zurückzukommen – die Geschichte, die Nussbaum selbst erzählt. „In April 1992", beginnt sie, „I was lecturing at Trinity College, Dublin." (Nussbaum 2001, 19) Weil sich ihre Mutter zu diesem Zeitpunkt wegen einer Routineoperation im Krankenhaus befindet, erkundigt sich die Tochter „at regular intervals" telefonisch nach ihrem Zustand. Als sie bei einem dieser Gespräche von einer gefährlichen Komplikation bei der Operation informiert wird, beschließt die Tochter, am kommenden Tag nach Hause zurückzufliegen. Immerhin hält sie am Abend noch, plangemäß, ihren Vortrag über Emotionen, den die Autorin, mit einem *mise-en-abyme*, auf eben jenes Buch zurückbezieht, in dem die Geschichte steht: „a blueprint of the series of lectures on which this book is based". Während des Vortrags kann sie kaum, aber immerhin („barely"), die Tränen zurückhalten; in der Nacht träumt sie einen schönen, auf die Situation ausgezeichnet passenden, makellos erinnerten und nabellos deutbaren Traum (vgl. ebd., 19–20 und 174); während des transatlantischen Rückflugs am Folgetag tippt sie, mit zitternden Händen, aber immerhin, schon wieder den nächsten Vortrag in ihren Laptop, diesmal einen über „mercy, and the narrative understanding of criminal offenders" (ebd., 20). In Philadelphia angekommen, erfährt sie, dass ihre Mutter zwanzig Minuten zuvor gestorben ist; sie weint „incontrollably", vermag aber den Zeitraum des unkontrollierten Weinens auf eine Stunde zu beschränken. In den folgenden Wochen weint sie öfter, hat Alpträume und leidet unter Müdigkeit, sodass die Fertigstellung ihres Vortrags über „mercy and forgiveness" gefährdet wird – den sie dann immerhin doch, plangemäß, kurz nach dem Begräbnis ihrer Mutter hält (vgl. ebd., 21).

Die Geschichte soll als Bericht von einer gelingenden Trauer gelesen werden. Die Erzählerin stellt zwar einzelne Elemente ihres Verhaltens in Frage: Schon das erzählte Ich der Geschichte macht sich Vorwürfe, aufgrund seiner „busy career" (ebd., 21) zu Lebzeiten die Mutter nicht oft genug gesehen zu haben; das erzählende Ich setzt sich überdies in eine reflektierende Distanz zu dem erzählten Ich, das nach dem Tod der Mutter irrationalerweise wütend auf die behandelnden Ärzte war, obwohl es keine Anzeichen für einen Kunstfehler gab. Diese Wut „*seemed* appropriate" (ebd., 21 [meine Hervorhebung, R. St.]) – eine Formulierung, die zugleich die spätere Einsicht anzeigt, sie sei eben doch nicht angemessen gewesen. Nicht jedoch fragt sich die Erzählerin, ob gerade der Sachverhalt, dass der Tod ihrer Mutter in ihr eigenes erfolgreiches Leben so wenig eingriff – weit weniger etwa als in dasjenige ihrer Schwester: „my present life was less disrupted" (ebd., 21) – auf einen ‚unangemessen' niedrigen Grad von Trauer schließen lassen könnte. Sie scheint über Emotionale Intelligenz in einem nachgerade unheimlichen Maß zu verfügen. „Gut, wünschenswert oder angemessen sind jene Emotionen, die funktional für das Selbst- und Wertverhältnis desjenigen sind, der sie hat. Trauer bei einem großen Verlust wird beispielsweise in gewissen, sozial unauffälligen Grenzen als angemessen angesehen, tiefe Depressionen dagegen gelten als dysfunktional." (Landweer und Newmark 2009,

100) Wie bereits in einer berühmten literarischen Fallgeschichte gezeigt wurde, sollte man beim Tod der Mutter durchaus ein wenig weinen; tut man dies nicht, sondern geht, wie Camus' Meursault, einfach schwimmen, riskiert man, schon deswegen – und gar nicht so sehr deshalb, weil man überdies noch aus einer Laune heraus einen Araber erschießt – zum Tode verurteilt zu werden. Trauert man jedoch, wie offenbar die Schwester der Erzählerin in Nussbaums Geschichte, zu sehr, wird die Trauer unangemessen chaotisch (vgl. Nussbaum 2001, 21).

2. Michael Ks Scheitern am Maßstab der Emotionalen Intelligenz

Auf Seite 30 von *Life & Times of Michael K*, einem schmalen, 1983 erschienenen Roman J. M. Coetzees, ist bereits ziemlich viel geschehen. Der Titelheld, der von einer Hasenscharte gezeichnete und nicht eben gesprächige Michael K, hat seine Wohnung und seinen Beruf als Gärtner aufgegeben, weil er seine an Ödemen erkrankte und zunehmend bewegungsunfähige Mutter pflegen muss, die zuvor als Haushälterin gearbeitet hatte. Die Mutter will nicht mehr in der Stadt leben, beide erhalten aber keine Genehmigung, mit dem Zug auf das Land zu fahren – der Roman spielt in einem durch viele reale Ortsnamen ausgewiesenen Südafrika, allerdings unter den Umständen eines Bürgerkriegs, der sich so dort noch nicht ereignet hat. K baut aus einem Fahrrad und einem Schubkarren einen improvisierten Rollstuhl und schiebt die Mutter aus der Stadt. Diese aber hält die Strapazen der Reise nicht durch und muss ins Krankenhaus gebracht werden; ihr hungernder Sohn macht inzwischen im Hof die Bekanntschaft eines Mannes, der ihm Geld gibt, damit er für beide etwas Essbares besorge. „K went to the bakery and brought back two hot chicken pies. He sat beside his friend on the bench and ate. The pie was so delicious that tears came to his eyes. The man told him of his sister's uncontrollable fits of shaking. K listened to the birds in the trees and tried to remember when he had known such happiness." (Coetzee 2004 [1983], 30) Noch auf derselben Seite stirbt die Mutter, und K weint nicht noch einmal. Oder es wird nicht beschrieben, dass er noch einmal weine. Er fühlt nichts, oder es wird nicht beschrieben, was er fühlt. „He sat down on a chair in the corner." (ebd., 30) Soweit der gesamte Bericht von seiner unmittelbaren Reaktion auf die Nachricht vom Tod seiner Mutter. K muss jetzt vor allem mit einem seltsamen Paket zurechtkommen, das ihm eine Angestellte des Krankenhauses – zusammen mit einem Koffer, der die Hinterlassenschaften seiner Mutter enthält, und einem anderen Päckchen mit ihrer Asche – mitgibt: „It contained a safety razor, a bar of soap, a hand towel, a white jacket with maroon flashes on the shoulders, a pair of black trousers, and a black beret with a shiny metal badge reading ST JOHN AMBULANCE." (ebd., 32–33)

Übergangsobjekte (transitional objects, Winnicott) spielen, wie Nussbaum selbst betont (vgl. Nussbaum 2001, 208–209 u. a.), in vielen Erzählungen eine Schlüsselrolle – und Objekte, die kurz nach dem Tod der Mutter deren Tochter oder Sohn überreicht werden, sind offenbar typische Übergangsobjekte. Darum ist es instruktiv, die K ausgehändigten Dinge mit denen zu vergleichen, die Nussbaum nach dem Tod ihrer Mutter im Krankenhaus übergeben werden: „An hour later I was on my way to my hotel in a hospital van, carrying her red overnight bag, with her clothes and the books I had given her to read in the hospital – strange relics that seemed to me not to belong in the world any more, as if they should have vanished with her life." (ebd., 20) Die erfolgreich trauernde Philosophin erhält Dinge, die ihr entweder ohnehin schon gehören – die Bücher, Zeugnisse ihrer intellektuellen Sorge um ihre Mutter – oder deren legitime Erbin sie ist; beides sind „*relics*", anwesende Spuren, die eindeutig auf eine bestimmte, jetzt abwesende Person verweisen.

Beim Tod von Ks Mutter werden zwar auch solche Dinge zurückerstattet, ja sogar in weit größerer Zahl, da der Koffer alles enthält, was die Mutter bei dem geplanten Umzug auf das Land mitnahm (vgl. Coetzee 2004 [1983], 36) – K wird diesen Koffer samt seines nahezu gesamten Inhalts wenig später in einem Busch zurücklassen, da er ihm bei seinem weiteren Marsch hinderlich ist: „[...] it struck him that there was no point in keeping the suitcase now." (ebd., 38) Überdies jedoch tauchen bei diesem Tod Dinge aus unklarer Quelle auf. Als K eine Angestellte im Krankenhaus fragt, warum er das zusätzliche Paket mit den Kleidungsstücken und Toilettenartikeln erhält, antwortet diese nur: „Don't ask me [...]. Maybe someone left them behind." (ebd., 33) Nennt Nussbaum die „relics" ihrer Mutter „strange", so sind die K überreichten Dinge noch viel fremdartiger, weil noch nicht einmal ihr Status als Relikte feststeht, geschweige denn auszumachen ist, *wer* sie hinterließ, und warum K sie jetzt erhält. Immerhin sind sie durchaus nützlich. Zwar wirft K den Rasierer und die Seife weg; die Kleider jedoch behält er nach kurzem Zögern, denn: „His own clothes had begun to smell." (ebd., 33) Bekommt Nussbaum die Kleider ihrer Mutter vermutlich nicht wegen ihres Gebrauchs-, sondern wegen ihres Erinnerungswertes von der Klinik überreicht, so erhält K bei gleicher Gelegenheit Kleider zum Gebrauch, aber nicht von der Mutter. Eine Ausnahme macht deren schwarzer Mantel, den K zunächst in seiner Funktion als Erinnerungszeichen austestet, wenn er einen Streifen aus ihm ausreißt und sich um den Arm bindet. „But he did not miss her, he found, except insofar as he had missed her all his life." (ebd., 34) Später wird er den Mantel, als einzigen Gegenstand aus dem Koffer der Mutter, behalten, auch ihn jedoch nur noch wegen seines Gebrauchswertes: „for the cold" (ebd., 38).

Mit der Übergabe nützlicher Dinge aus unklarer Quelle hat irgendjemand im Krankenhaus K offenbar zum Objekt einer Sorge auserkoren, die – anders als die Übergabe der Asche und des Koffers der Mutter – nicht zum definierten Aufgabenbereich dieser Institution gehört. Sollte man dieser gutmeinenden Person nun vorwerfen, sie habe mit der Vervielfältigung von Übergangsobjekten Ks Trauer gestört, oder bloß festhalten, dass K diese Kleider gut brauchen kann, dass es also durchaus richtig war, in diesem Moment mit einer *pensée opératoire*, einem sachdienlichen Einfall, zu reagieren, der Ks emotionalen Zustand unberücksichtigt lässt, aber seine Lebensbedingungen ein klein wenig verbessert? Wer es sich wann leisten kann, emotional intelligent zu trauern, hängt nicht zuletzt von Faktoren ab, die ihrerseits nicht zu den emotionalen gehören (vgl. Illouz 2009, insbesondere 349).

Als K, viel später, vom Tod seiner Mutter erzählt, tut er dies „as impassively as if talking about the weather" (Coetzee 2004 [1983], 130). Diese Beschreibung seiner Erzählweise stammt von einem Arzt, also einer weiteren Person, die K zum Objekt einer öffentlichen, nicht durch Familien- oder Freundschaftsbeziehungen begründeten, Sorge macht; sie stammt aus dem zweiten Teil des Romans, dem nicht nur mittleren, sondern auch mittellangen, da der Umfang der drei Teile in nahezu negativ exponentieller Weise abnimmt (124, 38 bzw. 13 Seiten). Michael K hatte in der Zwischenzeit des außerordentlich ereignisreichen Romans zweimal versucht, auf einer verlassenen Farm Kürbisse zu züchten, war jedoch zweimal aufgegriffen und in Lager verbracht worden, beim ersten Mal in ein ‚relocation camp', beim zweiten Mal, vollkommen ausgehungert, in die Krankenstation eines Arbeitslagers. War er zuvor vor allem das Objekt einer Überwachung, so wird er jetzt vor allem zum Objekt eines scheiternden therapeutischen Zugriffs (ohne dass die Grenze zwischen diesen beiden Formen des Zugriffs immer trennscharf zu ziehen wäre).

Der Arzt, dessen Perspektive dadurch exponiert wird, dass er in diesem Teil als homodiegetischer Erzähler fungiert (wohingegen der erste und dritte Teil des Romans von einem heterodiegetischen Erzähler erzählt werden), beschränkt sich nämlich nicht auf Krankheitsprotokolle mit Einträgen wie: „There is every evidence of prolonged malnutrition." (ebd., 129) Sondern er versucht darüber hinaus, mit Michael, der sich beharrlich zu essen weigert, in ein therapeutisches Gespräch zu treten, seine Geschichte zu erfahren. Michael erfüllt dieses Bedürfnis nur zögerlich, befremdet den Arzt schon damit, *wie* er erzählt, bricht aber selbst diese Erzählungen immer wieder ab, so sehr ihn der Arzt zum Sprechen zu bringen versucht: „,*Talk*, Michaels,'" – der Arzt nennt ihn beharrlich Michaels, da ihm dieser Name mitgeteilt wurde und er zwar ausdrücklich notiert, dass Michael seinen eigenen Namen ohne s angibt (vgl. ebd., 131), diesem aber nicht glaubt –

„,*Talk*, Michaels,' I resumed. ,You see how easy it is to talk, now *talk*. Listen to me, listen how easily I fill this room with words.'" (ebd., 140)

Wie schon während des Todes seiner Mutter, so zeigt K auch im, stockenden, Gespräch darüber Verhaltensweisen, die man als Symptome der Gefühlsblindheit oder Alexithymie diagnostizieren könnte – für den Arzt läge diese Diagnose umso näher, als er eben jene Erfahrung unbefriedigender therapeutischer Gespräche macht, auf die Peter E. Sifneos mit der Prägung des Terminus Alexithymie reagierte (vgl. Sifneos 1973, 255–256). Ks therapieresistentes emotionales Verhalten entspricht nicht den Konventionen, auf die sich die Mehrheit geeinigt hat, oder, noch intrikater: Sein emotionales Verhalten entspricht nicht dem der Mehrheit, die bestreiten würde, dass ihr emotionales Verhalten überhaupt Konventionen folgt. K entkoppelt Wort und Gefühl, oder koppelt sie jedenfalls auf eine „nicht angemessen[e]" Weise (Franz et. al. 1999, 218).

3. Strukturelle Alexithymie der Literatur; Kritik der Empathie

Weil Michael K weder vom heterodiegetischen Erzähler der äußeren Teile des Romans noch auch von dem homodiegetischen Fachmann des mittleren Teils als Alexithymiker diagnostiziert wird, und weil Literaturwissenschaftler keine Ärzte sind, verbietet sich gleichwohl eine solche Diagnose. Vielleicht jedoch lässt sich Coetzees erzählerisches Verfahren als eine strukturelle Alexithymie beschreiben: als eine im Modus der narrativen Fiktion durchgeführte Entkopplung der konventionalisierten Verbindung von Wort und Gefühl.

Sich ,selbst' hat Coetzee – wenngleich wohlgemerkt in der dritten Person – in *Youth*, dem zweiten Teil seiner Autobiografie, als kalte Person beschrieben, die vielleicht heiß, jedenfalls aber nicht warm sein könne: „If he were a warmer person, he would no doubt find it all easier: life, love, poetry. But warmth is not in his nature. Poetry is not written out of warmth anyway. Rimbaud was not warm. Baudelaire was not warm. Hot, indeed, yes, when it was needed – hot in life, hot in love – but not warm. He too is capable of being hot, he has not ceased to believe that. But for the present, the present indefinite, he is cold: cold, frozen." (Coetzee 2004 [2002], 168) Und seine Entscheidung, statt Poesie Prosa zu schreiben, begründet er lakonisch so: „Prose, fortunately, does not demand emotion: there is that to be said for it." (ebd., 61) Bei dieser Aussage handelt es sich selbstverständlich nicht um die eines Professors für *General Literature*, der Coetzee auch war. Der Satz ist so selbstironisch, dass er unmöglich einfach ernst, also ebenso unmöglich einfach nicht-ernst gemeint sein kann. Der Satz kann ja schon deswegen nicht einfach stimmen, weil er selbst in Prosa abgefasst ist und die offensichtliche Lust bei der Niederschrift dieser Provokation doch auch eine Emotion ist.

Viktor Šklovskij hatte einen ähnlichen Satz schon 1921 formuliert, den er nicht einmal auf spezifische Formen der Kunst einschränkte, aber ebenfalls anhand narrativer Prosa, nämlich in seinem Aufsatz zu *Tristram Shandy*, entwickelte: „Ihrem Wesen nach liegt die Kunst jenseits der Emotion." (Šklovskij 1969 [1921], 273) Dies ist zweifellos nicht so zu verstehen, als könnten Emotionen nicht in künstlerischen Artefakten verhandelt werden, und als würden nicht auch im Vorgang ihrer Produktion und Rezeption Emotionen ausagiert. Šklovskij widerspricht vielmehr einer geläufigen Kopplung von Literatur und Emotion, die sich mit der Wirkungsgeschichte von Laurence Sternes anderem, kürzeren Roman, skizzieren lässt – wurde doch das Deutsche um das Wort ‚empfindsam' bereichert, das Johann Joachim Christoph Bode als Übersetzer von Sternes *Sentimental Journey Through France and Italy*, auf Lessings berühmten Rat hin, im Sommer 1768 ‚gewagt' hatte (vgl. Lessing 1987 [1743–1770], 529). Heute fragt man sich, wieso Leser des ausgehenden 18. Jahrhunderts ausgerechnet die Romane Laurence Sternes oder Jean Pauls, in denen keine Empfindung evoziert wird, ohne spätestens im nächsten Satz durch einen scharfen Kontrast oder eine schräge Metapher schon wieder unterbrochen zu werden, als Muster der Empfindsamkeit verstehen konnten. Šklovskij, selbst Verfasser einer *Empfindsamen Reise*, postuliert dementsprechend: „Sentimentalität kann nicht Inhalt der Kunst sein, und sei es nur deshalb, weil es in der Kunst keinen isolierten Inhalt gibt." (Šklovskij 1969 [1921], 273)

Emotionen sind nicht das Wesen der Kunst, gerade weil sie Material für ihre Verfahren sein können, die dabei ihrerseits bloßgelegt werden: „Typisch" für *Tristram Shandy*, der seinerseits der „typischste Roman der Weltliteratur" (ebd., 299) sei, „ist die Bloßlegung des Verfahrens" (ebd., 245). Der Roman markiere gerade den Unterschied zwischen den dargestellten Gefühlszuständen und der Darstellung selbst, wenn er etwa Vater Shandys „Vergnügen an der Rede" (Sterne 1759–1767, V iii; zit. nach Šklovskij 1969 [1921], 281) diskutiere. Da Vater Shandy gerne Reden anfertigt und über unglückliche Vorfälle bessere Reden anzufertigen vermag als über glückliche, ergeben Unglücksfälle auf seinem „Glückskonto" (zu diesem Ausdruck vgl. Kanitz 2008, 112–113) „halbe[n] Gewinn" (Sterne 1759–1767, V iii, zit. nach Šklovskij 1969 [1921], 281): „[...] for instance, where the pleasure of the harangue [Tirade] was as *ten*, and the pain of the misfortune but as *five* – my father gained half in half." (Sterne 1759–1767, V iii) Šklovskij kommentiert: „Hier ist mit ungewöhnlicher Deutlichkeit der Unterschied gezeigt zwischen ‚Glück' und ‚Unglück' im Leben oder Alltag [in der Alltagssphäre] und den gleichen Erscheinungen, als künstlerisches Material genommen." (Šklovskij 1969 [1921], 281) Mit Šklovskij lässt sich also diese Passage des Romans als *mise-en-*

abyme seiner eigenen Wirkung lesen: als Darstellung der Erzeugung von Lust an dargestellter Unlust.

Dies erinnert natürlich an den berühmten Satz aus der, Šklovskij gut vertrauten, aristotelischen *Poetik*, demzufolge wir „von Dingen, die wir in der Wirklichkeit nur ungern erblicken, [...] mit Freude möglichst getreue Abbildungen [sehen]" (Arist. *Poet.* 1448b 11–13). Doch ist diese Konvertierung von Unlust in Lust nicht zwingend mit der kathartischen Dynamik einer Reinigung der/von Affekte(n) zu identifizieren, die Aristoteles erst später, unter ausdrücklicher Einschränkung auf die Tragödie, einführt (Arist. *Poet.* 1449b 24–28); an der ersten Stelle hält er es für ausreichend, die Freude an Nachahmungen mit der Lust am Lernen zu begründen (Arist. *Poet.* 1448b 13–17); seine hier angeführten Beispiele, unansehnliche Tiere und Leichen, sind nicht die Träger der kathartisch funktionierenden Mimesis in der Tragödie.

Besonders scharf setzt Šklovskij sich gegen eine Auslegung der aristotelischen *Poetik* ab, welche Kunstrezeption mit Mitleid in Verbindung bringt: „Deshalb ist die Kunst erbarmungslos oder steht jenseits des Erbarmens, ausgenommen jene Fälle, wo das Gefühl des Mitleids als Material für eine Konstruktion genommen wird." (Šklovskij 1969 [1921], 275) Diese Polemik richtete sich nicht zuletzt gegen eine Ästhetik der Einfühlung, die in den ersten beiden Jahrzehnten des 20. Jahrhunderts eine erste Hochkonjunktur erlebte und aus deren englischer Übersetzung eben jenes Wort *empathy* hervorging, das in seiner Rückübersetzung als Empathie derzeit eine Hochkonjunktur erlebt. Obwohl das Wort dafür, jedenfalls im Deutschen, erst seit bestenfalls dreißig Jahren eingebürgert ist, besteht überraschenderweise kaum ein Zweifel daran, dass es Empathie ‚gibt' und sie erst, aber immerhin, in jüngster Zeit genauer beschrieben und erklärt werden könne: etwa so, wie es eine bestimmte Gesteinsformation geben könnte, die bisher nur noch nicht im Blickpunkt der Geologen gestanden hatte, weil sie mit den überlieferten geologischen Theorien nicht leicht zu erklären ist.

Kulturen der Empathie – um den Titel einer der differenziertesten Studien zu diesem Phänomen zu zitieren – werden demzufolge nicht, wie man erwarten könnte, als Kulturen beschrieben, in denen dieses Phänomen mit diskursiven und nicht-diskursiven Praktiken produziert wird, sondern als Kulturen, in denen eine vorgeblich je schon existente „Empathie gelenkt, kanalisiert, abgezogen, gefiltert und das heißt in einem Wort: blockiert" (Breithaupt 2009, 9) werde. Empathie soll nicht als eine Emotion unter anderen zu verstehen sein, denn vielmehr als ein Umgang mit Gefühlen in der Kommunikation mit anderen Subjekten, manchmal auch als Fähigkeit zu diesem Umgang (Kant hätte von einer ‚Gemütskraft' gesprochen), etwa als Fähigkeit, sich in andere hineinzuversetzen. Alexithymiker dienen dabei – wenn man nicht gleich Autisten bemühen will (vgl. z. B. Baron-Cohen 1995) – als Negativfolie, insofern diese Fähigkeit bei ihnen offenbar mangelhaft ausgebildet ist. Zwar sei Empathie (*empathy*) nicht mit Sympathie (*sympathy*; vgl. etwa Breithaupt 2009, 160) oder mit Mitleid (*com*passion; vgl. etwa Nussbaum 2001, 327–335) gleichzusetzen, doch erfüllt das junge Kunstwort, bei allen scholastisch anmutenden Differenzierungen, im Alltags-Sprachgebrauch offensichtlich auch die Funktion, Wörter wie Mitleid oder Mitgefühl zu ersetzen, die vielen modernen Menschen dann doch zu christlich oder zu gefühlsselig klingen.

Das Literarische (noch immer in dem oben skizzierten, bewusst vagen Sinne) wird in mindestens doppelter Weise zur Empathie in Beziehung gesetzt. Zum einen erscheinen fiktionale Texte als gut geeignetes Medium für die Schulung von Empathie, da man bei der Lektüre solcher Texte doch offenbar lernen könne, sich in andere hineinzuversetzen (vgl. z. B. Nussbaum 2001, 426; zu einer kritischen Bestandsaufnahme: Jurecic 2011). Zum anderen beruhe, auch im Alltag, also diesseits der Auseinandersetzung mit Texten, die ausdrücklich als literarische ausgewiesen sind, Empathie auf dem Verständnis von narrativen Strukturen (vgl. z. B. Breithaupt 2009, 10 u. a.). Denn die Konstruktion einer Narration bestehe darin, bestimmte „Elemente aus dem Fluss von Geschehnissen aus[zuschneiden]" (ebd., 117) und die verbleibenden in eine kausale Relation zu bringen. Beispielsweise ist zuerst (zum Zeitpunkt t_1) Ottos Mutter gestorben, dann (t_2) hat Otto einen Kuchen gegessen, danach (t_3) hörte er eine Symphonie von Mahler, und jetzt (t_4) ist er traurig. Wer diesen Fluss von Geschehnissen mitbekommen hat, kann nun dank seiner lebenslangen „Einübung in die affektiven Topoi, auf die eine Gesellschaft sich verständigen kann" (Koppenfels 2007, 22), die Elemente t_2 und t_3 ausschneiden sowie t_1 und t_4 miteinander koppeln, also verstehen, dass Otto traurig ist, weil seine Mutter gestorben ist.

Was jedoch, wenn Literatur – oder zumindest ein bestimmter Typ von Literatur – die ‚angemessenen', auf den eingeübten Topoi basierenden, Narrationen keineswegs bestätigt, sondern sie vielmehr einer grundsätzlichen Kritik unterzieht (vgl. ebd., 22)? Der Ich-Erzähler von Kafkas Erzählung *Beschreibung eines Kampfes* ist beispielsweise traurig, weil ihm ein Stück Fruchtkuchen nicht gut schmeckt (vgl. Kafka 1982 [1907], 55); Coetzees K weint zwar, während seine Mutter im Sterben liegt, aber vor Glück, weil ihm die Hühnerpastete so gut schmeckt. Vertreter der Empathie-Theorie würden solche narrativen Sequenzen so lesen, dass sie zur Empathie selbst mit kontra-intuitiven Narrationen aufrufen (vgl. Breithaupt 2009, 132). Jedenfalls für das Werk Coetzees wahrscheinlicher ist, dass sich in solchen Sequenzen eine grundsätzliche Skepsis gegenüber der Funktionalisierung des Literarischen zur Schulung von Empathie anzeigt.

Für diese Skepsis spricht in *Life & Times of Michael K*, schon auf der Handlungsebene, der von dem Arzt erzählte Abschnitt des Romans, aus dem implizit, aber kaum verstellt, eine Kritik des empathischen Begehrens hervorgeht.

Wenn dies zugleich als eine Kritik des ‚ärztlichen Blicks' gestaltet ist, so haben sich dabei die Zuschreibungen eigentümlich umgekehrt. Wird der ärztliche Blick (typischerweise der des Chirurgen in einer auf das 19. Jahrhundert zurückgehenden Konzeption der Medizin) gemeinhin mit ‚Kälte', Gefühlslosigkeit assoziiert, so erscheint hier der Patient gefühllos, während der Arzt sich ihm mit forciertem Interesse widmet: Er möchte ihn oder eine vermeintlich von ihm verkörperte Bedeutung verstehen – „Michaels means something" (Coetzee 2004 [1983], 165), behauptet er –; er möchte seine Interpretation dieser Bedeutung wiederum Michael mitteilen (vgl. ebd., 166) und sich von ihm bestätigen lassen (vgl. ebd., 167); am Ende schlägt er ihn gerade damit in die Flucht. K möchte lieber von der therapeutischen Aufdringlichkeit in Ruhe gelassen werden, als von den verhältnismäßig angenehmen äußeren Bedingungen in der Krankenstation profitieren.

Überdies verweigert *Life & Times of Michael K* die Einfühlung des Lesers in den Protagonisten, auch in seiner Faktur. Wie K gegenüber dem Arzt erzählt („as impassively as if talking about the weather'), so auch der heterodiegetische Erzähler der beiden anderen Romanteile. Die Sprache dieser Teile ist karg, besteht aus kurzen, meist paratatktischen Sätzen. Nur selten, höchstens einmal pro Absatz, schwingt sich ein syntaktischer Bogen über mehr als zwei Zeilen, ohne wenigstens von einem Semikolon gegliedert zu werden. Adjektive werden fast ausschließlich verwendet, um die notwendigsten Merkmale zu bezeichnen, wie etwa „clear night sky" oder „young men". ‚Einsilbig' ist der Roman auch im Wortsinn, da der Anteil einsilbiger Wörter sogar nach den Maßstäben der englischen Sprache exorbitant hoch ist. Die kürzeren Sätze des Textes enthalten im Durchschnitt kaum mehr als ein einziges mehrsilbiges Wort. Dies gilt für die Wiedergabe von Ks Reden und Gedanken: „He thought: Now surely I have come as far as a man can come; [...] I can think of myself as lost." (hier passen 21 Wörter in eine einzige im Schriftgrad 11 beschriebene Zeile; ebd., 66) Es gilt aber auch für die Erzählerstimme: „He crossed the mile of veld back to the dam. Though the air was warm he was still shivering." (ebd., 55; *veld*, ein Wort für das südafrikanische Buschland, kommt aus dem Afrikaans und entspricht etymologisch Feld) Diese Einsilbigkeit besitzt eine dezidiert sprachpolitische Dimension, die Coetzees Erzähler in *Disgrace* diskutiert, wenn er die Ausdrucksweise des Bauern Petrus, eines Xhosa-Sprechers, kommentiert, der in seiner englischen Rede das Wort *benefactor* verwendet hatte: „The language he draws on with such aplomb is, if he only knew it, tired, friable, eaten from the inside as if by termites. Only the monosyllables can still be relied on, and not even all of them." (Coetzee 2000 [1999], 129) In *Life & Times of Michael K* wird jemand „benefactor" genannt, der K gegen seinen Willen zum Essen zwingt (Coetzee 2004 [1983], 121). Sonst verwendet in dem Roman fast nur der Arzt mehrsilbige Wörter mit lateinischen Wurzeln wie ‚evidence of prolonged malnutrition'; die anderen Teile des Romans könnte wohl auch der Protagonist verstehen, der immerhin ein wenig zu lesen gelernt hat.

Keineswegs jedoch versucht der heterodiegetische Erzähler des ersten und dritten Teils Ks vermutbares Sprachregister, über die ‚direkte Rede' hinaus, mimetisch nachzuahmen; er vermeidet etwa auch, die sich durch seine Hasenscharte ergebenden Auffälligkeiten der Artikulation phonetisch zu transkribieren, sogar an Stellen, an denen andere Figuren sich darüber lustig machen (vgl. z. B. ebd., 37). Zwar erfährt der Leser durchaus auch, was K denkt, dies jedoch unter weitgehendem Verzicht auf jenen *style indirect libre* oder gar *monologue intérieur*, jenes gleitende Sich-Hineinversetzen des Erzählers in die fokussierte Figur, welche für die ‚personale Erzählsituation' so charakteristisch ist. Vielmehr werden Ks Gedanken fast immer mit einem ausdrücklichen „he thought" eingeleitet (vgl. die prägnante Analyse bei Attridge, 2004, 49–50). So etwa, wenn er über die Kürbisse nachdenkt, die er auf dem Gelände der verlassenen Farm gepflanzt hatte, die er aber nicht pflegen kann, weil er sich vor Soldaten versteckt, die das Gelände durchsuchen: „He thought of the pumpkin leaves pushing through the earth. Tomorrow will be their last day, he thought: the day after that they will wilt, and the day after that they will die, while I am out here in the mountains." (Coetzee 2004 [1983], 52) Dieser Modus des ‚direkten Denkens' (in Analogie zur ‚direkten Rede'), einer mit „he thought" und Doppelpunkt eingeleiteten Wiedergabe von gedachten Sätzen, mutet an, als werde noch Ks Inneres extern fokussiert. Der Leser kann sich in Michael K nicht einfühlen, sich aber auch nicht für klüger halten als dieser.

Die Kompetenz des Literarischen bestünde dann gerade in einer Verweigerung Emotionaler Intelligenz, in der Verweigerung, zu jenen „Communication Skills" und „Advanced Communication Skills" beizutragen, die der Literaturprofessor David Lurie (der Protagonist von *Disgrace*) nach der Rationalisierung seiner Universität lehren muss (vgl. Coetzee 2000 [1999], 3). Der Ausdruck ‚das Literarische' in dieser These ist allerdings zweideutig, insofern er jetzt zwei gegensätzlichen Polen zugeordnet ist: Bisher wurde er bloß als vager Überbegriff für bestimmte Elemente verwendet, die in Prozessen der Empathie vorausgesetzt werden – jetzt soll er zugleich einen Schauplatz der Kritik an diesen Vorgängen bezeichnen. Es erschiene naheliegend, dieses terminologische Problem mit einer Unterscheidung von schlechten und guten, etwa automatisierten und entautomatisierenden Spielarten des Literarischen zu lösen. Wahrscheinlich würde eine solche Ausdifferenzierung aber in normative Setzungen zurückfallen; wahrscheinlich ist dieser zweite Begriff des Literarischen nur in je einzelnen Lektüren zu entwickeln, deren Exemplarität dann ihrerseits eine problematische ist.

4. Empathie und Achtung: Ethische Implikationen

Als K einmal zum Essen eingeladen wird – wobei er diesmal offenbar gerne isst – und der Wohltäter seine Handlung mit der allgemeinen Maxime begleitet, man müsse einander doch helfen – „'People must help each other, that's what I believe'" –, stutzt K: „K allowed this utterance to sink into his mind. Do I believe in helping people? he wondered. He might help people, he might not help people, he did not know beforehand, anything was possible. He did not seem to have a belief, or did not seem to have a belief regarding help. Perhaps I am the stony ground, he thought." (Coetzee 2004 [1983], 48) Es ist, als belege er *ex negativo* die alte, in jüngerer Zeit aber wieder besonders populäre Annahme, dass Menschen mit kalten Herzen („stony ground") auch in ethischer Hinsicht problematische Wesen sind. Ein Standardwerk über *Emotionale Intelligenz* bringt dies *ex positivo* auf die griffige Formel: „Vieles spricht dafür, daß ethische Grundhaltungen im Leben auf emotionalen Fähigkeiten beruhen." (Goleman 1997, 12) Auch Nussbaums philosophisch fundierte Studie *Upheavals of Thought* folgt, um dies endlich nachzutragen, von der ersten Seite an einem ethischen Anliegen. Die Intelligenz, die sie den Emotionen zuschreibt, zählt zum Bereich der Fragen nach Werten, also (kantisch gesprochen) zur praktischen Philosophie (vgl. Nussbaum 2001, 1); ihr Beitrag zur Theorie der Emotionen versteht sich daher als Baustein zur Entwicklung einer Theorie der Ethik (vgl. ebd., 2).

Einmal mehr steht dabei die Meta-Emotion der (Fähigkeit zur) Empathie im Zentrum. Denn Nussbaums Programm zur ästhetischen Erziehung, in dessen Verlauf mit Mahlers Musik und Prousts Romanen Empathie, ja überdies *compassion*, geschult werden soll, ist zugleich ein Programm zur ethischen Erziehung: „[…] a genuine grasp of the complex intelligence of emotions will lead us to reassess literary and musical works as sources of ethical education." (ebd., Vorsatzblatt, vgl. 425–433)

Dass gerade die Literatur als Schauplatz einer Kopplung von Emotion und Ethik dient, ist natürlich nicht neu – stammt ja die griffigste Formulierung dieser Kopplung, der zufolge der mitleidigste Mensch der beste Mensch sei, aus einem Briefwechsel über das Trauerspiel (vgl. Lessing 2003 [1755–1757], 671). Wenngleich Nussbaum auf über 700 Seiten nirgends Lessings Satz zitiert, der ihr eigenes Anliegen so prägnant zusammenfasst, so setzt sie sich doch ausführlich mit dem schärfsten Kritiker dieses Satzes auseinander. Kant nämlich relativiert in der *Metaphysik der Sitten* ausdrücklich die Funktion des Mitleids und der „Mitfreude" (*sympathia moralis*). „Verbindlichkeit" spricht er nur „dem Vermögen und Willen [zu], sich einander in Ansehung seiner *Gefühle mitzuteilen*", nicht jedoch der „*Empfänglichkeit* für das gemeinsame Gefühl des Vergnügens oder Schmerzens (humanitas aesthetica)", die „*unfrei*" sei und „*mitteilend*" nur im Sinne „*anste-*

ckender Krankheiten": „In der Tat, wenn ein anderer leidet und ich mich durch seinen Schmerz, dem ich doch nicht abhelfen kann, auch (vermittelst der Einbildungskraft) anstecken lasse, so leiden ihrer zwei; obzwar das Übel eigentlich (in der Natur) nur Einen trifft. Es kann aber unmöglich Pflicht sein, die Übel in der Welt zu vermehren, mithin auch nicht, *aus Mitleid* wohl zu tun." (Kant 1983 [1797], II, A 129–130). Zuvor hatte Kant schon in der *Kritik der praktischen Vernunft* eine allgemeine Kritik des Gefühls als moralische Triebfeder unternommen, die insbesondere auf jenes Gefühl zielt, das „im Subjekt *vorher*[geht]": „Denn das ist unmöglich, weil alles Gefühl sinnlich ist; die Triebfeder der sittlichen Gesinnung aber muß von aller sinnlichen Bedingung frei sein." (Kant 1983 [1788], A 134) Kant lässt allerdings ein einziges Gefühl zu, „welches durch einen intellektuellen Grund gewirkt wird, [...] welches wir völlig a priori erkennen, und dessen Notwendigkeit wir einsehen können" (ebd., A 130) – und dieses heißt „Achtung".

Weder ist Kants ethischer Intellektualismus durchgängig konsequent. In der *Metaphysik der Sitten* wird die „teilnehmende Empfindung", bei allen Reserven, denn doch als „obzwar nur bedingte", „indirekte Pflicht" (Kant 1983 [1797], II A 130 und 132) bestimmt; an anderer Stelle wird die Notwendigkeit eines Weltbürgerrechts mit der schieren Evidenz dessen motiviert, dass ein Übel, das an einer Stelle der Erde geschieht, überall „gefühlt wird" (ebd., I, A 230; vgl. Kant 1983 [1795], BA 46); auch der Status der Achtung als eines „feeling which is not a feeling" (Miller 1987, 19) scheint unschlüssig zwischen einem radikalen Ausschluss von Emotionen und ihrer Zulassung als einem unverzichtbaren Supplement zu oszillieren. Nussbaums Kritik, Kant vermöge aufgrund seiner „noncognitive view of the passions" (Nussbaum 2001, 383) keine konsistente Position zu beziehen, erscheint insofern berechtigt.

Noch auch wird man Kants Bestimmung der Achtung vorbehaltlos teilen, der zufolge diese nicht Einzelmenschen entgegengebracht werde, sondern „Achtung für das moralische Gesetz" sei. Zwar ziele Achtung „jederzeit nur auf Personen, niemals auf Sachen" (Kant 1983 [1788], A 135); diese Personen, und zwar nur bestimmte, sind jedoch für Kant nur Beispiele, welche das moralische Gesetz „anschaulich" machen (ebd., A 137); die Achtung, „die wir einer solchen Person [...] beweisen", gilt „eigentlich dem Gesetze, was uns sein Beispiel vorhält" (ebd., A 138). Demgegenüber wird man, spätestens seit Emmanuel Lévinas, Einzelmenschen nicht auf die Funktion von Beispielen für ein Allgemeines reduzieren wollen. Gerade eine spezifisch *literarische* Ethik wird darauf insistieren, dass jeder Einzelmensch, jeder Einzeltext sich als unsubsumierbares *Singuläres*, nicht nur als subsumierbares *Besonderes* aufdrängt. Michael ist eben nicht einfach ein Exemplar aus der Gruppe der Michaels.

Demgegenüber scheint das Modell der Empathie den Vorzug zu besitzen – und vermutlich macht dies seine Attraktivität aus –, dass es eine unmittelbar evidente Beziehung zwischen zwei Einzelmenschen ohne Rekurs auf explikationsbedürftige Normen zu stiften verspricht. Allerdings wird der Rekurs auf allgemeine Normen dabei wohl nicht vermieden, sondern nur verdunkelt, um in einer supplementären Rationalisierung gegebenenfalls wieder expliziert werden zu müssen – würde etwa ein Film dazu führen, dass sich seine Betrachter in das Leid eines Kinderschänders einzufühlen vermögen, der keine Opfer findet, stünde dieser Film *wegen* gelingender Empathie in der Kritik.

Überdies wird im Vorgang der empathischen Teilhabe gerade die disjunkte Zweiheit der beteiligten Einzelmenschen problematisch. Als „ideal of differentiated union with another" (Lundeen 2001, 92) tendiert Empathie zum Grenzwert der Aufhebung der Grenze zwischen einem Selbst und einem Anderen, und damit zur Aufhebung dieses Anderen *als* eines Anderen, partizipiert also an der Problematik von Identifikationsprozessen (wenngleich auch für dieses Verhältnis scholastische Unterscheidungen zur Verfügung gestellt werden; vgl. z. B. Breithaupt 2009, 165–169). Demgegenüber insistiert Kant im Namen der Achtung gerade auf dem „*Abstande*" (Kant 1983 [1797], II A 117 und 153) zwischen den beteiligten Einzelmenschen, so liebend oder freundschaftlich sie einander auch zugewandt sein mögen. In der Begrifflichkeit der Empathie wäre Achtung das Wissen darum, dass man sich in andere nur sehr begrenzt einfühlen kann und dass die Behauptung, man könne es, gerade deren Andersheit nivelliert, dabei auch das Machtgefälle, die historischen und sozialen Unterschiede nivelliert, mit denen diese Andersheit jedenfalls zum Teil zusammenhängt. Vermutlich nicht sehr viele Leser von *The Life & Times of Michael K* können sich in einen Protagonisten einfühlen, dessen Leben sich zunehmend auf Praktiken des bloßen Überlebens konzentriert, der kaum noch etwas zu essen braucht, der – ganz am Ende des Romans – eine Technik entwickelt, um noch aus einer zerstörten Pumpe mit einer Schnur und einem Teelöffel winzige Mengen von Wasser zu schöpfen, „and in that way, he would say, one can live" (Coetzee 2004 [1983], 184).

Literaturverzeichnis

Anz, Thomas. „Emotional Turn? Beobachtungen zur Gefühlsforschung." *literaturkritik.de* (2006/12): http://www.literaturkritik.de/public/rezension.php?rez_id=10267.
Aristoteles. *Poetik*. Griechisch/Deutsch. Übers. und hrsg. von Manfred Fuhrmann. Stuttgart: Reclam, 1982.
Attridge, Derek. *J. M. Coetzee and the Ethics of Reading. Literature in the Event*. Chicago, IL und London: Chicago University Press, 2004.
Baron-Cohen, Simon. *Mindblindedness. An Essay on Autism and Theory of Mind*. Cambridge, MA und London: MIT Press, 1995.
Breithaupt, Fritz. *Kulturen der Empathie*. Frankfurt am Main: Suhrkamp, 2009.

Coetzee, J. M. *Disgrace*. 14. Aufl. London: Vintage, 2000 [1999].
Coetzee, J. M. *Youth*. 5. Aufl. London: Vintage, 2003 [2002].
Coetzee, J. M. *Life & Times of Michael K*. London: Vintage, 2004 [1983].
Döring, Sabine A. „Vorwort". *Philosophie der Gefühle*. Hrsg. von Sabine A. Döring Frankfurt am Main: Suhrkamp, 2009a. 9–11.
Döring, Sabine A. „Allgemeine Einleitung: Philosophie der Gefühle heute". *Philosophie der Gefühle*. Hrsg. von Sabine A. Döring. Frankfurt am Main: Suhrkamp, 2009b. 12–65.
Franz, M. „Gefühl ohne Sprache oder Sprache ohne Gefühl? Weitere Hinweise auf die Validität der Entkopplungshypothese der Alexithymie". *Nervenarzt* 70 (1999): 216–224.
Goleman, Daniel. *Emotional Intelligence. Why it Can Matter more than IQ*. New York, NY: Bantam, 1995. (Deutsche Fassung: *Emotionale Intelligenz*. Übers. von Friedrich Griese. München: dtv, 1997.)
Illouz, Eva. *Saving the Modern Soul. Therapy, Emotions and the Culture of Self-Help*. California University Press, 2008. (Deutsche Fassung: *Die Errettung der modernen Seele. Therapien, Gefühle und die Kultur der Selbsthilfe*. Übers. von Michael Adrian. Frankfurt am Main: Suhrkamp, 2009.)
Jurecic, Ann. „Empathy and the Critic". *College English* 74 (2011): 10–27.
Kafka, Franz. „Beschreibung eines Kampfes" [1907]. *Schriften, Tagebücher, Briefe. Kritische Ausgabe*. Hrsg. von Jürgen Born, Gerhard Neumann, Malcolm Pasley und Jost Schillemeit. Bd. 1. Frankfurt am Main: Fischer, 1982. 54–171.
Kanitz, Anja von. *Emotionale Intelligenz*. Planegg: Haufe, 2008.
Kant, Immanuel. *Kritik der praktischen Vernunft* [1788]. *Werke in zehn Bänden*. Hrsg. von Wilhelm Weischedel. Bd. 6. Darmstadt: Wissenschaftliche Buchgesellschaft, 1983. 103–302.
Kant, Immanuel. *Zum ewigen Frieden* [1795]. *Werke in zehn Bänden*. Hrsg. von Wilhelm Weischedel. Bd. 9. Darmstadt: Wissenschaftliche Buchgesellschaft, 1983. 193–251.
Kant, Immanuel. *Die Metaphysik der Sitten* [1797]. *Werke in zehn Bänden*. Hrsg. von Wilhelm Weischedel. Bd. 7. Darmstadt: Wissenschaftliche Buchgesellschaft, 1983. 303–634.
Koppenfels, Martin von. *Immune Erzähler. Flaubert und die Affektpolitik des modernen Romans*. München: Fink, 2007.
Landweer, Hilge, und Catherine Newmark. „Seelenruhe oder Langeweile, Tiefe der Gefühle oder bedrohliche Exzesse? Zur Rhetorik von Emotionsdebatten". *Pathos, Affekt, Emotion. Transformationen der Antike*. Hrsg. von Martin Harbsmeier und Sebastian Möckel. Frankfurt am Main: Suhrkamp, 2009. 79–106.
Lessing, Gotthold Ephraim. *Briefe von und an Lessing 1743–1770. Werke und Briefe. In zwölf Bänden*. Hrsg. von Wilfried Barner, Klaus Bohnen, Gunter E. Grimm, Helmuth Kiesel, Arno Schilson, Jürgen Stenzel und Conrad Wiedemann. Bd. 11.1. Frankfurt am Main: Deutscher Klassiker Verlag, 1987.
Lessing, Gotthold Ephraim. „Briefwechsel über das Trauerspiel mit Mendelssohn und Nicolai" [1755–1757]. *Werke und Briefe in zwölf Bänden*. Hrsg. von Wilfried Barner, Klaus Bohnen, Gunter E. Grimm, Helmuth Kiesel, Arno Schilson, Jürgen Stenzel und Conrad Wiedemann. Bd. 3. Frankfurt am Main: Deutscher Klassiker Verlag, 2003. 662–736.
Lundeen, Kathleen. „Who Has the Right to Feel? The Ethics of Literary Empathy". *Mapping the Ethical Turn. A Reader in Ethics, Culture, and Literary Theory*. Hrsg. von Todd F. Davis und Kenneth Womack. Charlottesville, VA und London: Virginia University Press, 2001. 83–92.
Miller, J. Hillis. *The Ethics of Reading. Kant, de Man, Eliot, Trollope, James, and Benjamin*. New York: Columbia University Press, 1987.

Nussbaum, Martha Craven. *Upheavals of Thought. The Intelligence of Emotions*. Cambridge: Cambridge University Press, 2001.
Sifneos, P. E. „The Prevalence of ‚Alexithymic' Characteristics in Psychosomatic Patients". *Psychotherapy and Psychosomatics* 22 (1973): 255–262.
Šklovskij, Viktor. „Der parodistische Roman. Sternes ‚Tristram Shandy'" [1921]. *Texte der russischen Formalisten*. Russisch/Deutsch. Übers. von Rolf Fieguth. Hrsg. von Jurij Striedter. Bd. 1. München: Fink, 1969. 244–299.
Sterne, Laurence. *The Life and Opinions of Tristram Shandy, Gentleman*. Hrsg. von Graham Petrie. Harmondsworth: Penguin, 1967 [1759–1767].

5. Glossar

Achtung – Gefühl/Haltung der Wertschätzung, im allgemeinen Sprachgebrauch meist auf personale Objekte bezogen. Achtung kann einer anderen Person aufgrund ihrer besonderen Leistungen, Anstrengungen oder ihrer (moralischen) Einstellung bezeugt werden. Davon abzugrenzen ist Achtung als moralisch geforderte Anerkennungshaltung gegenüber *allen* Menschen. Nahezu bedeutungsgleich ist der Begriff des Respekts. Achtung unterscheidet sich von Gefühlen wie → LIEBE, Ehrfurcht und auch → BEWUNDERUNG durch die distanziert-objektive Haltung zum Gegenstand sowie durch ihre ‚Kälte', das heißt die Nähe zum Verstand. Die philosophische Auseinandersetzung mit Achtung beginnt erst spät; teilweise kehren dabei Motive aus früheren Debatten zum Ehrbegriff wieder. Für Hume ist Achtung (*respect*) ein Affekt, der zwischen Liebe und Niedergedrücktheit (*humility*) steht und sich auf andere Personen beziehungsweise deren gute Eigenschaften richtet. Kant bezieht den Begriff der Achtung in der *Grundlegung zur Metaphysik der Sitten* dagegen primär auf die Haltung zum moralischen Gesetz. Schiller knüpft in *Über Anmut und Würde* an Kant an, bezeichnet Achtung aber als „eher drückende Empfindung" des Gehorsams gegenüber dem Vernunftgebot. Kants unpersönlicher Achtungsbegriff wird von Fichte und Hegel aufgegriffen und bleibt bis ins 20. Jahrhundert prägend. Der Sprachgebrauch verschiebt sich dabei hin zu ‚Anerkennung' und entfernt sich von Achtung im Sinne eines Gefühls.

Johannes Windrich

Affekt/Leidenschaft – Im Deutschen lässt sich Affekt als Übertragung des lateinischen *affectus* beziehungsweise als Äquivalent von *pathos/passio* (→ PATHOS, → PASSIO, → PASSION) zuerst im 16. Jahrhundert, die deutsche Neubildung Leidenschaft als Übersetzung von französisch *passion* dann im 17. Jahrhundert (Philipp von Zesen) nachweisen. Abgeleitet vom lateinischen *ad-ficere* bezeichnet Affekt etwas dem einzelnen Zustoßendes beziehungsweise den Zustand der Seele nach einer Einwirkung von außen. Diese Wirkungen haben eine physiologische Seite (Hemmung oder Steigerung der Durchblutung, Drüsenfunktionen, Muskeltätigkeit etc.) und heben die Fassung des Subjekts vorübergehend auf. Im Affekt, so eine leitende Vorstellung, gerate man gleichsam außer sich. Während Affekt und Leidenschaft im 17. Jahrhundert synonym alle Formen von plötzlichen Gemütsbewegungen und anhaltenden Neigungen meinen, schlägt Kant eine terminologische Unterscheidung zwischen Affekt und Leidenschaft vor. Affekte seien plötzlich und vorübergehend, Leidenschaften hingegen lang andauernd. Zu den Affekten zählt etwa der schnell ausbrechende → ZORN (vgl. 3.1 CAIRNS), zu den für

Kant moralisch bedenklicheren Leidenschaften gehören habituelle Einstellungen und Begierden wie → HASS, Habsucht, Herrschsucht oder Ehrsucht. Mit der Ausdifferenzierung der Psychologie im 19. Jahrhundert verengt sich die Auffassung von Affekten beziehungsweise Leidenschaften, indem sie zunächst begrifflich von → EMPFINDUNGEN, → STIMMUNGEN und → GEFÜHLEN abgesetzt werden, um dann ab dem Ende des 19. Jahrhunderts und im Verlauf des 20. Jahrhundert von → GEFÜHL und → EMOTION als neuen Sammelbegriffen abgelöst zu werden. Kants Unterscheidung prägt dabei noch den heutigen, enger gefassten Wortgebrauch: Affekte meinen eher intensive Gefühlsereignisse, die das Urteilsvermögen vorübergehend außer Kraft setzen (Affekthandlung); unter Leidenschaften versteht man meist beharrlichere psychische Zustände, von denen die gesamte Lebenshaltung geprägt ist.

Cornelia Zumbusch

Affektive Störungen – Der Ausdruck affektive Störungen ist ein Sammelbegriff aus der Psychopathologie, unter dem Erkrankungen oder Störungen des psychischen Apparats zusammengefasst werden, die die Emotionalität des Betroffenen beeinflussen, beeinträchtigen oder sogar ausschalten. Er umfasst manische, depressive und bipolare Zustände. Während sich die Manie (→ MANIA/FUROR) durch anhaltend gehobene Stimmung, gar Euphorie, gesteigerte Aktivität bis zu Hyperaktivität und reduziertem Schlafbedürfnis auszeichnet, wird die Depression durch anhaltend gedrückte Stimmung, verminderte Aktivität und Antriebslosigkeit sowie affektive Verflachung charakterisiert. Eine bipolare Störung besteht aus mindestens zwei Episoden abwechselnd manischer und depressiver Natur. Alle drei Störungsbilder können von psychotischen Zuständen oder Angststörungen (→ ANGST) begleitet werden und haben ein hohes Rückfallpotenzial. Obwohl affektive Störungen in der Literatur eine lange Tradition haben, die von Goethes Briefroman *Die Leiden des jungen Werthers* (1774) bis hin zu Sylvia Plaths autobiographischem Roman *The Bell Jar* (1963) reicht, werden sie selten als solche benannt. Da der Ausdruck im Zuge der Entwicklung der modernen Psychiatrie erst im 20. Jahrhundert geprägt wurde, ist stattdessen oftmals von → MELANCHOLIE, → HYSTERIE oder von Affektneurose die Rede.

Sarina Bornkessel

Affektkontrolle – Affektkontrolle ist eine Praxis, die davon ausgeht, dass das Empfinden oder Zeigen von Affekten ihrem Träger oder seinem Umfeld nützlich oder schädlich sein können – ein Gedanke, der seit der Antike in Philosophie, Rhetorik und Psychologie wiederkehrend diskutiert wird und verschiedene Techniken der Selbstkontrolle und -stilisierung prägt. Affekte sollen, wie etwa Platon im vierten Buch der *Politeia* argumentiert, durch die Vernunft beherrscht werden.

Mit dem Ideal einer Affektlosigkeit (*apatheia*) (→ APATHIE/GEFÜHLLOSIGKEIT) formuliert die Stoa Strategien im Umgang mit den Affekten, insbesondere mit dem neben der → LIEBE am schwersten zu kontrollierende Affekt, dem → ZORN. Neben einer selbstpraktischen Zielsetzung ist die Affektkontrolle stark wirkungsorientiert: Norbert Elias etwa hat in seiner Studie *Die höfische Gesellschaft* gezeigt, wie in dieser das Zeigen und Verbergen von Affekten die höfische Hierarchie reguliert (vgl. 4.3 SCHUMM). Die Affektkontrolle umfasst wesentlich auch das Sprechen und wird so besonders in literarischen Werken anschaulich: In Racines *Phèdre* etwa markieren das Schweigen und sein Bruch Momente der Affektkontrolle (vgl. 4.2 GEISENHANSLÜKE). Eine Fortführung findet die antike und höfische Affektkontrolle in der → COOLNESS, die meist für neuere Phänomene und Figuren des kontrollierten Umgangs mit Affekten (etwa der Dandy des ausgehenden 19. Jahrhunderts oder der Hipster des 21.) herangezogen wird.

Johanna Schumm

Affektprogramme → BASISEMOTIONEN/GRUNDGEFÜHLE

Aggression → ZORN/RACHSUCHT

Alexithymie – Von dem Psychotherapeuten Peter E. Sifneos 1972 eingeführter Terminus, der aus den griechischen Bestandteilen *a*- (als Negationspartikel), *lexis* (u. a. ‚Sprechen') und *thymos* (u. a. ‚Gefühle') gebildet ist, wobei die für griechische Ohren näher liegende Zerlegung in *alexis* (‚Schutz', ‚Hilfe') und *thymos* nicht beabsichtigt ist. Das Syndrom, das oft mit psychosomatischen Symptomen einhergeht, umfasst neben einem verarmten Fantasieleben und einem betont zweckorientierten Handeln („pensée opératoire") „vor allem Schwierigkeiten beim Finden angemessener Wörter zur Beschreibung von Gefühlen" (Sifneos 1973, 255). Die Diagnose erfolgt vornehmlich auf der Grundlage von Selbsteinschätzungen, die mit Fragebögen wie der *Toronto Alexithymic Scale* (TAS-20) erhoben werden. Neuronale Korrelate sind nicht einwandfrei nachgewiesen (vgl. zu einem aktuellen Überblick der „inconsistent findings": Deng u. a. 2013). Alltagssprachlich wird das Syndrom als ‚Gefühlsblindheit' übersetzt; jedoch wird auch der Fachterminus sogar in populären Darstellungen verwendet, wo er als Gegenbegriff zur → EMOTIONALEN INTELLIGENZ dient. Als typische literarische Gestalt erscheint Meursault, der Protagonist von Albert Camus' Roman *L'Étranger*. Mister Spock hingegen zeichnet sich eher durch → APATHIE aus, da seine Vermeidung des Gefühlsausdrucks vor allem seit *Star Trek* (2009) als Immunreaktion auf ein traumatisches Ereignis (→ TRAUMA) interpretiert wird, also kein je schon vorhandenes Persönlichkeitsmerkmal darstellt.

Robert Stockhammer

Anerkennung → ACHTUNG

Angst – Die etymologische Herkunft des Wortes Angst vom lateinischen *angor* beziehungsweise *angustia* (‚Enge', ‚Beklemmung') weist auf die sowohl psychologische als auch physiologische Dimension von Angstgefühlen hin. Angst wird am eigenen Körper als Enge oder Mangel an Atemluft empfunden, dem auch ein Seelenzustand des Beengtseins entsprechen kann. Luther formuliert diese Aspekte aufgreifend in einer Psalmenübersetzung (Psalm 25,17): „Die Angst meines → HERZENS ist groß; führe mich aus meinen Nöten." Die hier auf die Körper- und Selbstwahrnehmungen des Subjekts fokussierte Ausrichtung der Angstempfindung zeichnet sich auch in der durch Kierkegaards *Der Begriff Angst* prominent gewordenen Unterscheidung zwischen Angst und Furcht ab: Sei die Furcht auf ein konkretes Objekt gerichtet, begründe sich das Gefühl der Angst gerade durch das Fehlen empirisch-konkreter Angstobjekte. Um 1900 werden Angsttheorien zum Problemfeld unter anderem der Psychoanalyse. Freud formuliert in *Hemmung, Symptom und Angst* die These einer Transformierbarkeit von Lustaffekten in Angstaffekte (→ LUST/UNLUST).

Als vorneuzeitliche Angstliteratur können unter anderem antike und christliche Hades- und Höllendarstellungen interpretiert werden, etwa von Hesiod oder Dante. Die zunehmende Auflösung vermeintlich ‚irrationaler' Ängste im aufklärerischen 18. Jahrhundert korrespondiert auf dem literarischen Feld mit der Ausbildung eines eigenen, auf Angstzustände des Lesers abzielenden Literaturgenres, dem unheimlich-fantastischen Schauerroman beziehungsweise der Gothic Novel, zum Beispiel Walpoles *The Castle of Otranto, a Gothic Story* (→ UNHEIMLICHES; vgl. 4.6 FRANK). In der Folge wird die Auslotung psychologischer Kausalitäten der Angst zu einer zentralen Thematik literarischer Texte, etwa in Hoffmanns *Nachtstücken*, Shelleys *Frankenstein*, Poes *Tales of the Grotesque and Arabesque* oder Kafkas *Der Process*; dies nicht zuletzt in populärliterarischen Genres wie dem Horrorroman, zum Beispiel Kings *The Shining*.

Thomas Gann

Artefaktemotionen → EMOTIONEN, FIKTIONALE

Aufgeregtheit → BASISEMOTIONEN/GRUNDGEFÜHLE

Ausdruck, Ausdrucksbewegungen → GESTIK/MIMIK, → PATHOSFORMEL, → STIMME

Apathie/Gefühllosigkeit – Während im heutigen Sprachgebrauch – auch mit Blick auf literarische Gestalten wie Gontscharows trägen Oblomow oder Huysmans ästhetizistischen Antihelden Jean Des Esseintes – Apathie als die bis zur Indolenz gehende, pathologische Teilnahmslosigkeit negativ besetzt ist, bezeichnet der Ausdruck ursprünglich gemäß dem griech. Herkunftswort *apatheia* die als erstrebenswert beurteilte Freiheit von Leidenschaften. → PATHOS , Leiden(schaft) ist der Zustand des willfährigen Ausgesetztseins an die von äußeren Einflüssen bedingten eigenen Gemütserregungen, der als Element der Fremdbestimmung geahndet wird. Apathie ist dagegen in den antiken Ethiken, besonders nachdrücklich bei den Stoikern, die erstrebte Leidenschaftslosigkeit oder Freiheit von Affekten, von der das Glück des Lebens abhängt. Apathie, als Vermeidung oder als Kontrolle der Affekte durch die Vernunft, bildet in der Stoa die Grundlage der disziplinierten Haltung, die es im Interesse selbstbestimmter Lebensführung auszuprägen gilt: Nicht allein, dass man sich nicht zu → BEWUNDERUNG hinreißen lassen soll (das bei Seneca ebenso wie bei Cicero und Horaz eingeschärfte *Nihil admirari*) – man soll überhaupt falschen Meinungen vom Wert oder Unwert der Dinge keinen Einfluss auf das Denken und Fühlen zugestehen. In der Apathie wird die Bedingung dafür gesehen, die tugendhafte Haltung der *ataraxia*, der Gelassenheit oder Gefasstheit gegenüber den Wechselfällen des Schicksals, zu erzielen. Solche Tugend ist im Ideal des Weisen verkörpert. Für das Nachleben dieser antiken Orientierung in den Neostoizismen der Neuzeit steht insbesondere Montaigne, der den sokratisch-stoischen Anspruch erneuert: „Philosophieren heißt sterben lernen". In deutlicher Orientierung an der stoischen Ethik wird Kant in seiner *Kritik der Urteilskraft* schließlich sogar die Ästhetik des → ERHABENEN mit der Affektlosigkeit ‚eines seinen unwandelbaren Grundsätzen nachdrücklich nachgehenden Gemüts' in Verbindung bringen.

Birgit Recki

Aversion → EKEL

Basisemotionen/Grundgefühle – Die Frage nach einer festen Anzahl von Basisemotionen (*basic emotions*) hat der Psychologe Paul Ekman in die aktuelle Debatte eingebracht. Anknüpfend an Charles Darwins *The Expression of the Emotions in Man and Animals* (1872) versteht Ekman darunter Emotionen, die transkulturell auftreten und deren körperlicher Ausdruck universell verständlich sein soll, auch wenn sowohl ihre auslösenden Reize als auch die Art und Weise des Ausdrucks je nach Kulturkreis variieren können. Während Ekman in seinen frühen Arbeiten noch sieben Basisemotionen unterscheidet – Fröhlichkeit, Wut, Ekel, Furcht, Verachtung, Traurigkeit und Überraschung (Ekman 1980) – umfasst eine neuere Liste 15 Gefühle: Spaß, Wut, Verachtung, Zufriedenheit, Ekel, Peinlichkeit, Aufgeregtheit, Furcht, Schuldgefühl, Stolz auf Geleistetes, Erleichterung, Traurigkeit, Befriedigung, sinnliches Vergnügen und Scham (Ekman 1999). Versuche, eine Anzahl von Grundgefühlen auszumachen, finden sich bereits in der antiken Philosophie. So geht Platon mit Lust, Leid, Begierde und Furcht von vier Affektkategorien aus, während Aristoteles in der *Rhetorik* elf Affekte aufzählt: Begierde, Zorn, Furcht, Mut, Neid, Freude, Liebe, Hass, Sehnsucht, Eifersucht und Mitleid. Die Affektenlehre der Frühen Neuzeit widmet sich ebenfalls der Aufstellung von Affektkatalogen. So erstellt Descartes (1649) eine Taxonomie von sechs Grundaffekten: *admiration, amour, haine, désir, joye, tristesse* (Bewunderung, Liebe, Hass, Begehren, Freude, Traurigkeit), die untereinander kombinierbar sind, wohingegen sich laut Spinoza alle Gemütsbewegungen auf drei Grundaffekte (Freude, Traurigkeit und Verlangen) zurückführen lassen. Im 17. Jahrhundert werden auch erste Versuche angestellt, den distinkten Affekten feste mimische Ausdrucksbilder zuzuordnen (→ GESTIK/MIMIK). So fügt der französische Hofmaler Charles Le Brun seiner Unterweisung in die Malerei eine Reihe von Tafeln an, die einzelne Leidenschaften schematisierten Gesichtsausdrücken zuordnen. Neu an der aktuellen Debatte ist allerdings die an Darwins evolutionsbiologischen Vorschlag anschließende Auffassung vom funktionalen Charakter der Grundgefühle, die es dem Organismus erlauben, mit automatisierten senso-motorischen Mustern auf Reize zu reagieren (etwa: Furcht – Flucht). Grundgefühle beziehungsweise die zugrunde liegenden Affektprogramme (*affect programs*) bieten ein Skript für komplexe Gefühlsreaktionen, um in überlebensrelevanten Situationen ohne Umweg über die Kognition schnell reagieren oder kommunizieren zu können (vgl. 2.6 LEHMANN).

Cornelia Zumbusch

Befriedigung → LUST/UNLUST

Begehren, Begierde → BASISEMOTIONEN/GRUNDGEFÜHLE

Begeisterung → ENTHUSIASMUS

Besessenheit → MANIA/FUROR

Bewunderung – Die → EMOTION der Bewunderung ist ihrem evolutionären Ursprung nach ein emotionaler Antrieb zum Nachahmungslernen und richtet sich auf Personen mit einer vom bewundernden Subjekt wahrgenommenen besonderen Fähigkeit. In der antiken Rhetorik und Poetik hat die Bewunderung keine ausgeprägte Tradition. Das Konzept bildet sich erst in den Renaissancepoetiken als neue Nebenbedeutung von *admiratio* heraus, das als Latinisierung des Aristotelischen *thaumaston* eigentlich das Erstaunliche/Wunderbare bezeichnete (→ STAUNEN/VERWUNDERUNG). Eine hervorgehobene Rolle als literarische

Wirkungsemotion spielt die Bewunderung im französischen Klassizismus, wo sie in Pierre Corneille auch ihren ersten expliziten Theoretiker findet. Auch die Moraldidaxe der Aufklärung sieht den Bewunderungsaffekt als erklärtes Wirkungsziel noch vor, die dramatische Praxis stimmt jedoch nur bedingt mit der poetologischen Programmatik überein, und im Laufe des 18. Jahrhunderts gewinnen Abschreckungs- und Mitleidspoetik des bürgerlichen Theaters die Oberhand (→ ELEOS/PHOBOS, → MITLEID). Mit dem Geniegedanken kommt eine auf den literarischen Autor gerichtete Bewunderungskultur auf, die sich – mit Wandlungen – bis heute als Form eines bestimmten Bildungskults erhalten hat; bewunderungsfähige Figuren auf der Darstellungsebene spielen in der Moderne hingegen keine nennenswerte Rolle mehr.

(→ ACHTUNG, → BASISEMOTIONEN/GRUNDGEFÜHLE)

Katja Mellmann

Coolness – Der Begriff der *coolness* mutet auf den ersten Blick modern an. Er findet seine Grundlagen jedoch schon in den höfischen „Verhaltenslehren der Kälte" (Helmut Lethen), die die Renaissance bestimmen (vgl. 4.3 SCHUMM). Wie Jürgen Trabant gezeigt hat, geht *coolness* auf den italienischen Begriff der *sprezzatura* zurück, den Baldassare Castiglione in seinem *Il Libro del Cortegiano* (1508–1516) geprägt hat. In Anknüpfung an Cicero meint *sprezzatura* bei Castiglione eine *negligentia diligens*, eine ‚wohlkalkulierte Nachlässigkeit', die schon bei Ovid als Ideal männlicher Verführungskraft diente. Der Begriff der *coolness* zielt von Anfang an auf männlich codierte Verhaltensweisen. Trabant versteht die *sprezzatura* als Gegenbegriff zur *gloria*, die von den anti-höfischen Sprachbemühungen der Gelehrten und Dichter ausgeht, denen es um eine traditionsbewusste Pflege der Sprache geht. Die *sprezzatura* zielt auf eine souverän-distanzierte Haltung zu Wissenschaft und Kunst wie zu den eigenen Affekten. Der Begriff der *coolness* verfügt damit über eine lange Tradition, die sich über den Dandy des 19. Jahrhunderts und den neusachlichen Kult der Kälte bis in die Gegenwart zieht. Dabei ist im 20. Jahrhundert nicht allein die Literatur der Ort, an dem die *coolness* ihre symbolische Repräsentation findet, sondern immer mehr der Film, der in verschiedenen Genres ein ganzes Kaleidoskop von coolen Helden entwirft, die Castigliones Ideal des vollendeten Hofmanns weiterführen und transformieren.

Achim Geisenhanslüke

Depression → AFFEKTIVE STÖRUNGEN, → MELANCHOLIE

Ehrfurcht → ACHTUNG, → ERSCHÜTTERUNG

Eifersucht – Eifersucht wird als anthropologische Konstante begriffen, notwendig im Konkurrenzkampf, dabei aber mit der Gefahr verbunden, pathologisch zu werden. Somit wird eine ‚normale Eifersucht' von einer pathologischen Form unterschieden, die ein extremes Gefühl ist, irrationales Handeln hervorruft, keine reale Grundlage hat und mit einem Mangel an Vertrauen einhergeht. Die Komponente „-sucht" verweist auf diese potentielle Pathologisierung des Gefühls. Der Gegenpol zur Eifersucht ist die Treue; Eifersucht fürchtet den Treuebruch beziehungsweise den Liebesverrat. Seinen Ursprung hat der Begriff Eifersucht im Alten Testament, wo von einem „eifersüchtigen Gott" die Rede ist. Bereits in der Bibel ist Eifersucht eine Dreierbeziehung, die auf → Liebe und Besitzansprüchen basiert; Eifersucht fordert Exklusivität. Semantisch nah an der Eifersucht befindet sich der → Neid, da beide auf einem Konkurrenzempfinden basieren; Eifersucht wäre in Abgrenzung zum Neid ein ‚Liebesneid'. In der Psychoanalyse wird die Urszene der Eifersucht im Penisneid verortet, der zur ödipalen Ablehnung der Mutter und zum inzestuösen Begehren des Vaters führt. Voraussetzung für die Eifersucht ist eine affektiv nahe Beziehung, während Neid auch in der Beziehung zu Fremden möglich ist.

Eifersucht in der Literatur ist ein Geschichtengenerator; erzählt wird, wie eine Ordnung aufgrund der Eifersucht gestört wird, weil der Liebesverrat bereits geschehen ist oder zu Unrecht befürchtet wird. Beispiele literarischer Gestaltung von Eifersucht sind zum Beispiel Lev Tolstojs *Kreutzersonate* (*Krejcerova sonata*, 1887/89) und Alain Robbe-Grillets Roman *La Jalousie* (1957). Während die *Kreutzersonate* den Weg zur Katastrophe als Verknüpfung psychologischer und gesellschaftlicher Pathologie zeichnet, visualisiert Robbe-Grillet die Zwangsvorstellungen der Eifersucht anhand einer akribischen Aufzeichnung dinglicher Konstellationen.

Schamma Schahadat

Einfühlung – Einfühlung ist der Zentralbegriff der Einfühlungsästhetik (vgl. 2.3 Müller-Tamm), welche die um 1900 in Deutschland dominierende Ästhetiktheorie war. Seit den 1920er Jahren verlor sie rasch ihren Einfluss. Bei Robert Vischer (1873) bezeichnet Einfühlung die bei der Wahrnehmung von Naturgegenständen sich bisweilen unwillkürlich einstellende animistische Projektion menschlicher Gefühle („Beseelung"), wie sie sich unter anderem in der anthropomorphen Metaphorik zeigt („ein sich gegen den Himmel *streckender* Zweig"; „der Baum *trägt* Früchte"). Dieser Vorgang wird bei Vischer in Anknüpfung an die späten Theorien seines Vaters Friedrich Theodor Vischer als basale Symbolisierungsleistung des Menschen interpretiert.

In der als Teilgebiet der Psychologie verstandenen Einfühlungsästhetik (Johannes Volkelt, Theodor Lipps, mit Einschränkung auch Karl Groos) wird

Einfühlung schließlich zum Grundmechanismus ästhetischer Lusterfahrung (in Konkurrenz zu zeitgenössischen Konzepten wie dem Illusionismus bei Konrad Lange oder der Assoziationspsychologie Wilhelm Sterns) (→ LUST/UNLUST). Lipps definiert Einfühlung 1899 als „Lust an dem Object, aber nicht an dem Object als solchem, sondern sofern ich mich in dasselbe hineingefühlt habe" (Lipps: *Aesthetische Einfühlung*, 1899). Der Wirkungsmechanismus lässt sich also als eine auf das wahrnehmende Ich gerichtete reflexive Projektion begreifen, basiert damit auf einem Akt der Apperzeption, insofern das Objekt der Einfühlung zwar äußerer Gegenstand, das einfühlende Ich aber letztendlich Grund ästhetischen Genusses ist.

Vorläufer des Wirkungsprinzips der ästhetischen Einfühlung liegen in der antiken Rhetorik und Dramentheorie (Aristoteles, *Poetik*) sowie den psychologischen Ästhetiktheorien des 18. Jahrhunderts (Begriff der *sympathy*) bei David Hume und Adam Smith. Begriffliche Vorläufer lassen sich außerdem bei Herder und in der deutschen Romantik ausmachen.

(→ IDENTIFIZIERUNG, → EMPATHIE)

Dietmar Till

Ekel – Ekel gilt als Musterbeispiel eines elementaren Affekts: als „starke Vitalempfindung" (Kant 1798), nah am Körper und der sinnlichen Wahrnehmung angesiedelt, reflexhaft, momentan, kaum sozial vermittelt, dagegen ganz beherrscht von einem intensiven und per definitionem nahen Gegenstandsbezug – unmittelbar ausgelöst von der „Soseinsart" (Kolnai 1929) des Objekts. Als Kernphänomen gilt meist der orale Ekel (Kant 1798, Darwin 1872); insgesamt ist Ekel mit den Nahsinnen Schmecken, Riechen und Tasten assoziiert, mit dem Sehen dagegen nur *per extensionem* und mit dem Hören gar nicht. Auf die kognitive Dimension dieses Affekts deutet das Ekelpotential der Störung elementarer Wahrnehmungsdifferenzen, wie etwa ‚fest' und ‚flüssig' („Interkategorialitätsekel" bei Winfried Menninghaus 2001, 142). Die Übertragung in den Bereich der Ethik ergibt den Begriff des moralischen Ekels, in die Gesellschaftstheorie den des Zivilisationsekels (Nietzsche, Freud). In der existenzialistischen Philosophie (Sartre 1938, 1943) erscheint Ekel als Existenzgefühl (frz. *nausée*, im Unterschied zu *dégoût* mit dem Aspekt des Schwindels verknüpft und somit seine philosophische Herkunft von Kierkegaards *Begriff Angst* nicht verleugnend).

Menninghaus (1999) hat die negativ grundlegende Bedeutung des Ekelbegriffs für die Entwicklung der Ästhetik im 18. Jahrhundert herausgearbeitet: Ekel als ausgeschlossenes Gegenstück zum klassischen Geschmacks-Konzept und Grenz-Phänomen, an dem die ästhetische Distanz sowie die Unterscheidung zwischen Fiktion und Realität kollabieren, wodurch dieser Affekt sich dem Paradox der → FIKTIONALEN EMOTIONEN entzieht. Für die romantische und nachromantische Revolte gegen klassizistische Kunstbegriffe ist der Ekel eben deshalb von zentraler Bedeutung als Kernelement einer *Ästhetik des Häßlichen* (Rosenkranz 1853), exemplarisch umgesetzt etwa in Baudelaires Epochengedicht *Une charogne*, und im Übergang zu einer avantgardistischen Ästhetik des → SCHOCKS (vgl. 3.10 EHRLICHER). Unter den Diskursbegründern der Moderne haben Nietzsche und Freud den Ekel zum Grundstein einer Zivilisationstheorie gemacht, wobei vor allem Freud den Ekel als einen der anthropologischen Agenten der Verdrängung und damit des Zivilisationsprozesses begreift (Freud 1930). In der Nachfolge dieser beiden Denker haben Bataille (mit dem Begriff des *informe*) und Kristeva (mit dem Begriff der *abjection*) Theorien der Kunst und der Kultur vorgelegt, in denen Ekelbegriffe eine zentrale Rolle spielen (Kristeva 1980).

Martin von Koppenfels

Eleos/phobos – → MITLEID *(eleos)* und Furcht *(phobos)* bilden die basalen → EMOTIONEN, mit denen nach der aristotelischen Definition (im 6. Kapitel der *Poetik*) die Tragödie arbeitet. Die beiden ‚tragischen Emotionen', die nach Platon im Zuschauer (Publikum) Gefühle „nähren und bewässern", die besser „ausgetrocknet" würden *(Politeia* 606d), werden von Aristoteles gerechtfertigt: Im Verlauf der Tragödie sollen Mitleid und Furcht zur vollen Entfaltung gebracht werden, um sie zu reinigen. Wie diese Reinigung (→ KATHARSIS) vor sich gehen solle, bleibt aber offen, weshalb sich die bis heute diskutierte ‚Katharsis-Frage' entwickelt hat. Als Übersetzung der tragischen Emotionen hatte Lessing in der *Hamburgischen Dramaturgie* „Furcht und Mitleid" eingeführt, indem er die bis dahin übliche Übersetzung → SCHRECKEN durch „Furcht" ersetzte (→ ANGST). Wolfgang Schadewaldts Versuch, wieder hinter Lessing zurückzugehen und die ‚tragischen Emotionen' in ihrer vermeintlich elementaren Kraft als ‚Jammer' und ‚Schrecken' zu rehabilitieren, gilt als überholt. Der Einsatz von Mitleid und Furcht führt zum „Vergnügen an tragischen Gegenständen" (Schiller); als mögliche Gründe für das Vergnügen am Leiden anderer werden seit der Antike vier Konzeptionen diskutiert: der Kunstcharakter der Dichtung, die ästhetische Distanz, die tragische Erkenntnis oder die Erleichterung und Befreiung durch die Abfuhr der tragischen Affekte.

Martin Vöhler

Emotion – Abgeleitet von lateinisch *emotio* (Fortbewegung, Herausbewegung) wurde Emotion im Deutschen seit dem 17. Jahrhundert meist mit Gemütsbewegung, alternativ auch → RÜHRUNG, Aufwallung, Aufstand oder Erregung übersetzt und erst ab dem 20. Jahrhundert dem → GEFÜHL als Synonym zugeordnet (vgl. 2.6 LEHMANN). Seit den 1960er Jahren kann Emotion als Leitbegriff für die Erforschung menschlichen Fühlens gelten (vgl. Frevert 2011). Verantwortlich ist hier wohl nicht nur die Übernahme des Englischen als dominierende Wissenschaftssprache, sondern auch ein Paradigmenwechsel in der Erforschung und Auffassung von Gefühlen beziehungsweise Emotionen. Während im kantianisch geprägten Gefühlsbegriff der Bezug auf Verstand und Bewusstsein dominiert, zeichnet sich ab dem ausgehenden 19. Jahrhundert eine deutlicher physiologische Auffassung affektiver Ereignisse ab (→ AFFEKT). William James etwa bestimmt in seinem Aufsatz *What is an Emotion?* (1884) Emotionen als somatische Reaktionen auf einen äußeren Reiz (*feelings*), die dann vom Bewusstsein wahrgenommen und als Emotion (*emotion*) gedeutet werden: Wir zittern also nicht, weil wir uns fürchten, sondern fürchten uns, weil wir zittern (James-Lange-Theorie). An psychophysischen Modellen der Interaktion zwischen Reizerregung und Bewusstsein arbeiten auch Psychologie und Neurophysiologie. Der Neurologe Antonio R. Damasio unterscheidet dabei zwischen *emotion* und *feeling*, in den deutschen Ausgaben von *Ich fühle, also bin ich* (2000) und *Der Spinoza-Effekt* (2003) mit Emotion und Gefühl übersetzt. Anders als bei James fallen Damasio zufolge unter *emotion* allerdings diejenigen Phänomene, die durch äußere Reize ausgelöst und körperlich wahrnehmbar beziehungsweise messbar sind. Gefühle (*feelings*) hingegen sollen Damasios Definition zufolge die Repräsentationen und Interpretationen dieser körperlichen Zustände im Gehirn heißen. Auch wenn eine gewisse Tendenz dazu besteht, in der Rede von Gefühlen das innersubjektive Geschehen, in der Rede von Emotionen den äußeren Auslösereiz sowie die nach außen gerichtete kommunikative Komponente zu betonen, haben sich begriffliche Unterscheidungen zwischen Gefühl und Emotion weder im Alltagsgebrauch noch in der wissenschaftlichen Diskussion vollständig durchgesetzt.

Cornelia Zumbusch

Emotionen, ästhetische → EMOTIONEN, FIKTIONALE

Emotionen, fiktionale – Fiktionale → EMOTIONEN oder Fiktionsemotionen sind zu unterscheiden von ästhetischen Emotionen (Bell 1958) oder Artefakt-Emotionen (Tan 1996), worunter zumeist die speziell von der künstlerischen Darstellungstechnik (,Form') ausgelösten Emotionen verstanden werden. Hingegen bezeichnet der Begriff Fiktionsemotionen die emotionale Reaktion auf das Dargestellte, speziell die emotionale Besetzung erfundener Figuren, Handlungen und Situationen. Die Frage nach dem Status dieser Emotionen ist Teil des „alten Streites zwischen Philosophie und Dichtkunst" (Plat., *Politeia* 607b), das heißt der Auseinandersetzung um den Wirklichkeitsstatus, den → ERNST der Dichtung. Das emotionale Erregungspotential ‚scheinhafter' Darstellungen war bereits einer der Gründe für das Verdikt gegen die tragischen Dichter in Platons *Politeia*. Die antike Moralistik diskutierte Fiktionsemotionen am Beispiel der Anekdote vom erbarmungslosen Tyrannen, der im Theater Tränen des Mitleids um erfundene

Gestalten vergießt (Plutarch, *Pelopidas*, 29; aufgegriffen noch in Rousseaus Theaterkritik 1758).

Die heutige analytische Philosophie spitzt diese Fragen unter dem Namen „Fiktionsparadox" zu der These zu, emotionale Reaktionen auf das Schicksal einer fiktiven Figur seien inkonsistent (Radford 1975, 78). Diese These basiert auf der kognitivistischen Annahme, dass Emotionen realitätsbezogene Urteile sind, dass wir also an die reale Existenz eines Objekts glauben müssen, um von ihm emotional bewegt zu werden. Ein Ausweg aus dem vermeintlichen Paradox liegt im Begriff der selbstgewählten Illusion – „willing suspension of disbelief" (Coleridge 1817) – also im Konzept einer kognitiven Rahmung, die die Unterscheidung zwischen realen und erdachten Gegenständen partiell außer Kraft setzt. Einen anderen Lösungsweg eröffnet Kendall Waltons am Spielbegriff (*pretend play*) orientierte Fiktionstheorie; ihr zufolge sind unsere Gefühle für Anna Karenina keine eigentlichen Emotionen, sondern „Quasi-Emotionen" im Spielmodus (Walton 1978). Ein dritter Lösungsansatz besteht darin, die Glaubensprämisse aufzugeben und anzuerkennen, dass schon die bloße Vorstellung eines Gegenstandes Emotionen auslösen kann (Lamarque 1981). Dieser dritte Weg ist am ehesten mit literarischer Erfahrung vereinbar, denn er erkennt die Zeichenabhängigkeit von Emotionen an.

Martin von Koppenfels

Empathie – Das Wort *empathy* prägte 1909 der amerikanische Experimentalpsychologe Edward Bradford Titchener als gräzisierenden Neologismus für den Begriff der ästhetischen → EINFÜHLUNG (vgl. 2.3 MÜLLER-TAMM). Im englischen Sprachraum hat sich *empathy* als psychologischer *Terminus technicus* seit den 1930er Jahren schnell verbreitet (zentral George Herbert Mead, *Mind, self, and society*, 1934). Er spielt auch in der Psychoanalyse Freuds und deren globaler Rezeption eine zentrale Rolle.

Empathie wird heute in der Psychologie als eine fremdbezogene ‚Stellvertreteremotion' (*vicarious emotion*) verstanden, die in der Wahrnehmung und/oder im Verstehen des emotionalen Zustandes einer anderen Person ihren Ursprung hat. Dabei gilt, dass diejenige Emotion, die der Rezipient fühlt, ähnlich oder aber identisch (Isomorphie) zu derjenigen sein muss, welche das Gegenüber fühlt (bzw. von der der Rezipient annimmt, dass das Gegenüber sie fühlt). In dieser Bedeutung lässt sich Empathie von der in der Philosophie des Geistes diskutierten Form der primär kognitiven Perspektivenübernahme (*theory of mind*) abgrenzen. Der Aspekt der Stellvertretung ist für Empathie zentral, denn diese impliziert immer eine Als-ob-Unterscheidung zwischen dem fühlenden Ich und dem wahrgenommenen Gegenüber, mithin also Distanz. Dies unterscheidet Empathie von ähnlichen Erscheinungen wie der ‚emotionalen Ansteckung' (*emotional contagion*), bei der Ich und Gegenüber emotional verschmelzen. Aufgrund der komplexen Begriffsgeschichte ist die Abgrenzung zu *sympathy*/→ SYMPATHIE schwieriger. Eine Abgrenzungsmöglichkeit liegt im Verzicht auf das Kriterium der Isomorphie. → SYMPATHIE wäre demnach eine affektive Reaktion, die darin besteht, dass das wahrnehmende Ich Emotionen wie Kummer oder → MITLEIDEN für den (notleidenden) anderen fühlt.

In der internationalen Literaturwissenschaft wird der Begriff Empathie erst seit wenigen Jahren im Kontext neuer Forschungsrichtungen wie der kognitiven Poetik, kognitiven Narratologie und empirischen Leseforschung (wieder) verwendet. Der ältere literaturwissenschaftliche Terminus für textuelle Einfühlungsphänomene lautet Identifikation (→ IDENTIFIZIERUNG); er wurde stets als ein Negativbegriff für Formen trivialer Literaturrezeption (Adorno: → EINFÜHLUNG als „Schulfall von Banausie") verstanden. Definitorisch wurde in der Literaturtheorie seit dem Formalismus die Literarizität ‚ernsthafter' Texte (→ ERNST) durch Konzepte beschrieben, die prinzipiell auf die Distanzierung des Interpreten und die Reflexivierung des Leseprozesses zielen. Das zeigt sich noch an Hans Robert Jauß' Modell der fünf Interaktionsmuster der Identifikation, das zwar Formen der kathartischen (→ KATHARSIS) und sympathetischen (also empathischen) Rezeption berücksichtigt, die ästhetische Erfahrung allerdings durch einen ‚Akt der Distanznahme' (Jauß 1984) charakterisiert.

Dietmar Till

Empfindsam/Empfindsamkeit – Die Konjunktur der von → EMPFINDUNG beziehungsweise empfinden abgeleiteten Worte empfindsam und Empfindsamkeit verdankt sich der Übersetzung des englischen *sentimental* (→ SENTIMENTAL/SENTIMENTALISCH). So setzt sich das Adjektiv empfindsam im Sinne von zartfühlend, gefühlvoll seit Johann Joachim Christoph Bodes Übersetzung (1768) von Laurence Sternes *A Sentimental Journey through France and Italy* (*Yoricks empfindsame Reise*) durch und wird im letzten Drittel des 18. Jahrhunderts, insbesondere im Rahmen der sogenannten Empfindsamkeit, zum Modewort. Mit Empfindsamkeit bezeichnet man eine von England ausgehende Strömung starker Gefühlsbetonung in der zweiten Hälfte des 18. Jahrhunderts, die oft als Gegenbewegung zum Rationalismus der Aufklärung gedeutet wird, tatsächlich aber eine eng damit verzahnte Unterströmung oder Tendenz der Aufklärung selbst darstellt. Hervorgegangen aus Formen pietistischer Frömmigkeit zeichnet sich die Empfindsamkeit unter anderem durch die Betonung des Privaten, ihren an Rousseau anschließenden Naturkult sowie die Aufwertung des Gefühls als Movens und Garant der Sittlichkeit aus. Für die Literatur der ‚Epoche' der Empfindsamkeit, die in der deutschsprachigen Literatur zwischen 1740 und 1790 angesetzt wird, ist ein neues Leseverhalten und die Karriere neuer Gattungen (Rührstück, Briefroman) wichtig (→ RÜHRUNG; vgl. 3.8 GIURIATO).

Cornelia Zumbusch

Empfindung – Der für die philosophische Ästhetik des 18. Jahrhunderts und die Poetik der Empfindsamkeit (→ EMPFINDSAM/EMPFINDSAMKEIT) grundlegende Begriff der Empfindung (frz./engl. *sensation, sentiment*) geht einerseits auf die mechanistische Sinnesphysiologie Descartes', andererseits auf den britischen Empirismus zurück und wird im 18. Jahrhundert durch Leibniz und Wolff sowie deren Schüler weiterentwickelt. Mit Blick auf die Ästhetik lassen sich drei Bedeutungsnuancen unterscheiden: Empfindung kann sich (1) auf die Repräsentation einer Sinneswahrnehmung im Bewusstsein beziehen, (2) auf den Bezug einer Sinneswahrnehmung zum Gefühl von → LUST/UNLUST, und (3) auf ein habituell erworbenes sittliches Feingefühl. In seiner *Allgemeinen Theorie der schönen Künste* beschreibt Johann Georg Sulzer es als das Ziel der Künste, durch die Übung und Verfeinerung der Empfindung den moralischen Charakter des Menschen zu bilden. Ein Schlüsselwerk für diese Auffassung von Empfindsamkeit ist Sternes Roman *A Sentimental Journey through France and Italy* (1768). Bereits in den 1770er Jahren wurde die übersteigerte oder affektierte Zartheit des Empfindens als Modeerscheinung kritisiert (,Empfindelei'; vgl. 3.8 GIURIATO). Im Rahmen der von Baumgarten als Wissenschaft von der sinnlichen Erkenntnis begründeten philosophischen Ästhetik strebten Autoren wie Sulzer, Mendelssohn und Herder danach, das menschliche Empfinden und sein Verhältnis zu den Künsten genauer zu erforschen; wichtige Themen sind in diesem Zusammenhang zum Beispiel die Beziehungen der Künste zu den einzelnen Sinnesmodalitäten, die vermischten Empfindungen und die Lust am Schrecklichen (→ SCHRECKEN/TERROR; vgl. 4.6 FRANK), die Beziehung zwischen Empfinden und Erkennen sowie die ,dunklen' Gefühle und Ahnungen. Der Begriff der Empfindung spielt überdies eine zentrale Rolle für die Herausbildung der Theorie des Geschmacks und des ästhetischen Urteils, unter anderem in Kants *Kritik der Urteilskraft*.

Caroline Torra-Mattenklott

Enthusiasmus – Von griechisch *enthousiasmos*, ,Gotterfülltheit', Inspiration. Schon bei Demokrit wird der Enthusiasmus mit der Dichtung in Verbindung gebracht. In Platons Dialog *Ion* heißt es, die Dichtung verdanke sich weniger einer Kunst (*technê*) als vielmehr einer göttlichen Begeisterung. Im *Phaidros* ordnet Sokrates der Dichtung eine der vier Formen des göttlichen Wahnsinns zu; deren höchste ist die durch Eros bewirkte Begeisterung des Philosophen. Für Pseudo-Longin bildet die enthusiastische Leidenschaft eine der beiden Quellen der erhabenen Sprachkunst (→ ERHABENES), die durch Geburt erworben werden. In der

Aufklärung wird der Begriff des Enthusiasmus vermehrt auf die Betrachtung der Natur bezogen: Shaftesbury versteht die Natur als ein durch → SYMPATHIE verbundenes Ganzes, dessen Harmonie sich nur in einem enthusiastischen Zustand erfassen lasse. Als wichtigste Ausdrucksform des dichterischen Enthusiasmus gilt traditionell die Ode im hohen Ton (vgl. 4.4 HAMILTON). Zentral ist dabei die Rezeption der Oden Pindars, in Frankreich zuerst durch Pierre de Ronsard, in England durch Ben Jonson, Abraham Cowley und Thomas Gray. Im 18. Jahrhundert rückt der Enthusiasmus unter dem Einfluss von Pietismus und Gefühlsethik auch in Deutschland in den Fokus; Hauptvertreter der enthusiastischen Ode ist Klopstock. Als ‚lebendige Kraft des Geistes' geht der Enthusiasmus zudem in die Geniekonzepte des Sturm und Drang ein; in Goethes frühen Hymnen wechselt das enthusiastische Sprechen aber – anders als bei Klopstock – mit gegenläufigen Tonlagen.

Johannes Windrich

Erhabenes – Der Begriff des Erhabenen geht auf die antike Lehre des → ENTHUSIASMUS zurück, den Platon im *Ion* als Beseelung des Menschen durch Gott definiert hat. Einen Zusammenhang zwischen dem Erhabenen und den Affekten etabliert Pseudo-Longin in seinem Traktat *Vom Erhabenen*. Pseudo-Longin versteht das Erhabene im Sinne der Rhetorik als eine erschütternde Macht der Sprache (→ ERSCHÜTTERUNG), die den Zuhörer überwältigt. Quelle des Erhabenen sei neben der Fähigkeit, erhabene Gedanken zu erzeugen, vor allem → PATHOS, starke, begeisterte Leidenschaft. Pseudo-Longins Bestimmung des Erhabenen hat in der französischen Klassik bei Nicolas Boileau ein spätes Echo gefunden, das ebenfalls auf dessen affektivem Ursprung beharrt. Bei Burke sind es dagegen vor allem die negativen Affekte des Schmerzes und der → ANGST, die das Erhabene kennzeichnen. Kant nimmt Burkes negative Bestimmung des Erhabenen auf, um dem antiken Enthusiasmus eine moralisch begründete Abwehr der Affekte entgegenzusetzen, die sich zugleich an das stoische Ideal der Apathie (→ APATHIE/GEFÜHLLOSIGKEIT) anlehnt. Nach Kant ist der Begriff des Erhabenen zunächst theoretisch marginalisiert worden, bis Nietzsche das Erhabene als künstlerische Bändigung des Entsetzlichen in der Tragödie aufwertet. Erst die postmodernen Theorien, die an Kant, Nietzsche und Heidegger anschließen, haben dem Begriff des Erhabenen wieder größere Aufmerksamkeit geschenkt. Das gilt insbesondere für Lyotard, der das Erhabene mit Blick auf Barnett Newman und andere als Grundzug moderner Kunst geltend gemacht hat.

Achim Geisenhanslüke

Erleichterung → ELEOS/PHOBOS, → KATHARSIS

Ernst – Ernst ist keine → EMOTION, sondern eine Haltung, die sich zu Emotionen modal verhält und insofern deren Wahrnehmung und Darstellung bedingt. Als Haltung zum Gegenstand steht der Ernst in einer besonderen Beziehung zu negativen Emotionen wie → FURCHT, → TRAUER, → ZORN oder → SCHULDGEFÜHL sowie zu einem emotional-intentionalen Begriff wie Sorge, der von Heidegger (1927) zum Existenzbegriff aufgebaut wurde. Diese Beziehung zum Negativen ist freilich nicht exklusiv: auch → FREUDE und Glück können ernste Angelegenheiten sein. Als unmarkierter Wahrnehmungsmodus tendiert der Ernst dazu, sich der theoretischen Betrachtung zu entziehen. Kierkegaard, in dessen Philosophie der Begriff Ernst eine zentrale Stellung einnimmt (Theunissen 1982), schreibt, es sei mit ihm „so eine ernste Sache, dass selbst eine Definition davon eine Leichtsinnigkeit ist" (Kierkegaard 1844, 134). Immerhin lässt sich festhalten, dass er ein Urteil über die Wirklichkeit eines Gegenstandes und das Betroffensein von ihm impliziert. Als Gegenbegriffe kommen deshalb jene Modi in Betracht, die Distanz zum oder Freiheit vom Gegenstand implizieren: Lachen, Komik, Spiel, Ironie, Leichtsinn und → HEITERKEIT.

Der Begriff Ernst (*spoudê*) ist ein Zentralbegriff der antiken Tragödienpoetik: Platon spricht vom „tragischen Ernst" (Plat. *Gesetze* 838c) und Aristoteles definiert die Tragödie als „*Mimesis* einer ernsten Handlung" (Arist. *Poetik* 1449b 24). Als terminologisches Gegenstück erscheint im poetologischen Kontext das Lachhafte (*geloion*), das mit der Komödie assoziiert wird. Nach Erich Auerbach (1946) war es die christliche Umwälzung der antiken Rhetorik, die den Begriff des Ernstes von den erhabenen Gegenständen der Tragödie und des Epos ablöste und damit eine Grundlage für den modernen westlichen Realismus legte, der von Auerbach als ‚ernste Darstellung alltäglicher Wirklichkeit' bestimmt wird.

Martin von Koppenfels

Erregung → EMOTION, → GEFÜHL

Erschütterung – Als ein Begriff der Wirkungsästhetik ist Erschütterung ein deutsches Äquivalent für altgriechisch *ekplêxis* (Erschütterung, Bestürzung, → STAUNEN/VERWUNDERUNG, Ehrfurcht). Während der deutsche Ausdruck immer eine plötzliche, stoßartige oder rüttelnde Bewegung impliziert, bezeichnet *ekplêxis* aber je nach Kontext auch Zustände der Schreckstarre (→ SCHRECKEN/TERROR) oder des ekstatischen Staunens. Auf Wirkungen der Dichtung, des Theaters oder der Rede bezieht sich *ekplêxis* unter anderem bei Gorgias, Platon, Aristophanes und Plutarch. In der aristotelischen *Poetik* beschreibt der Begriff die Wirkung der tragischen Anagnorisis – die deutschen Übersetzungen geben *ekplêxis* hier konsequent mit ‚Erschütterung' wieder. In Lessings *Hamburgischer Dramaturgie* und Brechts Theorie des Epischen Theaters ist die Erschütterung eine mit der aristotelischen Dramentheorie assoziierte Wirkung der Tragödie. Als ein poetisches Wirkungsziel und eine Wirkung erhabener Rede erscheint *ekplêxis* in der Schrift *Vom Erhabenen* des Pseudo-Longins (→ ERHABENES). Auch Kant (*Kritik der Urteilskraft*), Schiller (*Über das Erhabene*) und Adorno (*Ästhetische Theorie*) beschreiben den Effekt des nun nicht mehr rhetorisch, sondern ästhetisch und anthropologisch bestimmten Erhabenen als Erschütterung. Besondere Konkretion erlangt der Ausdruck in den Reaktionen auf das Erdbeben von Lissabon (1755), das nicht nur die Erde, sondern auch das Vertrauen der Menschen in die Güte und Allmacht Gottes erschütterte. In Romanen der Empfindsamkeit (→ EMPFINDSAM/EMPFINDSAMKEIT) und Romantik, etwa bei Jean Paul, ist die seelische Erschütterung ein häufig beschriebener emotionaler Zustand. Vor dem Hintergrund der mechanistischen Nervenphysiologie des 18. Jahrhunderts kann sich Erschütterung auch wörtlich auf die Bewegung von Nervenfibern und Organen beziehen; ‚Erschütterung des Zwerchfells' ist ein Synonym für das Lachen. Eine moderne Variante der Erschütterung ist die von Benjamin und Valéry formulierte Erfahrung des → SCHOCKS (vgl. 3.10 EHRLICHER).

Caroline Torra-Mattenklott

Erwartung → HOFFNUNG

Ethos – Ethos ist ein Zentralbegriff der stets vom Redner ausgehenden antiken Rhetorik (vgl. 2.1 TILL). Seine erste theoretische Grundlegung erfährt das Konzept in der *Rhetorik* des Aristoteles. Ethos ist dort, neben *logos* (rhetorische Argumentation) und → PATHOS (Erregung der Emotionen im Publikum), eines der drei Beweismittel, die in das Sachgebiet der Rhetorik fallen (*pisteis entechnoi*; entechnische Beweismittel). Ethos ist für Aristoteles das wichtigste dieser drei Überzeugungsmittel, weil es den Redner glaubwürdig macht und die Voraussetzung dafür ist, dass Überzeugung bewirkt werden kann. Dabei lassen sich in der *Rhetorik* drei Aspekte des Ethos unterscheiden, nämlich Klugheit (*phronesis*), → TUGEND (*arete*) und Wohlwollen (*eunoia*). Das Ethos wird vom Redner durch seine Rede modelliert; es ist damit eine performative und keine der Rede vorgängige Kategorie der öffentlichen Meinung, des Ansehens einer Person oder Ähnlichem. In der römischen Rhetorik, namentlich Ciceros *De oratore*, ändert sich dies: Die → HERZEN der Menschen ließen sich, so Cicero, durch die Würde (*dignitas*), die Taten (*res gestae*) und das Urteil über die Lebensführung (*existimatio vitae*) des Redners gewinnen. Das Ethos wird damit zu einer von der aktuellen Rede tendenziell unabhängigen Größe, die weitgehend dem entspricht, was man in der Kommunikationswissenschaft heute als *Image* bezeichnet, also die Zuschreibung von Glaubwürdigkeit und Vertrauen. Auf sie kann der Redner sich in seiner Rede beziehen, und er kann sie auch – was Cicero zufolge aber ein gefährliches Unterfangen ist – fingieren. In Ciceros Spätwerk *Orator* und bei Quintilian werden dann *ethos* und *pathos* als Gegensätze begriffen. Ethos wird im Kontext der Dreistillehre mit dem mittleren Stil verbunden, den der Redner einsetzt, um das Publikum zu erfreuen (*delectare*) und dessen Wohlwollen zu erlangen. Bei Quintilian werden *ethos* und *pathos* dann endgültig als graduell gestufte schwache und starke Affekte verstanden.

Dietmar Till

Euphorie → MANIA/FUROR → FREUDE

Fiktionsemotionen → EMOTIONEN, FIKTIONALE

Fiktionsparadox → EMOTIONEN, FIKTIONALE

Freude – Dass Freude nie Dauerzustand, sondern nur Ereignis sein kann, ist im Falle der literarischen Moderne um 1800 geschichtsphilosophisch begründet: in einer Zwischenstellung nach Antike und Mittelalter sowie vor der Ankunft eines neuen Goldenen Zeitalters. Dem entsprechen formal nicht allein die Dramaturgie des Happy Ends, sondern auch narrative Strukturen der Prä- und Postfiguration wie in romantischen Erzählwerken von Novalis bis Eichendorff; außerdem manifestiert sich der Ereignischarakter häufig im Motiv des Festes. Als Affekt drängt das freudige Gefühl in seinem Überschwang nach einer expressiven Sprache, etwa im Stil der Empfindsamkeit oder des Sturm und Drang. Jene gesteigerte statt gemäßigte Emotion kommt, exemplarisch in Goethes Lyrik, subjektgebunden und objektbezogen zum Ausdruck (vgl. 4.4 HAMILTON): Jemand empfindet Freude an/über etwas. Als Idee weitet sich die Freude ins Allgemeine: Dafür stehen Klopstocks Oden, einige Gedichte Hölderlins, am prominentesten Schillers Hymne von 1785 an den „schönen Götterfunken" universeller Harmonie. Mit der klassischen Ästhetik erreicht eine dem ‚Elysium' nachgebildete Seligkeit ihren höchsten ideellen Status. Späteren Epochen gerät Freudigkeit zur prekären Ausnahme; post-avantgardistisch begegnet man vereinzelt, so bei Mayröcker, der bewusst sprachlich erzeugten Euphorie (→ ENTHUSIASMUS, → HEITERKEIT).

Anja Gerigk

Furcht → ANGST, → ELEOS/PHOBOS, → SCHRECKEN/TERROR

Gefühl – Die Verwendung des Worts Gefühl, wie sie sich ab dem Ende des 17. Jahrhunderts in Wörterbüchern findet, ist zunächst semantisch weit. Analog zu den Wortbildungen Gehör oder Gesicht bezieht sich Gefühl in erster Linie auf Daten des Tastsinns und kann von dort alle Arten von sinnlichen Eindrücken und

→ EMPFINDUNGEN sowie Gemütsbewegungen im weiteren Sinn bezeichnen. Die zuvor dominierende Wortbedeutung der Taktilität tritt im 19. Jahrhundert sukzessive in den Hintergrund und macht einem besonderen Begriff des Gefühls Platz. Während → AFFEKTE nun als reflexhafte Reaktionen auf äußere Anstöße gelten, beschreibt man das Gefühl als ein reflexives Geschehen im Subjekt (Stalfort 2013). Gefühle sollen dabei in besonderer Weise der Gestaltung und Moderierung (Bildung, Veredelung, Kultivierung) zugänglich sein. Voraussetzung für diese Auffassung ist die Konzeptualisierung des Gefühls als eigenständiges Vermögen zwischen Erkenntnis und Begehren. Die Aufklärungsphilosophie fasst das Gefühl als die Fähigkeit, sich einer sinnlichen Empfindung bewusst zu werden: Gefühle sind ins Bewusstsein tretende Erregungen. Von Erkenntnissen sind Gefühle insofern unterschieden, als sie sich dem Bewusstsein gemäß der Leibniz-Wolffschen Schulphilosophie nicht klar und deutlich, sondern nur undeutlich präsentieren und entsprechend schwer in Worte zu fassen sind. Der Kant-Nachfolger Wilhelm Traugott Krug bestimmt Gefühle entsprechend als Urteile, mit denen man etwas für schön, wahr, edel oder gut hält, ohne sich der Gründe klar bewusst zu sein (Krug 1823). Die Neufassung des Gefühlsbegriffs bereitet sich in der Ethik und in der Ästhetik des 18. Jahrhunderts vor, die über sittliche beziehungsweise → MORALISCHE GEFÜHLE wie auch über das Gefühl für das Schöne, das Gefühl des → ERHABENEN oder die → GEMISCHTEN GEFÜHLE nachdenken. Mit dem 20. Jahrhundert tritt dem Gefühlsbegriff der Begriff der → EMOTION zur Seite, um ihn zumindest im wissenschaftlichen Diskurs als Leitbegriff abzulösen. Gründe dafür sind in der Durchsetzung experimenteller Methoden in der Psychologie sowie im Interesse an den physiologischen Grundlagen und der Universalität des Fühlens zu sehen (vgl. 2.6 LEHMANN).

Cornelia Zumbusch

Gefühle, gemischte – Bei den Gründervätern der philosophischen Ästhetik trifft der Begriff, mit dem wir heute ein vages Unbehagen fassen, die präzise analysierbaren, nicht reinen ästhetischen Gefühle. Das Gefühl des → ERHABENEN ist keine reine Lust, sondern eine mit negativen Momenten versetzte emotive Dynamik. So unterscheidet Edmund Burke *pleasure*, die reine Freude, die das Schöne bereitet, von *delight* angesichts des Erhabenen, dem „Frohsein", das mit dem Aufhören einer Qual einhergeht und gleichsam deren Echo enthält. Nachdem Kant bereits das moralische Gefühl der → ACHTUNG als eine Dialektik zwischen Demütigung der Selbstliebe und Hochstimmung durch das Bewusstsein der Teilhabe an einem Absoluten konzipiert hatte, gibt er in der *Kritik der Urteilskraft* im Erhabenen das prägnante Beispiel für ein gemischtes ästhetisches Gefühl: die Empfindung schnell wechselnder Anziehung und Abstoßung angesichts einer Naturerscheinung von überwältigender Größe oder Macht, die Kant als indirekte, in der Unlust entspringende Lust beschreibt (→ LUST/UNLUST), und aus dem „Widerstreit" zwischen der vom Eindruck überforderten Einbildungskraft mit der Vernunft erklärt. Auf dieser Basis wird Schiller das „Vergnügen an tragischen Gegenständen" zu verstehen suchen (→ TRAGÖDIENPARADOX). Doch auch in der Analyse des Schönen beschreibt Kant gemischte Gefühle, sofern sich in das Geschmacksurteil der Reiz der angenehmen Sinnesempfindung oder das begriffliche Wissen über den Zweck (Nutzen) des Gegenstandes einmischt (vgl. Recki 2006). Hier setzt er die freie (*pulchritudo vaga*) von der bloß anhängenden Schönheit (*pulchritudo adhaerens*) ab und prägt für letztere den Begriff eines „zum Teil intellektuierten Geschmacksurteils", das insbesondere auf die menschliche Schönheit bezogen ist: Hier steht das Bewusstsein vom (höheren) Zweck des Menschen in seiner moralischen Autonomie im Horizont des Erlebens. Nach Jean Paul wird es insbesondere die Romantik sein, die die Sensibilität für eine Vielfalt von gemischten Gefühlen kultiviert (vgl. Liessmann 2004).

Birgit Recki

Gefühle, moralische – Im Anschluss an den von John Locke vertretenen Sensualismus hat die Theorie der *moral sentiments* seit dem späten 17. Jahrhundert in der schottischen Aufklärung Hochkonjunktur in einer Sequenz von Versuchen, die Gefühle als Grundlage, Prinzip oder Element der Moral auszuweisen. Nach Shaftesbury, der in seiner Ethik das Gefühl für Recht und Unrecht aufruft, gilt es überdies, in einer Kultur der Geselligkeit den *sense of wit and humour* zu kultivieren, der als Instrument des guten Stils, der Kommunikation und der Distinktion im Dienst der Aufklärung und Zivilisierung im *test by ridicule*, der Lächerlichkeitsprobe kulminieren soll: Hält ein Gegenstand oder Adressat dem Auslachen stand, oder ist er durch Lachen aus der Fassung zu bringen? Mit starkem Akzent auf der Ernsthaftigkeit (→ ERNST) unternimmt Frances Hutcheson den Versuch, die Moral auf den *moral sense* des Wohlwollens zu gründen, David Hume macht geltend, dass es nicht ein spezifisch moralisches, sondern das allgemeinmenschliche Gefühl der → SYMPATHIE sei, worin die Moralität ihren Ursprung habe; Adam Smith begründet die mentale Funktion des *impartial spectator* [des unparteiischen Zuschauers] in der Sympathie des Nachvollzugs. Auf der Höhe der französischen Aufklärung mit ihrer materialistischen und rationalistischen Ausrichtung erinnert Jean-Jacques Rousseau an das Gefühl als Element der solidarischen Kommunikation: Wie der Geschmack der Sinn für das ist, was allgemein gefällt, so ist das Mitgefühl mit dem leidensfähigen Wesen, ob Mensch oder Tier, der Ursprung der Moralität. Für Lessings Poetik des Trauerspiels wird die Vorstellung vom mitleidigen als dem besten Menschen leitend (→ MITLEID). Auch Immanuel Kant hatte in den 1760er Jahren das Prinzip der Moral zunächst in einem verfeinerten Gefühl gesehen. Noch in seiner vernunftkritischen Begründung der Moral im guten Willen spielt das Gefühl der → ACHTUNG vor dem Gesetz als „Triebfeder" – das heißt als Motivation zur Umsetzung der Einsicht in das praktische Handeln – eine wichtige Rolle (vgl. Recki 2001). Dem Kantischen Rationalismus der Moralbegründung wird Arthur Schopenhauer das Mitleid als die einzige Quelle der Moral entgegenhalten. Friedrich Nietzsche in seiner radikalen Moralkritik misst dem Ressentiment als einer emotionalen ‚Umwertung der Werte' besondere Bedeutung bei und Max Scheler wird in seiner materialen Wertethik auf das Wertgefühl des moralischen Menschen setzen. Bis in die aktuelle Moraldebatte erweisen sich phänomenologische Untersuchungen zu emotionalen Bewertungsreaktionen wie etwa Empörung, → SCHAM und → SCHULDGEFÜHL als anschlussfähig (vgl. Tugendhat 1993; Lotter 2012).

Birgit Recki

Gestik/Mimik – Gestik und Mimik stehen an der Schnittstelle zwischen dem fühlenden Individuum und einem Außen, an das sie sich richten. Damit haben sie Ausdrucks- beziehungsweise Mitteilungsfunktionen, deren erstes Medium der bewegte menschliche Körper, genauer die Hände und Arme (Gestik) beziehungsweise das Gesicht (Mimik) sind. In antiken, in der Renaissance aufgegriffenen Traktaten zur Rhetorik (z. B. Quintilian) als ein die affektive Wirkung der Rede verstärkendes Element beschrieben und im Barock im Zuge einer generellen Tendenz zur inventarisierenden Kodifizierung der Affekte katalogartig erfasst (z. B. bei Le Brun), treten Gestik und Mimik in den Schriften der sich im 18. Jahrhundert formierenden modernen Ästhetik (Winckelmann, Lessing) als expressive Bewegungen des Körpers tendenziell in Gegensatz zu dessen geforderter idealschöner Darstellung. Das Schöne und das Ausdrucksstarke, beziehungsweise die Pole des stillstehenden und des bewegten Körpers, werden damit zum Gegenstand diffiziler Verhandlungen (vgl. Lessings *Laokoon*). Eine gegenläufige Durcharbeitung von Mimik und Gestik geht ungefähr zeitgleich vom Genre der *scène lyrique* (vgl. Rousseaus *Pygmalion*) beziehungsweise der Empfindsamkeitskultur (→ EMPFINDSAM/EMPFINDSAMKEIT) aus und mündet im Paradigma der melodramatischen Darstellung, die noch die Modi einer literarischen, im 20. Jahrhundert sogar filmischen, die Rede übersteigenden *melodramatic imagination* (Brooks, Kappelhoff) beeinflusst. Das maximierte mimisch-gestische Element wird hier, als Figur des Unaussprechlichen, zum Signal emotionaler Stärke, die im Medium der Worte nicht (länger) zu fassen ist.

Im späten 19. Jahrhundert entsteht eine Wissenschaft der Ausdrucksbewegungen, die von Darwins Versuch, die expressive Gestik und Mimik von Menschen und Tieren als evolutionäre Verschiebung ehemals funktional gerichteter motorischer Abläufe zu deuten, bis hin zu Warburgs Theorie der → PATHOSFORMELN, zu Klages' Ausdruckslehre und zu Balázs' Schriften über die intensive, immanente Expressivität (der filmischen Großaufnahme) des bewegten Gesichts reicht. Einen Bruch mit dieser Kopplung von expressivem Wert und körperlich-kinetischer Aktivität markiert Brechts, von Benjamin auf seine medientheoretischen Aspekte hin analysiertes Projekt eines Epischen Theaters, das vor allem die Geste aus der Darstellung von Handlungs- und Gefühlsverläufen herauslöst und zum Objekt von Wiederholung und Demonstration macht, die den Ausdruck selber in einen Gegenstand der Kritik verwandeln sollen.

Philipp Ekardt

Glück → FREUDE

Grausamkeit – Seit dem späten Mittelalter beschreibt das Wort grausam vorwiegend Gegebenheiten, Verhaltensweisen und Personen, deren unerbittliche Gewaltsamkeit Entsetzen und Schaudern im Sinne eines intensivierten ‚Grauens' hervorruft und als ‚barbarisch', ‚unzivilisiert' und ‚roh' gilt. Wird solcherart die anthropologische Grenze zum Unmenschlichen adressiert, bezieht sich der Terminus Grausamkeit seit der Mitte des 18. Jahrhunderts hingegen vermehrt auf einen inneren Zustand der Unempfindlichkeit, Gefühllosigkeit und -kälte (→ APATHIE/GEFÜHLLOSIGKEIT). Schon Montaigne reflektiert auf eine moralische Kategorie, indem er die Anwendung extremer Gewalt als das verwerflichste Laster (→ LASTER/SÜNDE) abhandelt (*Essais*, 2. Buch, Kap. 11). In der Zeit der Aufklärung wird dann mit Entschiedenheit davon ausgegangen, dass Grausamkeit Moralität voraussetzt und deshalb gerade nicht Tieren, sondern Menschen eignet. Im Unterschied zur verwandten ‚Unbarmherzigkeit' rückt mitunter nicht nur die völlige Abwesenheit von → EMPATHIE, sondern auch die Lust am Schmerz der anderen in den Vordergrund (Zedler, *Universal-Lexikon*). Als Gegenbegriff zu → MITLEID weckt Grausamkeit nachfolgend immer wieder das Interesse der philosophischen Ethik (Schopenhauer, *Über die Grundlage der Moral*).

Im Bereich der Ästhetik wird die Darstellung blutrünstiger Greueltaten von der Antike über das Mittelalter bis zur barocken Tragödie unter dem Begriff der *atrocitas* verhandelt (vgl. Meyer-Kalkus, *Wollust und Grausamkeit*). Der empfindsame Diskurs des 18. Jahrhunderts (→ EMPFINDSAM/EMPFINDSAMKEIT) überträgt Grausamkeit vom physischen auf den emotionalen Bereich und setzt sie konsequent mit der Gefühl- und Herzlosigkeit gegenüber dem Leid anderer gleich (z. B. Lessing, *Miss Sara Sampson*). Eine grundverschiedene Richtung der Abstraktion schlägt der Begriff bei Marquis de Sade oder in Artauds „Theater der Grausamkeit" ein, ist die Darstellung von Gewaltexzessen bei diesen Autoren doch nur ein Mittel unter anderen, um ein metaphysisches Jenseits des subjektiven Bewusstseins und der Vernunft erfahrbar zu machen.

Davide Giuriato

Hass – Hass zählt in den meisten Affektkatalogen zu den Hauptleidenschaften. Er wird häufig als Gegenpol zur → LIEBE und in Abgrenzung zum → ZORN und zur Verachtung bestimmt. Während die Liebe nach Verbindung strebt, strebt der Hass nach Trennung (Descartes, *Les Passions de l'âme*, Art. 79). Während der Zorn Schmerz will und vergehen kann (vgl. 3.1 CAIRNS), will der Hass Vernichtung und ist bleibend (Arist., *Rhetorik*, II.4, 1382a). Während die Verachtung eine Sache „des Kopfs" ist, ist der Hass „Sache des → HERZENS" (Schopenhauer, *Parerga u. Paralipomena*, 26 § 324). Eine anthropologische Verallgemeinerung des Hasses ist der Menschenhass (Misanthropie), vor dem etwa Platon im *Phaidon* als Reaktion auf eine individuelle Enttäuschung warnt. Mit der beliebten literarischen Figur des Misanthropen wird das Verhältnis des Einzelnen zur Gemeinschaft verhandelt, aber auch das menschliche Selbstverhältnis überhaupt, da eine konsequente Misanthropie den Hass auf sich selbst einschließt. Schließlich können literarische Texte gezielt oder ungewollt Hass produzieren, sei es, um eine, wenn auch negative, so doch affektive Bindung des Rezipienten zu erreichen, sei es, um in diesem Hass auf andere zu wecken. Die seit den 1990er Jahren vermehrt unter soziokulturellen Vorzeichen diskutierte *hate speech* (Butler) kann mit der rhetorischen Tradition der Invektive und Schmährede in Zusammenhang gebracht werden.
(→ BASISEMOTIONEN/GRUNDGEFÜHLE).

Johanna Schumm

Heiterkeit – Das Heitere ist eine → STIMMUNG und kennt als solche verschiedene Grade; ihre Skala reicht von der stillen Zufriedenheit bis zur völligen Ausgelassenheit. Sie umfasst sowohl die geselligen als auch die kontemplativen Anlässe und Äußerungsformen des Vergnügens. Im Unterschied zur semantisch verwandten → FREUDE lässt sich Heiterkeit als bleibende Charaktereigenschaft zuschreiben, zum Beispiel den unbeschwerten Gemütern bei Jean Paul. Philosophisch bezeichnet sie die einst epikureische Kunst einer lustorientierten Lebensführung (→ LUST/UNLUST). Der ‚heitere Sinn' ist literarhistorisch vor allem im 18. Jahrhundert zu Hause. Dichter der Anakreontik, wie Friedrich von Hagedorn, verfassen motivisch und rhetorisch konventionalisierte Verse über die Freuden des Lebens. Mit der Aufklärung geht das moderate Wohlbefinden in den Katalog bürgerlicher → TUGENDEN ein. Seine moderne ästhetische Ausprägung gewinnt das heitere Prinzip in der Weimarer Klassik: gemäß dem Wallenstein-Zitat ‚Ernst ist das Leben, heiter ist die Kunst' (→ ERNST). Für den Realismus wird die scherzhaft-gelassene Gestimmtheit (→ STIMMUNG) des narrativen Mediums textgestaltend. Daran knüpft Thomas Mann unter dem Stichwort der „Durchheiterung" an; so trägt der Erzähler des *Doktor Faustus* den sprechenden Namen „Serenus".

Adornos Theorie zufolge steht alle Kunst nach dem Holocaust jenseits klassischer Heiterkeit.

Anja Gerigk

Herz – Seit den Anfängen der Liebesdichtung (→ LIEBE) ist das Herz der Ort, an dem Emotionen situiert werden (Sappho Fr. 31: „das wahrlich/hat mein Herz in der Brust erschüttert" → ERSCHÜTTERUNG). Im 12. Jahrhundert zeigt die Dichtung der Troubadoure durch die Homophonie von *cors/cor*, dass das Herz zugleich eine Anspielung auf den konkreten Liebesakt ist. In der Renaissance taucht zusammen mit einer Fülle von Versatzstücken aus der Troubadourdichtung unter anderem auch das Herz wieder auf, aber die ursprüngliche Verbindung von Körper und Herz ist mit der zitathaften Verwendung aufgegeben. An den wenigen Stellen, an denen das Herz überhaupt thematisiert wird, steht der Begriff in einer Reihe von Bildern für die Verwicklung des Subjekts in den Liebesdiskurs (Pierre de Ronsard).

Im 17. Jahrhundert wird das Herz durch die Seele (*âme*) ersetzt, wenn es um die Artikulation von Leidenschaften geht. Einer der berühmtesten Monologe der Literatur, Phädras Geständnis im 3. Akt von Racines *Phèdre*, lokalisiert die Emotionen in der Seele anstatt im Herzen. Zwar heißt das nicht, dass das Herz als Sitz der Leidenschaften im Diskurs der französischen Klassik ganz verschwindet, doch es wird anders besetzt. Das Herz ist hier der Ort der dunklen Triebe und des Geständnisses: „Voilà mon cœur" (Racine, *Phèdre*, II,5 – vgl. 4.2 GEISENHANSLÜKE).

Die Dichtung der Romantik rückt den Begriff Herz in den Mittelpunkt. Im Anschluss an die *Confessions* von Rousseau, die das Herz als Ort der Selbstempfindung inszenieren, steht das Herz jetzt für den Ort des Selbst und der → TRAUER. Der Begriff Seele wird nicht wie in der französischen Klassik parallel verwendet, sondern verschmilzt mit der Bedeutung von Herz. Beide werden zu Metaphern der Innerlichkeit, die Figur hierfür ist das Grab (Victor Hugo).

Baudelaires *Mon cœur mis à nu* stellt einen weiteren Einschnitt in der Begriffsgeschichte des Herzens dar. Der Topos der Selbstentblößung spielt auf die Geständnispraxis bei Racine an, wird aber nicht mehr eingelöst. In der berühmten Karikatur Flauberts, die ihn mit einem auf dem Skalpell aufgespießten Herzen in der Hand zeigt, ist das Herz schließlich zu einer aus dem Körper herausgeschnittenen, toten Trophäe der Leidenschaften geworden.

Cornelia Wild

Heuchelei – Eine Sonderform der → VERSTELLUNG, bei der eine gute Eigenschaft vorgetäuscht wird. Luther prägt den Begriff im Deutschen als Übersetzung für das griechische *hypokrisis*, das in den Evangelien als Vorwurf gegen die Pharisäer (z. B. Mt 23.13; Mk 7.6) und gegen vorgetäuschte Frömmigkeit überhaupt (z. B. Mt 6.16) vorkommt. Dagegen ist Aristoteles' Verwendung von *hypokrisis* in der *Rhetorik* zunächst nicht abwertend, er entlehnt den Begriff der Aufführungspraxis von Dramen und bezeichnet damit den mündlichen Vortrag des Redners. Literarisch haben die Heuchelei wie die Verstellung ihre Hochzeit im höfischen Kontext: „l'hypocrisie est un vice à la mode, et tous les vices à la mode passent pour vertus", diagnostiziert Molières Don Juan (Akt V.2) und greift damit nicht nur die im „Tartuffe-Skandal" (Jauß) beunruhigend gewordene Frage auf, wie und ob ‚echte' von ‚geheuchelter' → TUGEND unterschieden werden kann und muss, sondern auch die semiotische und moralische Ambivalenz der Heuchelei (vgl. 4.3 SCHUMM). Das Laster (→ LASTER/SÜNDE) verkleidet sich in ihr als Tugend, und die Tugend versteckt ein Laster, pointiert auch La Rochefoucauld (*réflexion morale* 218). Verschärft wird dies, wenn die Heuchelei in den literarischen Kommunikationsakt eingeschrieben wird, also der Erzähler selbst heuchelt oder den Leser als Heuchler antizipiert, etwa in Baudelaires Anrede des „hypocrite lecteur" zu Beginn seiner *Fleurs du Mal*.

Johanna Schumm

Hoffnung – Erwartung eines zukünftigen Guten. Zu dieser Bedeutung stabilisiert sich der Begriff der Hoffnung um die Zeitenwende durch drei ineinandergreifende Prozesse. (1.) Die Positivierung des Erwartungsgegenstands: Kann in der älteren Literatur der Antike (nicht jedoch im AT, vgl. die Hoffnung auf Gott in den Klagepsalmen *Ps.* 13,6; 130,5) Hoffnung noch wertneutral im Sinn von ‚Erwartung' verstanden werden, wobei es keine Rolle spielt, ob sie sich auf ein Gut oder ein Übel richtet, erscheint der Begriff ab Platon als Erwartung eines Positivums. (2.) Die Positivierung der Hoffnung selbst: Die Verurteilung der Hoffnung als einen illusionären Selbstbetrug (Hesiod, *Erga*, 498–499; Sophokles, *Aias* 478) verschwindet in dem Grad, in dem die philosophischen und religiösen Heilsversprechen gewichtiger werden. Im Christentum werden Hoffnung und Gottesverhältnis miteinander identifiziert, Glaube und Hoffnung gehören zusammen (*Röm.* 4, 17). So erscheint die Hoffnung selbst als Gut. (3.) Die Transformation des Erwartungsgegenstandes: Damit verlagert sich der Erwartungsgegenstand vom weltlichen zum transzendenten Gut (das individuelle Heil der Seele – wie es die Mysterienreligionen und die Philosophie versprechen, z. B. Pindar, *Ol. 2*, 68 und Platon, *Phaidon* 64a, oder das Reich Gottes, *Lk.* 24,21; *Röm.* 5,2). Erst mit der Säkularisierung des Heilsgeschehens durch die Neuzeit richtet sich auch die Hoffnung wieder auf ein weltimmanentes Gut – mit fortschrittsoptimistischem und/oder utopischem Akzent.

Diese große Linie des europäischen Hoffnungsdenkens spiegelt sich in der Literatur nur bedingt. Sofern es sich nicht um geistliche oder ideologisch formatierte (z. B. sozialistische) Literatur handelt, überwiegt in ihr die Skepsis gegenüber den großen Verheißungen. Die stoisch-existenzialistische Position von Camus („Il faut imaginer Sisyphe heureux"), die zur antiken Skepsis gegenüber der Hoffnung zurückkehrt, stellt sicherlich ein Extrem dar, aber ein instruktives, von dem aus sich die weltliche Literatur Europas als Desillusionierungsunternehmen verstehen lässt.

Zu trennen ist die Hoffnung als Gegenstand der Literatur freilich von der Hoffnung als ästhetische Erfahrung. Im 20. Jahrhundert sind es Bloch in *Das Prinzip Hoffnung* (1959) und Adorno in der *Ästhetischen Theorie* (1970) gewesen, die die ästhetische Glückserfahrung als Versprechen eines wirklichen Glücks gedeutet haben. Dieses Glücksversprechen wird entweder kontrafaktisch gegeben (Adorno) oder aus latenten Schichten der Wirklichkeit (Bloch). In seinem Zeichen erscheint jede Kunst als Trägerin einer utopischen Hoffnung.

Wolfram Ette

Horror → Angst, → Schrecken/Terror

Hysterie – Von griechisch *hystera*, ‚Gebärmutter'. Gilt seit der Antike als spezifisch weibliche Krankheit und wird im 19. Jahrhundert als Nervenkrankheit und als psychisch bedingt aufgefasst. Ihre epidemischen Ausmaße und die große Anzahl von Patientinnen regen literarische Ausgestaltungen der Hysterie und Weiblichkeitsfantasien an, wie in Flauberts *Madame Bovary* (1857). Auch auf der Bühne, in Ibsens *Hedda Gabler* (1891) und Wildes *Salome* (1893), wird die Hysterikerin zu einer zentralen Figur. Maßgeblich für die literarische Auseinandersetzung um 1900 ist Freuds psychoanalytische Theorie (vgl. 2.4 Angeloch). In den *Studien über Hysterie* (1895) legen Freud und Breuer dar, dass die durch ein psychisches → Trauma nicht bewältigten Affekte und unbewussten Erinnerungen in die körperlichen Symptome der Hysterie umgewandelt werden. Die selbst literarisch verfassten Krankengeschichten erzählen von traumatischen Erfahrungen junger Frauen, ihrer Symptomatik und Behandlung. Hofmannsthal rekurriert 1903 (*Elektra*) in seiner dramatischen Bearbeitung des antiken Mythos' auf die Patientin Anna O. Mit der adoleszenten Protagonistin seiner Novelle *Fräulein Else* (1924) nimmt Schnitzler kritisch Bezug auf die Patientin Dora aus Freuds *Bruchstück einer Hysterie-Analyse* (1905). Auch Mela Hartwigs Novelle *Das Verbrechen* (1928) formuliert eine literarisch-feministische Kritik an Freud. Ein sadistischer Vater pathologisiert seine Tochter anhand psychoanalytischer Theoreme, um sie inzestuös an sich zu binden, während sie sich jedoch durch Vatermord befreit. Vor allem in der Moderne und in der Auseinandersetzung mit der Psychoanalyse wird die Hysterie literarisch produktiv.

Julia Freytag

Identifikation → IDENTIFIZIERUNG

Identifizierung – Der Begriff stammt aus dem Mittel- bis Spätlateinischen (Wortstamm lat. *idem*: derselbe) und ist im 18. Jahrhundert als Identität, im 19. Jahrhundert als Identifizierung (durch Anhängen des Suffix -fizieren; Wortstamm lat. *facere*: gleich machen, erkennen) in die deutsche Sprache eingegangen. Die Einführung des Terminus in die Psychologie wird Freud zugeschrieben, der als Identifizierung zwei Prozesse des ‚Sein-wollens wie' und des ‚Haben-wollens, was der andere hat' bestimmte. Ersteres ist dabei eine subjektbezogene, letzteres eine objektbezogene Bindung des Individuums. Die Literatur bietet auf intradiegetischer Ebene beide Identifizierungsprozesse als Motive: So stellen etwa die Doppelgänger romantischer Literatur ein Beispiel für subjektbezogene Identifizierung, Eifersuchtsgeschichten (→ EIFERSUCHT) ein Beispiel für objektbezogene Identifizierung dar. Auf extradiegetischer Ebene finden subjektbezogene Identifikationsprozesse zwischen Leser und Text statt: Der Leser identifiziert sich mit dem Protagonisten eines Textes, indem er Parallelen zwischen der fiktiven Figur und sich selbst erkennt oder herstellt. Texte, die die Identifizierung des Lesers mit dem Protagonisten verhindern oder erschweren, werden häufig als sperrig erachtet. Die Literaturwissenschaft problematisiert diesen Identifizierungsprozess durch die Untersuchung von Distanzierungsmechanismen, die Philosophie diskutiert ihn unter Begriffen wie → TRAGÖDIENPARADOX und Fiktionsparadox (→ EMOTIONEN, FIKTIONALE).
   (→ EINFÜHLUNG, → EMPATHIE)

Sarina Bornkessel

Intelligenz, emotionale – Halbfachbegriff, den der Psychologe und Journalist Daniel Goleman wohl nicht erfand, aber zum Titel eines einflussreichen populärwissenschaftlichen Buches kürte (die deutsche Übersetzung liegt 2013 in 23. Auflage vor). Der Ausdruck wurde in ausdrücklicher Analogie und Konkurrenz zu jenem Konzept von ‚rationaler' Intelligenz entworfen, das in einschlägigen Tests als IQ gemessen wird; Goleman verwendet die Abkürzung EQ für eine hypothetisch messbare Emotionale Intelligenz. Eine terminologisch stabile Unterscheidung zur ‚emotionalen Kompetenz' besteht nicht; allerdings wird dieser Ausdruck bevorzugt, wo die Messbarkeit emotionaler Fähigkeiten nicht suggeriert werden soll. Emotionale Intelligenz wird als Umgang mit Gefühlen bestimmt, der als ‚angemessen' gilt; als Kernbestand dient allgemein → EMPATHIE, verstanden als Fähigkeit, sich in andere hineinzuversetzen; als Negativfolie dienen Autismus und → ALEXITHYMIE. Verbindungen von ‚Emotion' und ‚Intelligenz' sind in jüngerer Zeit in einem breiten diskursiven Spektrum anzutreffen, das von der kognitivistischen Philosophie der Emotionen (vgl. etwa Nussbaum, *The*

Intelligence of Emotions) bis hinein in die Ratgeberliteratur reicht (vgl. z. B. von Kanitz). Das vage Konzept fasst die gestiegene Erwartung an Menschen zusammen, nicht nur im Privatleben, sondern auch in der Arbeitssphäre „emotionale Formen von Kapital in monetäre [zu] konvertieren" (vgl. Illouz). Die Lektüre von literarischen Texten gilt weithin als effektives „Trainingscamp" (Johannes Grethlein) für die Schulung Emotionaler Intelligenz (vgl. 4.9 STOCKHAMMER).

Robert Stockhammer

Intensität → SPANNUNG

Katharsis – Der Begriff der Reinigung *(katharsis)* umfasst in der griechischen Kultur ein weites Bedeutungsspektrum, das von kultischen Bädern über psychologische Therapien bis zur moralischen Reinigung oder zur philosophischen Klärung von Begriffen reicht. Aristoteles überträgt den Begriff der Reinigung im 6. Kapitel seiner *Poetik* auf die Tragödie: Diese ziele darauf, „im Durchgang durch → MITLEID *(eleos)* und Furcht *(phobos)* (→ ELEOS/PHOBOS) die Reinigung *(katharsis)* von derartigen Leidenschaften zu bewirken" (Vgl. 3.2 GÖDDE). Derart gegen ihre Kritiker (Platon) gerechtfertigt, bleibt die Wirkung der Tragödie jedoch kontrovers. Im 16. und 17. Jahrhundert werden drei Auslegungsmöglichkeiten erörtert: (1.) Die Reinigung gehe von den ‚tragischen Emotionen' (Furcht und Mitleid) aus und greife auf andere Leidenschaften über; (2.) sie beziehe sich auf die ‚tragischen Emotionen' selbst, die in gereinigter Form erhalten bleiben, oder sie wird (3.) im Sinne einer Befreiung von Emotionen gedeutet. Lessing verschiebt den Akzent von der Furcht auf das Mitleid: Das bürgerliche Trauerspiel diene der Sensibilisierung der in ihrem Charakter verhärteten Bürger. Jacob Bernays (1857) rekurriert auf die medizinische Wirkung: Die tragischen Affekte würden im Prozess der Tragödie erregt und wie lästige Körpersekrete abgeführt. Breuer und Freud verwenden die ‚kathartische Kur' zur Hysterietherapie (→ HYSTERIE). Nietzsche propagiert die ‚Entladung' als höchsten ästhetischen Genuss. Im 20. Jahrhundert werden Konzepte der *katharsis* von der bildenden Kunst (Warburg-Schule), der Kommunikationswissenschaft und Rezeptionsästhetik (Jauß) wie auch in der politischen Auseinandersetzung über die Gewalt in den neuen Medien kontrovers diskutiert.

Martin Vöhler

Laster/Sünde – Sittlich problematisches Verhalten, in der christlichen Theologie Abwendung des Menschen von Gott und Ungehorsam gegen sein Gesetz. Der Konnex von Laster und → AFFEKT wird in der antiken Philosophie instrumentell bestimmt, er ist aber nicht zwingend; im Zentrum insbesondere der Stoa steht daher die Affekttherapie zur Vermeidung von Fehlverhalten. Im Christentum werden im Zuge der Systematisierung der acht beziehungsweise sieben Hauptlaster (Euagrios Pontikos, *De octo spiritibus malitiae tractatus*, um 345–399) Affekte wie Stolz, Wollust, → NEID und → ZORN selbst zu Lastern (*vitia*) im Sinne von schlechten Charakterdispositionen oder Neigungen (*habitus*) umgedeutet, welche die Ursache von Sünden (*delicta/peccata*) sind. Diese werden fortan zum Gegenstand intensiver Beschäftigung. Neben ihrer Systematisierung in Summen und Lasterkatalogen sowie ihrer Beschreibung in der didaktischen Literatur (etwa Sebastian Brant, *Das Narrenschiff*, 1494) stehen allegorische Darstellungen, die von der *Psychomachia* des Prudentius (*349) bis zur barocken Emblematik weite Verbreitung finden. Die mittelalterlichen Jenseitsreisen und -visionen weisen in ihrer dämonisierenden und paränetischen Darstellung der Folgen von Lasterhaftigkeit auch eine wirkungsästhetische Instrumentalisierung von → ANGST, → EKEL, → MITLEID oder Reue angesichts der ausgestellten Höllenstrafen auf, wie sie später auch das geistliche Spiel und die barocken Theatertraditionen prägen. Eine Positivierung von Lasterhaftigkeit in Abgrenzung zu religiösen oder gesellschaftlichen Sinnentwürfen, welche Affektkontrolle fordern, verhandeln dagegen – im Sinne einer Individualisierung – zahlreiche moderne Genres. (→ TUGENDEN)

Julia Weitbrecht

Laune – Der Begriff der Laune, der zunächst als Übersetzung des englischen *humour* und des französischen *humeur* Eingang in den ästhetisch-anthropologischen Diskurs der Aufklärung findet, erfährt in der zweiten Hälfte des 18. Jahrhunderts eine bemerkenswerte Konjunktur. In seiner Grundbedeutung meint er den ‚Zustand' oder die ‚Fassung', in der sich das ‚Gemüth' jeweils befindet, kann aber auch (wie der englische *humour*) – obgleich sich diese Bedeutung um 1800 allmählich wieder verliert – eine charakterliche Gemütsbeschaffenheit meinen. Meist bezeichnet die Laune allerdings einen besonderen und idiosynkratischen oder gar bizarren Gemütszustand. Weil eine Laune das Gemüt zumeist plötzlich anwandelt, ohne dass sich erklären ließe, woher sie kommt und worauf sie abzielt, wird sie im ausgehenden 18. Jahrhundert gerne im Zusammenhang mit dunklen Perzeptionen oder Ideenassoziationen diskutiert. Als positiver Zustand kann sie jene ideale psychische Verfassung meinen, in der der Seelenruhe genau das richtige Maß an Unruhe beigemischt ist – ein Zustand, der sich auch künstlich herbeiführen lässt; als negativer Zustand kann sie eine irritierende und nervenzerrüttende → STIMMUNG meinen, die, wenn sie nicht durch bestimmte Selbsttechniken in gute Laune überführt wird (→ AFFEKTKONTROLLE), bis zum Selbstmord führen kann. Als heitere Laune und im Sinne des englischen *humour* wird sie, zumal in ästhetischen Diskursen, auch gerne als ‚komische' Stimmung verstanden, die durch Verzerrungen und Umkehrungen Lachen erregt (→ HEITER-

KEIT). Dass Laune von lateinisch *luna* abstamme, wird von den meisten Sprachhistorikern des 18. Jahrhunderts abgelehnt.

Christiane Frey

Leiden, Erleiden → PASSIO, → PASSION

Leidenschaft → AFFEKT/LEIDENSCHAFT

Liebe – Der Begriff Liebe stellt die denkbar größte Herausforderung sowohl für die natur- als auch für die sozial- und kulturwissenschaftliche Emotionsforschung dar: Kein anderer Emotionsbegriff bezeichnet das Aufeinandertreffen einer derart starken Batterie biologischer Programme (Sexualität, Eltern-Kind-Bindung, Gruppenzusammenhalt) mit einem derart dichten Geflecht kultureller Konstruktionen. Als Darstellungsraum *par excellence* dieses Diskursmassivs galt jahrhundertelang der gedichtete Text – sodass die Geschichte der westlichen Literatur zu großen Teilen als Geschichte verschiedener Liebescodes geschrieben werden kann: Sapphische Liebespathologie, platonischer *eros*, ovidianische *ars amatoria*, christliche *agapê*, mittelalterliche Passionsmystik (→ PASSIO, vgl. 3.3 LARGIER), *fin'amors* der Troubadours (vgl. 3.4 WILD), höfische Minne, petrarkistische Liebesparadoxien, *passion* der französischen Klassik (→ PASSION, vgl. 4.2 GEISENHANSLÜKE), empfindsame Kommunikation des 18. Jahrhunderts (vgl. 3.8 GIURIATO), romantische Engführung von Liebe und Tod, surrealistischer *amour fou* – das sind nur einige Stationen eines Kontinuums, in dem ‚Liebe schreiben' und ‚Dichten' nahezu koextensive Termini waren. Die Geschichte der Codes ist aber zugleich auch die Geschichte des Phänomens, denn Liebe ist „dasjenige Gefühl, das am stärksten durch die Diskurse gestaltet ist, in denen es beschrieben wird" (Demmerling/Landweer 2007, 130; vgl. Luhmann 1984).

Liebe ist der Name für ein komplexes Bündel von Phänomenen (Emotionen, Einstellungen, Dispositionen, Interaktionsmuster), das aber dennoch mental und sprachlich als einheitliche Erfahrung repräsentierbar und symbolisierbar ist (→ HERZ). Die beiden wichtigsten Polarisierungen innerhalb des Begriffs lauten: evolutionäres Programm *und* kulturelle Konstruktion, Emotion *und* Bindungsverhalten. Bei der Vermittlung dieser Polaritäten konkurrieren unter anderen phänomenologische, bindungstheoretische, evolutionspsychologische, sozialkonstruktivistische und psychoanalytische Ansätze. Die meisten Typologien zerlegen das Feld der Liebe in zwei oder drei Grundtypen, wie dies schon Platon mit der Unterscheidung zwischen *Aphroditê pandêmos* und *Aphroditê urania* tat (Plat. *Symposion* 180d). Heutige Typologien unterscheiden etwa *passionate love, intimate love, companionate love* (Sternberg 2004), wobei der Tatsache Rechnung getragen werden muss, dass der Liebesbegriff sexuelle und nichtsexuelle Bindungstypen (Elternliebe, Freundesliebe, Sympathie etc.) umgreift. Die größte theoretische Herausforderung stellt freilich die sexuelle Liebe dar, und zwar: (1.) durch die Infragestellung der Emotionstaxonomie überhaupt (Liebe produziert Ambivalenzen aller Art, wie z. B. Liebe – → Hass, Liebe – Angst/→ Furcht, Liebe – → Eifersucht; → Gefühle, gemischte); (2.) durch ihren zugleich interpersonellen und asymmetrischen Charakter (Liebe ist immer zwischen Personen, aber keineswegs im Sinne einer Wechselseitigkeit oder symmetrischen Beziehung); (3.) durch die Infragestellung des liebenden Ichs, das in der Verliebtheit radikalen Veränderungen bis hin zum Selbstverlust unterliegt (Freud 1921); (4.) durch die Infragestellung des Liebesobjekts, das unvermeidlich phantasmatische Züge annimmt (Idealisierung, „Sexualüberschätzung" – Freud 1905); an diesem Prozess setzen die kulturell überaus produktiven Mechanismen der → Identifizierung und → Sublimierung (Goebel 2009) an; sowie (5.) durch den Widerspruch zwischen der „singulären Referenz" menschlichen Liebesverhaltens (de Sousa 1987) und der Substituierbarkeit beziehungsweise Übertragbarkeit von Liebesobjekten. Mit diesem Widerspruch dürfte die eminente symbolische Produktivität der Liebe zusammenhängen, die Tatsache also, dass signifikative Prozesse in ihr eine größere Rolle spielen als irgendwo sonst im Bereich menschlicher Emotionen (Liebe als Zeichenpassion) – was wiederum die besondere Affinität zur Literatur begründet.

Martin von Koppenfels

Lust/Unlust – Bei der Lust (griech. *hedonê*, lat. *voluptas*) handelt es sich um eine angenehme sinnliche Empfindung, die sich bei Genuss einstellt und die meist mit der Befriedigung (biologischer) Bedürfnisse einhergeht, ohne in der organischen Befriedigung aufzugehen. Bei der Unlust handelt es sich entsprechend um eine unangenehme sinnliche Empfindung beim Ausbleiben einer solchen Befriedigung. In einzelnen Emotionspsychologien gelten Lust/Unlust als Grundaffekte (→ Basisemotionen/Grundgefühle), aus denen sich alle anderen Affekte ableiten. Während sie den Leidenschaften zugrunde liegen, sind sie selbst nicht zu definieren, sondern machen sich gleichsam als Färbung oder Tönung von Gefühlen geltend. Lust und Unlust sind in diesem Sinn als Gefühlsqualität beziehungsweise eine von mehreren Gefühlsdimensionen – etwa neben Erregung und Beruhigung oder → Spannung und Lösung – aufzufassen (Wundt 1911). In der Ethik werden Lust/Unlust mit dem Streben nach Selbsterhaltung oder Selbstvervollkommnung in Verbindung gebracht und entsprechend als Handlungsmotiv ausgelegt. Während Aristoteles in der *Nikomachischen Ethik* Lust als *telos* menschlicher Aktivitäten deutet, kann die Lust nach stoischer Lehre ein nur vermeintlich Gutes anzeigen. Wo Lust zum Ziel des guten Lebens erklärt wird (Epikur), wird sie allerdings nicht als maßloses Streben nach körperlichem Genuss, sondern als Schmerzlosigkeit des Körpers und Freisein von seelischer Unruhe (*apatheia*) gefasst. Unter dem Namen des „Lustprinzips" erklärt die Psychoanalyse das Streben nach Lust und Vermeiden der Unlust zum zentralen Antrieb des Menschen. Als ästhetische Lust oder Lust am Schönen spielt sie eine wichtige Rolle in der philosophischen Ästhetik. So zieht Kant in der *Kritik der Urteilskraft* die Lust an der formalen Zweckmäßigkeit eines Gegenstandes als Kriterium des Geschmacksurteils heran. Ästhetische Lust knüpft sich dabei an die bloße Vorstellung des Gegenstands und ist zu unterscheiden von Gelüsten (Konkupiszenz).

Cornelia Zumbusch

Mania/furor – Mit griechisch *mania* beziehungsweise lateinisch *furor* ist in dichtungstheoretischen Zusammenhängen seit Platon die ‚Besessenheit' des Dichters gemeint, der seine Werke unter göttlichem Einfluss produziert. *Locus classicus* für dieses Konzept ist Platons *Phaidros*, der vier Arten des göttlichen Wahnsinns unterscheidet (265a–b) und den Wahnsinn der Dichter auf die Musen zurückführt (*Ion* 533c–536d, am Beispiel des Rhapsoden; *Phaidros* 245a). Platon zielt mit seiner „Erfindung des wahnsinnigen Dichters" (Schlesier 2006) weniger auf die besondere Macht poetischer Sprache; vielmehr geht es ihm um die Entmachtung des Dichters, der, anders als der Philosoph, seine Werke nicht mit Vernunft schaffe. Seit Aristoteles (*Problemata* 954a, 36) werden *mania* oder *enthousiasmos* auch der → MELANCHOLIE zugeschrieben und als Ausweis besonderer geistiger Fähigkeiten aufgewertet (vgl. zum ‚manischen' Dichter bzw. Schauspieler: *Poetik* 1455a 30–34), wovon noch die Konzepte *ingenium* und Genie zeugen. Mittelalter und Frühe Neuzeit kennen – neben der Ekstase der Mystiker und dem Liebeswahnsinn (→ LIEBE) – insbesondere den heroischen Wahnsinn (*Chanson de Roland*, Hartmanns *Iwein*; Ariost, Tasso, Bruno). Die moderne Geschichte des Wahnsinns ist geprägt von der Antinomie zwischen einer theologisierenden oder pathologisierenden Ausgrenzung des Wahnsinns als ‚unvernünftig' und seiner Reklamierung als ästhetisches Register schöpferischer Begeisterung (→ ENTHUSIASMUS) und erweiterter phantasmatischer Wahrnehmung (Romantik, Surrealismus). Seit der zweiten Hälfte des 19. Jahrhunderts (insbes. bei Dostojewski, Baudelaire, Nietzsche) figuriert der Rausch als „physiologische Vorbedingung" der Kunst (Lange 1992, 25) und als Medium der Entgrenzung des Subjekts. An die Stelle des *furor poeticus* tritt in der Moderne zunehmend die Vorstellung vom ‚arbeitenden' Künstler (u. a. Valéry, Benn, Nietzsche: MA 155; aber auch schon Horaz, *Ars poetica* 295–322).

Susanne Gödde

Melancholie – Als klinische *Trauerkrankheit* (→ TRAUER) ist Melancholie eine psychische Erkrankung, charakterisiert durch Angstzustände (→ ANGST), lähmende Depression, das ‚Gefühl der Gefühllosigkeit' (→ APATHIE/GEFÜHLLOSIGKEIT) und Suizidneigung. Als *Charakterzug* bezeichnet Melancholie die Tendenz zu Pessimismus, Verzagtheit und Schwermut im Unterschied zum sanguinischen, cholerischen und phlegmatischen ‚Temperament'. In der Rede von vier Temperamenten lebt die antike Humoralpathologie bis heute fort. Melancholie adressiert drittens einen transitorischen Seelenzustand, eine ‚depressive Verstimmung' oder Nostalgie beziehungsweise Wehmut. Als subjektive → STIMMUNG kann Melancholie, besonders in Literatur und Bildender Kunst, auf Objekte oder Landschaften projiziert werden. Aus der Perspektive christlicher Theologie bezeichnet Melancholie als *acedia* oder ‚Trägheit des → HERZENS' schließlich eine der sieben Todsünden (→LASTER/SÜNDE), insofern Melancholie hier als verworfene Undankbarkeit gegenüber Gott, seiner Schöpfung und dem Erlösungswerk Christi interpretiert wird. Das christliche Erbe mischt der Depression das Element schwerer → SCHULDGEFÜHLE bei. Die Forschung zur Melancholie zeigt die in der Terminologie hörbare historische Tiefe der Problematik auf, während sie zugleich die Stabilität eines komplexen Syndroms durch die Zeiten erkennbar macht, dessen Charakteristik fortgesetzt zwischen Krankheit, Temperament, flüchtiger Empfindung und Todsünde schwankt (vgl. 3.5 GOEBEL).

Eckart Goebel

Melodram, Melodramatik → GESTIK/MIMIK, → PATHOS, → SENTIMENTAL/SENTIMENTALISCH

Mitleid – Die poetologische Bedeutung des Mitleids geht auf die aristotelische *Poetik* zurück, nach der die Tragödie durch die Erregung von Mitleid und Furcht (→ ELEOS/PHOBOS, → ANGST) eine reinigende Wirkung (→ KATHARSIS) erzielen soll (vgl. 2.1 TILL, 3.2 GÖDDE). In der *Rhetorik* des Aristoteles wird das Mitleid bestimmt als ein Leiden angesichts eines Übels, das einen anderen Menschen unverdient trifft und das man auch für sich selbst oder eine nahestehende Person befürchten muss. Wenn uns das Übel sinnlich vor Augen geführt werde, erscheine es besonders nahe und wirke deshalb in höherem Maße mitleiderregend. Für die neuzeitlichen Theorien des Mitleids bleibt die Opposition von Nähe und Entfernung konstitutiv. Eine weitere Leitdifferenz ist seit der Antike die Unterscheidung zwischen ‚pathologischem' und vernunftgesteuertem Mitleid, so zum Beispiel im *Briefwechsel über das Trauerspiel* zwischen Lessing, Nicolai und Mendelssohn (1756/1757): Während Mendelssohn das Mitleid aufgrund seiner Irrationalität dem Wirkungsziel der → BEWUNDERUNG unterordnet, sieht Lessing das Ziel des Trauerspiels darin, das Publikum im Mitleiden zu üben und es auf diese Weise moralisch zu bessern. Lessings positive Bewertung des Mitleids entspricht der Position Rousseaus, der das Mitleid (frz. *pitié*) als universale, präreflexive Quelle aller sozialen → TUGENDEN auffasst. Vergleichbare Theorien des Mitleids finden sich im Kontext der schottischen *moral sense philosophy*, zum Beispiel bei Adam Smith (u. a. unter dem Begriff *sympathy*). Das im 18. Jahrhundert auch neurophysiologisch begründete Mitleid ist ein Hauptcharakterzug der tugendhaften Charaktere im empfindsamen Roman und eines seiner zentralen Wirkungsziele besonders im Hinblick auf die weibliche Leserschaft (vgl. 3.8 GIURIATO). Einen expliziten Bruch mit der Poetik des Mitleids vollzieht Brecht in seiner Theorie des Epischen Theaters, indem er anstelle der → EINFÜHLUNG in die handelnden Personen den Verfremdungseffekt propagiert.

(→ EMPATHIE)

Caroline Torra-Mattenklott

Movere – Das Verb *movere* (bewegen) stellt einen der terminologischen Knotenpunkte der lateinischen Rhetorik dar, aus denen das neuzeitliche Emotionsdenken hervorgegangen ist. Es gehört zum etymologischen Wurzelgrund des seit dem 16. Jahrhundert bezeugten französischen Nomens *émotion* (→ EMOTION). Der rhetorische Begriff *movere* als Bezeichnung für die affektive Beeinflussung des Zuhörers schlechthin (vgl. 2.1 TILL) faltet sich in modernen Sprachen in eine Vielzahl dynamischer Termini aus; im Deutschen wären etwa die Präsenspartizipien ‚bewegend', ‚ergreifend', ‚rührend', ‚packend', ‚fesselnd', ‚mitreißend' und ‚spannend' zu nennen, die sämtlich emotionale Wirkungen bezeichnen (→ ERSCHÜTTERUNG, → SPANNUNG). Bei Cicero und Quintilian erscheint *movere* – neben *docere* und *delectare* – als eine der drei Redefunktionen (*officia oratoris*), die zugleich bestimmte Wirkungsprinzipien bezeichnen. Die römische Schulrhetorik ordnet die drei Funktionen ferner je einer Stilart zu, wobei *movere* mit dem hohen Stil (*genus grande*) und also mit starken emotionalen Wirkungen (→ PATHOS) verknüpft wird. Das rhetorische ‚Bewegungsprinzip' ist daher auch ein wichtiger Bestandteil der Rhetorik des → ERHABENEN, wie sie über den griechischen Traktat *Vom Erhabenen* des Pseudo-Longin an die Ästhetik des 18. Jahrhunderts vermittelt wurde. Für die im Zeichen der Empfindsamkeit stehenden Poetiken des 18. Jahrhunderts ist freilich ebenso die Ermäßigung dieses Prinzips zum Begriff der → RÜHRUNG charakteristisch. Ein anderer, singulärer Weg ist Klopstocks Umwertung der Rhetorik des *movere* in eine Poetik der (asemantischen) ‚Wortbewegung' in der das Bewegungsprinzip von allen persuasiven Zielen entkoppelt und ganz ins metrisch-rhythmische Sprechen des Gedichts zurückverlegt wird (dazu: Menninghaus 1989).

Martin von Koppenfels

Neid – Neid ist ein „*ugly feeling*" (Ngai), eine negative Emotion. Neid entsteht durch den Vergleich mit dem anderen, uns ähnlichen, der zu einer gekränkten

Selbstwahrnehmung führt. In der antiken Philosophie geht es Platon um die Ausschaltung des Neids: Er will den Neid aus der *polis* verbannen, um das Wohl der Gemeinschaft zu gewährleisten. Aristoteles wiederum entwickelt eine Phänomenologie des Neids; Neider und Beneideter, so Aristoteles, stehen einander zeitlich und räumlich nahe. Neid kann einhergehen mit dem Bedürfnis nach Gewalt: Nicht nur will der Neidische haben, was der andere hat, zudem will er diesen anderen zerstören, um seinen Platz einzunehmen. Die Freud'sche Psychoanalyse kennt den Begriff des „Penisneides" als zugleich symbolisches und emotionales Korrelat des originären Mangels und Ursprung alles Begehrens (dem auf Seiten der männlichen Psyche die „Kastrationsangst" entspricht).

Neid galt bereits im 19. Jahrhundert als ‚weibliche' Emotion; Kierkegaard zum Beispiel begreift Neid als „versteckte → BEWUNDERUNG". Weiblich markiert, erscheint Neid auch als emotionale Grundlage weiblicher Freundschaft (Filmbeispiele dafür sind *All About Eve*, 1950, oder *Single White Female*, 1992). Feministische Theorien haben diese Form von Neid als Effekt einer patriarchalen Ideologie entlarvt. Positiv und ideologiekritisch umgedeutet, bedeutet Neid das Erkennen von (sozialen und kulturellen) Ungleichheiten – damit verwandelt sich das passive Erleiden von Neid in ein aktives Erkennen von Antagonismen, was in einem Impuls zur Handlung mündet.

Erzähltechnisch ist Neid – wie auch die → EIFERSUCHT – mit der Intrige verbunden. In seiner Untersuchung von Shakespeares Dramen zeigt René Girard (1991), dass Neid als zentraler Motor des Plots ein Problem der Mimesis („mimetisches Begehren") ist (vgl. 4.1 LOBSIEN).

Schamma Schahadat

Passio – *Passio* ist neben *affectus* eines der lateinischen Äquivalente für griechisch *pathos* (→ AFFEKT/LEIDENSCHAFT, → PATHOS). Erich Auerbach hat in einem grundlegenden Aufsatz von 1941, *Passio als Leidenschaft*, darauf hingewiesen, dass eine kultur- und begriffsgeschichtliche Entwicklung nachzuzeichnen ist, in der *passio* im Laufe der Zeit die Bedeutung des im Deutschen seit dem 17. Jahrhundert gebräuchlichen Wortes Leidenschaft annimmt. Dabei mischen sich schon in der Spätantike stoische und aristotelische Elemente der antiken Seelenlehre, die *passio* als gleichzeitig leidende und aktive Bewegung der Seele versteht. Unter christlichem Einfluss verschwindet die stoische Abwertung der *passiones*, die dem Ideal des ruhigen, weisen und selbstbeherrschten Menschen entgegenstehen. *Passio* wird in der Adaptation der *gloria passionis* und des Leidensvorbilds Christi zum Ort einer produktiven Verbindung passiver und aktiver Aspekte, also des passiven Erleidens und der aktiven Hingabe. So bildet sich aus, was modern als Leidenschaft, insbesondere als Liebesleidenschaft (→ LIEBE) verstanden wird, geht doch die Passionsmystik, also die Kultur aktiv gelebten Liebesleidens, in den Begriff der Leidenschaft ein, der in der Neuzeit denjenigen des Affekts ablöst und in der Differenzierung von Leidenschaft und → GEFÜHL im 18. und 19. Jahrhundert neu Gestalt annimmt.

Niklaus Largier

Passion – Mit dem Begriff der Passion, der auf griechisch *pathos* (→ PATHOS) zurückgeht, verbinden sich im Bereich menschlicher Subjektivität Vorstellungen des Erleidens, Empfangens und Erlebens, in deren Zentrum ein ‚tätiges' Leiden steht. Darunter ist die Mobilisierung starker Gemütsbewegungen zu verstehen, die nicht nur momenthaft-affektiv ‚überwältigen' oder ‚hinreißen', sondern in ihrer Struktur gleichzeitig habituelle Form besitzen. Auf dieser Grundlage entwickeln sich innerhalb des seit der Antike engen Zusammenhangs zwischen Rhetorik und Poetik (vgl. 2.1 TILL) einerseits Modelle der Klassifikation von Passionen und Leidenschaften, andererseits Reflexionen darüber, mit welchen sprachlichen Mitteln und Verfahren diese in Rede und Schrift produziert werden können. Während in der klassischen Antike, vor allem in der Stoa, Passionen als Störung des Seelenlebens angesehen wurden, gewinnen diese in der christlichen Lebenspraxis seit Augustin einen neuen Stellenwert. Sie werden nun, bezogen auf das Ideal der Gottesliebe (→ LIEBE), zum Gegenstand einer Pädagogik, die positive und negative Passionen unterscheidet, gleichzeitig aber auch die Modellierbarkeit der Passionen durch religiöse Techniken in den Vordergrund rückt. Dabei dient die Leidensgeschichte Christi und ihre Vorbildhaftigkeit als neues Modell einer Passionskultur, die auch mit Elementen der klassischen Rhetorik arbeitet. Mit dem Humanismus setzt eine neue Thematisierung der Passionen ein, die im Anschluss an die christliche Tradition und an die klassische Rhetorik die Leidenschaftsdarstellung in der Literatur der Frühen Neuzeit bestimmt und auch den Hintergrund der Auseinandersetzung mit den Passionen bei Descartes, Spinoza und Kant bildet. Eine eigentliche Entrhetorisierung des Verständnisses der Passionen findet erst dort statt, wo das aufgeklärt-bürgerliche Natürlichkeitspostulat und das Misstrauen gegenüber rhetorischer ‚Künstlichkeit' in den Vordergrund tritt.

Niklaus Largier

Pathos – Die Auffassung vom Pathos als exaltiertem, in großen Gesten zur Schau getragenem Gefühl (→ GESTIK/MIMIK, → PATHOSFORMEL), das seinen Ort vor allem im Unterhaltungskino, Kitsch und Melodram hat, verdankt sich einem historischen Bedeutungsverfall. Abgeleitet von griechisch *paschein* (erleiden) bezeichnet *pathos* in der klassischen Antike vorübergehende, heftige Gefühlsereignisse. Grundlegend für die Literatur ist Aristoteles' Pathos-Lehre. Bezogen auf die tragische Fabel meint *pathos* ein verderbliches Geschehen und das daraus resultierende schwere Leid (*Poetik*, Kap. 11). Im Tragödiensatz (*Poetik*, Kap. 6) findet sich die Formel von der Reinigung (→ KATHARSIS), die je nach Auslegung die erregten Emotionen → ELEOS und → PHOBOS oder alle im Übermaß vorhandenen Emotionen betrifft (vgl. 3.2 GÖDDE). In der *Rhetorik* wird *pathos* neben den Sachargumenten (*pragma*) und der Glaubwürdigkeit des Redners (→ ETHOS) dem rhetorischen Zweck der Überzeugung unterstellt. Indem man den Zuhörer in bestimmte Gefühlslagen versetzt, kann man seine Einschätzung von Sachverhalten beeinflussen (vgl. 2.1 TILL). Das dritte Buch der *Rhetorik* diskutiert die Passung von Emotionen und Gegenständen als Problem des Stils. Über den Traktat *Über das Erhabene (peri hypsous)* des Pseudo-Longin wird die Auffassung vom pathetischen als hohen Stil in die Genus-Lehre überführt. Obwohl – oder gerade weil – die pathetische Schreibart (Tragödie, Ode, Elegie, Heldengedicht) in der Gattungshierarchie ‚oben' angesiedelt wird, befassen sich sowohl Gottsched als auch Bodmer und Breitinger vor allem mit den Problemen der Übertreibung, des Gekünstelten und des Abrutschens in Lächerliche. Damit ist dem modernen Verdacht gegen das Pathos der Boden bereitet, der selbst in emphatischen Pathos-Poetiken durchscheint. Laut Schiller wird Pathos als Leiden der Kreatur nur ästhetisch, wenn sich zugleich die Erhebung über das Leiden zeigt (Schiller, *Über das Pathetische*). Für Nietzsche ist Pathos eine Kunstform, die vom echt Dionysischen durch den ‚Graben der Reflexion' getrennt ist. Die an Nietzsche anknüpfende Forderung von Stefan Zweig (*Das neue Pathos*, 1913), Pathos als Ursprache des Gedichts wiederzuerwecken, um die Massen zu überzeugen, hat den Verdacht gegen ein spezifisches *Pathos der Deutschen* (Bolz 1996) wohl eher befördert statt ausgeräumt.

Cornelia Zumbusch

Pathosformel – Den Begriff Pathosformel prägt der Kulturwissenschaftler und Kunsthistoriker Aby Warburg in seinem 1905 gehaltenen Vortrag *Dürer und die italienische Antike*. Als Pathosformeln bezeichnet er in Bildern seit der Antike auftretende, formal weitgehend stabile gestische Muster (→ GESTIK/MIMIK), die eine Repräsentation hoch-intensiver Affekte leisten. Diese wiederkehrenden motivischen Darstellungen kinetisch wie seelisch animierter menschlicher Körper – Warburg spricht in diesem Zusammenhang auch von Ausdrucksbewegungen – dienen der bildlichen Fassung von Emotionalität; auch dahingehend, dass für Warburg die zivilisatorische Relevanz der Pathosformeln nicht zuletzt in einer den Affekt regulierenden, ihn also buchstäblich einhegenden Funktion besteht, als deren Resultat er die Produktion von Distanzbewusstsein ansieht. Innerhalb seines kulturpsychologischen Ansatzes, für den unter anderem Darwins evolutionäre Ausdruckstheorie in *The Expression of the Emotions in Man and in Animals* (1872) einen wichtigen Anstoß gab, denkt Warburg die Pathosformeln als energetische Prägungen und formuliert die Annahme von deren Polarisierbarkeit beziehungsweise Invertierbarkeit, der zufolge sie in ihren je unterschiedlichen kulturhistorischen Aktualisierungen verschiedene, ja sogar gegensätzliche emotionale Qualitäten beziehungsweise Valenzen transportieren können (wie etwa im Fall einer in Warburgs Interpretation leichtfüßig daher schreitendenden Dienerin in Ghirlandaios *Geburt Johannes des Täufers* (1490), die die Darstellung rasender Mänaden aus der Antike aufruft). In seiner Studie *Europäische Literatur und lateinisches Mittelalter* bezog sich Ernst Robert Curtius auf Warburgs Begriff und verband ihn mit der literaturwissenschaftlichen Toposforschung. In dieser Übertragung, in der die Pathosformeln einen an die Darstellung der Leidenschaften anknüpfenden literarischen Topos unter vielen bezeichnen, geht allerdings deren gestischer, kinetisch-figurativer sowie kulturpsychologischer Charakter verloren. Substantielle Überschneidungen ergeben sich hingegen zwischen Warburgs Begriff und der Literaturgeschichte, wo er sich mit antik-rhetorischen und tragödientheoretischen Konzepten des → PATHOS (z. B. Lessing und Nietzsche, deren Schriften Warburg rezipierte) berührt. In der neueren Forschung haben sich unter anderem die Tanzwissenschaft (Brandstetter), auch im Hinblick auf die historisch parallel zu Warburgs Begriffsbildung stattfindende Entwicklung des modernen Tanzes, sowie eine genuin affektgeschichtlich ausgerichtete Literaturwissenschaft (Port) auf das Konzept der Pathosformeln bezogen.

Philipp Ekardt

Peinlichkeit → SCHAM

Phobos → ELEOS/PHOBOS

Rührung – Rührung ist eine zentrale wirkungsästhetische Kategorie des 18. Jahrhunderts, die im weiteren Sinne jede Art der inneren Bewegung, im engeren Sinne besonders die mit der → EMPFINDSAMKEIT assoziierten sanften und zärtlichen Affekte umfasst. In der rhetorischen Poetik steht Rührung für das lateinische → MOVERE und wird mit einem pathetischen, die natürliche Logik des Affekts imitierenden Stil in Verbindung gebracht. So bestimmt Johann Jakob Breitinger in seiner *Critischen Dichtkunst* (1740) die „hertzrührende Schreibart" als Nachahmung leidenschaftlicher Rede; seine Auflistung rührender Stilmittel orientiert sich an Pseudo-Longins Schrift *Vom Erhabenen*. Ein geläufiger Topos der empfindsamen Affektpoetik ist das *si vis me flere* der Horazischen *Ars poetica*, dem zufolge ein Dichter nur dann zu rühren vermag, wenn er sich selbst in einen leidenschaftlichen Zustand versetzt. In der philosophischen Ästhetik Baumgartens wird die rührende Wirkung der Dichtung erkenntnistheoretisch begründet; eine Erkenntnis, die rührt, also das Begehrungsvermögen der Seele in Gang setzt, wird als *cognitio viva* (‚lebendige Erkenntnis') bezeichnet. Dagegen erscheint Rührung in Rousseaus Theorie des Sprachursprungs als ein Kommunikationsziel, das der rationalen Entwicklung der Sprache vorausgeht: Die Sprache des Ursprungs ist nach Rousseau zugleich Musik und Dichtung; sie rührt durch Tonhöhenakzente, die dem natürlichen Ausdruck der Leidenschaften, zum Beispiel dem Schrei oder der Klage entlehnt sind. Für Rousseau ebenso wie für Herder ist die rührende Wirkung der Künste in der Gegenwart nur ein entferntes Echo ihrer früheren Macht. Von besonderer Bedeutung ist Rührung für die Gattungspoetik der Ode (vgl. 4.4 HAMILTON), des bürgerlichen Dramas (bürgerliches Trauerspiel, *comédie larmoyante*, Rührstück) und des empfindsamen Romans (vgl. 3.8 GIURIATO).

Caroline Torra-Mattenklott

Scham – Seit der Antike zählt die Scham zum festen Bestand der Affekte. Die Grundlagen für den Begriff der Scham hat Aristoteles in der *Rhetorik* gelegt, in der er diese als das mit → ANGST besetzte Gefühl definiert, die eigene Unterlegenheit anerkennen zu müssen. Scham erweist sich bei Aristoteles als ein negativer Affekt, der auf eine Herabsetzung des Selbst zielt, die zugleich dessen sozialen Status betrifft. In der christlichen Tradition wird Scham dagegen auf die Erbsünde (→ LASTER/SÜNDE) und damit auf die Geschlechtlichkeit des Menschen bezogen. Während die Scham in den ästhetischen und anthropologischen Theorien des 18. Jahrhunderts kaum eine Rolle spielt, erfährt sie in der Moderne bei Nietzsche, Darwin und Freud eine Aufwertung. Darwin bezieht sich auf das körperliche Zeichen des Errötens, um die Scham als den Affekt zur Geltung zu bringen, der den Menschen vom Tier unterscheidet. In einer grundsätzlichen Kritik des Christentums löst Nietzsche die Scham von der Sünde und versteht sie als Zeichen eines sich selbst verbergenden Edelmuts. Freud bezieht die Scham neben dem → EKEL einerseits auf die Geschlechtlichkeit zurück, gibt ihr andererseits in der Form der Peinlichkeit eine zentrale Funktion innerhalb der Psychoanalyse (vgl. 2.4 ANGELOCH). Im 20. Jahrhundert haben sich sowohl psychoanalytische (Wurmser) als auch soziologische (Simmel) sowie anthropologische und phänomenologische Theorien (Scheler, Sartre, Lévinas u. a.) der Scham angenommen. Scham erweist sich so als ein äußerst reicher Affekt, den philosophische, psychoanalytische wie soziologische Analyse untersuchen können (vgl. 4.2. GEISENHANSLÜKE).

Achim Geisenhanslüke

Schock – Grimms Wörterbuch informiert über die ursprüngliche Bedeutung des aus dem Althochdeutschen *scog* abgeleiteten Wortes, das zunächst eine mechanisch schnelle Bewegung des Werfens, Stoßens oder Schaukelns bezeichnete. Übertragen auf den Bereich der Emotionen meint Schock dann die plötzliche und intensive Bewegung der Affekte, wobei das genaue Zusammenwirken von somatischen und psychischen Faktoren in den seit Ende des 19. Jahrhunderts sich als wissenschaftliche Disziplinen formierenden Fächern der Psychologie, Psychiatrie und später in der Psychoanalyse sehr umstritten bleibt. Im Rahmen der Debatten um → HYSTERIE, Neurasthenie und → TRAUMA rückte die Frage nach dem Realitätsgehalt der von Freud auch „Schockneurosen" genannten Symptomatik immer stärker in den Vordergrund, spätestens seitdem mit Ende des Ersten Weltkrieges ehemalige Frontsoldaten, die durch Granatenbeschuss, Gräbenverschüttungen und andere Schockerlebnisse schwere emotionale Störungen erlitten hatten, als sogenannte ‚Kriegszitterer' in größerer Anzahl auffällig wurden und Problemfälle für den Arbeitsmarkt darstellten, die entsprechende therapeutische Maßnahmen (‚Schocktherapie') auf den Plan riefen. Schocks und ihre Folgen, die auch schon in der maschinell geprägten Industriezeit zu beobachten waren, stellten damit nicht mehr nur isolierte Unfälle im ansonsten reibungslosen Betrieb der Moderne dar, sondern wurden in immer stärkerem Maße zu einer zentralen Metapher der Kulturkritik des 20. Jahrhunderts. Diese neue Funktion des Schocks als epochalem Psychem und Signalwort für die Beschreibung eines Jahrhunderts der Extreme mit zwei Weltkriegen und dem Vernichtungsexzess der Shoah reicht von Benjamin, der seinen Begriff von Schock nicht nur den Schriften Freuds, sondern auch der Praxis der zeitgenössischen Avantgarden entnehmen konnte, über Adorno bis hin zu Lyotard. Seit den Anschlägen vom 11. September 2001 scheint diese Problematisierung der technisch, medial und politisch begründeten Destruktivität *in* der Moderne zunehmend einem sicherheitspolitischen Diskurs über den Terror des anderen zu weichen (vgl. 3.10 EHRLICHER).

Hanno Ehrlicher

Schrecken/terror – In der aristotelischen *Poetik* heißt es, Ziel der Tragödie sei es, im Zuschauer → ELEOS und → PHOBOS hervorzurufen, um eine → KATHARSIS dieser Leidenschaften zu erreichen. Möglicherweise sollte letzterer Begriff – seinem Ursprung in der Medizin entsprechend – eine quasi therapeutische Affektentladung bezeichnen. Die Dramentheorie der Aufklärung deutete das Katharsis-Konzept jedoch in einem moralischen Sinne. Ihr zufolge sollte das abschreckende Beispiel der Tragödienfigur den Zuschauer zur Tugendhaftigkeit (→ TUGEND) erziehen. Für Lessing stellte *eleos* im Sinne von → MITLEID die wichtigere Wirkung des Trauerspiels dar. Er identifizierte *phobos* (,Furcht') als bloße Begleiterscheinung dieser → EINFÜHLUNG in den Protagonisten. Im Gegensatz dazu gewann *phobos* in der französischen Tragödientheorie die Oberhand. Übersetzt wurde der Begriff hier mit *terreur*, also ‚Schrecken' beziehungsweise ‚Schauder'. Die Identifikation der Tragödie mit dem Schreckaffekt ging so weit, dass schlichtweg vom *genre terrible* die Rede war (siehe etwa den Eintrag zur *terreur* in der *Encyclopédie*, 1765). Der didaktische Nutzen des Schreckens rückte dabei zunehmend in den Hintergrund, bis *terreur* als ästhetischer Selbstzweck erscheinen konnte (so z. B. in Baculard d'Arnauds Vorrede zu *Fayel*, 1770). Die Aufwertung des Schreckens erhielt durch die Theorie des → ERHABENEN Vorschub. Burkes *Philosophical Enquiry* (1757) brachte *terror* mit dem menschlichen Überlebenstrieb in Zusammenhang und interpretierte den Schrecken als Voraussetzung für die Antizipation von Gefahr und Vermeidung von Schmerz. Werde nur die *Vorstellung* einer gefährlichen und schmerzhaften Situation hervorgerufen, ohne dass eine *tatsächliche* Bedrohung bestehe, könne das Schreckliche größte Lust bereiten. Diese Annahme begünstigte die Entstehung des Schauerromans, der in Großbritannien zunächst als ‚Schreckensroman' bekannt war. Im Vorwort zum gattungsbegründenden *Castle of Otranto* (1764, 2. Aufl. 1765) bezeichnet Horace Walpole *terror* als den ‚Hauptmotor' der Handlung. Alleiniger Zweck dieses erzählerischen Mittels ist das Vergnügen am Schauder – wie in den vielen literarischen und filmischen Nachfolgern des Schauerromans auch, die bis heute eine erhabene Schreckensästhetik kultivieren (vgl. 4.6 FRANK).

Michael C. Frank

Schuldgefühl – Bewusstsein eines von mir begangenen Unrechts. Dass dieses Bewusstsein sich auch dann einstellt, wenn meine Tat unentdeckt bleibt, unterscheidet Schuldgefühl von Schamgefühl (→ SCHAM). In diesem Sinne setzt Erich Robertson Dodds den Beginn der europäischen Schuldkultur ins 5. Jahrhundert v. Chr., das heißt in die Blütezeit der griechischen Tragödie (vgl. insbesondere Aischylos, *Die Orestie*). Dieses Niveau einer Auseinandersetzung mit Schuld wurde von der antiken Philosophie nicht mehr erreicht. Der in ihr vorherrschende Ansatz einer intellektualistischen Ethik, dass Schuld auf Unwissenheit beruhe (Platon, *Politeia* 589c; vgl. auch Aristoteles' Missverständnis der tragischen Schuld als *hamartía*, als Denkfehler, *Poetik* 1453b 10), erschwerte ein angemessenes Verständnis von Schuld und Schuldgefühl. Zuständiger erschien dann die christliche Theologie, die bereits in den Evangelien, mit aller Entschiedenheit aber seit Augustinus Freiheit und Schuld miteinander verkoppelt. Entsprechend knüpft die philosophisch relevante Wiederaufnahme des Schuldproblems in der Moderne einerseits an die griechische Tragödie (Hegel), zum anderen an die theologische Diskussion (Kierkegaard) an. Hegel und Kierkegaard betonen den Zusammenhang von Schuld und Freiheit; das Schuldgefühl ist daher eine notwendige Begleiterscheinung der *conditio humana*. Freud wiederum entwickelt in *Totem und Tabu* und in *Der Mann Moses* die (mythologische) These, dass das Schuldgefühl auf die Tötung des Urvaters (des Patriarchen der prähistorischen Hordengesellschaft) zurückzuführen sei. Sein vitales Fortleben im Über-Ich und in den religiösen Mächten macht das Schuldgefühl zum Ausdruck neurotischer Unfreiheit gegenüber den Ursprungsmächten der menschlichen Existenz.

Was die Literatur betrifft, so ist für lange Zeit das Junktim von ernstem (→ ERNST) Drama und Schuldgefühl verbindlich gewesen. Dostojewskis und Kafkas erzählerische Werke stehen ganz im Zeichen des Schuldgefühls. Eine besondere Rolle spielt die Literatur des Holocaust: Die deutsche Kollektivschuld und das Schuldgefühl der Überlebenden des Massenmords sind spezifische, an dieses historische Ereignis gebundene Erscheinungsformen des Schuldgefühls, die einen breiten Strom erzählender Literatur nach sich gezogen haben.

Wolfram Ette

Schwermut → MELANCHOLIE, → TRAUER/TRAURIGKEIT

Sentimental/sentimentalisch – Anders als das englische Wort *sentimental*, das im Deutschen seit dem 18. Jahrhundert mit empfindsam übersetzt wird, hat das deutsche Adjektiv sentimental (von frz. *le sentiment*, → GEFÜHL, → STIMMUNG) einen deutlicher abwertenden Beiklang. Fasst man sentimental bereits zu Beginn des 19. Jahrhunderts neben → EMPFINDSAM auch als empfindelnd, mit einem Übergewicht der Empfindung ausgestattet oder gar als krankhafte Reizbarkeit des Gefühls auf, so versteht man im 20. Jahrhundert unter sentimental nur noch das Schwelgen, sich Hineinsteigern und Übertreiben der Empfindung, das seinen Ort im Trivialen, Melodram, Kitsch und Schlager hat. Begriffsstatus erhält die vom Adjektiv sentimental abgeleitete Wortbildung sentimentalisch durch Schillers Abhandlung *Über naive und sentimentalische Dichtung* (1796), die sich am Ende des empfindsamen 18. Jahrhunderts durchaus kritisch auf dessen Gefühlskult bezieht und die einfache Ungebrochenheit des antiken Naturverhältnisses vom distanzierten und reflexiv durchsetzten Naturgefühl der Modernen absetzt.

Cornelia Zumbusch

Simulatio/dissimulatio → VERSTELLUNG

Sorge → ERNST

Spannung – Spannung bezeichnet keine distinkte Emotion, sondern wird als Oberbegriff für unterschiedliche psychische Prozesse auf Rezipientenseite verwendet, deren Gemeinsamkeit darin liegt, dass sie durch die eine oder andere Form psychischer Aktivierung gekennzeichnet sind. Im Zentrum des Begriffsfelds steht das aufmerksame Verfolgen eines Handlungsverlaufs, das durch eigene Wünsche und Abneigungen bezüglich der weiteren Entwicklung emotional angeleitet wird. An der Peripherie stehen zum einen eine bloß kognitive Aktivierung, die durch anspruchsvolle Informationsvergabestrategien provoziert wird, und zum anderen durch die dargestellte Handlung ausgelöste Stressemotionen (insbesondere Furchtreaktionen), die mit einem hohen Maß kognitiver und physiologischer Aktivierung einhergehen. Die letzte Gruppe ist besonders mit Gattungen wie dem Schauerroman oder der Gespenstergeschichte assoziiert (vgl. 4.6 FRANK). Der Standardfall von Spannung, das emotionale ‚Hoffen und Bangen' (→ ANGST, → HOFFNUNG), findet sich zum Beispiel in der straffen Tektonik des Dramas oder in stark schemabasierten Handlungen (Melodram, Liebesplot, Detektivgeschichte) optimal verwirklicht, während sich die Höhenkammliteratur in Abgrenzung von der Unterhaltungsliteratur stark auf die kognitive Verrätselungsspannung verlegt hat.

Katja Mellmann

Staunen/Verwunderung – Die Begrifflichkeit des Staunens oszilliert seit der griechischen Antike zwischen einem Staunen (*thaumazein*) als Antrieb zur Erkenntnissuche, Staunen (*hedonê*) als Lust an der Kunst(-fertigkeit) und Staunen (*ekplêttein*) als eine das Denken arretierende → BEWUNDERUNG oder → ERSCHÜTTERUNG. Platon fasst das Staunen, insofern es zum Weiterfragen anregt, als Anfang der Philosophie auf, aber auch als ihr Ende, insofern die Ideenschau ebenfalls mit höchstem Staunen einhergeht. Aristoteles hingegen versteht das Staunen als Ausdruck einer Unwissenheit, die durch den Erkenntnisgewinn behoben werden soll (vgl. Matuschek 1991). Der Weise, so sieht es auch die stoische Philosophie, staunt somit gerade nicht. Zugleich weist Aristoteles dem Staunen einen wichtigen Platz in Poetik und Rhetorik zu, als Wirkungsziel der tragischen Peripetie sowie als Lust an sprachlicher Meisterschaft. Im Neuplatonismus gewinnt das Staunen neue Relevanz, wenn es als angemessene Reaktion auf das geistig Schöne bestimmt wird. Zugleich erhält es in Spätantike und Mittelalter theologische Bedeutung, wenn es als Vorstufe zum Glauben oder auch als höchste Form der Kontemplation des Göttlichen gewürdigt wird (*admiratio*, *stupor*). In der Neuzeit wird das Staunen zum einen wieder stärker als Motor der (natur-)wissenschaftlichen Erkenntnis thematisiert, zum anderen in den im *Cinquecento* und *Seicento* aufkommenden kunsttheoretischen Diskussionen um das Wunderbare als primäres Ziel einer Wirkungsästhetik etabliert (*meraviglia*). Descartes versteht das Staunen (*admiration*) einerseits als *die* grundlegende der sechs Basisleidenschaften (→ BASISEMOTIONEN/GRUNDGEFÜHLE) des Menschen, andererseits warnt er vor einem übermäßigen Staunen (*étonnement*), in dem der Mensch verharrt, wodurch jede weitergehende Erkenntnis unmöglich wird. Entsprechend geht es auch den deutschen Aufklärungspoetiken nicht mehr um ein hedonistisches Staunen, sondern um die pädagogische Instrumentalisierung des Staunens (häufiger: Verwunderung) beziehungsweise einer Kunst, die durch das Wunderbare (als Extremform des Neuen) zu Aufmerksamkeit, Neugier und schließlich zum Erkenntnisgewinn verhelfen soll. Baumgartens Begriff einer *thaumaturgia aesthetica* ist hier prägend. In Romantik und deutschem Idealismus rückt demgegenüber wieder das Staunen als emotionale Reaktion auf die Begegnung mit dem Numinosen, Absoluten oder → ERHABENEN in den Vordergrund. Diese Wertschätzung setzt sich in der Phänomenologie fort, die dem Staunen nicht nur eine zentrale Rolle für Ursprung und Wesen der Philosophie, sondern auch für die Wahrnehmung des Gewöhnlichen als Ungewöhnlichstem zumisst. Entsprechend spielt es im frühen 20. Jahrhundert auch für Theorien künstlerischer Verfremdung eine wichtige Rolle, sei es im Surrealismus oder im Epischen Theater. Die positivistischen Wissenschaften hingegen stehen dem Staunen seit dem 19. Jahrhundert zunehmend skeptisch gegenüber; es wird nun nicht mehr als erkenntnisleitend, sondern allenfalls noch als didaktischer Hilfsaffekt gewürdigt.

Nicola Gess

Stimme – Als Stimme Gottes spielt der Begriff Stimme (*qôl*) eine wichtige Rolle in der jüdischen Tradition und wird dort entweder als eine wirkliche, hörbare Stimme oder figurativ als eine innere Stimme gedeutet. In der griechischen Antike präzisiert erst Aristoteles die Unterscheidung zwischen Geräusch/Laut und Stimme (*phoné*), indem er unter letzterer vor allem das Stimmorgan versteht und sie an die Merkmale der Artikulation und der Semantizität knüpft. Menschen- und Tierstimme unterscheiden sich dabei nur graduell voneinander; dem Menschen eigen ist jedoch die „Absicht der Verständigung" (Göttert 1998, 23). Im Unterschied zu Platons Sprachskepsis versteht Aristoteles in der *Lehre vom Satz* die (Sprach-)Laute der Stimme als „Zeichen der in der Seele hervorgerufenen Vorstellungen" (ebd., 24) und weist ihnen so epistemologische Relevanz zu. Die Stoiker verstärken diese Aufwertung noch, indem sie das Sprechen als direkte Verkörperung des Gedachten (des Denkens als ‚innerer Rede') begreifen. In der Spätantike wird in physiologischen Kontexten die menschliche Stimme zwar noch immer mit der des Tieres verglichen, in der Regel aber gerade der Unterschied betont, der mit dem göttlichen Ursprung der menschlichen Sprache begründet wird. Der Primat des inneren Worts gegenüber dem äußeren, wie ihn Augustinus hervorhebt und der das christlich-jüdische Denken zunehmend prägt, wird dadurch jedoch nicht in Frage gestellt.

In Leibniz' Behauptung eines natürlichen Sprachursprungs spielt die Stimme eine wichtige Rolle, insofern an sie das Argument der Onomatopoiesis geknüpft ist. Das prägt die Diskussion um Natürlichkeit/Willkürlichkeit der Sprache bis zum deutschen Idealismus. So leitet Rousseau die menschliche Sprache vom unmittelbaren Gefühlsausdruck in der Stimme als einer Art Ur-Gesang ab; den Übergang von diesem zu konventionellen Sprachlauten beschreibt er als einen (die ursprüngliche Vokalität entstellenden) Artikulationsprozess, der mit der Entwicklung der Schrift einher geht. Herder sieht eine sowohl expressive als auch onomatopoietische Motivation des menschlichen Sprachlauts; letztlich zeichnet sich die Sprache jedoch durch das Moment der Besonnenheit aus, das den Menschen zur Auswahl bestimmter Merkmale der Objektwelt und auf deren Grundlage zur (inneren) Artikulation von Merkworten befähigt. In Hegels Philosophie schließlich spielt die Stimme eine zentrale Rolle, insofern sie die Bedingung dafür ist, dass es dem Selbst möglich ist, sich als solches zu erfahren, das heißt, ein Selbst-Bewusstsein zu entwickeln (vgl. Di Cesare 1998, 169). Ähnlich verbindet sich in der Romantik mit der Stimme das Versprechen von Präsenz des Absenten/Verlorenen. Diese an die Stimme geknüpften Vorstellungen von Präsenz und Selbstbezüglichkeit, an die im 20. Jahrhundert zum Beispiel Barthes anschließt, kritisiert Derrida als Grundfigur der europäischen Metaphysik seit Aristoteles und stellt dem Logo- als Phonozentrismus seine auf die *différance* der Schrift fokussierte Sprachphilosophie entgegen.

Nicola Gess

Stimmung – Haltung oder Disposition des Gemüts beziehungsweise Färbung der Gefühlslage eines Menschen, häufig auch auf körperliches Befinden bezogener Zustand (z. B. Behagen oder Spannung, Müdigkeit oder Schwäche). Philosophisch entfaltet sich der Begriff Stimmung in Abgrenzung von den Begriffen → Gefühl, → Affekt und → Empfindung als Ausdruck der Weltanschauung vor allem in der Philosophie des späten 19. und als Lebensgefühl in der Existenzphilosophie des frühen 20. Jahrhunderts (Kierkegaard, Heidegger, Sartre, Bollnow). Stimmungen kennzeichneten aber schon die Malerei und Literatur der Romantik (Riegl, Böckmann, Killy). Zudem bezeichnete der Soziologe Joseph de Rivera kollektiv vorherrschende, zumeist öffentliche Meinungen („Zeitstimmung") als Stimmung im Sinne eines *emotional climate*. Psychologisches Profil gewinnt der Begriff Stimmung in Abgrenzung zu Begriffen wie → Affekt/Leidenschaft, → Gefühl und → Emotion: Stimmungen sind von längerer Dauer, werden konsistenter und häufiger erfahren und sind im Gegensatz zu Emotionen nicht auf ein bestimmtes Objekt beziehungsweise Ereignis fokussiert. Nach William Morris sind Stimmungen nicht-intentionale Zustände mit niedrigerer Intensität, aber gleichwohl großer Auswirkung auf Wahrnehmung, Verhalten und Denken. Gestaltpsychologisch lassen sich Stimmungen als diffuser Hintergrund beschreiben, von dem sich Erlebnisse gleichsam als Figur abheben: Stimmungen sorgen so für eine Dauertönung des Erlebnisfeldes. Gordon H. Bower übertrug dieses Modell auf seine Deutung des Zusammenspiels von Stimmung und Gedächtnis (*Mood and memory*) (vgl. 3.9 Meyer-Sickendiek).

Burkhard Meyer-Sickendiek

Sublimierung – Nietzsche etabliert Sublimierung als psychologischen Terminus, um Prozesse kultureller Verfeinerung und Ritualisierung zu beschreiben, zum Beispiel Kampfspiele als Sublimierung sozialer Konflikte. Bei Nietzsche dient der Begriff dem Aufweis verborgener Spuren von → GRAUSAMKEIT, Rache, Zorn (→ ZORN/RACHSUCHT) und Macht, Altruismus etwa als Sublimierung egoistischen Lustgewinns. Bei Freud bezeichnet Sublimierung die Fähigkeit, das Objekt des Triebes zu wechseln: Substitution und Ablenkung. Sublimierung, über der stets der Schatten des Surrogates hängt, avanciert zum Schlüsselbegriff der Kulturtheorie, da nicht nur ein Liebesobjekt durch ein anderes ersetzt wird (→ LIEBE), sondern Sublimierung als Affekt-Management die Fähigkeit bezeichnet, auch andere, ‚höhere' Objekte libidinös zu besetzen. Kultur ist das Resultat von Sublimierung. Da dieses Resultat chronisch instabil bleibt, muss es durch ein System sanktionsfähiger Institutionen, die ihrerseits auskristallisierte Sublimierungen sind, gesichert werden. Im späteren Werk Freuds ist eine Verhärtung des Begriffs der Sublimierung zu beobachten. Seit dem Ersten Weltkrieg ist Sublimierung nicht mehr der psychoanalytische Begriff einer Liebe zur Theorie. Sie fällt vielmehr zunehmend mit dem Postulat der ‚notwendigen Triebunterdrückung' zusammen.

Eckart Goebel

Sünde → LASTER/SÜNDE

Sympathie → EMPATHIE

Terror → SCHRECKEN/TERROR

Tragödie → ELEOS/PHOBOS, KATHARSIS, TRAGÖDIENPARADOX

Tragödienparadox – Die Anziehungskraft, die tragische Handlungen trotz oder wegen ihres negativen Affektpotentials (→ ELEOS/PHOBOS) auf ihr Publikum ausüben, wird zum ethischen Problem, wenn man davon ausgeht, dass menschliches Handeln auf die Vermeidung von Unlust zielt oder zielen sollte, wie dies hedonistische oder utilitaristische Ethiken postulieren. Diese Anziehungskraft wird zum ästhetischen Problem im Rahmen ‚hedonischer' Kunsttheorien, die davon ausgehen, dass die Beschäftigung mit Kunst primär auf Lustgewinn zielt. Die Philosophie der Aufklärung, die sich diese Prämissen in besonderer Weise zu eigen machte, führte daher auch eine intensive Debatte über das Problem (Dubos 1719, Fontenelle 1742, Hume 1757). Diese Diskussion wird unter dem Namen *paradox of tragedy* in der analytischen Philosophie bis heute fortgeführt (Smuts 2009). In der Rückschau konnte etwa auch Aristoteles' undurchsichtiger

Katharsis-Begriff (*Poetik* 1449b, 28; vgl. 3.2 GÖDDE) als Antwort auf eine Frage gesehen werden, die so von Aristoteles allerdings nicht aufgeworfen worden war. In Wirklichkeit handelt es sich weniger um ein philosophisches Paradox als um ein psychologisches Problem, das meist im Sinne einer ‚Kompensation' (ästhetischer Lustgewinn überwiegt schmerzliche Affekte) oder einer ‚Konversion' (unlustvolle Regungen werden unmittelbar in lustvolle verwandelt) zur Debatte steht. Wenn die Lösung im Fiktionscharakter der tragischen Handlung gesucht wird, verschmilzt das Tragödienparadox mit dem Problem der → FIKTIONALEN EMOTIONEN. Für philosophische Entwürfe, die die Prämisse der Lustsuche und Schmerzvermeidung insgesamt verwerfen – etwa im Zeichen eines nietzscheanischen „*amor fati*" (*Die fröhliche Wissenschaft*, 1882) – kommt die Tragödie hingegen nicht als Schauplatz affektiver Paradoxien, sondern als Quelle der Erkenntnis in Betracht.

Martin von Koppenfels

Trauer/Traurigkeit – Trauer ist der Name eines anthropologischen Komplexes, der nicht nur emotional bestimmt ist: Außer einer Emotion bezeichnet der Begriff eine lebensgeschichtliche Situation und einen sozialen Zustand, der in den meisten Gesellschaften durch einen hohen Grad an Ritualisierung geregelt wird. Der korrespondierende Stimmungsbegriff Traurigkeit wiederum ist ablösbar von der Bedingung eines konkreten Verlustes, den der Begriff Trauer notwendig impliziert. Von der Traurigkeit ergibt sich ein fließender Übergang zur Vorstellung der dispositionalen oder habituellen Stimmungstrübung (→ MELANCHOLIE, vgl. 3.5 GOEBEL). Letztere wird von der Trauer abgegrenzt (Freud 1917) durch das fehlende Bewusstsein eines konkreten Objektverlusts (‚grundlose Schwermut'). Anders als die so bestimmte Melancholie ist Trauer ihrer Definition nach ein transitorischer Zustand. Zugleich aber impliziert sie, anders als viele andere emotionale Zustände, die Erfahrung der Dauer. Das verleiht der Trauer im Feld der Emotionen einen besonderen Status, der nur denjenigen Emotionsbegriffen zukommt, bei denen Bindungen auf dem Spiel stehen, wie etwa auch bei → LIEBE und → HASS. Psychologisch gesehen ist Trauer der mit zum Teil schwerem seelischem Leiden (Trauerschmerz) einhergehende Prozess der Lösung einer Bindung – ein Prozess, der seit Freud mit dem Begriff Arbeit verknüpft wird. Der Traueranlass *par excellence* (und der einzige, den die Gesellschaft durch eigene Riten symbolisch repräsentiert,) ist der Tod eines geliebten Menschen. Die Ethnologie beschreibt Trauer als Passage-Ritus der Ablösung (der Hinterbliebenen vom Toten, aber auch des Toten von den Hinterbliebenen), der häufig als vorübergehende Mimesis des Trauernden an den Toten interpretierbar ist (Hertz 1970).

Die rituelle Durchformung der Trauer prädestiniert sie in besonderer Weise zur literarischen Gestaltung. Insbesondere lyrische Genres gehen aus rituellen

Formen hervor (*Threnos*, *Nänie*), wie sich auch am großen Einfluss der katholischen Totenliturgie (*Requiem*) auf die westliche Musik und Literatur ablesen lässt. Die theatralischen Aspekte der Trauer hat Walter Benjamin im *Ursprung des deutschen Trauerspiels* zum deutschen Barockdrama in Beziehung gesetzt (vgl. 3.6 ETTE). Als starkes Erinnerungsmotiv und Triebkraft der Gedächtnisbildung ist die Trauer schließlich auch für viele narrative Formen von erstrangiger Bedeutung; schon in den ältesten narrativen Texten (*Gilgamesch-Epos*, *Ilias*) nehmen Trauerriten einen erheblichen Raum ein.

Martin von Koppenfels

Trauma – Das griechische Wort *trauma* bedeutet ‚Verletzung', ‚Wunde'. In diesem physiologischen Sinne geht das Wort in die lateinische Wissenschaftssprache der Medizin ein und dient erst Ende des 19. Jahrhunderts der Bezeichnung von psychischen → ERSCHÜTTERUNGEN. Breuers und Freuds *Studien über Hysterie* (1895) (→ HYSTERIE) können als eine erste umfassendere Trauma-Theorie verstanden werden. Das psychische Trauma zeichnet sich durch Dissoziation aus: Einerseits bezeichnet der Begriff das schockhafte Auftreffen eines Ereignisses auf einen sensiblen Organismus (→ SCHOCK); andererseits steht derselbe Begriff für die nachträgliche Manifestation der von diesem Ereignis abgespaltenen Affekte. Traumatisch im eigentlichen Sinne ist die Tatsache, dass der kausallogische Zusammenhang zwischen dem Ereignis und seinen Folgen in irreparabler Weise unterbrochen worden ist. Der Schock führt zu einer Unterbrechung des Bewusstseins, das traumatische Ereignis hat gleichsam in Abwesenheit des Bewusstseins desjenigen stattgefunden, der es erlitten hat. Es agiert, für das Bewusstsein ungreifbar, im Unbewussten.

Die Literatur- und Kulturwissenschaft operiert seit den 1990er Jahren verstärkt mit dem Begriff des Traumas, um die bis in die Gegenwart reichenden individualpsychologischen und gesellschaftspolitischen Spätfolgen und Spätschäden des Zivilisationsbruches – der Vernichtung der europäischen Juden – begrifflich zu fassen (vgl. 4.8 KASPER). Der Begriff des Traumas hat es in diesem Zusammenhang ermöglicht, ein Ereignis in Hinblick auf seine zeitliche und räumliche Ausdehnung über es selbst hinaus zu befragen. Mit dem Trauma-Begriff verbunden sind darüber hinaus ethische Fragen des Überlebens nach einer Katastrophe, des Erinnerns, des Durcharbeitens, der → TRAUER angesichts eines irreparablen Verlustes. Sowohl die klassische Topik als auch herkömmliche narrative Muster werden durch das Trauma radikal in Frage gestellt (vgl. 3.10 EHRLICHER).

Judith Kasper

Traurigkeit → TRAUER/TRAURIGKEIT

Treue → Eifersucht

Tugend – Erstrebenswerte oder bewunderte (→ Bewunderung) Disposition. In Bezug auf die Affekte entwickelt die antike Philosophie Tugendkonzepte als Regulativ. Aristoteles betont dabei die harmonische Ausgewogenheit der Affekte, in der Stoa dagegen liegt das Glück in ihrer völligen Abwesenheit (→ Apathie/ Gefühllosigkeit). Dieser instrumentelle Affektbezug bleibt den christlichen Kardinaltugenden erhalten, wird aber zugleich geschwächt, denn nur durch göttliche Gnade kann Tugend die Seele von den negativen Affekten (wie → Zorn, → Trauer oder Wollust) heilen. Im Kontext dieser tendenziellen Gleichsetzung bestimmter Affekte mit → Lastern steht die systematische Ausbildung paralleler Schemata von den sieben Hauptlastern (,Todsünden'), sowie den Kardinaltugenden, die ihrer Korrektur dienen. Diese Systematik erhält als Ordnungsprinzip in der didaktischen Literatur konzeptionelle Bedeutung (Tugendkataloge, Schachzabelbücher, Exemplasammlungen). Neben diesen deskriptiv-paränetischen Darstellungen werden einzelne Tugenden oder Tugendsysteme, sei es in allegorischer oder exemplarischer Form, in den meisten literarischen Gattungen des Mittelalters thematisiert. Die Konsequenzen tugendhaften Verhaltens behandeln die eschatologisch ausgerichteten Jenseitsreisen und -visionen. Ihre – auch im geistlichen Spiel angelegte – wirkungsästhetische Konditionierung von Tugendhaftigkeit durch die Evokation bestimmter Affekte wie → Freude, → Angst oder → Mitleid findet eine neuzeitliche Entsprechung in der barocken Tragödie. In der Moderne verschiebt sich der Konnex von Tugend und Affekt(en) zunehmend hin zum Verhältnis von Verstand und Gefühl beziehungsweise Pflicht und (affektiver) Neigung; *mutatis mutandis* bleibt er somit als poetischer Gegenstand präsent.

Julia Weitbrecht

Unheimliches – ,Heimlich' ist etymologisch das, was zum Haus gehört; ,unheimlich' also ursprünglich ,uneinheimisch', fremd. Eine engere Beziehung auf das Gefühlsleben lässt sich erst ab Ende des 18. Jahrhunderts nachweisen. Dass dieser Bedeutungswandel des Begriffs zeitlich mit dem Aufkommen der Romantik zusammenfällt, ist wohl kein Zufall: Widmete sich die Frühromantik zunächst dem Wunderlichen, Rätselhaften, Ungewöhnlichen, das häufig in Form von Reiseberichten aus ,exotischen' Ländern kolportiert wurde, wandte sich das Interesse der späteren Romantiker dem Beängstigenden, Schaurigen, Grauenhaften (→ Schrecken/Terror) zu, das unser Verständnis des Wortes bis heute prägt.

Freuds gleichnamiger Aufsatz eröffnete eine breite, bis heute andauernde Debatte. Freuds Interesse für das Gebiet entstammt dem Umkreis seiner – vor allem phylogenetischen – Überlegungen zu Wunsch und → Angst, Animismus,

Tabu und ‚Allmacht des Denkens'. Das Unheimliche ist, so Freuds Grundgedanke, „wirklich nichts Neues oder Fremdes, sondern etwas dem Seelenleben von alters her Vertrautes" (Freud 1999 [1919], 254). Fremd geworden ist das Vertraute durch Verdrängung; unheimlich wird es, wenn es – entfremdet und entstellt – aus der Verdrängung wiederkehrt und „die Grenze zwischen Phantasie und Wirklichkeit verwischt wird" (ebd., 258).

Wie das Gefühl des Unheimlichen ambivalent ist (→ GEFÜHLE, GEMISCHTE), ist auch sein Begriff zuinnerst ambig. Unheimlich ist etwas, das sich dem Blick beständig entzieht – eben weil es nur an seinen Rändern existiert und stets amorph bleibt. Das Unheimliche enthält unter anderem das → ERHABENE, Gespenstische, Widrige, Fantastische (und mehr) in sich, als je und je zu bestimmende Nuancen eines Bedeutungsfeldes, als Momente einer Begriffskonstellation, in deren Kraftzentrum ein allzu vertrauter Inhalt steht, der zwischen Verborgenbleiben und Hervortreten oszilliert. Dieser Inhalt ist dabei stets auch gesellschaftlich, kulturell, historisch zu bestimmen: Was im Mittelalter Entsetzen auslöste, kann heute für Erheiterung sorgen, und während Fledermäuse im Westen gemeinhin mit Finsternis und Dämonischem assoziiert werden, stehen sie in China seit je für Glück, → FREUDE und Wohlstand.

Dominic Angeloch

Verachtung → HASS

Vergnügen → HEITERKEIT

Verstellung – Verstellung meint ein durch Worte oder Taten vollzogenes ‚So tun, als ob' beziehungsweise ein ‚So tun, als ob nicht' (Wolfgang Müller) und wird in ethischer und rhetorischer Perspektive diskutiert. Ausgangspunkt der antiken Diskussion um die Verstellung ist die sokratische Ironie: In der *Nikomachischen Ethik* zum Beispiel grenzt Aristoteles Sokrates' Bescheidenheit von der Aufschneiderei ab. Aus der römischen Rhetorik kommt die Unterscheidung von *dissimulatio* (auch als *dissimulatio artis*) und *simulatio*. *Dissimulatio* meint das Verbergen von etwas, das ist – *simulatio* das Vortäuschen von etwas, das nicht ist. In der Frühen Neuzeit setzt eine breite Debatte um die Verstellung ein, die sich an Machiavellis Diktum entzündet, der Prinz müsse ein ‚gran simulatore e dissimulatore' sein. Während für Quintilian *simulatio* und *dissimulatio* ‚fast gleich' sind, werden jetzt beide Begriffe graduell differenziert: Die *dissimulatio* wird gerechtfertigt, die *simulatio* hingegen – in Anlehnung an die christliche Verurteilung der Lüge – abgelehnt. Neben der Moralistik arbeitet vor allem das Theater der Zeit das Thema aus, etwa in den beliebten Figuren des Lügners, Heuchlers (→ HEUCHELEI) oder Schauspielers. Mit der Aufwertung von Authentizität im 18. Jahrhundert verliert die Verstellung vordergründig an Bedeutung, bleibt jedoch – etwa in Nietzsches *Über Wahrheit und Lüge im außermoralischen Sinne* – als Möglichkeit vorgespielter Authentizität und im Kontext einer Erkenntnis-, Sprach- und Moralkritik bestehen.

Johanna Schumm

Wertschätzung → ACHTUNG

Wohlwollen → ETHOS

Wut → ZORN/RACHSUCHT

Zorn/Rachsucht – Von der Antike über das Mittelalter bis in die Frühe Neuzeit bezeichnet Zorn (griech. *orgê*, lat. *ira*) mit wenigen Variationen ein soziales Affektnarrativ aus Beleidigung/Geringschätzung, Schmerz und Rachewunsch (Aristoteles, *Rhetorik*). Zentral für den so gefassten Affekt ist die Dopplung aus Schmerz (in der Kränkung) und Lust (in der Vorstellung der Rache), daher ist der Rachewunsch, als Komponente der Lust, für den Affekt konstitutiv. Davon unterschieden ist der Begriff *furor* (→ MANIA/FUROR), der rasendes Wüten (wie bei Achill), aber auch Begeisterung meinen kann (*furor poeticus*), der aber in der Formel *ira furor brevis est* zugleich als Nachbarbegriff festgehalten wird. Die antike Ambivalenz der Bewertung des Zorns wiederholt sich im christlichen Diskurs, in dem der Zorn sowohl Attribut Gottes (*dies irae*) als auch Todsünde (→ LASTER/SÜNDE) ist. Ende des 18. Jahrhunderts vollzieht sich ein Bruch im Denken des Zorns, insofern – parallel zur Einführung des Begriffs → GEFÜHL (vgl. 2.6 LEHMANN) – der Zorn nicht mehr vorrangig als Rachewunsch, sondern als Widerstandsenergie gedacht wird (so z. B. Kant in der *Anthropologie in pragmatischer Hinsicht*). Der Schmerz wird außerdem im Gefühl der erlebten Strebensblockade als Selbstverhältnis subjektiviert, sodass nun auch nicht-soziale Ereignisse als Zornauslöser firmieren können, wie Dinge des Alltags beziehungsweise die „Tücke des Objekts" (Vischer, *Auch einer*). Diese konzeptuelle Umcodierung des Zorns von einem Affekt des Rechts und der Rache zum Gefühl blockierter Willens- beziehungsweise Lebensenergie aufgrund einer sich nicht fügenden Außen- und Dingwelt spiegelt sich auch in der zunehmenden Ersetzung des Begriffs Zorn durch Wut und in einer Theoretisierung durch energetische Konzepte (Auslösung, Aggressionstrieb, Abreaktion).
(vgl. 3.1 CAIRNS)

Johannes F. Lehmann

Zufriedenheit → HEITERKEIT

6. Allgemeines Literaturverzeichnis

Abel, Julia, und Ralf Stürmer. „Aristoteles im Text: Psychophysiologische Untersuchungen zur Wirkung von Tragödien". *Heuristiken der Literaturwissenschaft: Disziplinexterne Perspektiven auf Literatur*. Hrsg. von Uta Klein, Katja Mellmann und Steffanie Metzger. Paderborn: Mentis, 2006. 13–33.

Abel, Julia, und Ralf Stürmer. „Das Vergnügen an Jammer und Schaudern: Empirische Untersuchungen zur Aristotelischen Tragödientheorie am Beispiel von ‚Dancer in the Dark'". *Im Rücken der Kulturen*. Hrsg. von Karl Eibl, Katja Mellmann und Rüdiger Zymner. Paderborn: Mentis, 2007. 317–342.

Abu-Lughod, Lila. „Shifting Politics in Bedouin Love Poetry". *The Emotions. A Cultural Reader*. Hrsg. von Helena Wulff. Oxford und New York, NY: Berg, 2007. 143–152.

Adorno, Theodor W.: *Ästhetische Theorie. Gesammelte Schriften*. Bd. 7. Hrsg. von Rolf Tiedemann, Gretel Adorno, Susan Buck-Morss und Klaus Schultz. Frankfurt am Main: Suhrkamp, 1997.

Adorno, Theodor W.: *Noten zur Literatur. Gesammelte Schriften*. Bd. 11. Hrsg. von Rolf Tiedemann, Gretel Adorno, Susan Buck-Morss und Klaus Schultz. Frankfurt am Main: Suhrkamp, 1998.

Aelst, José van. *Vruchten van de Passie. De laatmiddeleuwse passieliteratuur verkend aan de hand van Suso's ‚Honderd artikelen'*. Hilversum: Verloren, 2011.

Ahmed, Sara. *The Cultural Politics of Emotion*. Edinburgh: Edinburgh University Press, 2004.

Alewyn, Richard. *Das große Welttheater. Die Epoche der höfischen Feste*. Nachdruck der 2. Aufl. München: Beck, 1989 [1959].

Alfes, Henrike F. *Literatur und Gefühl. Emotionale Aspekte literarischen Schreibens und Lesens*. Opladen: Westdeutscher Verlag, 1995.

Angeloch, Dominic. *Die Beziehung zwischen Text und Leser. Grundlagen und Methodik psychoanalytischen Lesens. Mit einer Lektüre von Flauberts ‚Éducation sentimentale'*. Gießen: Psychosozial, 2014.

Anz, Thomas. „Emotional Turn? Beobachtungen zur Gefühlsforschung". *literaturkritik.de* (2006/12): http://www.literaturkritik.de/public/rezension.php?rez_id=10267.

Anz, Thomas. „Gefühle ausdrücken, hervorrufen, verstehen und empfinden: Vorschläge zu einem Modell emotionaler Kommunikation mit literarischen Texten". *Emotionen in Literatur und Film*. Hrsg. von Sandra Poppe. Würzburg: Königshausen & Neumann, 2012. 155–170.

Anz, Thomas. „Kulturtechniken der Emotionalisierung. Beobachtungen, Reflexionen und Vorschläge zur literaturwissenschaftlichen Gefühlsforschung". *Im Rücken der Kulturen*. Hrsg. von Karl Eibl, Katja Mellmann und Rüdiger Zymner. Paderborn: Mentis, 2007. 207–239.

Anz, Thomas. „Spannung – eine exemplarische Herausforderung der Emotionsforschung: Aus Anlass einiger Neuerscheinungen zu einem wissenschaftlich lange ignorierten Phänomen". *literaturkritik.de* (2010/5): http://www.literaturkritik.de/public/rezension.php?rez_id=14010.

Anz, Thomas. „Stimmungskunst und -kitsch in der Literatur um 1900. Untersuchungen zum Gelingen und zur Bewertung emotionaler Kommunikation". *Stimmung und Methode*. Hrsg. von Burkhard Meyer-Sickendiek und Friederike Reents. Tübingen: Mohr Siebeck, 2013. 235–249.

Anz, Thomas. *Literatur und Lust: Glück und Unglück beim Lesen*. München: Beck, 1998.
Apel, Friedmar. „Der Mensch soll eine Harfe sein. Stimmung und Befindlichkeit in der Lyrik seit der Romantik". *Stimmung und Methode*. Hrsg. von Burkhard Meyer-Sickendiek und Friederike Reents. Tübingen: Mohr Siebeck, 2013. 169–182.
Aristoteles. *Nikomachische Ethik. Werke in deutscher Übersetzung*. Bd. 6. Übers. und hrsg. von Franz Dirkmeier. 10. Aufl. Berlin: Akademie-Verlag, 2002.
Aristoteles. *Poetik. Werke in deutscher Übersetzung*. Bd. 5. Übers. und hrsg. von Arbogast Schmitt. Berlin: Akademie-Verlag, 2011.
Aristoteles. *Problemata physica*. Hrsg. von Helmut Flashar. Berlin: Akademie-Verlag, 1991.
Aristoteles. *Rhetorik. Werke in deutscher Übersetzung*. Bd. 4. Übers. und hrsg. von Christof Rapp. Berlin: Akademie-Verlag, 2002.
Armstrong, Paul B. *How Literature Plays with the Brain: The Neuroscience of Reading and Art*. Baltimore, MD: Johns Hopkins University Press, 2013.
Auerbach, Erich. „Gloria passionis". *Literatursprache und Publikum in der lateinischen Spätantike und im Mittelalter*. Bern: Francke, 1958. 54–63.
Auerbach, Erich. „Passio als Leidenschaft". *Gesammelte Aufsätze zur romanischen Philologie*. Hrsg. von Erich Auerbach mit Fritz Schalk. Bern und München: Francke, 1967. 161–175.
Auerbach, Erich. „Racine und die Leidenschaften". *Gesammelte Aufsätze zur romanischen Philologie*. Hrsg. von Erich Auerbach mit Fritz Schalk. Bern und München: Francke, 1967. 196–203.
Auerbach, Erich. *Mimesis*. Bern: Francke, 1946.
Augustinus, Aurelius. *Confessiones/Bekenntnisse*. Lateinisch/Deutsch. Übers. von Kurt Flasch und Burkhard Mojsisch. Hrsg. und komm. von Kurt Flasch. Stuttgart: Reclam, 2009.
Austin, Michael. *Useful Fictions. Evolution, Anxiety, and the Origins of Literature*. Lincoln, NB und London: University of Nebraska Press, 2010.
Bacon, Francis. „Of Simulation and Dissimulation" [1625]. *The Oxford Francis Bacon*. Bd. 15: *The Essayes or Counsels, Civill and Morall*. Hrsg. von Michael Kiernan. Oxford: Clarendon Press, 2000. 20–23.
Baisch, Martin, Evamarie Freienhofer und Eva Lieberich (Hrsg.). *Rache – Zorn – Neid. Zur Faszination negativer Emotionen in der Kultur und Literatur des Mittelalters*. Göttingen: Vandenhoeck & Ruprecht unipress, 2014.
Balázs, Béla. *Der sichtbare Mensch oder die Kultur des Films*. Frankfurt am Main: Suhrkamp, 2001 [1924].
Barker-Benfield, Graham John. *The Culture of Sensibility: Sex and Society in Eighteenth-Century Britain*. Chicago, IL und London: University of Chicago Press, 1992.
Barnett, Douglas, und Hilary Horn Ratner. „Introduction: The Organization and Integration of Cognition and Emotion in Development". *Journal of Experimental Child Psychology* 67 (1997): 303–316.
Baron-Cohen, Simon. *Mindblindness. An Essay on Autism and Theory of Mind*. Cambridge, MA und London: MIT Press, 1995.
Baroni, Raphaël. *La tension narrative: Suspense, curiosité et surprise*. Paris: Seuil, 2007.
Barthes, Roland. *Die Lust am Text*. Übers. von Traugott König. 8. Aufl. Frankfurt am Main: Suhrkamp, 1996 [1973].
Barthes, Roland. *Fragmente einer Sprache der Liebe*. Übers. von Hans-Horst Henschen. Frankfurt am Main: Suhrkamp, 1988 [1977].
Baudelaire, Charles. *Les Fleurs du Mal/Die Blumen des Bösen*. Deutsch/Französisch. Übers. von Monika Fahrenbach-Wachendorff. Stuttgart: Reclam, 2011 [1857–1868].

Baumgart, Hildegard. *Eifersucht. Erfahrungen und Lösungsversuche im Beziehungsdreieck.* Reinbek bei Hamburg: Rowohlt, 1985.
Baumgarten, Alexander G. *Ästhetik.* Lateinisch/Deutsch. 2 Bde. Übers. und hrsg. von Dagmar Mirbach. Hamburg: Meiner, 2007.
Beecher, Donald. „Suspense". *Philosophy and Literature* 31 (2007): 255–279.
Begemann, Christian. *Furcht und Angst im Prozeß der Aufklärung. Zu Literatur und Bewußtseinsgeschichte des 18. Jahrhunderts.* Frankfurt am Main: Athenäum, 1987.
Belfiore, Elizabeth. *Tragic Pleasures. Aristoteles on Plot and Emotion.* Princeton, NJ: Princeton University Press, 1992.
Bell, Clive. *Art.* New York, NY: Capricorn Books, 1958.
Benedict, Ruth. *Chrysantheme und Schwert. Formen der japanischen Kultur.* Frankfurt am Main: Suhrkamp, 2006 [1946].
Benjamin, Walter. „Über einige Motive bei Baudelaire" [1940]. *Gesammelte Schriften.* Bd. 1.2. Hrsg. von Rolf Tiedemann und Hermann Schweppenhäuser. Frankfurt am Main: Suhrkamp, 1991. 605–653.
Benjamin, Walter. „Was ist das epische Theater? Eine Studie zu Brecht" [1931]. *Gesammelte Schriften.* Bd. 2.3. Hrsg. von Rolf Tiedemann und Hermann Schweppenhäuser. Frankfurt am Main: Suhrkamp, 1977. 519–539.
Benjamin, Walter. *Ursprung des deutschen Trauerspiels* [1928]. *Gesammelte Schriften.* Bd. 1.1. Hrsg. von Rolf Tiedemann und Hermann Schweppenhäuser. Frankfurt am Main: Suhrkamp, 1980. 206–430.
Benthien, Claudia, Anne Fleig und Ingrid Kasten (Hrsg.). *Emotionalität. Zur Geschichte der Gefühle.* Köln, Weimar und Wien: Böhlau, 2000.
Benthien, Claudia. *Tribunal der Blicke. Kulturtheorien von Scham und Schuld und die Tragödie um 1800.* Köln, Weimar und Wien: Böhlau, 2011.
Bernays, Jacob. *Grundzüge der verlorenen Abhandlung des Aristoteles über Wirkung der Tragödie.* Hildesheim: Olms, 1970 [1857].
Bernecker, Karl. *Kritische Darstellung der Geschichte des Affektbegriffes. (Von Descartes bis zur Gegenwart).* Berlin: Godemann, 1915.
Bloch, Ernst. *Das Prinzip Hoffnung.* Frankfurt am Main: Suhrkamp, 1959.
Bloom, Paul. *How Pleasure Works: The New Science of Why We Like What We Like.* New York, NY und London: Norton, 2010.
Böckmann, Paul. „Formen der Stimmungslyrik". *Formensprache. Studien zur Literarästhetik und Dichtungsinterpretation.* Hrsg. von Paul Böckmann. Hamburg: Hoffmann und Campe, 1954. 425–452.
Boellstorff, Tom, und Johan Lindquist. „Bodies of Emotion: Rethinking Culture and Emotion through Southeast Asia". *Ethnos* 69.4 (2004): 437–444.
Boeschenstein, Herrmann. *Deutsche Gefühlskultur. Studien zu ihrer dichterischen Erscheinung.* Bd. 1: *Die Grundlagen. 1770–1830.* Bd. 2: *1830–1930.* Bern: Paul Haupt, 1954 und 1966.
Böhme, Gernot. *Aisthetik. Vorlesungen über Ästhetik als allgemeine Wahrnehmungslehre.* München: Fink, 2001.
Böhme, Hartmut. „Vom ‚phobos' zur Angst. Zur Transformations- und Kulturgeschichte der Angst". *Pathos, Affekt, Emotion. Transformationen der Antike.* Hrsg. von Martin Harbsmeier und Sebastian Möckel. Frankfurt am Main: Suhrkamp, 2009. 154–184.
Bohrer, Karl Heinz. *Ästhetik des Schreckens. Die pessimistische Romantik und Ernst Jüngers Frühwerk.* München: Hanser, 1978.
Bohrer, Karl Heinz. *Das Tragische. Erscheinung, Pathos, Klage.* München: Hanser, 2009.

Bohrer, Karl Heinz. *Der Abschied. Theorie der Trauer*. Frankfurt am Main: Suhrkamp, 1996.
Bohrn, Isabel C., Ulrike Altmann, Oliver Lubrich, Winfried Menninghaus und Arthur M. Jacobs. „Old Proverbs in New Skins – an FMRI Study on Defamiliarization". *Frontiers in Psychology* 3.204 (2012): http://www.frontiersin.org/language_sciences/10.3389/fpsyg.2012.00204/abstract.
Boileau-Despréaux, Nicolas. *Œuvres diverses du sieur D***. Avec le Traité du sublime ou du merveilleux dans le discours, traduit du Grec de Longin*. Paris: Claude Barbin, 1764.
Bolz, Norbert (Hrsg.). *Das Pathos der Deutschen*. München: Fink, 1996.
Borgards, Roland. *Poetik des Schmerzes. Physiologie und Literatur von Brockes bis Büchner*. München: Fink, 2007.
Bortolussi, Marisa, und Peter Dixon. *Psychonarratology: Foundations for the Empirical Study of Literary Response*. Cambridge: Cambridge University Press, 2003.
Bosse, Heinrich, und Johannes Lehmann. „Sublimierung bei Jakob Michael Reinhold Lenz". *Kunst – Zeugung – Geburt. Theorien und Metaphern ästhetischer Produktion in der Neuzeit*. Hrsg. von Christian Begemann und David E. Wellbery. Freiburg im Breisgau: Rombach, 2002. 177–201.
Brandstetter, Gabriele. „Schillers Spielbein: Bewegung und Tanz. Zu einer Ästhetik im Zeichen von ,movere'". *Spieltrieb. Was bringt die Klassik auf die Bühne? Schillers Ästhetik heute*. Hrsg. von Felix Ensslin. Berlin: Theater der Zeit, 2005. 165–181.
Brandstetter, Gabriele. *Tanz-Lektüren. Körperbilder und Raumfiguren der Avantgarde*. 2., erw. Aufl. Freiburg im Breisgau: Rombach, 2013 [1995].
Brantlinger, Patrick. *The Reading Lesson. The Threat of Mass Literacy in Nineteenth-Century British Fiction*. Bloomington, IN: Indiana University Press, 1998.
Brecht, Bertolt. *Werke. Große kommentierte Berliner und Frankfurter Ausgabe. 30 Bände*. Bd. 21–25: *Schriften 1–4*. Hrsg. von Werner Hecht, Jan Knopf, Werner Mittenzwei und Klaus-Detlef Müller. Frankfurt am Main: Suhrkamp, 1992–1994.
Breidert, Wolfgang. „Das Erdbeben von Lissabon und die Erschütterung seiner Zeitgenossen". *Lichtenberg-Jahrbuch* (1994): 56–67.
Breithaupt, Fritz. *Kulturen der Empathie*. Frankfurt am Main: Suhrkamp, 2009.
Breuer, Josef, und Sigmund Freud. *„Studien über Hysterie"* [1895]. *Gesammelte Werke*. Bd. 1. Hrsg. von Anna Freud, Marie Bonaparte, E. Bibring und W. Hoffer. Frankfurt am Main: Fischer, 1991. 75–312.
Briggs, Jean. *Never in Anger: Portrait of an Eskimo Family*. Cambridge, MA: Harvard University Press, 1970.
Brittnacher, Hans Richard. „Bilder, die unter die Haut gehen. Zur Inszenierung von Schock und Schrecken im Horrorfilm". *Bildtheorie und Film*. Hrsg. von Thomas Koebner und Thomas Meder in Verbindung mit Fabienne Liptay. München: edition text + kritik, 2006. 526–543.
Bronfen, Elisabeth, Birgit R. Erdle und Sigrid Weigel (Hrsg.). *Trauma. Zwischen Psychoanalyse und kulturellem Deutungsmuster*. Köln, Weimar und Wien: Böhlau, 1999.
Bronfen, Elisabeth. *Das verknotete Subjekt. Hysterie in der Moderne*. Berlin: Verlag Volk und Welt, 1998.
Brooks, Peter. *The Melodramatic Imagination. Balzac, Henry James, Melodrama, and the Mode of Excess*. New York, NY: Columbia University Press, 1984.
Buck, August. „Die Kunst der Verstellung im Zeitalter des Barocks". *Festschrift der Wissenschaftlichen Gesellschaft*. Wiesbaden: Franz Steiner, 1981. 85–103.
Bullough, Edward. „,Psychical Distance' as a Factor in Art and an Aesthetic Principle" [1912]. *Aesthetics*. Westport, CT: Greenwood Press, 1977. 91–130.

Burke, Edmund. „A Philosophical Enquiry into the Origin of Our Ideas of the Sublime and the Beautiful" [1757/1759]. *A Philosophical Enquiry into the Origin of Our Ideas of the Sublime and the Beautiful And Other Pre-Revolutionary Writings*. Hrsg. von David Womersley. London: Penguin, 2004.
Burkert, Walter. *Zum altgriechischen Mitleidsbegriff*. Diss. Erlangen: masch.-schr., 1955.
Burton, Robert. *The Anatomy of Melancholy*. New York, NY: New York Review Books, 2001 [1621].
Butler, Judith. *Excitable Speech. A Politics of the Performative*. New York, NY: Routledge, 1997.
Byatt, Antonia S., und Ignês Sodré. *Imagining Characters*. London: Chatto & Windus, 1995.
Campe, Joachim Heinrich. *Ueber Empfindsamkeit und Empfindelei in pädagogischer Hinsicht*. Hamburg: Herold'sche Buchhandlung, 1779.
Campe, Rüdiger. *Affekt und Ausdruck. Zur Umwandlung der literarischen Rede im 17. und 18. Jahrhundert*. Tübingen: Niemeyer, 1990.
Camus, Albert. *Le mythe de Sisyphe*. Paris: Gallimard, 1942.
Capellanus, Andreas. *De Amore/Über die Liebe*. Hrsg. von Florian Neumann. Mainz: DVB, 2003.
Carroll, Noël. „The Paradox of Suspense". *Suspense: Conceptualizations, Theoretical Analyses, and Empirical Explorations*. Hrsg. von Peter Vorderer, Jans J. Wulff und Mike Friederichsen. Mahwah, NJ: Erlbaum, 1996. 71–91.
Carruthers, Mary. *Rhetoric Beyond Words: Delight and Persuasion in the Arts of the Middle Ages*. Cambridge: Cambridge University Press, 2013.
Caruth, Cathy. *Unclaimed Experience. Trauma, Narrative, and History*. Baltimore, MD und London: Johns Hopkins University Press, 1996.
Castiglione, Baldassare. *Il libro del cortegiano*. Torino: Einaudi, 1960 [1528].
Cicero. *De oratore/Über den Redner*. Lateinisch/Deutsch. Übers. und hrsg. von Harald Merklin. Stuttgart: Reclam, 1991.
Cicero. *Orator*. Lateinisch/Deutsch. Übers. und hrsg. von Bernhard Kytzler. 3. Aufl. München und Zürich: Artemis, 1988.
Ciompi, Luc. *Die emotionalen Grundlagen des Denkens. Entwurf einer fraktalen Affektlogik*. Göttingen: Vandenhoeck & Ruprecht, 1997.
Clasen, Mathias. „Primal Fear: A Darwinian Perspective on Dan Simmons' ‚Song of Kali'". *Horror Studies* 2.1 (2011): 89–104.
Coleridge, Samuel Taylor. *Biographia Literaria*. Bd. 2. Oxford: Clarendon Press, 1907 [1817].
Colombetti, Giovanna. „From Affect Programs to Dynamical Discrete Emotions". *Philosophical Psychology* 22.4 (2009): 407–425.
Colombetti, Giovanna. „What Language Does to Feelings". *Journal of Consciousness Studies* 16.9 (2009): 4–26. (Deutsche Fassung: „Was Sprache mit Gefühlen macht". *Gefühle, Sprechen. Emotionen an den Anfängen und Grenzen der Sprache*. Hrsg. von Viktoria Räuchle und Maria Römer. Würzburg: Königshausen & Neumann, 2013. 43–66.)
Condillac, Etienne Bonnot de. *Abhandlung über die Empfindungen*. Hrsg. von Lothar Kreimendahl. Hamburg: Meiner, 1983 [1754].
Conzelmann, Hans. „Hoffnung". *Die Religion in Geschichte und Gegenwart. Handwörterbuch für Theologie und Religionswissenschaft*. Bd. 3.3. Neu bearb. Aufl. Tübingen: Mohr, 1959. 415–420.
Coplan, Amy. „Empathic Engagement with Narrative Fictions". *The Journal of Aesthetics and Art Criticism* 62.2 (2000): 141–152.
Corneille, Pierre. *Trois discours sur le poème dramatique*. Paris: Flammarion, 1999 [1660].
Cosmides, Leda, und John Tooby. „The Evolutionary Psychology of the Emotions and Their Relationship to Internal Regulatory Variables". *Handbook of Emotions*. Hrsg. von Michael

Lewis, Jeannette M. Haviland-Jones und Lisa Feldman Barrett. 3. Aufl. New York, NY und London: Guilford, 2008. 114–137.
Cova, Florian, und Julien A. Deonna. „Being Moved". *Philosophical Studies* 169.3 (2014): 447–466.
Craik, Katharine, und Tanya Pollard (Hrsg.). *Shakespearean Sensations. Experiencing Literature in Early Modern England*. Cambridge: Cambridge University Press, 2013.
Curtius, Ernst Robert. *Europäische Literatur und lateinisches Mittelalter*. Bern und München: Francke, 1948.
Dachselt, Rainer. *Pathos. Tradition und Aktualität einer vergessenen Kategorie der Poetik*. Heidelberg: Winter, 2003.
Damasio, Antonio R. *Der Spinoza-Effekt: Wie Gefühle unser Leben bestimmen*. Übers. von Hainer Kober. München: List, 2003.
Damasio, Antonio R. *Descartes' Irrtum. Fühlen, Denken und das menschliche Gehirn*. Übers. von Hainer Kober. München: List, 1995 [1994].
Damasio, Antonio R. *Ich fühle, also bin ich. Die Entschlüsselung des Bewusstseins*. Übers. von Hainer Kober. München: List, 2000 [1999].
Damasio, Antonio R. *Selbst ist der Mensch: Körper, Geist und die Entstehung des menschlichen Bewusstseins*. Übers. von Sebastian Vogel. 2. Aufl. München: Siedler, 2011 [2000].
Dante Alighieri. *La commedia/Die Göttliche Komödie. I. Inferno/Hölle*. Übers. und hrsg. von Hartmut Köhler. Stuttgart: Reclam, 2010 [1472].
Darwin, Charles. *The Expression of Emotions in Man and Animals*. Hrsg. von Paul Ekman. London: Pickering, 1989 [1872].
Davies, Stephen. „Responding Emotionally to Fictions". *The Journal of Aesthetics and Art Criticism* 67.3 (2009): 269–284.
De Man, Paul. *Allegories of Reading*. New Haven, CT und London: Yale University Press, 1979.
De Martino, Ernesto. *Morte e pianti rituale. Das lamento funebre antico al pianto di Maria* [1958]. Turin: Einaudi, 1975.
De Sousa, Ronald. *The Rationality of Emotions*. Cambridge, MA: MIT Press, 1987. (Deutsche Fassung: *Die Rationalität der Gefühle*. Übers. von Helmut Pape. Frankfurt am Main: Suhrkamp, 1997.)
Delumeau, Jean. *La Peur en Occident (XIVe-XVIIIe siècles). Une cité assiégée*. Paris: Fayard, 1978.
Demmerling, Christoph, und Hilge Landweer. *Philosophie der Gefühle. Von Achtung bis Zorn*. Stuttgart und Weimar: Metzler, 2007.
Deng, Yunlong, Xin Ma und Qiuping Tang. „Brain Response During Visual Emotional Processing: An FMRI Study of Alexithymia". *Psychiatry Research: Neuroimaging* 213 (2013): 225–229.
Derrida, Jacques. *De la grammatologie*. Paris: Minuit, 1967.
Descartes, René. *Les Passions de l'Ame/Die Leidenschaften der Seele*. Französisch/Deutsch. Übers. und hrsg. von Klaus Hammacher. Hamburg: Meiner, 1984 [1649].
Dessoir, Max. *Geschichte der neueren deutschen Psychologie*. 2. überarb. Aufl. Amsterdam: Bonset, 1964 [1902].
Dewey, John. *Kunst als Erfahrung*. Frankfurt am Main: Suhrkamp, 1980 [1934].
Di Cesare, Donatella. „Stimme". *Historisches Wörterbuch der Philosophie*. Bd. 10. Hrsg. von Joachim Ritter, Karlfried Gründer und Gottfried Gabriel. Basel: Schwabe, 1998. 159–170.
Dilthey, Wilhelm. „Dichterische Einbildungskraft und Wahnsinn" [Rede, 1886]. *Gesammelte Schriften*. Bd. 6: *Die geistige Welt. Einleitung in die Philosophie des Lebens. Zweite*

Hälfte. Abhandlungen zur Poetik, Ethik und Pädagogik. Hrsg. von Georg Misch. Stuttgart: Teubner; Göttingen: Vandenhoeck & Ruprecht, 1962. 90–102.

Dilthey, Wilhelm. „Die Einbildungskraft des Dichters. Bausteine für eine Poetik" [1887]. *Gesammelte Schriften.* Bd. 6: *Die geistige Welt. Einleitung in die Philosophie des Lebens. Zweite Hälfte. Abhandlungen zur Poetik, Ethik und Pädagogik.* Hrsg. von Georg Misch. Stuttgart: Teubner; Göttingen: Vandenhoeck & Ruprecht, 1962. 103–241.

Dinzelbacher, Peter. „Gefühl und Gesellschaft im Mittelalter. Vorschläge zu einer emotionsgeschichtlichen Darstellung des hochmittelalterlichen Umbruchs". *Höfische Literatur, Hofgesellschaft, höfische Lebensformen um 1200.* Hrsg. von Gert Kaiser und Jan-Dirk Müller. Düsseldorf: Droste, 1986. 213–241.

Dixon, Thomas. *From Passions to Emotions. The Creation of a Secular Psychological Category.* Cambridge: Cambridge University Press, 2006.

Dodds, Eric Robertson. *Die Griechen und das Irrationale.* Darmstadt: Wissenschaftliche Buchgesellschaft, 1970.

Doktor, Wolfgang, und Gerhard Sauder (Hrsg.). *Empfindsamkeit. Theoretische und kritische Texte.* Stuttgart: Reclam, 1976.

Döring, Sabine A. (Hrsg.). *Philosophie der Gefühle.* Frankfurt am Main: Suhrkamp, 2009.

Drüe, Hermann. „Die Entwicklung des Begriffs Selbstgefühl in Philosophie und Psychologie". *Archiv für Begriffsgeschichte* 37 (1994): 285–305.

Dubos, Jean-Baptiste. *Réflexions critiques sur la poésie et la peinture.* Hrsg. von Dominique Désirat. Paris: École nationale supérieure des beaux-arts, 1993 [1719].

Dülmen, Richard van. *Historische Anthropologie. Entwicklung, Probleme, Aufgaben.* Köln, Weimar und Wien: Böhlau, 2000.

Eggebrecht, Hans Heinrich. „Das Ausdrucks-Prinzip im musikalischen Sturm und Drang". *Musikalisches Denken. Aufsätze zur Theorie und Ästhetik der Musik.* Wilhelmshaven: Heinrichshofen, 1977. 69–112.

Ehrlicher, Hanno. „Terror und Begehren. Anmerkungen zu Gewalt und Geschlechtlichkeit in den Filmen Luis Buñuels". *Gewalt und Geschlecht. Bilder, Literatur, Diskurse im 20. Jahrhundert.* Hrsg. von Hanno Ehrlicher und Hania Siebenpfeiffer. Köln, Weimar und Wien: Böhlau, 2002. 21–42.

Eibl, Karl. „Adaptationen im Lustmodus: Ein übersehener Evolutionsfaktor". *Anthropologie der Literatur. Poetogene Strukturen und ästhetisch-soziale Handlungsfelder.* Hrsg. von Rüdiger Zymner und Manfred Engel. Paderborn: Mentis, 2004. 30–48.

Eibl, Karl. „Von der biologischen Furcht zur literarischen Angst: Ein Vertikalschnitt". *KulturPoetik* 12.2 (2012): 155–186.

Eibl, Karl. *Animal poeta: Bausteine der biologischen Kultur- und Literaturtheorie.* Paderborn: Mentis, 2004.

Eitzen, Dirk. „The Emotional Basis of Film Comedy". *Passionate Views: Film, Cognition, and Emotion.* Hrsg. von Carl Plantinga und Greg M. Smith. Baltimore, MD und London: Johns Hopkins University Press, 1996. 84–99.

Ekman, Paul. „Are There Basic Emotions?". *Psychological Review* 99.3 (1992): 550–553.

Ekman, Paul. „Basic Emotions". *Handbook of Cognition and Emotion.* Hrsg. von Tim Dalgleish und Michael J. Power. New York, NY: John Wiley and Sons, 1999. 45–60.

Ekman, Paul. „Biological and Cultural Contributions to Body and Facial Movement in the Expression of Emotions". *Explaining Emotions.* Hrsg. von Amélie Oksenberg Rorty. Berkeley, CA: University of California Press, 1980. 73–101.

Ekman, Paul. „Universality of Emotional Expression? A personal History of the Dispute". Darwin Charles. *The Expression of the Emotions in Man and Animals. With an Introduction, Afterword and Commentaries by Paul Ekman*. 3. Aufl. London, New York, NY und Toronto: Harper Perennial, 2009 [1872]. 363–393.

Ekman, Paul. *Gesichtsausdruck und Gefühl. Zwanzig Jahre Forschung von Paul Ekman*. Hrsg. und übers. von Maria von Salisch. Paderborn: Junfermann-Verlag, 1988.

Elias, Norbert. *Die höfische Gesellschaft*. Frankfurt am Main: Suhrkamp, 2002 [1969].

Elias, Norbert. *Über den Prozeß der Zivilisation. Soziogenetische und psychogenetische Untersuchungen*. Frankfurt am Main: Suhrkamp, 1976 [1939].

Eming, Jutta. *Emotion und Expression. Untersuchungen zu deutschen und französischen Liebes- und Abenteuerromanen des 12.–16. Jahrhunderts*. Berlin und New York, NY: De Gruyter, 2006.

Engbers, Jan. *Der „Moral-Sense" bei Gellert, Lessing und Wieland. Zur Rezeption von Shaftesbury und Hutcheson in Deutschland*. Heidelberg: Winter, 1998.

Engel, Johann Jakob. *Ideen zu einer Mimik. Zweiter Teil* [1804]. *J. J. Engels Schriften*. Bd. 8. Frankfurt am Main: Athenaeum, 1971.

Engelen, Eva-Marie. *Gefühle*. Stuttgart: Reclam, 2007.

Epikur. *Briefe, Sprüche, Werkfragmente*. Übers. und hrsg. von Hans-Wolfgang Krautz. Stuttgart: Reclam, 1980.

Euagrius of Pontus. *The Greek Ascetic Corpus*. Oxford und New York, NY: Oxford University Press, 2006.

Fady, Barcha. *Die Lust. Ein Disput in der abendländischen Tradition – von Homer bis Robespierre*. Wien: Braumüller, 2009.

Febvre, Lucien. „Sensibilität und Geschichte. Zugänge zum Gefühlsleben früherer Epochen" [1941]. *Schrift und Materie der Geschichte. Vorschläge zur systematischen Aneignung historischer Prozesse*. Hrsg. von Claudia Honegger. Frankfurt am Main: Suhrkamp, 1977. 313–334.

Feld, Alina N. *Melancholy and the Otherness of God. A Study of the Hermeneutics of Depression*. Lanham, MD: Lexington Books, 2011.

Fink-Eitel, Hinrich. „Affekte. Versuch einer philosophischen Bestandsaufnahme". *Zeitschrift für Philosophische Forschung* 40 (1986): 520–542.

Firges, Janine. „Gradatio/Crescendo – Eine Geschichte der Steigerung. Transformationen rhetorischer und musikalischer Gradationsfiguren im 18. Jahrhundert". *Rhetorik. Ein internationales Jahrbuch*. Bd. 33: *Rhetorik im 18. Jahrhundert*. Hrsg. von Dietmar Till. Berlin und New York, NY: De Gruyter, 2014. 27–41.

Flam, Helena. *Soziologie der Emotionen. Eine Einführung*. Konstanz: UVK Verlagsgesellschaft, 2002.

Flashar, Hellmut. „Die medizinischen Grundlagen der Lehre von der Wirkung der Dichtung in der griechischen Poetik". *Hermes* 84 (1956): 12–48.

Flaubert, Gustave. *Madame Bovary*. Übers. von Elisabeth Edl. München: Hanser, 2012 [1856/1857].

Foley, Helene P. „The Politics of Tragic Lamentation" [1993]. *Female Acts in Greek Tragedy*. Princeton, NJ und Oxford: Princeton University Press, 2001. 19–55.

Fonagy, Peter, György Gergely, Elliot L. Jurist und Mary Target. *Affektregulierung, Mentalisierung und die Entwicklung des Selbst*. Stuttgart: Klett-Cotta, 2002.

Fontenelle, Bernard de. *Réflexions sur la poétique*. Oeuvres. Bd. 2. Paris: 1742. 127–208.

Foucault, Michel. *Sexualität und Wahrheit*. Bd. 1–3. Übers. von Ulrich Raulff und Walter Seitter. Frankfurt am Main: Suhrkamp, 1989.

Foucault, Michel. *Wahnsinn und Gesellschaft. Eine Geschichte des Wahns im Zeitalter der Vernunft*. Übers. von Ulrich Köppen. Frankfurt am Main: Suhrkamp, 1969 [1961].

Franz, M. „Gefühl ohne Sprache oder Sprache ohne Gefühl? Weitere Hinweise auf die Validität der Entkopplungshypothese der Alexithymie". *Nervenarzt* 70 (1999): 216–224.

Freud, Sigmund. „Bruchstück einer Hysterie-Analyse" [1905]. *Gesammelte Werke*. Bd. 5. Hrsg. von Anna Freud, Marie Bonaparte, E. Bibring und W. Hoffer. Frankfurt am Main: Fischer, 1999. 161–286.

Freud, Sigmund. „Das Unbehagen in der Kultur" [1930]. *Gesammelte Werke*. Bd. 14. Hrsg. von Anna Freud, Marie Bonaparte, E. Bibring und W. Hoffer. Frankfurt am Main: Fischer, 1999. 419–506.

Freud, Sigmund. „Das Unheimliche" [1919]. *Gesammelte Werke*. Bd. 12. Hrsg. von Anna Freud, Marie Bonaparte, E. Bibring und W. Hoffer. Frankfurt am Main: Fischer, 1999. 227–268.

Freud, Sigmund. „Der Dichter und das Phantasieren" [1908]. *Gesammelte Werke*. Bd. 7. Hrsg. von Anna Freud, Marie Bonaparte, E. Bibring und W. Hoffer. Frankfurt am Main: Fischer, 1999. 213–223.

Freud, Sigmund. „Die Angst" [1917]. *Vorlesungen zur Einführung in die Psychoanalyse. Gesammelte Werke*. Bd. 11. Hrsg. von Anna Freud, Marie Bonaparte, E. Bibring und W. Hoffer. Frankfurt am Main: Fischer, 1969. 407–426.

Freud, Sigmund. „Hemmung, Symptom und Angst" [1926]. *Gesammelte Werke*. Bd. 14. Hrsg. von Anna Freud, Marie Bonaparte, E. Bibring und W. Hoffer. Frankfurt am Main: Fischer, 1980. 111–205.

Freud, Sigmund. „Jenseits des Lustprinzips" [1920]. *Gesammelte Werke*. Bd. 13. Hrsg. von Anna Freud, Marie Bonaparte, E. Bibring und W. Hoffer. Frankfurt am Main: Fischer, 1999. 3–69.

Freud, Sigmund. „Massenpsychologie und Ich-Analyse" [1921]. *Gesammelte Werke*. Bd. 13. Hrsg. von Anna Freud, Marie Bonaparte, E. Bibring und W. Hoffer. Frankfurt am Main: Fischer, 1999. 71–161.

Freud, Sigmund. „Studien über Hysterie" [1895]. *Gesammelte Werke*. Bd. 1. Hrsg. von Anna Freud, Marie Bonaparte, E. Bibring und W. Hoffer. Frankfurt am Main: Fischer, 1980. 75–312.

Freud, Sigmund. „Trauer und Melancholie" [1917]. *Gesammelte Werke*. Bd. 10. Hrsg. von Anna Freud, Marie Bonaparte, E. Bibring und W. Hoffer. Frankfurt am Main: Fischer, 1999. 428–446.

Freud, Sigmund. *Der Mann Moses und die monotheistische Religion* [1939]. *Gesammelte Werke*. Bd. 16. Hrsg. von Anna Freud, Marie Bonaparte, E. Bibring und W. Hoffer. Frankfurt am Main: Fischer, 1999. 101–246.

Freud, Sigmund. *Die Traumdeutung* [1900]. *Gesammelte Werke*. Bd. 2/3. Hrsg. von Anna Freud, Marie Bonaparte, E. Bibring und W. Hoffer. Frankfurt am Main: Fischer, 1999.

Freud, Sigmund. *Drei Abhandlungen zur Sexualtheorie* [1905]. *Gesammelte Werke*. Bd. 5. Hrsg. von Anna Freud, Marie Bonaparte, E. Bibring und W. Hoffer. Frankfurt am Main: Fischer, 1999. 27–145.

Freud, Sigmund. *Totem und Tabu* [1913]. *Gesammelte Werke*. Bd. 9. Hrsg. von Anna Freud, Marie Bonaparte, E. Bibring und W. Hoffer. Frankfurt am Main: Fischer, 1999.

Freud, Sigmund. *Vorlesungen zur Einführung in die Psychoanalyse* [1916/1917]. *Gesammelte Werke*. Bd. 11. Hrsg. von Anna Freud, Marie Bonaparte, E. Bibring und W. Hoffer. Frankfurt am Main: Fischer, 1999.

Frevert, Ute, Monique Scheer, Anne Schmidt, Pascal Eitler, Bettina Hitzer, Nina Verheyen, Benno Gammerl, Christan Bailey und Margrit Pernau. *Gefühlswissen. Eine lexikalische Spurensuche in der Moderne*. Frankfurt am Main und New York, NY: Campus, 2011.

Frevert, Ute. „Was haben Gefühle in der Geschichte zu suchen?". *Geschichte und Gesellschaft* 35 (2009): 183–208.

Frevert, Ute. *Vergängliche Gefühle*. Göttingen: Vandenhoeck & Ruprecht, 2013.

Frey, Christiane. *Laune. Poetiken des Unberechenbaren von Montaigne bis Tieck*. München: Fink, 2015.

Gadamer, Hans-Georg. *Wahrheit und Methode. Grundzüge einer philosophischen Hermeneutik*. Tübingen: J. C. B. Mohr, 1972.

Galgut, Elisa. „Emotions and Literature". *Encyclopedia of Aesthetics*. Hrsg. von Michael Kelly. New York, NY und Oxford: Oxford University Press, 2014. 483–489.

Geiger, Moritz. „Das Problem der ästhetischen Scheingefühle". *Kongress für Ästhetik und allgemeine Kunstwissenschaft, Berlin 7.–9. Oktober 1913. Bericht*. Stuttgart: Enke, 1914. 191–195.

Geisenhanslüke, Achim. „Scham. Theorie und Geschichte einer starken Empfindung". *Scham. Freiburger Literaturpsychologische Gespräche. Jahrbuch für Literatur und Psychoanalyse*. Bd. 32. Hrsg. von Joachim Küchenhoff, Joachim Pfeiffer und Carl Pietzcker. Würzburg: Königshausen & Neumann, 2013. 21–39.

Geisenhof, Erika. *Die Darstellung der Leidenschaften in den Trauerspielen des Andreas Gryphius*. Diss. Universität Heidelberg, 1957.

Geitner, Ursula. *Die Sprache der Verstellung. Studien zum rhetorischen und anthropologischen Wissen im 17. und 18. Jahrhundert*. Tübingen: Niemeyer, 1992.

Gess, Nicola. „Staunen als ästhetische Emotion: Zu einer Affektpoetik des Wunderbaren". *Wie gebannt: Ästhetische Verfahren der affektiven Bindung von Aufmerksamkeit*. Hrsg. von Martin Baisch, Andreas Degen und Jana Lüdtke. Freiburg im Breisgau: Rombach, 2013. 115–132.

Gilbert, Paul. *Mitgefühl*. Übers. von Peter Brandenburg. Freiburg im Breisgau: Arbor, 2011 [2009].

Gill, Christopher. „The Ethos/Pathos Distinction in Rhetorical and Literary Criticism". *The Classical Quarterly* 34 (1984): 149–166.

Girard, René. *A Theater of Envy. William Shakespeare*. Oxford: Oxford University Press, 1991.

Gisbertz, Anna-Katharina. *Stimmung – Leib – Sprache. Eine Konfiguration in der Wiener Moderne*. München: Fink, 2009.

Giuliani, Luca. „Die Not des Sterbens als ästhetisches Phänomen. Zur Mitleidlosigkeit des antiken Betrachters". *Pegasus* 6 (2004): 9–22.

Gödde, Susanne. *Euphemia. Die gute Rede in Kult und Literatur der Antike*. Heidelberg: Winter, 2011.

Goebel, Eckart. *Jenseits des Unbehagens: „Sublimierung" von Goethe bis Lacan*. Bielefeld: transcript, 2009.

Goethe, Johann Wolfgang von. *Tag- und Jahres-Hefte* [1821]. *Sämtliche Werke nach Epochen seines Schaffens*. Bd. 14: *Autobiographische Schriften der frühen Zwanzigerjahre*. Hrsg. von Reiner Wild. München: Beck, 1986. 7–322.

Goleman, Daniel. *Emotional Intelligence. Why it Can Matter more than IQ*. New York, NY: Bantam, 1995. (Deutsche Fassung: *Emotionale Intelligenz*. Übers. von Friedrich Griese. München: dtv, 1997).

Gombrich, Ernst. *Aby Warburg. An Intellectual Biography*. London: The Warburg Institute, 1970.

Gordon, Robert M. *The Structure of the Emotions. Investigation in Cognitive Phiolosophy*. Cambridge: Cambridge University Press, 1987.
Göttert, Karl Heinz. *Geschichte der Stimme*. München: Fink, 1998.
Götz, Joseph Franz von. *Versuch einer zalreichen Folge leidenschaftlicher Entwürfe für empfindsame Kunst- und Schauspiel-Freunde. Erfunden, gezeichnet, geäzt und mit Anmerkungen begleitet von J. F. von Gö[t]z*. Augsburg: Akademische Handlung, 1783.
Gracián, Baltasar. *Oráculo manual y arte de prudencia*. Hrsg. von Emilio Blanco. Madrid: Cátedra, 1995 [1647]. (Deutsche Fassung: *Handorakel und Kunst der Weltklugheit*. Übers. von Arthur Schopenhauer. Stuttgart: Kröner, 1992 [1832].)
Green, Melanie C., Christopher Chatham und Marc A. Sestir. „Emotion and Transportation into Fact and Fiction". *Scientific Study of Literature* 2.1 (2012): 37–59.
Green, O. H. *The Emotions: A Philosophical Theory*. Dordrecht und Boston, MA: Kluwer, 1992.
Grethlein, Jonas. „Die poetologische Bedeutung des Aristotelischen Mitleidbegriffes. Überlegungen zu Nähe und Distanz in der griechischen Tragödie". *Poetica* 35 (2003): 41–67.
Griffith, Paul E. „Is Emotion a Natural Kind?" *Thinking about Feeling*. Hrsg. von Robert Solomon. Oxford: Oxford University Press, 2004. 233–249.
Griffith, Paul E. *What Emotions Really Are: The Problem of Psychological Categories*. Chicago, IL: University of Chicago Press, 1997.
Grimm, Hartmut. „Affekt". *Ästhetische Grundbegriffe. Historisches Wörterbuch in sieben Bänden*. Hrsg. von Karlheinz Barck, Martin Fontius, Dieter Schlenstedt, Burkhart Steinwachs und Friedrich Wolfzettel. Bd 1. Stuttgart und Weimar: Metzler, 2000. 16–49.
Groeben, Norbert, und Peter Vorderer. *Leserpsychologie*. Bd. 1: *Textverständnis – Textverständlichkeit*. Bd. 2: *Lesermotivation – Lektürewirkung*. Münster: Aschendorff, 1982 und 1988.
Groos, Karl. *Der ästhetische Genuß*. Gießen: J. Ricker'sche Buchhandlung, 1902.
Gross, David M. *The Secret History of Emotion. From Aristotles's „Rhetoric" to Modern Brain Science*. Chicago, IL und London: The University of Chicago Press, 2006.
Gumbrecht, Hans Ulrich. „Ausdruck". *Ästhetische Grundbegriffe. Historisches Wörterbuch in sieben Bänden*. Bd. 1. Hrsg. von Karlheinz Barck, Martin Fontius, Dieter Schlenstedt, Burkhart Steinwachs und Friedrich Wolfszettel. Stuttgart und Weimar: Metzler, 2000. 416–431.
Gumbrecht, Hans-Ulrich. „Reading for the ‚Stimmung'. About the Ontology of Literature Today". *Boundary* 2.35 (2008): 213–221.
Gumbrecht, Hans-Ulrich. *Stimmungen lesen. Über eine verdeckte Wirklichkeit der Literatur*. München: Hanser, 2011.
Haas, Alois. *Kunst rechter Gelassenheit. Themen und Schwerpunkte von Heinrich Seuses Mystik*. Frankfurt am Main u. a.: Lang, 1995.
Habermas, Tilmann. „Emotionalisierung durch traurige Alltagserzählungen: Die Rolle narrativer Perspektiven". *Emotionen in Literatur und Film*. Hrsg. von Sandra Poppe. Würzburg: Königshausen & Neumann, 2012. 65–87.
Hakemulder, Jèmeljan. „Travel Experiences: A Typology of Transportation and Other Absorption States in Relation to Types of Aesthetic Responses". *Wie gebannt: Ästhetische Verfahren der affektiven Bindung von Aufmerksamkeit*. Hrsg. von Martin Baisch, Andreas Degen und Jana Lüdtke. Freiburg im Breisgau, Berlin und Wien: Rombach, 2013. 159–177.
Halliwell, Stephen. „Learning from Suffering: Ancient Responses to Tragedy". *A Companion to Greek Tragedy*. Hrsg. von Justina Gregory. Oxford: Blackwell, 2005. 394–412.

Hanich, Julian, Valentin Wagner, Mira Shah, Thomas Jacobsen und Winfried Menninghaus.
„Why We Like to Watch Sad Films: The Pleasure of Being Moved in Aesthetic Experiences".
Psychology of Aesthetics, Creativity, and the Arts 8.2 (2014): 130–143.

Harbsmeier, Martin, und Sebastian Möckel (Hrsg.). *Pathos, Affekt, Emotion. Transformationen der Antike*. Frankfurt am Main: Suhrkamp, 2009.

Hartmann, Martin. *Gefühle. Wie die Wissenschaften sie erklären*. 2. Aufl. Frankfurt am Main und New York, NY: Campus, 2010.

Hartwig, Mela. „Das Verbrechen". *Das Verbrechen. Novellen und Erzählungen*. Hrsg. von Margit Schreiner. Graz: Droschl, 2004. 19–61.

Haselstein, Ulla, Irmela Hijiya-Kirschnereit, Catrin Gersdorf und Elena Giannoulis (Hrsg.). *The Cultural Career of Coolness. Discourses and Practices of Affect Control in European Antiquity, the United States, and Japan*. Lanham, MD: Lexington Books, 2013.

Hay, Gerhard. *Die Darstellung des Menschenhasses in der deutschen Literatur des 18. und 19. Jahrhunderts*. Frankfurt am Main: Athenäum, 1970.

Heath, Malcolm. *The Poetics of Greek Tragedy*. London: Duckworth, 1987.

Heeg, Günter. *Das Phantasma der natürlichen Gestalt. Körper, Sprache und Bild im Theater des 18. Jahrhunderts*. Frankfurt am Main und Basel: Stroemfeld, 2000.

Hegel, Georg Wilhelm Friedrich. *Phänomenologie des Geistes*. Hrsg. von Hans-Friedrich Wessels und Heinrich Clairmont. Hamburg: Meiner, 1987.

Heidegger, Martin. *Sein und Zeit*. Tübingen: Niemeyer, 1993 [1927].

Heller-Roazen, Daniel. *The Inner Touch. Archaeology of a Sensation*. New York, NY: Zone Books, 2007.

Herder, Johann Gottfried. „Abhandlung über den Ursprung der Sprache" [1772]. *Werke*. Bd. 1: *Frühe Schriften, 1764–1772*. Hrsg. von Ulrich Gaier. Frankfurt am Main: Deutscher Klassiker Verlag, 1985. 695–810.

Herding, Klaus, und Bernhard Stumpfhaus (Hrsg.). *Pathos – Affekt – Gefühl. Die Emotionen in den Künsten*. Berlin und New York, NY: De Gruyter, 2004.

Hertz, Robert. „Contribution à une étude sur la représentation collective de la mort". *Sociologie religieuse et folklore*. Paris: Presses Universitaires de France, 1970. 1–83.

Hesiod. *Theogonie*. Griechisch/Deutsch. Übers. und hrsg. von Otto Schöneberger. Stuttgart: Reclam, 1999.

Hillebrandt, Claudia, und Winko, Simone: „,Und jetzt will ich Ihnen sagen, warum Verdi ein Gott ist!': Sprachliche und narrative Verfahren zur emotionalen Bindung an Figuren am Beispiel von Franz Werfels *Verdi. Roman der Oper*". *Wie gebannt: Ästhetische Verfahren der affektiven Bindung von Aufmerksamkeit*. Hrsg. von Martin Baisch, Andreas Degen und Jana Lüdtke. Freiburg im Breisgau, Berlin und Wien: Rombach, 2013. 135–158.

Hillebrandt, Claudia. *Das emotionale Wirkungspotenzial von Erzähltexten. Mit Fallstudien zu Kafka, Perutz und Werfel*. Berlin: Akademie-Verlag, 2011.

Hochschild, Arlie Russell. „Emotion Work, Feeling Rules, and Social Structure". *American Journal of Sociology* 85.3 (1979): 551–575.

Hochschild, Arlie Russell. *The Managed Heart: Commercialization of Human Feeling*. Berkeley, CA: University of California Press, 1983.

Hoessly, Fortunat. *Katharsis. Reinigung als Heilverfahren. Studie zum Ritual der archaischen und klassischen Zeit sowie zum Corpus Hippocraticum*. Göttingen: Vandenhoeck & Ruprecht, 2001.

Hoffmann, E. T. A. *Nachtstücke*. Hrsg. von Hartmut Steinecke und Wulf Segebrecht. Frankfurt am Main: Deutscher Klassiker Verlag, 1985 [1816/1817].

Hofmannsthal, Hugo von. „Elektra" [1904]. *Gesammelte Werke in zehn Bänden. Dramen II. 1892–1905*. Hrsg. von Bernd Schoeller in Beratung mit Rudolf Hirsch. Frankfurt am Main: Fischer, 2010. 185–242.
Hogan, Patrick Colm. *Affective Narratology. The Emotional Structure of Stories*. Lincoln, NB: University of Nebraska Press, 2011.
Hogan, Patrick Colm. *The Mind and its Stories: Narrative Universals and Human Emotion*. Cambridge: Cambridge University Press, 2003.
Hogan, Patrick Colm. *What Literature Teaches Us About Emotion*. New York, NY: Cambridge University Press, 2011.
Holt, Nadine van, und Norbert Groeben. „Emotionales Erleben beim Lesen und die Rolle text- sowie leserseitiger Faktoren". *Heuristiken der Literaturwissenschaft: Disziplinexterne Perspektiven auf Literatur*. Hrsg. von Uta Klein, Katja Mellmann und Steffanie Metzger. Paderborn: Mentis, 2006. 111–130.
Holzhausen, Jens. *Paideia oder Paidia: Aristoteles und Aristophanes zur Wirkung der griechischen Tragödie*. Stuttgart: Steiner, 2000.
Honold, Alexander. „Pathos-Transport um 1800. Modelle tragischer Bewegung in Theaterdiskurs und Briefkultur". *Pathos. Zur Geschichte einer problematischen Kategorie*. Hrsg. von Cornelia Zumbusch. Berlin: Akademie-Verlag, 2010. 99–116.
Hose, Martin. „‚Angst hab' ich, dass sie etwas Schlimmes plant.' Über die produktive Rolle der Angst in der griechischen Tragödie". *Existenzangst und Mut zum Sein*. Hrsg. von Gunther Wenz. Göttingen: Vandenhoeck & Ruprecht, 2014. 30–49.
Hughes, Robert. *The Shock of the New*. London: Thames & Hudson, 2000 [1981].
Huizinga, Johan. *Herbst des Mittelalters. Studien über Lebens- und Geistesformen des 14. und 15. Jahrhunderts in Frankreich und den Niederlanden*. Stuttgart: Kröner, 1975 [1924].
Hume, David. „Of Tragedy" [1757]. *Essays Moral, Political and Literary*. Hrsg. von Eugene F. Miller. Indianapolis, IN: Liberty Classics, 1985. 223–224.
Hume, David. *A Treatise of Human Nature*. Oxford und New York, NY: Oxford University Press, 2000 [1738].
Hume, David. *Enquiry concerning the Principles of Morals*. London: A. Millar, 1751.
Huschka, Sabine. „‚Wenn die Leidenschaften zu Triebfedern werden' – Zum Tanzstil des ballet d'action". *Stil, Stilbruch, Tabu. Stilerfahrung nach der Rhetorik. Eine Bilanz*. Hrsg. von Matthias Rothe und Hartmut Schröder. Berlin: LIT, 2008. 95–110.
Hutcheson, Frances. *Illustrations on the moral sense*. Hrsg. von Bernard Peach. Cambridge, MA: Harvard University Press, 1971 [1728].
Ibsen, Henrik. *Nora oder Ein Puppenheim*. Übers. von Marie von Borch. Frankfurt am Main: Fischer, 2008 [1879].
Illouz, Eva. *Die Errettung der modernen Seele. Therapien, Gefühle und die Kultur der Selbsthilfe*. Übers. von Michael Adrian. Frankfurt am Main: Suhrkamp, 2009 [2008].
Illouz, Eva. *Gefühle in Zeiten des Kapitalismus* . Übers. von Martina Hartmann. Frankfurt am Main: Suhrkamp, 2006 [2004].
Ilouz, Eva. *Der Konsum der Romantik. Liebe und die kulturellen Widersprüche des Kapitalismus*. Übers. von Andrea Wirthensohn. Frankfurt am Main: Suhrkamp, 2003 [1997].
Iser, Wolfgang. *Der Akt des Lesens. Theorie ästhetischer Wirkung*. München: UTB, 1994 [1976].
Jackson, Rosemary. *Fantasy. The Literature of Subversion*. London und New York, NY: Routledge, 1981.
Jackson, Stanley W. *Melancholia and Depression. From Hippocratic Times to Modern Times*. New Haven, CT und London: Yale University Press, 1986.

Jacobs, Angelika. „Stimmungskunst als Paradigma der Moderne. Am Beispiel von Novalis, Die Lehrlinge zu Saïs". *Germanistische Mitteilungen. Zeitschrift für deutsche Sprache, Literatur und Kultur* 64 (2006): 5–27.

Jacobs, Angelika. „Vom Symbolismus zur ‚Stimmung'. Zur Poetik des Gefühls beim frühen Rilke". *„Unter den großen Städten die sympathischste, duldsamste und weiteste". Rilke und München*. Hrsg. von Rudi Schweikert. Frankfurt am Main: Suhrkamp, 2004. 99–127.

Jajdelska, Elspeth, Christopher Butler, Steve Kelly, Allan McNeill und Katie Overy. „Crying, Moving, and Keeping it Whole: What Makes Literary Description Vivid?". *Poetics Today* 31.3 (2010): 433–463.

Jakobson, Roman. „Linguistik und Poetik" [1960]. *Poetik. Ausgewählte Aufsätze 1921–1971*. Frankfurt am Main: Suhrkamp, 1979. 83–121.

James, William. „What is an Emotion?". *Mind* 9.34 April (1884): 188–205.

Jauß, Hans Robert: *Ästhetische Erfahrung und literarische Hermeneutik*. Frankfurt am Main: Suhrkamp, 1984.

Jauß, Hans Robert. „Ästhetische Erfahrung als Zugang zu mittelalterlicher Literatur. Zur Aktualität der ‚Questions de littérature' von Robert Guiette". *Alterität und Modernität der mittelalterlichen Literatur*. München: Fink, 1977. 411–427.

Jauß, Hans Robert. „Der Tartuffe-Skandal im Lichte von Mimesis und Simulation". *Probleme des Verstehens. Ausgewählte Aufsätze*. Stuttgart: Reclam, 1999. 40–73.

Jean Paul [Richter]. „Vorschule der Ästhetik" [1804]. *Sämtliche Werke. 1. Abt. Bd. V*. München: Hanser, 1963. 7–456.

Johnson-Laird, P. N., und Keith Oatley. „Emotions, Music, and Literature". *Handbook of Emotions*. Hrsg. von Michael Lewis, Jeannette M. Haviland-Jones und Lisa Feldman Barrett. 3. Aufl. New York, NY und London: Guilford, 2008. 102–113.

Junkerjürgen, Ralf. *Spannung. Narrative Verfahrensweisen der Leseraktivierung. Eine Studie am Beispiel der Reiseromane von Jules Verne*. Frankfurt am Main u. a.: Lang, 2002.

Jurecic, Ann. „Empathy and the Critic". *College English* 74 (2011): 10–27.

Kafalenos, Emma. „Emotions Induced by Narratives". *Poetics Today* 29.2 (2008): 377–384.

Kafka, Franz. *Der Process*. Hrsg. von Roland Reuß. Frankfurt am Main und Basel: Stroemfeld, 1997 [1925].

Kanitz, Anja von. *Emotionale Intelligenz*. Planegg: Haufe, 2008.

Kant, Immanuel. *Anthropologie in pragmatischer Hinsicht* [1798]. *Werkausgabe*. Bd. 12. Hrsg. von Wilhelm Weischedel. Frankfurt am Main: Suhrkamp, 1968.

Kant, Immanuel. *Die Metaphysik der Sitten* [1797]. *Werkausgabe*. Bd. 8. Hrsg. von Wilhelm Weischedel. Frankfurt am Main: Suhrkamp, 1979.

Kant, Immanuel. *Kritik der praktischen Vernunft* [1788]. *Gesammelte Schriften. Akademie-Ausgabe*. Bd. 5. Hrsg. von Paul Natorp und Wilhelm Windelband. Berlin und New York, NY: De Gruyter, 1999.

Kant, Immanuel. *Kritik der Urteilskraft* [1790]. *Werkausgabe*. Bd 10. Hrsg. von Wilhelm Weischedel. Frankfurt am Main: Suhrkamp, 1974.

Kantzios, Ippokratis. „The Politics of Fear in Aeschylus' ‚Persians'". *Classical World* 98 (2004): 3–19.

Kappelhoff, Hermann. *Matrix der Gefühle. Das Kino, das Melodrama und das Theater der Empfindsamkeit*. Berlin: Vorwerk 8, 2004.

Karnes, Michelle. *Imagination, Meditation, and Cognition in the Middle Ages*. Chicago, IL: University of Chicago Press, 2011.

Kasper, Judith. „Georges Perecs ‚W ou le souvenir d'enfance' – Trauma, Körper, Zeugenschaft". *Die Literatur und die Erinnerung an die Shoah*. Hrsg. von Joseph Jurt. Freiburg im Breisgau: Frankreich-Zentrum der Albert-Ludwigs-Universität, 2005. 69–80.
Kast, Verena. *Neid und Eifersucht. Die Herausforderung durch unangenehme Gefühle*. Zürich und Düsseldorf: Walter, 1996.
Kasten, Ingrid (Hrsg.). *Machtvolle Gefühle*. Berlin und New York, NY: De Gruyter, 2010.
Kasten, Ingrid, Gesa Stedmann und Margarete Zimmermann. „Lucien Febvre und die Folgen. Zu einer Geschichte der Gefühle und ihrer Erforschung". *Querelles* 7 (2002): 9–25.
Kasten, Ingrid, und C. Stephen Jaeger (Hrsg.). *Codierungen von Emotionen im Mittelalter*. Berlin und New York, NY: De Gruyter, 2003.
Keen, Suzanne. „Introduction: Narrative and the Emotions". *Poetics Today* 32.1 (2011): 1–53.
Keen, Suzanne. „Narrative Empathy". *Toward a Cognitive Theory of Narrative Acts*. Hrsg. von Frederick Luis Aldama. Austin, TX: University of Texas Press, 2010. 61–93.
Keen, Suzanne. *Empathy and the Novel*. Oxford und New York, NY: Oxford University Press, 2007.
Keitel, Evelyne. *Von den Gefühlen beim Lesen. Zur Lektüre amerikanischer Gegenwartsliteratur*. München: Fink, 1996.
Kelly, George Armstrong. „Conceptual Sources of the Terror". *Eighteenth-Century Studies* 14.1 (1980): 18–36.
Kerkhecker, Arndt. „Furcht und Mitleid". *Rheinisches Museum für Philologie* 134 (1991): 288–310.
Keßler, Helmut. *Terreur. Ideologie und Nomenklatur der revolutionären Gewaltanwendung in Frankreich von 1770 bis 1794*. München: Fink, 1973.
Ketelsen, Uwe. „Poetische Emotion und universale Harmonie. Zu Klopstocks Ode ‚Das Landleben/Die Frühlingsfeyer'". *Gedichte und Interpretation*. Bd. 2: *Aufklärung und Sturm und Drang*. Hrsg. von Karl Richter. Stuttgart: Reclam, 1983.
Kidd, David C., und Emanuele Castano. „Reading Literary Fiction Improves Theory of Mind". *Science* 342.6156 (2013): 377–380.
Kierkegaard, Søren. „Der Begriff der Angst" [1844]. *Die Krankheit zum Tode. Furcht und Zittern. Die Wiederholung. Der Begriff Angst*. Hrsg. von Hermann Diem und Walter Rest. München: dtv, 2005. 441–640.
Killy, Walter. „Stimmung". *Elemente der Lyrik*. Hrsg. von Walter Killy. München: Beck, 1972. 114–128.
Kindt, Tom. *Literatur und Komik. Zur Theorie literarischer Komik und zur deutschen Komödie im 18. Jahrhundert*. Berlin: Akademie-Verlag, 2011.
King, Steven. *The Shining*. New York, NY: Doubleday, 1977.
Klein, Melanie, „Love, Guilt and Reparation" [1937]. *Love, Guilt and Reparation and Other Works 1921–1945*. New York, NY: Dell, 1975. 306–343.
Klein, Melanie. „Envy and Gratitude" [1957]. *Envy and Gratitude and Other Works 1946–1963*. New York, NY: Free Press, 1975. 176–235.
Klein, Melanie. „Mourning and its Relation to Manic-Depressive States" [1940]. *Love, Guilt and Reparation and Other Works 1921–1945*. New York, NY: Free Press, 1984.
Kleinschmidt, Erich. „Sprache und Gefühle. Geschlechterdifferenz und Affekt in der Sprachpoetik des 18. Jahrhunderts". *Arcadia* 29.1 (1994): 1–19.
Kleinschmidt, Erich. *Entdeckung der Intensität. Geschichte einer Denkfigur im 18. Jahrhundert*. Göttingen: Wallstein, 2004.

Klibansky, Raymond, Erwin Panofsky und Fritz Saxl. *Saturn und Melancholie. Studien zur Geschichte der Naturphilosophie und Medizin, der Religion und der Kunst*. Frankfurt am Main: Suhrkamp, 1992 [1964].
Knape, Joachim. „Rhetorischer Pathosbegriff und literarische Pathosnarrative". *Pathos. Zur Geschichte einer problematischen Kategorie*. Hrsg. von Cornelia Zumbusch. Berlin: Akademie-Verlag, 2010. 25–44.
Kodalle, Klaus-Michael. „Heuchelei". *Historisches Wörterbuch der Philosophie*. Hrsg. von Joachim Ritter, Karlfried Gründer und Gottfried Gabriel. Bd. 3. Basel: Schwabe, 1974. 1113–1115.
Kolnai, Aurel. „Der Ekel". *Jahrbuch für Philosophie und phänomenologische Forschung* 10 (1929): 515–569.
Kommerell, Max. „Schiller als Psychologe" [1936]. *Geist und Buchstabe der Dichtung. Goethe, Schiller, Kleist, Hölderlin*. Frankfurt am Main: Klostermann, 1991. 175–242.
Kommerell, Max. *Lessing und Aristoteles. Untersuchungen über die Theorie der Tragödie*. 5. Aufl. Frankfurt am Main: Klostermann 1984 [1940].
Konstan, David. „Haben Gefühle eine Geschichte?". *Pathos, Affekt, Emotion. Transformationen der Antike*. Hrsg. von Martin Harbsmeier und Sebastian Möckel. Frankfurt am Main: Suhrkamp, 2009. 27–46.
Konstan, David. „The Tragic Emotions". *Comparative Drama* 33 (1999): 1–21.
Konstan, David. *Pity Transformed*. London: Duckworth, 2001.
Konstan, David. *The Emotions of the Ancient Greeks. Studies in Aristotle and Classical Literature*. Toronto: University of Toronto Press, 2006.
Koopman, Emy M., und Frank Hakemulder. „Effects of Literature on Empathy and Self-Reflection: A Theoretical-Empirical Framework". *Journal of Literary Theory* 9.1 (2015): 79–111.
Koppenfels, Martin von. „Ein Schloss am Meer. Freuds Traum vom ‚Frühstücksschiff' und das Affektkapitel der ‚Traumdeutung'". *Traum. Theorie und Deutung* (=Sonderheft *Psyche*) 66.9/10 (2012): 968–991.
Koppenfels, Martin von. „Schmerz. Lessing, Duras und die Grenzen der Empathie". *Grenzwerte des Ästhetischen*. Hrsg. von Robert Stockhammer. Frankfurt am Main: Suhrkamp, 2002. 118–145.
Koppenfels, Martin von. *Immune Erzähler. Flaubert und die Affektpolitik des modernen Romans*. München: Fink, 2007.
Koppenfels, Martin von. *Schwarzer Peter. Der Fall Littell, die Leser und die Täter*. Göttingen: Vandenhoeck & Ruprecht, 2012.
Košenina, Alexander. *Anthropologie und Schauspielkunst. Studien zur ‚eloquentia corporis' im 18. Jahrhundert*. Tübingen: Niemeyer, 1995.
Kövecses, Zoltan. „Introduction: Language and Emotion Concepts". *Everyday Conceptions of Emotion*. Hrsg. von James Russell, José-Miguel Fernández-Dols, Antony Manstead und J. C. Wellenkamp. Dordrecht: Springer, 1995. 3–15.
Krajczynski, Jakub. „Emotionen". *Aristoteles Handbuch. Leben – Werk – Wirkung*. Hrsg. von Christof Rapp und Klaus Corcilius. Stuttgart: Metzler, 2011. 209–213.
Krewet, Michael. *Die stoische Theorie der Gefühle. Ihre Aporien. Ihre Wirkmacht*. Heidelberg: Winter, 2013.
Kristeva, Julia. *Geschichten von der Liebe* . Übers. von Dieter Hornig und Wolfram Bayer. Frankfurt am Main: Suhrkamp, 1989 [1983].
Kristeva, Julia. *Pouvoirs de l'horreur. Essai sur l'abjection*. Paris: Seuil, 1980.

Krug, Wilhelm Traugott. *Grundlage zu einer neuen Theorie der Gefühle und des sogenannten Gefühlsvermögens. Ein anthropologischer Versuch*. Königsberg: Unzer, 1823.
Krystal, Henry. „Aspects of Affect Theory". *Bulletin of the Menninger Clinic* 41 (1977): 1–26.
Krystal, Henry. „Trauma und Affekte. Posttraumatische Folgeerscheinungen und ihre Konsequenzen für die psychoanalytische Technik". *Die Gegenwart der Psychoanalyse – die Psychoanalyse der Gegenwart*. Hrsg. von Werner Bohleber und Sibylle Drews. Stuttgart: Klett-Cotta, 2001. 197–207.
Kuehnast, Milena, Valentin Wagner, Eugen Wassiliwizky, Thomas Jacobsen und Winfried Menninghaus. „Being Moved: Linguistic Representation and Conceptual Structure". *Frontiers in Psychology* 5 (2014): http://journal.frontiersin.org/article/10.3389/fpsyg.2014.01242/full.
La Rochefoucauld, François de. *Maximes et réflexions diverses/Maximen und Reflexionen*. Französisch/Deutsch. Übers. von Jürgen von Stackelberg. München: Goldmann, 1987 [1664].
Lacan, Jacques. „Die höfische Liebe, anamorphotisch". *Die Ethik der Psychoanalyse*. Übers. von Norbert Haas. Berlin: Quadriga, 1996. 171–189.
LaCapra, Dominick. *Writing History, Writing Trauma*. Baltimore, MD und London: Johns Hopkins University Press, 2001.
Lachmann, Rolf. *Susanne K. Langer. Die lebendige Form menschlichen Fühlens und Verstehens*. München: Fink, 2000.
LaCourse Munteanu, Dana. *Tragic Pathos. Pity and Fear in Greek Philosophy and Tragedy*. Cambridge: Cambridge University Press, 2012.
Lada, Ismene. „Emphatic Understanding: Emotion and Cognition in Classical Dramatic Audience Response". *Proceedings of the Cambridge Philological Society* 39 (1993): 94–140.
Lamarque, Peter. „How Can We Fear and Pity Fictions?". *British Journal of Aesthetics* 21.4 (1981): 291–304.
Landweer, Hilge, und Ursula Renz (Hrsg.). *Klassische Emotionstheorien. Von Platon bis Wittgenstein*. Berlin und New York, NY: De Gruyter, 2008.
Landweer, Hilge, und Catherine Newmark. „Seelenruhe oder Langeweile, Tiefe der Gefühle oder bedrohliche Exzesse? Zur Rhetorik von Emotionsdebatten". *Pathos, Affekt, Emotion. Transformationen der Antike*. Hrsg. von Martin Harbsmeier und Sebastian Möckel. Frankfurt am Main: Suhrkamp, 2009. 79–106.
Lange, Wolfgang. *Der kalkulierte Wahnsinn, Innenansichten ästhetischer Moderne*. Frankfurt am Main: Fischer, 1992.
Langer, Susanne. *Feeling and Form. A Theory of Art*. New York, NY: Charles Scribner's Sons, 1953.
Largier, Niklaus. „Das Theater der Askese: Gewalt, Affekt, und Imagination". *Askese und Identität in Spätantike, Mittelalter und Früher Neuzeit*. Hrsg. von Werner Röcke und Julia Weitbrecht. Berlin und New York, NY: De Gruyter, 2010. 207–222.
Largier, Niklaus. „Die Applikation der Sinne. Mittelalterliche Ästhetik als Phänomenologie rhetorischer Effekte". *Das fremde Schöne. Dimensionen des Ästhetischen in der Literatur des Mittelalters*. Hrsg. von Manuel Braun und Christopher Young. Berlin und New York, NY: De Gruyter, 2007. 43–60.
Largier, Niklaus. „Inner Senses – Outer Senses: The Practice of Emotions in Medieval Mysticism". *Codierungen von Emotionen im Mittelalter/Emotions and Sensibilities in the Middle Ages*. Hrsg. von C. Stephen Jaeger und Ingrid Kasten. Berlin und New York, NY: De Gruyter, 2003. 3–15.

Largier, Niklaus. „Präsenzeffekte. Die Animation der Sinne und die Phänomenologie der Versuchung". *Poetica* 37 (2005): 393–412.
Largier, Niklaus. „Rhetorik des Begehrens. Die ‚Unterscheidung der Geister' als Paradigma mittelalterlicher Subjektivität". *Inszenierungen von Subjektivität in der Literatur des Mittelalters.* Hrsg. von Martin Baisch, Jutta Eming, Hendrikje Haufe, Andrea Sieber und Armin Schulz. Königstein: Helmer, 2005. 249–270.
Largier, Niklaus. *Die Kunst des Begehrens. Dekadenz, Sinnlichkeit und Askese.* München: Beck, 2007.
Lauer, Claudia. „Die Emotionalität der Intrige". *Rache – Zorn – Neid. Zur Faszination negativer Emotionen in der Kultur und Literatur des Mittelalters.* Hrsg. von Martin Baisch, Evamarie Freienhofer und Eva Lieberich. Göttingen: Vandenhoeck & Ruprecht, 2014. 186–207.
Lausberg, Heinrich. *Handbuch der literarischen Rhetorik. Eine Grundlegung der Literaturwissenschaft.* München: Hueber, 1960.
Lazar, Moshé. „Fin'amor". *A Handbook of the Troubadours.* Hrsg. von F. R. P. Akehurst und Judith M. Davis. Berkeley, CA: University of California Press, 1995. 61–99.
Le Brun, Charles. *Méthode pour apprendre à dessiner les passions. Proposée dans une conference sur l'expression générale et particulière.* Amsterdam: van der Plaats, 1702.
Le Doux, Joseph. *Das Netz der Gefühle. Wie Emotionen entstehen.* München: Hanser, 1998 [1996].
Lear, J. „Katharsis". *Essays on Aristotle's Poetics.* Hrsg. von Amélie Oksenberg Rorty. Princeton, NJ: Princeton University Press, 1992. 315–340.
Lehmann, Hans-Thies. „Das Welttheater der Scham. Dreißig Annäherungen an den Entzug der Darstellung". *Merkur* 45.9/10 (1991): 824–839.
Lehmann, Johannes F. *Im Abgrund der Wut. Zur Kultur- und Literaturgeschichte des Zorns.* Freiburg im Breisgau: Rombach, 2012.
Leibniz, Gottfried Wilhelm. *Neue Abhandlungen über den menschlichen Verstand* [1704]. Französisch/Deutsch. Bd. 1: *Philosophische Schriften.* Bd. 3.1. Übers. und hrsg. von Wolf von Engelhardt und Hans Heinz Holz. Frankfurt am Main: Suhrkamp, 1996.
Lemke, Anja. „‚Gemüts-Bewegungen'. Affektzeichen in Kleists Aufsatz ‚Über das Marionettentheater'". *Kleist-Jahrbuch* (2009): 183–201.
Lenz, Jakob Michael Reinhold. *Philosophische Vorlesungen für empfindsame Seelen.* Faksimiledruck St. Ingbert: Röhrig, 1994 [1780].
Lepenies, Wolfgang. *Melancholie und Gesellschaft.* Frankfurt am Main: Suhrkamp, 1998 [1969].
Lepper, Marcel. *Lamento. Zur Affektdarstellung in der Frühen Neuzeit.* Frankfurt am Main u. a.: Lang, 2008.
Lessing, Gotthold Ephraim: „Laokoon" [1766]. *Werke und Briefe in zwölf Bänden.* Bd. 5. Hrsg. von Wilfried Barner und Conrad Wiedemann. Frankfurt am Main: Deutscher Klassiker Verlag, 1990. 11–206.
Lessing, Gotthold Ephraim. „Briefwechsel über das Trauerspiel mit Mendelssohn und Nicolai" [1755–1757]. *Werke und Briefe in zwölf Bänden.* Bd. 3. Hrsg. von Wilfried Barner und Conrad Wiedemann. Frankfurt am Main: Deutscher Klassiker Verlag, 2003. 662–736.
Lessing, Gotthold Ephraim. *Hamburgische Dramaturgie* [1767–1769]. *Werke und Briefe in zwölf Bänden.* Bd. 6. Hrsg. von Klaus Bohnen. Frankfurt am Main: Deutscher Klassiker Verlag, 1985. 181–694.
Lethen, Helmut. *Verhaltenslehren der Kälte. Lebensversuche zwischen den Kriegen.* Frankfurt am Main: Suhrkamp, 1994.
Lévinas, Emmanuel: *De l'évasion.* Montpellier: Fata Morgana, 1982 [1935/36].

Leys, Ruth. „How did Fear Become a Scientific Object and What Kind of Object is It?". *Representation* 110 (2010): 66–104.
Leys, Ruth. „The Turn to Affect: A Critique". *Critical Inquiry* 37 (2011): 434–472.
Liebsch, Burkhard. *Revisionen der Trauer. In philosophischen, geschichtlichen, psychoanalytischen und ästhetischen Perspektiven.* Weilerswist: Velbrück Wissenschaft, 2006.
Liessmann, Konrad Paul. *Reiz und Rührung. Über ästhetische Empfindungen.* Wien: Facultas, 2004.
Lippke, Olaf. *Anatomie des Neides.* Duisburg: WiKu-Verlag, 2006.
Lipps, Theodor. „Aesthetische Einfühlung". *Zeitschrift für Psychologie* 22 (1899): 414–450.
Lobsien, Verena Olejniczak. „Passion und Imagination. ‚Signs and Tokens' der Leidenschaft in ‚Coriolanus', ‚Titus Andronicus' und ‚Cymbeline'". *Shakespeare Jahrbuch* 140 (2004): 45–65.
Lobsien, Verena Olejniczak. *Transparency and Dissimulation. Configurations of Neoplatonism in Early Modern English Literature.* Berlin und New York, NY: De Gruyter, 2010.
Loch, Wolfgang. „Identifikation – Introjektion". *Über Begriffe und Methoden der Psychoanalyse.* Bern: Huber, 1975. 71–90.
Longinus. *Vom Erhabenen.* Griechisch/Deutsch. Übers. und hrsg. von Otto Schönberger. Stuttgart: Reclam, 1997.
Loraux, Nicole. *Die Trauer der Mütter. Weibliche Leidenschaft und die Gesetze der Politik.* Übers. von Eva Moldenhauer. Frankfurt am Main und New York, NY: Campus Verlag, 1992 [1985].
Lotter, Maria-Sybilla. *Scham, Schuld, Verantwortung. Über die kulturellen Grundlagen der Moral.* Frankfurt am Main: Suhrkamp, 2012.
Lü, Yixu, und Anthony Stephens. „‚Gewaltig die Natur im Menschen'. Affekte und Reflexivität der Sprache in Kleists vollendeten Trauerspielen". *Kleist-Jahrbuch* (2008/2009): 214–231.
Lühe, Astrid von der. „Sympathie II". *Historisches Wörterbuch der Philosophie.* Bd. 10. Hrsg. von Joachim Ritter, Karlfried Gründer und Gottfried Gabriel. Darmstadt: Wissenschaftliche Buchgesellschaft, 1998. Sp. 756–762.
Luhmann, Niklas. *Liebe als Passion. Zur Codierung von Intimität.* Frankfurt am Main: Suhrkamp, 1982.
Lundeen, Kathleen. „Who Has the Right to Feel? The Ethics of Literary Empathy". *Mapping the Ethical Turn. A Reader in Ethics, Culture, and Literary Theory.* Hrsg. von Todd F. Davis und Kenneth Womack. Charlottesville, VA und London: Virginia University Press, 2001. 83–92.
Luserke, Matthias (Hrsg.). *Die aristotelische Katharsis. Dokumente ihrer Deutung im 19. und 20. Jahrhundert.* Hildesheim: Olms, 1991.
Luserke, Matthias. *Die Bändigung der wilden Seele. Literatur und Leidenschaft in der Aufklärung.* Stuttgart und Weimar: Metzler, 1995.
Lutz, Catherine A. „Emotion, Thought, and Estrangement. Emotion as a Cultural Category". *The Emotions. A Cultural Reader.* Hrsg. von Helena Wulff. Oxford und New York, NY: Berg, 2007. 19–29.
Lutz, Catherine A. *Unnatural Emotions. Everyday Sentiments on a Micronesian Atoll and Their Challenge to Western Theory.* Chicago, IL und London: University of Chicago Press, 1988.
Lyotard, Jean-François. *Leçons sur l'Analytique du sublime. (Kant, Critique de la faculté de juger, §§ 23–29).* Paris: Galilée, 1991.
Machiavelli, Niccolò. *Il principe/Der Fürst.* Übers. von Philipp Rippel. Stuttgart: Reclam, 1986 [1513].

Mangold, Roman, und Anne Bartsch. „Mediale und reale Emotionen – der feine Unterschied". *Emotionen in Literatur und Film*. Hrsg. von Sandra Poppe. Würzburg: Königshausen & Neumann, 2012. 89–105.

Mar, Raymond A., Keith Oatley, Maja Djikic und Justin Mullin. „Emotion and Narrative Fiction: Interactive Influences Before, During, and After Reading". *Cognition and Emotion* 25.5 (2011): 818–833.

Martini, Thorsten W. D. *Facetten literarischer Zorndarstellungen. Analysen ausgewählter Texte der mittelalterlichen Epik des 12. und 13. Jahrhunderts unter Berücksichtigung der Gattungsfrage*. Heidelberg: Winter, 2009.

Martus, Steffen. „Emil Staiger und die Emotionsgeschichte der Philologie". *1955–2005. Emil Staiger und Die Kunst der Interpretation heute*. Hrsg. von Joachim Rickes, Volker Ladenthin und Michael Baum. Frankfurt am Main u. a.: Lang, 2007. 111–133.

Mattes, Josef. *Der Wahnsinn im griechischen Mythos und in der Dichtung bis zum Drama des fünften Jahrhunderts*. Heidelberg: Winter, 1970.

Matuschek, Stefan. *Über das Staunen. Eine ideengeschichtliche Analyse*. Tübingen: Niemeyer, 1991.

McDonald, Marianne. „Euripides' Dramatic Tears. Weeping as Characterization of Women and Men". *Kleos* 7 (2002): 181–192.

Mead, George Herbert. *Mind, Self, and Society. From the Standpoint of a Social Behaviorist*. Chicago, IL: University Press, 1967.

Medick, Hans, und David Sabean (Hrsg.). *Emotionen und materielle Interessen. Sozialanthropologische und historische Beiträge zur Familienforschung*. Göttingen: Vandenhoeck & Ruprecht, 1984.

Mellmann, Katja. „Biologische Ansätze zum Verhältnis von Literatur und Emotionen". *Journal of Literary Theory* 1.2 (2007): 357–375.

Mellmann, Katja. „Emotionale Wirkungen des Erzählens". *Handbuch Erzählliteratur: Theorie, Analyse, Geschichte*. Hrsg. von Matías Martínez. Stuttgart und Weimar: Metzler, 2011. 68–74.

Mellmann, Katja. „Gefühlsübertragung? Zur Psychologie emotionaler Textwirkungen". *Machtvolle Gefühle*. Hrsg. von Ingrid Kasten. Berlin und New York, NY: De Gruyter, 2010. 107–119.

Mellmann, Katja. „Is Storytelling a Biological Adaptation? Preliminary Thoughts on How to Pose That Question". *Telling stories/Geschichten erzählen. Literature and evolution/Literatur und Evolution*. Hrsg. von Carsten Gansel und Dirk Vanderbeke. Berlin und New York, NY: De Gruyter, 2012. 30–49.

Mellmann, Katja. „Objects of ‚Empathy': Characters (and Other Such Things) as Psycho-Poetic Effects". *Characters in Fictional Worlds: Understanding Imaginary Beings in Literature, Film, and Other Media*. Hrsg. von Jens Eder, Fotis Jannidis und Ralf Schneider. Berlin und New York, NY: De Gruyter, 2010. 416–441.

Mellmann, Katja. „Schemakongruenz: Zur emotionalen Auslöserqualität filmischer und literarischer Attrappen". *Emotionen in Literatur und Film*. Hrsg. von Sandra Poppe. Würzburg: Königshausen & Neumann, 2012. 109–125.

Mellmann, Katja. „Vorschlag zu einer emotionspsychologischen Bestimmung von ‚Spannung'". *Im Rücken der Kulturen*. Hrsg. von Karl Eibl, Katja Mellmann und Rüdiger Zymner. Paderborn: Mentis, 2007. 241–268.

Mellmann, Katja. *Emotionalisierung – Von der Nebenstundenpoesie zum Buch als Freund: Eine emotionspsychologische Analyse der Literatur der Aufklärungsepoche*. Paderborn: Mentis, 2006.
Menke, Christoph. *Kraft. Ein Grundbegriff ästhetischer Anthropologie*. Frankfurt am Main: Suhrkamp, 2008.
Menninghaus, Winfried. „Dichtung als Tanz – Zu Klopstocks Poetik der Wortbewegung". *Comparatio. Revue Internationale de Littérature Comparée* 2–3 (1991): 129–150.
Menninghaus, Winfried. „Ekel". *Ästhetische Grundbegriffe. Historisches Wörterbuch in sieben Bänden*. Bd. 2. Hrsg. von Karlheinz Barck, Martin Fontius, Dieter Schlenstedt, Burkhart Steinwachs und Friedrich Wolfzettel. Stuttgart und Weimar: Metzler, 2001. 142–177.
Menninghaus, Winfried. „Klopstocks Poetik der schnellen ‚Bewegung'. Friedrich Gottlieb Klopstock. *Gedanken über die Natur der Poesie*. Frankfurt am Main: Insel, 1989. 259–361.
Menninghaus, Winfried. *Ekel. Theorie und Geschichte einer starken Empfindung*. Frankfurt am Main: Suhrkamp, 1999.
Meyer-Kalkus, Reinhart. *Wollust und Grausamkeit. Affektenlehre und Affektdarstellung in Lohensteins Dramatik*. Göttingen: Vandenhoeck & Ruprecht, 1986.
Meyer-Sickendiek, Burkhard, und Friederike Reents. *Stimmung und Methode*. Tübingen: Mohr Siebeck, 2013.
Meyer-Sickendiek, Burkhard. „‚Spürest du kaum einen Hauch': Über die Leiblichkeit in der Lyrik". *Gefühle als Atmosphären. Der Beitrag der Neuen Phänomenologie zur philosophischen Emotionstheorie*. Hrsg. von Kerstin Andermann und Undine Eberlein. Bielefeld: transcript, 2011. 213–232.
Meyer-Sickendiek, Burkhard. „Über das Gespür. Neuphänomenologische Überlegungen zum Begriff der Stimmungslyrik". *„Stimmung". Zur Wiederkehr einer ästhetischen Kategorie*. Hrsg. von Anna-Katharina Gisbertz. München: Fink, 2011. 45–61.
Meyer-Sickendiek, Burkhard. *Lyrisches Gespür. Vom geheimen Sensorium moderner Poesie*. München: Fink, 2011.
Meyer-Sickendiek, Burkhardt. *Affektpoetik. Eine Kulturgeschichte literarischer Emotionen*. Würzburg: Königshausen & Neumann, 2005.
Meyer, Wulf-Uwe, Achim Schützwohl und Rainer Reisenzein. *Einführung in die Emotionspsychologie*. 3 Bde. 3., korr. Aufl. Bern, Göttingen und Toronto: Huber, 2001–2003.
Miall, David S. „Emotions and the Structuring of Narrative Response". *Poetics Today* 32.2 (2011): 323–348.
Miall, David S. „Feeling from the Perspective of the Empirical Study of Literature". *Journal of Literary Theory* 1.2 (2007): 377–393.
Milobenski, Ernst. *Der Neid in der griechischen Philosophie*. Wiesbaden: Harrassowitz, 1964.
Mog, Paul. *Ratio und Gefühlskultur. Studien zur Psychogenese und Literatur im 18. Jahrhundert*. Tübingen: Niemeyer, 1976.
Molière. *Œuvres complètes*. Hrsg. von Georges Couton. Paris: Gallimard, 2010.
Moltke, Johannes von. „‚‚Deutsche Jungs dürfen ruhig auch mal weinen': Nachträgliche Identifikation in der sentimentalen Geschichtskultur". *Empathie und Erzählung*. Hrsg. von Claudia Breger und Fritz Breithaupt. Freiburg im Breisgau: Rombach, 2010. 273–291.
Monk, Samuel. *The Sublime. A Study of Critical Theories in XVIII-Century England*. Ann Arbor, MI: The University of Michigan Press, 1960 [1935].
Montaigne, Michel. *Essais*. Hrsg. von Albert Thibaudet. Paris: Gallimard, 1958.
Moretti, Franco. *Distant Reading*. London und New York, NY: Verso, 2013.

Morreall, John. „Enjoying Negative Emotions in Fictions". *Philosophy and Literature* 9.1 (1985): 95–103.
Most, Glenn. „Katharsis". *Routledge Encyclopedia of Philosophy*. Bd. 5. Hrsg. von Edward Craig. London: Routledge, 1998. 218–220.
Most, Glenn. „Nietzsche gegen Aristoteles mit Aristoteles". *Grenzen der Katharsis in den modernen Künsten. Transformationen des aristotelischen Modells seit Bernays, Nietzsche und Freud*. Hrsg. von Martin Vöhler und Dirck Linck. Berlin und New York, NY: De Gruyter, 2009. 51–62.
Mühlen, Karl-Heinz zur. „Die Affektenlehre im Spätmittelalter und in der Reformationszeit". *Archiv für Begriffsgeschichte* 35 (1992): 93–114.
Mülder-Bach, Inka (Hrsg.). *Modernität und Trauma. Beiträge zum Zeitenbruch*. Wien: WUV Universitätsverlag, 2000.
Müller-Tamm, Jutta. „Ästhetische Schwellen". *Gefühl und Genauigkeit. Empirische Ästhetik um 1900*. Hrsg. von Jutta Müller-Tamm, Henning Schmidgen und Tobias Wilke. München: Fink 2014. 169–184.
Müller-Tamm, Jutta. „Nähe und Distanz. Über den Raum und die Räumlichkeit der ästhetischen Erfahrung". *Bewegte Erfahrungen. Zwischen Emotionalität und Ästhetik*. Hrsg. von Anke Henning, Brigitte Obermayr, Antje Wessels und Marie-Christin Wilm. Zürich und Berlin: diaphanes, 2008. 97–110.
Müller, Jan-Dirk. „Die Fiktion höfischer Liebe und die Fiktionalität des Minnesangs". *Text und Handeln. Zum kommunikativen Ort von Minnesang und antiker Lyrik*. Hrsg. von Albrecht Hausmann. *Beihefte zum Euphorion. Zeitschrift für Literaturgeschichte* 46 (2004): 47–64.
Müller, Wolfgang G. „Ironie, Lüge, Simulation, Dissimulation und verwandte rhetorische Termini". *Zur Terminologie der Literaturwissenschaft*. Hrsg. von Christian Wagenknecht. Stuttgart: Metzler, 1989. 189–208.
Nahlowsky, Joseph W. *Das Gefühlsleben. Dargestellt aus praktischen Gesichtspunkten*. Leipzig: Louis Pernitzsch, 1862.
Nell, Victor. *Lost in a Book. The Psychology of Reading for Pleasure*. New Haven, CT: Yale University Press, 1988.
Nelli, René, und René Lavaud. „L'amour et la poésie". *Les troubadours II: Le trésor poétique de l'occitanie*. Paris: Desclée de Brouwer, 2000. 9–27.
Neumann, Odmar, und Rainer Piepmeier: „Empfindung". *Historisches Wörterbuch der Philosophie*. Bd. 2. Hrsg. von Joachim Ritter, Karlfried Gründer und Gottfried Gabriel. Darmstadt: Wissenschaftliche Buchgesellschaft, 1972. 456–474.
Newmark, Christine. *Passion – Affekt – Gefühl. Philosophische Theorien der Emotionen zwischen Aristoteles und Kant*. Hamburg: Meiner, 2008.
Ngai, Sianne. *Ugly feelings*. Cambridge, MA und London: Harvard University Press, 2005.
Nietzsche, Friedrich. *Die fröhliche Wissenschaft* [1882]. *Kritische Studienausgabe*. Bd. 3. Hrsg. von Giorgio Colli und Mazzino Montinari. Berlin und New York, NY: De Gruyter, 1988.
Nietzsche, Friedrich. *Die Geburt der Tragödie. Unzeitgemäße Betrachtungen I–IV. Nachgelassene Schriften 1870–1873. Kritische Studienausgabe*. Bd. 1. Hrsg. von Giorgio Colli und Mazzino Montinari. München: dtv; Berlin und New York, NY: De Gruyter, 1988.
Nietzsche, Friedrich. *Jenseits von Gut und Böse. Zur Genealogie der Moral. Kritische Studienausgabe*. Bd. 5. Hrsg. von Giorgio Colli und Mazzino Montinari. München: dtv; Berlin und New York, NY: De Gruyter, 1999.
Nussbaum, Martha. *The Therapy of Desire. Theory and Practice of Hellenistic Ethics*. Princeton, NJ: Princeton University Press, 1994.

Nussbaum, Martha. *Upheavels of Thought: The Intelligence of Emotions*. Cambridge: Cambridge University Press, 2001.
Oatley, Keith, und Mitra Gholamain. „Emotions and Identification: Connections between Readers and Fiction". *Emotions and the Arts*. Hrsg. von Mette Hjort und Sue Laver. New York, NY und Oxford: Oxford University Press, 1997. 263–281.
Oatley, Keith. „A Taxonomy of the Emotions of Literary Response and a Theory of Identification in Fictional Narrative". *Poetics* 23 (1994): 53–74.
Oatley, Keith. „Why Fiction Might Be Twice as True as Fact: Fiction as Cognitive and Emotional Simulation". *Review of General Psychology* 3 (1999): 101–117.
Obermeier, Christian, Winfried Menninghaus, Martin von Koppenfels, Tim Raettig, Maren Schmidt-Kassow, Sascha Otterbein und Sonja A. Kotz. „Aesthetic and Emotional Effects of Meter and Rhyme in Poetry". *Frontiers in Psychology* 4.10 (2013): http://www.frontiersin.org/Language_Sciences/10.3389/fpsyg.2013.00010/abstract.
Odag, Özen. *Wenn Männer von der Liebe lesen und Frauen von Abenteuern...: Eine empirische Rezeptionsstudie zur emotionalen Beteiligung von Frauen und Männern beim Lesen narrativer Texte*. Lengerich: Pabst, 2007.
Ovid. *Ars amatoria/Liebeskunst*. Lateinisch/Deutsch. Übers. von Niklas Holzberg. Zürich: Artemis & Winkler, 1999.
Pahl, Kathrin. „Gefühle schmieden, Gefühle sehen. Kleists theatralische Theorie der geschichteten Emotionalität". *Kleist-Jahrbuch* (2008/2009): 151–165.
Panksepp, Jaak. *Affective Neuroscience: The Foundations of Human and Animal Emotions*. Oxford und New York, NY: Oxford University Press, 1998.
Paster, Gail Kern, Katherine Rowe, und Mary Floyd-Wilson (Hrsg.). *Reading the Early Modern Passions. Essays in the Cultural History of Emotion*. Philadelphia, PA: University of Pennsylvania Press, 2004.
Paster, Gail Kern. „The Tragic Subject and its Passions". *The Cambridge Companion to Shakespearean Tragedy*. Hrsg. von Claire McEachern. Cambridge: Cambridge University Press, 2002. 142–159.
Perler, Dominik. *Transformationen der Gefühle. Philosophische Emotionstheorien 1270–1670*. Frankfurt am Main: Fischer, 2011.
Pfeifer, Rolf, und Marianne Leuzinger-Bohleber. „A Dynamic View of Emotion with an Application to the Classification of Emotional Disorders". *„Two Butterflies on my Head ..." Psychoanalysis in the Interdisciplinary Scientific Dialogue*. Hrsg. von Marianne Leuzinger-Bohleber, Henri Schneider und Rolf Pfeifer. Berlin: Springer, 1992. 215–243.
Philoppopoulos, George Spyros. „Some Remarks on the Etymological and Grammatic Aspects of the Term ‚Alexithymia'". *Toward a Theory of Psychosomatic Disorders. Alexithymia, Pensée opératoire, Psychosomatisches Phänomen*. Hrsg. von Walter Bräutigam und Michael von Rad. Basel u. a.: Karger, 1977. 68–70.
Pico della Mirandola, Gianfrancesco. *Über die Vorstellung. De imaginatione*. Hrsg. von Eckhard Keßler. 3. Aufl. München: Fink, 1997 [1501].
Pietzcker, Carl. *„Ich kommandiere mein Herz." Brechts Herzneurose – ein Schlüssel zu seinem Leben und Schreiben*. Würzburg: Königshausen & Neumann, 1988.
Plamper, Jan. „Wie schreibt man die Geschichte der Gefühle? William Reddy, Barbara Rosenwein und Peter Stearns im Gespräch mit Jan Plamper." *Werkstatt Geschichte* 54 (2010): 39–69.
Plamper, Jan. *Geschichte und Gefühl. Grundlagen der Emotionsgeschichte*. München: Siedler 2012.

Platon. *Ion. Werke in acht Bänden. Griechisch und Deutsch*. Hrsg. von Günther Eigler unter Mitarbeit von Heinz Hofmann, Dietrich Kurz, Klaus Schöpsdau, Peter Staudacher und Klaus Widdra. Bd. 1. 2. Aufl. Darmstadt: Wissenschaftliche Buchgesellschaft, 1990. 1–39.

Platon. *Phaidon. Werke in acht Bänden. Griechisch und Deutsch*. Hrsg. von Günther Eigler unter Mitarbeit von Heinz Hofmann, Dietrich Kurz, Klaus Schöpsdau, Peter Staudacher und Klaus Widdra. Bd. 3. 2. Aufl. Darmstadt: Wissenschaftliche Buchgesellschaft, 1990. 1–207.

Platon. *Phaidros oder Vom Schönen. Werke in acht Bänden. Griechisch und Deutsch*. Hrsg. von Günther Eigler unter Mitarbeit von Heinz Hofmann, Dietrich Kurz, Klaus Schöpsdau, Peter Staudacher und Klaus Widdra. Bd. 5. 2. Aufl. Darmstadt: Wissenschaftliche Buchgesellschaft, 1990. 1–193.

Platon. *Politeia / Der Staat. Werke in acht Bänden. Griechisch und Deutsch*. Bd. 4. Hrsg. von Günther Eigler unter Mitarbeit von Heinz Hofmann, Dietrich Kurz, Klaus Schöpsdau, Peter Staudacher und Klaus Widdra. 2. Aufl. Darmstadt: Wissenschaftliche Buchgesellschaft, 1990.

Platon. *Symposion/Gastmahl. Griechisch/Deutsch. Werke in acht Bänden. Griechisch und Deutsch*. Bd. 3. Hrsg. von Günther Eigler unter Mitarbeit von Heinz Hofmann, Dietrich Kurz, Klaus Schöpsdau, Peter Staudacher und Klaus Widdra. 2. Aufl. Darmstadt: Wissenschaftliche Buchgesellschaft, 1990. 209–393.

Plett, Heinrich-F. *Rhetorik der Affekte. Englische Wirkungsästhetik im Zeitalter der Rennaissance*. Tübingen: Niemeyer, 1975.

Plutarch. *Große Griechen und Römer*. 6 Bde. Hrsg. von Konrat Ziegler. Zürich: Artemis, 1954–1965.

Poe, Edgar Allan. *Tales of the Grotesque and Arabesque*. Philadelphia, PA: Lea and Blanchard, 1840.

Port, Ulrich. „,In unbegriffner Leidenschaft empört'? Zur Diskursivierung der (tragischen) Affekte in Kleists ‚Penthesilea'". *Kleist-Jahrbuch* (2002): 94–108.

Port, Ulrich. „,Künste des Affekts'. Die Aporien des Pathetischerhabenen und die Bildrhetorik in Schillers ‚Maria Stuart'". *Jahrbuch der deutschen Schillergesellschaft* 46 (2002): 134–159.

Port, Ulrich. „,Katharsis des Leidens'. Aby Warburgs ‚Pathosformeln' und ihre konzeptionellen Hintergründe in Rhetorik, Poetik und Tragödientheorie." *Deutsche Vierteljahrsschrift für Literaturwissenschaft und Geistesgeschichte*. Sonderheft (1999): 5–42.

Port, Ulrich. „,Pathologisches Interesse' und ‚ästhetisches Spiel'. Zur *Genealogie* des tragischen Pathos in der Moderne". *Poetica* 33 (2001): 423–444.

Port, Ulrich. „,Pathosformeln' 1906–1933: Zur Theatralität starker Affekte nach Aby Warburg". *Theatralität und die Krisen der Repräsentation*. Hrsg. von Erika Fischer-Lichte. Stuttgart und Weimar: Metzler, 2001. 226–251.

Port, Ulrich. *Pathosformeln: Die Tragödie und die Geschichte exaltierter Affekte (1755–1888)*. München: Fink, 2005.

Quintilianus, Marcus Fabius. *Institutio oratoria/Ausbildung des Redners. Zwölf Bücher*. Lateinisch/Deutsch. Übers. von Helmut Rahn. Darmstadt: Wissenschaftliche Buchgesellschaft, 2011.

Racine, Jean. „Phèdre et Hippolyte" [1677]. *Œuvres Complètes I. Théâtre – Poésie*. Hrsg. von Georges Forestier. Paris: Gallimard, 1999. (Deutsche Fassung: „Phädra". *Jean Racine: Phädra. Andromache. Zwei Tragödien*. Übers. von Simon Werle. Frankfurt am Main: Verlag der Autoren, 1988. 7–71.)

Radford, Colin. „How Can We Be Moved by the Fate of Anna Karenina?". *Proceedings of the Aristotelian Society*, Supp. Bd. 49 (1975): 67–80.

Rainey, Lawrence. „Shock Effects: Marinetti, Pathology, and Italian Avant-Garde Poetics". *The Mind of Modernism. Medicine, Psychology, and the Cultural Arts in Europe and America, 1880–1940*. Hrsg. von Mark S. Micale. Stanford, CA: Stanford University Press, 2004. 197–213.

Rapp, Christof. „Aristoteles: Bausteine für eine Theorie der Emotionen". *Klassische Emotionstheorien. Von Platon bis Wittgenstein*. Hrsg. von Hilge Landweer und Ursula Renz. Berlin und New York, NY: De Gruyter, 2008. 47–68.

Rapp, Christof. „Katharsis der Emotionen". *Katharsiskonzeptionen vor Aristoteles. Zum kulturellen Hintergrund des Tragödiensatzes*. Hrsg. von Martin Vöhler und Bernd Seidensticker. Berlin und New York, NY: De Gruyter, 2007. 149–172.

Reber, Rolf, Norbert Schwarz und Pjotr Winkielman. „Processing Fluency and Aesthetic Pleasure: Is Beauty in the Perceiver's Processing Experience?". *Personality and Social Psychology Review* 8.4 (2004): 364–382.

Recki, Birgit. „Trockenes Wohlgefallen, Reiz und Rührung. Über das Reinheitsgebot und den vollständigen Kontext der Kantischen Ästhetik". *Die Vernunft, ihre Natur, ihr Gefühl und der Fortschritt. Aufsätze zu Immanuel Kant*. Paderborn: Mentis, 2006. 143–166.

Recki, Birgit. *Ästhetik der Sitten. Die Affinität von ästhetischem Gefühl und praktischer Vernunft bei Kant*. Frankfurt am Main: Vittorio Klostermann, 2001.

Reddy, William. *The Navigation of Feeling: A Framework for the History of Emotions*. Cambridge: Cambridge University Press, 2001.

Rée, Paul. *Die Entstehung des Gewissens*. Berlin: Duncker, 1885.

Reents, Friederike. „Ästhetik der Materialschlacht. Methoden der literarischen Stimmungserzeugung". *Stimmung und Methode*. Hrsg. von Burkhard Meyer-Sickendiek und Friederike Reents. Tübingen: Mohr Siebeck, 2013. 249–262.

Rees, Binley Roderick. „,Pathos' in the ,Poetics' of Aristotle". *Greece & Rome* 19 (1972): 1–11.

Richardson, Alan. *The Neural Sublime: Cognitive Theories and Romantic Texts*. Baltimore, MD: Johns Hopkins University Press, 2010.

Richter, M. Heinrich. *Ueber das Gefühlsvermögen. Eine Prüfung der Schrift des Herrn Professor Krug über denselben Gegenstand, nebst einer Abhandlung aus dem Gebiete der Fundamentalphilosophie*. Leipzig: C. H. F. Hartmann, 1824.

Ridder, Klaus. „Kampfzorn. Affektivität und Gewalt in mittelalterlicher Epik". *Wahrnehmen und Handeln. Perspektiven einer Literaturanthropologie*. Hrsg. von Wolfgang Braungart, Klaus Ridder und Friedmar Apel. Bielefeld: aisthesis, 2004. 41–55.

Rieve, Renate. „Sentiment, sentimental". *Europäische Schlüsselwörter. Bd. 2: Wörter im geistigen und sozialen Raum*. München: Hübner, 1964. 167–189.

Ritter, Henning. *Nahes und fernes Unglück. Versuch über das Mitleid*. München: Beck, 2004.

Robinson, Jenefer. *Deeper than Reason. Emotion and its Role in Literature, Music, and Art*. Oxford: Clarendon Press, 2005.

Rohse, Heide. *Unsichtbare Tränen. Effi Briest – Oblomow – Anton Reiser – Passion Christi. Psychoanalytische Literaturinterpretationen zu Theodor Fontane, Iwan A. Gontscharow, Karl Philipp Moritz und Neuem Testament*. Würzburg: Königshausen & Neumann, 2000.

Rombach, Ursula, und Peter Seiler. „Eleos – misericordia – compassio. Transformationen des Mitleids in Text und Bild". *Pathos, Affekt, Emotion. Transformationen der Antike*. Hrsg. von Martin Harbsmeier und Sebastian Möckel. Frankfurt am Main: Suhrkamp, 2009. 250–276.

Romilly, Jacqueline de. *L'évolution du pathétique d'Eschyle à Euripide*. Paris: Presses Universitaires de France, 1961.

Romilly, Jacqueline de. *La crainte et l'angoisse dans le théâtre d'Eschyle*. Paris: Les Belles Lettres, 1971.
Rosaldo, Michelle. *Knowledge and Passion. Ilongot Notions of Self & Social Life*. Cambridge und New York, NY: The University of Cambridge Press, 1980.
Rosaldo, Renato. *Ilongot Headhunting 1883–1974. A Study in Society and History*. Stanford, CA: Stanford University Press, 1980.
Rose, Gilbert J. *The Power of Form. A Psychoanalytic Approach to Aesthetic Form*. New York, NY: International Universities Press, 1980.
Rosenkranz, Karl. *Ästhetik des Häßlichen*. Darmstadt: Wissenschaftliche Buchgesellschaft, 1979 [1853].
Rosenwein, Barbara H. *Emotional Communities in the Early Middle Ages*. Ithaca, NY: Cornell University Press, 2006.
Rosenwein, Barbara. „Worrying about Emotions in History". *The American Historical Review* 107.3 (2002): 821–845.
Rotermund, Erwin. *Affekt und Artistik. Studien zu Leidenschaftsdarstellung und zu Argumentationsverfahren bei Hofmann von Hofmannswaldau*. München: Fink, 1972.
Rousseau, Jean-Jacques. *Emile ou de l'éducation* [1762]. *Oeuvres Complètes*. Bd. 4. Hrsg. von Bernard Gagnebin und Marcel Raymond. Paris: Gallimard, 1969. 241–881.
Rousseau, Jean-Jacques. *Essai sur l'origine des langues* [1781]. *Oeuvres Complètes*. Bd. 5. Hrsg. von Bernard Gagnebin und Marcel Raymond. Paris: Gallimard, 1995. 1537–1585.
Rousseau, Jean-Jacques. *Lettre à M. d'Alembert* [1759]. *Oeuvres Complètes*. Bd. 5. Hrsg. von Bernard Gagnebin und Marcel Raymond. Paris: Gallimard, 1995. 1–125.
Rousseau, Jean-Jacques. *Pygmalion. Scéne lyrique* [ca. 1762]. *Œuvres complètes*. Bd. 2. Hrsg. von Bernard Gagnebin und Marcel Raymond. Paris: Gallimard, 1964. 1224–1231.
Ruch, Willibald, und Julia Malcherek. „Sensation Seeking, General Aesthetic Preferences, and Humor Appreciation as Predictors of Liking of the Grotesque". *Journal of Literary Theory* 3.2 (2009): 333–352.
Ruppert, Rainer. *Labor der Seele und der Emotionen. Funktionen des Theaters im 18. und frühen 19. Jahrhundert*. Berlin: Edition Sigma, 1995.
Russell, James A. „Core Affect and the Psychological Construction of Emotion". *Psychological Review* 110.1 (2003): 145–172.
Samson, Lothar. „Mitleid". *Historisches Wörterbuch der Philosophie*. Bd. 5. Hrsg. von Joachim Ritter, Karlfried Gründer und Gottfried Gabriel. Darmstadt: Wissenschaftliche Buchgesellschaft, 1980. Sp. 1410–1416.
Sander, David, und Klaus R. Scherer (Hrsg.). *The Oxford Companion to Emotion and the Affective Sciences*. New York, NY: Oxford University Press, 2009.
Sartre, Jean Paul. *L'être et le néant. Essai d'ontologie phénoménologique*. Paris: Gallimard, 1943.
Sartre, Jean Paul. *La nausée*. Paris: Gallimard, 1995 [1938].
Sauder, Gerhard. *Empfindsamkeit*. Bd. 1: *Voraussetzungen und Elemente*. Stuttgart: Metzler, 1974.
Saxl, Fritz. „Die Ausdrucksgebärden der bildenden Kunst". *Gebärde, Form, Ausdruck. Zwei Untersuchungen*. Hrsg. von Pablo Schneider. Berlin und Zürich: diaphanes, 2012. 95–107.
Schadewaldt, Wolfgang. „Furcht und Mitleid? Zur Deutung des Aristotelischen Tragödiensatzes". *Hermes* 83 (1955): 129–171.
Schauer, Markus. *Tragisches Klagen. Form und Funktion der Klagedarstellung bei Aischylos, Sophokles und Euripides*. Tübingen: Gunter Narr, 2002.

Scheer, Brigitte. „Gefühl". *Ästhetische Grundbegriffe. Historisches Wörterbuch in sieben Bänden*. Bd. 2. Hrsg. von Karlheinz Barck, Martin Fontius, Dieter Schlenstedt, Burkhart Steinwachs und Friedrich Wolfzettel. Stuttgart und Weimar: Metzler, 2001. 629–660.

Scheer, Monique. „Are Emotions a Kind of Practice (And What Is It What Makes Them Have a History?) A Bourdieuan Approach to Understanding Emotion". *History and Theory* 51 (2012): 193–220.

Scheler, Max. „Über Scham und Schamgefühl" [1913]. *Gesammelte Werke*. Bd. 10: *Zur Ethik und Erkenntnislehre*. Hrsg. von Maria Scheler und Manfred Frings. Bern: Francke, 1957. 67–154.

Scheler, Max. *Das Ressentiment im Aufbau der Moralen*. Hrsg. von Manfred S. Frings. Frankfurt am Main: Vittorio Klostermann, 2004 [1912].

Scheler, Max. *Der Formalismus in der Ethik und die materiale Wertethik. Neuer Versuch der Grundlegung eines ethischen Personalismus*. Hamburg: Meiner, 2014 [1913–1916].

Scherer, Klaus. „What Are Emotions? And How Can They Be Measured?". *Social Science Information* 44.4 (2005): 695–729.

Schiller, Friedrich. *Werke und Briefe*. Bd. 8: *Theoretische Schriften*. Hrsg. von Rolf-Peter Janz. Frankfurt am Main: Deutscher Klassiker Verlag, 1992.

Schimpf, Wolfgang. *Lyrisches Theater. Das Melodrama des 18. Jahrhunderts*. Göttingen: Vandenhoeck & Ruprecht, 1988.

Schindler, Ines, Veronika Zink, Johannes Windrich, und Winfried Menninghaus. „Admiration and Adoration: Their Different Ways of Showing and Shaping Who We Are". *Cognition and Emotion* 27.1 (2013): 85–118.

Schings, Hans-Jürgen. *Der mitleidigste Mensch ist der beste Mensch. Poetik des Mitleids von Lessing bis Büchner*. München: Beck, 1980.

Schings, Hans-Jürgen. *Melancholie und Aufklärung. Melancholiker und ihre Kritiker in Erfahrungsseelenkunde und Literatur des 18. Jahrhunderts*. Stuttgart: Metzler, 1977.

Schlaffer, Heinz. „Tragödie". *Reallexikon der deutschen Literaturwissenschaft. Neubearbeitung des Reallexikons der deutschen Literaturgeschichte*. Bd. 3. Hrsg. von Jan-Dirk Müller gemeinsam mit Georg Braungart, Harald Fricke, Klaus Grubmüller, Friedrich Vollhardt und Klaus Weimar. Berlin und New York, NY: De Gruyter, 2003. 669–674.

Schlesier, Renate. „‚Pathos' dans le théâtre grec". *Violentes émotions. Approches comparatistes*. Hrsg. von Philippe Borgeaud und Anne-Caroline Rendu Loisel. Genf: Librairie Droz S. A., 2009. 83–100.

Schlesier, Renate. „Der Stachel der Götter. Zum Problem des Wahnsinns in der Euripideischen Tragödie". *Poetica* 17 (1985): 1–45.

Schlesier, Renate. „Die Leiden des Dionysos". *Die emotionale Dimension antiker Religiosität*. Hrsg. von Alfred Kneppe und Dieter Metzler. Münster: Ugarit-Verlag, 2003. 1–20.

Schlesier, Renate. „Lust durch Leid: Aristoteles' Tragödientheorie und die Mysterien. Eine interpretationsgeschichtliche Studie". *Die athenische Demokratie im 4. Jahrhundert v. Chr. – Vollendung oder Verfall einer Verfassungsform?* Hrsg. von Walter Eder. Stuttgart: Franz Steiner, 1995. 389–415.

Schlesier, Renate. „Mixtures of Masks: Maenads as Tragic Models". *Masks of Dionysus*. Hrsg. von Thomas H. Carpenter und Christopher A. Faraone. Ithaca, NY und London: Cornell University Press, 1993. 89–114.

Schlesier, Renate. „Pathos und Wahrheit. Zur Rivalität zwischen Tragödie und Philosophie". *‚Kultur' und ‚Gemeinsinn'*. Hrsg. von Jörg Huber und Alois Martin Müller. Frankfurt am Main und Basel: Stroemfeld, 1994. 127–148.

Schlesier, Renate. „Platons Erfindung des wahnsinnigen Dichters". *Zeitschrift für Ästhetik und Allgemeine Kunstwissenschaft* 51.1 (2006): 45–60.
Schnell, Rüdiger. „Historische Emotionsforschung. Eine mediävistische Standortbestimmung". *Frühmittelalterliche Studien* 38 (2005): 173–276.
Schnitzler, Arthur. „Fräulein Else" [1924]. *Ausgewählte Werke in acht Bänden*. Bd. 3: *Spiel im Morgengrauen. Erzählungen 1923–1931*. Hrsg. von Heinz Ludwig Arnold. Frankfurt am Main: Fischer, 1999. 7–73.
Schnyder, Bernadette. *Angst in Szene gesetzt. Zur Darstellung der Emotionen auf der Bühne des Aischylos*. Tübingen: Gunter Narr, 1995.
Schön, Erich. „Aufklärung der Affekte. Christian F. Gellerts Leben der schwedischen Gräfin von G***". *Der Deutschunterricht* 6 (1991): 31–41.
Schönau, Walter und Joachim Pfeiffer. *Einführung in die psychoanalytische Literaturwissenschaft*. Stuttgart: Metzler, 2003.
Schopenhauer, Arthur. „Parerga und Paralipomena" [1851]. *Werke in zwei Bänden*. Bd. 2. Hrsg. von Werner Brede. München: Hanser, 1977.
Schopenhauer, Arthur. *Über die Grundlage der Moral*. Hamburg: Meiner, 2007 [1841].
Schrader, Wolfgang H. „Sympathy und Sentiment". *Empfindsamkeiten*. Hrsg. von Klaus P. Hansen. Passau: Wissenschaftsverlag Richard Rothe, 1990. 33–42.
Schuller, Marianne. „Penthesilea weint. Zum Problem der Darstellbarkeit auf dem Theater". *Penthesilea von Heinrich von Kleist. Geschlechterszenen in Stephan Kimmigs Inszenierung am Thalia-Theater Hamburg*. Hrsg. von Ortrud Gutjahr. Würzburg: Königshausen & Neumann, 2006. 83–94.
Schwab, Frank. *Evolution und Emotion: Evolutionäre Perspektiven in der Emotionsforschung und der angewandten Psychologie*. Stuttgart: Kohlhammer, 2004.
Segal, Charles. „Gorgias and the Psychology of the Logos". *Harvard Studies of Classical Philology* 66 (1962): 99–155.
Segal, Charles. *Euripides and the Poetics of Sorrow. Art, Gender, and Commemoration in Alcestis, Hippolytus, and Hecuba*. Durham, NC und London: Duke University Press, 1993.
Seidensticker, Bernd. „Die Grenzen der Katharsis". *Grenzen der Katharsis in den modernen Künsten. Transformationen des aristotelischen Modells seit Bernays, Nietzsche und Freud*. Berlin und New York, NY: De Gruyter, 2009. 3–20.
Seidensticker, Bernd. „Über das Vergnügen an tragischen Gegenständen". *Fragmenta Dramatica: Beiträge zur Interpretation der griechischen Tragikerfragmente und ihrer Wirkungsgeschichte*. Hrsg. von Heinz Hofmann und Annette Harder. Göttingen: Vandenhoeck & Ruprecht, 1991. 219–241.
Seneca, L. Annaeus. „De Constantia sapientis/Über die Standhaftigkeit des Weisen". *Philosophische Schriften. Lateinisch und deutsch. Erster Band (Dialoge I-VI)*. Hrsg. von Manfred Rosenbach. Darmstadt: Wissenschaftliche Buchgesellschaft, 1980. 43–93.
Seneca, L. Annaeus. „De tranquillitate animi/Über die Seelenruhe". *Philosophische Schriften. Lateinisch und deutsch. Zweiter Band (Dialoge VII-XII)*. Hrsg. von Manfred Rosenbach. Darmstadt: Wissenschaftliche Buchgesellschaft, 1983a. 101–173.
Seneca, L. Annaeus. „De vita beata/Über das glückliche Leben". *Philosophische Schriften. Lateinisch und deutsch. Zweiter Band (Dialoge VII-XII)*. Hrsg. von Manfred Rosenbach. Darmstadt: Wissenschaftliche Buchgesellschaft, 1983b. 1–77.
Seneca. *De Ira/Über die Wut*. Lateinisch/Deutsch. Übers. von Jula Wildberger. Stuttgart: Reclam, 2007.

Settis, Salvatore. „Ethos und Pathos. Morphologie und Funktion". *Vorträge aus dem Warburg-Haus*. Bd. 1. Hrsg. von Wolfgang Kemp, Gert Mattenklott, Monika Wagner und Martin Warnke. Berlin: Akademie-Verlag, 1997. 31–73.
Shaftesbury, Anthony Ashley Cooper Earl of. *Sensus Communis: An Essay on the Freedom of Wit and Humour. In a Letter to a Friend*. Hrsg. von Lawrence Eliot Klein. Cambridge und New York, NY: Cambridge University Press, 1999 [1709].
Shaftesbury, Anthony Ashley Cooper of: *A Letter Concerning Enthusiasm* [1708]. *Characteristics of Men, Manners, Opinions, Times* [1711]. Cambridge: Cambridge University Press, 1999. 4–28.
Shelley, Mary. *Frankenstein; or, the Modern Prometheus*. Hrsg. von M. K. Joseph. Oxford: Oxford University Press, 1969 [1818].
Sick, Franziska. „Schock, Trauma und Verletzung". *Epochale Psycheme und Menschenwissen*. Hrsg. von Heinz Thoma. Würzburg: Königshausen & Neumann, 2007. 151–168.
Sifneos, Peter E. „The Prevalence of ‚Alexithymic' Characteristics in Psychosomatic Patients". *Psychotherapy and Psychosomatics* 22 (1973): 255–262.
Simmel, Georg. „Zur Psychologie der Scham" [1901]. *Schriften zur Soziologie*. Frankfurt am Main: Suhrkamp, 1986. 140–150.
Smith, Adam. *The Theory of Moral Sentiments*. Hrsg. von David D. Raphael und Alexander L. Macfie. Oxford: Oxford University Press, 1976 [1759].
Smith, Warren J. *Passion and Paradise. Human and Divine Emotion in the Thought of Gregory of Nyssa*. New York, NY: Crossroad, 2004.
Smuts, Aaron. „Art and Negative Affect". *Philosophy Compass* 4.1 (2009): 39–55.
Smuts, Aaron. „The Paradox of Painful Art". *Journal of Aesthetic Education* 41.3 (2007): 59–77.
Söffner, Jan. „Liebe als Distanz. Die ‚Fernliebe' bei Jaufre Rudel". *Der Tod der Nachtigall. Liebe als Selbstreflexion von Kunst*. Hrsg. von Martin Baisch und Beatrice Trînca. Göttingen: Vandenhoeck & Ruprecht, 2009. 55–81.
Solomon, Robert C. „Emotion und Anthropologie: Die Logik der emotionalen Weltbilder". *Logik des Herzens. Die soziale Dimension der Gefühle*. Hrsg. von Gerd Kahle. Frankfurt am Main: Suhrkamp, 1981. 233–253.
Solomon, Robert C. „Emotionen, Gedanken und Gefühle: Emotionen als Beteiligung an der Welt". *Philosophie der Gefühle*. Hrsg. von Sabine A. Döring. Frankfurt am Main: Suhrkamp, 2009. 148–168.
Solomon, Robert C. *Thinking about Feeling: Contemporary Philosophers on Emotions*. Oxford: Oxford University Press, 2004.
Solomon, Robert C. *What is an Emotion? Classic and Contemporary Readings*. New York, NY und Oxford: Oxford University Press, 2003.
Sorabji, Richard. *Emotion and Peace of Mind. From Stoic Agitation to Christian Temptation*. Oxford: Oxford University Press, 2000.
Spitzer, Leo. „Die klassische Dämpfung in Racines Stil". *Romanische Stil- und Literaturstudien I*. Marburg: Elwert, 1931. 135–269.
Staiger, Emil. *Grundbegriffe der Poetik*. Zürich: Atlantis, 1966 [1946].
Staiger, Emil. *Zeit als Einbildungskraft des Dichters*. Zürich: Atlantis, 1963 [1939].
Stalfort, Jutta. *Die Erfindung der Gefühle. Eine Studie über den historischen Wandel menschlicher Emotionalität (1750–1850)*. Bielefeld: transcript, 2013.
Stanford, William B. *Greek Tragedy and the Emotions. An Introductory Study*. London: Routledge & Kegan Paul, 1983.

Starobinski, Jean. „Die Tinte der Melancholie". *Melancholie. Genie und Wahnsinn in der Kunst, zu Ehren von Raymond Klibansky (1905–2005), dem großen Gelehrten und Erforscher der Geschichte der Melancholie*. Hrsg. von Jean Clair. Ostfildern-Ruit: Hatje Cantz, 2005. 24–32.

Starobinski, Jean. „Racine und die Poetik des Blicks". *Das Leben der Augen*. Übers. von Henriette Beese. Frankfurt am Main, Berlin und Wien: Ullstein, 1984. 52–66.

Starobinski, Jean. *Histoire du traitement de la mélancolie des origines à 1900*. Basel: J. R. Geigy, 1960.

Stašková, Alice. *Nächte der Aufklärung. Studien zur Ästhetik, Ethik und Erkenntnistheorie in „Voyage au bout de la nuit" von Louis-Ferdinand Céline und „Die Schlafwandler" von Hermann Broch*. Tübingen: Niemeyer, 2008.

Stearns, Peter N., und Carol Z. Stearns. „Clarifying the History of Emotions and Emotional Standards". *American Historical Review* 90 (1985): 813–836.

Stenzel, Jürgen. „‚Si vis me flere' – ‚Musa iocosa mea'. Zwei poetologische Argumente in der deutschen Diskussion des 17. und 18. Jahrhunderts". *Deutsche Vierteljahrsschrift für Literaturwissenschaft und Geistesgeschichte* 48 (1974): 650–671.

Sternberg, Robert J. „A Triangular Theory of Love". *Close Relationships*. Hrsg. von Harry T. Reis und Caryl E. Rusbult. New York, NY: Psychology Press, 2004. 258–276.

Sulzer, Johann Georg. *Allgemeine Theorie der schönen Künste in einzelnen, nach alphabetischer Ordnung der Kunstwörter aufeinanderfolgenden, Artikeln abgehandelt, ND d. 2., vermehrten Aufl. Leipzig 1792–1799, m. einer Einleitung von Giorgio Tonelli*. Hildesheim: Olms, 1967–1970.

Szondi, Peter. „Die Theorie des bürgerlichen Trauerspiels im 18. Jahrhundert. Der Kaufmann, der Hausvater und der Hofmeister." *Studienausgabe der Vorlesungen*. Bd. 1. Hrsg. von Gert Mattenklott. Frankfurt am Main: Suhrkamp, 1973.

Tan, Ed, und Nico H. Frijda. „Sentiment in Film Viewing". *Passionate Views: Film, Cognition, and Emotion*. Hrsg. von Carl Plantinga und Greg M. Smith. Baltimore, MD und London: Johns Hopkins University Press, 1999. 48–64.

Tan, Ed. „Emotion, Art, and the Humanities". *Handbook of Emotions*. Hrsg. von Michael Lewis und Jeannette M. Haviland-Jones. 2. Aufl. New York, NY und London: Guilford, 2000. 116–134.

Tan, Ed. „Film-Induced Affect as a Witness Emotion". *Poetics* 23 (1994): 7–32.

Tan, Ed. *Emotion and the Structure of Narrative Film: Film as an Emotion Machine*. Mahwah, NJ: Erlbaum, 1996.

Tanner, Jakob. „Das Rauschen der Gefühle". *Nach Feierabend. Zürcher Jahrbuch für Wissenschaftsgeschichte 2: Die Suche nach der eigenen Stimme*. Hrsg. von David Gugerli. Zürich und Berlin: diaphanes, 2006. 129–153.

Tatar, Maria M. „The Houses of Fiction: Toward a Definition of the Uncanny". *Comparative Literature* 33.2 (1981): 167–182.

Terada, Rei. *Feeling in Theory. Emotion after the Death of the Subject*. Cambridge, MA und London: Harvard University Press, 2001.

Thalmann, William G. „Aeschylus' Physiology of the Emotions". *American Journal of Philology* 107 (1986): 489–511.

Theunissen, Michael. „Melancholisches Leiden an der Herrschaft der Zeit". *Negative Theologie der Zeit*. Hrsg. von Michael Theunissen. Frankfurt am Main: Suhrkamp, 1991, 218–282.

Theunissen, Michael. *Der Begriff „Ernst" bei Sören Kierkegaard*. Freiburg und München: Alber, 1982.

Tilmouth, Christopher. *Passion's Triumph over Reason. A History of the Moral Imagination from Spenser to Rochester*. Oxford: Oxford University Press, 2007.
Titchener, Edward B. *Lectures on the Experimental Psychology of Thought-Processes*. New York, NY: Arno Press, 1909.
Tomkins, Silvan S. *Affect Imagery Consciousness. The Complete Edition*. 2 Bde. New York, NY: Springer Publishing Company, 2008.
Tooby, John, und Leda Cosmides. „Does Beauty Build Adapted Minds? Toward an Evolutionary Theory of Aesthetics, Fiction and the Arts". *Substance: A Review of Theory and Literary Criticism* 30.1–2 (2001): 6–27.
Torra-Mattenklott, Caroline. *Metaphorologie der Rührung. Ästhetische Theorie und Mechanik im 18. Jahrhundert*. München: Fink, 2002.
Trabant, Jürgen. *Europäisches Sprachdenken. Von Platon bis Wittgenstein*. München: Beck, 2006.
Trepp, Anne-Charlott. „Gefühl oder kulturelle Konstruktion? Überlegungen zur Geschichte der Emotionen". *Querelle* 7 (2002): 86–103.
Trott, Nicola. „The Picturesque, the Beautiful and the Sublime". *A Companion to Romanticism*. Hrsg. von Duncan Wu. Oxford und Malden, MA: Blackwell, 1998. 72–90.
Tsiknaki, Eirini. *Literatur und Persönlichkeitsentwicklung: Eine empirische Untersuchung zur Erfassung des Zusammenhangs zwischen literarischem Lesen und emotionaler Intelligenz*. München: Meidenbauer, 2005.
Tsiknaki, Ourania. *Emotionsprognose – Das affektive Lexikon München: Entwurf eines Modells zur Vorhersage der Affektivität eines Textes*. München: Meidenbauer, 2005.
Tugendhat, Ernst. *Vorlesungen über Ethik*. Frankfurt am Main: Suhrkamp, 1993.
Ulich, Dieter. *Das Gefühl. Eine Einführung in die Emotionspsychologie*. 3. Aufl. Weinheim: Psychologie Verlags Union, 1995.
Ulich, Dieter. *Psychologie der Emotionen*. Stuttgart: Kohlhammer, 2003.
Vandaele, Jeroen. „Narrative Humor I: Enter Perspective". *Poetics Today* 31.4 (2010): 721–785.
Vandaele, Jeroen. „Narrative Humor II: Exit Perspective". *Poetics Today* 33.1 (2012): 59–126.
Vendrell Ferran, Íngrid. „Ästhetische Erfahrung und Quasi-Gefühle". *The Aesthetics of the Graz School*. Hrsg. von Venanzio Raspa [*Meinong Studies/Meinong Studien* 4 (2010)]. Frankfurt am Main: Ontos-Verlag, 2010. 129–168.
Vendrell Ferran, Íngrid. „Can Literature Be Moral Philosophy? A Sceptical View on the Ethics of Literary Empathy". *Philosophy and Literature and the Crisis of Metaphysics*. Hrsg. von Sebastian Hüsch. Würzburg: Königshausen & Neumann, 2011. 197–212.
Vendrell Ferran, Íngrid. „Das Paradoxon der Fiktion". *Fiktionalität: Ein interdisziplinäres Handbuch*. Hrsg. von Tobias Klauk und Tilmann Köppe. Berlin und New York, NY: De Gruyter, 2014. 313–337.
Vendrell Ferran, Íngrid. „Literarische Fiktion und fiktionale Gefühle". *Die Mimesis und ihre Künste*. Hrsg. von Gertrud Koch, Christiane Voss und Martin Vöhler. München: Fink, 2010. 91–108.
Vermeule, Blakey. *Why Do We Care about Literary Characters?* Baltimore, MD: The Johns Hopkins University Press, 2010.
Vermeulen, A. J. *The Semantic Development of Gloria in Early-Christian Latin*. Nijmegen: Dekker van de Vegt, 1956.
Vischer, Friedrich Theodor. *Auch einer. Eine Reisebekanntschaft*. Frankfurt am Main: Insel, 1987 [1879].

Vischer, Robert. *Ueber das optische Formgefühl. Ein Beitrag zur Aesthetik*. Leipzig: Hermann Credner, 1873.
Vogel, Juliane. *Die Furie und das Gesetz. Zur Dramaturgie der ‚großen Szene' in der Tragödie des 19. Jahrhunderts*. Freiburg im Breisgau: Rombach, 2002.
Vogl, Joseph. *Kalkül und Leidenschaft. Poetik des ökonomischen Menschen*. Zürich und Berlin: diaphanes, 2004.
Vöhler, Martin, und Bernd Seidensticker (Hrsg.). *Katharsiskonzeptionen vor Aristoteles. Zum kulturellen Hintergrund des Tragödiensatzes*. Berlin und New York, NY: De Gruyter, 2007.
Vöhler, Martin, und Dirck Linck (Hrsg.). *Grenzen der Katharsis in den modernen Künsten. Transformationen des aristotelischen Modells seit Bernays, Nietzsche und Freud*. Berlin und New York, NY: De Gruyter, 2009.
Voss, Christiane. *Narrative Emotionen. Eine Untersuchung über Möglichkeiten und Grenzen philosophischer Emotionstheorien*. Berlin und New York, NY: De Gruyter, 2004.
Wallentin, Mikkel, Andreas Højlund Nielsen, Peter Vuust, Anders Dohn, Andreas Roepstorff und Torben Ellegaard Lund. „Amygdala and Heart Rate Variability Responses from Listening to Emotionally Intense Parts of a Story". *NeuroImage* 58.3 (2011): 963–973.
Wallentin, Mikkel, Arndis Simonsen und Andreas Højlund Nielsen. „Action Speaks Louder than Words: Empathy Mainly Modulates Emotions from Theory of Mind-Laden Parts of a Story". *Scientific Study of Literature* 3.1 (2013): 137–153.
Walpole, Horace. *The Castle of Otranto, a Gothic Story*. Hrsg. von Wilmarth Sheldon Lewis. Oxford: Oxford University Press, 1996 [1764].
Walsh, George B. *The Varieties of Enchantment. Early Greek Views of the Nature and Function of Poetry*. Chapel Hill, NC und London: The University of North Carolina Press, 1984.
Walther, Rudolf. „Terror, Terrorismus". *Geschichtliche Grundbegriffe. Historisches Lexikon zur politisch-sozialen Sprache in Deutschland*. Bd. 6. Hrsg. von Otto Brunner, Werner Conze und Reinhart Koselleck. Stuttgart: Klett-Cotta, 1990. 351–444.
Walton, Kendall. „Fearing Fictions". *Journal of Philosophy* 75.1 (1978): 5–27.
Warburg, Aby. *Gesammelte Schriften. Studienausgabe*. Hrsg. von Horst Bredekamp, Michael Diers, Uwe Fleckner, Kurt W. Forster, Ulrich Pfisterer, Michael Thimann, Salvatore Settis, Martin Warnke und Claudia Wedepohl. Berlin: Akademie-Verlag, 1998–2009.
Warburg, Aby. *Werke in einem Band*. Hrsg. von Martin Treml, Sigrid Weigel und Perdita Ladwig. Frankfurt am Main: Suhrkamp, 2010.
Warnke, Martin. „Vier Stichworte. Ikonologie – Pathosformel – Polarität und Ausgleich – Schlagbilder und Bilderfahrzeuge". *Die Menschenrechte des Auges. Über Aby Warburg*. Hrsg. von Werner Hoffmann, Georg Syamken und Martin Warnke. Frankfurt am Main: Europäische Verlagsanstalt, 1980. 53–83.
Weber, Florian. „Von der klassischen Affektenlehre zur Neurowissenschaft und zurück: Wege der Emotionsforschung in den Geistes- und Sozialwissenschaften". *Neue Politische Literatur* 53 (2008): 21–42.
Weber, Richard. „‚Ich war, ich bin, ich werde sein!' Versuch, die politische Dimension der Hamletmaschine zu orten". *Die Hamletmaschine. Heiner Müllers Endspiel*. Hrsg. von Theo Giershausen. Köln: Prometh, 1978.
Wegmann, Nikolaus. *Diskurse der Empfindsamkeit. Zur Geschichte eines Gefühls in der Literatur des 18. Jahrhunderts*. Stuttgart: Metzler, 1988.
Wehler, Hans Ulrich. „Emotionen in der Geschichte: Sind soziale Klassen auch emotionale Klassen?" *Europäische Sozialgeschichte*. Hrsg. von Christoph Dipper, Lutz Klinkhammer und Alexander Nützenadel. Berlin: Duncker und Humblot, 2000. 461–473.

Weigel, Sigrid. „Pathosformel und Oper. Die Bedeutung des Musiktheaters für Aby Warburgs Konzept der Pathosformel". *KulturPoetik* 6.2 (2006): 234–253.

Weigel, Sigrid. „Téléscopage im Unbewußten. Zum Verhältnis von Trauma, Geschichtsbegriff und Literatur". *Trauma. Zwischen Psychoanalyse und kulturellem Deutungsmuster*. Hrsg. von Elisabeth Bronfen, Birgit Erdle und Sigrid Weigel. Köln, Weimar und Wien: Böhlau, 1999. 51–76.

Wellbery, David. „Stimmung". *Ästhetische Grundbegriffe. Historisches Wörterbuch in sieben Bänden*. Bd. 5. Hrsg. von Karlheinz Barck, Martin Fontius, Dieter Schlenstedt, Burkhart Steinwachs und Friedrich Wolfszettel. Stuttgart und Weimar: Metzler, 2003. 703–733.

Welsh, Caroline. „Die Figur der Stimmung in den Wissenschaften vom Menschen. Vom Sympathie-Modell zur Gemüts- und Lebensstimmung". *Wissen. Erzählen. Narrative der Humanwissenschaften*. Hrsg. von Arne Höcker, Jeannie Moser und Philippe Weber. Bielefeld: transcript, 2006. 53–64.

Wenzel, Horst. „Tisch und Bett – Zur Verfeinerung der Affekte am mittelalterlichen Hof". *Prozesse der Normbildung und Normveränderung im mittelalterlichen Europa*. Hrsg. von Doris Ruhe und Karl-Heinz Spieß. Stuttgart: Steiner, 2000. 315–332.

Wilde, Oscar. *Salome*. Übers. von Christine Hoeppener. Frankfurt am Main: Insel, 1979 [1891].

Wilke, Tobias. „Die Entschärfung der Entladung. Katharsis und ästhetische Lust in der psychologischen Ästhetik um 1900". *Scientia Poetica* 17 (2013): 76–100.

Wimsatt, W. K., und Monroe C Beardsley. „The Affective Fallacy". *The Sewanee Review* 57.1 (1949): 31–55.

Winckelmann, Johann Joachim. *Gedancken über die Nachahmung der griechischen Werke in der Malerei und Bildhauerkunst*. Baden-Baden: Heitz, 1962 [1755].

Winckelmann, Johann Joachim. *Geschichte der Kunst des Althertums*. Hrsg. von Adolf Borbein, Thomas Gaehtgens und Max Kunze. Mainz: Zabern, 2002–2012 [1764].

Winko, Simone. „Über Regeln emotionaler Bedeutung in und von literarischen Texten". *Regeln der Bedeutung: Zur Theorie der Bedeutung literarischer Texte*. Hrsg. von Fotis Jannidis, Gerhard Lauer, Matías Martínez und Simone Winko. Berlin und New York, NY: De Gruyter, 2003. 329–348.

Winko, Simone. „Verstehen literarischer Texte versus literarisches Verstehen von Texten? Zur Relevanz kognitionspsychologischer Verstehensforschung für das hermeneutische Paradigma der Literaturwissenschaft". *Deutsche Vierteljahrsschrift für Literaturwissenschaft und Geistesgeschichte* 69 (1995): 1–27.

Winko, Simone. *Kodierte Gefühle. Zu einer Poetik der Emotionen in lyrischen und poetologischen Texten um 1900*. Berlin: Erich Schmidt, 2003.

Wolf, Werner. „Aesthetic Illusion". *Immersion and Distance. Aesthetic Illusion in Literature and Other Media*. Hrsg. von Walter Bernhart, Andreas Mahler und Werner Wolf. Amsterdam und New York, NY: Rodopi, 2013. 1–63.

Wright, Thomas. *The Passions of the Minde*. Hildesheim: Olms, 1973 [1601].

Wundt, Wilhelm. *Einführung in die Psychologie*. Leipzig: Voigtländer, 1911.

Wundt, Wilhelm. *Grundzüge der physiologischen Psychologie*. Bd. 2. Leipzig: Engelmann, 1910.

Wurmser, Léon. *Die Maske der Scham. Die Psychoanalyse von Schamaffekten und Schamkonflikten*. 5. Aufl. Berlin und Heidelberg: Klotz, 2013 [1995].

Yanal, Robert J. *Paradoxes of Emotion and Fiction*. University Park, PA: Pennsylvania State University Press, 1999.

Zierl, Andreas. *Affekte in der Tragödie. Orestie. Oidipus Tyrannos und die Poetik des Aristoteles*. Berlin: Akademie-Verlag, 1994.

Zipfel, Frank. „Emotion und Fiktion: Zur Relevanz des Fiktions-Paradoxes für eine Theorie der Emotionalisierung in Literatur und Film". *Emotionen in Literatur und Film*. Hrsg. von Sandra Poppe. Würzburg: Königshausen & Neumann, 2012. 127–153.

Zipfel, Frank. *Fiktion, Fiktivität, Fiktionalität. Analysen zur Fiktion in der Literatur und zum Fiktionsbegriff in der Literaturwissenschaft*. Berlin: Erich Schmidt, 2001.

Zorin, Andrej. „Import čuvst. K istorii emocional'noj evropeizacii russkogo dvorjanstva". *Rossijskaja imperija uvstv*. Hrsg. von Mark Êli [Marc Elie], Jan Plamper und Šamma Šachadat [Schamma Schahadat]. Moskau: NLO, 2010. 117–130.

Zumbusch, Cornelia (Hrsg). *Pathos. Zur Geschichte einer problematischen Kategorie*. Berlin: Akademie-Verlag, 2010.

Zumbusch, Cornelia. „Don Carlos' letzter Akt: Die Überwindung des Rührstücks in der Tragödie". *Ästhetik und Kommunikation* 36.128 (2005): 65–71.

Zumbusch, Cornelia. *Die Immunität der Klassik*. Berlin: Suhrkamp, 2011.

Zumbusch, Cornelia. *Wissenschaft in Bildern. Symbol und dialektisches Bild in Aby Warburgs Mnemosyne-Atlas und Walter Benjamins Passagen-Werk*. Berlin: Akademie-Verlag, 2004.

Zunshine, Lisa. *Why We Read Fiction. Theory of Mind and the Novel*. Columbus, OH: Ohio State University Press, 2006.

Zweig, Stefan. „Das neue Pathos" [1913]. *Literaturrevolution. Dokumente, Manifeste, Programme*. Bd. 1: *Zur Ästhetik und Poetik*. Hrsg. von Paul Pörtner. Darmstadt: Luchterhand, 1960. 231–235.

7. Register

7.1 Personenregister

A

Abel, J. 158, 166
Abicht, J. H. 151
Abraham, K. 363
Abu-Lughod, L. 127, 130 f., 134
Abu Ma'sar 282
Accetto, T. 419, 425 f.
Adkins, A. W. H. 193
Adorno, T. W. 293, 541, 545, 552, 554, 568
Aelst, J. v. 247
Agamben, G. 270
Ahmed, S. 145
Aischylos 12, 213–216, 219–226, 228 f., 232 f., 237, 569
Alewyn, R. 450
Alfes, H. F. 158, 345
Alt, P.-A. 447, 450, 452
Anderson, M. 508
Andreas-Salomé, L. 101
André, Y.-M. 67
Angela von Foligno 244
Angeloch, D. 8, 26, 28, 100 f., 113, 554, 567, 578
Anselm von Canterbury 248
Antelme, R. 499
Antonius 246 f.
Antonucci, G. 368
Anz, T. 17, 20 f., 23, 140, 158, 160 f., 166–168, 345, 357, 484, 513
Appel, C. 264
Ariès, P. 143
Ariost, L. 560
Aristophanes 232, 544
Aristoteles 1 f., 4, 7, 10–13, 15, 20, 24, 26, 42–46, 50 f., 53, 55–57, 64 f., 109, 145, 147, 184–186, 191 f., 199, 209–212, 218, 224, 232, 235 f., 317, 407 f., 412, 463, 465, 468, 520, 534, 537 f., 544 f., 551, 553, 556, 559–561, 563 f., 567–569, 571 f., 574 f., 577–579
Armstrong, P. B. 159 f.
Artaud, A. 550
Assmann, A. 52

Assmann, J. 291
Atze, M. 507
Auerbach, E. 14, 50, 245 f., 257, 267, 412, 422, 544, 563
Augustinus 245 f., 281, 284, 564, 569, 572
Austin, M. 145, 167
Autenrieth, J. H. F. 142
Axelrod, R. 182

B

Bachmann, I. 499
Bahr, H. 351–353
Balázs, B. 549
Ballerio, S. 160
Balthasar, H. U. v. 244
Bänsch, D. 352 f.
Barère, B. 465
Barnett, D. 148
Baron-Cohen, S. 520
Baroni, R. 166
Barthes, R. 24, 49, 127, 135 f., 399, 402, 412, 573
Bartsch, A. 161
Bataille, G. 244, 538
Bate, J. 384, 390
Baudelaire, C. 262 f., 293 f., 363, 538, 552 f., 560
Baudrillard, J. 143
Baumgarten, A. G. 62 f., 66, 71, 74, 150, 542, 566, 571
Bayer, M. 158, 161
Beard, G. M. 492
Beardsley, M. C. 17
Beckett, S. 9, 278, 293 f.
Beecher, D. 159, 166
Beethoven, L. v. 487
Begemann, C. 11
Begin, M. 265
Belfiore, E. 210, 236
Bell, D. 128, 539
Bender, B. 370
Benedict, R. 6

Benjamin, W. 4, 144, 281, 292–294, 305 f., 363–365, 371 f., 406, 410, 545, 550, 568, 576
Benn, G. 560
Benthien, C. 6, 12, 28, 415 f., 445, 455–457
Berdjaev, N. 494
Berghaus, G. 368
Berkowitz, L. 186
Bernays, J. 14, 86, 211, 236, 556
Bernecker, K. 150
Bernhard von Clairvaux 246, 248
Beuys, J. 77
Bierbaum, O. J. 352
Bion, W. R. 115–117
Blanckenburg, F. v. 151, 153
Bloch, E. 554
Bloch, M. 141
Bloom, H. 160, 380
Blumenberg, H. 72, 284, 295
Böckh, A. 89
Böckmann, P. 349, 355 f., 573
Bode, J. J. C. 519, 541
Bodmer, J. J. 67, 437 f., 565
Boellstorff, T. 131, 134
Boeschenstein, H. 11
Böhme, H. 210
Bohrer, K. H. 213, 225–227, 235, 293, 361
Bohrn, I. 158, 160
Boileau-Despréaux, N. 67, 468 f., 543
Bollnow, O. F. 96, 573
Bolz, N. 565
Borgards, R. 144
Bornkessel, S. 530, 555
Bortolussi, M. 158
Bosse, H. 341
Bourdieu, P. 124, 128, 144
Bower, G. H. 573
Bradford, E. 540
Brakke, D. 246
Brandmeyer, R. 345
Brandstetter, G. 446
Brantlinger, P. 473
Brant, S. 557
Braudel, F. 141
Braund, S. 192
Brecht, B. 293, 297, 544, 550, 562
Breithaupt, F. 520 f., 526

Breitinger, J. J. 67, 438, 565 f.
Brentano, C. 357
Breton, Á. 369–371
Breuer, J. 497, 554, 556, 576
Breysig, K. 142
Briggs, J. 6
Brittnacher, H. R. 371
Brjusov, V. 481, 484
Bronfen, E. 361, 498
Brontë, E. 513
Brooks, P. 549
Bruckner, M. T. 262
Bruno, G. 560
Büchner, G. 152, 294
Bullough, G. 85, 384
Buñuel, L. 371 f.
Burckhardt, J. 286–288
Bürger, P. 361
Burke, E. 67–69, 464, 468–470, 474 f., 477, 543, 547, 569
Burkert, W. 209, 215
Burrow, C. 384, 386
Burton, R. 278, 280, 286
Bush, M. 106
Butler, J. 551
Büttner, S. 53
Byatt, A. S. 27
Byron, G. 462

C
Cairns, D. L. 11 f., 28, 179, 195, 529, 551, 579
Calderón, P. de la Barca 301–305, 450
Campe, J. H. 329–332
Campe, R. 15 f., 152, 316, 445
Camus, A. 9, 515, 531, 554
Cangiullo, F. 368 f.
Capellanus 267
Carroll, N. 167
Carruthers, M. 244
Caruth, C. 496
Cassirer, E. 66, 70, 91, 96, 314, 319
Castano, E. 166
Castelvetro, L. 57
Castiglione, B. 416, 419, 421–423, 535
Celan, P. 293
Cessi, V. 56
Chamfort, N. 466 f., 474

Chaplin, C. 505
Charcot, J.-M. 370
Chatham, C. 159
Chaucer, G. 384
Cicero 43–51, 53–55, 57, 314, 381, 533, 535, 545 f., 562
Ciompi, L. 143
Clair, J. 369, 372
Clarke, M. 187
Clasen, M. 163
Clemens von Alexandrien 55
Clemen, W. 299
Clery, E. J. 462 f.
Clifford, J. 134
Coetzee, J. M. 29, 512, 515–519, 521–523, 526
Coleridge, S. T. 25, 540
Colombetti, G. 162, 168
Comtessa di Dia 270
Condillac, É. B. 319 f.
Conrady, K. O. 343
Coplan, A. 165
Corcilius, K. 383
Corneille, P. 467 f., 535
Cosmides, L. 26, 159 f., 162 f.
Courtine, J.-F. 455
Cova, F. 163
Cowley, A. 543
Craik, K. 383
Cramer, J. A. 438
Crane, M. T. 158
Crousaz, J.-P. de 67
Curtius, E. R. 14, 566

D
Dachselt, R. 213 f., 218, 238
Dacier, A. 14
D'Alembert, J.-B. 317
Dalí, S. 371 f.
Damasio, A. R. 4, 7, 123, 159, 165, 182, 539
Daniel, A. 266 f., 270
Dante Alighieri 262, 269 f., 286, 513, 532
D'Arnaud, B. 467 f., 569
Darwin, C. 17, 112, 146, 180, 201 f., 533 f., 537, 549, 565, 567
David von Augsburg 248
Davies, S. 159
Da Vinci, Leonardo 287

Delbo, C. 499
Della Casa, G. 419, 421, 423
Delumeau, J. 143
De Man, P. 18
De Martino, E. 290
Demmerling, C. 558
Demokrit 53 f., 542
Demosthenes 50 f.
Deng, Y. 531
Dennett, D. C. 182
Deonna, J. A. 163
Derrida, J. 18, 573
Descartes, R. 2, 109, 147, 150, 183, 314–317, 399–401, 406, 409, 411, 534, 542, 551, 564, 571
De Sousa, R. 5, 26, 180, 559
Dessoir, M. 151
Dewey, J. 90 f.
Dickens, C. 493
Diderot, D. 67, 211, 317
Diecks, T. 452
Diez, F. 265, 268
Dilthey, W. 87–90, 94 f.
Dinzelbacher, P. 13
Dionysios von Halikarnassos 39, 50, 384
Dirlmeier, F. 210
Dissanayake, E. 159
Dixon, T. 3, 158
Dodds, E. R. 569
Doherty, B. 361
Doktor, W. 437
Döring, S. A. 512
Dostojewski, F. 560, 570
Drüe, H. 151
Dubos, J.-B. 484, 574
Duby, G. 143
Dühring, E. 142
Dülmen, R. v. 143
Dürer, A. 278, 282
Durkheim, É. 128

E
Eberhard, J. A. 324
Eggebrecht, H. H. 324
Ehrlicher, H. 17, 28, 361, 366, 372, 538, 545, 568, 576
Eibl-Eibesfeldt, I. 201 f., 204

Eibl, K. 159 f., 163 f., 167
Eichendorff, J. v. 357, 546
Eitzen, D. 163
Ėjzenstejn, S. 482
Ekardt, P. 550, 566
Ekman, P. 6, 12, 109, 122, 146 f., 533
Elias, N. 8, 13, 122, 124–126, 129, 133, 141 f., 416, 423, 426, 531
Eluard, P. 371
Engbers, J. 331, 333, 338
Engelen, E.-M. 123
Engel, J. J. 317, 320
Epiktet 381
Epikur 295, 559
Erasmus von Rotterdam 283
Ette, W. 28, 290, 297, 554, 570, 576
Euagrios Pontikos 557
Euripides 213, 215 f., 219 f., 222 f., 225–229, 231 f., 234, 237 f., 401, 407

F
Fantoni, F. 441
Febvre, L. 11, 141–143
Fehervary, H. 308
Feld, A. N. 279, 282
Felski, R. 455
Ferrari, G. R. F. 212
Fichte, J. G. 73, 529
Ficino, M. 55, 278–282, 284–287, 383, 391, 394
Fick, M. 58
Fink-Eitel, H. 5 f., 152
Finter, H. 368
Firges, J. 28, 313, 324
Fischer, G. 108, 363
Flam, H. 143
Flashar, H. 14, 57, 211, 236
Flaubert, G. 9, 492–494, 552, 554
Flesch, W. 164 f., 167
Foley, H. P. 14, 214, 222 f., 238
Folquet de Marseille 265
Fonagy, P. 112
Fontenelle, B. de 574
Forestier, G. 401
Fortenbaugh, W. 42
Foster, H. 361
Foucault, M. 144, 331, 381

Franke, U. 66
Frank, M. C. 28, 363, 461, 532, 542, 569, 571
Frank, R. 182 f.
Franz, M. 518
Freeman, D. 133
Freud, S. 3–5, 8, 23 f., 26, 101–113, 116, 129, 136, 183, 236, 285, 290–292, 361 f., 372, 375, 404, 464, 497 f., 532, 537 f., 540, 554–556, 559, 563, 567–569, 574–578
Frevert, U. 8, 141, 538
Frey, C. 160, 162, 558
Freytag, J. 554
Friedrich, H. 345
Friedrich, W. H. 213
Frijda, N. H. 160, 163
Fuhrmann, M. 39, 56, 210, 212, 236, 465 f.

G
Gabriel, N. 438
Gadamer, H.-G. 93 f.
Galgut, E. 6
Gauger, H.-M. 48
Geiger, M. 84 f.
Geisenhanslüke, A. 28, 399 f., 415, 531, 535, 543, 552, 558, 567
Geisenhof, E. 447
Geitner, U. 15, 47, 415
Gellert, C. F. 321 f., 333–340
George, S. 352, 357
Gerhardt, V. 77
Gerigk, A. 546, 552
Gerrig, R. J. 159, 162, 166 f.
Gerstenberg, H. W. v. 322 f., 325
Gerstinger, H. 303 f.
Gesing, F. 107, 114
Gess, N. 163, 572 f.
Ghirlandaio, D. 566
Gholamain, M. 165
Gilbert, P. 164, 192
Gill, C. 45, 183, 209–211
Girard, R. 14, 380, 563
Gisbertz, A.-K. 345, 351, 357
Giuliani, L. 215
Giuriato, D. 28, 329, 542, 550, 558, 562, 567
Gluck, C. W. 326
Gödde, S. 11, 14, 17, 24, 28, 56, 209, 211, 222, 225, 229, 556, 560 f., 565, 575

Goebel, E. 9, 28, 55, 275, 291, 559, 561, 574 f.
Goeppert, S. 108
Goethe, J. W. v. 23, 28, 88, 95, 136, 344, 352, 354, 432–435, 441–443, 508, 530, 543, 546
Goffman, E. 7, 129 f., 200, 204, 206, 449
Goldmann, L. 400, 411
Goleman, D. 143, 524, 555
Goodkin, R. E. 402
Goodman, N. 24
Gordon, R. M. 147
Gorgias von Leontinoi 39, 212, 223, 236, 544
Gorkij, M. 492
Gottsched, J. C. 58, 437 f., 441, 565
Gower, J. 384
Gracián, B. 415–430
Grasshoff, R. 367
Grassi, E. 43, 65
Gray, T. 543
Greenblatt, S. 278, 381, 387, 389 f., 392
Green, O. H. 147, 159, 162
Greiner, B. 235
Grethlein, J. 215 f., 556
Griffiths, P. 6, 147
Grimm, H. 4, 11
Grimm, J. und W. 461, 567
Groeben, N. 158
Groh, D. 283 f.
Groos, K. 84, 86 f., 536
Gross, D. M. 123
Gryphius, A. 292, 294, 306 f.
Gubbini, G. 266, 271
Guiette, R. 262, 269
Guigo II. der Kartäuser 248 f.
Gumbrecht, H.-U. 324, 346, 357
Gundolf, F. 306
Guthrie, J. 445
Guyau, J. M. 485 f.
Guyer, P. 63

H
Haas, A. 257
Habermas, T. 162
Hadot, P. 381
Hagedorn, F. v. 551
Hakemulder, J. 158, 162, 166
Halliwell, S. 210, 212, 215, 236 f.

Hamann, J. G. 67, 442
Hamilton, J. T. 28, 432, 442, 543, 546, 567
Hanich, J. 163
Harbsmeier, M. 380
Harris, W. V. 184
Hart, J. 352 f.
Hartmann, E. v. 84 f., 350
Hartmann, M. 148
Hartmann von der Aue 560
Hartwig, M. 554
Harvey, R. 383
Haugwitz, A. A. v. 452
Hecken, T. 369
Heeg, G. 15, 446
Hegel, G. W. F. 62 f., 73, 75 f., 83, 153, 235, 343–346, 348–352, 354 f., 529, 569, 573
Heidegger, M. 4, 94, 296, 344, 543 f., 573
Heimanns, P. 113
Heinsius, D. 57
Heller-Roazen, D. 390
Henrich, D. 75
Henrichs, A. 217, 228
Herbart, J. F. 83
Herder, J. G. 67, 71, 151 f., 320, 322, 325 f., 434, 441 f., 537, 542, 567, 573
Herding, K. 147
Hermogenes 50
Herodot 237, 294, 297
Herp, H. 248
Hertz, R. 575
Hesiod 532, 553
Hess, W. 63
Heuvel, G. van den 465, 470
Hildegard von Bingen 282
Hilke, M. 370
Hillebrandt, C. 18, 22 f., 159, 164
Hobbes, T. 150, 417, 421
Hochschild, A. 7, 124, 129 f., 138, 146
Hoessly, F. 10
Hoffmann, E. T. A. 153, 532
Hoffmannswaldau, H. v. 14
Hofmannsthal, H. v. 77 f., 344 f., 353–355, 357, 554
Hogan, P. C. 158, 167 f.
Hölderlin, F. 210, 308, 347–350, 546
Holland, N. M. 158
Holoka, J. P. 203

Holt, N. v. 158
Holzhausen, J. 236
Homer 12, 39, 53 f., 181, 184–187, 189–193, 195, 197–201, 204–206, 212, 223, 403, 576
Honegger, C. 141
Honold, A. 209 f.
Horaz 39, 54, 437, 439–441, 533, 560, 566
Horkheimer, M. 294
Horn, C. 54 f.
Hose, M. 14, 213 f., 221
Hossenfelder, M. 381
Hötter, G. 370
Howard, J. E. 393
Huber, M. 153
Hughes, R. 373
Hugo, V. 552
Hugo von Sankt Viktor 247–257
Huizinga, J. 13, 141, 143
Hume, D. 26, 67 f., 71, 147, 529, 537, 548, 574
Hurley, M. M. 163
Huschka, S 446
Hutcheson, F. 67, 142, 331, 548

I
Ibsen, H. 554
Iffland, A. W. 320
Ignatius von Loyola 244
Illouz, E. 8, 11, 124, 127–129, 138, 143, 517, 556
Ingold, F. P. 488
Iser, W. 20, 113 f., 299

J
Jackson, R. 464
Jackson, S. W. 275
Jacobs, A. 345, 351, 353, 357
Jajdelska, E. 162
Jakobson, R. 17 f.
James, W. 90, 539
Janet, P. 370
Jaucourt, L. de 466 f., 474
Jauß, H. R. 113, 262, 265, 541, 553, 556
Joffre, J. 367
Johannes von Damaskus 247 f.
Johnson-Laird, P. N. 165
Johnson, M. 181, 190

Jommelli, N. 324
Jones, E. 292
Jonson, B. 543
Joyce, J. 513
Jung, C. G. 102
Jung, M. 89
Jünger, E. 361
Junkerjürgen, R. 23

K
Kafalenos, E. 159
Kafka, F. 9, 508, 521, 532, 570
Kaiser, G. 329
Kandinsky, W. 63, 482
Kanitz, A. v. 513, 519, 556
Kant, I. 3, 26, 62 f., 67–75, 77, 83, 116, 286, 346 f., 457, 520, 524–526, 529 f., 537, 539, 542 f., 545, 547 f., 560, 564, 579
Kantorowicz, E. H. 278
Kantzios, I. 213
Kappelhoff, H. 549
Kappl, B. 56 f.
Karamzin, N. 136
Karnes, M. 250
Karsenti, T. 402
Karthaus, U. 329
Kasper, J. 9, 28, 496, 505, 507, 576
Kasten, I. 11 f.
Keats, J. 286
Keen, S. 22, 159, 166
Keitel, E. 345
Kemmann, A. 252, 255
Kennedy, G. 39–41, 47
Kerkhecker, A. 210, 215
Kertész, I. 9, 499
Keßler, H. 466, 468
Ketelsen, U. 436
Kidd, D. C. 166
Kierkegaard, S. 4, 75, 532, 537, 544, 563, 569, 573
Killy, W. 343, 355–357, 573
Kindt, T. 163
King, S. 532
Kirchmann, J. v. 84
Klages, L. 549
Klee, P. 63
Klein, H. 71

Klein, M. 8, 115 f., 276
Kleinschmidt, E. 15, 317
Kleist, H. v. 15, 413, 445
Klibansky, R. 55, 275–278, 280, 282 f., 286
Klopstock, F. G. 16, 28, 432, 434–439, 441 f., 543, 546, 562
Klüger, R. 499
Knabe, P.-E. 71
Knape, J. 43, 48, 211
Köbele, S. 254
Koch, H. C. 324
Koeppen, W. 299
Kofman, S. 499
Köhler, E. 263
Kolnai, A. 537
Kommerell, M. 210, 303, 353, 355 f., 447
Konstan, D. 11 f., 145, 213, 215 f.
Koopman, E. M. 166
Koppenfels, M. v. 1, 17, 23, 109, 210, 236, 277, 498, 502, 521, 538, 540, 544, 559, 562, 575 f.
Körner, C. G. 69
Koschorke, A. 331 f., 339 f., 445
Košenina, A. 15, 445 f.
Kott, J. 294, 300
Kövecses, Z. 18, 179, 181, 184–186, 188, 190, 192
Krajczynski, J. 382
Krämer, J. 325
Kramer, O. 46
Krause, R. 112
Kraus, M. 44
Krauss, W. 418 f., 423
Kremer, R. B. 46 f.
Krewet, M. 382
Kris, E. 106 f.
Kristeva, J. 116, 261, 268, 538
Krug, W. T. 547
Krystal, H. 112
Kuehnast, M. 22
Kuipers, G. 168
Kulenkampff, J. 68
Külpe, O. 84
Küpper, J. 277
Küster, K. D. 437

L
La Bruyère, J. de 415, 422 f.
Lacan, J. 115 f., 261, 266, 268, 409
LaCapra, D. 496
Lachmann, R. 92
Laclos, C. de 424
LaCourse Munteanu, D. 214–216, 222, 227
Lada, I. 212, 215, 236
Ladenson, E. 493
Ladenthin, V. 94
La Houssaie, A. de 416, 422
Lakoff, G. 180 f., 184–186, 188, 190, 192
Lamarque, P. 26, 540
Lamping, D. 343, 345
Landweer, H. 10 f., 140, 382, 512–514, 558
Landwehr, J. 158
Lange, K. 84 f., 537, 560
Langer, S. K. 85, 91 f.
Largier, N. 244–247, 253, 257, 261, 558, 564
La Rochefoucauld, F. de 553
Lausberg, H. 41 f., 46, 48, 257
Lazar, M. 261, 268
Lear, J. 209, 236
Le Brun, C. 534, 549
Le Doux, J. 123, 146 f.
Lehmann, H.-T. 231, 234 f., 456
Lehmann, J. 12, 28, 140, 151, 153, 341, 534, 538, 547, 579
Leibniz, G. W. 71, 150, 316 f., 319, 542, 547, 572
Lejeune, P. 506
Lemke, A. 15
Lenz, J. M. R. 340 f.
Lepenies, W. 293
Lepper, M. 15
Lessing, G. E. 11–14, 58, 67, 211, 215, 300, 320, 322 f., 333, 447, 519, 524, 538, 544, 548–550, 556, 561, 566, 568
Lethen, H. 372, 419, 535
Leupin, A. 266
Lévinas, E. 525, 567
Levinson, J. 24
Levi, P. 496, 499–503, 506, 509
Lévi-Strauss, C. 131
Lévy, E. 268
Levy, R. 123
Lewis, M. G. 462, 472 f., 476

Leys, R. 140, 147
Liebsch, B. 292
Linck, D. 211, 236
Lindquist, J. 131, 134
Link, J. 343
Lipps, T. 536 f.
Livius 380, 384
Lobsien, V. O. 28, 379, 382 f., 386, 388 f., 392 f., 563
Loch, W. 22
Locke, J. 67 f., 150, 223, 317, 548
Löffler, K. 335, 340
Lombardi, B. 57
Lommatzsch, E. 267
Long, A. A. 195, 381
Löns, H. 343, 357
Loraux, N. 14, 238
Lorenzer, A. 113, 115
Lorenz, K. 204
Luhmann, N. 12, 124–129, 406, 558
Lukrez 224
Lunačarskij, A. 482, 484, 486
Lundeen, K. 526
Luserke-Jaqui, M. 13 f., 211, 448
Luther, M. 281–284, 286, 306, 532, 552
Lutz, C. A. 6, 130–134
Lü, Y. 445
Lyotard, J.-F. 543, 568

M

Machiavelli, N. 284–287, 417 f., 423, 428, 578
Maggi, V. 57
Mahler, G. 513, 521
Makkreel, R. 72
Malcherek, J. 163
Mallet, E.-F. 317
Mancini, M. 261, 269
Mangold, R. 161
Mann, H. 77
Mann, T. 77, 291, 551
Manutius, A. 57
Marc Aurel 381
Marcuse, H. 73
Marinetti, F. T. 365 f., 368 f.
Marivaux, P. C. de Chambrain 321
Markwardt, B. 343

Marlowe, C. 278
Mar, R. A. 158 f., 166
Martinec, T. 58
Martini, T. D. W. 12
Martin, J. 44–46, 48
Martus, S. 94, 416
Mattes, J. 214
Matt, P. v. 103
Matzat, W. 400
Mayröcker, F. 546
Mead, G. H. 7, 540
Mechthild von Magdeburg 247, 256 f.
Medick, H. 143
Meier, G. F. 63
Meier-Graefe, J. 352
Mellmann, K. 3, 20, 28, 158–167, 571
Mendelsohn, D. 499
Mendelssohn, M. 58, 542, 561
Menke, C. 315, 319
Mennicke, C. 324
Menninghaus, W. 16, 319, 347, 537, 562
Meyer-Kalkus, R. 14, 550
Meyer-Sickendiek, B. 4, 28, 343, 346, 357, 573
Meyer, T. 77
Meyer, W.-U. 147 f., 158
Miall, D. S. 158, 161
Milton, J. 282, 286, 437, 475
Möckel, S. 380
Mog, P. 11
Molière, J.-B. 553
Moltke, J. v. 163
Montaigne, M. de 278, 550
Moretti, F. 19
Mörike, E. 357
Moritz, K. P. 74, 152
Morreall, J. 26
Morris, W. 573
Most, G. 236
Mueller, M. 199
Muellner, L. C. 184
Mühlen, K.-H. zur 14
Mülder-Bach, I. 361
Müller, A. 54, 65
Müller, H. 293, 296, 310, 329 f.
Müller, J. 88
Müller, J.-D. 263

Müller, W. G. 48, 257, 578
Müller-Tamm, J. 28, 83, 85, 536, 540
Murdoch, I. 65
Myers, F. W. H. 370

N
Nabokov, V. 135
Nahlowsky, J. W. 151 f.
Napoleon Bonaparte 507
Nehamas, A. 212
Neill, A. 24
Nell, V. 21, 160
Newman, B. 543
Newmark, C. 10, 315, 512, 514
Newton, I. 5
Ngai, S. 562
Nicolai, F. 58, 561
Nielsen, A. H. 165
Nietzsche, F. 2 f., 11, 63, 75–77, 142,
  234–238, 481, 537 f., 543, 556, 560,
  565–567, 574 f., 579
Nordau, M. 481, 488
Novalis 73, 546
Noverre, J. G. 318–320, 446
Noy, P. 102
Nussbaum, M. C. 11, 143, 215, 512, 515 f., 521,
  524 f., 555
Nyssa, G. v. 247, 250

O
Oatley, K. 158, 165
Obermeier, C. 25, 160
Odağ, Ö. 161
Ohly, F. 55
Opitz, M. 57 f.
Orgel, S. 393
Origenes 55, 247, 282
Ovid 54, 267–269, 380, 384, 437, 535, 558

P
Paden, W. D. 265
Pahl, K. 445
Panksepp, J. 6
Panofsky, E. 65, 275
Paris, G. 262 f.
Park, K. 383
Parry, H. 212

Paster, G. K. 382 f.
Pater, W. 288
Paul, J. 62, 519, 545, 548, 551
Paulson, R. 472
Peer, W. v. 158
Peirce, C. S. 346
Perec, G. 499 f., 506
Perler, D. 380, 383
Perpeet, W. 65
Petrarca, F. 262, 264, 277 f., 286
Pfeiffer, J. 21, 101 f.
Picasso, P. 77
Pico della Mirandola, G. 287, 383
Pietzcker, C. 101, 114
Pikulik, L. 447
Pindar 347, 439, 441 f., 543, 553
Pinker, S. 160, 180
Plamper, J. 122–124, 131–134, 142–147
Plath, S. 530
Platon 1 f., 10, 53 f., 57, 64 f., 109, 184, 212,
  224, 236, 438, 486, 530, 534, 538 f.,
  542–544, 551, 556, 558, 560, 563, 569,
  571 f.
Plessner, H. 163
Plett, H.-F. 15
Plotin 55
Plutarch 540, 544
Poe, E. A. 532
Polaschegg, A. 95
Pollard, T. 383
Port, U. 15, 230, 237 f., 445
Proust, M. 263, 513
Prudentius 557
Pseudo-Aristoteles 55, 280
Pseudo-Demetrios 39, 50
Pseudo-Longin 39, 54, 210 f., 469, 542 f., 545,
  562, 565 f.

Q
Quadlbauer, F. 50
Quintilian 40 f., 43–52, 54, 546, 549, 562, 578

R
Racine, J. B. 14, 413, 415, 445, 455 f., 531, 552
Radcliffe, A. 28, 461–463, 465, 472–474, 477
Radford, C. 25, 540

Raimbaut d'Aurenga 265
Rainey, L. 366
Rank, O. 103, 107
Rapp, C. 54–57, 210 f., 382
Rapp, D. N. 166
Ratner, H. H. 148
Raulff, U. 141
Reber, R. 25
Recki, B. 16, 28, 62, 69, 72, 74, 77, 533, 548 f.
Reddy, W. 124, 132, 145 f., 148
Reents, F. 357
Rée, P. 142
Rees, B. R. 210
Reese-Schäfer, W. 125
Rehm, W. 457
Reibnitz, B. v. 237
Reiche, R. 107 f., 115
Reik, T. 104–107
Reisenzein, R. 158
Renz, U. 10 f., 140, 382
Resnais, A. 508
Ribadeneyra, P. de 418
Richardson, A. 158
Richardson, S. 329, 333
Richard von Sankt Viktor 250
Richter, M. H. 150
Ridder, K. 12
Riedesser, P. 363
Rieger, A. 262 f., 265, 270 f.
Riegl, A. 573
Riese, K. 158, 166
Rilke, R. M. 353–355, 357
Rivera, J. de 573
Robbe-Grillet, A. 536
Roberts, R. C. 148
Robespierre, M. de 470 f.
Robinson, J. 148
Robortello, F. 57
Rolls, E. T. 182
Rombach, U. 215
Romilly, J. de 213
Ronsard, P. de 262, 543, 552
Rosaldo, M. 130–132, 134
Rosaldo, R. 130–132
Rose, G. J. 106, 113
Rosenkranz, K. 538
Rosenwein, B. 124, 133, 138, 142, 144 f.

Rößig, C. G. 326
Rotermund, E. 14
Roth, F. S. 161
Rousseau, J.-J. 4, 12, 18, 67, 71, 319, 325, 329, 540 f., 549, 552, 561, 567, 572
Royer, C. 465
Ruch, W. 163
Rudel, J. 266, 269 f.
Rudolf von Biberach 248
Rufus von Ephesos 280
Ruppert, R. 15
Ruprecht, E. 352 f.
Russell, J. A. 1, 5, 181
Rutherford, I. 51
Rybakow, A. 305

S

Saavedra Fajardo, D. de 418
Sachs, H. 103 f., 107
Sade, D. A. F. de 472, 550
Sanchez Penzo, H. 166
Sander, D. 158, 163–165
Santa Teresa de Jésus 268
Sappho 229, 552, 558
Sartre, J.-P. 4, 73, 537, 567, 573
Sasse, S. 28, 481
Sauder, G. 331, 334, 437
Saxl, F. 275
Scaliger, J. C. 57
Schabert, I. 279
Schacht, A. 158, 161, 166
Schadewaldt, W. 14, 57, 210–213, 215, 226, 538
Schahadat, S. 7, 28, 122, 536, 563
Schauer, M. 14, 225, 234
Scheer, B. 4, 92, 124, 138
Scheler, M. 567
Schelling, F. W. J. 62, 73–76, 456
Scherer, K. 5, 24, 158, 163–165
Schiller, F. 13, 15, 26, 28, 69 f., 73, 75, 294, 445–458, 529, 538, 545 f., 565, 570
Schimpf, W. 326
Schindler, I. 164
Schings, H.-J. 11, 57, 279
Schlaffer, H. 455
Schlegel, A. W. 349
Schlegel, F. 73

Schleiermacher, F. 89, 93
Schlesier, R. 209, 214, 216, 226, 229, 236–238, 560
Schmidt, J. 433 f., 437 f.
Schmidt, S. J. 158
Schmitt, A. 56, 382
Schmitz, H. 346, 357
Schnapp, J. 366
Schneider, P. 114
Schnell, R. 13
Schnyder, B. 14, 213
Schönau, W. 21, 101 f.
Schön, E. 335
Schopenhauer, A. 75, 142, 294, 419, 550 f.
Schreier, M. 158
Schuller, M. 445
Schultz-Buschhaus, U. 366
Schultz-Gora, O. 270
Schulz, V. 51
Schumm, J. 15, 28, 415, 531, 535, 551, 553, 579
Schwab, F. 159
Scott, W. 463
Sebald, W. G. 499 f., 509
Sedgwick, E. K. 478
Sedley 381
Seel, M. 63
Segal, C. 14, 115, 212 f., 228
Seidensticker, B. 210 f., 224 f.
Semprun, J. 499
Seneca 295–297, 299, 314, 381, 425, 533
Sestir, M. A. 159
Šestov, L. 493 f.
Seuse, H. 247, 256–258
Seznec, J. 279
Shaftesbury, A. A.-C. 12, 71
Shakespeare, W. 28, 278, 294, 301, 379, 395, 413, 474
Shay, J. 192
Shelley, M. 475, 532
Sick, F. 362
Sifneos, P. E. 518, 531
Simmel, G. 85, 567
Šklovskij, V. 519 f.
Smith, A. 11, 142, 196, 250, 537, 562
Smith, P. M. 237
Smuts, A. 26 f., 574

Snell, B. 213
Sodré, I. 27
Söffner, J. 266
Sokrates 53, 295, 438, 542, 578
Solomon, R. 7, 145, 148 f.
Sophokles 213, 215–217, 220, 226, 228, 230, 233 f., 237 f., 296, 553
Sorabji, R. 184, 245, 381
Soupault, P. 371
South, M. S. 307
Späth, S. 338
Spinoza, B. de 74, 147, 150, 316 f., 534, 564
Spitzer, L. 266, 400, 410
Staiger, E. 94–96, 343–345
Stalfort, J. 547
Stanford, W. B. 14, 213, 233
Starobinski, J. 268, 278, 282, 370, 407
Stearns, P. N. 144 f.
Steinbrink, B. 41, 50
Steinhausen, G. 142
Steinmetz, P. 381
Stendhal 262
Stenzel, J. 54
Stephens, A. 445
Steppich, C. J. 55
Sternberg, R. J. 558
Sterne, L. 333, 519, 541 f.
Sterns, W. 537
Stierle, K.-H. 412
Stockhammer, R. 8, 29, 512, 531, 556
Stockinger, C. 94
Storm, T. 343, 357
Stürmer, R. 158, 166
Sulzer, J. G. 67, 71, 447, 542
Szabó, J. 159
Szondi, P. 307, 411, 455

T
Tan, E. 159, 163, 539
Tanner, J. 147
Tasso, T. 560
Tatarkiewicz, W. 65
Terada, R. 18
Teresa von Avila 244
Tetens, J. N. 150 f., 153
Teuber, B. 264
Theophrast 210

Theunissen, M. 294, 544
Thomasius, C. 150, 416
Thomas von Aquin 250, 420
Thrasymachos 41
Tieck, L. 356
Till, D. 11, 15, 17, 28, 46–48, 52, 56, 537, 541, 545, 561f., 564f.
Tilmouth, C. 382
Titchener, E. B. 22
Todorov, T. 463
Tolstoj, L. N. 28, 481, 494, 536
Tomkins, S. 122, 147
Tönnies, F. 433
Tooby, J. 26, 159f., 162f.
Torra-Mattenklott, C. 16, 542, 562, 567
Townshend, D. 462
Trabant, J. 535
Trepp, A.-C. 146
Tritle, L. 192
Trivers, R. 182, 186
Tschopp, S. S. 307
Tsiknaki, E. 158, 166
Tsiknaki, O. 158, 162
Turgenjeff, I. S. 493
Turner, V. 128

U
Ueding, G. 41, 50
Ulich, D. 151

V
Valéry, P. 545, 560
Vandaele, J. 163
Vendrell Ferran, Í. 85, 159, 166
Ventadorn, B. d. 264, 268–271
Vergil 50, 401, 437
Vermeule, B. 158, 164
Vermeulen, A. J. 245
Vickers, B. 48
Viehoff, R. 158
Vietinghoff-Scheel, A. v. 113
Vischer, F. T. 83f., 153, 536, 579
Vischer, R. 536
Vogel, J. 15, 313, 325, 445
Vogl, J. 11
Vöhler, M. 14, 211, 236, 437, 538, 556
Voland, E. 159

Volkelt, J. 84, 86, 536
Vonhoff, G. 450
Vorderer, P. 158, 161
Voss, C. 5
Voß, J. H. 440
Vuillemin, J.-C. 400
Vygotskij, L. 481f., 484, 486

W
Wagner, R. 76f., 481
Wajsbrot, C. 499
Wallentin, M. 158, 165
Walpole, H. 28, 466, 476, 532, 569
Walsh, G. B. 212
Walton, K. L. 25, 85, 540
Warburg, A. 15, 549, 556, 565f.
Warning, R. 263f.
Weber, F. 6–8, 140
Weber, M. 128
Weber, R. 308
Wees, H. v. 200
Wegmann, N. 135–138, 331, 335, 338, 433
Wehler, H. U. 144
Wehrli, F. 210f.
Weigel, S. 140, 496
Weinrich, H. 402
Weisbach, W. 71
Weitbrecht, J. 557, 577
Wellbery, D. 324, 346f.
Wellendorf, F. 114
Welsh, C. 345
Wenzel, H. 13
Whitman, W. 513
Wilczek, M. 324
Wild, C. 12, 28, 94, 261, 265, 552, 558
Wilde, O. 554
Wilhelm IX. von Aquitanien 271
Wilhelm von Saint Thierry 247f.
Wilke, T. 86
Wilpert, G. v. 345
Wimsatt, W. K. 17
Winckelmann, J. J. 76, 549
Windrich, J. 529, 543
Winko, S. 7, 13, 18, 21, 135, 137, 158, 164, 168, 345, 458
Winnicott, D. W. 115, 117, 516
Wisse, J. 40, 42

Witasek, S. 84, 86
Witte, B. 333, 335
Wolff, C. 73, 108, 150, 336, 547
Wolf, W. 162
Wörner, M. H. 42–44
Wright, T. 382
Wulf, C. 123
Wundt, W. 5, 109, 559
Wurmser, L. 403, 567

Y
Yanal, R. J. 85

Z
Zedler, J. H. 550

Zeigarnik, B. 166
Zelle, C. 70
Zeppezauer, D. 218, 220
Zesen, P. v. 529
Zierl, A. 14, 210
Zink, M. 261f., 264, 268
Zinsmaier, T. 44
Zipfel, F. 18, 159
Zorin, A. 137
Zumbusch, C. 1, 11, 14, 70, 445, 449, 530, 542, 547, 560, 565, 570
Zumthor, P. 262
Zunshine, L. 23
Zweig, S. 565
Zyngier, S. 158

7.2 Sachregister

A

acedia 257, 275 f., 282, 561
Achtung; Respekt; *respectus* 62, 304, 428, 524–526, 529, 532, 535, 547, 549, 579
Affekt; *affectus*; *affektiv* 2–6, 8–11, 13–19, 21, 24, 28, 40–52, 54, 56–58, 65, 70, 76, 85 f., 89, 100–102, 104–113, 115, 117 f., 122, 124 f., 136, 140–143, 145, 148–152, 183 f., 190 f., 205, 209 f., 213–218, 224, 229, 234–236, 238, 244–258, 261, 264 f., 268, 279, 284 f., 290, 295 f., 306, 313–320, 325, 341, 362, 366, 368, 379, 399 f., 415, 417, 424, 426 f., 445, 447–449, 452–454, 456 f., 464, 466 f., 469, 474, 476, 478, 482, 484, 486, 488, 497–499, 509, 521, 529–531, 533–539, 542 f., 546 f., 549, 551, 554, 556–559, 562–568, 573–577, 579
Affektkatalog 4, 7, 40, 42, 44, 534, 551
Affektkontrolle 8, 28, 302, 341, 400, 415–417, 457, 530 f., 533, 557
Affektneurose 530
Affektpoetik 395, 566
Affektprogramm; *affect program* 14, 531, 534
Affektrhetorik 15, 28, 318, 458
agapê 558
Aggression 12, 105 f., 201–204, 224, 301, 307, 361, 531, 579
Alexithymie; Gefühlsblindheit 212, 518, 520, 522, 531, 555
Altruismus 182, 574
amour fou 558
Angst; ängstlich 4, 8, 11, 14, 23, 26, 102, 104–106, 111 f., 117, 122 f., 125, 141–143, 146, 148, 160, 162 f., 167, 213 f., 217, 221, 224, 227 f., 231, 234, 275, 281, 295, 297 f., 306, 313, 361, 418, 420, 440, 453 f., 466–469, 471, 473, 485, 490, 497, 512, 530, 532, 537 f., 543, 546, 554, 557, 559–561, 567, 571, 577
Anmut 70, 86, 529
Ansteckung, emotionale 28, 143, 165, 481–488, 492–494, 540
Anthropologie 2–4, 6, 12, 15, 19, 26, 42, 50, 63, 95 f., 108, 122, 126, 132–134, 140, 143 f., 146, 235 f., 313, 317, 331, 370, 380, 400, 412, 420, 455, 470, 536, 538, 545, 550 f., 557, 567, 575, 579
apatheia 245, 381, 434, 531, 533, 560
Apathie; Gefühllosigkeit 9, 276, 331, 435, 531–533, 543, 550, 561, 577
aretê 545
Ärger 130, 186, 189, 379, 487
Artefaktemotion 532, 539
Askese 16
Assoziationspsychologie 102, 108, 537
Ästhetik 2 f., 16, 18, 22–28, 39, 62–64, 66 f., 69 f., 72 f., 76–78, 83–91, 93–95, 100 f., 103–107, 112–115, 117 f., 138, 158–160, 168, 195, 213, 217, 224 f., 227, 235, 252, 264, 279, 309, 313, 317, 320 f., 333 f., 343 f., 346 f., 349 f., 354, 357, 361, 363 f., 366, 368 f., 371–373, 390, 392, 415, 436, 445, 457, 468, 470, 475, 478, 482–486, 488 f., 520, 524, 533, 536–538, 540–542, 545–547, 549–551, 554, 556, 560, 562, 565–567, 569
atrocitas 550
Aufgeregtheit; aufgeregt 84, 532 f.
Aufmerksamkeit 20, 41, 64, 218, 280, 429, 466
Aufwallung 538
Ausdruck; Expression; Expressivität 5, 15 f., 18, 39 f., 48 f., 51, 62, 72–74, 77, 84 f., 90–92, 102, 114, 132, 134, 137, 143–146, 151 f., 158, 161, 165, 179–181, 185, 190, 193, 200, 202, 204–206, 209–211, 217, 221–223, 227–229, 232–234, 249, 251, 253, 255, 262, 268, 275, 318 f., 324 f., 329, 340, 343, 347, 351 f., 361, 372, 424, 426, 445 f., 456 f., 470, 486, 497, 504, 510, 522 f., 531–534, 546, 549 f., 565, 567, 571
Ausdrucksbewegung 532, 549, 565
Aversion 473, 533

B

Basisemotionen; *basic emotions* 6, 12, 109 f., 122, 146 f., 531–535, 551, 559, 571

Befriedigung 103 f., 106 f., 224, 301, 533 f., 559
Begehren; *désir* 65, 83 f., 116, 135, 147, 185, 217, 245, 249 f., 261, 264–267, 269, 277, 301, 308, 315, 319, 339 f., 382, 385, 388, 399 f., 420, 453 f., 493, 521, 534, 547, 563, 566
Begehren, inzestuöses 336 f., 536
Begeisterung 53 f., 64 f., 347, 349, 437 f., 442, 488, 534, 542, 579
Begierde 3, 8, 43, 150, 316, 449, 530, 534
Behagen 573
Beseelung 536, 543
Besessenheit 368, 534
Beständigkeit; *constantia* 57, 334, 339, 434
Bestürzung 544
Bewegung 16, 21 f., 25, 45, 49, 68, 104, 136, 200, 221, 229, 248, 315, 317, 319 f., 322–324, 344, 347, 350, 353, 361, 365, 367, 383, 400, 415, 427, 436 f., 447, 484 f., 540, 549, 562, 567
Bewunderung 529
Bewunderung; *admiratio; admiration* 164, 249, 399, 428 f., 448 f., 469, 475, 533–535, 561, 563, 571, 577
Bewusstsein 1, 88, 107, 110, 153, 206, 221, 227, 287, 309, 321 f., 353, 363–365, 370–372, 390, 477, 485, 488, 539, 542, 547 f., 550, 569, 573, 575 f.
Bipolarität 530

C

Charakter 23, 27, 42, 45, 88, 102, 195, 199, 212, 254, 275, 279, 306, 335, 347, 352 f., 379, 419, 449, 542, 551, 556 f., 562
Codierung 18 f., 21, 122, 127, 138, 146, 160, 167 f., 445, 453–455, 457 f.
comédie larmoyante 567
Coolness 531, 535
crescendo 324

D

delectare 50, 546, 562
delicta 557
Demut 249, 252 f.
Depression 115, 275–281, 283–287, 395, 514, 530, 535, 561

Disharmonie 329
Disposition 5, 89, 113, 141, 158, 181, 183, 191, 194, 212, 218, 222, 224, 279, 286, 316, 371, 379, 467, 557 f., 575, 577
dissimulatio 15, 47, 52, 426, 445, 450, 570, 578
Distanz, ästhetische 19, 95, 537 f.
Distanz; Distanzierung 13, 17, 96, 224 f., 236, 266, 281, 291, 302, 340, 344, 351, 415, 429, 494, 513 f., 540 f.
Dynamik 324
Dynamisierung 216, 235, 318–320, 367, 383

E

Ehre 192, 199–201, 205 f., 304, 387, 415, 424, 529
Ehrfurcht 429, 529, 535, 544
Ehrgeiz 302
Ehrsucht 530
Eifersucht 4, 148, 213, 335 f., 379, 389, 392, 449, 453, 457, 534, 536, 555, 559, 563, 577
Eindruck 352, 371, 373
Eindruck, sinnlicher 317
Einfluss 24, 47, 116, 162, 275, 279–281, 286 f., 324, 447, 533, 560, 562
Einfühlung 22, 73, 83 f., 87, 89, 93, 165, 343, 432, 520, 522 f., 526, 536 f., 540 f., 555, 562, 568
Einfühlungsästhetik 17, 28, 536
Einstellung 113, 141, 182, 188, 193, 197, 199, 382
Ekel 6, 26, 106, 122, 180, 300, 319, 476, 533, 537 f., 557, 567
Ekstase 53–55, 76, 211, 244
eleos 14, 42, 56, 65, 213, 215 f., 223, 229, 236, 465–467, 535, 538, 543, 546, 556, 561, 565 f., 568, 574
Emotionalisierung 14, 20, 44, 93, 136, 161, 345, 484
Emotionalität 1 f., 6 f., 11, 13, 17, 19 f., 25, 62, 83, 95, 132, 136, 147, 160, 217, 227, 233, 433, 447, 449, 457, 512, 530, 565
Emotion, ästhetische 24, 539
Emotion; *emotio; émotion; emotion* 3, 7, 40–58, 64 f., 76, 83–91, 93, 95 f., 100, 109 f., 113, 116–118, 122–129,

131–138, 140–153, 158–168, 179–190, 193, 200 f., 203, 206, 210–213, 215 f., 222 f., 230, 233, 244–246, 258, 286 f., 293, 313–320, 322–324, 329, 331, 334, 337 f., 345, 361, 368, 372 f., 379 f., 382, 393, 400, 419, 432–434, 437 f., 441–443, 445, 447, 449 f., 454 f., 457 f., 461, 467–470, 473 f., 481–487, 489, 492–494, 497, 518, 526, 530, 533 f., 537–541, 544–547, 549 f., 552, 555 f., 558 f., 562 f., 565–568, 570–573, 575
Emotion, fiktionale 532, 539, 546, 555, 575
Emotion, negative 55, 85, 562
Emotionsbegriffe 4–6, 8, 10, 17 f., 26, 28 f., 145, 180, 313, 318, 558, 575
Emotion, soziale 9
Emotion, tragische 538
Empathie; empathisch 18, 22 f., 142, 160, 165 f., 215, 234, 236, 368 f., 386, 518, 520 f., 523–526, 537, 540 f., 555, 562, 574
empathy 22, 540
Empfindsamkeit; empfindsam 15, 28, 136 f., 341, 432–434, 437 f., 446, 449, 452, 476, 519, 541 f., 545 f., 549 f., 558, 562, 566 f., 570
Empfindung 4, 21, 24, 47, 49, 62 f., 66 f., 70 f., 88, 106, 111, 129, 132, 142, 149, 160, 183 f., 192, 229, 231, 244, 267, 275, 297, 301, 313, 315–320, 323–326, 343 f., 348 f., 351 f., 354, 379 f., 391, 400, 424, 432, 434–437, 439, 446 f., 449, 453 f., 461, 468–470, 474 f., 483, 485, 487, 493, 497, 519, 525, 529 f., 541 f., 547 f., 559, 570, 573
Empfindung, sinnliche 559
Empirische Literaturwissenschaft 19, 158
Empörung 4, 43, 196, 203, 227, 472, 549
Energie 77, 89, 92, 111, 347
Entgrenzung 76, 560
Enthusiasmus; *enthousiasmos* 20, 52–54, 56, 65, 393 f., 437 f., 474, 534, 542 f., 546, 560
Entladung; Erleichterung 86, 236, 538, 543, 556, 568
Entrüstung 52, 196, 228, 232
Entsetzen 214, 232, 237, 249
Ereignis 209 f., 217, 351, 362, 365, 367, 369

Erfahrung 5, 15, 17, 19, 21, 24, 26 f., 63 f., 68–71, 85, 87, 89–91, 100, 106, 116 f., 128, 149, 179, 181, 185, 209, 226, 237 f., 244, 246–253, 255–258, 270, 292, 321, 346, 351, 357, 363, 370, 388, 390 f., 434, 470, 485, 499, 509, 518, 541, 545, 554, 558, 575
Ergriffenheit 21, 26, 53, 65, 94, 190, 434, 438, 487
Erhabene, das; Erhabenheit 16, 23, 26, 28, 54, 62, 66–70, 86, 163, 211, 232 f., 238, 322, 349, 361, 437, 441, 445, 456, 464 f., 468–470, 473–475, 477, 533, 542 f., 545, 547, 562, 565 f., 569, 572, 578
Erkenntnis 54, 62 f., 66, 68, 92, 107 f., 112 f., 117, 122 f., 150, 225, 247, 253, 256, 258, 278, 352, 425
Erlebnis 4, 28, 68, 85, 87–92, 110 f., 145, 149, 152, 158, 167, 190, 203, 205, 235, 248, 250, 367, 488, 497, 564, 573
Erleiden 10, 209, 412, 558, 563 f.
Ernst 84, 541, 544, 548, 551, 570
Eros 64, 457, 542
Erregung 5, 14, 40, 42, 44, 46–49, 56 f., 86, 89, 101, 105, 109, 166, 189, 201, 210–212, 246, 248–253, 255, 257, 318 f., 322, 367, 390, 425–429, 447, 453, 465, 467, 470, 475, 481, 486–488, 490, 538 f., 544 f., 547, 559, 561, 565, 575
Erschütterung 21, 69, 210, 226, 535, 543–545, 552, 562, 571, 576
Erstaunliche, das 51, 534
Erwartung 190 f., 293, 296, 545
Ethos; Moral 3, 11, 14, 20, 41 f., 44–46, 49 f., 71, 88, 103, 109, 128, 134, 136, 141 f., 183 f., 186, 196–199, 211, 215 f., 224, 229, 231, 236, 245, 268, 284, 313, 330–333, 335 f., 338, 366, 369, 381, 383 f., 387, 389, 417, 422–424, 455, 467, 484, 488, 524 f., 533, 537, 545–550, 565, 574, 579
étonnement 571
eunoia 545
Euphorie 530, 546
Evolution; evolutionär 142, 146 f., 321 f.
existimatio vitae 545
Exzess 102, 222, 233, 399

F

Fantasie 21, 23 f., 27, 46 f., 67, 72 f., 84–87, 100, 102–104, 106 f., 113–117, 257, 309, 322, 332, 367, 383, 388, 391 f., 437, 441, 452, 488, 504 f., 531, 578
feeling 4, 22, 91 f., 112, 124, 129–131, 145 f., 159, 162, 165, 468, 470, 473, 525, 539
Feingefühl, sittliches 542
Fiktionsparadox 22, 25, 85, 159, 540, 546, 555
fin'amor 12, 261, 558
fluctuatio animi 316, 319
Fokalisierung 159, 162, 165
Freude 13, 42–44, 50 f., 64, 68 f., 71, 129 f., 136, 212, 217, 236, 248 f., 266, 268–270, 287, 315, 344, 349, 379, 393–395, 399, 420, 441, 470, 520, 534, 544, 546 f., 550 f., 577 f.
Fröhlichkeit 6, 122, 533
Frömmigkeit 248, 250
Frust; Frustration 186, 189
Fühlen, das 10, 96, 131, 142, 209, 322, 434, 446, 533, 538, 540, 547
Furcht 4, 6, 43 f., 46, 49, 51, 56–58, 64 f., 69, 76, 86, 122, 146 f., 149, 162 f., 166, 210, 249, 252, 281, 316, 318, 428, 442, 451, 453 f., 465 f., 470, 532–534, 538, 544, 546, 556, 559, 561, 568
furor 12, 20, 53 f., 530, 534, 546, 560, 579
furor poeticus 20, 53, 560, 579

G

Gedächtnis 132, 148
Gefahr 469 f.
Gefühl 1–5, 7–9, 11–13, 15–17, 19, 22 f., 25, 28 f., 40, 43 f., 46, 48–52, 55 f., 62–64, 66–73, 75 f., 83–96, 101 f., 104 f., 109 f., 113 f., 116, 118, 122 f., 125–134, 136–138, 140, 142, 144 f., 148 f., 152 f., 159, 162, 165, 179, 181, 184, 187–190, 193, 199, 203, 209 f., 212 f., 215–217, 222, 234, 236, 238, 244, 246, 249 f., 252 f., 267, 275, 277, 285, 287, 291, 314, 318–321, 325 f., 329–332, 334–340, 343–345, 349–354, 364 f., 379–384, 388, 390 f., 393, 395, 400, 415, 432, 434 f., 439, 441 f., 445–458, 461, 469, 482, 488, 494, 512, 515, 518–521, 524 f., 529 f., 533 f., 536, 538–542, 544, 546–550, 555, 558 f., 564 f., 567, 570, 573, 577–579
Gefühle, gemischte 547 f., 559, 578
Gefühl, moralisches 62, 67, 69, 547 f.
Gefühlsethik 11, 543
Gefühlskälte 17, 331
Gelassenheit 57, 332, 334–336, 338, 382, 533
Geltung 63, 66, 68, 71, 423
Gelüste 303, 385, 560
Gemüt 13, 70, 72, 150, 288, 350, 418, 447, 520, 533, 557, 573
Gemütsbewegung 50 f., 313, 320, 325, 357, 529, 533 f., 538, 547, 564
Gemütszustand 43, 46, 87, 91, 150, 247, 316, 337, 347, 350 f., 557
Genie 70–74, 280, 282, 349, 433, 438 f., 442 f., 484, 535, 543, 560
Genuss 86, 106, 223, 235, 248, 261, 464, 468, 488, 537, 556, 559
Geschlechtlichkeit 263–265, 332, 380, 383
Geschmack 66–68, 70 f., 319, 333 f., 423, 427, 537, 542, 548
Gesinnung 50, 353
Gestalt 15, 66, 88, 167, 446, 483 f.
Geste; Gestik; Gebärde 15 f., 51 f., 77, 116, 132, 221–223, 231, 320, 350, 445–448, 454, 489, 491, 532, 534, 549 f., 561, 564 f.
Gewalt 50, 195, 200, 204, 218, 225 f., 234, 238, 293, 301, 305, 309, 323, 338, 356, 364 f., 369, 372 f., 379, 385, 439 f., 442, 452, 456, 468, 472 f., 486, 497, 501, 509, 550, 556, 563
Gleichmut 47
gloria passionis 244, 247, 563
Glück 71, 237, 251 f., 270, 287, 295 f., 335, 337, 349, 381, 421, 519, 521, 533, 544, 550, 554
Gnade 143, 265, 393, 429
Gott 47, 53, 55 f., 71, 76, 194 f., 200, 217, 237, 245–251, 254–257, 282–284, 298, 303, 305 f., 428 f., 437 f., 447, 536, 542 f., 545, 553, 556, 561, 572, 579
Grad; Gradation 219, 313 f., 316 f., 323, 326
Grauen 64, 226, 476, 550

Grausamkeit; grausam 14, 28, 550, 574
Groll 12, 198, 204
Grundaffekt 534, 559
Grundgefühl 531–535, 551, 559, 571

H
Habitus 128
Habsucht 530
Handeln, irrationales 536
Harmonie 225, 348 f., 543, 546, 577
Hass 292, 300 f., 308, 399 f., 530
Hass; *haine* 8, 42–44, 46 f., 115, 202, 209, 213, 276, 282, 315 f., 319, 428, 450, 534, 551, 559, 575, 578
Heiterkeit 49, 76, 350, 454, 544, 546, 551, 558, 578 f.
Herrschsucht 530
Herz; *cors; cor* 47, 95, 132, 190, 214, 218, 221, 228, 250, 257, 266–269, 286, 321, 329 f., 332 f., 336, 339, 415, 418, 425, 427, 437 f., 442 f., 446, 448, 450, 453, 455, 467, 501, 508, 524, 532, 545, 550–552, 558, 561
Heuchelei 552 f., 578
Hingabe 212, 249, 339
Hoffen und Bangen 164–166, 571
Hoffnung 43 f., 146, 246, 249, 252, 276, 294, 442, 545, 553 f., 571
Horror 371, 465, 467, 473–478, 554
humeur 415, 557
humility 529
Humor 105, 163, 346
Humoralpathologie 277, 279 f., 286, 382, 561
humour 548, 557
Hymnik 28, 237, 443
Hyperaktivität 530
hypokrisis 51, 552 f.
Hysterie 9, 110 f., 497 f., 530, 554, 556, 568, 576

I
Idealisierung 23, 111, 126, 235, 330
Identifikation 8, 18, 22 f., 292, 296, 386, 526, 541, 555
Identifizierung 23, 114, 348, 537, 541, 555, 559
Identität 199, 229, 278, 355, 372, 434

Imagination 47, 66–69, 71–74, 83, 88, 116, 231, 250, 383–390, 392–394
Immersion 18, 162, 320
ingenium 72, 560
Innerlichkeit 9, 16, 47, 51 f., 87, 152 f., 296, 317, 337, 343 f., 349–354, 380, 386, 550, 552
Inspiration 53, 55 f., 67, 438 f., 484
Intelligenz, emotionale 143, 512–515, 517, 523 f., 531, 555 f.
Intensität 5, 62, 71, 88, 90, 111, 210, 212, 218, 230, 233, 238, 317, 325, 331, 340, 363, 556, 573
Interaktionsmuster 541, 558
ira 12, 425, 579
Irrationalität 132, 388, 400

J
Jammer 26, 51, 56 f., 210, 212 f., 215, 223, 225, 227 f., 230 f., 287, 306, 351, 455, 465, 538
joye 534

K
Kastrationsangst 563
katharsis 10, 14, 26, 56 f., 65, 86, 110, 210–212, 222–224, 235 f., 368, 394, 465–467, 497 f., 500, 520, 538, 541, 543, 556, 561, 565, 568, 574 f.
Klage 14, 91, 198, 200, 209, 214 f., 218, 221–224, 228–230, 233 f., 264 f., 276, 278, 290, 567
Kognition 42, 147 f., 150 f., 162, 167, 186, 255, 434, 512, 534
Kognitionswissenschaft 2, 5–7, 9, 23, 25 f., 123 f., 147–149, 164, 513, 540, 555
Komik; komisch 86, 105, 163, 321, 387–389, 392, 394, 544
Konkupiszenz 560
Kontemplation 244–249, 254, 281
Kontinuität; *loi de la continuité* 113, 137, 166 f., 313, 317, 325, 364, 372
Körper 5, 15–17, 22, 51 f., 54 f., 64, 86, 90, 110, 112, 114, 116, 122, 124 f., 127, 129–131, 135 f., 140, 144, 149, 163, 181, 190 f., 211, 216–222, 225, 229–232, 235, 244, 246, 261, 263 f., 266 f., 270–272,

278–280, 295 f., 298, 313–315, 320, 330, 332, 337, 339 f., 383 f., 391, 395, 399 f., 420, 424, 437, 445 f., 461, 485, 489, 501, 505 f., 532 f., 537, 539, 549 f., 552, 554, 556, 560, 565, 567
Kraft 4, 8, 18, 51, 76 f., 85, 87 f., 102, 151, 184, 188, 215, 223, 230, 235, 246, 248, 280, 315, 317, 319, 321, 324, 326, 330, 332, 338, 341, 366, 379, 389 f., 392, 434, 436, 438 f., 442, 452, 454, 456, 477, 482, 502, 506, 509, 538
Kränkung 188, 190–192, 194–196, 200, 202–205, 304, 451, 453, 456, 579
Krisis 42, 153, 277, 325, 329, 370
Kultivierung; Kultur 6, 12 f., 17, 67, 71, 77, 107 f., 122, 131, 133–135, 138, 140 f., 143 f., 146 f., 149, 151 f., 160–162, 166–168, 179–181, 183–185, 201, 206, 228, 238, 261, 263, 297 f., 313, 329 f., 333, 339, 341, 345, 361 f., 372 f., 380 f., 383, 419, 422, 448, 455, 458, 481, 520, 533, 538, 548, 563, 574
Kummer 91, 193, 224, 270, 379, 541

L
Lachen 105, 163 f., 261, 301, 415, 544 f., 548, 557
Lächerlichkeit; lächerlich 251, 387, 390, 548
Langeweile 23, 283
Laster 420, 553, 556 f., 561, 567, 574, 577, 579
Laune 349, 415, 557 f.
Leidenschaft 1, 3 f., 10, 28, 40, 46 f., 49, 84, 88, 125, 136, 140, 145, 149–152, 190, 210 f., 244 f., 249, 252 f., 267 f., 270, 287, 313–318, 320, 323–325, 331 f., 334–339, 350, 379, 382, 385, 387, 390, 393 f., 399 f., 415, 417–419, 424 f., 427, 437 f., 446–449, 453 f., 464–467, 469, 475, 489, 494, 529 f., 533 f., 542 f., 551 f., 556, 558 f., 563 f., 566–568, 573
Leid; Leiden 10, 13, 27, 70, 77, 85, 127, 164, 209 f., 212 f., 215–238, 244 f., 256 f., 265, 267 f., 270, 276–278, 283–285, 293 f., 322, 337, 382, 386, 432, 450, 452, 456, 470, 472, 477, 526, 534, 538, 548, 550, 558, 561, 564 f., 575

Liebe 4, 8, 12, 23, 28, 42–45, 64 f., 88, 94, 96, 115, 125–130, 134–136, 148, 198, 213, 216, 225, 231, 244–246, 248, 251, 253, 256 f., 264 f., 272, 290, 304, 313, 315 f., 319, 321 f., 330, 332 f., 335–341, 379, 387–393, 395, 399 f., 425, 428 f., 432 f., 438 f., 446–451, 453 f., 467, 469, 477, 489–492, 518, 526, 529, 531, 534, 536, 547, 551 f., 558–560, 563, 571, 574 f.
Liebesakt 266 f., 270 f., 552
Liebesleid 564
Liebesleidenschaft 563
Liebespathologie 558
Liebeswahnsinn 560
Lust, ästhetische 135, 537, 560, 575
Lust; *hedonê* 5, 23 f., 26 f., 44, 64 f., 68, 75 f., 83, 86, 103–107, 109, 111, 125, 135 f., 150, 160 f., 211 f., 224, 235 f., 238, 255, 261, 265 f., 268–270, 272, 276, 282, 285, 308 f., 316, 364, 366, 385, 387, 420, 447, 453, 468, 519 f., 532, 534, 537, 542, 547 f., 550 f., 559 f., 571, 574 f., 579
Lyrik 4, 16, 28, 76, 92, 94–96, 137, 152, 227 f., 265 f., 269, 271, 288, 293, 306, 357, 367 f., 380, 389, 435 f., 442 f., 502 f., 513, 546, 575

M
Macht 16, 51 f., 213, 219, 300, 305, 307, 399, 434, 442, 447, 457, 464, 473 f., 547, 574
mania 20, 53 f., 65, 214, 530, 534, 546, 560, 579
Melancholie 9, 11, 28, 53, 55, 288, 290–295, 306, 309 f., 379, 394, 530, 535, 560 f., 570, 575
Melodram; Monodram; *scéne lyrique* 216, 314, 325 f., 561
meraviglia 571
Meta-Emotion 161, 524
Metrik 159, 221, 228
Mimik; Gesichtsausdruck 6, 16, 51, 112, 122, 180, 184, 203, 320, 322, 415, 424–426, 445 f., 454, 489, 491, 534, 549, 561, 564 f.
Misanthropie 551
Mitgefühl 4, 43, 164, 216, 227, 229, 380, 392, 493 f., 521, 548

Mitleid 64
Mitleid; Selbstmitleid 4, 12, 42, 44, 46 f., 49, 56–58, 86, 88, 141 f., 159, 164, 210, 213, 215, 225–227, 229–231, 234, 236, 276, 301, 330, 336, 339, 366, 447, 465–467, 493, 520 f., 524 f., 534 f., 538 f., 541, 548–550, 556 f., 561 f., 568, 577
moral sense 331, 548, 562
movere 15, 18, 21 f., 230 f., 437, 562, 566
Müdigkeit 514, 573
Musik 76, 217, 222, 227 f., 236, 246, 252, 314, 318, 320, 322–326, 346 f., 349 f., 356 f., 524
Muster, senso-motorisches 534
Mut 88, 302, 344, 349, 442, 534

N

Natur 54, 66–72, 74, 122 f., 133, 146, 223 f., 233, 244, 314, 316 f., 323–325, 329, 338, 340, 345, 354, 356 f., 380 f., 393, 426, 525, 547
negligentia diligens 535
Neid 8, 12, 14, 42–44, 46 f., 146, 149, 287, 452, 534, 536, 557, 562 f.
Neigung 319, 529
Neugier 23, 213, 322
Neurowissenschaften 2, 122 f., 140, 149, 370, 492
Nostalgie 561
Not 221, 231, 423

O

Objektivität 19, 352–354
Ode 432, 435, 439–442, 543, 565, 567
orgê 12, 42 f., 190–192, 579

P

paschein 209, 227, 564
Passion; *passio; passion* 1, 4, 10, 27, 125, 127, 129, 140, 152, 313–315, 332, 383, 387, 389, 413, 424, 466, 525, 529, 558, 563 f.
Passionsmystik 244
Pathologie 492
Pathos 11, 13 f., 17, 26, 28, 42, 44 f., 77, 238, 369, 434, 440 f., 445 f., 449, 454, 456, 529, 533, 536, 543, 545, 561–566

pathos; pathê 2, 7, 10, 15, 17, 20, 26 f., 42–45, 49 f., 57, 136, 145, 226, 335, 546, 563–565
Pathosformel 15, 532, 549, 564–566
Peinlichkeit; peinlich 102, 104, 142, 497, 533, 566 f.
Penisneid 536, 563
Persuasion 40, 48
petites perceptions 317
phobos 14, 56, 65, 213, 215, 368, 465–467, 474, 535, 538, 543, 546, 556, 561, 565 f., 568, 574
phronesis 545
Pietismus 541, 543
Poetik; Poetologie 2, 7, 10 f., 13 f., 16–18, 20, 24–26, 28, 50, 52, 58, 63, 65, 70, 86–90, 95, 101, 106, 116, 134, 137, 152 f., 161, 167, 197, 206, 209–213, 217, 223 f., 229, 232, 238, 251–258, 262–266, 269 f., 286, 318, 323, 326, 343 f., 346–348, 352 f., 371, 379, 381, 383, 389 f., 393 f., 432 f., 435–438, 441 f., 465, 468, 470, 475, 484, 498 f., 518, 520, 534 f., 538, 541 f., 544 f., 548, 556, 560–562, 564–568, 570 f., 575
Poetische Gerechtigkeit 300
Präsenz 190, 218, 235, 255, 340, 380, 391, 573
pretend play 25, 540
Privatheit; privat 104, 126, 132, 143, 287, 435, 541, 447, 449, 457, 512, 556
Projektion 22, 111
Psyche 85, 87, 89, 105, 115, 118, 158, 162 f., 165 f., 209, 212, 301, 363, 369, 371, 473, 497, 502, 505, 554, 563, 570, 576
Psychischer Apparat 8, 111, 165, 530
Psychische Zustände 530
Psychoanalyse 8 f., 22 f., 28, 108, 110, 118, 140, 276, 287, 292, 308, 361–363, 370, 372, 496–498, 536, 540, 554, 558, 563, 567 f., 574
Psychologie; psychologisch 2–5, 10, 16, 19 f., 22 f., 25, 44, 58, 83, 85–90, 93, 108 f., 112, 125, 140, 160, 162, 165 f., 182, 185, 187, 212, 214, 218, 220, 224, 236, 280, 284–286, 313, 318, 320 f., 338, 361, 363, 368, 370 f., 445, 447, 451 f., 457, 481 f.,

484, 492, 512, 530, 532 f., 536, 539 f., 555 f., 568, 573–575
Psychopathologie 3, 9 f., 318, 530

Q
Qual 221, 257, 271, 547
Quasi-Emotionen 25, 159, 540

R
Rache 12, 142, 213 f., 230 f., 300, 386, 452, 456, 574, 579
Rachsucht 4, 379, 531, 574, 579
Reaktion 9, 44, 57, 109, 113 f., 122 f., 126, 147, 151, 163 f., 180, 183, 188–191, 193, 195 f., 198, 206, 209, 213, 215, 220, 222, 226 f., 231, 290, 296, 301, 363, 449, 461, 467, 482, 485 f., 488, 497, 515, 539 f., 572
Reinigung 10, 56 f., 210, 252, 339, 368, 466, 538, 556, 561, 565
Reiz; Reizbarkeit 24, 101, 110, 122 f., 147, 151, 158, 162 f., 165, 193, 370, 481, 486 f., 497, 533, 539, 548, 570
Reue 394, 494, 557
Rezeptionsästhetik 18, 20, 64, 83, 88–91, 113, 213, 356, 490, 494, 509, 556
Rhetorik 1 f., 7, 10 f., 13–17, 20 f., 28, 58, 63, 122, 136, 140, 209–213, 217 f., 223 f., 229–233, 250, 252–258, 261 f., 267, 270, 283, 313, 318 f., 329 f., 351, 365, 368 f., 380, 383, 390, 436, 445, 451, 468, 484, 530, 534, 537, 544 f., 549, 551, 553, 561 f., 564–567, 571
Ritual; rituell 27, 128, 212, 216, 218, 221–223, 230 f., 237, 263
Romantik 127–129, 132, 271, 343–346, 349, 351 f., 354, 356 f., 361, 379, 393, 545, 548
Rührstück 161, 542, 567
Rührung 16, 21, 44, 64, 86, 163 f., 213, 216, 223, 225, 229, 231, 324, 446, 449, 469, 493, 538, 542, 562, 566 f.

S
Sanftmut 43
Schadenfreude 163 f.
Scham; Schamgefühl 6, 13, 43, 88, 102, 104, 106, 125, 142, 209, 213, 308, 384 f., 387, 400, 446, 451, 453 f., 456, 492, 497, 533, 549, 566 f., 569
Schaudern 26, 56 f., 64, 69, 465 f., 568 f.
Schauer 442, 461, 474 f., 577
Schauerroman 28, 161, 478, 532, 569, 571
Schauspiel 15, 129 f., 211, 227, 320
Schmerz 10, 26 f., 43 f., 46 f., 49, 52, 111, 150, 184, 190, 209 f., 212 f., 218–224, 226, 236, 238, 250, 252, 268 f., 271 f., 276 f., 290, 293, 335–337, 350, 379, 382, 385 f., 424, 439, 453, 469 f., 473, 497, 524 f., 543, 550 f., 560, 569, 575, 579
Schock 28, 225, 361, 373, 497, 538, 545, 567 f., 576
Schöne, das 16, 23, 62, 64–71, 74, 76 f., 83, 85, 107, 252, 301, 349, 469 f., 547–549, 560, 571
Schrecken 24, 64 f., 160, 210, 213, 216 f., 220, 226 f., 244, 246, 251–253, 301, 373, 461, 478, 493, 497, 538, 542, 544, 546, 554, 568 f., 574, 577
Schreckensästhetik 86
Schuldgefühl 4, 6, 8, 18, 102, 104–106, 115, 182, 214, 275, 291 f., 455–457, 463 f., 533, 544, 549, 561, 569 f.
Schwäche 219, 252, 435, 451, 454, 467, 573
Schwermut 51, 275 f., 282, 347, 561, 570, 575
Seele 10, 15, 45, 57, 64, 88 f., 95 f., 110, 113, 140, 150, 153, 232, 246, 249, 253–255, 257, 266, 276 f., 281 f., 285, 295 f., 313–317, 319–324, 331, 334–340, 345, 350, 353–355, 362, 382 f., 385, 399 f., 417, 420, 424, 427, 432–434, 436, 446 f., 452, 461, 472, 475, 501, 529, 552, 561, 564, 566, 572, 577
Seelenlehre; Seelenkräfte 11, 50, 107, 151, 193, 247, 332, 449, 563
Seelenruhe 57, 557
Sehnsucht 123, 217, 250, 344, 534
Selbstbetrug 553
Selbsteinschätzung 425, 531
Selbstverlust 395, 559
sensation 317, 542
Sensibilität 78, 95, 142
sentiment 267, 542, 548, 570
sentimental 541, 561, 570
sentimentalisch 163, 448, 541, 561, 570

Sentimentalität 275, 365, 519
Sexualität 88, 105, 126, 143, 185, 199, 340 f., 361, 380, 389, 472, 558 f.
simulatio 15, 52, 450, 570, 578
Simulation 165, 182, 252, 365 f., 368, 371, 450
Sinneswahrnehmung 62, 66, 126, 129, 144
Sinn, heiterer 551
Sinnlichkeit 50, 62–66, 70 f., 73, 84, 210, 218, 224, 244–248, 250, 252–257, 366, 384, 441, 450, 468, 525, 537, 542, 559
Sorge 4, 23, 231, 277, 283, 516 f., 544, 570
Sozialität 6 f., 9, 13, 19, 28, 90, 103 f., 164, 166–168, 182–184, 200, 205 f., 329 f., 332, 339, 419, 426, 432 f., 435, 437 f., 443, 469, 484, 486, 489, 513, 526, 537, 563, 574
Soziologie 10, 138, 140 f., 143, 485, 500, 567, 573
Spannung 21, 23, 84, 95, 106, 109, 160, 165–167, 228, 300, 323, 355, 447, 457, 498, 556, 559, 562, 570 f., 573
Spaß 533
Spiel 17, 20, 25, 68–70, 73, 84 f., 88, 100, 103–105, 114, 117, 129, 165, 182, 229, 252, 255 f., 264, 268–271, 280, 305, 309, 319–321, 383, 390, 392, 419, 490, 499, 540, 544
sprezzatura 535
Starre 201, 213, 216, 303, 305, 309, 544
Staunen 149, 163, 534, 544, 571 f.
Stellvertreteremotion 540
Stimme 51, 117, 231 f., 276, 323, 334, 336, 368, 532, 572 f.
Stimmung; Gestimmtheit 4 f., 28, 41, 43, 45, 84, 96, 217, 275, 286, 290 f., 357, 426, 466, 484, 489, 530, 551, 557, 561, 570, 573, 575
Stolz 88, 112, 146, 213, 379, 533, 557
Störung, affektive 3, 9, 530, 535, 564, 568
Stress 163, 570
stupor 571
Sturm und Drang 432, 543, 546
Subjektivität 93, 114, 143, 148, 151, 192, 199, 287, 344, 347, 352 f., 434, 442
Sublimierung 65, 127, 469 f., 475, 477, 559, 574

Sukzession 323
Sünde; *peccatum* 275, 277, 282 f., 429, 553, 561, 574, 579
Sympathie 18, 22, 42, 45, 88, 164 f., 222, 330, 335, 339, 392, 394, 434, 521, 541, 543, 548, 559, 574
sympathy 12, 521, 537, 541, 562
Symptom; Symptomatik 110 f., 113, 275–277, 322, 361, 366, 498, 518, 531, 554

T
Taktilität 4, 547
Tanz 217, 228, 309, 318, 320, 433, 441, 443, 446, 566
Temperament 55, 136, 275, 279, 286, 561
terreur 70, 464–468, 470 f., 473, 568 f.
terror 252, 369, 372, 462, 466, 469 f., 473–478, 542, 544, 546, 554, 568 f., 574, 577
thaumaturgia aesthetica 572
Therapie 10, 227, 256, 277 f., 284, 370, 381 f., 394, 509, 517 f., 522, 556, 568
Tragik; tragisch 26, 70, 77, 85 f., 213, 293, 297, 325, 336, 394, 449, 452, 455–457, 465–467, 489, 493, 538, 544, 548, 556, 564, 571, 574 f.
Tragödie 2, 10 f., 13 f., 24, 26–28, 39, 46, 50, 56–58, 65, 70, 76, 95, 125, 216, 220, 222, 224, 227 f., 232, 236–238, 296 f., 306, 322, 369, 390, 399–402, 406–410, 412, 447, 453–456, 464–468, 498, 520, 538, 543–545, 550, 556, 561, 565 f., 568 f., 574 f., 577
Tragödienparadox 24, 26, 160, 548, 555, 574 f.
Tränen 15, 44, 46, 57, 91, 212, 216, 218, 223 f., 228, 231 f., 249, 276, 294, 321, 434 f., 439, 446, 449, 453, 467, 514
Transport; *transportation* 210, 220, 235, 381, 389
Trauer 4, 8, 14, 28, 51, 91, 111, 137, 160, 193, 209, 212–214, 218, 221 f., 224–227, 233, 238, 272, 281, 310, 394, 420, 514–517, 544, 552, 560, 570, 575–577
Traueranlass 575
Trauerkrankheit 560
Trauerschmerz 216, 222, 575

Trauerspiel 14, 58, 281, 293, 310, 409 f., 447, 452, 456 f., 548, 556, 561, 568, 576
Trauerspiel, bürgerliches 524, 567
Trauma; traumatisch; *trauma* 9, 28, 111, 292, 370, 373, 510, 554, 568, 576
Traurigkeit; traurig 6, 42, 58, 122, 129, 163, 276, 279, 281 f., 286, 293, 298 f., 315, 322, 336, 399, 404, 410, 453, 481, 521, 533 f., 570, 575 f.
Treue 4, 88, 263 f., 277, 379, 395, 536, 577
Trieb 8, 13, 23, 69 f., 76, 88, 103, 108, 110–112, 125, 127, 332, 337, 339, 341, 362, 469, 552, 574
tristesse 534
Trost 164, 252, 276, 335 f.
Tugend 263 f., 270, 329 f., 333 f., 338 f., 381, 386, 420, 533, 545, 551, 553, 557, 562, 568, 577

U

Übergang 229, 252, 313, 316 f., 320, 323, 325, 366, 383
Überraschung 6, 23, 122, 163, 370, 533
Überschwang 292, 546
Überzeugung 15, 48, 54, 58, 230
Unbarmherzigkeit 550
unbefriedigt 108, 518
Unbewusste, das 8, 21, 23, 100 f., 103–107, 110, 113–116, 129, 148, 160, 291, 297, 321, 363 f., 369, 386, 485, 492, 498, 554, 576
Unempfindlichkeit 78, 331, 550
Unglück 56, 163, 213 f., 217, 220, 227, 229, 280, 334, 337, 382, 519
Unheimliche, das 363, 464, 476, 514, 532, 577 f.
Unlust 26 f., 68, 83, 85 f., 106, 109, 111, 224, 316, 520, 532, 534, 537, 542, 547 f., 551, 559 f., 575
Unruhe 45, 166, 319 f., 429, 557, 560
Unvernunft 77, 389, 393, 560
Urteil 24 f., 42 f., 50, 63, 66–68, 73, 83, 133, 143, 147, 149, 179, 191, 229, 305, 382, 389, 425, 437, 533, 540, 542, 544 f., 547 f., 560
Urteilsvermögen 42, 68, 71, 530

V

Valenz; Wert 22, 84 f., 160, 380, 533, 549, 566
Verachtung 43, 49, 203, 276, 308, 428, 447, 533, 551, 578
Verdrängung 103, 110 f., 238, 285, 297
Veredelung 67, 331, 419
Verehrung 164, 428 f.
Vergnügen 64, 70, 85, 106, 160, 224, 255, 322, 332, 467, 469 f., 519, 524, 538, 548, 578
Vergnügen, sinnliches 533
Verhalten 130 f., 423, 428 f., 518
Verlangen 191, 200, 202, 256, 277, 385, 534
Verliebtheit 4, 18, 559
Verstellung 77, 415, 417–419, 423, 429, 552 f., 570, 578 f.
Vertrauen 45 f., 49, 203
Verwunderung; *admiratio; admiration* 571
Verwunderung; *thaumazein* 315, 534, 544, 571
Verzeitlichung 318
Verzweiflung 77, 276, 282–284, 322, 335 f.
Vitalempfindung 537
Vitalität 92, 225
voluptas 51, 559

W

Wahnsinn 4, 20, 25, 87 f., 152, 213 f., 217, 221, 226, 290, 307, 322, 453 f., 542, 560
Wehmut 322, 335
Weinen 163 f., 223, 231, 233, 439, 446, 449, 514 f.
Wertschätzung 45, 429, 529, 579
Wirkung 14, 16 f., 26, 28, 39, 46–52, 54–57, 65, 70, 83 f., 86, 88 f., 95, 104, 107, 111, 113 f., 124, 153, 158, 161 f., 225, 249, 251, 253, 257 f., 303, 314, 320, 355, 362, 367, 436, 438, 447, 452, 455, 468 f., 482–484, 486, 535, 537, 544 f., 549, 556, 561 f., 566, 568, 571
Wirkungsabsicht 161
Wirkungsästhetik 17, 56, 368, 370, 379, 392 f., 449, 544, 557, 566, 571, 577
Wirkungsemotion 21, 24, 161, 164, 535
Wohlbefinden 551

Wohlwollen 41, 45, 330, 335, 426, 545 f., 548, 579
Wollust 14, 135, 276, 550, 557, 577
Wunderbare, das; *thaumaston* 463, 534, 571
Wunsch 101, 103 f., 106, 108, 227, 251, 263, 266, 284 f., 290, 385
Würde; *dignitas* 529, 545
Wut 6, 12, 122, 131, 301 f., 308, 313, 455, 514, 533, 579

Z

Zartheit 321 f., 330, 335, 339 f.
Zeichensystem 1, 8 f., 15–18, 21, 26, 91, 131, 133, 314, 318, 323–325, 351, 367, 371–373, 390, 483, 498, 500, 504, 508–510
Zorn 4, 6, 12, 28, 42–44, 47, 49, 51 f., 141, 149, 180, 183, 188, 190–203, 205–207, 209, 211, 232, 268, 313, 379, 385, 387, 420, 425–427, 529, 531, 534, 544, 551, 557, 574, 577, 579
Zufriedenheit 332, 533, 551, 579
Zustand, psychischer 8, 14, 344, 347, 351, 353, 512, 514, 517

8. Abbildungsnachweise

Abb. 1
Emilio Filippo Tommaso Marinetti: *Montagne + Vallate + Strade x Joffre* (1915), 23×26 cm. © VG Bild-Kunst, Bonn 2013

Abb. 2
Luis Buñuel/Salvador Dalí: Filmstill aus *Un chien andalou* © Salvador Dalí, Fundació Gala-Salvador Dalí/VG Bild-Kunst, Bonn 2013

9. Autorinnen und Autoren

Dominic Angeloch, Dr. phil., ist Chefredakteur der Zeitschrift *Psyche*, Autor und Übersetzer.

Claudia Benthien, Dr. phil., ist Professorin für Neuere deutsche Literatur an der Universität Hamburg.

Sarina Bornkessel, Dr. phil., ist Marketingreferentin und Autorin mit den Themenschwerpunkten Literatur der Postmoderne, Emotionshermeneutik und Narratologie.

Douglas L. Cairns, Ph. D., ist Professor für Classics an der School of History, Classics, and Archaeology der University of Edinburgh.

Hanno Ehrlicher, Dr. phil., ist Professor für Romanische Literaturwissenschaft (Iberoromania) an der Universität Augsburg.

Philipp Ekardt, Ph. D., ist Wissenschaftlicher Mitarbeiter im Forschungsverband „Bilderfahrzeuge" und Entsandter an die University of London/The Warburg Institute.

Wolfram Ette, Dr. phil., ist Privatdozent für Neuere deutsche und Vergleichende Literaturwissenschaft an der TU Chemnitz.

Janine Firges, M. A., ist wissenschaftliche Mitarbeiterin in der Forschungsstelle Signaturen der Frühen Neuzeit der Universität Konstanz.

Michael C. Frank, Dr. phil., ist Privatdozent für Englische Literatur und hat derzeit eine Professurvertretung am Institut für Anglistik der Justus-Liebig-Universität Gießen inne.

Christiane Frey, Ph.D., ist Associate Professor of German an der New York University.

Julia Freytag, Dr. phil., ist wissenschaftliche Mitarbeiterin am Institut für Germanistik an der Universität Hamburg.

Thomas Gann, Dr. phil., ist Lehrbeauftragter für Neuere deutsche Literatur an der Universität Hamburg.

Achim Geisenhanslüke, Dr. phil., ist Professor für Allgemeine und Vergleichende Literaturwissenschaft an der Johann Wolfgang Goethe-Universität Frankfurt am Main.

Nicola Gess, Dr. phil., ist Professorin für Neuere deutsche Literatur an der Universität Basel.

Anja Gerigk, Dr. phil., ist Privatdozentin für Neuere deutsche Literatur an der Ludwig-Maximilians-Universität München.

Davide Giuriato, Dr. phil., ist Professor für Neuere deutsche Literatur an der Universität Zürich.

Eckart Goebel, Dr. phil., ist Professor für Deutsche Philologie und Komparatistik an der Universität Tübingen.

Susanne Gödde, Dr. phil., ist Professorin für Griechische Philologie und Religionswissenschaft der Antike an der Ludwig-Maximilians-Universität München.

John T. Hamilton, Ph. D., ist Professor für Deutsche und Vergleichende Literaturwissenschaft an der Harvard University.

Judith Kasper, Dr. Dr. phil. habil., ist wissenschaftliche Mitarbeiterin am Institut für Romanische Philologie der Ludwig-Maximilians-Universität München.

Martin von Koppenfels, Dr. phil., ist Professor für Allgemeine und Vergleichende Literaturwissenschaft an der Ludwig-Maximilians-Universität München.

Niklaus Largier, Dr. phil., ist Professor für Deutsche und Vergleichende Literatur an der University of California, Berkeley.

Johannes F. Lehmann, Dr. phil., ist Professor für Neuere deutsche Literatur- und Kulturwissenschaft an der Universität Bonn.

Verena Olejniczak Lobsien, Dr. phil., ist Professorin für Neuere englische Literatur an der Humboldt-Universität zu Berlin.

Katja Mellmann, Dr. phil. habil., ist wissenschaftliche Mitarbeiterin am Seminar für Deutsche Philologie an der Georg-August-Universität Göttingen.

Jutta Müller-Tamm, Dr. phil., ist Professorin für Neuere deutsche Literatur an der Freien Universität Berlin.

Burkhard Meyer-Sickendiek, Dr. phil., ist Privatdozent für Neuere Deutsche Literatur an der Freien Universität Berlin.

Birgit Recki, Dr. phil., ist Professorin für Praktische Philosophie an der Universität Hamburg.

Sylvia Sasse, Dr. phil., ist Professorin für Slavistische Literaturwissenschaft an der Universität Zürich.

Schamma Schahadat, Dr. phil., ist Professorin für slavische Literatur- und Kulturwissenschaft an der Universität Tübingen.

Johanna Schumm, Dr. phil., ist wissenschaftliche Mitarbeiterin am Institut für Allgemeine und Vergleichende Literaturwissenschaft der Ludwig-Maximilians-Universität München.

Robert Stockhammer, Dr. phil., ist Professor für Allgemeine und Vergleichende Literaturwissenschaft an der Ludwig-Maximilians-Universität München.

Dietmar Till, Dr. phil., ist Professor für Allgemeine Rhetorik an der Universität Tübingen.

Caroline Torra-Mattenklott, Dr. phil., ist Privatdozentin für Neuere deutsche Literatur und Allgemeine und Vergleichende Literaturwissenschaft an der Universität Bern.

Martin Vöhler, Dr. phil., ist Professor für Klassische Philologie an der Aristoteles-Universität Thessaloniki.

Juliane Vogel, Dr. phil., ist Professorin für Neuere deutsche Literatur und Allgemeine Literaturwissenschaft an der Universität Konstanz.

Julia Weitbrecht, Dr. phil., ist Juniorprofessorin für Ältere deutsche Literatur an der Christian-Albrechts-Universität zu Kiel.

Cornelia Wild, Dr. phil. habil., ist wissenschaftliche Assistentin am Institut für Romanische Philologie der Ludwig-Maximilians-Universität München.

Johannes Windrich, Dr. phil., ist Privatdozent für Neuere Deutsche Literatur am Institut für Deutsche und Niederländische Philologie der Freien Universität Berlin.

Cornelia Zumbusch, Dr. phil., ist Professorin für Neuere deutsche Literatur an der Universität Hamburg.

www.ingramcontent.com/pod-product-compliance
Lightning Source LLC
Chambersburg PA
CBHW030557230426
43661CB00053B/1756